U0654471

晚清以来人物年谱长编系列

蓝天蔚年谱长编

蓝薇薇◎编著

上海交通大学出版社
SHANGHAI JIAO TONG UNIVERSITY PRESS

内容提要

　　蓝天蔚(1877—1921),晚清民国时期著名军事将领,民主革命者。数次东渡日本研修军事,与吴禄贞、张绍曾被称为"士官三杰"。在日发起组织拒俄义勇队,任队长。归国后,任新军标统、协统等职。武昌起义爆发,"三杰"共谋响应,发起滦州兵谏,并在奉天发动起义,旋奉南京临时政府命,任关外都督,率海陆军北伐。张勋复辟,组织旧部讨逆。参加护法运动,任鄂西靖国联军总司令,兵败遇害。

　　本书以记述谱主蓝天蔚生平活动为主,兼收与谱主活动有关资料。正谱前有蓝天蔚生平概述、家族源流等,谱余收入谱主身后数年相关事,谱后附录谱主著述、相关资料,最后是征引文献及人名等索引等。

图书在版编目(CIP)数据

蓝天蔚年谱长编/蓝薇薇编著.—上海:上海交
通大学出版社,2016
ISBN 978 - 7 - 313 - 14585 - 7

Ⅰ.①蓝… Ⅱ.①蓝… Ⅲ.①蓝天蔚(1877~1921)
一年谱 Ⅳ.①K825.2

中国版本图书馆 CIP 数据核字(2016)第 038773 号

蓝天蔚年谱长编

编　　著:蓝薇薇
出版发行:上海交通大学出版社
邮政编码:200030
出 版 人:韩建民
印　　制:山东鸿君杰文化发展有限公司
开　　本:787 mm×960 mm　1/16
字　　数:1 014 千字
版　　次:2016 年 3 月第 1 版
书　　号:ISBN 978 - 7 - 313 - 14585 - 7/K
定　　价:278.00 元

地　　址:上海市番禺路 951 号
电　　话:021 - 64071208

经　　销:全国新华书店
印　　张:56　插页:10

印　　次:2016 年 9 月第 2 次印刷

版权所有　侵权必究
告读者:如发现本书有印装质量问题请与印刷厂质量科联系
联系电话:0533 - 8510898

蓝天蔚画像（胡杰画）

蓝天蔚像

1910年，蓝天蔚调充奉天第二混成协统。图为东北新军在进行操枪及体操训练。

1911年10月27日，蓝天蔚、张绍曾等发动"滦州兵谏"。图为1911年11月3日《申报》刊载的《滦州军队代表张绍曾等要求实行立宪原奏》。

上海军政府为蓝天蔚北伐饯行摄影

1912年4月—11日，上海新舞台剧场演出
新剧《蓝天蔚》的《申报》广告

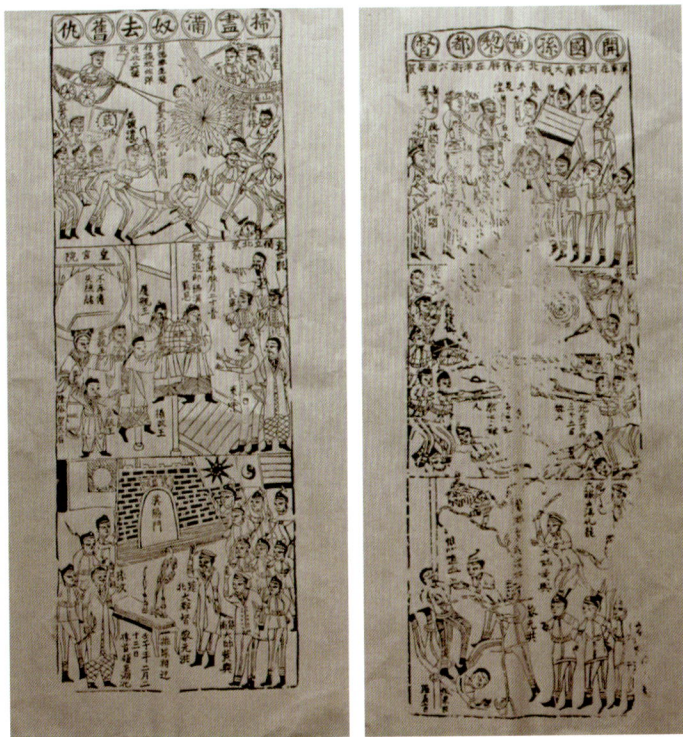

黄陂民间艺人创作有"蓝天蔚大战山海关"相关内容（见图
左上）的木版年画拓片（辛亥革命武昌起义纪念馆藏）

1912年1月16日，蓝天蔚率海陆军抵达烟台，受到各界欢迎

蓝天蔚率军北伐驻止之海容舰及所率海琛舰

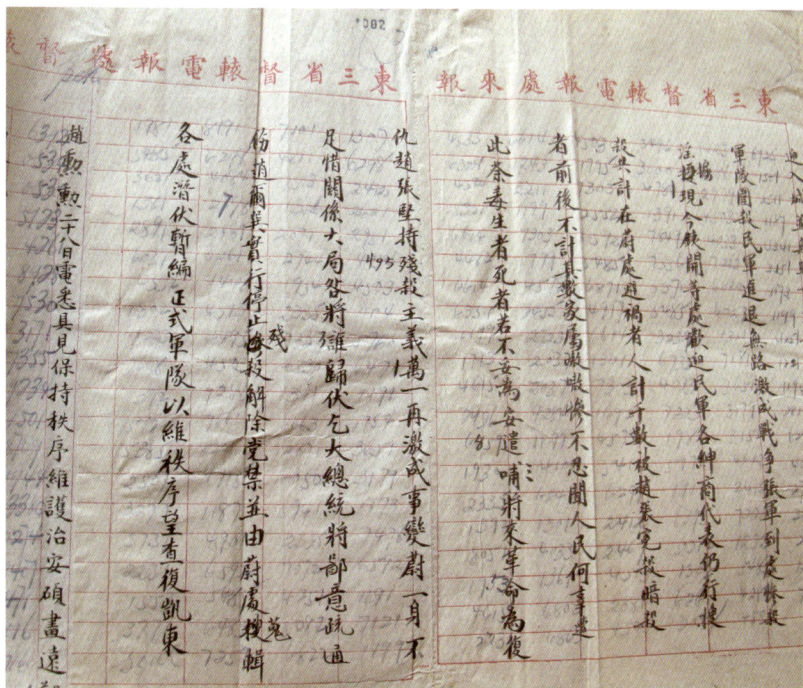

1912年3月1日，袁世凯为蓝天蔚电请停止张作霖等惨杀铁岭开原等地革命民军致赵尔巽电。（辽宁档案馆藏）

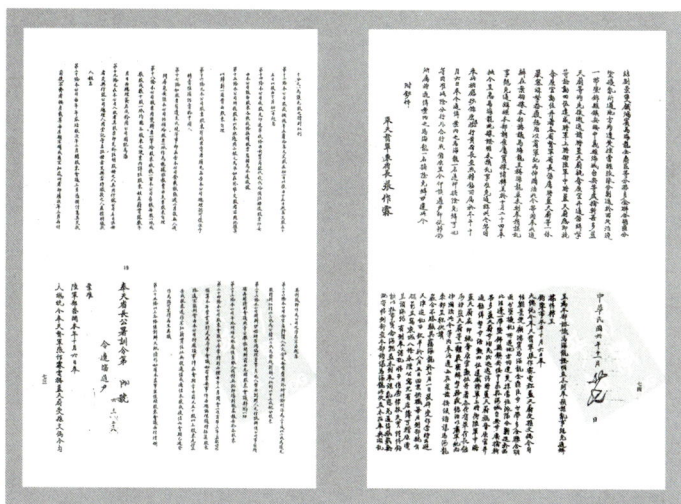

1917年10月6日，北京政府发布通缉蓝天蔚的大总统令，称蓝天蔚受孙文伪令，下令通缉，褫夺官勋

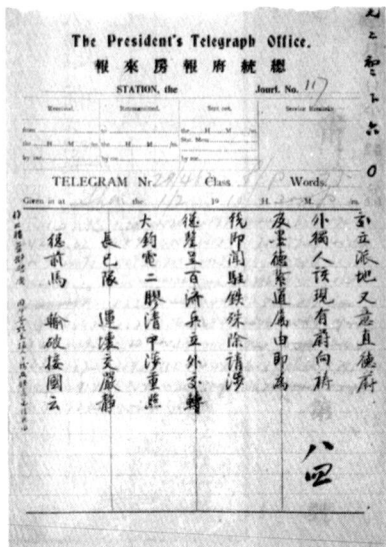

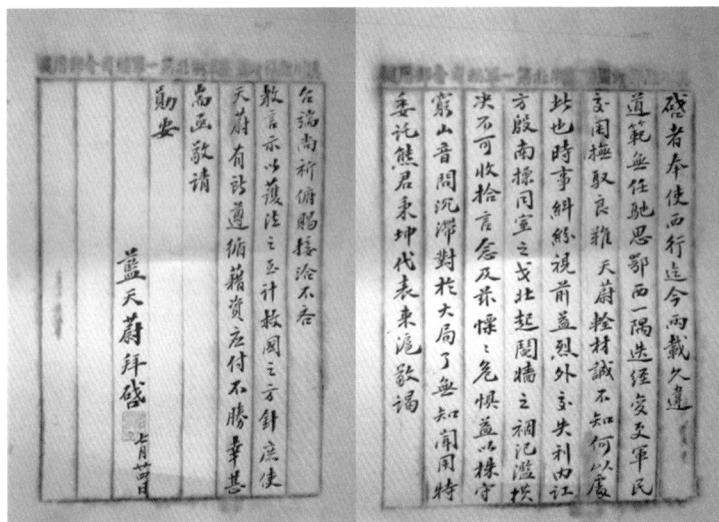

蓝天蔚致孙中山函电

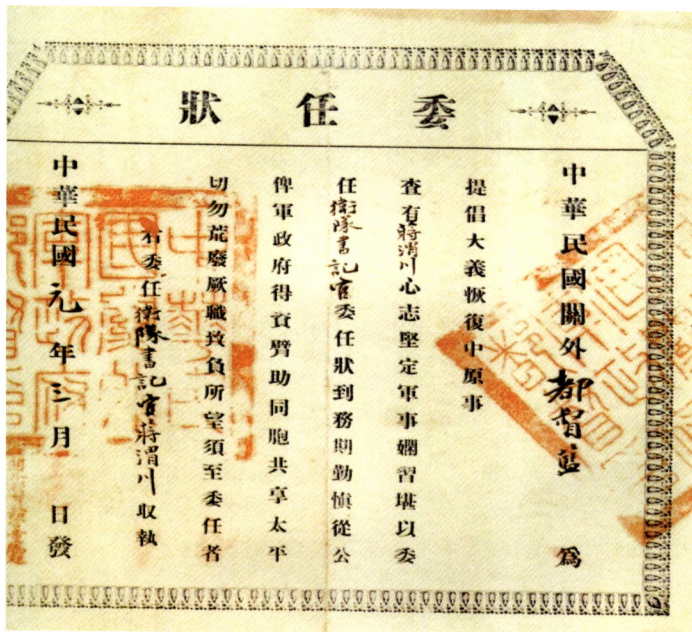

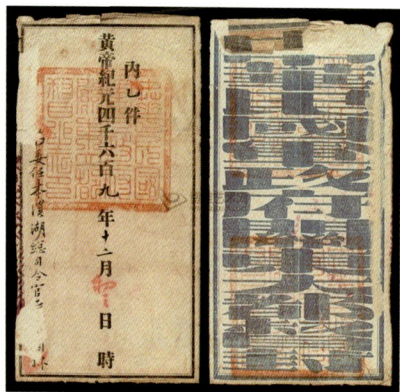

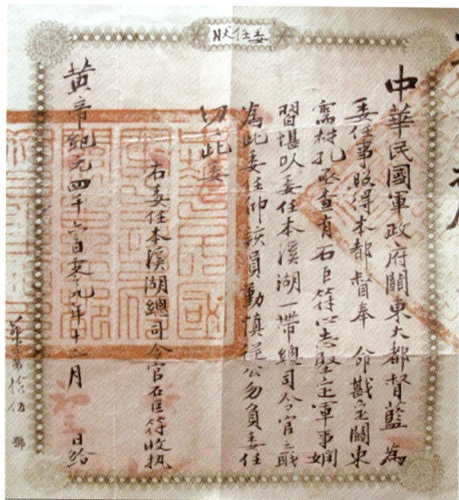

蓝天蔚颁发的委任状及官封

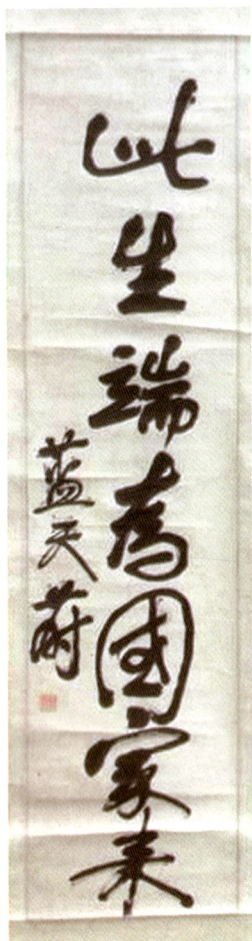

蓝天蔚书"放眼不嫌天地阔，此生端为国家来"诗句

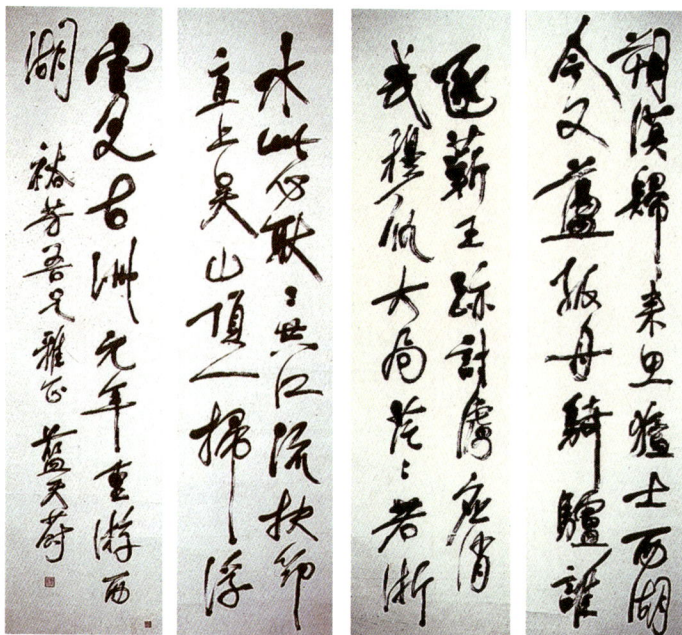

蓝天蔚行书（台湾历史博物馆藏）

蓝天蔚《返北大营》墨迹

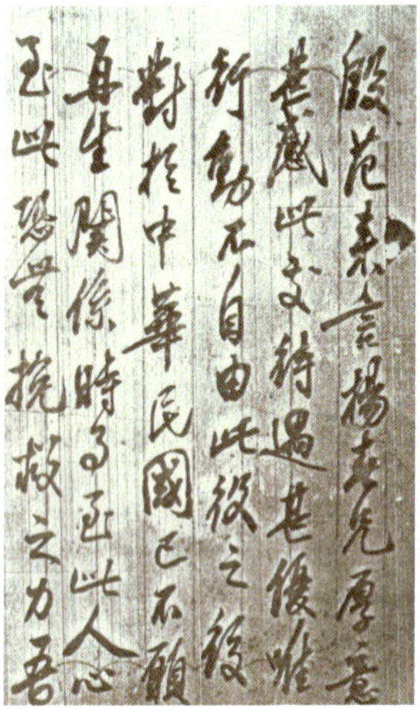

蓝天蔚致弟蓝文蔚家书

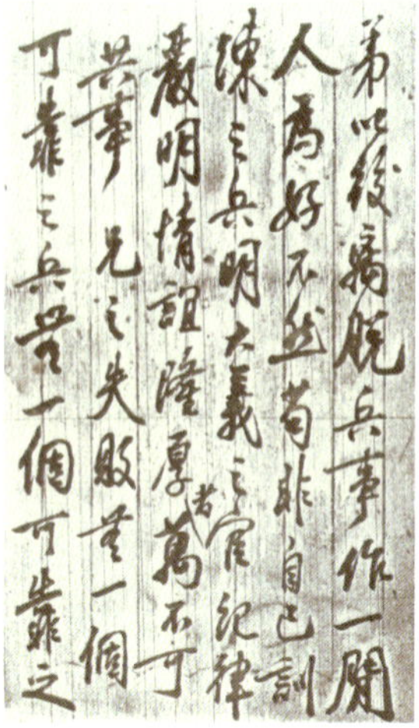

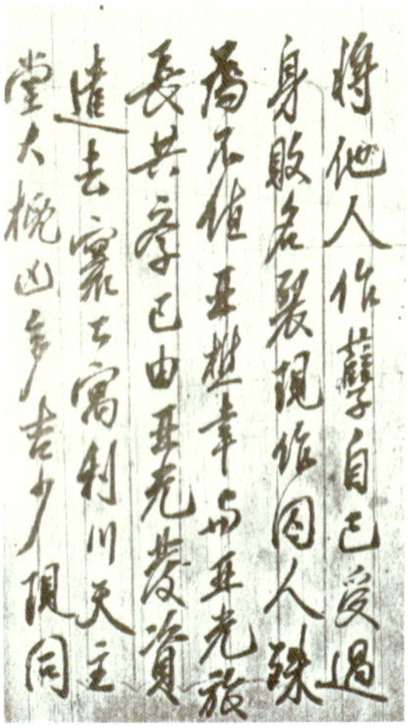

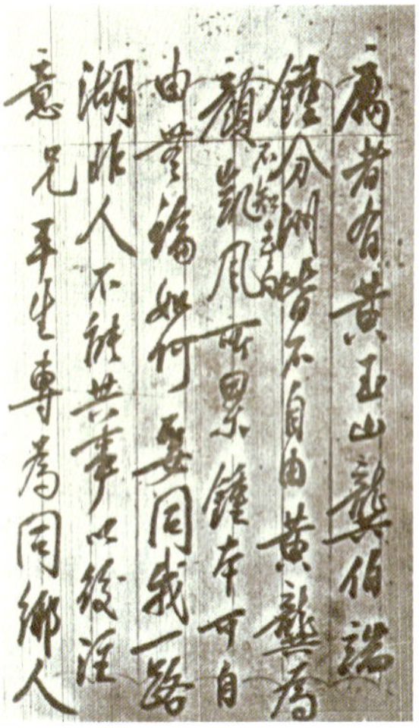

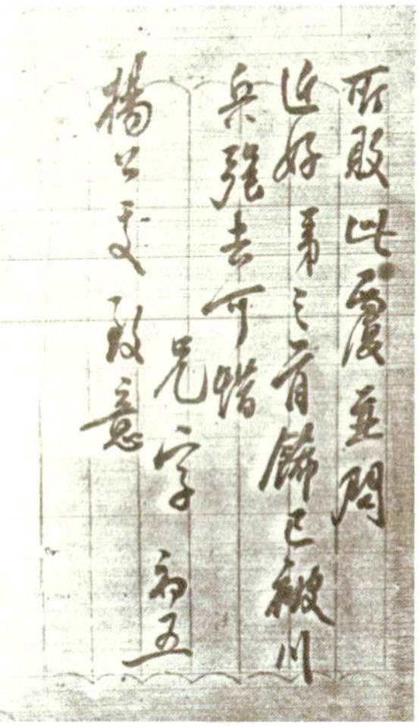

1912年9月，蓝天蔚参加驻英使馆召开的民国周年纪念大会时，在伦敦皮卡迪里广场购买一皮箱，为蓝氏家属仅存蓝天蔚遗物，后捐湖北武汉辛亥革命武昌起义纪念馆

蓝天蔚妻邓观智与幼女晓蔚
（前排左一）及邓家子孙合影

蓝天蔚女儿蓝晓蔚（左）像

●章太炎撰藍天蔚墓表

民國十年三月。黃陂藍君殁於己。非庚戌。先己授陸軍上將銜。勛四位。簡年贈陸軍上將。又三年。遺葬于武昌。以士官畢業。清末游學日本。其夫人郭徽智。弟文蔚二候統帶。在湖北督練公所參議。來天蔚二徒成協統後。先後人任智輯第一期。改編第八標正參謀。第三十夏大剏。奧黃興等退。任蔭福時窮庭不知也。性蔭碑封詡及色。武昌兵起。君奧吳祿貞密謀之。先奥合肥彭嗚。遂解兵。求藍祿貞被害。向以兵燗及陸東事。令倉陵外郡督。軍以名。亡城游海外。故故時人稱其高。然燕四十年。卒以名韵秀蔡。登所謂能忘患於外者歟。其半在國史。

1926年，《兴华》所
载章太炎撰《蓝天蔚
墓表》

蓝天蔚墓碑

序

辛亥百年之际，我和几位南京的教授出版了研究辛亥时期南京临时政府活动为主的《共和肇始》一书。我们希望在若干年之后，就这一伟大历史事件的功过是非，给予更加客观、真实的判断；同时也期待将来会有更为充实的材料出现，补足我们对于辛亥时期历史这一宏大篇章的认知。

近期，我欣喜地看到一部填补空白的《蓝天蔚年谱长编》问世。作者以无比的毅力完成了这部近百万字的厚厚的著作，其中艰辛，恐不足为外人道也。一部年谱长编可视作从微观入手的"宇宙之简编"（赫胥黎语）。如我们每一个渴望真知的学者，都能从最浅最实处做起，抱着必定完成的决心，成就与贡献将不期而至。

蓝天蔚的一生，经历了辛亥革命几乎所有的阶段，对近代中国民族民主革命史和军事史产生了重要影响。他作为历史人物的存在是不言而喻的。然由于种种原因，关于他的研究还相当薄弱，从而导致人们对他了解不多。

我在这里，着重指出一点：1913年《民立报》刊载了宋教仁于1910年提出的反清革命的上、中、下三策："上策为中央革命，联络北方军队，以东三省为后援，一举而占北京，然后号令全国，如葡、土巳事，此策之最善者也；中策在长江流域各省同时大举，设立政府，然后北伐，此策之次者也；下策在边隅之地，设秘密机关于外国领地，进据边隅，以为根据，其地则或东三省，或云南，或两广，此策之又次也。"

同盟会中部总会成立不到三个月，武昌起义爆发。各省响应。南京光复后，同盟会中部总会对中华民国南京临时政府的筹建厥功甚伟，确定了同盟会在中华民国临时政府中的强势地位。

结合以上，再研读《蓝谱》中的相关史实。我们可以知道，宋教仁所言最善之上策，乃为"士官三杰"吴禄贞、蓝天蔚、张绍曾诸新军将领暗中筹措运行。1911年4月，清廷举行永平秋操，新军限十月上旬集中滦州待命。时任东三省第二混成协协统的蓝天蔚与第六镇统制吴禄贞、第二十镇统制张绍曾密约，乘此秋操，新军实弹射击，先将禁卫军扫清，再整军入京，密约武汉同时举兵，使清廷首尾难顾，一举灭之。及秋操临近，事机泄露，武昌起义业已发动。清廷撤退禁军，停止秋操。吴蓝张三将军通力合谋,对清廷不出一兵一卒,掣其进攻武昌之肘。乃驻滦城一带按兵不动,架浮桥于河,张成据河为阵之势。10月27日,蓝天蔚、张绍曾等联名《奏请立宪折及拟定政纲十二条》递呈清廷,发动"滦州兵谏",要求实行立宪。滦州兵谏震动京师,清廷立下"罪己诏",五日后颁布立宪十九信条。11月7日晚,吴禄贞在石家庄急电蓝天蔚、张绍曾,告以与阎锡山的"燕晋联合"已达成,请协同进军京师。此时风云诡谲,时局迭变:吴禄贞遭袁世凯暗杀,张绍曾被褫夺兵权,蓝天蔚独木难支,避走大连。

而宋教仁所言的反清革命的中策:"在长江流域各省同时大举,设立政府,然后北伐。"此议与蓝天蔚治军桑梓及民元北伐的经历亦相吻合!蓝天蔚数度官派留日,学习军事,回国后,为张之洞挽留于湖北,先后充任湖北陆军第一镇正参谋、湖北陆军第八镇第三十二标统带,并暗中参加日知会等革命组织,以军职掩护党人安全。蓝天蔚离鄂去奉后,其在三十二标培植的部下参与了武昌起义,单道康、许兆龙等五百多人先后电请蓝天蔚来鄂充都督;时蓝天蔚奉天举义失败,避走大连,由同志举为关东大都督,东三省各地党人闻讯,以蓝都督名义四处起义。1912年1月1日,中华民国临时政府在南京成立。15日,蓝天蔚被孙中山委为关外都督兼北伐第二军总司令,节制沪军及海容、海琛、南琛三舰进驻烟台。蓝天蔚驻芝罘海中,与日人斡旋,伺机于中立地带登岸;传檄关外,则豪杰并起,连战皆捷。待清帝退位,蓝天蔚毅然辞职南下。

我们有必要回顾一下以"士官三杰"为代表的新军将领群体。这些留日学生中的优秀青年即使已经被当时的保守官僚怀疑是革命分子,仍被各省争相延揽,委以重任。他们进入统治阵营后,在清军中大力灌输革命思想,促进了辛亥革命的到来。这一群体有着近代民族国家的观念,他们对世界大势、帝国主义扩张和中国严峻的国际处境有比较清醒的认识,对国家危机和文明衰亡的感受深切。早在1902年底,蓝天蔚、刘成禹、李书城等湖北籍留日学生创办了首家以省名命名的期刊《湖北学生界》,以宣传革命思想;1903年留日生发起影响深远的拒俄运动。蓝天蔚被公举为队长,发表了激烈的演说。拒俄运动遭清廷猜忌,蓝天蔚被迭电召回,留日学生决定成立军国民教育会,"解散形式、不解散精神。"蓝天蔚草拟了章程,但并未列名会员。他自此收敛锋芒,投入运动新军的工作。

如果仔细研读拒俄运动中学生军及军国民教育会成员的名单,我们可以知道,留日学生聚集的日本东京是辛亥革命的基地。辛亥革命的主要成员和骨干都是来自这一群体。从1905年同盟会成立到武昌起义之间发生的十多次起义,留日学生都是其中的重要成员和主要领导。

辛亥革命确实是在民族主义的旗帜下发生的，但如果简单按照狭隘的大汉族主义思想进行反清革命，则东北、西北、内外蒙古、青藏地区将不复为中国所有，也不符合中国几千年来形成的大一统国家意识和国家利益，同时，当时统一的国家内部各民族杂居的现实状况也无法实施。民国肇建后，蓝天蔚经日本游历欧美各国，考察军政。1912年7月9日，蓝天蔚在日本神户与记者谈到他对于辛亥革命的认识："此次革命，以种族革命始，以政治革命终。故汉人不压迫满蒙两族。满人有才能者，务欲拔擢官职，行事公平。政府有起用为某省都督之议，回首革命之作，虽由汉人对满人之不平，实由对朝廷亲贵政治之不平。朝廷各部大臣之地位，尽为皇族所据。如一时威权赫赫之庆亲王，卖官鬻爵，贪婪无厌，顾一身之得失，而忽国民之福利。满廷腐败达于极点。吾党有志，所以为四百兆民众奋起而事干戈也。"

1913年3月，宋教仁被刺与"大借款案"的发生，导致"二次革命"爆发。"二次革命"被镇压后，国民党丧失了在北京政治舞台的合法地位。国民党合法政治地位的丧失，致使民主共和进程发生了重大的转折。

为了维护辛亥革命的果实，蓝天蔚回国后参与了讨伐张勋复辟及孙中山领导的护法运动，1921年为护法捐躯。

我们探寻蓝天蔚奋斗的一生，就必然与辛亥革命的意义联系在一起。

晚清与民国之间的延续性问题，学界迄今未能达成共识。蓝天蔚研究的独特性，或许可以开启清末新军研究的热潮，并衔接近些年悄然升温的北洋史研究。对这些学术领域的诸多进展做阶段性的盘点，似乎到了一个合适的时机。

我们愿意将辛亥革命以来的先驱仁人看作一个整体，将他们的不同政见视作对中国的深远寄望。活化其精神，学习其经验，继续努力改造中国，把中国推向一个新的里程。这样，也是对辛亥革命的历史作用和地位，以实际行动作出恰当的评判。

《蓝谱》作者蓝薇薇女士，虽非历史学专业行伍出身，然而，她却做出了一个如严谨治学的历史学家的优秀成果。蓝女士在本职工作之余，到处查找史料，考证史实，将一位人们了解甚少的民族民主运动革命家蓝天蔚的真实面貌呈现在众人面前。诚然，蓝天蔚的人生历史，尚有一些待解之处，我相信蓝薇薇会努力给我们以圆满的答复，也期待着更多学者与其共同努力。

是为序。

张宪文

（南京大学人文社会科学荣誉资深教授）

前　言

我幼时多病，在家中休养时，便读书磨日，也将父亲所买的与曾外祖父蓝天蔚相关的书籍《辛亥革命辞典》《东北近代史》《我的生活》(冯玉祥著)等一一翻读，不免对"辛亥年奉天革命之失败"及"靖国军覆灭后的蓝天蔚之死"产生了最初的疑惑。

疑点之一：辛亥年间奉天举义及举义不成的详细过程是怎样的？

这是对辛亥史有兴趣的人想要了解的。因其过程不易厘清，奉天革军的"突然失势"令人费解；也因张作霖正是借助此次蓝天蔚的失败树立了在东北的地位，其子张学良在晚年回忆时对这一时期的情状很表困惑。

时蓝天蔚任奉天第二混成协协统，联络革命党人暗中筹划成立奉天保安会。他们的方案是推举东三省总督赵尔巽任保安会会长，以此实施不流血革命。赵尔巽接到暗报，无所措手，应其幕僚袁金铠举荐，召张作霖连夜入城。张作霖誓保赵帅安全，助其成立保安会；经与袁世凯密商，赵尔巽削除了蓝天蔚的兵权，成功驱蓝离奉。

张学良百思不解，他认为兵临城下的蓝天蔚出走奉天是不可理喻的："我父亲就跟赵尔巽说，你给我命令，我把我的军队赶快调过来。从辽源州过来有好几百里呀，他就连夜调他的军队。可这蓝天蔚就(这么)走了，这一段我就不明白，我怎么也不明白，这蓝天蔚带着他的军队走了，就走了！他的军队那么多，他有一个镇呀。

……我母亲也很凶啊，……我母亲就跟我讲啊，说今天晚上可能会出事。她给我三十块大洋，用白布包着，围在我腰上，给我系上，说今天晚上要打的时候，你就跑。我那时候有九岁、十岁吧，不知道怎么回事，小孩子么。我说，妈妈你呢？她说你别管我，你赶快跑，等着稍微平息点儿呢，你看哪个老头好，跪下给人磕头，把钱给人家，叫他带你找你爸爸去。后来我才明白：我妈妈预备着要自杀来的，要是人家打来，她把我放走，让我跑，她就自杀。但我就不明白为什么蓝天蔚从新民府通过，就一直退到了他的地方，这一段事情就这样平息了。"

此事的前后情形是怎样的？读者们可以在1911年的本谱中窥探细末。

疑点之二：蓝天蔚是立宪派还是革命党？

董方奎先生先作《论"滦州兵谏"和"士官三杰"》（《历史研究》1981 年第 1 期）。张爱民先生继而作《论蓝天蔚在辛亥革命中的政治倾向——兼与董方奎同志商榷》（《上海师范大学学报》1993 年第 2 期）以回应。文中谓："董文进行了有益的探索后认为，'滦州兵谏'是张绍曾、蓝天蔚等人'在梁启超直接策划下进行的'，'张、蓝等始终也未放弃君主立宪的宗旨，完成向民主主义的转化'。笔者对此不敢苟同，就蓝天蔚在辛亥革命中政治倾向问题提出商榷……"说起来真巧，两年前我曾接到张爱民先生的来电。因张先生曾经认真搜寻并思考过蓝天蔚的历史，即使此后不再从事近代史研究的工作，他仍保留着这方面的浓厚兴趣。他在表达了对《蓝天蔚年谱长编》的关注后告诉我，当年他之所以写那篇文章，实是受罗肇华女士（编著者大姑）的托请。大姑一向回避政治、忌谈历史，她并未与家人说过此事。

已有不少学者对辛亥年震撼一时的"滦州兵谏"进行了研究，其中以赵润生、马亮宽所著的《辛亥滦州兵谏与滦州起义》（天津人民出版社 2003 年版）论述得较为详全。我仅结合现有史料作一赘述：不可排除滦州兵谏是一次相机进行的行动。自 1644 年清朝入关，盛京（即奉天，今日之沈阳）作为陪都，成为满族权贵失去天下时预备退往的"小朝廷"。陶菊隐谓："东省军事实在是乱如棼丝之局，新旧门户之见很深，而旧军争功对立，亦无团结一致的可能。大抵新将领同情革命的较多，旧军则无不以升官发财为目的，甘为一姓的臣仆而不辞。"新军将领表面上掌握了京畿六镇部分的重兵，考其兵源，大部分还属袁世凯。蓝天蔚、张绍曾等欲从清廷肘腋出师，直捣黄龙，然若出师无名，兵力则难以调遣。审慎之计，乃以立宪之名实行兵谏，随时局见机变更策略。在军事行动中，"相机进行"发生在各种情形之下，我们看到的史料常具有表面的伪饰。

滦州兵谏后，清廷及袁世凯紧急行事，刺杀吴禄贞，瓦解张绍曾，驱逐蓝天蔚，三角联盟被毁坏、吴禄贞所努力的与阎锡山的"燕晋联合"亦功败垂成。东三省的革命是否就此而结束了？非也。蓝天蔚在赴滦州劝说张绍曾无果后，返回北大营，此时刺客尾随，北大营侦刺密布。知事不能成，蓝天蔚将关外事托付商震、朱霁青、程起陆等，向他们密授机宜，实行北伐之预约。蓝向龚柏龄道："革命运动，殊途同归，吾辈多方进行，最后胜利，注重北伐耳！"

以奉天急进会（会长张榕）领导的东三省同志继续将工作推进，张作霖也开始对革命党人大肆屠杀。在《1912 年 1 月 30 日穆厚敦致安格联第 27 号函》中，英人记录了他们所认为的张榕被害的真相："暗杀张榕等人的真正凶手果然是受张作霖指使的巡防营的士兵。现在真相大白了，暗杀的动机并不是像最初传说的为了报私仇,而是为了消灭那些同情革命的先进人士,这次暗杀不过是残暴行动和迅雷不及掩耳的手段的开端。据说某些革命的先进人士与煽惑阴谋暴动有关,暴动预订在下月2日在城里发动,目的有两个,首先是夺取政权,其次是牵制对方的注意以便蓝天蔚在海岸登陆。"

北伐之举一朝实行。此项工作繁重、过程细密,所获得的史料也是充沛的。史料中遍布清廷的探报、日人的窥探与阻挠。举一例:对于北伐军登陆的地点,蓝天蔚一直秘而不宣;与日方斡旋时,也多次应允不会在中立地带登陆。实则,按原计划,北伐军于1912年2月1日夜—2月2日凌晨在中立地带貔子窝等地登陆了!而我们在阅读了亚洲历史资料中心的史料后,可以知道,日本海军第九舰队早于1月12日便侦知北伐军将于貔子窝、大孤山间之沿岸登陆;该舰队并于1月15日—1月17日对于北伐军将予登陆的大孤山、花园口、里长山列岛方面进行了详细的视察。日人侦刺的能力、保存及整理史料的功夫能不令人叹服?!

满汉杂处、强邻环伺,东三省真可谓困难之地。北伐声势浩大,兵力有限;北伐之旗帜,乃用以号召、唤醒昔日埋种到东三省的革命力量。当驻扎芝罘海舰的蓝天蔚传檄东北,三省健儿与北方势力殊死搏斗,呼应北伐之举。"海陆齐驱,所到辄捷,西上连山,东窥营埠,涤荡黄龙,直如指掌,然终坐镇芝罘,停辔静观,舍武力而弗用,恃恩辞以相规,非兵甲之不利,实自残之未忍"。(《蓝天蔚宣言》)

迨南京临时政府的停战令下达,蓝天蔚遵令通檄各处,民军与满廷的斗争渐渐息止。

以上所陈,借以说明人们曾注重区分的"立宪"与"革命"两种角色转换的背后,存在着一个"时间"因素。"时间"难测边缘,"时事"莫测高深。人为割裂"时间",无益于对于"时事"的理解。

今天,我们已不再会用先人的政治立场问罪于已死之人的后代了。就近代史研究领域而言,我们乐观地看到历史研究的深度与纯度渐趋一致。研究者们都有基本的志向,即最大限度地避免政治意识形态的影响,深入古人内心,寻找并探究历史行动背后所蕴含的复杂动机,尽可能地还原历史。

疑点之三:蓝天蔚之死。

相关的近代史资料中都注着一笔"(蓝天蔚)被谋杀(或自杀)"。

湖北文史学家贺觉非先生曾为此查访究竟,他写信给熊克武(时在北京)。熊克武回信说:"蓝同志是辛亥革命著有劳绩的忠实同志。一旦兵败来川,我们护卫不周,以致自杀,始终不明其由,所以非常痛心而应自行引咎的。"熊云,如何发给饷项,优待官兵,证明没有加以迫害。但对缴械囚系未作说明,贺觉非认为"这一点正是要害所在"。

事实如何？时事风潮遮埋了故人故事，家族中人对蓝之死亦痛亦讳。在《蓝天蔚》一文中，贺觉非写道："(蓝天蔚)一女名淑芬，有《哀启》①记其父一生行事，但对其父之死亦略而弗详。"

我曾收到一封来信，一位素未谋面的近代史爱好者向我询问蓝天蔚的死因。我便将家族所藏的《蓝上将荣哀录》传他一阅；《荣哀录》中有蓝部下钟鼎所写的《遇难始末记》。我依据1920—1921年各家报纸所载，判断钟鼎所述并无虚词。

因我对蓝天蔚非正常死亡的困惑由来已久，所以搜集这方面史料不由不深入。读者如有惑，可参详本谱在1921年的记录。

以上三疑，是凡浏览过蓝天蔚生平的近代史研究者或普通读者会萌生的疑问。另有数疑。

中山大学从事孙中山研究工作的李吉奎老师在通校蓝谱后，致我一函。他的疑问是："其一，蓝天蔚无疑是两湖地区最早的革命党之一。但因资料多属后出，无法证实他是否加入过同盟会、国民党(1912年)及中华革命党。冯自由《革命逸史》第六集第70页记《同盟会成立后三年会员名册》，湖北省内未见蓝天蔚名字。有无可能找到他加盟的时间、地点、介绍人？其二，有关反袁时期某些资料所述的蓝天蔚'暗中'支持革命、继田桐主持湖北党务、军务之事，是否真实？也有待资料证明。其三，蓝在渝死后，国内舆论界极为震动，但作为加入了中国国民党的蓝氏之死，孙文及其亲信汪、胡、戴之流居然毫无表示，极为反常，不知何故？是否认为蓝不是自己的人？您是否对此思考过？"

敬禀如下：

其一，关于蓝天蔚何时何地、是否加入同盟会一事，我曾经过长久寻找，但直至现在，我也无法给老师出示一份类似于冯自由所写的名单。

同盟会成立之前，在日本的留学生中出现了各类"爱国派"。吴稚晖回忆，辛丑(1901年)的夏天，他正为"剧烈的维新"逃在东京。所与往还的是小石川的清华派，如范静生、蔡松坡、蒋百里、蒋伯器；本乡的大学派，如章仲和、吴止欺、曹润田；牛込的士官派，如吴绶卿、蓝天蔚；及不定派，如钮惕生、程家柽、戢元成等。

牛込是湖北官费生所住的区域。依据吴禄贞、张绍曾、蓝天蔚归国后的行动，牛込士官派的思想在辛亥革命前应属一致——即在军队中改良军人之思想、精神，酝酿新军之革命。

---

① 《哀启》为《湖北文征》未刊稿。未能找到。

　　1905 年 8 月 20 日，同盟会在日本建立，时蓝天蔚正在湖北训练新军，力行其革新之志。并无史料显示他前往日本加入同盟会。

　　但是否秘密加入呢？新军革命日后渐趋成熟，但一开始是极其秘密的。新军将领审慎地保持着与外界的联系。拿蓝天蔚 1909 年离鄂赴奉之事来说，罗正纬认为其辞职原因乃为“‘黄兴、钮永建等皆出其门。’有人谮之于张彪曰：‘天蔚同谋革命，请杀之；不然或逐之。’张彪使人伺其行动，天蔚辞职去”。可见“地下工作”之秘密。要找到相关材料不易，因甚有可能被“阅后即焚”了。

　　蓝天蔚是否是同盟会员？尚无肯定的答复。然蓝天蔚为日知会员无疑。经张国淦回忆，湖北的日知会员通过同盟会湖北分会会长余诚秘密转作同盟会员。我就此征询致力研究余诚的余品绶先生，但没有找到“日知会员秘密转为同盟会员”的初始名单。

　　寻找并梳理相关史料的同时，我也想，蓝天蔚是否是同盟会员的身份，或许并非理解这个人物的至为关键所在。

　　其二，蓝天蔚在袁世凯筹划洪宪帝制之际究竟是何种状态？

　　在袁世凯筹划洪宪帝制期间，报载蓝天蔚曾作为湖北请愿人数次上呈变更国体，一度引起舆论的反感与质疑。又有时人回忆蓝氏暗中支持南方，并进行了反袁的斗争。两说都不具备十分的说服力。我目前的处理是将报刊所载列入正谱，时人回忆作为备考之项，列于下注。

　　在有限的史料中，有一份《蓝天蔚致筹安会书》，或可帮助我们稍窥端倪。筹安会成立后，试图吸纳蓝天蔚加入，蓝以“惜身居军职不便附骥”拒绝之，但他认真回复一函。函中论及“当武昌起义时，偕同张君绍曾即以君主立宪为国是”及“去春自欧回国，复上言大总统，谓不必拟美仿欧，画虎刻鹄，但内就多数习俗之所安，外审各国强霸所由成，不舍己，不从人，特然创一巩固严秩之制。以无庋于历史的惯习为原则，即与斯会大义，契若符节”。

　　蓝天蔚在函中表达了他对于“共和”的顾虑，认为吾国人所谓共和之利，是从利他之观念而得来，纯属理论的感想。就国情而言，实不可以共和之名强被之。他举一例，满蒙两族是否应为共和国先划除呢？其阶级习惯已深酿，一旦划除，失去了羁縻之道，国土国民皆将有分崩离析之患；若不划除，则大有反于平民政治之原则。现今国民生计堪忧，实业未发达，游手坐食者半天下。神器靡定，则鹿逐中原——人人都有总统自为之野心。“谁不辍耕陇畔以求侥幸于万一，而甘伏处南亩橢项黄馘以终也。”国贫民瘼，理应好好休养，若五年七年遽易一总统，哪里还有回复元气的一日？国体屡变、国民贫穷流离的惨象，他觉得是不堪设想的。

有一位老师阅读了这份材料,但他并未轻易相信蓝天蔚就此真心赞同袁世凯称帝。他道:"君宪一事仍然十分怪异,以蓝的性格与袁世凯的关系应该不致如此。应该再找材料来了解。"

袁二子袁克文、袁克权均作过与蓝天蔚有涉的诗文。癸丑年(1913年),袁克权曾与蓝天蔚同客英伦,而作《赠蓝秀豪上将》;蓝回国后,盘桓京华,与袁克文等交游,蓝天蔚死后,袁克文曾作《哀蓝天蔚文》。然二子之情并不能释除乃父与蓝氏之间近乎天然的隔阂。自滦州兵谏发生后,袁世凯不再重用昔日留学日本的新军将领;蓝天蔚起兵北伐,其"进德之猛"(赵尔巽之讽语),更不能不令袁氏深忌。1912年2月18日,袁世凯致孙中山黄兴两电。一电谓:奉境非同内地,稍有扰攘,必生奇险。现赵总督及所部文武,已表共和同情,自是手足一家,何可自相残杀。已电赵公饬冯军即停攻击,并请电知蓝天蔚,以保大局为念,万勿进行。并须化除嫌隙,谨守秩序,方不负我辈利国福民之志愿,想仁人必有同情也。一电谓:孙大总统、黄陆军总长同鉴:迭接奉省赵督及军官等先后电称:奉省已赞成共和,改称中华民国,换悬五色国旗,改行阳历云。如蓝天蔚不再扰攘东方,大局可望保全。

南北议和后,袁世凯表面嘉许蓝天蔚,心实恶之。蓝天蔚关外都督府交通部部长戴季陶曾谓:"蓝天蔚经营满洲,民党中之重要人物也。共和既成,既不令其督东,置之又觉不能自解,乃荐为海军总长。袁明知蓝天蔚为陆军留学出身,且久经戎伍,而使之作海军总长者,盖决料海军中人必出而反对,故借此以达排斥民党之目的耳。"

时人以为,南北和议之后,蓝天蔚出洋,亦为袁世凯放逐之举。思蓝天蔚回国后,并未受到袁世凯所承诺的重用,其考察各国的所得也被束之高阁,袁世凯仅授将军闲职相羁縻。以蓝天蔚如此热切国事,他绝不甘心就此随波逐流,他必是苦闷的。

这时期他的声音很少,他仿佛在沉吟着,思索着,还是在暗中计划着、默默等待着?我感觉不到他的真心。

"立宪还是革命?"时代突变,人们勇敢地摸索着,想寻找一条国家发展之路,不无痛苦地进行抉择。当时的中国是一艘巨大的沉轮,没有立宪的民众基础,而受强邻环伺及逼迫。欲为民众求得自由与幸福,任重道远、步履维艰。自《临时约法》在民元颁布之后,此后的民国几乎成为宪法实验的场所。围绕着立宪政体及国会权力,各党各派因自身性质决定,为权力或各自的主义进行了争夺或抗争。读者可以看到,蓝天蔚在民元后所参与的军政行动,均与此相关。

其三,蓝天蔚与孙中山先生的关系究竟怎样?

蓝天蔚与孙中山或直接或间接的往从发生于本谱的 1912 年及 1917 年之后。就 1912 年而言,两者的关系或可更具体的表述为:筹谋从京畿入手进行新军革命的清军将领,在与其军队所属的清廷相机力搏时,与南方同志间所发生的联袂与分歧。

在亚洲历史资料中心发现的史料中,有一份电文。驻芝罘守大尉以个人身份拜会蓝天蔚,询问蓝出兵营口的目的何在? 蓝回答:"我派兵去营口,既没有接到上峰的命令,又没有得到上峰的首肯。黄兴给我拍来电报,让我相机行事。仅此而已。"驻芝罘守大尉又向蓝询问,既然南京政府没有发出命令,袁世凯也不希望出兵,那么出兵东三省是否纯属蓝将军个人的决定? 蓝天蔚回答,总之,出兵东三省之际,会通知南京政府和袁世凯的。眼下,中国没有一个统一政权,国民革命政府有三家,一是南京的黄兴;二是武昌的黎元洪;三是我蓝天蔚。只不过我蓝某人的势力最弱而已。蓝又讲他曾数次致电南京政府:乘此良机向山东以北东三省出兵,必有斩获。但是,南京方面迟迟不给答覆。于是,蓝大发雷霆,再次致电质问南京政府:难道汝等忘了山东以北的广大国土也需要光复吗? 蓝天蔚说了两点,其一,要将革命进行到底;其二,赵尔巽、张作霖二人是独夫民贼,沆瀣一气,必须讨伐。日人认为这是蓝天蔚出兵东三省的真实目的。

南京政府电令停止北伐,蓝天蔚不得不鸣金收兵,自请取消关外都督府。此前,他曾派出参谋侯建武面见孙中山陈述关外情形及财政困难现象,孙中山因故未见。期间侯建武突闻关外都督已请取消,乃向孙中山致一函。观其词,不无愤懑:"东省善后事宜,先生当筹之已熟。惟武所不能已于言者……关外都督蓝天蔚本血性男子,彼亦非为个人计者。袁公当有以位置之。总之,善后办法以上四端为最要位置,现时关外都督特余事耳,况彼已自请取消。"

关于二次革命。

蓝天蔚进行北伐时期曾接受日方音羽舰轮机长的访晤。此日人称:"晤谈时蓝曾透露如下意向:蓝氏坚信袁世凯必不可能前往南方,因而第二次革命战争之来临,已成为意料中事,现正为此而进行多方准备。"

二次革命发生前的整整一年,蓝天蔚都在留洋考察。此时,对于他曾预测的必然来临的二次革命,他的态度似乎发生了转变。让我们探寻一下他身在海外的经历及心理过程。

蓝天蔚到日美英等国,主要为考察各国政治军事、运动外交——请各国承认中华民国。抵日本后,蓝天蔚曾致函友人潘月樵,述说心曲:"民国虽成立,各邦尚不承认,内地风潮不平,前途坎坷。"在由日去美航行太平洋的途中,蓝天蔚又致函潘月樵,此次依然表达他对于国内党争的忧心。他谈道:"但民国成立,党见纷起,财政之难已达极点。外人之要求无厌,国人之气概又馁。弟虽身游海外,此心终耿耿也。……日人国内多事,对我方针尚未决定,桂太郎此次出游,实欲联络德俄以图我。此行甚可畏也。"

在 1912 年 9 月 11 日的《申报》及 9 月 17 日的《时事新报》上,我们也读到蓝天蔚从华盛顿的来电,可概括为八字——"停止党争,共图一致"。蓝天蔚谓"列强重臣赴日本,我国之政局,若依然党争,灭亡立待。恳转各界速定大计"。其致总统府电云:"各国皆派重臣赴日本磋商对待我国之办法,其表面则云吊衷(邪)实另有深意。……现在情形尤非实行军民分治,不足以维持秩序,必为外人所借口。"蓝天蔚另有一电致参议院,请顾念大局,勿因张方一案使民国有摇动之患。

1913 年 7 月 12 日,因着宋教仁被刺及袁氏的善后大借款,在孙中山号召下,李烈钧在江西湖口宣布独立,二次革命爆发。

此后的 10 月 2 日,英文《北京日报》刊载了蓝天蔚在游历欧洲期间发回祖国的电报,他认为二次革命是一次"刚愎自用的运动",认为共和国再也无力承受另外一次震撼。

11 月 4 日,当选正式总统的袁世凯在对孙中山等进行通缉后,继而解散国民党北京本部及各地国民党机关,并取消国民党籍之国会议员。而 11 月 6 日,《申报》刊载了蓝天蔚将于次年春回国及蓝天蔚已自动脱离国民党(并未找到他此前加入国民党的材料)的信息,报论蓝天蔚脱党的原因是"因此次南方之乱,蓝于该党之抗拒中央政策,甚不满意故也"。

陈述以上,用以说明蓝天蔚在海外考察期间,对于草创的中华民国的前途的忧虑,及在归国之期,蓝天蔚所表露的对孙中山号召的二次革命的不同政见。

1920 年之后,孙中山、蓝天蔚同秉护法之义,而表现了不同的战略。

1918 至 1920 年间,蓝天蔚憔悴奔波于护法之事。时唐继尧与熊克武所代表的滇川之间发生矛盾。经护法军政府所委派的蓝天蔚辗转协调,力为斡旋,暂时解决了滇军驻川及军饷问题。1920 年,唐、熊矛盾不可调和,爆发川滇之战,蓝天蔚无奈选择中立。蓝谓"川滇两军均系护法之师,虽因一时冲突,终有解决办法。凡属同志,不宜遽为偏袒。蔚所部军队于此时局,只以维持鄂西一带安宁为任务,对于川滇两军,严守中立"。

结合蓝天蔚给唐继尧及孙中山的电文,我们看到蓝的行动表明他一以贯之的想法:澄清川局,局部谋和(西南一致护法),趁着直皖决裂,由川滇黔三省出兵东下,以达根本解决之目的。

而唐、孙都申明此事暂不可为。唐继尧密电蓝，本欲实践前约，"惟事机瞬息万变，前方情势未能遥夺，不妨相机进止，是在我兄之慎重将事耳。"其时孙中山则正致力讨伐以陆荣廷为首的桂系。

1920年2月底，蓝天蔚让冯启民带信给孙中山，征询如何进展护法之事，函谓："蔚在夔府结合鄂豫两军，与川中义军誓存亡相依，并拟相机进取湖北，贯彻护法救国主张，为先生前驱也。"孙中山面见冯启民后，于10月27日回复此函，告知蓝"川事已不可收拾，此时转而图鄂，亦恐未易得手；正宜协集各省散涣之力，为一坚固团体，以助湘中民党，统一湘省，确立根基，然后用湘力以扫除游勇，以统一两广，则西南民党之大势可成……若实力不充，多方发难，实有务广而荒之弊，执事荩筹，当以为然"。孙中山并托冯启民带给蓝天蔚一张自己的照片。

有没有一种可能，值时局紊乱，蓝天蔚株守穷山而音问沉滞，并未看到今天我们所读到的孙中山对他的回复？

我们通过材料可以知道，冯启民此后再未回到蓝天蔚的身边。因涉嫌刺杀李根源（未成）一案，冯启民受到起诉，一直被关押于狱。到此案注销，他被开释，时间已是1921年5月了。是年3月，蓝天蔚已遇难于四川重庆。这段时间，辗转于鄂西战事、后遭川军囚禁的蓝天蔚似无可能收到孙中山的函照。

即使当时收到信件，恐怕困境下的蓝天蔚也无从选择了。胡复谓"大军既集，粮饷更难，蓝只得召开军事会议，决定在1921年元旦出兵，大举东下，孤注一掷"。也有李华新回忆："蓝天蔚将军奉国父命来鄂西统编鄂军。兹奉吴醒汉之命出席蓝在恩施县城召开之军事会议，我鉴于鄂西贫瘠，饷械两缺，决难久驻，因建议全军绕道湘西至广东投效国父麾下，未得通过。"

以上，我未对蓝天蔚、孙中山之间为共图一致而进行的行动进行阐述，只依据史料列出上述——在复杂时局中两人的不一致处。

综观蓝天蔚的一生，似南似北，非南非北，给人以独特乃至模糊的印象。这种模糊所展露的，或是一种长久以来形成的惯性思考的陷阱。我有时想，我是否也犯了人们常犯的"非南即北的，使一个历史人物站队"的偏误呢？

章太炎谓："（蓝）任至偏将，清廷不知忌，同志不以为疑。"道出了蓝天蔚的部分个性，然这也是在外患频仍、旧廷枯朽时，新军将领存在的普遍状态。清廷无法体悟将亡之痛，否则在接到滦州兵谏时，不会方寸大乱，不数日便下诏罪己。

美国《旧金山之声》（《旧金山之声》San Francisco Call，1912年8月1日）称蓝天蔚为"中国（满洲）革命的领袖"。作为北方民军的灵魂人物，蓝天蔚是否曾相应

"独立"于孙中山为核心的南方政府之外？

南京临时政府成立后，民军大连总机关部电上海都督陈其美转孙中山、黄兴："请速促蓝都督首途，并祈布告中外，若有借词反对蓝都督，即是东省同胞之公敌。"在北伐过程中，东三省民军确实都服从着蓝天蔚的指令。1912年2月26日，穆厚敦致安格联第30号函中谓："（开原）革命党认为，他们既是在清帝逊位以前根据蓝天蔚的命令来占领了这个城，以后再没有接到蓝天蔚的命令，他们有义务继续保留这个地方。他们思想上并没有把临时政府放在眼里，现在皇帝已经逊位了，蓝天蔚和总督有同样的权力。"

南北和议后，北伐停止，蓝天蔚不去北京，不去武昌、也不去南京，弃职留洋海外；他归国后的数年内，更像一个孤家寡人，既独立于南北两政府，又试图借用两政府实践其抱负，然屡次失败。至护法时期——1921年元旦，就任了鄂豫联军总司令的蓝明知胜算之少，依然绝地起孤军。此后受北军、鄂西神兵及川军的联合夹击，全军覆灭。在翻覆无情的战局中，成为一个"无兵"的不得不死的将军。

从鄂西战败后蓝天蔚怀抱侥幸心理投奔熊克武之事来看，他似是识人不明的；那么，蓝天蔚是一个缺乏深度政治思考的人么？

我进而想到蓝天蔚在奉天辛亥革命所受过的羞辱，这是否是他一生无法解开的心结？辛亥民元时期，为理想与激情所激，一个热血男儿成全了他的北伐盛举；此后屡次试图进取北方的他，是否也会为内心激情所蔽，以至在1921年罔顾西南的分崩离析，一意讨伐北军？

亦有谓"非战不可图存"。鄂西军时陷绝境，蓝欲绝地求生。钟鼎谓"公知川援不可恃，与其坐而待亡，曷若申义而死。因率之分三路东下"。

为何明知不可而为之？我试图从一个纷繁复杂的局面中，找出蓝天蔚行径背后的思想源头，一度真是苦闷啊。

台湾辛亥武昌首义理事会荣誉理事长向榕铮先生向我说出他的想法。他身为军人，一生拥有着军人的立场与习惯。"民国建立后，很多仁人志士捐躯于政见不一，令人痛惜！我以为，蓝将军并不是思想复杂的人。和普通的政客不同，一个真正的军人，心中所想的就是如何救国救民。也许你最应该做的，是寻找他在军事方面的史料。那可能是他留给后人的最珍贵的遗产。"

与将蓝天蔚定位于一个摇摆不定的同盟会员或国民党员相比，人们似更认同他作为一个倾向于民军的职业军人的存在。

军人，依附于他借以实现抱负的军队。军队，"专治之物"也。1903年，蓝天蔚就任拒俄学生军队长，曾进行演说："军队与社会，大相径庭。社会贵平等，军队尚专制，盖非专制则不能以一人统御百人，乃至十万、百万人，出入于枪林弹雨之中，相忘死生也。"

先秦以后，以"士农工商"为主体的中国传统社会，重文轻武，军人地位低下。专心于儒家经典的中国官僚阶层知识分子，强调儒家伦理原则，对军事既不敏感，回应也相对消极。历史学家雷海宗先生曾评价中国自东汉以后出现了"无兵的文化"。这同于蓝天蔚所述"吾国前此之无兵矣"！

蓝天蔚谓："历观吾全国军队，而叹吾民族之无军人资格也。聚千万屠沽舆台不识字之民而为兵卒，拔二三粗鄙近利之夫而为队长。……吾所求者，非徒有形式之兵，乃完具精神之兵也。如以形式求之，则绿营之老弱残疾、半死半生者兵也……盖徒有形式而无精神。虽拥众兵，举不足当方家一噱。"

"凡文明上之一艺一物，军力强，其文明程度与军力程度继长增高，如日中天，如盘承水，活泼流动，吾民族之种种利益得以游刃直行而无滞阻。"

将"没有政治生活的国民性格"的"形式之兵"革新为富于"军国民精神"的新军，统御此"专治之物"使中国走向心中的文明社会，曾是蓝天蔚及他的同伴们的志向。

同样，在1915年蓝天蔚致筹安会的函中，他对于共和国体最深的顾虑，恐也还是"自由过甚的共和"与"军国民教育"的关系。"共和习俗之自由范围过甚，即难语于军国民之教育也"。因"若吾国现时地位苟免灭亡，则有无限发展之希望；若无发展希望，即难免于灭亡。是故，于此而不力修军政，虽有以知其危于此，而果欲力修军备，则又非共和制所能适宜矣"。

人们可以注意到一个细节：癸卯年（1903年）的日本，蓝天蔚作为拒俄学生军队长带领队员进行训练时，每个队员均佩戴黄帝徽章，上书誓言"帝作五兵，挥斥百族，时维我祖，我膺是服"。与之相应的，1919年，蓝天蔚任四川慰问使时，曾从成都向岑春煊发电，请以轩辕黄帝为中国教主，借以巩固涣散的时局。岑春煊以信教自由婉拒。1920年，时任鄂豫联军靖国军总司令的蓝氏将去四川承商鄂军发展之事（联军总司令部移设渝城，蓝以为是靖国各军良好机会）。出发之前，他在湖北恩施轩辕宫率同师团长以一羊一豕祭于黄帝始祖，并演说有功于后世者之确证。对于"黄帝"——以统一华夏部落与征服东夷、九黎族而统一中华之绩载入史册的中国人的共祖，他未改"时维我祖，我膺是服"的初衷。

百年之后的今日，如何使民众拥有一种蓬勃向上又富有凝聚力的精神面貌，对于在近代史上饱受磨难、弱骨难支的中国人而言，依然无比重要。就目前所找到的史料而言，蓝天蔚的心血凝聚在存世不多的数篇军事论文之中，我在谱中略作了整理。读之,尚可触摸到一种有力的心跳。

　　他短暂而不乏精彩的一生在近百年前便已结束了。因种种原因,历史的尘埃掩埋了他与战友们的史迹。因感到有完成这块历史拼图的必要,我贸然做了这番搜寻及爬梳史料的基础工作。现在,我将《蓝谱》交还给史学界,留待后之研究者继续追索。

　　我深信,以蓝天蔚热切的情性,当不畏惧袒开胸膛,接受你们的解剖。但愿,他的魂魄可以转化成于世有益之物!

凡　例

一、本书以记述谱主生平活动为主，兼收与谱主活动有关的各方面资料。

二、本书按年、月、日顺序，统一记事。每年中，首记国际国内重大历史事件（某些特殊年份的大事记围绕谱主行动采择）；次记谱主有关事迹，或与谱主有直接关系的活动。谱主活动，一般以当日事发生先后排列。谱主幼年有些年份事迹暂缺，但该系年仍然保留。

三、纪年统用阳历，后附阴历。篇首标明清帝年号或中华民国纪年以及岁次干支。谱主岁序以1877年谱主出生之年为一岁，以此类推，1921年谱主逝世时，为45岁。

四、平叙、纲目两种体裁并用，斟酌情形选用。纲目文字力求不重复。以下情形者，只列纲文：（一）纲文纪事已说明问题的；（二）活动仅知行踪，缺乏详细资料的；（三）简短函电。

五、记事详其月日。无日月可稽者，或附于其同年、同月之后，或编排在适宜位置。无年份可稽者，附于邻近年份或相关记事之后，酌加注释。如遇几条记事时间相同，首条标明时间，余则标以"△"号。

六、记述事件程序，一般采用综述；函电、讲演等择要摘引。纲文中称谱主为"蓝天蔚"，引文称谓按原文照录。

七、本书引用资料，力求引用原件、影印件或最初发表的报刊及书籍。谱主生涯记载中有重点疑问处，诸说并存的，择其善者。过于重复的，取其一说；诸说略有不同的，细大不捐，经考订后罗列于目文；暂无第一手资料可资核实的，不得已而采用一般说法，加注说明。重要情节、论据有矛盾、歧义处，"按"语说明之。为避免字体多样，本谱编者将"按"与"注"统一于脚注，正文中如有对引用文字作括号说明的按原文保留。本谱对于相关人物之注解，选择与谱主有交集而不甚彰于世者。

八、所据资料，均注明出处，首次出现时标明作者、书刊名、篇名、版本、出版时地、卷号页码等；重复出现时仅标明篇名或书名、卷号页码。引用报纸标明报名及日期。出处文献详细信息见书后"征引文献"。

九、对于引文中曾发表过的内容,摘引相关内容;凡文稿、函电、演说等未曾发表或较为重要者,酌情多录或全录;刊于早期报刊、目前罕见的多录或节录。

十、本书对国家、政府、党派、团体等,均用正式名称或通用简称。引文则按原状。有关主要人物以字号行世者,酌情于首次出现时注明原名。本国地名或外国地名按当时语,或解说为现在地名。

十一、引文以原貌为准。个别有歧义的用语,取用今人之习惯,引文还按原状。引用文字中有明显错误的直接改过,如"兰天蔚"、"蓝天尉"都改为"蓝天蔚";如"字秀豪",都改为"号秀豪"。其他的明显错漏,订正错字置于〔 〕号内,增补脱字置于〈 〉号内,衍文加〔 〕号,缺字用□号表示;疑有讹误但暂难判断的用"?"表示。底本原有小注,用( )号标明。原文未加标点或仅断句者,均重新标点、酌予分段。

十二、本书首有《前言》《谱前》。《谱前》三份,一为《蓝天蔚生平概述》,一为《蓝氏家族源流》,一为《黄陂沿革与民风》;后有《谱余》及《谱后》。谱后收录《蓝天蔚著述》,系对谱主著述的整理;收录《蓝天蔚事略》等及《相关档案资料汇编》;卷末附录《词目索引》及《征引书目》。

目　　录

蓝天蔚生平概述

何　广

　　蓝天蔚,字子静,号秀豪,官名天蔚。湖北黄陂人,1877 年生于蓝家大湾①。父蓝祥彦,行二。有两弟才蔚、文蔚及一妹。

　　蓝天蔚幼读诗书,少小随父到汉阳谋生,游习于湘军宿将陶树恩、周芳明门下,初知军旅事。

　　时第二次鸦片战争结束,太平天国运动敉平,国家出现"同光中兴"之局,然而甲午一战,惊破了中兴之梦,震撼了国人。湖广总督张之洞吁请修备储才,主张练新军、造铁路、建兵工厂、多派人员出国游历。张之洞编练的湖北新军中,工程营成军较早,技术、学术均甲于其他兵种。蓝天蔚以天下为己任,发愤读书,不顾世俗非笑,往投工程营当兵,后被选入湖北武备学堂。1899 年经拔选,蓝天蔚等 80 名学员分两批官派赴日本留学。10 月,进入东京成城学校,接受预科教育。两年后转入日本陆军士官学校,习工兵科,为第二期学员,同学有良弼、龚光明、王遇甲等。蓝天蔚与第一期同学吴禄贞、张绍曾并称为"士官三杰",秀出群伦。

　　留学期间,蓝天蔚接受了课程满满、纪律严明的日式军事教育。他处处留心日本军事学上的长处。1906 年日本某陆军大佐在湖北督练公所看到一份《战时高等司令部办事简章》,十分眼熟,原来是日本军方《战时高等司令部勤务令》的译本。追查出处,蓝天蔚坦承是留学日本期间盗写,归国后翻译的。事后,日本参谋本部、陆军省严重关切,下发"内训",要求本国军方严格管理,"预防泄漏"。

　　课余,蓝天蔚热心留日同乡、同学间的社团活动。1899 年,留日学生在东京成立励志会,假座茶室,讲学论政,开"留学界创设团体之先河"。身为会员,蓝天蔚常

---

　　①　湾:山沟里的小块平地,也指山村。

常莅会演说,参加者回忆"会员演说之最激烈者,以湖北出身者为最多,如傅良弼(即傅慈祥,1900年自立军运动领导人)、吴绥卿(即吴禄贞)、蓝秀豪等,皆其卓卓者"。1902年东京成立清国留学生会馆,蓝天蔚被推任为会馆干事。

同年秋,蓝天蔚与刘成禺、张继煦等组织湖北学生界社,作为湖北留学生的同乡会组织,并预筹发行刊物。1903年1月,第一个以省份命名的留日学生刊物《湖北学生界》问世,它"输入东西之学说,唤起国民之精神",激发爱乡爱国之情怀,对湖北学界、军界产生很大影响。经历甲午战败、庚子国耻,亡国灭种,成为时人的大忧惧,何以救亡图存?强军最为直接见效。军校学员蓝天蔚在《湖北学生界》上连续发表了四篇逻辑上紧密关联的军事学论文。

《军解》解析军队性质,细说军队既是无礼,亦是有礼之物,主张军人要有担当精神,"以文明为脑,以野蛮为体。文明其心思,野蛮其手段,文明待同族,野蛮待外族",直行军国民主义。《军国民思想普及论》,以各国各邦为例,论述"国家生存全系乎军。组织军队之义务,全在乎国民",文章称施行军国民主义,要使国民有担任义务兵的责任,养成武人之精神。要普及军国民思想,又"须使全社会之国民,皆深知军队与国家之关系",因而撰《军事与国家之关系》,以英、法、德、美为例,说明军事"用之独立,为兴国之第一义;练其实力,为防国之最利器"。国家以军队而立,军队恃何以存?《军队之精神》开篇称"军队之于精神,犹鱼之于水,人之于空气。有之则活,无之则死",精神是成军之关键。军队精神附丽并见诸施行者,在于军纪,秩序、服从和职守三者为养成军纪之道。文章进而指出本国军队徒具表象,不存精神,大声疾呼必"使形式与精神而并重","力除积弊,彻底澄清洗刷之余,急与教育。必使全军发爱国之热诚,为保种之争竞"。四篇文章体现了蓝天蔚的军国民主义思想,随后不久的拒俄运动,他有了践行其思想的机会。

1903年2月,蓝天蔚在士官学校结束见习,行将毕业。张之洞爱惜人才,指示清国驻日留学生总监汪大燮,要求汪为湖北选送的蓝天蔚等学生,依照具体情况选择继续深造的学校。根据专业方向,蓝天蔚被安排进入炮兵工程学校,并可继续在陆军大学或工科大学深造。预计结束全部学业,还要留学5年。留日4年,蓝天蔚勤于学业,始终未能回国与家人一面。3月,士官学校毕业,蓝天蔚请假回国探亲获准。

恰恰此时发生拒俄运动。1900年义和团入京之际,沙俄趁机出兵中国东北,1902年清政府与沙俄签订条约,约定俄军分三期于18个月内撤出。1903年已届撤兵之期,沙俄拒不履约,试图霸占东北。一时全国舆论哗然,上海张园举行拒俄大会。两天后,东京留学生会馆开会呼应,决议组织拒俄义勇队,旋即成立学生军,以拒俄为目的,代表国民公愤,承担作战义务,受政府指挥行事。蓝天蔚是这个爱国御侮学生组织的重要发起人,并经会议公推为学生军队长,负责编练学生军。在就职演讲中,蓝天蔚说"今者同志诸君子,仗大义,发公愤,怵于亡国之祸,欲以至贵至重之躯,捐之沙场,以拒强虏,以争国权,诚中国有史以来未有之光彩,亦诚中国有史以来未有之惨剧也",并申明以军纪相约束。一时加入学生军者有三百人,日日操练,备赴疆场。成立仅5日,日本外务部和东京神田警察厅出面干涉,认为留学生组成军队,于日本主权有碍,要求停止活动,并令解散。留学生紧急讨论学生军存废问题,推蓝天蔚等4人修改章程,决议改学生军为军国民教育会,以养成尚武精神,实行爱国主义。

东京留学生的拒俄运动在全国造成很大影响,学生军的解散,使部分留学生思想转向,由爱国转为革命。6月5日,革命色彩浓厚的《苏报》伪造诏谕,煞有介事报道《清政府"密谕严拿留学生"》,指名蓝天蔚等反叛朝廷,"随时拿到,就地正法"。

10月,蓝天蔚被日本陆军炮兵工程学校正式录取,学号为2408。11月,湖北巡抚端方迭电相召回国。回国后,端方经常问询军事改革问题,蓝天蔚的不少建议为端方嘉纳。这令蓝天蔚颇感知遇之恩,表示要尽心学业,并"劝勉他人,志归纯正,为将来报国之用"。端方优遇蓝天蔚,在留学生界产生积极影响,学生们也为之"共相感戴,共相奋勉"。

1904年初端方复派蓝东渡日本,完成其学业,并随带50名湖北优秀学生赴日留学,分别学习"军需、辎重、测量、军医、军乐、兽医",以及"骑手、鞍工、蹄铁"等科目,后人评论,"鄂军军事学之发展,此为嚆矢"。才到日本,即接到外务部通知,京师练兵处召蓝天蔚等六名湖北留学生,速速回国进京。蓝天蔚遂办理炮工学校的退学手续,匆匆回国。原本是赴京候用,张之洞等权衡再三,认为湖北派留学生赴东洋求学,不能归湖北使用,未免不妥,遂留下蓝天蔚等三名在湖北带队教操。

留在湖北的蓝天蔚,担任武昌高等学堂、湖北将弁学堂教习,兼任湖北营务处参谋所咨议。次年湖北成立常备军两镇,蓝天蔚委为第一镇司令部正参谋。1906年,湖北第一镇改番号为督练第八镇,蓝仍任参谋。10月,清政府在河南彰德举行秋操,分南北两军进行演习。北军以北洋诸镇为班底,段祺瑞为总统官;南军以第八镇、第二十九混成协为基干,张彪为总统官。蓝天蔚任第八镇正参谋官,参加演习。军演结束,时人评论北军"以勇气胜",南军"以学问胜",此中应有蓝天蔚赞画之力。1907年,蓝天蔚调充湖北陆军第八镇第三十二标统带兼湖北督练公所参谋。后陆军部派兼充一等咨议官。

1909年,蓝天蔚辞去三十二标标统,经湖广总督陈夔龙奏请,再赴日本陆军大学深造。一年后,蓝天蔚留学回国,经陈夔龙、锡良联名上奏,调任东三省第二混成协协统。1911年,清廷加蓝天蔚陆军协都统衔。东北鼠疫爆发经年,是年蓝天蔚督率兵队,遮断交通,遏绝疫气,颇见成效,东三省总督锡良为其请旨嘉奖。

蓝天蔚注重士兵教育。早在任职湖北陆军第八镇第三十二标时,蓝在镇司令部设自习室,讨论行伍之事;利用操课时间,对本标官兵讲述改革的重要,并"大展其革新之志",出其所学,手订该标教育方针、内务规划,并刊印《教育杂志》。在辽东,蓝部驻军北大营,曾有记载"该协中士某入城采买,日本警察无理干涉其行动,该中士以一人打伤十余人,本人竟能安全回部。时日领出而交涉,蓝复,此种士兵小冲突,谈不到交涉,否则,就约定地点,我们来干一下子亦可。而日本竟亦无可如何。蓝并将该中士立即升为司务长。由是而全军士心一振,对蓝亦愈有相当信仰"。

经日俄战后,日方势力渗透甚深,东北满铁沿线俨然成日方国土。蓝天蔚虽留学日本,但自有爱国热肠。1910年日军步兵第二十二旅团在奉天铁岭举行联合演习,蓝天蔚要求对方中止演习,并以本国演习为由,率队径直穿越日方演习区域,引得日方愤愤然:"蓝天蔚(原日本留学生)夙抱排日思想,事事物物皆与帝国举措、行动相反对。"

治军辽东,统兵一方,蓝天蔚踌躇满志。他平生绝少作诗,然而一首《夜归北大营》一书再书,足见其当年情怀。诗曰:

> 无边积雪溶辽水,此夜轻骑返大营。
>
> 天地昏昏人尽睡,风尘仆仆我孤行。
>
> 明星尚有两三点,野犬频来断续声。
>
> 下马入门情更远,手提长剑待鸡鸣。

章太炎评论蓝天蔚"任至偏将清廷不知忌,同志不以为疑",既说明蓝天蔚恪尽军人职守,才干突出,也说明他对军中革命分子多加掩护和帮助,有同志之谊。1903年,先期回国的吴禄贞假座武昌花园山的孙茂森花园举行聚谈,结交有志青年,宣传革命思想。蓝天蔚当年年底回国,住武昌月余,有记载他参加了聚谈活动。花园山聚会解体后,以组织形式继之而起的革命团体是科学补习所,蓝天蔚为之隐护。1904年黄兴因举行长沙起义事泄,遭行文通缉,在沅江船上,遇蓝天蔚,蓝自告奋勇,力保黄兴安全经过汉口。1906年革命团体日知会成立,蓝天蔚常常前往日知会参与会谈,捐助经费,暗报消息,庇护会员。同志季雨霖等辱骂第八镇统制张彪,蓝天蔚先出资让季等逃出鄂境,以避其祸,再请张彪按名通缉,以息其怒。彰德秋操期间,熊十力运动革命,为当局侦知,蓝天蔚也暗中相告,助其安然远走。

1911年10月10日,武昌起义猝然爆发,当时清政府正紧锣密鼓筹备永平秋操,未及举行,即宣告终止。拟参加会操的张绍曾所部第二十镇未回原防,驻止滦州,经与蓝天蔚、卢永祥等相约,借机提出立宪要求。10月27日,由张绍曾、蓝天蔚等联名的十二政纲奏呈清廷,是为"滦州兵谏"。奏折指出武昌起义是"政治之无条理及立宪之假筹备所产出之结果",提出保皇帝万世一系,开国会、定宪法、保民权,成立责任内阁,废苛政,扩大国会权力等一系列政治改革主张。与政纲相配合,张、蓝等将北洋陆军第三、五、二十镇与第二混成协联合组成"立宪军",以兵力"策宪政之进步"。滦州兵谏震动京师,清廷下罪己诏,允张、蓝所奏,五天之后,清政府颁布立宪十九信条,十九信条包含蓝天蔚等人所奏的大多数条文。奏纲入京后,清政府即命吴禄贞宣抚张、蓝。吴乘此良机,与张、蓝等密议,以滦州张部为第一军,奉天蓝部为第二军,吴部为第三军。第一军由滦州趋丰台,第三军由保定趋长辛店,第二军作后援队,策划既定,分别实行,共图推倒清廷。

蓝天蔚整顿部队,拟应约率部出关,部队赶到车站,车辆已为袁世凯、赵尔巽设计遣去,出关不利。而此时吴禄贞在石家庄被袁世凯派人暗杀,张绍曾被清政府褫夺兵权,蓝天蔚闻信之下,只身赶赴滦州,力劝张起兵,然而张已无意于此。蓝只得返回奉天,另做打算。

蓝天蔚欲挟赵尔巽在奉天响应武昌起义,宣布独立,然而赵尔巽坚持不允,并急调张作霖率防营入城。在谘议局开会讨论独立时,张作霖公开反对并持枪恐吓,新军几位高级军官也不赞同独立,最后成立奉天国民保安会,赵尔巽为会长,吴景濂、新军协统伍祥祯任副会长,蓝天蔚被排挤、监视,失去对所部的控制。清廷旋即撤销蓝天蔚协统之职,赵尔巽以"派赴东南各省考察"为名,礼送蓝天蔚出境,潜消革命。

蓝天蔚离开奉天抵大连,在报纸上向赵尔巽发表公开信,表明革命心志,劝赵随大势,顺舆情,宣布东三省独立,并劝说皇室禅位。东北革命同志公推蓝天蔚为关东临时大都督,东三省各地党人闻讯,即以蓝天蔚都督名义四处起义。

12月初,蓝天蔚乘轮来到南方革命中枢——上海。在沪期间,湖北旧部电邀蓝天蔚回鄂代理都督,为蓝所拒。此时南北开始洽谈停战议和,蓝天蔚被鄂军都督府增选为议和代表,而蓝志在北伐,在上海整编学生军,招募十字军,争取各方经费支持。沪军都督府和鄂军都督府对蓝之求援,多有推托,而且革命党内部为黄兴、黎元洪大元帅位置之争相持不下,统一的南方革命政府迟迟难以成立,蓝天蔚大志难伸,愤而开枪自戕,幸未伤及要害。蓝天蔚自杀事件成为沪上哄传一时的新闻,各报就蓝自击事件发表消息和评论,呼吁革命党停止内争,迅速援鄂和北伐。1912

年1月1日,中华民国南京临时政府成立,拟任蓝天蔚为参谋长,蓝"以救国为天职,不愿为安乐之官吏",请命北伐。1月5日,南京临时政府任命蓝天蔚为关外都督兼北伐第二军总司令,节制"北伐之沪军暨海容、海琛、南琛三舰"。

蓝天蔚率师抵达山东烟台,停驻芝罘海中,藉作根据。蓝的到来,鼓舞了东北、山东革命党人的士气,东三省起义彼伏此起,绿林及清军中屡有投奔民党者。北伐军与山东革命党海陆呼应,克复登州、黄县、烟台等处,成立革命军政府。东北方向,蓝天蔚派北伐先遣队在日方控制的中立地带庄河尖山口子上陆,连战皆捷。同时,停驻烟台海面的军舰,巡弋到大沽口,并到秦皇岛、营口等地示威,震动京津,蓝天蔚北伐之师成为南方革命政府一枚重要的战略棋子,对南北议和的时局发挥了深远影响。

2月12日清帝退位,南北统一,蓝天蔚接到南京临时政府陆军部停战令。同时,日方对蓝天蔚于中立地带登陆,拟报以武力。蓝天蔚北伐之举,遂暂告停顿。不久,北京兵变,但迅速事定。蓝天蔚虽有志北伐,然而不得不陆续撤出东北革命军,整编、解散北伐部队,取消关外都督名义。4月中旬蓝天蔚返回上海。

南北统一,袁世凯在北京组织新内阁。鉴于蓝天蔚率海军北伐的经历,北京政府曾假意拟任其为海军总长,海军及舆论则以蓝天蔚所长在陆军,起而反对,蓝天蔚本人也以经验缺乏坚辞。识者评论政府此举"用非所学,损蓝信用"而已。

回沪之后,蓝天蔚出席张园盛大的欢迎会,答谢各界。沪上知名伶人潘月樵、刘艺舟等资助、参加了蓝天蔚东北革命事业。此际,他们返回上海创办新舞台剧社,将蓝在东北举义的经历,改编成新戏《蓝天蔚》连续公演多日。蓝、潘交谊深厚,二次革命后,潘月樵因新舞台私藏辛亥北伐之际未及处理的枪弹而获罪,蓝天蔚多方为之营救。

北伐归来,蓝天蔚声名赫赫。1912年他参加、列名各种政党、社团。他是民社发起人之一,后来民社并入共和党,蓝天蔚名列共和党理事。他是华侨联合会、中华民国女子工业场的赞成员,中华民族大同会的调查部干事,临时稽勋局的名誉审议,并列名华法联进会(中法协会)。为抵制《俄库协约》,蓝发起成立中国民国救国社。此外,还参与发起创办《世界报》《国民日报》。据族人回忆,蓝天蔚曾赠邓文瑗五万元,投资组办香港中华书局。他顾念桑梓,在湖北黄陂创办秉文学校,当地男女学童可以免费就读。

为解决民初政府财政困难,蓝天蔚不辞烦劳,主动劝募爱国债券。且不要利禄,不求名位,飘然远引,6月,受北京临时政府资助出洋游历,经日本访美访欧。在海外期间,他留意各国军事、时政,运作外交承认。在美国,他乘坐华人飞行家谭根的飞机翱翔蓝天,并积极建议中国政府在军队中配备飞机。抵达华盛顿,督促美国承认中华民国的地位。他密切关注祖国,对国内党派纷争乱象忧心忡忡,致电警以"党争不绝,灭亡立待",劝勉停止党争,共图一致。

1912 年 10 月,北京临时政府授予蓝天蔚陆军中将衔,不久即加陆军上将衔。蓝顾念旧部,辞所授军衔,请移奖关外部下,未获允准。1914 年初,游历年余的蓝天蔚回国,授以勋四位。

回国之后,蓝天蔚热情满满,多有政见贡献,然不为总统袁世凯所用,仅以闲职备员羁縻,此时蓝郁郁居于京城。1915 年袁世凯筹划帝制自为,一片劝进声中,蓝天蔚应景数上请愿书,申言共和不利于国,赞成君主立宪,陈请变更国体。并被选举为国民代表会议代表,为公决国体投票。12 月底,蔡锷离京,辗转抵达云南,发表护国讨袁漾电。蓝天蔚等致电蔡锷,劝其取消反对帝制,早日回京。1916 年在全国的反对声浪及护国军的节节胜利中,袁世凯被迫取消洪宪帝制。反袁力量意犹未止,敦请其辞去大总统职,奉命赴川抵抗护国军的袁世凯亲信陈宦此时也反戈一击,宣布独立。有谓陈宦此举,与他的同乡好友蓝天蔚等致书策动不无关系。1916 年 5 月,北洋政府任蓝天蔚为达威将军,闲置于将军府。不久,将军府裁撤,段祺瑞政府拟任蓝天蔚为库伦办事长,国务会议业已同意,蓝婉拒就任。同年底,蓝天蔚在北京约集失势将军,以联络感情、研究学识为宗旨,发起同德俱乐部,创办《同德杂志》。

袁世凯死后,黎元洪继任大总统,段祺瑞为国务总理。第一次世界大战爆发,黎、段在对德参战问题上意见不一,发生府院之争,黎元洪下令免去段祺瑞国务总理之职,蓝天蔚通电支持黎元洪。应邀进京调和黎、段矛盾的张勋借机复辟清朝,蓝天蔚约集旧部,致函段祺瑞,愿意同秉大义,讨伐复辟,誓保共和。

张勋复辟旋起旋没,段祺瑞回京,迎冯国璋为总统,拒绝恢复《临时约法》和国会。蓝天蔚通电,呼吁"尊崇约法,恢复国会",为策应南方孙中山的护法运动,蓝天蔚接受孙中山任命,任关外招抚使兼司令,赴东北联络起事,然而事未成功。1917 年 10 月张作霖呈请北洋政府,褫夺蓝天蔚官勋,并严令通缉。是年年底,蓝天蔚返鄂,策动士官学校同学、东北新军同僚、时任荆宜镇守使的石星川于荆州自主,投身护法行列。

1918 年西南护法军政府改组为总裁制,岑春煊任主席总裁,孙中山去职。蓝天蔚抵粤,受任为广东军政府高等顾问,11 月,受派为福建宣抚使,赴闽慰劳护法军队,磋商闽浙停战事宜。

同在护法旗帜之下,唐继尧与熊克武所代表的滇川之间有很深的矛盾,集中在滇军驻川及军饷问题上。1919年护法军政府委蓝天蔚为鄂西川陕慰问使,启节辗转于云南、四川,力为斡旋。经蓝天蔚协调,暂时解决了滇军驻川及军饷问题。黎天才、王天纵两支客军驻于四川夔州,对当地多有侵害,蓝又亲赴夔门,划定防区,规定税收,使黎王不得侵占川省过分的利益。在维护西藏主权问题上,熊克武、蓝天蔚所见相同,彼此通电相和。熊对蓝宣慰四川,似具好感。1920年,唐继尧与熊克武矛盾不可调和,爆发川滇之战,蓝天蔚无奈选择中立。

1920年4月,蓝天蔚由川入鄂,抚循鄂西护法军。当时,柏文蔚统鄂西护法军,难以和辑各部,各部公请蓝天蔚统率之。蓝天蔚本可薄总司令而不为,行其位高誉隆的宣慰之责。然而顾念桑梓,意欲有所作为,遂迎难而上。4月9日,蓝天蔚在施南接印,任湖北靖国第一军总司令,视事之后,军威军势为之一振。不久又吸收黎天才、王天纵余部,组成鄂豫联军,被公推为总司令。蓝天蔚发布公电,表示"此次兴兵,志在护法",然而他所见到的是西南护法军政府与北洋政府之间苟且言和,"以护法救国始,而以争权夺利终",忘却护法精神。本年,蓝天蔚经介绍加入中国国民党。

在鄂西,蓝天蔚的靖国联军遭遇重重困难。靖国军内部山头林立,整合困难。鄂西施南七属,本非富庶之地,靖国军兵员不少,摊派到当地的粮饷负担过重,引发民众抵制。如靖国军李化民部时时因征粮激起民变,当地数县民众成立"神兵"组织,联合围攻靖国军。同在护法旗号下的熊克武川军,对驻扎在四川境内的滇军、鄂军,以及投靠滇军的川军,以驱"客军"为名,实行武力征剿。湖北督军王占元则在宜昌部署重兵,眈眈虎视靖国军。因此困守鄂西,并无出路。此时李烈钧率滇军进击湘西,蓝李联络,可互为犄角,进图荆宜。

鉴于此,1920年底蓝天蔚在恩施县城召开军事会议,大举东下,讨伐湖北督军王占元。1921年元旦,蓝天蔚率所部进攻大支坪,战事进行一月,鄂西靖国联军在北洋系的孙传芳、王都庆所部抗击之下,先进而后退,沿途又为当地"神兵"袭扰,蓝天蔚感慨道:我革命是为民而起,今竟受其攻击,定是自己害苦了百姓。靖国军且战且退至川鄂交界的利川嵩坝,为川军张冲旅阻击。蓝天蔚不忍同室操戈,又以熊克武故人,或可相容,不顾下属反对,下令放弃抵抗,向川军缴械,所部为川军解散。

蓝天蔚被解至夔州,自书下野电文:"鄂西丧亡,天蔚之罪。人格既失,万念都灭。今后读书寡过,不敢再问天下事。"随即熊克武令护送蓝天蔚去渝。3月29日抵重庆,蓝天蔚自知不免于死,致书其弟蓝文蔚,叹息"此役之后,对于中华民国已不愿再生关系。时事至此,人心至此,恐无挽救之力。吾弟以后离脱兵事,作一闲人为好。不然,苟非自己训练之兵,明大义之官,纪律严明,情谊隆厚者,万不可共事。兄之失败,无一个可靠之兵,无一个可靠之将,他人作孽,自己受过,身败名裂"。3月31日蓝天蔚欲拜会熊克武、但懋辛。不见。当日晚被摒去随从,单独羁押于防范森严的勤务兵室。次日,传出蓝天蔚以手枪"自戕"消息。然而深为时论所疑,风传王占元以支援熊克武军火作为引渡蓝天蔚的条件,熊克武遂演出蓝天蔚"自杀"一幕。蓝天蔚享年45岁,身后遗一妻一女。

1926年,其灵柩归葬武昌卓刀泉之伏虎山,章太炎为之题写墓表。1922年、1928年蓝天蔚分别为中华民国北京政府、南京国民政府褒扬给恤。

日本人园田一龟评论蓝天蔚等为"湖北武人之精华","皆为坎坷薄命之武人,以革命派之先觉,手握兵符之健将,俱死于非命,诚千古之恨事。彼等致力于革命,功绩非小,乃壮志未酬,空为时代之牺牲者"。他们身处的时代正是中国近代转型时期,改良、革命,君主、民主,专制、共和,一切尚在晃荡之中,尘埃并未落定。蓝天蔚以戎伍为途径,以报国为素心,随时势而起,为时势所灭,其一生经历凸显出百年前有志报国者的坎坷遭际,也映现出那个令人进退失据的动荡年代。

蓝氏家族源流

蓝天蔚,谱名春山,字子静,号秀豪,官名天蔚,(《蓝氏宗谱》卷八,1913年种玉堂刻本,第31页)出生于湖北黄陂蓝家大湾。

《蓝氏宗谱》载,明朝洪武年间,蓝族一支由江西迁居湖北黄陂。(《楚蓝族谱原序》,《蓝氏宗谱》卷八)道光十四年的《蓝氏宗谱·捐建宗祠勒碑序》载:始祖钧德公自明太祖二年由豫章南康府瓦砌墩徙居湖北西陵蓝家岗。经族人蓝剑波考证,世代相传的江西南康府瓦砌磴筷子街即现在的江西九江市星子县南康镇瓦溪坝。钧德公由明洪武二年迁居到湖北黄陂,到大清道光二十年有四百余载。钧德公以前邈矣难追。

钧德公生子三,其散处大冶等处者难以尽述,惟文盛公籍黄陂蓝家岗,人丁蕃衍,比户而居者不下数百家。

蓝氏后族按族谱派行取名,自十四世以下依国瑞公墨牒取宗派十六字列诸谱首,十四世以后宗派为:

> 廷凤锡祥,春芝毓秀;
>
> 宾鸿焕彩,玉树联芳。(《蓝氏宗谱·派行》)

十六世蓝锡楚(1826—1870)为天蔚祖父。因蓝天蔚任高级武官,故貤封武功将军。谱曰:锡楚,貤封武功将军,字三湘,行三。生于道光丙戌年(1826年)四月二十七日寅时,殁于同治庚午年(1870年)四月十六日寅时,葬本畈托盘垅西南首甲庚向。(《蓝氏宗谱》卷八,第30页)姓陶氏,生于道光丙戌年(1826年)十月十二日子时,殁于光绪乙未年(1895年)七月初一日未时,葬门首菜子地东南首巽干向。生子祥忠、祥彦、祥恭、祥友。(《蓝氏宗谱》卷八,第30页)

十七世祥忠(锡楚长子)亦受"武功将军"貤封。蓝家大湾村民蓝秀清在院中保存一碑,即蓝天蔚、蓝才蔚、蓝文蔚三兄弟为"武功将军祥忠"所立。谱载祥忠生殁情形:祥忠,号显臣,行一,生于道光戊申年(1848年)四月初十日戌时,殁于同治庚午年(1870年)五月初四日,巳时,葬祠后开太公墓前北首。(《蓝氏宗谱》卷八,第30页)

蓝锡楚次子蓝祥彦,即天蔚之父。谱曰:祥彦,字在亭,行二,生于咸丰辛亥年(1851年)六月初五日申时,殁于光绪丙午年(1906年)九月初五日寅时。妻范氏,生于咸丰辛亥年(1851年)三月二十八日丑时。殁于光绪甲午年(1894年)九月十六日戌时。(《蓝氏宗谱》卷八,第31页)范氏生子春山、春池、春霖,女①一,适范。谱载,春池出继三弟祥恭为嗣,春霖出继四弟祥友为嗣。(《蓝氏宗谱》卷八,第31—32页)

十八世,蓝祥彦长子春山即蓝天蔚。(族谱内容见《蓝谱》,1877年)

蓝祥彦次子才蔚(1885—1967),名春池,字汉生,行二,生于光绪乙酉年(1885年)八月初六日寅时。(《蓝氏宗谱》卷八,第34页)才蔚因与士兵打架而被天蔚连降三级;曾为北伐敢死队队长;后奉天蔚命回汉口开米行,资助北伐军粮饷;亦曾资助乡里学堂;育十女,一子蓝惟中,参加中国人民志愿军,赴朝鲜作战,在空战中殉身。(蓝敏:《无价的深情,怀念我的父亲蓝才蔚》,中国国民党革命委员会武汉市委员会:《辛亥首义志士追忆录》,2011年,第163—165页)

蓝祥彦三子文蔚(1890—1967),名春霖,字汉凌,毕业于保定军官学校第一期步兵科。辛亥年(1911年)武昌首义爆发后,蓝天蔚令蓝文蔚从速南下上海,代交书信给陈其美。蓝文蔚经上海返回武汉,追随黄兴参加阳夏保卫战②,任战时总司令部督战参谋。(卢俊:《辛亥革命先贤蓝天蔚兄弟和朱祖圻父子》,《湖北文史》编辑部:《湖北文史》2011年第1期,第98—99页)后文蔚又随黄兴离汉赴上海,参加陈其美的沪军,任北伐敢死队长。(《辛亥革命先贤蓝天蔚兄弟和朱祖圻父子》,《湖北文史》2011年第1期,第99页)文蔚历任连、营、团、旅、师长(授陆军少将衔),后任陇海铁路货捐局局长。民国二十一年,先后任湖北省水利局局长、烟土局局长、国民政府参议等职。(黄陂县县志编纂委员会:《黄陂县志》,武汉出版社1992年版,第544页)

文蔚随兄治军鄂西,靖国护法,无役不从,天蔚兵败入川,文蔚率部随行,暂驻川境。民十一年鄂省驱王自治,蓝文蔚先锋锐进,返筛施南,驱逐北军,绥定七属。川军援鄂,复随攻宜昌。迫弃战言和,互结盟约,蓝部退驻施南,与北军划疆而守,两不侵略。民十二春北伐军起,孔庚③奉孙中山令,为讨贼军中央直辖鄂军军长,同时以文蔚为鄂军先遣司令,转战恢复鄂土。(《孔庚关于北军旅长赵荣华袭击施南鄂军蓝文蔚请饬归原防致黎元洪电》,1922年7月28日,《北洋政府内务部档案》,第二历史档案馆:《中华民国史档案资料汇编·军事》三,江苏古籍出版社1999年版,第490—491页)

天蔚初娶周氏,周氏生于光绪丙子年(1876年)六月二十五日寅时,殁于光绪己亥年(1899年)九月初六日午时,葬与祖母、慈母同场。(《蓝氏宗谱》卷八,第32页)

---

① 女名蓝菊娣。

② 杨玉如忆:1911年阳夏之役,蓝文蔚、萧展舒、卢本棠等保定入伍生率领之决死队,先后赴鄂参加。(杨玉如:《辛亥革命先著记》,科学出版社1958年版,第179页)

③ 孔庚(1871—1950),字文轩,号雯掀。湖北浠水人。毕业于日本陆军士官学校第六期步兵科。历任驻石家庄的吴禄贞军行营参谋长、山西大同镇守使兼晋军第一师师长、晋西镇守使兼第九师师长、湖北自治政府政务院长、孙中山广州大本营处长、讨贼军中央直属鄂军军长、鄂讨贼军总司令等职。

天蔚在日留学,遇赵均腾,赵乐充月老,为天蔚书信一封。天蔚回国后持信访邓文瑗,继娶其长女邓观智。

赵均腾(1875—1951),字南山,湖北黄陂人。毕业于南京陆师学堂。历任湖北武备学堂教官、日本留学生监督、贵州陆军小学堂监督、湖南洪江水师统领、荆襄水师统领、长江水师和荆襄水师统一编制之水师统制、副总统代表(签"洪江条约")、贵州宣慰使等职。1912年由北洋政府授陆军少将加中将衔。两江师范学堂建校初期,赵均腾作为体操教师受聘于该校,与同在校教授英文的邓文瑗交往,结为儿女亲家(邓子曰诰、赵女耀华)。邓曰诰之子邓霆曾在给某日人函中忆:"贵国(日本)明治维新以后新军建立,举行阅兵大典,邀请各国参礼。我外祖父赵均腾老将军奉清廷命,派往贵国参礼。贵国派东条将军接待,由此建立友情,相互往来音讯不断。(中略)赵均腾赴贵国参礼期间,由当时留日士官学生蓝天蔚任翻译,赵将军为媒,将我姑母邓观智女士许配蓝天蔚为妻。"(《邓霆致某日人信函》,邓思民藏)

蓝天蔚遇难后,赵均腾极悲痛,将邓观智与蓝晓蔚接至家中留住一年。(赵真清、赵如珍、赵碧华、赵松珍:《赵均腾先生革命事略》,中国国民党革命委员会湖北省委员会:《民革湖北省委员会纪念辛亥革命100周年》,2011年,第156页)

赵均腾晚年好佛,不谈往事,与黄侃等游。待想要为过往所历记下一些什么,病榻前无人襄助。

邓观智为邓文瑗长女。邓文瑗(1867—1938),广东香山人,香港皇仁书院毕业,历充两江洋务局翻译、两江督办文案、两江师范教员、江宁师范传习所庶务员、江南官报局翻译、直隶调查局职员、陆军第三中学堂教员、陆军第二预备学校教员、教育部秘书。(《最近官绅履历汇录》第一集,第224页)

邓又号云溪老人,通医术;亦擅书法,民国二年编修的《蓝氏宗谱》谱名为其所书。曾与两江师范学堂创始人李瑞清同为两江总督幕僚,分掌学监与洋务;亦兴办实业,在天津曾创办一福裕铁厂。族人谓,民元天蔚赠文瑗资金,与友人创办香港中华书局。民国五年,文瑗为四川都督陈宧幕僚,草著名之《讨袁书》。民国六年,天蔚在北京组织同德俱乐部,邓文瑗编辑同仁杂志《同德》,存世唯两期。《同德》发表有邓文瑗翻译之英文小说。现苏州图书馆有《云溪文存》存世。文瑗之子邓曰训曾任蓝天蔚关外都督府外交顾问,文瑗三子邓曰谟民元时曾担任蓝天蔚驻上海机关部翻译电文密码的工作。

邓观智(1886—1933),亦名邓澄霞,尝从师李瑞清,喜书魏碑。与天蔚辛亥(1911年)前夕结缡于南京督署大厅,旋随天蔚归故里。邓系大家闺秀,气质不凡,

乡人啧啧围睹。见围观者众，观智至内室，取一长凳，坦立其上，颌首旋之。（蓝才蔚
妻蓝霞霖口述，周新男采访于 1980 年）

1916 年 9 月 13 日，天蔚观智之女晓蔚出生，乳名五福，亦名淑芬。蓝频年
奔走革命，家事不顾，甚而出卖家产购买枪械兵马。观智久主邓氏家政，终
身未离。1921 年 3 月，蓝天蔚遇难重庆，观智闻耗后乘轮西上，睹蓝尸周身
青紫，悲愤交集，以熊克武、但懋辛为元凶，与蓝弟文蔚分电各省要人，力查
真相。

北伐军克复武汉，重修蓝天蔚墓。邓观智书魏碑"陆军上将蓝公天蔚之墓"于
碑上，并偕蓝文蔚以事略请章太炎撰表。

1926 年，邓观智向国民政府控诉熊克武谋害故夫。族中忆熊为蒋介石虎
门拘禁，此其一因也，两年后熊经故老多方调解，旋出。观智一恸而返津门（旧
法租界福寿里九号）隐。父文瑗于张勋复辟后即避居津门，观智居娘家，照顾
蓝天蔚遗孤女淑芬（后名晓蔚）及邓曰训之女邓淑惠等。邓文瑗有胃疾，发作时
乃绝粒，以面包充饥，廿一年如一日。邓观智亦有胃疾，亦食面包。不数年，以胃
癌卒。

邓曰诰、邓曰训、邓曰谟谓：先姊观智殁于津沽，姊丈蓝将军天蔚则先先姊而
逝，素为先父所钟爱，每一念及，增伤感矣。（邓曰诰、邓曰训、邓曰谟：《哀乞》，《邓云溪先
生讣告》，约 1938 年，自印本）

女五福以蓝晓蔚之名行世，毕业于天津女子教会学校。1936 年前后与四川罗
毅戡结合，育有四子女。后离异。1949 年，晓蔚携同三子罗肇华、罗肇慧、罗肇岷
离川（幼子罗肇岚交托六伯照应）去宁，在蓝天蔚生前为其所置的大铜银巷五十六
号的房产栖身。1951 年，晓蔚参加华东革命大学对旧知识分子的培训，自请离宁，
分南通海安银行，后辗转至启东大江中学，半生执教。"文革"中深受摧折，积郁成
疾，于 1973 年农历十二月一日病逝于启东。

蓝晓蔚长女罗肇华，育一子一女；次女罗肇惠，育一子一女；子蓝煜（即罗肇岷，
"文革"中易名）育二女；幼子罗肇岚，育一女。

蓝晓蔚与表兄邓霖（赵耀华与邓曰诰之子，观智天蔚侄）一起长大，邓霖读书于
武昌外祖赵均腾宅，尝与晓蔚于蓝天蔚碑前奠酒，蓝文蔚嘱两人，永志将军之死。
邓霖富文采，有遗墨《伞叶楼诗钞》等，读其遗稿，知其怀作《蓝天蔚传》及《赵均腾
传》之愿，奈史料难追，毕生坎坷，无力成全。

百年之后，"文革"中毁去的家族树渐渐复原，赵氏之齐其元，邓氏之邓思民，蓝
氏之蓝煜、夏志敏，尤怀大海之心，辅佐此书完竟。

附世系表(自蓝族钧德公以后十六世始):

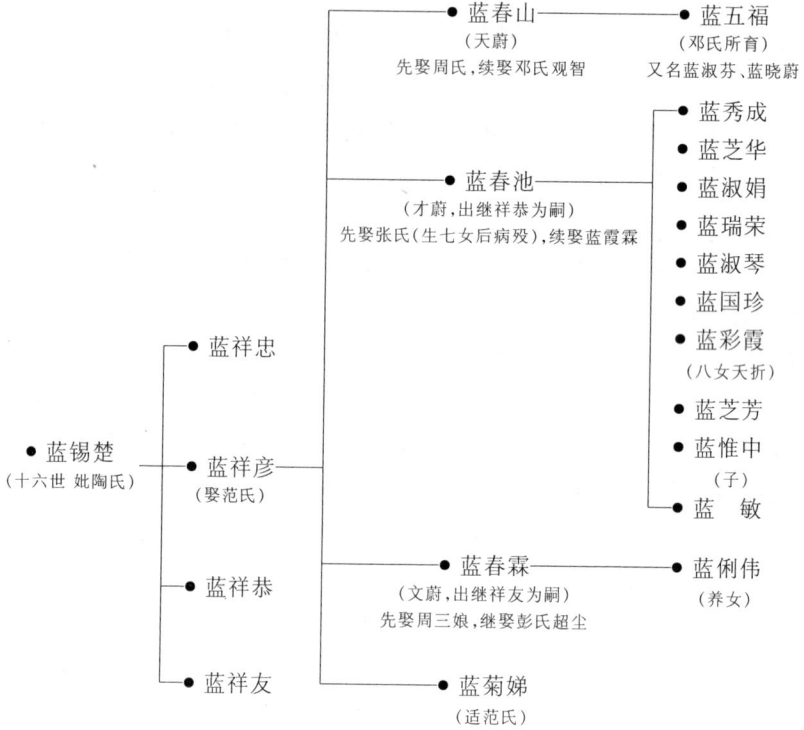

```
                                        ●蓝春山 ─────────── ●蓝五福
                                         (天蔚)              (邓氏所育)
                                    先娶周氏,续娶邓氏观智    又名蓝淑芬、蓝晓蔚

                                                          ●蓝秀成
                                                          ●蓝芝华
                                                          ●蓝淑娟
                                        ●蓝春池          ●蓝瑞荣
                                   (才蔚,出继祥恭为嗣)     ●蓝淑琴
                           先娶张氏(生七女后病殁),续娶蓝霞霖  ●蓝国珍
                                                          ●蓝彩霞
              ●蓝祥忠                                       (八女夭折)
                                                          ●蓝芝芳
●蓝锡楚        ●蓝祥彦                                       ●蓝惟中
(十六世 姚陶氏)   (娶范氏)                                      (子)
                                                          ●蓝  敏
              ●蓝祥恭
                                        ●蓝春霖 ─────────── ●蓝俐伟
                                   (文蔚,出继祥友为嗣)          (养女)
              ●蓝祥友               先娶周三娘,继娶彭氏超尘

                                        ●蓝菊娣
                                         (适范氏)
```

黄陂沿革与民风

　　夫黄陂在春秋也,为黄国。在魏晋,为石阳。邑之以黄陂名也,自北齐始。邑之由黄郡改隶汉郡也,自雍正七年始。北连豫岭,南带荆江。溯贤哲所诞生,在童蒙咸诵花柳前川之句。缅巾帼有奇节,即妇女亦吟将军出塞之诗。至若武湖为黄祖肄武之区,冶城为孔瑾大冶之地,又其无关重轻者耳。今夫安民绥众、举贤育才,地方官之任也;修身齐家、移风易俗,都人士之责也;数百年来,科名之盛甲于他邑,弦诵之声闻于四境,何莫非邑令与绅耆等有以鼓舞而作兴之乎? 是故志前官之政教,而后之令兹邑者可观也;志先正之典型,而后之闻其风者可法也;志父兄师友之嘉言懿行,而后之无坠家声、无背师训者可兴也;志乡曲妇女之节烈孝义,而后之守身若玉、从一而终者可范也。从此士食旧德、农服先畴、垂老不登士师之廷,暮夜不闻追呼之吏,讲让型仁,蒸蒸日上,以仰副朝廷一道同风之盛,岂非守斯土者之所厚期。(颜昉:《黄陂县志序》,清刘昌绪修、徐瀛纂,清同治十年刊本:《黄陂县志》,《中国方志丛书》第336号,台北成文出版社1977年版,第2—3页)

沿革

　　黄陂古荆地,春秋为黄国。汉魏以来,为镇为州为县,凡几变置。迄明编里四十有八,属黄州。嘉靖四十二年割滠源八里隶黄安县。万历十七年,复拨四里,入潞藩。国朝龙兴,疆理方域,槩仍明旧。兹为备载,使后之君子按籍以稽,庶了然陂邑所由来也。

　　春秋隶属黄国。鲁僖二年,黄人同江人盟于贯,三年又会于阳毂,后楚子伐黄,因属楚。

　　秦分楚为四郡,黄属南郡。汉改称西陵。三国时刘表守荆州,使黄祖城石阳为镇以拒吴,即今西城子地。魏江夏郡治石阳,在今黄陂县。嘉平中徙治上昶城,在今德安府界。按魏吴各有江夏郡,各设太守,吴治沙羡,今江夏县西南(省志)。

　　《宋书·州郡志》曰,江夏有曲陵县,本名石阳;孝武三年分鄳县,立保城县,萧齐以保城属齐昌郡。后入于魏,宣武帝正始元年,于保城设齐安郡,北齐以后石阳镇改置黄陂县,属南司州,治名黄陂盖自此始。

　　隋大业初,州郡俱废。改保城曰黄陂,改衡州曰黄州,以县属焉,陂隶黄郡盖由此始。

　　唐武德中,复置南司州。七年州废。贞元时复置黄陂县。唐侯喜撰《复黄陂记》,黄陂在汝州,汝州有三十六陂,黄陂最大。溉田千顷,始作于隋。记云:"至贞元辛未,刺史卢虔始复之。"辛未,贞元七年也,碑元和三年建。喜之文辞,尝为韩退之所称,而世罕传者。余之所得,此碑而已。见欧阳修《集古录》。

宋,邑名仍旧。端平二年,为元兵所逼,迁治青山矶;元世祖至元至十二年乙亥,县复还旧治。

明编黄陂属黄州府,国朝因之。雍正七年,改属汉阳府,编户四十里,湖广总督近柱请改黄陂、孝感隶汉阳。疏见《艺文志》。(《沿革》,《黄陂县志》,第103—107页)

民风

旧郡志曰,黄陂民皆勤农桑,寡游贩,骏慕儒术。

旧邑志曰,陂俗阃德独懋,涂鲜游女,贾人、行客过其都,未尝见妇女面,惟朝夕勤纺而已。

又曰,陂地瘠民贫,近来风气渐薄,家无敝帚者,亦连车骑、饰冠裳为富贵容。

又云,陂民多贫,衣无副。当宿浣涤,晨兴湿不可着,燃薪炙之。终岁青布袜,敝履,而今且一切化质为文,然在三楚犹有可风。

他若看春(每岁立春日,邑大夫率属,具鼓吹,盛仪仗,祭芒神、迎土牛于东郊,民老幼咸往聚观);贺年(元旦亲友互相祝贺,欢宴连旬);放灯(自十一日至元宵夜,箫鼓花灯连宵忘倦,或遇风雨更于十五后补行之);扫墓(清明前率以纸钱酒馔,各祭其先祖);踏青(二三月间,各选郊野胜处);竞渡(端午日,以角黍相饷,或招侣操龙舟,伐鼓振金,飞渡争先);乞巧(七夕,闺中陈瓜果、祭天孙,以乞巧慧);吃新(小暑后,逢卯日取新谷为食,多买酒肉并延女戚食新);荐先(中元日,俗以冥镪包纸袱以荐先代,或就浮屠氏建盂兰盆会,资其超拔);赏月(中秋月,罗饼饵、看馔,对月玩赏达旦);登高(重九佩茱萸,饮酒高阜处,效费长房故事);祀灶(俗不知腊,唯于十二月二十四日敬祀灶神,谓之小年。亦有一日设者);团年(除夕无论官民,咸易春联、悬彩缕,灯烛辉煌,鼓乐爆竹,以辛盘祀先家人,团坐欢宴至晓,谓之守岁)。

……

按风俗与世移易,或十年而一变,或数十年而一变。况乎百里不同风,城与乡异,乡与乡又各异。元末流贼之扰至明初,而土著者多迁四川。所有江右迁来之家,又或各自为俗。是风俗固难概论也。咸丰四五年间,粤匪屡自江南来扰。有捻匪自河南来扰,每年两三次。其东接黄安、麻城,西接孝感之地,为捻匪往来所必由。百里之间,一片瓦砾。至同治七年三月以后,始无贼踪,虽书卷不存,牛种不具,而士勤于读,农力于耕,犹有古风。教养休息,固有待于贤有司;化导作新,尤所望于士君子耳。(《风俗》,《黄陂县志》,第109—117页)

1877 年(清光绪三年 丁丑) 1 岁

是年,左宗棠率清军进击阿古柏部,克复吐鲁番、阿克苏、和阗。

3 月 19 日(二月五日) 戌时,蓝天蔚出生于湖北黄陂县蓝家大塆。

《蓝氏宗谱》记载了 1913 年前蓝天蔚的任职履历:蓝天蔚,实名蓝春山,字子静,号秀豪,官名天蔚,行一。留学日本多年,回国即充将弁学堂校长,旋委充陆军第八镇正参谋兼充三十二标统带官,光绪三十三年复游日本,蒙直督陈(夔龙)、奉督锡(良)电奏派充奉天陆军第二协统,本年荫(昌)大臣到奉阅操,回京奏保赏加副都统衔。辛亥年(1911 年)民军起义,由奉回沪,蒙第一次大总统孙(中山)委充关东都督。民国成立,又蒙第二次临时大总统袁(世凯)任命为陆军中将加上将衔。壬子年(1912 年)复游历英美德法俄日考查政治。生于光绪丁丑年(1877 年)二月初五日戌时。(《蓝氏宗谱》卷八,第 32 页)

与蓝天蔚有重大关系者年表

张之洞(1837—1909),是年 40 岁。

赵尔巽(1844—1927),是年 33 岁。

锡　良(1853—1917),是年 24 岁。

张　勋(1854—1923),是年 23 岁。

袁世凯(1859—1916),是年 18 岁。

张　彪(1860—1927),是年 17 岁。

谭人凤(1860—1920),是年 17 岁。

端　方(1861—1911),是年 16 岁。

岑春煊(1861—1933),是年 16 岁。

王占元(1861—1934),是年 16 岁。

黎元洪(1864—1928),是年 13 岁。

段祺瑞(1865—1936),是年 12 岁。

孙中山(1866—1925),是年 11 岁。

黎天才(1862—1927),是年 15 岁。

顾人宜(1867—1931),是年 10 岁。

潘月樵(1869—1928),是年 8 岁。

陈　宧(1869—1943),是年 8 岁。

梁启超(1873—1929),是年 4 岁。

吴景濂(1873—1944),是年 4 岁。

黄　兴(1874—1916),是年 3 岁。

张作霖(1875—1928),是年 2 岁。

张静江(1877—1950)同年生。

陈其美(1878—1916),出生时蓝 1 岁。

张绍曾(1879—1928),出生时蓝 2 岁。

王天纵(1879—1920),出生时蓝 2 岁。

吴禄贞(1880—1911),出生时蓝 3 岁。

石星川(1880—1948),出生时蓝 3 岁。

宋教仁(1882—1913),出生时蓝 5 岁。

谢利民(1882—1956),出生时蓝 5 岁。

蒋百里(1882—1938),出生时蓝 5 岁。

朱霁青(1882—1955),出生时蓝 5 岁。

李烈钧(1882—1946),出生时蓝 5 岁。

唐继尧(1883—1927),出生时蓝 6 岁。

黄复生(1883—1948),出生时蓝 6 岁。

蒋作宾(1884—1942),出生时蓝 7 岁。

孙传芳(1885—1935),出生时蓝 8 岁。

熊克武(1885—1970),出生时蓝 8 岁。

但懋辛(1886—1965),出生时蓝 9 岁。

刘　湘(1888—1938),出生时蓝 11 岁。

商　震(1888—1978),出生时蓝 11 岁。

戴季陶(1891—1949),出生时蓝 14 岁。

1878 年(清光绪四年 戊寅) 2岁

1月　左宗棠收复南疆。

6月　直隶(今河北)唐山开平矿务局开局。

1879 年(清光绪五年　己卯)　3 岁

3 月　日本侵占琉球,废琉球国王,改为冲绳县。

10 月　中俄《里瓦几亚条约》签订。

1880 年(清光绪六年　庚辰)　4 岁

是年　李鸿章在天津设立北洋水师学堂。

1881年(清光绪七年　辛巳)　5岁

2月　中俄订立《中俄伊犁条约》和《陆路通商章程》。

是年　黄陂县城汪新兴钱庄开业。

1882 年(清光绪八年　壬午)　6 岁

7月　朝鲜发生"壬午政变"。

10月　中俄签订《伊犁界约》。

是年　湖北巡抚彭祖贤在木兰山建八仙殿。

是年　蓝天蔚于幼童时期,听父亲讲述了《三国》、《说岳》等故事,敬慕关羽、岳飞及本乡侠女花木兰。

据蓝才蔚妻蓝霞霖回忆:蓝天蔚之父蓝祥彦,植农田,兼裁缝,初通文墨。蓝家大塆建有大祠堂,旁有一棵桑葚树。族人们常在树下组织乡中活动。夏日的晚上,村民们也常围在桑葚树下纳凉,幼时的蓝天蔚便是在那里听父亲讲了《三国》、《说岳》的故事,可熟背岳飞的《满江红》。

蓝霞霖又忆:黄陂的木兰山中,有个木兰庙。当地人奉为神灵,常为求子求福去庙中烧香。蓝天蔚幼时也曾由母亲范氏带去那里,他见到庙中所塑的花木兰像,便问由来。范氏讲述了"木兰从军"的故事,告诉他花木兰也是黄陂人。(周新男采访蓝才蔚妻蓝霞霖于 1980 年[1])

---

① 蓝霞霖(1903—1981),嫁蓝天蔚二弟蓝才蔚。其女蓝敏嫁苏州周新男。周新男有研究蓝天蔚的兴趣,曾有写《蓝天蔚传》的想法。1980 年,他因想了解蓝天蔚幼年事而采访岳母蓝霞霖,得到两则小故事(见正文)。蓝霞霖口述中亦有蓝天蔚出生之日"天降青龙"的传说,周以为不稽,正文所叙两事当属实(蓝薇薇采访蓝敏、周新男于 2016 年 2 月 10 日晨)。

1883年(清光绪九年　癸未)　7岁

12月　法军向驻防山西(今河内西北)的清军和黑旗军阵地进攻,中法战争爆发。

是年　七岁志学。

贺觉非谓:(蓝天蔚)七岁随父就读,成年后且读且教,即以膏火及束修收入维持生活。(贺觉非:《蓝天蔚》,湖北省档案馆档案资料编辑室、湖北省地方志办公室资料室编:《辛亥革命湖北人物传资料选编》,1983年,第19页)

阎鸿飞谓:蓝天蔚髫年①志学。(阎鸿飞等:《京官呈文》,《蓝上将荣哀录》,约1926年,未刊)

_____

① 髫年,幼童时期,七八岁左右。

1884年(清光绪十年　甲申)　8岁

5月　《中法会议简明条款》签订,清政府承认法国对越南的保护权。

8月　法军军舰炮击台湾基隆,袭击福建水师,马尾海战爆发,清政府下诏对法宣战。

1885 年(清光绪十一年　乙酉)　9 岁

6 月　李鸿章与法国公使巴德诺在天津签订《越南条款》,中法战争结束。

6 月　清末第一所新式陆军学校天津武备学堂创建。

10 月　清政府设立海军衙门。

是年　黄陂县城德丰恒布店开业。

9 月 14 日(八月六日)　弟蓝才蔚生。

《蓝氏宗谱》谓:弟才蔚,名春池,字汉生,行二,生于光绪乙酉年(1885 年)八月初六日寅时。(《蓝氏宗谱》卷八,第 34 页)

1886 年(清光绪十二年　丙戌)　10 岁

7 月　两广总督张之洞上奏清廷,请在广州设立"广东水师讲堂"及"广东陆师学堂"。

4 月 23 日(三月二十日)　蓝天蔚继娶之妻邓观智出生。

《蓝氏宗谱》谓:继娶邓氏,江南扬州候补道邓文瑗之女[1],生于光绪丙戌年(1886 年)三月二十日卯时[2]。(《蓝氏宗谱》卷八,第 33 页)

《上栅邓氏族谱》谓,十二传藻泰(文瑗)有女一,适湖北上将衔陆军中将达威将军勋四位蓝天蔚[3]。(《上栅邓氏族谱》,约 1936 年,邓氏后人珠海邓国兴藏)

邓观智闺中友人魏韬[4]晚年回忆邓观智,谓:澄霞女史,香山邓云溪先生女,其弟新民投先君受学,女史羡之,亦请并列门墙。先君笑而许之。其为人亢爽豪侠,尝济人之急,往来均一时闺中彦秀,相与论文终日,工隶书,每为人书联。余儿时见之。后以其外子蓝天蔚君谢世,隐于津门,遂殁。数十年来忆慕至深。书绝句纪之:

谈笑风生座上殊,热情侠骨世间无,挥毫落纸云烟起,巾帼丛中有丈夫。(魏韬:

---

① 邓观智为邓文瑗长女,有弟三。序次为:邓曰训、邓曰诰、邓曰谟。邓曰训(1888—1944),号伯雅,广东香山人。毕业于日本成城学校、早稻田大学。曾任蓝天蔚关外都督府外交顾问官、四川交涉署科员、交通部办事员等职。邓曰诰(1891—1967),字培生,广东香山人。毕业于日本成城学校、爱知医学专门学校。历任徐海镇守使署医官、青岛传染病医院医员、国民革命军五战区军医署长、汪伪政府中华医学会会长。邓曰谟(1896—1983),号舒庵,广东香山人。1911 年,在蓝天蔚驻上海机关部担任密码电报的翻译工作。后于北洋大学采冶科毕业,曾赴美国学习实验仪器及水力机与发电机制造。回国后历任胶济铁路材料实验室主任、天津自营福裕铁工厂主任工程师、山东济南利达铁工厂经理兼工程师、北洋大学教授、中国矿业学院教授等职。1934 年试制成功中国第一台飞机发动机。

② 即出生于 1886 年 4 月 23 日上午 5 时至 7 时。

③ 按:蓝天蔚与邓观智成婚的具体时间不详,据邓霖之回忆可知,蓝天蔚 1910 年入陆军大学深造时已与邓氏结缡。邓霖回忆:(蓝天蔚)旋返国,辛亥(1911 年)前在宁与姑母(邓观智)结缡于督练大厅。(邓霖:《伞叶楼诗钞》,1982 年,邓思民藏)邓霖《忆卓刀泉》所述:(蓝天蔚)入日本陆军大学深造,日军界派东条英机之父老东条中将为之辅导,并迎姑母观智及先慈赵耀华移居名古屋故宅。(《忆卓刀泉》,邓霖:《伞叶楼诗钞》,1982 年)邓霖(1913—1985),邓曰诰之子。字元庆、雨苍。南京金陵大学经济系毕业,曾任国民政府财政部会计科长、汪伪政府实业部会计科长等职。

④ 魏韬,魏源曾孙女。

《感悼蓝天蔚先生并夫人邓澄霞女史》,邓霖整理:《半知庐吟草》,1983 年)

刘矴①回忆邓观智逝世于 1933 年。

刘矴:我于 1933 年和邓云溪老人的孙女邓淑惠(1915—2015)结婚,不时来往邓家。得知蓝天蔚将军的夫人邓观智乃云溪老人的长女。时蓝将军已遇害多年,蓝邓观智居父家抚养蓝将军的遗孤女晓蔚和我的爱人邓淑惠等,1933 年夏病故。(刘矴:《我所知道的关于蓝天蔚将军的事迹》,未刊)

《邓云溪先生讣告》中载:女观智(适蓝)。

期服孙霖、孙女淑惠(适刘)暨外孙女蓝淑芬②泣稽首。(《邓云溪先生讣告》)

---

① 刘矴(1907—1998),曾任交通部上海港口机械厂总工程师。
② 蓝淑芬即蓝晓蔚。

1887 年(清光绪十三年　丁亥)　11 岁

11 月　英军侵略西藏。

12 月　清政府与葡萄牙签订《北京条约》。

是年　汉口玉带门至滠口段铁路铺成,长 23.5 公里。

英国基督教伦敦传道部传教士施伯恩到黄陂县城建福音堂传教。

1888 年(清光绪十四年　戊子)　12 岁

11 月　康有为第一次上书光绪帝。

12 月　北洋水师成军。

8月　卢汉铁路开始筹办。

是年　光绪帝亲政。

1890 年(清光绪十六年　庚寅)　14 岁

3 月　《中英会议藏印条约》签订。

是年　张之洞开工兴建汉阳铁厂,至 1893 年竣工。

湖北枪炮厂筹建。1908 年改称"汉阳兵工厂"。

1 月 17 日(己丑十二月二十七日)　弟蓝文蔚[①]生。

《蓝氏宗谱》谓:名春霖,字汉凌,南路高等肄业生,旋考入陆军第三中学校,肄业入伍生队。民军起义,在沪组织北伐决死团,充当连长,后改编陆军第十师,充当第三十八团第三营副官,因入伍生队改为军官学校,(现)入军官学校肄业。生于光绪己丑年(1889 年)十二月二十七日寅时。(《蓝氏宗谱》卷八,第 34 页)

---

①　按:关于蓝文蔚对于蓝天蔚的回忆,在蓝文蔚所撰的《在鄂西反对北洋军的回忆》有部分提及;另,贺觉非先生曾撰《蓝天蔚》(详见附录二),注明其内容部分引自《蓝文蔚谈话记录》。惜编者未能觅到《蓝文蔚谈话记录》的完整内容。另,有族人蓝毓荃曾曾询文蔚有关蓝天蔚之事,谈及文蔚敬重天蔚报国之志,而言其性情,则谓:"他那个人啊,性格太刚强、高傲,不喜欢拉拉扯扯的关系。就算在国民党将领间也难有很深的袍泽关系。"私下亦谓:"我是保定军官学校出身,做到将领,也没有依靠天蔚将军。"蓝毓荃,生于 1933 年,在 1949—1956 年与蓝文蔚交往颇深,关于蓝天蔚的谈话发生于 1956 年(蓝薇薇采访湖北武汉蓝毓荃于 2014 年 8 月 28 日)。

1891 年(清光绪十七年　辛卯)　15 岁

春　康有为聚徒讲学于广州万木草堂。

1892 年(清光绪十八年　壬辰)　16 岁

3 月　　杨衢云、谢缵泰在香港创办辅仁文社。

8 月　　俄军侵入帕米尔地区,强占萨雷阔勒岭以西的中国领土。

11 月　　湖北纺织官局开工。

1893 年（清光绪十九年　癸巳）　17 岁

12 月　《中英会议藏印条款》签订。

约是年　曾应童子试。

胡赟谓：蓝号秀豪，曾应童子试①。（《蓝天蔚传略》，胡赟：《辛亥史话》，中国人民政治协商会议湖北省委员会：《辛亥首义回忆录》第 1 辑，湖北人民出版社 1957 年版，第 220 页）

① 1894 年甲午中日之役时，蓝天蔚 18 岁，此后醉心于军事救国。蓝应童子试应在 17 岁前。

1894 年(清光绪二十年 甲午) 18 岁

1 月　湖广总督张之洞奏设自强学堂于武昌。

7 月　日军闯入朝鲜王宫,劫持国王,发动政变。

8 月　中日甲午战争全面爆发。

11 月　清政府派胡燏棻在天津小站试练新式陆军。

　　　孙中山在檀香山创立"兴中会"。

10 月 14 日(九月十六日)　蓝天蔚母亲范氏病殁。

宗谱载:〈范氏〉殁于光绪甲午年(1894 年)九月十六日戌时。(《蓝氏宗谱》卷八,第 32 页)

是年　受甲午中日之役震动,蓝天蔚立志以振兴军事为报国之途。

《事略》谓:甲午(1894 年)中日之役,将士以不学见绌,乃发愤读书,慨然以天下为己任。(《蓝上将荣哀录·事略》)

罗正纬谓:蓝天蔚,号秀豪,湖北黄陂人。七岁[十八岁]丧母,从父客汉阳,与湘宿将陶树思[恩]①、周芳明②游习,问军旅之事。喜任侠,通文学。(罗正纬:《滦州革命先烈史略》,中国史学会主编:《中国近代史资料丛刊》六,上海人民出版社 1957 年版,第363 页)

《蓝天蔚事略》谓:少倜傥,从父客汉阳,与湘名将陶树恩、周芳明等游习,问军旅之事,慕洪秀全之为人,自号秀豪。(《蓝天蔚事略》,《革命先烈褒恤案》四,全宗号 001,入藏登录号 001000003857A,1928 年 9 月 20 日—1929 年 1 月 4 日,藏台北"国史馆"新店办公室)

春痕谓:秀豪名天蔚,湖北人,仪表英挺,风骨秀异,少有大志。清末见亲贵颟顸,政治腐败,列强环伺,虎视眈眈,瓜分之声,时〈腾〉报上,痛国亡之无日,以为非讲武不足以救亡。(春痕:《蓝天蔚冤魂出现》,《工商日报》1958 年 6 月 24 日,第 20 页)

---

① 陶树恩,湖南长沙人,行伍出身。迭次因军功,累官至总兵。赏有志勇巴图鲁名号。

② 周芳明(? —1909),湖南湘乡人。武童出身,随曾国藩等转战各省,累官至总兵。

1895 年(清光绪二十一年　乙未)　19 岁

2 月　北洋舰队全军覆没。

4 月　李鸿章和伊藤博文签署《马关条约》,台湾、澎湖列岛被割让日本。

5 月　康有为与北京会试的举人联名上书光绪皇帝,史称公车上书。

因俄法德三国干涉,日本宣布放弃辽东半岛。

8 月　康有为等在北京发起成立维新团体"强学会"。创办言论机关《万国公报》,12 月,改名《中外纪闻》。

10 月　兴中会在香港举行会议,选举杨衢云为兴中会会长。

广州起义事泄失败,党人陆皓东、朱贵全、丘四等被捕就义,孙中山等经香港逃亡日本。

12 月　清政府议组新式武装,命温处道袁世凯在天津小站督练"新建陆军"。

1896 年(清光绪二十二年　丙申)　20岁

　　1月　署两江总督张之洞从南京调回湖广总督本任,将南京编练的自强军护军前营带往湖北编练新军。

　　　　强学会和《强学报》遭封禁。

　　6月　李鸿章与俄国签订《御敌互相援助条约》,即"中俄密约"。

　　　　《苏报》在上海创刊。

　　8月　梁启超、黄遵宪、汪康年等在上海创办旬刊《时务报》。

　　10月　湖广总督张之洞创设湖北武备学堂于武昌。

　　　　孙中山"伦敦蒙难"。

　　是年　蓝天蔚入湖北工兵第八营为卒,受知于该营管带姚广顺。

　　阎鸿飞谓:(蓝天蔚)弱冠①从戎,神识不凡,道心太峻。(阎鸿飞等:《京官呈文》,《蓝上将荣哀录》)

　　胡赞谓:入武昌工程营②当兵,受知于管带姚广顺③(粤人)。(《蓝天蔚传略》,《辛亥史话》,《辛亥首义回忆录》第1辑,第220页)

　　《事略》及《蓝天蔚事略》谓:会张之洞整军经武,聘德人练军,君入工程营为卒伍,士非笑之,不顾也。(《蓝上将荣哀录·事略》;《蓝天蔚事略》)

　　贺觉非谓:张之洞在鄂练新军,招募文理通顺者入伍,蓝投入工程营当兵。(《蓝天蔚》,《辛亥革命湖北人物传资料选编》,第19页)

　　熊秉坤后谈及"工八营"(即陆军第八镇的工程营),谓:"湖北新军之有革命党,本不自工程第八营始,而该营之有革命党人,亦不自熊秉坤始。盖工程营成军较早,其设备较他兵种为优,故清末西南各省成立新军者多于此选拔干部。党人蓝天蔚、胡瑛、朱子龙、吴禄贞,莫不挟具革命精神,投身该营,散布革命种子。熊秉坤不

---

　　①　男子二十曰弱冠。(《礼记·曲礼上》)

　　②　工程营,系清湖北新军第八镇工程营之通称。

　　③　姚广顺,广东人。原任湖北帮带工程队千总,后被张之洞委为护军工程营营官、(《札委姚广顺充当护军工程营营官》,光绪二十四年八月十九日,《张之洞全集》第五册,第3680页)护军中营管带(《札委姚广顺另募护军中营并委刘温玉管带工程营》,光绪二十五年五月二十日,《张之洞全集》第五册,第3827页)。

过最后以该营总代表的身份领导发难而已。"(熊秉坤:《辛亥首义工程营发难概述》,中国人民政治协商会议湖北省委员会:《辛亥首义回忆录》第 1 辑,湖北人民出版社 1957 年版,第 19 页)

在《湖北新军工程第八营革命经过并组织》一文中,熊秉坤陈述蓝天蔚等读书士子纷纷投效湖北新军工程第八营。

熊秉坤谓:湖北新军工程第八营,于党国之历史,民族之荣枯,天下后世自有定论。惟该营革命之经过,与同志中之质量,并组织及其所占地位,谓之为革命之发祥地也可,谓之为革命党人之制造厂亦无不可也。回溯自逊清以还,科举停废,南皮张之洞督鄂时,兴学练兵,同时并举,其学务之规程,军队之编制,多效法如欧美,致引起莘莘学子之兴趣,莫不负笈来省,期以有所造就。惟读书固可致其显贵,究不如从戎之来得捷径。如是,以无用之秀才、贡廪诸生,今日入营,不出三月,而升调之令获矣。厚其禄而宠其身,较之于六年小学、六年中学,然后始获得一教职员清职,自不啻万万倍耳。虽然,良鸟择木而栖,良士择地而寄,惟工程成军最早,是在前清光绪十六年间,其技术用具之楷模,与学术两科之设备,原属甲于他种兵科,故其满清末季,凡西南数省之新军下级官佐,均莫不拔选于工程八营矣。此风一播,而读书士子,争前恐后,犹叹其投效之晚也矣。且革命随人材而俱增,人材随需用而俱进,他如蓝天蔚、胡瑛、朱子龙、吴禄贞、冯特民、杨缵绪①、郝可权、熊继贞、常汝川、容景芳、胡廷佐、吴兆麟②、罗子清、管心源、唐克明、石星川以及作者等,均莫不先后挟其革命之资投身该营,或充长官,或当目兵,急欲乘其机而播其革命之种子耳。(熊秉坤:《湖北新军工程第八营革命经过并组织》,丘权政、杜春和编:《辛亥革命史料选辑》,湖南人民出版社 1981 年版,第 384 页)

10 月 10 日(九月四日)—11 月 15 日(十月二十一日)　张之洞因时势多艰,建立湖北武备学堂,"以储将才而作士气",连发告示欲招鄂省文武举贡生员及官绅世家子弟之有志向学者 120 人。蓝天蔚被选入湖北武备学堂。

贺觉非谓:蓝投入工程营当兵,被挑入将弁学堂。(《蓝天蔚》,《辛亥革命湖北人物传资料选编》,第 19 页)

---

①　杨缵绪(1873—1956),字述周,湖北鄂城人。毕业于南京水师学堂、日本户山帝国陆军大学。历任湖北第八镇司令部中军官兼四十一标第二营统带、伊犁新军混成协统,领导辛亥革命伊犁起义,任总司令兼司令部部长。民国后历任喀什噶尔提督、北京总统府高级顾问、湖南造纸厂厂长、湖北督军公署高等顾问等职。著有《新疆刍议》,与汪曰昌合著《现在的新疆》。北洋政府授陆军中将。
②　吴兆麟(1882—1942),字畏三,湖北鄂城人。毕业于湖北自强军工程队随营学堂将校讲习所、工程专门学校、湖北新军参谋班。曾任第八镇工程营左队队官。武昌起义时被举为湖北革命军临时总指挥。后历任湖北都督府参谋总长兼步兵第一协统、战时总司令部参谋长、大元帅府参谋总长兼湖北陆军第五镇统制(旋改第五师师长)、北伐第一军总司令官。北洋政府授陆军中将。

胡鄂公谓：陈宧①起家于湖北自强学堂，蓝则由湖北武备留学日本士官肄业者。（胡鄂公：《辛亥革命北方实录》，中华书局1948年版，第124页）

据李书城回忆：革命之所以在武昌爆发，又能支持战争达数月之久，是因为当时武昌具有特殊的优越条件。湖广总督张之洞在鄂20多年，提倡新政，改良教育，设汉阳兵工、钢药两厂及武昌纱、麻四局，并设银元、铜元局。他又成立新军一镇、一混成协，所招士兵必须识字，后且命题考试，衡文以定去取。兵士入伍以后，还有机会考入陆军特别学堂、将弁学堂，提升为官佐，或派赴日本学陆军。如蓝天蔚、窦秉钧②、石星川、成炳荣、蔡绍忠、杜锡钧等都是从士兵中提拔出来派送出洋的。（李书城：《辛亥前后黄克强先生的革命活动》，中国人民政治协商会议全国委员会文史资料研究委员会：《辛亥革命回忆录》第一集，文史资料出版社1981年版，第186页）

沃丘仲子谓：蓝天蔚，号秀豪，鄂人。少有任侠名，亦略通文学。以湖北武备学堂学生资送日本士官学校肄业。（沃丘仲子：《蓝天蔚》，《当代名人小传》卷下，沈云龙主编：《近代中国史料丛刊》三编第8辑，台北文海出版社1986版，第64—66页）

罗正纬谓：以湖北武备学生资送日本士官学校肄业。（《滦州革命先烈史略》，《中国近代史资料丛刊》六，第364页；《蓝天蔚》，杜元载主编：《革命人物志》第九集，台北中央党史会1972年版，第457页）

据张之洞十月之湖北武备学堂之招考告示及《晓谕招考武备学生示》，蓝天蔚将在该学堂苦学军械学、算学、测绘学；并学习打枪靶、炮靶、操枪炮及演习、测量等课程。

是年10月10日，张之洞出告示招考湖北武备学堂学生。告示谓：时势多艰，亟宜开设武备学堂，"以储将才而作士气"。并在武昌省城内购地建屋，布置诸生讲舍、住房及操场打靶处，欲招鄂省文武举贡生员及官绅世家子弟之有志向学者120人入学。告示称：学堂将分讲堂、操场两事。讲堂"以明其理"，功课有军械学、算学、测绘学等。操场"以尽其用"，功课有打枪靶、炮靶、操枪炮及演习、测量等。凡志在学以致用、通义理、身坚壮、能耐劳、肯受教者，可来应选；若图膏奖者断不必投考。报名后将派员监督考试，由本部堂亲自核定，并考察其身体、志趣，决定去留。（《张之洞出告示招考湖北武备学堂学生》，中国革命博物馆编：《近代中国报1839—1919》，首都

---

① 陈宧（1869—1943），原名仪，又名宽培，字养钿，号二庵。湖北安陆人。曾就读武昌经心书院、湖北武备学堂、国子监南学。历任四川新军第十七镇三十三协协统兼四川武备学堂会办、新军第十九镇兼云南陆军讲武堂堂长、陆军部员外郎、东三省第二十镇统制、北洋政府参谋部参谋次长、四川军务会办兼四川巡按使等职。著有《念园词钞》等。

② 窦秉钧（1876—1957），原名洪胜，字衡之。湖北江夏人。毕业于日本士官第四期步兵科。历任湖北督练公所考功课课员、陆军特别小学堂任战术教官兼陆军小学堂提调、第三协统领、第三镇统制、第三师师长、北洋政府将军府参军等职。

师范大学出版社2000年版,第459页)

11月15日张之洞为晓谕事:照得本部堂创设武备学堂,业经出示招考学生,兹计陆续报名投考为数已及四千,足见有志干城者实不乏人,然亦难保无意存滥竽仅图膏奖者。查武备学生每日讲堂、操场两处,功课必须历四时之久,即八点钟方有进益,似此心力俱劳,非质性聪明身体强壮者不能与选,亦无暇兼营他业;又本部堂期望极切,专选已有功名之人或世家子弟向多闻见之人入学,为其受业较易,仕进较速,庶早日收得人之效;又初创规模未广,定额只百二十名,则取择尤不得不严。除原报名之文童武童武监军功功牌顶戴若干名,本为初次告示所未及,以及本人未有功名又非祖父、胞伯叔、胞兄确登仕版之人,均无庸给卷考试,其年在四十以外之人,断不能任此劳苦,亦毋庸给卷考试外,其余举人五贡廪增附生,应饬取具武昌汉阳两府县学教官或在省各书院监院切结,籍隶他省者,取具在鄂同乡官切结,候补候选各员呈验官照或各大宪委札奖札等项,监生呈验监照,无论何项人员均开明三代履历存案。缘学堂为国家教育人才,今日学生之履历即他日官员之出身,倘经查出假冒顶替诸弊,定于究办。又诸生有本肄业两湖书院等处者,如有志武备洵堪嘉许,惟既肄业武备,即不能兼应他院之课,致疏武备功课,应将书院之课名开除,仰报名各员生即日赴营务处详细呈报,以备择期考试,毋负本部堂慎重人财之志意。合行出示晓谕,为此示仰各员生等其各懔遵毋违。(《张文襄公公牍稿》卷二十八;张之洞:《晓谕招考武备学生示》,光绪二十二年十月十一日,高时良:《中国近代教育史资料汇编——洋务运动时期教育》,上海教育出版社1992年版,第511—512页)

报载张之洞告示公布后,至11月15日,陆续报考者已逾4 000人。学堂于次年开学。(《张之洞出告示招考湖北武备学堂学生》,《近代中国报1839—1919》,第459页)

1897年(清光绪二十三年 丁酉) 21岁

4月　湖南维新派创办《湘学新报》(后易名《湘学报》)。

8月　中东铁路正式开工。

10月　《国闻报》在天津创刊,宣传维新变法。

　　　谭嗣同、唐才常等在长沙创办时务学堂。

11月　德国强占山东胶州湾。

12月　沙俄舰队进占旅顺、大连。

是年　蓝天蔚就读于湖北武备学堂[①],与陈宧、吴禄贞等友善。

据《陈宧年表》,1895年秋,(陈宧)入湖北武备学堂。与邓汉祥[②]、吴禄贞、蓝天蔚、陈裕时[③]友善。(赖晨:《陈宧年表》,内蒙古农业大学:《内蒙古农业大学学报〈社会科学版〉》,2010年第2期,第329页)

据张之洞《设立武备学堂摺》,可知蓝天蔚在读学堂之办学背景、宗旨及教授内容:

窃照光绪二十一年闰五月二十八日奉上谕:练陆军,整海军,立学堂,皆应及时举办。等因。钦此。又光绪二十二年十一月初二日奉上谕:武备学堂能否于各省会一律添设,著妥筹具奏。等因。钦此。亟应钦遵办理。

臣查自强之策,以教育人材为先,教战之方,以设立学堂为本。湖北地据长江上游,南北枢纽,又将来铁路所发端,尤为用武之邦。当此时势多艰,自当开设武备学堂,以储将材而作士气。臣于上年回鄂后,即经钦遵前旨,力筹举办。一面电致外洋,选募洋员教习,一面规画筹款,建堂招考学生等事。查近年外洋各国讲求兵

---

　　①　按:湖北武备学堂设立时间,许多资料引用1897年之说,多依据《张之洞奏设湖北武备学堂折》奏于1897年3月。该学堂实创办于1896年。

　　②　邓汉祥(1888—1979),字鸣阶,贵州盘县人。毕业于昆明高等师范,贵州陆军学校、湖北陆军学校。历任湖北都督府参谋、参议,北伐第一军高级参谋、段祺瑞政府秘书、临时参议院参议、交通委员会委员、国务院秘书长、四川省主席、四川省财政厅厅长等职。

　　③　陈裕时(1877—1940),字元伯、元白。湖北宜昌人。毕业于湖北武备学堂。曾入日本陆军士官学校,后改学法政。历任广西龙州讲武堂监督兼龙州新军邑龙标统带、广西第三军参谋长兼邑龙标首长等职。

事,益为精密。向来中国学堂所教,多系俊秀幼童,及各营兵勇。文理既昧,气质亦粗,断难领会精要。且资地寒微,出身尚远,数年之中,断不能遽膺文武官职,安望其展转倡率,广开风气。况所教学生,若仅可充末弁、兵勇之选,则一堂之经费,数年之功力,止能成就弁勇百余名。多设,则为数不赀,少设,则无裨实济。大率外洋武备学堂分为三等。小学堂,教弁目;中学堂,教武官;大学堂,教统领。学术深浅难易以此为差。今中华为救时之计,虽不能遽设大学堂,而教武官之学堂,则不可缓。取材精,而经费省,用功约,而收效多。今拟专储将领之材,专选文武举贡生员及文监生、文武候补候选员弁以及官绅世家子弟,文理明通,身体强健者,考取收入学堂肄业。缘上项诸人,皆科名仕宦中人,将来效用国家,引伸会通,展转传授,上则可任带兵征战之事,次亦可充营务、幕府、军械局所之官。盖此辈即或未能有冲锋决胜之才,然于考核弁兵、筹备饷械、整饬制造各局、察阅炮台营垒诸事,则固优为之矣。裨益多而收效速,似乎无逾于此。尝惟兵事为国之大政,古者学校中人,无不先习射御,与我朝八旗文员兼习骑射之意相同。而司马法一书列入礼家,故卿士大夫皆为军官,伍两卒旅悉入乡校。春秋传云:"虽有文事,必有武备。"此先圣身体力行之效,经义昭然,以至孔门诸贤多能戮力行间,执戈卫国。唐宋以后,文武分趋,殊失古人教士良法美意。泰西诸国,民皆为兵,将皆入学,颇于古义有合。今拟合文武为一途,虽云因时制宜,实则反经复古也。

　　查武备学堂功课分讲堂、操场两事。讲堂以明其理,操场以尽其用。讲堂功课,如军械学、算学、测绘地图学、各国战史、营垒桥道制造之法、营阵攻守转运之要。操场功课,如枪队、炮队、马队、营垒工程队、行军队、行军炮台、行军铁路、行军电线、行军旱雷、演试测量、演习体操等事,皆须次第讲习通晓,始有实用。经臣于上年电致出使德国大臣许景澄,向德国兵部商派都司法勒根汉、千总根次二洋员来鄂教习。曾与德兵部议定,到华后法勒根汉加给副将衔,根次加给游击衔,令其体制较优,以资表率管束,并议定归总办道员节制。惟学生百余人,教习仅止两人,不敷讲授。叠据该洋员坚请添募数人,以资协助。现经电商两江督臣刘坤一,于江南自强军诸洋员中,调拨洋员三人来鄂。乃法勒根汉挑选甚严,仅留德守备斯忒老一员,令入武备学堂,随同教习。尚短一员,允候随后再行访募。其余何福满、赛德尔两员,派入护军营洋操队教练弁勇。其功课章程,令洋教习酌拟,总办道员核议转禀,由臣核定饬办。洋教习课程余暇,即令其诵读四书,披览读史兵略,以固中学之根柢,端毕生之趣向。另派华教习经理考选学生百二十名,并选派粤、津学堂出身久充教习者十二员为领班学生,按照洋教习讲说课程,译成华文、华语,转述指授。诸生入堂以后,无论何项功名,统为学生,均须恪遵规矩,虚心受教,违章者即行屏除。除火食、操衣均由学堂供给外,每名月给赡银四两,分定月课、季课、年终大课,以考其优劣。如果将来学有成效,拟请援照直隶、江南奏定学堂年限章程请奖。并择委差缺,以示破格鼓励。

兹于湖北省城内东偏黄土坡地方,购地建造武备学堂。该堂未造成之先,暂借铁政局及该局附近暂赁房屋为栖止之所,派委署江汉关道湖北候补道蔡锡勇总办该学堂事宜。令该道督同洋教习妥定课程,认真激劝。并委奏调分省知府钱恂、浙江候补知府联豫充学堂提调。令其考核经费,约束学生,整饬一切。责令各该员等与洋教习商酌协助,随时维持,以期有实效而无流弊。

查武备学堂岁费甚巨,鄂省之力本难办此。然当此时艰事急,闲暇不易得,人材不易成,若再一因循,蓄艾已晚,反覆焦思,不能不勉力为之。现拟暂在盐务杂款及银元局赢余项下设法凑拨。惟此系国家经武储材之要政,傥若零星凑补,勉强支持,亦为非体。将来尚须筹定常款,奏明办理,以期经久。

(硃批)该衙门知道。(钦此)(《张文襄公全集》奏议卷四十五页十三—十六;《设立武备学堂摺》,光绪二十三年正月二十八日,国家清史编纂委员会·文献丛刊:《张之洞全集》(3),武汉出版社2008年版,第412—413页)

1898 年(清光绪二十四年　戊戌)　22 岁

1 月　康有为进呈《应诏统筹全局折》。

3 月　清政府与德国签订《胶澳租界条约》。27 日与沙俄签订《旅大租地条约》。31 日英国强租威海卫。

4 月　法国强租广州湾,并以两广、云南为其势力范围。22 日日本要求以福建为其势力范围。24 日英国强租深圳湾、大鹏湾。

5 月　张之洞所撰《劝学篇》在《湘学报》刊发,声言旧学为体,西学为用,清政府下令广为刊布,实力劝导。

6 月　中英订立《展拓香港界址专条》。

　　　光绪帝开始戊戌变法。

7 月　中英签订《订租威海卫专条》。

　　　中俄签订《东省铁路公司续订合同》七款。

9 月　光绪帝擢袁世凯为兵部侍郎,责成专办练兵事务。慈禧太后发动政变,幽禁光绪帝。戊戌六君子死难,变法失败。

是年　四名湖北武备学堂学生被派遣留学日本。

　　　黄陂县滠口火车站建成。

　　　中华基督教鄂湘教区在黄陂县罗汉寺创办天恩小学。

是年　蓝天蔚攻读于湖北武备学堂。

1899 年(清光绪二十五年　己亥)　*23 岁*

　　4 月　英、俄订立协约,以中国长城以北为沙俄势力范围,长江以南为英国势力范围。

　　7 月　康有为在加拿大域多利城建立保皇会。

　　10 月　义和团运动兴起。

　　11 月　中法签订《广州湾租界条约》。

　　是年　留日学生百余人在东京建立励志会。

10 月 10 日(九月六日)　蓝天蔚原配周氏殁。

　　《蓝氏宗谱》谓:天蔚初娶周氏,周氏生于光绪丙子年(1876 年)六月二十五日寅时,殁于光绪己亥年(1899 年)九月初六日午时,葬与祖母、慈母同场。(《蓝氏宗谱》卷八,第 32 页)

10 月间(九月)　张之洞遴选蓝天蔚等赴日,学习军事。

　　清末张香涛督鄂,遴选高才生,赴日本士官就学,前后多至六十余人。先烈如蓝秀豪(天蔚)、吴绶卿(禄贞),老宿如孔文轩(庚),李晓垣(书城),皆为是时之学子。(《蒋作宾》[①],卞孝萱、唐文权:《辛亥人物碑传集》,团结出版社 1991 年版,第 283 页)

　　松本龟次郎曾言:中华民国的重要人物,出身于留学生者,其数实足惊人,乃是不可否认的事实。先说军人方面,今日中华民国位居大将中将的人物,有三分之二,是曾经留学过我国(日本)的。例如在第一次革命中的重要人物黄兴氏,要算最为著名;其次就是当时拥兵滦州,与保定吴禄贞氏相呼应,向清室提出关于清帝退位的十九条件,使北京大为震撼的张绍曾、蓝天蔚二氏,孙文氏派的宋教仁、陈其美、许崇智诸氏,反对袁世凯帝政,倡义于云南的蔡锷、李烈钧、罗佩金诸氏,段祺瑞派的吴光新氏、四川的熊克武[②]氏、长江沿岸的孙传芳[③]氏,往年曾在武昌南京哄传

---

　　①　此篇作者佚名。

　　②　熊克武(1885—1970),字锦帆,四川井研人。毕业于日本东斌陆军学校。武昌起义后,在上海组织蜀军入川,任蜀军总司令。历任重庆镇守使、四川都督兼四川讨袁军总司令、四川靖国军总司令、四川督军。1912 年北洋政府授陆军中将。1919 年广州军政府授陆军中将加陆军上将衔。后任建国川军总司令、国民政府委员、国民党中央监察委员、中共西南军政委员会副主席、中共民革中央副主席等职。

　　③　孙传芳(1885—1935),字馨远,山东历城人,毕业于日本陆军士官学校步兵科第六期。回国后在北洋陆军第二镇任职,以后曾任营长、团长、旅长、师长等职。1920 年任长江上游警备总司令。

英名、目下养病我国的蒋介石氏、山西的阎锡山氏、奉天派的杨宇霆氏,其他如唐在礼、吴锡永、张鸿达、王廷祯、陆锦①、李根源、傅良佐②、刘存厚、白崇禧、陈铭枢诸氏,都是我国的留学生。（松本龟次郎述,韩道仙译:《中华民国留学生教育的沿革·绪言》,《留东学报 1936—1937》第一期,《留学东报》社编辑发行于 1936 年,第 106—107 页）

10 月 21 日（九月十七日）　蓝天蔚等湖北留日学生四十六人自上海乘"神户丸"出帆赴日。

1899 年 10 月 15 日,日本外务大臣青木周藏致书陆军大臣桂太郎③,通报湖广总督张之洞派遣留日学生的有关情况:

驻上海总领事代理小田切具报,今湖广总督张之洞派遣来本邦之留学生七十八名,私费学生三名,合计八十一名。其中四十六名乘"神户丸"号汽船,学生监督知府钱恂率之,定于二十一日自上海出发。其余三十五名预定廿八日乘"山城丸"号来日。

其中,蓝天蔚即在乘"神户丸"号赴日的四十六人之列,他和敖正邦④、龚光明⑤等共二十四人拟于日本炮兵工厂修习兵器学。（聂长顺译自日本防卫省防卫研究所档案 C10062069600）

据《日本留学中国学生题名录》（1902 年 9 月—1903 年 2 月）记载,蓝着京年月（抵达东京年月）为二十五年九月,即 1899 年 10 月。（房兆楹辑,宜橚室丛编:《清末民初洋学学生题名录初辑》,《"中央研究院"近代史研究所史料丛刊》,"中央研究院"近代史研究所编印发行于 1962 年 4 月,第 8 页）

另据《申报》云:鄂省所派游学日本之学生四十六名,由钱念劬观察恂挈之于华历九月十九日乘神户丸抵港。兹将各学生姓名备列于左:陈毅、哈汉章、易廼

---

①　陆锦（1880—1946）,字秀山,或绣山,天津人。毕业于北洋武备学堂、日本士官学校第一期炮科。历任清军第一镇炮一标二营管带、陆军参谋总办、山东省军事参议官、直隶军事参议官、直隶都督府参谋长兼天津镇守使、代理直隶都督、北京模范团团副、将军府参军、将军府军务厅长、参谋部次长、中央陆军第九师代理师长、直鲁豫巡阅使署总参谋长。1912 年北洋政府授陆军上将。

②　傅良佐（1873—1924）,字清节,湖南吉首人,毕业于日本陆军士官学校,归国后入东三省总督徐世昌幕。历任总统府军事处副处长、察哈尔副都统、陆军次长、湖南督军、边防事务处参谋长。北洋政府授陆军中将加上将衔。

③　桂太郎（1847—1913）,日本山口县人。1870 年赴德国学习军事与军制。归国后历任驻德国公使馆武官、陆军省总务局长、日本陆军第一任陆军次官、陆军省法官部长（兼军务局长）、中日甲午战争时第三师团长、第二任台湾总督、东京湾防御总督、连续三任日本内阁首相（1901—1906,1908—1911,1912—1913）。

④　敖正邦（1880—1940）,别号子疆,湖北恩施人。毕业于湖北武昌讲武堂、日本陆军士官学校第八期炮科。历任清第九镇十八协协统、湖北军政府军务处长、黄埔军校第四期教授部副主任、南京中央军校编译处处长、陆军大学少将高级教官等职。

⑤　龚光明,毕业于日本士官学校第二期。"拒俄学生军"甲区第四分队分队长。辛亥（1911 年）武昌起义时任陆军第八镇炮队第八标标统。北洋政府授陆军少将加中将衔。

谦、罗令怀、胡锡、舒清阿①、王荣树、范鸿泰、沈尚濂②、宝瑛③、阳时敏、石汉、程家柽、喻其相、杨正坤、蒋政源④、王璟芳⑤、方中和、张良胜、应龙翔⑥、权量、刘锡祯、蓝天蔚、蒋肇鉴、屈德泽、王遇甲⑦、敖正邦、龚光明、张鸿藻、余慎言、何敬、邓著、黄兴发、程勉、朱鼎彝、陆宗兴、王鸿年、左兰敬。闻尚有某守戎带领学生三十五名附山城丸抵埠。不日即往东京分遴，派各学校，分置各种技艺，盖日人顾念同洲之谊，欲为中国培植人才，故遇之甚厚也。(《蛉洲剩语》,《申报》光绪二十五年十月十五日,第二版)

《蓝天蔚事略》及《事略》载：己亥(1899 年)，东渡入成城学校。(《蓝天蔚事略》;《蓝上将荣哀录·事略》)

△ 蓝天蔚入成城学校，住东京牛込区。

服部操氏回忆：振武学校的创立，大概记得是在三十五年的七月，该校创立以后，乃兴成城学校⑧，商定办法，凡属于陆军的学生，归振武学校收容，只是文科志望的学生由成城学校培养。详细的经过，冈本则录氏是与该校开始就发生关系了的，如能在他那里打听一下，定会什么都知道的。吴禄贞、张绍曾、蓝天蔚、许崇智、蔡锷、良弼、周家彦诸氏及江庸氏等，也都在该校学习过。从创立到今日的卒业生姓名，都有名簿登录着。(《成城学校的起源——服部操氏的谈话大要》,《中华民国留学生教育的沿革》,《留东学报1936—1937》第一期,第114—115 页)

---

① 舒清阿(1877—?)，字质甫，湖北荆州人。汉军正白旗。毕业于湖北武备学堂、成城学校、日本陆军士官学校第二期步兵科。历任湖北参谋营务处军谋学咨议官、湖南新军第一标标统、两江督练公所总参议、江南陆军讲武堂总办、北洋陆军步队正参领、北洋督练公所总参议、陆军部正议官、新军滦州会操西路军总统官、北军第一军参谋长、荆州副都统、总统府军事顾问、陆军部军事顾问。北洋政府授陆军中将。

② 沈尚濂，字筱溪，湖北恩施人。毕业于日本陆军士官学校第二期。曾任江阴要塞炮台司令。

③ 宝瑛(1874—?)，字琼浦，湖北荆州旗人。毕业于日本陆军士官学校。曾任湖北陆军小学堂总办。

④ 蒋政源，字春山。毕业于日本陆军士官学校第二期步兵科。历任湖北营务处四所管带第一镇左协旗丁营司，民元北伐期间任蓝天蔚关外都督府参谋部参谋，1918 年任河南靖国军总司令兼鄂豫联军前敌总参谋。1919 年广州军政府加陆军中将衔。

⑤ 王璟芳(1876—1920)，字小宋，湖北恩施人。毕业于日本高等商业学堂。1903 年东京中国留日生"拒俄学生军"丙区四分队长，曾为《湖北学生界》编辑。历任度支部主事、资政院议员、钱币司帮办、广东省财政整理特派员、山东省财政厅长、财政部次长。曾创设财政印铸局、财政人员讲习所、北京证券交易所等。

⑥ 应龙翔(1877—1948)，字云从，湖北黄陂人。毕业于日本陆军士官学校第二期步兵科。历任湖北将弁学堂教官、北京练兵处军政器械科监督、陆军部科长、一等咨议官、禁卫军步兵第二标统带、河南陆军第二十九混成协统领、湖北陆军第三师第五旅旅长、陆军第二预备学校校长、湖北应城石膏公司总经理。北洋政府授陆军中将。

⑦ 王遇甲(1882—?)，字司丞，湖南鄂城人。毕业于湖北随营学堂、日本陆军士官学校炮兵科。历任陆军第四镇第八协协统、梁格庄护陵司令、陆军第四镇统官、第二镇镇统、冯国璋高级参谋、总统府侍从武官，创办官商企业鄂城铁矿有限公司，后任伪满洲国吉林省警备司令部附少将、第二军管区司令部参谋长、宪兵司令官。北洋政府授陆军中将。

⑧ 按：服部操氏回忆有误，成城学校的创办当在振武学校之前。

　　吴稚晖回忆：各省官费如湖北官费吴禄贞（绶卿）、蓝天蔚、程家柽①（韵笙）、良弼②、哈汉章③等；福建官费许崇智、冯耿光④（幼伟）等。自费如蔡锷（原名艮寅，字松坡）、蒋尊簋（伯器）、蒋方震（百里）、范锐（旭东）、范源濂（静生）、曹汝霖（润田）等。北洋与南洋所派文学生住东京本乡区，湖北所派陆军学生住牛込地区。(李书华：《吴稚晖先生从维新派成为革命党的经过》上，《传记文学》第四卷第三期，台北传记文学出版社 1964 年版，第 36 页)

　　△　入校后，蓝天蔚与吴禄贞、程家柽常往访吴稚晖。

　　《吴稚晖先生从维新派成为革命党的经过》载：程家柽与吴禄贞、蓝天蔚常往访先生（指吴稚晖）与钮惕生⑤。程家柽早已与中山先生往来，嗣又与肃王善耆往来。其住室中挂有中山先生及善耆照像各一张（程家柽后来去北京活动在北京肃王处任事，民国三年被袁世凯杀于北京彰仪门）。(《吴稚晖先生从维新派成为革命党的经过》上，《传记文学》第四卷第三期，第 36 页)

　　△　蓝天蔚为励志会⑥会员，常行演说。与吴禄贞、傅良弼等为湖北演说者中

---

　　①　程家柽(1874—1914)，字韵荪，亦作润生、润森或韵笙，一字下斋。安徽休宁人。毕业于武昌两湖书院、东京帝国大学。同盟会章程起草人之一、同盟会外务科负责人。1903 年参加拒俄义勇队，1905 年与宋教仁等创办《二十世纪之支那》。归国后任北京大学农科教授。1911 年 3 月，与白逾桓等创办《国风日报》。武昌起义爆发后，与吴禄贞、张绍曾、蓝天蔚等密谋发动新军起义，围攻北京，因吴禄贞被刺未果。1912 年充任安徽军政府高等顾问。1914 年组织"铁血团"暗杀袁世凯，事泄被捕遇难。

　　②　良弼(1877—1912)，姓爱新觉罗，字赉臣。满洲镶黄旗。毕业于日本陆军士官学校步兵科第二期。历任陆军部军学司监督副使、军学司司长、第一协统领兼镶白旗都统、军咨府军咨使。成立宗社党。1912 年 1 月 26 日为彭家珍投炸弹炸断左股，数日后毙命。

　　③　哈汉章(1880—1953)，字云裳、籈园，湖北汉阳人。回族。毕业于两湖书院、湖北陆军学堂、日本陆军士官学校第一期。回国后历任湖北文普通学堂教习兼监学、湖北省将弁学堂教官、军督处副使、军咨府军谘使、彰德秋操中央审判官长、禁卫军训练处军谘官、袁世凯总统顾问、黎元洪总统府军事幕僚。北洋政府授陆军中将。

　　④　冯耿光(1882—1965)，字幼伟。广东番禺人。毕业于日本陆军士官学校步兵科第二期。历任清政府军谘府第二厅厅长兼第四厅厅长、袁世凯总统府顾问兼临城矿务局督办、中国银行总裁、中国银行常务董事、新华银行、大陆银行、中国保险公司、中国农工银行、联华影业公司董事、董事长、中国银行和公私合营银行董事等职。北洋政府授陆军中将。

　　⑤　钮永建(1870—1965)，字惕生，江苏松江上海县（今上海市西南）人。同盟会员。毕业于江阴南菁书院、上海正经书院、湖北武备学堂，1899 年留学日本，从事留学生组织事务。曾参与创办《江苏》杂志。1903 年与蓝天蔚等人组织拒俄义勇队。后历任桂林兵备道帮办、广西讲武堂及广西陆军小学总监、沪军都督府军务部长、江苏都督府参谋次长、参谋本部参谋次长、护法军政府参谋次长、国民革命军总司令部参议、国民政府秘书长、江苏省政务委员会委员兼民政厅长等职。北洋政府授陆军中将。

　　⑥　按：常有励志会成立于 1900 年春或秋之说。此处取 1899 年之说。章宗祥回忆"与蓝天蔚参与励志会并演说激烈的傅良弼为励志会发起人之一"。据张难先谓：先一岁己亥(1899 年)，傅慈祥、黎科、郑葆晟、蔡成煜、吴禄贞、沈翔云等，组励志学会于日本东京。(傅家来稿：《庚子武汉首义烈士墓碑》，《湖北革命知之录》，第 28 页)傅光培与傅光植谓：(傅良弼)乃与吴绶卿、蔡松坡、刘伯刚、吴念慈诸人，组织励志学会，讨论革命进行，至深且密。(傅光培、傅光植：《傅良弼事略》，《湖北革命知之录》，第 31 页)傅良弼于 1898 年冬东渡留学，1899 年冬回国，回国时傅参加了梁启超主持的红叶馆送别会。梁启超是主持人，在送别林圭、傅良弼等志士归国之后，梁亦于 1899 年 12 月 20 日"乘香港丸发滨演"。(梁启超：《饮冰室合集·专集》之二十二，第 186 页，转引自丁文江、赵丰田编：《梁启超年谱长编》，第 187 页)傅回国后，组织汉口自立军起义，并于次年 8 月殉义于武昌。故励志会成立时间应在傅良弼留日期间的 1898 年冬至 1899 年冬。

最为激烈者。

章宗祥回忆:在日本时,同人聚谈国政,革命之思想,发达甚速。每星期日,与成城同人之维新派会合(自湖北来者,有思想极旧之人,当时目之为顽固派,不相往还)组织励志会,假日本茶室为会所,上野三宜亭、牛込清风亭时往聚集,清茶煎饼,议论自由。励志会之组织,会员全体平等,不设会长;会中干事,由会员轮值。会时演说,或讲学,或论政,随各人意,绝无形式上之规制。而对于品行一端,极重视。某君在校,因事向日本教习赔罪,行和式伏礼,同人以对外人叩头,引为大耻,提议除名。实则日人席地而坐,相见叩头,本为常礼。与中国之下跪乞怜,情形大不同也。会员演说之最激烈者,以湖北出身者为最多,如傅良弼①、吴绶卿、蓝秀豪等皆其卓卓者。(章宗祥:《任阙斋主人自述》,上海市政协文史资料委员会:《上海文史资料存稿汇编·政治军事》,上海古籍出版社 2001 年版,第 32 页)

张难先谓:壬寅(1902 年)癸卯(1903 年)之际,湖北学生在东瀛者,其多如鲫,而官费生若刘成禺、吴禄贞、蓝天蔚、李书城等,亦无所畏忌。或则设立励志会以交换知识,或则组织义勇队以鼓励实行。(张难先:《湖北革命知之录》,商务印书馆 2011 年版,第 49 页)

---

① 傅良弼(1871—1900),湖北潜江人,又名傅慈祥,以字行。毕业于两湖书院、湖北武备学堂、成城学校、日本士官学校。留日期间与吴绶卿、蔡松坡、刘伯刚、吴念慈诸人组织励志学会。会义和团起,与海外各同志歃盟于镰仓,以上海为总机关,组织自立军,武装勤王,分珠江、长江两流域进行。事机败露,1900 年与唐才常、林圭等就义于武昌。

1900 年(清光绪二十六年　庚子)　24 岁

春　义和团势力大举向直隶发展,旋进入京、津。

6 月　英、美、法、德、俄、日、意、奥等国组织"八国联军",出兵中国,联合镇压义和团运动。

慈禧向列强各国宣战。8 月,北京陷落,慈禧偕光绪帝等离京西逃。

8 月　唐才常等在汉口设立自立军总机关,分设七军,约期举事,为张之洞破获,捕杀唐才常、林圭等二十余人。

8 月—9 月　沙俄出兵进犯东北,相继攻陷齐齐哈尔、吉林等地。

10 月　广东惠州起义失败。

12 月　清廷接受列强提出《议和大纲》。

是年　以刘永和①为首的忠义军武装抗俄。

是年　蓝天蔚攻读成城学校。

蓝天蔚此段留日期间的学习和生活,可参考沈翊清及实藤惠秀的记述。沈翊清在参观成城学校之时,对学校的起居制度进行了深入的了解,他抄录了四个班级的一周课程表。(沈翊清:《东游日记》,清光绪二十六年(1900 年)福州刻本,第 7—9 页)

其中一班的课程表摘录如下:

一　周	七点	八点	九点	十点	十一点	十一点半	一点	二点
星期一	历史	平面几何	日文	物理	教范	体操		
星期二	平三角	生理	日语	代数	教范	体操		
星期三	教范	日语	平面	几何	物理	平三角	体操	
星期四	画学	代数	日文	平面几何	教范	体操		
星期五	教范	历史	平三角	生理	物理	日语	体操	
星期六	代数	物理	日文	历史	体操			

---

①　刘永和(约 1841—?),号忠清,奉天海龙人,绿林首领。绰号"刘弹子"或"刘单子"。历任吉林垦务营管带、拒俄忠义军统领、蓝天蔚北伐军关外义勇军统制官。

1901年(清光绪二十七年　辛丑)　25 岁

9 月　清政府与英美俄等十一国签订《辛丑条约》。

11 月　李鸿章卒。袁世凯署理直隶总督兼北洋大臣。

秋冬间　各省留日学生在东京成立中国留学生会馆。

是年　黄陂横店火车站建成。

12 月间(十月—十一月)　蓝天蔚在成城学校结业后,升为日本陆军士官学校第二期学员。

《事略》及《蓝天蔚事略》谓:成城学校卒业,升学士官。(《蓝上将荣哀录·事略》;《蓝天蔚事略》)

蓝天蔚所属第二期留日士官生名录:

第二期学生(二十五名)

明治三十四年十二月入学——明治三十五年十一月卒业

步兵科	湖北荆州府	舒清阿
步兵科	湖北汉阳府	哈汉章
步兵科	直隶顺天府	良　弼
步兵科	湖北汉阳府	应龙翔
步兵科	广东广州府	冯耿光
步兵科	湖北德安府	萧先胜
步兵科	湖北荆州府	宝　瑛
步兵科	湖北德安府	吴祐[祐]贞①
步兵科	湖北施南府	敖正邦
步兵科	湖北武昌府	蒋政源

---

① 吴祐贞,字锡卿,用卿。湖北云梦人,毕业于日本陆军士官学校第二期。拒俄运动期间任学生军丙区队长。回国后任武昌将弁学堂随营教官,辛亥(1911 年)时任江阴要塞炮台总台官。后曾任日伪云梦县治安维持会副会长、云梦县自治维持会委员长、云梦县县长等职。北洋政府授陆军少将加中将衔。

续表

步兵科	湖北武昌府	余明铨
步兵科	湖北汉阳府	杨正坤
步兵科	江苏常州府	华承德
步兵科	湖北武昌府	张长胜①
步兵科	福建福州府	段金龙
骑兵科	湖北武昌府	萧开桂
骑兵科	湖北汉阳府	蒋肇鉴
炮兵科	湖北武昌府	龚光明
炮兵科	湖北武昌府	王遇甲
炮兵科	湖北恩施县	沈尚濂
炮兵科	广东广州府	许崇义
工兵科	福建福州府	王　麒
工兵科	湖北武昌府	蓝天蔚
工兵科	湖北汉阳府	易廼谦

　　(沈云龙、郭荣生:《日本陆军士官学校中华民国留学生名簿》,《近代中国史料续集》第三十辑,文海出版社 1974 年版,第 5—7 页)

　　蓝天蔚就读的日本陆军士官学校成立于 1874 年,为日本近代军事史上一所重要的军事教育机构,共培养了 61 期学员,达 3 万余人。士官学校的教授科目主要有:战术学、战史、军制学、兵器学、射击学、航空学、筑城学、交通学、军队教育、一般教育、法制经济学、外语。《陆军士官学校条例》规定,陆军士官学校乃召集陆军各兵种士官候补生,对其进行初级军官所必需的教育,即培养下级军官。(《御署名原本明治二十六年敕令第二百三十三号陆军士官学校条例》,国立公文书馆藏,亚洲历史资料中心公开)

　　徐白谓:留学生与日本学生所受教育,其唯一不同之点,即日本学生考取陆士后,须先进预科二年,预科肄业时方分兵科,然后入联队,而留学生则入学考试及格,即迳入联队,凡外国学生,其学习过程皆如此。(徐白:《日本士官风云录》,刘真主编:《留学教育——中国留学教育史料》第 1—5 册,"国立编译馆"1980 年版,第 370—394 页)

　　△　留日期间,蓝天蔚与吴禄贞、蒋百里等交游;而与吴禄贞等被称为牛込的

---

　　①　张长胜(1877—?),字星垣,湖北江夏人。毕业于日本陆军士官学校第二期步兵科。回国后任湖北营务处经理所管带第一镇左协三旗甲营都司、湖北新军第四标第一营管带官。

士官派。

吴稚晖忆：辛丑(1901年)的夏天，我正为剧烈的维新，逃在东京。所与往还的：什么小石川的清华派，如范静生呀，蔡松坡呀，蒋百里呀，蒋伯器呀；又本乡的大学派，如章仲和呀，吴止欺呀，曹润田呀；牛达的士官派，如吴绶卿呀，蓝天蔚呀；又不定派，如钮惕生呀，程家柽呀，戢元成呀；又有小弟弟张溥泉、钱稻孙等，不必细表。当时要算清华派最激烈。(吴敬恒：《我亦一讲中山先生》，尚明轩、王学庄、陈崧：《孙中山生平事业追忆录》，人民出版社1986年版，第699—701页)

《蒋百里先生传》谓：百里所与游的是蓝天蔚、吴禄贞一流人物。这些人都是他的士官同学。(陶菊隐：《蒋百里先生传》，沈云龙主编：《近代中国史料丛刊》第73辑第727册，台北文海出版社1972年版，第35页)

△ 蓝天蔚与日本陆军士官学校第一期(1900年12月至1901年11月)的同学吴禄贞、张绍曾被称为"士官三杰"。

张绍程谓：绍曾与吴禄贞、蓝天蔚同肄业于日本士官学校，三人友谊素为挚笃。归国以后各任军职，当时有"士官三杰"的称号。(张绍程：《张绍曾事迹回忆》，中国人民政治协商会议全国委员会文史资料研究委员会：《文史资料选辑》第30辑，中华书局1962年版，第184页)

鹿钟麟谓：第二十镇统制张绍曾和第六镇统制吴禄贞、第二混成协协统蓝天蔚为日本陆军士官学校同学，三人志趣相投，过从密切，曾有"士官三杰"之称。(鹿钟麟：《滦州起义的前前后后》，北京市政协文史和学习委员会：《辛亥革命与北京》，北京出版社2011年版，第50页)

胡汉民亦称"士官三杰"为吴禄贞、张绍曾、蓝天蔚。(胡汉民：《胡汉民自传》，"中华民国"各界纪念学术论著编纂委员会：《革命先烈先进传》，"中华民国"各界纪念国父百年诞辰筹备委员会1965年版，第710页)

吴禄贞、张绍曾为士官生第一期。在第一期名单中，能看到多人与蓝天蔚日后有交集。日本陆军士官学校第一期名单如下：陈其采[1]、吴锡永[2]、韦汝骢、张显仁、

---

[1] 陈其采(1880—1954)，字霭士，别号涵庐，浙江吴兴人。毕业于金陵同文馆、南洋武备学堂、日本陆军士官学校中华队第一期步兵科。后历任湖南武备学堂总教习、湖南新军第五十标首任统带、第四十九标统带、陆军第九镇正参谋官、军咨府第三厅厅长、江苏都督府参谋厅长、临时大总统府咨议、中国银行杭州分行副行长、浙江省财政厅厅长、国民政府主计处岁计局局长、中央银行常任理事等职。北洋政府授陆军少将。

[2] 吴锡永(1881—?)，字仲言，浙江吴兴人。毕业于日本陆军士官学习步兵科。历任陆军第九镇第十八协协统、广东督练公所军事参议官、大总统府秘书、国务院秘书、财政部秘书、山东卷烟特税局局长、山东省长公署秘书长、北平特别市秘书、上海市政府财政局局长、日伪中华民国临时政府财政部秘书长、汪伪华北政务委员会财政总署署长、汪伪华北河渠委员会委员、汪伪经济总署署长等职。

吴茂节、易甲鹇、吴元泽①、刘赓云、铁良②、杜淮川、张朝基、萧星垣③、舒厚德、张鸿达、蒋雁行、李泽均、陶嶝孝、高曾会、吴绍璘、吴祖荫、李士锐、段兰芳、王廷桢、吴禄贞、华振基、杜钟岷、卢静远④、唐在礼、陆锦、张绍曾、许葆英、单启鹏、刘邦骥⑤、文华⑥、万廷献、章迪骏、贾宾卿⑦、邓承拔、顾藏、徐方谦。(沈云龙、郭荣生主编:《日本陆军士官学校中华民国留学生名簿》,《近代中国史料续集》第三十辑,第1—4页)

---

① 吴元泽(1874—1945),字惠轩,湖北保康人,毕业于两湖书院、日本陆军士官学校中华队第一期步兵科。历任广西督练公所总办、广西陆军讲武堂总办、湖北督练公所教练处帮办、湖北将弁学堂堂长、第二十一混成协第四十一标标统、湖北军政府军学司司长、参谋处长、战时司令部参谋正长、湖北陆军小学校校长、总统府(黎元洪)侍从武官。北洋政府授陆军中将。

② 铁良(1864—?),又名铁忠,字韵铮,湖北荆人。毕业于两湖书院、日本陆军士官学校中华队第一期步兵科。历任湖北新军第一镇第二标统带官、湖北督练公所兵备处总办、湖北陆军小学堂监督、湖北督练公所军事参议官、禁卫军司令处军需处长、禁卫军顾问、总统府统率办事处参议行走(即候补参议)、镶黄旗汉军副都统、镶白旗汉军都统。将军府穆威将军。

③ 萧星垣(1874—?),字紫亭,湖南善化(今长沙)人,毕业于浙江武备学堂第一期、日本陆军士官学校中华队第一期步兵科。历任浙江新军步兵第二标第一营管带、浙江新军第二标统带、第四十二协第八十二标统带、第四十二协统带、第二十一镇统制、总统府侍从武官。

④ 卢静远(1874—1945),字惺源,别号新远,湖北竹溪人。毕业于两湖书院、日本成城学校、日本陆军士官学校中华队第一期炮兵科、日本近卫野战炮兵联队见习士官。历任湖北将弁学堂教习、营务处参议、军令司运筹科监督、军咨府科长、第一厅厅长、曾兼第四厅厅长、陆军部参谋司司长、吉林警备军第二教导队士官候补生连连长、吉林警备军司令部上校部附、参谋处处长、第二军管区少将部附、第五军管区少将参谋长、汪伪华北临时政府行政委员会参议、伪新民会秘书长等职。北洋政府授陆军中将。

⑤ 刘邦骥(1868—1930),字襄奎、香奎,湖北汉川人。毕业于两湖书院、日本陆军士官学校。创湖北武师范学堂、湖北陆军小学堂等校。历任湖南军事参议官、浙江宁波道尹、北京高级警官学校校长。在蒋百里遗稿《孙子新释》的基础上扩展完成《孙子浅说》。北洋政府授陆军中将。

⑥ 文华,湖北荆州府人,旗籍,毕业于日本陆军士官学校一期炮科。

⑦ 贾宾卿(1880—?),原名得懋,号叔言,直隶交河人。毕业于天津北洋武备学堂、日本陆军士官学校中华队第一期工兵科。历任第五镇第十协领官、陆军协都统衔、第五镇统制官、山东副都督、归化城副都统、绥远城将军府参谋长、归绥军政厅长、陆军训练总监部工兵监、陆军大学校校长、参谋本部第四局局长。北洋政府授陆军中将。

1902年(清光绪二十八年　壬寅)　26岁

2月　梁启超在日本横滨创办《新民丛报》。

3月　留学生在东京锦辉馆会议"清国留学生会馆章程"。

4月　中俄签订《交收东三省条约》。

6月　袁世凯着手编练"北洋常备军"。

7月　留日学生发生成城学校入学事件。

冬　留日学生秦毓鎏、叶澜等在东京发起成立青年会。

是年　黄陂县城设立邮政代办所。民国五年改设三等邮局。

　　　基督教会在黄陂县城开办仁济医院,西医传入。

1901年12月(辛丑年十月、十一月)—1902年9月(壬寅年七月、八月)　蓝天蔚就读于日本陆军士官学校工兵科。

3月30日(二月二十一日)　清国留学生会馆在东京神田区召开成立大会,宣布开馆。经吴禄贞与张绍曾①推荐,蓝天蔚接任留学生会馆干事。

据曾在会馆的日语讲习所任教的宏文学院教师松本回忆:是日上午,天色微阴,正式举行开馆式。

会馆设于东京神田区骏河台铃木町十八番地,位于市中心区。主体为西式二层小楼,上下八个房间,楼西有日本式"和屋"二轩,居守门人和巡查人。庭院周围绿树掩映,红栏环绕。是租赁的一处宅院。

钟鸣十响,来宾及会员齐集会场。在一片肃穆的气氛中,升坛奏乐。曲终,会

---

① 按:吴禄贞、张绍曾卒业于是年三月。据《清国留学生会馆第二次报告》"卒业留学生附录"中记录:吴禄贞(绶卿):年龄:二十二岁;籍贯:湖北云梦;着京年月:二十四年十一月;卒业年月:二十八年三月;学校:近卫骑兵联队见习士官(清国留学生会馆编:《清国留学生会馆第二次报告——卒业留学生附录》,1903年3月1日,第48页)张绍曾(敬舆):年龄:二十四;籍贯:直隶大城;着京年月:二十四年十一月;卒业年月:二十八年三月;学校:近卫野战炮兵联队见习士官(清国留学生会馆编:《清国留学生会馆第二次报告——卒业留学生附录》,第49页)

馆干事范源濂①致开馆辞,郑重宣布留学生会馆成立。接着,副会长兼清政府留学生监督钱恂,代表公使蔡钧②致祝文,夏棣三代表来宾致祝辞。然后,干事金邦平宣布会馆开始办事;干事陆世芬报告会馆募集及使用经费等情况,吴禄贞和张绍曾致肄业归国告别辞,荐举冯阅模③和蓝天蔚代理其干事之职……会后,来宾与会员自由入室用茶,畅谈感想和抱负。(清国留学生会馆干事:《清国留学生会馆第一次报告》,清国留学生会馆发行于 1902 年;董守义:《清代留学运动史》,辽宁人民出版社 1985 年版,第 232 页)

秋 蓝天蔚与刘成禺、张继煦等组织了湖北学生界社;并与程家柽、李书城、黄兴等人在湖北学生界社内部"秘结排满盟约"。

梁绍栋忆及:汉川最早负笈东渡的第三名留日学生李熙,1902 年进入日本弘文书院,结识蓝天蔚、李书城等一批与黄兴、孙中山交往甚密的湖北先进青年后,即于 1903 年参与了《湖北学生界》的编印工作,"以世界知识及民族主义唤起内地学生觉醒"为宗旨,秘密运往内地,鼓动革命思潮。(梁绍栋:《辛亥革命党人梁钟汉轶事》,中国人民政治协商会议汉川县委员会文史资料委员会:《汉川文史资料》1991 年第 5 辑,第 176 页)

李廉方④回忆:他与蓝天蔚、黄兴、李书城、程家柽、王璟芳等十余人,在同盟会未创立之前,曾密结排满盟约⑤。刘成禺提议立隐语暗号,但未决定,惟每月集会一次。此事与《湖北学生界》、昌明公司有关,他人鲜有知者。(李廉方:《辛亥武昌首义记》,湖北通志馆 1947 年版,第 146 页)

李书城回忆:是年秋,经程家柽、刘成禺介绍,他(李书城)与同学程明超等人在东京竹枝园与孙中山先生会面,亲聆其反清革命的主张,进一步坚定了革命信

---

① 范源濂(1876—1928),名静生,湖南湘阴人。毕业于长沙时务学堂、东京大同学校、日本东南亚商业学校、神户弘文学院高等速成师范科、日本法政大学。在日时曾任留学生总会副干事长。历任京师大学堂学堂正监督、清廷学部主事(升员外郎)、清华大学校长、中华民国临时政府教育次长、总长、上海中华书局编辑部长、护国军务院驻沪委员、段祺瑞内阁教育总长兼内务部长、黎元洪之教育总长兼内务部长、靳云鹏内阁教育总长、北京高等师范学校校长、中国教育文化基金董事会董事和干事长、北京师范大学校长等职。

② 蔡钧,字和甫,浙江仁和人。历任上海道台、吴淞开埠工程总局督办、驻日本公使。1903 年电请清廷停派留日学生。当留日学生组织义勇队赴内地参加拒俄运动时,蔡致电两江总督端方,请"饬各州县严密查拿"。7 月被清政府召回。曾在沪主编《南方报》(中英文合刊)。

③ 冯阅模,字茂甫,江苏崇明人。清举人。留学日本,励志会员、清国留学生会馆干事。回国后历任资政院秘书、总机要科员、第二等秘书官,民国成立后任财政清查官产处评议员、审计院第二厅第一股署理主任协审官。

④ 李廉方(1880—1958),即李步青、号廉方、莲芳。湖北京山人。毕业于日本东京高等师范学校。曾参与创办《湖北学生界》。历任鄂军都督府首席秘书、国民政府教育部视学主任、河南省教育厅厅长、武昌师范大学教授、河南大学文学院院长、湖北通志馆副馆长、中央文化教育委员会委员、中南军政委员会委员兼教育部副部长、湖北省第一届政协副主席。著有《廉方教学法》。

⑤ 正文所提"密结排满盟约事",李廉方之回忆为孤证,待考。

念。不久,他便与刘成禺、蓝天蔚、张继煦①等鄂籍留日先进青年组织了"湖北学生界社",于次年1月创办了《湖北学生界》杂志。(李栅一:《李书城生平》,政协武汉市委员会文史学习委员会:《武汉文史资料文库》第7辑,武汉出版社1999年版,第171页)

《清国留学生会馆第二次报告》②载:会馆既立,于是各省倡立同乡会,各省会中应办各事子目甚多,已著者为杂志。如浙江有《浙江潮》,江苏有《江苏》,湖南有《游学译编》,湖北有《湖北学生界》,若直隶则有《直说》,已出版。其他各省有拟定者,有未拟定者,兹不录。(清国留学生会馆干事:《清国留学生会馆第二次报告》,第17页)

1902年9月(壬寅年七月、八月)—1903年2月(癸卯年一月、二月) 陆军士官学校本科毕业后,蓝天蔚被施以见习士官之教育,即"见习士官"。

《清国留学生会馆第二次报告》载《同学名录报告》:

姓 名	蓝天蔚(秀豪)
年 龄	二十四
籍 贯	湖北黄陂
着京年月	二十五年九月
费 别	湖北官费
学校及科目	见习士官

(清国留学生会馆干事:《清国留学生会馆第二次报告——同学名录报告》,第8页)

△ 《清国留学生会馆第二次报告》载,蓝天蔚欠会员费两圆。

《清国留学生会馆第二次报告》:

会员前欠开办捐数:

陈芙昌③	三圆
蔡 锷	两圆
蓝天蔚	两圆
应龙翔	五圆

---

① 张继煦(1877—1955),字春霆,号儒侠,湖北枝江(今宜都)人,清举人,毕业于两湖书院、日本宏文学院师范科。历任教育部视学、教育部普通司司长、安徽省教育厅长、武昌师范大学校长。著有《张文襄公治鄂记》。

② 自《清国留学生会馆第二次报告》中可看出,先有清国留学生会馆,既立,各省倡立同乡会,此后各省办理刊物。

③ 陈芙昌,字匡一,广东新会人。毕业于广州时敏学堂、日本同文书院。参加拒俄学生军、军国民教育会。历任福建漳州龙溪县地方法院院长、代理闽侯地方法院院长、代理福建高等法院庭长等职。

（清国留学生会馆干事：《清国留学生会馆第二次报告》，第 29 页）

11 月 7 日（十月八日）　蓝天蔚参加清国留学生会馆新旧干事交代会议。

《清国留学生会馆第二次报告》载：十月八日开秋季大会于锦辉馆，清国留学生会馆新旧干事交代①。投票举定新干事二十二人，与旧干事交代清国留学生会馆一切事物。（清国留学生会馆干事：《清国留学生会馆第二次报告》，第 11 页）

12 月 4 日（十一月五日）　报载，蓝天蔚等二十五名日本陆军士官生已领卒业凭证。

《申报》谓：日本某日报云，前者中国各督抚遴派聪颖子弟入日本陆军士官学校学习戎机，兹有二十五名领得卒业凭证。计步兵科舒清阿由湖北派来，哈汉章由湖北派来，良弼由湖北派来，应龙翔由湖北派来，冯耿光由福建派来，萧先胜由湖北派来，宝瑛由湖北派来，吴祐[祜]贞由湖北派来，敖正邦由湖北派来，蒋政源由湖北派来，余明铨由湖北派来，杨正坤由湖北派来，华承德由福建派来，张长胜由湖北派来，张哲培由福建派来，段金龙由湖北派来，骑兵科萧开桂由湖北派来，蒋肇鉴由湖北派来，炮兵科龚光明由湖北派来，王遇甲由湖北派来，沈尚濂由湖北派来，许崇仪由福建派来，工兵科王〔建〕麒由福建派来，蓝天蔚由湖北派来，易廼谦由湖北派来。

（《学生卒业》，《申报》光绪二十八年十一月五日，第二版）

---

①　按：蓝天蔚为清国留学生会馆干事，判断他参加此会。

1903 年(清光绪二十九年　癸卯)　27 岁

1 月　兴中会广州起义事泄失败。

湖北留日同乡会在东京创办革命刊物《湖北学生界》。2 月,直隶留日学生在东京创办《直说》月刊。留日浙江同乡会在东京发刊《浙江潮》月刊。4 月,留日江苏同乡会在东京创办《江苏》杂志。

4 月　旅沪十八省爱国人士在张园举行拒俄大会。日本东京留学生组织拒俄义勇队。

5 月　邹容所著《革命军》出版。6 月,清廷查封《苏报》,"苏报案"发生。章炳麟被捕入狱,7 月 1 日邹容自动投案。

章炳麟所著《驳康有为论革命书》发行。

8 月　孙中山在日本东京秘密创办青山革命军事学校。

10 月　张之洞拟定并奏准《出洋学生约束章程》。

11 月　黄兴等在长沙发起组织革命团体华兴会。

12 月　蔡元培等在上海组织对俄同志会,发行《俄事警闻》(后改名《警钟日报》)。

是年　陈天华所著《猛回头》《警世钟》两书在东京出版。

黄陂县城于二程书院旧址开办师范学堂。

1 月(壬寅十二月)　蓝天蔚与刘成禺、李书城等人创立留学生界第一个以省名命名的刊物——《湖北学生界》。

胡祖舜谓:自后,经心两湖书院等学生,同情革命者,先后留学东西各国,提倡倡导,日起有功,后多为同盟会会员。就中有江夏刘成禺(号禺生,别名刘汉)者,奉派留学日本,乃联络潜江李书城,号晓垣,名李唐。黄陂人蓝天蔚秀豪,江夏万声扬武定,枝江张继熙春霆,蒲圻但焘植之,黄冈程〈明〉超子端,京山李步青莲芳,安陆王式玉韵石,襄阳周维桢①干臣等,刊行《湖北学生界》杂志,输入内地,其影响于湖

---

①　周维桢(1880—1911),字干臣,湖北保康人,毕业于武昌经心书院,日本弘文学院师范科。曾参与创办《湖北学生界》。回国后在湖北、湖南、四川等地进行反清活动,1906 年随吴禄贞去西北各地视察,协助吴禄贞经办延吉防务,起草《延吉边务报告书》数十万言。武昌起义后,与吴禄贞等联络驻滦州及山西新军,拟在北方响应起义。1911 年 11 月 7 日凌晨与吴禄贞同时被刺于石家庄车站。

北学生界者甚大。(胡祖舜：《鄂军都督之推定》，熊守晖编：《辛亥武昌首义史编》上，台北中华书局 1971 年版，第 416—417 页)

陈固廷谓：《湖北学生界》（月刊），在东京发行，编辑兼发行者，王璟芳，尹援一，执笔者有蓝天蔚、李步青等，每册五十余页，内容分论说、教育、实业、军事、历史、地理、科学、理科、时评、国闻、外事、留学记闻等，出版至第四期易名《汉声》，由窦燕石主编，曾出旧学增刊一册，至第二册即停刊。(陈固廷：《留东学界出版物小史》，《留东学报 1936—1937》，第 150 页)

朱峙三回忆：主要编印人员有但焘[①]、程明超[②]、张继煦、蓝天蔚[③]、李步青、李书城、李熙、范鸿泰、屈德泽、权量、金华祝、卢慎之、范腾霄、周维桢、王式玉、万声扬、王璟芳、余德元、张鸿藻、周龙骧、左德明、刘道仁[④]等二十二人。张孝移题封面，负责发邮，寄中国各省图书馆、报馆，寄武汉学界、军队者，为范腾霄先生。(朱峙三：《辛亥武昌起义前后记》，全国政协文史和学习委员会：《亲历辛亥革命·见证者的讲述》中，中国文史出版社 2010 年版，第 638 页)

关于《湖北学生界》的影响力，有谓《湖北学生界》以"输入东西之学说，唤起国民之精神"。"鼓吹民族民主主义，思想激进，观点鲜明，文字浅显，笔锋犀利，对当时的知识界，特别是湖北的学界和军界有着很大的影响"。(丁守和：《辛亥革命时期期刊介绍》第 1 集，人民出版社 1982 年版，第 240 页)

日本学者实藤惠秀以为，留学生办的杂志《江苏》和《湖北学生界》（后改题为《汉声》）的出版部都是留学生会馆。这虽是地方性的杂志，但事实上它们的水平却比中国国内的杂志还要高，拥有广大的读者，具有很大的影响力。大量购买这些书和杂志后，兴冲冲地走下皂荚阪的留学生中，鲁迅也是其中一人。这些书刊

---

① 但焘(1881—1970)，字植之，别号天囚、天囚居士、观复道人等，湖北蒲圻人。毕业于湖北经心书院、日本中央大学。历任总统府秘书兼公报局局长、唐绍仪内阁任国务院秘书、任护法军政府秘书长、参议院秘书长兼宪法会议秘书长等职。曾翻译出版稻叶君山的《清朝全史》。

② 程明超(1880—1947)，字子端，笔名窦燕石，湖北黄州人。毕业于湖北两湖书院、东京弘文书院、京都帝国大学法学部法律学科。参与创办《湖北学生界》杂志。1907 年回国后，钦赐游学进士，授翰林院编修。1910 年曾选资政院钦选硕学通儒议员，次年补点为硕学通儒议员。曾任南京中华民国临时大总统孙中山的秘书长、两湖巡阅使公署机要处长。

③ 各种史料均记载蓝天蔚参加了这个刊物的编辑工作。(杨玉如：《辛亥革命先著记》，第 10 页；熊秉坤：《辛亥首义工程营发难情述》，李春萱：《辛亥首义纪事本末》，朱峙三：《辛亥武昌起义前后记》，分别见中国人民政治协商会议湖北省委员会编：《辛亥首义回忆录》，湖北省人民出版社，1979 第 1 辑，第 19 页；第 2 辑，第 106 页；第 3 辑，第 145 页)

④ 刘道仁(1870—?)，即刘赓云，字伯刚、石刚，湖北沔阳人。毕业于两湖书院、成城学校、日本陆军士官学校中华队第一期步兵科，在日本近卫步兵第四联队任见习士官，参与编辑《湖北学生界》。历任湖北武普通中学堂监学、京师练兵处储材科监督、内务部疆理司长、南京临时参议院议员、湖北沙市交涉员、内政部卫生司司长、中央防疫处处长、荆南道尹、江汉道尹等职。

藏在他们的归国行李中,流传到湖南、四川、广东等地……将新文化的气息传遍中国。(实藤惠秀:《中国人留学日本史》,生活·读书·新知三联书店1983年版,第172—173页)

△ 蓝天蔚于《湖北学生界》发表军事论文四篇①。

《军解》。(《湖北学生界》社编:《湖北学生界》第一期,癸卯正月〈1903年2月〉,第57—62页)

《军国民思想普及论》。(《湖北学生界》社编:《湖北学生界》第三期,癸卯三月〈1903年3月〉,第39—46页)

《军事与国家之关系》。(《湖北学生界》社编:《湖北学生界》第四期,癸卯四月〈1903年5月〉,第49—62页)

《军队之精神》。(《汉声》杂志社编:《汉声》第七八月合册,1903年9、10月,第9—21页)

2月(一月) 蓝天蔚于日本士官学校即将毕业。张之洞致信汪大燮②,请汪根据具体情况为蓝天蔚等选择深造方式。清方拟让蓝天蔚升入炮兵工程学校,之后,继续在陆军大学校或者工科大学深造。鉴于此,蓝天蔚尚需在日滞留5年。

《日本外务大臣男爵小村寿太郎致陆军大臣函》:来自清国湖北省的护军留学生士官,即将肄业。预计他们还将在日本逗留一年。张之洞致信清国驻日留学生总监汪大燮。信函的具体内容如下:要求总监汪大燮根据蓝天蔚等上述清国留学生所学专业的具体情况,或进入专业学校,或进入户山学校深造,或继续留在炮兵联队研究学问。舒清阿、良弼二人虽说不是护军学生,但同样都是湖北省派出的留学生,应该与蓝天蔚等同学一视同仁。我等尊重应龙翔本人的意愿,允许其回国省亲。舒清阿、良弼、敖正邦等三名步兵学生进入户山学校。之后,视其学业成绩的具体情况,可让其到陆军大学校进一步进修、深造。让炮兵学生龚光明和工兵学生蓝天蔚进入炮兵工程学校。之后,让他二人继续在陆军大学校或者工科大学继续深造。鉴于这一情况,龚光明和蓝天蔚尚需在日本滞留5年时间。汪学生总监将上述事宜向我处提出了申请。清国驻日公使也向我处提出类似要求。因此,我处就上述事宜向贵大臣进行汇报。希望您在对上述事宜仔细斟酌的基础上,给予方便为盼。(《日本外务大臣男爵小村寿太郎致陆军大臣函》,第135号,1903年2月17日,米彦军译自http://www.jacar.go.jp/chinese/index.html"亚洲历史资料中心")

---

① 按:《军解》《军国民思想普及论》《军事与国家之关系》《军队之精神》四文,见附录一"蓝天蔚著述"。

② 汪大燮(1859—1929),字伯唐、伯棠,浙江钱塘人。历任外务部员外郎、右丞、留日学生监督、外务部左参议、外务部右侍郎、邮传部左侍郎、驻日公使、熊希龄内阁教育总长、平政院院长、参政院参议兼副院长、段祺瑞内阁交通总长、外交总长(兼国务总理)、国民外交协会代理理事长、巴黎和会外交后援会委员长、国务总理兼财政部长、全国防灾委员会和外交委员会委员长等职。

3月(二月) 蓝天蔚在日本陆军第一师团各大队学习并演习士官课程的初步知识,是月向炮兵工程学校第四大队队长提出请假回国省亲,日方准其所请,给假一周。

日本外务省第 1007 号档《清国陆军学生蓝天蔚回国省亲请假事宜》:

总务长官向外务省总务长官答覆(书函):

(拜复)前几日,从贵大臣处接到一份照会。照会的具体内容是关于清国留学生蓝天蔚回国省亲一事。鉴于符合相关规定,我处予以批准。准许蓝天蔚回国省亲,准其假期 1 周(不含往返时间),之后再回日本。回到日本后,继续在日本陆军炮兵工程学校完成学业。蓝天蔚同学先向清国驻日公使请假,然后再向炮兵工程学校第四大队队长请假省亲。因此,完全符合相关请假手续。因而予以批准,并将此事向清国驻日公使答覆。

此致,敬礼。

高级副官向第一师团参谋长进行汇报:

前日,清国湖广总督向清国驻日公使拍来电报。电报内容是清国陆军留学生蓝天蔚想请假回国省亲。蓝天蔚本人在清国驻日公使处开了相关请假证明。然后,他拿着这份证明向其所属的日本陆军炮兵工程大队队长请探亲假。于是,该大队长将蓝天蔚同学按照日本将校的待遇来对待,准予其回国探亲。就此决定向您汇报。

向驻日清国陆军留学生委员长进行照会:

在上面准许蓝天蔚同学请假省亲文中有一处笔误"不准蓝天蔚回国探亲",应该为"准蓝天蔚回国探亲",以免造成误会,特向贵处进行说明。

陆军省乙第 2728 号 3 月 28 日石本陆军总务长官 十万火急

上文提到的清国留学生蓝天蔚同学预定下个月亦即 4 月份到日本陆军炮兵工程学校报到。但是,他本人提出了请假回国探亲请求,因此批准了其请求。为稳妥起见,向日本外务省打电话,请求处理意见。

陆军第 135 号、第 186 号明治 36 年(1903 年)3 月 12 日、3 月 14 日

清国陆军留学生回国事件

前些天,日本陆军省批准以下事宜:24 名清国陆军留学生在日本陆军第一师

团各大队学习并演习士官课程的初步知识。他们今后计划在日本陆军第一师团兵科专门学校学习、进修,研究军事学问和军事技术。

然而,其中有六人因为有不得已的事情想请假回国。他们就此事向清国公使进行了咨询。清国公使批准了他们的回国请求,并向我处发来照会。我处准其休假回国。特就此事向您回禀。具体请假回国的学生名单如下:

步兵第一联队:舒清阿、吴祐[祜]贞、敖正邦

步兵第三联队:良弼

野战炮兵第一队:龚光明

工兵第一大队:蓝天蔚

外务大臣的答覆文:

我处接到清国驻日公使照会。照会的具体内容如下:蓝天蔚等六名清国留学生是日本陆军炮兵工程学校的正式学生。他们因不得已事宜想请假回国。我等准其请假请求。现希望日本国的相关部门在保留蓝天蔚等六名同学日本陆军炮兵工程学校学籍的基础上,准其请假回国。我等将这一事情上奏给相关部门。结果,相关部门批准了其请假的请求。另外,其余的18名清国留学生也要求回国。因此,我等28日准许他们退学回国。

送达陆军省甲第318号

第一师团长的回复:

蓝天蔚等六名清国留学生在师团各大队研修士官勤务课程,视其成绩良莠,今后还会考入兵科专业学校,搞军事学术研究。因此,尽管他们暂时请假回国,我们也准其继续保留其学籍。其余的18名学生,都将在28日退学回国。(《清国陆军学生蓝天蔚回国省亲请假事宜》,第10007号,1903年11月,米彦军译自 http://www.jacar.go.jp/chinese/index.html"亚洲历史资料中心")

4月25日(三月二十八日) 蓝天蔚参与留学生会馆拒法大会。会议决议致缄政府拒法。

先是,三月二十六日留学生得报"王之春私借法国屯驻谅山之兵代平广西内乱,许以乱平之后,以广西全省矿山铁路诸权利相让"云云,皆大惊失色,奔走相告,即日集留学生会馆干事及各省及同乡会职员议于会馆。议种种办法皆未决,后决议致电政府及两广总督,力争,致电上海教育会协助,再图办法。(《湖北学生界》第四期,第119—120页)

三月二十八日,开留学生大会于锦辉馆①,议办法,久不能决,后决议致缄政府,力请政府拒法人,遂散会。缄略。(《湖北学生界》第四期,第 120 页)

4 月 29 日(四月三日)　蓝天蔚参与留学生会馆干事及评议员之会议,声讨沙俄侵占东北罪行。会议提议组织拒俄义勇队开赴东北,抗拒沙俄。

先是,四月二日东京留学生得一号外新闻,内载俄国代理公使与时事新报特派员之谈话。有"俄国现在政策,断然取东三省归入俄国版图,云云。"并载美国公使之反对,英国公使之警告等事。四月三日午前七时留学生会馆干事及评议员开会。于会馆到会者四十余人,汤君樾提议电致南北洋请其主战,钮君永建演说。

午后一时开留学生大会于锦辉馆,到会者五百余人……乃决议各事如左:

——愿入义勇队赴前敌者仅两日内签名;

——别设本部部署军队各事;

——致电北洋袁军及上海各团;

——致缄袁军,义勇队先隶麾下,资其军火粮饷;

——特派员至天津与袁军订立彼此关系;

——遣人至南洋各埠;

——遣人至中国内陆各殷富地方;

——遣人至外国。

议毕午后六时散会。(《湖北学生界》第四期"留学记录",第 121—122 页)

4 月 30 日(四月四日)　是日义勇队成,公举蓝天蔚为队长。蓝天蔚与签名入义勇队者三十余人、在本部任职事者五十余人共同致电袁军及上海爱国学社、教育会。

田桐②谓:蓝天蔚,号秀豪,黄陂人。壬寅(1902 年)、癸卯(1903 年)间,在日本大倡革命,以故有重名于留学界中。(田桐:《挽蓝天蔚》,《太平杂志》1929 年第一卷"笔记·革命闲话",第 72—73 页)

致电袁军云:俄祸日迫,分割在即,请速严拒。留学生已编义勇队,准备赴敌,详函续上。(《留学界记事》,浙江同乡会:《浙江潮》1903 年第四期,第 7 页)

致电上海爱国学社、教育会云:俄祸日急,已电北洋主战。留学生编义勇队赴

---

①　按:无史料明言蓝天蔚与会。据"即日集留学生会馆干事及各省及同乡会职员议于会馆"。蓝天蔚为留学生馆干事,判断其应与会。

②　田桐(1879—1930),字梓琴,别署恨海、玄玄居士,晚号江介散人,湖北蕲春人。历任同盟会评议部议员、同盟会书记处书记、同盟会总务部干事、汉阳保卫战战时总司令部秘书长、南京临时政府内务部参事、临时议员、国民党参议、中华革命党湖北支部长、中华革命军湖北总司令等职务。

敌,请协力。(《留学界记事》,浙江同乡会:《浙江潮》第四期,第7页)

致北洋大臣袁缄:顷阅日报,俄人以东三省撤兵事,横肆要挟,附约七条,剥我主权,辱我国体,视我政府如傀儡,侮我国民如行尸。凡含生之伦,戴天履地者,无不发指眦裂,欲食其肉。我政府毅然拒绝,不为所怵,群情感动,热心若狂。前日已公呈电信,乞力持抗议,急修战备,言虽冒渎,情实可矜。伏惟明公坐镇兼圻,身负群望,上体宵旰之忧,下对汹汹之愤,必有以坚强不屈,挽国家于将亡。是以不揆疏远,愿贡其愚。

窃惟国家自甲午以来,情现势屈,各国以洪水猛兽之势,抵隙而来,割据要隘,吸引脂膏。甲国进一步,则乙国必求所以抵制之方;乙国获一利,则甲国亦必谋所以均沾之实。故台湾甫割而胶州随亡,旅大既捐而威海亦失。此夺矿山开采之权,彼握铁道交通之柄,难端一发,寝不可制。及庚子之变,丧师弱国,排外之志未伸,而穷蹙之势益显。列强环视,操刀待割。英、日连横于前,俄、法合纵于后,前者以扶持保护为美名,而欲收潜移默化之效;后者以分割迫胁为公理,而恐失兼弱攻昧之机。是以极东问题,日腾于彼国之报纸,而偿金之事,各国且务相窘迫,而未知所终。

夫俄、法既明目张胆,以侵略为事,故法则煽乱于南,欲一举而得全粤;俄则跳梁于北,且南向而窥京师。今广西之势,方岌岌不可终日,而东三省之警报,义沸腾于内外之口矣。顷闻美人已通牒俄都,讼言诘责,日本亦增修军备,上下戒严。中原大陆,行将为列强角逐之场,而我方隐忍依违,人无固志,或怵于积弱新败之余,而禁言兵革;或狙于居间调停之策,而依赖强邻。呜呼!剥肤之灾,已迫眉睫,而犹欲偷安旦夕,侥幸于他人之或我恤者,是虽天下之至愚无耻,亦心知其不可也。

故今日之事,战亦亡,不战亦亡。战而割地,则各国无所借口,暂戢其凶暴之威;不战而自屈,则他人或引以为例,而各逞其无厌之欲。是则战虽亡,而犹有不亡之理存于万一之中;不战则虽欲免亡,而诚速亡之道,已迫于终食之顷矣!昔华元有言:"过我而不假道,鄙我也。鄙我,亡也;杀其使者,必伐我;伐我,亦亡也,亡一也。"乃杀楚使。古人于国权存亡之际,兢兢若此,而不惜以孤注一掷之举,为徒手搏虎之计者,诚见夫国耻之不可长,而利害之比较不可不审也。

自警报西来,舆情愤懑,废学忘食,志在授命。数日以来,不期而集者百有余人,咸愿投袂归国,自效行间。刻日待发,以死自誓。呜呼!某等血肉之躯,亦犹群众,而负笈远学,未更训练,既无昏瞀失心之疾,亦知强弱不敌之势,而猥欲弃其所业,以委身于百万虎狼之口者。固以为亡国之惨,痛于杀身;奴隶之辱,酷于斧钺,生为无国之民,不如死为疆场之鬼。苟得亲握寸铁,剥刃于俄人之腹,虽摩顶放踵,犹有余甘,至于成败利钝,固非所问也。昔波斯王泽耳士以十万之众,图吞希腊,而

留尼达士亲率丁壮数百,扼险拒守,突阵死战,全军歼焉。至今德摩比勒之役,荣名
震于列国。泰西三尺之童,无不知之。夫以区区半岛之希腊,犹有义不辱国之士,
何以吾数百万里之帝国而无之乎?

吾国与外敌交战之事,有史以来.不可胜纪,而有败无胜,为万国羞。独雅克萨
之役(康熙二十四年,即 1685 年),彭春以万八千之卒,困俄人于重围,毁其坚垒,毙
其骁将托尔布泰,使俄帝彼得不敢逞志于我;而尼布楚之条约,遂逐俄人于外兴安
岭以北,不得南逾一步。虽盛衰之势,今昔悬殊,而亦足以见胜负无常,惟所自召。
安见斯拉夫之民族必雄长于亚东,而可萨克之兵士,果无敌于天下者哉?

凡今所陈,自是明公所洞悉,而顾喋喋不辍,重渎尊严者,冀某等义愤之忱,见
谅于左右,不徒以众寡强敌之不敌,而怪晒其妄也。顷议公嘱学生二人,即日诣辕,
敬陈一切。惧谣啄之言,或已先入,故复肃上一缄,尽布其愚。幸赐容纳,不胜屏
营!(《浙江潮》第 4 期,1903 年 5 月 16 日,杨天石、王学庄编:《拒俄运动　1901—1905》,中国
社会科学出版社 1979 年版,第 88—90 页)

《湖北学生界》谓:电已达,缄已发,义勇队已成。福建、江苏、湖北、浙江、云
南、贵州、广东各开同乡会,演说义勇队事,莫不呕心沥血,沉痛悲切。(《湖北学生界》
第四期,"留学记录",第 121—125 页)

宋教仁谓:会俄人满洲撤兵违约,(程家柽)君以人心愤懑至此已极,以拒俄为
名开大会于锦辉馆,痛哭宣言,誓以排满为事。以在东健者编为义勇队,设分队于
上海,推蓝天蔚为统带,意欲拥戴今大总统袁世凯为革命军长,请钮永建、汤槱[①]归
国上书袁世凯为席卷中国之计。(宋教仁:《程家柽革命大事略》,陈旭麓主编:《宋教仁
集》,中华书局 1981 年版,第 435—436 页)

据梁钟汉[②]回忆:六弟耀汉[③]在东京与留日诸同志组织"义勇铁血团",(按:"铁

---

①　汤尔和(1878—1940),原名汤槱,字调鼎,浙江杭州人。毕业于日本金泽医学专门学校、德国柏林洪
堡大学、日本东京帝国大学。历任北京医学专门学校首任校长、中华民国教育部次长、总长、内务部总长、财
政部总长、日军傀儡政权中华民国临时政府议政委员长、汪精卫政权华北政务委员会常委兼教育总署督办
等职。

②　梁钟汉(1878—1959),字瑞堂,湖北汉川人。与弟梁耀汉在武昌组织群学社,并创办明新公学。后
入新军第 21 混成协第 41 标当兵。毕业于东京路矿学校。1907 年与日知会的刘静庵、朱子龙等被捕入狱(武
昌起义后出狱)。历任襄河游击总司令、湖北省议会议员、上海宝山县长、讨袁军总司令部总参议兼财政主
任、中华革命党湖北西路总司令、孙中山大元帅府谘议(后改任参军)、湖北靖国军梯团长兼任各省靖国军联
军前敌总指挥等职。

③　梁耀汉(1883—1912),字隽民、瀛洲、瀛州,号醉生,后更名梁栋。湖北汉川人,毕业于日本经纬学
校。日知会员。曾与吴贡三编《孔孟心肝》宣传革命。1906 年响应萍浏醴起义,事泄被缉。1911 年保路运动
中四处联络。武昌起义后,策动川督赵尔丰独立不果,又联络成都防军起事,亦未遂。函约入川鄂军三十一
标起义,遂有资州反正。四川军政成立时,任巡警总厅司令官、川江巡道使。1912 年应邀返鄂,行至夔门被
驻军误杀。

血义勇团",亦作"铁血义勇队"。一九〇三年成立于日本东京,湖北黄陂人蓝天蔚任队长。以遭清廷之忌,事无所成;然于革命推进,与有力焉。据作者云:当时孙中山先生极为赞成。耀汉于一九〇三年四月赴日,一九〇五年二月回湖北。)计划各回原籍,分途进行革命。(梁钟汉:《梁耀汉投军》,杨天石、王学庄编:《拒俄运动 1901—1905》,第333页)

有记:朱少穆[①],粤之南海九江乡人,(中略)岁癸卯(1903年),年十九,东渡日本求学。会是时俄兵侵占东三省,钮永建、蓝天蔚等发起拒俄学生军义勇队,少穆与同乡卢少歧、桂少伟、伍嘉杰诸人率先报名加入。(《朱少穆事略》,冯自由:《革命逸史》初集,中华书局1981年版,第181页)

5月2日(四月六日) 蓝天蔚等复开大会,商议改义勇队为学生军,并拟定学生军规则。

《湖北学生界》谓:复开大会,商议规划。已签名诸君咸到。议毕,喊学生军万岁。(《湖北学生界》第四期,第125页;江苏同乡会:《江苏》光绪二十九年第二期,第15页)

学 生 军 规 则

第一 定名 学生军(本名义勇队,后易此名)

(甲)军队

(乙)本部

第二 目的 拒俄

第三 性质

(甲)代表国民公愤

(乙)担荷主战责任

第四 体制 在政府统治之下

第五 组织

(甲)队中职员

(乙)本部职员

队中职员

队长一人(军法会议其议长即队长)

区队长三人

---

① 朱少穆(1885—1936),广东南海人。1903年赴日本留学,参加拒俄学生义勇队。1904年加入洪门三合会。翌年加入同盟会。1912年发起恢复广州兴中会。1913年龙济光据粤时被捕。出狱后先后参加讨袁驱龙济光、驱莫荣新、讨陈炯明诸役。1923年任澄海地方审判厅厅长,不久辞职改业律师。

参谋长一人

分队长十二人

(队中看护员由女学生组织之)

本部职员

部长一人

运动科长一人

经理科长一人

会记科长一人

书记科长一人

参议科长一人

(其余运动员、经理员、会计员、书记员、参议员、均无定员)

第六　会议(为全军之总机关)议员以二种人员组织之

队中队长及区队长参谋长

(乙)本部部长及诸科长

临时议员凡在队人员有意见者为之,会议中应立议长一人(临时)。

第七　军纪

(甲)谨守秩序

(乙)服从号令

第八　筹款

(甲)出发款项(预先运动临时取款)

(乙)寻常款项(即学生义务捐及特别捐)

义务捐

一等:二元

二等:一元

三等:五角

第九　讲习

(甲)操习(每日约各一时以上另有表)

(乙)讲课

第十　出发俟特派员覆信后

第十一　解队

(甲)目的已达

(乙)目的消灭

第十二　附则

（甲）编队次序（每日照常在学校上课，课余轮班讲习）

（乙）退校次序（出发定期后即当报告监督及各校长退校）

（《湖北学生界》第四期，第125—126页）

5月3日（四月七日）　蓝天蔚与胡景伊①、龚光明等验体格高下，编制军队。"学生军"正式编组成立。蓝天蔚被推为学生军队长，并进行演说。

军国民教育会（1903年）自印本记录"拒俄义勇队改名学生军"一事：初七日，学生军人员于午前十时至会馆。胡景伊、龚光明、蓝天蔚等验体格高下，编制军队。全队分甲乙丙三区队，每区队为四分队，公推蓝君天蔚为学生军队长，龚君光明、吴君祐[祐]贞、敖君正邦为区队长。分队长由队长指定。（《军国民教育会记事》，军国民教育会1903年自印本；《拒俄运动　1901—1905》，第93页）

《事略》谓：日俄之役，痛内政不修，外患日逼，因与同志谋革新之策。组织义勇队，取见义勇为之旨。群推君为队长。一时海内外名流如黄兴、钮永建等均隶焉。（《蓝上将荣哀录·事略》）

《蓝天蔚事略》谓：日俄之役，君以清政不纲，国体丧尽，与在东同志组织义勇队，谋革新，群推君为队长，一时海内名流如黄兴、钮永建均与焉。（《蓝天蔚事略》）

《申报》载：钮永建，年三十九岁。江苏上海人……俄兵占踞满洲时。与黄兴、蓝天蔚组织义勇队及军国民教育会。（《民国议和参赞小史》，《申报》宣统三年十月初二日，第十二版）

蓝天蔚发表演说，谓中国贱武右文，苟稍具尚武精神，不至有今日，今既定名曰学生军，既被推为学生军队长，则诸君子除服从而外，别无军纪。诸君子之服从即诸君子之义务。（《军国民教育会记事》②，军国民教育会1903年自印本；《拒俄运动　1901—1905》，第93—94页）

学 生 军 名 单

学生军队长一名	蓝天蔚
甲区队长一名	龚光明
甲、一分队长	汤　槱

---

①　胡景伊（1878—1950），字文澜，四川重庆人。毕业于日本成城学校、陆军士官学校步兵科。参与拒俄学生军、军国民教育会。历任四川陆军武备学堂管堂委员兼教习、云南督练处参议官、云南陆军小学及云南陆军讲武堂总办、广西新军协统、辛亥革命时广西都督、四川军团长、护理四川都督、四川都督等职。北洋政府授陆军中将加上将衔。

②　《蓝天蔚任拒俄学生军队长之演说》，详见附录一"蓝天蔚著述"。

续表

队员	夏清馥、陈茹昌、韩永康、韦仲良、袁华植、石铎、沈刚、翁浩、何世准
甲、二分队长	郑宪成
队员	胡镇超、吴钦廉、刘景烈、黄润贵、刘钟龢、李天锡、方声涛①、唐寿祺、卢藉刚
甲、三分队长	杨明翼
队员	林肇民、刘志芳、冯启庄、许嘉树、王孝缜、冯廷美、欧阳干、张允斌、高兆奎
甲、四分队长	陈秉忠
队员	罗元熙、苏子毅、吴寿康、何厚倜、李书城、伍嘉杰、周维桢、杨言倡
乙区队长一名	敖正邦
乙、一分队长	王渭忱
队员	叶澜、董鸿祎、甘启元、方舜阶、张浡、徐家瑞、陆规亮、张殿玺、张景光
乙、二分队长	尹援一
队员	刘景沂、尚毅、刘成禺、李宣威、邓官霖、张魁光、陈之骥、许寿裳、严智崇
乙、三分队长	钮永建
队员	徐秀钧、刘景熊、黄轸②、方声洞、王季绪③、黄立猷、秦文铎、华鸿、李士照
乙、四分队长	蒯寿枢
队员	胡克猷、周宏业、王兆枬、顾树屏、林先民、秦毓鎏、董猛、王寯基、吴雄
丙区队长一名	吴祜贞
丙、一分队长	刘蕃
队员	江尔鹗、陆龙翔、刘希明、陈芙昌、卢启泰、谢晓石、王明芳、黎勇锡、黄铎
丙、二分队长	林獬(白水)
队员	高种、施尔常、李炳章、诸翔、王学文、鲍应镱、任责、黄实存、吴冶恭

---

　　①　方声涛(1885—1934)，字韵松，福建侯官人。毕业于日本振武学校、日本陆军士官学校第四期骑兵科。1903 年拒俄学生军甲区二分队队员。后历任成都新军第十七镇正参谋、江西第二混成旅旅长、讨袁军右翼军司令兼江西独立第三旅旅长(旋升任师长)、护国军第四师师长、大元帅府卫戍总司令、护法军政府征闽陆海联军靖国军征闽总指挥兼第六军军长、福建靖国军总司令、北伐大本营参谋长、福建省政府委员兼军事厅厅长等职。

　　②　黄轸即黄兴。

　　③　王季绪(1882—1952)，字公仙，号缃庐，江苏吴县人。毕业于京都第三高等理工大学预科。期间参加拒俄学生军。后考入英国剑桥大学工程专科。回国后执教于北京工业专门学校，为机电科专任教员。曾任天津北洋工学院教授、教务长、代理院长。

丙、三分队长	贝　均
队员	朱少穆、施传盛、王永炘、陈去病①、蔡世浚、张毓灵、张肇熊、倪永龄、沈成钧
丙、四分队长	王璟芳
队员	胡浚济、张肇桐、宜桂、龚国元、潘国寿、廖世勤、戴赞

（《苏报》1903 年 5 月 18 日，《癸卯留日学生军姓名补述》，《革命逸史》第五集；《记仇满生》，《浙江潮》第六期；陈夏红编：《辛亥革命实绩史料汇编·组织卷》，中国大百科全书出版社 2011 年版，第 246—247 页；林子勋：《中国留学教育史 1847—1975》，华冈印刷厂 1976 年版，第 187—188 页）

冯自由《癸卯留日学生军姓名补述》（节录）：

女学生参加者十二人，即：

林宗素　王莲　曹汝锦　陈懋懃　华桂　胡彬　龚圆常　方君笄　钮勒华　吴芙　周佩珍　钱丰保

在本部办事者有：

程家柽　费善机　丁嘉墀　张崧云　俞大纯　陈天华　杨毓麟　余德元　朱祖愉

林长民　蔡文森　王嘉榘　陈福颐　蹇念益　周庆冕　张修爵　濮祁　李盛衔

周兆熊　陈云五　李隽　平士衡　朱孔文　彭树滋　夏斌　杨汝梅　杨延垣

欧阳启勋　王镇南等数十人。

（冯自由：《革命逸史》第 5 集，中华书局 1981 年版，第 35 页）

5 月 4 日（四月八日）—5 月 6 日（四月十日） 蓝天蔚热心于定编制、训练诸务，在留学生会馆体育场努力于操演之事。

《军国民教育会记事》载：4 日学生军本部各员分科任事，5 日揭示学生军课程表，6 日学生军齐集会馆开操。（《拒俄运动 1901—1905》，第 94—95 页）

冯自由《青年会与抗俄义勇队》中谓：全体通过组织拒俄义勇队，举陆军士官

---

① 陈去病(1874—1933)，原名庆林，字巢南、佩忍，别字病倩，号垂虹亭长，笔名季子、南史氏、有妫血胤等。江苏吴江人。在日本游学时加入中国留学生拒俄义勇队。南社主要创始人。主编《江苏》。回国后任教于上海健行公学、吴江国民学校、绍兴大通学堂、浙江高等学堂、竞雄女学。曾任临时政府参议院秘书长、广州大本营宣传部长、江苏博物馆馆长、东南大学教授、持志大学教授等职。

学生蓝天蔚为队长,日日操练,备赴疆场。(冯自由:《革命逸史》上,新星出版社 2009 年版,第 85 页)

李树蕃记:延至癸卯(1903 年)四月,上海遂有拒俄大会。发起者为吴敬恒、邹容、陈范等,并在张、愚园等处开会。于是留日学生闻讯,亦相继在东京开会,以我国留学生会馆为办事处。连日开会,较之上海更烈,加入者竟达三百余人,遂组织为拒俄义勇队,每人佩黄帝徽章,并举蓝天蔚为队长,张哲培为教官,每日在我国留学生会馆体育场训练。其中最热心者,如蓝天蔚、蔡锷、黄兴、钮永建、朱少穆、汤槱、陈天华、方声涛、翁浩、陈锐、秦毓鎏等。并发起排满,宣传革命,散发传单。(李树蕃:《甲辰拒俄义勇队与长沙之革命运动》,《建国月刊》1 月 20 日,1936 年第 14 卷第 1 期;严昌洪、许小青:《癸卯年万岁·1903 年的革命思潮与革命运动》,华中师范大学出版社 2001 年版,第 33 页)

陈去病忆:及是,俄人忽侵掠不已,清廷亦以其远而弗为意。由是,我留东学子乃大愤,日夜集会于神田之学生会馆,商对付之法。而黄廑午轸、杨笃生毓麟、秦效鲁毓鎏、王伟忱家驹、林宗孟长民、叶清漪澜、汤尔和槱、陈星台天华、苏曼殊子谷、何海樵世准、龚未生宝铨及予等,凡三百余人,乃有义勇队之举,推钮惕生永建、蓝秀豪天蔚为之长。他若吴禄[祜]贞、敖正邦、董鸿禕、何亚农、方声涛、方声洞、谢晓石、刘成禺、费公直、蔡松坡、张肇桐诸子咸与焉。惕生、秀豪不辞劳悴,力任编制、训练诸务。同人亦勤勤恳恳,努力于操演之事。复各出其心思才力,相与撰述《江苏》《浙江潮》诸杂志,以唤醒群众。一时奔走呼号,不遗余力。刊板朝出,购者夕罄。其间文字,大率激烈居多。以推翻现政府、另建新中国为主义。不特清廷为之寒心,即日本亦瞿然侧目焉。而革命之动机,乃郁郁葱葱,勃然兴起矣。(陈去病:《义勇队与军国民教育会》,《江苏革命博物馆月刊》1930 年第 6 期,第 6—7 页)

吴玉章回忆:我于 1903 年 3 月到日本,正赶上这个运动的浪潮。记得在锦辉馆开留学生大会的时候,群情激昂,一致通过成立拒俄学生会,并推派汤尔和、钮永建(这两人后来都成为依附军阀的官僚政客,汤并且无耻地当了汉奸)回国向袁世凯请愿,希望他出兵拒俄。袁世凯这时刚刚继承了李鸿章的衣钵,正秉承着清朝反动统治者西太后的意旨,倾心媚俄,天真的学生们竟去向他求助,何啻与虎谋皮?汤、钮回国后,袁世凯拒不见面。这更使留日学生们感到愤怒。于是便有拒俄义勇队的组织[①],随后又把它改组为军国民教育会,请士官学校的学生蓝天蔚、方声涛二人来教练军事,想学点真实的本领,将来好直接去效命疆场。(吴玉章:《辛亥革

---

① 吴玉章回忆时间有误。先有军国民教育会之成立,后有汤、钮回国而袁拒不见事。

命》,人民出版社1961年版,第56页)

△　蓝天蔚属下义勇队员曾于大森秘密练习射击,因日本警察的侦察而停止。

何香凝回忆义勇队操练之事:那时我们已由寄宿舍迁出,在牛込区租赁房子居住。廖仲恺、黎仲实和苏曼殊等人便组织了住在牛込区的留日青年学生,成立义勇队。为了避免外人知道,义勇队员每天清早秘密聚合到大森练习射击。黄兴懂得军事知识,由他给义勇队教授枪法。与我们居住在同一寓所里的义勇队员约有二十多人,我每天都先行起床,照料烧水煮饭的事情,为他们管理家务。清政府驻日公使馆一向对我们的聚会极为注意,并且勾结了日本警察,经常侦查我们的行动。义勇队的青年都很热心学习军事,练习射击的事也很秘密,本来我们是可以继续练习下去的。但是由于其中一个队员仅仅为了谈恋爱,结果出了问题,被敌人找到了破坏的机会。一个和我们同住的青年义勇队员和日本女子闹恋爱,日本警察指使那个日本"女中"假装怀孕,到我们寓所来吵闹。我们只好变卖家私杂物,筹钱赔给那个"女中",并且搬了一次家,搬到小石川居住。在牛込区好不容易组织起来的义勇队练习射击的事,因此无形中等于停止了。(何香凝:《我的回忆》,《辛亥革命回忆录》第一集,第12页)

5月7日(四月十一日)—5月8日(四月十二日)　蓝天蔚等集议商讨如何应对日方干涉义勇队、留学生监督汪大燮即命停止义勇队活动,主张解散形式,不解散精神。

《浙江潮》录:是晚,开谈话会于会馆,先由王君嘉榘报告与神田警察长问答情形。次钮君永建云:俄国问题,午后号外又加紧急,但现在办事,内外皆困,只得照昨晚议论,解散形式,不解散精神,改作军事讲习会,请众公决。盖昨晚因日本外务部以义勇队事,招汪监督往,言此事于国际上有碍,故蓝君天蔚、钮君永建、蒯君寿枢、叶君澜、谢君晓石曾于此研究过也。是以今晚之会,多主张改变面目,而精神断不能解散。

其覆警察署信稿录于下:义勇队已照队中规则解队。惟教育的体操,此后仍时时讲习,不同军队形式,特此奉告。(《留学界纪事》,《浙江潮》光绪二十九年第四期,第11—12页)

5月9日(四月十三日)　学生军预开大会,蓝天蔚等商议更名问题。

《军国民教育会纪事》:由本部军队各职员缄招签名诸君,明日大会。(《中华民国史资料丛稿·拒俄运动》,第99页)

5月10日(四月十四日)—5月11日(四月十五日)　学生军改名为军国民教育会,留学生推举蓝天蔚等修改章程,议决《军国民教育会公约》十一章。蓝天蔚为军国民教育会捐款①。

《军国民教育会成立》：开临时会于会馆，签名者皆至。(中略)既提议各事：(一) 速遣特派员；(二) 改学生军名目；(三) 共事诸人皆入体育会。众皆赞成。乃投票选举特派员。当选者为钮君永建、汤君槱。众咸质问特派员之方针、手段如何。钮君曰："方针则请北洋主战，手段则用种种方法，凡可达我目的者，皆竭力为之。"汤君又曰："全体诸君之目的如何，则特派员之目的亦当如何。"既复提议特派员之权限。当推举代表者数人，议立简章数条。乃推举叶君澜、秦君毓鎏等八人，拟特派员权限草章。(议至此，众少息。)草既成，众皆许可。覆议学生军名目既改，则已定之规则亦须修改。乃属特派员推举数人公议章程。钮君推蓝君天蔚、秦君毓鎏，汤君推举谢君晓石、张君肇桐，众皆赞成。相约于明日更开大会于锦辉馆，遂闭会。(江苏同乡会：《江苏》光绪二十九年第二期，第 17 页)

《军国民教育会纪事》亦谓：复由特派员推举蓝君天蔚、秦君毓鎏、谢君晓石、张君肇桐为改定章程起草员，众赞成，乃更约于明日大会锦辉馆议之。(《中华民国史资料丛稿·拒俄运动》，第 100—101 页)

刘揆一《黄兴传记》谓：壬寅(1902 年)、癸卯年(1903 年)间，俄人侵占满蒙土地，沪上章炳麟在《苏报》痛诋满清罪状，一声载湉小丑，震动天下。公则在东，联合蓝天蔚、蔡锷、陈天华、钮永建、刘成禺、杨守仁、汤槱、李书城、李自重、黎勇锡、张肇桐、余焕东、经亨颐、周宏业、吴炳枞、刘鸿逵、时功玖、秦毓鎏及揆一等，组织义勇队，虽曰拒俄，实含排满革命性质。其后全队中有与主义不合者，遂改组为军国民教育会。(刘揆一：《黄兴传记》，饶怀民编：《刘揆一集》，湖南人民出版社 2008 年版，第 138—139 页)

邹鲁谓：其时东京留学界之思想言论，多集中于革命问题，东三省俄国不撤兵事发生，军国民教育会应时而起，蓝天蔚、钮永建(字惕生)、吴敬恒(字稚晖)、吴禄贞②、敖正邦等为之教授，并派钮与汤槱入天津与袁世凯联结，不得要领而返，乃转谋回各省，潜图举义。(邹鲁：《中国国民党史稿》上，商务印书馆 2012 年版，第 44 页)

《军国民教育会捐款清单》记录蓝天蔚捐一元。(《中华民国史资料丛稿·拒俄运动》，第 131 页)

5 月 13 日(四月十七日) 午后，军国民教育会咸集会馆，全体公送特派员纽

---

① 按：据《军国民教育会会员名单》，东京学生军改为军国民教育会时，蓝天蔚及三个区队长龚光明、敖正邦、吴祐[祜]贞均未加入，队员吴寿康、杨士照也因故退出。(《军国民教育会会员名单》，《拒俄运动 1901—1905》，第 127—128 页)

② 按：邹鲁、左舜生记忆有误，其时吴禄贞已回国。

永健、汤槱。纽汤次日出发。(《军国民教育会记事》,军国民教育会 1903 年自印本,《拒俄运动 1901—1905》,第 107—108 页)

5 月 16 日(四月二十日) 发军国民教育会射击分班表,及自治公约草案,期于次日集议。

5 月 18 日(四月二十二日) 射击开习。

5 月 21 日(四月二十五日) 开会清风亭,推举叶君澜为临时议长。是日议决自治公约,及会员射击分班表。

是日晚上书载振贝子,语与上北洋大臣袁世凯书略同。

是日订运动员公约十三章。

5 月(四月) 《浙江潮》载,蓝天蔚奏达北京,清廷恐生不测,力为遏止"拒俄革命"。数日内地风鹤警报,如革命军已至。

《浙江潮》谓:自东三省事急,留学生之在东京者组织学生军,电告政府,其旨谓俄事急,当出发前敌。时有满人某则电达北京,谓,此次学生军皆系汉口余党,非实为拒俄来也。已而特派员钮君永建、汤君槱出东京道沪往天津,已成行矣。驻日清公使蔡钧乃以电告湖北端方,略谓:庚子之乱,以勤王为革命,此次则以拒俄为革命,日日在东京练军,祸且不测。端方惧。以此照会于各督抚,令所在缉拿,袁世凯则又以军国民教育会队长蓝天蔚奏达北京,近数日内地风鹤警报,俨如革命军之已至。(《党祸又作》,《浙江潮》光绪二十九年第五期,第 9 页)

6 月 4 日(五月九日) 黄兴归国前,与蓝天蔚等游,并密约起义。

章太炎谓:在日本时,与黄兴等游。(《章太炎撰蓝天蔚墓表》,《兴华》1926 年第 23 卷第 38 期,第 26 页)

邹永成谓:黄兴在由日本回国①之前,并曾预约外省同志,如吴禄贞、钮永建、蓝天蔚、李书城、蒋尊簋、陈宧、赵声、曹亚伯等在各地起义,作湖南的响应。(邹永成口述、杨思义笔记:《邹永成回忆录》,庄建平主编:《近代史资料文库》第 7 卷,上海书店出版社 2009 年版,第 26 页)

6 月 5 日(五月十日) 《苏报》刊出清廷密谕,谓,蓝天蔚等编军队试图革命,情形叵测,以蓝等既反叛朝廷,朝廷不得妄为姑息。密谕刊出后,引起公愤。

---

① 按:黄兴回国时间为 6 月 4 日(五月九日)。《中华民国史事纪要》载:本年春,留日学生组织拒俄义勇队及军国民教育会,兴均与之。本月初,上海同文沪报忽传学生军特派员钮永建、汤槱在天津遇害消息。军国民会员闻之,义愤填膺。因决定进行方法三种。一曰鼓吹、二曰起义、三曰暗杀。复推举干练同志为运动员,黄兴与陈天华被推回湘,本日(即 6 月 4 日)启程。濒行,回国运动起义。(《中华民国史事纪要 1902—1904》,第 417 页)

《苏报》载：蔡钧致端方电，东京留学生结义勇队计有二百余人，名为拒俄，实则革命，现已奔赴内地，务饬各州县严密查拿。（《苏报》，光绪二十九年五月初十日，第1页）

又载：又端方即电告各督抚及海关税务司查拿苏抚，得电后拍案大叫，曰此等行动明明又是一班富有会匪，拿获后务必正法，决不宽贷。（《苏报》光绪二十九年五月初十日，第1页）

又载：顷由于密友访来严拿留学生之密谕，略云，前据旧御史某参奏，东京留学生已尽化为革命党，不可不加之防备。又云有一尚书某等奏亦略同，又云自日本蔡钧来奏，此间革命党近业已组成军队，托于拒俄一事，分奔各地，又云前岁汉口唐才常一事，则托于勤王以谋革命，此间则托于拒俄以谋革命。其用意与唐才常相似。党羽较密，训练尤严各语，已不胜诧异。国家养士二百载，其自祖宗以来，深仁厚泽，姑置勿论；即如近年以来各直省地方，遇有水旱，无不立沛恩施，普行振济。顷者乱离虽构，而乡会试亦未忍遽停，况本年于覆试以后，又创行经济特科，国家待士既优，予以进身，又欲广其登庸之路，凡在食毛践土，具有天良，而乃不思报称，反言革命，似此则国家果有何负于该革命党。前已饬蔡钧、汪大燮于在日本东京留学生举动务加详查，各直省地方官，于日本游学生之返国者亦暗为防堵，遍布耳目。昨据袁世凯密折，内言东京留学生蓝天蔚等各若干人，编辑数军，希图革命，其电该督臣之意，则又诡言俄患日深，求该督助其军火，在日本东京各学生便可至东三省与俄人决战，情形叵测，就使本为忠义，然距义和团之日未久，亦深虞其有碍邦交，朕以为该学生等既反叛朝廷，朝廷亦不得妄为姑息，蔡钧、汪大燮于在日本东京留学生，即可时侦动静；地方督抚，于各学生回国者，遇有行踪诡秘，访闻有革命本心者，即可随时获到，就地正法。然亦需分别首从，不得尽人诬陷善良也。此为朕不得已，而保全国本以固邦交之意，将此秘谕蔡钧、汪大燮及各省地方督抚，咸共凛遵。钦此。（《严拿留学生密谕》，《苏报》光绪二十九年五月初十日，第1页）

张继曾用"自然生"之名作《读严拿留学生密谕有愤》：五月九日，清廷下有"严拿留学生之密谕"。我脑筋受其刺激，于是手不忍舍，口不忍闭，忽作细声读之，忽作大声读之，忽作狠声读之，忽作鬼声读之，心为之动，足为之跃，血为之沸，气为之涨。吾怪留学生，吾怪满洲人，吾不得不以绝大之希望奉诸我最敬爱之国民。

吾怪留学生者何也？学生为一国之原动力，为文明进化之母。以举国无人之今日，尤不得不服从学生诸君，而东京之留学生尤为举国学生之表率。是东京留学生之责任，尤不可以道里计。海内父老希望于诸君久矣。向日之诸君，以中国未来之主人翁自期,铸革命之脑,造革命建国之魂,诸君之志愿非不广大也,何今日忽出此矛盾之举,代满洲人而拒俄,乞怜于满洲政府,愿为前驱,甘为牛马?仆仆哀求之旨,一见于"军国民教育会"之宣言;堂堂忠君之士,二见于义勇队之特派员。而政府更不怜诸君之苦心,而发今之上谕,以反叛朝廷定诸君之罪,以就地正法为处诸君之刑。是诸君自作之灾,于满政府不足骂也。(张继:《读严拿留学生密谕有愤》,《苏报案记事》,据光绪三十四年刊本,章含之编:《章士钊全集》第一卷,文汇出版社 2000 年版,第376 页)

柳亚子谓:学生军之出现也,热心如沸;而种族之界,辨之未明,欲运动伪廷与之共事,故特派员至上海述前途方针,演说于爱国学社。吴敬恒首反对之,军国民教育会之募捐启,亦为《苏报》所齿冷,而其运动力之效果,则胡人下伪诏,谓留学生名为拒俄,实则革命,至名捕学生军队长蓝天蔚。非我族类,诚不可与一日居哉![1]钮永建、汤槱抵天津,袁世凯不敢执亦拒不使见,而会中方针渐变,受伪诏之激刺,电召特派员还东。钮、汤既返,复开大会演说盛唱排满,自是以后留学界机关之杂志如《浙江潮》《江苏》《汉声》《游学译编》争以民族主义鼓吹一世矣。(柳亚子:《争以民族主义鼓吹——中国少年之少年》,《中国灭亡小史》,《复报》第 10 期,1907 年 7 月;《拒俄运动1901—1905》,第 305—306 页)

6 月 14 日(五月十九日) 军国民教育会职员集中会议,定徽章制式,正面黄帝像,横书军国民教育会。背面赞曰:"帝作五兵,挥斥百族,时维我祖,我膺是服。"头等纯金,二等银镀金,以赠有功;三等白铜镀银,普通佩用。特别徽章用牡丹花形,亦分三等,赠与特别捐款者。(《军国民教育会记事》,军国民教育会 1903 年自印本,《拒俄运动 1901—1905》,第 110—111 页)

7 月 23 日(闰五月二十九日) 端方就蓝天蔚等留日生编立义勇队事电张之洞:

"顷接汪龙监督书云:此回学生编立义勇队,名曰拒俄,继改为学生军,又改为军国民教育会,若有若无,迁延两月。其中稍知自爱者多不到会,有名会中者约二百余人。月初钮自北洋回,将以十日开会,密告日政府防范。是日有劣生十余人出意见书,专主排满。鄂生王璟芳厉声骂之,相率出会者百余人。并将意见书交来。其原印本已交日外部查办。蓝天蔚初意到会,自经劝谕,并经福岛告

---

[1] 按:《苏报》刊出《严拿留学生密谕》后引起众怒。而章士钊晚年则述说清廷并未下达此谕。章谓:"《苏报》登载清廷严拿留学生密谕,清廷知之,曾谴责《苏报》捏造上谕,《苏报》却坚称密谕是真,从江督署借钞得来。要之,当日凡可以挑拨满汉感情,不择手段,无所不用其极。此一迹象,可从《苏报案纪事》字里行间看出。"(《疏黄帝魂》,《章士钊全集》第八卷,第 206 页)

诚,遂不复往。沪匪书招,蓝书拒之,《苏报》诬陷为此。谨闻。东游鄂生消息稍好,足慰荃怀。"(《湖广总督端方致内阁大学士张之洞电》,光绪二十九年闰五月二十九日,《端方档案》,故宫档案馆、中国史学会主编:《辛亥革命》一,上海人民出版社1957年版,第470—471页)

10月(九月) 蓝天蔚被日本陆军炮兵工程兵第一大队正式录取,学号为2408。

据《亚洲历史资料中心》

日本教育总监部参谋长上田有泽

日本陆军次官石本新六阁下

10月31日

参照陆军省第856号、886号

日本陆军省第44号档

去年10月,清国陆军留学生蓝天蔚被日本陆军炮兵工程兵第一大队录取,学号为2408。

明治37年(1904年)1月11日

(米彦军译自 http://www.jacar.go.jp/chinese/index.html"亚洲历史资料中心")

11月19日(十月一日)前 清方饬令蓝天蔚回鄂。日方问询清方蓝天蔚"是否日后再来入学,回去共需几何时日"等情。杨枢①为此事函询端方。

杨枢谓:昨奉电谕,饬令学生蓝天蔚暂行回鄂等因。当即函请日本外务大臣转移陆军大臣查照办理。旋即外务总务长珍田复称:昨接来函,请饬令蓝天蔚暂行回国一节,外务大臣即经转移陆军大臣。现据移复,该生拟入炮工学校,曾经奏准令其明年一月入校,此次令其回国,是否日后再来入学,回去共需几何时日,因奏请时必须叙明,如何之处,即希从速示覆。倘尊处不得其详,请电询鄂省,再行示知可也。等语。当即电请示覆。因电文稍略,用再肃此详陈,统祈察核。枢再肃。十月初一日。

正在封函,又据外务省著书记者来言:蓝天蔚回国后,如能赶于公历明年一月内再来,仍可入炮工学校。倘或逾期,则需退学等语。合并附陈。(《杨枢为蓝天蔚是否日后赴日入学事致端方函》,光绪二十九年十月初一日,《历史档案》1996年1—4期,第67页)

11月20日(十月二日) 端方召蓝天蔚回国。端方覆电日方,蓝天蔚回鄂后,

---

① 杨枢:第十三任驻日公使。原广东候补道,赏补四品京堂。光绪二十九年五月二十日,谕命任驻日公使;光绪三十三年九月一日卸任。

一周即可旋东。杨枢就此事致函日本外务总务长珍田舍己。

函谓：敬启者。昨日因蓝天蔚事曾覆一函，谅已登览。兹接准湖广总督覆电，蓝天蔚回鄂后约一礼拜即可旋东等语，相应函达。阁下即希查照办理，是所拜祷。专此奉布，顺颂时祉。

大日本外务总务长珍田舍己阁下。

杨枢谨具。中历十月初二日

（http://www.jacar.go.jp/chinese/index.html"亚洲历史资料中心"）

11月26日（十一月八日） 端方催促蓝天蔚归国。留学生忧虑蓝天蔚回国后会遭遇不测，蓝谓满人也要救国，愿尽力说服端方。

《徐勤致康有为书》："近日东京得山东抚台周馥二电云，德人已集大兵迫取山东，着各学生即归，不然恐无可救矣云云。又两湖端方亦有三电，促习陆军学生蓝天蔚等归国。"（《徐勤致康有为书》，1903年11月26日，上海市文物保管委员会：《康有为与保皇会》，上海人民出版社1982年版，第235页）

关于蓝回国事，胡贽有谓：留日学生组织义勇队，推蓝为队长，大为清廷大忌，勒令回国。（胡贽：《辛亥史话》，第215页）

《蓝天蔚事略》谓：端方闻之，惧不利于清廷，迭电促君归。（《蓝天蔚事略》）

《事略》谓：癸卯（1903年），端方闻之，恐不利清室，促君归。……初，君奉召，咸惴惴。为君危，劝勿行，君笑曰，救国者国人之责。设不国，满人安所托足？吾将使彼自悟。宁非佳事？！吾一身安足惜！（《蓝上将荣哀录·事略》）

12月16日（十月二十八日） 蓝天蔚在联队的费用较巨，归国前曾向查双绥①借四百元。

湖北游学日本学生监督查双绥禀端方函："……陆军学生蓝天蔚归国，带呈印刷局问答一本，新农界二本，又恭缴汪总监督交还菱密电码一本，计已仰邀钧览。蓝生川赀，遵谕发给一百元，惟该生因在联队，费用较巨，亏欠甚多，非一一清偿不能成行，向卑职再四恳借四百元。卑职察其情形迫切，几有不得脱身之势，不得已暂为借给三百元，连川赀共发四百元，并告以此系格外从权办理，将来无论仍来日本与否，必须如数缴还，想该生亦已面禀一切。"（《出国游学生等致端方函札》，中国第一历史档案馆编：《清代档案史料丛编》第十四辑，中华书局1990年版，第248页）

---

① 查双绥（1866—？），字绍先，号玉阶，又号毅夫，顺天宛平人。光绪十四年举人。曾任驻日公使馆馆员、日本留学监督、湖北省署秘书、湖北蕲州知州。

11、12 月间（九、十月）　蓝天蔚归国[①]，带呈印刷局问答一本，新农界二本，又缴汪大燮交还菱密电码一本。（《出国游学生等致端方函札》，《清代档案史料丛编》第十四辑，第 248 页）

△　蓝天蔚见端方，与论救国要图。

《事略》谓：及见端方，痛言国事日非，汉人愤发为雄不可遏制之状。端为之动容。……于是端方虚席夜谭，以满汉联姻为调和之计询君，君颔之。端竟奏行其议。（《蓝上将荣哀录·事略》）

《蓝天蔚事略》谓：癸卯（1903 年）君返国，与端方论救国要图，非汉人愤发为雄不可。端动容，谋以联姻为消弭汉满畛域之见。询君，君颔之。端入奏行其议。（《蓝天蔚事略》）

△　蓝天蔚常往吴禄贞住宅，参与花园山秘密机关活动。

《辛亥武昌首义史》谓：近人论湖北革命团体的来龙去脉，往往以 1904 年成立的科学补习所为发端。其实，在科学补习所之前，吴禄贞等人已于 1903 年 5 月，在武昌花园山设立秘密机关，进行颇有声色的开创性工作。其成员吕大森、朱和中、胡秉柯、曹亚伯、时功璧、时功玖、冯特民、李书城、徐祝平[②]、蓝天蔚、周维桢、张荣楣等人，在湖北和其他省份的革命运动中发挥过相当大的作用。（贺觉非、冯天瑜：《辛亥武昌首义史》，湖北人民出版社 1985 年版，第 66 页）

朱和中回忆："花园山机关"之所以得名，因从日本回国的吴禄贞、刘伯刚、蓝天蔚、李廉方、李书城等在武昌花园山孙茂森花园聚会，交结有志青年，宣传革命思想，他们把传播革命宣传品，"开通士子知识"作为主要任务。（朱和中：《欧洲同盟会纪念》，罗家伦编：《革命文献》第 2 辑，中国国民党党史史料编纂委员会 1958 年版，第 253 页）

卢俊回忆：蓝秘密参加设在孙茂森花园李廉方寓所处的武昌花园山革命聚会（1950 年代这个私家花园已经废弃，成为我们这群小学生捉迷藏的地方。革命聚会后发展成崇福山街处的日知会，是幢石库门的老式房子，进门就是一极小的天

---

①　按：蓝回国在 1903 年 11 月、12 月间。据 1903 年 11 月 19 日《杨枢为蓝天蔚是否日后再赴入学事致端方函》，杨受日人询问蓝是否回日本继续学业，言"此次令其回国，是否日后再来入学，回去共需几何时日，因奏请时必须叙明，如何之处，即希从速示覆。……蓝天蔚回国后，如能赶于公历明年一月内在来，仍可入炮工学校"可知日人去信时蓝尚未离京。杨枢转呈端方之日为 1903 年 11 月 19 日，尚未回复，以可了解蓝此时尚未离京；徐勤致康有为书写于 1903 年 11 月 26 日，端方三电促蓝归国，也即此时蓝尚未回国；又据《查双绥禀端方函》（光绪二十九年十月二十八日）中谓"……（蓝）将来无论仍来日本与否，必须如数缴还，想该生亦已面禀一切。"此时蓝已在国内。综上判知，蓝回国在 1903 年 11 月、12 月间。

②　徐祝平，字竹坪，湖北荆门人。日知会会员，日知会丙午之狱起，亡命日本。后在哈尔滨主《长春日报》笔政，因熊成基案下狱。辛亥（1911 年）武昌首义，助蓝天蔚在关外独立。事败回鄂，号召襄河旧部，佐招讨使季雨霖收复荆襄。和议成后，努力报界。后病殁于汉口。

井,是我同学的住家)。此时董必武曾任蓝文牍(文字秘书)。(《辛亥革命先贤蓝天蔚兄弟和朱祖圻父子》,《湖北文史》2011年第1期,第97页)

卢智泉、温楚珩在《蓝天蔚事迹概略》①中写道:端方曾于1903年电调蓝回国,蓝在武昌住月余后,端方命蓝护送湖北选派留日生赴日。范腾霄在其所著《辛亥革命前之社团运动及起义后军事之一幕》一文中说,蓝天蔚曾参与发起"科学补习所"。从以上材料,揣测蓝天蔚参加"花园山机关"活动是可信的,至少是参加了"机关"后期的活动。(刘建、李丹阳:《武昌花园山机关初探》,中南地区辛亥革命史研究会、湖南省历史学业会:《纪念辛亥革命七十周年青年学术讲座会论文选》上,中华书局1983年版,第148页)

_____

① 卢智泉温楚珩之《蓝天蔚事迹概略》,据刘建、李丹阳所探,藏于全国政协,尚未查阅到。

1904 年(清光绪三十年　甲辰)　28 岁

2 月　在中国东北爆发日俄战争。12 日,清政府宣布严守"局外中立"。

　　　黄兴、宋教仁、刘揆一在长沙成立华兴会。

5 月　上海公共租界工部局会审公廨审结苏报案,判处章太炎监禁三年、邹容二年。

7 月　吕大森、刘静庵、曹亚伯等在武昌成立革命团体"科学补习所"。

9 月　英军攻入拉萨,迫西藏签订《拉萨条约》。

10 月　陶成章、龚宝铨、蔡元培在上海成立光复会。

　　　长沙起义事泄,黄兴潜出长沙,经汉口逃往上海。

12 月　孙中山由美赴欧,陆续在布鲁塞尔、柏林、巴黎的留学生中组织革命团体。

1 月 1 日(癸卯十一月十四日)—1 月 8 日(癸卯十一月二十一日)　蓝天蔚复东渡,择 50 名优秀生徒随行。1 月 1 日离鄂,3 日午间过金陵登岸考察军事,8 日回沪登轮,与其他游学生一起开往日本。

《事略》谓:有间,君以军学宏博,未可浅尝辄止,请复东渡。入兵工学校。端许之。并遣优等生徒五十人随君行。君悉使分习军需、辎重、军医、兽医等门。鄂军人才之备,此为嚆矢也。(《蓝上将荣哀录·事略》)

余大鸿[①]致函端方谓:沐恩于十四日叩辞钧辉,于十七日下午二时抵沪江,寓大方栈。日本轮博爱丸二十二日出口,学生等均于二十一日上午九时半登轮,坐三等舱。船票悉武昌电局赵委员经理,价尚廉。蓝学生天蔚于十六日午间过金陵登岸,顷已回沪。(中略)

蓝天蔚在金陵考察诸情形容另禀。(《余大鸿函》,光绪二十九年十一月二十一日,《清代档案史料丛编》第十四辑,第 249 页)

_____

① 余大鸿,曾任陆军三十一混成协协统。1912 年北洋政府授陆军少将。

1月10日（癸卯十一月二十三日） 蓝天蔚抵长崎，与余大鸿、卢静远①登岸。

余大鸿向端方报告行踪，谓：下午三时余大鸿抵长崎，偕蓝天蔚、卢（静远）两学生登岸，经中国街，尘埃满目，民情凄怆，见国中人至，欣然有喜色。（《余大鸿函》，光绪二十九年十一月二十三日，《清代档案史料丛编》第十四辑，第250页）

1月11日（癸卯十一月二十四日） 蓝天蔚的休假日期为日本陆军省延至四周，日本教育总监部照会清国公使，敦促蓝天蔚早日归队销假。

据《亚洲历史资料中心》1904年史料：

日本教育总监部参谋长上田有泽

日本陆军次官石本新六阁下

10月31日

参照陆军省第856号、886号

日本陆军省第44号档

去年10月，清国陆军留学生蓝天蔚被日本陆军炮兵工程兵第一大队录取，学号为2408。但是，据校方说，该生因有不得已事情需请假回国。蓝天蔚是留学生，因此，在具体处理方式方法上，应和本校日籍学生区别对待，对其采取特例措施进行处理。兹允许蓝天蔚请假回国省亲，按照相关规定，假期为期四周，因路途遥远，路上往返时间除外。希望相关人士尽速就此事照会清国公使，敦促蓝天蔚早日归队销假为盼。明治37年（1904年）1月11日。

（米彦军译自 http://www.jacar.go.jp/chinese/index.html"亚洲历史资料中心"）

1月13日（癸卯十一月二十六日） 蓝天蔚致端方函，叙述赴日情形，并感念师情，在函中，蓝天蔚也陈述了在鄂所见治军之优劣，申明日俄交战在即，需练兵以自防。（《蓝天蔚致端方函》②，光绪二十九年十一月二十六日，《清代档案史料丛编》第十四辑，第251—252页）

△ 蓝天蔚与余大鸿、卢静远等过大阪，火车停二小时；二时五十分，火车复进发；四时二十余分过西京。

余大鸿致函端方谓：沐恩在神户恭修丹禀，谅蒙慈鉴矣。沐恩因欲观察日本陆军情况，邀卢生换火车偕行。二十六日下午一时许过大阪，适火车停二时间，即至中国街及吾国料理店访问一切，计华商之在彼者约千五百余人，商业较长崎稍胜，然以日商经营进步，华商亦渐堕落，将来势必不可居留云。二时五十分，火车复

---

① 卢静远(1874—1921)，字星垣，湖北竹溪人。毕业于日本士官第一期。曾任军谘府第一厅厅长。北洋政府授陆军中将。

② 《蓝天蔚致端方函》，光绪二十九年十一月二十六日，详见附录一"蓝天蔚著述"。

进发，沿途车站堆积用粮秣甚多。四时二十余分过西京，适同车有华商至，询之西京仅有西商而无华商矣。（《余大鸿函》，光绪二十九年十二月初三日，《清代档案史料丛编》第十四辑，第254页）

卢静远致端方函：受业到沪时，曾附萧君宗湘禀缄，恭请福安，谅邀台览矣。旋于廿二日乘轮东渡，廿三日抵长崎，廿六日抵神户。（《卢静远函》，光绪二十九年十一月二十九日，《清代档案史料丛编》第十四辑，第252—253页）

1月上旬（癸卯年十一月下旬） 日本陆军炮工学校正式入学时间已到，因蓝天蔚未返日归队，日本陆军部、外务部及教育部向清国公使发出照会。

《有关清国陆军留学生蓝天蔚未按规定时间到日本炮工学校报到一事》

前些日子，日本陆军次官向教育总监参谋长进行了询问。现就此事予以回复，具体内容如下：

此前，清国陆军留学生蓝天蔚因不得已事由，向日本陆军炮工学校相关负责人请了事假。相关方面以甲第十七号档形式，就此事正式进行照会。此事的详情和具体经过如下：去年11月中旬，清国陆军留学生蓝天蔚向日本陆军炮工学校相关负责人请假，事由是回国省亲。校方认为符合相关规定，予以批准。据查眼下，蓝天蔚本人业已回到清国。然而，现在已经到了正式入学日期，而蓝天蔚时至今日尚未归队。因此，我等就此事宜正向有关方面进行照会。兹就您垂询之事做上述答覆，希望您对此事的始末缘由有所了解。如有不清楚的，您不妨直言，我等会做详细解释。

高级副官向外务省政务局长就蓝天蔚一事进行照会：

清国陆军留学生蓝天蔚现为日本陆军工兵第一大队正式学生。前些日子，蓝天蔚向校方请假回国探亲。校方因为一应手续符合规定，准假。今年一月上旬，蓝天蔚被日本陆军炮工学校录取，此事乃不争之事实。然而，时至今日，蓝天蔚尚未到校销假。更棘手的是入学报到日期已经过去。故应尽快就此事向清国公使发出照会，让清国公使敦促蓝天蔚同学早日归校。希望您不辞辛劳，就上述事宜及早向清国公使发出照会。按照日本陆军炮工学校的相关规定，学生的入学时间为每年一月上旬。因此，如果错过入学时期，无法在其他时间以特例方式入学。希望蓝天蔚同学赶紧归队，到校报到，刻不容缓。倘若因诸事缠身，迫不得已，入学时间可以延期至明年一月。除此之外，别无他策。万望见谅为盼。陆军省甲第61号档以及乙第129号档。1904年1月16日。

由日本教育总监部送达（甲第17号）。

去年10月，有一档送至我处。其详细内容如下：清国陆军留学生蓝天蔚已被我日本陆军炮兵工程学校录取。但是,遗憾的是入学时间已过,尚未入学报到。这一事态对我等来说还是第一次,对此等事宜如何处置,还没有经验。因此,希望给予具体指示,并及时向有关方面发出照会。明治 37 年(1904 年 1 月 11 日)。日本教育总监部参谋长上田有泽、日本陆军次官石本新六阁下。10 月 31 日。参照陆军省第 856 号、886 号。

日本陆军省第 44 号档。

去年 10 月,清国陆军留学生蓝天蔚被日本陆军炮兵工程兵第一大队录取,学号为 2408。但是,据校方说,该生因有不得已事情需请假回国。蓝天蔚是留学生,因此,在具体处理方式方法上,应和本校日籍学生区别对待,对其采取特例措施进行处理。兹允许蓝天蔚请假回国省亲,按照相关规定,假期为期四周,因路途遥远,路上往返时间除外。希望相关人士尽速就此事照会清国公使,敦促蓝天蔚早日归队销假为盼。

明治 37 年(1904 年)1 月 11 日

第一师团参谋长　星野金吾

前几日,从外务省送来照会。上面说蓝天蔚请假回国省亲一周,校方根据有关规定予以批准。之后,将此事的始末缘由知会了第一师团。然而,据第一师团讲,给蓝天蔚批了四周的假期。因此,我等认为这才是蓝天蔚同学迟迟不来学校销假的主要原因。

第 44 号,有关清国陆军留学生蓝天蔚未按规定时间到日本陆军炮兵工程学校报到一事。高级副官向教育总监部副官通告如下:

日本外务次官通过乙第 139 号档,就清国留学生蓝天蔚迟迟未到日本陆军炮兵工程学校报到一事进行了答覆。就蓝天蔚同学未按照规定时间来校报到一事的详细情况另通过其他档汇报。谨向您汇报一下。乙第 231 号。1 月 23 日。

（《有关清国陆军留学生蓝天蔚未按时间到炮工学校报到一事》,第 244 号,1904 年 1 月,米彦军译自 http://www.jacar.go.jp/chinese/index.html"亚洲历史资料中心"）

1 月 14 日(癸卯年十一月二十七日)—1 月 15 日(癸卯年十一月二十八日)

蓝天蔚等抵东京,分旅馆居住。与卢静远同住。

《卢静远函》谓:廿六日抵神户。受业即同余生大鸿乘火车先赴东京,准备学生住处,择定神田区旅馆二所,一名松本馆,一名玉名馆,后又分住森田馆。学生初到日本,不通言语,不知习惯,非有人经理,不免贻笑外人。受业因同蓝生分住一馆,经理多日,俟学生入校,候再移他处。(《卢静远函》,光绪二十九年十一月二十九日,

《清代档案史料丛编》第十四辑,第 252—253 页)

余大鸿致函端方:二十七日上午七时,抵东京新桥,换人力车入城,至查直牧处投文件。二十八日下午,学生等俱到东京,分三旅馆居住。(《余大鸿函》,光绪二十九年十二月初三日,《清代档案史料丛编》第十四辑,第 254 页)

1 月 19 日(癸卯年十二月三日)　蓝天蔚抵日后与留学生共相奋勉。

余大鸿函:留学生以官私费合计有千一百五十余人,宗旨属纯正者为多数,稍有激烈者当劝改革,使就正轨。蓝生回国,蒙大帅推心置腹,优遇非常,留学生共相感戴,共相奋勉矣。(《余大鸿函》,光绪二十九年十二月初三日,《清代档案史料丛编》第十四辑,第 254 页)

2 月 1 日(癸卯年十二月十六日)　清国公使命令蓝天蔚退学离队,回到原来建制。此事经日本外务部批准。按程序,蓝天蔚应先到日本陆军炮兵工程学校报到,之后办正式手续退学、回国。

《清国陆军留学生蓝天蔚退学以及离队一事》:

明治 37 年(1904 年)1 月 28 日。

明治 37 年(1904 年)1 月 29 日。

向日本外务大臣上奏:

清国陆军留学生蓝天蔚已被日本陆军炮兵工程学校正式录取。蓝天蔚同学因个人原因,向校方请假回国。前些天,您批准了蓝天蔚的请假请求。经过向驻日清国公使照会,清国公使主张让蓝天蔚退学、离队为宜,并就此事发出照会。对清国驻日公使照会内容表示同意。谨将此事上奏。2 月 1 日。

外务大臣对上奏的答覆文。

在第十四号档中,提到了清国陆军留学生蓝天蔚回国一事。此事业已获悉。兹同意清国公使的意见,准许蓝天蔚同学退学、离队。希望将此决定形成文字,答覆驻日清国公使。

陆军省甲第 142 号,2 月 1 日

日本教育总监下发以下通告

清国留学生蓝天蔚同学虽已被日本陆军炮兵工程学校正式录取。但是,前几日,驻日清国公使照会我处,称其接到清国总理练兵处王大臣拍来电报。电报上说有急事想急召蓝天蔚回国。应此请求,我等准许蓝天蔚同学退学、回国。

第一师团长的通告

清国陆军留学生蓝天蔚现为日本陆军炮兵工程学校正式学生。清国驻日公使发出照会,希望让蓝天蔚同学退学、回国、回到原来的建制。应其请求,拟采取以下措施,理顺手续:先让蓝天蔚同学回到日本陆军炮兵工程学校报到,之后办正事手续让其退学、回国。

日本高级副官向清国陆军学生委员长发出通告

清国陆军学生蓝天蔚被日本陆军炮兵工程学校录取为正式学生。清国驻日公使发出照会,因不得已事宜,希望让蓝天蔚紧急退学、回到清国。清国驻日公使之所以发出上述照会是因为接到清国总理练兵处王大臣急召蓝天蔚回国的电报。应清国公使要求,让蓝天蔚退学、回国。并将此决定周知相关各部门。

陆军省第 103 号
1 月 28 日

清国留学生蓝天蔚已被日本陆军炮兵工程学校录取为正式学生。清国总理练兵处王大臣给驻日清国公使拍电报,要求让蓝天蔚退学,回国。为此,清国驻日公使向我陆军省发出照会,要求让蓝天蔚同学回国。蓝天蔚同学曾向日本陆军炮兵工程学校请假,要求回国探亲。按理说,校方和外务省已经同意蓝天蔚同学回国省亲。蓝天蔚同学没有必要再通过总理练兵处大臣的管道回国。个中缘由匪夷所思。(《清国陆军留学生蓝天蔚退学以及离队一事》,第 103 号,1904 年 2 月 1 日,米彦军译自 http://www.jacar.go.jp/chinese/index.html"亚洲历史资料中心")

2 月 11 日(癸卯年十二月二十六日) 蓝天蔚此次所带学生,其中三十七名均已入振武学校,另有十二名学生无校可入,资送回鄂。

查双绥致函端方:蓝、权两生先后东来,迭奉钧谕。捧读之下,谨聆一是。

蓝生带来学生,应入振武学校者三十七名,均已入校。其学下士之十二名,因参谋本部以诸多碍难见覆,无校可入,只得资送回鄂。适余大鸿等同时归国,即嘱其沿途妥为照料。一切情形另详,交萧国藻面呈。(《查双绥函》,光绪二十九年十二月二十六日,《清代档案史料丛编》第十四辑,第 256 页)

是日查双绥又致一函,蓝天蔚带领来东之学生五十名,除派学陆军及陆军经理辎重、测量、军医、军乐、兽医等科官费学生全在兹等三十七名,及自费学生高声震,均经卑职禀请杨公使函送入振武学校肄业。其派学骑手、鞍工、蹄铁等学生萧国藻等十二名,应入炮兵工科学校及骑兵实施学校肄业,卑职已于参谋本部商妥,定期入校。嗣以俄日开战,该两学校均经解散,卑职又禀商杨公使暂行送入振武学校,与参谋本部往返商议数次,迄未见允。杨公使与卑职再四熟商,该学生等现既无学校可入,只得赶速赍送归国。该生等到东将及匝月,所带衣履无多,自须少少置备,每人求借日币十元,以为零用。(《查双绥函》,光绪二十九年十二月二十六日,《清代档案史料丛编》第十四辑,第 258 页)

△　京师练兵处所电调蓝天蔚。蓝天蔚在队有借支之款,原拟陆续填偿,以奉调匆遽,一时无力弥补。

卑职双绥函是日又致一函谓:前因陆军学生舒清阿、敖正邦、龚光明等奉调入都,曾奉电谕饬发路费各百元,并嘱其先行回鄂,当即遵办。练兵处旋又来电续调蓝生天蔚,事同一律,亦已照前办理。惟该生等因在队费用较巨,皆不免有借支之款,原拟陆续填偿,适以奉调匆遽,竟至无力弥补。兹将各生欠款另开清单,恭呈钧核。如何责令偿还之处,此款可否权入报册支销,伏乞批示祗遵。

卑职双绥又禀,附呈清单一分,谨将陆军学生五名欠款数目,开具清单,恭呈宪鉴。计开:

良弼:借支五十元,又三十元,又十五元,又一百元。(此款该生言明回湖北后即汇缴,迄今未据缴到,合并陈明。)计共借支二百二十五元。

舒清阿:借支五十元,又四十元,又二十元,又二十元。计共借支一百三十元。

敖正邦:借支五十元,又四十元,又二十元,又二十元,又一百元。计共借支二百三十元。

蓝天蔚:借支十元、又十元、又三十元、又三百元。计共借支三百八十元。

龚光明:借支三十元,又三十元,又九十元,又八十元。计共借支二百三十元。

又舒、敖、蓝、龚四生,共借汪总监督五百元。汪总监督内渡时,由湖北学费项下代该生等拨还。(《查双绥函》,《清代档案史料丛编》第十四辑,第258—259页)

约1月下旬—2月上旬(癸卯年十二月)　蓝天蔚致函端方,告知已到东京炮工学校,不日可入校。因接北京要求归国来电,踌躇未决。并告知所带学生入校及日人筹办战争情状。(《蓝天蔚致端方函》①,光绪二十九年十二月,《清代档案史料丛编》第十四辑,第255—256页)

2月—3月(甲辰年正月)　蓝天蔚应京师练兵处之召,提前回国。

余大鸿致函端方,蓝天蔚等二十号左右回鄂。函谓:偕来之诸生,已于中历十二日进振武学校,续派之诸生亦于是日到东、舒、蓝、敖、龚诸生约二十左右回鄂。(《余大鸿函》,光绪二十九年十二月,《清代档案史料丛编》第十四辑,第254—255页)

《事略》亦谓:甲辰(1904年),君与良弼、舒清阿、唐在礼应北平练兵处召。先后返国。(《蓝天蔚事略》)

据卢智泉、温楚珩谓:日本士官学校因日籍学生全体提前入伍被抽调参加日

---

① 《蓝天蔚致端方函》,光绪二十九年十二月,详见附录一"蓝天蔚著述"。

俄战争而停办一年,当时国内正极需军事人材,蓝天蔚应京师练兵处之召提前回国,赴京任职。蓝天蔚由日本陆军联队肄业的时间为甲辰年正月,即1904年2、3月间(据《清国留学生会馆第四次报告》记载),正值清政府颁行新政。在武昌住月余。(卢智泉、温楚珩:《蓝天蔚事迹概略》,藏全国政协)

4月11日(二月二十六日) 张之洞与端方不满京师练兵处电调蓝天蔚等,经迭电筹商,蓝天蔚为张之洞、端方留在湖北。

《事略》谓:至鄂之广水,谒张之洞于军中。张曰诸子读书十年,一旦奉召入都,取功名也固甚易。惟鄂居天下之中,得能军者帅劲旅控制之,遇有非常,足以四应,毋轻去此也。(《蓝上将荣哀录·事略》)

张之洞电端方谓:庚电悉。昨电力驰飞布,恳将学生留鄂,以应急用,兹竟为压力一网打尽矣,如何如何?留日本者已应调,在鄂者独不可遣数人、留数人乎?若云已委以营差,俟续有肄业者再派赴京,似亦可矣。屡次面奉懿旨,令回鄂扩充练兵。正拟回鄂后将各军大加整顿,营官酌量添派,改派学生,并令学生新募数营。今人才尽矣,如何办法?不知鄂省除所调六人外,尚有肄业好学生否?祈示。鄙人不久必乞罢,鄂省无兵,亦公之忧也。(《张之洞致武昌端署制台》,光绪二十九年十二月初九日,《张之洞全集》第十一册,第9122—9123页)

《张之洞致端方电》谓:自日本调回学生及原在鄂学生,此次在津与袁慰帅商妥,均可留一半。惟前有电与节庵言明"如学生留鄂带营者,均归节庵统,不令他人统带"。今诸生仍不愿留,殊不可解。凡用人者,用其心也。今其心已去,留之无益,听其自便可也。歌。(《致武昌端署制台、梁太守》,光绪三十年二月初五日,《张之洞全集》第十一册,第9131—9132页)

张之洞电谓:急。前奉调湖北学生前后十名,过津时当经与北洋袁慰帅面商,湖北武备学堂及各营教操带队在在需人,倘以十名全行调往,必致无人可用。屡奉谕旨,责成湖北练兵。历年鄂省派学生赴东洋学习,费无数财力、无数心力,如全不归鄂用,未免偏枯。拟遣一半赴京,留一半在鄂,以昭平允。经慰帅转商尊处,荷蒙允许。感甚。兹荆州将军因奏明添备常备军二千名,委员来省,嘱派出洋肄业之学生前往教操,而鄂省新募各营亦亟需教练。兹拟留舒清阿、文华二人派赴荆州驻防常备军带队教操,该两生既系荆州驻防,性情习熟,尤为相宜。留蓝天蔚、龚光明、敖正邦三名在鄂省带队教操。其余五名,即遣赴京。特此电达,务祈垂鉴。荆鄂练兵,关系紧要,准如所请,实深感祷,即候示覆。宥。(《致京练兵处、天津袁宫保》,光绪三十年二月二十六日,《张之洞全集》第十一册,第9132—9133页)

是日,张又电袁:"现有电致练兵处,请留学生一半,务恳俯赐助力,电京赞成此

举,叩祷。寝。"(《致天津袁宫保》,光绪三十年二月二十六日,《张之洞全集》第十一册,第9133 页)

北京的中央军事机构前来湖北调取人员赴京帮助训练新军。湖北籍陆军毕业学生哈汉章、文华、吴祖荫、吴禄贞、沈尚濂等 5 人被调往北京练兵处任用。北京还要再调蓝天蔚等进京工作,引起端方不满,回函"蓝天蔚等五人现因鄂省添练常备各营,约束训练在在需人,经香帅一再熟商,不得不留鄂备用"。(《上军机大臣庆亲王》,端方档案,端567,函23)

△　蓝天蔚任湖北将弁、武高等、武师范等学堂教员兼湖北营务处军谋学谘议。

《事略》谓:君于是独留鄂,任湖北将弁、武高等、武师范等学堂教员。门下且数千人矣。(《蓝上将荣哀录·事略》)

许兆龙回忆:蓝氏在日本学习期满回国后,充湖北督练公所提调,兼湖北将弁学堂教习(教官)。同该堂日本教习小岛很友好,又兼小岛之翻译官。(《蓝天蔚》,《辛亥革命回忆录》第 7 册,第 82 页)

《东方杂志》载:军谋学谘议四员以刘邦骥、刘道仁、舒清阿、蓝天蔚充补,执法所设提调三员以武昌府知府梁鼎芬候补,知府彭觉先周以翰充补。(《札司道酌定营务处新章》,光绪三十年六月二十三日,《张文襄公全集》,第 7466 页;《湖广总督张厘定营务新章札发司道等遵照办理》,《东方杂志》光绪三十年第九期,第八页)

关于蓝回国后任职事,贺觉非先生曾考证:清光绪甲辰(1904 年),蓝自日本回国,张之洞留他在鄂办军事教育,先后担任将弁学堂、武高、武师等校军事教习。(《蓝天蔚》,《辛亥革命湖北人物传资料选编》,第 19—24 页)

留日学生充任督练公所总办、帮办、提调、军事参议官等职务者很普遍。"各省督练公所均受命于中央,公所总办一员,例由中央简放,出身十九系留学生。各省督练公所的参谋处负责考察军需官编制,为军需部门的妥善管理作调度筹划,并收集和编纂中外军事信息与统计资料。兵备处负责考核章制,使部队服从各项命令,也分管功过赏罚与执行军法,以及筹集、调拨粮饷、军械、医疗设施等。教练处负责军队培训和军事学堂教学,拟定有关计划和规章,并为军校学生规定教科书。留日学生在新军中主要担任各级将领及参谋官等职。至辛亥革命前,新军共编成十四镇十八混成协四标另一禁卫军(两协)。有 5 名留日士官生担任过统制之职,他们是:第一镇统制王遇甲,第六镇统制吴禄贞,第二十镇统制张绍曾、潘矩楹,第二十一镇统制萧星垣。担任过协统职务的留日学生人数较多。在总计 95 名协统中有29 人,占 30.5%。最著名者如蔡锷、蓝天蔚、蒋尊簋、许崇智、杨缵绪等"。(尚小明:

《留日学生与清末新政》,江西教育出版社 2003 年版,第 90—94 页)

△ 有谓蓝天蔚为科学补习所组织者之一,常为革党隐护。

傅光培谓:吴禄贞等 19 人由日本士官学校肄业回国。他到武昌后很快就担任了将弁学堂总教习等职务。吴禄贞家武昌水陆街 13 号,当时,学生、志士,争往领教,听讲革命学说。吴禄贞利用公开身份,按照孙中山先生的指示,从学生、士兵中吸收有志于革命者。他们在武昌花园山孙茂森花园(主人为孙凯臣)内设立秘密机关,由李廉方、万武定、耿伯钊三人主持,由黄兴、李书城、朱和中、易举轩、刘百刚、冯特民、曹亚伯、程明超、孙凯臣等 80 余人,每天分别介绍各自所约的新同志的情况。与此同时,还积极支持刘静庵、张难先、胡瑛等及会党大龙头刘家运、辜天保等入营,并派蓝天蔚、应云从、吴祐贞担任随营教官,资助他们组织科学补习所和日知会,积极宣传革命。(傅光培:《吴禄贞生平》,中华文史资料委员会:《中华文史资料文库》第九卷,中国文史资料社 1996 年版,第 977 页)

范腾霄谓:科学补习所地址,设阅马厂,其附近有混成协军官多人,为之隐护,如季雨霖①、宋锡全、辜天保②等,皆其发起人;马队则有余(范腾霄)及钱选青、杨玺章等;军学界则蓝秀豪、吴禄贞;自邻省来者,则有胡经武、濮以正。开会讲学,声势较盛。而仍以静安为其枢纽。(范腾霄:《辛亥革命前之社团运动及起义后军事之一幕》,原载《辛亥首义史迹》,辛亥首义会主编 1946 年版;丘权政、杜春和:《辛亥革命史料选辑》续编,湖南人民出版社 1983 年版,第 66 页)

11 月初(九月下旬—十月初) 张之洞派蓝天蔚往萍乡,为设一大规模兵工厂察看地势。在沅江船上,蓝天蔚与黄兴③相遇。蓝自告奋勇,保黄兴经过汉口之安全。

曹亚伯谓:次晨黎明开轮,过靖港时,船上遇同志蓝天蔚(字秀豪)。盖张之洞派往萍乡察看地势,拟在萍乡设一大规模之兵工厂者,适在沅江船上不期而遇,三人相见,喜出望外。蓝闻克强在长沙破案,心甚忧之,至此心乃大慰,并自告奋勇,力保克强经过汉口之安全。(《黄克强长沙革命之失败》,曹亚伯:《武昌革命真史》上,上海书店出版社 1982 年版,第 8 页)

---

① 季雨霖(1881—1918),字良轩,湖北荆门人。毕业于湖北将弁学堂,后任新军第八镇第三十一标第三营督队官。武昌起义时任湖北军政府军事顾问及安、襄、郧、荆招讨使。进驻襄阳,电令为总司令。南北和议,自新野班师,部属改编鄂军第八镇,委任统制。二次革命,任改进团团长,失败赴日,加入中华革命党。1917 年响应护法,号召襄郧旧部起兵,任西路司令。1918 年 2 月 10 日被黎天才杀害于钟祥。北洋政府授陆军中将。

② 辜天保,湖南长沙人,清举人。日知会干事。后曾与湘潭人叶德辉等发起筹安会湖南分会,曾任湖南省参议会议员、湖南和平促成会会长。

③ 按:时黄兴因长沙起义事泄,被湘抚陆元鼎行文通缉。

是年　蓝天蔚倡议建立小学堂,首先捐资八百串,以每年息金用作常年经费。蓝氏宗族随即集资在蓝氏宗祠旁建立私塾班,后名秉文小学。

《黄陂县志》记载:1904 年,黄陂县城开办第一、第二初等小学堂。(《黄陂县志》,武汉出版社 1992 年版,第 584 页)

《初等小学堂记》:从来国家以人才为重,人才以教育为先,童蒙则尤宜兢比致意者也。我邑初等学堂,乡村始亦分设。然一乡设数堂教育,何能普及? 近因经济不敷,即教堂亦已撤去。向非自立小学,难收养正之功。我族人丁蕃衍,家道不齐。有力者不难延师课读,无力者听其嬉游,可若何? 幸堂侄秀豪倡首捐资八百串,每年息金以作常年经费。予等见款不足,又与伯叔兄弟会议,公祠每年帮钱七十串,以成义举。前清光绪三十三年,在县已立在案。现今已阅三寒暑矣。族中子弟堂中约有五六十名,无不井井有条,循循弟子之职,较之从前野蛮气习焕然一新,其收效亦甚速矣。异日者以有造而列有德之科,以小成而负大成之望者,皆可于学堂中期指也。斯为记。

民国二年癸丑岁(1913 年)月。朝彝谨撰。(《初等小学堂记》,《蓝氏宗谱》卷八,种玉堂刻本)

蓝毓荃谓:据文蔚老人说,天蔚一生热爱教育,积极倡导办学,他既重视部队士兵的文化教育,更热心倡导和兴办国民教育,提高全体国民的文化素质。最感人的突出事例是,将军最早带头捐资在家乡创立和兴办秉文学校。清朝末年,整个黄陂地区只有城关一所鲁台小学,而黄陂西南乡一大片农村,都无一所正规学校,许多孩子读书难,不少孩子过早地辍学荒误在家。天蔚将军了解这一情况后,忧心如焚,极为焦虑家乡孩子们的受教育问题。为此,他多次把自己的俸禄和受奖赐的银子,转赠给家乡举办学校。开始是在蓝氏宗祠的旧址上办起私塾读书班,在此基础上逐年扩大。(蓝毓荃:《辛亥革命将领蓝天蔚琐忆》,湖北省武汉市江岸区政协文史学习委员会:《江岸文史资料》2001 第 3 辑,第 34—35 页)

据蓝氏族亲蓝金安(生于 1920 年)回忆:我家住蓝家大塆,在蓝天蔚家隔壁的隔壁。七八岁,我到蓝天蔚创办的黄陂的秉文小学上学。当时方圆百里之内,只有我们这所小学。秉文小学建于蓝氏宗祠旁边,宗祠正中间放置“特级上将蓝天蔚玉照”。蓝天蔚戴高军帽(有须须),身着将军服,肩上两个军章,看上去很标致。

蓝金安夫人鲍士镕(生于 1930 年)回忆:我曾负责 1951 年土改后蓝氏宗祠的接收清点工作,蓝天蔚将军照及其他文物都被破坏了。(蓝薇薇电话采访蓝金安及其夫人鲍士镕于 2014 年 7 月 1 日、7 月 2 日)

△ 据"端方档案",蓝天蔚曾致信端方,赞美其德政。函谓:"师帅经国忧时,负重望于天下,溯恩波于鄂渚,鹤楼蛇岭,长传民口之碑,鼓德政于苏台,虎阜莺湖,大慰云霓之望。是以受业自师帅移苏之日,即怀面见之私。"①(《蓝天蔚致端方函》,端方档案,端703,函27)

---

① 按:原函未见。函件所书时间当在端方署理两江总督任上。1904年端方由湖北巡抚署理湖广总督,是年端方也调任江苏,署理两江总督。1905年,端方升任闽浙总督,未到任。函中所呈为湖北、江苏两地之间事。

1905 年(清光绪三十一年　乙巳)　29 岁

6 月　宋教仁、程家柽、田桐等在日本东京创办《二十世纪之支那》杂志。

7 月　清政府决定派五大臣考察宪政。9 月,吴樾谋炸五大臣,伤载泽、绍英,吴樾死难。10 月清政府改派尚其亨、李盛铎会同载泽、戴鸿慈、端方出国。次年 7 月考察完毕回国。

8 月　中国同盟会在东京成立。

11 月　中国同盟会机关报《民报》在东京正式出版。孙中山在《发刊词》中第一次揭橥"民族、民权、民生"三大主义。

12 月　中国留日学生为抗议日本政府颁布《取缔清韩留学生规则》实行总罢课。

陈天华在东京大森海湾蹈海自杀。

是年　北洋六镇新军全部练成。

《黄陂县志》载:新军首次在黄陂县募兵,入伍 96 人,其中廪生 12 人,秀才 24 人。

4 月 2 日(二月二十八日)—4 月 3 日(二月二十九日)　报载,蓝天蔚被任命为湖北武高等学堂教员兼湖北营务处下辖之参谋所谘议。(《湖北营务处四所总办参议帮办暨提调谘议协议差委各员衔名调查表》①,《申报》光绪三十一年二月二十八日—二月二十九日,第三版)

4 月 27 日(三月二十三日)　蓝天蔚与梁耀汉、王守愚②、蔡襄之、吴楚翘等七十余人聚于黄鹤楼,筹谋进展。

---

①　按:《湖北营务处四所总办参议帮办暨提调谘议协议差委各员衔名调查表》,见附录三"相关档案资料汇编"。

②　王守愚(1890—1924),字玄奕、玄一,湖北京山人。历任武昌起义时汉川梁钟汉部参谋长、同盟会汉口交通部干部。二次革命中在黄兴讨袁军总司令部任职,后至日本习法政及经济学,期间加入中华革命党。1915 年回国参加讨袁。1916 年返回日本复学。1917 年入西南护法军,历任湘西总司令部参谋、护法军鄂西总司令部顾问、咸丰县知事、清乡司令等职。1921 年入川,任川军总司令部顾问、鄂西总司令部参谋长。1924 年广州军政府追赠陆军中将。

《梁瀛洲先生年谱》中有提及：(梁瀛洲)初入湖北吴元泽前锋营充兵目,后改为常备军,旋选升陆军特别小学。与各同志时相往来,声势日张。君虽肄业军校,官长见其曾留学日本,出入颇自便。三月廿三日,大宴同志王守愚、蔡襄之、吴楚翘及常相往来者孙武、高尚志、胡宗城、林原斋、吕丹书①、蓝天蔚等七十余人于黄鹤楼,筹商进展。(周海珊、李锦公：《梁瀛洲先生年谱》,湖北省图书馆：《辛亥革命武昌首义史料辑录》,书目文献出版社1981年版,第64页)

8月2日(七月二日)　是日同盟会成立。有谓蓝天蔚加入②。

许兆龙③忆蓝在日本求学期间,参加孙中山先生倡办之同盟会,反对康(有为)梁(启超)之保皇党。但对于梁启超所著之饮冰室文中若干篇有维新改革意义者,略表同情,合乎古人所谓不以人废言也。(《蓝天蔚》,《辛亥革命回忆录》第7册,第82页)

赵尺子谓：朱先生〈朱霁青〉④由于蓝天蔚的识拔,不久便升为代理排长。其后蓝、朱用同盟会"密语"交谈,才知朱先生是一同志。(赵尺子：《钱公来⑤先生传》,《传记文学》1969年第十四卷第六期,第69页)

谭永年之记述：清廷腐败,丧权辱国,生灵涂炭,人心已去。虽有湖广总督张之洞,在鄂兴学练兵,屡奏请大计,清廷置之不理,故无形中制造革命党,如两湖书

---

①　吕丹书(1882—1954),湖北寿昌人,投鄂军工程营,毕业于湖北将弁讲习所,后调充江宁第三十三标正军校。日知会狱起,同季雨霖走出四川。武昌起义时汉口军政分府任参议,筹饷济军,督守作战。季雨霖出任安襄郧荆招讨使,吕任军事参谋。1912年2月,季自襄阳出师北伐,吕为中央纵队督战官。季所部后相继改编第八镇和第八师,吕仍任师司令部。后任汉口镇守使署。孙中山在广州组织政府,吕随军北伐。1930年曾任宣恩县长。

②　按：尚无一手材料判定蓝天蔚同盟会员的身份。
许兆龙回忆蓝是年在日本加入同盟会,但同盟会成立之时,蓝并未在日;其余史料也记蓝为同盟会员,却无蓝于何时、何地加入同盟会的翔实记载。蓝为日知会员无疑(见1906年谱),据张国淦谓：孙中山自欧洲返日本东京,集中国留学生,于八月二十日,成立中国同盟会,推余诚为湖北分会会长,余诚于三十二年春,即约日知会同志加入同盟会,对外仍称日知会如故。(张国淦：《辛亥革命史料》,沈云龙：《近代中国史料丛刊续编》第二十六辑,台北文海出版社1975年版,第7页)
判断蓝天蔚或由日知会会员秘密转为同盟会员。

③　许兆龙(1884—1963),字云章,湖北天门人。毕业于武昌省立师范学校、陆军将弁学堂。历任湖北将校讲习所任二标一营前队队官、第三十二标督队官、武昌起义时三十二标留守部队起义临时指挥官。民国后历任湖北省陆军步兵第八旅十六团团长、湖北护法军第五梯梯团团长、广州护国军第二讲武学堂教官、军政府陆军部军务司司长、湖北省自治军挺进纵队司令、国民党军事委员会后方勤务部参议、湖北省参议员等职。

④　朱霁青(1882—1955),原名国陵,字纪卿,霁青,号再造子,辽宁北镇人。毕业于沈阳文会书院、日本东斌学堂。曾主编《当报》。1909年入锦州第二十镇新军第七十八团。历任关外民军都督府总参谋长、国民党奉天支部宣传委员兼关外垦殖协会会长、《东三省民报》主编、中华革命东北军第一师师长、哈尔滨《平民周刊》主编、广州大本营谘议、中国国民党改组东北党务负责人、湖北省政府委员、国民政府委员等职。

⑤　钱公来(1886—1969),原名惠生,字若古。奉天黑山人。同盟会员。历任关外都督府辽西招抚使、同盟会奉天支部文书部长。讨袁事起,率东北革命武装至山东,攻克淮县。后任奉天神学院教授、奉天党务筹备委员兼吉林、黑龙江、哈尔滨通讯联络员、国民革命军东北第一师师长、东北民众反日救国会常务委员、东北大学教授等职。有《钱公来先生全集》。

院高材生黄兴、周震鳞辈,陆军学堂吴禄贞、蔡济民、陈家鼐、蓝天蔚辈,文普通学堂宋教仁、陈家鼎①等,皆张之洞门下,黎元洪亦是之洞所培植者,而德国日本留学生,加入同盟会者,大有其人,其他犹不胜枚举。(谭永年:《中国辛亥革命回忆录》,沈云龙主编:《近代中国史料丛刊续辑》,台北文海出版社 1979 年版,第 220 页)

　　熊秉坤回忆:中国同盟会成立于日本东京,以孙中山先生为总理。湖北留学东西各国者纷纷加入,计有胡秉柯、龚村榕、黄大伟②、蒋作宾③、蓝天蔚、吴禄贞、唐克明、石星川、居正、田桐、白逾桓④、杨时杰、杨玉如、张知本、何成浚⑤、李书城、孔庚、刘襄、刘英⑥、孙武、李子宽、冯镇东、杨缵绪、但焘、胡石庵、吴昆、刘成禺、宋开元、宋镇华、蒋文汉、张我华、冯嗣宏、陈振藩、冯特民、成炳荣、余晋城等;有奔走海内外作文字宣传者,如田桐、李基鸿、冯镇东、胡石庵、蒋文汉是也;有回国后立功东北与西北者,如蓝天蔚、孔庚是也;有反正于绝域者,如杨缵绪、冯特民、郝可权是也;有声威远播而遭清廷所忌者,如吴禄贞是也;两次讨袁,举兵与北洋军阀抗击于川鄂闽南诸地者,如黄大伟、石星川、唐克明、蓝天蔚是也;他如居正、张我华等或为同盟会之代表,或为一部分之领导,均为吾鄂先进,大有造于湖北革命之宣传。辛亥首义,得以推翻清廷二百六十余年之王朝,上列诸人均有功也。(熊秉坤:《辛亥首

---

①　陈家鼎(1875—1928),又名曾,字汉元、汗园、汗元,号可毅、半僧、铁郎、毅君,湖南宁乡人。毕业于日本早稻田大学。历任同盟会东京总部评议部评议员、长江沿岸七省同盟会机关视察、参议院议员、众议院议员、癸丑同志会政务部长、国会宪法起草委员。1917 年南下广州参加非常国会。1918 年任护法军政府大元帅府参议。

②　黄大伟(1885—1944),字子荫,号毅孙,湖北黄陂人。毕业于比利时皇家军官学校。在欧洲加入同盟会。1911 年返国参加辛亥革命。1917 年抵粤参加护法运动,后历任大元帅府参军、代理参军长、入粤第一路司令、东路讨贼军第一军军长、伪闽粤区总司令等职。

③　蒋作宾(1984—1942),字雨岩,湖北应城人。毕业于日本成城学校、日本陆军士官学校步兵科,回国后历任保定军校教官、陆军部司长、九江军政府参谋长、陆军部次长、参谋本部次长、湖北主持驱王总监、国民政府军事委员会委员、战地政务委员会主席、驻德公使、驻日本公使、首任驻日大使、内政部长、安徽省主席等职。

④　白逾桓(1876—1935),字楚香,湖北京山人。毕业于湖北文普通学堂、日本明治法律学校、东京早稻田大学。1907 年和宋教仁、吴昆由日本回中国东北安东,运动马侠策划起义。历任鄂军都督府参议、阳夏保卫战督战员、国会众议院议员、吴淞要塞总监兼宝山县知事等职。曾参与主办《二十世纪之支那》《国风日报》《宪报》《中华民国》《震报》,组织亲日团体中华民主同盟会。1935 遇刺身亡。

⑤　何成浚(1882—1961),字雪竹,湖北随县人。毕业于武昌经心书院、日本振武学校、日本陆军士官学校第五期步科。历任南京临时政府陆军部副官长、南京留守府总务厅厅长、江苏讨袁军总司令部总参议、孙中山大元帅府鄂军总司令、国民革命军总司令部总参议、湖北政务委员兼鄂北绥靖主任、南京国民政府军事委员会委员兼总司令部高级顾问、第二期北伐第一集团军参谋长兼徐州行营主任、国民政府参军处参军长、湖北省政府主席等职。广州军政府授陆军中将。

⑥　刘英(1881—1921),原名光铭,字丹书,亦作聘述,湖北京山人。毕业于日本明治大学。历任军政府鄂军副都督、湖北军政府顾问、湖北官书局局长、同盟会湖北支部长及国会众议院议员、湖北第三军区司令、大元帅府参议、靖国军第四军司令、湖北靖国军第三梯团司令,后被蓝天蔚委以襄河招讨使转战鄂西、川东一带。1921 年母丧回籍,途经汉口,被王占元杀害于武昌阅马场。北洋政府授陆军少将。

义工程营发难概述》，全国政协文史和学习委员会：《亲历辛亥革命·见证者的讲述》中，第508页）

△ 蓝天蔚倡办学友会，自任会长，使学员知同盟会宗旨及发展情形。

张难先有回忆：我因科举已停，读书人没有出路，才到工程营当兵。入伍后，看见里面的士兵也有好多读书人，里面创办了一个营学堂，任教的是蓝天蔚、应龙翔、胡祐真[1]等。（张难先：《为五十六年前的一笔历史账答客问》，中国人民政治协商会议荆门市委员会：《安襄郧荆军革命纪实》，《纪念辛亥革命80周年专辑·荆门文史资料》1991年第7辑，第191页）

许兆龙忆：蓝氏在日本学习期满归国，充湖北督练公所提调，兼湖北将弁学堂教习（即教官）。同该堂日本教习小岛很友好，又兼小岛之翻译官。任教习大约二三个月，考查学员中有思想进步、谋革新而入日知会者，于是倡办学友会[2]，使知同盟会之宗旨与发展情形，其会址设在湖北武昌省城花堤街第四号廖守忠学员家中，表面为研究学术处所，实系培养革命园地。除他本人担任会长外，派许兆龙、周庆诗为学科正副领班，廖守忠、刘镇湘为术科正副领班。每逢星期日下午，所有参加之学员，均须集合于学友会，听蓝氏之演讲。其演词除学术科外，大半说印度被灭、波兰亡国之惨状，及甲午之战、庚子之乱，中国失败之原因，尤其说吴三桂不爱江山爱美人、引狼入室之种种罪恶，有时说得痛哭流涕，听者未有不落泪。

蓝氏兼湖北将弁学堂教习和学友会会长，不到一年，得全堂学员之信仰，多尊为明师，赠匾献旗，名传湖北全军。日人小岛教习常对张彪[3]统制说："蓝氏学识优长，深得人心，有辅佐材[才]能，无骄傲恶习，这种优秀少壮军官，就是在日本军队中，实不可多得。"张氏点首者再。

某年正月将弁学堂举行开学典礼，宴会时，张彪统制在酒席桌上问曾留学日本士官学校敖正邦等教习说："日本人叫'醋'是怎么说的?"全桌之人均答不出来，张氏问到蓝氏面前，蓝氏对答如流。张氏即问日人小岛教习说："他说的对么?"小岛说："不仅对，而且说的声音同日本人一样，不像外国人说日本话，咬腔别调也。"张氏由此才知蓝氏学有根底，大加优视，有重用之意。（《蓝天蔚》，《辛亥革命回忆录》第7册，第82—83页）

12月7日（十一月十一日） 蓝天蔚被委为湖北第一镇正参谋。他在镇司令

---

① 按：胡祐真，疑为吴祐贞。
② 许兆龙回忆有误，其时日知会尚未成立。
③ 张彪（1860—1927），字虎臣，山西榆次人。历任张之洞随身侍卫，湖广督标中军副将，汉口后湖、青山、金口巡防督修，湖广督标中军副将，四川松潘镇总兵，彰德秋操南军总统制官，督练公所总参议，湖北提督，湖北讲武学堂总办，第八镇统制并兼统巡防营，民国政府高等顾问等职。北洋政府授陆军中将加上将衔。

部设自习室,明为讨论行伍之事,暗中演说革命之义。

是日,张之洞呈奏折,创办武师范学堂,并计划编练新军两镇,奏折中委任蓝天蔚充任第一镇正参谋官。参读此折亦可明晰与蓝同时任命的同僚职务。

《张之洞遵照新章改编营制饷章并设督练三处折》:窃臣于上年七月间,就湖北饷力人才,参酌北洋营制,先编两镇。其时以练兵处章程未定,经臣于折内声明,俟练兵处奏奉谕旨后遵办在案。……谨将各项办法,分条胪陈于左:

一——十一(略)

十二、将领委任。现派委新授四川松潘镇总兵张彪为第一镇统制官,兼摄该镇所属之两协,以节经费。委谢澍泉为步队第一标统治官,委米文友为第一营管带官,委戴钧南为第二营管带官、委单启鹏为第三营管带官,委铁忠为第二标统带官,委郜翔宸为第一营管带官,委任光耀为第二营管带官,委孙国安为第三营管带官;委李襄邻为第三标统带官,委杨正坤为第一营管带官,委陈钟麟为第二营管带官,委张永汉为第三营管带官,委余大洪为第四标统带官,委张长胜为第一营管带官,委黄鸾明为第二营管带官,委李汝魁为第三营管带官;委马得才为第二营管带官,委肖开桂为第三营管带官;委杜长荣为炮队第一标统带官,委卓占标为第一营管带官;委敖正邦为第二营管带官,委王遇甲为第三营管带官;委李克果为工程第一营管带官;委齐宝堂为辎重第一营管带官;委副将衔补都司后游击黎元洪为第二镇第三协统领官,兼护该镇统制官,委刘温玉①为第五标统带官,委戴寿山为第一营管带官,委萧先胜为第二营管带官,委曹进为第三营管带官;委曾广大为第六标统带官,委李锦标为第一营管带官,委孙荣钟为第二营管带官,委樊毓英为第三营管带官;委王祥发为马队第二标第一营管带官;委张正基为炮队第二标第一营管带官;委孙寿康为工程第二营前队队官;委郭斌为辎重第二营前队队官。委蓝天蔚为第一镇正参谋官,吴茂节为第二镇正参谋官。以上标、营、队各官,皆系现在湖北各营充当督带营官、武学教员等差之员,或入外洋学堂,或入本省学堂,取其曾闻讲授功夫较优而兼有阅历资格较久者,委派军职。(《遵照新章改编营制饷章并设督练三处折》,光绪三十一年十一月十一日,《张文襄公全集》第 4444 页)

《蓝天蔚事略》及《事略》载,乙巳(1905 年)冬任湖北暂编第一镇正参谋。(《蓝天蔚事略》;《蓝上将荣哀录·事略》)

许兆龙忆:前清陆军部改编军队之命到达湖北,张彪统制遵照规定,先从统制官之镇司令部着手。适该镇司令部之正参谋官(即参谋长)请假离职,张氏即保荐

---

① 刘温玉,曾任湖北工兵第八镇第五标统带、湖北新军第八镇十六协协统。北洋政府授陆军少将。

蓝氏为该镇正参谋官,专办军务,不再兼将弁学堂之教习,只兼日人小岛教习之翻译官,使展其材。

蓝氏自充张彪统制之正参谋官后,胆大心细,报得张统制之许可,即在镇司令部内另辟一室,名曰自习室。湖北将弁学堂之肄业学员和学友会会员、陆军第八镇步队第二十九标(即团)之队官何锡蕃、排长宾士礼、三十标之队官谢元恺、三十一标之队官普民康、排长姚瑞龙、三十二标之队官许兆龙、排长周庆诗、马队第八标之队官杨玺章、傅人杰①、炮兵第八标之队官蔡得懋、排长李锦荣、工兵第八营之队官吴兆麟、排长姚金镛等五十多人,每逢星期六下午晚操毕后,不论风霜雨雪,都要往镇司令部正参谋官之自习室报到,听候考问一周教练士兵之情形并处理公文之方法,尤其是要讨论维新(即革命)临机应变之动作。有时只许口头辩论,不准笔记,有时又令写大意而后发言,所有草稿都在会后当场焚毁,不准携出片纸只字。经常为讨论某事,通宵达旦。有一次张彪统制往藩台衙门会商兵饷事,返回私宅,路经镇司令部,已更深半夜,见该部电灯尚明,即进内巡视,见蓝氏对数十个军官在讲话,有的在笔记,有的在倾听,肃静不哗。张氏当时嘉奖说:"你们这样的研究学术,深夜未睡,真是我的好部下,我真高兴。叫军需处每月给你们消夜费台票(湖北官钱局发的一种通用的钱票)三百串,作正开支,不要另外报销。我们都是用的皇上的钱,在截旷中提一笔钱(截旷是官兵死故、逃亡余下之钱),我对筹饷局先说明备一案就行了。"等语。张氏只道我们在深夜学习,为的是尽忠报国,不知道我们是在讨论如何革命,推翻皇帝。汉满不两立,是我们当时之主义,我们不能因私废公,跟张氏走死路。但我们未忘张氏私情,当辛亥年武昌首义,率军围攻湖广总督衙门时,曾令攻击部队,不得火攻张氏私宅(张氏之私宅在总督衙门右侧之包头堤)。及攻下总督衙门后,即派兵防守张宅,不准乱兵游勇和坏分子侵扰,并给予张之家人衣食等等,以酬张氏昔日优待我们之情。(《蓝天蔚》,《辛亥革命回忆录》第7册,第83—84页)

---

① 傅人杰(1877—1947),号楚才,湖北沔阳人。毕业于湖北陆军小学堂,参加科学补习所,曾任湖北陆军第八镇三十二标马队第八标队官,时蓝天蔚为其官长。参加武昌首义。荆州独立时任靖国军靖国第一军第四旅长,荆州失败后投靠王占元,任王谘议。后曾任湖北官钱局副局长,1926年任内河港轮船公司董事长。

傅人杰与蓝天蔚1921年遇难事件的相关材料如下:

潘康时忆:鄂西靖国军与王占元战时,傅人杰入川,与熊克武秘订条件;熊始令张冲诱蓝至夔府,旋令解渝,秘杀之以报王占元。(潘康时:《潘怡如自传》,中国人民政治协商会议湖北省委员会:《辛亥首义回忆录》第3辑,湖北人民出版社1958年版,第50页)

胡复谓:蓝到重庆不久,王占元派傅楚才(傅原系荆州自主时候的靖国第一军第四旅长,荆州失败后和石星川一起投靠王占元)运送汉阳兵工厂的大量枪弹,接济熊克武部队,商定以杀害蓝天蔚为交换条件。(胡复:《靖国军在鄂西的活动与鄂西神兵》,全国政协文史资料委员会:《文史资料存稿选编》第3辑,第353页)

温楚珩、卢智泉谓:王派亲信沔阳人傅人杰以专轮运步枪三千枝,弹三十万发,银元二十万给熊,以除蓝作交换条件。(温楚珩、卢智泉《蓝天蔚事略概述》,藏于全国政协)

1906 年(清光绪三十二年　丙午)　30 岁

　　2 月　刘静庵在湖北武昌建立日知会。4 月,同盟会本部派遣余诚回鄂组织同盟会湖北分会,日知会全体会员加盟,举刘静庵为总务干事。

　　4 月　中英签订《中英续订藏印条约》。

　　湖北新军编为第八镇和暂编第二十一混成协,共一万六千一百人。

　　5 月　湖北灾荒。5—6 月,湖北沔阳、武穴、兴国、通山等地发生饥民暴动。

　　9 月　清政府宣示预备立宪。

　　12 月　萍浏醴起义爆发。

　　2 月(一月)　曹亚伯谓:蓝天蔚为日知会重要成员。(《武昌革命真史》中,第340 页)

　　蓝天蔚为日知会员亦入张国淦所记录的名单。(张国淦:《蕲水汤先生化龙遗念录》,《近代中国史料丛刊·辛亥革命史料》252,台北文海出版社 1976 年版,第 16 页)

　　△　蓝天蔚参与日知会会谈,捐助经费,暗报消息,庇护会员。

　　吴兆麟回忆:军学界同人密谋组合,利用武昌高家巷圣公会设立日知会……每星期日开会一次……后来开会时由卢应龙、吴兆麟等邀请第八镇镇参谋蓝天蔚到会。大家以为陆军镇参谋以下各部队中下级军官多半加入日知会,湖北军队又为全国之冠,兼之武汉军资极为充足,一旦起事,将武汉占领,然后北进以扼黄河桥,电知各省响应,推倒满清,想汉人居多,必表同情,成功不难也。(吴兆麟:《辛亥武昌革命工程第八营首义始末记》,中国社会科学院近代史研究所近代史资料编辑部编:《近代史资料》总 47 号,中国社会科学出版社 2009 年版,第 57—58 页)

　　曹亚伯又谓:圣公会之日知会实系革命机关。表面则讲道阅书报。因附设于圣公会也,故推胡兰亭为会正,刘敬安副之。干部有评议员五。选举冯特民、陆费逵、李亚东、濮以正等任之。开幕之日,吴禄贞捐月薪五十两以作开办之费,斯时吴禄贞将调至北军陆军部也,蓝天蔚也暗助不少。结合军学两界之重要会员分头运动。(《武昌革命真史》上,第 10 页)

　　高筹观谓:泊风潮平,约圣公会牧师胡兰亭暨黎元洪记室刘家运,及冯特民、潘善伯、时伯弼等组织日知会于圣公会，举胡兰亭为正会长，刘家运为副会长，公为评议长，冯特民庶务长，潘善伯书记长，蓝天蔚干事长，陆伯虹、濮元龙、张汉杰、朱子龙为评议员，时伯弼、李亚东[①]、辜天保、陆宝珊、侯礼堂诸人为招待员，陈邦杰、张汉、熊丽棠、柳烈钧为联合[络]员。

高筹观又谓：时日知会渐发达，会员日亦增，尤以军中人为伙，如蓝天蔚、敖正邦及诸中下级官，均来归附。（高筹观《湖北起义首领孙武传》，《辛亥革命史丛刊》编辑组编《辛亥革命史丛刊》第7辑，中华书局1987年版，第94页）

贺觉非谓：时武昌日知会正谋发展，蓝得悉其内情，即分俸给之半按月补助，对日知会活动，起了推动作用。（《蓝天蔚》，《辛亥革命湖北人物传资料选编》，第20页）

《邹镛传》谓：刘静庵、詹大悲[②]、张难先[③]、季雨霖、李亚东、蓝天蔚、王守愚诸同志均以日知会为革命秘密机关，结纳各方来往志士，鼓吹革命。（《邹镛传》，湖北省图书馆编：《辛亥革命武昌首义史料辑录》，第103页）

许兆龙回忆：辛亥首义之前，汉口《大江报》登张统制一文，并绘图说明，其文曰："是虎非虎，是彪非彪，不伦不类，怪物一条，因牝而食，与獐同槽，恃洞护身，为国之妖。"又在旁注明："张氏号虎臣，行伍出身，目不识丁，是禽兽不是人类。他的妻室是张之洞的婢女，他是么姑少爷，有张之洞的靠背，因而当湖北襄阳提督军门，又充陆军第八镇统制官。滥竽充数，应该撤职。"等语。张氏闻之大怒，派人访查。据报该稿是昔日将弁学堂之学员、日知会会员季雨霖等人所投，并有外人参加，张氏即令蓝氏复查。蓝氏因借此题常往日知会参加会谈，以同盟会会员身份列席，虽未担任日知会中工作，但比日知会会员急进，其捐助经费，暗报消息，庇护会员，不待请托。对于季雨霖等辱骂张统制一案，先出川资叫季等逃出鄂境，以避其祸，再请张氏按名通缉，以雪其怒。（《蓝天蔚》，《辛亥革命回忆录》第七册，第84—85页）

李春萱谈：日知会比科学补习所进了一步，它已侧重于军、学界，与会党联系

---

① 李亚东(1872—1936)，字上逸，名斌，化名皇甫观，河南信阳人。毕业于湖北将弁学堂。曾任第二十九标左队队官。日知会干事。1906年被捕，在狱中组织中华铁血军。武昌起义后出狱，后历任汉阳府知事、荆州府知事、豫南民军总司令。宋教仁被刺后，力主讨袁，被捕入狱。护法军起成后，任河南招抚使。

② 詹大悲(1887—1927)，原名培瀚，一名瀚，字质存，湖北蕲春人。《汉口商务报》主笔、湖北地区革命团体群冶学社、振武学社骨干。1911年和蒋翊武等在武昌组织文学社，编《大江报》。武昌起义后主持汉口军政分府。参加中华革命党。后历任广州军政府大本营宣传员、国民党第一、二届全国代表大会代表、候补中央执行委员、湖北政务委员会委员、财政委员会委员、湖北省政府财政厅长。1927年以"密谋暴动"罪名被捕杀。

③ 张难先(1873—1968)，字义痴，湖北沔阳人。早年投湖北陆军第八镇工程营为士兵，1907年日知会谋响应萍浏醴起义，被捕。后加入文学社，参加辛亥革命，武昌起义后，湖北军政府成立，张难先辞官回乡。1923年，追随孙中山在广州革命，历任广东省监察室主任、广东省土地厅厅长、湖北省财政厅厅长、南京国民政府铨叙部首任部长、浙江省政府主席、第一届全国人大常委会委员、中南军政委员会副主席。

较少。日知会的刘静庵、张难先、胡瑛等人都在军队中活动。日知会不只在湖北发生了作用,如后来冯特民在新疆运动新军起义,蓝天蔚在奉天独立,吴禄贞在石家庄扣留清军南下军械,都曾发生了作用,他们都和日知会有关系。(李春萱:《座谈辛亥首义》,戴逸:《中国近代史通鉴》6,红旗出版社 1997 年版,第 999—1000 页)

5 月(四月)　清政府练兵处覆议,湖北第一镇改番号为督练第八镇①。蓝天蔚仍任该镇参谋。

《蓝天蔚事略》载,丙午(1906 年)改编第八镇,蓝仍任正参谋。(《蓝天蔚事略》)

《事略》谓:二年之间,改编新旧军。斟酌损益,君有力焉。(《蓝上将荣哀录·事略》)

7 月 22 日(六月二日)—7 月 23 日(六月三日)　7 月 22 日,在督练公所内,日本陆军绪方大佐追问蓝天蔚《战时高等司令部办事简章》一书的出处。蓝天蔚自白留日期间盗写了日本《战时高等司令部勤务令》。该大佐随后即向参谋本部报告此事。23 日日本陆军省下发"内训",要求军内严格遵守文件管理办法,"预防泄漏"。

日本陆军绪方大佐向参谋本部长、子爵儿玉源太郎报告:为(实施)秋季大演习计划,本月十九日起,每日到督练公所上班。二十二日,瞥见《战时高等司令部办事简章》一书。不经意间,翻开一阅,孰料,竟是我《战时高等司令部勤务令》之译本。因问其出处,蓝天蔚(目下第八镇参谋长)自白,乃留学日本期间盗写。问于何处借自何人,未答。后见机追问,彼言留学期间寻得。

对此,日本参谋本部非常重视,转给陆军省。7 月 23 日,陆军省下发档,其中称:

清国陆军学生蓝天蔚,明治三十四年五月入工兵第一大队,后入陆军士官学校、陆军炮工学校,留学本邦期间,盗写《战时高等司令部勤务令》②,归国后,翻译之,现正于清国军中使用。我发现此事实,讯问之,其自白,全系其留学期间盗写。

---

①　湖北第一镇改第八镇之经过:光绪三十二年闰四月至六月间(1906 年 5 月—8 月),清政府练兵处对全国编练新军 36 镇的部署进行核议,将湖北第一镇改番号为督练第八镇,第二镇改番号为暂编第二十一混成协,镇统、协统及以下官佐仍旧,共计官兵 16 104 员。至 1907 年正式予以核定。第八镇司令部驻武昌大都司巷。该镇任务为镇守省城武昌,并轮流出防省内重要城镇。司令部统制张彪,计 11 204 人。其中官 702 员,兵10 502 人。全镇装备的武器有汉阳造步枪 6 952 支,汉阳造马枪 1 315 支,日本造 7.5 厘米陆军快炮和过山快炮共 54 门。(武汉市武昌区地方志编纂委员会:《武昌区志》下卷,武汉出版社 2008 年版,第 767—768 页)

②　蓝天蔚所写《战时高等司令部办事简章》,可参考 1903 年(明治 36 年)之日本《战时高等司令部勤务令》,见附录三"相关档案资料汇编"。《战时高等司令部勤务令》已被数字化并通过互联网站"亚洲历史资料中心"(http://www.jacar.go.jp/chinese/)公开。由该网站可知《战时高等司令部勤务令》曾修正于 1899(明治 32 年)年 12 月、1903(明治 36)年 10 月、1914(大正 3 年)、1929(昭和 4 年)年,1937(昭和 12)年等。考蓝天蔚留日学习时间为 1899—1903 年,故此处选取蓝有可能盗写《战时高等司令部勤务令》的相对接近的时间,即 1903 年(明治 36 年)。

出现如此异常事态,乃根由于文件管理主任者之怠慢。若放任之,必至酿出于帝国军不利之结果……

该档传达了陆军大臣的"内训",要求军内严格遵守档管理办法,"预防泄漏"。(聂长顺译:〔日〕《清国陆军学生蓝天蔚战时高等司令部勤务令盗写之事》,日本防卫省防卫研究所藏《陆军省大日记·贰大日记》明治39年干《贰大日记》[M39-7-50,编码C06084170900]7月23日条)

9月1日(七月十三日) 《申报》载:湖北总参谋蓝天蔚得京师急电,令速入京商议南北军秋操事宜。蓝参谋遵即束装北上。(千)(《蓝总参谋入京〈湖北〉》,《申报》光绪三十二年七月十三日,第二张第九版)

10月2日(八月十五日)—10月24日(九月七日) 蓝天蔚以南军第八镇正参谋官的身份随湖北陆军第八镇参加清陆军在彰德举行的秋操①。秋操分南北两军进行演习。北军以北洋诸镇为班底,段祺瑞为总统官;南军以第八镇、第二十九混成协为基干,张彪为总统官。(廖一中、罗真容整理,天津图书馆、天津社科院历史研究所编:《袁世凯奏议》下,天津古籍出版社1987年版,第1396页)

10月22日(九月五日) 寅时,蓝天蔚父亲蓝祥彦去世。(《蓝氏宗谱》卷八,第32页)

10月24日(九月七日)—10月25日(九月八日) 彰德会操于初七日结束,初八日举行阅兵典礼,宾主欢宴。湖北新军"以学问胜"。蓝天蔚获阅兵大臣好评,被赞誉计划周详,辅佐适宜,应予提升,随即调补第三十二标统带。

初七日午后《盛京时报》访员由彰德发电谓:本日(初七日)操演事毕,明初八日举行阅兵典礼,开催大②。公宴袁、铁两阅兵大臣,邀请列席各有一千八百余人。公宴毕后观操,外国武员并访员即一同预备回京。(《河南秋季大操情形》,《盛京时报》光绪三十二年九月十三日,第三版)

初八日《盛京时报》访员自彰德发电,谓:本日(初八)上午九点半择地于距彰德府东南约六华里地方举行阅兵典礼,并分列式典。队伍齐整,军容颇盛,特密集部队运动观操,外国武员大惊进步之速。北洋陆军全部队之兵械军服装具马匹一律鲜明、一丝不紊,其密集运动之步武精神极为活泼,河南之军次之,湖北军队似有逊色。午前十一点半钟阅兵大臣先退,各队顺序解散。(《举行阅兵典礼》,《盛京时报》光绪三十二年九月十四日,第三版)

又电,阅兵两大臣卜地于本城内东北隅特设华宴,列席者两军将校及外宾内宾

---

① 按:1906年彰德秋操演习经过详见附录三"相关档案资料汇编"。
② 此处应有误,原文如此。

共计一千八百余名,为近时罕观之大宴。阅兵两大臣并接待司员,酬应极为郑重,主宾欢洽,极一时之盛。(《秋操宾主欢宴》,《盛京时报》光绪三十二年九月十四日,第三版)

关于此次秋操,时人对两军的评价是:北洋新军"以勇气胜",湖北新军"以学问胜"。(刘体仁:《异辞录》第 4 卷,上海书店 1984 年版,第 48 页)

许兆龙回忆:前光绪三十二年秋间,北洋袁世凯、湖北张之洞各练之新军,会操于河南彰德府附近。张彪充南军总统官,蓝天蔚充南军总参谋官,会操三日,南军均占优势。其阅兵大臣总评说:"南军总参谋官蓝天蔚[1]计划周详,辅佐适宜,其前卫司令官余大鸿,指挥部队占敌之先,使敌进退维谷,深合战况,均应提升,遇缺即补。"秋操毕后,各部队均回原防。余大鸿经安徽巡抚朱家宝奏调,充安徽混成协领(即旅长),所遗陆军第八镇步队第三十二标统带(即团长)之缺,张统制遵照阅兵大臣在秋操时总评之命,保荐蓝氏为步队第三十二标统带官,使其亲练新式陆军。(《蓝天蔚》,《辛亥革命回忆录》第七册,第 85 页)

---

[1]　按:许兆龙回忆有误,蓝天蔚时任南军正参谋官。

1907 年(清光绪三十三年 丁未) 31 岁

1 月 湖北日知会拟响应萍浏醴起义,被破获,刘静庵等被捕。是为日知会"丙午之狱"。

3 月 川汉铁路改归商办,原川路公司改为商办川汉铁路有限公司。

4 月 清廷决定东三省改制,设立奉天、吉林、黑龙江行省。盛京将军改称东三省总督,建署于奉天。徐世昌首任东三省总督,赵尔巽调任四川总督。

宋教仁偕白楚年、吴昆和日人大川清等抵安东,联络当地反清武装。

5 月 革命党人在广东发动潮州黄冈起义失败。

6 月 革命党人在广东惠州府归善县发动七女湖起事失败。

辽阳爆发大规模抗捐运动,遭官军镇压失败。

7 月 徐锡麟安庆举义,击杀安徽巡抚恩铭,占领军械局。旋失败。徐被捕就义。14 日,秋瑾在绍兴谋响应安庆起义,被捕遇害。皖浙起义失败。

8 月 鄂督张之洞奉诏入京,赵尔巽接任。

张伯祥、焦达峰、孙武、刘公等近百人在日本东京成立共进会。

10 月 清政府谕令各省督抚在省会"速设谘议局",并预为筹划地方府州县议事会。

11 月 江苏、浙江、安徽三省绅商学界和东京留日学生纷纷开会,要求收回被列强劫夺的铁路路权。

四川同盟会员熊克武、黄复生等拟发动泸州、江安起义,事泄而败。

是年 经陆军部考核,正式任命张彪为湖北第八镇统制,统率步兵第十五协、第十六协、骑兵第八标、炮兵第八标、工兵第八营、辎重第八营。又任命黎元洪为第二十一混成协统领,统率步兵四十一、四十二两标,骑兵第十一营,炮兵第十一营和工兵队、辎重队。湖北新军建成。

奉天陆军第二混成协成立,抽调陆军二、四两镇部分官兵合编而成,驻奉天旺官屯,官 303 员,兵 3 059 人,协统王汝贤。

1 月（丙午十一、十二月）　蓝天蔚助熊十力①逃脱张彪追捕。

童愚②谓：当河南彰德秋操之际，党人熊十力倡议：乘清鄂军出动之际，即谋光复。先期派同志洽商本省荆襄施南各路及河南省内会党，在各道各府起义，清政府必派兵出剿。军中既多同志，自必滋长义兵声势；义兵日盛，援军日增，相反相成，则鄂豫两省首先动摇。两省为南北关键，一经发动，足以号召四方，倾覆清廷，当无疑问。

其时，熊十力在陆军小学堂（熊在第八镇第三十一标入伍，考取陆军小学仁字斋）向军营士兵运动甚力，渐为张彪所闻。熊又在学堂揭示处痛骂张彪，洋洋千言，张彪益恨之，密令逮捕。得总部参谋长蓝天蔚派人示意，熊十力乃出走至彝陵（宜昌）。（童愚：《八月十九夜所见及其他》，全国政协文史和学习委员会：《亲历辛亥革命·见证者的讲述》中，第 568—569 页）

是年熊十力二十三岁。据其年表：丁未（1907 年）一月，湖北巡警道冯启钧素仇党人，下令查封日知会，并于十二日将刘敬庵、季雨霖、梁钟汉、李亚东、张难先、朱元成、胡瑛等逮捕下狱。先生因三十二标统带③蓝天蔚暗通消息，得以逃脱。（《学行年表》，景海峰：《熊十力》，东大出版社 1991 年版，第 280—281 页）

7 月 2 日（五月二十二日）　蓝天蔚与张彪等筹议本年鄂军赴江北会操事宜。

报曰：鄂督张制军今日与陆军参谋蓝天蔚、统制张彪等，筹议本年鄂军赴江北会操事宜。闻鄂督之意，拟仅派二十一混成协前往，其余概不赴操。而蓝张二人以混成协尚未能为完全之陆军，其最要之工程队均未组织，恐不及会操程度。鄂督即命将十五协之工程队划归该协统辖，即以带同赴操。（《鄂军秋操之预备〈湖北〉》，《盛京时报》光绪三十三年五月二十二日，第三版）

8 月初（六、七月）　吴禄贞密约蓝天蔚赴东北共事。

吴忠华回忆：（吴禄贞）随徐抵奉天（今沈阳）后，徐委派吴禄贞为军事参议官（闲职）。禄贞趁此机会，广泛结交，密与张作霖、汤玉麟、冯麟阁④等拜为知己，并

---

①　熊十力（1885—1968），原名继智、升恒、定中，号子真、逸翁，晚年号漆园老人，湖北黄冈人。投军武昌新军凯字营第三十一标，后毕业于湖北陆军特别小学堂。参与武昌起义、二次革命、护国讨袁运动。曾于湖南郴县创办"十力中学"。后于山东省立第六中学、乐山复性书院、武汉大学、勉仁书院、北京大学、黄海化学社、浙江大学等各地任教。撰有《新唯识论》《原儒》《体用论》《明心篇》等书。

②　童愚（1881—1962），原名振球，字自纯、希古。湖北黄冈人，日知会会员，黄冈军学界讲习社社员，参加武昌首义。曾任职于湖北省文史馆。著有《辛亥首义回忆录》。

③　按：蓝时任第八镇正参谋，尚非第三十二标统。

④　冯德麟（1868—1926），又名麟阁，字阁忱，奉天海城人。曾任盛京副都统、奉天军务帮办、三陵承办、陆军第二十八师师长。1912 年北洋政府授陆中将。1916 年，与张作霖共同驱赶奉天督军段芝贵，把持东北大权。1917 年，支持溥仪复辟，被段祺瑞击败俘获。经张作霖运作，获释。晚年投身创办实业。

约同盟会员廖仲恺、宋教仁、吴昆、季雨霖、白逾桓、蓝天蔚、商（震）启予、曹亚东，吴祐[祐]贞（吴用卿）、徐竹坪、万宗孔等人来东北共事。（吴忠华：《回忆先父吴禄贞》，中国人民政治协商会议湖北省委员会文史资料委员会：《湖北文史资料》1989年第4辑，第22页）

8月10日（七月二日）　蓝天蔚在皖，与张彪、杨缵绪等接到鄂督电，知徐锡麟刺安徽巡抚恩铭。翌晨乘商轮返楚。

《申报》谓：初三日安庆访函云，安徽巡抚恩新帅被徐锡麟行刺后……湖北来皖之陆军第八镇统制张彪、正参谋官蓝天蔚、中军官杨缵绪、候补道李纾等因初二晚接鄂督警电，翌晨四点钟即乘商轮返楚。（安庆：《皖抚恩新帅被刺五志》，《申报》光绪三十三年六月六日，第四版）

9月10日（八月三日）　报载蓝天蔚接充湖北陆军三十二标统带兼湖北督练公所参谋①。蓝天蔚团结官兵，大展革新之志。

《盛京时报》载：陆军部铁尚书以蓝天蔚练达军务、熟通战法，克胜统带之任，前日已谘行湖广总督赵次帅札派该员充湖北陆军三十二标统带，并请该督转饬蓝天蔚迅速赴任。（《饬派蓝天蔚为湖北三十二标统带》，《盛京时报》光绪三十三年八月三日，第三版）

《申报》载：鄂军第三十二标标统白寿铭太守现奉鄂督委充陆军小学提调。遗差由第八镇张统制札委兵备处二等参议蓝君天蔚前往接充。（《标统易委〈武昌〉》，《申报》宣统三十三年八月三日，第11版）

据《陆军部档·光绪三十四年第八镇官佐名单》载：蓝天蔚调充第八镇步队第十六协第三十二标统带官，即团长。（《陆军部档·光绪三十四年第八镇官佐名单》，中华民国资料丛稿：《新军编练史料》，中华书局1979年版，第210页）

吴绍奎②有文章记述第八镇之组成及统带以上人员之变迁：第八镇由武建营、凯字营两部改组而成（同时工防营改为二十一混成协，以黎元洪任协统），以张彪任统制，王得胜任十五协协统，刘温玉任十六协协统，龚光明任马八标标统，余化龙任炮八标标统，李克果任工八营管带，肖安国任辎八营管带，李襄林任二十九标标统，宝英[瑛]任三十标标统，曾广大③任三十一标标统，白寿铭任三十二标标统，蓝天

---

① 蓝天蔚调充第八镇步队第十六协第三十二标统带官的时间有异议。据《陆军部档·光绪三十四年第八镇官佐名单》载：蓝天蔚调充第八镇步队第十六协第三十二标统带官，即团长。（《陆军部档·光绪三十四年第八镇官佐名单》，中华民国资料丛稿：《新军编练史料》，中华书局1979年版，第210页）

② 吴绍奎，毕业于湖北陆军特别小学堂。蓝天蔚任湖北陆军第八镇三十二标标统时部下，随蓝天蔚同往奉天第二混成协。蓝被迫出走奉天后，吴绍奎被羁押于协。后曾任暂编湖南第一师步兵第一团第二营营长。

③ 曾广大（1871—1917），字福田，湖北汉阳人。曾任驻鄂新军第八镇三十一标标统。辛亥（1911年）秋，率部护送督办铁路大臣端方入川。端方被杀后，回湖北任鄂督黎元洪都督府务司长及顾问。

蔚任镇参谋。第一次彰德秋操后,白寿铭调陆军特别学校提调,蓝天蔚调三十二标标统。(吴绍奎:《逊清湖北陆军第八镇革命回想录》,丘权政、杜春和:《辛亥革命史料选辑》上,第 372—377 页)

《蓝天蔚事略》载:丁未(1907 年),任十六协三十二标统带兼湖北督练公所参议,君始执教鞭,继参戎幕,继掌兵符,日以所抱改革大志,发为伟论,以灌输军人脑中。鄂新军之当富于革命思想,多君力也。(《蓝天蔚事略》)

《蓝上将荣哀录》载:丁未(1907 年),任第十六协三十二标统带兼湖北督练公所参谋。其居军也,日与士卒讲习无倦容,暇则慰问病苦如家人父子。(《蓝上将荣哀录·事略》)

《湖北文献》载:复由参谋调任第八镇十六协卅二标统带,即现时部队中之团长。此一时期,蓝先烈极力收敛锋芒,不轻于发表愤激的言论。(刘道平:《震撼清廷和北洋的蓝天蔚先烈》[1],《湖北文献》1968 第 9 期,第 46 页)

贺觉非谓:接任标统后,蓝天蔚经常利用操课时间对本标官兵讲述改革的重要。并"大展其革新之志",教育新军又管理新军,因出其所学,手订该标教育方针,内务规划,并刊印《教育杂志》。(《蓝天蔚》《辛亥革命湖北人物传资料选编》,第 20 页)

许兆龙回忆:蓝氏接充部队第三十二标统带后,大展其革新(即革命)之志。因该标驻在武昌省城中和门外(首义后改为起义门)老武建营,环境优美,营地宽广,四围筑有高墙,栽有杨柳,可跑马于操场,教兵于讲堂。每逢月白风清之际,蓝氏集合全标官佐士兵,作长夜之谈,有柳营春试马、虎帐夜谈兵之古风,其亲爱官兵如子,官兵尊敬如父儿,上下团结,亲如家人。

三十二标之编制为三个营,官佐士兵夫有一千五六百人,成立已五六年之久。蓝氏为加强战斗能力,将年老体弱、思想陈腐之士兵,按照陆军部章,给资退伍,另行招募知识青年补充。于是有志之附生、文童投笔从戎,接踵而来。蓝氏即成立读书会,将全标官佐士兵分为甲乙丙丁四班训练,除他本人为会长,派第二营管带官杨正坤为副会长(杨氏也是日本士官学生,同盟会会员)外,又派许兆龙、周庆诗为甲班班长,刘镇湘、杨文炜为乙班班长,单道康、孙长福为丙班班长,张树堂、许必达为丁班班长,以富国(即复国)强兵为口号。每逢风霜雨雪或炎天暑热之时,即在打

---

① 刘道平在《震撼清廷和北洋的蓝天蔚先烈》后记中谓:"该文资料由《湖北文献》万社长武樵(即万耀煌)先生所提供,为恐不够翔实,武樵先生又特请吴仲行先生以黄陂同乡会身份加以补充,最后再由武樵先生在病中亲笔再为补述其及身所知之资料,故本文已为第三次定稿。特此附记说明。"(刘道平:《震撼清廷和北洋的蓝天蔚先烈》,《湖北文献》第 9 期,1968 年,第 23 页)

在此文基础上,刘道平又撰《革命先烈蓝天蔚轶事》,发表于香港《天文台报》(1968 年 12 月 14 日—12 月 18 日)。

靶场(在标之右侧)之盖沟与南湖(在标之左侧,巡司河右岸)之游泳池,开秘密会议,传达国外同盟会之消息和国内各省革新情形。

蓝氏见所招募新兵多系读书识字之人,应用文字宣传革命主义,于是捐资印书,由各班班长负责分发。假如有人来标参观或查内务,蓝氏必先知道,即令各班收藏书报,从未暴露。某年,本标秋季演习,蓝氏在武昌之石牌岭演习地,以日本恃战胜之威,强迫清廷订"马关条约"为题,对官兵演讲。其词中有"匈奴未灭,何以家为",又有"还我河山"等岳武穆之遗言,我们要真实执行,方可无愧于古人等语。官兵知道蓝氏演词之带意者,同声呼号,"复"国强兵,铲除仇人。

蓝氏在本标读书会之丙丁两班学兵中,择其优秀急进者,如单道康等,明考暗保为湖北陆军特别小学堂学生,使其广传革命之意,发展组织。(《蓝天蔚》,《辛亥革命回忆录》第七册,第85—86页)

载涛谓:湖北陆军自经点验后,官兵授课认真,声誉益著,中央及各省来电或公文调用军官,常有所闻,如湖南协统杨晋①、云南第十九镇统制钟麟同,安徽协统余大鸿,江苏协统陈得龙,河南协统应龙翔(先由陆军部调用,并曾任禁卫军步标统带),奉天协统蓝天蔚,新疆协统杨缵绪,以及后来升任第六镇统制之吴禄贞等,并先后由鄂军中调用中级官数十员分任军职。湖北军队自早期成立,对于用人行政向有一定统系,上级官现经手训练多年,中下级官皆久于其职,官与兵相习,是以除向外发展外,全镇协上下一心,非外力所能动摇。(载涛:《武昌革命之回忆》,中国人民政治协商会议湖北省委员会文史资料研究委员会:《湖北文史资料》1986年第4辑,第23页)

10月14日(九月八日)　陆军部委派蓝天蔚赴日观操。

报曰:陆军部派往日本观操之军谘处副使哈汉章、湖北陆军参谋长蓝天蔚、北洋督练公处帮办刘询等,订于〈下〉②月初八日启程东渡。(《赴东观操员启程日期》,《盛京时报》光绪三十三年九月八日,第二版)

《大同报》亦有载:鄂省派定陆军参谋处蓝天蔚赴东参观秋季大操。(《蓝天蔚赴东观操》,上海《大同报》光绪三十三年〈1907〉第八卷第三期,第32页)

贺纶夔谓:赴日进行军事考察的流程大致如下:各省选派→领取咨文→乘船赴日→在长崎、神户接受海关及医官的检查→拜谒驻日大使→拜访外务省、陆军

---

①　杨晋(1877—?),字播卿,云南建水人。毕业于日本陆军士官学校、日本联队。归国后历任湖南新军第二标第三营管带、湖南新军陆军第二十五混成协统。蓝天蔚离鄂赴奉前曾去湘晤过杨晋。1910年3月,杨晋辞职。后历任云南腾越关监督、滇军总部参谋长兼岭南道尹、靖国联军第六军参谋长、驻粤滇军第三师师长。1915年北洋政府授陆军少将。

②　按:蓝天蔚赴日观操的时间《盛京时报》的记载为"月初八",应漏一字,即"下月初八"。据熊达云及汪婉的调查记录,蓝由陆军部派出赴日视察,时间为11月。

省、参谋部并领取介绍信→开始参观→向各处辞别→回国上交咨文及日记。(贺纶
夔:《钝斋东游日记》,上海商务印书馆宣统元年版,第 9—10 页)

11 月 13 日(十月八日)—11 月 19 日(十月十四日)　蓝天蔚阅览了日本东西
两军操演全程。大操自 11 月 13 日左右开始(包括操前预备),15 日为大操第一日,
18 日大操结束,19 日为阅兵式。(《赴日观操报告书》[①],《日本军事考察记》,王宝平主编:
《国家清史编纂委员会·文献丛刊》,上海古籍出版社 2004 年版,第 439—460 页)

12 月 9 日(十一月五日)　蓝天蔚回国后,入京禀事。

《申报》载:上月东渡观操之武员于初五日均自日本回国。除陆军部军谘处副
使哈汉章外,其他第九镇统制徐绍桢[②]、湖北陆军参谋长蓝天蔚等,皆已回任,惟因
有禀陈事宜不日入京。(《观操武员回国》,《盛京时报》光绪三十三年十一月初五日,第二版)

12 月 20 日(十一月二十日)　《申报》载:鄂军第三十二标标统蓝天蔚,系留学
日本士官学校优等肄业生,近为外务部派为驻俄使馆参赞,昨已电谘鄂督赵次帅,
饬令束装北上,由西伯利亚铁道赴俄。现蓝君已遵饬起程矣。(《标统派充驻俄参赞》,
《申报》光绪三十三年十一月二十日,第二张第三版)

---

① 《赴日观操报告书》,见附录三"相关档案资料汇编"。
② 徐绍桢(1861—1936),字固卿,广东番禺人。历任江西常备军统领、江南苏松镇总兵、陆军第九镇统
制江北提督、江浙联军总司令、北伐总司令、南京卫戍总督、广州卫戍总司令部总司令兼陆军部练兵处督办、
援粤总司令、广东革命政府总统府参军长、广东省省长、广东大元帅府内政部部长、段祺瑞执政府临时参政会
参政等职。北洋政府授陆军中将加上将衔。

1908 年(清光绪三十四年　戊申)　32 岁

1 月　徐世昌设东三省督练处,专司训练新军、整顿巡防事宜。

3 月　清廷授陈夔龙为湖广总督。赵尔巽离湖广总督之职,调任四川总督。

黄兴在广西发动钦州马笃山起义失败。

4 月　黄明堂、王和顺、关仁甫在云南河口起义。孙中山电委黄兴为云南国民军总司令。清军攻克河口,起义军退回安南。

同盟会机关报《民报》发表《辽东义勇军檄文》,宣布清政府统治东北三省 13 条罪状,提出"创立民国"的口号。

7 月　外务部照会日使,重申延吉间岛确为中国领土。

清政府颁布《各省谘议局章程》。至宣统元年秋,各省谘议局先后建立。

8 月　预备立宪公会联合各省立宪组织,选派代表到北京,向都察院呈递请愿书,要求速开国会。

清廷宣布自本年起于第九年召开国会,实行宪政。同日颁布《钦定宪法大纲》,规定君上大权十四条,臣民权利义务九条。宣布皇统万世一系,君权不可侵犯。

10 月　奉天城内饥民掀起抢粮风潮,遭到当局镇压。

京剧演员潘月樵和夏氏兄弟在上海十六铺创建"新舞台"。

11 月　清光绪帝载湉死。醇亲王载沣之子溥仪为帝,载沣以摄政王监国。次日,慈禧太后死。

熊成基率马、炮两营士兵千余人发动安庆新军起义,旋失败。熊成基出走日本。

是年　鄂军统制张彪派蓝天蔚建立执法处一所①。

湖北《大公报》载:鄂军统制张虎臣镇军以陆军部定章每镇设执法处一所,如遇军员头领有违犯法律者概归该处办理。现在陆军部奏派简阅鄂军之员,不日莅临,所有各项组织未备之事均应筹办,爰派蓝天蔚参谋负责建立执法处一所。(湖北《大公

---

①　按:张彪派蓝天蔚建立执法处之时间,当在蓝离职前。此处以先后顺序罗列。

报》,1908 年 11 月 5 日;湖北政法史志编纂委员会:《湖北政法大事记　1838—1986》,1987 年,第 9 页)

△　蓝天蔚多次开读书会,推选联络员交换情报,鼓励革命之志。

许兆龙谓:在离开三十二标北上之前,开读书会①多次,提议升杨正坤为正会长,许兆龙为副会长,并推杨、许二人为正副联络通讯员,每月至少同蓝氏通信二次,彼此交换情报。临行照相作纪念,宴会表情感,如父兄子弟之离开家庭,有依依难舍之意。蓝氏在办理交代纷忙之际,亲书对联赠送读书会。其文曰:仇恨几时消灭,河山何日归还。上款写某某同人纪念,不写职衔,下款写蓝天蔚泣书。其不被名利诱惑,不忘革命主义可想而知。(《蓝天蔚》,《辛亥革命回忆录》第七册,第 87 页)

△　是年,蓝天蔚自请辞职。有谓蓝天蔚意在鄂难以推进工作,不若去奉较易着手;有谓蓝天蔚因在鄂之陆军统领一职为他人所得,愤恨而辞职他往;有谓有人告密张彪,蓝天蔚同谋革命,张彪忌之(或请其速离)。

《事略》谓:戊申(1908 年)秋,以学未成,请罢官,入日本陆军大学。(《蓝上将荣哀录·事略》)

吴绍奎谓:蓝天蔚原驻鄂第八镇三十二标统带。赵尔巽②调奉天总督,陈宦调奉天第二十镇统制,陈、蓝系同乡,劝赵调蓝赴奉,以为臂助。赵亦慕蓝之才能,密电蓝赴奉。蓝奉电后,即以请假出洋考察军事为名,向张香帅请假……时奉天陆军为一镇一混成协,均系绿营改编,训练毫无,赵意调蓝赴奉大加整训。蓝意在鄂隶张彪之下,已难推进革命工作,不若奉省边地,较易着手。(《逊清湖北陆军第八镇革命回想录》,《辛亥革命史料选辑》上,第 376 页)

许兆龙谓:陆军第八镇第十六协统领刘韫玉调充湖北巡防营统领,其遗缺照当时情形应由蓝氏升充,但被捷足者所得,蓝氏忿恨,想辞职他往。斯时吴禄贞③推保蓝氏于陆军部,已得许可,派往奉天为协统。电至,蓝氏不顾张统制之坚留,决心前往奉天就职。(《蓝天蔚》,《辛亥革命回忆录》第七册,第 86—87 页)

罗正纬则谓蓝所以辞职因"黄兴、钮永建等皆出其门。或谮之于张彪曰:'天蔚

---

①　蓝天蔚在三十二标创办读书会,在蓝离开后,该会发展如何?许兆龙谓:蓝氏往奉天后,接充三十二标统带者,有白寿铭和孙安国。孙氏认为,读书会人多是不良分子,有不尽忠之思想,但无犯上作乱之实据,不能加罪,即用其权力改读书会为自新会,叫各人宣誓,改悔自新。于是,读书会之名遂湮没无闻。有旧日之日知会员欲扩充而不具形式者,有分门别户,加入文学社和共进会为会员者。也有受孙氏之诱逼改悔,保身求荣者,其人数极少,影响不大。然第一营前队学兵黄申芗革命名册被抄出,幸事先逃避沪上,未被拘获,查不出内容,只有黄之直接长官,如管带官米文友被记过罚薪,队官许兆龙受降级处分(降为排长)外,其余未牵连。因孙氏恐扩大案情,激动军心而生变。(《蓝天蔚》,《辛亥革命回忆录》第 7 册,第 88 页)

②　按:1908 年奉天总督为徐世昌,非赵尔巽;1909 年 2 月后东三省总督为锡良;1911 年 3 月赵尔巽继锡良为东三省总督。

③　按:吴禄贞或陈宦保荐蓝天蔚去奉,均有可能。

同谋革命,请杀之;不然或逐之.'张彪使人伺其行动,天蔚辞职去。"(《滦州革命先烈史略》,《中国近代史资料丛刊》六,第364页)

又邓氏后人邓思民兄弟叙述家族记忆:其父邓霖(蓝侄)说起过,蓝天蔚在武昌时,为当时湖广地区革命党的领袖。张彪当时是第八镇统制,蓝天蔚在武昌时属于他管,张彪拿到革命党人的名单时,第一个就是蓝天蔚,立刻把邓观智叫去,因为邓观智是张彪的干女儿,让邓和蓝天蔚赶快离开武汉,这样蓝天蔚才有后来到奉天做第二混成协统领的事情。

△ 蓝天蔚离职后,携师友学生赴各地游历,后赴奉天。

吴绍奎谓:(蓝天蔚)向张香帅请假准后,偕其业师傅桂航[①]、陆特学生吴绍奎赴湘,晤杨晋,转道赴奉。(《逊清湖北陆军第八镇革命回想录》,《辛亥革命史料选辑》上,第376页)

《杨虎[②]事略》载:嗣端方督两江,谋党人急,侦骑密布,君惧事泄,且虑仓促发动必致颠殒,乃潜随蓝公天蔚出关,秘密进行东省革命事。(《杨虎事略》,李丙麤纂:《民国宁国县志·嘉庆绩溪县志》,《中国地方志集成·安徽府县志辑》54,江苏古籍出版社1998年版,第177页)

《事略》谓:时各省新军已次第成立,乃先南游豫章江宁皖浙,北历燕冀,视其得失为讨论之资。及抵辽东,锡良方厉行新军制。陈宧充[二十]镇统制官,因言于锡。(《蓝上将荣哀录·事略》)

7月(六月)—9月(八月) 蓝天蔚就任奉天督练处将弁。

据冯自由:《中国革命运动二十六年组织史》载"戊申(1908年)奉天督练处事",可知蓝天蔚到奉后任奉天督练处将弁。

"是岁革命党员吴禄贞由清东三省总督调充奉天督练处总办,禄贞调查北洋第一混成协多革命同志,请调随行名单内有冯玉祥、张之江[③]、王金铭、施从云、石敬亭、郑金声[④]、鹿钟麟、韩复榘、张树声、李圻、张辅廷诸人,拟将混成协及一二两标

---

① 傅维四(1866—1939),字桂航。湖南湘阴人。清举人。同盟会员。历任1912年中华民国陆军部军械局三等科员、陆军部军需局二等科员、陆军步兵中校、陆军军械司一等科员、硝磺库监督(1914年)、甘肃省各县长、税务局长、湖南常德县县长(1932年12月—1933年6月)等职。

② 杨虎(约1888—1966),字啸天。安徽宁国人。毕业于南京将弁学堂。辛亥(1911年)年率肇和兵舰攻江南制造局。历任陆军部谘议、广州非常大总统府参军、上海警备司令、淞沪警备司令部司令、中国国民党第四届中央监察委员等职。

③ 张之江(1881—1965),字紫珉,别号天行,教名保罗,河北盐山人。毕业于东三省讲武学堂骑科。历任国民军总司令、察哈尔都统、西北边防督办代理国民党总司令等职。创办中央国术研究馆(后改称中央国术馆),创办国术体育师范专科学校并任校长。北洋政府授陆军中将加上将衔。

④ 郑金声(1879—1927),原名郑嘉涟,字振堂,山东历城人。曾与冯玉祥等秘密组织"武学研究会"。历任陆军骑兵第三团团长、绥远陆军混成旅旅长、国民军暂编第三师师长、察哈尔都统、国民军东路军军长兼前敌总指挥、冯玉祥部总参赞、第八方面军副总指挥。北洋政府授陆军中将。

编为一镇。适间岛事发,禄贞调充边防督办未果①,时督练处内部诸将弁有蓝天蔚、邵保②、张华飞、刘一清③、程守箴、石星川、夏占奎、任本昭、唐克明、陈镛、辜天保、陈锦章、夏得群等皆热心革命者。"（冯自由：《中国革命运动二十六年组织史》,商务印书馆 1948 年版,第 292 页）

罗正纬谓：日俄战后,国势岌岌,边吏始重军事,徐世昌督奉,任吴禄贞为督练处总办,同盟会之陆军同志,咸往归之,于是蓝天蔚、邵保、张华飞、刘一清、程守箴、石星川、夏占奎、任本昭、唐克明、陈镛、陈锦章、辜天保等,组织奉天干部会议,运动革命。（《辛亥滦州革命纪实初稿》,湘潭罗正纬：《罗正纬著作汇编》,2012 年,第 136 页）

---

① 按文中说法："间岛事发,禄贞调充边防督办未果"——日本侵略间岛的具体计划于 1907 年 7 月 2 日召开的第 20 次关于改善韩国施政协议会上最后确定。1907 年 9 月,经奏准,东三省总督徐世昌在局子街成立吉林边务公署,任吴禄贞为吉林边务帮办。据此知道,蓝天蔚抵奉天督练处的时间当在 1907 年 7—9 月间。

② 邵保（1884—1928）,别号稀云,湖北汉阳人。毕业于保定陆军速成学堂、日本陆军士官学校第四期炮科。历任湖北军政府军事厅秘书、第二警卫团团长、湖北省军务局参事、湖北民军总指挥部参谋长、北京政府陆军部少将部附、黄埔军校第五期教授部少将副主任。

③ 刘一清,湖北人。毕业于日本士官学校,同盟会员,曾参加拒俄义勇队。回国后曾任清军第二十镇正参谋,参加滦州起义。回鄂任鄂军军统参谋长。护国讨袁时,任蜀都督府高等顾问,促成四川都督陈宧宣布独立。北洋政府追赠陆军上将。

1909 年(宣统元年　己酉)　33 岁

1 月　清廷以袁世凯患有足疾为由,命其"回籍养疴"。

2 月　东三省总督徐世昌调任邮传部尚书,云贵总督锡良任钦差大臣、东三省总督,兼管三省将军事务。

4 月　孙武、焦达峰在汉口法租界设立共进会鄂部总会,设分机关于武昌。8 月,焦达峰在湖南长沙建立共进会机关。

日本成立满洲独立守备队司令部,派兵驻奉天、公主岭等南满铁路沿线地区。

5 月　奉天巡抚唐绍仪免,黑龙江将军程德全调任奉天巡抚。

6 月　张之洞与英、法、德三国银行团订立《湘鄂境内粤汉铁路、鄂境川汉铁路借款草合同》,借款五百五十万英镑。

10 月　清军机大臣、粤汉川汉铁路督办张之洞去世。7 日,清政府命将该铁路事宜归邮传部接办。

11 月　清廷任命陈夔龙为直隶总督兼北洋大臣,以瑞澂署理湖广总督。

是年　湖北省洪水泛滥,灾区广达 30 余县,灾民近 300 万人。

6 月(四五月)　蓝天蔚与弟才蔚、文蔚为"清武功将军蓝祥忠"立碑①。此碑正面刻"武功将军祥忠",下刻蓝天蔚三兄弟名讳。

《蓝氏宗谱》载,"锡楚,貤封武功将军,字三湘,行三。生于道光丙戌(1826 年)年四月二十七日寅时,殁于同治庚午(1870 年)年四月十六日寅时,葬本畈托盘垴西南首甲庚向。"(《蓝氏宗谱》卷八,第 31 页)

谱载祥忠生殁情形:祥忠,号显臣,行一,生于道光戊申年(1908 年)四月初十日戌时,殁于同治庚午(1970 年)年五月初四日,巳时,葬祠后开太公墓前北首。(《蓝氏宗谱》卷八,第 30 页)

---

①　按:祥忠为蓝锡楚长子,因蓝天蔚任高级武官故,貤封"武功将军"。此碑由黄陂蓝家大垸蓝佑生及蓝秀松收藏。

7 月 8 日(五月二十一日)　蓝天蔚获准再赴日本,将就读于日本陆军大学。

湖广总督陈夔龙[1]于宣统元年五月廿一日《奏为请陆军第八镇三十二标统带官蓝天蔚再赴日本等国学校事》称:

再陆军第八镇三十二标统带官、湖北督练公所参议蓝天蔚,由日本陆军士官学校肄业,升涖今职,并经陆军部派兼充一等谘议官。该员学识优长,谙习军略,在鄂多年,深资得力。兹据禀称现在新军学理甚深,自顾识见浅陋,请重赴日本陆军大学肄习三年,兼习欧洲语言文字,然后再赴西洋游学两年,以增智识等情前来。查该员虚心好学,志趣向上,深堪嘉许,自应准其出洋,以宏造就。除将该标统带一差,另行委员接充,并告明出使日本大臣妥为照护外,谨附片具陈,伏祈圣鉴,谨奏。此奏折批示为"知道了"。湖广总督陈夔龙。宣统元年五月廿一日。(陈夔龙:《陆军第八镇三十二标统带官蓝天蔚再赴日本陆大肄习事折》,全宗号 4-1-38,卷号 204,件号 16;中国第一历史档案馆藏:《湖广总督陈夔龙奏陆军第八镇统带官蓝天蔚辞差出洋游学片》,《政府官报》第 619 号,宣统元年六月三日)

《申报》谓:鄂督陈奏参议蓝天蔚游学肄业,学识兼优,自愿再赴东洋留学三年,又赴西洋留学二年。奉旨:知道。(《申报》宣统元年六月六日,第三版)

9 月 8 日(七月二十四日)—9 月 10 日(七月二十六日)9 月 8 日　蓝天蔚由鄂抵赣,9 日校阅赣省军队,10 日又赴浔校阅陆军。

《申报》谓:(江西)陆军部谘议官蓝天蔚奉部派委校阅军队,于廿四日由鄂抵省,于廿五日校阅赣省陆军步炮各队后,拜谒冯中丞[2],聚谈良久,辞出回寓,于廿六日起程赴浔校阅陆军。(《陆军谘议官简阅军队》,《申报》宣统元年七月初二,第 11 版)

是年　蓝天蔚推荐石星川[3]任陈宦步兵统带。

沃丘仲子[4]谓:石星川日本士官学校学生。清宣统初,星川以蓝天蔚汲引,陈

---

① 陈夔龙(1855—1948),字筱石。贵州贵阳人。光绪进士,授兵部主事。升任顺天府尹。历任河南布政史、漕运总督、河南巡抚、江苏巡抚、湖广总督、直隶总督兼北洋大臣等职。辛亥革命中,镇压滦州新军起义。张勋复辟,被任为弼德院顾问大臣。

② 冯中丞即冯汝骙。冯汝骙(?—1911),字星岩,河南祥符人。曾任江西巡抚。起义军占领南昌后,1911 年 11 月 9 日自杀。

③ 石星川(1880—1948),原名承楷,字敦人,号汉舫,别号参人。湖北阳新人。毕业于湖北新军工程营、武昌湖北武备普通中学堂、日本陆军士官学校步兵科。历任湖北陆军小学堂副监督、陈宦步兵第七十八标统带、湖北陆军第一混成旅旅长、荆宜镇守使、护法军政府湖北靖国联军第一军总司令等职。北洋政府授陆军中将。

④ 沃丘仲子,费行简之笔名。费行简(1871 年,一作 1872—1954),字敬仲,江苏武进人(一说为浙江湖州人),少时居于四川,王闿运之弟子,曾任仓圣明智大学教务长,民国初年黎元洪主政时期被四川省推为省代表,1925 年任北京临时参政院参政,解放后曾被聘为上海文史馆员。著有《近代名人小传》《民国十年官僚腐败史》《当代名人小传》《清宫秘史》《段祺瑞》等。

宧举之为奉天二十镇统代[带]官。驻锦州。（沃丘仲子：《石星川》，《当代名人小传》卷下，《近代中国史料丛刊》三编第8辑，第102页）

李熙谓：(石星川)后经蓝天蔚引荐任奉天第二十镇统制陈宧部步兵第七十八标统带，驻锦州。（李熙：《石星川》，湖北省地方志编纂委员会：《湖北省志·人物志稿》第一至四卷，光明日报出版社1989年版，第110页）

辜天保谓：蓝、石向同事于关东，石为第二十师标统，蓝为混成协统，交谊甚深。（辜天保：《湘鄂祸乱记》，中国社会科学院近代史研究所近代史资料编辑组：《近代史资料》总83号，中国社会科学出版社1993年版，第202—203页）

是年 蓝天蔚与日人津久居①有往从。

宁武忆：甲午战争后，东三省成为帝俄和日本两大侵略势力角逐之场。日本因被帝俄联合法、德两国强迫归还辽东半岛而始终不肯甘心，一直在进行阴谋活动，想实现它的所谓"大陆"政策。因此，日寇秘密派遣现役军人潜入东三省及内蒙等地勾结和制造土匪，并挑拨汉、蒙族之间的关系，王小辫子就是负有勾结和制造土匪任务的一个现役军人。在甲午战争前，他是在旅顺口和山东威海卫一带刺探我国海军情报的大间谍，战后他又混入东北匪帮之内，极尽拉拢勾结利用之能事。他的助手林大辫子(日人津久居的化名)，和同盟会的蓝天蔚在日本士官学校同学，辛亥革命前二年，老残②曾在蓝天蔚家里见过面。那时他着日本大佐的军服，自称是关东厅守备队驻瓦房店的一个联队长。（《清末东三省绿林各帮之产生、分化及其结局》，《辛亥武昌首义史编》上，第138页）

---

① 津久居，即津久居平吉，化名林宾宜，绰号"林大辫子"。日本步兵大尉。日俄战争前后，日参谋本部密令驻华公使馆中的日本文武官吏编成"特别任务班"，挺进俄国后方。其中第一期特别任务班第二班津久居班。人员有步兵大尉津久居平吉、田实优、松冈虎熊、蜷崎一良、大重仁之助、井上佐太郎6名，津久居平吉为班长。该班于1904年7月31日结束。"特别任务班"深入辽西各地。与乡团与胡子首领进行联络，收编队伍，发给薪饷，以配合日军行动。其中冯麟阁的队伍在津久居、桥口的策动下曾改编成"东亚义勇军"。

② 老残，宁武自谓。曾著《老残回忆录》。宁武(1884—1975)，原名良弼，字孟言，辽宁海城人。毕业于盛京医科大学。历任葫芦岛港务处处长、中国国民党党史编纂委员会委员、唐山公安局局长、政务院监察委员会委员、辽宁省副省长、辽宁省政协副主席、民革辽宁省主任委员、全国政协委员。

1910 年(宣统二年　庚戌) 34 岁

1 月　请愿国会代表团向都察院呈递请愿书,要求即开国会。清政府拒绝。第一次请愿失败。

光复会员熊成基在哈尔滨被捕入狱,2 月 27 日遇害。

2 月　广州新军起义失败。

4 月　汪精卫等人刺杀载沣未遂被捕。

清廷裁撤奉天巡抚,命东三省总督锡良兼管其事。

6 月　第二次国会请愿运动失败。

9 月　陆军第二十镇下级军官冯玉祥、王金铭等在奉天新民组织"新民武学研究会"。

资政院正式开院。

10 月　东三省总督锡良领衔上奏,资政院一致议决将第三次请愿书上奏朝廷。

11 月　清廷决定原订于宣统八年立宪期限,缩改于宣统五年。

同盟会员邝佐治在美国旧金山谋刺考察宪政的清海军大臣载洵,未果,被捕入狱。

12 月　直隶、奉天学界联合谘议局、商会、县董会,在天津召开三千多人的请愿大会,要求再次缩短期限,提前召开国会。23 日,清政府密令弹压,查拿严办。24 日,清政府下令将东三省在京请愿代表押送回籍。

春　蓝天蔚赴日本陆军大学学习。日政府命东条英教[1]及伊布大佐为其讲授。《蓝上将荣哀录》载:"锡久耳君名,厚赠之,乃东渡。日政府嘉其志,命东条中将、伊布大佐为之讲授。盖国外人例不许入陆军大学也。东条固娴于军事,晚岁以

_____

① 东条英教(1855—1913),日本岩手县人。曾参加西南战争。毕业于日本陆军大学,后赴德国留学。回国后在参谋本部任职。曾任陆军大学教官。中日甲午战争时任大本营参谋。1896 年任《日清战史》编辑部部长。1901 年升少将,后升中将。日俄战争中任第八旅旅长。后历任留守近卫第一旅旅长、朝鲜京城守备旅旅长等职。著有《战术蒐之尘》。

著书称于时。君与之游,颇得闻兵机之秘奥,所造诣渊乎莫测矣。"(《蓝上将荣哀录·事略》)

《蓝天蔚事略》:(蓝天蔚)之日本陆军大学①,日政府嘉君志,命东条中将、伊布大佐为君讲授。(《蓝天蔚事略》)

邓霖谓:"(姑父蓝天蔚)入日本陆军大学深造。日军界派东条英机之父老东条中将为之辅导。"(邓霖:《忆卓刀泉》,《黄叶楼诗抄》,1982年,南京邓思民藏,未刊)

罗正纬:是年春,经吴禄贞推荐,锡良令蓝天蔚赴日本考察军事,抵日后,蓝考入日本陆军大学,受东条、伊布之讲授,学日进。(《滦州革命先烈史略》,《中国近代史资料丛刊》六,第364页)

6月23日(五月十七日) 日本外务省批准蓝天蔚到日本下关炮队第四联队参观访问的请求,同日,外务大臣小村寿太郎两次致电陆军大臣寺内正毅,希予以答覆。小村寿太郎之电谓:"驻清国临时代理公使接到清国照会,其内容如下:清国陆军一等谘议官兼湖北督练公所参议蓝天蔚希望到下关炮队第四联队参观访问,恳请批准。我处希望陆军大臣在考虑的基础上予以答覆。"(米彦军译自 http://www.jacar.go.jp/chinese/index.html"亚洲历史资料中心")

同日,日本外务大臣小村寿太郎又致陆军大臣寺内正毅一电:"前日,我等就大清国陆军一等谘议官蓝天蔚拟访问日本下关重炮部队第四联队之事接到陆军省照会,现作以下回复:蓝天蔚现任清国陆军一等谘议官兼湖北督练公所参议,拟在今日参观访问我日本下关重炮部队第四联队。不仅陆军省向我处提出申请,清国代理公使也发来照会,谈及此事。因此,外务省予以批准。"(送达序号第142号,日本陆军省第1224号,米彦军译自 http://www.jacar.go.jp/chinese/index.html"亚洲历史资料中心")

7月8日(六月二日) 日本下关重炮兵联队拒绝接待蓝天蔚。

日本陆军大臣向日本外务大臣知会:"清国陆军一等谘议官蓝天蔚向我处提出申请,希望在合适的时候参观访问我日本陆军下关重炮兵联队。现将此事(142号

---

① 日本陆军大学,为第二次世界大战结束前,日本陆军培养高级军官和参谋官员的最高军事学府。1883年在日本东京成立,受日军参谋本部领导管辖。学制3年,学员为陆军士官学校肄业后在其陆军部队中服役多年的中尉、大尉军官。该校教学内容以高级合同战术为主。日本陆军高级将领多肄业于这所大学。1945年8月15日日本帝国主义宣布无条件投降后,被驻日盟军总部明令撤销。(杨玉文、杨玉生、王明主编:《第二次世界大战大词典》,华夏出版社2003年版,第85页)陆大教育的主旨为研究高级用兵(指挥旅团以上部队的战术和狭义的战略)所必要的学术原理(军事学),训练学员的实际应用能力。教育重点在战术、战史与参谋要务。其中战术为中心课程,其次为战史,第三为参谋要务。另外,与军事制度相关的法学、数学、物理、化学等自然科学以及军人所必须具备的一般学识也在被列为履修课程。(高野邦夫:《近代日本军队教育史料集成》第7卷,东京柏书房2004年版,第210页)

文件）知会外务省大臣。希望您能早日就是否同意蓝天蔚访问之事作出答覆,使之早日成行为盼。"（日本外务省第 1224 号,日本陆军省第 2994 号 7 月 9 日,米彦军译自 http://www.jacar.go.jp/chinese/index.html"亚洲历史资料中心"）

同日,陆军大臣子爵寺内正毅复电外务大臣小村寿太郎:"您来电中提到清国陆军一等谘议官兼湖北督练公所参议蓝天蔚希望到下关炮队第四联队参观访问。很遗憾下关炮队不能接待清国的蓝将军,请代为转告。"（米彦军译自 http://www.jacar.go.jp/chinese/index.html"亚洲历史资料中心"）

7 月 26 日（六月二十日）　经陈夔龙、锡良荐举,蓝天蔚调充奉天第二混成协[①]统领。

《直隶总督陈夔龙奏请以蓝天蔚充北洋调扎东省混成协统领官片》:北洋调扎东省混成协经前直隶督臣袁世凯委副将王汝贤充该协统领官,于光绪三十三年分别奏谘在案。现查该副将于东省人地似不相宜,拟即调回北洋另候差委。所遗之缺,臣等往覆电商,查有陆军部一等谘议官、留学日本士官肄业生蓝天蔚晓畅戎机,干练有为,堪以接充。除饬遵并咨部查照外,谨会同东三省督臣锡良附片陈明,伏乞圣鉴。谨奏。

宣统二年六月二十日奉朱批:知道了。钦此。（《直隶总督陈夔龙奏请以蓝天蔚充北洋调扎东省混成协统领官片》,《政府官报》第 995 号,宣统二年五月二十六日,第 11 页）

《蓝天蔚事略》谓:庚戌（1910 年）,锡良召君任奉天第二混成协统领。（《蓝天蔚事略》）

△　有谓蓝天蔚任协统之职乃因清廷重用士官生之故。

孟拱辰、李泰棻谓:不到一年,赵尔巽继锡良任东三省总督,又以张绍曾代陈宧为统制。第二混成协的协统,也因王汝贤他调而换了蓝天蔚。张绍曾和蓝天蔚都出身于日本士官学校第一期[②]学生,而第一期出身的学生吴禄贞,也正在吉林一带,任延吉边防督办。这时他们之间的联系是方便的。张、蓝之得任统制和协统,并非得自锡良和赵尔巽,而是得自清廷。宣统时,载涛任军谘府大臣,荫昌任陆军部大臣,他们都考察或留学过德国,深察德国陆军;而日本就是吸取德国的军事知识练成陆军的,所以他俩都重用士官生。而第一期士官学校卒业的满人良弼,又代他们说话,连吴禄贞当第六镇统制,也是和良弼有关系。（孟拱辰、李泰棻:《东北新军对辛亥革命的影响〈节录〉》,中国人民政治协商会议吉林省委员会文史资料研究委员会:《吉林

---

①　按:协,为清末新军军制,每镇辖步兵两协。协相当于旅。一协辖两标。其长官称统领,亦称协统。一协官兵,夫役约三千八百余人。另有混成协,除步兵外,还设马、炮、工、辎营。

②　按:张绍曾为日本陆军士官学校第一期,蓝天蔚为第二期。

文史资料选辑》第 4 辑，吉林人民出版社 1983 年版，第 157 页）

　　△　有谓蓝天蔚夤缘肃王善者而获充奉天混成协统职。

　　上海《时报》载：蓝秀豪在前清为革党著名之健将，当留学日本陆军时代，组织学生军，并投入日本自愿军义勇队以拒俄国。是大为清政府所忌，多年不能得一军界重要位置。迨后竭力夤缘肃王善者，乃获充奉天混成协统。（《国体改变问题之最近要闻——筹安声中之鄂闻》，上海《时报》1915 年 9 月 28 日，第四版）

　　△　蓝天蔚任协统后，治军以学术与操术并重。

　　《蓝上将荣哀录》谓：除旧布新，士气一振。（《蓝上将荣哀录·事略》）

　　阎鸿飞等谓：其归国也，教导则循循善诱，才多所养成；训练则在在从严，士卒遍皆诚服。始则治军桑梓，增翠屏赤壁之辉；继则振旅沈辽，壮黑水白山之色。（阎鸿飞等：《京官呈文》，《蓝上将荣哀录》）

　　胡鄂公谓：滦州士兵之倾向革命，始于陈宦任二十镇统制、蓝天蔚任协统之时。陈宦起家于湖北自强学堂，蓝则由湖北武备留学日本士官肄业者。当陈、蓝在二十镇①时，设讲武堂，设随营学堂，由官长自为教授，使下级官佐士兵学术与操术并重。（《辛亥革命北方实录》，第 124 页）

　　罗正纬谓：既而奉天成立第二十镇，刘一清、邵保、程守箴、石星川、夏占奎等皆任军官，同时天蔚任独立第二协协统，华飞任陆军小学总办，革命人才得所藉手军事训练，灌输革命为宗旨。（《辛亥滦州革命纪实初稿》，湘潭罗正纬：《罗正纬著作汇编》，2012 年 7 月，第 136 页）

　　△　蓝天蔚更换将官，改造部队。然其手下多袁世凯旧部，虽置换管带等数人，不能动摇全体。

　　宣统三年九月十八日赵尔巽致那桐密电，电谓："所幸此协两标统、管带等，多项城旧部，皆尚可靠。伊（蓝天蔚）所换管带二、小官长五六皆鄂人，然不能动摇全体。"（《东三省总督赵尔巽致大学士那桐电》，宣统三年九月十八日，《东三省辛亥革命史料》，《清代档案史料丛编》第 8 辑，第 9—10 页；《东三省总督赵尔巽致内阁协理大臣那桐电报：宜召令蓝天蔚来京相机解除兵权》，中国第一历史档案馆：《清宫辛亥革命档案汇编》第六十八册，海峡两岸出版交流中心、九州出版社 2011 年版，第 66—69 页）

　　曾与蓝天蔚为士官同学的蒋百里也和蓝同在东三省练军。陶菊隐在《蒋百里先生传》中述道：（蒋百里）对于在东三省练军一事注重学力与现代经验，对漫无纪

---

　　①　按：陆军第二十镇，1909 年成立，由陆军第五、六镇抽调之陆军第一混成协，与奉天陆军第一、二两标合编而成，兵力 12 000 人，统制先陈宦，后张绍曾。陆军第二混成协，1907 年成立，抽调陆军二、四两镇部分官兵合编而成，驻奉天旺官屯，官 303 员，兵 3 059 人，协统先王汝贤，后蓝天蔚。（张寄谦编：《素馨集》，北京大学出版社 1993 年版，第 304 页）

律的旧军和招抚改变的绿林队伍，皆不在其眼下。招抚队伍中有两个巡防营统领就是张作霖和冯麟阁，彼此争功火拼，百里看起来，此等一丘之貉，都应在淘汰之列的，而张冯虽不睦，却同视百里如眼中钉。百里所与游的是蓝天蔚、吴禄贞一流人物。这些人都是他的士官同学，都做到东省新军的统制地位（师长）了。由此一看，东省军事实在是乱如棼丝之局，新旧门户之见很深，而旧军争功对立，亦无团结一致的可能。大抵新将领同情革命的较多，旧军则无不以升官发财为目的，甘为一姓的臣仆而不辞。清朝兼收并蓄，却未尝不具有任其互相牵觊的作用。（《蒋百里先生传》，沈云龙主编：《近代中国史料丛刊》第 73 辑第 727 册，第 35 页）

吴绍奎回忆：（蓝天蔚）抵奉，委为陆军第二混成协协统，驻北大营。接统后，虽力事整理，但终以该协人员多系任职久远，不易更动，惟更委营长二员，下级干部教育而已。营长一为陈理清，委为第四标第二营管带；一为关秉忠，委为第四标第三营管带。下级干部为黄续坛、吴绍奎、雷以忠、钟鼎①等数人而已。且新任职者，除黄续坛、吴绍奎等外，多系作官者流，不知革命为何物。且有李际春②、聂汝清③辈从中阻挠。此蓝在军百无聊赖中而有"明星惟有两三点"之叹也。

吴绍奎回忆蓝在军中吟咏"明星惟有两三点"，出于蓝诗《夜归北大营》。蓝存世遗墨极少。有"《夜归北大营》④四条屏"曾由云南收藏家倪国强先生悉心收藏，现藏蓝氏后裔处。

赠 树 臣 先 生⑤

无边积雪溶辽水，此夜轻骑返大营。

---

① 钟鼎（？—1952），字分洲，湖北新洲人。毕业于东三省讲武学堂。曾任关外都督府一等参谋、江苏都督府属官。后赴日本陆军浩然学校学习，继往日本神田政法学校政治经济科学习，回国后任湖北靖国军第一军军长蓝天蔚部少将参军、鄂豫靖国联军少将参谋兼豫军总司令部参谋长、开阳矿务局总经理、汉阳电话局局长等职。

② 李际春（1877—？），字鹤翔、和祥，回族，直隶丰润人，毕业于开平武备学堂骑兵科。历任开平镇守使王怀庆部协统、淮军纵队司令、袁世凯总统府侍卫武官。北洋政府授陆军中将，将军府威威将军。后任张宗昌第九军军长、日本天津特务机关便衣队总司令、华北民众自治联军军政府政务厅厅长、沈阳银行总裁等职。在天津以汉奸罪处决。

③ 聂汝清，清末聂士成之侄。历任袁世凯新建陆军步兵第二营左队领官、奉天陆军第二混成协第三标标统、陆军第二混成协协统（蓝天蔚被逐后取代之），1915 年北洋政府授陆军少将。后曾任泰宁镇总兵。

④ 《夜归北大营》，亦见附录一"蓝天蔚著述"。此诗为蓝天蔚时常书写之作，亦为时人所记忆。郑逸梅曰："蓝天蔚为辛亥革命元勋之一。能诗，绝少作，偶忆其两句：'天地昏昏人尽睡，风尘仆仆我孤行。'"（郑逸梅：《艺林散叶续编》，中华书局 2005 年版，第 181 页）

蓝数易其稿。《民权素》刊载其尾联为"把剑入门情更远，举杯招饮未休兵。"譬如按《中央日报》灼灼所记，首联不同；按解利民记忆，尾联又有更动。其谓：整军经武忆辽东，长剑倒提气若虹（公《归大营》诗有"下马入门情更远，倒提长剑气纵横"之句），犹记当年谈国事，欲追武穆效精忠。（《蓝上将荣哀录·事略》）

⑤ 树臣先生，张树臣，云南腾冲人。蓝天蔚另有一副对联赠张树臣。联曰：放眼不嫌天地阔；此生端为国家来。上款为树臣先生雅正。下款为：蓝天蔚。印。该联为云南某收藏家收藏。

天地昏昏人尽睡，风尘仆仆我孤行。

明星尚有两三点，野犬频来断续声。

下马入门情更远，手提长剑待鸡鸣。

蓝天蔚印

灼灼谓：革命先烈蓝天蔚，早年随中山先生从事排满运动，不遗余力，与汪精卫、田桐等俱相友善。洎后于东北助吴绶卿（禄贞）先生主关外军事，故世人多以武人目之，而不知其饱饫国学，雅擅诗古文词。在沈阳日，虽列参行间，不废吟咏。予曾于友人鲁君处，见所录蓝诗数章，极慷慨多姿，读其诗，可以想见其为人。犹忆其《夜归北大营》一首云："无边积雪溶辽海，午夜轻骑返大营。天地昏昏人尽睡，风尘仆仆我孤行。明星约有两三点，野犬频来四五声。把剑入门情更远，举杯招饮未休兵。"

明星野犬一联，言之有物，盖目击时事，故寄慨遥深也。今北大营已非复我有，灵而有知，其感慨当益为何如乎？（灼灼：《革命先烈蓝天蔚》，《中央日报》1936 年 11 月 12 日，第三张第一版）

关于蓝天蔚之用人，冯玉祥在一九三二年十二月十四日日记中谈道："我昨天同裴鸣宇先生谈话，谈到蓝天蔚先生。李忻亦在场，谈到蓝之革命精神及革命认识，无一不可佩服。其最大缺点，便是将旧人不用，换了一班是他自己带的革命的人物。设若他将营长不好的换了，而在好的营副或连长及其他相同的找些放了，而用自己带来之人，在闲散地位帮忙，则一定不会被人逐去了。此点关系太大。李忻亦说，一点不错，于是，我亦想到二十镇陈二庵先生之用刘一清、邵保、石星川、程守箴等等之事，及用我同振堂、子箴、燮卿之事的关系。陈之去后思，张敬舆之去后思，皆在于提起旧人之好的，而换去旧人之不好的，不是另加一班新人也。此事是关系极重大的事，不可不记下也。"（中国第二历史档案馆编：《冯玉祥日记》第三册，江苏古籍出版社 1992 年版，第 740 页）

△ 蓝天蔚性情忠毅，赏罚严明，爱兵如子，得士卒信任。

吴绍奎回忆：该协士兵击伤日本警察一节，亦有足记者。宣统二年（1910 年）春，该协中士某入城采买，日本警察无理干涉其行动，该中士以一人打伤十余人，本人竟能安全回阵。时日领出而交涉，蓝复此种士兵小冲突，谈不到交涉，否则，就约定地点，我们来干一下子亦可。而日本竟亦无可如何。蓝并将该中士立即升为司务长。由是而全军士心一振，对蓝亦愈有相当信仰。宣统三年，各省兵备督练三处取消，各省委一军事参议。奉天乃为蒋百里先生，亦为蓝同学。（《逊清湖北陆军第八镇革命回想录》，《辛亥革命史料选辑》上，第 372—377 页）

据《蓝上将荣哀录》中蓝之部下王东斗[①]挽联后所附跋：余以光绪三十年负笈瀛东，因资斧不继，辍业从戎，宣统元年得滥竽奉天第二混成协随营学堂教员，值公为东督留统是协。予以末秩一见，得欢谈如故旧。念予未竟所学，劝回东肄业，且赠以行，后月寄膏火之资，俾卒业受知医专学校。公之爱我可谓至矣。犹记公致予函云，自兄去后，协中变端百出，弟惟以不要命不要钱之精神，匹马单刀向前做去，群小丑何足惧哉！可谓豪人豪语矣，谨志之以哀悼焉。(《蓝上将荣哀录·事略》)

蓝毓荃谓：上个世纪 50 年代和 60 年代，天蔚将军的胞弟蓝文蔚老人与我多有接触……据文蔚老人说：天蔚将军一生严于律己，对部属，尤其是对亲属也决不徇私情。天蔚将军十分崇敬南宋爱国名将岳飞，他常对部属说："文官不敛财，武将不贪生，国家方可中兴。"他不仅平时这样教育部属，而且身体力行，用实际行动实践自己的名言。天蔚将军在生活上极为俭朴，从不贪恋酒色。他常对亲友说："率兵者，其言行举止当是军中之楷模。"在他担任奉天新军协统时，已是高级军官了。每天军中的日常操练，本有各基层长官负责，但他每天必亲临训练现场，从不缺席，也很少迟到。有时亲自担任教习官，讲要领、作示范，训练课严格要求，一丝不苟。所以，他所率领的奉天新军纪律严明，军事素质高，为东北军旅之榜样。……据文蔚老人说：当年族中有一读书青年名叫蓝炳和，系天蔚将军之堂弟，不远数千里，由黄陂老家风尘仆仆去到奉天，投奔天蔚将军，想求一个官职，结果他在督军衙门小住数日，目睹将军每日宵衣旰食，早起晚睡，整天忙于军务不得空闲。其堂弟终碍难开口提及求职之事，小住数日后，只得背起行装，打道回了黄陂老家。(蓝毓荃：《辛亥革命将领蓝天蔚琐忆》，湖北省武汉市江岸区政协文史学习委员会：《江岸文史资料》2001 年第 3 辑，第 33—34 页)

△　蓝天蔚与吴禄贞、陈宦并称关外"湖北三杰"，掌近畿六镇部分重兵。

苏力谓：1910 年，蒋作宾在清廷任军衡司司长(该司是掌管全国陆军人事勤务及部队编配权的重要单位)。他利用这一职权有效地削弱了袁世凯的实力，提升和新派去一批富有革命思想的军人，如吴禄贞、张绍曾、蓝天蔚、何成浚、范熙绩[②]、石星川、张华飞等。当时近畿六镇部分重兵已掌握在革命党人手中。(苏力：《辛亥革命元老蒋作宾墓重建记》，重庆市南岸区政协文史资料委员会：《重庆南岸文史资料》1991 年第 7

---

①　王东斗，字阶平，山东菏泽人。毕业于日本医专学校。曾充奉天第二混成协随营学堂教员。

②　范熙绩(1888—1942)，字绍陔，湖北黄陂人。毕业于日本陆军士官学校第五期骑兵科。同盟会员。历任将军府参军、大总统府谘议官、广东大元帅府参谋处高级参谋等职。早年留学日本时与蓝天蔚有同窗之谊，此次随欢迎团同至北京。1913 年北洋政府授陆军中将。

辑,第159页)

蒋硕健谓:第三步是将国内外培养的新军人替代袁派旧人。而先父则乘机设法将同盟会会员与富有革命思想的新军人安插要津。1910年12月发表吴禄贞为第六镇统制(镇相当于师),1911年2月发表张绍曾为第二十镇统制,其他还有蓝天蔚、何成浚、范熙绩、石星川、张华飞等。按当时进展情况,若再过两三年京城周围的军队里或可布满有革命思想的新军人。那时一旦起事即可迅速占领京城,取得中央政权。历史进程也许不至于有袁世凯的窃国和十余年北洋军阀的祸国。先父曾将北方的进展情况转达同盟会总部,但未引起充分重视与协调。(蒋硕健:《先父蒋作宾在辛亥革命时期的活动》,北京市政协文史资料委员会:《北京文史资料》第66辑,北京出版社2002年版,第94页)

高拜石谓:陈二庵①受了锡良的提携与不次拔擢,服官关外,卓著能声,与吴禄贞、蓝天蔚并称为关外的"湖北三杰",吴、蓝曾留日士官,故秘密参加革命,陈则纯受锡的"特达之知",故与革命无缘。(高拜石:《古春风楼琐记》第七集,台北新生报社1979年版,第129页)

宁武分析是年东三省革命形势:三月间,奉、吉、黑三省相继成立省谘议局。奉天省地方上分成三派:首先是秘密的革命派,以张榕、徐镜心等同志为首,约有青年知识分子百余人,大部分在教育界和军政界。它的基本力量是联庄会和一部分地方保卫团,为首的是顾人宜弟兄和鲍化南弟兄。其次是维新派,以吴景濂②为首。再其次是士绅派,主要分子是袁金铠等。……当时经同盟会联合起来的力量有:"在辽东半岛的联庄会,有俄式步枪四千余支;在辽西绿林中有枪马近七百之数;在辽北有绿林以于春圃为首的近百人马。吴、蓝、张三部新军约有三万余众,武器装备都比较充足,同志们对革命都很乐观。"(宁武:《东北辛亥革命简述》,《辛亥革命回忆录》五,第536—559页)

△　驻北大营期间,蓝天蔚保护党人,结交士林、马侠,积极赞助"武学研究会",宣传革命,播撒火种。

贺觉非谓:宋教仁、吴昆、白逾桓等在东北活动和本地党人之谋改革者,莫不以蓝为护符。(《蓝天蔚》,《辛亥革命湖北人物传资料选编》,第20页)

秦诚至回忆:蓝天蔚是新军第二混成协的协统,驻在沈阳大北边门外的北

---

① 　陈二庵,即陈宧。

② 　吴景濂(1873—1944),字莲伯,号述唐,别署晦庐,辽宁兴城人。同盟会员。毕业于京师大学堂优级师范。历任奉天两级师范学堂监督、奉天教育会会长、奉天谘议局议长、奉天保安会副会长、南京临时参议院议员、参议院议长、国民党理事、国会众议院议员。

大营。当时我家住在北大营迤西约二里的瓦子窑村（现属沈阳市皇姑区）。大约是宣统二年十月吧，我在小学校上学，蓝协统来我们学校参观，第二天又请这一带小学教员吃饭，又和这些人拜把子。我很奇怪，协统和小学教员结拜，太不相称了，当时还不了解他是为了革命。（秦诚至：《辛亥革命与张榕》，中国人民政治协商会议全国委员会文史资料委员会：《辛亥革命回忆录》第五集，中华书局 1963 年版，第 597 页）

余心清忆：不久，他（冯玉祥）与知己朋友王金铭①、施从云②等组织"武学研究会"作为掩护，冯先生被推为会长，开始反清宣传和联络同志的活动，他们并带头剪掉辫子，表示革命的决心。下级青年军官和士兵倾向革命的日多，又得到统制吴禄贞（同盟会）、协统（旅长）蓝天蔚的暗中支持。为响应 1911 年武昌起义，他们就在滦州成立北方革命军政府，推王金铭为大都督，施从云为总司令，冯玉祥为参谋总长，宣布独立。（余心清：《相随冯玉祥先生见闻录》，中国人民政治协商会议山东省委员会文史资料研究委员会：《山东省文史资料选辑》第十四辑，山东人民出版社 1983 年版，第 31 页）

冯玉祥数次提及蓝天蔚宣传民族思想及革命主张："宣统二年（1910 年）冬，清廷派贝子贝勒等贵族子弟至东三省检阅二十镇军队，纨绔习气，穷极奢华，动作乖张，语无伦次，仅知苛求供应，不知军民之痛苦，勒索全镇每营管带各摊供应费银至四五百两之多，其挥霍甚至以雪茄烟为火炉燃料。彼辈毫不知检阅为何事，对于各阶官佐随意嬉笑怒骂，官佐苦无办法，卒由吴某再集众资七万元，为招丑妓五十名，伴游七日，始敷衍了事。各官佐经此刺激，悲愤填胸，而孙岳、蓝天蔚及刘一清等，乃乘机宣传民族思想及革命主张，官佐革命思想因而猛进。遂有王金铭、施从云、冯玉祥、张秉贤四人，首先剃去发辫，韩复榘等继之。在当时满清严重压制之下，此举亦足证明其革命之决心。"（《冯玉祥选集》编辑委员会：《冯玉祥选集》上卷，人民出版社 1985 年版，第 363 页）

冯玉祥谓：我们活动的范围逐渐扩大到各营各连：工兵营方面有高震龙、孙谏

---

①　王金铭（1880—1912），字子箴，山东武城人（一说诸城）。1898 年入清武卫军，后任北洋新军第二十镇第七十九标第一营管带。1910 年与冯玉祥等组织武学研究会。武昌起义后，与施从云、白雅雨等筹划响应，发动滦州起义，成立北方革命军政府，任大都督。在进军天津途中遇难。1923 年北洋政府追赠陆军上将。

②　施从云（1880—1912），字燮卿，安徽桐城人。毕业于保定将弁学堂。曾任北洋新军第二十镇第七十九标第二营管带。与冯玉祥等共同组织武学研究会。武昌起义后，在滦州与该镇第一营管带王金铭联合统制张绍曾呈请清廷速开国会，成立责任内阁。又与第六镇统制吴禄贞密谋武装起义，进兵丰台，事机泄密未成。复与王金铭发动滦州起义，成立北方革命军政府，被举为总司令，在进军天津途中，战败被执遇难。1923 年北洋政府追赠陆军上将。

声、戴锡九等;骑兵营方面有张之江、张树声、张宪廷等;他如李忻、龚柏龄、李鸣钟、鹿钟麟、葛盛臣、石敬亭、刘骥①、周文海、商震②、邓长耀等百余人,皆极同情。他们虽然没有加入我们的武学研究会,但我们已经把他们看成准同志之列。此外二十镇参谋长刘一清(原为吴禄贞参谋,来此后,于二十镇官佐影响很大),第三镇参谋官孙岳,第二混成协协统蓝天蔚等,也无形中早已和我们表示了积极赞助的意思,取得密切联络,时常供给我们宣传的资料。(冯玉祥:《冯玉祥回忆录》,东方出版社2011年版,第68页)

宁武谓:1907年同盟会辽东支部成立后,同盟会的活动是比较广泛的。有熊成基③、蒋大同等同志来到东三省,在青年学生中传播民主主义的革命思想。吴禄贞、彭家珍、蓝天蔚等同志在新军中播下了革命火种。(宁武:《东北辛亥革命简述》,《辛亥革命亲历记》,第643页)

宁武又谓:奉天省教育界执教的同盟会分子有山东人留日返国的徐镜心、陆军协统湖北人蓝天蔚、陆军统制河北人张绍曾、教育工作者陈干、文学家刘艺舟④、军人留学生彭家珍、范暑愚、留学生张继、何秀齐[斋]、左雨农⑤、宋涤尘⑥。各省陆军学校出身的有:黄丹忱、程起陆、商震、方刚、范德宣、安静山、汪北海、方怀远、钱拯⑦、李培基、崔振华(女)、张贯元、张壁、杨子厚、柳大年。

---

① 刘骥(1887—1964),字谷生、菊村。湖北钟祥人。毕业于北京陆军大学。历任湖北都督府参谋、陆军第十一师参谋长、国民党参谋长兼京兆尹、湖北省政务委员会委员、武汉国民政府军事委员会陆军处处长、第二集团军参谋长兼三十军军长、湖北省政府委员兼建设厅厅长、陆海空抚恤委员会委员长、军事参议院参议、湖北省第八区行政督察专员、襄阳县长等职。北洋政府授陆军中将。

② 商震(约1888—1978),字启予,又作起予、起宇、启宇,祖籍浙江绍兴,生于河北大城。毕业于东三省陆军讲武堂。历任关外军总司令及烟台民军司令、中华民国陆军部高级顾问、北方第一军军长兼国民政府军事委员会委员、河北省政府主席兼河北"剿匪"司令、山西省政府主席兼民政厅厅长、中原大战第五军团总指挥兼第二十二军军长、天津警备司令兼代天津市长、河北省主席、河南省主席兼豫北绥靖分区司令等职。北洋政府授陆军中将。

③ 熊成基(1887—1910),一名承基,字味根。江苏扬州人。毕业于安徽武备学堂练军班、南洋炮兵学堂。曾任南京新军陆军第九镇炮兵排长、安徽马营队官、安徽炮营队官。1908年,在安庆城外率部举义失败。1909年抵日,入同盟会。后抵哈尔滨,与孙元、商震等谋在蜂蜜山从事开垦,存粮购械,联络新旧党人和马胡子伺机起义。在哈尔滨被捕。1910年2月27日在吉林就义。

④ 刘艺舟(1875—1937),原名必成,艺名木铎。湖北鄂城人。毕业于早稻田大学理化专修科。1911组团到大连、威海一带演出。武昌起义,率队攻占登州,任山东军政府登黄都督、烟济登黄司令。袁世凯就任总统后,至上海,应夏月润兄弟及潘月樵之邀,在新舞台演戏。二次革命,失败后流亡日本,演剧接济流亡海外的革命党人。1915年因反对签订二十一条,被袁世凯逮捕,袁死后被释。

⑤ 左雨农,山东莱阳人,历任奉天混成协队官、奉天联合急进会秘书长、山东军政府宣抚使。1912年1月29日,曾率光复军光复文登、荣成。后曾任潍县县长。

⑥ 宋涤尘,别号民桥,山东人,毕业于山东师范学堂。历任奉天联合急进会副秘书长、关东都督府参谋官东南路司令总长、诸县知事等职。

⑦ 钱来苏(1884—1968),原名钱拯,字来苏、太微。原籍浙江余杭,生于吉林梨树县。留日加入同盟会。在奉天创办辅华中学、《吉林日报》。辛亥革命,参加辽阳立山屯起义。曾任东三省特别区行政长官公署参议、山西第二战区司令长官部少将参事、陕甘宁边区政府参议、中央文史馆馆员。有《孤愤草初喜集合稿》。

以上这些同志都在辛亥(1911 年)前到东三省进行革命宣传鼓动工作的。(宁武:《我的回忆录》,《爱国志士宁武》,政协辽宁省文史资料委员会:《辽宁文史资料选辑》第 41 辑,辽宁人民出版社 1994 年版,第 112 页)

△　蓝天蔚为同盟会北方起义计划联络之对象。熊成基遇难后,柏文蔚希望蓝天蔚响应吴禄贞在奉天同时发难,蓝天蔚考虑双方力量对比不利于起义,经协商改变了计划。

柏文蔚忆:此年熊成基准备在东北边远山区建立革命基础,发动起义,当时"所运动联络之对象为冯麟阁部、蓝天蔚部。"(柏文蔚:《五十年经历》,中国社会科学院近代史研究所、近代史资料编辑组:《近代史资料》总 40 号,中华书局 1979 年版,第 13 页)

先是,2 月 27 日,熊成基谋刺海军大臣载洵和萨镇冰[1],未成被杀。熊案始发后,同盟会还专门派遣一贯倡导在北方发动起义的宋教仁来东北调查情况。吴禄贞也专门派柏文蔚同宋教仁去奉天见蓝天蔚。据宁武回忆:"(柏文蔚)说明熊成基在长春被陈昭常处死的情形,表示吴决心在吉林发难,请蓝在奉同时发难",一举实现"计划"。蓝天蔚分析熊成基被捕牺牲后,清廷已经有所防备,认为"革命工作不应盲目从事,要慎重,要权衡敌我力量",形势不利于起义,他反对吴的军事冒险。并对宋解释说:"'革命固然要有勇气,不能只凭热情,而要考虑敌我双方力量之对比,不然会给革命造成损失。'经协商后变更了计划。[2]"(宁武:《东北辛亥革命简述》,中国人民政治协商会议全国委员会、文史资料研究委员会:《辛亥革命回忆录》五,文史资料出版社 1981 年版,第 542 页)

8 月(七月)　蓝天蔚与韩国钧[3]有往来。

《止叟年谱》载:宣统二年庚戌(1910 年),五十四岁,七月见孟森纯斋、蓝天蔚秀豪协统。(《止叟年谱》,上海复旦大学数据库所藏《谱牒》,第 12 页)

10 月 19 日(九月十七日)　蓝天蔚通过日本在奉天铁岭的演习地,托陪从官炮兵大尉通告,谓奉天驻屯清军亦自本月二十日计划进行联合演习,要求日本军队中止该地演习。

据《关于步兵第二十二旅团联合演习与清国当局交涉颠末之报告》:10 月 18 日—10 月 21 日,日本步兵第二十二旅团于奉天铁岭举行联合演习。蓝天蔚因要

---

[1]　萨镇冰(1859—1952),字鼎铭,福建侯官人。毕业于福州船政学堂、英国皇家海军学院。历任北洋舰队威远、康济舰管带、北洋海军帮统兼海圻舰管带、广东水师提督、总理南北洋海军统领、海军提督、筹办海军事务大臣、长江舰队统制、吴淞商船学校校长、淞沪水陆警察督办、北洋政府海军总长、代理国务总理、福建省省长等职。

[2]　按:吴禄贞请蓝天蔚在奉天同时发难而被拒的时间尚无从确定。

[3]　韩国钧(1857—1942),字紫石,亦字止石,晚号止叟。江苏海安人。曾中举。历任吉林省民政使、江苏省民政长、安徽巡按使、江苏巡按使、江苏省省长、督军等职。

务,出示名帖,通过演习地。

日方以为蓝天蔚"事事物物皆与帝国举措、行动相反对。此次亦全然无视自国官方,试图以自己单独之行为,妨害我军之演习"。1910 年 10 月 31 日关东都督府陆军参谋长星野金吾专就此事,向陆军次官石本新六提交《关于步兵第二十二旅团联合演习与清国当局交涉颠末之报告》:"明治四十三年十月十八日至二十一日,步兵第二十二旅团于奉天铁岭举行联合演习。事先,认为有与清国当局交涉之必要,该旅团长水岛少将,经帝国总领事小池张造介绍,与清国当局几经交涉,结果确认清国当局无异议,遂开始前述之联合演习。

演习第二日,奉天驻屯清国混成第二协统领蓝天蔚,因自己之要务,通过演习地。尽管都督及统监水岛少将俱在,(蓝)却只出一张名帖,托陪从官炮兵大尉通告其意,称:奉天驻屯清军亦自本月二十日,计划于奉天以北进行联合演习,以供检阅,要求日本军队中止该地演习。尽管炮兵大尉劝告其当与演习统监面谈,(蓝)仍仅托言于左右,径自通过。

于是,统监依都督之命,差遣第十一师团乡田参谋至奉天,复经小池总领事介绍,确认蓝天蔚之通告是否清国当局之意向;且申述今日情形,演习计划既定,演习地变困难;并表示,(蓝之通告)若果为清国当局之意向,今日如此通告,则不法之甚。经交涉,得答覆称:清国当局与蓝天蔚之通告毫无关系;确定已为日本军队演习,而将自国军队之检阅延期至二十五日。

(我)因如预定,顺利结束演习,日清两国军队及人民间无任何差池。演习终了后,于奉天招待清国所重之官民。宴会之时,除总督外,概皆出席,圆满结局。

吾等以为:蓝天蔚(原日本留学生)凤抱排日思想,事事物物皆与帝国举措、行动相反对。此次亦全然无视自国官方,试图以自己单独之行为,妨害我军之演习。"

(聂长顺译:〔日〕《关于步兵第二十二旅团联合演习与清国当局交涉颠末之报告》,1910 年 10 月 31 日,日本防卫省防卫研究所藏:《陆军省大日记·密大日记》,明治 43 年〈M43－3－7,编码 C03022997900〉10 月 31 日条)

12 月 14 日(十一月十三日)—12 月 19 日(十一月十八日) 陆军大臣那晋[①]校阅蓝天蔚之第二混成协。

那大臣校阅驻奉第二混成协日表:

校阅陆军大臣那侍郎在长校阅第三镇,竣事于十二日返奉,已志前报。兹悉该大臣自十三日起校阅驻奉第二混成协,至于校阅日表如左:

----

① 那晋,叶赫那拉氏,字锡侯,满洲镶黄旗。那桐之弟。历任内阁学士、陆军部侍郎兼学堂总办、1910 年奉天新民府总检阅大臣。

第一日点名、阅兵、走排（名册即在操场呈阅）。

第二日校阅协标营内务、军装、军械、车马、仓库等项，及官长目兵术科如（技术、劈刺、体操、马术、步兵、山炮兵、跑步等）并各兵科操战斗教练。

第三日校阅出师计划，考试军官佐学课。

第四日校阅各兵科战斗射击，及官兵测距离工兵工作。

第五日野外演习（混成协与对设假敌）。

第六日讲评、宴会。闻该侍郎当于次日起节赴新，校阅第四十协，事毕，即行回京。（《东三省新闻》，《盛京时报》宣统二年十一月十五日，第五版）

张绍程忆：宣统二年秋天，清廷在奉天省新民府举行检阅，总检阅大臣是陆军部侍郎兼学堂总办那晋。张绍曾任检阅大臣兼总参议，所有检阅、调动、指挥、评奖等事宜，均由张全权办理。受检阅的部队计有曹锟率领的第三镇、陈宧率领的第二十镇和蓝天蔚的第二混成协。（张绍程口述，胡君素整理：《清末陆军贵胄学堂》，全国政协文史资料委员会：《文史资料存稿选编》第十六辑，《军事机构》下册，中国文史出版社 2002 年版，第 214 页）

12 月 16 日（十一月十五日）　原湖北第八镇步队三十二标第一营管带米文友投效蓝天蔚。蓝天蔚委以管带职。

《申报》载：第八镇步队三十二标第一营管带米文友君，本北直人，学术优长，素为军界所推誉。近因前充该标统带之蓝君天蔚升任奉天混成协统，该军即有成镇之信。米君自以在鄂多年沉滞，毫无升阶，爰拟辞职前往投效，讵统制张提军不允。米君乃诡言亲病，请假二十日回籍省亲，方获批准。不料一去三月之久，尚未归鄂，虽曾一再转假，即属逾限不归。刻张提军以该管带视营务若弁髦，实属辜恩溺职，殊负委任。值此大操在即，责有攸归，岂能悬缺以待？特禀请鄂督札委该营督队官炳昌升充管带，以资熟手而便整饬。至米管带在假期内所领之一半薪饷，并饬勒限呈缴充公，以示薄罚。奉天蓝协统闻信后，以米君鄂差已经开去，亦暂委以管带之任，俟有标统缺出，再行保升。（《陆军更换带之原因〈武昌〉》，《申报》宣统二年十一月十五日，第十一版）

1911年(宣统三年　辛亥)　35岁

1月　东北鼠疫爆发经年。清政府下令在山海关一带设卡严防。

4月　锡良病免。赵尔巽接任东三省总督。

广州起义爆发。黄兴、朱执信率敢死队进攻两广总督署,总督张鸣岐逃走。事后收殓烈士遗骸合葬于黄花岗,史称"黄花岗七十二烈士"。

5月　清政府成立以庆亲王奕劻为总理大臣的责任内阁,史称"皇族内阁"。

邮传部大臣盛宣怀与英、法、德、美四国银行团签订《粤汉、川汉铁路借款合同》。

5—7月　湘、鄂、川、粤四省绅商学界和工农群众进行集会、游行、罢课、罢市。保路运动迅速兴起。

6月　四川谘议局、铁路公司股东会在成都发起组织保路同志会。7月14日,川汉铁路公司宜昌分公司四万多工人罢工。8月,四川铁路公司股东会和保路同志会为反对铁路国有,在成都发动罢市、罢课,全川响应,25日清政府命川督赵尔丰严行弹压保路运动。9月2日,又命端方率鄂军入川查办。

7月　宋教仁、谭人凤、陈其美等人在上海组织中国同盟会中部总会,作为策动长江流域各省起义的领导机关。

清政府调集禁卫军及近畿各镇于永平附近举行大操,派载涛总监两军。行辕设在开平通永镇守使署。

9月　赵尔丰制造"成都血案",次日,四川保路同志军包围成都。

10月　武昌起义爆发,湖北军政府成立,拥黎元洪为都督,民军占领汉口、汉阳,在汉口成立军政分府。

清政府派陆军大臣荫昌,率两镇北洋新军南下,进攻湖北革命军。复命海军提督萨镇冰率舰队西上长江,协同会剿。

清军第二十镇统制张绍曾、第二混成协协统蓝天蔚等发动滦州兵谏。清政府下罪己诏。

11月　清政府颁布《宪法信条》十九条。

北洋军攻陷汉口。黄兴统湘、鄂革命军分三路渡汉水反攻汉口,失利,退回汉阳。

湖南、陕西、江西、山西、云南、上海、贵州、浙江、江苏、广西、福建等地相继响应武昌起义，建立各省军政府。上海、江苏、浙江、福建等省代表在上海会议，承认武昌为中华民国中央军政府，以鄂督执行中央政务。

上海学界首起组织中华学生军，支援北伐。上海工、商、学、妇女各界及各省旅沪人士自发组织起二十五个军事团体，誓期北伐，光复幽燕。

清资政院正式选举袁世凯为内阁总理大臣。16 日，袁内阁正式组成。

汉口英领事斡旋南北议和，向南北双方提出议和三条件：停战、清帝退位、举袁世凯为大总统。

12 月　南北议和代表伍廷芳、唐绍仪在上海英租界市政厅首次开议，讨论停战问题。

十七省代表和华侨列席代表共四十五人在南京召开选举临时大总统会议，每省一票，孙中山以十六票的绝对多数正式当选中华民国临时大总统。

2 月 22 日(一月二十三日)　蓝天蔚所部第二混成协与曹锟第三镇、张绍曾第二十镇构成东三省主要军备力量。

《申报》谓：东三省从前军备本不过一种腐败不堪之旗兵，即应归淘汰之绿营。自日俄退兵以后，以三省地方辽阔，盗贼出没，又逼处两国之间，始由北洋临时派遣第三镇一镇及第二混成协一协前往镇慑，至今尚称得力。嗣光绪三十二年，政府决议饬令奉吉黑三省各练新军一镇以资分布，故光绪三十四年又由奉天编成一镇，作为第二十镇。吉林则自该抚陈昭常极力扩张，召募壮丁，改编旧制，于是始有第二十三镇之组织。去冬曾由与锡督联衔具奏已见上，故东三省现在军备确有三镇一协。即所有命任各官亦尚能各称厥职。今并分别识之：第三镇统制官曹锟，第五协统带官卢永祥，第六协统带官徐永金；第二混成协统带官蓝天蔚；第二十镇统制官张绍曾，第三十九协统带官周国祥，第四十协统带官潘矩楹[①]；第二十三镇统制官□□，第四十五协统带官高凤城，第四十六协统带官张春霆[②]，其第二十三镇统制未经派人者，以成镇需时，尚在简定中也。惟黑龙江省人民稀少，又一时经费浩

---

①　潘矩楹(1876—?)，字舟庭。山东济宁人。毕业于日本陆军士官学校。历任第二十镇标统、第二十镇三十九协协统、第二十镇统制、归化城副都统、绥远都统、川湘赣粤四省经略使署参谋长、直豫鲁巡阅使署参谋长、北京政府航空署长、张作霖高等顾问。北洋政府授陆军中将晋陆军上将衔。官至军府矩威将军。

②　《申报》载：张烈士，讳春霆，别字醉侯。湖北天门县人。(中略)乃改就吉抚陈昭常，聘任吉林新军协统，得与吴禄贞、蓝天蔚等结合，声应气求。(朱朱：《纪革命一先烈》,《申报》1929 年 12 月 6 日，第 12 版)

繁,即令该抚热心编练,成镇之期,恐亦在两年以后。(《东三省之兵力尽于是矣》,《申报》宣统三年一月二十三日,第四版)

4月7日(三月九日) 蓝天蔚被加陆军协都统衔。

《国风报》谓:初九日内阁奉上谕陆军部奏请陆军镇协历年派任通知统领各员恳恩分别给衔一折。陆军各镇统制官何宗莲[①]、马龙标[②]、曹锟、吴凤岭、张永成、张彪、徐绍桢、孙道仁[③]、张绍曾、吕本元、孟恩远[④]陆军副都统衔。陆军各协统领官李奎元、朱泮藻、王占元[⑤]、鲍贵卿[⑥]、卢永祥、徐万鑫、陈光远[⑦]、王遇甲、洪自成、贾宾卿、李纯[⑧]、周符麟、王得胜、邓承拔、孙铭、杜汇川、王麒、许崇智、黎元洪、田中玉[⑨]、

---

① 何宗莲(1864—1931),字春江,山东济南人,毕业于北洋武备学堂,投定武军。历任袁世凯创设新建陆军左翼步兵第二营领官、统带、北洋常备军左翼翼长、第一北洋教练处总办、第一协统领官兼宿卫营统领兼甘肃省河州镇总兵、陆军第一镇统制、察哈尔副都统、察哈尔都统兼陆军第一师师长、大总统府侍从武官。曾创办华兴造纸厂、丰年面粉厂。北洋政府授陆军中将晋陆军上将衔。1918年授弼威将军。

② 马龙标(? —1927),字锦门,山东济南人,历任山东护军使、陆军第五镇统制、陆军第五师师长、正红旗蒙古副都统、京师军警督察长。北洋政府授陆军中将晋陆军上将衔,1921年授恒威将军。

③ 孙道仁(1867—1932),字退庵,号静山,又作静珊,湖南澧州人。累官升至福建提督。武昌起义爆发,率福建新军于11月8日起义,被举为福建都督(1912年受袁世凯正式任命)。二次革命,发表福建省独立宣言,旋取消独立。1917年被任为黎元洪总统府高等顾问。北洋政府授陆军中将加上将衔。

④ 孟恩远(1856—1933),字曙村,又作树椿、树村,直隶天津人。历任新建陆军马队右队领官、保阳马队正中副营统领、北洋常备军第二镇(后来改为陆军第四镇)马二标统带、马队一协统领、吉林巡防营翼长及吉林督办剿防事宜、吉林陆军第二十三镇统制、陆军第二十三师师长、吉林护军使、吉林督军、吉林巡抚。北洋政府授陆军中将晋陆军上将衔。将军府惠威将军。

⑤ 王占元(1861—1934),原名德贤,字子春。山东馆陶人。毕业于北洋武备学堂第一期。历任新建陆军左翼步兵第七营管带、清北洋陆军第一镇第一协步兵第一标统带、陆军第二镇第三协第五标统带、北洋陆军第二镇步兵第三协统领、记名总兵、陆军协都统衔、陆军第二镇统制官、中央陆军第二师师长、保定警备司令官、第一军右司令、豫南"剿匪"总司令、第二师师长、两湖巡阅使兼湖北督军等。1920年,北洋政府授陆军上将。1921年晋授壮威上将军。

⑥ 鲍贵卿(1867—1934),字霆九,辽宁海城人。毕业于榆关随营武备学堂、天津北洋武备学堂。历任直隶第二师第四旅旅长、安徽芜湖大通司令、北京陆军讲武堂堂长、黑龙江省督军、黑龙江省长、吉林督军、陆军总长、东省铁路公司督办、中东铁路董事、北京政府审计院长。北洋政府授陆军中将晋陆军上将衔。

⑦ 陈光远(1873—1939),字秀峰,直隶天津人。毕业于天津武备学堂。历任武卫右军队官、北洋常备军军政司总务处总办、北洋第四镇第八协统领、第四镇统制(因兵变被罢免)、陆军中将兼总统府咨议官、热河巡防营统领兼赤峰镇守使、袁世凯军事模范团团副、新编陆军第十二师师长兼模范团督练、京津警备副司令、北京九门提督、江西督军。段祺瑞拟武力讨伐南方政府,与江苏督军李纯、湖北督军王占元共同阻止,被称为"长江三督"。北洋政府授陆军上将。

⑧ 李纯(1867—1920),字秀山,直隶天津人,毕业于天津武备学堂第二期。历任袁世凯创设的新建陆军的督队稽查先锋官、冯国璋手下提调、铁良京旗常备军、陆军第六镇第十一协统领、冯国璋第一军第六师师长、将军府昌武将军、江西都督、江苏督军等职。和王占元、陈光远合称"长江三督"。南开大学创办人之一。北洋政府授陆军上将。

⑨ 田中玉(1870—1935),字韫山,直隶临榆人。毕业于山海关随营武备学堂。历任北洋陆军第一镇炮队第一标统带、北洋教练处总办、东三省督练公所总参议、兖州镇总兵、代理山东民政长、曹州镇总兵、兖州镇守使、陆军第五师师长、北京政府陆军部次长、察哈尔特别区域都统、吉林督军、山东督军兼署省长等职。北洋政府授陆军上将。

杨晋、吴介璋、马增福、赵理泰、施承志、易盛富、伍祥桢①、潘矩楹、杨善德、萧星垣、姚鸿法②、高凤城、张春霆、毛继成、蓝天蔚、张行志、陈甲福陆军协都统衔。钦此。

（《谕旨》，《国风报》宣统三年三月二十一日，第五版；中国社会科学院近代史研究所中华民国史组编：《中华民国史资料丛稿·专题资料选辑》第 2 辑，中华书局 1978 年版，第 80 页）

4 月（三月）　革命党人会议讨论推举蓝天蔚为鄂军都督候选人。

许兆龙谓：单③等未负使命，曾联合大部分同学在几次会议上拟推举蓝氏为未来鄂军都督。（许兆龙：《蓝天蔚》，《辛亥革命回忆录》第七册，第 86 页）

万鸿喈回忆④：1911 年 4 月（辛亥三月间），蒋翊武托刘九穗来邀我到洪山宝通寺开会，据说此会是各标、营、队有代表性的重要分子会议。我和刘走到长春观门口遇着蒋翊武，蒋小声告我说："今日开会，是讨论推举黎元洪为临时都督的问题。"我当时回答："黎非同志，何以推他为都督？"刘笑对蒋说："早知万同志反对此事，开会时必有争辩，所以先为告知，我们可找一草地休息，详谈一下。"在休息时间，刘对我说："革命党人中间并非没有首领人才，蓝天蔚在第三十二标的时候，大家即有意推蓝为都督，但他远在奉天，一时不能南来。最适合都督之选的是吴禄贞，但他也在北方，我们已决定先派人去和他接洽，恐怕他也一时赶不到。"（万鸿喈：《辛亥革命酝酿时期的回忆》，全国政协文史和学习委员会：《亲历辛亥革命·见证者的讲述》中，第 504—505 页）

△　革命党人议论联合蓝天蔚、吴禄贞、陈宦、石星川起事。

韩锋谓：武昌起义时，近畿各镇皆集中于永平一带，准备秋操。因此，驻在滦

---

①　伍祥桢，字玉亭。云南华坪人。历任第二十镇三十九协统领官、陆军二十师三十九旅旅长、湖南省长岳镇守使。1914 年所部扩编为第四混成旅，任旅长，兼湘南镇守使。1915 年 7 月随陈宦入川，次年 1 月任川南镇守使。1916 年 6 月袁世凯称帝失败后，所部退至湖北宜昌，后溃散，遂去职。北洋政府授陆军中将。

②　姚鸿法（1882—1947），字兰荪，江苏丹徒人。毕业于武昌农务学堂、日本陆军士官学校第三期。后历任山西督练公所参谋处总办、山西新军混成协协统、山西督练公所总参议、山西督军署高等顾问等职。北洋政府授陆军中将。

③　单，即单道康。蓝天蔚原在湖北的新军第八镇第三十二标部下。

④　万鸿喈（1889—?），亦名迪麻，湖北黄冈人。文学社员，参加武昌首义，后转学警政。建国后，在湖北省文史馆工作。

按：万鸿喈的回忆经由张国淦叙述，略不同。

张国淦撰：宣统三年春三月，洪山宝通寺召开各标营队代表大会，蒋翊武嘱刘九穗约迪麻一同赴会，走至长春观门时，蒋翊武细语曰："今日之首脑会，为推举黎元洪为临时都督。"我（万迪麻）当答："黎非同志。"刘笑曰："早知老弟反对，开会时必有争辩，所以先为告知，可寻一空坪休息，详为解释。"在休息间，刘给迪麻云："革命党人，均系士兵或正副目，下级官不多，中级无人。前蓝天蔚任三十二标时，曾推渠为都督，现蓝远隔奉天，党人知识，不是不如黎元洪，但不够号召天下，诚恐清廷加以叛兵或土匪罪名，各省不明真相，响应困难。且黎平日待兵较厚，爱惜士兵文人，又属鄂籍将领，只要推翻满清，革命成功，似无不可。再湖北举义期间，决定派人往说吴禄贞，届时吴必设法领兵南下，与之合作，推举吴为都督，最为适当。将来推你为大东门司令，必多注意黎之行动。"（张国淦：《辛亥革命史料》，龙门联合书局 1958 年版，第 86—87 页）

州的第二十镇和驻在保阳的第六镇地位皆突形重要,同为敌我双方所注目。当时在京党人曾在李铁拐斜街国光新闻社密室开过好几次会议。大家认为绥卿(第六镇统制吴禄贞字)原属同盟会成员,和四川的彭席儒(家珍)非常交好,席儒这次从日本士官辍学回国,亦是秉承绥卿的意旨,投身这次革命运动的。因此绥卿方面,只需派席儒前去联络,便可以顺利进展。但敬舆方面,我们只能和他的协统蓝幼豪(天蔚)通通声气,派人前去直接游说似乎尚无把握。于是决定先联络绥卿,次疏通幼豪,由幼豪影响敬舆。(韩锋:《武昌起义后在京党人的活动》,全国政协文史和学习委员会:《亲历辛亥革命·见证者的讲述》下,第1353—1354页)

万耀煌回忆:记得在洪山会议时,有人提出过,我们研究保定是北京门户,京汉路枢纽,经常驻兵两镇,现第三镇已调滦州,秋操未返,只驻第六镇。统制吴禄贞先生,亦革命健儿,我曾听过他的演讲,闻已到保定,三位都是鄂人,士官同期同学,只要吴先生有意在保定独立,号召天下,以吴之声望,必群起而响应,况奉天有陈宦、蓝天蔚、石星川联合进兵,京畿不战可克,我决往说吴。(万耀煌:《万耀煌回忆录》一,中外杂志社:《中外杂志》第16卷第1期,1974年7月,第23页)

5月初(四月) 蓝天蔚与吴禄贞、张绍曾密约,乘清廷举行永平秋操之机,发动起义。

先是,宣统三年四月上谕:"谕军谘府:本年秋季,调集禁卫军及近畿各镇陆军,在永平府地面举行大操。着派冯国璋充东军总统官,舒清阿充西军总统官。即着禁卫军训练大臣及陆军部,按照钦颁训令,编成东西两军,限本年六月内通报军谘府,余均遵照方略训令分别妥协办理。"(《宣统政纪》,卷53;中国社会科学院近代史研究所中华民国史组编:《中华民国史资料丛稿·专题资料选辑》第2辑,第85页)

有谓:滦州秋操、新军首领会议,参加者为驻间岛镇统吴禄贞、驻奉天协统蓝天蔚。(《朱霁青》,《革命先烈先进传》,第968页)

罗正纬谓:操演方略,东军由秦皇岛沿海一带登岸西进,西军由通州方面东进。战时东先胜,最后胜利归之西军。战罢议和,作总阅兵式。查西军队将士多系满人,东军将士多系汉人,似此规定,显系压服汉族,夸耀满人。于是吴禄贞、张绍曾、蓝天蔚及诸革命同志秘密议决,乘此秋操,新军实弹射击,先将禁卫军扫清,再整军入京,密约武汉同时举兵,使清廷首尾难顾,一举灭之。时鄂督瑞澂迭接密告,谓革命党人将于秋节起事,新军应之,乃饬军严防。(罗正纬:《滦州革命纪实初稿》,中国史学会主编:《中国近代史资料丛刊·辛亥革命》六,上海人民出版社1957年版,第339页)

冯玉祥谓:清陆军章制,本来是每隔三年,举行一次秋操。辛亥(1911年)春,规定这年八月,陆军第二十镇、第六镇和第二混成协等赴永平府秋操。事先第二十镇革命分子即和第六镇吴禄贞、第二混成协蓝天蔚密商,暗谋于秋操时私带真子弹,相继起事。不料事机微露,清廷起了疑心。那时吴禄贞屡任新军高级将领,在东三省一带宣传革命,最露锋芒,因此清廷对吴的疑心更大,至时遂停止第六镇参加。第二十镇和第二混成协则仍按照原定计划举行。二十镇接到命令,即在全镇选拔参加部队,当以七十八、七十九标为主体,全镇各标都挑选官长目兵参加其中,合编成一混成协,开赴滦州。这次秋操的预备,规模很大,仪式隆重。单独从军事上说,是具有检阅自创办新兵以来成绩的用意。(冯玉祥:《滦州起义回忆》,方建文等主编:《百年名人自述——20世纪中国风云实录》1,线装书局 2000 年版,第 367 页)

张绍程[①]忆:清廷为了整军耀武,夸张皇族军队的威力借以震慑新军起见,预定在宣统三年(1911 年九月)间,举行大秋操于直隶永平府。特派军谘府大臣兼禁卫军训练大臣贝勒载涛为北洋陆军秋操大元帅。参加操演的军队,分为东西两军;派冯国璋为东军总统官,新军第一镇统制何宗莲、第四镇统制曹锟、第六镇统制吴禄贞、第二十镇统制张绍曾、第三[二]混成协统领蓝天蔚等部队归其指挥;派舒清阿为西军总统官,禁卫军第一协统领良弼、第二协统领王廷桢、第三协统领扎拉芬等部队归其指挥。在操演的前期,东军调驻在滦州、开平等地,西军调驻在丰润、玉田等地。操演的方式是东西两军各向永平前进会战,会战的结果预定是西军大胜、东军败绩。这显而易见的是对于东军示威,意思就是说"你们新军如果敢于叛变,我们禁卫军的威力便可以一举把你们歼灭"。张绍曾和吴禄贞、蓝天蔚早已见微知著,看透底里,事先已秘密计议好在会操的时候以假作真,乘禁卫军的不备解除它的武装,响应南方的革命,进军北京,推翻清朝政府。(《张绍曾事迹回忆》,《文史资料选辑》第 30 辑,第 206—207 页)

刘骥记述:清廷新军陆军定制,每三年秋操一次,辛亥(1911 年)春,规定八月秋操。本镇、第六镇和第二混成协都参加。地点在永平府。此时刘一清参谋长在永平府布置一切,张绍曾、吴禄贞、蓝天蔚等,密商暗谋,秋操部队都带真子弹相机起事,进攻北京。(刘骥:《滦州起义记》,《近代史资料文库》第 7 卷,第 566 页)

鹿钟麟谓:清室为挽救垂死的命运,决定在当年秋天,调动大军,举行永平秋操,企图用来向革命示威。这次秋操分为东西两军,西军为禁卫军,以满人为主;东军为新军,以汉人为主。内定东军败西军胜。清室特任命载涛为这次秋操的大元帅,西军由舒清阿任总统官,东军由冯国璋任总统官。被指定参加秋操的队伍,近

---

　①　张绍程,张绍曾之弟。清末陆军贵胄学堂第二期第二队学生,留法学习航空飞行。曾任北洋政府航空署署长。北洋政府授陆军少将加中将衔。

卫军为第一混成协、第二混成协及第三混成协;新军为第一镇、第四镇、第六镇、第二十镇及第二混成协。禁卫军限十月上旬集中开平待命,新军限十月上旬集中滦州待命。

参加这次秋操的新军中,第二十镇及第六镇、第二混成协倾向革命的官兵最多。而第二十镇统制张绍曾和第六镇统制吴禄贞、第二混成协协统蓝天蔚为日本陆军士官学校同学,三人志趣相投,过从密切,曾有"士官三杰"之称,且一贯都倾向革命,和革命党方面素有联系。

张绍曾接到参加秋操的命令后,便和吴禄贞、蓝天蔚秘密决定,利用参加秋操之便,暗中私带子弹,相机起义。(鹿钟麟:《滦州起义的前前后后》,北京市政协文史和学习委员会:《辛亥革命与北京》,北京出版社 2011 年版,第 50 页)

徐雄士谓:辛亥年(宣统三年)之秋,即将垮台的清王朝,临死前还企图向帝国主义出卖铁路修筑权,从而激起了全国有识之士的反对。清政府了显示其"威风",下令举行"永平秋操演习",也就是一次大规模的军事检阅。吴禄贞本来同他的亲信将领蓝天蔚、张绍曾志同道合,于是他秘密策划,趁秋操演习之机,发动新军起义。

经过较为缜密的部署,分成东、西两军,约定两军会战于滦河地区,合攻京师。

东军军长张绍曾,预备队队长蓝天蔚。秋操部队由山海关出发。

西军军长吴禄贞,预备队队长肖翼如。秋操部队由保定出发。

我们保定军校的入伍生,都编为西军预备队,因为西军预备队队长肖翼如是我们保定入伍生的队长。我们也只知是一次大操练。

西军出发前,吴禄贞对我们预备队进行了一次检阅。校场上礼炮隆隆,旗牌林立,匾伞簇拥。真是威风凛凛。(徐雄士:《七十年前永平秋操杂记》,中国人民政治协商会议江西省委员会文史资料研究委员会:《江西文史资料选辑》1981 年第 6 辑,第 43—44 页)

宁武回忆:辛亥年(1911 年)武昌起义前在东北活动的革命党人,在这里简单介绍一下。吴禄贞、张绍曾、蓝天蔚都是新军的军官。1911 年,清廷北洋新军营务处召集新军在永平演习秋操。同志们集会,由吴禄贞倡议拟乘机发动革命起义,以吴部第六镇和张绍曾的二十镇为主力,推吴为总司令,张为副司令;蓝天蔚在奉天为后援总司令,负责控制杂色军队;宋教仁在关内天津一带负责联络工作。吴率全镇入关到滦州张绍曾统制处。张迷信占卜,说占卜的结果,认为起义不利;又说新军中有冯国璋、曹锟、王占元三镇兵还有近 5 万的旧式军队,敌我相较,敌强我弱,不宜莽撞从事。总之,张绍曾反对吴禄贞和众同志的决议。因此,在滦州发动革命之议作罢。同时,清廷也已停止秋操。经过此次考验,证明吴禄贞有革命勇气,也有才能,但骄矜自恃,常以中国华盛顿自居,主观性强,不易接受同志们的意见。张绍曾原是公子哥儿出身,主观上要革命,惟斗争性太弱。蓝天蔚原本寒家出身,是位忠厚之士,但处事缺乏果断,因而常走些弯路。张、蓝二人尚推崇吴禄贞。这些就是当时辽东同盟会支部一般同志对三人的看法。(宁武:《东北辛亥革命简述》,《辛亥革命亲历记》,第648—649页)

5月1日(四月三日)　蓝天蔚就赏陆军协都统衔谢恩。

蓝天蔚奏折谓,因奉上谕:"陆军统领官蓝天蔚,兹赏给陆军协都统衔。等因。钦此。"表示当教兵以忠爱,御敌不惜寸躯,益加奋勉,以冀仰答高厚鸿慈。(《奏蓝天蔚赏陆军协都统衔谢恩由》①,宣统三年四月初三日,编号:3—153—7485—196,档案号001773—001774,中国第一历史档案馆藏)

5月11日(四月十三日)　蓝天蔚等防范鼠疫有功,锡良为其请旨嘉奖。

《新民府知府管凤龢等八员请奖片》:再,现署奉天劝业道、新民府知府管凤龢,经臣檄充防疫总局提调,自上年十二月设局以来,昕夕擘画,不遗余力。当疫势炽甚之际,事机迫切,间不容发,该员悉心赞助,均协机宜,实属异常出力。又奉天巡防队统领、奏调云南补用道李镜清,督兵在山海关一带设卡严防,截留关外苦工,疫气不致延蔓。锦新营口道周长龄,办理水陆防疫事宜,悉中恳要,商埠重地,赖以保全。陆军副都统衔、第三镇统制官曹锟,陆军协都统衔、第二混成协统领官蓝天蔚,陆军协都统衔、第三十九协统官伍祥桢,陆军协都统衔、第四十协统领官潘矩楹,淮军统领、提督衔记名总兵王怀庆②,督率兵队,遮断交通,遏绝疫气,得以迅速扑灭。虽据该员声称不敢迎邀奖叙,臣查疫兴以来,该员等始终其事,未便没其微劳,拟请将现署奉天劝业道、新民府知府管凤龢,开去知府底缺,以道台留奉,遇有相当缺出奏请补用,并加二品衔。奏调云南补用道李镜清,请加二品衔。锦新营口道周长龄、陆军副都统衔第三镇统制官曹锟、陆军协都统衔第二混成协统领官蓝天蔚、陆军协都统衔第三十九协统领官伍祥桢、陆军协都统衔第四十协统领官潘矩楹、淮军统领提督衔记名总兵王怀庆均请旨嘉奖,以昭激劝。出自逾格鸿慈,谨附片具陈,伏乞圣鉴训示。谨奏。

本月十九日奉到朱批:"周长龄等六员,均着传旨嘉奖,余着该部议奏。钦此。"(《新民府知府管凤龢等八员请奖片》,宣统三年四月十三日,锡良:《锡清弼制军奏稿》,沈云龙主

---

①　《奏蓝天蔚赏陆军协都统衔谢恩由》,见附录一"蓝天蔚著述"。
②　王怀庆(1866—1953),字懋宣,直隶宁晋人。毕业于天津武备学堂第二期。历任淮军聂士成部教官、袁世凯北洋常备军骑兵第二协协统、奉天巡防中路统领、直隶通永镇总兵、徐世昌总督府高等顾问、北京步军统领、京畿卫戍司令兼陆军第十三师师长、热河都统、热察绥巡阅使、奉军第二路军司令、京畿卫戍司令等职。

编：《近代中国史料丛刊续辑》十一，台北文海出版社1974年版，第1324—1325页）

7月2日(六月七日) 报载蓝天蔚之第二混成协将改编成镇。

《盛京时报》载第二混成协改镇之消息：督宪拟将第二混成协改编成镇，以重军实而资防卫，现已将用款筹定，饬督练公所核议改编各办法。一俟议定呈覆后，即当谘明陆军部实行编练。（《第二混成协改镇之消息》，《盛京时报》宣统三年六月七日，第五版）

10月10日(八月十九日) 蓝天蔚在三十二标培植的部下参与了武昌首义；蓝天蔚又为三十二标部下单道康、许兆龙等五百多人先后电请来鄂充都督，三次之电皆因故未能收悉。

许兆龙①忆：当武昌首义时，蓝氏已在奉天为统领(即旅长)，离开湖北很久，想举蓝氏为都督者，不能达其目的。虽由单道康、许兆龙等五百多人先后电请蓝氏来鄂充任都督，然三次之电，均未得复。事后查知，一是清廷扣留，其电无法传递；二是蓝氏已离奉天正往烟台②途中，电报无法追送。（《蓝天蔚》，《辛亥革命回忆录》第七册，第86页）

许氏又谓：蓝氏在三十二标培植的革命苗芽，已经成长开花，虽受孙国安百般摧残，终未灭尽。当首义之夕(八月十九日)，留守在武昌第二营左右两队和一、三营之官兵约有三四百人，由许兆龙、单道康等率领，会同步炮友军围攻总督衙门，激战一夜而胜，驱逐总督瑞澂。护送端方入川之第一营，行抵四川资州，闻武昌起义，由洪维发等带头，即树反正之旗，伙同友军(三十一标)杀端方兄弟，以告国人。驻防在施南之第三营，经李汝魁、刘镇湘等筹划，协同防营宣布独立，响应武昌之革命。在宜昌暂驻；听候调遣之第二营前后两队，由杨柱臣、欧阳超等督带，会同四十一标之一部，先在宜昌反正，后攻荆州、沙市，阻止荆州旗兵之东下，侧击襄樊防营之扰乱。（《蓝天蔚》③，《辛亥革命回忆录》第七册，第87—88页）

△ 清廷罢秋操，蓝天蔚等原拟于秋操举事之计划未能实行。清廷命张蓝等军整编为第二军开赴前线作战，而蓝天蔚与吴禄贞、张绍曾乘势通力合谋。

宣统三年(1911年)八月上谕："据贝勒载涛奏称，本年秋操所调各项军队之军镇协自行演习，业经办竣。现在抽调军队赴鄂，所有大操，可否停办等语。本年大

---

① 许兆龙(1884—1963)，字云章，湖北天门人。1904年以武昌省立师范学堂师范生入湖北陆军第二镇二旗丁营为学员，先后毕业于湖北陆军将弁学堂和湖北陆军将校讲习所参谋班。日知会会员。武昌起义时任第三十二标督队官，指挥该标留守部起义。后历任都督府参谋部任作战课长、湖北省陆军步兵第八旅十六团团长、湖北省护法军第五梯团团长、广州护国军第二讲武堂教官、军政府陆军部军务司司长、湖北省自治军挺进纵队司令等职。

② 按：蓝天蔚离开奉天后先去往大连。

③ 按：许兆龙在文末写道：以上各段，略记蓝氏在少壮时，培养革命种子之活动。……计蓝氏在将弁学堂和镇司令部与三十二标工作之年月，距今已有五六十年了。我的记忆力弱，错误之处，在所难免，好在我所编写的是事实，都是我亲身经历，故边忆边写，而成此篇。(1961年6月18日)

操,着即停办。"(《宣统政纪》,卷 61;中国社会科学院近代史研究所中华民国史组编:《中华民国史资料丛稿·专题资料选辑》第 2 辑,第 87 页)

曹亚伯谓:当日到汉反抗革命军之队伍,仅可为袁世凯所抽调者,其主力军甚少。且其中之怀种族大义、素抱革命思想者亦大有人。吴禄贞与张绍曾已联络,秘谋断京津京绥京汉各路交通,直取北京以作根本澄清之计,蓝天蔚在奉天亦与同谋。(曹亚伯:《武昌革命真史编正》中,第 123 页)

冯玉祥忆:辛亥(1911 年)秋操时发动之计划为:北方革命诸志士在武学研究会及山东同乡会之掩饰下,积极准备,静待机会以实行起事。清廷向隔一年必举秋操一次。辛亥(1911 年)春,规定于是年八月调陆军第二十镇及二、六两镇赴永平秋操。二十镇同志即派人与吴禄贞、蓝天蔚密商秋操时私带子弹相机起事。及秋操临迩,事机微露,清廷怀疑,遂停止第六镇加入秋操。其二十镇及第二镇开至滦州,未抵永平,而武昌起义业已发动。清廷赶即停止秋操,分调回防,惟令七十九标驻滦州,冯则留驻新民府,潘矩楹则率所部驻山海关,其意盖欲分王、施及冯之势,而以潘及冯国璋监视之也。原定计划终未得行,秋操时之发动计划未克如愿以偿,但北方革命酝酿之悠久更可见一斑矣。(《冯玉祥选集》上卷,第 365 页)

刘骥谓:不料因吴禄贞锋芒过露,为清廷所猜忌,因而停止第六镇参加。但本镇与第二混成协,仍按原计划举行。本镇奉命后,即选拔参加的部队。当以七十八、七十九标为主体,再在全镇中挑选官长、目兵革命分子参加其中。我是辎重营排长,被挑选在七十九标管大行李长,故在滦州合编为一个混成协,由张绍曾统制率领开到滦州。(《滦州起义记》,《近代史资料文库》第 7 卷,第 566 页)

鹿钟麟谓:正当张绍曾亲率第二十镇参加秋操的队伍从新民府陆续开到滦州的时候,武昌首义已先爆发,一时全国震动。清政府于惊慌失措之余,忙下谕停止举行秋操。内定将第二镇、第四镇及第六镇的一协编为第一军,将第二十镇和第三镇、第五镇各一协及第二混成协编为第二军,开赴前线作战。因此,令集中滦州待命的新军各返原防,听候调编南下作战。至此,从各地来到滦州的新军相率离去,张绍曾拒绝受命,即在滦州按兵不动,企图举事。(鹿钟麟:《滦州起义的前前后后》,北京市政协文史和学习委员会:《辛亥革命与北京》,北京出版社 2011 年版,第 50 页)

吴景濂回忆:予此时在奉,与二十镇统制张绍曾、第二混成协蓝天蔚协商响应办法。张、蓝二君皆主张待时而动,请予联合同志,由政治方面着手,军事方面由渠等负责。(吴景濂:《吴景濂自述年谱》上,中国社会科学院近代史研究所近代资料编辑部编:《近代史资料》总 106 号,中国社会科学出版社 2003 年版,第 35 页)

罗正纬谓:清廷风闻秋操新军革命之计,因是益恐,乃撤退禁军,罢秋操。东军第二十镇,由东向西沿途演习,适抵滦河右岸,禄贞、绍曾、天蔚等,乘势通力合谋,驻滦城一带按兵不动,架浮桥于河上,张成据河为阵之势,滦州革命,自是始矣。

(罗正纬:《滦州革命纪实初稿》,《中国近代史资料丛刊》六,第 339 页)

△ 吴禄贞、蓝天蔚本是湖北军政府成立后众望所归的鄂军都督。因不在现场,革命党人举清军协统黎元洪为都督。

李白贞记述:革命党人于宣统三年八月十九日武昌首义胜利,二十日肃清了残余的反革命分子,革命总算有了初步成功,但是瑞澂还在楚豫兵舰待援。不日,当有大军来反攻,必须早事准备,尤其是民政方面事情更为繁重,最紧要的正是安民布告,现在统帅人选还没有产生,布告上的署名就成了严重问题。吴兆麟提议找混成协协统黎元洪出来担任鄂军都督,当时有些人反对。不过这时如吴禄贞、蓝天蔚等本是众望所归;其次,如黄兴、居正、孙武、刘公[1]亦可符合群情,但他们此时都不在这里,有的还受了重伤,也有的早已声明不干。好在革命目标是在驱逐满人,只要是汉人就没有多大问题。因此,一致同意先把黎找来,最后邀集城内绅耆父老会商通过。(李白贞:《记湖北军政府的成立》,政协武汉市委员会文史学习委员会:《武汉文史资料文库》第 1 辑,武汉出版社 1999 年版,第 64 页)

△ 蓝天蔚令蓝文蔚从速南下,带信给陈其美。

卢俊回忆:蓝天蔚在武昌首义爆发后,立即叫蓝文蔚从速南下上海,并带了一封信给陈其美。(《辛亥革命先贤蓝天蔚兄弟和朱祖圻父子》,第 98—99 页)

△ 万耀煌游说吴禄贞联合蓝天蔚、张绍曾趋兵北京。

万耀煌回忆:八月下旬,我往第八镇见吴禄贞先生,吴命高级副官曹文思[进]先生接见。曹是我当兵时的管带,原在第九镇任标统,调来不久,见我甚喜。我先说当年在他的部下,并将组织群治学社的经过告诉他,同时举出曹振武、曹珩都在内,然后提出请吴先生举第六镇之兵,合入伍生队的学生,有吴经明先生的兵站,就保定举义,号召天下,联合奉天蓝天蔚、滦州张绍曾第二十镇等军,直趋北京,可不战而定天下,千载一时,机不可失。(万耀煌:《万耀煌回忆录》一,《中外杂志》1974 年 7 月,第 23 页)

10 月 25 日(九月四日) 督练公所致函蓝天蔚,令另拟操期,分饬各军遵照。

《盛京时报》载,驻奉陆军第二十二镇前拟月初在城北举行秋季大操,嗣因日兵

---

[1] 刘公(1881—1920),原名耀宾,又名湘,字仲文,湖北襄阳人。毕业于东亚同文书院、日本东斌学堂、日本明治大学。参与组织同盟会,创办《民报》。历任共进会第三任会长、湖北军政府总监察处总监察、北伐左翼军总司令兼河南安抚使、袁世凯总统府高等顾问、黎元洪总统府高等顾问等职。护法军兴,辗转川鄂之交。旧症复发,转沪休养,不治病逝。追赠为陆军上将。

演操故而展缓,已志前报。兹闻督练公所已函致蓝协统,请酌拟开操日期,以便分饬各军遵照。又闻谕二十镇现已调遣赴鄂,助剿革军,由蓝协统率队前往秋操一节已拟作罢之说,未知孰是。(《陆军秋操志闻》,《盛京时报》宣统三年九月四日,第五版)

10 月 13 日(八月二十二日)—10 月 26 日(九月五日) 蓝天蔚与张绍曾等在滦州集议,主张东三省独立,对清廷不出一兵一卒,以掣其进攻武昌之肘。蓝天蔚阻止即行反正,劝说阳为立宪之请求,作为缓兵之计。

冯玉祥忆:武昌首义的檄文传了开来,各省纷纷响应,北方各省亦都激起了很大的波澜。……正式会议之前,新军将领如张绍曾、蓝天蔚、刘一清、卢永祥等先在一处开预备会,讨论在会议中所持之态度。商议结果,大家一致主张东三省宣布独立,对清廷不出一兵一卒,械弹粮秣也一概不供给,以掣其进攻武昌之肘。(冯玉祥:《滦州起义回忆》,方建文等主编:《百年名人自述——20 世纪中国风云实录》1,第 368 页)

蓝天蔚自述:"蔚因不忍观同类相残之惨,劝说张君敬舆驻军滦州,阳为宪政之要求,以作缓兵之计,一面约吴君绶卿等会师丰台,直捣燕京吊民伐罪,以报九世之仇,早收成功,俾免涂[荼]毒之苦。"(《张园欢迎蓝天蔚记事》,《申报》1912 年 4 月 23 日,第七版)

张国淦记录了通永镇总兵田文烈[①]自滦回京所告之情:"是年定于八月在永平府秋操,第二十镇统制张绍曾驻奉天,奉调至滦州,武昌事起,秋操停止。九月初间,令第二十镇开赴长江一带增援。张绍曾原与吴禄贞(第六镇统制,驻保定)、蓝天蔚(第二混成协协统,驻奉天)有约,此时管带施从云、王金铭、冯玉祥等以事机亟不可失,立请张与吴、蓝一致起事,攻夺京津。张顾虑不敢发,乃联名电请改革政治,要求制宪,其意以为虽于事无济,亦可抗不开拔也。此次秋操,陆军部派余(田自谓)赴滦,下榻张处。党人在滦运动,张把握不定,今日主张如此,明日主张又如彼,最后电奏,其联署者如卢永祥与北洋关系最深,潘矩楹与军谘府往来甚密,惟蓝天蔚激烈,又在奉天,伍祯祥则素来平和,完全不一致,都是一时凑合。"(张国淦:《辛亥革命史料》,沈云龙:《近代中国史料丛刊续编》第二十六辑,第 200 页)

张国淦又据第二十镇司令部秘书李志寓滦州记事云:部署既定,张绍曾于二十二日即归奉天,道经滦州,偕镇部诸人同返,共划戎机。旋奉之后,即约三镇统领卢永祥,第二混成协统领蓝天蔚,本镇统领伍祥桢、潘矩楹,由张绍曾宣言:"湖北之

---

① 田文烈(1861—1924),字焕亭,湖北汉阳人。毕业于天津北洋武备学堂。历任中国驻朝鲜仁川理事府文案、北洋水师学堂教习、武卫右军文案、北洋督练公所总参议、兵备处总办、直隶通永镇总兵、直隶巡警道、陆军部副大臣、总统府军事顾问、山东民政长兼会办山东军务、河南民政长兼署河南都督、河南巡按使、河南省长、农商总长、内务总长、交通总长。北洋政府授陆军中将加上将衔。

变,为除专制,主共和,以此倡议,号召天下,凡属同胞,谅皆赞助。今吾辈所统各部队,半属北人,虽未予约同谋,应皆晓然斯义,倘贸然而往,胜则自残同类,负则死无指名。"于是群以研究对付之策为言,嗣由张绍曾自草立宪大纲十数条,与𫘬商榷,欲以兵力要清廷立宪,一面俾天下人知同胞之不可自相残杀。其中一统制、四统领惟蓝天蔚为湖北人,又素抱革命主义,𫘬本主持由滦州即行反正,以不必多此一层手续为宜。而蓝天蔚力为阻止,诚恐急则生变,事无成功,不如因利顺导以俟其机。此数日中,清廷无日不檄电飞驰,促其拔队前进,后将奉天所有之步、马、炮各部队,及装械子弹,组织完备,随同带往,于九月五日始返滦州。(张国淦:《辛亥革命史料》,沈云龙:《近代中国史料丛刊续编》第二十六辑,第201页)

刘骥忆:张统制的意见,认为本镇高级将领半数是保皇派,若是仓卒从事,必无好结果;主张先提出政见条陈,清廷不会采纳,那时再动,旧派将领无话可说,必须随我们干,较为妥当。遂会同蓝天蔚联合发出对清廷提出政见十九条,条陈大意是:改革政治,宣布立宪,组织责任内阁,削除皇族特权,特赦国事犯,反对讨伐民军等等,限立即答覆,态度强硬,由此增加了形势的严重性。张蓝等事先与第六镇统制吴禄贞等计划好,如条陈提出后清廷拒绝接受,即行率兵进攻北京。(《滦州起义记》,《近代史资料文库》第7卷,第565—573页)

△ 蓝天蔚、张绍曾等协商响应办法,皆主张待时而动,请吴景濂联合同志,由政治方面着手;东三省同志机关部部员推蓝天蔚为奉天全省陆军司令。如奉天举义,张绍曾愿反旗相助。

吴景濂谓:予此时(按:1911年11月间)在奉,与第二十镇统带张绍曾、第二混成协协统蓝天蔚,协商响应办法。张、蓝二君皆主张待时而动,请予联合同志,由政治方面着手,军事方面由渠等负责。予不习军事,信其言,专从发动方面着手。(中略)

嗣清廷调张之第二十镇入关,张对予云:"奉天义举,如需第二十镇相助,弟可反旗,奉天军事可请蓝主持。"(吴叔班笔记、张树勇整理:《吴景濂口述自传辑要》,中国人民政治协商会议天津市委员会文史资料研究委员会:《天津文史资料选辑》第42辑,天津人民出版社1987年版,第53—54页)

张国淦谓:当时东三省新军中高级将领有革命思想者,有延吉边防督办吴禄贞,第二十镇统制张绍曾,第二混成协协统蓝天蔚。吴部原驻吉林延吉一带,后入关,任第六镇统制,驻石家庄被戕,而革命失败。张部原驻奉天新民府,三年参加永平秋操,驻滦州,其留驻东北可以起义者,只有驻奉天北大营第二混成协,因此最初军人联络会主张由第二混成协与滦州第二十镇联合响应革命军,先在沈阳独立,由商震赴滦州接洽。适张来电约商赴滦，于是由商震及第二混成协参谋李德瑚①应约往滦。并由奉天时报馆联名具函，代表同盟会及地方同志会与张秘商，提出三项策略，希张实行：（一）率所部经冀东直攻北京；（二）进占天津附近，与吴禄贞军联合，宣布直隶独立；（三）以上两策不能实行，即速回沈阳，与蓝天蔚共同独立。但张犹豫不决，只电奏改革政治，被清廷撤职，商震、李德瑚联络张不成，遂同回沈阳。

（张国淦著、文明国编：《张国淦自述 1876—1959》，人民日报出版社 2011 年版，第 241 页）

《东三省同志机关部部员致张绍曾函》谓：近读各报，汉军所至，势如破竹，满政府已不可支，而新政府尚未健全成立。我三省介于两大之间，设彼乘此新旧交代之际合而谋我，南军力不暇及，则此七千万苍生赤子其何以堪！寰等救亡志切，联络同志，组织机关，并有李君冰澄、张君涵初、钱君来苏从中主持，历尽艰辛，规模始具。现得谘议局及学界之赞成，公同议举将军都督两辽，力支大局。万祈将军伏念三省危局，万民殷望，督师归奉，规定辽东。此举不惟三省存亡之所关，亦全国祸福所系也。兹经询谋佥同，公举代表李君冰澄趋谒台端，恭迎德麾，务望将军统师速发，以苏民困。三省幸甚！大局幸甚！临楮鹄立，不胜拜祷待命之至。敬颂钧祺，并乞垂鉴。

东三省同志机关部部员房象寰、钱拯、赵元寿②、李德瑚、杨大实、张根仁③、沈权、赵中鹄④、赵锡九、赵健、田又横、李国胜公肃。

公推：中华民国军政府东三省都督张绍曾、奉天全省陆军司令长官蓝天蔚、东三省陆军参谋总长蒋百里、奉天民政长官吴景濂、奉天民政次官刘兴甲、东三省中国同盟分会机关部正副部长蒋百里、李德瑚，法制交涉部部长张根仁，军事部部长赵健，财政部部长沈权，交涉部部长赵元寿，暗杀部部长赵中鹄，侦察部部长杨大实，中国同盟会北部支会派遣东三省联络干事钱拯。（杜春和编选：《辛亥滦州兵谏函电

---

①　李德瑚，安徽寿州人。毕业于日本士官学校步兵科。曾任奉天第二混成协参谋、奉天成立联合急进会副会长。

②　赵元寿，奉天联合急进会侦察部长。《国民报》主笔。与赵中鹄等分赴吉林、海城等地，在吉林组织了联合急进会分会。

③　张根仁（1880—1944），字涵初，安徽怀远人。毕业于山东高等学校、北洋保定高等学校。曾参与刺杀晚清摄政王载沣、黄花岗三·二九起义。武昌起义，在辽沈响应，任奉天联合急进会副会长，并被委为辽西都督。一度入狱，为蓝天蔚营救。后历任中国同盟会沈阳支部长、广州非常大总统秘书及司法部次长、黄埔军校教官兼中山大学教授、广州中央委员会西南政务委员会、东北抗日义勇军宣慰使。创办《民立报》，任主编、《民呼报》《建设报》，兴办新民大学。

④　赵中鹄（1856—1916），字岚亭，奉天海城人。曾修《海城县志》。辛亥革命，与赵榕、张根仁等成立联合急进会，任执法部长，并任该会机关报《国民报》名誉经理。受派遣回海城组织武装起义，事泄失败，只身逃入关内。民国后历任南京临时政府临时稽勋局关外调查会会长、众议院议员、广东军政府候补非常国会议员等职。著有《香雪斋诗草》《岚亭随笔势》《忏悔录》《白话新剧》《佛经释义》等。

选》,中国社会科学院近代史研究所近代史资料编辑部编:《近代史资料》总91号,中国社会科学出版社1997年版,第74页)

△　当第二十镇返北大营之际,蓝天蔚令朱霁青、钱公来留居沈阳日本站,组织机关,通告同志,发动外县暴动。

赵尺子谓:辛亥(1911年)武昌起义,正值二十镇调赴滦州。二十镇返奉天北大营,朱、钱两先生奉蓝协统命,留居沈阳日本站,组织机关,通告同志,发动外县暴动,孤立省城。(赵尺子:《钱公来先生传》,《传记文学》1969年第十四卷第六期,第69页)

10月16日(八月二十五日)　赵尔巽召集蓝天蔚等开会,希新旧将领当此整军经武之际,奋勉从事,振兴军备,捍卫国家。

《盛京时报》谓:督宪于二十四日由江(至)省后,即传见各司道勉励勤慎办公,二十五日又传见陆军谘议官、第二协蓝协统,第三十九协伍协统,第二四(原文如此)、第二十、第七十七等标聂、刘、邵、程各标统,面加勉励:当此整军经武之际,务宜奋勉从事,以期振兴军备而资捍卫国家。(《督宪勉劝各军将佐》,《盛京时报》宣统三年八月二十七日,第四版)

冯玉祥忆:新任东三省总督赵尔巽觉得军队不稳妥,自己责任重大,即在沈阳召集新旧将领会议,讨论应付时局的方针,及东三省应持之态度。当时被邀的,新军计有二十镇,第二混成协,第三镇(统制曹锟——卢永祥代理),凡协统以上的将领都在被邀之列。旧将领方面计有五路巡防营统领。(冯玉祥《滦州起义回忆》,《百年名人自述——20世纪中国风云实录》1,第368页)

10月间(八月)　蓝天蔚与赵尔巽联名致信武昌起义诸君,不可满汉相仇。劝英雄用武不在犯上欺君,豪杰有为当在安内御外,为首者应速悔,为从者应速散。(《东三省赵尔巽暨蓝天蔚致武昌起义诸君函稿》[①],宣统三年八月,《东三省辛亥革命史料》,《清代档案史料丛编》第8辑,第5—6页)

10月27日(九月六日)　蓝天蔚、张绍曾等通电京外,速改政体,即开国会,改正宪法。

《张绍曾蓝天蔚等通电》:(北京各军及资政院、各省督抚)各省总督、巡抚、将军、陆军统制、统领、防军统领(及各省)谘议局公鉴:现在祸乱纷乘,舆情疑阻,分崩惨祸,即在目前。我驻奉第二十镇、第二混成协及驻长第三镇奉命南征,各将佐士卒等,咸以目今致乱之源,皆由政治不良而起,若不从政治改革着手,而徒恃兵讨,窃恐治丝益纷。同人等不忍国家沦胥,自相残杀(生民涂炭),业已提出政纲十

---

①　《东三省赵尔巽暨蓝天蔚致武昌起义诸君函稿》,详见附录一"蓝天蔚著述"。

二条请愿朝廷，速改政体，即开国会，改正宪法。诸公或现居政要，或代表舆情，同舟风雨，安危与共，改革谅有同情。（敬）尚乞互匡大局，遥相声援，（务维皇室而靖祸乱。俾我大帝江山仍归一统，朝廷幸甚，人民幸甚。）此间驻滦军队谨守秩序，静候朝命以为进退。（要请立宪尤力，现复据情电奏，尚均遵守秩序，静候朝命）谨此奉闻，并将政纲条例（列后）通告，如有赐复（电），请径电滦州二十镇司令处为恳（祷）。（绍曾、祥桢、矩楥、永祥、天蔚同叩。鱼。）（《张绍曾蓝天蔚等通电》①，宣统三年九月六日，《辛亥革命史资料新编》第三卷，第 362 页；《辛亥滦州兵谏函电选》，第 51—52 页）

　　蓝天蔚、张绍曾等奏请立宪折及拟定政纲十二条②。（杜春和编选：《辛亥滦州兵谏函电选》，中国社会科学院近代史研究所近代史资料编辑部编：《近代史资料》总 91 号，中国社会科学出版社 1997 年版，第 67—70 页；《国光新闻报》1911 年 10 月 30 日，渤海寿臣《辛亥革命始末记》，《实行立宪汇编·奏折》，台北文海出版社 1969 年版，第 15 页；张国淦：《辛亥革命史料》，第 197—199 页）

　　△　蓝天蔚、张绍曾等联名十二奏纲递呈清廷，即所谓"滦州兵谏"。

　　冯自由谓：辛亥（1911 年）八月，武昌革命军起，湖南、陕西、山西各省先后响应，清廷震惊，迅令京奉各镇停止秋操，并调二十镇统制张绍曾率所部开往长江平乱。时二十镇适驻滦州，绍曾遂按兵不动，与第二混成协蓝天蔚、三镇统领卢永祥、二十镇统领伍祥桢等乘机联名向清廷要求立宪。（冯自由：《冯自由回忆录：革命逸史》上，东方出版社 2011 年版，第 334 页）

　　张国淦谓：据第二十镇司令部秘书李志寯滦州记事云，迨初六日天既明矣，张绍曾宣告于众曰：湖北革命，名正言顺，专尚征讨，不合人情，况以同种相残，世界无此蛮行，所有军队，均不前进。随遣使赍立宪条件于清廷，迫其停战，令速行宪政，以挽既去之人心，并由电通告天下，俾知同胞军人无自相残杀之理，闻清廷各执政只相对而泣，莫敢谁何，第二军之计划，自此已归无效矣。（张国淦：《辛亥革命史料》，沈云龙编：《近代中国史料丛刊续编》第二十六辑，第 201 页）

　　罗正纬谓：辛亥（1911 年）八月滦州秋操，绍曾率所部驻于滦。未几，武昌起义，清廷檄绍曾南下督师。绍曾阴与吴禄贞、蓝天蔚等深相结纳，而自勒兵滦州，命吕均③、杨德邻④、石润金等草立宪十二条，要求清廷颁布。（罗正纬：《张绍曾》，《中国

---

① 按：括号内为报纸内容，与电文文字略有差异。
② 《奏请立宪折及拟定政纲十二条》内容，详见附录一"蓝天蔚著述"。
③ 吕均，历任新军第二十镇军法官、国务院秘书长等职。北洋政府授陆军中将。
④ 杨德邻（1870—1913），名芳，字德麟，又名德邻，号性恂，湖南长沙人。杨毓麟兄。曾就教于明德学堂。毕业于宏文书院、日本早稻田大学政法系。在日以"宗旨不合"拒绝加入同盟会。返国后先后参加宪政会、政闻社、宪政公会。后回奉天组织国会请愿运动。武昌起义，联络蓝天蔚等发动滦州兵谏，事败后赴沪筹备北伐。后任南京留守府秘书。1913 年任湖南省财政司司长。后因反袁为汤芗铭所杀。

近代史资料丛刊》六,第362页)

杨道隆谓:1911年武昌起义爆发,吾祖父德麟[1]联络蓝天蔚等人发动滦州兵谏,谋断京津、京汉两路,夹击北京,实行"中央革命"。(杨道隆:《芳名垂青史 怒涛伴英魂——杨德麟》,饶怀民、范秋明主编;邓江祁、钟声、黄俊军等副主编:《湖南人与辛亥革命——纪念辛亥革命100周年学术研讨会论文集》,湖南师范大学出版社2013年版,第424页)

《申报》载:张绍曾,字敬舆,直隶大城县人,系日本陆军士官学校第一期肄业生。在前清时,曾任北洋第三镇[第二十镇]统制。辛亥革命,张适治军滦州,与蓝天蔚、吴禄贞数人进行推翻满清,逼清廷宣布十九信条,还政权于国民。(《申报》1928年3月28日,第十版)

《盛京时报》谓:滦州军队主张立宪最力者为蓝天蔚。蓝字[号]秀豪,湖北黄陂人,曾学陆军于日本,即昔年为留学生义勇队队长者。张绍曾与蓝先后同学,张秉性素和平,惟深慕英国宪政之风,故得为此次之领衔者。尚有方某、杨某、石某四人曾学法政于日本,故各文字条件皆甚可观。(《滦州军队之特色》,《盛京时报》宣统三年九月二十二日,第七版)

张绍程回忆了张绍曾与蓝天蔚议定同具奏折申请立宪后上陈奏折的经过。

张绍程谓:绍曾与吴禄贞、蓝天蔚同肄业于日本士官学校,三人友谊素为挚笃。归国以后各任军职,当时有"士官三杰"的称号。吴禄贞夙抱有种族革命思想,性情躁急,恨不能一举而颠覆清朝。绍曾为人比较宽和,谨慎持重。加以康梁学说在他思想上影响很深,认为具有数千年封建统治历史的中国,一旦推翻帝制,改为民主共和政体,恐于民情不甚适合,不如君主立宪较为稳妥。这时候资政院已经成立了一年有余(宣统二年,1910年8月成立),为立宪的先声;职权制度,仿佛欧洲国家的上议院。绍曾与资政院议员陶葆廉、劳乃宣、汪荣宝等人素有往还。其主张君主立宪,思想上受了他们一定程度的影响。吴禄贞与绍曾、蓝天蔚计议联兵起义,进攻北京,推翻清廷专制政府,建立民主政权,绍曾没有听从。

蓝的意见和绍曾相同,也不以吴计划为然。绍曾与蓝议定联名同具奏折恳请立宪后,又征求得第三镇统制卢永祥的同意,并与部下协领伍祥祯、潘矩楹取得一致的意见,由幕僚吕均起草拟妥奏稿及政纲十二条,送与蓝、卢等人签名,缮成奏折正本。文中由绍曾领衔,盖用了第二十镇统制的关防,派吕均赍折赴京。先秘密送

---

① 德麟即杨德麟,亦即杨德邻。

与资政院议员陶葆廉等人阅过，取得联系后，吕均即持奏折前往谒见军机大臣那桐①，请其代为呈递给摄政王载沣。那桐把奏折看了一遍，惊惧出于意外，哪敢负代递的责任，严词拒绝了吕均的请求。吕均没了办法，只好收起回转滦州覆命。

绍曾召集幕僚计议，恰好幕友中有个陈蔼亭，和摄政王府里管事的大太监某人相识，可以设法呈递。绍曾便即派遣陈蔼亭入京，由陈请托某太监，得其允诺，把奏折递呈给了摄政王。(张绍程：《张绍曾事迹回忆》，《文史资料选辑》第 30 辑，第 184—214 页)

陈叔通谓：誓庙无功鼎革新，统制张绍曾、蓝天蔚等，请颁信条誓太庙。奏稿出长沙杨性恂手，信条二十一条出桐城方枢手，均受张幕僚杜严、孙钟委属，资政院据以疏奏，诏下，势已无及。(陈叔通：《百梅书屋诗存》，中华书局 1986 年版，第 12 页)

△　亦有谓蓝天蔚拟十二条款。

《清国全权公使伊集院彦吉日本外务大臣内田康哉子爵电》：1911 年 8 月，武汉举事。之后，蓝天蔚和张绍曾一起联络标统、管带等电告政府。社会上风传的滦州军告政府书据说就是出自蓝天蔚之手。(《清国全权公使伊集院彦吉日本外务大臣内田康哉子爵电》，1912 年 9 月 9 日，米彦军译自 http://www.jacar.go.jp/chinese/index.html "亚洲历史资料中心")

《盛京时报》谓：吴素抱革命主义，年仅三十许，任第六镇统制间，武昌军起，即在北方树独立旗，整军扫满清政府，密约第二十镇统制张绍曾、混成协统蓝天蔚，三面会攻北京。使蓝天蔚草宪法大纲十二条，以张绍曾名要求清政府，更使队官某骑兵百人入京，强迫军谘府涛邸及资政院议员。逆料满政府必弗应，即可乘机举事。(《吴禄贞被刺纪实》，《盛京时报》宣统三年十一月初五日，章开沅、罗福惠、严昌洪主编：《辛亥革命史资料新编》第三卷，湖北人民出版社 2006 年版，第 457 页)

邹鲁谓：武昌事起，(吴禄贞)请以所部往，清廷疑之，令其从督师行，拟戕诸途。吴疑有异，称疾不行，乃往说第二十镇张绍曾及奉天混成协蓝天蔚，使蓝草奏稿，列十二款，用张名以要清廷。时张驻滦州，所谓滦州军变也，意清廷不能容，即以此为名，合张、蓝及所部第六镇兵，三面合攻，北京必破，革命可成。乃清廷接张等条陈，大惧，即命资政院议决宪法十九条，公布国中，以为搪塞。(邹鲁：《中国国民党史稿》上，商务印书馆 2012 年版，第 927 页)

园田一龟记：及武昌起义之际，(蓝天蔚)与张绍曾结合，企图强迫上奏，有名之十二条奏折，传系彼所起草。(《湖北革命党之先觉——吴禄贞蓝天蔚》，园田一龟著，黄

---

①　那桐(1856—1925)，叶赫那拉氏，字琴轩。满洲镶黄旗。历任户部主事、鸿胪寺卿、内阁学士、总理各国事务衙门大臣，晋理藩院左侍郎。八国联军攻陷北京，充留京办事大臣，后为户部右侍郎、外务部左侍郎、户部尚书、外务部会办大臣、体仁阁大学士、军机大臣、内阁协理大臣、弼德院顾问大臣等职。

惠泉、刁英华译：《新中国人物志》，上海良友图书印刷公司 1927 年版，第 330 页）

《申报》于 1911 年 11 月 3 日刊出《滦州军队代表张绍曾等要求实行立宪原奏》①。
(《滦州军队代表张绍曾等要求实行立宪原奏》，《申报》宣统三年九月十三日，第二一三版)

△ 在此前后，由吴禄贞提议，蓝天蔚、张绍曾等同意，将北洋陆军第三、五、二十镇与第二混成协"联合名曰立宪军"，并议定《立宪军之义条》②十三款，以兵力"策宪政之进步"。(《辛亥滦州兵谏函电选》，第 67—70 页)

△ 蓝天蔚将联名请愿之详细条件呈赵尔巽览；张绍曾亦致电赵尔巽，希同匡大局，下顺舆情，促成宪政美果。

张绍曾之电谓：近因大局糜烂，奉省统兵各员均以非从真正立宪改革政体下手，不足以系兵心而维国本。现在正联名请愿上奏，所有详细条件，谅由蓝统领会览。绍曾今朝到滦，驻滦各军邀恳奏请立宪，奉有明谕方肯遄征，均慷慨激昂，声泪俱下。绍曾见此情形，万难强抑，除电达内阁请先代奏以安军心外，谨以奉闻。我公身系三省安危，同舟遇风，祸福与共。务乞同匡大局，下顺舆情，促成宪政之美果，以维皇室而清祸乱，俾我皇帝河山仍归一统，朝廷幸甚！生民幸甚！再，此间各部队，绍曾极力宣布朝廷德意，尚皆谨守秩序，静候朝命，决无他变，请纾厪念。(《辛亥滦州兵谏函电》，第 52 页)

△ 蓝天蔚接到张绍曾电：请愿事，大局可保无虞，此后仍望公等与赵帅(指东三省总督赵尔巽)及蒋参议(东三省督练公所参议蒋方震)等设法联络。后事正多，万勿稍生意见。请愿奏稿及条件乞速在省宣布。曾。鱼。印。(《辛亥滦州兵谏函电选》，第 53 页)

10 月 28 日(九月七日)　蓝天蔚电张绍曾：宪密电均悉。据伍玉亭云：条例已焚，惟存奏稿。昨闻次帅已阴许日后保护奉省，似此我军宜保沉静，不布条例最好，免致官民疑惑。此间军队决然共同一致。蔚复。虞。印。(《蓝天蔚致张绍曾电》，宣统三年九月七日，《辛亥滦州兵谏函电选》，第 53 页)

△ 伍祥桢电张绍曾：宪密折已拜发，无论批语如何，务要镇静。秀豪已晤面，亦同意。(《辛亥滦州兵谏函电》，第 54 页)

△ 蓝天蔚张绍曾之奏纲入京，清廷震动。

《盛京时报》谓：蓝张等电奏十二款，初八日到京，内阁接到后，速呈总理大臣拆阅。讵阅未终即面貌失色，两手发颤，顿足云：大事去矣。遂会同两协理入奏，监国特开密议，并闻监国与各王大臣等亦非常惶恐。(《张统制电奏之惊人》，《盛京时

---

① 《滦州军队代表张绍曾等要求实行立宪原奏》，详见附录一"蓝天蔚著述"。
② 《立宪军之义条》，详见附录一"蓝天蔚著述"。

报》宣统三年九月十七日，第四版)

　　张绍程忆：递奏折的时候，武汉革命军正打胜仗，清廷处于时势危迫的境地，各省疆吏及出使各国的使臣都纷纷奏请立宪，以为这样做就可以缓和革命的局势，挽救危亡。清廷正在举棋无定不知所措之际，见了手握兵柄的新军领袖们奏折，愈发惊慌。资政院的议员们复以危言耸听说，"不立宪即有亡国之虞，祸机迫在眉睫"，清廷更加恐惧。绍曾的奏折是九月初九日呈进去的，仅只五天时间，九月十三日，就有上谕下来宣布了立宪信条十九条。(张绍程:《张绍曾事迹回忆》,《文史资料选辑》第 30 辑，第 208 页)

　　△　载涛命吴禄贞赴滦抚慰蓝天蔚、张绍曾。

　　载涛函：宣统三年九月初七日，陈书记长来，接阅统制等条陈各节，爱国热诚溢于言表，当即面奏大元帅，颇蒙嘉悦。因事关宪政，复走商内阁，始悉资政院连日提议各款，与该统制等所陈意见大致相同，已经议决多条，次第具奏。国家实行立宪，锐志维新，促进人民之幸福，当可达吾辈之希望也。涛忝列军界，表率军人，自应谨遵敕谕，严守秩序。军界幸甚！大局幸甚！涛当与我军人共勉之。资政院六日议决条件，吴统制面述。军谘大臣载涛。(《辛亥滦州兵谏函电选》,第 71 页)

　　△　吴禄贞约蓝天蔚、伍祥祯由奉天"速来滦会商。"(《辛亥滦州兵谏函电选》,第 54 页)

　　10 月 29 日(九月八日)　蓝天蔚、伍祥祯电告张绍曾：顷接陈、吴二公来电，嘱祯到滦等因。请转陈、吴二公，身统重兵，未能轻离职守，乞我公代表与陈、吴二公商议，并请电复。祯、蔚。庚。印。(《蓝天蔚伍祥祯致张绍曾电》,宣统三年九月八日,《辛亥滦州兵谏函电选》,第 55 页)

　　罗正纬谓：绍曾又转告伍祥祯、蓝天蔚等电曰："吴禄贞统制、陈其采厅长来滦，奉涛邸手谕云：'略(《载涛函》见谱 1911 年 10 月 28 日)'等语，乞转呈赵次帅，并转三镇全体为荷。"(罗正纬:《吴禄贞宣抚滦州密定进攻北京之计划》,中国人民政治协商会议湖北省云梦县委员会文史资料委员会:《云梦文史资料》第 7 辑，第 92 页)

　　△　吴禄贞、张绍曾商议以张绍曾之第二十镇由滦州西进，吴禄贞统率第六镇由保定北进，两路夹袭，蓝天蔚留后方策应，三路进兵进取北京。

　　何遂谓：(周维桢)告诉我：驻滦州的二十镇统制张绍曾和混成协协统蓝天蔚曾向清政府提出改革政治条件。清政府大为震惊，派吴禄贞去宣抚。吴由北京出发，同行的还有军谘府的一个厅长陈其采。吴禄贞以为陈其采是陈其美的胞兄，其美既已在上海宣布独立，其采一定也是革命党，而且又是日本士官学校的同学，所以在路上对陈其采谈出了自己的意图，并且指着地图说："这次去，联络张、蓝，加上我石家庄的队伍，会师北京绰有余力，光复之功，唾手可得。"火车到了滦州，张、蓝也来了,随即开了会议,全体通过吴的建议。(何遂:《辛亥革命纪实》,中国人民政治协商会议全国委员会文史资料研究委员会:《辛亥革命回忆录》第一集,文史资料出版社1961年版,第474页)

马葆珩忆:清廷以荫昌带兵南下进攻武汉,第六镇在被调之列,吴禄贞以与荫昌有隙未即成行。此时,正值滦州第二十镇统制张绍曾等致电清廷要求立即宣布立宪。清廷特派员吴禄贞驰往宣慰。而吴与张绍曾、蓝天蔚、刘一清等早有默契,及抵滦州,竟与张等会商分三路进兵进取北京之策。(马葆珩:《记吴禄贞》,上海市文史研究馆编、沈祖炜主编:《辛亥革命亲历记》,中西书局2011年版,第275—276页)

张绍程忆:吴禄贞到了滦州,一见绍曾就说:"你若能听从我的计划,联军进攻北京,此时早已推倒了清廷,偏要立宪有甚么用? 现在虽然晚了一步,趁着袁世凯任职不久,部署未定,全部的精神和整个的兵力,都用在征讨武汉之际,还是我们的好机会。你和秀豪、卢永祥三军日内出发,合力进攻北京。京里已有禁卫军不堪一击,其他部分的军队都去南征,调不回来,北方定以不战而定。"绍曾说:"待我和协统们商量一下,看他们意思如何。"(张绍程:《张绍曾事迹回忆》,《文史资料选辑》第30辑,第209页)

钱基博谓:秘密部署诸将,以滦州张绍曾所部第二十镇为第一军;奉天蓝天蔚所部为第二军;新屯卢永祥所部为第三军;会师丰台以逼北京。会有与议者,驰北京告变;密调滦州火车抵北京以阻禄贞运兵。(钱基博:《吴禄贞传》,《中国近代史资料丛刊》六,第371页)

罗正纬谓:最后议决,以滦州张部为第一军,奉天蓝部为第二军,保定吴部为第三军。第一军由滦州趋丰台,第三军由保定趋长辛店,第二军作后援队,策划既定,分别实行,推倒清廷,易如反掌。不意谋泄,所有列车,清廷扣留北京,两军不能开拔,武汉电促发动,适第六镇李纯得之,暗报清廷。(罗正纬:《吴禄贞宣抚滦州密定进攻北京之计划》,中国人民政治协商会议湖北省云梦县委员会文史资料委员会:《云梦文史资料》1991年第7辑,第93页)

冯玉祥回忆:原来张统制与吴禄贞、蓝天蔚等事先已有密约,共同响应民军,合兵进攻北京。打算以第二十镇由滦州西进,吴禄贞统率第六镇由保定北进,两路夹袭,蓝天蔚则留后方策应,以期一鼓而下京都。(冯玉祥:《滦州起义回忆》,方建文等主编:《百年名人自述——20世纪中国风云实录》1,第374—375页)

冯玉祥谓:宣统三年辛亥举行秋操大典,移第二十镇于滦州,王君金铭为七十九标第一营管带,施君从云为七十九标第二营管带,玉祥则为八十标第三营管带。是年八月,秋操未及行,而武昌起义之檄至,举朝震惊,急诏辍揉,救诸军待命。当是时,与第二十镇为鼎峙势者,为吴君禄贞所领之第六镇,蓝君天蔚所领之混成第二十协，皆磨厉以须以觇时变。已而有朝命，以第二十镇南征，张统制按兵不欲行。适清廷大购军火，由奉天经滦而西，将恃以扑灭革命军者也，猝为二十镇截留。当轴益惶遽失措，则命吴驰至滦，致抚慰以解其危，而未知吴与蓝、张三人者，固早有凤契也。至则密招蓝来议大计，以张部为第一军，蓝部为第二军，吴部为第三军，张自滦州而西，吴自保定而北，蓝则为张之后援，左右进迫，会师北京，以覆清社，意以为咄嗟间事耳。（冯玉祥：《泰山辛亥滦州起义烈士祠记》，袁明英编：《凌汉洞天》，中国文史出版社 2003 年版，第 113—115 页）

△　吴禄贞致电张绍曾，联合三镇、五镇、二十镇及蓝天蔚之混成第二协作秦庭之哭，决非大逆不道。如政府不允改良政治，各军可向北京进发，驻扎京师附近，一面要求改良政治，一面命令革命军及第一军停战。

电谓：昨奉军谘府命，来滦开导东省军队，再四察核，并无妄举，而且秩序井然，士气愤发，所要求改良政治，亦属国家要图。现联合三镇、五镇、二十镇、混成第二协，作秦庭之哭。为四万万同胞请命，决非大逆不道也。刻已商定，如政府不允所请，各军均向北京进发，驻扎京师附近，一面要求改良政治，一面命令革命军及第一军停战，以救生命涂炭之苦，一面照会各国不必干涉。现时已分电各省，已允响应，题目正大，主动又文明，中国存亡，全仗此举。希我公将此意宣布管带以上官长，悉知内乱足以酿成国际交涉。各国干涉，必成瓜分之局。战局延长，将来国家力尽财空，外人必乘其隙，不独自残同胞已也。现时各军联合名曰立宪军，我军亦应高举义旗，首先赞助，军界幸甚。公将此意，详加审度宣布之，无任企祷。（皮明麻、虞和平、吴厚智编：《吴禄贞集》，华中师范大学出版社 1989 年版，第 269—270 页）

10 月 30 日（九月九日）　蓝天蔚、伍祥桢致电张绍曾："宪密。此间军人遍然始终，惟次帅不表赞成，蒋樽反对尤力。我等反复开导，但无大效，恐其有合督抚联名出奏，拨出数条。务望我侪尤宜镇定，无论宣布与否，总宜以善词再行请愿。如我等稍涉激烈，难免日兵干涉。闻督练处派员到滦密探我军。桢、蔚叩。"（《蓝天蔚伍祥桢致张绍曾电》，宣统三年九月九日，《辛亥滦州兵谏函电选》，第 56 页）

△　蓝天蔚、张绍曾等条陈的意见为清廷接受。是日清廷入太庙宣誓立宪，下诏罪己。

刘骥回忆：清廷下"罪己诏"。张、蓝等具奏组织联责内阁，不任懿亲、协赞宪法、特赦党人三案，于本日俞允。清廷想缓和这个紧张局势，遂对张、蓝条陈意见，一一接受，立即入太庙宣誓立宪，下诏罪己。释放汪兆铭、黄复生等，将同盟会列为政党，二十镇也没有南调。由此破坏我们第二步起义计划。（《滦州起义记》，《近代史资料文库》第 7 卷，第 565—573 页）

左舜生谓：当时清廷的形势，虽是这样的急转直下，可是抱有钦定宪法大权的迷梦，依然未醒。及至第二十镇统制张绍曾与协统蓝天蔚由凉州[滦州]电奏要求立宪，并宪法由议员制定，清廷才感到随时有变生肘腋之虞，于是始命资政院起草宪法。九月十三日，乃将资政院所拟宪法上重要信条十九条宣布。（左舜生：《辛亥革命史》，第35页）

10月31日（九月十日） 蓝天蔚、张绍曾等接到资政院电。资政院决议采用英国君主立宪主义，参照十二政纲所列，拟具重要信条。

《谘议院全体议员致滦州第二镇司令处电文》谓：滦州第二十镇司令处张统制、卢统制、蓝协统、伍协统、潘协统公鉴：庚电敬悉。时局至此，诚如尊论，非将现在政体痛加改革，不足以固邦本而维皇室。义声伟举，本院深表同情，政纲十二条尤多扼要之论。本院前日具奏组织联责内阁，不任懿亲、协赞宪法、特赦党人三案，已于本月初九日奉旨俞允，正与开示政纲符合，此外大抵皆为宪法中之条件。兹事体大，本院决议采用英国君主立宪主义，用成文法规定，并参照尊处政纲所列，拟具重要信条，一面征集各谘议局意见，汇由本院议决奏请，即日宣布，正在商榷中。本院系以改革政治为宗旨，现在时事艰危，倘兵连祸结，难保治安，恐牵动外交，转速实祸，本院所忧者在此，贵统制诸公所忧虑者在此。务祈痛切劝诫我爱国军人，共维秩序，以安大局，国家幸甚。资政院全体议员公叩。蒸。（《谘议院全体议员致滦州第二镇司令处电文》，宣统三年九月十日，《盛京时报》宣统三年九月十七日，第四版）

11月1日（九月十一日） 蓝天蔚接到张绍曾急电：各处兵变，禁卫军出征，京师空虚，我军拟前往，尤望贵协同行，以扶危局。闻卢统领之一协于十二、三、四日抵新后当入关，公可用强硬手段，利用此车运兵来滦集合。我军如前往，贵协作后援。东督或站长如有阻拦，我公以组织立宪军之名义入卫京师为对。事机不再，祈速图之。（《张绍曾致蓝天蔚电》，宣统三年九月十一日，《辛亥滦州兵谏函电选》，第57页）

11月2日（九月十二日） 蓝天蔚致张绍曾电：今日已谕奖爱国热诚，明早十二条资政院决上奏，请急电资政院一催，蔚同京员朱君明午后到滦州。蔚。文。（《蓝天蔚致张绍曾电》，宣统三年九月十二日，《辛亥滦州兵谏函电选》，第60页）

又谓：蔚现住天津《北京日报》分社，蔚。文。（《蓝天蔚电》，宣统三年九月十二日，《辛亥滦州兵谏函电选》，第60页）

11月3日（九月十三日） 蓝天蔚、张绍曾所奏多数条文，为清政府《宪法信条》十九条收入。

哈汉章电张绍曾：本日奉上谕：资政院奏，采用君主立宪主义，并先拟具重大信条十九条,缮单呈览,恳请宣誓太庙,布告臣民,以固邦本而维皇室一折,朕详加披览,均属扼要,着即照准;一面择期宣誓太庙,将重要信条立即颁布,刊刻誊黄,宣布天下。将来该院草拟宪法,即以此为标准。钦此。我兄所请各条,均在此折内矣。特此奉达。汉章。覃。印。(《辛亥滦州兵谏函电选》,第62页)

宪 法 信 条

一、大清帝国皇统万世不易。

二、大清皇帝神圣不可侵犯。

三、皇帝之权以宪法所规定者为限。

四、皇嗣继承顺序于宪法规定之。

五、宪法由资政院起草议决,由皇帝颁布之。

六、宪法改正提案权属于国会。

七、上院议员由国民于有法定特别资格公选之。

八、总理大臣由国会公举,皇帝任命,其他国务大臣由总理大臣推举,皇帝任命。皇族不得为总理大臣,及其他国务大臣,并各省行政长官。

九、总理大臣受国会弹劾时,非国会解散,即内阁辞职,但一次内阁,不得为两次国会之解散。

十、海陆军直接皇帝统率,但对内使用时,应依国会议决之特别条件,此外不得调遣。

十一、不得以命令代法律,除紧急命令应特定条件外,以执行法律及法律所委任者为限。

十二、国际条约非经国会议决,不得缔结,但媾和宣战不在国会期中者,由国会追任。

十三、官制官规以法律定之。

十四、本年度预算未经国会议决者,不得照前年度预算开支,又预算案内不得有既定之岁出,预算案外,不得为非常财政之处分。

十五、皇室经费之制定及增减,由国会议决。

十六、皇室大典,不得与宪法抵触。

十七、国务裁判机构由两院组织之。

十八、国会议决事项,由皇帝颁布之。

十九、以上第八、第九、第十、第十二、第十三、第十四、第十五、第十八各条,国会未开以前,资政院适用之。(《中国大事记》,《东方杂志》第八卷第九期,1911 年,第 8—9 页;《择期颁布君主立宪重要信条谕》,宣统三年九月十三日,故宫博物院明清档案部编:《清末筹

备立宪档案史料》上册,中华书局 1979 年版,第 102—104 页)

△ 蓝天蔚、张绍曾收到资政院致电。资政院告知十九信条即要颁布,宣示天下,将来宪法以此为准。

电谓:兹接来电,敬悉。维持大局,情迫忧危,本院深表同情。当即拟具宪法内重大信条十九条,公同议决,已于本日具奏,并声明起草全部宪法时,请准各省谘议局暨军人参与意见。其条文(从略)顷奉上谕:资政院奏,采用君主立宪主义,并先拟具重大信条十九条,缮单呈览,恳请宣誓太庙,布告臣民,以固邦本而维皇室一折,朕详加披览,均属扼要,着即照准。一面择期宣誓太庙,将重要信条立即颁布,刊刻誊黄,宣示天下。将来该院草拟宪法,即以此为标准。钦此。合先电达,并希转知各省军队。资政院全体议员公叩。元。印。(《辛亥滦州兵谏函电选》,第 61—62 页)

△ 蓝天蔚、张绍曾等接到各界函电。众情纷纭。有赞同兵谏陈言者,有恳请乘机西进者。

《在京军人函》:军界诸公惠鉴:顷阅诸公所拟政纲十二条,要挟朝廷实行立宪,欲令全域转危为安,孤诣苦心,实深佩服。但朝廷一面下诏罪己,嘉奖诸公;一面令南下军队残民以逞。汉镇商务为中国冠,诸公素所习闻也。自归北军占领,各街铺户一空,半百老妇犹不免于奸淫,三尺童孺亦遭杀害。不已,又将市廛尽付一炬。百万商民何辜,遭此残酷。凡稍有人心者,莫不为之痛哭。矧诸公素存悲悯,岂亦未之闻耶!而犹凭朝廷一纸空文,以为信守诸公之计,亦大左矣。诸公今日按兵不动,不听朝廷调遣,在诸公方自以为得意,而在朝廷已恨之入骨。今日势穷莫诸公何,设天下从此平静,诚恐诸公头颅亦有不保之一日。为诸公计,为救万民计,莫若速举义旗,直捣北京,诛此野蛮不讲人道之政府,则诸公伟烈当与华盛顿争光,诸公亦何惮而不为此吊民伐罪之举耶?诸公所希望者,不过曰责任内阁,而试问袁世凯能解吾民倒悬乎?甲午无袁,则无中日战事;戊戌无袁,则政治早已改革;庚子以还无袁,则不至有今日之腐败;此次督师无袁,则不至焚杀汉镇百万商民之财产。诸公欲依此狡狯凶残、不知大体之人以求治理,误矣。况现有之资政院已不能代表国会,而袁氏又非资政院选举乎?用兵之要贵于乘时,先机坐失后悔贻羞。倘诸公幡然大悟,拔队西进,不待天津占领,而京内已有响应,京中兵民莫不壶浆恭迎王师,谁复与诸公为敌哉!时弗可失,愿诸公熟筹之。此请伟安。在京军人同上。

(《辛亥滦州兵谏函电选》,第 73—74 页)

《晏起函》:贵军驻滦陈言,真得机势,其措词亦先得我心。所谓识时务者为俊杰,此所谓矣。然尚有不满意处,我愿将愚见陈明,乞酌核为幸。

第一义曰维新。既新矣,则所谓旧者,均作衍文。清定鼎至今二百余年,现时政府固恶，推倒足矣，万不能追究其二百多年罪恶，拉入此时大算账也。果尔，则种族之争当不成为问题矣。我，汉人也，未受清一分恩惠，今却犯不着替明朝报仇也。请质之海内，当亦同声赞成，即黎、黄诸公，想亦许可。不愿多流血，致大伤我神州元气也（搁笔泪尽）。

第二曰迁都。应以武昌为京城，由贵军知照项城及我两宫，以及军政府健者，求其一体赞成，并布告各省、各友邦作证人，坚持此义，公立合同，大意谓应舍种族之见，而取政治革命，銮驾南行。若黎处不欢迎，或我两宫不敢去，则俱系违背此合同，以公敌论。必将此件实行，诸事乃可措手（昨日上谕，措词虽好，可惜迟了半月，为之惋叹不置）。

第三曰停战。项城亦见及此，不烦区区之饶舌，其期间究以较长为妙，幸妥订。草泐数言，敬请张、蓝诸公均安。淮南布衣晏起上。此函已通告资政院矣。（《辛亥滦州兵谏函电选》，第 77 页）

《贺培桐函》：敬舆学长仁兄大人钧鉴，多年未晤，想望奚似。近以时事多难，全国谣诼莫衷一是，数日以来京津哗然，益堪悲痛。前日读我兄条陈，深谋远略，通国赖之，其所以维持振兴我国家者，何可名[明]言。但兄一举一动，为四兆同胞安危所系，弟虽不才，敢不稍尽刍荛义务，以为兄计、以为国家计乎！虽然如弟之愚疏，其无补于高明之万一也。为国家计，弟原无藏拙之理，兄更无见拒之理。时势至此，作在三岛席上之共话，亦今夕之快事也。肃此。敬请钧安，伏惟垂鉴。明日思回津，祈今晚赏见为荷。同学贺培桐谨上言。

蓝老兄台亦弟之旧友，愿共赏见焉。（《辛亥滦州兵谏函电选》，第 80 页）

《北京住户曾斌等二十余人函》：张、蓝、卢、伍、潘五位将军赐览：立宪大信条本日颁布，东亚四千年专制之局至此而终。从兹天地再清，河山重秀，皆诸公之力有以致之。感激流涕，不知所云，谨贡数语，以达微忱。北京住户曾斌等二十余人叩。九月十三日。（《辛亥滦州兵谏函电选》，第 81 页）

10 月 29 日（九月八日）—11 月 4 日（九月十四日） 同志推举蓝天蔚为关外革命军讨虏军大都督。

曹亚伯谓：蓝为同志徐于[①]、商震、方刚、柏烈武、徐镜心、刘乾一、左雨农、祁耿寰、徐竹平、吴景濂等举为关外都督[②]。（《武昌革命真史》中，第 340 页）

---

① 徐于，字子敬，湖北武昌人，原籍河南。毕业于湖北将弁学堂。科学补习所成员、日知会会员。曾任北京陆军部任上校参议、湖北内应军中将总司令、广州大本营军事委员等职。

② 按：曹亚伯谓之"关外都督"，即"关外革命军讨虏军大都督"。

宁武谓：先是，省城的同盟会骨干分子，如张榕①、徐镜心、左雨农、陈干②、商震等人集合在蓝天蔚协统部，由徐镜心报告。当时宋教仁、廖仲恺诸同志已各返湖南和广东。为及时起来响应武汉革命，首先需要推举关外革命军政府的领导人。蓝天蔚提议推举吴禄贞任关外讨虏军大都督，领导关外革命军政府，经大家同意后，即推派代表前往吉林向吴将军商请，吴未到任前由副都督蓝天蔚领导。（略）

11月4日，去吉林的代表返回，说吴禄贞接到北京电报调他入关，并开始运兵。同志们考虑，待吴到奉后再进一步商议。这时，南路顾人宜已发动，树起革命义旗；复州警务长杨大实③也已起义，并和顾人宜取得了联系；东路宁武、刘雍、鲍化南在凤城县集合地方团丁起义；邵兆中集中兵力和鲍化南汇合；商震潜伏辽阳集合学生军。

不日，吴禄贞到奉④，他的全镇都开进关内，身边只有一个手枪营。吴乘专车到皇姑屯车站下车后，即前往日本附属地大和旅馆，邀蓝天蔚、徐镜心等人谈话。吴表示："清廷调我前往山西，因为山西已经宣布独立，可能令我去讨伐。我想利用机会和山西民军合力直下北京，铲除清廷的老根。我提议关外由秀豪负责，关内由张敬舆负责。"同志们都照吴的提议，推举蓝天蔚任关外革命军讨虏军大都督，吴即日登车入关。当时举张榕为奉天省都督兼总司令。吉、黑两省没有总的负责人，由蓝的参谋长徐子俊以下军官，在南满铁路日本旅馆中设立地下秘密机关进行活动。用蓝天蔚大都督名义指派各路军的首领人；用协领名义（等于旅的司令）下委参领（等于团长）。年月日用公历，有时还用黄帝纪元。同时举吴景濂为奉天省民政长。当时蓝、张、吴都主张不流血革命，在省城宣告独立。（《东北辛亥革命简述》，《辛亥革命亲历记》，第650—651页）

在《我的回忆录》中，宁武具体记述此事：当辛亥革命风潮涌现到东三省时，1911年7月末，在奉天省的同志由徐镜心同志召集会议，研究革命工作进行办

---

① 张榕(1884—1912)，原名焕榕，字阴华，号辽鹤。辽宁奉天人。曾组织"关东独立自卫军"。与吴樾谋炸出洋考察宪政的五大臣，吴殉难，张被捕，得助逃亡日本东京。加入同盟会。返回大连后，联络革命党人和关外民军，准备武装起义。辛亥革命，任"奉天联合急进会"会长，派人秘赴庄河、海城、辽阳、凤阳、安宁、东平等地联络民军。1912年1月23日晚，应袁金铠之约赴宴，为张作霖所派便衣枪杀。遗有《辽鹤集》。

② 陈干(1881—1927)，字明侯，山东昌邑人。湖北陆军学堂毕业。入同盟会。创办震旦中学。武昌起义后，组织淮泗讨虏军北伐。历任山东民军统领、山东政务厅长、"鲁案中日协定联合委员会"委员、北伐总司令部参议。1927年被李宗仁杀害。1912年北洋政府授陆军少将。

③ 杨大实(1884—?)，字秀翘，辽宁开原人。毕业于奉天警务学堂，曾任奉天省巡查部长，旋赴日本，入日本东京警监学校，后改入东斌学校，学习警察宪兵专科，毕业于日本法政大学。后历任开原复州警察长、奉天联合急进会总务部部长、民国新闻社社长、关外民军第一军司令部总参谋兼执法官、孙中山大元帅府大本营咨议、财政部参议、奉天省长公署咨议、广东省长公署顾问等职。

④ 按：宁武回忆吴禄贞在11月4号之后"不日"到奉，不可信。吴禄贞10月29日已离滦，11月4日已至山西娘子关，其赴奉时间当在此期间。

法。徐提议组织全省革命急进会①。左雨农提议举张榕为会长，徐镜心、赵中鹄两同志副之。左雨农任秘书长，宋涤尘副之。刘艺舟任宣传干事，我为组织干事，祁耿寰为联络干事，张淑秋（张榕的胞妹）为妇女干事，安静山为交通干事。此外，祁耿寰担任西路军事，赵中鹄担任南路军事，我担任东路军事兼策反军事工作。

　　7 月集会结束后，由徐镜心同志等到吉林、长春同董耕耘同志商量，要推举吴禄贞为关外革命军大都督。当时的边防大臣吴禄贞表示说：我个人考虑，清廷必倒无疑，现在袁世凯正在玩弄孤儿寡妇（指宣统隆裕太后而言，下同），窃取中枢大权，此贼不除，将祸国矣。因此，我决心入关，消灭此贼，再兵下江南，安定大局，实现民主共和国。大家推我为关外革命大都督，我仅表示谢谢，但不能实现大家对我的期望。徐镜心同志心直口快地说：吴先生要作中国的"华盛顿"么？吴高兴地笑着说：姑且谈之有这种愿望，我要以革命实际行动来报效国人。吴并提议请同志同志们推举蓝天蔚（当时是陆军旅长）为关外都督，关内推举张绍曾（当时是陆军师长）任直省都督。我们三人合力先消灭袁世凯以下的北洋祸根，再挥师扫平江南旧的残余，大局抵定，再实现民主共和，这是我坚持要进关的计划。细节正在草拟中，待入关后再经有关同志们的同意，即行宣告国人（吴在当年 10 月间被袁世凯暗杀于石家庄）。徐镜心同志等听到吴的抱负已定，也就接受了他的意见，当即辞别返回奉天省城。

《我的回忆录》,《爱国志士宁武》,《辽宁文史资料选辑》第 41 辑，第 112—113 页）

11 月 4 日（九月十四日）　蓝天蔚、张绍曾等接到资政院致电，告知已将实行政纲拟订信条十九条，且已奏请速开国会。若蓝天蔚等对于此前应先拟的宪法、议院法、选举法有何意见，务希赶速电达资政院。

　　电谓："本院顷据贵镇奏请实行政纲，拟订信条十九条，已奉旨准誓庙颁布。窃以事机紧急，稍纵即逝，故特以此项信条为基础，将来起草全部宪法，庐应征集全国军民意见，一面已奏请速开国会，先由本院将议院法、选举法拟定。贵镇于宪法、议

---

　　① 按 1：奉天联合急进会职员名录（1911 年 11 月 17 日）：一、本会公推正会长一员、副会长三员、参议二员即如下：正会长：张榕，副会长：柳大年、张根仁、李德珊，参议：吴景濂、袁金铠。二、本会以如下之各部及职员组织成之：总务部部长：杨大实，军事部部长：辜天保，交通部部长：洪东毅，执法部部长：赵中鹄，财政部部长（原文缺），秘书部部长：汪谦，侦察部部长：赵元寿。（辽宁省地方志编纂委员会办公室主编：《辽宁省志·民主党派·工商联国民党志》，辽宁科学技术出版社 2000 年版，第 429 页）

　　按 2：财政部部长疑为雷飞鹏。

　　雷飞鹏（1863—1933），字筱秋，号艾室，湖南嘉禾人。历任铁岭税捐征收总局分局主管、盛京将军衙门之提法司任科员、西安县知县、广宁盐务局委员。同盟会辽东支部会员。1911 年 6 月，曾筹巨款解送南方。奉天联合急进会经理（财政）部长兼《东三省日报》总编。张作霖查抄广宁盐务局时发现雷奉"急进会"的决议"暂由广宁盐局公款小银元三万元为革命军坚付军饷，待大局定后再付还。"有载入簿记中。雷受赵尔巽缉捕时，蓝天蔚北伐军在奉天沿海登陆，雷正赶往大连筹措连接济物质供给等事宜。雷后历任吉林省教育司长兼署实业司长郭宗熙幕僚、德惠县知事、湖南长沙图书馆长。

院法、选举法有何意见,务希赶速电达,俾有遵循,无任迫切,并希转达各省军界,尤为感盼。本日接寒电,政党擢用一窍、已议决,即具奏,并闻。资政院全体议员。寒。印。"(《辛亥滦州兵谏函电选》,第64页)

△　鲍贵卿就复奏政纲事致函蓝天蔚、张绍曾。

函谓:诸位仁兄大人鉴:顷奉函示祇悉。前次捧读奏章,深佩公等忠义爱国,业蒙诏旨频颁,锐意改良,内阁聿新,治理可望,瞻慕英光,无任折服。前列政纲,凡隶军界,均表同情。惟第一次入奏未得附骥,已奉谕允,必能按条实行。此次复奏,乃蒙不弃,以弟微末,免有貂续之嫌耳。至锦统尚在前方,函电难通,未能专函奉复,务希为荷!专肃。敬请台安。愚弟鲍贵卿顿首。九月十四日。(《辛亥滦州兵谏函电选》,第81页)

△　吴禄贞抵山西娘子关,呼吁山西军联同吴蓝张三军会师北京。

何遂回忆:是日午后一时,何遂随吴禄贞抵达了娘子关。阎锡山亲迎,并召集了山西重要将领,请吴禄贞训话。……吴登台演讲道:"兄弟们! 现在山西的成败很要紧。山西的独立使京畿震动。我已经和二十镇统制张绍曾、协统蓝天蔚联系好了,山西的军队,张、蓝的军队,加上我们第六镇的队伍,会师北京是一定可以成功的。现在袁世凯派人到武汉捣鬼,他是有阴谋的,我们如果早到北京,就可以把他的计划完全打破。"(何遂:《辛亥革命亲历纪实》,中国人民政治协商会议、全国委员会文史资料委员会:《辛亥革命回忆录》第一集,第476—477页)

阎锡山谓:从周维桢君的谈话中,知道在太原起义之同日,驻滦州清军第二十镇统制张绍曾、协统蓝天蔚驰电清廷,促请立宪,并削去皇族特权,组织责任内阁。清廷深惧滦军兵临城下,一面令资政院起草宪法,对张等传令嘉奖,一面派吴禄贞将军赴滦宣抚。张、蓝、吴同为士官同学,且志同道合,吴将军乃在滦军中鼓吹革命,全军为之感动。比得悉清廷令第六镇军攻晋,乃疾返军中。始欲只身入京,吁请清廷正视大局,延缓攻晋。继虑恐因滦事被执,乃诡以招抚晋军入告,清廷虽疑其不诚,然卒以山西巡抚授之,冀以爵诱。殊不知革命志士只一义,非利禄所可动摇,清廷此一任命正给吴将军一个联晋覆清的护符。(阎锡山:《阎锡山早年回忆录》,《山西文史资料》编辑部:《山西文史资料全编》第7卷第73—84辑,1998年,第358页)

11月5日(九月十五日)　滦军催促蓝天蔚、卢永祥践行前约,协同前进。

张国淦据第二十镇司令部秘书李志寯滦州记事云:十五日,吴禄贞从石家庄来电言:"晋军一协,业已招降,近欲审机观变,希协同动作,以践前约。"滦军则一面预备出发,一面催蓝卢两协统协同前进。(张国淦:《辛亥革命史料》,第202页)

11 月 6 日(九月十六日)　蓝天蔚、张绍曾等致电清内阁、军谘府,吁请严查焚毁汉镇的罪魁。

电谓:顷接据鄂省京官郑万瞻等电称"汉镇全被冯军焚毁,兼用氯气炮轰击,并恳代奏"等语。窃全国精华,尽在汉埠,商民林总,皆属同胞,遭此惨祸,谁不痛心! 且氯气炮本系国际战时禁制品,对内使用,尤乖人道。连日朝廷宣告实行立宪,谕旨肫切,下民怨气,渐就消弭,乱事可期平定,乃复以此激起全国人民之公愤,实于立宪前途,大有妨碍。敬恳奏呈请旨查明罪魁,从严惩办,以谢天下而安人心。绍曾、永祥、天蔚、祥桢、矩楹同叩。(《蓝天蔚张绍曾等致电清内阁、军谘府》,1911 年 11 月 6 日,周康燮主编,存粹学社编集:《中国近代史资料丛编·辛亥革命资料汇集》第二册,大东图书公司 1980 年版,第 114—117 页)

△　袁世凯、赵尔巽商议缓调蓝天蔚第二混成协。蓝协不能进。

电谓:文电十六日始到。电政废弛,极堪骇恨。现奉恩旨赦党人,姑先招抚,并非停战。庐[卢]协已抵丰台,蓝协可稍缓再调。公意如何? 凯。铣。(《内阁总理大臣袁世凯致赵尔巽电》,宣统三年九月十六日,《东三省辛亥革命史料》,《清代档案史料丛编》第 8 辑,第 9 页)

曹汝霖回忆:蓝天蔚张绍曾本驻军滦州,电请政府缩短立宪年限,颁布宪法,释放政治犯,名为兵谏。离京师甚近,早发夕至,于是京师震动,立电蓝天蔚止兵勿进,同时电允立宪年限改为五年,宪法从速颁布,由摄政王宣誓太庙,决不更改。(曹汝霖:《曹汝霖一生之回忆》,中国大百科全书出版社 2009 年版,第 93 页)

△　蓝天蔚布置驱逐赵尔巽会议,委任各路军首领。顾人宜[①]为革命军南路协领,祁耿寰为西路协领,命祁赴奉天辽中一带联络任大澂、韩贡久等举兵响应。

宁武谓:蓝同意先委任顾人宜为革命军南路协领,祁耿寰为西路协领。左雨农主张待吴来奉后再谈。(《东北辛亥革命简述》,《辛亥革命亲历记》,第 650 页)

宁武又谓:当时举张榕为奉天省都督兼总司令。吉、黑两省没有总的负责人,由蓝的参谋长徐子俊以下军官,在南满铁路日本旅馆中设立地下秘密机关进行活动。用蓝天蔚大都督名义指派各路军的首领人;用协领名义(等于旅的司令)下委参领(等于团长)。年月日用公历,有时还用黄帝纪元。同时举吴景濂为奉天省民

---

①　顾人宜(1867—1931),字风彬,祖籍山东蓬莱,生于奉天复州。武昌起义后,为蓝天蔚委为革命军南路协领,率民军进攻清巡防队驻地李家卧龙。蓝天蔚北伐军北上,配合北伐军向瓦房店进攻,尔后北进熊岳、盖平。历任关外军第一镇镇统、关外革命军第一军司令官、陆军部中将谘议、护法军政府参军处参军、大元帅府参事兼政府咨议、东三省巡阅使署中将谘议、奉天第一军参议、鲁直联军督战司令等职。

政长。当时蓝、张、吴都主张不流血革命,在省城宣告独立。(《东北辛亥革命简述》,《辛亥革命亲历记》,第651页)

《申报》谓:安徽警察厅长祁耿寰,原名祖勋,北洋警察卒业生。向在东三省充当警员,以其与马杰素通声气,人遂谓其为马杰出身者。上年武汉起义,祁适在东省奉蓝天蔚令,赴奉天辽中一带,联络任大澂、韩贡久等举兵响应。(《祁警厅请释辽中诸同志》,《申报》1912年2月2日,第六版)

关于北大营驱赵会议,宁武在《我的回忆录》中作了相对详细的描述①。

在8月初②某日晚6时,于北大营蓝天蔚第二混成协司令部召集秘密会议。徐镜心在会议上把他和吴的谈话交换意见经过,向大家做了介绍,说明吴要进关,不肯就任关外革命军大都督等等。后来大家提议举蓝天蔚为关外革命军讨虏大都督。张榕任奉天省革命军总司令,举吴景濂为奉天省民政长,徐镜心任都督府总参赞,徐子俊为都督府的秘书长。会议决定上述人选后,接着蓝天蔚讲话,他首先说:"东三省处于日俄之间,为了谨慎起见,我主张不流血革命,先行召集全省各界开会成立保安会,宣布独立。"当时吴景濂表示同意,徐镜心、刘乾一表示不同意。徐说:"你不想流血进行革命,但是敌人要打你,也得流血,我们不能设想革命是件轻而易举的事情。"同时刘乾一问蓝天蔚说:"你的部下如何?据我了解,你部下革命同志都没有兵权,统兵的军官完全是北洋旧军人。"蓝说:"兵权当然是件大事情,但是使他们知道什么是革命,为什么要革命,也是不可忽视的。我部营长以下的军官,早已知道我是革命军人,因此他们平日都很服从我。由于在队伍里,经常进行宣传鼓动工作,所以营长以下的军官同志也不少。"徐、刘两同志听到蓝的谈话,认为有了解的必要,届时请蓝召开军事会议,蓝很兴奋地表示说,好!所以马上就命令参谋写来一个名单。蓝在名单上发现没有营长李际春,即命参谋将李的名字填上,参谋感到很惊奇,认为李际春为人狡猾、阴险,为什么蓝协统要将他的名字填上呢?蓝当即看出参谋的表情,对他进一步地解释说:"李营长很忠实,又很能干,有什么犹豫的呢?"后来参谋即遵蓝的意旨,照名单通知各军官(营长以下的共40余名)参加会议。徐镜心、刘乾一等20余名同志也参加了这一秘密会议。蓝在会议上报告当前的局势说:"为什么要革命呢?我们军人是老百姓的保卫者,我们要把压迫和残

---

① 按:关于此事,宁武在《东北辛亥革命简述》又作简述:11月6日下午,蓝及少数同志在协统部开始发动,研究如何布置会议,准备驱逐赵尔巽入关,但对赵不要给以任何为难和伤害。后来约定在11月中旬宣布奉天独立,以响应全国的革命。但不幸的消息接二连三地传到。首先是吴禄贞被刺死于石家庄,其次是张绍曾在滦州失败而出走。再次是蓝天蔚在北大营会议时,被他部下营长李和祥当晚报告了赵尔巽。(《东北辛亥革命简述》,《辛亥革命亲历记》,第651页)

② 按:实为九月。

害老百姓的清皇朝推倒,建立以人民为主的共和国。因此我们要把奉天清廷的统治者驱逐出境,成立奉天革命军政府。"蓝的讲话约有一小时左右,他讲完话问众军官是否同意,大家都举手说,服从旅长的革命倡议。独营长李际春当时面现恐惧色,没有任何表示,不久就散会了。会后刘乾一同志认为这个会开得太粗糙,到会的军官只是无话而服从,特别是李营长那种神态更使人怀疑,提请蓝天蔚要谨慎从事,不然,看坏了我们的大事情。蓝说,请同志们放心,绝无问题,李某乃一能干的营长,平日多已考虑过他是能革命的。除了蓝的参谋对李表示怀疑外,参加会议的其他军官同志,也都认为李为人狡猾,恐怕是靠不住。所以都提醒旅长注意,而蓝仍坚持无异而散。后来据报,当夜李际春即亲往赵尔巽前告密。(《我的回忆录》,《爱国志士宁武》,《辽宁文史资料选辑》第 41 辑,第 113—114 页)

　　△　蓝天蔚在北大营召开的会议为李际春告密。为对付蓝天蔚的图谋,袁金铠①向赵尔巽力荐张作霖,赵尔巽即传张作霖入府密议。

　　宁武谓:后来据报,当夜李际春即亲往赵尔巽前告密,赵甚为惊怕。在此以前,军事参赞张曾忠告赵,要他及早设法离开奉天,否则总督要遭到杀身之祸,并说:清廷无道,残害老百姓数百年,全国革命军所向无敌,清廷必倒无疑。为大局计,为总督生存计,只有速走为妙。

　　赵尔巽经过考虑,准备离奉入关。消息传出后,张榕及有关同志闻之甚为高兴。不意,消息被绅士袁金铠得知,当夜即叩见赵尔巽,袁力主赵要坚持坐阵,不必听乱党虚张恫吓。并说,蓝天蔚乃一无能的军官。张榕是个浮骄的青年,全省的权势仍握在大帅手中。袁力保省防军统领张作霖,说张作霖很有魄力,平日就抱有效忠大帅之志,请传令张入府,面授机宜,张确能胜任维持奉天大局等语。赵尔巽说:张乃一降官,存心如何? 还不可知。袁当时叩头说:请大帅放心,我为奉天大局,为大帅,以身家性命担保,张作霖绝对是位效忠大帅的军官。赵经过一番思考之后,遂下令召见张作霖。不一时张叩见赵尔巽,当赵说明原因后,张说,请大帅放心,我张作霖虽无才,但誓以生命报效大帅。赵笑对张、袁说:诸公即以血诚相见,奉天大局要仰赖诸公了。不日就委张为全省剿平乱党总指挥。对于北大营蓝天蔚的图谋,赵已密电朝廷免去蓝的协统,以他的原标统聂某升任协统,为奖励密报消息有功的营长,李际春升充标统。并撤销了张榕军事参赞职务。(《我的回忆录》,《爱国志士宁武》,《辽宁文史资料选辑》第 41 辑,第

---

　　①　袁金铠(1870—1945),字洁珊。奉天辽阳人。历任奉天谘议局副议长、约法会议议员、奉天督署秘书长、黑龙江省军民两署秘书长、奉天省省长、中东路理事、清史馆编修等职。

114—115 页）

△　京津地区革命党人拟联合蓝天蔚吴禄贞等起事。

《云振飞》：时榆关统兵蓝天蔚，阴有反正之意，振飞洞知之，即多方面进行说服，约共举事。蓝初拟联络关外胡匪，使其攻榆，彼即佯为败退，导以尾追，至通州，由匪猛犯津京，蓝则率部斜趋热河，预计京师空虚，摄政昏庸，闻变必仓皇出走，邀于中途擒之，天下可传檄而定之。（《云振飞》，陈俊编：《海南近代人物志》，传记文学出版社 1991 年版，第 337 页）

据《崔君①在北方运动各界响应民军纪略》：天运辛亥（1911 年）仲秋甲子之日。黎元洪倡义于武昌，南方各省，多数响应。崔君乃慨然曰："此吾同胞生死存亡之日，亦即志士仁人舍身救国之时。"遂由学堂辞出，集会演说，鼓吹各界，谋在北方响应民军。适汪精卫君出狱，偕李时珍君②到津，与崔君联合，并与同志黄以镛、易昌戢、孙炳文、魏尧、赵铁桥、甄元熙、罗树勋、陈宪门等，组织京津同盟会③。同时吕超君由沪陈其美君处持款来津联络，崔君乃邀刘正雅、杨发春、刘应福、邵崇荣等，与吕君组织军事部于法界贵和里，作调查北方军队之机关。南联吴禄贞君，请其出兵三股，一出石家庄，以遏升允之东下；一出黄河桥，以拒满清南下之兵，使其不得回顾燕京；一出丰台，以直捣北京。中联张绍曾君，请其出奇兵以殄灭张怀芝④之巡防，据天津以断山东之援兵。并请分兵以据秦皇岛，俾我北伐军来便于登陆，东联蓝天蔚君，据守山海关，以截赵尔巽之进兵，并断清廷之后路。又请杨裕文、何福昌、杨必慎、朱育善等，往热河口外各要地，联络汉兵，以牵掣锡良（热河都

────────────

①　崔文藻（1883—1918），字戟勋，一字采芹，别号铁峰道人，云南蒙化人。1910 年入选陆军部调考军医学生。同年冬赴天津。武昌起义爆发，参与组织京津同盟会。1912 年 1 月，与唐兆熊等起事天津，分攻各署，战败被擒，受刑讯后获释。参加护法运动，任中华民国军政府海陆军大元帅府参议、1918 年任中华民国军政府陆军部次长。同年 5 月被桂系军阀莫荣新逮捕，12 日被杀。

②　李时珍，即李石曾（1881—1973），晚年自号扩武，河北高阳人。1911 年回国参加辛亥革命。在天津，与黄复生等组织了京津同盟会。后历任北京大学生物系教授、北京法文专修馆副馆长、国民党中央监察委员、故宫财产清理保管委员会主席、故宫博物院院长、总统府资政等职。

③　按：关于京津同盟会成立的时间，国民党党史会所藏《中国同盟会京津分会章程》谓："吴禄贞等直捣北京的计划失败后，京津一带党人为谋再举京师革命，遂有京津同盟会的出现。……于是九月二十五日在天津租界秘密成立京津同盟会，推汪精卫为会长，李石曾为副会长，直属于同盟会本部。"（台北"教育部"主编：《中华民国建国史·革命开国》，"国立编译馆"1985 年版，第 832 页）

京津同盟会成立的时间当于清廷颁布十九信条、汪精卫等出狱之后。《中华民国建国史》中谓该会成立于吴禄贞等直捣北京的计划失败之后。革命党联络新军的行动应从未停止，此后是否以"京津同盟会"的名义联络？尚待史料佐证。

④　张怀芝（1862—1934），字子志，山东东阿人。毕业于北洋武备学堂。历任新建陆军左翼炮兵领官、北洋常备军协统、山海关巡防营统领、北洋第五镇镇统、天津镇守使、直隶混成协统领官、帮办山东防务大臣、安徽巡抚、察哈尔都统、山东督军、山西省长、湘赣检阅使、援粤军总司令、北京政府参谋本部总长、参谋总长兼前敌总执法处处长。北洋政府授陆军上将。

统），使不得南下勤王。内联禁卫军以作内应，又往沪运搬手枪炸弹及一切战斗器械，种种苦心经营，业已妥善，只待约期大举，燕京可唾手而得矣。（《崔君在北方运动各界响应民军纪略》，政协云南省巍山彝族回族自治县委员会文史资料研究委员会：《巍山县文史资料》，1989年第3辑，第12—13页）

夏寿华有相似记载：时汪精卫适出狱，偕李时珍等到津，与之联合组织京津同盟会。同时吕超持陈其美款来，联络立军事部于法租界。南联吴禄贞出兵三路：一石家庄遏升允之东下，一黄河桥阻满兵之南行，一丰台直逼北京；中联张绍曾，破张怀芝之巡防，断山东兵之援助，并分兵秦皇岛，便北伐南军之登陆；东联蓝天蔚，据守山海关，截赵尔巽之进兵，断清廷之后路。又派杨裕文等往口外运动汉兵牵掣锡良，并暗联系禁卫兵作内应，遣人往沪运手枪及炸弹，及一切战利品，种种布置，方将就绪，讵吴禄贞以被暗杀闻，张绍曾以解兵柄去，蓝天蔚以多掣肘行，前此计划，顿成泡影。（夏寿华：《崔载勋传》，《革命人物志》第九集，第117页）

宋教仁谓：武昌兵起，清廷檄禄贞以陆军第六镇调前敌，君（程家柽）力屈之，告以太平之战所以难成者，以北方无大兵以为之援。诚能西联晋军以扼南北之吭，其取北京犹在掌握中。禄贞遂谢病不行。山西独立，君谓亟宜以剿山西为名，可留军之半，否则六镇尽赴湖北，君虽不行，徒手不能以为战。禄贞韪之，请命清廷，果获许可。惟以所遏之兵数只五千，不足虑用。会陆军二十镇张绍曾之兵止滦州，以挟清廷。禄贞躬往联合，议以禄贞率军攻西直门，绍曾率军攻东直门，成约而返。以九月十五日为期。禄贞军驻石家庄，用君前议往说山西军。山西军务司长仇亮、娘子关守将姚以价以素昧禄贞之为人，阳虽许之，兵延不发。是时白逾桓亦只身渡辽，游说张蓝二军。独君立京筹策内应，以刘道仁往禄贞军助之，而绍曾竟失约，及仇亮以晋军五百人十六日来会，而禄贞已于前一夕被戕矣。（《程家柽革命大事略》，《宋教仁集》，第443页）

11月7日（九月十七日）　蓝天蔚拟应张绍曾约，整备完全，率所部出关，拟施行前之计划。

《盛京时报》次日载：鄂省乱起，直隶各镇陆军已陆续抽调赴鄂攻剿，陆军部以直隶系畿辅重地，兵力单薄，难资镇慑，故该部咨调驻奉混成第二协各营赴直驻守。该协蓝协统奉调后，已于日昨亲带各营兵乘火车起程矣。（《蓝协统带队赴直》，《盛京日报》宣统三年九月十八日，第四版）

△　蓝天蔚协兵出动，东三省总督赵尔巽致军谘府"千急"电谓：蓝协整备已齐，兵卒将器具卖尽，军心一动，万难中止。此时惟有推诚任用之一途，愈疑愈坏。应开往何处为宜，请明示。（《东三省总督赵尔巽致军谘府电稿》宣统三年九月十七日，《东三

省辛亥革命史料》,《清代档案史料丛编》第8辑,第9页)

军谘府致赵尔巽电谓:顷接蓝统领、蒋参议来电:第二协整备完全,兵心已动,且将行李卖尽,万难久驻原地等语。即希贵处转饬该协暂驻,听候调遣。其行李已经卖尽,请由贵处借发饷薪,以应急需,并希加意安抚。其详细情形,请电示覆为盼。军谘府。筱。(《军谘府致赵尔巽电》宣统三年九月十七日,《东三省辛亥革命史料》,《清代档案史料丛编》第8辑,第9页)

△ 吴禄贞密电蓝天蔚、张绍曾协同山西军会师北京①。是日晚吴禄贞被刺。

《吴禄贞复张绍曾蓝天蔚电》谓:愿率燕晋子弟一万八千人以从。(《吴禄贞集》,第228页)

何遂谓:(仇亮)向着带来的士兵们说:"吴统制为革命牺牲了,大家都很哀痛。但革命还要继续下去,我们还要有领导,何先生是吴统制的心腹,和我们联系已经很久了,是否我们就请何先生接替吴统制担任燕军大都督?"兵士们大呼一声"是"。仇亮对我说:"请你说话吧。"我也不推辞,向士兵们讲道:"革命是一定要流血的,吴统制先走了一步。我们要踏着他的血迹前进。现在形势对我们是有利的,我们在吴统制的桌上找到两份电报,让我念给你们听。一份是滦州二十镇张统制和混成协蓝协统拍来的,电文说:'本军已整装待发,请与山西军前来会师。'另一封是吴统制发出的回电,电文是:'愿率燕晋弟子一万八千人以从。''兄弟们,听明白了吗?'全军高呼:'明白了。'"(《辛亥革命纪实》,《辛亥革命回忆录》第一集,第480页)

11月8日(九月十八日)前 吴禄贞被刺,张绍曾随之被罢职,新任镇统潘矩楹代之。时蓝天蔚正受云振飞、韩锋等游说,闻此变情,宵旰焦思,无所措手。

冯自由谓:惜乎第六镇统制吴禄贞与张绍曾、蓝天蔚协攻北京之计划,因吴禄贞在石家庄被刺而致瓦解,而清廷亦罢绍曾职而代以潘矩楹。(冯自由:《冯自由回忆录·革命逸史》上,东方出版社2011年版,第334—335页)

《张铸事略》谓:先是,清政府派载涛赴滦州运动潘矩楹,架空张绍曾,分化瓦解第二十镇。已于农历九月十五日宣布以潘矩楹为第二十镇统制官,张绍曾为宣抚大臣。吴禄贞被刺,张绍曾兵权亦撤,蓝天蔚宵旰焦思,无所措手。(张铸:《张铸事略》,中国人民政治协商会议湖北省暨武汉市委员会:《湖北革命实录馆·武昌起义档案资料选编》中卷,湖北人民出版社1982年版,第406页)

---

① 按:如何遂所述,吴张之间电文沟通无碍。而邹鲁谓:明日(九月十四日)仇率所部五百人回石家庄。吴即电滦洲张绍曾等起事,不幸为清直隶总督陈夔龙扣留,留石家庄十余日。不见张覆电。(《民国丛书》编辑委员会:《民国丛书》第一编25、26,《中国国民党史稿》一、二、三、四篇,上海书店1989年版,第955—956页)

韩锋谓：表章到京后，清廷因兹事体大，立开御前会议。当良弼将十九条宪法按条宣读时，读至第八条，亲贵大哗，载洵、载泽、溥伦等均极力反对，并提议严惩张敬舆，以为军人跋扈、干预朝政者戒。后由载涛与良弼、善耆等转圜，认为宪法仍应依旧颁布，敬舆亦应惩办。于是由载涛假检阅为名，挈同新任镇统潘矩楹赴滦州就职。当他们到达滦州时，我和云振飞正在滦州向蓝幼豪游说。易统的时候，我们还吃了一场虚惊呢。(韩锋：《武昌起义后在京党人的活动》，全国政协文史和学习委员会：《亲历辛亥革命·见证者的讲述》下，第 1353—1354 页)

11 月 8 日(九月十八日)　蓝天蔚急谋入关，向军谘府要车一百八十辆，引起军谘府之疑。赵尔巽以无车阻止，劝其先自入京。

《申报》谓：滦州军队统制张绍曾因愤满兵刺杀吴禄贞，与蓝天蔚商定提兵进攻，京师大震。(《申报》宣统三年九月二十一日，第三版)

《申报》谓：吴禄贞被刺后，其部下未溃散者尚有三千人。公推吴之参谋王勇公(闽人，留学日本陆军肄业)为统领，将与蓝天蔚联合作北伐军前锋。(以上正定，《申报》宣统三年九月二十一日，第三版)

《事略》谓：蓝天蔚拟应张绍曾约，率所部出关，比至车站，车辆已为赵尔巽遣去。(《事略》，《蓝上将荣哀录》)

吴绍奎回忆：蓝谋入关，直捣北京，事机泄露，赵下令停止蓝之部队入关。(《逊清湖北陆军第八镇革命回想录》，《辛亥革命史料选辑》上，第 377 页)

《军谘府致赵尔巽电》谓：……顷据邮部文称：沈站来电，第二协需车一百八十辆，十九日起，分五天运赴丰台；并据督练习公所筹备科员赵玉珊面陈，有陆军部执照等语。本府及陆军部均不接洽，究系开往何处？是否受有贵督饬知或段总统电调？请一面转饬停运，一面查明见复。(《军谘府致赵尔巽电》宣统三年九月十八日，《东三省辛亥革命史料》，《清代档案史料丛编》第 8 辑，第 10 页)

赵尔巽是日致那桐密电谓：蓝协自命立宪军，以别于革党，自联奏奉旨，甚为满足，每以勤王自任，实与张绍曾最密。从前人或指目，近查似尚热心功名者。顷闻吴禄贞遇害，张电约赴滦，不候命令，竟欲自由行动。巽以无车阻之，并劝令先自入京。所幸此协两标统、管带等，多项城旧部，皆尚可靠。伊所换管带二、小官长五六皆鄂人，然不能动摇全体。此协即仍交蓝统，似无他虞。若不交蓝统，将卒更免危疑。今蓝既急不可待，不如由军府诏令先行来京，面授机宜，相机调遣。若不便更易，即指定军队拨往地点，以安其心。惟拨队必令两标统同行，不令一标统留守。其兵卖尽衣被者，因多关内人之故。若实在无须前进，兵丁损失，巽自能筹补，可无虑。此皆[等]内容，不便直达，恳公迅速密告涛邸，万勿泄露。办毕付丙。巽。(《东三省总督赵尔巽致大学士那桐电》宣统三年九月十八日,《东三省辛亥革命史料》,《清代档案史料丛编》第 8 辑,第 9—10 页;《四三二八 东三省总督赵尔巽致内阁协理大臣那桐电报:宜召令蓝天蔚来京相机解除兵权》,《清宫辛亥革命档案汇编》第六十八册,第 66—69 页)

△ 资政院评议蓝天蔚、张绍曾之举动纯为政治上之革命,绝无他意。

《盛京时报》谓:昨十八日午后三时开会。到会者议员仅八十七人,……许鼎霖言现在无政府时代人心惶惶,闻二十镇统制张绍曾已带兵来京以保护京师云。许鼎霖又谓,张绍曾与蓝天蔚二人诚不愧当世之人物,此次纯为政治上之革命,绝无他意。(《资政院第八次会议记事》,《盛京时报》宣统三年九月二十四日,第一版)

11 月 9 日(九月十九日) 午后,蓝天蔚与随员专车起行,往滦州说张绍曾。

据邮传部致内阁那桐函谓:沈阳站长电称"接蓝天蔚统领电话,拟今日入京,属备头二等车各一辆,随带随员十余名,约下午一钟开专车起行"等情,请示前来。查蓝统领军队,昨奉电谕,已由军谘府电请东督宪阻止等因,当电饬沈站遵照,毋庸备车在案。兹据前情,"该协统只身前来,势难阻止。除一面饬沈站备车外,请速咨军谘府查照"等情前来。当由电话通知军谘府,商请办法。旋准复称:"准其来京"等因。(《邮传部致内阁那桐函》宣统三年九月十九日,柴德赓、荣孟源等编、中国史学会主编:《中国近代史资料丛刊·辛亥革命》七,第 420—421 页;《四三四〇 邮传部致内阁协理大臣那桐信函:蓝天蔚令备专车今日入京》,《清宫辛亥革命档案汇编》第六十八册,第 116—118 页)

《盛京时报》谓:蓝天蔚协统十九启程,初云赴京,及到滦州即行下车返奉,闻不久仍须赴京,另有他事。(《蓝协统之行踪》,《盛京时报》,宣统三年九月二十五日,第五版)

1912 年蓝天蔚在张园发表演说,曾就赴滦州说张事谈论:"不意吴公被刺,事败垂成。张君旋解兵权,南北界限复起,蔚闻信之下焦急莫名,只身赴滦,意图调和。"(《张园欢迎蓝天蔚记事》,《申报》1912 年 4 月 23 日,第七版)

据《崔君在北洋行营营务处审讯之供词》:自武汉起义以来,余即辞学出校,与同志白雅雨、王法勤、王葆贞、边洁清、周予觉、凤迪鸣等,组织革命机关于津法界。并往滦州说张绍曾,请其响应民军。时蓝天蔚亦只身来滦,怂恿张君反正。(《崔君在北洋行营营务处审讯之供词》,录自《民意报》,政协云南省巍山彝族回族自治县委员会文史资料研究委员会:《巍山县文史资料》1989 年第 3 辑,第 15 页)

△ 蓝天蔚劝说张绍曾无果回奉;与同志商议关外、关内分途并进。此时关外革命实力,除蓝天蔚部别无可恃之军队。

蓝天蔚谓:"迨到滦后,南方官长又咸畏祸他适,方知事无能为,只得回奉再作计议。"(《张园欢迎蓝天蔚记事》,《申报》1912 年 4 月 23 日,第七版)

《革命先烈先进传·朱霁青》:(当日)蓝返奉天北大营,(朱霁青)先生不进城,

留居日本车站。号召同志,部署机关,准备行动,发起外县革命,孤立省城。(《朱霁青》,《革命先烈先进传》,第968页)

罗正纬曰:清室方派载涛宣抚,暗即运动绍曾去职,以潘矩楹继。绍曾为环境所逼,只得允之。震出,与蓝天蔚、朱霁青、龚柏龄等商行止,天蔚以绍曾既不可留,主张关外、关内分途并进,嘱柏龄联合王金铭、施从云、张之江等负关内责任,天蔚、震等负关外责任,互为接助,以期贯彻。(罗正纬:《商震与蓝天蔚之东北革命运动》,《各省光复》下,《中华民国"开国五十年"文献》第二编第五册,正中书局1962年版,第409—410页)

李培基谓:商、李未得结果,遂回沈阳,此时关外革命实力,除蓝部别无可恃之军队。同盟急进会乃密议分派同志赴奉天、吉林各县,积极策动地方起义,以张声势。遂由商震、程起陆(之屏)、徐镜心等赴辽阳,孙祥夫、杨大实等到开原,石磊、张寿仁等到昌图,刘桐阶(大同)、杨麟(子厚)、赵元寿等往长白吉林,张根仁、柳大年等往锦西北镇,尚有多数同志分赴各县,联合地方革命人士,首先发动,促成各县独立。奉天省城,则由民意各团体及军警成立保安会,并使蓝部参加,借维持治安的名义,以便准备独立。此项密议计划决定后,当即由谘议局革命同志建议,在省城成立保安会,维持治安。商、程等因即赴辽阳,起予密谓余言:"奉天独立能否成功,必须由第二混成协发动,协统蓝秀豪革命意志甚坚决,其部下各标营是否皆明大义,颇成问题,吾同之屏决计先到辽阳,与尹希五、邵子峰及地方同志计议,必能发动起义。惟省城若不能独立,则辽阳交通便利,恐难持久。"余答曰:"你所说甚是,吾前在第二协时,与各同志密谈,知道第三标标统聂汝清为聂士成之侄,因乃叔勋功,由行伍提升标统,其人头脑甚为顽固,绝无革命的意识,我想暂留学堂与第二协革命同志,联络聂的亲信相机鼓动,或可得其赞成。又学堂中同学数百人,大部分皆受过军事训练,若能借口自卫,要求发给枪弹,再由同学数人鼓动学潮,率领各班学生离校,径赴辽阳,以备编组民军,此为吾人革命事业的企图,是否能以成功,则不必顾虑。"(李培基:《辛亥关外革命始末记》,《近代史资料文库》第7卷,第607—608页)

张国淦谓:其时东三省只剩蓝天蔚的第二混成协,孤立无援,同盟急进会乃秘议分派同志赴吉林奉天各县,策动各地起义,以张声势。于奉天省城则积极鼓动独立,计划由民意各团体及军警成立保安会,并使蓝部参加,藉维持治安名义准备独立。决定后,即由谘议局革命同志在谘议局提出要求,在省城成立保安会,以维持治安。(张国淦著、文明国编:《张国淦自述1876—1959》,第241页)

△　清廷派遣刺客跟踪刺杀蓝天蔚。返奉后,蓝天蔚不被所部接纳,其住所被监视。

《事略》谓:时清廷既刺杀吴禄贞,乃遣客邀蓝于途击杀之。陈宧闻其谋,立电

刘叔舒来车迎告，令毋前，蓝乃返奉。入北大营，军拒不纳。及归邸，而侦卒四伏，几不得脱。（《蓝上将荣哀录·事略》）

有谓：新军返防，（朱霁青）先生随蓝协统出关，清廷派刺客暗探，尾随之，以有石家庄事变，大家加深警觉。（《朱霁青》，《革命先烈先进传》，第 968 页）

《申报》谓：洵、涛①主张密募刺客暗杀革命军首领一事，久已传播人口。兹闻此事甚为确实。其所开名单有：黎元洪、黄兴、孙文、张绍曾、蓝天蔚、石星川、吴鸿昌、徐固卿、谭延闿、汤寿潜、张鸣岐、罗杰、罗泽暐②、张孝准、哈汉章、卢静远、田献章、华振基、石润金、余范传、全恕、陈晋、朱恩绂、汤化龙、刘嗣荣、林调元、刘一清、胡瑛、沈同午、伍廷芳及李某某等诸人，并闻以上各人皆悬有一定之赏价。故前日暗杀吴禄贞者实已领得二万金。（《呜呼可怜之京师》，《申报》宣统三年九月二十九日，第五版）

△ 蓝天蔚返奉后，请赵尔巽宣布独立。赵尔巽告之不忍。

《申报》谓：蓝天蔚遵旨带兵入京，因闻吴禄贞被刺折回奉天，要求赵尔巽宣布独立，赵谓我不反对，亦不赞成，惟对于清廷不忍主张此说。（《申报》宣统三年九月二十八日，第三版）

《申报》载：东督赵尔巽昨有电致清政府云，东三省独立，日俄两国亦守中立，巽无法，暂允云云。查此次东三省独立其主动力全在军队第二十镇混成协。协统蓝天蔚于十九日乘京奉火车回奉，联合军界及谘议局议绅于二十晚齐赴督署，要求赵督宣告独立。经赵督再四开导，均不听命赵督，不得已遂为电奏。（《东省独立之新面目》，《申报》宣统三年九月二十九日，第六版）

△ 军谘府、陆军部电示赵尔巽劝止蓝天蔚部开拔南下。

军谘府及陆军部致赵尔巽电谓，顷府拟俟与段总统商定，再行调遣。现府、部会商，因段总统一时尚难回京，自应早定办法。现在若再由奉运兵南来，既与朝旨不符，且转滋人民疑虑，洵与大局有碍。仍请转饬，暂勿开拔。兵丁已卖各物件，即请速为补置，以示体恤。希与蓝协统妥筹办理为要。军谘府、陆军部。皓。（《军谘府及陆军部致赵尔巽电》，宣统三年九月十九日，《东三省辛亥革命史料》，《清代档案史料丛编》第 8 辑，第 11 页）

△ 梁启超自日本回国③，欲联合蓝天蔚、张绍曾。

---

① 洵涛，即载洵、载涛。
② 罗泽暐，1922 年北洋政府授陆军中将。
③ 《盛京时报》记录梁启超的行踪：中国保皇党领袖梁启超自戊戌政变以来，在日本须磨滨海侨居经过十余年。顷以明奉上谕解除党禁，且国事日以危急，颇不能肆然于杯。乃登天草丸轮船离日，于十九日午前七钟时抵大连埠。嗣在连旅间勾留一两日。于二十一日晨，刻由连抵奉。现在日铁路附属地内沈阳馆暂驻祎帷。（《梁启超来奉》，《盛京时报》宣统三年九月二十二日，第五版）

梁先生抵大连后，给梁令娴一书"吾首途后一日，大连、奉天报纸即已遍登，不知何人所泄，想中东报馆久已播扬，内地亦举国咸知矣。此间官吏相待极殷，民政长官派代理人（吾已谢见之）到船迎接，且云沿路派员警护从，言辞甚恭。吾明日见秉丈后当即行，惟不知京奉路有梗否？张敬如（绍曾）已入都（兹事不甚妙），蓝少豪（天蔚）在奉，闻吾来额手相庆云。吾无论如何险难，必入都。都中若忽有他变，无论何国使馆皆可暂住，决无他虑，可极放心。入都后若冢骨尚有人心，当与共戡大难，否则取而代之，取否惟我所欲耳。若天子已下堂，则又别论也。此书呈太夫子一阅后，即寄家中可也。"（九月十九日《与娴儿书》，丁文江、赵丰田编：《梁启超年谱长编》，上海人民出版社 1983 年版，第 558—561 页）

△　有函致蓝天蔚、张绍曾，列举两大难题以说明奉省所处地位与内地全然不同，恳请张绍曾顾念旧游，率师回东，保全奉天治安。

《佚名函》：敬舆先生有道台鉴：前阅公等封奏，钦佩无极。今日闻北京有仇杀及废立之说，人道主义堕落已极，前途茫茫，可为浩叹。十九日蓝公赴滦，敝省对现在情形已面求转达左右。惟奉省所处地位与内地全然不同，有两大问题亟须敬陈，以求教益。

一、奉省逼处两强之间，办理失宜，即来外人干涉，为亡韩之续。故现在无论如何，非先从外交入手不可。

一、奉省向用纸币，日人趁势日挟重赀兑换，目下我有不保之势，尚持之无术，金融机关一塞，而乱立生。

对此两种问题，几乎束手，而变端在即，又不能不先筹。

现在治安，故近日有倡立保安公会之议，其实即改头换面暂时之办法也。我奉治安能保全与否，一般士夫均望公如望岁至。倘能顾念旧游，返旆来东，则弟当率士夫欢迎于省门之外，而奉省治安亦可保全矣。谅公当能俯允也。至奉省筹划之事，业请冰澄先生面达，望采纳为幸。匆匆，书不尽言，未尽之意，仍拟长函续商。即乞赐福为叩。此上。即请筹安。弟名正肃。十九日二点三十分。

秀豪兄同此致意，恕不另函。（《辛亥滦州兵谏函电选》，第 91 页）

11 月 10 日（九月二十日）—11 月 11 日（九月二十一日）　蓝天蔚下令所部入城，意欲用大部兵力分守各城门，占领总督衙门及库房，一部分兵力牵制日军，以免干涉。然他此时已无法驾驭部下，管带陈理清奉令后逃往大连；第二混成协的炮兵炮口面向了省谘议局；聂汝清、李际春公然反对独立。吴景濂、蒋百里见情状变化如此，商议护送蓝天蔚安全出关。

李培基谓：蓝防统乃命令其军队，谓奉命开拨入关，于本日下午准备完毕，候令出动赴车站上车。而其意旨，欲借此发动，使大部兵力经过省城内，分守各处，占据总督衙门及库房。其余兵力,则进至西关与城内连接,以资防守。第二协有步兵三四两标、骑炮兵各一营,第三标标统聂汝清,出身行伍,素无革命的思想,又与蓝协统情感不合,接令后询知其中实在情形,遂即潜到总督衙门,见总督赵尔巽告密。(《辛亥关外革命始末记》,《近代史资料文库》第7卷,第609页)

秦诚至谓:蓝天蔚、张榕看情况变化如此之快,便约定在北大营蓝的司令部里开会。届时到会的有蓝天蔚、张榕、吴景濂(有人说吴因事未到,由鲁大昌代表)、田又横以及第二混成协的高级军官等人。决议是采取军事行动,先占领总督府、军械局等重要机关后,由谘议局派各委员分别接受,最后由谘议局会同地方团体推举大都督,宣布独立,以响应关内革命。布置既定,由蓝天蔚下令:"本协奉令开拔进关,实时出发,开赴车站准备上车。"拟定当军队通过城内时,即分别占领预定的地方,其余兵力开到西关,以防备日军。但第二标标统聂汝清毫无革命思想,在私人关系上和蓝也不好,所以得到密令后教李际春到督署告密。赵即委聂为代理协统,李升标统,并用电话请蓝到督署。(《辛亥革命与张榕》,《辛亥革命回忆录》第五集,第600—601页)

张国淦谓:革命急进会与辜天保等密议,由第二混成协以保安会维持治安的名义,派兵进入城内,占据重要衙署。更由谘议局及地方团体推举大都督,宣布独立。并于即日晚间实行(其日期约为阴历九月二十八、二十九日,或为十月初一日)。蓝协统于此事决定后,遂命令其军队谓奉令开拔入关,于本日下午准备完毕,候令出发赴车站。共用意欲借此发动,用大部兵力经过省内,分守各城门,占领总督衙门及库房。其余兵力则进至西关,以资防御日军。

第二协有第三、第四两标,骑、炮兵各一营,第三标标统为聂汝清,出身行伍,素无革命思想,又与蓝协统情感不和,接令后得知其中实在情形,遂即潜往总督府告密。(张国淦著、文明国编:《张国淦自述 1876—1959》,第241—242页)

吴绍奎回忆:蓝奉令后,知事机迫促,即令管带陈理清率本营围攻督署。陈奉令即潜逃大连,蓝始知用人之误。且李际春、聂汝清辈外则报密于总督,内则多方播弄,至事败垂成,殊可恨也。(《逊清湖北陆军第八镇革命回想录》,《辛亥革命史料选辑》上,第377页)

宁武谓:11月11日,在省谘议会开会时,张作霖的大队人马尚未调进省城,只携部下18人保护赵尔巽到省谘议局参加会议。蓝天蔚也下令他的部下从北大营入城,但好久队伍没有到。蓝感觉有异,就偕同少数军官佐,跑到日本车站某东洋旅馆,听候保安会的消息。不久,第二混成协的炮兵即进城驻在省谘议局的附近,炮口面向省谘议局。这时,蓝的参谋某人才报告说,北京已有电令撤他的协统职,以部下聂标统暂为代理。蓝到此才知道第二混成协已经不听他的调动了。(《东北

辛亥革命简述》,《辛亥革命亲历记》,第651—652页)

吴景濂曾忆:于是定九月二十日上午先开筹备大会,筹商办法,夜间再开夜会,研究所定办法,以便次日进行。是日上午开会,莅会者数千人,并通知公署及各官厅司道到场与议。午会后,适督署督练处参议蒋方震(百里)来访,均予密谈。蒋云:"革命为救民族、救国家,吾虽为赵督私人,绝不反对此举。但君为文人,所有注意之军队为谁?吾系军人,愿为借助。"予告以为第二混成协。蒋又云:"蓝协统对部下不能一致,此事危险甚大。君如不信吾言,可同至北大营与蓝及其部下一谈,便知分晓。"予闻言,骇异万分。当即约蒋同予至北大营访蓝,并请其部下标统、管带晤商。蓝于此时尚未悟,仍持前说,更不悟部下与其反对。当请其标统、管带一同见面,予述来访之意。其标统聂汝清起立首先反对。次马营管带李际春起立声明反对理由,并对其协统加以指斥,惟对予之为人并不反对,且加钦佩。且云:"今日午前开会,吾等亦莅会,回协后仍由聂汝清标统下令调马步炮三营即到谘议局保护并监视。请公于独立外别想办法,尽有磋商余地。并闻议长来协,另派一百人保护议长回局。"言毕,行礼而去。

予始知蒋君所言为不谬,且部下对长官如此行动,蓝君如仍在协,殊大危险。蓝氏此时气沮,乃问有何办法。予即与蒋协商由督练处派蓝赴日调查,由予先垫付川资千金,保护蓝君平安出协。时已下午三点予尚未食,嘱蓝为备午餐。匆匆餐毕,带一百人回局,至局门前,见第二混成协所派马步炮三营已将谘议局围严。(《吴景濂自述年谱》上,《近代史资料》总106号,第37—38页)

△　那桐与赵尔巽密议笼络羁縻蓝天蔚。

电谓:所论甚切当。吴遇害后,段祺瑞前往确查弹压,尚安靖。张绍曾今日电奏,因病请开去差缺,已回津就医,队伍交潘矩楹接统,已奉命令移扎永平。蓝既热心功名,自应加意笼络。惟目下近京畿宜镇静,各国注目,不宜骤添多兵,应由公设法笼络开导,仍令蓝驻扎奉天,听候军府命令。至兵丁卖去衣被,应由公筹补犒赏,以安军心。刻下实在无须前进,即请公善为羁縻之,是为至要。再,闻蓝已先自行来京,当由军府接洽一切也。(《大学士那桐致赵尔巽电》,宣统三年九月二十日,《东三省辛亥革命史料》,《清代档案史料丛编》第8辑,第12页)

△　据梁启超日记所载,蓝天蔚日望梁至。梁启超拟调用蓝天蔚的混成协及张绍曾的二十镇。

梁启超自大连抵奉天,下榻于日本租界,梁此行以见张绍曾、蓝天蔚二人为主。《盛京时报》谓:……于二十一日晨,(梁启超)刻由连抵奉。现在日铁路附属地内沈阳馆暂驻襜帷。(《梁启超来奉》,《盛京时报》宣统三年九月二十二日,第五版)

九月初八日梁启超给徐君勉的信,但此信发出当在梁启超二十一日抵奉之时。其中叙述梁已到奉天,拟次日入京,顺道往滦州一行,张绍曾的二十镇及蓝天蔚的混成协梁启超原拟为调用。

信谓:顷已到奉天,拟明日入京,顺道先往滦州一行,北军中可用者约一镇半(第二十镇及驻奉混成协)若能用之以维持京城秩序,则大局可定。各省纷纷独立,专阻杀暴民之势,他日皆为我用也。惟此数日中维持京城秩序实不易,必须吾到后一礼拜内无事,则后事乃可自任之耳。本初观望不进,夸欲取巧。今欲取而代之,诚甚易,资政院皆吾党,一投票足矣。惟吾颇慎重不欲居此席,吾党今日但求一中心点,可以统一全国,毋致分裂,于愿斯足。现皇统可利用则利用之,若诚不能,亦尚有他法也。(宣统三年九月八日《致雪公书》,丁文江,赵丰田编:《梁任公先生年谱长编》初稿,中华书局2010年版,第289页)

梁启超在奉天给梁令娴书信中说:"……为电报所误,与秉丈来往相左,彼今日又到大连,须明午乃能返此(官界中已见数人),本拟先见次帅,因奉城纷扰已极,今日正开保安会,在督署会议,谅不能深谭,不得已仍俟秉丈来,取进止,大约明日尚不能成行也。

数日以来,形势刻刻改变,在东时之理想及沿途所策画,大半不能行,只得临机以应耳。冢骨所以迟迟不入京之故,闻武胜关为革军所扼(王天纵[1]之兵),彼不能退,不能进,亦殊可怜。都中虚无人焉,旧内阁已辞职,不管事,新内阁未成立,资政院议员遁逃过半,不能开会,亲贵互相阅(宫廷或尚有他变,日日预备蒙尘。天之所废,谁能兴之,真不知所届也。)

吾此行终以见张、蓝二人为主,(若早两日到,在此可以见蓝,彼日望吾至。)二人现皆已入都矣。大约都中秩序,是日内恐必将破,冀颇后能用此二军回复秩序,与外交团交涉,徐图进取耳。现时所思如此,到京后能否办到,又非所知也。张、蓝闻确是可人,但其部下如何又不可知,安保其不为吴禄贞者。今一线希望,在求保全此二人,保全此二军耳。此行日人非常巴结,今日到站,奉天领事派人来接,派两警察随护,今午已到彼领事馆中饭。顷实无一事,大可以写张猛龙,真闲得人难受也。"(九月二十一日下午《与娴儿书》,《梁启超年谱长编》,第558—561页)

11 月 12 日(九月二十二日) 蓝天蔚被监视,其所部未按计划行动。奉天国

---

[1] 王天纵(约1379—1920),原名天从,字旭九,号光复。河南嵩县人。1910年游历日本,回国后,接受同盟会的领导。武昌起义,率众在豫西响应,被举为临时丁部大将军。后历任河南临时都督兼北伐军左路总司令、秦陇东征军先锋官、京师稽察长、靖国军豫军总司令等职。北洋政府授陆军少将加陆军中将,广州军政府授陆军中将。

民保安会于是日成立。

武扬谓：下午，谘议局召开各界——包括军、政、学、商、工、农、自治团体的群众大会。赵尔巽在张作霖保护下出了席。赵讲话大意是：东三省地位特殊，应认清时势，见机而作；希望各安生业，静观时局变化。蓝天蔚谓南方各省响应起义，东三省也应速挂白旗。赵中鹄以捐税繁重，民生困苦，要求马上宣布独立，言下声色俱厉。这时张作霖举起盒子枪大声说：有谁再敢发此言，即以手枪对待。在武力恫吓下，大会按照总督府预定计划，通过了保安会简章，选出赵尔巽为会长，吴景濂、伍祥祯为副会长。（武扬：《辛亥高力门起义及其前后》，中国人民政治协商会议辽宁省暨沈阳市委员会文史资料研究委员会：《文史资料选辑》第 1 辑，辽宁人民出版社 1962 年版，第 65—66 页）

宁武谓：奉天革命党人，不知事机已被泄漏，故仍按原计划，拟用吴景濂为奉天谘议局局长的名义，召集省城军政各界领袖会议，以维持治安为名，成立奉天全省保安会，把奉天都督赵尔巽赶走，然后蓝天蔚任关外都督职，吴景濂为奉天民政长，徐子镜为参谋长，宣布奉天独立，东三省的革命不经过流血，即可成功。吴景濂根据党人计议，在 1911 年 9 月 22 日召开保安大会，绅商各界到会者有 200 余人，赵尔巽、张作霖、袁金铠等都出席了会议。吴景濂主持宣布开会，说明开会的目的和意义。接着由陆军第二混成协协统蓝天蔚讲话，他首先分析了国内形势，并具体谈到为维持治安要成立奉天保安会，暗示奉天要图谋独立等语。接着赵尔巽发言，谈到他如何廉洁奉公，为国为民，已尽到了自己应尽的责任。他同时劝告大家说革命就是为了进步么！但是我们东三省与关内情况不同，望大家要安分守己，不要图谋不轨。随后有革命党人赵中鹄很激愤地说；赵次珊你不要抛官腔，现在奉天省粮食就是个大问题，那么你就想出办法解决吧！张作霖看到这种情形，便拿出武器进行威胁说：你们想要造反么？我张作霖是想交朋友的，但是我这支手枪它是不留情的。随即将手枪"啪"地一声放在桌上，以显示他的厉害。没有料到参加会议的一些革命同志，竟被张作霖给吓唬住了，因此，会议无结果而散。（宁武：《我的回忆录》，《爱国志士宁武》，《辽宁文史资料选辑》第 41 辑，第 115—116 页）

赵夏山谓：开会时，除张、冯列席外，尚有汤玉麟、鲍子扬、张海鹏、张景惠、张作相、汲金纯等，并有差役数十人，暗带手枪布于会场周围。会议开始后，首由赵将开会重要意义宣布，略谓：目下民军虽一时得手，但我前方冯、段诸军已夺回汉阳、汉口，民军只占据武昌一隅。闻黎元洪已逃居兵舰，张勋已反攻南京，颇称得手。孙、黄避往上海，大局前途不能逆料。我省居特殊地位。今诸君到会，须从长计议，勿囿于目前形势不为长久计划，致涂炭生民，又负不洁之名而遗臭千秋（暗示不能独立叛清）云云。蓝天蔚首先发言，略谓：满清占据华夏三百余年，我堂堂华胄受其压迫,实犬豕不如,扬州十日,嘉定三屠,余痛犹存。今民军起义,全国响应,驱逐胡虏,正其时也。东省距京较近,又居清军后方,大帅首先独立然后统兵南下,直取幽燕,推倒清廷,报累代压迫之仇,成大帅不世之功,蔚当执戟先驱以遂宿愿。言尚未尽,张作霖挺身而起,从腰中取出七轮手枪指蓝曰:"汝丧心病狂,满口胡言,背叛朝廷,罪不容诛。张某身受国恩决不叛逆,尔胆敢再言独立,以此从事。"汤玉麟等均取出手枪怒目而视,吓得吴景濂等噤不成声,金梁倒于座下,全场顿时混乱。袁假装好人与孙百斛、锡聘卿等将蓝劝走。会议结果,照袁所谋通过,成立保安会,赵任会长,孙等副之,宣告中立,保境安民。(《我所知道的袁金铠〈节录〉》,《吉林文史资料选辑》第4辑,第210—211页)

张学良忆:彼时我父亲之部署,只有在省城讲武堂受训之三十几人,部队皆远在洮辽一带,遂请赵次帅急调军队进省,令受训者出堂,发给枪支。彼时蓝天蔚驻在省城北大营之军队约在一标(团)以上。翌日在沈阳南门外谘议局开会,军队林立,气象森严。蓝天蔚当众宣布东三省应即独立,拟推举赵尔巽为都督,征询有无意见,我父亲时坐于蓝之侧,突然起立,抽出手枪,力拍主席桌案,大声疾呼:我张某反对,请何人敢再言此议者!会场则哑然无声。蓝天蔚悄然退出会场。我父亲急返入城,告赵次帅速令将城门关闭,以防万一。赵次帅乃命我父亲为城防司令指挥员警以及赵之卫队,并急调辽北军队星夜进省。我曾记得,曾为当时的老军官告诉我说,他们曾日夜急行,多至一百余里,四天的工夫,赶到沈阳,而蓝天蔚亦未有何动作。蓝之内幕我未周知其详,我想当时参与其事者,应该有个真实的记述也。(张学良:《杂忆随感漫录〈三〉——复写本》,档案号:005—010504—00045,台北"国史馆"藏)

秦诚至在《辛亥革命与张榕》中提到此次会议:九月底保安会开会……但这时,第二混成协的管带李际春将该协的情形全部告诉了袁金铠,袁又转告赵尔巽,赵把张作霖、汤玉麟等人预先安置在会场内。他上台自吹自擂,说他两次来奉天,都办了许多事情,对得住东三省的父老。赵中鹄突然站起来打断赵尔巽的话说:"今天不是你表功的时候,而是研究保安会改组的问题",话没讲完,就见张作霖把手枪向桌上一放说:"今天开保境安民的会议,只能依照原样,不能改变,谁主张改变,谁就是革命党,我就反对。我张作霖是交朋友的人,我的手枪是不认得朋友的。"人们看情形不对,便一哄而散。(《辛亥革命与张榕》,《辛亥革命回忆录》第五集,第599—600页)

冯玉祥回忆保安会表决事:赵总督没奈何,摸了摸脖子,站起来说:"咱们今天应当郑重地表决一下,谁赞成我的意见,就请举手。"当时某统领先举手,五路巡防统领也随着举了手,可是新军这边各镇统制,各参谋长,各协统,——所有新军将领却依然低着头坐在那儿，动也不动。总督一看会场里的情形，觉得这个事不好收台，于是厚着脸皮，用着乞怜的口吻，又向大家啰嗦起来："我这么大年纪了，头发也白了，什么事都不想干了。大家今天总得赏我个脸，不看僧面看佛面，大家总得让我老面子过得去。有什么困难，大家尽管说出来，咱们从长讨论，也许是我上了年纪，话没说清楚，大家没听明白，现在我再说一遍。"于是又把上面的话重说了一次。接着又付表决。这次新军将领里头某代统制首先举了手。经他这一破坏，大家也就不得不随着举手。乐得个总督笑开了脸，连声说："这是全体通过了，我有面子出得这道门了。"哈哈地笑着，宣布了散会。某统领依旧拿起那羊肚毛巾跟在后面徜徉而去。

冯玉祥谓：会议完了，大家走出来。新军将领中有许多人气得要死。蓝天蔚气得走过去，将某代统制的袖子抓住说："你这个家伙，在外头我们怎么说的？说定了的不算，到里面又举手！"

某代统制脸红耳赤地说："老兄，光棍不吃眼前亏。桌上摆的什么玩意儿，你难道没看见？而且我举手也只举到耳朵跟上，我是一半赞成，一半反对。你们没看清楚，就随着乱举手，谁叫你们举手来？"

大家互相抱怨了一阵，方才散了。那边东三省新旧驻军的将领在沈阳开着关系重大的会议，这里在新民府的将领都以万分焦虑的心情挂念着。后来赴会的人回来，大家都争先恐后地去打听消息，潘协统先回来，和大家说："咱们只应该忠君爱民，其余什么事也不要去过问。"

大家听说，知道事情糟糕了。后来有人看见蓝天蔚，蓝协统非常愤激地说："现在到了咱们流血的时候了，咱们得自己想法子干！"（冯玉祥：《我的生活》，《冯玉祥自传》第一卷，世界知识出版社 2006 年版，第 93 页）

朱尔典曾于信中提到：盛京代总领事说：无可怀疑，东三省学界意见对普遍希望在全国消除满族统治势力一事深表同情，尽管在其他地方使斗争如此激化的满汉种族之见，很少存在于东三省。吴理斯先生于 11 月 11 日来电报告说：过去几天内，革命派秘密派遣的人员在盛京积极活动，但总督赵尔巽和革命派都很想避免任何动乱，因为他们担心外国干涉。协统蓝天蔚所统率的第二混成协的态度，使人们有某种理由感到忧虑，但该军内部有意见分歧，奉天谘议局顺利地组成了以总督为首的保安会。1911 年 11 月 16 日于北京。（胡滨译：《英国蓝皮书有关辛亥革命资料选译》上，中华书局 1984 年版，第 115 页）

11 月 12 日穆厚敦致安格联。函谓：昨天夜间总督衙门开过会议，商议关于今天召开和平会的事。

事情发展的情况有点微妙。总督最后统一了为和平的利益去主持保安会。那时候,总督衙门前面聚了一大群人,又来了两个军官,其中一个是和总督关系比较好的伍祥祯,率领着一小队士兵到总督衙门前维持秩序。驻扎在北门外的混成协中这两个军官的威信都比蓝天蔚高些。总督今天午后两点钟到了会场,他被推举为会长;和他关系较好的伍祥祯当了副会长,另一副会长是省谘议局议长吴景濂。在会议进行时,蓝天蔚坐在人群中间,低着头没有任何活动,他穿的是和服。据总督衙门的人说,他是黎元洪的盟兄弟,性情很暴躁,和总督的关系也不好。我记得他曾经和总督有过争吵。我相信在这种场合他很明白严重扰乱治安对他会发生什么样的结果。在平常的时候他似乎是被严密地监视着的。这次会议开了约四小时,没有发生事故,将来还要再开。会场门前悬挂黄色的旗子,旗上写着"国民保安公会"六字。总督致开会词说,他的意图是为了公众的利益维持治安。会议议决大纲十二条。(从略)

总督在闭会时宣布:只要是有利于维持治安和保护人民的福利,人人都有权口头或以书面提出意见。他说这番话,是因为在会上曾有人质问,为什么保安会的活动范围只限于奉天省,而不扩展到吉林和黑龙江省。总督立刻表示同意这个好意见,并向质问的人说明保安会将来会扩展到满洲全部地区。会议就这样安静地过去了。

昨天晚上我同德国和英国领事谈论时局的时候,听说德国领事昨天午后向北京和柏林打过电报,说今天上午十点钟要宣布共和政体。我告诉他们,唯一的困难因素是驻在北门外的蓝天蔚,但是总督已下定决心要维持和平,他是一位很有才干而又和平的人,因此预料会发生什么骚乱是没有根据的。

总督间接地通知我说,他同意您提供给他的意见:当前唯一明智的办法是稍微顺着革命运动的潮流走,只有这样做,才能把它约束在范围之内,不至于一发而不可收拾。总督还表示,在这紧要关头接到您的意见,他有说不出的高兴,并暗示,除非真有必要,我也不必为此事打电报给您了。总督继续控制局势的发展,还大有希望。只要他的明智措施能够在这里实行,局势就可以平静地发展下去。(《中国海关与辛亥革命》,中国近代经济史资料丛刊编辑委员会主编:《帝国主义与中国海关资料丛编》9,中华书局1983年版,第296—297页)

△ 蓝天蔚至公署面见赵尔巽,受到张作霖羞辱。赵尔巽劝告蓝只身引退;亦有谓,蓝天蔚为聂汝清等捆缚解省,赖熊希龄救而不死。

秦诚至谓:蓝刚进大门,张作霖就要卸蓝的武装,并有要逮捕的样子。正争执中,赵出来告张作霖不要莽撞,即请蓝升堂就座,把李际春告密的事向蓝说了一遍,接着说:"奉天形势特殊,不能冒昧从事。最好是放弃个人成见,为东三省大局着想,可以只身引退,赵某愿以人格保证安全。"又给蓝、张两人解释误会,说:"彼此之间,既是袍泽,又是朋友,政见不合,与此无关。"蓝天蔚方恍然大悟,只能答应远走。(《辛亥革命与张榕》,《辛亥革命回忆录》第五集,第 600—601 页)

《盛京时报》载,当至辕门,经张统领作霖之兵将其身全皆翻倒,见无有军械,始准备见。蓝君见次帅,未及数语,张作霖统领进内,手拉蓝君,谓有话不必与老师[帅]分辨。汝欲接仗,将汝之兵带出,找一平垣之处,与我分个上下。汝若得胜,我等与老帅将奉天城退出。吾若得胜,汝有何话说? 蓝并未回言,唯唯而退。当即不辞而去。(《不如归去　茫茫蓝蔚　有恨何如也》,《盛京时报》宣统三年十月六日,第四版)

罗正纬谓:天蔚回奉,革命声势日彰,赵尔巽调赴奉军入卫,突召天蔚入署,戒备森严,少顷,尔巽自内室出,从容谓天蔚曰:闻南方风潮日烈,请君为我调查,据实以报。旋嘱伍祥桢持旅费贰千元以馈之。危词促其行,委聂标统代理其职,皆预计也。(罗正纬:《商震与蓝天蔚之东北革命运动》,《各省光复》下,《中华民国"开国五十年"文献》第二编第五册,第 409 页)

曹亚伯谓:蓝天蔚亦畏首畏尾,遂为其部下聂、刘二标统捆缚解省,赖熊希龄救,不死。(曹亚伯:《武昌革命真史正编》,张研、孙燕京主编:《民国史料丛刊》882,大象出版社 2009 年版,第 309 页)

△　蓝天蔚欲整军与张作霖决一死战,遭到部下反对。

赵夏山回忆:蓝天蔚由谘议局受张羞辱归营后,尚不知自己部属为赵收买,遂即召集本协将佐开会,将在谘议局开会经过报告,并谓赵如何忠清主张中立,张如何野蛮反对独立,我如何提议未能通过。拟即日整军与张决一胜负,如胜即电全国响应民军,败则退至榆关,与驻滦州张绍曾互相策应,请诸君多加赞助以成此功。(《吉林文史资料选辑》第 4 辑,第 211 页)

《盛京时报》也记载:奉天第二混成协统领蓝君天蔚曾在本营秘密演说革命宗旨,各官军等均不赞成。于是日夜间,该营官弁均带手枪,至该统领住室,声称协统之事,各界早有所闻,吾等实不能随协统调用等语,当由蓝好言抚慰令去。(《不如归去　茫茫蓝蔚　有恨何如也》,《盛京时报》宣统三年十月初六日,第四版)

△　梁启超听闻蓝天蔚欲拥其独立,以为不利,拟次日离奉赴大连。

杨维新记辛亥年(1911 年)任公先生归国事,"宣统三年武汉起义后,吴禄贞、张绍曾在滦州发表十九条,梁先生由日本回国至大连(弟同行),行前与南海有密议,在船中计划甚多,拟即往见吴禄贞。到连后知吴禄贞已死,梁大失望,曾往见关东都督,请其电驻京日使,提议由使团设法维持京城治安(恐京城有事变,梁欲即入京也)。是时蒋百里在赵次珊处任参谋长,梁与蒋见面数次,似有运动军队之接洽(详情须问百里)。适汤觉顿、罗瘿公由北京过奉来连,谓蓝天蔚等将不利于梁,促即回日本。因与同船渡日。"(杨维新:《记辛亥年任公先生归国事》,《梁启超年谱长编》,第558—561页)

梁启超是日写信给女儿:"此间大危。昨日以来,接见谘议局员及其他民党不少,厥后细查,乃知其中有著名革党及马贼头目。(幸吾言极谨,令彼等悦服,然危机乃在此。)今晚忽得密报,言军队已议定将图我,——所谓图我者,殆欲拥我宣告独立也。秉丈在大连,发电报数次来,最后又发电话来催我,必立刻行,半日不许逗留。荷丈云已出京(可告汤府),现到大连,与秉丈同居(罗与同行)。我明晨即往大连。行止何如,当续告。"(九月二十二日《与娴儿书》,《梁启超年谱长编》,第558—561页)

11月13日(九月二十三日) 赵尔巽请袁世凯密示如何处置蓝天蔚。

电谓:顷闻钺节到京。旋乾转坤,维持大局,惟公是赖,无任仰企。此间于日前创设保安公会,情势汹汹,内容极为危迫。幸第二协标统聂汝清、刘恩鸿等仗义执言,竟挽狂澜于既倒。今日本会成立,举尔巽为会长,秩序尚无骚动。该军人等平日皆受钧座教育,故能忠义激发,转危为安。惟协统蓝天蔚与两标素不相洽。今则全协皆不听其命令,彼亦自危。公有何策?祈密示。此军即令聂汝清暂兼协统,并留奉防,可保目前治安。(《东三省总督赵尔巽致袁世凯电》,宣统三年九月二十三日,《中国近代史资料丛刊》七,第421页)

11月14日(九月二十四日) 赵尔巽以"派赴东南各省考察"为名解除蓝天蔚军权。

内阁电寄赵尔巽谓:奉旨,据赵尔巽电称,日前创设保安公会,情势汹汹。幸标统聂汝清等仗义执言,竟挽狂澜。本会现已成立,秩序尚无骚动。惟协统蓝天蔚与两标素不相洽,全协皆不听其命令等语。蓝天蔚着开去统领官,交赵尔巽差遣委用。所遗该协统领官,着聂汝清接充,并赏给陆军协都统衔。(《宣统三年九月二十四日上谕》,沈云龙主编:《近代中国史料丛刊·宣统政纪》第64卷,第9—10页;《内阁致赵尔巽电》宣统三年九月二十四日,《东三省辛亥革命史料》,《清代档案史料丛编》第8辑,第17—18页)

赵尔巽札令谓:照得武汉事起,各省分崩,战祸之来,恐无时日。本省筹设保安会,以尊重人道,保全中外民命财产,静待大局之定为宗旨。唯对于各省意见必须考察明确,以供保安会之参考。而本省保安会之宗旨,但能广布远近,得一处之赞成,即可保全人民一份之幸福。有第二混成协协统蓝天蔚,志趣正大,识见明敏,堪以派赴东南各省,考察此次战争之实情与群众之意见,并传布本省保安宗旨,以谋国民之幸福。此札。(《赵尔巽褫夺蓝天蔚兵权,委其赴东南各省考察的札文稿》,宣统三年十月初四

日,辽宁省档案馆藏;《辛亥革命与张榕》,《辛亥革命回忆录》第五集,第600—601 页)

秦诚至谓:赵(尔巽)于是亲笔写了一个札令。赵尔巽仇恨革命党既如此之甚,何以对蓝这样温和? 乃是由于蓝在第二混成协内仍有他的潜势力,赵尔巽"投鼠忌器",才不敢加害,后来的三次兵变,都是这个余波。蓝走后不久,吴景濂也以代表的名义离开了沈阳。(《辛亥革命与张榕》,《辛亥革命回忆录》第五集,第600—601 页)

国内各报纸皆刊出蓝天蔚为赵解除兵权事,上海《大同报》谓,赵尔巽电奏蓝天蔚倡议独立,措词激烈,请解散兵权。电旨统制蓝天蔚开缺,交赵尔巽差遣。(《蓝天蔚解散兵权》,上海《大同报》1911 年第 17 期,第 30 页)

《申报》谓:赵尔巽电清廷,谓蓝天蔚倡言独立,举动暴烈,请速解其兵柄,得旨蓝天蔚着即开缺,交赵尔巽差遣。(《申报》宣统三年九月二十九日,第三版)

又载:蓝天蔚主张独立,大为赵督所忌,阴使清廷解其兵柄,蓝闻之大愤。军队尤汹汹,即日起事。(《申报》宣统三年九月二十九日,第三版)

上海《时报》载:蓝天蔚主张独立,大为赵督所忌,闻已具奏参劾,解其兵柄,蓝天蔚闻之大愤,拟即起事。(上海《时报》宣统三年九月二十九日,第一版)

△　蓝天蔚知事不可救,将关外事托付商震、朱霁青、程起陆等,并密授机宜,行北伐之预约。

罗正纬谓:天蔚知事不可救,密授商震机宜,请其继承领导。初震奉总理命,担任关外、山东等地组织,遂图充奉天、吉林各学堂教员,宣传革命,由是教职员学生入同盟会者已不鲜,基础日固。东三省革命人才时号三杰,震其一也。熊成基图皖失败,潜入黑水白山间谋大举,拟于蜂蜜山组织小国家,地形便利,后枕贝尔加湖,震与奔驰。将济也,不意失败,成基殉国。震愤,以为革命大业,非军力不为功。时二十镇声誉卓然,往投之。一清、星川见而奇之,知为非常士,亦不以寻常相迩也。震感奋,常以革命须要当兵,当兵须要革命自励,军中熏染者众。后频频至奉,迭与蒋慕谭、陈明侯、柏文蔚、祁耿寰、卢镜寰、方楚囚、左雨农、李培基、程起陆、张揆一、汪人杰等秘密活动,效益更钜。天蔚复以重任寄之,乃愈努力。

天蔚约震回奉,霁青欲与偕行。震曰:君兵柄在手,毋速去也。及震组织民军,霁青、夏得祥暗令所部荷枪赴之,假私逃以报,标统车震久觉之。霁青、得祥等皆不安,相率入民军。霁青爽直,埋头苦干,与震合作,相得益彰,东三省民军,自是蒸蒸日进。(罗正纬:《商震与蓝天蔚之东北革命运动》,《各省光复》下,《中华民国"开国五十年"文献》第二编第五册,第 409—410 页)

罗正纬又谓:蓝天蔚自赵尔巽逼之离奉,关外革命工作,由商震、朱霁青、程起陆等主之。时滦州革命工作,自张绍曾去职,由王金铭、施从云等主要之。龚柏龄以奔走最力,遭反对者忌,忽又他适,临行,天蔚谓之曰:"革命运动,殊途同归,吾辈多方进行,最后胜利,注重北伐耳!"柏龄深然之。时陈宧为热河兵备督办,拟练新军一标,请柏龄以为助,嘱求多方面进行,柏龄函召贺桂生、马兴邦、崔凤林、王得泉、胡祥麟等至。盖柏龄以为热河据滦河上游,车邻奉境,一便于滦州起义时,以资策应,二便于关外民军联络,互作声援,且扼北京之背,关系至重,默计事若可成,天蔚北伐之预约,足以偿矣。(罗正纬:《蓝天蔚率师北伐》,《各省光复》下,《中华民国"开国五十年"文献》第二编第五册,第411页)

△ 是日晚,蓝天蔚乘坐火车出关,避走大连。有谓蓝天蔚受赵尔巽转请蒋百里之暗示,以其处境危险,劝告南行;有谓蓝天蔚受到伍祥祯的隐护。

《事略》及《蓝天蔚事略》谓:二十镇协统伍祥祯使诈言召蓝会议军事,乃至伍邸,蓝易衣遁至大连。谋于关东起事。(《蓝上将荣哀录·事略》;《蓝天蔚事略》)

吴绍奎谓:"幸蒋百里先生暗示,令其速避。蓝由是被迫出走。"(《逊清湖北陆军第八镇革命回想录》,《辛亥革命史料选辑》上,第372—377页)

程起陆谓:赵即令军事参议官蒋百里告蓝,谓事已至此,嘱立即离开沈阳,以免事态扩大,蓝遂经大连赴上海。(程起陆:《关外革命回忆录》,《辛亥革命回忆录》第五集,第564页)

罗正纬记录:奉天总督赵尔巽乃助以二千元嘱馈天蔚,促南行。且曰:"祸将作矣,不去,必及于难,子其行乎。子有四方之志,流连于此,徒死无益。"天蔚乃走大连,复去上海。(罗正纬:《滦州革命先烈事略》,《中国近代史资料丛刊》六,第364页)

宁武谓:蓝天蔚考虑处境很危险,便带20多名骑兵由日本南满站(现在沈阳南站)逃到大连去了,不久由大连搭船前往上海,仍然组织和策动革命,伺机待起。(《我的回忆录》,《爱国志士宁武》,《辽宁文史资料选辑》第41辑,第116页)

沃丘仲子谓:辛亥(1911年)冬,蓝天蔚等谋革命急,赵尔巽召之入沈,至,即索天蔚决斗,天蔚嗫不能声,时奉天革党首领为张榕,然无兵。余若柳大年之流皆假名义以图富贵者也。势至单薄,天蔚既逐,众嚣立息。(沃丘仲子:《张作霖》,《当代名人小传》卷下,《近代中国史料丛刊》第三编第8辑,第111页)

李培基谓:赵急令军事督练处总参议官蒋百里告蓝,说事情已经失败,业令聂标统代理协统,请蓝即乘车赴大连,离开沈阳,以免省城发生军事惨祸。蓝知大势已去,当即偕同亲信数人,乘南满车离沈阳,经大连赴上海。

(中略)军队中得知蓝协统离职的信息,情势突然紧张,时在晚间,各标营皆已戒严,禁人出入,于是三标四标各营,互相防备,如临大敌。盖因军队中官兵同志于革命者,欲乘时机有所举动,使聂不能就任协统,以便再行起义,因此情况为之不安。先是聂汝清告密时，赵督知新兵不可恃，乃急电巡防统领张作霖，令其带所部骑兵，星夜进省，任保安司令，维持省城治安。（《辛亥关外革命始末记》，《近代史资料文库》第 7 卷，第 610 页）

《申报》载：辛亥（1911 年）武昌首义。群雄崛起，吴死蓝去。（朱朱：《纪革命一先烈》，《申报》1929 年 12 月 6 日，第 12 版）

《时报》载：蓝天蔚所统五千人皆愿反正。惟炮队管带刘某中梗，且与边防队连和，以此不能如愿。蓝已离奉天。（《奉天归客谈》，上海《时报》宣统三年十月十六日，第二版）

保安会成立及蓝天蔚出走大连一事为奉天革命之转折。时人多有评介。

齐世英谓：刚才恺园兄提到蓝天蔚的第二混成协的事情，那时我正在沈阳奉天中学堂（当时一般叫"北关中学"）念书，记不得是在宣统末年还是民国元年，忽然间一天晚间，北关中学旁边的一条大路。从北大营到城里去的大路，有时续时断的枪声，以后传说是兵变。我们学生听到枪声，不知道是怎么一回事，就从坑上下来，坐在地上躲避流弹。枪声过去了，大家还愣在那儿，不知道是怎么回事。第二天，大家出去，往城里去，但见沿路烧得很厉害，到了大北门，城门还关着，知道第二混成协已经失败了，要攻城未能攻下。那时我是中学一二年级，小孩子还不清楚是怎么个事情，只知道张雨亭先生在城内防卫省城，保护东三省总督赵尔巽（次珊）的安全，此后张雨亭先生就得到赵总督的信任和倚重。以后我想起来，可见张雨亭先生他的性格非常的机警。刚才恺园兄说他从洮南府以骑兵三天三夜就冲到沈阳来，防卫省城，应付了这次兵变，从这事看来，他的个性与机智，有过人之处。他的前程也于此奠定。但是，蓝天蔚是个革命党，如果从革命党的眼光来看，对张雨亭先生当然是另外一种看法了。这是东北鼎革之际一个关键性的时刻。革命党也在东北起义，但是人数很少，有些人被抓了，被杀了，摆在那里，我虽然是小孩子，也去看过。因人数不多，损失很少，所以就保卫地方的立场来说，张雨亭先生他还是有贡献的。（齐世英：《我对张雨亭先生的看法及有关日本的两件事》，《传记文学》1977 年第 31 卷第四期，第 21 页）

张学良曾就此事深表疑问：我（张学良自谓）接下来要讲的这件事情，到现在我还不能够知道，我很想找好多人问这件事，到底怎么回事，但是还没人知道。

我父亲呢，他每年总是一次两次地到省城，那时候总督就是赵尔巽。我父亲没有一个人可怕的，没有怕的人，他就怕赵尔巽，就赵尔巽能说他。

他到奉天，正赶上革命，那时革命（军）在奉天的军队（首领）叫蓝天蔚，蓝天蔚有一师，那时候不叫师，叫镇。我忘了那是多少镇了，忘了，大概有二十镇吧。

这件事我慢慢地说出来，我很奇怪，我对这件事感到最奇怪。这里面又插了许多的小故事。

我父亲到奉天去是领饷,奉天那时候就有讲武堂了,我后来也是讲武堂(肄业)的。那时候的奉天讲武堂里有我父亲的部下,包括张景惠都在那儿念书,大概有三十多个人。

去见赵尔巽,赵尔巽告诉他,说你来得很好,我明天预备死了。我父亲听了很奇怪,你为什么会死呀?你为什么要死?他说,明天奉天的文武官员,就是蓝天蔚等领着革命党人,要推举他当什么委员会的委员长,就是都督一类的。赵尔巽说他们推举我我不做,他们要举立我,我就自己自尽,我就死。他是保皇党,不过后来民国时不做官了,他弟弟赵尔丰你知道么?后来在四川的家里叫国民党给杀的。

他说我预备死,我父亲说你先别死,要死大家一块都死,你告诉我怎么回事,你告诉我。

那赵尔巽就跟他讲了,说他们明天要开会决定,那时候叫谘议会。我父亲说好,你让我明天去看看,你让我看看,我看看怎么一回事情。

这个蓝天蔚,我就不知道了,他是怎么个人,是怎么个事,这个人怎么这么没出息,我就不知道他为什么怎么这样子。开会的时候,他兵临城下呀,外头都是他的军队呀。当时我父亲也在台上,大家就准备开会。

那么蓝天蔚就宣布出来,我要选赵某人当什么什么,大家赞成不赞成,谁不赞成、谁赞成?

我父亲就忽然站起来,把手枪"叭"就放在桌上:"我不赞成!"

这还了得,在主席台上动枪了。

这时,蓝天蔚一声儿也没吱,大家就哑口无言了,于是会也散了,给搅散了。

我父亲就赶快进城,找赵尔巽去,告诉他说,我把会给搅散了。但是蓝天蔚走开了,回到他的军队里去,他一定会带军队回来。你赶快把城关了。

他(我父亲)想他(蓝)一定会带军队回来,那么你呀,把讲武堂里我那三十多个队员(组织起来),给他们枪,我来保护这个城。赵尔巽说那好,我不但那样,我把城里我的卫队、警察都交给你,由你指挥。他们来了,咱们打就是了。

这就奇怪了,我说的这段,我很希望有一个人能知道,他能知道当时的革命党啊,就是钱公来(国民党党务指导员,曾做过张学良的秘书),你晓不晓得?中央委员,死掉了。我很想知道这件事到底是怎么个事情。

不但这样,当时我父亲就跟赵尔巽说,你给我命令,我把我的军队赶快调过来。从辽源州过来有好几百里呀,他就连夜调他的军队。可这蓝天蔚就(这么)走了,这一段我就不明白,我怎么也不明白,这蓝天蔚带着他的军队走了,就走了!他的军队那么多,他有一个镇呀。省城没有多少人,他怕我父亲把兵调来跟他打还是怎么个事情?不晓得什么意思,他走了!

那一阵子,我们住在新民府,蓝天蔚退回(到)他的土地,得从新民府经过,他知道我们住在新民府。那时候我父亲也有一小部分的军队驻在这儿,怕打仗预备着。

我母亲也很凶啊,我十一岁我母亲就死了。我那时候还是个小孩,不知道怎么回事,我一点都不知道,我母亲就跟我讲啊,说今天晚上可能会出事。她给我三十块大洋,用白布包着,围在我腰上,给我系上,说今天晚上要打的时候,你就跑。我那时候有九岁、十岁吧,不知道怎么回事,小孩子么。我说,妈妈你呢?她说你别管我,你赶快跑,等着稍微平息点儿呢,你看哪个老头好,跪下给人磕头,把钱给人家,叫他带你找你爸爸去。

后来我才明白:我妈妈预备着要自杀来的,要是人家打来,她把我放走,让我跑,她就自杀。但我就不明白为什么蓝天蔚从新民府通过,就一直退到了他的地方,这一段事情就这样平息了。(唐德刚:《张学良口述历史》①,中国档案出版社 2007 年版,第 13—15 页)

胡汉民谓:自此,"士官三杰"吴禄贞、张绍曾、蓝天蔚至此谋取燕京之计划破灭,使人思之长痛。袁阴以计通吴部下贼杀之,而诿其恶于良弼。张绍曾、蓝天蔚等继起,亦以袁故,不得逞。(胡汉民:《胡汉民自传》,《革命先烈先进传》,第 710 页)

《崔君在北方运动各界响应民军纪略》:讵意为汉奸泄漏机谋,清政府遂使人刺吴禄贞于石家庄,又解张绍曾之兵柄。蓝天蔚复因事去奉,前此之计划,遂成泡影。(《崔君在北方运动各界响应民军纪略》,政协云南省巍山彝族回族自治县委员会文史资料研究委员会:《巍山县文史资料》1989 年第 3 辑,第 13 页)

冯玉祥谓:未几而谋泄,京汉、京奉火车骤停,张知有备,持重而不敢发,则托言扶危定倾,首重人心,奏请实行立宪。且以政纲十九条为要求,宣誓太庙,以昭大信,非得明谕不欲南征也。清廷大震,温旨报可,而谋去三人之计遂由此萌。继而授张为长江宣抚大臣,潘矩楹代其军;以吴为山西巡抚,皆所以夺其兵柄而已。吴赴任至石家庄,被狙而殒;张知事无可为,遽释兵去;蓝鉴于张、吴,亦脱身逸。而一时辉赫、锐不可当之革命锋芒为之顿息。(冯玉祥:《泰山辛亥滦州起义烈士祠记》,中国人民政治协商会议山东省泰安市委员会:《泰安文史资料》1988 年第 3 辑,第 30 页)

---

①　《张学良口述历史》之编者胡志伟注:我对张学良自己也不明白或不记得的陈年旧事,一一加以解答。例如,张学良不明白蓝天蔚为何不攻打新民府泄忿,我以脚注说明蓝天蔚本人被部将缚解,其部下已群龙无首。(唐德刚采录,胡志伟编注:《张学良口述自传》,美国香江时代出版社 2006 年版,第 183 页;郭俊胜、胡玉海主编:《张学良口述历史研究》,辽宁人民出版社 2010 年版,第 409 页)

李大钊谓:"张绍曾将军拥一师劲旅,虎踞此处,与吴绶卿、蓝天蔚二将军谋取燕京,震摇根本,煌煌一电,足寒清廷之胆,而十九信条之颁布,遂为逊位诏之先声,此其遥助义军之声势者,不少也。惜乎机事不密,绶卿既遭人暗杀,张君亦被迫去职,蓝君又不得不去兴京,此蓬蓬勃勃之北方民军之势力乃大受挫折,卒以三营之众为最后之牺牲,最后之纪念,此诚吾人今日思之犹有余痛者也!使吴、张、蓝三君之计划实现,则民国何至有癸丑(1913年)之役,何至有西南之役,又何至有今日之局面也?"(守常(李大钊):《旅行日记》,《甲寅》日刊1917年5月10日,李权兴等编:《李大钊文集》上,《李大钊研究辞典》,红旗出版社1994年版,第489页)

赵凤昌谓:北京情状,本已朝不保夕,自袁入都后,人心渐定,而于外交上、军政上,袁尤占有优胜之势力。盖各国公使不信清之政府,而信袁之个人,已与皇帝无异矣。北京第五、第六两镇,奉天第三、第二十两镇及第二混成协,均袁之旧部,一闻袁有内阁之信,率皆相持不动,故张绍曾、蓝天蔚归于失败,其影响之大,亦可见也。东三省既以外交之牵制,不能宣告独立,而山东、河南、直隶,又属袁之根据旧地,将来大势必趋于袁之势力范围。万一袁将北京经营就绪,外债、外交均已得手,基础稍固,渐及于河南、山东、直隶三省,举兵南向,以与我革军相持,则彼此胜负未可决也。即使南方可以抵拒,亦将成南北分离之局,全国领土,势将缩小,南方人满,将何以为移殖之区域。此可虑者二也。(赵凤昌:《为革命军筹划三策》,上海社会科学院历史研究所编:《辛亥革命在上海史料选辑》,上海人民出版社1966年版,第1054页)

11月15日(九月二十五日)　蓝天蔚抵大连,每日杜绝访客,避人耳目,与同志谋举事。

吴景濂谓:蓝离协,名为赴日考察,实则与革命同志在金州附近一带组织革命军。同时与蓝军合作者以商震、顾人宜等为最著。(《吴景濂自述年谱》上,《近代史资料》总106号,第39页)

王益知谓:时蓝住大连吉野町旅馆,改名蓝芳豪。(王益知:《辛亥革命与张作霖》,《吉林文史资料选辑》第4辑,第62页)

《事略》及《蓝天蔚事略》谓:与同志谋于关东举事。(《蓝上将荣哀录·事略》;《蓝天蔚事略》)

《盛京时报》载:岂知蓝天蔚并未他往,只由奉到大连,驻于烟台市吉野町某客栈内。同伴共有四人,一奉天讲武堂教员蒋春山,一小学堂教员刘受之,一侍仆张福,一即蓝天蔚也。惟蓝天蔚到大连后,托名为提法司科员兰秀豪,其实即蓝天蔚也。细观诸人情状,表面上似特为避难而来,伊等又自云,欲往上海,取道大连,小作勾留。至与奉天急进会连络声气之事,并不见有何种状态之披露。蓝天蔚等自到大连以来,终日笼居客邸。即有时外出食时,亦必归来,且每日杜绝访客,恰似集议密件,故意避人耳目,以免惹人之注意者。更有时逐于陋巷之中之小娼寮内。初二日①晚,更到某园观剧,窥其情态,尚欲久在大连流连,记者知其定有一番心事也。《蓝天蔚之去影》,《盛京时报》宣统三年十月六日,第五版)

△　蓝天蔚离奉的次日,沈阳通衢上出现了蓝天蔚谕军安民的六言告示。

王益知记述:蓝天蔚在关外还是有相当威望的,当时的革命党人,多假借他的名义活动,如"关东大都督蓝天蔚号召革命檄文"即其一例。最可笑的是,在他离沈的第二天,沈阳通衢上出现了蓝天蔚谕军安民的六言告示,主要内容有:"本军维持人道,严守保民主张,无论蒙满回汉,不得互相残伤……。"这显然是出于赵尔巽、张作霖等的伪造。可见就是反革命派也想利用他的名义安抚人心呢。张作霖这番效力,深为赵尔巽所赏识,于是赵尔巽保奏张作霖、冯麟阁二人以总兵简放,更特别派张作霖为巡防营务处总办。这是奉天军事方面一个重要位置,前东边道张锡銮也曾兼过此差。从此张作霖就初步夺取了奉天的军事大权,而聂汝清也接充了第二混成协协统,篡夺了蓝天蔚的职务。《辛亥革命与张作霖》,《吉林文史资料选辑》第4辑,第61页)

《盛京时报》是日载:陆军第二协统领蓝天蔚于奉省保安会成立之后,仍恐民间猜疑互生,兵队骚扰,殊于大局攸关,现出六言告示一则,张贴街衢。兹将告示照录如下:

照得革风扰乱,致动人心恐惶。

我军驻奉数载,纪律严整戒行。

兵民感情甚厚,久为各界赞扬。

本军维持人道,严守保民主张。

目兵如敢骚扰,自有军法相将。

际此大同世界,何分此界彼疆。

无论满蒙回汉,不得互相残伤。

万勿皆生猜忌,各宜安静无慌。

总宜同人一视,互相保卫为尚。

而且银行钱号,信用可保久长。

勿得纷纷疑虑,买卖一律照常。

如有从中煽惑,自有国法昭彰。

特此出示晓谕,务各守分安良。

《蓝统领谕兵安民之告示》,《盛京时报》宣统三年九月二十五日,第五版)

---

①　按:报载时间有误,十月初二日(11月22日)蓝天蔚乘神户丸赴沪。

△　有谓,吴禄贞等直捣北京的计划失败后,京津一带党人为谋再举,在天津租界秘密成立京津同盟会。蓝天蔚为军事部长。

汪精卫等出狱后,为谋再举京师革命,京畿党人遂以李、汪等为中心,此日在天津租界秘密成立京津同盟会,推汪精卫为会长,李石曾为副会长,直属于同盟会本部。根据京津同盟分会章程,该会以"发起革命为目的,故其组织皆带决死之性质"。为达成这一目的,除设正副会长各一人外,又分设八部,即军事、庶务、财政、司法、文牍、外交、交通、暗杀。其中军事部长蓝天蔚。部员为彭家珍、刘竹波、陈逊、吕超等六十六人,内含女同志九人。参谋部长为白逾桓、易昌戢,部员为蓝天蔚、邓元熙、冷公剑、孙炳文等七人。(台北"教育部"主编:《中华民国建国史〈第一篇〉革命开国》,"国立编译馆"1985 年版,第 328 页)

京津分会对辛亥革命的直接贡献,当为军政部主持下的铁血行动,军政部部长蓝天蔚专注于关外军事行动,实际主持军政部务者为彭家珍。部中人员数达一百一十七人,超过三十岁者仅四人,其余皆为二十至三十之间之热血青年志士,二十岁以下者亦有十三人,女性会员亦有十人,均北京各女校学生。张先培、黄之萌、杨禹昌之刺袁,虽未成功,而确令袁丧胆;彭家珍以个人生命而炸死清廷宗社党首领良弼,清廷遂无人再作抗拒之想。(《中华民国建国史〈第一篇〉革命开国》,第 330 页)

11 月 18 日(九月二十八日)　蓝天蔚颁何秀斋[①]委任状。

郭孝成谓:后来的凤凰城起义中,在凤凰厅属之雪里店,赵尔巽所部拿获民党何宗齐,何立时被害。当何被拿时,在其身搜出委任状一纸,其原文录之于下:中华国民军政府临时关东大都督蓝为提倡大义,恢复中原事。查有何秀斋,心志坚实,长于外交,堪以委任外交事宜。委任状到,务期勤谨从公,俾军政府得资臂助之效力,同胞享太平之幸福。切勿荒废厥职,致负所望,须至任者。右委任办理外交事宜何秀斋收执。黄帝纪元四千六百零九年九月二十八日。中华民国关东大都督印东字第十九号。(郭孝成:《东三省革命记事》,《中国近代史资料丛刊》七,第 397 页)

11 月 20 日(九月三十日)　留英学生反对蓝天蔚、张绍曾向清廷提议的君主立宪主张,希速进兵。

《盛京时报》载:留英学生因不赞同张绍曾、蓝天蔚诸君之君主立宪,特有伦敦来电云:张蓝卢伍潘诸统制鉴,全欧赞成共和,反对君主立宪,速进兵,延迟召干涉,将贻永悔。留英学生等,此电系顺直谘议局昨日接得不久,即当转达奉天。(《盛

---

① 何秀斋,又名何宗齐。曾任凤凰城铁路巡警局文牍,辛亥年(1911 年)由蓝委任关东都督府外交事宜。曾联络鲍化南在凤凰城发动武装起义,并约定清军巡防营右路管邵兆中为内应,遭清军巡防队统领马龙潭围攻,何秀斋等 27 人遇难。

京时报》宣统三年十月初一日，第五版）

11 月 22 日（十月二日）　蓝天蔚受沪军都督府邀请，搭神户丸赴沪。

据《盛京时报》载：奉天已卸陆军统领职任，蓝天蔚与同人等四名流连大连一节已志。昨报兹悉蓝某旅居，不敢出外者，系因接到友人来函，谓有刺客尾随于蓝某之后，嘱其格外注意。其行踪秘密，良有以也。乃于初二日蓝某忽搭神户丸，只身赴沪。其卫均留大连者，似为候蓝某之信息者。又有谓蓝君此次到上海，系承沪军都督府之约，计其办理府务，想不至空此一往也。（《蓝天蔚单骑赴沪》，《盛京时报》宣统三年十月八日，第五版）

上海《时报》载：蓝天蔚卸去兵权后，东督赵尔巽馈千金派往武昌见黎元洪陈说理由，劝勿派人在东三省行动，以免牵涉外交。蓝前日①已至上海。闻蓝拟不赴鄂，亦不复回奉。（上海《时报》宣统三年十月初四，第二版）

△　赴沪途中，蓝天蔚致书赵尔巽，表明革命心志，劝赵随大势，顺舆情。（《蓝天蔚致赵尔巽信函：朝廷尽失人心多省宣告独立宜随大势以顺舆情》②，1911 年 11 月 22 日，《清宫辛亥革命档案汇编》第六十九册，第 161—165 页；《蓝天蔚致东三省总督赵制军书》，《盛京时报》宣统三年十月十三日，第一版）

《事略》谓：赵尔巽闻君去，使赠以千金。君手书报之，谓方今海内，群谋改革政体，非与一家一姓为仇，毋谓某之辜恩背义也。（《蓝上将荣哀录·事略》）

《汉文台湾日日新报》载：前辞奉天第二混成协协统制蓝天蔚此次致书东督赵制军。谓朝廷已失臣下，国家迫于危急，宜请清帝巡狩热河，让位军政府，庶清国皇室之幸福也。（以上廿八日奉天发）（《致书赵督》，《汉文台湾日日新》宣统三年十月九日，第二版）

11 月 24 日（十月四日）　报载蓝天蔚致谘政院电：宪法信条颁布后，军心甚为稳固。惟东南各省尚未平靖。拟只身单骑入鄂，解劝革军，以维大局。（《蓝天蔚之抽身计》，《盛京时报》宣统三年十月四日，第五版）

△　蓝天蔚原第二混成协协统的职务由聂汝清接替。

报谓：调东第二混成协蓝协统天蔚奉谕开缺，前往湖南调查军务，所遗协统一缺，已经督宪咨请军谘府，以第三十标标统聂汝清升署，业已接印任事。（《聂协统保护公安之示谕》，《盛京时报》宣统三年十月四日，第五版）

11 月 25 日（十月五日）　越两日，蓝天蔚返大连。有谓蓝天蔚是日晚在大连天福茶园观剧，清廷欲行刺，因有日人保护，不能靠近。

---

①　报中"前日"即 1911 年 11 月 22 日。
②　《蓝天蔚致赵尔巽信函：朝廷尽失人心多省宣告独立宜随大势以顺舆情》，详见附录一"蓝天蔚著述"。

据《探报》："据此以观庄复乱党,确有日人亦有蓝某所勾引之主动力。盖乱党每占一处,彼即蚕食一处也。蓝某初五日晚在大连天福茶园观剧,以有日人随而保护,无可奈何。"(《探报》,宣统三年十月初八日,《东三省辛亥革命史料》,《清代档案史料丛编》第8辑,第41页)

△ 辽阳巡警32人出奔十里堡,与巡警汇合,宣布以中华民国军政府关外大都督蓝天蔚名义执政。(李景科译:《支那革命纪略》,第十九章,日本外务省政务局1913年出版;李景科、周立安:《东北辛亥革命历史史料研究文集》,《纪念辛亥革命105周年、纪念孙中山先生诞辰150周年》,民革辽宁省丹东市元宝区总支,2016年,第80页)

《铃木领事致内田外务大臣电》:本月二十五日,三十二名巡警逃离辽阳。他们已经在立山站西面十二公里处的镇子落脚。这个镇子的人口为一万三千人。他们和当地巡警兵合一处,占领该镇。他们打出中华民国军政府临时关东大都督的旗号,处理日常行政事务,招募壮丁。当地居民都打出白旗,镇子周围的巡警和巡逻队都纷纷来投。眼下,总兵力已达二百五十人,人数还在不断增加。当地有我日本人经营的一家药店。革命军对此保护有加。(《铃木领事致内田外务大臣电》,第23号,1911年11月29日,米彦军译自 http://www.jacar.go.jp/chinese/index.html "亚洲历史资料中心")

《白仁民政长官致电内田外务大臣》:在第七一七七号电报中提到了以下情况:正在辽阳巡警局学习知识,接受技能培训的巡警逃走。逃走人数共三十二名。在逃跑途中,有四名返回巡警局。另外,逃跑的巡警中有的向自己的家乡逃匿。他们在逃跑时带走了步枪。发生巡警逃匿事件的原因如下:十一月二十五日,激进分子原巡警徐新春(音译)带领另外两人从奉天来到辽阳,山东辽阳巡警局的巡警逃匿。自昨日以来,辽阳巡警已经不再听从巡警局长的命令,开始自由行动。城内已经没有巡警执勤,呈现出无政府状态。传闻业已逃跑的警察和残留刘辽阳的巡警内外勾结,计划在今天下午五点举事。业已逃匿的准备重新集结。集结地点在立山火车站以西12公里处。之后,占领巡警派出所。现在已经纠集同党二百余名。多数剪掉发辫,左臂缠着白布。在各要害地方,安排步哨。又从海关征集七千两白银,还要求商会、谘议局所有人捐款。眼下,已经筹集步枪二百条,子弹十二三万发。各市民家中挂白旗,不会危害村民利益和性命。其中的主要人物是上述从奉天来的徐新春和刘逸云。奉天总督想派军队征剿,而辽阳保安会却拍电报予以拒绝。有迹象表明有很多革命党人混进辽阳城里。而且辽阳城内谣言四起,说有二百多形迹可疑者混进城内。(《白仁民政长官致电内田外务大臣》,1911年11月28日—11月29日,米彦军译自 http://www.jacar.go.jp/chinese/index.html "亚洲历史资料中心")

11月26日(十月六日) 同志公举蓝天蔚为关东都督。复州、庄河、凤凰厅、辽中等处随同起事。

《东方杂志》载:十月六日,奉天民军起事,举蓝天蔚为关东大都督……奉天民军首先发难者为庄河顾人宜,继为辽阳之徐军,安东之鲍军。现已联为一气,公举前陆军协统蓝天蔚为都督。所有军中一切布置,均由蓝规画之。(《中国大事记》,《东方杂志》1912 年第八卷第十号,第 7 页)

曹亚伯谓:本晚闻奉天革命军起事,公推蓝天蔚为关东都督。先是学界联合发起保安会,时已举清督为会长。因奉天满汉杂处,强邻环伺,以对外之关系不敢用独立之名。清民政司张元奇曾拟仿山东独立,而司道以下均不赞成。吴景濂时为谘议局议长,虽欲革命,苦无兵力。至是以新军协统蓝天蔚为都督,奉天遂悬独立之旗。(《武昌革命真史》中,第 340 页)

《庄河县志》:是役(辛亥之役)蓝天蔚由奉南下,入革命军,被任为关东都督,驻军山东,组织北伐军。张璧为总司令,设司令部于金州之李家窝,军分二支,一支北向盖复,一支即向本境也。(《庄河县志》卷五,第 229 页)

宋大章忆:辛亥(1911 年)武昌举义,(张)榕偕王少臣潜回沈阳谋响应,以独立说清督赵尔巽及其部。张作霖等将佯许,阴实忌之。时东北党人各地揭竿而起,共拥协统蓝天蔚为号召,先后光复庄河、复州、铁岭、开原等地。省城戒严。(宋大章:《张烈士榕传略》,1942 年,中国国民党中央执行委员会党史史料编纂委员会:《革命史料》,一般 230—1790.2,中国国民党中央委员会文化传播委员会党史馆提供)

《申报》载:辛亥(1911 年)秋,武昌义军起,全国响应。廷栋兄弟与同志议曰:内地渐次光复矣。东三省为边陲重要地,赵尔巽等拥兵自固,谋抵抗。若不速图破之,必将拥戴小朝廷号召满蒙。而以日俄外交牵制其间,则南军虽盛,不无鞭长莫及之忧。是宜集民军、举义旗、策应中原。于是同志刘乾一、商震等在奉天公推蓝天蔚为关外大都督,而烈士(即梁廷栋、梁廷樾)昆仲分任吉黑事,即于哈尔滨设机关部。(《纪先烈梁廷栋、梁廷樾昆仲殉难事》,《申报》1931 年 6 月 14 日,第 21 页)

梁冰谓:迨武昌举义,姊夫柏赴南,约邀与俱南。伯兄以东三省亦重要地,不可轻弃,且经营日久,冰与长春陆军军官某有成约。季弟于奉天亦有所规划,故皆未同行。季弟即就奉天与刘乾一、商震等推蓝天蔚为都督,谋应南军。(梁冰:《梁廷栋梁廷樾同时死难节略》,《丙辰》1917 年第 2 期,第 6 页)

据杨玉如记录,清民政司张元奇拟仿山东办法,布告独立。司道以下官吏多不赞成,于是新军协统蓝天蔚于十月六日在关东独立,称关东都督。奉天遂悬独立之旗。(杨玉如编:《辛亥革命先著记》,第 220 页)

连横谓:辛亥(1911 年)之役,奉天急进会张榕谋独立,以响应关内,总督赵尔罡捕之,乃其党皆死。或曰:张作霖杀之也。然是时蓝天蔚起兵辽东,称关外都督,而各省亦相继起事,滦州诸将合迫逊国,而大局乃定。(连横:《雅堂先生文集·余集》二,《近代中国史料丛刊续辑》第10辑,台北文海出版社1976年版,第89—90页)

《民立报》谓:奉天民军已起义,推举蓝天蔚为大都督,辜天保为总司令,刘木铎为外交总长。(《民立报》宣统三年十月十六日,第2页)

有谓:北大营蓝协统见军心涣散,调遣不灵,乃去山东烟台,与民党成立关外民军,组织关外民军都督府,公推蓝天蔚为关外民军都督。其干部成分,一部分滦州起义同志,奉天陆军小学,朱霁青蒙边光复军班底,及留东同志。关外民军都督府组织,蓝天蔚任都督,商震任总司令,先生任总参谋长,与之协作。(《朱霁青》,《革命先烈先进传》,第968页)

《申报》载:朱霁青先生,辽宁北镇县人。庚子(1900年)后赴日本求学,入东斌学堂。是时加入同盟会。旋以反对东三省总督徐世昌大借款回国,秘谋行刺。不幸事泄,为徐通缉。辛亥(1911年),蓝秀豪组织关外民军府,先生任参谋。各地民军多受指挥。今日救国军第一路指挥金子明亦与焉。(《东北国民救国军指挥总监朱霁青略历》,《申报》1932年10月10日,第18版;《华侨周报》1932年第22期,第4页)

黄续坛履历记录:辛亥前参加同盟会,东北讲武堂毕业,后入蓝天蔚先生幕中,推进东北光复事业。(《辛亥首义后裔联励会》,1937年12月25日,2192号档)

赵尺子详细记述了东三省光复军逃出东省、推举蓝天蔚为关外民军都督的经过,及后续革命事宜的安排。

谓:领导绿林的同志,如顾人敏、顾人杰、顾人宜,被革命党人称为"顾氏三杰",占领庄河县;段右军、于小丁子占领开原县;齐续堂、刘纯一占领辽阳县;金瑛、金凤占领广宁县……统率民团的同志,如徐子扬占领阜新县,先严占领锦州北六界,全部悬挂黄色黑书"光复"二字的旗帜。东三省总督赵尔巽则在同志吴景濂(类似省临时参议会议长)率同议员的压迫下,召开东三省保安大会,表面讨论响应武昌独立;但暗调张作霖入卫,压迫蓝天蔚、商震、吴景濂出走,各个击破庄河、开原、辽阳、广宁、阜新、锦县……的光复军,杀戮甚惨。我只仿佛记得单是先严所部光复军首领就有三人被杀,二十余人判处长期徒刑。先严逃往天津,后考入北洋大学前身的某校。这些光复军幸而逃出魔掌的,都由海道航往烟台,推举蓝天蔚组织关外民军都督府,蓝天蔚任都督,商震任总司令,朱先生任总参谋长。(钱公来)先生则任辽西招募大使,和韩毅廷、萧宝莲等先生,秘密租船,把奉天陆军小学、各地光复军和同情革命未及参加暴动的新民、开发、铁岭、盖平、兴城、绥中、锦、义……各县的绿林和民兵连枪带马,运往烟台。三月之间,关外民军便在烟台编成,准备由营口登陆，直捣沈阳。进军沿途，也都由先生等人布置了武装内应。（赵尺子：《钱公来先生传》，《传记文学》1969 年第十四卷第六期，第 69—70 页）

△　蓝天蔚以中华民国军政府关东临时大都督名义发表满洲革军之檄文①。（《蓝天蔚之檄文》，《时报》宣统三年九月六日，第三版—第四版；《满洲革军之檄文》，《盛京时报》宣统三年十月十五日；孙曜编：《中华民国史料》，文明书局 1929 年版，第 20—22 页；《东三省革命记事》，《中国近代史资料丛刊》七，第 395—396 页）

△　《申报》谓：蓝天蔚电清廷，军队宣布独立，已被举为临时都督，如清廷能即宣布共和，必当优待满洲皇室。（《申报》宣统三年九月二十九日，第三版）

11 月 27 日（十月七日）　蓝天蔚等在大连购械、招兵，为日人接济协助。清方就此事与日方协商，请协同拿匪，搜查弹械，勿派兵干涉。

《探报》谓：王小堂现住沈阳南满车站大星旅馆及沈阳馆等处，招集多人，并有炸弹军火多件，意图暴动；王小堂等声称，由日商处借银十余万，并借机军火炸弹，每日在租借使用老头票，极为挥霍，以致下流社会趋附甚多；悦来馆、大星旅馆、沈阳馆等处，皆为匪徒聚集之所，每有日人协助料理一切；日人川崎等三人自称系关东都督府人员，为该匪等谋主，现赴大连请示，即行暴动；日兵改装分住城内各拘留商号公所，拟暴动事即起而干涉；蓝天蔚现更姓名，在大连沈阳馆用伪札招兵；庄河、复州潘四、顾人宜等匪党，潜匿貔子窝、夹心子等处隙地，用重价在日商手内购买日人打获俄枪及日本枪多件；复州余匪顾人宜住日本第六大队内，现有日本人私人在其庄复党内为谋主；初五日夜内，有日本兵官率领兵士二十余人，荷枪入城，并在军械局附近等处察视，以致民心颇为疑惑；日人商定一闻暴动，即以大队入城干涉；今日初六日，王小堂、柳大年等已发手枪二十余枝，大枪一百七十余枝。今晚开饭同坐者，有八九十人；凡匪党皆由南满铁道发给全线免票。（《探报》宣统三年十月初六日，《东三省辛亥革命史料》，《清代档案史料丛编》第 8 辑，第 34 页）

赵尔巽致袁内阁电谓："近日奉省情形日危，皆由革党潜住日车站附属地内，日人资其钜款，购械招兵，运藏炸弹无数，并为助办一切，发给铁路免票。外则蓝天蔚在大连自称关东临时都督府，散布伪札招兵，已勾动起事者有复州、庄河、凤凰厅、辽中等处。又勾人在山海关外沟帮子等处伺截军火，轰断铁路。庄复匪内有四日人为谋主。此外，革党胡匪在省麇集不下十数起，不相统一，屡报起事，皆经镇压幸免。顷闻已发枪械甚多，势将暴动。"又谓："早间密告日领：一、请其代拿匪党，搜查弹械；二、如有暴动，我任保护，请勿派兵干涉；三、哄事皆胡匪假充革党，误认为

_____

①　《关东大都督檄文》，详见附录一"蓝天蔚著述"。

国事犯。渠皆半允半推,其意不过借为干涉之地,或竟从此占领,亦不可知。夫日果以兵力相向,亦何不能得奉省?乃因恐列强有辞,出此阴谋。而华人不悟,甘与送人。天乎?运乎?尔異赖将士同心,支得一日是一日,不敢谓必获安全。钧右能否向日使要求解决?尤幸。"(《东三省总督赵尔巽致内阁袁世凯电》,宣统三年十月初六日,《东三省辛亥革命史料》,《清代档案史料丛编》第8辑,第31页)

《外务部致驻日公使汪大燮电》:东省情形日危,革命党潜往日本车站附属地,购械招兵,运藏炸弹。闻日本有发给铁路免票之事,蓝天蔚在大连自称关东临时都督,散布伪札招兵,已勾结起事者有复州、庄河、凤凰厅、辽中等处,又勾在山海关外沟帮子等处伺截军火,轰击铁路。此外革党胡匪在省,麇集不下十数报起,事经镇压幸免,顷闻已发枪械甚多,势将暴动,早间密告日领,一、请其协同拿匪,搜查弹械。二、如有暴动,我任保护,请勿派兵干涉。三、闹事皆胡匪,系充革党,勿认国事犯等语,希本此意,密商日外部,迅饬日领照办,并将所商情形,电覆外务部。(沈云龙:《近代中国史料丛刊三编·清宣统朝外交史料》第24卷,文海出版社1985年版,第16页;《外务部发驻日本大使汪大燮电》,宣统三年十月初七日,《中国近代史资料丛刊》七,第422页)

据《外务部办事摘要》记录:十月初七,左丞周自齐赴德美两馆,晤德哈使、美嘉使,告以蓝天蔚在大连举动,及日人接济协助等事,并嘱其电告政府,以为对待地步。德美两使均允即电达。并谓,中国尽可面告日本伊集院使,托其切实禁阻,如果有此事,亦可伐彼诡谋等语。当告以总理大臣已专人往告日使矣。军机处电报档。(《宣统三年十月初八日外务部办事摘要》,《中国近代史资料丛刊》七,第423页)

许宝蘅[1]记载:初七日(11月27日)四时三刻起,早饭赵次帅报蓝天蔚在大连称关东临时都督,有日人阴助以饷械,约期于山海关外沟帮子举事,次帅与日领协商,一在日界内搜查军械,二有事时力任保护日人,不得以兵力干涉,三在奉有胡匪冒称革党,不得概以国事犯认。日领半允半推,奉旨饬外部妥商解决。(许宝蘅著、许恪儒整理《巢云簃日记》选刊二,《上海档案史料研究》第3辑,上海三联书店2009年版,第248页)

据《伊集院驻清公使致内田外务大臣电》:是日,袁世凯通过阪西中佐向伊集院驻清公使表达如此意向:顷接情报称:蓝天蔚现在大连,正在进行某种策划。当此时此刻,本人深望东三省能够保持平静,故希将此意转达贵国公使,考虑采取适当措施,等等。(《伊集院驻清公使致内田外务大臣电》,第585号,1911年11月27日,邹念之编译:《日本外交文书选译——关于辛亥革命》,中国社会科学院近代史研究所、中华民国史研究室主编:《中华民国史资料丛稿》,中国社会科学出版社1980年版,第210页)

---

① 许宝蘅(1875—1961),字季湘、公诚,号巢云,又号耋斋,浙江仁和人。历任学部主事、军机章京、总统府秘书、国务院秘书长、故宫博物院图书馆副馆长。

很快伊集院驻清公使向内田外务大臣电再致一电,就前电第 585 号所述问题,曹汝霖(曹时任清政府外务部暂署副大臣)特来造访,据云:顷接东三省总督来电称:该地革命党人,大多数潜伏在日本国铁道附属地(指南满铁路附属地,实即日租界)内,忙于搬运、储藏大量军火,闻日本国已发给免费运输凭证。蓝天蔚刻下正在大连,自称关东临时都督,已与复州、庄河、凤凰厅及辽中等地互通声气,准备举事。同时,在山海关外沟帮子地区,官军所运军火横遭抢劫,正企图破坏(脱字?)[1]。此外,属于其他系统之革命党徒及土匪等目下集结于东三省各地者已不多,且武器弹药等俱已储备充足,大有随时举事之势。基此情况,日前已与日本国总领事预行密谈,事先提出如下三点要求:

(一)双方协力缉拿匪徒,并搜查其密藏之武器;

(二)如果引起暴动,清国独自负责保护(原文如此,当系保护外国侨民及附属地之意),希日本国不要出兵干涉;

(三)阴谋暴乱者俱系土匪,而非革命党徒,故不能按国事犯论处,等等。(《伊集院驻清公使致内田外务大臣电》1911 年 11 月 27 日第 59 号,《日本外交文书选译——关于辛亥革命》,《中华民国史资料丛稿》,第 211—212 页)

△　蓝天蔚在大连,自称养病,与其同住者四五人。日方回复清方,将饬日官随时侦察蓝天蔚。

外务部是日致电赵尔巽:由曹副大臣照来电各节切商伊使,据称:"屡接日领来电,亦称地方有不靖情状,惟大都仍系谣言,未可尽信。业经电饬领事防范。日本政府决无助革党之意。革党勾串马贼,难保必无。惟东省日军约有三万,北面又有俄军,革党谅难放手起事。此时,总督宜坚持镇定,所驻各军宜团结巩固,或有小变,宜不为所摇,切勿自馁,授匪以间。当照来意转电本国政府,必加意协助。至匪在铁路附属地内购械招兵等情,如有其事,日领必竭力搜查。蓝天蔚现在大连,据新闻载,自称养病,同住四五人,谅亦无甚作为,当饬日官随时侦察。"(《宣统三年十月初七日外务部发东三省总督赵尔巽电》,《中国近代史资料丛刊》七,第 422—423 页)

△　蓝天蔚约韩国逋逃士李启东[2]、李会荣[3]等人共谋起事,以图奉天。(《有关

①　原书所注。

②　李启东(1896—1934),又名友白。朝鲜平安道人。1919 年到吉林通化落户。1921 年入云南讲武堂学习。1929 年回东北。1930 年加入中国共产党。1932 年任中共珠河中心县委委员。1933 年参加组建珠河反日游击队。1934 年 6 月任东北反日游击队哈东支队经济部长。同年 7 月被日伪特务杀害。

③　李会荣(1867—?),系韩国反日团体新民会成员。其父李裕承系旧韩帝国政府吏曹判书。鉴于日本压迫,在韩国无法开展反日独立运动,新民会决定转移中国东北,建立反日活动基地及建立军事学校。1910 年末至 1911 年初,李会荣、金昌焕、李相龙等新民会成员先后携家眷移居中国东北柳河县三源浦。1911 年 4 月,新民会在柳河县三源浦成立反日团体耕学社,李会荣任耕学社内务部长。

各处革党活动的探报 三十三件》①,《东三省辛亥革命史料》,中国第一历史档案馆编:《清代档案史料丛编》第8辑,中华书局1982年版,第183页)

　　△　是日上午,蓝天蔚部下刘艺舟拜访日本陆军翻译官,托其将东三省革命宣言书交关东都督府都督。次日刘艺舟与蓝天蔚在大连的部下进行了见面会商。

　　《白仁长官自新旅顺向东京内田外务大臣的致电》:昨日上午十时,家住奉天的湖北籍刘艺舟来到本地,下榻地为老城区的支那客栈。刘艺舟安顿停当后,立刻拜访王化成,并对他说:"革命党准备在奉天举事,一切准备就绪。但是,在举事之际,日方是否会出兵干涉? 这是唯一一件令人放心不下的事情。想拜会关东都督府都督,探明其意向。"王化成答应帮忙,当晚带着刘艺舟,拜访日本陆军翻译官野村。刘艺舟要求野村翻译将东三省革命宣言书亲手交给关东都督府都督。上述宣言书的落款是中华民国军政府临时关东大都督蓝天蔚。蓝天蔚当时是奉天第二协统统领。宣言书的内容和武昌起义革命宣言书的内容相同。据野村翻译讲,奉天革命党得到了赵尔巽总督的默许,本打算在二十三日举事。但是,赵总督通过支部科长安善圃给革命党送信,要求停止行动。具体原因如下:

　　前日,各国领事召开会议。会上,其他国家领事对革命党举事一事并无异议,唯独日本国政府总领事提出异议,态度强硬:倘若革命党举事,我日本国将以武力占领奉天。因此,不得不推迟举事时间。据野村翻译讲,革命党已经筹备好了举事资金。另外,蓝天蔚的原来的部下也都陆续集结奉天。第二十团团长以下都愿意跟随蓝天蔚。因此,假如日本不出兵干涉,三十日必定举事。刘艺舟今天早上出发,和在大连的蓝天蔚的部下见了面,并进行了商议。之后,刘艺舟返回奉天覆命。从上面事实可以看出,刘艺舟负责奉天革命党的外交事务。可以认为刘艺舟此行来本地的目的是打探日方意图。(《白仁长官电东京内田外务大臣电》,1911年11月28日,第7206号,米彦军译自 http://www.jacar.go.jp/chinese/index.html "亚洲历史资料中心")

　　△　蓝天蔚委任李星五招兵进关。

　　据《董吉庆致赵尔巽电》:督宪:靖。讯据尚犯供,李星五受逸匪刘子峰指使,刘受蓝都督委任系去腊事。嗣被李星五函催,捏写花名一百四十四等语。吴统领在洮,日内回防。请示遵。吉庆禀。删。(奉天公署档)《董吉庆致赵尔巽电》,1912年4月15日,《辛亥革命史资料新编》第三卷,第208页)

　　据《辽源州知州给赵尔巽的呈文》:署辽源州知州为呈复事,中华民国元年六月初二日奉宪台札开,为札饬事(下录五月二十八日赵尔巽给辽源州的札文全文,

---

①　《有关各处革党活动的探报 三十三件》,详见附录三"相关档案资料汇编"。

略),等因。奉此,查此案前于中华民国元年四月十二日,经知州访闻,有在州境假充民军招兵情事,督饬警防拿获尚锡九等十六名,讯认受逸犯李星五等,转受民军蓝都督委任招兵进关。嗣以饷械未到,被李星五催促,故捏写花名单,实未招成等情,电请示遵。于十六日奉宪台电开,董牧,靖。删悉。尚锡九等如前未犯盗案,分别开谕,遣送保释,等因。奉此,遵即提讯尚锡九等,前未犯盗情事,分别取具铺保释放遣散各在案。兹奉前因,理合将办理情形具文呈复宪台查核。须至呈者。(《辽源州知州给赵尔巽的呈文》,1912 年 6 月 6 日,《辛亥革命史资料新编》第三卷,第 215 页)

△　商震确认蓝天蔚在大连经营一切,致函蓝之参谋长徐子俊等,共图筹划。

《商震致子俊等信》[①]:子俊、星辰三兄鉴:子镇庄河已首先举义,官场非常惊慌。已共委左雨农、范少臣、混成协督队官等,同往该地布置一切。新民、辽阳亦即欲举动,昌图、开原亦订定同时响应。奉天孤立垓心,定可不战而下也。蓝君秀豪确在大连经营一切,数日后尚有喜信飞来。兄等数日来想已筹划就绪,即请乘此时机,与南北路诸君齐举新旗,以慰民生。勿再延忽。草此,即请任安。弟震白。(奉天交涉司档)(《商震致子俊等信》,辽宁省档案馆编:《辛亥革命在辽宁档案史料》,辽宁省档案馆 1981 年版,第 86—87 页)

△　蓝天蔚致书安东清廷官员,如开战,请避免在新旧市街举事,尽量在郊外较量。

《通商汇纂》第十一期(1911 年 12 月 1 日)报告:27 日,潜入安东的革命党面见道署交涉科长,告以近日在奉天的蓝天蔚将以革命党名义致书清朝官员,如开战,欲避免在新旧市街举事,尽量在郊外较量,多数革命党来安东时亦相约不靠近市内。道台之意,如革命党有望在奉天等地获得成功,安东将在维持地方安宁的名义下马上宣布独立,与革命党、清政府都不发生直接关系。(李少军:《武昌起义爆发后〈通商汇纂〉出版的号外之二》,陈锋:《中国经济与社会史评论·2010 年卷》,中国社会科学出版社 2010 年版,第 206 页)

11 月 28 日(十月八日)　日方复伊集院驻清公使,若蓝天蔚将大连作为从事政治活动之策源地,必严加取缔,请袁世凯放心。

石井外务次官致白仁关东民政长官电:据伊集院公使来电称:袁世凯通过阪西中佐转达如下事项:根据情报获悉,蓝天蔚现在大连,正在进行某种策划,等等。是否确有上述行迹,希即电知。(《石井外务次官致白仁关东民政长官电》,1911 年 11 月 28 日,邹念之编译:《日本外交文书选译——关于辛亥革命》,第 213 页)

---

①　该件无日期,考信函之内容,当是蓝天蔚在大连任关外都督布置一切之时。

内田外务大臣复伊集院驻清公使电,"所述蓝天蔚问题,为慎重起见,本省已电饬有关方面进行调查。凡属我治权范围以内各地,如被彼等做为从事政治活动之策源地,帝国政府自然不能容许。如确有此种事实,自应采取有效措施,严加取缔。此点请即告知袁世凯,使其充分放心。"(《内田外务大臣复伊集院驻清公使电》,1911年11月28日,《日本外交文书选译——关于辛亥革命》,第212页)

11月29日(十月九日) 蓝天蔚命顾人宜攻击水门子巡防队,清军大败。

《盛京时报》载:革军奉关东大都督命,集中复庄一带,于初六日一切皆为完备。初七日设军司令部于李家卧龙,中华民国军政分府关东第一军成立。初八日晚,司令官顾人宜与参谋长张璧等,决意攻击水门子之巡防队,顾司令官亲率大队长四人,晚四钟出发,四路而进。明晨初九日早七钟接仗,革军奋不顾身,至十钟巡防大败,死伤者一百余名,被革军所获者二十余名,哨官奎裕廷亦被革军所擒,革军只伤四名。(《东省革命纪要》,《盛京时报》,宣统三年十月十七日,《辛亥革命史资料新编》第三卷,第435页)

《申报》载:"官兵败后惨剧":十月初九日水门子一战,官兵大败,西去四十里,驻扎元台子,其受伤者号泣之声时闻于路,又有被获之巡防营哨官奎裕廷受伤较重,言之令人可惨。

《民立报》谓:自武汉起义,复州庄河顾人宜本有革命思想,隐兴新政府,潜通消息。嗣由都督蓝天蔚麾下推为征满民国军第一司令官。顾弟人邦愿与兄弟同仇。因于顾家岭召集兵勇相率事。不数日间响应者已千有余人,寻占据水门子,随军接仗当将清军击败,生擒二十余人,顾悉以善言慰抚,纵之使去,乃皆愿投降无一归者。因之声势愈振,俨然一大队矣。(《满洲之革命风潮之兄弟革命》,《民立报》宣统三年十一月七日,第五张)

《复县志略》:宣统三年秋八月,武昌民军起义,各省响应,十月初九日复州东乡民军首领顾人宜率同顾人邦顾人敏李文海等约集民军百余名,在东三区水门子与巡防右路第一营接仗一次。双方互有死伤。十二月[十月]十七日率民军四百余名在三区大辛家屯,又与第三营中哨接仗一次,亦互有死伤。(程彦恒:《复县志略》兵事略,1921年石印本,第113—114页)

△ 蓝天蔚派秘使潘少臣与顾人宜会面。

报谓:蓝天蔚之秘密使者潘少臣,日昨与顾人宜、杨大实等会面协商各件,杨某近日更在奉天。(《蓝天蔚之秘密使》,《盛京时报》宣统三年十月初十日,《辛亥革命史资料新编》第三卷,第410页)

△ 蓝天蔚在大连运动事,东三省猜疑有日方庇护,在与日方交涉中疑虑重

重,引起日方注意。日方希消除误会。

《伊集院公使致内田外务大臣电》：前日,从东三省总督那里接到以下电文：
"满洲官军运输弹药不畅,甚为遗憾。希望日本国公使给当局拍电报要求他们在官
军物资运输上给予特殊照顾,以利于出师。"因此,今天将此电文转发外务部。另
外,上述电文中弦外有音,似乎在说我日方故意妨碍他们的军务,我日方断无此等
情节。前日对此作了解释。以前在有关蓝天蔚的事情上,东三省官员对我日方态
度颇有猜疑。因此,为了消除误会,对此次发生的军事物资运输不畅的事情进行详
查。与此同时,给落合总领事拍了电报敦促他要求我日本南满当局引起注意。(《伊
集院公使致内田外务大臣电》,第 604 号,1911 年 11 月 29 日,米彦军译自 http://www. jacar.
go. jp/chinese/index. html"亚洲历史资料中心")

11 月 30 日（十月十日）　日外交部将饬查蓝天蔚在大连的活动。

电谓：申。顷据日使函送日外部复电,蓝事正在饬查,如在我管辖地为政治运
动,政府万不能承认,万一果有此事,当严重取缔等。特闻。外务部。蒸。宣统三
年十月初十日下午九点四十五。(辽宁省档案馆编：《奉系军阀档案史料汇编》1,江苏古籍
出版社 1990 年版,第 590 页)

△　蓝天蔚命何秀斋于凤凰厅招兵集饷,联络鲍化南、刘德钦。何秀斋为清军
马龙潭[①]擒杀。

《东三省总督赵尔巽致营务处等札》：案据右路巡防营马统领龙潭、署凤凰厅
朱丞莲溪呈称：凤境近来外有匪人勾结。前闹山黄逸凡、鲍成顺、刘德钦等,假革
命为名,到处煽惑,谋为不轨。经探明内应匪首何秀斋、刘丙南等在城内客店,当即
捕获,并搜出伪委任状,列衔有临时关东都督蓝字样。讯供内应不讳,并称密在安
凤境内招兵,掠抢勒捐多款,现已招集八百余人,枪五百余杆,意图先占安凤,再入
奉天。起事总机关在奉天世界语学社,其聚会地点在大西门里晋隆店等情。除拟
禀另行外,合先密饬知。札到,该即便遴选派妥员,严密探访,如果确有上项情事,
务即按名捕拿,不准一名漏网。切切特札。一札营务处、警务总局。(《东三省总督赵
尔巽致营务处等札》,宣统三年十月初十日,《东三省辛亥革命史料》,《清代档案史料丛编》第 8
辑,第 48 页)

尚秉和《辛壬春秋》中详录：十一月己巳,凤凰城铁路巡警局文牍何宗齐,诣县
议事会,宣言受湖北军政府命来此,赞助独立,并言一切举动文明,不残杀也,如赞
同者,明日悬白旗,会员允翌晨开会议决行之。未几营巡查栈,拘形迹可疑者二人,

①　马龙潭(1857—1940),字腾溪,号灵源。河北庆云人。历任清辽阳总巡、通化总巡、奉天巡防右路帮
统(后升入本路统领)。民国初年,授陆军中将,赏任东边镇守使,驻防凤城。1922 年改任四洮铁路督办。

其一即宗齐也。统领马明德,询以革命何为?曰:欲流血。诘以治事宗旨,曰:文明。搜袴下得关东大都督蓝天蔚委任状一纸,明德以二人罪不至死,而县议绅谓彼辈徒党多,明日悬白旗,欲正其罪不能矣,即斩之。城东鸡冠山有小屯,旧为马贼屯聚处,闻党人颇招之,既斩宗齐,遣兵探视,讵已有数十人荷枪立,俟久之不鸣枪,近询其何为?曰:革命军。何人所使?曰:听局员何公之命耳。何不鸣枪?曰:我辈以文明自誓,忌残害同胞。乃迫令交械,驱入城中复斩之,都二十七人,此与河南之惨戮学生等矣。(尚秉和:《辛壬春秋》第 23 卷,四库未收书辑刊编纂委员会:《四库未收书辑刊》伍辑·陆册,历史编辑社 1924 刻本,北京中国书店复制本 1982 年版,第 3 页)

△　蓝天蔚部顾人宜于水门子一战击败官军。是日绅耆孟传文、梅东阁等奉嘱往水门子议和。

《申报》谓:先是,十月初九日水门子一战,官兵大败,西去四十里,驻扎元台子。其受伤者号泣之声时闻于路,又有被获之巡防营哨官奎裕廷受伤较重,言之令人可惨。初十日复属绅耆孟传文、梅东阁等叠奉复州何令札文嘱,再往水门子议和。仍将前查封之房产马匹等具照数赏还该绅,并派一二与顾相契者往为求和。顾云果能将庄复四区附属一带之土地巡学两款练兵四营俱归顾节制,不准清官过问,方可暂行停战耳。遂约定十二日公同齐集大娘娘庙,另为议和。(《关东革命军纪事》,《申报》第 13947[重号]期,宣统三年十月二十三日,第 11 版)

12 月 1 日(十月十一日)　蓝天蔚发布《安民告示》,宣示革命宗旨及军纪。

《盛京时报》谓:复州革命军于占据水门子之次日,在该地附近遍贴安民告示,兹将原文照录如左:

《中华民国军政府分府关东都督蓝为布告事》①(余略)(《安民告示照录》,《盛京时报》宣统三年十月十六日,第四版)

△　蓝天蔚称关东大都督,潜谋举事,为赵尔巽所忌惮。赵尔巽照会日本总领事馆,希从速取缔。

赵尔巽指示奉天交涉司以清外务部的名义照会日本总领事馆:"查蓝天蔚本系陆军第二混成协统,嗣因请假回南,随带公款三万余金。不料滞留大连租界,妄称关东大都督,勾结匪匪潜谋滋事。经我督宪电请外务部转告贵国公使。兹奉前因,相应照会贵总领事,请烦查照,从速取缔。"(《赵尔巽为取缔蓝事照会日本总领事馆》,宣统三年十月十一日,《辛亥革命在辽宁档案史料》,第 356 页)

△　蓝天蔚与革党于各处运动革命,日使虽答复清方饬查,但并无取缔之

---

①　《中华民国军政府分府关东都督蓝为布告事》,详见附录一"蓝天蔚著述"。

行动。

电谓：万急，北京内阁袁大总统钧鉴：勋，奉况仍未安帖，蓝与革党各处煽动，致胡匪四起，已分别派队严剿。日使虽说得冠冕，实行却不然。仍祈迫令践言为恳。有前统领胡殿甲亦在党内，笃其蛊惑。顷闻胡赴京叩谒，乞留意。武昌日来可复否？盼切。巽。真。印。（《宣统三年十月十一日东三省总督赵尔巽致内阁总理袁世凯电》，军机处电报档，柴德赓、荣孟源等编、中国史学会主编：《中国近代史资料丛刊·辛亥革命》七，第 424 页；《东三省总督赵尔巽电报·奉天仍未安定蓝天蔚与革命党各处煽动》，《清宫辛亥革命档案汇编》第 70 册，第 149 页）

△　蓝天蔚派刘艺舟、徐镜心等赴烟台请助饷械，受王传炯[①]阻难。刘艺舟等遂编演戏剧，组织共和基金会，着力使烟台为根据地。

罗正纬谓：时王传炯据烟台，自称军政分府。天蔚抵大连，派刘艺舟、徐镜心、宋涤尘、汪人杰、唐德生、刘受之等赴烟台，请助饷助械，传炯难之。艺舟察烟民蔽塞，未知革命真义，率同志组织新剧，藉筹饷为名以激动之。艺舟编演《武汉风云》及《波兰亡国恨》等出，烟人感动，赞助革命者日众，遂组织共和急进会以统摄之，推艺舟为会长，镜心副之，约期集议。传炯见势转佳，转加入，军警皆附和。会场发言不慎，触军警忌，立时奋臂相搏，与会者皆奔匿。日领事知事决裂，出为调解。民军必欲得烟台以为根据，天蔚遂往焉。（罗正纬：《滦州革命纪实》，王云五主编、徐咏平撰：《民国陈英士先生其美年谱》，《新编中国名人年谱集成》第 8 辑，台北商务印书馆 1980 年版，第 157 页）

12 月 2 日（十月十二日）　有清方探报，蓝天蔚是日赴上海。（《有关各处革党活动的探报　三十三件》，《东三省辛亥革命史料》，第 176 页）

蓝天蔚自述：嗣仓卒返沪，适江宁克复[②]。（《张园欢迎蓝天蔚记事》，《申报》1912 年 4 月 23 日，第七版）

△　清方忧惧蓝天蔚在大连的活动，特照会日总领事，乞日关东都督府将蓝天蔚拿获，送交清方究办。

谓：为照会事。案蒙督宪饬发外务部电开，准贵国公使照开，本国外部电复，蓝事正在饬查云云，严重取缔等因。具见贵国顾全睦谊，维持治安之至意，敝国实深感佩。

---

①　王传炯（1884—1935），字仲遴，安徽无为人。毕业于江南水师学堂、英国格林威治海军大学、朴茨茅斯枪炮学校及朴烈茅斯领港学校。历任清海军舞凤号、龙骧号二炮舰管带、烟台民军总司令、烟台军政分府司令、山东独立政府都督、国民党参议员、海军部军事科科长、军事科长兼任编译科科长、军需司司长、蒙古宣慰使、北伐海军司令部任参事等职。北洋政府授陆军少将加中将衔。

②　江宁克复时间为 1911 年 12 月 2 日。

查蓝天蔚前充第二混成协统领,因与本协将弁兵丁不和,请假回南。讵出营之后,时以报复该协将弁兵丁为念,遂在大连刊刻关东大都督伪印,造作伪札,散给胡匪,冀图泄忿。并有贵国人为之帮助,前已照请查拿有案。蓝天蔚以个人私怨,故意扰乱治安,并无革党政治思想。查各国所谓国事犯,乃指有政治关系而言;若勾结盗贼为患地方,专为私忿起见,即无政治之可言。贵国交谊素敦,又有贵外部严重取缔之电,想无纵容庇护之理,且亦断不容日人为之帮助犯此嫌疑。其伪印称关东都督,大有冒称贵关东都督官衔之意,尤非所宜。为此照请贵总领事,迅即转达贵关东都督府即将蓝天蔚拿获,送交敝国究办,实纫公谊。伏候查照施行。须至照会者。日总领事。宣统三年十月十二日。(《关于取缔蓝天蔚在大连活动的档》,宣统三年十月十二日,辽宁省档案馆:《奉系军阀档案史料汇编》1,第592页;《奉天交涉司档》,《辛亥革命史资料新编》第3卷,第278—279页)

△ 据《有关各处革党活动的探报》:蓝天蔚致日本守备队电,有定于十二月十三日起事之信。(《有关各处革党活动的探报 三十三件》,《东三省辛亥革命史料》,第178页)

△ 是日,德岛洋行为蓝天蔚及其部下各刻名片50—100张。

(《有关各处革党活动的探报 三十三件》,《东三省辛亥革命史料》,第171页)

另据《盛京时报》记载:十二日早四点通知,德岛洋行有中国人一名来谓欲刷印名片。据其持之字样,一系中华民国关东军政府临时大都统蓝天蔚,一系参谋官东南路司令总长宋涤尘(别号民柝),一系外交总长刘艺舟,一系秘书官兼理民政事许春山,一系参谋官王子衡,一系赤十字会长宁良弼,共六人。蓝天蔚之名片印刷五十页,其余均印刷百页。闻宋涤尘,山东人,肄业于山东师范学堂;刘艺舟,湖北人,肄业于早稻田大学,曾为袁项城幕友兼北洋法政学堂教员,后入改良新剧界,由去年来奉天。(《革命党员之名刺》,《盛京时报》宣统三年十月十六日,第四版)

12月5日(十月十五日) 蓝天蔚住安埠日界,是日电调烟台兵轮,以作后援。次日晨赴烟台。

电谓:"伊(蓝)本日已电调烟台兵轮来安,以作后援。封江在迩,未知能来否?并闻伊等明日早赴烟台,以决大计,三五日仍返安埠各等情。"

并抄录军政分府名单如下:

中华民国关东军政分府临时大都统　蓝天蔚;

参谋官东南司令总长　宋涤尘,字民柝;

参谋官　王子恒[衡];

外交总长　木铎;

秘书官兼理民政事官　　许春；

赤十字会长　　宁良第[弼]。

查明姓氏列后：萧西坡，山东人。此人前曾充安埠警局书记，后充统捐局书记，月前返烟，王三本、宋子峰、王子芳、许群山、郭姓、姜姓、程姓。（《治字第五十二号探报》，宣统三年十月十五日，《东三省辛亥革命史料》，《清代档案史料丛编》第 8 辑，第 69 页）

△　戴季陶赴大连任蓝天蔚戎幕。

陈布雷谓：（1911 年）十月中旬，"季陶来余寓，坚劝赴东北佐蓝秀豪（天蔚）戎幕，余以父命不许，且心不愿离《天铎报》而他适，坚谢其意，季陶谓余无大志。"（陈布雷：《陈布雷回忆录》，东方出版社 2009 年版，第 49 页）

冯自由谓：革命党人筹划东北再次举事的秘密机关有两处：一处在沈阳，以商震为临时代表；一处在大连，由戴季陶、商震、蒋春山、张光如等主持，担任一切筹备事宜。在大连的秘密机关设在浪速町二十八番地，定名"同学会"。（《中国革命运动二十六年组织史》，第 299 页）

宁武谓：当时策动东北各地军事之总机关，为蓝天蔚所组织之参谋团……代蓝主持参谋团者为蒋春山同志，此外党人间尚有一种组织机关，名曰同学社，设大连，主持人为商震。在各地革命军事过程中，戴传贤（当时一般人仅知戴天仇之名）曾亲到大连参加谋议。（宁武：《东北革命运动》，录自宁武《东北革命运动史述要前编》，《各省光复》下，《中华民国"开国五十年"文献》第二编第五册，第 387 页）

12 月 6 日（十月十六日）　蓝天蔚名下的东北革命党人多方开展活动。

《盛京时报》是日谓：日昨忽有十五日革军来袭安东之说，一般居民无限惶恐，同时并宣传关东临时大总统蓝天蔚不久即到安东布置一切，故保安会员等屡在商务会集议，商定革军到安，不许抵抗，惟必防土匪之骚扰。现已得多数赞成。（《警信飞来》，《盛京时报》宣统三年十月十六日，第四版）

又谓：由中华民国关东军政府临时大总统蓝天蔚所札委之外部长刘艺舟（别号木铎）、王子衡[①]二人于初十日由奉天来安，赁居于久美寿馆，检其店簿，仍书以革军外交部长刘艺舟，中华政党奉天支部王子衡等字样。于十三日朝，忽谓欲归奉天，即辞别于该旅馆，不知所向矣。（《外交部长来安》，《盛京时报》宣统三年十月十六日，第四版）

12 月 7 日（十月十七日）　探报云蓝天蔚前在大连，各处招国民兵，预赴安县起事，并在复州张贴安民告示。

----

①　王子衡（1893—1950），字子衔，山东登州人。毕业于奉天江政学校、日本早稻田大学。历任山东《济南日报》主笔、《青岛新报》主笔、《关东报》总编辑辽宁省政府咨议、奉天地方维持会秘书等职。

文谓:"昨日有云蓝天蔚在大连,被复州革党欢迎公举为关东大都督。现下在各处招国民兵,赴安县起事之说,亦有安民告示在复州张贴等情,云之甚多。内中有王子衡、木铎为之部下将员,其中举动非小。内有沟通日本,暗为助谋,共图大业之说,不久必攻奉省。传说不一。"又谓:"谘议局吴议长日前逃赴大连,昨有云已经回奉,在北关张榕之家暗藏,往往有人见之。近日谘议局并无多人,皆赴张榕之家会议。内中情形,令人可疑,每日昼夜不断车辆,赴其家多系学界之人,唯恐不久必有变动。民人多有探问官府如何防范,诚恐被害,慌惧非常。又云之十七、八、九三日内,必有动静,恐系内应外合,一哄而起之说。"(《左队队官李金标致赵尔巽呈文》,宣统三年十月十七日,《东三省辛亥革命史料》,《清代档案史料丛编》第8辑,第72—73页)

12月10日(十月二十日)　蓝天蔚委任顾人宜为征清第一军司令官,张璧、陈荣、杨锐、吴振诸人充参谋官。另有报载蓝天蔚之职员委任及地点分配。蓝天蔚之关东革命军深受人民欢迎。

《复县志略·兵事略》:二十日关外都督蓝天蔚委任商震为关外军总司令,以顾人宜为关外军第一镇镇统,顾人邦、邵兆中为第一镇协统,顾人敏、杨大实、张君玉为参谋,李文海、顾崇志、尹锡五、张毈臣为标统,李祥海为炮队营官,孙天发为民政部部长,其余官长甚多,是时民军共有一千余。于是月二十七日在三区曲家店坡子店一带与巡防营右路帮统及冯统领军队接仗一次。相持约两日。嗣因宣布共和,蓝都督将全军调赴山东,而复州之军事乃告一终结。(《复县志略·兵事略》,第113—114页)

《申报》载《关东革命军纪事·都督之举定》:庄复革命事起声势浩大。闻此次原动力确在奉天民军本部之擘画。所有辽阳新民辽中海城各处早已联络一气,名为满洲征清队,由各军领袖公举前陆军协统蓝天蔚为中华民国关东临时大都督。与多数同志集议大计。闻熊秉三吴莲伯诸人均有密约,已派多数军官到庄复等处助战。蓝并于日昨带同参谋数人,乘南满汽车到普兰店下车,莅民军司令部李家窝。闻即以是处作都督之大本营。(《关东革命军纪事·都督之举定》,《申报》第13947期,宣统三年十月二十三日,第11版)

《关东革命军纪事·职员之委任》:民军关东大都督蓝天蔚到营后布置一切,除前已委定顾人宜为征清第一军司令官,张璧、陈荣、杨锐、吴振诸人充参谋官外,刻又以高云集充步兵团指挥官,刘耀武充马兵侦察长,陈立中充炮兵指挥官,高丕相、顾人敏充军需总长,姜又山、高士宽充招募义兵大使,阎九观、顾人邦、郭玉廷、王武浩、丁乃谦、孙常兴、潘毅、李其常、孟文朗等分充步骑炮马大队长;宋云龙、顾崇先、张荫等充各队中队长;王仁环、李镇充各小队队长;其外孙子正、宋友、李云门、百福等充秘书;李又海、左世珍等充任副官,均分别同受委任事。

《关东革命军纪事·地点之分配》：民军现在庄复暂编成十大队,虽各处投效者有加无已,拟随时陆续添入。闻已择定地点以李家卧龙作根据地,东橙大娘娘庙、刘家屯磨盘山、郭家屯顾家岭、莲花山皆视为要地,分兵把守,以御官军。日前攻取水门子,追击元台子,所有名山均被占据,刻又在毕流河一带分遣大兵防守,以遏庄岫官军来路,而致死命。此地点分配之大略也。

《关东革命军纪事·人民之欢迎》：此次民军募兵,概系庄复东山良民,勇敢性成,屡经战胜胡匪。自与官军接战获胜,司令官顾人宜即下令曰：万勿因小胜而遽骄,务要同心拼命,以图大举,义兵到处秋毫不犯。并极力保护居民,安慰良殷,于是满处白旗欢迎,举动有目共睹,据各村父老云：千万千万,可将官军打尽,免得巡防营兵奸淫抢掠,再为民害。(《关东革命军纪事》,《申报》第 13947(重号)期,宣统三年十月二十三日,第 11 版)

12 月 10 日(十月二十日) 日本官宪劝告蓝天蔚离开大连,是日,蓝天蔚乘正午的蒸汽船前往上海。

《关东都督府参谋长星野少将致电日本参谋总长》：原旅长蓝天蔚现在在大连潜藏,我日本官宪劝其离开。蓝天蔚慨然应允,乘十二月十日正午的蒸汽船前往上海。另外,仍然有蓝天蔚的部下留在大连,我日方正劝他们从速离开大连。赵尔巽总督在奉天抓获十几个革命党人,皆斩首示众。(《关东都督府参谋长星野少将致电日本参谋总长》,1911 年 12 月 11 日,米彦军译自 http://www.jacar.go.jp/chinese/index.html"亚洲历史资料中心")

12 月 12 日(十月二十二日) 蓝天蔚是日到沪。

上海《时报》载：蓝天蔚昨已到沪,民军各领袖极意欢迎。(上海《时报》宣统三年十月二十三日,第一版)

△ 蓝天蔚被推举为湖北续选赴沪会议议和代表。

《申报》载：清议和使唐绍怡君于二十二日上午十一句钟由汉口渡至武昌,黎都督原议在城内接待嗣因其亟须回至汉口往返不便,在武胜门江岸毡呢厂内设立招待处。唐君偕严几道君登岸后即与黎都督相见寒暄毕……言毕。遂散。黎都督亲自送行,后至城内教育总会(现设军事科)开会。续选赴沪会议代表,计当选者谭人凤、蓝天蔚、郑江灏①、时功玖、孙武、孙发绪等六君,准二十四日起程赴沪。(《唐绍怡会晤黎都督详志》,《申报》宣统三年十月二十八日,第八版)

---

① 郑江灏(1882—?),字南溪,湖北襄阳人。曾赴日本留学。历任共进会参议部部长、湖北都督府参议兼总监察处秘书长、民社党干事、共和党鄂支部主任干事、参议员议员、四川浦江县知事、四川巡按使署秘书、四川都督府秘书、参议员议员、宜昌商埠局局长。

沈云龙谓：唐等一行暨随员于十九日乘京汉车南下，是日在鄂各省代表亦公推伍廷芳为民国议和总代表，温宗尧、汪兆铭、王宠惠（亮畴）、钮永建（惕生）为参赞，湖北且特派胡瑛（经武）、王正廷①（儒堂）为代表。二十二日，又以袁派居留北京各省人甚多，续推孙发绪（纯斋）、谭人凤（石屏）、蓝天蔚②、郑江灏、时功玖（铼百）等参加，并由黎元洪电请独立各省增派人数，以示抗衡。（沈云龙：《徐世昌评传》，传记文学出版社1979年版，第156页）

12月15日（十月二十五日） 《申报》载：蓝天蔚统率精兵万人将由海道进攻天津，京师大震。（《申报》宣统三年十月二十五日，第三版）

12月17日（十月二十七日） 蓝天蔚向黎元洪请助以钱粮，以备北伐；信中质询了其被推为议和代表之事。黎元洪告知鄂省钱粮缺乏，可就近与陈都督切实商榷，并告推举蓝天蔚代表讲和一节，乃由群情所推。

《黎元洪关于鄂省钱粮缺乏情形致蓝秀豪电》：接阅来电，具见热诚谋国，筹划精详，至为佩慰。惟是自起义以来，钱粮早经豁免，大藏所存，不过旧有之数。用兵既久，缺乏时形，此由吾鄂独挡敌冲所致。足下抱敷天之愤，为北伐先声，东南诸省，当表同情。请即就近与陈都督切实商榷，并缕述吾鄂情形，必有以达高义也。至于代表讲和一节，是由群情所推，尚祈暂驻缨旗，以慰众望。（《武昌革命真史》下，第456页）

12月18日（十月二十八日） 蓝天蔚东北率师起义一节，在"南北和谈"中被探讨。伍廷芳谓今各处一律停战，独遗奉天，无以对奉天诸同志。唐绍仪谓，可以照办。

《第一次会议录》：十月二十八日午后二时半，民国总代表伍廷芳，中央军政府代表王正廷，民国总代表参赞温宗尧、王宠惠、汪兆铭、钮永建与袁内阁全权代表唐绍仪及其随员欧赓祥、许鼎霖、冯懿同、赵椿年在议事厅相会，先由两代表换验文凭毕。

伍总代表言：今日未开议以前，有一事先提出解决，两方定约于十九日起一律停战，而日来迭接山西、陕西、安徽、山东等处报告，知清兵已入境攻战，似此违约，何能议和。故今所当先解决者，须请贵代表电致袁内阁饬令各处一律停战。山西方面不得由娘子关及大同进兵，陕西方面不得由河南及甘肃进兵，安徽方面不得由河南及他处进兵。其余各省亦须一律停战。且清军于停战期内所攻取之地，均须悉行退出，请贵代表以此意电致袁内阁，得确实承诺回电后，始可开议。

---

① 王正廷(1882—1961)，字儒堂，号子白，浙江奉化人。毕业于天津中西学堂。同盟会员。历任天津英华书院、湖南明德学堂英文科主任、中华基督教留日青年会总干事、湖北军政府外交部副部长、南京临时参议院副议长、工商部次长、国会参议院副议长。

② 按：蓝天蔚被武昌军政府特别会议，推为"增选赴沪会议议和代表"。然考蓝此时行踪在沪，蓝且不知被推为议和代表之情，实为群情所推。参12月17日《黎元洪关于鄂省钱粮缺乏情形致蓝秀豪电》电文，可知蓝并不知"代表讲和一节"，方有电询黎元洪之事。

……

唐使言：东三省何以亦加入？

伍代表言：东三省已有关东都督蓝天蔚,奉军政府命起义。

唐使言：并无所闻,以我所知,只辽阳等处,有日本人放炸弹而已。

伍代表言：此与日本人放炸弹事无涉,乃蓝都督起义之师也。

唐使言：此事并无所闻,且东三省范围太广,只专指辽阳何如？

伍代表言：不止辽阳。

唐使言：此事难以照办。

伍代表言：将东三省改为奉天何如？

唐使言：奉天现并无事。

伍代表言：我等亦无他意,不过确知奉天等处有党人起事,今各处一律停战,而独遗奉天,无以对奉天诸同志,故须加入此语,于清廷无碍,何必固争,若并此不允,是无希望和平解决之意也。

唐使言：可以照办。

(观渡庐：《共和关键录》第 1 编,台北文海出版社 1989 年版,第 5—9 页)

12 月 19 日(十月二十九日)　　蓝天蔚由大连派人到营口①,携带川资百元,迎接会党欲有所举。

杞忧子为秘密报告事：窃查本城一班民贼,前曾勾结解、陈、沈辈,介绍党首柳大年、赵兰亭到埠逗留,秘密开会,潜谋不轨,嗣经严行取缔,乃暂避去。现闻柳大年业被宁远州捕送省垣,而民贼等不知畏敛,尚复大言恫吓,到处宣扬官宪嫉党,屡下逐客令,蓝天蔚探知忿忿,已由大连派人到营,携带川资百元,迎接会党,共图大举。似此煽惑,倘仍姑息养奸,大局恐多杌隉。如谓同志会党已归保安会内认作职员,自当伏首帖耳,不致狡然思逞。岂知天生劣种,决难心悦诚服。又有未经收入之三五败类,甘为社会公敌,急欲营埠肇乱,克遂攫夺金钱之素愿。前假巡更为名,借用衣械,要求口号,其居心诡谲,可于若辈素行卜之矣。转瞬隆冬,河冰坚固。一旦内呼外应,实属隐忧。为此,切实报告,拟请宪台密禀督宪,严向柳大年诱取确供,追究营口入党、最著扰害治安之姓名,札拘送惩,以寒匪胆。兹为谋求地方安宁

---

①　营口之役,营口巡防营王东海率部反正,称“讨虏革命军司令”,宁武除派金化三等前往相助外,并亲往劳军,以当地不宜久驻,建议义军开拔,后王营在开往顾家岭途中,被张作霖派人围攻,王强悍善战,突围而出。前此,有巡防队官李子元,在奉调营口时,曾与宁武联络,拟到营口起义,宁以如安全可虑,宜随时随地发动,不必等到营口,因访李未遇,未能传达此意,数日后,李子元等同志三人行至新民府为张作霖所杀。(《中华民国建国史·革命开国》,第 791 页)

秩序起见,不安缄默。须至秘密报告者。(《杞忧子告发营口革命党人活动的秘密报告》,宣统三年十月二十九日,辽宁省档案馆编:《辛亥革命在辽宁档案史料》,第68—69页)

△ 《申报》谓:蓝天蔚电致袁世凯,有时事日非,惟公任之,曹操、王莽、华盛顿,惟公择之等语。(《申报》宣统三年十月二十九日,第三版)

12月20日(十月三十日) 军谘府致内阁信函:第五镇吴统制三十电称,据烟台电称,蓝天蔚率海陆军到烟,并探闻派有暗杀队赴京等因,业经分电贵阁在案,希即酌核办理。(《四八〇二 军谘府致内阁信函:蓝天蔚率海陆军到烟台请酌核办理》,宣统三年十一月初一日,《清宫辛亥革命档案汇编》第八十册,第278页)

12月23日(十一月四日) 蓝天蔚到大连。各首领均向之陈说,拟图大举。蓝天蔚劝谓沪上议和尚未定局,宜从容规划,以待时机。

《白仁关东民政长官复石井外务次官电》:蓝天蔚今晨乘西京丸到达大连。其动静正在秘密侦察中。(《白仁关东民政长官复石井外务次官电》,1911年12月23日,邹念之编译:《日本外交文书选译——关于辛亥革命》,第214页)

贺觉非谓:南方同志以光复关外,仍须由蓝主持。蓝亦以前此功败垂成,毅然引以己任。复于十一月自沪返大连,积极展开工作。(《蓝天蔚》,《辛亥革命湖北人物传资料选编》,第20页)

《申报》载:辽河庄河一带近因内省和议有望、用兵稍缓,各首领均在往大连。适蓝天蔚自申回东,各首领均向之陈说,拟收拾余烬,以图大举。蓝谓之曰,沪上议和尚未定局(时在十一月初十日也),我等正宜从容规画,以待时机。公等倘逞一时意气,实所不取。倘议和不成,我等师出有名,直捣黄龙,歼此余孽,与诸君痛饮,岂不善乎?各首领唯唯,遂各回原地,暂时按兵不动,以观议和之结局。(《申报》1912年1月16日,第三版)

《盛京时报》载:前第二混成协统蓝天蔚辞差后,即在大连和同志组织东省民军事宜,并亲赴烟台、上海等处筹商一切。现在民军政府已捐[决]定东省民军为北伐第一军,并举蓝天蔚充第一军司令官。闻伊已于日前折回大连,刻已将进行方法筹备完善,即以此次议和之成否为进止之方针。(《蓝天蔚之行踪》,《盛京时报》宣统三年十一月五日,第五版)

12月25日(十一月六日)后 蓝天蔚策划外省实力援助。与陈其美、戴季陶、张静江、黄复生等会商北伐,傅国英、张汉仆等参与擘画。军事计划分数头进行。

据《戴季陶传贤先生编年传记》记载,先是,秀豪先生任东省陆军协统,自武汉首义,东省各地人心动摇,纷起响应。公举蓝为奉天民军临时关东大都督,困于清总督赵尔巽之保安会,压迫之使出走,乃至上海,策划外省实力之援助,先生与之协谋共举，其时参加此一运动者，上海方面有陈英士(其美)张静江(人杰)原名增先，黄复生原名树中三先生，东北方面，除先生(戴季陶)外，有蒋春山、商启予(震)、李涵础(培基)、程之屏(起陆)、彭汉怀、祁耿寰诸先生，均为外省同志，其他难以悉举，其东省同志参加者，人数更多，而宁梦岩(武)、朱霁青(澄生)实其重要之一人。关于军事进行之计划，约有数端，一为联络东省各地民军及防营警察等起义，以牵制反动势力，一为招募学生军筹拨兵械运输登陆，以厚革命实力，一为策动兵舰前赴烟台，保持彼处和平，期可发生助力，以上行动，前方设有机关部两处，一在奉天省城内，推启予先生为临时代表，一在大连，由先生及启予、春山、张光如诸先生担任一切筹备事宜。(陈天锡：《戴季陶传贤先生编年传记》，《近代中国史料丛刊续辑》421，台北文海出版社 1967 年版，第 18—19 页)

周斌谓：初蓝天蔚、胡瑛、凌翘等自武汉赶来上海，与黄克强、于右任、戴季陶、居正、田桐等会商北伐，决议组织"关外都府"，蓝天蔚任都督，胡瑛任总司令，凌翘任总指挥；改编队伍统归凌大同编遣。(周斌：《凌大同》，上海市文史研究馆编、沈祖炜主编：《辛亥革命亲历记》，第 286—287 页)

据《傅国英于辛亥与蓝天蔚等组织北伐队①及陈英士密谋反袁称帝在浙江诸暨县孤单起义被害议恤》记述："烈士死难前对本党之历史：辛亥(1911 年)冬烈士与蓝天蔚等组织北伐队，悉心擘画，条例井然，蓝等亟称赏之。"(《傅国英于辛亥与蓝天蔚等组织北伐队及陈英士密谋反袁称帝在浙江诸暨县孤单起义被害议恤》，南京中国第二历史档案馆藏档)

《申报》谓：傅国英(字聘之)，烈士，浙江人，国民党先进同志也。辛亥(1911 年)之役，傅烈士与蓝天蔚等，组织北伐队推倒满清。(《筹备公葬傅国英》，《申报》1928 年 11 月 10 日，第 16 版)

《张汉仆事略》谓：时和议久不决，北方多诡词，孙武与蓝天蔚恐其不诚，惰我斗志，乃组织北伐军，以汉仆从戎久或习戎事，时有咨询，皆以实对。(《张汉仆事略》，湖北省博物馆：《武昌起义档案资料续编》，中国文史出版社 1991 年版，第 239 页)

△　戴季陶函蓝天蔚、张静江、黄复生等，告以有人在关东使用民军名义紊乱秩序、妨害大局之情。

----

　　①　亦有时人忆蓝天蔚在沪训练决死团。据梁维亚回忆：过了几天，我从苏州回到上海，时詹大悲、何海鸣、方剑侯等招募决死团，前来投效的人很多，担任训练的有军官学生张森、蓝天蔚、刘文岛、潘祖信、王振球等。以后南京临时政府成立，决死团陈雪琴一队由我带回湖北，改编为黎元洪近卫宪兵。(梁维亚：《辛亥革命自传之一章》，中国人民政治协商会议湖北省委员会：《辛亥首义回忆录》第 1 辑，湖北人民出版社 1957 年版，第 71 页)
　　按：此中记忆有误，担任训练的军官学生应为蓝文蔚。据《蓝氏宗谱》载：(蓝文蔚于)民军起义，在沪组织北伐决死团，充当连长。(《蓝氏宗谱》卷八，第 34 页)

《戴季陶致张静江黄复生①蓝秀豪三先生书》：静江、复生、秀豪先生大鉴：今晨同上一函，想达义览。更有启者，杜幼泉②种种荒唐，决不能合情形，前电已陈之矣。今杜等居然竟以大都督名义，发布公文，鱼目混珠，前者东省已有真民军假民军之说，若再任杜幼泉等，如此胡闹，一则吾等号令不行，二则一国三公，其谁适从？且杜等所用公文，亦是蓝马封红油印，外人何从而知其真伪，若因此遂致生出日人干涉，其将奈何，绝非无关紧要也。请公等就近设法，商之伍、温等外交诸公，可否用正式公文照会日本关东都督，谓除吾党一部分外，皆非真正民党，一面由弟等写信与于右任先生，将杜等行为，宣布中外，不然，以小误大，实为东省前途祸根也。如何之处，即希公酌。顺颂义安。

（陈天赐按：此函先生与商震、蒋春山同列名，未载年月日，以其时考之，当在民元前一年冬间。）（陈天赐：《戴季陶先生文存续编》，中国国民党中央委员会党史史料编撰委员会1971年版，第287页）

《戴季陶致蓝秀豪张静江黄复生三先生书》：秀豪、静江、复生三兄大人阁下：本日连接二电，敬悉一是。兹有启者，曾君杰带有沪军都督空白委任状数十封，各处传发，迹近招摇；据云此状系英士给夏某带下者，此间办事同人颇不能统一，甚为深虑。且民间已早有真民军假民军之谣，若再有沪军都督委任状发出，尤使人生疑。不知是否英士确有命令，使夏（此人并未到连）曾等到东省办此项事，且曾某并不与同人接洽，擅自行用后，经同人所觉，告之亦并不理会。似此荒谬，殊属于大局有碍。将来即有命令发生，而一班无知识之愚氓，亦不能见信。请速向英士询明，无论是否真有此项空白公文发出，务促其设法取消，并令其确实证明曾某行为，非同人公意；不然，紊乱秩序，妨害大局，其害决不在杜某下也。启予昨夜回奉天，约三两日后即回连，现在极力准备上陆事件，及各处行动方案，定须当即电知。本欲直函英士，因恐另有别意，故请公等就近设法维持，查明后请先电知为叩。专此顺颂义安。（陈天赐按：此函系先生与蒋春山列名，未记年月日，但以其时考之，当仍在民元前一年冬间两函之后也。）（陈天赐：《戴季陶先生文存续编》，第288页）

---

① 黄复生(1883—1948)，名位堂，字明玉，易名树中，字理君，四川隆昌人。毕业于泸州川南经纬学堂，后赴日本学习印刷，从横滨梁慕光习制炸弹。汉口伏击端方未成，北京谋刺载沣未遂而入狱，被释后赴天津组织京津同盟会。历任四川主盟人兼《民报》经理、大汉四川军政府驻南京代表、南京参议院议员兼印铸局局长、四川民军总司令、四川靖国联军总司令、川东道尹、靖国军援鄂第一路总司令等职。1919年广州军政府授陆军中将。

② 杜幼泉，与华世忠(字朗泉)、何子奇有"北洋小三杰"之称，后投玄武湖死。

《戴季陶致张静江先生书》①：晨间同启予、春山合上一函，想达尊鉴。此事现已与日人交涉，但上海若无正式公文，日人绝不能过问。请急与秀豪、复生商议，求伍廷芳速出公文，谓除蓝商一部人外，即非正式民军，能先电关东都督及大连民政署尤妙。总之愈速愈好，勿令杜某等以私人意见，致坏大局，盖杜某等此刻存心用意，皆以破坏为主也。本欲会同商、蒋二君电知，因事因繁杂，电文不能详尽，故详函陈说，务祈从速筹办，以维大局，是所切祷。再者，弟在此间虽无他事，然有时出门作事，防身之具亦不可无，此间又无从购买，请代觅手枪两支，子弹亦需附寄（蒋君亦需此），以为万一之备。有妥人来，速即交其带下，千急千急。同志解君宝田（现在营办事）夫人欲回沪入女子国民军，请代为介绍，另有专函交其面呈，抵沪时请为招待。船发务祈先行电知。此后信电款项，均请寄和兴栈，因弟等并不住春天馆也。再者，湖州内子处，请代寄一信，言弟在连平安，并无危险，请其放心是叩。（陈天赐按：此函与三人列名之函同日发）（《戴季陶致张静江先生书》，民元前一年冬间，陈天赐：《戴季陶先生文存续编》，第287—288页）

《戴季陶致陈英士杨谱笙先生书》：英士、谱笙二兄鉴：弟赴连后一切情形，及东省办事情形，想已在静江兄处得悉矣。总之，大局之定，必以东省为解决，若能据奉天，则北京可不攻自破，惟乏款械，故不能遽然便动耳。秀豪在沪想已详细接洽，晤筹一切，尚求极力为之筹备计划，俾早成一日，即大局幸甚矣、商启予者言，曾与我兄见过，为人颇有能力，且甚诚实，不可多得之人才也。现在此间若有款械，立刻可以望成，各地实已不能片刻稍缓，然所以必待秀豪之来，盖一由于名义上之关系，二由于款械不足，非有兵舰来，则万不足望成也。以后我兄对于东省，若有调查等事，竟可直接函询大连机关部，即可详细答覆；若派人来此，亦请先以信通知，一面办事有不接头之弊。且现在往往有人在此间声称，系由兄等派来，借事生风，而无知识者遂一味盲从，此种情形，前已函告静兄，托其详告我兄，务必注意为荷。再夏醉雄、曾伯兴二人，带有曾处空白照会，四处分发，虽无十分妨碍，然究使无知识者生种种疑心，所以不能不告知二兄，于此种事件通知此间也。此间机关部办事者，司令商启予，参谋蒋春山，弟任交通，通信所在"西通二丁目四十一番地"，如有函件电信，请即寄该处为叩。此颂公安。（《戴季陶致陈英士杨谱笙先生书》，民元前一年月十五日，陈天赐：《戴季陶先生文存续编》，第288—289页）

《戴季陶致陈英士先生书》：英士同志大人钧鉴：敬启者，满洲为北方头项，亦

---

① 按：戴季陶写于辛亥（1911年）民元北伐（1912年）有五函可查考。后三函虽不直接寄给蓝，中所及之事因与蓝等运筹之北伐直接相关。一并录下。

为满奴逋逃之所。迩者南方北伐队旦夕将出,然而就势与地论之,则以南伐北,殊非易事。若先一举而锄其发源之地,则援助无人,逋逃无处,南军一临,惟有束手归罪而已。同人等有鉴于此,所以不顾利害,而尽力于此蕞尔之区。蓝君秀豪在沪,一切情形想已详细面达,此间惟俟蓝君所筹军舰一到,即便全部响应,直取奉天!成败虽不可料,亦惟尽心力为之耳。特有恳者,此间商会,颇有筹款余地,惟非以势力名誉二者动之不可,求尊处出照会二通,一大连商务总会,一大连西岗子商会,告以民军情形,及筹款之不能不假手于商会原因,并提明东省民军,以蓝军为主。此层办法,前已函致张君静江、蓝君秀豪、黄君复生嘱其代达此意。然既属同志,想自无分彼此,阁下素称毅侠,区区之事定能赐允。此间办事,除蓝君秀豪都督外,即弟等分任各部事宜,若尊处有调查等事,或派人来东,均请先行通知敝机关部,以便接洽一切。军务劳神,诸希珍重。恭颂义安,鹄候教示。

再者,关外民军驻沪机关,系静江及复生二兄担任一切,若有必要时,请就近与二兄接洽可也。

通信处大连西通二丁目四十一番地蒋寓①

(陈天赐按:此函先生与商震、蒋政源同具名。)(《戴季陶致陈英士先生书》,民元前一年月十六日,陈天赐:《戴季陶先生文存续编》,第289—290页)

△ 蓝天蔚招募编练十字军,设总司令部于上海南市中国图书馆内。"蓝十字军"偕同商团光复南汇②各县。

《蓝天蔚与中国十字军》谓:当中山先生自美返国之时③,亦正蓝氏自东北抵沪之际。晤谈之下,论及当时革命基础,应以组织军队为当务之急,遂发表蓝氏为关东都督。着即在沪募集青年学生,组织成军,定位为"中国十字军",设总司令部于上海南市中国图书馆内。当成立之始,共约二千余人,皆为十五六岁乃至二十余岁之有志青年。其中不乏曾受军队训练及警察教练出身者。初步即选拔此辈为本部中下级军官,以应需求。(《蓝天蔚与中国十字军》上,香港《天文台报》1958年7月18日,第二版)

---

① 按:西通41番地,现大连市中山路南友好广场西侧。
② 据《民立报》载,上海地区川沙、奉贤、南汇光复于1911年11月7日(《川沙、奉贤、南汇光复》,《民立报》1911年11月8日,第五版《民军至浦东情形》,《民立报》1911年11月9日,第五页),考蓝此时应在东北。然1929年陈尊武的议恤件(1929年)确记录陈尊武奉令组织蓝十字军,光复南汇。又《申报》载:十字军队长陈安甫、参谋许奇松,去年上海光复时曾会同商团公会前往南汇奉贤、青浦、平湖等处剿除土匪。(《十字军回沪》,《申报》1912年4月18日,第七版)又据1912年5月陈安甫致潘月樵函谓:忆自前岁,安甫带十字军时,非公介绍,何由得识蓝公;非识蓝公,何能建功关外?(《陈安甫函致潘月樵》,1912年5月29日,《沪军都督府调查部往来要电》,上海市历史博物馆藏)由此信函可知,先有十字军之成立,而后有陈杜甫与蓝天蔚结识之事。"蓝十字军"的名义是成立始便冠的,还是李宗武的记忆有误,蓝天蔚是在原有十字军基础上,继续招募、组织蓝十字军,扩充兵员参与北伐之事。抑或南汇的光复历经了反复?还待新证。
③ 孙中山抵达上海的时间是1912年12月25日。

《民立报》刊登《十字军》简章：本军以征南伐北、恢复大汉土地为宗旨，养精蓄锐、保全民国主权为目的。

本军由学、商两界组织而成。学界中须有中学程度，曾习兵操者；商界须有普通学识，曾入商团体操会者为合格。

本军队友除军需、食粮由军政府给发外，各尽义务，概不支饷。

愿入本军者，须有确实介绍。

本军队友设有阵亡者，业已禀准军政府照敢死团死伤例抚恤。

大局平定之后，禀请军政府按各员之才干，派予适当之位置。如愿退伍守其旧业者，请军政府特别奖赏。

本军定额二百名，现尚有余额待补，如有热血志士，愿为同胞牺牲，且资格相当、身体健全者，请就近报名。

报名处：南市新舞台隔壁广大旅馆、英大马路同安居隔壁第一行台二十二号。（《民立报》1911 年 12 月 25 日，第五页）

"蓝十字军"偕同商团光复南汇各县。蓝天蔚自率主力进攻奉贤县，胜利后由黄浦江水道进迫平湖县，攻占县城。

李宗武谓：是日有军事谍报称，上海外围之南汇、奉贤等县及江浙边境之平湖县（属浙江省）等地清军有攻沪军事蠢动，李英石遂以沪学会、商业体操会、商余学会、商业补习会、沪西士商体育会等五个商团的基督教友为主体，号召各商团单位基督教徒参加。李英石将中华队队员上海商团教徒二百余人合并组成一个步兵营。由教徒俞志伟（商业补习会团员）、许宝铭（奇松）率领；另又拨调起义新军三百人，组织基督教民军（戏称十字军）。但李英石一时苦无充作战时之适当指挥人选，盖需慑服中华队员也。是时适有蓝天蔚（日本士官学校六〔二〕期肄业）者自东三省发动保安会和平光复运动失败后，来沪投奔英石，李即推荐蓝与基督教民军见面，获得拥护，因任命他为指挥，率队出征。俞志伟奉蓝天蔚命，率领部分教友民军攻南汇，在北门外激战时，俞奋勇当先，中弹阵亡（后由商团迁葬于杭州西湖），南汇旋即光复。蓝天蔚自率主力进攻奉贤县，胜利后由黄浦江水道进迫平湖县，毙敌无数，清军望风披靡，不久即攻占县城，地方举薛某为县知事，悬光复白旗。两路"教友军"胜利班师。中华队队员与上海商团团员在作战中已建立了深切友谊，因此万国商团之英帝国主义一切组织行动，由中华队员随时密报，而得及时防范。（《李英石参加与上海辛亥革命的前后》，《上海文史资料存稿汇编·政治军事》，第 694 页）

李宗武谓：民军司令部为澄清上海外围环境，派吴仲乔率领商团团员胡信履、刘凤麟等，前往太仓县光复各市镇。又派商团徐宝铭等偕同蓝天蔚率领之起义军，光复南汇、奉贤以及浙江平湖等县,团员俞志伟阵亡于南汇战役中。其后,又次第派兵光复崇明及长江下游各城镇。至此,光复上海的战役告一段落。(李宗武:《辛亥革命上海光复纪要》,吴汉民主编,蒋澄澜、周骏羽、陶人观等副主编:《20世纪上海文史资料文库·政治军事》,上海书店出版社1999年版,第13页)

据《陈尊武[①]于民元与陈英士在沪组织蓝十字军及1926年参加北伐诸役病故议恤》记述:陈尊武于满清末叶,愤政治窳败,投入同盟会,奔走革命工作,运动南京九镇新军起义。事泄被缉。逃沪。辛亥(1911年)武昌起义,驰往赞助。继闻东南响应,返沪。与陈英士同志集结商团等进攻制造厂,上海奠定后,奉令组织蓝十字军,光复南汇。(《陈尊武于民元与陈英士在沪组织蓝十字军及1926年参加北伐诸役病故议恤》,1929年7月12日,目录号:1,相关代号:2,案卷号:664,南京中国第二历史档案馆藏)

竺培德谓:竺梅先[②]早年参加了同盟会,之后又参加了国民党。他曾组织蓝十字军,后又在光复军任职,参与攻打高昌庙兵工厂和肇和兵舰起义等战役。(竺培德:《竺梅先与造纸工业》,寿乐英主编:《近代中国工商人物志》第3册,中国文史出版社2006年,第342页)

12月27日(十一月八日)　蓝天蔚遣使说通清军炮队管带刘跃龙[③],步队管带郑及春、刘文衡及队官蔡文藻[④]、包恭德、金鸿恩[⑤]等,准于日内约期反正。

各报载:东三省自蓝天蔚起义以来,大局震动,马杰之归顺蓝军者已及四万余人。器械充足,训练精锐,其坚忍耐寒实占天时地利之宜。近闻清军驻东军队如炮队管带刘跃龙、步队管带郑及春、刘文衡及队官蔡文藻、包恭德、金鸿恩等均为蓝天蔚遣使说通,准于日内约期反正,以期共捣燕京。(《东三省革命风云》,《民立报》宣统三年十一月八日,第三张;《东三省光复之先声》,《申报》宣统三年十一月八日,第四版;《东省革命气势》,《台湾日日新报》1912年1月10日,第四版)

又有民军令聂汝清投诚之传闻。谓:"驻东第二协统聂汝清本安徽省合肥人,前因皖省民军令其家属致书劝聂投诚,昨聂已复书家中,允以乘机为之,盖恐

---

① 陈尊武(?—1926),原名漳,字雨潮,上海嘉定人。同盟会员。曾运动南京第九镇新军起义。辛亥革命时,返沪与陈英士集合商团进攻江南制造厂。上海光复后,奉命组织蓝十字军,光复南汇、川沙等县。后任总统府秘书处科员。两次北伐,随师驻韶,赞襄机要。
② 竺梅先(1889—1942),字幼梜,学名炽潮,浙江奉化人,中国近代造纸和卷烟工业先驱。历任山东省恤赏局科长、大来银行董事长兼经理、华丰造纸股份有限公司经理、宁绍轮船公司总经理、国际灾童教养院院长、鄞县粮食调剂委员会主任委员等职。
③ 刘跃龙,安徽寿县人。曾任陆军第二混成旅旅长。1918年北洋政府授陆军中将。
④ 蔡文藻,1915年简任陆军第五师炮兵第五团团长。
⑤ 金鸿恩,字勋臣,直隶天津人,毕业于保定军校。任陆军第二混成旅参谋长。1922年洋政府授陆军少将加中将衔。

其下级军官反对，"报曰："想蓝都督必更有妙策以教聂氏矣。"(《东三省革命风云》，《民立报》宣统三年十一月八日，第三张；《东三省光复之先声》，《申报》宣统三年十一月八日，第四版)

12 月 28 日（十一月九日）　蓝天蔚在沪，愤于革命党内部争斗不已，开枪自戕，以醒同志。

饶汉祥①呈为《侨务局呈文》，记述：……之际身赴□□□□□□□适为□□所扼，志不得逞，愤而自戕，几濒于危，幸经医□□痊。人益因而敬惮。(饶汉祥：《侨务局呈文》，《蓝上将荣哀录》)

据《滦州革命先烈事略》记载："时民党内部分裂，湘鄂两派，尤不能兼容。天蔚泣谕之曰：清廷为最后之挣扎，已攻破汉阳，天下事，尚未可知。敌众我寡，协力御侮，犹恐不济，今忽内讧，蹈太平天国之覆辙，庸有济乎！言罢，以枪自击。党人感其诚，遂归于好。而天蔚名誉由此日隆。"(《滦州革命先烈事略》，《中国近代史资料丛刊》六，第 364 页)

《盛京时报》载沪函云：蓝天蔚被举为东三省都督后，苦意经营，业已布置就绪，日前来沪计划一切。即日返东。刻因东南党派分歧。中央政府不能实时成立，异常痛恨。忽于前晚七时（按：时间有误），谈论之余，热血上涌，举枪自杀，幸被同人救护，仅中一弹，当由友人送至医院医治。据西医云，所伤尚非要害，不日即可痊。(《盛京时报》宣统三年十一月十七日，《辛亥革命史资料新编》第三卷，第 464 页)

上海《时报》载"热血悲愤自刺之蓝天蔚摄像"。(上海《时报》宣统三年十一月十日，第三版)

△　蓝天蔚自戕消息为报刊传播，潘月樵闻之，演戏筹款，为蓝天蔚之资助。

病鸠谓：那时革命的风气，已延漫到全国，奉天革命健儿有蓝天蔚因起事失败，来沪筹募军饷不成，欲图自杀，他在报上见了这段新闻，就急急的走到逆旅里去访问他，一见如旧，立斥三万金，嘱他再图大举，这种慷慨输将的豪举，也是一生最得意的杰作。他曾说过，我的朋友，是为国家，友谊固重，国家更重。(病鸠：《纪念革命艺人潘月樵》下，《申报》1940 年 10 月 12 日，第十四版)

沃丘仲子谓：辛亥（1911 年）军起，旧友陈其美督沪军，蓝天蔚等利其多金，咸与折节订交。时方充伶界商团长，乃日衣制投往来，报谒于诸伟人之门。谓荣幸，而自是囊金少少耗矣。(沃丘仲子：《潘月樵》，《当代名人小传》卷下，《近代中国史料丛刊》三

---

①　饶汉祥(1884—1927)，字宓僧，湖北广济人。毕业于日本法政大学。历任鄂军都督府秘书长、湖北省内务司司长、湖北省民政长、副总统秘书长、政治会议委员、参政院参政、总统府秘书长兼侨务局局长总裁、郭松龄倒戈时讨奉秘书长。著有《珀玕文集》《珀玕诗集》《珀玕词集》《黄陂文存》。

编第8辑,第214页)

宁武回忆:有蓝天蔚的代表戴天仇(传贤)来访问我,方悉蓝初到上海时奔走各方面,为关外革命求援。当时都以为蓝是失败军人,无人理睬他,蓝在寓中竟想用手枪自杀,击伤左腕,这才引起同志们的注意。后由上海著名艺人潘月樵、汪大头等为蓝在大舞台演戏捐款,接济关外革命军。蓝伤愈出院,组织学生军一千余人,引起了上海工商界的爱国热情,因此又捐了很多现款,学生的枪械和服装随着都解决了。(宁武:《东北辛亥革命简述》,中国人民政治协商会议全国委员会文史资料委员会:《辛亥革命回忆录》第五集,第536—559页)

梅兰芳在《戏曲界在辛亥革命期间的几件事》抄录了潘月樵在南京晋谒孙中山后回来写给沈缦云的一封信:"……缦云先生大人台鉴:樵自投入商团,深荷培植。今幸蒙都督委充调查部长,进为人民公仆。樵之得进步,实由先生大力提携,造就末才,稍知时务。樵之荣誉,皆先生所赐也……再樵前日赴宁晋谒大总统(按即孙中山先生),当蒙接见,痛陈一切,蒙允许为关外民军借来大炮六尊,并同机关部诸君恳准发来现洋伍万元,爱国债票壹百万元,以充关外民军之用。现银及先生所捐之伍千元均已兑至大连接济军需。昨得来电,机关枪准于初三四日到沪。又拟倡办中华剧界共进会,前已面禀大总统允许立案,俟章程拟妥即行呈报开办。(下略)潘月樵敬启。二月十九日。"

梅兰芳文中按:上文信内所称为关外为关外民军借来大炮、现金、债券一事,应是接济蓝天蔚的。

有槛外人谓:(潘月樵)他们这时已加入同盟会,和革命党人黄兴、陈英士、蓝天蔚等秘密来往,俟机举事。(槛外人①:《京剧见闻录》,宝文堂书店1987年版,第132页)

欧阳予倩谓:潘月樵自从1912年担过一次司令的名义,对于演戏已经很不热心,只想再去作官;他的二十万家财,都交给了蓝天蔚和岑春煊两个人,每天只听得他说老帅长老帅短。(欧阳予倩:《自我演戏以来》,《欧阳予倩全集》第六卷,上海文艺出版社1990年版,第75页)

《潘月樵先生碑记》:蓝天蔚者,奉天之革命健儿也,起事失机,来沪筹募饷械无着,愤欲自裁。君于报端见之,踉跄旅求兄,坐谈一炊黍顷,沆瀣如旧相识,立斥己产,质三万金畀之,俾图大举。(《潘月樵先生墓碑》,《辛亥革命史资料新编》第二卷,第165页)

12月29日(十一月十日) 蓝天蔚自戕事件为《民立报》报道,舆论呼吁停止

---

① 吴性栽(1904—1979),字鑫斋,笔名槛外人,浙江绍兴人。电影事业家。

内争,迅速北伐。

报载:蓝君天蔚由大连来沪后,因援鄂北伐俱急切,不能进行,愤慨无状,遂起自杀之念。昨日在寓以右手用手枪猛击左胸,幸当场为人所救,由西医施行手术,已将枪子取出,据医生言不日当可就痊。(《留得此身好杀贼》,《民立报》宣统三年十一月十日,第5页)

邵飘萍发表时论:蓝天蔚观东南时局之可危,拔剑自刎,欲以一死为英雄之终局。其壮怀之悲愤,有非可言语形容者。东南人闻之岂无动于中耶?

然苟惜之者亦复为洪杨,则洪杨之痛哭地下,当较其失败时伤心更甚。

司马迁为项羽作本纪,述英雄之末路,儿女情长,以明才气过人之英雄,固未尝无缠绵悱恻之爱情也。若以项羽之所以为英雄者,全赖有是,则不免为虞姬所窃笑矣。

凡物之所以腐败,由于菌类之寄生。人亦然,英雄失败,大抵皆左右小人害之耳。故和蔼以集众长,精明而有决断,皆英雄不可少之本事。

今日军人所当牢记者,只有三字两语。何谓两语,曰:"北伐",曰:"不伐"。其实成于三字也。然惟不伐,然后能北伐。若不不伐,则不北伐矣。

"唐绍怡议和"五字,有人将每字中之口除去,题曰"免开尊口"者,可谓绝顶聪明。然余则谓不如题曰"免开卑口"。盖五字中之口,其位置无一尊者。且议和之口,亦决非尊口也。(《振清文集》,原载1911年12月29日《汉民日报》,方汉奇主编:《邵飘萍选集》下,中国人民大学出版社1988年版,第605—606页)

12月30日(十一月十一日)　《民立报》借蓝天蔚自戕之事呼吁健儿援鄂、北伐。

报曰:援鄂之军既未大至,北伐之队又不见功,蹉跎复蹉跎。是坐视敌师扩张其势力,致共和之业败于垂成。不必有是事而蓝君天蔚已窃窃忧之,忧极而愤,出于自杀。呜呼!健儿其何以谢蓝君也。

蓝君岂不爱其生命,惟共和之业果不幸而如其所料,则此时之死莫挽既倒于狂澜,毋宁于五色之旗方飘扬空际,即舍一己之生命激发健儿之热诚,力谋进取。但使虏廷可倒,吾国无君王之尊,则死犹不死。其遇救也,盖于初心有违矣。

呜呼!健儿或援鄂,或北伐,分道而驰,其事宜亟。否则,蓝君终死,特恐其不瞑目耳。(周浩:《健儿何以谢蓝君》,《民立报》宣统三年十一月十一日,第6页)

是 年　有谓蓝天蔚加入辛亥敢死团。

朱家骅在对《辛亥敢死团缘起与沪军革命史略》补正中谓:各省人士响应入团者日见增多,主要用费皆家骅所出。团员中包括:各校青年学生,闸北、南市与浦东之警官,沪军营之下级官佐及各地有志之士与文武官员,如蓝天蔚先生即当时团员之一。[1] (朱家骅对《辛亥敢死团缘起与沪军革命史略》补正,《辛亥革命史料选辑》下,第70—72页)

---

[1] 此文记述辛亥敢死团数次变更通讯处。其中蓝天蔚北伐时在沪机关部"通义银行"也曾是辛亥敢死团通信处。且蓝联络紧密之张静江、戴季陶均为之援助,文中又谓"各省响应、报名成员多寄出报名入团之函",故回忆蓝曾为其团员甚有可能。时间或在蓝已到沪之后。尚无旁证。

1912 年(民国元年　壬子)　36 岁

1月　中华民国南京临时政府正式成立。孙中山就任中华民国临时大总统职。通电全国改用阳历,以 1912 年 1 月 1 日为中华民国建元之始。

孙中山组织鄂湘、宁皖、淮扬、烟台、关外、山陕六路北伐军,拟同时发动,取道河南、山东、直隶,会师北京。下旬,开始北伐。

满洲皇族良弼、溥伟、铁良在北京组织宗社党。同盟会员彭家珍在北京炸伤宗社党头目良弼,良弼越二日死。彭当场身殉。

张伯烈、孙发绪、谭延阊等联络湖北革命党人孙武、刘成禺等在上海发起组织民社,拥黎元洪为首领。

北洋军将领段祺瑞等联衔电奏,吁请清帝即日退位,立定共和政体。

2月　清宣统帝溥仪下诏宣布退位。孙中山宣布辞职。临时参议院选举袁世凯为临时大总统。

袁世凯第三师师长曹锟发动北京"兵变"。

3月　章炳麟改组中华民国联合会为统一党。

中国同盟会本部在南京召开会员大会,举孙中山为总理,黄兴、黎元洪为协理。

袁世凯在北京宣誓就任临时大总统。任命唐绍仪为内阁总理。

孙中山颁布《中华民国临时约法》。

4月　孙中山正式宣告辞去临时大总统职。临时参议院议决该院迁北京。

5月　共和党在上海正式成立。

8月　中国同盟会联合统一共和党、国民公党、国民共进会、共和实进会,在北京召开国民党成立大会。

共和建设讨论会、共和统一党、共和俱进会、国民新政社等政团组成民主党。

11月　沙俄与外蒙古当局订立《俄蒙协约》和《商务专条》。

约 1 月 1 日(辛亥十一月十三日)　蓝天蔚不就各参议员推荐之参谋长职,愿奉北伐之命。大连总机关亦致电南京临时政府,请促蓝天蔚首途。

蓝天蔚自述此事:嗣仓卒返沪,适江宁克复。未久,组织政府,因有大元帅之争,迟迟难以就绪,而汉阳一失,北军固执倍前。目观难局,心为之碎。未几,中山先生航抵,政府始见勉强成立矣,初合议未成之时,大局极为危险,蔚故不愿就参谋之职而奉北伐之命,率师抵烟,藉作根据,冒险上陆,连战幸捷。(《张园欢迎蓝天蔚记事》,《申报》1912年4月23日,第七版)

《蓝天蔚宣言》载:迨组织临时政府,参议诸彦又欲举蔚到宁任长参谋,多方推托,事亦作罢。蔚自问生平置身陆军已二十年,只知以救国为天职,不愿为安乐之官吏,嗣赵氏时方负固东省,处处堪虞,尤恐纵胡入关,重为中原巨患。于是徒手号召,锐意北上。(《蓝天蔚宣言》,《盛京时报》1912年4月26日,第一版)

《蓝上将荣哀录》中记:"及南京已下,孙文设临时政府,命君为参谋总长。君以大敌当前,设人怀苟安之心,功必败于垂成。因手书讽黄兴曰,江南六朝佳胜,惜今非宴游之时。某不敏,敢辞。""若欲进取中原,规画全域,非从北部着手不可。某不敏,愿率一旅之师,为诸公前驱!"(《蓝上将荣哀录·事略》)

贺觉非谓:先是,孙中山先要蓝天蔚任参谋总长,不受;继而明令发表蓝为关东都督。(《蓝天蔚》,《辛亥革命湖北人物传资料选编》,第20页)

王益知谓:南京临时政府成立后,民军大连总机关部电上海都督陈其美转孙中山、黄兴说:"请速促蓝都督首途,并祈布告中外,若有借词反对蓝都督,即是东省同胞之公敌。"(《辛亥革命与张作霖》,《吉林文史资料选辑》第4辑,第65页)

1月2日(辛亥十一月十四日) 《申报》亦借蓝天蔚愤欲自杀事呼吁各省民军当一德一心,共图大举。

《申报》谓,以今日之时局,论戎机则瞬息万变,论时会则一刻千金。我各省民军方一德一心,共图大举之不暇。而顾怀挟意见,牵碍进行,使热血喷涌之蓝天蔚君,至欲引刃自杀。此诚可为痛哭流涕者也。

今幸中山先生已履民国总统之任。记者敢进一言于先生曰:调和意见,督促进行。天下之事,惟公是赖。(东吴:《清谈》,《申报》1912年1月2日,第十二版)

1月3日(辛亥十一月十五日) 中华民国临时政府任命蓝天蔚为关外都督兼北伐第二军总司令。5日,正式公布。

南京临时政府内阁简任员名单(《临时政府公报》第三号)

陆军部总长兼参谋部总长	黄　兴
海军部总长	黄钟瑛

司法部总长兼议和全权大使	伍廷芳
外交部总长	王宠惠
财政部总长	陈锦涛
内务部总长	程德全
教育部总长	蔡元培
实业部总长	张　謇
交通部总长	汤寿潜
陆军部次长	蒋作宾
海军部次长兼北伐海军总司令	汤芗铭
司法部次长	吕志伊
外交部次长	魏宸组
财政部次长	王鸿猷
内务部次长	居　正
教育部次长	景耀月
实业部次长	马君武
交通部次长	于右任
南京卫戍总督	徐绍桢
关外都督兼北伐第二军总司令	蓝天蔚
参谋部次长兼议和参赞	钮永建
上海通商交涉使兼议和参赞	温宗尧
议和参赞	汪兆铭
议和参赞	王正廷
议和参赞	胡　瑛
法制顾问	寺尾亨
法制顾问	副岛义一
法制顾问	章宗祥
政治顾问	犬养毅

（《南京临时政府内阁简任员名单》①，中国第二历史档案馆：《中华民国史档案资料汇编》第2辑，江苏人民出版社1981年版，第7—8页）

1月6日（辛亥十一月十八日） 蓝天蔚在沪，听取吴鹏翮②萧恭寅③报告赴海参崴招降义勇等情后，建议等待张凯、李泊等到申后，再行报告大总统暨黎副总统办理。

《吴鹏翮、萧恭寅呈孙中山报告赴海参崴招降义勇等情事书》：鹏翮、萧恭寅自鄂军发难，同时起义，于阴历十一月初五日奉黎副总统札委，代表鄂政府赴俄符拉迪沃斯托克一带，宣布民军德意，并招降义勇军。等因。奉此，鹏翮等即由鄂起程至申，航海至大连，乘汽车经奉天，尚未遇险。抵海后，即将民军倡起之宗旨剀切宣布，该埠商民极为欢迎。同时晓义勇队步队头目张凯、马队头目张忠昌等，晓以大义，劝召集旧部，为我民军效力。该头目张凯等遂听之余，欢声雷动，均愿召集旧部听候调遣。查该军约可召集步兵五千名，马兵五百名，均系土生北地，体气强壮，能御寒冷，且久经战阵，熟悉地理，倘能收抚，使之效力疆场，必可立功异域。惟该军原有枪械多不齐全，形式不一，机关朽坏，断不能作临阵之用。又有前朝鲜国宰相李泊等韩民约一万人，因国亡流离海埠，务农为业，既未入日籍，亦不归俄辖。李泊等闻鹏翮等到海，自来投效，愿为前驱。并非希冀利禄，其意不过能于此时为我民军效力，将来或可为其复国雪耻起见。再鹏翮等前在黑省办理矿务与电政暨英文翻译等，与该埠商富贾素有往来，今闻我民军起义，驱逐满奴，改立共和，商民等颇具热诚，情殷报效，约可劝募商捐俄金三十万元之谱，以作军饷。鹏翮等以事关大体，未能擅专，当嘱义勇队头目张凯等亲身来申，会同韩民李泊等举代表前来报告黎副总统，酌夺办理。此鹏翮等到海埠招降义勇队之情形也。当留同去委员张其翼在海埠等候张凯起程，鹏翮等于阴历十一月十八日由海埠乘轮返申。适关外都督蓝天蔚正在上海布置北伐，当将以上情形详细面呈。据云：俟张凯、李泊等到申后，再行报告大总统暨黎副总统妥酌办理，渠在大连等候会商等语。鹏翮等昨将情形电呈黎副总统，奉到复电，令鹏翮等陈大总统查核批示施行。近张凯等已起行来申，鹏翮等理合现行报告，仍候公决。（《吴鹏翮、萧恭寅呈孙中山报告赴海参崴招降义勇等情事书》，1912年1月25日，桑兵主编，赵立彬、何文平编：《各方致孙中山函电汇编》第一卷，社会科学文献出版社2012年版，第256页）

△ 蓝天蔚布置北伐期间，从上海汇款八万日金给大连的商震。

陈修夫回忆：我从凤凰城又回到沈阳，从前的朋友，一个也不见了。找了两天，在南满车站附属地，找到商震，才知道现在沈阳的一般朋友全到了大连，刘艺舟

---

① 《南京临时政府内阁简任员名单》中犬养毅公开拒绝担任政治顾问。表中另缺外交顾问内田良平。

② 吴鹏翮，派为关东义军招抚使、鄂军都督府外交员、旅沪商团联合会代表。

③ 肖恭寅，鄂军都督派赴海参崴代表、旅沪商团联合会会员。

也在那里。我到了大连,刘艺舟、宋涤尘还有几个山东朋友,全到烟台去了。其余的朋友,分别住在旅馆里,大连各旅馆,全有野妓,这些同志之间,往往因为争风吃醋打架。我赶快租了一所大房子,写了一个通知,叫那些革命同志,限三天以内,搬进这所房子去,不搬去的,认为他脱离了这个团体。一面给商震去信,叫他赶快到大连,把这些人组织起来,因为商震已成了蓝天蔚的代理人。

又过了两三天,刘艺舟等由烟台失败回来了,又运动别的地方。我搬到宝善荷圆三楼上去,和刘艺舟等人,专作山东的运动(商震专作关东运动)。登州革命运动成熟了,我们一致获得成功。然鉴于烟台的失败,需带一小部分武力,以防止反动势力复活。打算买几十只小手枪,可是未有钱。那时蓝天蔚由上海汇来八万元日金,在商震手里。我把商震请来,和他商量。借他三千元,他说钱用完啦,不肯借。(《民国人物陈修平自传》,王金昌:《从潘家园翻出的历史》,中国社会科学出版社 2008 年版,第 72 页)

△ 蓝天蔚召杨大实、赵元寿赴沪。

报曰:革党杨大实、赵元寿两君,前承急进会之意旨,赴北扩充党务。杨君在庄、复擘画多日,赵君遂赴吉林,闻颇受各界之欢迎。日昨该两君由长过奉,探系赴沪,据个中人云,关东临时大都督蓝天蔚日前曾有电召,或系为此,亦未可知。(《党员赴沪去矣》,《盛京时报》1912 年 1 月 7 日,第四版)

1 月 8 日(辛亥十一月二十日) 蓝天蔚因观内部不统一,愤而自戕事,为《民立报》一再刊载,以鼓舞北方民党不避患难,誓志光复之举。

报谓:北方民党首领蓝天蔚前次回南,观内部之不统一,愤而自戕,幸未致命。负伤病院。惜哉,好男儿,孰令致此!

河南失败而滦州兴讨贼之师,北方民党之不避患难,誓志光复,于兹可见。蓝君闻之将负伤奋起,荷五尺枪以从北方健儿之后,收共和全功。美哉,好男儿。义烈肝胆令人膜拜。

贼一日不灭,此身一日不可苟存,慷慨兴起,以扫清胡虏,戡定幽燕。豪杰爱国曾不以艰难而致虑。勇哉,好男儿,誓杀贼。壮哉,好男儿,誓杀贼。(血儿:《好男儿誓杀贼》,《民立报》1912 年 1 月 8 日,第 6 页)

1 月 9 日(辛亥十一月廿一日) 蓝天蔚派遣孙楚[①]、钱拯见冯德麟,争取冯反正。反为冯德麟所利用。

---

① 孙楚(1889—1961),字萃崖,山西解县人。毕业于山西大学学兵班。1911 年辛亥秋,奔走东北,联络同志,共襄义举。民元后考入北京将校研究所,同年夏转入保定军校第一期。后服役于晋军,历任正太铁路护路司令、山西清乡会办、第 101 师师长、第 33 军军长、第 6 集团军副总司令、第 8 集团军总司令、太原绥靖公署副主任等职。1926 年北洋政府授陆军少将加中将衔。

《巡防左路统领冯德麟致赵尔巽函》：统领禀。辞后，于二十一日到防，将旧部马步五营一律调齐，定于二十四日由绕阳河登车赴连山。其新抚马队两营，拟改成步队，亦即开拔，不敢稍涉延迟，自取愆尤。再，统领到防后，即有党匪二人求见，一名孙楚，字萃崖，一名钱拯，字来苏。当经派员招待，询悉二人悉蓝天蔚一党，持蓝执照一纸，内书妄谬之语。并云：蓝在大连备妥正金银行手票百万元，本国钞票百万元，机关枪十杆，机关炮四尊，诱说防军，如随吾党，即将款项、枪炮输运到营呈交等语。并将执照递出验明。确证该二人实系党匪无疑。本拟处以极刑，暗消隐患。覆查所云，凿凿有据，当此库款支绌，枪械缺乏，统领拙见，拟将该党二名留在营内，明面允随伊党，暗中笼络，先令其一人回大连湾，将枪炮、款项运解来营，庶可得力于敌而再用以攻敌。利孰如是，彼时再将二匪处死，杜绝后患。只以统领智识浅陋，诚叩机宜，是否可行，肯乞指示，遵即照办。（《巡防左路统领冯德麟致赵尔巽函》，宣统三年十一月二十二日，《东三省辛亥革命史料》，《清代档案史料丛编》第 8 辑，第 121 页）

1 月 10 日（辛亥十一月二十二日） 《申报》谓：蓝天蔚君由津浦铁路运来大铁箱二十只，约现银二十万两，几日由京奉火车运往奉天，为招练军队之用。（《申报》1912 年 1 月 10 日，第一张第三版）

1 月 11 日（辛亥十一月二十三日） 温士泉电蓝天蔚等揭露袁世凯阳议和、暗进兵。

电谓：孙大总统、黄内阁、陆军部长、黎副总统暨各省都督、各军政分府钧鉴：敝省九月八日起义后，即联合吴禄贞攻取北京。奈兵单械少，吴又被害。袁贼远交近攻之策，阳与晋议和，暗调第三镇全部及第六镇混成协，于十月十八日晚猛攻娘子关。连攻四日夜，终以兵单弹完，败归太原。清军乘势，进迫省城，大事杀伤。阎都督因顾全民命，分路退出。阎率兵四千余，北占大同，与巡防义军协攻归化城，以作根据。彭福龄带兵二千余，南攻河东地，已克复潞城，与秦军联合，不日进攻河南。此太原失守后之情形也。清军有意违约，袁贼居心奸险，望早日联师北伐，除彼妖孽。再晋省枪少弹完，即乞顾全大局，伏赐接济，寄由陕西转递河东为盼。晋军军务部长温士泉叩。真。（《温士泉揭露袁世凯阳议和暗进兵致大总统等电》，1912 年 1 月 11 日，中国第二历史档案馆编：《中华民国史档案资料汇编》第 1、2 辑，凤凰出版社 1991 年版，第 55—56 页）

1 月 12 日（辛亥十一月二十四日） 孙中山及陆军部令蓝天蔚节制沪军及海容、海琛、南琛三舰，进行北伐。

《申报》谓：南京孙大总统电急，上海陈都督其美转关外蓝都督天蔚鉴：北发之沪军暨海容海琛南琛三舰概由贵都督节制，以一事权。委任状随寄。总统孙文。侵。（《申报》1912 年 1 月 14 日，第三版）

《申报》谓：南京陆军部电：万急。上海陈都督转蓝都督天蔚鉴，由沪出发陆军及海容海琛南琛三舰统归君节制调遣，并乞转饬遵照施行为盼。陆军部。文。（《申报》1912 年 1 月 14 日，第三版）

《东方杂志》载：1 月 12 日，孙总统委任蓝天蔚节制北伐沪军及军舰。（《中国大事记》，《东方杂志》1912 年第八卷第十号，第 7 页）

章太炎谓：时南都已设临时政府，知君习辽东事，命为关外都督，与以兵舰及陆军三千人行，住在芝罘海中，传檄关外，豪杰应命以千数。（《章太炎撰蓝天蔚墓表》，《兴华》1926 年第 23 卷第 38 期，第 26 页）

李宗武谓：1912 年 1 月 11 日，中华民国临时大总统孙中山先生下令六路北伐，沪军都督府积极响应，组织了三路北伐军：一路由军务部军务科长刘基炎率领沪军北伐队（包括光复军李炯一个团）远征烟台，沪学会商团司令许宝铭率领商团一个中队参加；一路由军务部军事科长潘印佛率领河南北伐队，自鄂进击豫南，河南籍商团团员随军出征；一路由蓝天蔚率领沪军、学生军和部分商团团员，远征东三省，成立关外都督府，推蓝天蔚为都督。当时上海革命气氛高涨，爱国青年要求参军者异常踊跃，学生自动发起中华民国学生军、学生北伐队，妇女发起女国民军、女子北伐光复军等，一般劳动人民则热烈参加民军北伐团、决死队或光复军。（《辛亥革命上海光复纪要》，《20 世纪上海文史资料文库·政治军事》，第 16 页）

据《武昌起义后至清朝灭亡期间日本海军军令部搜集、整理的涉华情报》第 70 号（1912 年 1 月 15 日）：

传说的南京革命军北伐计划如下：

第一军从浦口到徐州，司令官林述庆，另有徐宝山率一万两千盐枭助之。

第二军到湖北，司令官黎天才[①]。

第三军从安徽向京汉线挺进，司令官柏文蔚。

第四军向渤海沿岸出动，司令官刘某（一说为蓝天蔚）[②]。

---

① 黎天才（1863—1927），字辅臣，云南丘北人。辛亥革命时率部起义，参加光复上海之役，任沪淞军司令，旋参加光复南京会战。1912 年初，率军援鄂。1912 年北洋政府授陆军中将。1916 年任陆军第九师师长兼襄郧镇守使，1917 年 12 月 16 日同石星川、王安澜等于襄阳宣布“自主”。经蓝天蔚斡旋，各地“自主军”代表在襄阳开会，被推为湖北靖国军总司令兼统第一军。次年 1 月 4 日，又与王天纵组织鄂豫陕三省联军，任总司令。旋因直系军阀曹锟分三路进攻襄阳，加之部下张联升投靠直系军阀，被迫取消独立，与刘公、王天纵弃襄阳西走，辗转于川鄂交界一带坚持护法。

② 按：刘基炎部归蓝天蔚统辖。据《〈陈其美〉为发放军饷事复刘基炎电》：登州刘统制基炎、漾、宥两电均悉。贵军出发时，以三营不足之人数，连公债票共领去五十万，并指定归蓝都督节制。是贵军早已拨归蓝都督。（《为发放军饷事复刘基炎电》，《沪军都督府文献资料》70，上海社会科学院历史研究所编：《辛亥革命在上海史料选辑》，上海人民出版社 1966 年版，第 403 页）按：蓝天蔚实任关外都督兼北伐军第二军总司令，非第四军。另此处日人记录海容号等舰（蓝所乘坐）为 14 日从上海起航。与报载时间不吻合。

以三艘巡洋舰组成的舰队护卫运输船。

以上计划中,一部分已经实施,第一军的先头部队在临淮关为运送军队,正为将沪宁铁路的列车用于津浦铁路进行交涉(少数车辆已经过江在浦口上岸)。

第二军已有过半到达湖北,在阳逻附近。

第四军14日令招商局轮船泰顺号、公平号、新铭号停泊于吴淞铁路栈桥,让兵员上船,其武力有上海附近的军队两千人、机枪五挺,携带防寒用具。此外,护卫舰队的海容号、海琛号、南琛号14日从上海起航,一度停泊于吴淞,正午起航驶向北水道。

第四军的登陆点及作战目的不明,盛传先在秦皇岛上岸,但因滦州叛军失败,其计划改变,传说将从芝罘袭击济南。近日又盛传是在复州附近或大孤山毕利河附近,满洲的革命党大肆鼓吹北伐军将在满洲登陆。根据最近得到的电报,该军的目的似在于将山东省收归革命军之手,拟主要通过示威达到目的。

黄兴一派革命党锐意实施北伐计划,而内部不整与军费缺乏又使其实施遭遇困难,数日内孙有望借得一百五十万两,如有此资金,北伐军就可进发。第四军进入渤海,将产生威胁北京朝廷的效果,虽然从其武力、官兵素质、气候、风土关系等来看难以成功,但近日内有可能进发。

胡瑛准备就任山东省都统,而拟与第四军一起出发。

(《武昌起义后至清朝灭亡期间日本海军军令部搜集、整理的涉华情报》,第70号,1912年1月15日,李少军编译:《武昌起义前后在华日本人见闻集》,武汉大学出版社2011年版,第725页)

△ 蓝天蔚北伐军等将貔子窝、大孤山间之沿岸选做登陆地点,此情形为日方第九舰队侦查得知。

旅镇机密第三十七号之二

1912年1月12日

　　　　旅顺镇守府司令长官山田彦八

海军大臣　男爵　斋藤实　阁下

关于第九舰队侦察里长山列岛事

据闻,革命军北伐队于貔子窝、大孤山间之沿岸登陆,选定地点,于里长山列岛准备中国船及其他登陆用物资。另纸甲号之训令,交与第九舰队司令,使其侦察情况;另纸乙号为所接之报告。报告如上。

(另纸甲、乙号)①

----

① 见附录三"相关档案资料汇编"。

（聂长顺译：《自明治 44 年至大正 2 年清国事变书类》卷 46《北清警备报告》〈2〉《旅顺镇守府》〈2〉，防卫省防卫研究所 C08041077500）

1 月 13 日(辛亥十一月二十五日)　蓝天蔚率三艘军舰和三个步兵营携机关枪八挺、山炮八门分乘三艘运兵船由吴淞出发。

《申报》谓：蓝天蔚亲率步兵一标开往烟台，由巡洋舰三艘、鱼雷艇三艘护送前往。（《申报》1912 年 1 月 13 日，第一张第三版）

报载：蓝天蔚奉民军政府之命令，调任关外都督，兼充北伐军指挥官，已于二十五日统率步队一标、机关枪队及炮队各一队，分坐轮船三艘，由吴淞拔锚，并有巡洋舰海容、海筹、海圻三艘及水雷艇一艘，前后警护，同往北伐，意拟与东省一带之革党联络呼应，一举侵袭滦州，冲入北京。上海军政府现拟征调军队，陆续北上，以便援助。（《蓝天蔚统率兵队北伐》，《盛京时报》1912 年 1 月 18 日，《辛亥革命史资料新编》第三卷，第 472 页）

严寿华、杨廷纲、林舜藩回忆：容、琛在上海准备北伐时，海军方面，在容、琛两舰外，还编入南琛炮舰一艘，陆军方面，有曾在东北当过高级将领而具有声望的蓝天蔚将军所部一旅，由新铭商船装载北上，以海军作掩护，湖北军政府还派来参谋十二人，分驻各舰，似有监视之意。兰[蓝]将军是以关外大都督名义，亲率海陆军北上。计划先由海军护送陆军至山东烟台登陆，打开北洋门户，使革命军可以随时利用海军输送军队前往北方，援助直隶和东北各省起义。（严寿华、杨廷纲、林舜藩：《长江舰队响应辛亥革命》，中国人民政治协商会议福建省委员会、文史资料编辑委员会：《福建文史资料选辑》第 6 辑，福建人民出版社 1981 年版，第 58 页）

《清末海军史料》载：蓝将军也带了一些卫队驻节"海容"，与汤芗铭[①]日夕相处共谋大计，尚得融洽。尤以蓝将军籍贯湖北，遂与汤等没有隔膜，特别合作了。"海容"、"海琛"、"南琛"三舰由上海出发北上。（张侠等编：《清末海军史料》，海洋出版社 1982 年版，第 710 页）

《申报》次日刊载"北伐兵舰出发"的信息："海军部长黄君锺瑛，因和议无成，停战期满，昨特命令南琛运船及海容、海琛二巡洋舰迅即驶往秦皇岛，接应各省北伐军队，犁庭扫穴，共奏肤功。闻其余各军舰，不日亦将出发全国，光复当在指顾间矣！

招商局泰兴、公平、新铭三船，昨日上午均开往吴淞，一俟停战期满，即拟装兵

---

①　汤芗铭(1885—1975)，字铸新，湖北蕲水人。毕业于福建船政学堂。历任镜清舰机长、南琛舰副舰长、南琛舰舰长、海军统制萨镇冰参谋、起义舰队第二舰队司令、海军部次长兼北伐海军总司令、北京政府海军部次长、湖南都督兼民政长、湖南巡按使等职。北洋政府授海军中将晋海军上将衔。

由军舰护送开往烟台。江宽轮船亦由民军租定,已开往南京。并闻招商局轮船为民军租定者,共有十三艘。"(《申报》1912年1月14日,第二张第二版)

张令瑄谓:海军"澄海"炮舰舰长郑瑞青,曾在湖北武昌陆军军官学校就学,临洮人郑瑞青,在大连任军官时,与关东军政府大都督蓝天蔚联系起义,此次被任为海军"澄海"炮舰舰长。(张令瑄:《孙中山早期革命思想在甘肃的影响》,徐梦麟主编:《西北文史荟览》,《宁夏文史资料》第28辑,宁夏人民出版社1991年版,第111页)

△ 杨虎、陈安甫、林一士、萧振声、程新洛、张敦民、刘翼飞等随蓝天蔚出征关东。

《申报》载:十字军队长陈安甫、参谋许奇松……旋奉陈都督及蓝君天蔚命令调往东三省。(《十字军回沪》,《申报》1912年4月18日,第七版)

《申报》谓:淞沪警备司令杨啸天,昨聘陈安甫氏为该部顾问,陈氏明铿,字安甫,民国元年由关外都督蓝天蔚委任为十字军总司令,从事北伐,转战庄河复州一带。与张作霖部队交锋十四次,屡战屡胜,张作霖闻陈氏名极为震惊,杨啸天氏亦即十字军之勇将。(《杨啸天聘陈安甫为顾问》,《申报》1927年7月6日,第十五版)

据《陈安甫函致潘月樵》:忆自前岁,安甫带十字军时,非公介绍,何由得识蓝公;非识蓝公,何能建功关外?第就今事而言,非公何人肯假以巨金、畀以重位?而公独具青眼不嫌微末,以巨金、畀以重位,情义至此至无尽矣。(《陈安甫函致潘月樵》,1912年5月29日,《沪军都督府调查部往来要电》,上海市历史博物馆藏)

《申报》载:前日有崇明人萧耀平……兹经警厅查知,萧寓居太平弄新安客栈内,系该栈主萧振声之侄。当时在伊身畔检得萧振声所给之信函一件,展阅信内所述,有附从崇明党人之事,旋经查得萧振声前当十字军随同蓝天蔚至烟台后,即折回到沪,以开设客栈为名,暗设党人机关。(《客栈与党人之关系》,《申报》1913年11月26日,第十版)

《林一士传》载:有林君一士,莆田人,号农村,一号苦杏,又常以"謵謵子"自称……武昌事起,吾闽响应。君从战于山一日夜,而满将军朴寿授首。事定录功竟不及!乃去之沪上,入北伐军,任训练,亦落落无所遇。会关外蓝天蔚至沪,君挟策往见,抵掌谈天下事,兰[蓝]奇之,以上校参赞军务,与商启予等抚马贼三千率抵关外。(林奇峰、黄天任:《林一士传》,本文发表于《衡报》,此稿系根据张铭绅:《神州光复记》的抄件校印;中国人民政治协商会议福建省莆田县委员会:《莆田文史资料》1981年第2辑,第96页)

《申报》载:林一士烈士,辛亥革命随蓝天蔚都督出征关东。(《莆田壮丁函述入伍经过》,《申报》1941年7月23日第三版)

《张敦民事略》谓:冬月,(张敦民)君与蓝天蔚在沪组织北伐军,充北伐军团副

官之任。（佚名：《张敦民事略》,《武昌起义档案资料选编》中卷,第 404 页）

《申报》载：余友程君新洛,字仰贤。维扬人也。去岁肄业武昌陆军中学堂。八月十九夜武昌光复,程君即挟枪从诸志士,投身枪林弹雨中。其后历经血战,无不身临前敌。汉阳失守后,南北停战。程君遂东下石头,投黄元帅府谋北伐。而府中人浮于事,向日之骑墙派、观望派渐渐充斥,而反排挤弹痕遍体之志士。于是程君见几而作,欣辞来沪,觅蓝公天蔚之踪,以继其志……留申约一星期。即偕北伐学生军赴烟投蓝公麾下,今已南北统一,民国告成。程君之踪迹竟杳然也。（《武汉战事轶闻》,《申报》1912 年 11 月 16 日,第十版）

刘翼飞先生,字一飞,原名庭辅。是辽宁省铁岭人。初起进本省的陆军小学,即慷慨豪爽,负有大志。辛亥年（1911 年）,革命军兴,先生和第二协协统蓝秀豪,及商震、杨大实、王静山、孙祥夫、高玉培等响应起义,后任烟台关外临时督署事。（沈云龙：《近代中国史料丛刊编辑 495　当代中国人物志》,台北文海出版社,第 60—70 页）

△　财政顾问黄楚九[①]等电告蓝天蔚,拟组织驻沪筹饷处。

电谓：烟台关外都督蓝鉴,鄙人等蒙委财政顾问,愧不胜任,惟际此时艰,不得不勉为蚁负,拟组织驻沪筹饷处,力图进行,以副伟画,如何？乞电复。黄楚九、王河屏[②]、经润山[③]、章佩乙[④]同叩。元。（《民立报》1912 年 2 月 1 日,第 3 页）

△　舆论寄望蓝天蔚之北伐,以为燕京指日可下。

报谓：民军自武汉起义以来,响应者己一十七省。其所以同仇敌忾,推倒专制之朝廷,建设共和之政府,盖几乎万众一心焉。不幸袁氏入京,为北廷续命,屡屡以议和政策欺我民军。冯段鸱张于阳夏,倪朱蚕食于颍毫,近者张勋覆我徐州,而张锡銮且夺我三晋矣。滦州之反正不成,开封之光复失败,敌骑之虐焰愈张,我军之进行中辍,铁血主义化为冠裳,枪火声威乞灵口舌。此亦足以灰志士之心而短壮夫之气者矣。勖哉,北伐大经略,尚其有以慰万众之心,扫穴擒渠,继徐常之后,一为汉族奇男子吐气耳。

① 黄楚九（1872—1931）,浙江余姚人,名承乾,号磋玖。创办中法药房 16 年。辛亥革命前夕,生产"龙虎人丹",与日货仁丹竞争。1912 年与人开设新舞台、楼外楼屋顶花园、新世界游艺场。1916 年建成大世界游乐场,后把经营范围扩大到卷烟业、地产业、电影业。1919 年起创办上海日夜银行、上海夜市物券交易所。曾任新药业同业公会第一任主席、上海总商会执行主席。开办上海急救时疫医院、黄楚九医院等。

② 王河屏,江苏松江人,曾任广东省知县,共和建设会副会长。主办《启民爱国报》、上海《民强报》、北京《民强报》。

③ 经润山,浙江上虞人,1909 年曾建薤露园（"上海市万国公墓"前身）。1911 年,孙玉声、经润三、黄楚九、潘月樵、江趋丹、王葆霞、沈季舟诸人发起创办新舞台,择二马路盖建戏院,系其产业,订期二十年。

④ 章佩乙,上海《民强报》主笔,共和建设会会员。

或者曰黄经略之名词甫现,而唐专使之续任又来。洵若此,袁氏之所以苟延北廷残喘者,亦可谓无微不至者矣。停战之期迁延复迁延,和议之商屡蹶而屡振,不几使我世间之英雄,澄清有志而用武无地乎哉。然吾闻民军向之所以屡受清廷款议者,盖亦以兵备未齐,新政府未成立故耳。今则统一之机关大备,各省之援兵云集,民军此行有进而无退。现蓝天蔚已率步兵一标由巡洋舰三艘运赴秦皇岛。北望燕京指日可下。尚有和议之可言哉?(《申报》1912年1月14日,第三版)

△　张静江、沈缦云、庞青城①资助蓝天蔚北伐军军饷。

有谓:人杰寓所常有革命志士来往,亦无不尽力相助,如资助彭家珍炸良弼于北京,及为蓝天蔚秘购枪械等义举,人杰以事关机密,从不语人。(党史会编《国父全集》第四册,第34—35页;罗刚:《中华民国国父实录》,《罗刚先生全集》续编第3册,台北正中书局1988年版,第3761页)

《沈缦云先生年谱》记载:蓝天蔚先生以十字军总司令名义率军进驻烟台,拟由蓬莱半岛渡海赴辽。孙中山先生因任命蓝为关外都督,负责经营东北。先生为筹饷八千两,以壮行色。嗣以南北议和告成,十字军遂遣散。(沈云苏:《沈缦云先生年谱》,《辛亥革命在上海史料选辑》,第985页)

1910年,东益昌为经理李燧生盗吞钜款14万,庞青城从此破家资之半,但次年仍以千金接济广州起义,以5千金接济武昌起义,又抵押家屋得3万金,助蓝天蔚北伐军军饷。(桑兵:《先锋和本体的冲突》,李国章、赵昌平主编:《中华文史论丛》,2001年第3辑,上海古籍出版社2002年版,第151页)

1月14日(辛亥十一月二十六日)　蓝天蔚发出布告,因孙中山及中央陆军部招赴南京筹商要事,所有沪上交涉由张静江、周恢接洽。(《蓝天蔚布告》②,上海《时报》1912年1月16日,未注版面)

1月15日(辛亥十一月二十七日)　蓝天蔚部刘艺舟光复登州。

《东三省总督赵尔巽致冯德麟、车统带等电稿》:阁电,革军有船到烟台,蓝天蔚带兵三营,在登州登岸三百人。彼先违约,如登岸即痛击等语,希查照严防。(《东三省总督赵尔巽致冯德麟等电稿》,宣统三年十一月二十八日,《东三省辛亥革命史料》,《清代档案史料丛编》第8辑,第123页—124页;《五三九二　赵尔巽致葫芦岛车统带电报:革命军有船到烟台并已先违约如有登岸即痛击希严防》,《清宫辛亥革命档案汇编》第八十册,第249页)

1912年1月22日,安文致安格联第267号函:在第265／6函中,我向您报

---

①　庞青城(1875—1945),原名元澄,字清臣,号渊知。张静江之舅。曾创办青城手工纸厂、浔溪公学,支援马相伯办复旦公学,曾任上海中国银行董事、中国同盟会上海分部评议员、北伐军中华民军协济总会会长。

②　《蓝天蔚布告》,详见附录一"蓝天蔚著述"。

告了急进会会员在一个天津演员的领导下向烟台进袭,企图推翻当地政府,最后失败了,并拿着八百元前往大连的情况。从一开始,除了在烟台的朋友(当然也包括王传炯赶掉了的那些废物)以外,在上海好像也有人支持他们。他们用某种方式取得款项,由一个日本人在长春代招了二百名苦力(大概都是些无赖),于本月 14 日晚上搭乘"永田丸 19 号"前来烟台。据船长说,他们半夜里从行李里拿出武器,强迫船长将船开往登州府。他们于 15 日一早在登州府登陆,组织了革命政府,总兵叶长盛的零散部队也参加了,看来没有遇到任何抵抗。知府孙熙泽当时在烟台。他们向已去世的毅军统领宋庆这个有钱的人家取得一笔钜款之后,又向这一带富庶的商业中心黄县开拨,听说现在在那里正遭到抵抗。抵抗的是当地人民还是济南府方面的军队,我不知道。

沪军和一批革命党官员来到烟台,当地政府已由代理山东大都督杜潜接管,王传炯和其他官员已经辞职,因此我们这里完全是一批新人了。

这里登陆的军队不多,大批军队都派到登州府去了,是否与黄县战斗有关,还不知道。(《中国海关与辛亥革命》,中国近代经济史资料丛刊编辑委员会主编:《帝国主义与中国海关资料丛编》9,第 293 页)

据《相羽驻芝罘副领事致内田外务大臣电》:是日相羽驻芝罘副领事致内田外务大臣电,大连革命党急进会会员三百名,于一月十五日上午在山东省登州府登陆,未遇任何抵抗即将该地占领。据闻刻下该地市面平静,民心安堵。(《相羽驻芝罘副领事致内田外务大臣电》,1912 年 1 月 15 日,邹念之编译:《日本外交文书选译——关于辛亥革命》,第 216 页)

据《武昌起义后至清朝灭亡期间日本海军军令部搜集、整理的涉华情报》《第七十二号》:满洲的激进党约三百人 16 日在登州上岸,未遇任何抵抗,占领该地。(《武昌起义后至清朝灭亡期间日本海军军令部搜集、整理的涉华情报》第七十二号,1912 年 1 月 17 日,《武昌起义前后在华日本人见闻集》,第 726 页)

△　蓝天蔚北伐军搭乘海舰从上海出发,计划在芝罘及满洲沿岸登陆,时正在里长山列岛的花园口等地筹备登陆用船只。

《水野第九舰队司令来电》:一、据闻革命军、北伐军陆军搭乘海容、海琛、南琛护卫舰以及招商局汽船来顺号、新铭及租用的英国船只,准备北伐,不久从上海出发,计划在芝罘及满洲沿岸登陆,目前正在里长山列岛的花园口等地筹备登陆用支那船只。

二、其长官急派其部下到里长山列岛貔子窝、大孤山一带侦查该列岛沿岸的情况后从速汇报。

三、革命军图谋在中立地带登陆,我日本政府的方针是坚决予以阻止,帝国舰队正在驶往貔子窝、大孤山方面,我方指挥官应向革命军指挥官通告我日本政府的意向,阻止其登陆。特发上述训令。(《水野第九舰队司令来电》,1912年1月15日,米彦军译自 http://www.jacar.go.jp/chinese/index.html"亚洲历史资料中心")

1月16日(辛亥十一月二十八日)　蓝天蔚乘旗舰海容号率海陆军北伐。其中军舰三艘分载兵员六百名,由沪驶抵烟台,其余运输船四只,分载兵员一千五百名,拟从上海启程北上。

报载:南军北伐队日前由沪抵烟,更向北方开驶一节,已志本报。兹闻东报记述该北伐队内容大概如下:

北伐队总指挥官蓝天蔚、北伐舰队司令官姚良平、参谋长陈雄州。步队二营(携带最新式五连发枪)、炮队一营(带过山炮八尊、野战炮八尊)、工程队一营、辎重队一营、爆弹队一营、机关枪队一营(带机关枪四十八尊)、马队一营,地雷火队若干、红十字会员若干。(《[奉天]北伐军之内容》,《盛京时报》1912年1月19日,第五版)

上海《时报》载:南京领事来电,谓民军北伐业经预备沪宁铁路之车已移往津浦路上为装兵用,黄兴将自为北伐总司令。徐绍桢留守南京。有步军一队由蓝天蔚带赴烟台,以巡洋舰三艘保护鱼雷艇一艘,亦随之赴烟。(上海《时报》,1912年1月30日,第二版)

罗正纬记述:时关外革命,总理任命蓝秀豪先生为关外都督,令其率师北伐,带领海容、海琛、南琛三舰,另备商船三艘,载运刘基炎率之沪军一部,许崇智统率之闽军一部,并上海商团及十字军学生军等,直抵大连,其势甚盛。(罗正纬:《蓝天蔚率师北伐》;《各省光复》下,《中华民国"开国五十年"文献》第二编第五册,第412页)

据《武昌起义后至清朝灭亡期间日本海军军令部搜集、整理的涉华情报》《第七十二号》:北伐舰队由海容号、海琛号、南琛号组成的北伐舰队,14日正午从吴淞起航,开往北水道,并无运输船伴随,一直北航,16日下午零时30分到达芝罘。17日,其所载陆军(兵数号称为两千人,但大可怀疑)在该地上岸。

商船泰顺号、新铭号、公平号三艘在吴淞有革命军上船,14日做好一切准备,等待起航命令,但直到16日仍然停泊。(《武昌起义后至清朝灭亡期间日本海军军令部搜集、整理的涉华情报》第七十二号,1912年1月17日,《武昌起义前后在华日本人见闻集》,第726页)

△　蓝天蔚北伐军受到烟台各界欢迎,民心兴奋,观者如堵,剪发者众。蓝天蔚云,民舰来烟停泊,为保护地方治安起见。倘议和决裂,惟有开战一法。随着蓝

天蔚的海舰入港,日本军港舰常盘号携同音羽舰一同入港监视。

《蓝天蔚致孙中山电》:孙大总统暨各部长并转各军政府都督钧鉴:蔚率北伐海陆军队,已于本日午后三时抵烟。王司令特派舞凤、澄眺两舰并东山各炮台整队欢迎,各界亦先后派代表六十余人来舰接洽,极形欣慰,余容续电报告。蓝天蔚叩。印。(《蓝天蔚致孙中山等电》,1912 年 1 月 17 日①,中国第二历史档案馆编《南京临时政府遗存珍档》壹,凤凰出版社 2011 年版,第 213—215 页)

蓝天蔚电:民立报转三马路庆和里九号吴荣生君转冯少英、张春山、孙厚齐君公鉴,北伐舰队安抵烟台,各界备极欢迎。登州、黄县、莱阳等处闻风光复,特为告慰。蓝天蔚叩。(《蓝天蔚致电冯少英、张春山、孙厚齐君》,《民立报》1912 年 1 月 20 日,第 2 页)

《申报》1 月 18 日载:民军巡洋舰海容、海琛、南琛三艘已于 16 日下午三时(旧历二十八日),驶抵烟台。民军兵舰抵烟台时,大受民人之欢迎,全镇皆悬民国新旗,警察列队鼓乐迎于海滨,聚观者途为之塞。由兵舰载来之民军,内有三百名已由某国轮船送往登州防守。(《军舰开赴烟台》,《申报》1912 年 1 月 18 日,第二版)

《申报》1 月 24 日续载:民国兵舰海容、海琛、南琛三艘,于旧历十一月廿八午后三句钟,由沪驶抵烟台。自军政分府王传炯以下暨各衙署、警局、区所文武员弁均乘小轮登该舰欢迎。而芝罘日报馆总理桑君学海、辽东新闻报理事角田君宏显,同登海容兵舰拜谒蓝天蔚都督。倾谈半晌,蓝都督云:现在停战议和又展限两星期,民舰来烟停泊,无非保护地方治安起见。倘议和决裂,惟有开战一法。(《烟台欢迎民国军舰》,《申报》1912 年 1 月 24 日,第六版;《辛亥革命在上海史料选辑》,第 188 页)

《台湾日日新报》载:据当道所接电称,北伐军总司令官蓝天蔚乘海容到芝罘,既以停战期再展十五日,拟泊大同江,以后部署未定。(十八日东京发)(《北伐军出师》,《台湾日日新报》1912 年 1 月 12 日②,第四版)

《民立报》亦载:蓝率所部抵达烟台,该埠各界高挂民国国旗,家家施放烟火鞭炮,巡警排列街上,佐以军乐,海滩之上,观者如堵,登州、黄县、莱阳等地闻讯归顺民国。(《民立报》1912 年 1 月 18 日《烟台电》《西报译电》;《民立报》1912 年 1 月 20 日《烟台电》;《民立报》1912 年 1 月 27 日《公电》)

《盛京时报》载:芝罘市面仍安靖并无异状,惟自北伐舰队到埠市以后,民心异常兴奋,剪发者一日间(二十九日)竟达一万余人之多。(《盛京时报》1912 年 1 月 20 日,

①　按:电文时间有误,蓝 16 日抵烟。
②　按:《台湾日日新报》日期错误。

第二版）

钱来苏谓：当时党员会有"蓝秀豪都督海容舰，商启予司令大连湾"之口号，意谓保险也。（钱来苏：《孤愤草初喜集合稿》，1951 年自印本，第 23 页）

据 1912 年 1 月 16 日日报：革命军军舰三艘，于本日中午十二时三十分驶入芝罘港口。我音羽、常盘两舰亦同时入港。（邹念之编译：《日本外交文书选译——关于辛亥革命》，第 236 页）

《芝罘邮电局长电》：下午三时，蓝天蔚率军舰两艘抵达芝罘港。军政府、巡防营、众多市民夹道欢迎蓝天蔚。他们手中拿着革命旗，或者打出横幅，上书"欢迎同胞"。眼下，士兵尚无登陆迹象。昨夜我日本帝国军港舰常盘号暂时离开芝罘港，而今携同音羽舰一同入港，几乎和蓝天蔚是前后脚。卑职认为其目的是监视蓝天蔚。目前，港内还有一艘美国军舰停泊。昨夜，登州府被一伙革命党占领。

（《芝罘邮电局长电》，1912 年 1 月 16 日，米彦军译自 http://www.jacar.go.jp/chinese/index.html"亚洲历史资料中心"）

《相羽驻芝罘副领事致内田外务大臣电》：北伐舰队于一月十六日驶抵芝罘港，《满洲日日新闻》记者岛田立即前往采访，曾与蓝天蔚会晤面谈。现由岛田处获得情报如下：北伐军陆、海两部总指挥为蓝天蔚，蓝乘旗舰海容号，以军舰三艘分载兵员六百名，此外尚有运输船四只，分载兵员一千五百名，同时由上海启程北上，因速度不同，运输船将稍迟一步于今晚或明十七日（编译者注：本电发电日期为一月十七日，此处又谓"于今晚或期 17 日晨到达本港"，显然前后不合。究系电文有误或发电日期错误，无法查明。）晨到达本港。该军此行目的在于前往满洲，但在何地登陆则秘而不宣，只不断向岛田仔细探询秦皇岛的情况。由迹象观察，其意似不在于积极作战，而欲暂时在渤海湾内游弋示威，同时秘密派人前往滦州地区向官军进行策反活动。该舰队预定在本地停留大约五天左右，对本地情况进行精密调查，借以拟订方案，巩固革命党在山东之地步。山东原非蓝天蔚辖区，而属刘基炎管辖范围。刘当乘运输船前来此地，蓝氏本人则将驻留芝罘，预定分出少数兵员在本地登陆。（《相羽驻芝罘副领事致内田外务大臣电》，第 2 号①，1912 年 1 月 17 日，邹念之编译：《日本外交文书选译——关于辛亥革命》，第 217—218 页）

△　蓝天蔚于报端发布敬谢良医之广告。前为手枪击伤胸部，后得杨嵩生先生尽力疗治，未及匝月伤部痊愈，蓝天蔚感其医术高明，特为登报鸣谢。（《蓝天蔚敬

---

① 编译者邹念之有注：相羽之前两电于一月十五日发出，编号为 97 号、99 号，此电编号为 2 号，定有错误。

谢良医》①,上海《时报》1912 年 1 月 16 日,未注版面)

　　△ 蓝天蔚发布豁免恶税布告,倡议东北亟应将境内一切恶税先行豁免。(《中华民国军政府关外大都督蓝豁免恶税布告事》②,辽宁省档案馆编:《奉系军阀档案史料汇编》1,江苏古籍出版社 1990 年版,第 620 页)

　　△ 因烟台军政分府所属巡防队突在市面开枪并携枪械逃窜,致商民惶恐,秩序扰乱。蓝天蔚以关东大都督名义颁布安民告示。

　　先是,芝罘西山基督教会学校学生剪发者数十名,拟赴码头欢迎北伐舰队,排队经过巡防营门前,被该(叛变)营兵数人开枪狙击。该学生等遂即奔窜四散。此事旋为北伐军闻知,惟祖二排长深恐祸及其身,于二十八日晚间率领兵丁三百人往西脱逃,按该逃兵等或在与登州急进党冲突,否则必绕道前往莱州投入官军矣。(《巡防队畏罪脱逃》,《盛京时报》1912 年 1 月 20 日,第二版)

　　《盛京时报》谓:烟台军政分府所属巡防队突在市面开枪并携枪械逃窜,遂致商民惶恐,秩序扰乱,蓝天蔚以关东大都督名义颁布告示,以安民心。(《蓝天蔚颁布安民示谕》,《盛京时报》1912 年 1 月 20 日,第二版)

　　《申报》刊载《中华民国军政府关外大都督蓝为晓谕事》,谓当此国家危急存亡,若有因私害公者有意扰乱治安者,当视为国民公敌,希烟台人民各界人等力体此意,维持大局。(《蓝天蔚示谕》③,《申报》1912 年 1 月 24 日,第六版)

　　△ 《申报》载:前日京奉铁路局有一等急电到京,谓现有北伐舰数艘已到葫芦岛,预备登岸云云,因此都人士近日携眷潜逃者又络绎不绝。(《北伐军吓倒北京人》,《申报》1912 年 1 月 16 日,第三版)

　　△ 蓝天蔚北伐军之倾向,受清军多方防范。

　　《申报》载:刻下秦皇岛汤河车站海阳镇一带驻有清军数千,以防民军由该岛登岸。(《申报》1912 年 1 月 16 日,第三版)

　　又谓:驻汤河之淮军目前于该岛附近之白塔岭安设大炮多尊,现该岛口外驻有英国兵舰一艘。(《申报》1912 年 1 月 16 日,第三版)

　　1 月 17 日(辛亥十一月二十九日) 蓝天蔚致电关东都督大岛,将"尽力保护外国人的生命财产",希日方"为维持和平,确保南满铁路之中立,对于民军及清军均应一律同等对待"。

　　《驻旅顺大岛关东都督致内田外务大臣电》:昨日,蓝天蔚以关外民军都督名

---

　　① 《蓝天蔚敬谢良医》,详见附录一"蓝天蔚著述"。
　　② 《中华民国军政府关外大都督蓝豁免恶税布告事》,详见附录一"蓝天蔚著述"。
　　③ 《蓝天蔚示谕》,详见附录一"蓝天蔚著述"。

义向本都督发来电报照会(编译者注:此电报照会未查出中文原文,只按日档译出)如下:敝国共和军之兴起,以改造专制政府为目的,其宗旨在于谋求人民幸福与世界和平,故对外国人民之生命财产自当尽力保护。而本省之一切设施,多与贵国有关,今本都督奉中华民国临时大总统之命,督理关外军务,自必尽力,以全保护之责。但本省铁路为贵国所有,为维护和平起见,切望贵国确保南满铁路之中立,对于民军及清军,均应一律同等对待,是为切盼。(《驻旅顺大岛关东都督致内田外务大臣电》,第50号,1912年1月18日,邹念之编译:《日本外交文书选译——关于辛亥革命》,第219—220页)

《大连关税务司立花政树致安格联》:昨天我见到关东军参谋长星野少将,他对我说,本月16日接到革命政府一封电报说,某国将直接从欧洲运一批军火从大连进口,请求日本当局和南满铁道株式会社严守中立,不准有关军火运入内地。关东厅行政长官昨天下午也对我说,他刚才接到一位自称为临时政府关外大都督蓝天蔚从烟台来的一封电报,电报说,他们的目的在于维护中国的安宁和保护外国人的生命财产,请日本当局严守中立,不准清军和革命军使用南满铁道。(《大连关税务司立花政树致安格联》,第67号,1912年1月18日,《中国海关与辛亥革命》,中国近代经济史资料丛刊编辑委员会主编:《帝国主义与中国海关资料丛编》9,第316页)

《盛京时报》载:蓝天蔚日昨①由芝罘致日本关东都督府,略谓中华民国临时大总统此次委余统摄关外一切事务,故凡我军到处,各地外人之生命财产一律由本都督切实保护。查南满铁既系贵国办理,亦应归入中立之列,贵国夙称重文明且翼和平者,请饬该铁道严守中立,将民国军队与清国军队一律看待,勿稍歧视为荷。除他日再行正式照会外,特兹电告。(《盛京时报》1912年1月20日,第二版;《民立报》1912年1月28日,第四页;《时报》1912年1月31日,第二版)

△ 蓝天蔚受芝罘访员及常盘舰将校谒见,声明北伐军之目的在于威迫北京朝廷;停战期间,舰队将停泊于本港。至于停战期满后之登陆地点,则秘而不宣;蓝天蔚深信袁世凯所部将兵必将逐渐响应革命并投效革命党。

《相羽驻芝罘副领事致内田外务大臣函》:北伐革命军开抵本港。我日本第二舰队的常盘、音羽两舰也曾派员前往北伐军总司令蓝天蔚之座舰海容号拜访。我处现已获悉当时的谈话纪要,特抄录奉呈,希望批复。致外务大臣子爵内田康哉阁下。驻芝罘副领事相羽恒次。明治四十五年一月二十三日。

---

① 按:1月20日(十二月初二日)报载蓝致电日本关东都督府的时间为"日昨",即1月19日,与《日本外交文书选译》及《1912年1月18日大连关税务司立花政树致安格联第67号函》中所述有异,此处取前者之说。

（附件）常盘舰将校调查所得事项

一月十七日常盘舰派其炮长偕同中尉军官一名，前往海容舰调查所得事项如下：

（一）舰上载有陆兵约百名，拟充卫兵之用。另有北伐军主力约一千五百名，已搭商轮预定于今日开抵本港。

（二）北伐军总司令蓝天蔚起居于海容舰内，日前因共和政府之成立一再推延而深为激愤，曾以手枪自杀未遂，其右胸部之创伤迄今尚未痊愈，但仍精神抖擞，接待交谈。

其所谈之要点如下：

北伐军之所以延迟出发，其原因，一是要恢复汉阳一战所受之损伤；二因共和政府成立之迟延；三是由于停战日期所限，等等。此次出发，目的在于威迫北京朝廷，且停战期限很可能再度延长，是以仓促开拔。十六日到达本港后，已接到电令谓：停战期限自十五日起又延长半月。

停战期间，舰队将停泊于本港。至于停战期满后之登陆地点，则秘而不作一语。

蓝天蔚频频询问秦皇岛附近情况，本职在条件允许之范围内予以说明，彼等深表满意。其幕僚均颇担心秦皇岛海面是否设有水雷。

北伐舰队总司令汤芗铭，因病卧床，未能出面接谈。

蓝天蔚以下自舰长以至海军学生出身之青年官佐，对我方之厚意均表感谢。同时，对德国之非中立行动极表愤慨。据说，前在广东时彼等曾放火焚毁德国货物。

蓝氏深信袁世凯所部将兵必将逐渐响应革命，并认为北伐军登陆时，官军之大部分必能投效革命党。

由于革命军舰队入港，当地军政分府态度亦趋明朗。已有迹象表明，北伐军将以芝罘为根据地开展活动。（《相羽驻芝罘副领事致内田外务大臣函》，第 1 号，1912 年 1 月 23 日，《日本外交文书选译——关于辛亥革命》，第 224—227 页）

另《盛京时报》载，据芝罘访员来电云，余于今晨（二十九日）十一钟时，赴北伐舰队旗舰海容号面谒蓝天蔚，询以北伐军之组织如何？蓝答曰所有军舰兵员及将于晚间抵埠之陆军二千余人□□北伐军归余节制，然现在仍系续展停战期内，不得有进兵攻击之举动。他日由何方面进攻，余今亦未便明言，惟在芝罘则确乎不登岸进兵也。（《芝罘访员进谒蓝天蔚》，《盛京时报》1912 年 1 月 19 日，第二版）

△　蓝天蔚北伐军受到烟台商会及军政分府善待。

《申报》谓：烟台商会翌日即置备猪羊肉及各种菜蔬,送往军舰,以表欢迎。闻王司令自民舰来烟甚形忙碌,每夜至二点钟尚办公事。

二十九日民舰军十余员赴军政分府,该府人员均表欢迎,周旋尽礼,大有应接不暇之势。

军政分府随派差传谕该埠各店不准安寓客商,专预备北伐民军抵烟寓宿。(《申报》1912年1月24日,第六版)

△ 蓝天蔚北伐军将至,庄河革命军树旗再起。吉林等处遍贴民党告示,绿林及清军中屡有投奔民党者。

武扬谓:凤城、辽阳等地起义失败后,革命党人一部分到山东烟台,一部分投入庄河革命军。庄河革命军一度发生动摇(赵尔巽对庄河革命军剿抚兼施,令庄河厅、谘议局议员和士绅与顾人宜谈判。顾稍有退让,一度改编为巡防队。听到北伐军出发消息,又树立革命旗帜),但顾人宜、邵兆中、鲍化南、尹锡武等确准备再起。孙中山先生就任临时大总统后,任命蓝天蔚为关外大都督,率师北伐。蓝天蔚在上海组织了商团、学生军,于一九一二年一月中旬,乘海容舰开到山东烟台,与关外的革命军首领商议进军计划。从东三省渡海来烟台的革命者,都编入了北伐军,北伐军在山东补充的数目是很少的。(《辛亥高力门起义及其前后》,《文史资料选辑》第1辑,第70页)

△ 蓝天蔚部范国梁拟在海城各处起事,并劝清军管带张庆臣响应。

《分巡锦新营口兵备道袁祚庼致赵尔巽函》:……又风闻铁路附属地藏匿革匪,意图起事。党派马队、侦探分投往查,据称有人在车站招队,声言保路,实系运往大连。又有范国梁者,本为蓝党,曾充陆军队官,刻在大石桥纠集党羽,潜图煽乱,拟在海城、牛庄、盖平、熊岳等处起事,以石桥为根据地。昨据驻河北陆军蔡队官接得范某致现驻沟帮陆军三营管带张庆臣(陆军旧人,为蓝天蔚所提拔者)书,劝其响应。书中云现驻石桥日本旅馆,并有此次不同辽阳之语。幸此信未到张手,拟嘱蔡队官代复一信,如其敢来营口,即秘密拘之。(《分巡锦新营口兵备道袁祚庼致赵尔巽函》,宣统三年十一月二十九日,《东三省辛亥革命史料》,《清代档案史料丛编》第8辑,第125页)

△ 蓝天蔚拟三十日派南琛舰援助登州革军。

报载:北伐舰队拟援助登州革军,订于明日(三十日)午前六钟时特派军舰南琛号前往登州。(三十日上午收到)(《北伐队拟援助登州革军》,《盛京时报》1912年1月19日,第二版)

△ 蓝天蔚北伐军增加吴淞运送北伐军船舶三艘,并新昌号一艘。

据《武昌起义后至清朝灭亡期间日本海军军令部搜集、整理的涉华情报》，第七十四号，(1912 年 1 月 19 日)：在吴淞运送北伐军的船舶，除三艘外，增加了新昌号，17 日下午 10 时起航开往外海。（《武昌起义后至清朝灭亡期间日本海军军令部搜集、整理的涉华情报》第 74 号，1912 年 1 月 19 日，《武昌起义前后在华日本人见闻集》，第 727 页）

△ 蓝天蔚部分北伐军为日本满铁会社宗谷丸汽船所搭载、其货船也为汽船所拖曳，从大连出发至大长山岛。

《旅顺镇守府参谋长庄田义基致海军长官财部彪电》：有关满铁汽船宗谷丸一事：据闻满铁会社宗谷丸汽船搭载革命党，并拖曳其货船从大连出发至大长山岛，经打电话、拍电报与相关方面确认，确有其事，详细情况正在调查当中。

又及：1912 年 1 月 19 日

海军局长

安东参谋阁下：

有关宗谷丸行动一事

17 日，给您打电话讲宗谷丸一事，占线，因此，拍电报说明了此事。

（《旅顺镇守府参谋长庄田义基致海军长官财部彪电》，旅镇机密第 40 号，1912 年 1 月 25 日，米彦军译自 http://www.jacar.go.jp/chinese/index.html"亚洲历史资料中心"）

1 月 18 日（辛亥十一月三十日） 是日上午，蓝天蔚接受日方常盘舰舰长访问，向其做出口头约定，革命军如派兵员在中立地带内登陆时，必事先征求日本同意。

据《常盘舰舰长与蓝天蔚会谈记要第二舰队司令舰队司令官致斋藤海军大臣电》：根据目前情况观察，革命北伐军当不致无视与我国之关系而企图在中立地带内突然登陆。故本职未因此事专发通牒，而于今日（十八日）派常盘舰舰长往访蓝天蔚，通过谈话形式向其言明：根据条约规定，在中立地带内登陆，帝国政府万难容忍。常盘舰舰长已就此事提出报告，要点如下：

今日上午，本职前往海容舰与蓝天蔚会晤，进行种种交谈。谈话曾涉及停战期满后革命军之军事行动问题，本职指出：停战期满后，革命军之行动有可能在不知不觉中与帝国利害发生冲突。为防止此种情况发生，此时双方开诚交谈，疏通意志，甚为必要，等等。本职并列举理由向其说明：如官、革两军在中立地带内或租借地内发动军事行动，帝国政府万难默视。蓝氏聆听后，最初表示不能完全放弃其在花园口附近登陆之意图。其理由在于：蓝氏认为庄河一带已完全归入革命军势力范围，而且登陆准备业已初步就绪，颇有意在这一带扶植革命势力，并建立秩序。

经本职提示巴罗福条约①第五条条文抄件,说明中立地带成租借地对于官、革两军任何一方之侵入都绝对不能容许。蓝始了解我方真意所在,最后做出如下口头约定:

革命军如派兵员在中立地带内登陆时,必事先征求日本同意,在未征得日本同意之前,决不派兵登陆。

至此,蓝天蔚本人及其列席人员均已充分理解我第二舰队司令官之所以提出上述注意事项,其用意完全在于防止差错于未然,并非对彼之行动妄加干涉或阻碍;但其列席军官中却有一两人发言称:革命军舰艇在庄河一带海面游弋,当不属此范围。由此可见,停战期满后,革命军难免不以军舰在这一带海面举行示威性游弋活动。

另,目前彼等暂时停留在芝罘附近,看来尚无发动任何行动之意图。(《常盘舰舰长与蓝天蔚会谈记要第二舰队司令舰队司令官致斋藤海军大臣电》,第 28 号,《日本外交文书选译——关于辛亥革命》,第 221 页)

据日本海军部所记录的日方音羽舰长阻止蓝天蔚北伐军在满洲地带登陆的档案:驻烟台(芝罘)四王天日本陆军大尉所电报,电文说日本第二舰队于十八日向蓝天蔚递交劝告书,内容是希望北伐军不要在满洲沿岸的特别中立地带登陆。

(米彦军 http://www.jacar.go.jp/chinese/index.html"亚洲历史资料中心")

△ 蓝天蔚北伐军之情形受到各方探测。日人猜测,只要情况允许,蓝天蔚就会在满洲某处或秦皇岛上岸。

《盛京时报》谓,北伐舰队海容、海筹、南琛三舰,现在本埠碇泊。旗舰海容就中则派多员登陆,探查该埠军政分府内情。

并载,北伐舰队暂在本埠碇泊,一俟攻略东三省及山东省之作战计划成熟后,再行进发。

并载:芝罘急进党员等拟将兵力援助北伐军,现向蓝天蔚交涉,闻蓝尚未答覆。

并载:前曾在奉起事之王国柱,亦与蓝天蔚共在旗舰海容号内居住。(三十日收到)(《盛京时报》1912 年 1 月 19 日,第二版)

报载《商民对于军政分府之疑虑》:本埠商民前奉军政分府之命,预备粮食及

---

① 巴罗福条约即中俄《旅大租地条约》(1898 年 3 月 27 日订于北京)而言,签署该条约之俄方全权代表为内廷郎巴布罗福,故有此名。该条约第五款规定:"所租地界以北,定一隙地。此地之界,由许大臣在圣彼得堡与外部商定。此隙地之内,一切吏治全归于中国官,惟中国兵非与俄官商明,不得来此。"日俄战后,此项条约权利又根据中日《会议东三省事宜正约》(1905 年 12 月 22 日订于北京)为日本所继承。

宿舍,以备北伐军登岸后之需要。然该军抵埠以后并不登陆,商民等因之异常丧气,且关于该军政分府之威严组织及与各军之联络多滋疑虑。(三十日收到)(《盛京时报》1912 年 1 月 19 日,第二版)

　　据《武昌起义后至清朝灭亡期间日本海军军令部搜集、整理的涉华情报》,第七十三号：由北伐舰队运送的陆军有一百名,由仍停泊于吴淞的三艘运输船运送的有一千五百名。北伐军司令官蓝天蔚乘坐海容号,据他说,北伐军的目的在于威胁北京朝廷,因为有停战情形,故迅速出发,但到了芝罘之后,又接继续停战两周之令,舰队预定在停战期间停泊于芝罘。关于停战结束之后的行动,蓝缄默无语,但似有意向：只要情况允许,就在满洲某处或秦皇岛上岸。舰队司令官为汤芗铭。而当时在山东登陆的指挥官刘基炎则在吴淞停泊的运输船上。(《武昌起义后至清朝灭亡期间日本海军军令部搜集、整理的涉华情报》第七十三号,1912 年 1 月 18 日,《武昌起义前后在华日本人见闻集》,第 726—727 页)

　　△　南琛号海舰自是日上午从芝罘开往登州。

　　据《武昌起义后至清朝灭亡期间日本海军军令部搜集、整理的涉华情报》,第七十四号,(1912 年 1 月 19 日)：军舰南琛号为了示威而在 18 日上午 8 时从芝罘开往登州,本当即日回港,但或许会滞留一两天。(《武昌起义后至清朝灭亡期间日本海军军令部搜集、整理的涉华情报》第七十四号,1912 年 1 月 19 日,《武昌起义前后在华日本人见闻集》,第 727 页)

　　△　海容舰并海琛、南琛三舰受黄钟瑛令,改赴南京。

　　海容、海琛二巡洋舰及南琛运船舰前奉海军部长黄钟瑛君转谕驶赴秦皇岛防护北军南下一事已志前报。兹悉海军部长黄帅因接孙大总统电谕,改往南京候调等因。嗣由黄帅查得海容海琛南琛三舰现泊淞口之外,昨日派令小轮赴淞,知照该三舰迅即改赴金陵矣。(《海军舰改道南京》,《民立报》1912 年 1 月 19 日,第 6 页)

　　△　蓝天蔚北伐军将增四艘海轮,载第二批军员四千,女军计二百人,就中两轮所载军队拟登陆烟台,作占据山东之用。

　　《盛京时报》载：第二次北伐军约计四千,分坐招商局轮船四艘,已于三十日晚间,由吴淞解缆北驶,另有军舰二艘拥卫该轮,随同北上。闻该北伐军中有女军计二百人,又闻就中两轮所载军队拟在烟台登陆,充作占据山东之用。(《又有北伐军乘轮北上》,《盛京时报》1912 年 1 月 18 日,第二版)

　　1 月 19 日(辛亥十二月一日)　清军意图收复黄县,蓝天蔚命海琛舰急驶龙口。清军见状遁去。

　　据《相羽驻芝罘副领事致内田外务大臣电　1912 年 1 月 23 日》[第 18 号]：关

于黄县地区官、革两军冲突情况接获情报如下：

前于本月十九日有官兵约四百名由莱州府东进，二十一日到达黄县附近，意欲收复黄县，但与革命军接火后，于二十二日晨五时许败走。革命军即由派往登州府之北伐军中抽出步兵两个中队登陆，二十三日开抵黄县，担任守备。

又，革命军占领黄县后由四名急进党员迅速将龙口占领，二十二日官方派兵五十名进入该地，未遇抵抗即行收复。革命军获此消息后，立即命令碇泊于登州府之军舰海琛号急驶龙口，官军见有军舰前来，在该舰行将入港之际仓皇遁去。(《日本外交文书选译——关于辛亥革命》，第223页)

△ 北伐军登陆地点为北京军界所猜测。北京各处戒严。

报载：北京军界预测蓝天蔚所率之北伐队其登陆地点必为汤河口左。近闻保护京榆铁路之外国军因两军倘在山海关附近交战，则不能尽保路之义务，决拟设法不使两军在该方面交战。(《预测北伐队登陆地点》，《盛京时报》1912年1月19日，第二版)

报载：北京政府接得北伐军已由烟台驶赴秦皇岛方面之警报，即严饬陆军将山海关秦皇岛等处防备更加严密，又在秦皇岛连山湾一带分驻军队约一镇，并分派侦探驻扎各处，严加警戒。(《秦皇岛等处警备加严》，《盛京时报》1912年1月19日，第二版)

又谓渤海沿岸严密设防：北京政府为防御北伐军之侵袭起见，在渤海沿岸严密设防，并饬榆关水雷营宋管带，在山海关秦皇岛及其余要地，均敷设水雷，或地雷以杜民军窥伺。(三十日收到)(《渤海沿岸严密设防》，《盛京时报》1912年1月19日，第二版)

△ 蓝天蔚部下意欲于西三乡聚众起事。

据《法库门厅致赵尔巽电》：探析厅属西三乡有匪党持蓝印札，聚众起事，甚属紧急。当即饬警严防。惟兵单枪少，拟请借领快枪二百杆、弹二万粒，并请迅速派兵来剿，以免蔓延。(《法库门厅致赵尔巽电》，宣统三年十二月初一日，《东三省辛亥革命史料》，《清代档案史料丛编》第8辑，第131页)

1月20日(辛亥十二月二日) 蓝天蔚发表声明，所部人马及近期行动之意图，待后续部队到后，大半将派赴东三省；又因停战期延续，北伐舰队亦须暂驻芝罘。

《民立报》载：据北伐军司令官关外大都督蓝天蔚云，余此次所率领之军舰三只，仅系先锋队，此外尚有三四舰，日内当可到此参加，陆上战斗员先后输运约可达师团之谱。就中大半派赴东三省攻略各地，以期克日光复该省，其余在鲁省登岸进击。又云昨接南京陆军部来电，此次又复续展停战期限，北伐舰队亦须暂在芝罘碇泊，静候和议如何了结。(《民立报》1912年1月28日，第4页)

△　蓝天蔚北伐军增加吴淞发出的泰顺、新昌、公平三商轮,载军民一千五百名及军械。

《申报》载:陈都督奉孙大总统命令,雇定泰顺、新昌、公平三商轮,于前日驶赴吴淞装载民军一千五百名及军械等件,前赴烟台一带,择地登陆,统归关外蓝天蔚都督节制调遣。(《商轮运兵往北》,《申报》1912 年 1 月 22 日,第七版)

上海《时报》载:沪军陈都督因奉孙大总统命令特雇泰顺、新昌、公平三商轮,现于前日驶赴吴淞装载民军一千五百名及军械等件前赴烟台一带,择地登陆,系为归并蓝天蔚都督率领防御北军。(上海《时报》1912 年 1 月 22 日,第五版)

《申报》记录"沪军北伐队抵烟纪事":沪军北伐先锋队司令官刘君基炎带领民军北伐队二千余名由上海乘新铭、新昌、公平、太顺四轮船于旧历十二月初二日午前七句钟驶往烟台,携带军器子弹甚多,该埠军政分府及各衙署局所文武官员,协同警兵卫队,均排列队伍,及商会各绅商等,同至船埠欢迎。而代理都督杜君亦乘该船同来,商议北伐之事。惟因在停战期内,不得已在烟驻扎。一俟停战期满,议和决裂,即往北伐。倘山东境内有用兵之处,亦可随时调用。当此天气严寒之际,南方志士不畏寒冷,不惮跋涉,革军热度可谓达于极点矣。(《申报》1912 年 1 月 27 日,第六版)

《申报》载《烟台光复后之写景》:字林报二十二日烟台,访函云,上星期有军舰三艘,高悬民国旗号,驶抵港内,二十日晨七点钟时,复有新铭、泰兴与新昌、公平四运船由吴淞抵此,载军二千五百名,当时各处皆悬新旗,并燃放爆竹迎之。

是日下午有兵一百十六名及士官十一人登岸赴水师学堂驻扎,继而复有若干人由船登岸。(《申报》1912 年 1 月 28 日,第三版)

据《武昌起义后至清朝灭亡期间日本海军军令部搜集、整理的涉华情报》:17 日晚从吴淞出发的四艘运送北伐军的船只,20 日上午开进芝罘港,下午零时 30 分,泰顺号上的兵员一百七十人上岸,岸上燃放爆竹欢迎。兵员举行入城式,以显威容,然后宿营于东炮台内。其余兵员也在 21 日早上陆续上岸,指挥官刘基炎将本营设于商业中学堂,现在当驻扎于该地。芝罘军政分府将该府移交革命军。革命军当从 21 日夜晚开始办理山东都督府事务。(《武昌起义后至清朝灭亡期间日本海军军令部搜集、整理的涉华情报》第 76 号,1912 年 1 月 22 日,《武昌起义前后在华日本人见闻集》,第 728 页)

△　黄县官革军冲突,蓝天蔚决定紧急派出革军。

据《武昌起义后至清朝灭亡期间日本海军军令部搜集、整理的涉华情报》,第76 号:登州府 15 日被激进党占领之后,局面平稳,故此前被派遣的军舰南琛号于

20 日回到芝罘。但激进党占领登州府后,派党员五十人袭击黄县,未遇到任何抵抗而将其占领,该地商团也站在他们一边。20 日,与从莱州来到黄县的官军一部发生小冲突(有消息说,混乱中我国商人有六人被残杀),为与该官军对抗,芝罘决定紧急向黄县派出陆军。(《武昌起义后至清朝灭亡期间日本海军军令部搜集、整理的涉华情报》第 76 号,1912 年 1 月 22 日,《武昌起义前后在华日本人见闻集》,第 728 页)

△　蓝天蔚致电伍廷芳,请阻清军攻击黄县。

电谓:急。上海伍外交总长钧鉴:兵轮将抵烟台,闻登州黄县等处人民已相继独立,前已电闻。现满廷已派大兵攻击黄县,似此破坏和议,应请电阻。蓝天蔚叩。元月廿日到。(《关东蓝天蔚来电》,《共和关键录》第二册,著易堂书局 1922 年版,第 76 页)

△　舆论关注北伐军动向。

报载北伐舰队所载之陆兵计有六百人,武装齐整,一切防寒衣件帐幕均莫不预备,并有野炮及机关炮若干尊。(《盛京时报》1912 年 1 月 20 日,第二版)

报载,北伐军参谋部现已密派带有一种特别任务之士多名,潜行窜入东三省及山东省内。(《盛京时报》1912 年 1 月 20 日,第二版)

报载,自北伐舰队抵埠以来,各地革党抵埠者日多一日。(《盛京时报》1912 年 1 月 20 日,第二版)

报载:外间宣传革军北伐队拟在秦皇岛附近登陆,当与驻扎滦州之军队联络,破坏京奉铁路及电线,以绝京奉间之联络。(《盛京时报》1912 年 1 月 20 日,第二版)

△　是日下午二时,蓝天蔚接受日方音羽舰将校访问。双方就是否在满洲中立地带登陆问题,进行了交谈。

《相羽驻芝罘副领事致内田外务大臣函》:此次革命军北伐队开抵本港后,我国第二舰队所属常盘、音羽两舰曾派员前往北伐军总司令蓝天蔚之座舰海容号访问,现已获得当时谈话纪要,特抄录奉呈,即希核阅。

此致
外务大臣子爵内田康哉阁下

驻芝罘副领事相羽恒次
明治四十五年一月二十三日

(附件一)

《音羽舰将校与蓝总司令会谈纪要》:一月二十日下午二时,按预定步骤往访蓝天蔚,蓝氏欣然出面接待,双方谈话涉及当前时事问题,要点如下:

(一)蓝氏首先言称:关于在满洲中立地带内登陆问题,经贵军常盘舰舰长说明,本人已充分了解。将来如发生不得不在中立地带内登陆情况时,必先履行外交手续,以征得日本方面同意。然而对其他满洲沿岸地域,则无任何条约拘束,或不免有登陆情事。常盘舰舰长所示贵国长官电训中载有"满洲沿岸"等语,革命军对此颇不理解,等等。本职遂将该电训之内容向蓝再做详细说明,并再一次强调:不但中立地带绝对拒绝利用,即在其他满洲沿岸地域登陆,亦将使满洲之安宁秩序发生紊乱,并进而危及各国居民之安全,以至于损害我国利益。为避免将来发生骚扰,应请贵军放弃登陆计划。蓝氏则谓,在满洲沿岸登陆,不但对中立地带绝无侵扰,而且满洲官军中已有过半数准备响应革命军,绝无发生骚扰之虞。吾人定要使满洲独立,此乃出于革命军之战略之需要,等等。由此语气观之,可以充分看出蓝天蔚确有信心要在中立地带以外之其他沿岸地点登陆。

（二）开到本地之军队,预定暂时在陆上宿营整休,先期登陆之兵员约一百七十名,已携带行装进入东炮台附近海军学堂。

（三）停战期间,将不使军队有何动作,此次停战,是为使皇帝退位,撤离北京,以建立共和政府。刻下袁、孙之间正就此事进行磋商,从而使停战期为之延长。共和成立后,皇帝将做为"王"而每年给与优厚岁俸。在此期间,袁世凯为清廷效命,死亡人命数千,致在一般国民间不得人望,但各大臣及部长等对袁尚无忌怨,故推袁为大总统亦无不可,此点,意见已趋一致。至于唐绍仪,共和告成后,无疑将再度出任议和大臣,因袁对唐未加任何制裁,即是明证。

（四）关于在秦皇岛方面登陆问题,看来蓝氏并不十分有意。有迹象表明,陆上官军已有准备,只要北伐军派去少数军队,即可立即发动内应。欲使满洲确实独立,看来蓝氏意向相当坚定。

（五）海容舰舰长原为喜昌,系满洲人,前在汉口时业已逃走,现由杜锡珪取代舰长。司令官汤芗铭染患痢疾,已渐痊复。对我方曾派军医前去诊治,频表谢意。

（六）蓝天蔚言明:本人身为关外军政府都督,负责指挥海、陆两军。将于明日或后日对本职进行回访。

（七）蓝天蔚本人及其幕僚俱对我方十分友善,表示愿意互相往来。本职答称,彼此沟通思想,对双方均为有利。对于日本方面有何要求,只要提出,自必尽力。蓝等对我方所示之好意深表满意。

（八）关于皇帝蒙尘之说,据云尚未接到任何电报。

（《相羽驻芝罘副领事致内田外务大臣函》,第 1 号,1912 年 1 月 23 日,《日本外交文书选译——关于辛亥革命》,第 224—227 页）

△ 蓝天蔚之外交官员霍复提出选择大孤山附近作为登陆地点,日方以日前帝国军舰舰长与蓝天蔚已在芝罘直接商谈,蓝天蔚已充分谅解等语拒绝之。

《旅顺镇守府山田司令长官来电》：一月二十日革命军北伐队派外交官员前来旅顺镇守府访问，谈话要点如下：

今日上午，革命军北伐队派外交官员霍复(音)前来本府访问，要求与副官面谈，提出要求如下：

根据巴布罗福条约规定，虽不能派兵进入中立地带，但据目前气候及其他条件，北伐军之登陆地点只能选在大孤山附近一带，登陆后必立即退出中立地带，故希登陆时日本军舰以默然态度对待。对此，我方答称：关于北伐军在中立地带登陆问题，日前帝国军舰舰长与蓝天蔚已在芝罘直接商谈，蓝已充分谅解，等语，使其归去。(《旅顺镇守府山田司令长官来电》，1912 年 1 月 20 日，《日本外交文书选译——关于辛亥革命》，第 237—238 页)

《大岛关东都督致内田外务大臣电》：革命军北伐队若在辽东半岛登陆，势必危及当地之秩序与安宁，本督为维持所辖地区秩序并保护我国侨民安全，自应采取必要措施。对于官、革两军，当遵照阁下训示精神，保持严正中立，一方面阻止革命军在中立地带内登陆，另一方面拒绝官军向该地区出兵。并拟在适当时机，向双方发出如下通告。特先呈阅，即希核夺。

南满铁路附属地以及铁路沿线之安宁秩序，原归帝国政府负责维持，故贵军不得以该地区为军事活动之策源地，不得出入于该地区或在该地区内采取任何军事行动。即使在该地区以外进行战斗，亦须选择不致危及该地区安宁之地点进行。

即使在上述地区以外之其他地点采取军事行动，若交战区域内外有我国侨民居住或营业时，贵军亦须不失时机，在我国侨民避难所必需之时间以前，通知我国官署。

南满铁路系联系欧、亚两州之重要通道，为世界性之交通机关，故贵军必须尊重其交通安全。

帝国政府为全域保持公正态度起见，凡欲经由南满铁路运送军队及军需物资等项，对官、革双方一概谢绝。(《大岛关东都督致内田外务大臣电》，第 75 号，1912 年 1 月 20 日，《日本外交文书选译——关于辛亥革命》，第 222—223 页)

△　蓝天蔚在大连党人中的影响使清方担忧，吉林民政使韩国钧建议赵尔巽派人侦察。

据吉林民政使韩国钧致赵尔巽电：党人麇集大连，蓝与王为其主动，似应派人专往侦察。章统领军队中闻有曾随王小堂之人，已为王所运动，并请转饬严防。钧叩。冬。(《吉林民政使韩国钧致赵尔巽电》，宣统三年十二月初二日，《东三省辛亥革命史料》，《清代档案史料丛编》第 8 辑，第 132 页)

△　是日民社成立。蓝天蔚为发起人之一。（《民社缘起》①，《申报》1912 年 1 月 20 日,第二版；村田生:《支那政党结社》三,《东京朝日新闻》,1912 年 4 月 30 日）

△　又有谓,蓝天蔚与孙武并不接近,蓝天蔚并非民社中人。

万鸿喈《民社成立与黎袁勾结》谓:谢彬所著《民国政党史》说:"民社者,拥黎元洪为中心之政团也,以卢梭《民约论》为根本主义。其目的在图共和政体健全之发展。其地盘为黎元洪直属之湖北派。其干部为蓝天蔚、孙武、张振武、张伯烈②、刘成禺、宁调元、饶汉祥诸人。"关于主义是说不上的,更说不上共和目的。如果有所谓政治纲领的话,那就是反孙倒黄,捧黎拥袁,借以达到个人升官发财的目的,实际内容就是如此。谢著所举干部人物,似无蓝天蔚、张振武、宁调元诸人。因为蓝与孙武并不接近。（万鸿喈:《民社成立与黎袁勾结》,中国人民政治协商会议全国委员会、文史资料研究委员会:《辛亥革命回忆录》第二集,文史资料出版社 1962 年版,第 107 页）

△　蓝天蔚部南琛号于本日晨由烟台驶往登州。

报载:芝罘急进党刻已将登州黄县等处确实占领。现在预备攻略莱州府及其附近一带,并闻北伐舰南琛号于本晨七钟时由本埠驶往登州。又电云,该急进党以占据登州、黄县、芝罘等处为未足,定于一星期以内略取鲁省东部各县,且行将光复山东全省。（初二日上午接到）（《急进党之伟画》,《盛京时报》1912 年 1 月 21 日,第二版）

△　报载,蓝天蔚北伐军运送船迄今未到埠。

《盛京时报》载:预计今明两日当驶抵本埠之北伐军运送船迄今未到埠,或谓该运送船中途已折而向辽东半岛南岸某地点进发矣。（初二日上午接到）（《北伐军运送船迄今未到埠》,《盛京时报》1912 年 1 月 21 日,第二版）

1 月 21 日（辛亥十二月三日）　蓝天蔚变更军略,租赁浮舟,预备登岸。

报载:北伐运送船四只,分载陆军一千五百,及一切军械弹药等物。于初二日午前七钟时抵埠。闻总司令官蓝天蔚初不欲在芝罘方面进兵,后因驻扎登州急进党之要求,及芝罘军政分府组织之变,更与在山东树立革军基础之急务,现已改计,拟在本埠登陆。已于日昨（初三日）将桴舟多只租妥,以便登岸矣。（初四下午收到）（《军略变更之由来》,《盛京时报》1912 年 1 月 23 日,第七版）

△　蓝天蔚所节制之海琛号于黎明拔锚。泰顺、新昌、康平三轮随之载陆军士兵向登州进发,乃奉命在成功登陆之后,驻扎该地,担负守卫任务,之后另派部队向黄县进军。

---

①　《民社缘起》等,见附录三"相关档案资料汇编"。

②　张伯烈（1872—1934）,字亚农,号益三,湖北随州人。曾就读日本大学。历任河南提学使、开封女子师范学堂堂长、南京临时参议院议员、国会众议院议员、吴佩孚两湖巡阅使署秘书、律师。

《相羽驻芝罘副领事致电内田外务大臣》：卑职经过多方努力，得到可靠情报。现将其内容予以汇报：一月二十一日黎明五时三十分，北伐革命军军舰海琛号首先拔锚。随后，泰顺、新昌、康平三轮载着陆军士兵向西方进发。军舰的目的地为山东省登州府。他们奉命在成功登陆之后，驻扎该地，担负守卫任务。之后，另派部队向黄县进军。（《相羽驻芝罘副领事致电内田外务大臣》，第14号，1912年1月21日，米彦军译自 http://www.jacar.go.jp/chinese/index.html"亚洲历史资料中心"）

据《武昌起义后至清朝灭亡期间日本海军军令部搜集、整理的涉华情报》：21日上午，海琛号、泰顺号、新昌号、公平号从芝罘开往登州。（《武昌起义后至清朝灭亡期间日本海军军令部搜集、整理的涉华情报》第76号，1912年1月22日，《武昌起义前后在华日本人见闻集》，第728页）

又谓：军舰海琛号21日回航龙口，以为占领该地助势。（《武昌起义后至清朝灭亡期间日本海军军令部搜集、整理的涉华情报》第七十七号，1912年1月25日，《武昌起义前后在华日本人见闻集》，第729页）

△　据张静斋之忆，蓝天蔚复电许可拨派兵舰援助黄县。

张静斋之《黄县革命史实》，记述"海琛军舰之来去"：先是，沪军未莅黄前，有关东都督蓝天蔚率海军军舰曰海琛、海筹、海容泊于芝罘，待机北驶。蓝以滦州革命失败退集渤海湾中止，苦无所进展，适我军初三日（即1月21日，编者注）北马败退，请兵登州军政府，并电请蓝氏拨派兵舰援助，当经复电允许。（张静斋：《黄县革命史实》，中国史学会济南分会编：《山东近代史资料选集》，山东人民出版社1959年版，第199页）

△　蓝天蔚颁给石巨符[①]委任状。

《委任状》：中华民国军政府关东大都督蓝为委任事：照得本都督奉命戡定关东，需材孔亟，查有石巨符心志坚定，军事娴习，堪以委任本溪湖一带总司令官之职，为此委任，仰该员勤慎从公，勿负委任。切切。此委。右委任本溪湖总司令官石巨符收执。黄帝纪元四千六百零九年十二月初三日给。（《蓝天蔚颁石巨符之委任状》，1912年1月21日，辽宁省档案馆编：《辛亥革命在辽宁档案史料》，第182页）

《申报》载：关外革命之人物曰石巨夫者，石为该党中之重要人物，亦此次大口党中轰轰烈烈之首领也，石于辛亥革命时为蓝天蔚、商启予等所委派担任辽开事者，共和成立后，曾任烟台关东都督府参谋长。未几中央解散民军，而石乃他去，二次革命时代，石与刘大同、孙纵横、陈其美、何海鸣等谋举事关东，未果。不得志于

---

① 石磊（1889—1914），字巨符（夫），原名石恒岱。辽阳东新堡人。毕业于盛京军校、日本陆军士官学校。曾任陆军第二混成协蓝天蔚参谋。蓝任关东大都督后，任本溪湖地区总司令，与清军战于辽阳、本溪、凤城、丹东一带。后发动倒袁，负责中华革命党大连机关工作。1914年3月17日，拟拦截"宗社党"军火，被俘遇害。

大连,此石之大概历史也。(《关外大批党人枪毙记》,《申报》1914 年 11 月 29 日,第六版)

　　△　蓝天蔚颁给魏雪台委任状。

　　《关外军政府都督蓝天蔚发给魏雪台委任状》:中华民国关外军政府都督蓝为提倡大义恢复中原事。查有魏雪台心志坚定,军事娴习,堪以委任□□军□委任状到,务期勤慎从公。俾军政府得资臂助,同胞共享太平。切勿怠废厥职,至负所望。须至委任者。右委任□□□□□□□□收执。中华民国元年一月□日。

(《蓝天蔚发给魏雪台委任状》,1912 年,中国国民党中央委员会文化传播委员会党史馆提供档案号:230—2430)

　　△　蓝天蔚通告日本关东都督严守中立。

　　《民立报》载:民国北伐军队总司令蓝天蔚通告日本关东总督,请其转谕南满铁路公司严守中立,并对于民军与北军一律同等看待。(《西报译电》,《民立报》1912 年 1 月 21 日,第 3 页)

　　《申报》谓:北方民军统领蓝天蔚已请关东都督,对于民军清军同等视待,及维持南满铁路之中立。(以上东京,《申报》1912 年 1 月 21 日,第二版)

　　△　《盛京时报》谓:蓝天蔚拟将东省一带攻略,现与熟娴东省地形之旧部悉心筹划,其作战方略尚未决定,现下关于登岸地点一事,最费惨淡之苦心。(《蓝天蔚之熟筹审处》,《盛京时报》1912 年 1 月 21 日,第二版)

　　△　因受蓝天蔚等知遇,夏月恒为北伐筹资义演。

　　布告曰:窃恒曩游海外,于役清廷,乃为言路所讥,遂作寒蝉之噤。幸年来脱离名利之场,还我自由,不受束缚久矣。迩者民军举义,进化共和,正铁血男儿闻鸡起舞之时。仆何人斯妄自比附?然匹夫虽贱,尤有责焉。况承蓝都督之知遇,王总司令之垂青,愧不能执戈军前,亦何敢生成自外。惟思大局未安,饷糈竭厥,欲自解囊,又苦无积蓄,爰订于十二月初六之夜,登台献技。闻关外军需不顾冯妇之差,无非为军国尽义务,为同胞谋幸福,敢曰效东施之颦,亦聊尽国民之天职耳。伏希各界惠然莅止,共襄盛举。不胜企望之至。夏月恒呜呜皋谨布。(《商办新舞台广告　夏月恒献艺助饷》,《申报》1912 年 1 月 21 日,第四版)

　　1 月 22 日(辛亥十二月四日)　蓝天蔚部海容舰舰长访问日本音羽舰舰长,表无意在中立地带以外之满洲沿岸地点登陆。

　　《海容舰舰长与音羽舰舰长谈话纪要》:我第二舰队司令官一月二十三日下午一时来电称:音羽舰舰长吉自芝罘发来报告,要点如下:二十二日下午,海容舰舰长及该舰队参谋罗迈(音)曾来访问我音羽舰舰长,言称:根据条约规定,不能派遣军队在中立地带内登陆,我军自必充分尊重。但中立地带及租借地内居民多为汉人,均极盼待北伐军早日到来,以便揭起革命旗帜,此次北伐队前来芝罘,其目的即在于此。现正准备派运输船前往花园口附近海面,然后以帆船运送军火上陆,或者一开始就用帆船直接运送。但第二种方法不免旷日费时,而且不能保证确实运到,故认为第一种方法较为稳妥等等。就此问题向我音羽舰舰长征询意见。我音羽舰舰长答称:当与有关方面商谈,然后奉告。该舰长等继称:上述方法只是一种设想,尚未定为行动计划,一俟请示蓝天蔚同意后,当另行前来正式商谈。又谓:在中立地带以外之满洲沿岸地点登陆,较为困难,等等,表示无意在中立地带以外之满洲沿岸地点登陆。据云,海琛舰及运输船三艘现仍停留在登州府海面。(《海容舰舰长与音羽舰舰长谈话纪要》,1912年1月22日,邹念之编译:《日本外交文书选译——关于辛亥革命》,第238—239页)

△ 蓝天蔚部北伐军停驻于渤海,其登陆地点引起各方猜测。

据《武昌起义后至清朝灭亡期间日本海军军令部搜集、整理的涉华情报》,第七十六号:革命军一再试图在停战结束后登陆满洲,至于其登陆点,则似考虑放在大羊河至大东沟之间的海岸上。(《武昌起义后至清朝灭亡期间日本海军军令部搜集、整理的涉华情报》第七十六号,1912年1月22日,《武昌起义前后在华日本人见闻集》,第728页)

《盛京时报》载:北京政界揣测北伐军登陆地点为连山湾附近。(初五日收到)(《北伐军登陆地点》,《盛京时报》1912年1月24日,第二版)

△ 蓝天蔚、刘基炎急电孙中山,告知山东清军叶长盛违约进攻登、黄,情况危急,请速交涉。

孙中山致电伍廷芳,电谓:万急。上海议和代表伍公廷芳鉴,烟台蓝都督,沪军刘司令各急电称,"山东清军叶长盛违约进攻登、黄,焚杀奸掠,残虐已甚,烟台可危"等语。请速电袁,相与严重交涉,是为至要。总统孙文。枊。(《致伍廷芳电》,1912年1月22日,据《共和关键录》;《中华民国国父实录》,党史会:《国父全集》第三册,第179页)

△ 蓝天蔚军舰南琛号从芝罘前往登州。有数百人在登州登陆,助急进党攻击官军。

报载:军舰南琛号因芝罘以西渐有不靖之耗,于今晨七钟时再由芝开碇前往登州,运送船大顺号、申照号随之进发,探系将陆军五百余人在登州登陆,助急进派攻击官军。(初四下午收到)(《北伐军运赴登州》,《盛京时报》1912年1月23日,第七版)

报载:北伐队轮船二艘现均由烟台驶赴登州,盖因登州急进会急电报称驻扎莱州之官军计二百已抵黄县,现拟袭击民军,请速派兵来援等情,并闻黄县已有急进会员二百名驻守。(初四日收到)(《黄县革军之现状》,《盛京时报》1912年1月23日,第七版)

据《武昌起义后至清朝灭亡期间日本海军军令部搜集、整理的涉华情报》，第七十七号：北伐军从芝罘开往登州的运输船，22 日有步兵约三百人上岸，被派往黄县，其后船只停泊于该地。（中略）此外，革命党还在满洲招募苦力到芝罘，以加强其武力。（《武昌起义后至清朝灭亡期间日本海军军令部搜集、整理的涉华情报》第七十七号，1912 年 1 月 25 日，《武昌起义前后在华日本人见闻集》，第 729 页）

△　蓝天蔚派革军 500 人登陆登州，并支援黄县。革军军舰驶龙口，清军逃遁。

据杨得春致赵尔巽报呈《革命党匿藏日租界及秦皇岛海面有革命军军舰》，电谓"顷探闻西关外南满车站，有革党在日租界匿藏逗留，希图鼓动各等情；复闻秦皇岛海面有革军舰十余艘游弋，是否虚实，只得速先禀呈帅，间待确探。"（《杨得春致赵尔巽报呈·革命党匿藏日租界及秦皇岛海面有革命军军舰》，1912 年 1 月 22 日，《清宫辛亥革命档案汇编》第 77 册，第 184 页）

据《相羽驻芝罘副领事致内田外务大臣电》：前于本月十九日有官兵约四百名由莱州府东进，二十一日到达黄县附近，意欲收复黄县，但与革命军接火后，于二十二日晨五时许败走。革命军即由派往登州府之北伐军中抽出步兵两个中队登陆，二十三日开抵黄县，担任守备。

又，革命军占领黄县后由四名急进党员迅速将龙口占领，二十二日官方派兵五十名进入该地，未遇抵抗即行收复。革命军获此消息后，立即命令碇泊于登州府之军舰海琛号急驶龙口，官军见有军舰前来，在该舰行将入港之际仓皇遁去。（《相羽驻芝罘副领事致内田外务大臣电》，第 18 号，1912 年 1 月 23 日，邹念之编译：《日本外交文书选译——关于辛亥革命》，第 223 页）

△　蓝天蔚至登州，将部分队伍留给刘艺舟。

梅兰芳述：刘艺舟带了队伍整队进城，出示安民，并派人点收军火、仓库、钱粮。当地的民党和黄县方面驻军取得联系，几天后，黄县也光复了。刘艺舟随即就任"登黄都督"（登州府属辖蓬莱、黄县、东平、文登、福山、莱阳、海阳七县，因当时只占领府治所在地的首县蓬莱和黄县，所以称作"登黄都督"）。

不久，蓝天蔚坐了兵舰，带着二百多名海军陆战队到登州来拜访刘艺舟，临行时就把队伍留在登州，充实兵力（蓝香山所记蓝天蔚事略称，蓝天蔚任关东都督，驰驻烟台，曾委汤芗铭为海军总司令，统率海圻、海容、海琛、海筹四舰。蓝天蔚这时可能是从烟台坐兵舰来看望刘艺舟的）。（梅兰芳：《戏剧界参加辛亥革命的几件事》，中国戏剧家协会：《梅兰芳文集》，中国戏剧出版社 1962 年版，第 199 页）

陈修平谓：我自跟了去，到登州看看。我到了海岸上，无人管，到了都督府，出入的人很多，无人问，到了里头遇见两个都督，一个叫连成基，是山东人举的，一个叫杜扶东(名潜)是孙中山派来的。刘艺舟是总司令,我到他那里,做守卫的是海军陆战队,是由蓝天蔚那里借来的。那时蓝天蔚用关东都督的名义,由上海带领三只兵舰来到烟台,有一千多陆战队是新招的,不会放枪。给刘艺舟守卫的,内外坐满了,但有人出入,他们全不问。我由天津找来的人,只有二人,在刘艺舟这里。其余刘艺舟全不知道。我以前运来的那两批军械和新兵,也不知道哪里去了,他们也不问,我来的电报,他们也不回复。(《民国人物陈修平自传》,王金昌著《从潘家园翻出的历史》,中国社会科学出版社 2008 年版,第 73—74 页)

高梨痕谓:旋关东都督蓝天蔚、关外司令商震率队至登州,公推刘为山东都督①。(高梨痕:《沪军北伐先锋队学生军夺回黄县》,上海市文史研究馆编、沈祖炜主编:《辛亥革命亲历记》,第 199 页)

△ 蓝天蔚与邱丕振约定,鲁军攻下莱州,分兵一支协助关外军戡定东北各地。然据时人回忆,邱丕振之属下与所购兵械在登州被刘艺舟扣留。

邱绍尹回忆:(邱)丕振既兼主持军政府事宜,首先扩编部队,充实力量,乘敌新挫准备西进以定鲁局。他一方面遣财政部长张彦臣携军政府存款十二万元(现款八万,余四万存烟急进会机关,过烟时提出),赴大连尽购武器;一方面与关外都督蓝天蔚商妥(蓝派代表张明远参谋常驻登州),此方接济他们军饷四万元,彼方给鲁军枪支一千,约定鲁军攻下莱州分兵一支协助关外军戡定东北各地。但是,张彦臣赴连过烟时,即被刘木铎等扣留;邱典五在连购到的一批步枪、大炮、机枪等过烟回登时也被扣留;被扣留的还有购置的一船军装。丕振连续派人赴烟,皆无消息,甚感惊讶。再派我九兄子厚前往,也无音信。直至蓝天蔚的代表张明远由烟回登,丕振才知实况。原来是刘木铎他们去烟后,起初势单力薄尚不敢公开翻脸,对被扣留的人只是软禁还未失礼。时徐子鉴亦在烟,虽不赞成刘等的做法,但无力阻止。嗣胡瑛带三千光复军由沪抵烟后,刘等便把丕振说成是反胡瑛督鲁最力之人,胡便与他们并力对付登州。从此公开翻脸,他们把扣留人全数投狱。丕振严电质问胡瑛,得答覆:一、逮捕的原因,说是有人控告;二、要求立即承认烟台的军政府,登州改为军政分府;三、送好枪五百支到烟。丕振不服,往复电驳,未获解决。(邱绍尹:《忆我的七兄邱丕振》,掖县政协文史资料研究委员会:《掖县文史资料》1986 年第 1 辑,第 24—27 页)

△ 蓝天蔚援助急进党人登岸后,命南琛号回埠。

报谓:前为援助急进派党人而赴登州之军舰,现已回抵本埠。(初四下午收

到）（《南琛回航》,《盛京时报》1912 年 1 月 23 日,第七版）

△　蓝天蔚派人致函法领事。

1912 年 1 月 23 日报载:昨日下午二句钟时,有一乡民装束,持函一件,外用素纸包裹,投递法国领事署。当经该署夫役转呈该领事拆阅时,始露出"黄帝纪元四千六百九年十一月某日,关东大都督蓝"等字样,待该领事传见该投信人,已不知所之矣。至于该信内容,一时未易探悉。（《蓝天蔚致函法领事》,《盛京日报》1912 年 1 月 23 日,第五版）

△　蓝天蔚北伐军增加招商局轮船分搭之陆军约二三千人,及水雷艇八只。报载,一俟停战期满,蓝天蔚将督率北伐军冲入东三省。

报载革军水雷艇八只,已于今明两日内抵埠。（初四日收到）（《水雷艇抵埠确耗》,《盛京时报》1912 年 1 月 23 日,第七版）

《盛京时报》谓:本埠埠民所引领以待之北伐运送船大顺、申明、申照、康平四号（均系招商局轮船）分搭陆军约计三千人（山东代表都督杜陆军司令官刘军均在内）于初二日午前六钟安抵本埠,闻该陆军暂在本埠登岸。（《北伐运送船抵埠》,《盛京时报》1912 年 1 月 23 日,第二版）

《盛京时报》谓:此次抵埠之北伐军总额计二千人,就中二百人已于本日登岸,三百人订于明日登岸,其余兵丁均留在船内,一俟停战期满,当由关外大都督蓝天蔚督率冲入东三省。（初四日收到）（《［烟台］北伐军登岸数目》,《盛京时报》1912 年 1 月 23 日,第二版）

1 月 23 日（辛亥十二月五日）　清军增厚兵力抵拒蓝天蔚北伐军。

《申报》谓:奉天清军现在满洲沿海增厚兵力,妄希抵拒蓝天蔚北伐队之侵入。（以上北京,《申报》1912 年 1 月 23 日,第二版）

上海《时报》载:俄京来电,奉天在沿海口岸增设军备,以抵御民军统领蓝天蔚之来攻。（上海《时报》1912 年 1 月 23 日,第二版）

△　蓝天蔚及兵舰暂驻烟台,再定进行。蓝天蔚部交通部长戴季陶致电上海商团,希商团维持接济款缺。

上海《时报》载驻烟北伐队致上海商团公会电:诸先生公鉴,在沪各事极蒙维持,感极。兵舰抵烟后,事大定。登州黄县以次光复。仆昨日回连,东省各部布置甚就绪。惟款缺掣肘,深望维持接济。仆等极力进行,务达目的。请勿念。秀公及兵舰暂住烟,再定进行。戴天仇叩。（《驻烟北伐队致上海商团公会电》,上海《时报》1912 年 1 月 23 日,第五版）

△　蓝天蔚北伐军派往登州的革军其中步兵两个中队登陆,是日开抵黄县,担

任守备。

《相羽驻芝罘副领事致内田外务大臣电》：关于黄县地区官、革两军冲突情况接获情报如下：前于本月十九日有官兵约四百名由莱州府东进，二十一日到达黄县附近，意欲收复黄县，但与革命军接火后，于二十二日晨五时许败走。革命军即由派往登州府之北伐军中抽出步兵两个中队登陆，二十三日开抵黄县，担任守备。

（《相羽驻芝罘副领事致内田外务大臣电》，第18号，1912年1月23日，邹念之编译：《日本外交文书选译——关于辛亥革命》，第223页）

△　急进会预定在城中暴动，以牵制清方注意，便于蓝天蔚在海岸登陆。是日张榕因之遇难。

《申报》载：关外革命巨子张榕烈士辛亥岁（1911年）曾充奉天急进会会长，与张根仁、柳大年[①]、赵中鹄、蓝天蔚等谋倾覆满清之革命，事未成，张榕等为当时奉天防营统领张作霖氏所杀。（《旅大新消息》，《申报》1914年10月6日，第七版）

据《1912年1月30日穆厚敦致安格联第27号函》：暗杀张榕等人的真正凶手果然是受张作霖指使的巡防营的士兵。现在真相大白了，暗杀的动机并不是像最初传说的为了报私仇，而是为了消灭那些同情革命的先进人士，这次暗杀不过是残暴行动和迅雷不及掩耳的手段的开端。据说某些革命的先进人士与煽惑阴谋暴动有关，暴动预订在下月2日在城里发动，目的有两个，首先是夺取政权，其次是牵制对方的注意以便蓝天蔚在海岸登陆（蓝天蔚以前在奉天，现在烟台）。

（中略）

俄国领事说，日本领事同中国当局在搞什么把戏。一两天以前张作霖在日本领事馆待了几个小时，并且去见总督，别的领事都不知道他们在搞什么。我对他说，我也不知道在搞什么。据我了解，他说到得这些活动是关于蓝天蔚可能在中立地区登陆的问题。总督希望列强进行干涉，他是想成立君主立宪政府。日本领事说，为了达到这个目的，不久以前，英国和日本企图进行干涉，但是他们的好意没有被接受。他又说，日本政府在自己国内也有困难，日本人民差不多有一半以上是很同情革命党的。总督近来犹豫不决的是：打呢，还是死呢。他说把皇帝的祖宗陵墓奉送别人，在中国是史无前例的，最后的办法而且是最正确的办法是死在陵墓上。张作霖给总督的帮助是非常有价值的，尤其是在去年11月保安会闹得最紧张的时候。（《中国海关与辛亥革命》，中国近代经济史资料丛刊编辑委员会主编：《帝国主义与中

---

①　柳大年（1865—？），号曼青，湖南长沙人，历任湖北黄州府通判、吉林双城厅通判，由良弼推荐于赵尔巽任为营务处总办。辛亥革命，任急进会副会长，后起事于奉天宁远，被捕入狱，清帝退位后释。

国海关资料丛编》9，第 306—308 页）

1 月 24 日（辛亥十二月六日）—1 月 25 日（辛亥十二月七日）　蓝天蔚部陈安甫在黄县连续战斗。刘基炎亦抵黄县，会同鲁军敢死团与清军激战北马，清军被击退。

《申报》载：十字军队长陈安甫、参谋许奇松……旋奉陈都督及蓝君天蔚命令调往东三省。曾在山东黄县与官军连战八次，七次护胜，实属异常功绩。（《十字军回沪》，《申报》1912 年 4 月 18 日，第七版）

《盛京时报》谓：刘基炎带领千余人抵黄县，会同刘艺舟带领的鲁军敢死队与清军激战于北马，民军勇猛异常，将清军击退。蓝天蔚的商震部开驻芝罘岛，以保卫烟台港口。（《盛京时报》1912 年 1 月 25 日，第二版）

又载：分载运送船三只前赴登州之北伐军一千余人，由唐副司令率之登陆，就中一半即夜启程，前往黄县，盖以援助该地急进党也。（初六日上午接到）（《派军援助登州急进党》，《盛京时报》1912 年 1 月 25 日，第二版）

又载初六日"烟台专电"：据黄县来电，官革两军于本晨五钟时接仗，战争约亘一句钟之久，革军获胜，官军遗弃死尸五六具溃走，革军死者则仅二人耳。（《革军小胜》，《盛京时报》1912 年 1 月 25 日，第二版）

又载：占据黄县之急进党欲向他处前进，离黄未及数里，乃为官兵四百人之所邀击，因战不利，再折黄县，入城据守。旋由官军四面围住，比今晨有由登州派来之援军到黄。官军见势不佳，解围往西遁走，于是急进党出而追击，杀官兵三十余人。（初六日上午收到）（《官军解围西走》，《盛京时报》1912 年 1 月 25 日，第二版）

△　蓝天蔚筹划在东三省登陆军队，拟先发各舰赴山东沿岸示威。

《盛京时报》载谓：关外都督蓝天蔚现仍在海容舰住止，热心筹划停战期满后之战略。闻拟与潜在东省之革党相应定期起事，一举以掠取奉天。现在与东省各地革党函电来往，密筹方略，极形忙碌。（《[烟台]拟一举而掠取奉天》，《盛京时报》1912 年 1 月 24 日，第二版）

《盛京时报》载：北伐军运送船庚平号搭载多数兵丁及弹药于昨晚由本埠开驶，虽自称前往登州，然颇似与先发各舰赴山东沿岸各地行示威运动者。（《军舰巡航鲁省沿岸各地》，《盛京时报》1912 年 1 月 25 日，第二版）

△　蓝天蔚在烟台征募新兵。

据《武昌起义后至清朝灭亡期间日本海军军令部搜集、整理的涉华情报》，第七十八号：北伐军革命政府预定在停战期满之前从上海再派军舰及后续部队到芝罘。

芝罘军政府正在招募新兵二千五百人,25日已有合格者约五百人,将在再检查之后吸收入伍。应征者都是苦力。(《武昌起义后至清朝灭亡期间日本海军军令部搜集、整理的涉华情报》,1912年1月26日,《武昌起义前后在华日本人见闻集》第七十八号,第730页)

《申报》谓:烟台民军招募新军已达二千余名。(《申报》1912年1月27日,第二版)

1月26日(辛亥十二月八日) 蓝天蔚访问音羽舰舰长,告之待海琛舰自登州府驶来后,即率海容、海琛、南琛三舰启航,运送若干军队在中立地带以外地点登陆。

蓝天蔚访问音羽舰舰长时谈话要点:一月二十六日下午七时四十五分我第二舰队司令官来电称:二十六日蓝天蔚在芝罘访问我音羽舰舰长,所谈要点如下:

(一)准备在今晚至明晨之间,等待海琛舰自登州府驶来后,即率海容、海琛、南琛三舰启航,将自貔子窝附近经花园口至大孤山一带运送若干军队在中立地带以外地点登陆。现在中立地带以内,亦颇有人愿举革命义旗,只是缺乏武器弹药,故必须设法运去若干武器,但决不派军队登陆。

(二)革命军舰队司令官汤某,已于二十五日在芝罘住进法国医院。(《日本外交文书选译—关于辛亥革命》,第239页)

△ 日方屡致蓝天蔚劝告书,阻止北伐军登陆于满洲任何地方登陆。

《驻芝罘四王天日本陆军大尉发来的电报》:二十六日,驻烟台(芝罘)四王天日本陆军大尉发来电报,电文说日本第二舰队于十八日向蓝天蔚递交劝告书,内容是希望北伐军不要在满洲沿岸的特别中立地带登陆。另,该大尉于二十七日又发来电报,称二十六日音羽舰长又取回上述劝告书,通知蓝天蔚北伐军不得在满洲任何地方登陆。二者内容显然不同,会产生误会。为避免产生误解,现确认音羽是否收回了第一个劝告书?希望贵方予以答复,以便今后采取措施,防止类似情况发生,带来误会。在局外人或报道或散布传言之前,当局之间应进行沟通,消除误会。

音羽舰长交付蓝天蔚之劝告书备忘录。(《驻芝罘四王天日本陆军大尉发来的电报》,1912年1月26日,米彦军译自 http://www.jacar.go.jp/chinese/index.html"亚洲历史资料中心")

△ 孙中山电蓝天蔚,告知已令胡瑛赴烟台,希蓝天蔚协同筹应。

电谓:选接山东来电,促胡都督瑛赴烟,已令其即行。尊处所属海陆军,希届时饬令协同筹应一切是要。总统文。宥。(据《临时政府公报》第一号)(《致蓝天蔚电》,1912 年 1 月 26 日,中国社会科学院近代史研究所中华民国史研究室、中山大学历史系孙中山研究室等编:《孙中山全集》第二卷,中华书局 1982 年版,第 43 页)

△　蓝天蔚暂驻烟台,日内将派队于貔子窝附近登岸。

电谓:"顷接上海来电:蓝天蔚现暂驻烟台为根据地,拟日内派一支队于貔子窝附近登岸,其余大队于日本租界域外地点登岸,进攻奉天,牵制北方各军等语。希饬严密探访。阁、府、部。齐。"(原注:交涉司谨阅并转告日领查防矣。)(《内阁等衙门致赵尔巽电》,宣统三年十二月初八日,《东三省辛亥革命史料》,《清代档案史料丛编》第 8 辑,第 139 页)

△　蓝天蔚电山东巡抚胡建枢[①]反正。

《香港华字日报》云,蓝天蔚抵烟台后电请鲁抚胡建枢反正。(初八日下午三点特派员电)(《蓝天蔚电请鲁抚胡建枢反正》,《香港华字日报》1912 年 1 月 27 日,第四张)

△　各报纷纷报道蓝天蔚北伐军备战情形。

《盛京时报》载:北伐军之大半现在登州上陆,然北伐军司令部仍暂在芝罘设立,以资策应。并闻该军应行作战计划尚未决定。(初八日下午收到)(《北伐军大半登陆矣》,《盛京时报》1912 年 1 月 27 日,第二版)

报载:烟埠北伐先锋队司令部日昨出有示谕,募集壮丁五千名,以年龄十八岁至三十岁身体强壮者为合格。(《募兵五千名》,《盛京时报》1912 年 1 月 27 日,第二版)

报谓:革军政府盖决计休战期满后饬派大军四路北上,现已预备一切。(初八上午收到)(《预备大举北上》,《盛京时报》1912 年 1 月 27 日,第二版)

初九日"烟台专电":昨有一轮船搭载壮丁三百余人,由某地驶抵本埠,旋即开赴登州,该壮丁等想系革军新募集之民军,并闻北伐舰队又将军枪三千杆及军火多件转载该轮运往登州。(初九日上午收到)(《兵丁枪械运赴登州》,《盛京时报》1912 年 1 月 28 日,第二版)

△　伍廷芳电蓝天蔚等,伍电告以段祺瑞等联衔电奏请定共和政体事。

电谓:孙大总统、陆军部总长黄、黎副总统、各省都督及北伐联军总司令公鉴:顷接唐代表转段芝桂[芝泉]来电如下。阳电悉。瑞与各路统兵大员,于今晨联衔电奏,请定共和政体。都中已有布置,切告各路民军,万勿稍有冲突,以免贻误大局。瑞。齐。特转电奉闻。廷芳。宥。(《伍廷芳关于段祺瑞等联衔电奏请定共和政体致大总统等电》,1912 年 1 月 26 日,中国第二历史档案馆编:《中华民国史档案资料汇编》第 1、2 辑,第 58 页)

1 月 27 日(辛亥十二月九日)　蓝天蔚声称不在中立地带登陆。

---

①　胡建枢,安徽凤阳人,山东提法使,1911 年 12 月任山东巡抚。

报载：蓝天蔚现仍驻节海容舰,声称所部北伐军倘得由辽东半岛之中立地带登陆,则行动极为便宜,然蹂躏日本在条约商所获之权利,未免藐视日本之好谊。予盖不欲为之,故吾军断不在该中立地带登陆。(初九日上午收到)(《北伐军拟不在中立地带登陆》,《盛京时报》1912年1月28日,第二版)

△ 蓝天蔚致电孙中山及外交部、陆海军部,请增加海陆兵力并济款项。

电谓：大总统及外交部、陆海军部钧鉴：和密。日人近日外交较前大变,满洲确守中立,并隐有申助之意,蔚惟有婉言致谢,决不敢妄借外力,惹起要求。中央近情如何?只请电示知。前电请增加海陆兵力并济款项各节,务恳从速筹借,以劲实力而利进行。蓝天蔚肯叩。廿七。(《蓝天蔚致孙中山电》,1912年1月27日,《南京临时政府遗存珍档》壹,第301—302页)

△ 蓝天蔚电催沪军都督府,请浙军与兵器速来。

电谓：日人交涉尚易办,浙军及兵器请催促速来为盼。蓝天蔚叩。(廿七日到)(《蓝天蔚电》,1912年1月27日到,《沪军都督府调查部往来要电》,上海市历史博物馆藏)

△ 蓝天蔚电孙中山等：关外民军驻沪机关部转上海各报馆及孙大总统、黎副总统、黄陆军部长及各都督均鉴：登黄之捷,我军以马杰所部五十人胜五百人,勇敢精锐,为各军冠。如不尽行招练,恐资盗粮,除委任妥员将已经联络各部迅速编练外,尚乞诸公竭力协助饷械,俾成劲旅而扫虏廷。蓝天蔚叩。(《蓝天蔚致孙中山黎元洪等电》,《申报》1912年1月27日,第二版)

△ 蓝天蔚委任大部炮兵科长周斌充参谋次长。

报谓：关外民军驻沪机关部转上海各报馆及陆军部黄总长鉴：关外军兴,事极殷繁,非有谙练戎机之材相助办理,恐难收战胜攻取之效。查有本部炮兵科长周斌学识优长、夙悉东事,现已委充敝处参谋次长,所有部事暂请委员代理,以免贻误要公。蓝天蔚叩。(以上烟台发)(《蓝天蔚就委任周斌充参谋次长一事致电南京陆军部》,《民立报》1912年1月27日,第2页;《申报》1912年1月27日,第二版)

△ 黎宗岳反对议和展期事,致电蓝天蔚等：大总统、陆军部总长黄、黎副总统、各省都督、各军总司令、上海各报馆公鉴：接议和代表伍廷芳君寝电,北军统兵大员联衔奠[奏]定共和政体,各路民军勿稍冲突等语。和议展期,已非一日。共和者,为铁血之共和,非哀求之共和。应请伍代表切实质问袁世凯：如力求共和,即与民军一致进行,推倒奄奄待毙之满政府,当易如反掌。如反对共和,即定期宣战,不必再以支吾相延宕。各军义愤填胸,总祈早为解决,以全大局,而定人心。敝军枕戈以待,毋任焦灼。大通军政分府黎宗岳叩。沁。印。(《黎宗岳反对议和展期致大总统等电》,1912年1月27日,中国第二历史档案馆编：《中华民国史档案资料汇编》第1、2辑,

第 61 页）

△　蓝天蔚筹备战事极形忙碌。

《盛京时报》谓：烟台军政府及急进会等预测停战期满后两军必为决战，现在筹备战事极形忙碌。（初九日上午接到）（《备战之忙碌》，《盛京时报》1912 年 1 月 28 日，第二版）

据《武昌起义后至清朝灭亡期间日本海军军令部搜集、整理的涉华情报》，第七十九号：芝罘北伐舰队计划在海琛号从登州府返回之后起航，从貔子窝附近经花园河口到大孤山方面，展开示威行动，然后在中立地带以外地点让若干军队上岸。（《武昌起义后至清朝灭亡期间日本海军军令部搜集、整理的涉华情报》，第七十九号，1912 年 1 月 27 日，李少军编译：《武昌起义前后在华日本人见闻集》，武汉大学出版社 2011 年版，第 730 页）

《盛京时报》载，蓝天蔚所率北伐军将于两三日开始活动。（初九日上午接到）（《北伐军之开始活动》，《盛京时报》1912 年 1 月 28 日，第二版）

1 月 28 日（辛亥十二月十日）　蓝天蔚乘坐军舰海容号从芝罘起锚，有报载蓝是日登陆与杜潜商议北伐进行办法。此前，蓝天蔚预先派数艘革命运输船只前往长山列岛。

《牛庄邮局局长来电》：前日[①]夜，蓝天蔚乘坐军舰海容号从芝罘起锚。此前，预先派数艘革命军运输船只前往长山列岛。（《牛庄邮局局长来电》，1912 年 1 月 31 日，米彦军译自 http://www.jacar.go.jp/chinese/index.html"亚洲历史资料中心"）

《盛京时报》载：蓝天蔚于初十日登陆与杜都督筹商进行办法。（《蓝天蔚之他往》，《盛京时报》1912 年 2 月 1 日，第二版）

△　蓝天蔚日本部下与张榕有书函往还，密谋乘革命党北伐军登陆之机暗杀张作霖及冯麟阁。

据《落合驻奉天总领事复内田外务大臣电》：本职于二十八日与赵总督会晤，按尊电第 46 号所示旨趣进行说明，该总督对此表示谢意。本职又提出向中立地带出兵问题，指出：过去曾有差错，今后务望事先征得日本方面同意而后行动，日本方面必一一妥善考虑，只要可行，必予同意。总督言称，此次发生差错，日内当做说明。但本督确信中立地带不应成为匪徒巢窟，如日本方面能主动采取措施加以取缔，问题自当别论，否则清国方面必须迅速出兵前往镇压，以免贻误戎机，等等。言时神色颇为不满。关于革命党活动问题，总督指出：前自张榕家中抄出文件中，发

---

①　此处时间当为 1 月 28 日，日军情报日期有误。

现蓝天蔚部下之日本人志(?)(编译者注：此处之(?)号为原书所有,表示电文不明)村荣与张榕有书函往还,曾密谋乘革命党北伐军登陆之机暗杀张作霖及冯林阁(编译者注：应为冯麟阁之误)。此外,奉天铁路附属地内有革命党巢窟,日本警察当局只许革命党徒自由出入,而对总督方面所派密探则严加禁止,等等。言时语气颇有不平之色(此事,日前张作霖亦曾向本职言及)。对此,本职言称：日本警察绝对不会庇护革命党人,但亦不能容许清国密探进入附属地内进行警察活动。本职同时提请总督对于巡防队之过激行动应加注意。总督答称：贵总领事所言甚是,但此事并不以督导官员之意志为转移,部属举措失度,不易管束。过去已曾屡加戒饬,今后必进一步唤起注意,等等。

本职认为,在当前情况下,坐视革命党人集聚于附属地内,不仅对我国毫无利益,反而会加深清国官员对我国之猜疑,同时尚须为彼等之安全而劳神。因此,如大臣阁下无何异议,本职拟向彼等进行说谕,促其早日退去。

特此电禀,即希钧察。(《落合驻奉天总领事复内田外务大臣电》,第58号,1912年1月28日,邹念之编译：《日本外交文书选译——关于辛亥革命》,第228—229页)

△　蓝天蔚军受到北京官军攻击。

《盛京时报》载十一日收到的"天津专电"：官军计二千携带机关炮及过山炮各十六尊,昨由旱路进赴烟台攻击革军。(十一日上午收到)(《官革进逼烟台》,《盛京时报》1912年1月30日,第二版)

《盛京时报》又载：袁世凯谕饬各军将士预备开战：北京政府决计俟停战期满后实行开战,先拟驱逐在山东之革党,昨已饬派驻扎济南官军三营带过山炮十尊,机关炮六尊进攻烟台,袁内阁又通谕各军将士预备开战。(《盛京时报》1912年1月30日,第二版)

《盛京时报》谓：报载十一日收到的"上海专电"：山东莱阳府昨有官军以前与革军二百交战不利,鲁抚已续派大军前往协助。(十一日上午收到)(《官军失利消息》,《盛京时报》1912年1月30日,第二版)

△　蓝天蔚等接到伍廷芳来电。伍电主张与段祺瑞接洽,以防外国干涉。

电谓：至急。南京孙大总统、黄陆军总长、壤〔武昌〕黎副总统,各省都督,北伐联军总司令公鉴,顷唐君绍仪送来段君祺瑞电文如下：三电均悉。某国欲渔利,又岂止一某国,尚有怂恿外蒙独立为吞并计者。祸机之发,不知胡底,兄弟阋墙,外御其侮,谋国利民福者,似宜远瞻近瞩,审慎出之。瑞夙抱宗旨,不忍地方再有糜烂,涂炭生灵,且公使俱在都门,秩序一乱,是将授以干涉之柄也。联奏昨夜好到丸〔始到京〕,今日未知如何。况两军相持太近,时有冲突,已拟稍退,民军不可再进,致生恶感。孙、黄两公统祈代为致意。瑞。青。云云。现(观)此电段君询[洵]明大义,廷已屡电黎副总统,请解[速]派员与之接洽,黄陂等处两军尤为接近,更须妥为处置,并望大总统、陆军总长致电段君,与之联络,以期一致进行,完全达到共和目的,是所切盼。廷芳。俭。(《伍廷芳主张与段祺瑞接洽以防外国干涉致大总统电》,1912 年 1 月 28 日,中国第二历史档案馆编:《中华民国史档案资料汇编》第 1、2 辑,第 62—63 页)

△　内务部电蓝天蔚等各省都督,传达保护人民财产令五条。

内务部电谓:各省都督、各军政分府鉴:案奉大总统令开:规定保护人民财产令五条如下。

计开:本部抄

(一) 凡在民国势力范围以内之人民,所有一切私产,均应归人民享有。

(二) 前为清政府官产,现入民国势力范围内者,应归民国政府享有。

(三) 前为清政府官吏所得之私产,现无确实反对民国之证据,已在民国保护之下者,应归该私人享有。

(四) 现虽为清政府官吏,其本人确无反对民国之实据,而其财产在民国势力范围内者,应归民国政府管理,俟该私人投归民国时将其财产交该本人享有。

(五) 现为清政府官吏,而又为清政府出力,反对民国政府,虐杀民国人民,其财产在民国势力范围内者,应一律查抄,归民国政府享有。(南京临时政府档案)
(《内务部致蓝天蔚等各省都督电》,1912 年 1 月 28 日,中国第二历史档案馆:《中华民国史档案资料汇编》第 2 辑,第 15 页)

△　沈秉堃电蓝天蔚等,就清军不守信约破坏议和事,提出无论和议如何,停战与否,当即出师应援,以慰西北人心。

孙大总统、陆军部总长、上海伍代表、武昌黎副总统、各省都督,各总司令钧鉴:敌人不守信约,停战期内,利用交通梗塞,进攻西北各省,意在固守西北,控制东南,狡谋诡计,尽人能知。今太原既已失陷,陕西又在垂危,呼救电文,声嘶力竭。民国政府既已成立,倘不统筹全域,派兵救援,不独黄河以北,将非汉有,贻害不堪设想。且何以表示南北联为一气,促人民反正之心。鄙意无论和议如何,停战与否,当即出师应援,以慰西北人心之望。事机迫切,专望统筹见示。沈秉堃。勘。(《沈秉堃关于清军不守信约破坏议和致大总统等电》,1912 年 1 月 28 日,中国第二历史档案馆编:《中华民国史档案资料汇编》第 1、2 辑,第 62 页)

1 月 29 日(十二月十一日)　北伐军先遣队在庄河的尖山口子登陆。

据《对满蒙政策史之一个侧面》：1月29日，先遣队在庄河的尖山口子登陆。

（〔日〕栗原健：《对满蒙政策史之一个侧面》，原书房1981年版，第303—304页）

据《赵尔巽致内阁外务部电》：据驻庄河防营报称，革舰在花园口外停输，用民船卸运炮弹多件，由尖山口高力城子上岸。又据立花税务司电称，系海容带运船三艘，十一日在尖山子有十余人上岸。余略同。查所指地点皆在中立地内。迭向日领交涉，总谓断不准其在中立地登岸。今竟如此。而于我添营助缓，则置而不复。除饬营防剿外请向日使严重交涉。乞复。巽。十三日。军机处电报档。

（《东三省总督赵尔巽致内阁外务部电》，宣统三年十二月十三日，《中国近代史资料丛刊》七，第426页）

《牛庄邮局局长来电》：据从凤凰城发至当局的电报讲，昨日①革命军在庄河厅（位于大孤山和貔子窝之间，距双方都有一日行程）附近登陆。前日夜，蓝天蔚乘坐军舰海容号从芝罘起锚。此前，预先派数艘革命军运输船只前往长山列岛。有鉴于这一事实，上述情况应当属实。他们是否进入了中立地带尚不能确定。（《牛庄邮局局长来电》，1912年1月31日，米彦军译自 http://www.jacar.go.jp/chinese/index.html "亚洲历史资料中心"）

李培基回忆：蓝都督已带军舰北来，先到烟台，与关外民军议定进军计划，令驻在烟台的关外民军，及上海商团两营乘轮船，由兵舰护送至辽东半岛，在尖山口登陆（在尖山之东，为不冻海口），与当地民军（庄河厅民团改编者）会合，进攻辽阳。于辛亥（1911年）十一月二十六日〔十二月十一日〕夜间到达尖山口外，距岸尚有二里水程，遂令官兵乘舢版〔板〕船登陆，海岸上为一荒凉平地，三、四里内无有居民，黑夜拨船至岸，很为困难，幸事前与地方人民取得联络，于岸上备一灯火，用作目标，未经防军发觉即全部登陆，且与顾人宜部取得联络后，即向庄河厅前进。是时清朝总督赵尔巽派统领李蓬瀛以重兵守瓦房店，被我军击溃，李及其营长杨沛、田保荣等皆被俘，遂进占庄河厅。赵督更派大军增援，希图恢复，激战数日未能得利，乃退取守势，遂成对峙状态。（李培基：《辛亥关外革命始末记》，《中国近代史资料丛编·辛亥革命资料汇集》第四册，第113—114页）

△　报谓：官革两军在黄县及登州交战，至十一日早，官军遂克复两地。（十二日下午接到）（《黄县登州又入官军掌握》，《盛京时报》1912年1月29日，第二版）

1月30日（辛亥十二月十二日）　蓝天蔚启碇前往大连。

据《相羽驻芝罘副领事致内田外务大臣电》：蓝天蔚已搭乘永田十九号轮，于

---

①　此处的时间应为1月29日。日军情报中日期有误。

一月三十日下午七时启碇,前往大连。(《相羽驻芝罘副领事致内田外务大臣电》,第 39 号,1912 年 1 月 30 日,邹念之编译:《日本外交文书选译——关于辛亥革命》,第 230 页)

《盛京时报》载:蓝天蔚于……十二日晚偕同幕僚十余员附坐某轮放洋驶赴某地,约于是两三日内仍回烟。(《蓝天蔚之他往》,《盛京时报》1912 年 2 月 1 日,第二版)

《马骏传》载:及抵烟台,输入军械为海关扣留,君亲往理论,得解。未几,蓝公至大连,檄君留守。又值当地军警交□各国领事借口保护侨民□海军舰登岸。君与各领交涉,由关东都督府担任烟台治安,外人决无危险。德领信君言,首先赞许。各领亦无异词。外兵乃尽撤。(奚楚明著:《马骏传》,《中国革命名人传》,沈云龙:《近代中国史料丛刊三编》204,第 34—35 页)

　　△　蓝天蔚致电南满铁路公司,希严守中立。

北伐军司令官蓝天蔚顷日致电南满铁路公司,略谓:东省民军现在各地起义,东督赵尔巽诬为马贼,派兵剿讨,然言其实确我民军先锋也。以后若有官军请求借车运兵之事,切祈贵公司严守中立,万勿允诺。(十二日上午收到)(《蓝天蔚电请满铁会社严守中立》,《盛京时报》1912 年 1 月 30 日,第二版)

　　△　蓝天蔚致孙中山密电:海、陆军部转大总统钧鉴:和密。烟台军政府因收没烟土,致起风潮,现已由蔚调和解决。惟据日领忠告,驻烟各领事因此借口要求中立,各电致该国公使酌夺。此事若成,北伐军失第一海陆根据,山东亦难以进行。望速电告各公使,烟埠由民军担任完全保护之责,以免干涉而便大局。盼复。蔚叩。鉴印。(《1912 年 1 月 30 日蓝为烟台军政府没收烟土事致海陆军部转孙中山》,《南京临时政府遗存珍档》壹,第 351—352 页)

　　△　海容号军舰及公平号商船,与革军船只 11 艘于是日下午 8 点在花园河口海面会合,开始破冰作业。

《旅顺司令长官致电海军大臣》:今天我处从关东都督府陆军部以及民政部都接到了报告。为了便于理解,可以将上述两个报告的内容简单归纳如下:

海容舰以及公平舰从芝罘(亦即烟台)出发,北上,并于 1 月 30 日抵达花园河口海面。我日本大鹿岛号军舰在距离毕利河海角 3 英里附近游弋,三十一日早晨,向外海行驶,在毕利河海角附近对北伐革命军的动向进行警戒监视。这样做的目的是不允许北伐革命军违法登陆。北伐革命军于 1 月 27 日凌晨两点,在尖子山将他们的被服、弹药给养等军需物资陆续搬运上岸。1 月 30 日,第 21 永甲丸以及大连造船厂的货船朝日丸(13 吨级别),向大长山岛集结。拖曳帆船等各类船只共计 11 艘,于 1 月 30 日下午 8 点在花园河口海面与海容号军舰以及公平号军舰会合。北伐革命军计划让各类军事人员、士兵在花园河口登陆。包括帆船在内的各类货船急忙朝着海岸进发，但是，由于天寒，海水结冰。北伐革命军虽几经努力，也未能接近岸边。永田丸、朝日丸两舰于 30 日下午九点左右开始着手破冰作业，为其他船只开路。但是，破冰做作业进度极为缓慢，仍未能达到目的。在此情况下，蒸汽船、货船等只好回航大长山岛。永田丸也于 2 月 1 日，返航大连。(《旅顺司令长官致电海军大臣》，第 64 号，1912 年 2 月 2 日，米彦军译自 http://www.jacar.go.jp/chinese/index. html"亚洲历史资料中心")

△　蓝天蔚电催谭人凤统兵北上。

是日黄兴致谭人凤电：陈都督转北面招讨使谭人凤鉴：顷接烟台来电云："火急。事机甚迫，即应厚集兵力，请力催北面招讨使谭人凤火速统兵前来，以维大局。蓝天蔚叩"等语。查烟台为北伐军水师根据地，关系重大，务请谭使迅速查照办理，盼切。黄兴叩。(据上海《民立报》1912 年 2 月 2 日；《黄兴致谭人凤电》，1912 年 1 月 30 日，湖南省社会科学院编：《黄兴集》，中华书局 1981 年版，第 111 页)

谭人凤忆：一礼拜后，南京政府已具雏形。惟军事方面极复杂，余往商之克强曰："君现职颇困难，无主兵，命令难行；练主兵，人又将议为拥兵自卫。请俟饷械筹足，由我编练一师何如？"克强比亦以为可。孰知后日请饷请械，概不给与。电告六合有一营学生军，上海有三营敢死队，愿归余节制，克强反调入南京另编。余派夏醉雄、唐镕、周岐等赴北方运动，报告烟台可为根据地点，由余已由湘调到小儿二式光复宝庆之兵士二营，关外都督蓝天蔚在烟台，电催余往援助，请克强拨船运送，不与。旋遣胡经武率李协和兵往任都督。揣其用意，得毋即余反对中山之结果欤？不然似不应如是之不近人情。迫至宣统退位，提出皇帝优待条件，余曾极力反对之，然孤掌难鸣，又无实力盾其后，致留前清奴隶时倡复辟之祸胎。迄今思之，固不能无遗恨也。(谭人凤：《石叟牌词叙录》，《中国近代史资料丛编·辛亥革命资料汇集》第四册，第 91—92 页；石芳勤：《谭人凤集》，湖南人民出版社 1985 年版，第 392—393 页)

谭人凤写词谓：南京政府成雏形，披陈五脏两谈心。商练三军资统一，满腔红血一时倾。半天磋议，一味应承，叮咛别后也，翼辅威扬斧钺顺天人，却负我点点热忱。不解何故太远人情，遮莫是六阴遘厄，饷械一点未分。上海三营敢死队，六合两连学生兵，愿附我军申天讨，反调令四分五裂，恍似落梅飘散，两三日一一编入各军。我仅有湘军两营，彼无意四海澄清。天半醉，人半昏，三翻四复调停。也曾思振翼徙北溟，烟台军士三五来欢迎。关外都督蓝天蔚，电催援助载舟行。那晓得，暗中媒孽有胡瑛，五族一统断前程。猿猴子眈眈虎视，致令八埏四表，扰攘到如今。

(谭人凤：《石叟牌词叙录》，《中国近代史资料丛编·辛亥革命资料汇集》第四册，第 92 页；《谭人凤集》，第 392—393 页)

△　伍廷芳致电蓝天蔚等，呈报南北议和始末大略。

电谓：孙大总统、国务各总长、参议院、武昌黎副总统、各省都督、北伐联军总司令公鉴：自阴历十月二十八日，廷芳与清内阁袁世凯所派全权代表开和议事，所议定者：一为湖南、湖北、山西、陕西、山东、安庆、江苏、奉天各省，一律停战，彼此不得进攻。一为开国民会议，解决国体。迨既经订定国民会议选举法，而袁氏忽撤销代表，自与廷芳直接电商，并欲取消其全权代表所已经签订之条款。廷以议和非可电商，已定之条款尤不能更动，始终坚持不允。迨停战期满，解决无期，袁复提请继续停战。廷适接驻沪等处洋商团希望和平解决之忠告，复得临时政府之同意，再允展期十四日，并声明此后决不再展战期，以误时日。适此期内，清帝有退位之议，彼此切实筹商，先由清廷清帝退位后，优待清皇室条件及优待满、蒙、回、藏人条件，正式通告清内阁，以示民国政府优容之度，继由孙大总统以参议院之同意，通告袁氏，谓袁氏若能于清帝退位之后，发表赞同共和之政见，由驻北京外交团通告临时政府，则孙大总统当即解职，由参议院公举袁氏为大总统。凡此皆足表明民国政府希望和平之诚意，只求共和目的完全达到，别无私意于其间。乃清廷少数亲军，把持反抗。屡接北京内阁来电，谓禁卫军极力反抗，虑北京秩序扰乱，牵动外交，已密为布置，未可与于停战期满前相逼。云云。是则未能在停战期内和平解决者，咎在清廷，非民国政府始料所及也。目今段君祺瑞联合各路统兵大员四十二人，奏请清廷早日宣布共和，以定大局。段君现统第一、第二军，队［处］武汉前敌，廷已屡电黎副总统与之接洽，如能联为一致，则武汉方面，当不复再有战事。至于陕西、皖北，徐州等处清军屡攻违约，而反以违约责我，迭经诘驳，袁已允饬张勋、倪嗣冲勿得暴动。陕西方面，袁亦允派员绕道持函赴升允军前，禁其前进，并饬进逼潼关之军，不可再进，未知能否实行。总之，现在停战期限已满，若彼先行决裂，则非衅自我开，民国政府外对于友邦，内对于国民，均可昭示此意。谨将始末大略情形电陈，尚祈鉴察。廷芳。陷。叩。（《伍廷芳关于南北议和始末致大总统等电》，1912 年 1 月 30 日，中国第二历史档案馆编：《中华民国史档案资料汇编》第 1，2 辑，第 66—67 页）

△　蓝天蔚答驻芝罘某报访员，愿在北方困难之地立功，保全民国政府面目。

报谓：北伐军司令官蓝天蔚顷语驻芝罘某报访员曰，余曩与吴禄贞张绍曾等联络上奏十二条信条以致举朝震骇，我事亦几乎成。而吴在石家庄乃遭惨杀之厄，张在滦州逡巡不前，竟将余旧部七千余、子弹二百万徒委之敌人之手中，使余失足不复能起。夫余在南方甚易施展，在北方则基础未固，盖余不在此为事、于困难之地立功，则对于民国政府不复能保全面目也。足下请察余苦衷之所在。（十二日下午接到）（《蓝天蔚之愿为其难》，《盛京时报》1912 年 2 月 1 日，第二版）

△ 蓝天蔚抗议东省以奉天宫殿宝物抵押向德商借款。

报谓：北伐军司令官蓝天蔚闻德商拟将五百万两之巨款借给东省，以奉天宫殿宝物做抵押，即向驻奉德国领事电请严守中立，阻止该借款之成立。(十二日下午接到)(《借款抗议》，《盛京时报》1912年2月1日，第二版)

△ 蓝天蔚将军火运赴黄县支援革军。

报载：驻在黄县北马防称，近革军约计一千五百余人，拟与济南官军对抗，现在正极力募集兵丁。闻蓝天蔚为援助该革军起见，已将巨炮数尊、快枪二千枝、子弹十万份运赴该地，供革军使用矣。(十二日上午接到)(《炮械弹药之运给》，《盛京时报》1912年1月30日，第二版)

△ 蓝天蔚北伐未见行动，舆论以为是因停战期限未满，而山东军政府之改革，及暗助急进党攻略登州黄县北马等处事务过多所致。

报谓：自北伐舰队于阳历十六日驶抵芝罘以来，司令官蓝天蔚在旗舰海容舰内驻止，并无特别举动，探因停战期限未满，与山东军政府之急需改革，及暗助急进党攻略登州黄县北马等处以固鲁省民军之基础，并其余庶事代理者甚多之所致。至在东三省登陆军队之战略，则刻已筹议全熟。应赴该方面之军舰运送船亦已预备完竣，一俟由沪派来之军舰二只及兵丁二千余人抵埠后拟实时进发，不再延缓矣。(十二日上午收到)(《北伐队拟进略东省矣》，《盛京时报》1912年1月30日，第二版)

△ 蓝天蔚北伐军将莅境，山东人民将知县及知州等驱逐，宣言独立。

《盛京时报》谓：山东福山县及宁海州等处民人闻革军莅境，异常欢迎，刻已将知县及知州等驱逐，宣言独立，旋即归顺军政府。(十二日上午接到)(《福山宁海州相继独立》，《盛京时报》1912年1月30日，第二版)

△ 蓝天蔚北伐军占领即墨，受到德国干涉。

《旅顺镇守府司令长官致日本海军大臣电》：关东都督府陆军部报告了以下情况：1912年1月29日，即墨县业已落入北伐革命军手中。1月30日，德国从青岛港派出约120名士兵到达即墨县。而2月1日，我等从革命军那里证实，所派出的士兵人数为200人。(《旅顺镇守府司令长官致日本海军大臣电》，1912年2月2日，米彦军译自http://www.jacar.go.jp/chinese/index.html"亚洲历史资料中心")

《台湾日日新报》载：据当道所接电称，革军廿九日占青岛北方十里之即墨县。德国由青岛发出二十名兵往。(《革军占即墨》，《台湾日日新报》1912年2月4日，汉文第四版)

△ 报载，蓝天蔚北伐军拔锚北驶。

《盛京时报》谓：有电云，北伐队舰海容及运船三艘搭乘陆军一千五百于十二

日下午五钟半时拔锚北驶,未知登陆地何在?(《北伐舰鼓轮北驶》,《盛京时报》1921 年 2 月 1 日,第二版)

1月31日(辛亥十二月十三日)　蓝天蔚抵大连,筹办军火、弹药及调停革军内讧。有谓蓝天蔚拟自大连入奉天,运动起事,日方拟借机派兵占领奉天至山海关之间的铁路沿线地区。

《台湾日日新报》载:据当道所接电称蓝天蔚三十一日到大连筹办军火、弹药,及调停革军内讧。密使联络。(《蓝居中斡旋》,《台湾日日新报》1912 年 2 月 4 日,日文第二版、汉文第四版)

《风闻陆军煽动革命党滋事》:本官卧病在床,公使馆前任书记官来访,讲了眼下的时局,本官对此谈了以下看法:有人主张我日本陆军值此之际,应该煽动奉天附近的革命党,让他们在满洲滋事,我日本陆军可以以维持秩序的名义,随时出动第十二师团,据守奉天至山海关之间的铁路。日本朝廷就此如何决策本官不得而知。据从驻芝罘日本领事馆发来的电报称蓝天蔚意识到贸然让部下登陆关东半岛是不可能的,故只身从芝罘渡海到大连。此后,进而赶赴奉天,纠合当地的革命党同志,而且怂恿张作霖等人在奉天附近举事①。这或许是我日本陆军派将校煽动蓝天蔚举事的原因。纵观前后事实经过,具有一贯性,但是个中情由也有不详之处。本官只是将听到的作一汇报而已。最近,北京、天津爆炸事件频发,但并不足以震撼宫廷和官民。宫中每天开会,议而不决,旷日持久。或是官军谋反或是革命军攻了进来,总之,如果炮声传不到亲贵的耳中,很难得到迅速解决的。(《风闻陆军煽动革命党滋事》,1912 年 1 月 31 日,米彦军译自 http://www.jacar.go.jp/chinese/index.html "亚洲历史资料中心")

△　各报载蓝天蔚行踪。

《盛京时报》载:十二日以来,北伐军轮船每日一两次发现于海面。然庄河厅以西至租借地间未有该军登陆之痕迹。

据本馆特派员来电云,自十二日以来,北伐军轮船每日一两次发现于海面。唯自庄河厅以西至租借地间未有该军登陆之影迹,至于大孤山方面则尚无由探悉。(《北伐军发现于海面之报告》,《盛京时报》1912 年 1 月 31 日,第二版)

上海《时报》载:第四北伐军所乘之运送船及其发航兵舰于阳历一月三十日傍晚八时航行于□□□岛海上。未几,有已雇定之民艇三十余只先后停泊于舰艇旁,即见兵员直登□□□地方,是晚之十二钟,全兵员皆登岸。其兵数□□□不下千

---

①　按:此中谓蓝天蔚由大连前往奉天,暂无史料再证。"怂恿张作霖等人,在奉天附近举事。"疑探报之误。原文如此。

名。顾人宜出为迎接之。有云，其目的乃与复庄一带之民党联合一气。先攻在□□□附近□□□所率之官军其于攻□之同时，必□盖州城，其时，凤辽地方亦起夺城之举，然□得在满洲之蓝天蔚布告则不远可见矣。(《北伐军在大孤山行踪详报》，上海《时报》1912 年 2 月 30 日，第三版)

又一说云，上陆之北伐军兵员五千为略取岫严县一带纠合同志之后，经凤凰城直趋向奉天。(《北伐军在大孤山行踪详报》，上海《时报》1912 年 2 月 30 日，第三版)

△ 蓝天蔚致海军部并转孙中山电：海军部转大总统钧鉴：和密。宥电悉。沪军全部均开往登黄，海军轮番游弋登州、龙口各处，该地战况甚佳，详情由该军直接报告。蓝天蔚叩。(《蓝天蔚致海军部转孙中山电》，1912 年 1 月 31 日载《南京临时政府公报》第三号，存萃学社编集《辛亥革命资料汇集》第五册，第 24 页；《各方致孙中山函电汇编》第五卷，第 314 页)

△ 《民立报》谓：蓝天蔚电告率舰队攻斌州①，山东州县多望风而降。(《民立报》1912 年 1 月 31 日，第 2 页)

△ 蓝天蔚北伐军先锋队在与官军冲突后登陆占据沿海一带，实时颁布军政，并以蓝都督名义颁布革命传单及安民告示。

《盛京时报》谓：北伐军先锋队约一千人于十三日在某地登陆前，哨队与官军斥候队十余人冲突，官军向花园口方面退走，北伐队□将高丽城子，并闻北伐军之根据地在长山岛附近。(十五日收到)(《北伐军第一次冲突》，《盛京时报》1912 年 1 月 31 日，第二版)

《盛京时报》又谓：北伐军先锋队自登陆后占据沿海一带，实时颁布军政，并以蓝都督之名义颁布革命传单及安民告示。闻该传单内载有，关税免征一年，厘金、落地灯税一律撤废，及本年下半期租税一律免征等情。(十五日收到)(《颁布革命传单及安民告示》，《盛京时报》1912 年 1 月 31 日，第二版)

△ 蓝天蔚所委任的"协将军"朴冠山于庄河北界万福庄发难；榆树台左近各处起有数百人也与北部密约南攻，占领榆树台、昌图各属。

《申报》谓：庄河北界万福庄地方有朴冠山者，原系著名绿林，现已聚集二百余人，奉关外大都督蓝天蔚委为协将军，任联队长职务。昨已首先发难，悬挂白旗，张贴告示，宣布革命宗旨毫不扰害同胞。刻正急图大举，又已占领桂云花巡警局矣。盖是日巡官李郁臣出外办公，遂将该局军械抢去三十八支，又将议董会议长二及总董一并拘留，以壮声威。(《关外民军活泼之行动》，《申报》1912 年 2 月 2 日，第六版)

---

① 斌州，即现在的滨州。位于渤海西岸山东境内。

《申报》谓:榆树台左近各处起有数百人,虽系胡匪,大抵皆受民军指挥,闻最有势力之本地绅士某等亦曾擘画其间,聚有民勇五百余人,军火甚足。现向各良户借用枪弹,均各发给证据,绝不强迫。闻已与北部密约南攻,于日昨占领榆树台昌图各属。军声大振。(《关外民军活泼之行动》,《申报》1912 年 2 月 2 日,第六版)

△ 外交部电蓝天蔚等各省都督:各省都督鉴:停战期满,军事再兴,恐有不法之徒,乘机滋扰,害及外人生命财产。顷奉大总统命,通电各省都督,加意保护。此布。外交部。三十一。(《外交部为保护外人致各省都督电》,1912 年 1 月 31 日,中国第二历史档案馆:《中华民国史档案资料汇编》第 2 辑,第 18 页)

2 月 1 日(十二月十四日) 黄兴电蓝天蔚,段祺瑞倒戈,京师孤立无援,请按计划北伐。

《盛京时报》谓:蓝天蔚接到黄兴来电一通,内称固镇已经镇定,且官军第一军司令官段祺瑞倒戈①降附。京师今已孤立无援,请贵军赶速依据原定计划,实行进兵北伐。(十四日上午收到)(《电促北伐队迅速进兵》,《盛京时报》1912 年 2 月 2 日,第二版)

睦宇谓:按原计,命蓝天蔚在烟台召集东北旧部,俟机山海军轮运至秦皇岛、营口等埠登陆。(睦宇:《任寿祺先生传略》,中国人民政治协商会议铅山县委员会文史资料研究委员会:《铅山文史资料》1988 年第 2 辑,第 67 页)

刘莘园回忆:元月 22 日[23 日]清东三省总督赵尔巽丢开敷衍革命的假面具,指使巡防营统领张作霖刺杀了中华民国奉天都督兼革命军总司令张榕,并出动军警捕杀数百革命党人,形势危急而严峻。张榕遇难后,黄兴总长急令蓝天蔚部进兵辽东,并派茂材等陆军部官佐数人奔赴烟台督战。

△ 蓝天蔚就即墨②独立德人干涉事致电孙中山。

电谓:大总统及外交总长钧鉴,即墨独立前已电呈,闻德人派马队二百驻扎该地胶济铁道,现又输运清兵,殊属有意破坏中立,除由蔚直接交涉外,请即向德国严重交涉为祷。蔚云。静照转蓝都督电。(《蓝天蔚为即墨独立德人干涉及铁道输运清兵事致孙中山等电》第八十四号,1912 年 2 月 1 日,《南京临时政府遗存珍档》贰,第 387—388 页)

△ 蓝天蔚访问相贺大连民政署长,继访满铁本社,晚在辽东饭店举行晚宴招

---

① 胡汉民谓:而段祺瑞领衔,北方将领四十余人,赞成共和,则实承袁之意志为之。其性质与张绍曾、蓝天蔚殊,盖为袁不为汉也。(胡汉民:《襄助总理组织临时政府》,《辛亥革命史料选辑》上,第 223 页)

② 即墨事,据《武昌起义后至清朝灭亡期间日本海军军令部搜集、整理的涉华情报》,第八十三号:29 日,即墨归于革命军。该国在 30 日从青岛派兵约一百二十人(一说为二百人)开往即墨,但 31 日又撤回。1 日,又派兵约六十人到城阳车站,以保护、配合官军该车站下车,4 日将该地收复。究其原因,在于德国将革命军视为土匪。(《武昌起义后至清朝灭亡期间日本海军军令部搜集、整理的涉华情报》,第 83 号,1912 年 2 月 5 日,李少军编译:《武昌起义前后在华日本人见闻集》,武汉大学出版社 2011 年版,第 733 页)

待报馆负责人以及记者。蓝天蔚此次来大连,使当地之革命党数派已大体上团结一致,并进而就组织联系和任务分担等问题做出决定。

据《相贺大连民政署长致落合驻奉天总领事函 1912 年 2 月 1 日》(大民警密字第 261 号):

《关于蓝天蔚动静的报告》:蓝天蔚于昨晨到达大连后,当地革命党重要人物即接踵往访。结果,使当地之革命党数派已大体上团结一致,并进而就组织联系和任务分担等问题做出决定(详情另报)。蓝于今日下午一点半左右前来本署访问,继又往访满铁本社(编译者注:南满铁道株式会社之总办事机关),预定今晚在辽东饭店举行晚宴招待本市各报馆负责人以及重要新闻记者。蓝氏访问本署时谈话要点如下:

(一)本人此次以私人身份前来本地,相信不久以后将有机会以公开身份再来访问。

(二)华北、华南情况大致相同,本地革命党人自然也分成数派,彼此间联系颇不完善。现在南方已建成军政府,推出专人主持政务,然而遇事不能以命令列事,往往不得不采取协商办法,不便之处殊多。武昌、南京、上海及其他各地之间,联络亦不够紧密。本人此次前来此地,旨在谋求志向之统一。今日以个人名义前来访问,聊表敬意。

(三)考虑到贵国现下所处立场,北伐军决不在中立地带内选择登陆地点。此旨本人已通令所属各部,当不致发生此类事情。

(四)我党在东北各地已有同志十余万众。募集兵员,决非难事,所需人员,随处可得。当此冬季,由南方派人前来东北,殊多不便,且亦不能充分发挥作用。然则为何又特从南方运送军队前来?乃为鼓舞东北同志之士气,出于策略上的需要。

(五)在东北各地招募兵员,虽非难事,但武器弹药供应,颇不充足。如欲补充,需要经费。故我党目前最感焦灼者,实为经济问题。

(六)中国人受过军事教育者甚少。现在南方虽已储备数多武器弹药,但各个组织均不愿出手。经本人多方周旋,才得到各种火器三千挺,子弹一百五十万颗,尚须从中抽出若干分与山东方面使用,故目前手头所存武器断不能满足需要。预计今后一两周内可由南方送来军费及武器、弹药等。

(七)日前奉天实权已完全落入张作霖之手,若谓赵总督之生命亦在张氏掌握之中,当亦不为过言。张系胡匪出身,为人残忍刻薄,草菅人命,肆杀成性。迄今为止,我党人遭其毒手者已不下四百余人。奇妙的是,此次革命军兴,似不见容于张姓。如张勋、张謇、张作霖等张姓人氏,出面与我党为敌者迄今已达十六名之多。

(八)东三省军队已大部分倾向于我党,其将校亦然。因彼等自以为从前曾与革命党为敌,即使今日转而支持我,也怕日后难免危难,因此瞻前顾后,踌躇不决。然而不久以后必能了解我党真意,归依我党,是乃势所必然。

（九）山东方面形势发展,已如所知。杜都督（编译者注：杜潜,烟台独立后,孙中山任命胡瑛为山东都督。时胡在上海,故以杜为代理都督）资历尚浅,难孚众望。其他人等亦俱系日本留学生之青年一代,经验不足,偶一疏失,即可能发生意外事端,令人担忧。昨日即接获来电云：因禁止鸦片及征募军饷等惹起民众不满,酿成颇大混乱,催促本人急速返归烟台。本人前在烟台,现已离去,不论当时和现在,均不曾干预北方事务,而甲派、乙派都借用本人名义行动,本人又系老一辈日本留学生,自然处于不容卸责之地位,实在无可如何。山东方面情况,已成难以脱身之局,而又不得不奔赴此地。如此境况,实难应付。在烟台,本人经常躲在舰内,尽量不参与当地事务。

（十）王国柱素行不端,不足与谋大事。

（十一）贵国官民对我党素怀深厚同情,我党殊深感激。今后更望互相关照。本人在此地尚须停留两天左右,然后返回烟台,等等。

最后蓝氏对日本国之国体及国民性颇加赞扬,旋即辞去。

窃观蓝氏此次北上,确是期望诸事顺利成功,但对内外形势,多似乎不尽如人意,其内心似颇焦虑。

特此报闻,即希察照。此致。驻奉天总领事落合谦太郎台鉴。大连民政署长相贺照乡。印。明治四十五年二月一日。（《日本外交文书选译——关于辛亥革命》,第230—233 页）

△　沪军都督府电蓝天蔚：烟台探呈蓝都督鉴（密）：东电悉,昨汇万五千元,谅已到。此处用款极核实,勿念。徐、陶二君昨往宁请款。潘君所办机关枪炮、子弹备齐,惟无船,准下星期五可运沪办事处。冬。（《致蓝天蔚电》,1912 年 2 月 1 日发,《沪军都督府调查部往来要电》,上海市历史博物馆藏）

△　蓝天蔚电驻沪机关部,告以所运枪械为刘基炎强扣之事。

《蓝天蔚电通义银行转机关部》：通义银行转机关部（密）：电悉。电悉,静江、德奄诸兄病况如何？念切,务请善自珍摄。此间枪械已定于今晚随同兵舰开赴大孤山附近,设法上陆。惟刘司令人颇强硬,沪军全数现已开赴山东,并将我处枪械扣留九百九十支,子弹七十余万。若向其严重诘责,恐生意见,致害大局。现已电告上海陈都督,请其接济。务望由机关部前往□告急,免误奉省事机。又枪械一节,大连亦可设法向日人购办,沪上如能筹得巨款尤妙。蓝天蔚叩。（《蓝天蔚电通义银行转机关部》,1912 年 2 月 1 日到,《沪军都督府调查部往来要电》,上海市历史博物馆藏）

与此同时,登州刘基炎电陈其美,告知蓝天蔚之枪械子弹已如数点收,刘军机关枪尚少一门,子弹短万余。

电谓:上海都督陈鉴,电悉。蓝君枪械子弹该委员如数点收外,本军机关枪尚少一门,子弹短万余。再者,炮弹引火错隘,寸枪(?)子弹半假,乞速着人送步枪枪弹百万,机关枪弹百万,并六金生的子母炮弹引火一千,军刀二百把。至急至急。刘基炎叩。二月初一日到。(《登州刘基炎来电》,1912 年 2 月 1 日到,《沪军都督府调查部往来要电》,上海市历史博物馆藏)

据《沪军都督府调查部往来要电》中《烟台同人来电》。电谓:通义银行转机关部鉴,密东电悉。刘基炎狡诈百出,明系强扣我军枪弹,反云送还,殊堪痛!事往,可勿深究,但伊以后在沪有所运动,请极力打破,否则翼羽丰满,伊将称帝于北方也。致远何日到?浙军何时出发?来电含糊,请速复。同人①叩。一月三十一日到。(《烟台同人来电》,1912 年 1 月 31 日,《沪军都督府调查部往来要电》,上海市历史博物馆藏)

蓝天蔚与刘基炎在北伐过程中发生枪械窃占事,另有史料可考。

《〈陈其美〉为发放军饷事复刘基炎电》:登州刘统制基炎,漾、宥两电均悉。贵军出发时,以三营不足之人数,连公债票共领去五十万,并指定归蓝都督节制。是贵军早已拨归蓝都督。后贵军与蓝都督屡生误会,其美会命编入前沪军第二师,而贵军又未能实行。且闻贵军兵数已较前增加数倍,将及一师。事前既未呈请,事后又未呈报。既欲改编而不可,又复任意以扩张。其美方百思不解,及阅报知已由大总统编二十一镇,始悟从前贵军不受编制,大行扩张等等举动,贵统制固早胸有成竹也。(《为发放军饷事复刘基炎电》,《沪军都督府文献资料》70,《辛亥革命在上海史料选辑》,第 403 页)

另据陈天锡《戴季陶传贤先生编年传记》:中央亦拨发大宗军械,由基炎解交秀豪配发各军,讵基炎运抵烟台,竟将军械运驶登州,先生时任蓝军交通部长,以为北伐大事,关系至重,戎机一误,前途何堪,乃假他事,邀基炎会议于海容,既至,先生与蓝军外交部长彭汉怀逼之入小室,出手枪拟之,勒其交出军械,基炎知不可抗,允交半数,遂由汉怀偕往登州点交,各军武器,由是不虞缺乏,声威既壮,清廷惶惧,逊位乃决。(陈天锡:《戴季陶传贤先生编年传记》,《近代中国史料丛刊续辑》421,第 20 页)

△ 黎元洪就北军接洽情况所致电蓝天蔚等。

电谓:孙大总统、伍代表、各省都督钧鉴:顷据段军统祺瑞派来全权代表,与敝

---

① 按:"同人"应为蓝天蔚所部,但刘基炎在枪械问题上的专横擅断,多少引起了一些公愤,所以才署名"同人"。据当时任先锋队军需员的樊崧甫回忆,先锋队在烟台确有窃占枪械的事,并且是得到了刘基炎的指使。(《辛亥革命回忆录》第五册,第 349 页)

处接洽一切,并要求并敝处给与照会,以便回复。其照会文如下：为照会事：据贵军统派来全权代表吴光新、徐树铮等,本军政府代表孙武、余大鸿、张大昕等接洽。贵代表称：贵军统主张共和,拔师北上,恐敌军前道距离太近,致生冲突,妨碍进行等因。本军政府代表陈述前来,本都督甚表同情。当派本军政府代表等与贵代表共同商酌,旬日之内,必可解决。现约定阴历本年之内,敝军保持现状,其有鄂境以外者,本都督亦设法维持。如阴历年内不能解决,敝军即当前进,以资援助。为此照会贵军统查照可也。须至照会者。云云。特此电闻。再据该代表面述段军统言,凡北军退出地点,即归鄂军管理。合并声述。元洪。先。印。（《黎元洪关于与北军接洽情况致大总统等电》,1912 年 2 月 1 日,中国第二历史档案馆：《中华民国史档案资料汇编》第 2 辑,第 70—71 页）

△　2 月 1 日夜—2 月 2 日凌晨,蓝天蔚部北伐军六百余人乘帆船在貔子窝等地登陆,并向庄河、新金等县沿海运送武器。

武扬回忆北伐军在盖子头登陆情状：同年一月底,蓝天蔚派驻在烟台的关外革命军和上海商团两营,开赴辽东半岛,由招商局"公平号"任运输舰,以巡洋舰海容号为护卫舰,在预定地点登陆。我当时任关外都督府参谋,也是北伐军登陆引航人之一。在北伐军来到以前,前敌总司令部先期登陆。这个总司令部整个机构完全由大连总机关部组成,从大连乘连貔（大连到貔子窝）客船赴李家卧龙成立的。一部分为迎接北伐军引航和作登陆的一切准备。在一个深夜里,明亮的月光照耀在海面上,北伐军由雇用的日本商船"第十六永田丸"拖带去的大型木船,和早已备好先期开去的渔船,经过紧张的工作,胜利地完成了登陆任务。当引航人发现南方海上船只时,立即用灯语联络对话,这是使人最感兴趣的事情。这次北伐军登陆地点是在毕利河口盖子头（原文注：盖子头和尖山口、花园口相连,都是庄河的海口,中日、日俄两次战役,日军均由此登陆）,岸上有一堆烽火处。

登陆后,在海滨欢送了海容号巡洋舰舰长杜锡珪和全舰官兵,还欢送了招商局公平号商船船长和全体返航员工；同时将登陆时所雇的一切船只全部遣还。北伐军登陆后,分为东西两路作战：东路邵兆中部向庄河、安东挺进,西路顾人邦部向复县、盖平出击。我在完成领航任务后返回大连,再乘连貔客船（大连到貔子窝）赴李家卧龙,参加西路前线作战。两三日内即发动攻势,在花园口发生激战,给清军以重大创伤,纷纷逃回庄河厅城,我军占领了石城岛。另外,一个夜里,在水门子包围了巡防队两个营,当场俘获统领李子敬[镜],管带陈玉昆及一部分士兵。并以第二军司令的名义,贴出招降布告。东路的邵兆中也俘获了马龙潭部的巡防队官兵数百名（有一部分是起义的）。北伐军正在乘胜前进中,南北议和达成协议,奉到停

战命令,于二月中旬撤回烟台。(《辛亥高力门起义及其前后》,《文史资料选辑》第 1 辑,第 70—71 页)

《庄河县志》:时邵子峰为革军协统,充东路指挥官,自山东载革军六百余渡海,由尖子山蚊子嘴登陆。(廖彭:《庄河县志》卷五,1921 年铅印,第 229 页)

《申报》谓:北伐军已在盛京大孤山附近登岸,闻拟进攻安奉铁路中段之某城。(《申报》1912 年 2 月 6 日,第二版)

《盛京时报》载,顾人宜麾下之军队现将其干部移驻高丽城子以北某地方,另派军队五十抵海滨,树革命旗迎接北伐军。(十五日收到))(《顾人宜部下之举动》,《盛京时报》1912 年 1 月 31 日,第二版)

《旅顺镇守府司令长官致电日本海军大臣》:关东都督府民政部报告了以下情况,派往毕利河海角方面的巡捕报说 2 月 1 日夜里 10 点 30 分,44 名北伐革命军士兵登陆了,左臂都缠着白布。我日本旅顺镇守府守备队派出密探打探。据密探讲,2 月 2 日凌晨 4、5 点钟,有 60 名革命军士兵登陆毕利河海角。海面停泊着 12 艘舰只,军舰上载有士兵人数为 600 人,步枪 2 500 条,子弹 7 万发,大量火药。以上情报由派往苍鹰、毕利河海角方面的人员提供。(《旅顺镇守府司令长官致电日本海军大臣》,第 66 号,1912 年 2 月 2 日,米彦军译自 http://www.jacar.go.jp/chinese/index.html "亚洲历史资料中心")

《旅顺镇守府司令长官致电日本海军大臣》:关东都督府民政部汇报了以下情况,据日本大连民政署长讲,大连某支部获悉了以下情报。2 月 2 日,400 名革命军士兵携带全部武器、弹药,登陆高丽城址。眼下,后续革命军也在登陆。估计到 2 月 3 日早晨,所有革命军会完成登陆任务。另我日方金州支署长报告说,2 月 2 日上午 10 点,400 名全副武装的革命军士兵乘坐日本蒸汽船登陆位于高丽城址的西方的宋家屯。另有 600 名士兵在船内等待。革命军的舰只构成如下:日本蒸汽船、海容号、公平号和龙平号。2 月 2 日成功登陆的 60 人是登陆士兵的干部。业已完成登陆任务的人员 30 人或 40 人一组,分别在高丽城址附近的村庄宿营。另外将 50 名乃至 150 名士兵驻守在其他地方。登陆军指挥官是张某。登陆军总指挥官是庄子峰(音译)。(《旅顺镇守府司令长官致电日本海军大臣》,第 67 号,1912 年 2 月 3 日,米彦军译自 http://www.jacar.go.jp/chinese/index.html "亚洲历史资料中心")

《大岛关东都督致内田外务大臣电》:据貔子窝分驻所所长递来情报称,自二月一日夜至二日晨,北伐军六百名乘帆船秘密在高丽城附近登陆,另有四百名正在准备登陆。据闻尚有枪械二千五百支、子弹七十八万粒已运上陆地等等,但尚未能证实。二日下午六时我海军已由旅顺港派出水雷艇进行侦察。至于官、革两军冲

突情况如何,尚未接到报告。(《大岛关东都督致内田外务大臣电》,第 202 号,1912 年 2 月 3
日,邹念之编译:《日本外交文书选译——关于辛亥革命》,第 235 页)

《对满蒙政策史之一个侧面》:600 名士兵在高力城和大孤山、安东(今丹东)貔
子窝一带登陆。迄至 2 月上旬,已有 1 700 名士兵登陆。(《对满蒙政策史之一个侧
面》,第 303—304 页)

据《武昌起义后至清朝灭亡期间日本海军军令部搜集、整理的涉华情报》第八
十三号:在满洲的北伐军 1 月 29 日下午七时从芝罘起航的军舰海容号及运输船
公平号,30 日到达花园口海面,在此处与毕利河口之间的海面上游弋,试图以集合
在该处的汽艇群及帆船在 31 日送人上岸,但因冰冻而未能成功,一度开往外洋,但
1 日傍晚又出现在高丽城址海面上,2 日早上开始用帆船送兵员及武器上岸,这一
天送上岸的兵员似有四百人到六百人,还有很多武器。3 日早上,海容号停泊于花
园口海面上,海岸附近只看到二三只帆船,海容号在这天傍晚又起锚南航到长山群
岛东面,开往芝罘。

上述在高丽城址附近登陆的军队中,有三百人与该地的叛徒陈守慎所率的一
百人一起,在 3 日黎明离开宿营地,向花园口开进,上午 8 时在花园口北面相距约
一华里多之王家屯、郝家屯一带,与官军三百人发生冲突,上午 10 时激烈交火,官
军逐渐退却,在花园口以北十四町(“町”为日本长度单位,1 町约合 109 米——译者)的邓
家屯,完全为革命军压倒,丢下四具尸体,沿海岸向北溃逃。革命军在下午 2 时牢
固占领花园口。(《武昌起义后至清朝灭亡期间日本海军军令部搜集、整理的涉华情报》第 83
号,1912 年 2 月 5 日,《武昌起义前后在华日本人见闻集》,第 732—733 页)

△　蓝天蔚颁发布告,告知民众北伐军响应武昌起义,乃为顺天应人,救民水
火,改建共和政体。满蒙藏回与汉民一体看待。亦会保护外人以固邦交。望百姓
各安生业,勿自惊扰。(《蓝天蔚告示——中华民国关外军政府都督蓝布告》[①],关口隆正:
《支那时文谈论》,1914 年〈大正三年二月二十八日〉年版由日野作之助出版于台北,第 397 页;
《庄河战耗　革军示谕》,《盛京时报》1912 年 2 月 7 日,第五版)

2 月 2 日(辛亥十二月十五日)　蓝天蔚就即墨光复、德日两国干涉事致电孙
中山,乞速电伍廷芳向德日领事严行交涉。

电谓:南京孙大总统鉴,顷接烟台来电,据云即墨光复,外人教堂一律保护,又
接青岛电称,德人本日早八点派马队二百前来,恐有他变,乞速电伍外交总长向德
人履行交涉,并详示办法。又接烟电,昨晚十二钟,烟军商界以武力胁杜都督辞职,

---

① 　《中华民国关外军政府都督蓝布告》,详见附录一“蓝天蔚著述”。

举虞际唐为都督,大起外交。日兵已上,剧有划分租界之说,又黄孙兵败甚危,汤司令已派南琛往援,对内对外均甚危急云云。合行转致,并请速向发德日各领事严行交涉,急切。蓝天蔚叩。(大连来电,二月二日上午十二点三十分到)(《关外都督蓝天蔚为转烟台电关于即墨光复德日两国干涉等事致孙中山电》,第八十三号,1912 年 2 月 2 日,《南京临时政府遗存珍档》贰,第 395—396 页)

2月3日(辛亥十二月十六日) 蓝天蔚北伐军与庄河起义军会合,在花园口北击败清军巡防队。

《旅顺镇守府司令长官致电日本海军大臣》:关东都督府民政部汇报了以下情况,据金州支署长讲,2 月 2 日登陆的北伐革命军中的 300 名以及隋守松的部下 100 名,2 月 3 日黎明,从高丽城址附近的宿营地出发,向花园河口行军,于上午 8 点到达距离花园河口约 1 华里的郭家屯。在郭家屯一带和 300 名官军发生冲突。上午 10 点,和官军进行激烈枪战,官军逐渐退却。官军被革命军追杀到花园河河口以北 1.4 公里处的唐家屯(音译)。官军战败,扔下同伴尸体,沿着海岸向北逃遁。下午 2 时,革命军完全占领花园河口。官军战死者 7 人,负伤人数不详,俘虏 2 人。革命军负伤人数为 40 人。(《旅顺镇守府司令长官致电日本海军大臣》,1912 年 2 月 4 日,米彦军译自 http://www.jacar.go.jp/chinese/index.html"亚洲历史资料中心")

据《内田外务大臣致山座驻英临时代理大使电 1912 年 2 月 5 日》[第28号]:革命军北伐队日前集结于芝罘,曾企图以一部分兵力在满洲沿岸登陆。我方当即派出军舰指挥官数度往访北伐军指挥官,促其注意,勿在中立地带内登陆,业已取得对方理解。但综合近日来中立地带内我方侦察官员报告称:北伐军之一部,似已于二月二日在碧流河口附近登陆。由可以确认为该队队员者约三百名与当地革命派人员约百名共同组成一支队伍,于第二天(即二月三日)向东推进,在花园口北方约二里(编译者注:原电应为日里,一日里约合 3.9273 公里)许之地点与官军交战,官军节节败退,终于向庄河方面溃走,其中四十名已向革命军投降。又,二月四日,有官军三百五十名向当地革命派首领顾人宜发动攻击,反遭逆袭,已向北方败退。据传,官军统领已为革命军所俘。(《内田外务大臣致山座驻英临时代理大使电》,第 28 号,1912 年 2 月 5 日,《日本外交文书选译——关于辛亥革命》,第 235—236 页)

《第二舰队司令部自旅顺发来的花园口方面的报告》:三日,州巡防队长陈管带率兵一百到达井水门子的时候,和顾人宜的士兵发生冲突,陈管带以下哨官二人、士兵三十被俘。(《第二舰队司令部自旅顺发来的花园口方面的报告》,第 14 号,1912 年 2 月 6 日,米彦军译自 http://www.jacar.go.jp/chinese/index.html"亚洲历史资料中心")

《庄河县志》:腊月十六日与官兵战于端午庙。官军占领霍家大山,颇得地势。

革军冲锋数次，皆不利。乃北绕抄袭官军后背，大获全胜。防营哨关关永庆阵亡，闻全城震惊，县长范宝青弃城去，监狱犯人乘机开械，举火越逃。地方警察击毙数名，事乃定。当官军之败也，东边马统领龙潭督率大军兼程西发，集于城西之半拉山。（《庄河县志》卷五，第 229 页）

《盛京时报》载：庄、复民军于十六日早三点钟袭击某地，带有巨炮四尊前往围攻，巡防官军势不能敌，败退四十里，经民军管带官张海山追击不已，当时哨官吴某，哨长郑某均被枪毙，兵士死亡者二十一名，受伤者十六名，俘虏十八名；民军受伤者仅四名，已占据庄界石成岛。战至傍晚四时，官军败回庄河，民军始不追击。（《庄河战耗　官革激战》，《盛京时报》1912 年 2 月 7 日，第五版）

又谓：十六日午前十钟许，巡防右路步三哨关哨官带队与革军开战，在距庄河三十余里之地点战至午后二钟时，巡防兵败北，哨官阵亡，兵丁中受伤者四人，其一人于次日毙命，十七夜间厅署火起，逃出罪犯一百余名，被巡警枪毙者三十余人，拿回二十余人，焚毙十余人，余均逃逸，现在革军进逼庄河，甚形切迫，不远必将陷落也。（《民军进逼之现状》，《盛京时报》1912 年 2 月 11 日，第五版）

刘莘园回忆：蓝部在旅顺登陆后数路出击，各地革命党人和民间武装纷纷起义响应，形势发展迅速。（刘一鸣、龙先绪收集整理：《刘茂材事略》，刘端裳：《辛亥革命老人刘莘园遗稿》，贵州人民出版社 2003 年版，第 338 页）

△　日本音羽舰长希蓝天蔚尊重日前常盘、音羽两舰舰长所订口头协定，勿在中立地带内登陆。

据《日本外交文书选译》：三日下午八时十分第二舰队司令官来电称，据情报称，花园口方面似有陆军登陆。遂于今晨派音羽舰长向芝罘革命军唤起注意，要求该军尊重日前常盘、音羽两舰舰长与蓝天蔚所订口头协定，勿以军队在中立地带内登陆。（《日本外交文书选译——关于辛亥革命》，第 239—240 页）

△　在京之将领傅良佐等发起"组织南北军界统一联合会"，是日致电蓝天蔚等。

报谓：三日，在北京之将领傅良佐等发起组织"南北军界统一联合会"，提出组织纲领，电沪军都督陈其美，请转达各军，征求赞成者。即于本日发表通电，予以转达。

电曰：火急。南京大总统、陆军总长、各部总长、卫戍总督、黎副总统、各司令官、各省都督、各军政分府暨列衔诸君公鉴：顷接北京南北军界统一联合会来电义如下：

陈其美、冯耿光、华振基、舒厚德、陈炯明、杨曾蔚、管云臣、张绍曾、高尔登、蓝天蔚、蒋方震并请代转黎宋卿、黄克强、徐固卿、章亮夫、何澄、吴绍麟、曲同丰、陈其采、石星川、许葆英、刘之洁、庄思缄、马毓宝、黎宗岳、蒋尊簋、吴荣生、孙少侯、柏文蔚、胡万泰、蒋雁行、耿觐光、孙道仁、朱庆澜、蔡锷、陆荣廷、王芝祥[①]、谭延闿、周道南、程潜、胡汉民、汪兆铭诸君公鉴：此次人民要求共和，处处依赖军队之力。以南军种其因，以北军结其果。所谓武装解决，由专制时代一变而为共和时代，诚数千年未有之伟举，亿万同胞之幸福。且共和不日颁布，南北公举临时大总统，组织临时新政府，内政外交，万汇待举。吾军界同人，自应振刷精神，首先提倡化除私见，辅助统一之大总统，组织一坚强完全之新政府，巩立于环球之上，为最有权利、最有势力之中华民国。所虑者南北军界，万一意气用事，各树党羽，互相残杀，不仅足贻君主党人之口实，其糜烂大局，牵动外交，势必因之而起瓜分，较君主尤力，岂我军队希望之本心哉？怵焉思惧，夙夜难安，以为值此推翻与建设过渡时代，吾南北军人，必须协力同心，组织团体，先以三大纲为范围，胪列如左：

（一）俟清廷宣布共和后，中央统一新政府成立时，务须服从统一政府之命令；

（二）恢复各地方之安宁秩序；

（三）保护外人之生命财产。

以上三纲，为吾南北军人应尽之义务、完全之天职，均应一律遵守。所有一切手续，拟俟军队统一联合会成立后，再行由两方将校讨论，详细条件及军法草案，呈由统一政府核定。有不遵行者，当认为文明军队之公敌。实于中国共和前途，大有裨益。倘表同情，希即通告各军队同胞，并将赞成诸君衔名示知。除通电北方各军队外，盼速复。

南北军界统一联合会发起人傅良佐、唐在礼、王赓、刘询、靳云鹏、廖宇春、陆锦、张士钰、王丕焕、李士锐、段启勋、方咸五、王汝勤、毛继成、蔡成勋[②]、陈文运同启。等因，理合转达，希即查核，无任盼荷。沪军都督陈其美。江。叩。（上海去电）（《民立报》1912年2月4日，第3页；此电也见民元二月六日《南京临时政府公报》第九号，存萃学社编集：《辛亥革命资料汇集》第五册，第71页）

2月4日（辛亥十二月十七日）　革命军占领花园口。蓝天蔚部顾人宜俘虏清军巡防队帮统李子镜、管带陈宝珊。

《第二舰队司令部自旅顺发来的花园口方面的报告》：四日，革命军占领花园

---

① 王芝祥（1858—1930），字铁珊，直隶通州人。举人。历任广西按察使（旋改名提法使）、广西布政使、兼中路巡防队统领。辛亥广西独立，被推为广西副都督。后任南京临时政府第三军长兼本部高等顾问、南京留守府军事顾问、国民党理事、侨务局总裁、中华红十字会总会会长等职。北洋政府授陆军中将加上将衔。

② 蔡成勋（1873—1946），字虎臣，直隶天津人。曾任甘肃督军兼省长、江西督军（实未到职）。北洋政府授陆军上将。

口。之后,和某部队一道与官军激战,不断前进,推进至半拉关才止步。(《第二舰队司令部自旅顺发来的花园口方面的报告》,第 14 号,1912 年 2 月 6 日,米彦军译自 http://www.jacar.go.jp/chinese/index.html"亚洲历史资料中心")

有谓:二月四日,有官军三百五十名向当地革命派首领顾人宜发动攻击,反遭逆袭,已向北方败退。据传,官军统领已为革命军所俘。(《日本外交文书选译——关于辛亥革命》,第 235—236 页)

2 月 5 日(辛亥十二月十八日) 蓝天蔚偕随员四名搭永田第二十一号轮离开大连。

《关东都督府大内代理民政长官致石井外务次官电》:数日前来抵大连之北伐军司令蓝天蔚,已于五日偕随员四名搭永田第二十一号轮返归芝罘①。(《关东都督府大内代理民政长官致石井外务次官电》,第 225 号,1911 年 2 月 5 日,《日本外交文书选译——关于辛亥革命》,第 240 页)

《旅顺镇守府电音羽舰长》:今天,旅顺镇守府用无线电发报给音羽,称在大连的蓝天蔚昨日(五号)午前二时十分,乘坐第二十一永田丸,带着四名随从,出发前往芝罘②。(《旅顺镇守府电音羽舰长》,第 14 号,1912 年 2 月 6 日,米彦军译自 http://www.jacar.go.jp/chinese/index.html"亚洲历史资料中心")

△ 蓝天蔚密函阪口新圊③乞援。

据日本原抚顺煤矿次长阪口新圊之札记:2 月 5 日,革命军在貔子窝登陆,这是清朝崩溃前夕的普遍局势。其党魁蓝天蔚在芝罘策划满洲独立,我们派遣容易同他交往的职员松岛正作以公司工作之名去芝罘公出,让他入幕参划暗通消息,以图日后见机行事。蓝天蔚给我送来密信乞援,犬冢理事在总公司秘密与他保持联系并给予财政援助,我观望其成败如何。

此段出自《抚顺煤矿的开办》摘自"原抚顺煤矿次长阪口新圊札记加入满铁会社的经过。"([日]满史会编著,东北沦陷十四年史辽宁编写组译:《满洲开发四十年》下卷,辽宁省内部图书 1988 年版,第 628 页)

△ 有谓,蓝天蔚在大连活动乃为垂涎关税。

电谓:庄、复势急,李、陈被掳,马营挫折,似应迅派劲旅,以期速灭。蓝在大连垂涎关税,营境虽安,宜防匪窜。盖、复固宜驻兵,营口亦须添队。仍请将河北陆队拨驻河南,另调沟队填扎。廞本不敢妄预戎机,惟地方为重,缓急应陈,当否伏乞宥

---

① 据 2 月 6 日以后的资料可知,蓝天蔚离开大连后,先去往登州,由登州返回芝罘。
② 同前注。
③ 阪口新圊:曾任辽宁抚顺炭坑次长,日本青岛守备军民政部铁道部矿山长。曾著《淄川炭矿志》。

察。祚廙叩。啸。(《分巡锦新营口兵备道袁祚廙致赵尔巽电》,《东三省辛亥革命史料》,《清代档案史料丛编》第 8 辑,第 154 页)

△ 《盛京时报》谓:黄山馆附近官、革两军连日交战,互有胜败。(《官革两军之争持》,《盛京时报》1912 年 2 月 6 日,第二版)

△ 袁世凯诘问蓝天蔚军侵入东省及山东理由。

袁世凯致伍廷芳,诘问共和军违约侵入东省及山东之理由,且谓在该两省地方挑动军队,则必酿成外国之干涉,请速电饬该军暂勿前进。(十八日上午收到)(《袁世凯诘问共和军侵入东省及山东之理由》,《盛京时报》1912 年 2 月 6 日,第二版)

△ 《旅顺镇守府电音羽舰长》:昨日急进党员领袖乘坐舞凤号前往威海卫方向募捐。(《旅顺镇守府电音羽舰长》,第 14 号,1912 年 2 月 6 日,米彦军译自 http://www.jacar.go.jp/chinese/index.html"亚洲历史资料中心")

2 月 6 日(辛亥十二月十九日) 《旅顺镇守府电音羽舰长》:据北伐军司令部幕僚讲,蓝天蔚从大连到登州后不知去向,同样,而今已是傍晚时分,蓝天蔚乘坐的第二十一永田丸还未抵达芝罘。(《旅顺镇守府电音羽舰长》,第 14 号,1912 年 2 月 6 日,米彦军译自 http://www.jacar.go.jp/chinese/index.html"亚洲历史资料中心")

△ 蓝天蔚遣使慰问李子镜与陈宝珊,拟委任李为关外西路总司令,陈为第一军协统。

《盛京时报》谓:驻扎瓦房店中路巡防帮统李子镜及管带陈宝珊被庄复民军领袖顾人宜捆缚,业已投诚。已志本报。兹悉昨十九日蓝天蔚遣赵元寿、薛筱堂二君为慰问使来复庄第一军司令部谒见李帮统殷殷慰问,并携有委任状委李为关外西路总司令,陈为第一军协统。闻二人均已受委,并将长辫剪去,与本部同仁计划进行方略。(《[复州]蓝天蔚遣使慰问》,《盛京时报》1912 年 2 月 11 日,第五版)

△ 日方要求蓝天蔚北伐军尽速退去。

《内田外务大臣致大岛关东都督电》:北伐军终于在中立地带内登陆,且与官军开始战斗。迄今为止,我方曾多次警告该军不得在中立地带内登陆,故希贵都督立即向北伐军司令官发出通告,责其不应无视我方之一再警告而强行登陆,并要求其尽速退去。结果如何,希即电知。此事已与陆、海军两省及拓殖局协商完毕。(《内田外务大臣致大岛关东都督电》,第 13 号,1912 年 2 月 6 日,《日本外交文书选译——关于辛亥革命》,第 241 页)

《德华日报》谓:民军二百名已在满洲之大孤山登岸。大孤山在大连湾之东北,相距二百启罗适迈当。日本将设法保护日本权利。(军机处电报档)(宣统三年十二月十九日,《中国近代史资料丛刊》七,第 427 页)

△　复州瓦房店官军归顺北伐军。

《申报》谓：复州瓦房店火车站为交通要区，华洋杂处。民军深恐巡防无知，破坏中立及土匪滋扰等情。遂于旧腊十九日早四钟由民军司令官派出第一协第二标标统尹君希五带领部下二百名到瓦房，不费一力即使驻扎营口水师数十名闻风归顺。商民均悬白旗，欢迎备至，高呼中华民国万岁。当由民军张贴安民告示，旋由大本营委来外交官张树德君拜谒日本陆军警察各官吏，联络中日感情。（《庄复民军之胜利》，《申报》1912 年 2 月 21 日，第六版）

2 月 7 日（十二月二十日）　蓝天蔚乘坐第二十一永田丸前往登州。

《音羽舰长给海军大臣的电文》：据北伐军司令部幕僚讲，昨天早上，蓝天蔚乘坐第二十一永田丸从大连出发前往登州。（《音羽舰长给海军大臣的电文》，第 58 号，1912 年 2 月 8 日，米彦军译自 http://www.jacar.go.jp/chinese/index.html “亚洲历史资料中心”）

△　蓝天蔚电赵尔巽：满清总督次珊老兄鉴：迩来道路传闻，谓阁下将用南满火车运马队步兵于盖平、岫崖（岩）一带。日本既守中立，自不应违例与满清运兵。阁下必欲以私利诱日人破坏公则，我军亦编（遍）布于南满各地，必同时并起毁坏铁道。其破坏交通之责，皆归阁下担任，勿谓言之不早也。惟阁下裁之。民国关外都督蓝天蔚顿首。（奉天省公署档）（《蓝天蔚为赵尔巽违例用南满火车送清兵于盖平、岫岩一带事给赵尔巽电》，1912 年 2 月 7 日，《辛亥革命史资料新编》第三卷，第 288—289 页）

△　日方指责蓝天蔚背信，拟使用兵力。

《大岛关东都督复内田外务大臣电》，1912 年 2 月 7 日，[第 257 号密]：第 13 号来电敬悉。关于革命军在中立地带内强行登陆问题，已饬芝罘常盘舰舰长向北伐军总司令部提出严肃警告，一面指责其背信行为，一面要求采取有效措施尽快撤出中立地带。恰值此时蓝天蔚正在大连，故又饬大连民政署长向蓝氏提出同样责问。蓝氏答称：关于贵国政府不许在中立地带内登陆之方针，本人早已严令所部切实遵守，不料命令未能彻底下达，致生差错，殊深遗憾。自必立即采取有效措施，撤出该地，等语。（《大岛关东都督复内田外务大臣电》，第 257 号，1912 年 2 月 7 日，《日本外交文书选译——关于辛亥革命》，第 241 页）

《大岛关东都督复内田外务大臣电》：关于尊电第 13 号所述问题，本职已向革命军发出警告，要求其尽速退去。但仍一再拖延，迄今未采取撤退步骤，故拟按尊电所示意旨，断然使用兵力，迫使官、革双方同时停止战斗，一并撤出中立地带，借以恢复当地秩序。但若采取上述步骤，则满洲革命党势力将全部为之扫除殆尽。（《大岛关东都督复内田外务大臣电》，第 269 号，1912 年 2 月 7 日，《日本外交文书选译——关于辛亥革命》，第 241—242 页）

　　△　蓝天蔚被选为华侨联合会名誉赞成员。(《华侨联合会简章》[①],上海时事新报社、上海自由社编辑:《中国革命记》第四册,上海时事新报社出版1912年版,第5—6页)

　　△　报载,蓝天蔚离开奉省之后,局势一变。官僚多避居大连,无不深愿和平。报载奉天民军光复凤凰厅,守城清军二百余人反正。

　　《申报》2月10日谓:民军于星期三日(注:二十日)占据华封店,清军降者二百人。(奉天专电,《申报》1912年2月10日,第二版)

　　上海《时报》载:奉天各官僚避居大连者甚多。自蓝天蔚(二十标标统)[第二混成协协统]、督练公所参议官蒋方震□免后,局势一变,公馆客寓近又□□,唯单身远客□两省人不无危苦之思□祸,不通案书不达人。孰无□间深盼早日解决,共图和平幸福,斯大愿也耳。(上海《时报》1912年2月7日,第三版)

　　△　报载蓝天蔚俟胡瑛抵埠后,进攻东省。是日胡瑛乘坐军舰通济号从上海出发,去往芝罘。

　　报谓:现在烟埠之革军军舰计海容海筹海琛及澄海舞凤五艘,尤形伟观。蓝天蔚似拟仍驻止海容舰中。(《本埠泊有军舰多艘》,《盛京时报》1912年2月10日,第二版)

　　又谓:革军兵舰海容海琛二艘,一俟搭载胡都督之军舰通济号抵埠后,拟赴东省沿海炮攻要害,现下正在预备中。(《兵舰炮攻东省沿海之预备》,《盛京时报》1912年2月11日,第二版)

　　《盛京时报》载:北伐第二军总司令关外大都督蓝天蔚,现在虽仍握有在鲁省海陆两方面之总指挥权。若山东都督胡瑛抵芝,则将山东方面一切指挥权委胡办理,且使之统一割据鲁省各地之革党。蓝则专用全力倾注东三省,拟由各地进兵北伐以光复奉天为目的。(二十三日上午收到)(《蓝天蔚拟以全力倾注东三省》,《盛京日报》1912年2月11日,第二版)

　　《上海川岛第三舰队司令长官以及加藤中佐的通报》:革命军军舰通济号以及蒸汽船图南号于七日午后一时从吴淞口出发,驶往芝罘。图南号上载有300名水兵,水兵帽上写有"中华民国海军陆战队"字样。除此之外,还载有野炮两门、枪械、弹药箱若干。日本人末永以及山东都督胡瑛也乘坐该船。陆战队指挥官是尹蓟乾、大队长李北海、参谋刘义。(《上海川岛第三舰队司令长官以及加藤中佐的通报》,第59号,米彦军译自http://www.jacar.go.jp/chinese/index.html"亚洲历史资料中心")

　　△　《音羽舰长给海军大臣的电文》:昨日,革命党激进派党员乘坐舞凤号前往威海卫方向。(《音羽舰长给海军大臣的电文》,第58号,1912年2月8日,米彦军译自

---

　　①　《华侨联合会简章》,详见附录三"相关档案资料汇编"。

http://www.jacar.go.jp/chinese/index.html"亚洲历史资料中心"）

2 月 8 日（辛亥十二月二十一日）　海琛号从登州方面进入芝罘港。是日晚，蓝天蔚乘坐海琛号回到芝罘，进入在该地新设的驻烟关外民军机关部。其他军舰如北伐运输船致远号入港后便开始卸货，傍晚出港，驶往上海。南琛号、澄海号午后从登州方面进入芝罘港。舞凤号午前从威海卫方面进入芝罘港，搭载野炮四门。泰顺号和澄海号分别于上午、下午出港前往登州。

《音羽舰长致海军大臣电》：泰顺号和澄海号分别于上午、下午出港，都是前往登州。舞凤号午前入港，搭载野炮四门，不知从哪里搞来的。海琛号傍晚出港。（《音羽舰长致海军大臣电》，第 58 号，1912 年 2 月 8 日，米彦军译自 http://www.jacar.go.jp/chinese/index.html"亚洲历史资料中心"）

据《音羽舰长致海军大臣电》：今天，舞凤号和海琛号分别从威海卫方面和登州方面进入芝罘港，澄海号、泰顺号出港，驶往登州。（《音羽舰长致海军大臣电》，第 59 号，1912 年 2 月 8 日，米彦军译自 http://www.jacar.go.jp/chinese/index.html"亚洲历史资料中心"）

据《音羽舰长致海军大臣电》：音羽舰长发来的有关革命军的电报要点如下：

① 昨夜，蓝天蔚乘坐海琛号回到芝罘，进入在该地新设的驻烟关外民军机关部（亦即蓝天蔚的司令部），今天午后乘上了海容号。

② 昨日傍晚，搭载着士兵、武器弹药、被服等的运输船致远号开始卸货，并搬运到了民国机关部。（《音羽舰长致海军大臣电》，第 60 号，1912 年 2 月 9 日，米彦军译自 http://www.jacar.go.jp/chinese/index.html"亚洲历史资料中心"）

《音羽舰长致海军大臣电》：南琛号、澄海号午后从登州方面进入芝罘港。致远号于傍晚出港，向东驶往上海。（《音羽舰长致海军大臣电》，第 60 号，1912 年 2 月 8 日，米彦军译自 http://www.jacar.go.jp/chinese/index.html"亚洲历史资料中心"）

《音羽舰长致海军大臣电》：致远号昨夜出港，驶往上海。（《音羽舰长致海军大臣电》，第 62 号，1912 年 2 月 9 日，米彦军译自 http://www.jacar.go.jp/chinese/index.html"亚洲历史资料中心"）

△　蓝天蔚委任李子镜为关外第一军第二镇统制。是日李子镜发布示谕，召满清各路巡防及陆军将士，归顺反正。

《盛京时报》载《[复州]民军第二镇李统制之示谕》：为出示晓谕事：照得民军起义以来，各省宣告独立，不数月间，已光复十有七省，本统制任满清军官，素无革命思想，直至阴历十二月十七日，尚不识民军何等人物，更不识民军究持何等主义。至十七日晚九时，本统制被民军捕获，历数日间，见民军内均系东西洋海陆军留学生,及全国英豪烈士,学问优长,宗旨正大,特以满清劣政,殃国殃民,不忍坐视我中华大国灭亡,遂不惜生命,为我四万万同胞谋幸福,故义旗一举,全国响应。本统制视其改良政治,万姓欢迎,列国赞成,应天顺人,遂浩叹前此之陋,几至愧死。乃民军万众烈士,竟不我弃,不惟不究我之既往,且公推本统制为关外第一军第二镇统制。本统制自愧才疏谫陋,坚不敢受,而民军万众一口,绝不能辞。忽于二月八日(即阴历十一月二十一日)又承关外军政府蓝大都督委任,遂不得已忝勉就职,惟第二镇人数不足,兹拟补充办法,所有满清各路巡防及各处驻扎陆军各营将士,有志归顺反正者,均可速来第一军司令部投诚,不惟不稍加危害,且必格外优待,无论新募或投诚将士,兵每月饷银小洋十元,官长依次递加,俟第二镇补齐,本统制即当帮同第一镇统制顾,前攻奉天省城,至我军所经各地,绝不稍有骚扰,尔等诸色士民,切勿惊惶。我军向持人道主义,对于尔投诚将士及满洲人民,均视为亲爱同胞,绝不忍妄肆杀戮,尔军民人等幸勿自惊自扰以自误。为此出示晓谕,仰尔军民人等一体遵照勿违。切切。中华民国元年二月八日。(《[复州]民军第二镇李统制之示谕》,《盛京时报》1912 年 2 月 15 日,第五版)

《申报》谓:清前路巡防帮统李子镜既入民军后,所有清军从前密计划各事尽行吐露,并与民军各首领研究进行方法,乃以清军未能全体归顺,引以为歉,且云予谬承诸同人举充第一军第二镇统制,自应勉尽职守,以慰众情,特于日昨出示招募所属防兵。凡愿投诚者,从速来归,每兵除给衣食外,发洋十元,官长次加。(《复州巡防帮统反正记》,《申报》1912 年 2 月 21 日,第六版)

△　有传言谓蓝天蔚知会各领事,不日将举事,请速饬迁移。日军严密巡逻。据查传言不真。

据《蓝天蔚给驻铁岭日本领事的通牒》:据关东都督府传来的消息说,二月八日驻铁岭日本领事从蓝天蔚那里接到了以下通牒:因近日就要举事,限九日午后四时前,所有日本侨民要撤到危险区域以外。(《关东都督府来电》,第 62 号,1912 年 2 月 8 日,米彦军译自 http://www.jacar.go.jp/chinese/index.html"亚洲历史资料中心")

据《旅顺镇守府致日本第二舰队电》:从旅顺镇守府发来通报,节选如下:蓝天蔚以公函形式告知奉天落合总领事:"近日将在内地举事,因此应迅速通知日本侨民,限他们在阳历二月八日午后四时以前,全部前往租借,以躲避危险。逾期不走者,或被清兵伤害,民军概不负责"。(《旅顺镇守府致日本第二舰队电》,第 30 号,米彦军译自 http://www.jacar.go.jp/chinese/index.html"亚洲历史资料中心")

《盛京时报》谓:昨据驻奉领事馆友人云,日前蓝天蔚以中华民国军政府关东大都督名义邮寄各领事,知会书略谓,本军拟不日在省起义,所有贵国侨民请速饬迁军站地方以避危险，否则被他军作践，本军政府决不负担责任。所闻如是，未知确否。（《蓝天蔚知会领事团》，《盛京日报》1912 年 2 月 11 日，第五版）

《申报》谓：蓝天蔚照会奉天各领事，谓民军拟于本日起义，请各该国人民移居租界，否则民军不能担任保护。（《申报》1912 年 2 月 10 日，第二版）

《朱尔典爵士致格雷爵士电》[第 97 号]：昨天，日本军队在盛京进行了严密的巡逻，因为各国领事收到了一封信，要求他们立即将其本国国民撤入各国租界。该信诡称系蓝天蔚将军写的，但后来查明是假的。

蓝天蔚以前曾在盛京担任协统，但已离职，现住在烟台。（《朱尔典爵士致格雷爵士电》，1912 年 2 月 9 日，《关于中国事件的补充函电·中国第三号》，1912 年，胡滨译：《英国蓝皮书有关辛亥革命资料选译》，第 361 页）

2 月 9 日（辛亥十二月二十二日） 午后，蓝天蔚登上海容号。是日，海容号、南琛号、泰顺号均从登州方面进入芝罘港。

据《音羽舰长致海军大臣电》：午后，南琛号、海容号从登州方面进入芝罘港，英国军舰肯特号出港，驶往威海卫方向。

蓝天蔚今天午后乘上了海容号。（《音羽舰长致海军大臣电》，第 60 号，1912 年 2 月 9 日，米彦军译自 http://www.jacar.go.jp/chinese/index.html"亚洲历史资料中心"）

《音羽舰长致海军大臣电》：泰顺号午前由登州进入芝罘港。图南号午后自上海进入芝罘港。（《音羽舰长致海军大臣电》，第 62 号，1912 年 2 月 9 日，米彦军译自 http://www.jacar.go.jp/chinese/index.html"亚洲历史资料中心"）

△ 胡瑛乘坐图南号抵达芝罘。胡瑛抵达后，蓝天蔚随派汤芗铭、杜锡珪乘坐兵舰到秦皇岛、营口等海口地方去示威。

《音羽舰长致海军大臣电》：音羽舰长的报告：革命军的运输船图南号于午后一时三十分从上海驶来，进入芝罘港。乘坐该船抵达芝罘的山东都督胡瑛立刻登陆，进入都督府，受到市民热烈欢迎。据情报说通济号和图南号同时从吴淞口出发，然而尚未抵达芝罘港。（《音羽舰长致海军大臣电》，第 60 号，1912 年 2 月 9 日，米彦军译自 http://www.jacar.go.jp/chinese/index.html"亚洲历史资料中心"）

汤芗铭回忆：我到烟台不过数日，南京政府任命的烟台都督胡瑛也到达了。蓝天蔚被任为关东都督，也到了烟台，和我们取得联系。蓝说，他已派了许多革命同志到了东三省做光复关外的工作，要求我派军舰到营口等处巡弋，以壮声势。我即派海容等舰轮流前往。蓝任商震为关东军司令，商在山东各处招募了一些兵在烟台口外大小钦岛上训练，预备在东北海岸登陆。当时刘艺舟等革命同志光复了山东登州等地，我曾派兵舰到登州海面，与他们相呼应。

我们很重视蓝天蔚光复东三省的企图。我同杜锡珪坐海容在大沽口停泊,连续派兵舰到秦皇岛、营口等海口地方去示威。(汤芗铭:《辛亥海军起义的前前后后》,方建文等主编:《百年名人自述——20世纪中国风云实录》1,第420页)

《时报》载:此中蓝天蔚部下张某因奉军命,为近海示威运动,□□转告乏特登近陆,以为购食,非有深入陆地之目的□□。(《北伐军在大孤山行踪详报》,上海《时报》1912年2月30日,第三版)

△ 张绍曾电蓝天蔚:大连探交关外民国都督蓝秀豪兄鉴:阅公现在关东,努力共和事业,至为钦佩!惟南北刻已一致赞成共和,东三省军队亦无异议,闻优待条件,不日即可宣布,亦无庸再事兵力,东省向为胡匪啸聚之区,又与强邻逼处,举动稍一不慎,地方秩序,国际交涉,在在堪虞,望兄转饬所部,暂行按兵勿动,静候时局解决,俾东省地方不至糜烂,造福匪浅,无任盼盼,绍曾叩。院代。(《张绍曾致蓝天蔚电》,1912年2月9日,赵镇玟:《辛亥革命期间张广建电函选辑》,中国科学院山东分院历史研究所编:《山东省志资料》第一期,山东人民出版社1961年版,第46页)

△ 有谓,蓝天蔚曾乘海容舰驶往烟台检验枪械。

县城失陷前二日,张彦臣由登州军政府借款订购蓝天蔚枪,携带随员张明远(湖北人)同蓝乘海容舰驶烟检验枪械。至烟,闻黄县失守,立约邹耀廷、徐镜心面见胡督求援,胡允派沪军。次日开拔令已下,以海涛风涌折回,未果行。2月12日(二十五日),连承基、徐子鉴及幕僚参佐均到烟。黄县驻烟同乡闻县城陷落,莫不惊愤欲绝。是日,沪军司令刘基炎所部乘舟开驶登州。(《黄县革命史实》,《山东近代史资料选集》,第203页)

△ 在庄河,蓝天蔚北伐革命军与清军发生剧烈之战。

《庄河县志》:二十二日与革军为第二次最剧烈之战。是日拂曙,西北风疾,革军乘风势向官军射击。官军不支,退扎治城河东,运回伤亡士卒,道路相属,人心惶惑,有风声鹤唳之警。旋因南北和议成,于二十八九两日双方奉电停战,遂各撤兵,而县守无人,马统领因荐委该营总理王骞暂署。(《庄河县志》卷五,第229页)

2月10日(辛亥十二月二十三日) 蓝天蔚向日方声明,官革两军已经开始战斗,革命军单方撤兵已不可能。

据《大岛关东都督致内田外务大臣电》:

已向内阁总理大臣发出如下电报:

关于来电所示,要求登陆军撤去问题,自当再次遵照执行。但官军纯系为讨伐革命党而来,故对官军亦应显示威力,实属理所当然。况蓝天蔚也已言明,刻下官、革两军已经开始战斗,革命军单方撤兵,事实上已不可能,则与我国一向宣示之公正态度不合,必将构成对革命军之重大压迫。窃察尊电意旨,当已预见及此。当此之际,若遇事一一请示、报告,殊恐贻误机宜,可否由本职相机酌情处理,希急电示。（《大岛关东都督致内田外务大臣电》,第 278 号,1912 年 2 月 10 日,《日本外交文书选译——关于辛亥革命》,第 242 页）

△ 蓝天蔚转伍廷芳电,各处军队一律揭挂中华民国五色国旗,奉天全省商务会一体遵照以示统一。

《中华民国关外军政府都督蓝为照会事》:顷准外交总长伍廷芳电开南京孙大总统、武昌黎副总统及各省都督、前敌各军司令官公鉴:陆军部来电,知各处清军与民军接近者时有冲突,今者清帝辞位,清国统治权业已消灭。自今以后,国内所有军队皆中华民国之军队,岂可自相冲突? 廷与唐君已电告袁君慰廷,通饬各处军队一律揭挂中华民国五色国旗,以示统一。此后见同一国旗,各军队不可攻击。如见清国军队尚未改悬国旗者,应即通告,饬其遵照。袁已电命改悬民国国旗,如有始终甘为民国之敌,而不遵行者,则为两方所共弃。等因准此。本都督除通告各军队外,相应备文照会贵会转知商民人等一体遵照,以示统一,而免歧义。须至照会者。右 照会。奉天全省商务会。中华民国元年二月十日。（《中华民国关外军政府都督蓝之照会》,1912 年,辽宁省档案馆藏）

△ 据《海军大臣发来的电报》:十日正午调查发现,革命军船只海容号、海琛号、南琛号、舞凤号、新昌号、新铭号、泰顺号、图南号等不知去向。（《海军大臣发来的电报》,第 63 号,1912 年 2 月 10 日,米彦军译自 http://www.jacar.go.jp/chinese/index.html "亚洲历史资料中心"）

2 月 11 日（辛亥十二月二十四日） 陆军部电蓝天蔚,所有北伐军改名为讨虏军。

《台湾日日新报》载:南京陆军部电云,武昌黎副总统及各省都督转关外蓝都督暨司令官各军政分府鉴,二月十一日奉临时大总统令,现在北军既已赞同共和,从此南北一家,必无自相攻击之理。如有执迷不悟,反抗共和者,是为南北之公敌,中华之蟊贼,大张挞伐,以歼丑类,克竟全功,兹据北军赞同共和,深堪嘉许。应由贵部饬所有北伐军悉改名为讨虏,以符名实,而免误会为要。此令陆军部知照等因奉此。除驻宁各军另由本部知照外,凡各省所属军,希速改饬遵照。如有北伐军名目,应即照改,并仍驻原地切实改编,严加训练,以待后效。（《军队改名》,《台湾日日新报》,1912 年 3 月 2 日,第四版）

△ 蓝天蔚致电关东都督府,谓本军队保护外人生命财产,期南满铁道保守中立。

《日本领事馆致奉天交涉司节略》：蓝天蔚特于今日电致我(关东都督府)，谓奉中华民国临时大总统之委任为关外事务都督之职，以本军队所到之处极任保护外人生命财产之责。窃查东三省铁道既为贵国所有，而贵国素称文明，维持和平，确守中立条件，想南满铁道应如何保守中立，其民国军队当与清国军队受同一之权利也。(《日本领事馆致奉天交涉司节略》，宣统三年十二月二十四日，《东三省辛亥革命史料》，《清代档案史料丛编》第 8 辑，第 164—165 页)

△　蓝天蔚派陕西代表到沪制造局学习枪法。

《申报》载：关外蓝都督派陕西代表高正中等十余员于日前抵沪，至制造局学习开放新式快枪及机关枪手法。业经李总理谕令匠目，于前日起，每日在局教练，一俟学成，即须回陕，训练兵士。(《陕人学习枪法》，《申报》1912 年 2 月 11 日，第七版)

△　有谓，因蓝天蔚失信，致使黄县失守。

张静斋之《黄县革命史实》，记述"海琛军舰之来去"：

先是，沪军未莅黄前，有关东都督蓝天蔚率海军军舰曰海琛、海筹、海容泊于芝罘，待机北驶。蓝以滦州革命失败退集渤海湾中止，苦无所进展，适我军初三日北马败退，请兵登州军政府，并电请蓝氏拨派兵舰援助，当经复电允许。越日，海琛由烟台直驶登州，其参谋长周远村随至，时张彦臣在登州，以战事紧急，与周氏商略，愿以三万元犒军，请其火速援黄。周氏欣然允诺，即日开抵龙口。中间此款因故缺付，海军颇怏怏，以是未果登陆。停泊六七日，子鉴至龙口，将寻晤舰长。奈泊处较远，欲乘小艇而往，又以风浪被阻，旋托商会代赁宁静丸乘往接洽，至则风浪愈大，实未傍舷，乃以书投舰上，并悬国旗，以表欢迎。久之，见有书画投下，而又落于水中，两方语言为风浪震喧，迄莫能辨，子鉴怅然而返。次日风定，海琛竟驶去。(《黄县革命史实》，《山东近代史资料选集》，第 199 页)

丁惟汾忆：时急电一时数发，请兵专使前后相接而去，久之援兵无一至，而县中军民两署吏泰半弃职逃矣。副民政长王治芗坚守不去，见城将陷，询其所以致败之由，为电通告国中，使之城陷之罪有所归也。曰："黄县自江日后无日不与敌军相持，连都督始至，以兵械单寡，即委人之大连购械，匝月弹械不至，人亦俱杳。近闻方纵乐大连娼寮中也。刘司令继以大军西来，地方供应无不至，与连督不协，遽委城去。以三军之司令，等群儿之抛惰；掷全城之生灵，赌二人之闲气。关东蓝都督军舰泊蓬莱，必许以三万元始来援。款未集，援也不至。所号召于天下者，莫不曰为主义而牺牲，其所表为事实者，乃皆唯利是图，宁非同盟之耻乎？以此敌遂大举反攻，今城被围已三日矣，飞电告急，而云霓无望。申包胥之哭秦庭，将近七日；南霁云之乞贺兰，不遣一兵；此治芗所以椎心泣血，为十余万人民呼诉于钧听也。不意吾党中人,贪婪突梯,犹吾大夫崔子,此真可为痛哭者也。伏恳飞派援军,救此垂尽之民。治莶自誓与城存亡而已。"电所谓江日者,夏历辛亥年(1911 年)十二月三日,国历元年一月二十日也。(丁惟汾:《山东革命党史稿》,山东省政协文史资料委员会:《辛亥革命在山东》,《山东文史资料选辑》第 31 辑,山东人民出版社 1991 年版,第 420 页;《黄县革命史实》,《山东近代史资料选集》,第 200—202 页)

张静斋谓:在蓬莱住了两天,我去烟台,在船上遇见关外都督蓝天蔚的参谋。当护军撤退,黄城空虚。曾要求蓝派军舰停泊龙口湾,作为声援,并愿以 3 万元犒军。蓝欣然接受,派海琛舰驶龙口。3 万元数虽不大,而战事紧急之际,商店多闭门,筹借也不太容易。经过六七天,款项筹妥而海琛舰悄然开去。后来我在大顺船上问他的参谋张明远,为何这样小器?他道:"蓝都督胆小如鼠,海琛停泊龙口,难道莱州清兵叶长盛还能给劫去不成!"又叹道:"蓝都督就是这样!和滦州已期会好了,只要陆地再发动,海军即立即驰援,而滦州发动了,蓝偏迟迟不行,牺牲了好多同志!"[1]当时顾不得细问,家乡残破,心情烦乱,不可能再过问更多的事情。(张静斋:《辛亥黄县革命的点滴忆》,《山东文史资料选辑》第 31 辑,第 44 页)

　△　有谓,黄县失守,烟台受各方面非难,后经蓝天蔚刘基炎斡旋,得和平解决。

邱绍尹谓,黄县失守的原因:① 敌军闻我起了内讧,又得到增援的潍县军队,乘机反攻;② 因内讧关系,士气不振;③ 鲁、沪军龃龉,沪军撤退登州;④ 登州对后方烟台起了顾虑,不能专力应付前方;⑤ 登州购买的大部武器,弹药都为烟台所扣留。黄县失守,死亡五百多人,究应谁负其责,事情是很明显的。当黄县告急时,丕振已与沪军商妥,正拟联合出兵驰援,而黄县守军已弃城退来,丕振收容编入北伐队中,一部随连绍先又退往烟台。黄县败讯传来,烟台受各方面舆论激烈的非难,又经关外军蓝天蔚和沪军刘基炎的从中斡旋,才得和平解决:① 登州改为军政分

---

① 按:滦州起义经过如下:随着吴禄贞被刺、张绍曾放弃起义、蓝天蔚被逐奉天,滦州兵谏失败。1911 年 12 月 31 日,第二十镇第七十九标王金铭、施从云等所属的三个营官兵实行滦州起义,成立北方革命军政府,通电宣布独立。原预定推举七十九标标统岳兆麟或通永镇镇守使王怀庆为北方军政府大都督,然 1912 年 1 月 2 日,王怀庆假意应允,而于次日晨逃走。故 1 月 3 日,王金铭就任北方军政府大都督,施从云为总司令,张建功为副都督。下午,王金铭、施从云等人欲西进攻取天津、北京。副都督张建功率第三营临阵倒戈,王、施决定放弃滦州,当晚率一二营官兵七百余人,登车西进。行至雷庄,与王怀庆淮军一部协统陈文远发生交战,王、施被捕。1 月 5 日,王金铭、施从云等人牺牲。白雅雨等也于 1 月 7 日被害于开平。辛亥滦州起义失败。

滦州起义发生的时间为 1911 年 12 月 31 日—1 月 7 日,考此期间,据各报载,蓝天蔚正南下上海,紧急运筹北伐诸事。12 月 28 日,因睹南方不和,北伐之事不进,愤而自戕,各报就蓝自戕事件发表消息和评论,呼吁停止内争,进行援鄂和北伐。此后受到沪方各界援助。至 1912 年 1 月 12 日,蓝始受孙中山电令,节制北伐之沪军及海容、海琛、南琛三舰出征。

府,丕振为分府司令;② 烟台方面不再索枪;③ 所逮捕的人,尽行释放,分任烟台军政府各项职务。所谓留军政府任职,实际仍是留在烟台作质的性质。内部问题既告解决,于是又合力进攻,夺回黄县。(邱绍尹:《邱丕振史略》,莱州市政协文史资料委员会《莱州文史资料》编辑部编:《纪念辛亥革命 80 周年专辑》,《莱州文史资料》1991 第 5 辑,第 29 页)

2 月 12 日(辛亥十二月二十五日) 蓝天蔚致电通义银行转机关部:关外事承热心赞助,极为感谢。现虽小获胜利而饷械两缺,犹望大力代为运动,以收全功为祷。蓝天蔚叩。十二日。(《蓝天蔚电通义银行转机关部》,《沪军都督府调查部往来要电》,上海市历史博物馆藏)

△ 各同盟会员所请求蓝天蔚解救奉天急进会会长张涵初。

《民立报》转关外蓝都督:奉天急进会会长张涵初为赵尔巽拘禁,当此通国赞成共和时代,张君主张急进即无罪名,理应释放,祈公电商伍外交长与赵督严重交涉,并祈就近派人往狱慰问。同盟会员陈策常、时芳潜、胡维栋等同叩。(《民立报》1912 年 2 月 12 日,第 2 页)

△ 蓝天蔚舰队出港采办煤薪。

《盛京时报》收到二十五日"烟台专电":蓝天蔚所率北伐舰队现在采办煤薪,预备出港,未知目的何在。(二十五日收到)(《北伐舰队预备出港》,《盛京时报》1912 年 2 月 13 日,第二版)

△ 刘基炎电陈其美:万急。陈都督鉴:蓝都督将前在沪领之枪械卖与冒充登州总司令之伶人刘某,殊堪惊骇!乞严加追诘。炎叩。(《刘基炎电》,1912 年 2 月 12 日到,《沪军都督府调查部往来要电》,上海市历史博物馆藏)

2 月 13 日(辛亥十二月二十六日) 日关东都督要求蓝天蔚率所部撤出中立地带。

据《相羽驻芝罘副领事致内田外务大臣电》:我水雷艇苍鹰号于二月十三日黎明驶入本港,携来我关东都督要求蓝天蔚令其所部撤出中立地带之备忘录,当即转由先期到达此地公干之都督副官山县大尉,于当日上午十一时许,当面交与蓝天蔚,并限定于二十四小时以内做出回答。据闻该大尉曾将本职前发 47 号、53 号两电(编译者注:相羽致内田第 47、第 53 两电均缺)电文开示与蓝,以为其提供方便。(《相羽驻芝罘副领事致内田外务大臣电》,第 63 号,1912 年 2 月 13 日,《日本外交文书选译——关于辛亥革命》,第 243 页)

据稻叶正夫之《辛亥革命至满洲事变前夕的日中关系》所述:1912 年初,革命党企图进入北京,同时由海路进入山东,再登陆辽东半岛,准备从满洲推翻清朝,为此建立了北伐第一军,在蓝天蔚总司令的率领下北进到芝罘海湾。但是,我第二舰队司令长官向蓝天蔚递交了在辽东半岛禁止一切军事行动的警告书。随后关东都督陆军参谋四五天延孝少佐[1]奉参谋本部命令,到芝罘与蓝联系。该少佐从赤羽近卫队以来就是蓝天蔚的老相识。

此时段祺瑞、冯国璋等北方军阀大体上反对共和,赞成君主立宪制。滦州的叛军以及满洲等地与革命军互通气息策划活动的也不少,并且以南满铁路附属地为据点大肆活动。(稻叶正夫〈日本陆军中佐,现战史编纂官〉:《辛亥革命至满洲事变前夕的日中关系》,张立民、申泽福、孙雷门、张玉璞合译:《青木宣纯与阪西利八郎》,日本"土肥原贤二刊行本"编:《土肥原秘录》,中华书局 1980 年版;中国人民政治协商会议天津市委员会文史资料研究委员会:《天津文史资料选辑》第 30 辑,天津人民出版社 1985 年版,第 195 页)

《旅顺镇守府司令长官致日本海军大臣电》: 2 月 13 日,关东都督府根据我日本相关法令,对仍逗留在中立地带内的官军和北伐革命军发出最后通告: 限 7 日以内撤到中立地带之外。为了监视北伐革命军和官军的对撤退通告的执行情况,特做如下部署: 从驻扎旅顺的步兵第 22 联队派兵,统一由联队长指挥。其一,步兵一个大队赶往荜子嵩方向;其二,一个中队前往盖平;其三,一个中队前往万家岭、瓦房店、得利寺方面。预计 13 日早上从旅顺出发。除此之外,还要向革命军通知其应撤退的地点。假如革命军从大连撤退,可能会给当地日本海军添麻烦,希望做好心理准备。另外,应关东都督的请求,将此事的始末缘由形成档,交付烟台关东都督府陆军部副官。为此,将苍鹰舰派往烟台。由烟台关东都督府陆军部副官将该文件亲手交给蓝天蔚。日方相关事务人员要叮嘱蓝天蔚一定要遵循关东都督府的相关训令。在中立地带内不得进行任何战斗行为。日本帝国政府对擅自在中立地带进行战斗行为者予以膺惩,绝不姑息。希望贵军尽早从中立地带撤出。具体内容如下:

(一) 希望蓝天蔚将军命令您的部队尽早撤到中立地带之外。而且必须在接到本通牒七日内(从接到本通牒的翌日算起),完成撤军。

(二) 在撤军之前,希望蓝将军能够就以下事宜在接到本通牒 24 小时以内,向我日方负责人员作出答覆: 其一,蓝将军您将采取的具体的撤军方法;其二,具体从哪里撤军;其三,现在驻扎中立地带的蓝将军的士兵数目、兵力部署、最高指挥官。各方面军高级指挥官的姓名。

(三) 如果蓝将军的部下在撤退之时,需要我日军保护的话,尽管直言,我日方

---

① 四王天延孝(1879—1962),旧姓西村。毕业陆军军官学校、陆军大学。历任近卫工兵大队付、关东都督府陆军参谋、关东军司令部付、陆军航空学校教官、陆军省军务局航空科长、国际联盟陆军代表兼空军代表、帝国飞行协会专职理事,日本伊斯兰教协会会长、日本反犹太协会会长。陆军中将。

可以通力协作。

(四)本官的职责是根据通牒的具体规定,监视蓝将军的部队撤离中立地带。为此,已向各地派出了部队。

(五)我日军在执行军事任务时,会打出日本国旗。希望蓝将军将此事告知您的部下。

(六)本官正在等待蓝将军就第二项所列事项作出答覆。如果超过规定时间,还不能给出答覆,我等就会认为蓝将军没有诚意,不准备答应我日方的正当要求。在这种情况下,敬请蓝将军做好心理准备:我日军会以武力采取适当行动。而且,我日方对因此造成的一切后果不负任何责任。

(七)除了前一项要求之外,本官要求蓝将军在18日(接到通牒后第四天)正午以后,立即终止战斗行为。关东都督子爵大岛义昌。13日。(《要求蓝天蔚令其所部撤出中立地带之备忘录》,《旅顺镇守府司令长官致日本海军大臣电》,第74号,1912年2月12日,米彦军译自http://www.jacar.go.jp/chinese/index.html"亚洲历史资料中心")

△　日方通牒蓝天蔚北伐军退出中立地带,同时,亦向东三省总督赵尔巽发出一份备忘录。

《备忘录》:此前日本帝国政府向北伐军司令官蓝天蔚发出警告:鉴于该地带性质属于中立地带,革命军不得在此登陆。然而,革命军无视这一警告,竟然偷偷让其兵员登陆。是故帝国政府再次要求贵方谴责蓝天蔚背信弃义,不守法律,于是蓝天蔚并声明要将登陆兵员撤走。然而,现状与其声明相反,不仅不撤军,还(与贵军)发生战斗行为,可见蓝天蔚毫无诚意可言。这是日本帝国政府所不能忍受的。因此,今天向蓝天蔚发出通牒,限蓝天蔚在一周内从中立地带撤兵,否则兵戎相见。这实属不得已而为之。在通告上述事由的同时,为避免由此产生误解,特向贵总督提出以下要求。兹认为这属于必要措施,如果贵方不照此行事,产生的一切后果日本帝国政府概不负责,特此声明:

日本帝国政府监督登陆的革命军撤出中立地带,而且如有必要帝国将派军,以武力强制革命军撤出中立地带,贵国军队不得进行干涉;

为使贵军和革命军顺利撤出,位于中立地带的两军自接到本通牒之后(从发出通牒的第二天算起)第四天正午开始停止敌对行为。

此次,贵军为了平叛进入中立地带,但必须在接到本通牒后七日内撤到中立地带以外;

告知贵国军队及军人,以免造成误会,日本军队打着国旗。

又及,前者,我日本帝国政府发出通牒,要求革命军和官军撤出中立地带,对

此,贵国于农历十二月二十六日,以公文形式予以答复,已经收悉。(《备忘录》,1912
年 2 月 12 日,米彦军译自 http://www.jacar.go.jp/chinese/index.html"亚洲历史资料中心")

　　△　北伐军南琛号及其余军舰均预出港采办煤水。

　　《盛京时报谓》北伐军舰海琛号预备一切,已于二十五日出港驶赴连山湾方面,
南琛及其余军舰亦均采办煤水,预备出港,预备约于二十六日一律北驶,闻该舰队
拟与满洲北伐军水陆相应,实行侵略。(二十六日收到)(《北伐军舰相继出港矣》,《盛京
时报》1912 年 2 月 14 日,第二版)

　　△　《盛京时报》谓:蓝天蔚所部在某省之民军共计三千二百人,带有野炮暨
机关枪各数尊,另有敢死突击队计二百人,兵数益增加,接济军械军火及军费事,业
经筹定办法,陆续运往。(二十六日收到)(《壮哉北伐之军声》,《盛京时报》1912 年 2 月 14
日,第二版)

　　△　《盛京时报》谓:顷闻革党由连埠来奉,寓在某界之某处,均奉有关东都督
蓝天蔚之命令,共计二百余人,派往各处联络各界布置起事。所闻如是,未知确否?
(《果有革党潜入乎》,《盛京时报》1912 年 2 月 14 日,第五版)

　　△　袁世凯为改定国体致蓝天蔚等各督抚电。

　　(1)致各督抚电

　　世凯卧病三年,无志问世。朝旨敦促,迭辞弗获。自督师洎入朝,抱定君宪宗
旨。乃大势推迁,内外牵逼,东南区域,既皆瓦解,西北各省,时复响应。资政院及
各谘议局,并商学各界,均主不以兵力平乱。又库储奇绌,借款为难,械不能购,兵
不能增,以致汉口复而海军继变,汉阳克而南京旋失。江海之权亡,财赋之源绝。
虽设法激励将士,取消山东独立,规复山西省垣,力保陕洛,收抚大同一带,勉为支
撑,北方赖以粗安。而潮流剧烈,到处灌输,民党散布京津,时谋举动,土匪又所在
蜂起,分兵布置,防不胜防。重以六国调停,以尊重人道,息战和商为请,不得已始
有代表讨论之行,继有公决国体之诏,磋商多日,迄无成议。迁延愈久,险象环生,
外人以商务赔款时有责言,会匪土匪焚掠淫杀,均以大局未定,难于剿办。近则库
伦、伊犁、呼伦各处告独立,西藏变动屡见,内多糜烂之患,外动干涉之机。民军
时复分道北攻,齐豫则警报频来,徐颖又援师莫继。兵饷多方凑发,异常竭蹶,年内
非有百万,不克度岁。而军心摇动,政见变迁,若再相持,转瞬春融冰解,民军北来,
欲战不能,欲和不及,非但生灵涂炭,必至京师震惊,何以安宫廷而保陵庙,何以全
皇族而活旗民。世凯遭此困难,祈死不得,求去不允。与惟德等私忧窃叹,辄至相
向泣下。近者各国驻使,各埠商团,各处议会、各路军队、各省督抚纷纷来电,咸谓
人心趋向共和,断难逆遏,事机危迫,呼吸存亡,与其为城下盟,后祸不堪设想,何如

恩出自上,早日宣布共和。俾君上不失尊荣,国民乐为酬报,并责以不应以两宫及北方生命财产为孤注,侥幸一战,不虑万全。慈宫亲贵,鉴观大势,默察舆情,迭次召集会议,均主万无可战之理。世凯等复屡荷慈谕,谆谆以保全宗庙、陵寝,及安全两宫相训勉,并谓万不可激成种族之惨祸。闻命惴栗,惧莫能副,心力既竭,计无复之,只得以国家为前提,以安上全下为目的,以多数舆论为从违。当奉懿旨,与民军先商优礼皇室,暨待遇满、蒙、回、藏等条件,此实朝廷两害取轻,万不得已之苦衷,果能双方同意和平解决,皇室既可永享尊荣,为前代所未有,而满、蒙、回、藏世爵各旗俸饷均可照旧,不致停废,以视决裂之后,受祸不测者,其安危苦乐,殆不可同年而语。磋商数四,朝廷比较利害,斟酌定议,遂有今日之局。诸公热心求治,伟略匡时,渴望和平,定征同意。惟于此中原委,或尚恐未知其详,用敢略述奉达,伏乞亮鉴。袁世凯、胡惟德、赵秉钧、绍英、唐景崇、王士珍[1]、谭学衡、沈家本、熙彦、梁士诒、达寿[2]同叩。

(2)致北方各督抚及所辖各军队电

从前政体未定,革命党人为改良政治起见,多持激烈主义,以致地方不靖,各省官吏不免有捕拿党人之事。现已宣布共和,端赖组织政党,建设一切。嗣后各省及带兵官,务饬所属,勿得再拿党人。其已拿者,均须一律释放。至实系土匪扰害地方,既不得藉党人为名,自应从严惩治,以维秩序。全权袁。

(3)致北方各督抚各府州县电

现在改定国体,采用共和,业经大清皇帝明白宣布。凡我国民,须知此次改革,为我国从来未有之创局。非舍故君而代以新君,乃由帝政而变为民政。自兹以往,我中国之统治权,非复一姓所独擅,而为四百兆人所公有。我中华国民,不论满、汉、蒙、回、藏何种民族,均由专制朝廷之臣仆,一跃而为共和平等之人民,实我中华无上之光荣,亦世界罕闻之盛举。惟当新陈代谢之交,正祸福攸关之日,始基不慎,遗害何穷。吾人同属国民,各有天职,艰难缔造,义不容辞。凯以非才,谬膺组织临时政府之任,力小荷重,其何能堪。所赖我贤士大夫各竭知能,共谋匡济。诸公久膺疆寄,外观世局,内察民情,必有以慰同胞望治之心,方不负大清皇帝致政之意。其或愚氓无识,胥动浮言,亦宜剀切详明,广为劝导,务令各安生业,不酿事端,是为

---

① 王士珍(1861—1930),字聘卿,号冠儒,直隶正定人。北洋武备学堂炮兵科毕业。历任小站督操营务处会办兼讲武堂总教习,北洋常备军左翼翼长、军政司正使署陆军部右侍郎、第六镇统制、江北提督、参谋部尚书、陆军总长。北洋政府授陆军上将。

② 达寿(1870—?),字智甫,满洲正红旗人,前清翰林,理藩部侍郎。历任资政院副总裁、袁世凯内阁理藩大臣,高等文官惩戒委员、宪法起草委员、内务次长、蒙藏院副总裁。

至要。至地方有司，在新官制未定以前，一切暂仍旧贯，所有各官署，应行之公务，应司之职掌，以及公款、公物，均应赓续进行，切实保管，不可稍懈。总之，共和国家舆论即为法律之母，国是一定，万难再事动摇，无论何人，均有服从国法之义务。凯虽不敏，愿与诸公努力行之。敬布腹心，即希亮察。全权袁。《临时公报》辛亥年（1911 年）十二月二十七日。（《袁世凯等为改定国体致各督抚等电》，中国第二历史档案馆：《中华民国史档案资料汇编》第 2 辑，第 77—79 页）

2 月 14 日（辛亥十二月二十七日）　蓝天蔚答覆日方，一周内撤退军队。

据《相羽驻芝罘副领事致内田外务大臣电》：关于前发第 64 号电（编译者注：应为第 63 号之误）所述问题，蓝天蔚已于二月十四日上午十一时左右交来回答。我苍鹰舰已携此回答于同日正午解缆，返航旅顺。

蓝氏所答要点如下：

撤退军队，当于一周之内实行。关于撤退地点，如能得到日军保护，全军可先向瓦房店集结，然后撤往盖平；否则即经由庄河、大孤山一线，向大洋河左岸长三沟一带撤退。（《相羽驻芝罘副领事致内田外务大臣电》，第 67 号，1912 年 2 月 15 日，《日本外交文书选译——关于辛亥革命》，第 244 页）

△　蓝天蔚照会驻奉天各领事，声称受命来奉组织军政府。

关于蓝天蔚之情形。查蓝天蔚自称关外都督，招匪滋事，屡次暴动，近且由复州中立地登岸，与官兵接仗。现国体既定，心仍不惬，昨照会驻奉各领事，声称不日来奉组织军政府。应请钧处向伍代表诘问，饬其速即退归，免生冲突。其照会原文录如下：现清帝退位，战祸告终，蔚奉中华民国临时大总统命令都督关东，不日即来奉天组织军政府。特此预告，务望贵领事宣布通知。无任祷切。关外大都督蓝天蔚叩。中十二月二十七日，西二月十四号。（《袁金铠代拟致袁世凯函之条件》，1912 年 2 月，《东三省辛亥革命史料》，《清代档案史料丛编》第 8 辑，第 205 页）

△　马龙潭致赵尔巽电，认为日方故意维护蓝军。

盛京督宪：靖。日领前以官军匪党如由中立地外登岸，均不干预，足见敦纰邦谊。讵匪乘我兵单，遽出挑战，两方虽有伤亡，未分胜负。今我队绕道调集，冯、刘二军亦由中立地线齐来助剿，并未违禁，何以日领遽谓蓝登中立口岸，并令我军均限七日退出隙地等语。明知我兵力厚，匪寡不敌，故意设法回护。似此掣肘，主权丧失，殊堪浩叹。官剿办土匪，原为保卫中外生命财产起见，即考诸万国公法，无亢背理。请速饬司交涉，订定地点，转示饬知，翼能兜剿寇匪，共享和平。二十六日，驻瓦房店之大队长津九居照会，不准官革两军在彼附属地及铁路二十里以内越境举战，已传知军队一律遵守矣。并闻。潭。二十七日。（下午五点三十分大孤山发十五日下午九点到,《巡防右路统领马龙潭致赵尔巽电》,1912年2月14日,《东三省辛亥革命史料》,《清代档案史料丛编》第8辑,第186—187页)

2月15日(辛亥十二月二十八日) 蓝天蔚、胡瑛接到南京陆军部转致的孙中山训电。

据《给蓝天蔚胡瑛的训令》:关外大都督蓝天蔚、山东都督胡瑛于日昨接到南京陆军部转致的孙大总统训电,略称,所有北军刻已赞同共和,政府曩者南北对峙,今已合成一体,无复有滥事残杀之理,若尚有执迷动兵者,则是南北公敌、中华民贼,吾人所认为反对共和而无忌惮者也。切盼我共和国军人必须同心协力,决志讨伐,以歼丑类,是以贵官自今以后,北伐军改称讨虏军,将专以讨灭反抗民军者为目的,至各军队均留现驻地点,振肃军纪,慎重操练,勿滥事杀伐。(《南京陆军部转致孙大总统训令》,1912年2月15日,陈旭麓、郝盛潮主编:《孙中山集外集》,上海人民出版社1990年版,第671—672页)

△ 同日蓝天蔚致电孙文,请免关外都督职任。

《蓝天蔚致孙中山电》:孙大总统钧鉴,读虏廷退位之宣言,吾人之凤愿已偿。虽东三省顽梗,闻袁已派段芝贵在奉经营,不难奏功。蔚才德两无,械饷双缺,都督关外,实愧厥职。恳我总统立即取消,且免段某,见□□同志数百人,死士数千人,经营数月,用款三十余万,应如何善后事宜,请公速与袁公妥商办法,不然恐演出无限之变态。立盼释命。蓝天蔚谨叩。删。(烟台来电,《蓝天蔚致孙中山电》,1912年2月15日,《南京临时政府公报》第十七号,存萃学社编集:《辛亥革命资料汇集》第五册,第139页)

△ 《中国公共图书馆古籍文献珍本汇刊·史部·辛亥革命稀见史料汇编》谓:会南京政府成立,遂任蓝天蔚为关东都督,亦分遣党人至辽西凤凰厅、庄河厅、复州辽阳各处,图大举,旋起旋伏,均不能有所进展,而蓝天蔚亦始终未履奉境。故东三省之政权卒操于保安会,至南北统一归政焉。(《中国公共图书馆古籍文献珍本汇刊·史部·辛亥革命稀见史料汇编》,第130—131页)

罗正纬谓:滦州革命,自吴禄贞、张绍曾、蓝天蔚等迭次规划,实力因之以张,继由王金铭、施从云、冯玉祥、白毓昆、张之江、张树声、石敬亭、鹿钟麟、韩复榘等接续进行,卒能毅然独立,雷庄之役虽顿挫,而清廷震服,和议乃成,功绩亦彰彰矣,其后彭家珍刺良弼,商震组织关外军,蓝天蔚率领北伐军,皆完成滦州革命之工作也。(《辛亥滦州革命纪实初稿》,罗正纬著:《罗正纬著作汇编》,2012年,第193页)

△ 蓝天蔚致电南京,请派兵维持满洲安宁。

《台湾日日新报》载:南京接蓝天蔚急电,询问满洲施政方针,且言非用兵,满洲安宁万难维持。请速遣准备出发之二千兵及弹药到该地。（十五日南京发，《蓝天蔚电请派兵》，《台湾日日新报》1912 年 2 月 17 日，汉文第四版；日文第一版）

△　蓝天蔚调刘世杰赴烟台。

刘世杰谓：去秋八月十九起义武昌，世杰先以陆军毕业，于庚戌（1910 年）正月来任教，驻鄂隆罩第三中学堂，随藉志士入城占领，辗战汉阳、夏口间。共和告成，关外都督蓝秀豪先生调赴烟台，关东事竣，仍返武昌。（刘世杰：《袁世凯祸黔》，中国科学院历史研究所第三所：《云南、贵州辛亥革命资料》，科学出版社 1959 年版，第 262 页）

△　蓝天蔚北伐舰队装饰一新，发十一炮庆祝皇帝退位。

《台湾日日新报》载：据音羽舰长报告，停泊芝罘北伐舰队接南京政府海军部电，此次皇帝退位，订十五日举大祝典，在港舰队各宜满舰装饰，发二十一祝炮。（十六日东京发）（《芝罘舰队与祝典》，《台湾日日新报》1912 年 2 月 17 日，第四版）

△　蓝天蔚北伐军舰通济号出航。

《盛京时报》载：北伐军舰通济号于本日拔锚向盖平、熊岳城方面进发。（《军舰通济号出航》，《盛京时报》1912 年 2 月 16 日，第五版）

△　蓝天蔚北伐军与官军为日方通牒撤出中立地带，赵尔巽同时向日方提出要将官军留下剿匪，日方回复，如想将军队留在中立地带，需要将土匪的具体位置、官军的位置、兵力人数、指挥官姓名等详细情况知会我日方，蒙其允许后方能行事。

《日本总领事落合谦太郎致赵尔巽函》：清国东三省总督赵尔巽阁下：前者，我日本帝国政府发出通牒，要求革命军和官军撤出中立地带，对此，贵国于农历十二月二十八日，以公文形式予以答复，已经收悉。对此，就上述事宜我帝国政府及关东都督府以电报回复如下：

已经发出通牒，要求革命军撤出中立地带，如果不从，我将以武力强行要求其执行上述要求。

鉴于贵国军队的位置和使用的运输、通讯方法现状，我日方认为停战命令传达到军队是需要时间的，在时间上打出了富余，由此决定了停战的开始日期，很难变更。

在备忘录中并未涉及剿匪问题，是故如果想将军队留在中立地带，需要将土匪的具体位置、官军的位置、兵力人数、指挥官姓名等详细情况知会我日方，在得到我方的允许后方能行事。

就以上各条希望得到您的答复。1912 年 2 月 15 日于奉天。大日本帝国总领事落合谦太郎。（《日本总领事落合谦太郎致赵尔巽函》，1912 年 2 月 15 日，米彦军译自 http://www.jacar.go.jp/chinese/index.html"亚洲历史资料中心"）

2月16日（辛亥十二月二十九日） 《台湾日日新报》载：据当道公报，袁世凯十六日电蓝天蔚，共和既宣布，民军所抗之东三省有国际关系，即系重地，冀速与该地方官协议。蓝返电曰，为民国计，自当平和从事，愿因贵大统领速将从来趣旨，电知东三省民。（以上自十日奉天发，《袁蓝互电》，《台湾日日新报》1912年2月21日，汉文第四版；日文第一版）

　　△　蓝天蔚电饬东省官商改悬五色国旗，袁祚廙与赵尔巽认为蓝天蔚借词寻衅。

　　《袁祚廙为有人持蓝天蔚照会迫令官商改悬五色旗事致赵尔巽电》：盛京督宪：合。新旧之交，国徽、年号如何遵用？顷有人持蓝天蔚照会，迫令官商改悬五色旗，不遵，以公敌论，并以兵队将临共安等词恫吓。如何对待？乞迅电遵。祚廙叩。艳。（奉天省公署档）（《袁祚廙为有人持蓝天蔚照会迫令官商改悬五色旗事致赵尔巽电》，1912年2月16日，宣统三年十二月二十九日，辽宁省档案馆编：《辛亥革命在辽宁档案史料》，第106页）

　　《东三省赵尔巽致袁祚廙电稿》：营口袁道台：靖。五色国旗，政府有电，自可制用，于蓝无关。可向宣告，共和已定，无革命可言，如再煽惑暴动者，即是扰害治安之匪徒，国民之公敌，政府有令，仍须严惩。并一面镇定筹防，勿为空言所吓。至要。督。二十九。（奉天发，《东三省赵尔巽致袁祚廙电稿》，1912年2月16日，《东三省辛亥革命史料》，《清代档案史料丛编》第8辑，第190页）

　　《分巡锦新营口兵备道袁祚廙致赵尔巽电》：督宪：合。顷又接蓝天蔚电开：大总统电，清帝退位，共和民国现已统一，各处应属民国，改悬五色国旗，否则即认为土匪，特先电知。日内即派兵轮前往游弋，如仍未改悬国旗，当即炮击等语。穷急无归，有意寻隙，如何对待，乞迅示遵。祚廙叩。艳。印。（营口发，《分巡锦新营口兵备道袁祚廙致赵尔巽电》，1912年2月16日，《东三省辛亥革命史料》，《清代档案史料丛编》第8辑，第190页）

　　得复：营口袁道，合。改中华民国，升五色旗，用阳历，已通饬遵照矣，蓝更何说？如来东寻衅，惟击之耳。（《五二七六营口道台致赵尔巽电报，接蓝天蔚电民国现已统一各处改悬五色国旗》，1912年2月17日，《清宫辛亥革命档案汇编》第七十七册，第382页；《东三省辛亥革命史料》，《清代档案史料丛编》第8辑，第196页）

　　△　蓝天蔚与谘议局就改悬国旗事互有通电。

　　据《蓝天蔚致谘议局等电》：奉袁大总统电命，共和宣布，革命大功业已告成。东省重要，关俄（系）国际，稍有不靖，大局甚危，同负责任。君为达人，当已鉴及。希与该处地方官平和接洽，至以为盼。等因奉此，合亟电知。希即转饬各城、乡、市、镇，仰体慈意，改悬国旗，庶免生灵涂炭。樱簋幸积，大局幸秒（甚）。蔚实有厚望焉。关外都督蓝天蔚。印。(奉天省公署档)《蓝天蔚致谘议局等电》,《盛京时报》1912 年 6 月 10 日[1],《辛亥革命史资料新编》第三卷,第 199 页)

《申报》谓:据圣彼德堡宣布奉天消息,谓蓝天蔚现劝满洲各城镇悬挂民国新旗。(《申报》1912 年 2 月 23 日,第二版)

△　蓝天蔚电赵尔巽,讽其不能尽忠守节于清廷。

《盛京时报》谓:烟台来电,关外都督蓝天蔚因此次退位明谕业已宣布,本日特电致东督赵次帅,略谓:清廷业经辞职退位,当是时苟为清朝臣民者,义当效死,否则亡命海外,此二者若不择其一为之,则必当提重兵晋京以清君侧(暗指袁世凯言之也)。公若计不出此,含糊了局,则前日之极力主张勤王者,非掩饰世人耳目之词,则谬妄自欺无耻之言,审尔则于公晚节甚有损处,余实为公不取也。(《[奉天]若讥若讽之言》,《盛京时报》1912 年 2 月 16 日,第五版)

△　是日晚,蓝天蔚军占领铁岭。

《申报》载奉天专电:关外民军北伐队已占据铁岭,清军一律归顺,秩序如常。(《申报》1912 年 2 月 22 日,第一版)

《穆厚敦致安格联 29 号函》:铁岭发生骚乱。一个因行为不端被撤职的知县或者知府徐某[2]同蓝天蔚的党羽合伙对知府衙门袭击,并占领了铁岭。张作霖从奉天派了步兵和马队去,徐某和他的同伙被驱逐出城。政府军队回城的时候,发现有日本兵在守卫城门。铁岭现在想必又安靖了。总督发出告示:扰乱共和国治安的人,将予以严重惩罚。(《穆厚敦致安格联 29 号函》,1912 年 2 月 23 日,《中国海关与辛亥革命》,中国近代经济史资料丛刊编辑委员会主编:《帝国主义与中国海关资料丛编》9,第 310—311 页)

孟宪彝致赵尔巽函:昨闻铁岭于三十日被人占领,县令出走,现在各门为外人把手,兵队不得进剿,乱党之贻害地方为祸不浅。又哈埠亦于三十日被党人梁擎宇等数十人持械到道外傅家甸占领,逼令悬挂白旗,极为无意识之举动。今早经么统领奉抚宪电饬剿办,党人在议事会战败,死八九人,被擒十余人,余均逃散,以后当可无事。又公主岭车站地方,昨初一日被党人十余人占领,附属地外之地、商会及交涉分局均服从焉。党人尚未扰乱,维闻逼令商会筹款招兵,无能为也。该处距长春百二十里,恐受影响,业经厚集兵力,联合绅商各界,预为设防。查换旗、改历各事,皆已出示晓谕,彝已为中华民国长春行政长官矣。如有匪徒前来干涉,即照宪

---

[1]　按:此件时间有误,结合谘议局复电,推知当为 1912 年 2 月 16 日。

[2]　徐某即徐麟瑞,江苏宜兴人,曾任铁岭知县(1908 年任)。1910 年东北发生鼠疫,由奉天总督委派为北路防疫专员。1912 年 2 月 15 日率众起义,袭击知县衙门,城内巡警全部逃散。后曾任广东军务会办。

谕按法惩办,无他说也。此间车站附近,亦有党人多名,均已预为之防,令其不得一逞。此等人皆受蓝之札付,均系穷无聊赖之人,并有胡匪在内,扰害地面,摇惑人心,如此行为,不知蓝何以竟至于此也!公主岭为怀德所管界,我帅当已派附近之兵队剿办。惟彼等依附外人属地,交涉亦恐棘手。若各地方官预为设防,出以镇静,当不致有此意外。长春秩序尚好,堪慰慈厪。中华民国元年二月十九日灯下。

(长春发,《吉林西南路分巡兵备道孟宪彝致赵尔巽函》,1912 年 2 月 19 日,《东三省辛亥革命史料》,《清代档案史料丛编》第 8 辑,第 200 页)

　　△ 奉天各团体向南京参议院电请蓝天蔚、徐麟瑞速去。

《奉天谘议局商工农学自治各团体致南京参议院电》:南京参议院鉴:钦奉懿旨宣布共和,此系解决国体问题,东省绅民岂独无此世界眼光、国家思想,故官军绅民同意奉行,已挂五色国旗,一致办理。查全国共和之后,已无革命之可言,现南京临时大总统业经辞职另举,自有统一之办法。乃蓝天蔚于全国共和之后来奉,召集土匪,自称关东大都督,与徐麟瑞分路扰乱,并照会各领事暨各署各界,声称不日即到都督本任,未知来此何为,抑系奉何人命令?岂知奉省介两强之间,地位不同,因扰乱而生冲突,因冲突而启干涉,瓜分不免。所谓甘心断送全国之罪魁者,蓝、徐即其人也,请速提议为祷。奉天谘议局商工农学自治各团体叩。叶。(《奉天各团体关于民军占据铁岭之要电两则》之《奉天谘议局商工农学自治各团体致南京参议院电》,《盛京时报》1912 年 2 月 27 日,第十版)

2 月 16 日(辛亥十二月二十九日)—2 月 17 日(辛亥十二月三十日) 蓝天蔚委派的梁庆余等在哈尔滨起事,占领哈埠巡警局两所、谘议局及其他各公署。此后梁庆余等为官军击获。报载蓝电请袁总统协助办理此事。

《申报》谓:哈尔滨各界亦由民军占领,前清公主岭各官已将行政权交与民军。(《申报》1912 年 2 月 22 日,第一版)

《盛京时报》谓:滨江道于去腊接到民政宪札,饬该道转饬所属各衙署局所立即更换民国旗帜,业经居民一律悬挂,讵料有自称受关外都督蓝天蔚之委派者梁庆余等,并无确实证据,在哈起事。于年前三十日早遂占领滨江厅城,议董两会以及大街电报局均归该革党占领,沿路张贴安民告示,并揭出数款要求地方认可:(一)速将境内杂捐一律免除;(二)即将统税局尽行归其节制;(三)境内各银行亦归其经理;(四)驻哈各军军械皆归其手掌握;(五)谕饬绅商各界速行筹备财政,以上各款交关道邀集各界在议事会开临时会议,各界士绅无以表决,关道亦难承认,遂赴俄电报局电禀列宪,至今年初一日下午三句钟,接到覆电,略谓速将该革党击获,严加惩办,经关道协商陆军么统领。至次日早八钟时该统领带领马部各队至议事会围住严拿乱革,未互相开枪之际,彼革党枪毙者七名,捕获者二十余名,旋即正法二名,陆军受伤者二名,枪毙一名,结果如何,容俟续访。（《革党占领哈尔滨之后报》,《盛京时报》1912 年 2 月 28 日,第二版）

《申报》载:北京电信云,据某领事报告哈尔滨战情,谓阳历二月十六号有自称南京代表多人占据哈埠巡警局两所,翌日复占据谘议局及其他各公署。随要求哈尔滨关道速即归顺。该道不允。一面召集军队密为置,一面要求民军退出谘议局。民军怒即出炸弹抛掷,当场炸伤两人,该关道亦命军队开枪攻击,而于是战局成矣。惟民军设备未周,当时被杀五人,并被拘去二十五人,一律戕害。闻关外都督蓝天蔚君已电请袁总统协助办理此事矣。（《哈尔滨又有小战》,《申报》1912 年 2 月 23 日,第二版）

2 月 17 日（辛亥十二月三十日）　蓝天蔚饬令全军驶赴烟埠,关外第一军接电于是日先行起程。

《盛京时报》谓:关外北伐第一军未及半月而光复地方,如水门子、四平街、瓦房店、尖山口、花园口、石城岛等处,幅员亘三百里,其司令部设在复州东之李家卧龙,部中规模粗具,各科人员均已配定,连与清军开仗,叠获胜利。正图大举,旋接蓝都督电开:"准陆军部铣开:'二月十二日奉临时大总统电谕,现在北军赞同共和,从此南北一家,必无自相攻击之理,倘有执迷不悟反对共和者,即视为南北之公敌,中华之民贼。嗣后北伐军改为讨虏军,等因,奉此,饬令全军驶赴烟埠。"故该军队于十七日（即去岁十二月二十九日［十二月三十日］）由协统邵兆仲率领部下先行起程。（《［复州］关外第一军撤退之原因》,《盛京时报》1912 年 2 月 27 日,第十版）

△　蓝天蔚电孙中山,请命赵尔巽撤退围攻庄河的冯麟阁部。

北京袁大总统鉴:据烟台蓝天蔚都督来电:奉天冯麟阁率步骑千百余,炮十门围攻庄河等因。请速命赵督撤兵,以息战端,至要。孙文,篠。（南京去电,《孙中山电袁世凯》,《南京临时政府公报》第十八号,存萃学社编集:《辛亥革命资料汇集》第五册,第145 页）

△　蓝天蔚致电军界统一会,东省仍反对共和,希军界统一会协力经营。

据《北洋政府大总统府军事处档案》,十二月三十日接烟台蓝天蔚电,东省仍反对共和,嘱本会协力经营。当由本会复电告以东省全体赞成共和,幸勿误会。（《记事录》,《北洋政府大总统府军事处档案》,《中华民国史档案资料汇编·政治》,第750 页）

2 月 17 日（辛亥十二月三十日）　日方认为蓝天蔚确实要控制安东和营口。

据日本外务省档案:在芝罘的山县大尉发现在蓝天蔚管辖区域集结的北伐

军,根据上级发给司令官蒋四有的电令,预将北伐军用军舰和运输船一艘运到大孤山的东边登陆。但是,现在还没有出发,昨夜在大连的参谋长给蓝天蔚发电,为了配合在大孤山登陆,预备在营口设立关外都督府,在大连的指挥部将在数日内移至营口。对此,蓝天蔚还没有决定。然而,蓝天蔚确实要控制安东县和营口。蓝天蔚昨日给袁世凯发了请示电报。说在共和民国成立的现在,赵尔巽还反对挂民国旗帜,因此就如何处置满洲问题,等待孙中山大总统的指示。(日本外务省一三三二号档案,1912 年 2 月 18 日—1912 年 2 月 21 日,李景科译:《辽宁辛亥革命史料七则》,日本外务省档案馆藏件,李景科、周立安:《东北辛亥革命历史史料研究文集》,《纪念辛亥革命 105 周年、纪念孙中山先生诞辰 150 周年》,民革辽宁省丹东市元宝区总支,2016 年,第 18—19 页)

△ 营口商务会员经与蓝天蔚一派革党协商,欲请求道台袁祚廙反正,与蓝不同派系之颜兴旺等进入营口,与袁祚廙交涉,为袁所拒。

《大内代关东民政长官〈驻旅顺〉致石井外务次官电》:兹接到报告如下:营口商务会会员等,经与蓝天蔚一派革命党员协商后,决定要求道台反正,为民国政府担任道台职务;并计划在该道台拒绝此项要求时,即以军舰加以威迫。恰值此时,与蓝天蔚派系不同之颜兴旺等六十二名,偕日本人萱野等十四名,于今日上午六时进入营口,准备同道台进行交涉,要求道台交出行政权(颜兴旺原系绿林头目,辛亥事起,奔往上海,日前归还本地)。该地领事认为,由日本人出面与道台进行谈判,殊不妥当。故拟向彼等发出警告,并限令颜兴旺革命党人退至附属地外。(《大内代关东民政长官〈驻旅顺〉致石井外务次官电》,第 372 号,1912 年 2 月 17 日,邹念之编译:《日本外交文书选译——关于辛亥革命》,第 244—245 页)

△ 蓝天蔚令东省悬五色旗,以迎义师。赵尔巽致电袁世凯,请示办法。

函谓:(明急)北京大总统袁鉴,承示安庆孙君所称见同一国旗之军队,不可挑衅等语,理固如是。但此时大局初定,人心未安,南队若来,必因惊而生冲突。各省皆同,东省尤甚。巽实难负此责任。昨蓝天蔚到处恐吓,令悬旗以迎义师,显欲挑衅。奉承认共和自归一致,何待蓝迫?蓝究竟奉何人命令?擅作威福?恐与山东之张锡銮相类。倘(同倘)伊来特以都督临奉,军民素有恶感,均难兼容,属此与孙君毓筠致电皆大有关系,请示解决之法。巽。卅。(《五四七二 致大总统袁世凯函 蓝天蔚若以都督临奉东省军民决难兼容请示解决办法》,《清宫辛亥革命档案汇编》第八十册,第 322 页;《东三省辛亥革命史料》,《清代档案史料丛编》第 8 辑,第 193—194 页)

2 月 18 日(一月一日)　蓝天蔚迭电孙中山、黄兴、袁世凯、黎元洪等,力辞关外都督,并请袁世凯遴员赴烟料理善后事宜。

电谓:孙大总统、黄陆军总长、黎副总统钧鉴:蔚自共和告成,屡经辞职,早已分电在案。十七日奉袁大总统电云:"烟台蓝都督:十四、十五两电悉。执事关心大局,化除意见,深堪嘉尚。取消都督一节,已电商孙大总统酌量办理。一面将所部军队妥为收束。其关于关外民党恤死救生之举,亦应迅速办理。已由唐总理拨交奉天联合急进会代表朱锡麟、张英华银一万元,并派员赴奉料理。希即由该都督派员呈明奉天省赵都督办理。总须力劝党人,消释前嫌,共谋共和幸福,免资渔利,是为至要。执事深谙兵事,倚任方殷,前日已电商参议员,求其同意。希即迅速部署一切,事竣后,来京襄助。大总统袁。铣。印。"等因。蔚除电请袁大总统遴员莅烟料理善后事宜外,合请钧处同时派员来烟,并恳颁示启行日期,以便接待。是所至祷。蓝天蔚叩。啸。(《蓝天蔚致孙中山黄兴黎元洪啸电》,存萃学社:《辛亥革命资料汇辑》第五册,《中国近代史资料丛编》10,第 343 页)

△ 蓝天蔚再发啸电辞职,并请孙袁速速商定北伐军善后办法。

《蓝天蔚致上海办事处转孙中山及各报馆电》:上海办事处转南京孙大总统及各报馆均鉴:读虏廷退位之宣言,吾人之夙愿已偿。虽东三省顽梗,闻袁已派段芝贵在奉经营,不难奏功。蔚才德两无,械饷俱缺,都督关外,实愧厥职。恳我总统立即取消,且免招疑忌。但同志数百人,死士数千人,经营数月,用款三十余万元,志士及健儿死伤共七百余人,善后事宜应如何处置,请速与袁公妥商办法,不然恐演出无限之惨剧。关外都督兼北伐第二军总司令蓝天蔚叩。啸[1]。(《蓝天蔚致上海办事处转孙中山及各报馆电》,1912 年 2 月 18 日,《各省往来要电汇纪·烟台电》,上海《时报》1912 年 2 月 21 日,无版面)

△ 袁世凯致孙中山黄兴电,若蓝大蔚不扰东省,可保大局。

一电谓:大总统、黄陆军总长同鉴:篠电悉。奉境非同内地,稍有扰攘,必生奇险。现赵总督及所部文武,已表共和同情,自是手足一家,何可自相残杀。已电赵公饬冯军即停攻击,并请电知蓝天蔚,以保大局为念,万勿进行。并须化除嫌隙,谨守秩序,方不负我辈利国福民之志愿,想仁人必有同情也。袁世凯。巧。(北京来电,《袁世凯致孙黄巧电》1912 年 2 月 18 日,《南京临时政府公报》第二十号,存萃学社编集《辛亥革命资料汇集》第五册,第 162 页;《申报》1912 年 2 月 26 日,第二版)

一电谓:孙大总统、黄陆军总长同鉴:迭接奉省赵督及军官等先后电称:奉省已赞成共和,改称中华民国,换悬五色国旗,改行阳历云。如蓝天蔚不再扰攘东方,大局可望保全。袁世凯。巧。(北京来电六,《南京临时政府公报》第二十一号,存萃学社编集:《辛亥革命资料汇集》,第 173 页)

---

[1] 此 18 日电与《致孙总统之删(15 日)电》(《辛亥革命资料汇集》)略不同。

　　△　蓝天蔚接谘议局电,告以遵饬悬旗。

　　《谘议局等复蓝天蔚电稿》①:烟台蓝君秀豪鉴,电悉。悬挂国旗,此间早已接到袁大总统铣电,由督帅分饬遵办,业已悬挂两日。大总统所希望于君者,和平两字,务望及之。本局、所等均有厚望焉。(《谘议局等复蓝天蔚电稿》,《辛亥革命史资料新编》第三卷,第199页)

　　△　奉天各团体电致袁世凯,希令蓝天蔚、徐麟瑞速去。

　　《奉天谘议局暨学商农工自治各团体致袁世凯电》:北京袁大总统鉴共和既成,团体既定,三省一致进行,已无革命之可言,乃蓝天蔚照会各处自称关东都督在复州搅乱,前铁岭县徐麟瑞带匪占据铁城,日人不容进剿,似此行为实属扰害东省,于共和前途大有关碍。应请与日公使交涉并饬蓝徐速去,除电南京参议院提议外,谨此电闻。奉天谘议局暨学商农工自治各团体扣,巧。(《奉天各团体关于民军占据铁岭之要电两则》之《奉天谘议局暨学商农工自治各团体致袁世凯电》,《盛京时报》1912年2月27日,第十版)

　　△　蓝天蔚来往租界,散布通告。赵尔巽致电袁世凯,询问如何处置;并谓日人于东省袒庇革军,请与日领交涉。

　　另据《东三省总督赵尔巽致袁世凯电稿》:北京临时政府全权袁钧鉴,武汉起事以来,各处日人举动最足注意,而东省情形尤有甚者。彼等素以猜疑妒忌四字为我国人天性,逆料我国从此无复统一之日。东省自宣布共和后,地方安义,竟出彼等臆度之外,乃极力蛊惑,现有为虎作伥之辈,趁各州县改换国旗之机,在铁路沿线一带散布谣言,抢衙劫狱,并查明确有日人暗助,而日领又强词袒庇,多方误我,且微露我目前外交效力殊弱之意。二十九日,巽据铁岭县报称,土匪四五百人,在该城放火抢劫,势须派兵剿办,而日领不允,现正从严交涉,一面饬军警、地方官妥慎处理。尚恐铁路沿线城镇有相继而起者,应请示以办法,或可与日领交涉之处,亦乞饬办。

　　又,蓝天蔚尚来往于各租界间,现正散布通告,颠倒纷扰。应如何设法,乞示遵。尔巽。(《东三省总督赵尔巽致袁世凯电稿》,《东三省辛亥革命史料》,《清代档案史料丛编》第8辑,第197页)

　　2月19日(一月二日)　蓝天蔚向铁岭地区日本领事发布照会,谓已命各官保护日本侨民安全。②

　　①　此件无时间。因电文中"接袁铣电,由督帅分饬遵办悬挂国旗已两日"之语,可知此复电为2月18日。

　　②　《中华民国关外军政府都督蓝照会事》,1912年2月19日,见附录一《蓝天蔚著述》。

△　袁世凯电蓝天蔚,希来京面商。蓝天蔚拟派范熙绩前往;黄兴电蓝天蔚停止进军。蓝天蔚驻上海代表收到陈锦涛付给的一百万军事公债(军票)和五万元现金。

《日本驻芝罘领事馆人员山县大尉来电》:昨夜蓝天蔚收到了袁世凯的回电。电文内容如下:既然奉天方面已经赞成共和,一般来讲就应易帜,改历,称民国。我认为这样做不会引起不满。希望蓝将军来京,和我面商具体事宜。蓝天蔚回电说其部下不同意他去北京。蓝以此为借口本人不去北京,而派其幕僚范熙绩赴京面见袁世凯。并在电报中说范熙绩在一两天内出发上京。蓝天蔚又接到黄兴拍来的电报。其电文如下:赵尔巽总督赞成共和,打出了五色旗,改用阳历。因此,希望蓝将军停止进军,不要再攻打奉天。鉴于上述情况,蓝天蔚打消了武力攻占满洲的念头。他将革命军撤出中立地带,和上海来的革命军兵合一处,携带山炮,机关枪驻扎本地,准备和袁世凯谈判。另外,南京财政部长陈锦涛将一百万军事公债(军票)和五万元现金交给蓝天蔚的驻上海代表。另外,刘艺舟等今天出发,经青岛前往济南。(《日本驻芝罘领事馆人员山县大尉来电》,1912 年 2 月 20 日,米彦军译自 http://www.jacar.go.jp/chinese/index.html"亚洲历史资料中心")

2 月 20 日(一月三日)　蓝天蔚北伐军从中立地带撤退到高丽城址方面。

据《旅顺镇守府司令长官致日本海军大臣电》[第 74 号]:蓝天蔚的北伐革命军从中立地带撤退到高丽城址方面。为了视察撤军的具体情况并进行野营训练,将九舰队派往后长山列岛方面。(《旅顺镇守府司令长官致日本海军大臣电》,1912 年 2 月 20 日,米彦军译自 http://www.jacar.go.jp/chinese/index.html"亚洲历史资料中心")

△　蓝天蔚致赵尔巽电①,正设法解散各处民军。

电谓:赵总督鉴,东省对于共和已表同情,本部决无进行之理,所有各处民军刻正设法逐渐解散,此外如有恃众任意行动,扰害大局者,应视为民国公敌。蓝天蔚叩。(《蓝天蔚致赵尔巽电》,1912 年 2 月,《东三省辛亥革命史料》,《清代档案史料丛编》第 8 辑,第 212 页)

△　蓝天蔚代理人在沪协商,议定满洲事宜由蓝天蔚与赵尔巽协商解决,军队维持现状。

《芝罘山县大尉来电》:目前蓝天蔚的代理人正在上海,昨天拜会了唐绍仪、蔡

---

①　该电无确切时期,查 1912 年 2 月 21 日《东三省总督赵尔巽致袁世凯电》,"查蓝天蔚本在烟,昨奉卻电,蓝已遵卻,不复在奉进行……"故以为此电日期为 2 月 20 日。(《东三省辛亥革命史料》,《清代档案史料丛编》第 8 辑,第 205—206 页)

祥祺、汪兆铭(亦即汪精卫)、伍廷芳、黄兴等,并进行了协商。将协商内容电致蓝天蔚。具体内容如下:满洲事宜由蓝天蔚和赵尔巽总督二人协商解决,军队要维持现状。(《芝罘山县大尉来电》,1912年2月21日,米彦军译自 http://www.jacar.go.jp/chinese/index.html"亚洲历史资料中心")

△ 《台湾日日新报》载:据当道公报,下关致远、广丙二舰载南京兵三千、野炮十八门,近应赴芝罘,以隶蓝天蔚部下。(以上二十日东京发)(《宁军出发》,《台湾日日新报》1912年2月22日,第四版)

△ 上午八时前,在铁岭的蓝天蔚军及官军均按日本通牒内容撤离铁岭。

《关东都督府参谋长星野少将自旅顺来电》:二月十六日傍晚,双方经过谈判,由革命党人占领铁岭。革命举事之时的兵力加上投诚官兵约百人。之后,开始招兵,截止到十八日,人数迅速扩充至三百人。为了剿灭革命党人,奉天派来了巡防队。其兵力构成如下:步兵一个大队约二百人;骑兵一个大队约一百人。十八日官军还不断增兵。官军和革命军剑拔弩张,开战在即。鉴于这一形势,我日本铁岭卫戍司令官向官军和革命军双方发出通告,具体内容如下:为了保护我日本侨民的生命,财产安全,维护社会秩序,采取以下措施:其一,将铁岭市区外围一千到两千米以内的区域设为中立区;其二,二月十九日向官军和革命军双方发出最后通牒,要求双方在二月二十日上午八时之前将各自军队撤出中立区域。官军和革命军双方都按照上述通牒内容在二月二十日上午八时之前将各自的战斗人员全部撤出,转移到柴河右岸,并向中固方向移动。官军已于十九日傍晚退到铁岭西南六公里处的辽海屯。因此,我日本侨民无须担忧受到战火侵扰。营口,开原,辽阳分别于十八日,十九日,二十日易帜,打出了民国旗帜。(《关东都督府参谋长星野少将自旅顺来电》,1912年2月20日,米彦军译自 http://www.jacar.go.jp/chinese/index.html"亚洲历史资料中心")

2月21日(一月四日) 北伐军及武器弹药都已装船,蓝天蔚北伐军逐渐向港口集结。官革双方之撤军行动为日方监视。

《旅顺镇守府司令长官致电日本海军大臣》:今日接到陆军部和民政部报告。将两报告内容进行了综合,具体内容如下:

在万家岭方面,官军继续撤兵,然后北上。其大部分前往营口方面。眼下已经撤兵完毕。我日本海陆军部署在盖平以及万家岭方面,监视任务已经完成,不久就会接到返航命令。马统领部下官军600余人驻扎在庄河方面。马统领尚未给我日军做出任何答覆。我日方相关机构进一步要求其撤兵。蓝天蔚的北伐革命军逐渐向港口集结。尖山海面停泊着蒸汽船和舰只。从21日傍晚时分开始,士兵1 000

人登船,同时将步枪 1 200 支,子弹 4 万发装船。还剩 100 多士兵留在岸上。(《旅顺镇守府司令长官致电日本海军大臣》,第 76 号,1912 年 2 月 22 日米彦军译自 http://www.jacar.go.jp/chinese/index.html"亚洲历史资料中心")

《关东都督府陆军参谋长星野少将致日本海军大臣电》:

从昨夜亦即 20 日夜开始,逗留在中立地带的革命军开始乘船,截止到 21 日下午,将士四百二十人业已登船,武器弹药若干也已经装船。铁路沿线的官军于昨日亦即 20 日已经撤退到盖平以北,大部分前往营口。至今尚未接到有关庄河方面官军情况的详细报告。但是可以肯定的是官军已经撤到庄河附近,有六百官军驻扎在那里。(《关东都督府陆军参谋长星野少将致日本海军大臣电》,1912 年 2 月 21 日,米彦军译自 http://www.jacar.go.jp/chinese/index.html"亚洲历史资料中心")

据《盛京时报》:关外北伐第一军(中略)于十七日(即去岁十二月二十九日)[十二月三十日]由协统邵兆仲率领部下先行起程,惟总司令顾人宜、总参谋张璧、总执法杨大实、总经理高匡、秘书长门恩碌、谍报长陈莹章、邮电长周培城、外交长胡仕鸿、警察长朱全、民政长赵元寿等暂留该处办理,出示晓谕,办理善后事宜及民军撤退理由,人民均甚安堵。至二十一日,一切事毕,遂乘海信及公平两轮由高力城子登轮赴烟。(《〔复州〕关外第一军撤退之原因》,《盛京时报》1912 年 2 月 27 日,第十版)

△　据日方探报,蓝天蔚将与赴京的唐绍仪、汪兆铭在逗留芝罘时协商;蓝天蔚并电训满洲各地同志维持和平。

据《驻芝罘山县大尉来电》:……唐绍仪、汪兆铭、蔡祥祺于今天卜午三时乘船离开上海前往北京,中途在芝罘稍作逗留,与蓝天蔚就此事当面磋商。蓝天蔚电训其满洲各地的革命同志,维持和平现状。(《驻芝罘山县大尉来电》,1912 年 2 月 21 日,米彦军译自 http://www.jacar.go.jp/chinese/index.html"亚洲历史资料中心")

据《大总统袁世凯致赵尔巽电》:赵勋,辰。密。现接唐少川电称:前四日下午二点钟由沪动轮,先到烟台与蓝天蔚接洽。蓝尚未赴奉,乞电赵督告张作霖、冯麟阁,与该处南军妥商移扎他处。号。印。等因。即希尊处转饬该统领等,查照来电,与南军接洽,妥商办理。并见复为盼。凯。个。(北京发,二十二日上午十点二十分到,《大总统袁世凯致赵尔巽电》,1912 年 2 月 21 日,《东三省辛亥革命史料》,《清代档案史料丛编》第 8 辑,第 207—208 页)

据《有吉驻上海总领事致内田外务大臣电》:唐绍仪一行,已于二月二十一日搭招商局轮船新裕号由本地出发,经芝罘返回北京。(《有吉驻上海总领事致内田外务大臣电》,第 90 号,1912 年 2 月 21 日,《日本外交文书选译——关于辛亥革命》,第 349 页)

　　△　黎元洪复蓝天蔚电：电悉。段军早退出武胜关外，刻下两军既表同情，不独武汉方面已互相接洽，即皖北各处，均泯猜嫌。为共和前途、人道主义着想，尊处宜速派妥员与之接洽，不必过于疑虑。祷切盼切。(《黎元洪关于应速派员与段军接洽复蓝都督》，1912 年 2 月 21 日，《武昌革命真史》下，第 706 页)

　　附来电：《蓝天蔚致孙中山、黄兴、黎元洪啸电》(略)(《武昌革命真史》下，第 706—707 页)，见谱 1912 年 2 月 18 日。

　　△　赵尔巽指责蓝天蔚借端进行，有违和平；并致电袁世凯请蓝天蔚勿再前进，并消灭关外都督名义。

　　电谓：北京袁：勋。号敬悉。柳大年等即释送沪。顷接蓝天蔚来照，因钧处致伊电有平和接洽字样，遂有请转饬各属一体知悉，以便接洽办理，免相冲突等语。查蓝天蔚本在烟，昨奉哿电，蓝已遵照，不复在奉进行，而来照意在借端进行。当此人心未定，军民与彼恶感未释，即令平和，来亦无益。况奉事现有地方官恪遵命令妥办，亦无庸蓝来接洽。似请电嘱暂勿到奉境，俟大局平靖，关外都督之名消灭，届时噬肯来游，自无他虑。巽叩。二十一。(奉天发，《东三省总督赵尔巽致袁世凯电》，1912 年 2 月 21 日，《东三省辛亥革命史料》，《清代档案史料丛编》第 8 辑，第 205—206 页)

　　《民立报》谓：此间得奉天电，该省已赞同共和，改悬民国旗兼用阳历，派员求蓝军勿前进。(《民立报》1912 年 2 月 21 日，第 2 页)

　　△　蓝天蔚部仍未散尽。

　　电谓：盛京督宪：合。号谨悉。宣野等退，曾与日领大费唇舌。石桥未净，蓝党涎心未死，蒙派队，感甚。海防可用渔舰，惟殷守乖戾夸诞，万不足恃。(《分巡锦新营口兵备道袁祚廙致赵尔巽电》，1912 年 2 月 21 日，《东三省辛亥革命史料》，《清代档案史料丛编》第 8 辑，第 206 页)

　　△　报载蓝天蔚等来电，北征军队不宜向奉省进行。

　　报载，出示晓谕事：照得中华民国元年二月二十一日，奉督宪电闻，共和已定，战事告终，民军消归乌有。顷奉袁大总统暨蓝天蔚来电，北征军队不宜向奉省进行，倘有借民军为名，希图扰害地方，定查照袁大总统命令，一律按土匪严惩，并仰谕知各方。等因奉此，除札饬各巡官于该管境内严查，如有自称民军，攘夺枪械及其不法行为，有害安宁秩序，即行协力痛剿外，令出示晓谕，为此谕。仰商民人等一体知悉，嗣后再有传言革命等事，慎勿被其所惑，务各自安生业。毋违。切切。特示。壬子年(1912 年)正月十一日。(《县令示谕照录》，《辛亥革命史资料新编》第三卷，第 516 页)

　　△　蓝天蔚派部占领开原。

　　《日本参谋接到来电》：二十一日，开原城内，官军和革命军交火。因此，为了保护我日侨的生命财产安全，我日方独立守备步兵第二大队急忙派出骑兵二十三名，步兵四十名，由将校指挥。其中，将校以下四十名暂时在开原城内驻扎。（《日本参谋接到来电》，第 373 号，1912 年 2 月 22 日，米彦军译自 http://www.jacar.go.jp/chinese/index.html"亚洲历史资料中心"）

《盛京时报》谓：初四日上午十句钟，突来大股军队在东门与防营对垒，防兵不利，阵亡数名，退败至南门里，哨长为匪党击毙，匪党遂登钟楼，摇旗喊令，各商家开门放炮以示欢迎，一时爆竹齐鸣，红旗摇曳而对。及警务公所拘留之罪犯悉数被其释放，并将县署执法科所存之案卷焚烧净尽，县令警长不知逃遁何处，迄今杳无下落。（《开原失守》，《盛京时报》1912 年 2 月 27 日，第十版）

据关东都督府陆军参谋长星野少将的电文：二十一日上午八时左右，约二百名革命军从东门进入开原城内。革命军劝官方缴械投诚，被严词拒绝。之后城内巡防队约二百名以及警察向革命军发起攻击，不敌革命军。知县和警察局长仓皇逃遁，巡防队长负伤。上午十一时左右，革命军大获全胜，城里各处悬挂民国旗帜。巡防队逃往昌图方向。在本次战斗中，官军和革命军双方死七人，负伤十三人。开原城内有家英国人开的医院，收容了负伤人员并进行治疗。上述革命军大部分为盘踞开原掏鹿附近的马匪（胡子），占领开原后勒索巨款，释放所有在押囚犯。（《关东都督府陆军参谋长星野少将的电文》，1912 年 2 月 23 日，米彦军译自 http://www.jacar.go.jp/chinese/index.html"亚洲历史资料中心"）

据《1912 年 2 月 26 日穆厚敦致安格联第 30 号函》：以前传说开原发生战斗的时候有三个日本人被打死，已经证明是谣言。德国领事馆的西柏特和交沙司王翻译于本月 23 日去开原了解事故的真实情况。西柏特到达开原车站时，日本当局要派兵护送他去，理由是独自去城里不安全（车站距开原城二十一里）。西柏特坚持不要日本兵护送而独自去了。他看到地方很安静，现在是在革命党占领之下，政府被赶走，其中有五人被打死。革命党人似乎是在清廷逊位以前，依照蓝天蔚的命令来占领了开原。政府军败走以后，警察参加了革命军，地方又平静了。西柏特说，有好多日本兵在城里巡逻，目的是为了保护住在离南满铁道附属地大约七英里德五六个日本人。他听到商会的人说，日本政府自愿负责使政府方面在开原重掌政权。但是，由于各方面已经很安静了，这个提议没有被接受。革命党认为，他们既是在清帝逊位以前根据蓝天蔚的命令来占领这个城，以后再没有接到蓝天蔚的命令，他们有义务继续保留这个地方。他们思想上并没有把临时政府放在眼里，现在皇帝已经逊位了，蓝天蔚和总督有同样的权力。昨天奉天方面用临时政府名义派一团兵去占领开原。（《穆厚敦致安格联函》，第 30 号，1912 年 2 月 26 日，《中国海关与

辛亥革命》,中国近代经济史资料丛刊编辑委员会主编:《帝国主义与中国海关资料丛编》9,第312页)

　　△　蓝天蔚遣员至海城县属面投公文,要求将南城革军安排生路,免入匪途。

　　报谓:正月初四日午后五句钟,关外都督蓝天蔚遣员赵兰亭、张子修、宁心泉等至县属面投公文,要求将南城革军位置生路,免入匪途,有碍治安等因。当经郭大令竭诚款待。而县议会会员恐官革交涉,或有决裂,居民难安,即出首调和,定于初八日开通常会,议决办法,即行施行。(《海城官军交涉志》,《盛京时报》1912年2月28日,第二版)

　　△　蓝天蔚向大连诸商会发布募捐照会。

　　《台湾日日新报》载:本埠华商公会议与小岗公会议,接到民国关外都督蓝天蔚募捐照会一件,业志前报。当时商会邀集会董等,佥筹议谓:自南北征战以来连埠金融紧迫,商业凋零,目下众商自顾不暇,实无集捐之余力,此事碍难照准云云。小岗公会议亦集会筹议,意见相同,业均备函答覆矣。(《民军募捐又难成矣》,《台湾日日新报》1912年2月21日,第五版)

　　2月22日(一月五日)　是日夜,集结在尖山口附近的蓝天蔚北伐军登船,预备前往芝罘。

　　《关东都督府陆军参谋长星野少将致日本参谋总长电》:二十二日夜,集结在尖山口附近的革命军一千一百六十八名携带步枪二千三百八十条,弹药约一百二十万发以及其他物品登船,二十三日凌晨四时起锚,前往芝罘。(《关东都督府陆军参谋长星野少将致日本参谋总长电》,第376号,1912年2月23日,米彦军译自http://www.jacar.go.jp/chinese/index.html"亚洲历史资料中心")

　　又据《申报》谓:闻辽东半岛之北伐军因日人将以强力抗阻,悉数退往烟台,免损邦交。(《申报》1912年2月22日,第一版)

　　△　蓝天蔚电袁世凯,谓前之照会等为他人假托。袁世凯致赵尔巽等电澄清此事。

　　据《袁世凯致赵尔巽等电》(1912年2月22日):(万急)赵制台、陈抚台、潘统制并转各统领:来电悉。蓝天蔚电称关东都督,并非由本处委任。此间迭接蓝电,据称已遵令停进,又称奉天通告损蔚名誉,务恳我公鉴察,化厥恶感,以免疑忌。各等语。是已悉就和平,前电或系好事者所假托,作此恶剧,以相恐吓,务希置之勿理,仍照常力维秩序,弗为他人摇惑。至盼。请简帅并转复谘议局。凯。养。印。

　　(下午九点三十分北京发十一点四十分到)

　　报按:蓝君前为协统,驻扎奉省,保卫治安,各界感情颇称翕洽。曩有以蓝君名义照会各领事暨各署各界,识者即知系他人伪托,证以袁大总统来电,益晓然于蓝君之无他。现在全国共和一致,勿以杯弓蛇影,再滋疑窦。特布周知。(《大总统命令》,《盛京时报》1912 年 2 月 27 日,《东三省辛亥革命史料》,《清代档案史料丛编》第 8 辑,第212—213 页)

　　△　赵尔巽致电本溪知县,谓有人借蓝天蔚之名骚扰地方。

　　据《东三省总督赵尔巽致本溪知县陶鹤年电稿》:本溪陶令;靖。电悉。共和已定,凡有扰害治安者,即国民公敌,袁大总统曾有命令,从严惩治。哈尔埠、海城等处均先劝谕,不从即行攻剿,有例在先。蓝天蔚亦电称不复在奉进行,可见此是借名骚扰。各界酌予川资,勒令解散,仁至义尽,倘敢执迷,即便剿办。外人暗护,日公使力白无助匪之事。日人如受雇持械助匪,战斗致毙,日总领亦曾声明无异言也。仰即妥酌,并谕各界千万坚定,勿引狼入室为要。督。二十二。(奉天发,《东三省总督赵尔巽致本溪知县陶鹤年电稿》,1912 年 2 月 22 日,《东三省辛亥革命史料》,《清代档案史料丛编》第 8 辑,第 210—211 页)

　　△　蓝天蔚命宁武接收城池,当局以扰乱治安例对待。

　　据《于冲汉为宁孟岩持蓝天蔚照会接收城池事致袁金铠函》:敬启者,弟于今日午后接印。西门外住有宁孟岩等,持蓝天蔚之照会,自称为收复城池大使,要求自治、商、学、军、警各界指定地点,谈判接收城池之事。弟用电话告以州署为谈判地点,请其明日到署,拟照匪徒扰害治安例格毙。如有外来之诘问,愿负责任,不用上峰负责;如明日不来,即出告示,严拿宁孟岩、武安如、傅子嘉、刘春一、滕贵等。(《于冲汉为宁孟岩持蓝天蔚照会接收城池事致袁金铠函》,1912 年 2 月 22 日,《辛亥革命史资料新编》第三卷,第 171 页)

　　△　蓝天蔚部海城革命军二百名士兵与官军发生战斗。革军南溃。

　　《关东都督府陆军参谋长星野少将之电》,二十日下午,海城革命军将二百名士兵留在海城南面唐王山附近,要求各级官府赞同共和政体。二十一日,各官衙都打出了五色旗。另外,当晚,百余名革命军士兵到达海城南面八公里处的钟家台和英城子。将该地二十名巡警强行缴械。之后,这些革命军又到了腰屯,逮捕巡警,强行缴械。海城官府于二十二日上午四时接到相关报告。之后,立刻派巡警四十名,巡防队一百名到上述出事地点。经过二小时的激烈战斗,官军获胜而归,革命军向南溃退,在南面十公里处的老母沟收拢队伍进行整顿。官军并没有乘胜追击,而是返回海城覆命。(《关东都督府陆军参谋长星野少将之电》,1912 年 2 月 23 日,米彦军译自http://www.jacar.go.jp/chinese/index.html"亚洲历史资料中心")

　　《关东都督府陆军参谋长星野少将电》,1912 年 2 月 22 日:从 22 日拂晓开始,驻扎海城的官军班集结在海城以南四公里处腰屯的革命军包围,进行屠杀。革命军弹尽粮绝,毫无抵抗能力。(《关东都督府陆军参谋长星野少将电》,1912 年 2 月 22 日,第 374 号,米彦军译自 http://www.jacar.go.jp/chinese/index.html"亚洲历史资料中心")

△ 2 月 22 日,驻营口中路巡防步兵第十营王哨官率部向蓝天蔚革命军投诚。

《关东都督府参谋长星野少致日本参谋总长电》:中路巡防步兵第十营王哨官率兵驻扎在营口。二月二十二日,王哨官为了率全营向革命军投诚,密谋杀害该营管带。因为事前事情败露,率一哨人马八十人逃走。他们逃到大石桥支那街,策划卷土再来。为了讨伐这股投诚革命军的叛军,官府派出巡防队二百人前往大石桥方向。鉴于这一情况,我日本所辖地区有恐受到影响。因此,驻当地我日本守备大队长向官军和革命军双方提出严正交涉,要求其撤到一定区域内。官军和革命军都按照我日方提出的要求分别向东、西两个方向辙退。因此,我日方和官军、革命军并未发生冲突。(《关东都督府参谋长星野少致日本参谋总长电》,第 378 号,1912 年 2 月 24 日,米彦军译自 http://www.jacar.go.jp/chinese/index.html"亚洲历史资料中心")

2 月 23 日(一月六日) 集结在尖山口的蓝天蔚革命军乘坐济安号,于凌晨起锚,前往芝罘。

据《旅顺镇守府司令长官致日本海军大臣电》:关东都督府陆军部获悉以下情报:蓝天蔚的北伐革命军业已撤离中立地带,乘坐济安号,于 23 日凌晨四点驶离尖山港,途经大连向烟台方向驶去。(《旅顺镇守府司令长官致日本海军大臣电》,第 77 号,1912 年 2 月 23 日,米彦军译自 http://www.jacar.go.jp/chinese/index.html"亚洲历史资料中心")

《关东都督府陆军参谋长星野少将来电》:二十二日夜,集结在尖山口附近的革命军一千一百六十八名携带步枪二千三百八十条,弹药约一百二十万发以及其他物品登船,二十三日凌晨四时起锚,前往芝罘。(《关东都督府陆军参谋长星野少将来电》,第 376 号,1912 年 2 月 23 日,米彦军译自 http://www.jacar.go.jp/chinese/index.html"亚洲历史资料中心")

△ 蓝天蔚与蒋春山、津久井少佐等商谈东三省计划。

《相羽驻芝罘副领事致内田外务大臣电》:东三省革命党人,俱欲拥戴蓝天蔚为该地都督,曾秘密计划派兵由营口登陆,以为蓝氏巩固地盘,兼为建立军政府奠定基础,并罢免反对共和之赵尔巽及张作霖等人。为赶在蓝天蔚与唐绍仪会晤之前就此项计划与蓝氏进行商谈,蒋春山、津久井少佐及森茂某偕同其他革命党人六七名于二月二十三日晨搭济通轮由大连到达此地。(《相羽驻芝罘副领事事致内田外务大臣

电》，第 85 号，1912 年 2 月 23 日，邹念之编译：《日本外交文书选译——关于辛亥革命》，第 245 页）

　　△ 是日上午，蓝天蔚与唐绍仪、汪精卫、戴季陶、范熙绩等就东三省事宜进行磋商。

　　《盛京时报》谓：唐绍仪、蔡元培、汪兆铭、戴天仇等搭坐招商局轮船过烟，蓝天蔚由海容舰赴该轮晋见该专使等，磋商东三省善后事宜。亘二小时之久，旋行回舰，闻蓝请该专使等抵京后，与袁总统熟商此事，并另派代表潘某等二人同坐该轮晋京，该轮即日由烟北驶向大沽进发矣。（《盛京时报》1912 年 2 月 27 日，第二版）

　　《芝罘致芝罘山县大尉来电》：唐绍仪一行今日上午十时抵达芝罘港，中午十二时三十分离开本港口。其间，唐绍仪会见了蓝天蔚。唐绍仪要求蓝天蔚驱逐张作霖，罢免总督赵尔巽。对此，蓝天蔚提出派自己的一个旅到奉天，维持治安。这一提议得到了唐绍仪的首肯。之后，蓝天蔚说满洲有自己的部下兵员四千，马匪胡子一万，革命同志数百，希望予以妥善安置。另外，蓝天蔚还说自己的北伐军逗留中立地带期间发生了国际纠纷。但是，引起国际纠纷的真正原因并非是因为北伐军在中立地带登陆，而是另有原因。官军大军南下，大肆掠夺。盖平的日本料理店遭到抢劫，引起了国际纠纷。当初北伐军在中立地带登陆时，虽受到阻挠，但日方最终还是同意了。这也从侧面说明引起国际纠纷的并非北伐军。因此，可以说会见是以蓝天蔚的胜利而告终的。之后，蓝天蔚立即致电袁世凯就登陆中立地带引起国际纠纷一事进行了辩解。与此同时，蓝天蔚与唐绍仪商量将蓝的部下派往奉天一事。唐绍仪要求蓝天蔚提出具体办法。（《芝罘致芝罘山县大尉来电》，1912 年 2 月 23 日，米彦军译自 http://www.jacar.go.jp/chinese/index.html"亚洲历史资料中心"）

　　据《相羽驻芝罘副领事致内田外务大臣电》：唐绍仪搭乘之新裕轮，于二月二十三日上午十时驶入本港。蓝天蔚当即登轮访唐，两人会晤时曾就罢免赵尔巽、张作霖以及引蓝部进入奉天维持当地秩序等问题有所商谈，意见已趋一致。此外，据闻蓝又对处理其部下中之绿林队伍及其他分子问题向唐提出若干要求。（《相羽驻芝景副领事致内田外务大臣电》，第 89 号，1912 年 2 月 24 日，邹念之编译：《日本外交文书选译——关于辛亥革命》，第 245—246 页）

　　《从芝罘致芝罘山县大尉的电文》：蔡祥祺不是蔡元培的代理人，而是蓝天蔚的代理人。他和范熙绩一起陪同唐绍仪一行来到芝罘。（《从芝罘致芝罘山县大尉的电文》，1912 年 2 月 24 日，米彦军译自 http://www.jacar.go.jp/chinese/index.html"亚洲历史资料中心"）

　　△ 蓝天蔚致电邓文瑗、张静江、潘月樵：通义银行转邓先生、静江、月樵暨诸公鉴（密）：季陶来停泊二小时，即随唐、汪诸公北上。在烟练兵，均赞成。望先电

汇现款,并一面将炮弹、公债票、军用手票等,速派妥员,乘同华押运来烟。至要,盼。蔚。漾①。蓝天蔚叩(二月二十一日晚到)(《蓝天蔚电》,1912 年 2 月 23 日,《沪军都督府调查部往来要电》,上海市历史博物馆藏)

△　庄河官军全面撤退。

《关东都督府陆军参谋长星野少将之电》:二月二十三日,庄河方面的官军全部撤退。一部分留在了大孤山,大部分撤到了凤凰城方面。二十五日上午,马统领回到了凤凰城。(《关东都督府陆军参谋长星野少将之电》,1912 年 2 月 25 日,米彦军译自 http://www.jacar.go.jp/chinese/index.html"亚洲历史资料中心")

△　开原革军与官军对峙。

据《关东都督府陆军参谋长星野少将的电文》:……另有马匪头目戴秀山常和革命军来往,后在铁岭投靠官军,率部下三百于二十三日凌晨四时来到开原。上午十一时在西门外与城内革命军对峙。眼下,双方正在谈判。(《关东都督府陆军参谋长星野少将的电文》,1912 年 2 月 23 日,米彦军译自 http://www.jacar.go.jp/chinese/index.html"亚洲历史资料中心")

《关东都督府陆军参谋长星野少将电》:占领开原城的革命军人数约为一百五十人,人单势孤,但是决心固守,誓与城池共存亡。戴秀山率领部下约三百人在清河铁桥西面村落驻扎。混成协(旅)步兵约二百七十人,大炮一门正在奉天城内待命,预计二十四日傍晚抵达中固宿营,二十五日晨六时开拔,前往开原。在这里和戴秀山兵合一处,向开原城内的革命军发起攻击。卑职认为昌图城内官军兵力较为充足,最近自不会发生较大的变故。二十三日半夜,本溪湖巡防队抓到了革命党,押往衙门。路上遇见巡防队,天黑胆怯,误以为是革命党同伙,双方交火。此时,我两名日本同胞被误杀。后来,事情始末原由弄清楚后,局势稳定下来。(《关东都督府陆军参谋长星野少将电》,1912 年 2 月 25 日,米彦军译自 http://www.jacar.go.jp/chinese/index.html"亚洲历史资料中心")

2 月 24 日(一月七日)　蓝天蔚军撤离中立地带,是日晨抵达芝罘港。

据《关东都督府陆军参谋长星野少将致日本参谋总长电》:卑职接到芝罘方面的报告:革命军已经撤离中立地带。这件事情在此前的电文已经跟您作了汇报。上述革命军乘坐蒸汽船于今晨抵达芝罘港。革命军士兵登上崆峒岛,被安排在岛上的荒屋过夜。另外,顾人宜兄弟二人也同船抵达芝罘。(《关东都督府陆军参谋长星野少将致日本参谋总长电》,1912 年 2 月 24 日,米彦军译自 http://www.jacar.go.jp/chinese/

①　按:原文二月二十一日晚到,蓝电文中所注为"漾"电,即二十三日之电。考电文内容应是二十三日。

index. html"亚洲历史资料中心"）

2 月 25 日（一月八日） 蓝天蔚所部兵员三千名驶抵芝罘。

《相羽驻芝罘副领事致内田外务大臣电》：……由满洲撤回之蓝天蔚所部兵员约三千名亦于本日搭济安号驶抵本港。（《相羽驻芝罘副领事致内田外务大臣电》，第 90 号，1912 年 2 月 25 日，邹念之编译：《日本外交文书选译——关于辛亥革命》，第 246 页）

李培基忆及：至十二月二十四日（1912 年 2 月 11 日），清室宣告退位，成立共和民国，对方派员商议，将俘获李、杨等释放，民军则以开释被押之革命党人为条件，于是战事遂即停止，关外民军都督府及关外民军，奉令开驻烟台。盖烟台于独立后，并进取附近各县，乃北方惟一之革命军区，故政府电令移驻烟台。奉令后，余同商总司令赴庄河，撤退军队，另由方刚、徐于（子镜）雇轮船赴尖山口，运输各部队，先至烟台北海岛整编。到烟后都督府裁撤，军队统归总司令部，以张璧任参议长，余任副官长兼高级参谋，全军名为两师，实不过三旅，后经两次改编为一混成旅，仍归关外民军司令部统辖。总司令商震兼旅长，军队经数次整编，可称民军精旅。（李培基：《辛亥关外革命始末记》，《近代史资料》，1957 年第四期，总十五期，《中国近代史资料丛编·辛亥革命资料汇集》第四册，第 114 页）

2 月 26 日（一月九日） 蓝天蔚致电赵尔巽，要求释放拘禁的革命党人柳大年、张根仁等。

电谓：赵次珊先生鉴：贵处既已承认共和，南北一家，无所歧视。查有模范监狱①拘留之柳大年、张根〔仁〕、刘成、黄庭经、孟庆治五人，盖平拘禁之张老五、蔡品一、李旭峰、张绍轩四人，应请分别释放。凡各处民军，亦望严饬军警不得指匪妄捕狂杀，以重人道。想公慈善为怀，必能照办，并希电复。蓝天蔚。宥。印。（奉天省公署档）（《蓝天蔚致赵尔巽电》，1912 年 2 月 26 日，《关于释放奉天省被捕押革命党人的往来电报》，《辛亥革命史资料新编》第三卷，第 203 页）

△ 官军逼至开原城下。蓝天蔚电孙中山乞速电斥阻。

蓝天蔚致电孙中山谓：南京大总统孙鉴，昨电谅已入察。赵督〔赵尔巽〕已派重兵乘南满火车进攻开原甚急，乞速电斥阻，以维和平。否则自相攻击，恐妨大局。事机迫切，恳即维持。关外都督蓝天蔚叩。宥。（烟台来电六十八，《蓝天蔚致电孙中山》，1912 年 2 月 26 日，《南京临时政府公报》第二十六号，存萃学社编集：《辛亥革命资料汇集》第五册，第 213 页）

2 月 27 日（一月十日） 官军围剿搜杀革军，革军进退两难。蓝天蔚电乞孙中

① 《模范监狱署所收党犯已释未释名单》，见附录三《相关档案汇编》。

山、袁世凯指示善后办法。

电谓:蔚奉委任关外都督,本为大局牺牲,非为个人权利。数月以来,各方联络,奉省志士云集响应,占领庄河、铁岭、开原等处,均在未换国旗之先。自奉共和宣布南北统一之命,即严饬各部停止进行,并一面将已成军队撤回烟埠,其未成军散布各处,为赵张兵力所阻隔者,亦饬安静不动,以免破坏全域。乃阅报载赵尔巽电呈,谓蔚自称关外都督,指为土匪,殊深诧异。前后为赵尔巽、张作霖等肆意残杀同胞,人达数千以上,及集合各要地,进退维谷者,不下数万人,乃赵尔巽犹派兵剿捕,日事搜杀,军队所至,殃及妇孺,灭绝人道,至此已极。名虽赞成共和,实为民军公敌。关外同志拼头颅热血,舍命破家为造国家,竟得如此结果。进行则有碍大局,欲退则生路全无。死者无从慰,生者无以安。恐至激成事变,糜烂大局,酿成交涉。蔚不特有负革命同志于地下,且将负罪于全国。务乞我大总统指示善后办法,以便遵行。关外都督蓝天蔚叩。沁。(烟台来电七十五,《南京临时政府公报》第二十七号,《辛亥革命资料汇集》第五册,第221页;《关外都督蓝天蔚致孙大总统等乞指示善后办法电》,1912年2月27日,《南京临时政府遗存珍档》叁,第937—941页)

袁世凯致赵尔巽之艳(29日)电,附"烟台蓝都督沁电",同上电。(《大总统袁世凯致赵尔巽电》,1912年2月29日,《清代档案史料丛编》第8辑,第221—222页)

△ 蓝天蔚与音羽舰轮机长会晤。会谈中,蓝天蔚坚信袁世凯必不可能前往南方,第二次革命战争之来临,已成为意料中事,现正为此而进行多方准备。

《相羽驻芝罘副领事致内田外务大臣电》:音羽舰轮机长于二月二十七日访晤蓝天蔚。据称,晤谈时蓝曾向其透露如下意向,蓝氏坚信袁世凯必不可能前往南方,因而第二次革命战争之来临,已成为意料中事,现正为此而进行多方准备。东三省内部响应革命者日增,张作霖部下已有三营,其他各地亦有人准备内应,夺取东三省之计划已初步筹拟就绪,只因日本国政府态度不明,故尚未采取果断行动。倘能得到日本国政府之支援,则将来掌握东三省时,可延长辽东半岛租借期限,以为报偿,但永久割让则不可能。(《相羽驻芝罘副领事致内田外务大臣电》,第97号,1912年2月28日,邹念之编译:《日本外交文书选译——关于辛亥革命》,第246—247页)

△ 开原革军有进行举动。袁世凯电孙中山,以为此情与黄兴蓝天蔚和平之电两歧。

孙大总统鉴:宥电悉。正拟复,适接赵督〔赵尔巽〕电称共和云云,不准进行云云,均经通饬各军队遵照。兹开原又有进行举动,与黄总长暨蓝电两歧,恐妨信用,姑电□妥为南〔与〕商解散,以维秩序。新举大总统袁世凯。沁。(中国科学院近代史研究所史料组编辑:《辛亥革命资料》,《近代史资料》总25号,中华书局1961年版,第

221 页）

△　赵尔巽质疑蓝天蔚之去向。袁世凯向赵尔巽澄明蓝天蔚并无东去之说。

袁世凯致电赵尔巽，电谓：盛京。勋。养电悉。蓝等无东去之说，想系他人捏名，昨已详达。凯。印。（《大总统命令》，《盛京时报》1912 年 2 月 27 日，第二版）

△　蓝天蔚与黄兴、汤化龙等发起吴禄贞追悼会。

《吴禄贞追悼会启事》：故燕晋大都督吴公绶卿，讳禄贞，于阴历去岁九月十七日子时被旗兵刺于石家庄正太车站，副官周翰丞维桢、参谋张华飞世膺死之。诸君为国捐躯，情形至为惨酷。遗骸暴露，薄海同悲。顷吴公遗族捧公遗像自津门来沪，凡我同人，尤深哀感。兹拟于三月十四号即旧历正月二十六日在张园开会追悼，所有中外伟人，热心志士，愿表同情者，即希届时同临。如有挽词、香花，请于开会日前赐交上海棋盘街经武公司代收，依次登报鸣谢。至吴公行状，另由各报披露。

发起人：黄兴、汤化龙、蓝天蔚、刘诚、王孝缜、李书城、黄恺元、雷启隆、李宝楚、程明超、胡瑞霖、李人杰、刘一清、马中骥、李素、邓振玑、陆乃翔、万声扬、魏宸组、黄中垲、金华祝、耿觐文[1]、陈登山、蒋作宾、余绍宋、仇亮、黄超元、王运嘉、黄瀛元、龚光明、万廷献、吴振鳞、陈裕时、马毓雄、魏焘、赵正平、伍钧、全恕、袁华选[2]、孔庚、高兆奎、金永炎[3]、李浚、李任、范熙绩、陈模、曾广源、曾昭文、胡起仑、王式玉、阮毓崧[4]、李善谥、李华骃、谢炳朴、胡殿甲、廉泉、孙揆钟、项钟华、陈钦霖、武维棋、金锵、王照、王钝根、唐汝良、孙东吴、骆文亮、吴明浩、张国溶[5]、舒礼鉴、陈宦、

①　耿觐文（1884—1957），字伯钊，亦作百钊，湖北安陆人。毕业于湖北经心书院、将弁学堂、日本陆军士官学校第六期骑兵科。历任北洋督练公所教练处帮办、南京总司令部副官长、南京临时政府大总统府军事秘书长兼南京留守府参谋长、黎元洪大总统府秘书、北伐军总司令部高等监督、湖北省电政监督兼汉口电报局局长、湖北省人民政府副主席等职。北洋政府授陆军中将。

②　袁华选（1880—?），号士权，湖南新化人。毕业于日本陆军士官学校第五期骑兵科。历任北洋政府陆军第十旅旅长、参谋本部第四局局长、湖南总司令部参谋长、湘桂联军总司令部中将总参谋长、北伐军元帅府高级参议、南京陆军第五师第十旅旅长、第八师司令部参谋长、参谋部第四局局长、第五路总指挥部总参议军事委员、军法执行总监、湖南省长公署中将参谋长、湖南省财政厅长、财政司长。北洋政府授陆军少将。

③　金永炎，号晓峰，湖北黄陂人。毕业于日本陆军士官学校第四期步兵科，历任南京临时政府军官学校校长、南京第二军官预备学校校长、鄂军都督府参谋长、黎元洪总统府高顾、北洋政府陆军部次长。北洋政府授陆军中将。

④　阮毓崧，号次扶，毕业于经心两湖书院、日本游学师范。历任武昌县师范学堂堂长、德安等处视学、湖北支郡师范庚王堂监学兼武昌府师范及两湖完全师范各堂教员、谘议局议员、中华民国军政府政务部文书局局长、中华民国第一届国会第二期第三期常会众议员、临时参议院议员、山东军政府政务厅厅长。

⑤　张国溶（1878—1943），字海若，湖北蒲圻人。早年中进士，入翰林院，后留学日本法政大学，回国后任湖北谘议局副议长、汉口宪政同志会副会长，参与发起国会请愿活动。辛亥革命后，历任湖北军政府民政部编制局局长、湖北临时议会议员、约法会议议员、政事堂参议、国会众议院议员、国务院参议。

王彭年、周斌、高佐国、何成浚、张华辅①。(《吴禄贞追悼会启事》,上海《时报》1912 年 2 月 27 日,《黄兴集》,第 135 页)

2 月 28 日(一月十一日) 《盛京时报》载,蓝天蔚参谋部之人物:蒋政源、周斌②、刘受之、陈世荣、柳昆(以上日本士官学校肄业生);胡济和、刘元豪、张光如(以上保定军官学校肄业生);杨树藩、蒋政凯、汪俊生(以上日本法政肄业生)。(《关外都督府参谋部之人物》,《盛京时报》1912 年 2 月 28 日,第二版)

宁武谓,当时策动东北各地军事之总机关,为蓝天蔚所组织之。盖蓝曾被任为关外革命军都督,但因事实上不能直接行使职权,故有此参谋团之组织,以为策动东省各地革命军事之中心机构。代蓝主持参谋团者为蒋春山同志。(宁武:《东北革命运动史述要前编》,《各省光复》下,《中华民国"开国五十年"文献》第二编第五册,第 387 页)

2 月 29 日(一月十二日) 袁世凯就蓝天蔚沁电事致电赵尔巽,希饬奉省对于民军派员和平接洽。

电谓:赵制台,辰。顷接烟台蓝都督沁电称:蔚奉委任关外都督,本为大局牺牲……等语。除覆以善后办法,已嘱段军统与贵代表面商,业有头绪。今日戴代表回烟,面叙一切,望饬在奉所部严守秩序,勿得扰乱治安,否则视为公敌外,望即派员与民军平和接洽,如有扰乱治安者,请即电知,以便核办。袁。艳。(北京发三月二日下午二点三十分到,《大总统袁世凯致赵尔巽电》,1912 年 2 月 29 日,《东三省辛亥革命史料》,《清代档案史料丛编》第 8 辑,第 221—222 页)

△ 蓝天蔚代表戴季陶、范熙绩与段祺瑞面商奉省善后办法。

孙大总统、黄参谋总长鉴:勘电悉。奉省善后办法,已嘱段军统与蓝都督派备戴、范二代表面商一事,业有头绪。戴君今日回烟台,将所议情形,转致蓝君。赵督处昨已电饬,对于民军派员和平接洽;惟扰乱治安者,仍应视为公敌。特复。袁世凯。艳。(北京来电八十六,《袁世凯就段祺瑞与蓝之代表协商事致电孙中山黄兴》,《南京临时政府公报》第二十九号,存萃学社编集:《辛亥革命资料汇集》第五册,第 236 页)

上海《时报》载:奉省善后办法已由段祺瑞蓝天蔚各派代表赴奉与赵督接洽,会商一切,张冯各军大约不致再与民军冲突。(上海《时报》1912 年 3 月 6 日,第二版)

△ 报谓,蓝天蔚部曹文章与勤王队在阿什河开战,3 月 1 日蓝军恢复哈尔滨

---

① 张华辅(1887—1950),又名华甫,别字慰生。湖北应城人。毕业于日本陆军士官学校第六期步科、日本陆军大学第一期。历任湖北军政府陆军部军事科长、武昌陆军第二预备学校教育长、北京政府陆军第八师第三十二团团长、北京陆军大学教官、黄埔军校第五期教授部少将主任、军事委员会参谋厅中将厅长、唐生智第四集团军总司令部上将总参谋长、国民政府训练总监部副监等职。北洋政府授陆军少将。

② 周斌,湖北襄阳人。毕业于日本陆军士官学校炮兵第四期。曾任关外都督府参谋次长、北京陆军大学教育长。北洋政府授陆军中将。

全境。

《申报》谓：关东都督蓝天蔚君前令曹文章攻打铁岭，连战多日，遂得占领昌图，以哈尔滨为根据地，当于二月二十九号与附近阿什河地方之勤王队开战。蓝军以人少不支，第五营步队长王茝侯、第七营马队长杨恕皆死于难，并失去过山炮四尊，枪若干枝，兵士受伤者百余人，阵亡者数十人，蓝军大为愤激。乃于三月一号复与勤王队血战约历八小时，毙该队首领八人，降者五营，余者皆败逃，乃将哈尔滨全境恢复。(《蓝天蔚经营关东纪》，《申报》1912 年 3 月 13 日，第二版)

△　《盛京时报》载：过山炮十尊，机关炮四尊，日昨由沪解抵烟台，归蓝军使用。(《炮械运烟》，《盛京时报》1912 年 3 月 1 日，第二版)

△　经蓝天蔚委任的革党四人为奉天海龙府属山城子驻扎巡防队所捕，诬为土匪，于正月二十日遭惨杀。

《申报》载：奉天海龙府属山城子，驻扎巡防队。管带刘继先，帮统李治云派其军队于旧历正月十二日由开原界清河沟孤家子地方拿获革党四人，并搜有蓝天蔚委任状及炸弹等物。四人皆已剪发，一王树棠，字樾人，又名荫槐，系山城子富户，北京东三省中学堂学生。一关麟祥，年十八岁，系奉天官立中等工业学堂学生。一关麟尧，年十六岁系山城子两等小学堂学生，二人从兄弟行，均为山城子西六官巷富户。一田丰年，年十九岁，系辽阳富户，奉天陆军小学堂肄业生。王树棠等先极主张革命，提倡民军，既闻共和宣布，已退出境外一百二十余里，并已解散。乃竟于壬子(1912 年)正月十二日，在开原县孩家子街束手被捕。十五日带到山城子入该营，即不令外人及其家人一见。酷刑严讯，逼令其诬认土匪而后已。鏖(疑作熬)审五日。凡学生革命等名辞均不准称。盖以共和宣布已有国令，禁杀革党也。夫四人之为革党，而非土匪，无人不知。该巡防营在山城子驻扎十余年，于四人历史深知底蕴，乃以其为革党，竟于二十日午刻同遭惨杀，死后乃妄捏供词，冀邀升赏。刘李二人之肉其足食乎。(《山城子防营罪恶史》，《申报》1912 年 5 月 2 日，第六版)

3 月 1 日(一月十三日)　蔡元培电蓝天蔚等，告北京兵变。

《致孙中山等电》：南京孙大总统、参议员、各部总次长、武昌黎副总统、上海《民立报》、天津《民意报》、烟台蓝都督鉴，昨夜八时，北京城内枪声四起，所在纵火，招待所亦有兵士纵枪殴门而入，掳掠一空。培与汪君兆铭、范君熙绩、杨君广勤、蒋君岭喝、张君魁，暂避外国人家。今晨至六国饭店，王君正廷、王君景春亦至，余人尚无下落。此事闻因第三镇兵变，杂以步军统领衙门所辖，及禁卫军等，专为抢掠起见，与政治无关，亦未滥杀人。余情续详。蔡元培。东。(《致孙中山等电》，1912 年

3月1日,高平叔,王世儒编注:《蔡元培书信集》,浙江教育出版社2000年版,第124页)

△　蓝天蔚致电袁世凯,请其制止赵尔巽、张作霖等惨杀东北革命军,解除党禁。

电谓:盛京赵制台,辰,据蓝天蔚电称,共和宣布,国旗统一,自应一律遵守。蔚自奉命后,即严饬停止进行。铁岭于旧历腊月二十八日占领,奉省于初一方换国旗,开原民军早与地方和平接洽,至初二日由绅商代表欢迎入城,并无战争。不意初三日,赵尔巽派张作霖军队围杀民军,进退无路,激成战争。张军到处惨杀淫掳,现今铁开等处欢迎民军各绅商代表仍行搜杀,共计在蔚处避祸者,人计千数,被赵张冤杀枉杀暗杀者前后不计其数,家属嗷嗷,惨不忍闻。人民何辜,遭此荼毒?生者死者若不妥为安遣,哺(?)将来革命为复仇。赵张坚持惨杀主义,万一再激成事变,蔚一身不足惜,关系大局咎将谁归?伏乞大总统将鄙意通饬赵尔巽实行,停止惨杀,解除党禁,并由蔚处搜集各处潜伏,暂编正式军队,以维秩序,望查复。凯。东。(《袁世凯为蓝天蔚电请停止张作霖等惨杀铁岭开原等地革命民军致赵尔巽电》,1912年3月1日,辽宁省档案馆原件)

△　戴季陶回烟台后,将与蓝天蔚洽谈奉天事宜。

电谓:孙大总统、黄总长鉴:奉天事已与袁、唐二公商妥办法,俟回烟台与蓝都督接洽后,当即详细电陈。戴天仇叩。东。(天津来电八十八,《戴季陶致电孙中山黄兴》,1912年3月1日,《南京临时政府公报》第二十九号,存萃学社编集:《辛亥革命资料汇集》第五册,第237页)

△　蓝天蔚致谢新舞台、驻沪机关部。

《蓝天蔚电新舞台》:新舞台满、长、毛诸公鉴,蔚此次东征,南方接济多赖诸公之力,感念无及。现满清退位,共和告成,目的既达,同声一快。一俟善后事完,蔚即退归田里。季陶来电,已晤袁大总统,不日即回,知念并告。天蔚叩。二月初一到①。(《蓝天蔚电》,1912年2月1日,《沪军都督府调查部往来要电》,上海市历史博物馆藏)

《蓝天蔚电驻沪机关部》:通义银行转机关部鉴,银七千五百两照收,洋万元已否汇来?甚盼。满清退位目的已达,一俟善后事竣,蔚即退归故里。此次东征,南方接济,静江兄一人之力居多,积劳成疾,感念同深,千万为国珍重,是所切祷。季陶兄来电,已晤袁总统,不日即可回烟,知注并闻。天蔚叩。东。(《蓝天蔚电驻沪机关部》,1912年3月1日,《沪军都督府调查部往来要电》,上海市历史博物馆藏)

△　报载,蓝天蔚将派充东省军事大臣。

东省赵次珊电致袁总统,申报本溪湖官军戕毙日侨事件,袁总统迄未指示办

---

①　按:所属"二月初一日"有误。戴季陶晤袁之时间当在北京兵变之际。

法,唯闻袁总统对于往者赵督力拒共和,颇滋不悦,现又酿起此次交涉,意将撤换东督,另以南京政府中之人才代之,外间传有蓝天蔚派充东督一节,恐系不确,蓝充东省军事大臣一节或尚有可信者乎?(《东督地位不稳定矣》,《盛京时报》1912 年 3 月 1 日,第二版)

3 月 2 日(一月十四日) 蓝天蔚就北京事变事电慰蔡元培,并发电向上海求援。

电谓:北京六国饭店蔡代表元培暨诸先生鉴:东电敬悉。兵变受惊,深为悬系。诸公为国,身履危境,务望格外保卫。如需款,乞速电示,以便接济。再顷阅英报,第三镇兵不奉命令开向奉天,有无其事,并望探示。蓝天蔚。冬。印。(烟台发,《蓝天蔚致蔡元培等电》,1912 年 3 月 2 日,广东省孙中山研究会:《孙中山研究》第 1 辑,广东人民出版社 1986 年版,第 297 页)

△ 蓝天蔚电通义银行转机关部,谓,北方兵变,事急,望将所购机关枪十尊及弹火速运烟。切切。蔚。冬。三月初三日午后四时到。(《蓝天蔚电通义银行转机关部》,1912 年 3 月 2 日,《沪军都督府调查部往来要电》,上海市历史博物馆藏)

△ 蓝天蔚致电范熙绩说:"请汇报北京情况,如有必要我将率领陆海军前往秦皇岛。"(《驻芝罘守大尉致日本陆军次长电》,第 1433 号,1912 年 3 月 2 日,米彦军译自 http://www.jacar.go.jp/chinese/index.html"亚洲历史资料中心")

△ 蓝天蔚派员前往大连、仁川、哈尔滨及海参崴等处募集军费。

《盛京时报》谓:关外都督蓝天蔚拟招募义捐,接济军费,昨已派委员三人前往大连、仁川、哈尔滨及海参崴等处动募矣。(《派员募集义捐》,《盛京时报》1912 年 3 月 2 日,第二版)

△ 报载蓝天蔚北伐军预备北上。

《盛京时报》谓:前□分赴各地之北伐军现均回驻本埠,闻该军因现在未悉北京进行之协议如何,拟决计北上,现在预备进发。(《北伐军犹谈北上耶》,《盛京时报》1912 年 3 月 2 日,第二版)

3 月 3 日(一月十五日) 蓝天蔚致电陆军部,请接济军费,以便率部北上天津。

电谓:据北京蔡元培等东电:北京兵变,袁无能为力,此后恐电不能通。请速统海陆军来津,一面速电南京准备一切。等因。敝处拟即照办,惟无款不能进行。事在眉急,望速电汇现款数万,以便即日出发。盼切。蓝天蔚叩。三月初三日到。(《蓝天蔚致电陆军部》,1912 年 3 月 3 日,《沪军都督府调查部往来要电》,上海市历史博物馆藏)

△　蓝天蔚致电蔡元培：北京六国饭店蔡代表元培鉴：鄂密。东电悉。已电知南京各省准备。蔚预备即日统兵出发。蓝天蔚叩。印。(烟台发,《蓝天蔚致蔡元培电》,1912 年 3 月 3 日,黄彦、李伯新:《孙中山藏档选编·辛亥革命前后》,中华书局 1986 年版,第 151 页)

△　《蓝天蔚汤芗铭致蔡元培等电》：北京六国饭店蔡元培各代表钧鉴：来电谨悉。铭先率巡洋舰数艘,来大沽及秦皇岛一带。陆军已准备陆续来援。蓝天蔚、汤芗铭同叩。印。(烟台发,《蓝天蔚汤芗铭致蔡元培等电》,1912 年 3 月 3 日,黄彦、李伯新:《孙中山藏档选编·辛亥革命前后》,第 151 页)

△　蓝天蔚军将与胡瑛会合北上。

电谓：北京法政学堂蔡鹤卿诸公鉴：电悉。已会商汤、蓝两公,决定海军明日出发。瑛即帅所部陆军一旅,会同蓝军一标,继北上。日内情形若何,请商同季新用心电速复。胡瑛叩。江。印。(《胡瑛致蔡元培等电》,1912 年 3 月 3 日(烟台—北京),广东省孙中山研究会:《孙中山研究》第 1 辑,第 300 页)

又谓,北京六国饭店蔡元培君鉴：电悉。已决定初五赴津。瑛率陆军一旅,合会蓝军千人,相继北援。近状如何？乞速复。胡瑛扣。决〔江〕。印。(烟台发,《胡瑛致蔡元培电》,1912 年 3 月 3 日,黄彦、李伯新:《孙中山藏档选编·辛亥革命前后》,第 157 页)

《盛京时报》谓：南京陆军部因此次北方扰乱,特饬各军预备一切,以便随时调遣。闻该部并饬驻扎烟台蓝胡两都督率领军队由海路急赴北京,又饬浙军及粤军速集于徐州,预备北上,并闻该两军雄心勃勃,皆愿援助北军剿讨乱事。(《陆军部之调派忙》,《盛京时报》1912 年 3 月 8 日,第二版)

《申报》亦谓：南京陆军部因北方军界不靖,命蓝天蔚、胡瑛由海道直往北京,协助防守,并命粤浙柏各军会合徐州,听候命令。(《申报》1912 年 3 月 7 日,第二版)

《申报》同日报道：南京政府派驻烟台之兵二千名,现将调往天津防守。(《申报》1912 年 3 月 7 日,第二版)

△　《驻芝罘守大尉致日本参谋总长电》：蓝天蔚致电袁世凯,说想将其部队派往北京。袁世凯给蓝天蔚回电说,自己的部队足以维持北京秩序,蓝将军不必派兵进京。蓝将军将麾下部队运送秦皇岛所花费用由南京政府支付,费用金额为五万元,预计三月四日可到。(《驻芝罘守大尉致日本参谋总长电》,1912 年 3 月 3 日,米彦军译自 http://www.jacar.go.jp/chinese/index.html"亚洲历史资料中心")

△　赵尔巽致电袁世凯,谓奉天无正当民军,实为匪贼,断非蓝天蔚所能命令。奉天可自保秩序,毋庸蓝天蔚越俎代谋,请蓝天蔚专派一人到奉接洽。

《赵尔巽就蓝称严饬停止进行东省仍纷纷暴动致袁世凯电》①：北京大总统袁鉴,勋,东(敬悉)旧腊(廿七)奉到共和双谕旨,当即赞成。是日出示,遍谕全省(廿八)奉国旗电亦即通饬制用(初一)悬挂,并不为迟。党人于(廿八)夜突进铁岭县城抛炸弹焚署(廿九)夜占据。有示电劝谕解散各界。清兵到,未攻击,任其出城。开原系旧历(正月)(初四)突然犯旗,攻占城内,不□勾串匪人,并令欢迎之绅商等焚杀搜刮□捐,确有证据。劝谕无效,我军临战岂能束手待毙? 果有到处残杀淫掳,地方必有怨言,何以反有颂声? 匪徒果受欢迎□(7201)②□(7252)□(7120)痛□(1289)疾□(1276)□(7145)□(7144)□(7236)□(8402)□(3679)□(7316)□(7115)□(7151)□(8572)□(3200)□(0604)□(8430)□(8539)讵不惨耶? 解除党禁早已出示并声明国体未解决以前一切不再追究。平日原有职业尽可复旧,绝无歧视。□(0604?)③如假冒民军之马贼,坚不听何? 蓝称严饬停止进行,仍纷纷暴动,可见此项匪徒与民军殊少关系,断非蓝所能命令。(?)有保安之责,各界有生命财产之虞,外人有无间抵隙之心,为大局计,为生灵计,岂能坐视糜烂? 蓝果大公无私,当默为赞同之,不暇何斤斤于此借口? 视奉人当比蓝为亲切,但有可以和平了事,无不乐为。现筹资遣解散各处潜伏,及逃赴烟台北……伐军队,足以维持秩序,似毋庸蓝之越俎代谋也。又奉艳电嘱派员与民军平和接洽,此间确无正当之民军,蓝首领为专派一人到奉接洽,自当实力保护,决无他虞。统乞核覆蓝是幸。江。

(《赵尔巽就蓝称严饬停止进行东省仍纷纷暴动致袁世凯电》,1912 年 3 月 3 日,辽宁省档案馆原件)

3月4日(一月十六日)　《蓝天蔚致蔡元培、范熙绩电》：北京六国饭店蔡专使元培、范代表熙绩鉴：鄂密。顷接袁电云乱已平。究竟如何? 又闻变兵乘车逃奉,确否? 乞速复。蓝天蔚叩。印。(烟台发)(《蓝天蔚致蔡元培范熙绩电》,1912 年 3 月 4 日,黄彦、李伯新:《孙中山藏档选编·辛亥革命前后》,第 157 页)

△　蓝天蔚接受日方谍报主任太田大尉拜访,就北京事变发生后北伐军的派遣计划进行谈话。

《芝罘音羽舰长关于山东省方面的发报》：四日,让谍报主任太田大尉拜访蓝天蔚,就军队派遣计划蓝天蔚如下说道：此次北京方面发生骚乱,纯属肃亲王、恭亲王等唆使所致,所幸,北京恢复了原有秩序。昨日夜,蓝天蔚给袁世凯回电,讲了上述意思,详情如下："受亲王及保皇党唆使,贵地发生骚乱。好在骚乱已经平息,

---

①　该件原件缺字甚多,括号内为原件电码。
②　原件模糊,括号内为密电码。
③　此密电码亦模糊。

可喜可贺。然而,让亲王及保皇党骚乱得逞原因很多,我蓝天蔚不肖,今后为防止此类事件再度发生,愿尽绵薄之力。"从上述内容可以看出,中央政府即便不要求或者训令蓝天蔚出兵,蓝天蔚也可以抓住上述良机,进军渤海,明天(五号)首先赶赴大沽,负责警卫工作,与此同时,不让袁世凯对东三省事务指手画脚,让南京政府信任蓝天蔚,并心甘情愿应蓝天蔚之要求支出军费。蓝天蔚向南京、上海方面派出六名得力部下。这些部下为了让身着正式军装的军队北上,不遗余力。一两天内,这件事情就会谈妥。如果得到北上捷报,蓝天蔚就会亲自率领剩余军舰及现有的军队共计 1 000 人在渤海某地(密而不谈)登陆,见机行事,直捣奉天,屠戮赵尔巽、张作霖之辈。如上所述,蓝天蔚意在东三省,可以推测其登陆地点应该在营口附近或者连山湾。

今天,蓝天蔚从上海收到六万元军费。据青岛通讯员发给领事的电文讲,从一两天前开始,济南府附近约有四千土匪滋事,第五镇兵前去镇压。

据山东都督府职员讲,闽军两三日内会从上海出发,抵达当地。许司令官将此事电告都督。(《芝罘音羽舰长关于山东省方面的发报》,第 21 号,1912 年 3 月 8 日,米彦军译自 http://www.jacar.go.jp/chinese/index.html "亚洲历史资料中心")

△ 蓝天蔚将会同山东军政府赴津进援。黎元洪就此事复电山东军政府,赴津进援,事关重大,须电询中央或由大总统电调,方可出发。

电谓:江电悉。赴津进援,事关重大,须电询中央,或由大总统电调,方可出发。顷得京津数电,皆云安谧无恙,尚希镇静为祷。

附山东军政府来电:

二十九晚北京兵变,蔡公及代表避乱使馆,得免。此间屡得京津来电,传闻甚恶。后此统一大局,恐生荆棘,瑛拟留沪军驻守沚黄,亲率陆军一旅,会同蓝都督、汤司令赴津进援,五日内出发,相机因应,以巩固共和之基础。惟兹事体大,必大总统陆军总长决定大计。诸公为谋后援,始能集事。务恳宏谋,迅示机宜,共维大局。为祷。(《黎元洪就山东军政府拟派军赴津进援复该军政府电》,1912 年 3 月 4 日,《武昌革命真史》下,辛亥革命武昌起义纪念馆政协湖北省委员会文史资料研究委员会:《湖北军政府文献资料汇编》,武汉大学出版社 1986 年版,第 217 页)

3 月 5 日(一月十七日) 蓝天蔚致电孙中山等:孙大总统、黄总长,各省都督鉴:北京兵变,津保一带响应,乱兵四起。东省亦受宗社党运动,闻已撤共和国旗,以备与京津联络。蔚即日亲率兵队相机进行,务望接济饷械。不胜盼切。蓝天蔚叩。印。(烟台发,《申报》1912 年 3 月 15 日,第二版;《蓝天蔚致孙中山等电》,1912 年 3 月 5 日,《东三省辛亥革命史料》,《清代档案史料丛编》第 8 辑,第 225—226 页)

△　闻蓝天蔚将率舰来营,分巡锦新营口兵备道袁祚廙致电赵尔巽请示对待办法。

袁祚廙电谓:中华民国元年三月五日盛京督宪,合。支谨悉。殷带渔队,意见丛生,现归郑守,兵心尚服。道标并无勾结出营者。银行照常贸易,大连本有分号,并无迁移营口。闻津乱,小有惊慌。昨有急进会余党数人,已商由日领驱逐。市面照常安谧。惟传闻蓝某仍有率舰来营之说。蓝之宗旨,钧处有无确信,务乞明示,以便预备对待。祚廙叩。微。(下午五点三十分营口发,下午八点到,《分巡锦新营口兵备道袁祚廙致赵尔巽电》,1912 年 3 月 5 日,《东三省辛亥革命史料》,《清代档案史料丛编》第 8 辑,第 225 页)

△　报载,蓝天蔚乘坐之军舰海容、海琛两艘已起碇赴天津,并闻民军拟派军队入卫,正在准备之中。

《盛京时报》谓:民国军舰海容、海琛二艘现奉南京政府之命,于初五日晚间由芝罘开碇,驶赴天津,以便保护中外商民。并闻山东都督府亦拟派军队千余,藉以入卫,以维持京津秩序,现下正在准备中,惟其进发则犹未有准期也。(《军舰开赴天津》,《盛京时报》1912 年 3 月 8 日,第二版)

《芝罘音羽舰长关于山东省方面的发报》:(1) 今早,海琛号做了出港准备,南琛号也有出动迹象;(2) 海琛号上搭载了野炮六门,致远以及新丰号现在(午后三时二十分)正在装煤;(3) 午后六时,海容号、海琛号出港,驶往大沽;(4) 刚才(午后七时)外交科长孙给领事打了电话,内容如下:拟从当地派一千五百至两千兵力到天津,负责镇压骚乱,大概于明天(六号)出发。希望您拍电报将这一情况通知贵国驻天津领事;(5) 之后就派兵到天津一事作了调查,发现山东都督接到南京政府训令,要他派兵镇压天津骚乱。为此,该都督将上述电文中派兵的通知通过各国领事向各国传达。而就如何派兵尚无方案,直到今天傍晚时分一直开会,就派兵计划进行讨论。但大体可以断定派到天津的士兵不是蓝天蔚的部队。(《芝罘音羽舰长关于山东省方面的发报》,第 21 号,1912 年 3 月 8 日,米彦军译自 http://www.jacar.go.jp/chinese/index.html"亚洲历史资料中心")

3 月 6 日(一月十八日)　蓝天蔚与驻芝罘守大尉会谈,告以出兵东三省的真实目的。其一,为要将革命进行到底;其二赵尔巽、张作霖二人为独夫民贼,沆瀣一气,必须讨伐。

据《驻芝罘守大尉来电》:卑职昨晚接到上峰命令,以个人身份拜会了蓝天蔚,问他出兵营口的目的何在?蓝天蔚回答说:"我派兵去营口,既没有接到上峰的命令,又没有得到上峰的首肯。黄兴给我拍来电报,让我相机行事。仅此而已。"卑职让蓝天蔚给我看那份电报。蓝天蔚拿来一摞电报。卑职查找了三月三日以后的电报,没有找到蓝天蔚提到的那封。只是找到了以下这封电报。这封电报是在北京发出骚乱通告后,黄兴拍给蓝天蔚的。电文内容如下:蓝将军立即集合队伍,之后乘军舰去天津。抵达天津后,会同浙军一起攻占北京。卑职又问蓝天蔚,此次出兵营口是否通知袁世凯。蓝天蔚回答说已将出兵东三省一事电告袁世凯。然而,袁世凯害怕蓝天蔚派兵到东三省,回电要求蓝中止出兵计划,并派蓝天蔚的朋友来芝罘劝阻其出兵。之后,卑职又向蓝天蔚询问,"既然南京政府没有发出命令,袁世凯也不希望出兵,那么出兵东三省纯属蓝将军个人的决定吧。"蓝天蔚答曰:"总之,出兵东三省之际,会通知南京政府和袁世凯的。眼下,中国没有一个统一政权,国民革命政府有三家,一是南京的黄兴;二是武昌的黎元洪;三是我蓝天蔚。只不过我蓝某人的势力最弱而已。"说完,他一声长叹。在和卑职谈话过程中,蓝天蔚数次称袁世凯为国贼,义愤填膺。蓝天蔚又讲曾数次致电南京政府:乘此良机向山东以北东三省出兵,必有斩获。但是,南京方面迟迟不给答覆。于是,蓝天蔚大发雷霆,再次致电质问南京政府:难道汝等忘了山东以北的广大国土也需要光复吗? 由上述可知,出兵东三省完全是蓝天蔚个人的意思。蓝天蔚说了两点,给卑职留下了深刻印象:其一,要将革命进行到底;其二,赵尔巽、张作霖二人是独夫民贼,沆瀣一气,必须讨伐。这是蓝天蔚出兵东三省的真实目的。临别之时,蓝天蔚叮嘱卑职不要将其辱骂袁世凯的话外传。(《驻芝罘守大尉来电》,1912 年 3 月 7 日,米彦军译自http://www.jacar.go.jp/chinese/index.html"亚洲历史资料中心")

△ 黄兴电蓝天蔚等:京、津秩序确已恢复,临时政府不日可望成立,援师缓发。谨闻。参谋总长黄兴。鱼。印。(《黄兴致蓝天蔚等各省都督电》,1912 年 3 月 6 日,刘泱泱编:《黄兴集》一,湖南人民出版社 2008 年版,第 243 页)

3月7日(一月十九日) 蓝天蔚致电孙中山等,建议定北京为政府所在地。

《申报》载:烟台蓝都督电,新举袁大总统孙大总统黄参谋总长黎副总统统暨各部总次长参议院诸公各都督各路司令各报馆均鉴:共和宣布,南北一家,为因地点争执,将近两旬,尚未建设政府,几成无政府之国。人心惶惑,大局堪虞,各国鹰瞵,危机四伏,若再犹豫,不堪设想,请速暂以北京作临时政府地点,维持大局,俟国会成立,南或北至易取决。今可化除目前意见,无庸南北相争,天蔚附从戎马,无补时艰,惟念民国无统一机关,不觉征衣泪湿。乞各界诸公早定方针,从速成立政府,以安大局,民国幸甚。蓝天蔚叩。(《申报》1912 年 3 月 9 日,第二版;《蓝天蔚为从速成立政府以安大局事致孙中山等电》,1912 年 3 月 7 日,《南京临时政府遗存珍档》肆,第1255—1257 页)

曹亚伯谓：袁世凯无意南来，黎元洪仍主建都北京。江苏都督庄蕴宽、浙江都督蒋尊簋、烟台都督蓝天蔚、湖南都督谭延闿、广西都督陆荣廷、云南都督蔡锷、浙军总司令朱瑞、粤军总司令姚雨平以及天津张镇芳、张怀芝、张锡銮等均发表通电，支持袁世凯建都北京，反对临时参议院定都南京的决定。（曹庆云：《武昌革命史》二、三，《近代中国史料丛刊编辑》852—853，第 723—724 页）

张国淦谓：清帝宣布退位后，孙中山于二月十三日即电袁世凯，表示推让，十五日参议院开临时大总统选举会，袁世凯被选为临时大总统。

这时以孙中山为首的革命派和袁世凯之间有关建都问题的斗争便很快的表面化了。孙中山等想让袁南下就职，改变他拥兵自重的情况以便使他稍就范围，袁则于这紧要关头决不让步。正在这两种意见对立时，黎元洪又有建都武汉的主张，当然更不会实现了。

当时也有人觉得北京比较合适，所以这个问题在参议员投票表决的时候就发生过很大的周折。始而大多数赞成北京，及孙中山交付覆议并经过尽力的解释，又多数主张南京，前后的意见已不一致。然而从事实上所看到的各方面电报材料，其主张建都北京包括各种政治派系的人物，如同盟会的蓝天蔚，光复会总会，立宪派的谭延闿、蔡锷，及其他中间派如庄蕴宽、蒋雁行、蒋尊簋、朱瑞、姚雨平、柏文蔚，以及上海各团体、各报馆、回族教堂等都是这样说法。至于直隶之张锡銮、张怀芝等本是受袁世凯之直接指挥，列举各项理由认为必须建都北京，在他们的立场更无疑义了。（张国淦：《孙中山与袁世凯的斗争》，《北洋军阀史料选辑》上册，中国社会科学出版社1981 年版，第 148 页）

△ 蓝天蔚接黄兴来电，请其饬令东三省部属保持现状，谨守秩序。

黄兴电谓：前读通电，声明我辈倡议，原为大局牺牲，非谋私人权利，此心皎洁，日月同昭。并详述关外特殊情形，了如指掌，设非亲历其境，断难洞察及此。业饬各路停攻，顾全大局，佩慰实深。惟北方赞同共和，兄弟一家，南北一致，自无丝毫疑忌。赵公颇识时务，心必无他。第虑所部未能遍解大义，几疑我辈为与竞争利禄而来，致多误会，遂启争端。顷已电致赵公，详加剖白。请饬三省部属保持现状，对待一切，务期和平。昨接项城艳电，已嘱段军统与尊处代表接洽，如何议拟，仍盼电示。统一政府成立在即，孙、袁两公必能顾念地方，合筹善后办法，布置一切，当可仰慰壮怀。现在北方人心未靖，警报迭传，甚愿及早回复，免酿交涉。尚希尊处传檄各路，剀切劝导，谨守秩序，免贻口实。嗣后北方军情，并恳就近查探，随时电知，以便商承孙、袁两总统相机办理。黄兴。虞。印。（据上海《民立报》1912 年 3 月 20日）（《复蓝天蔚电》，1912 年 3 月 7 日，《黄兴集》，第 138 页）

△、宋教仁劝告蓝天蔚担任湖北都督一职,蓝天蔚婉拒。

《相羽副领事致内田外务大臣电》:3 月 7 日,宋教仁一行从奉天前往南京,中途在芝罘停留。应都督府邀请,在那里会见了胡瑛、蓝天蔚等。宋教仁等劝蓝天蔚任湖北都督一职,蓝天蔚婉言谢绝。而都督府内的一部分认为最终蓝天蔚会接受此职。(《相羽副领事致内田外务大臣电》,1912 年 3 月 9 日,米彦军译自 http://www.jacar.go.jp/chinese/index.html"亚洲历史资料中心")

△ 蓝天蔚向黄兴投诉,赵尔巽部多有违反行动。黄兴电赵尔巽,希望赵通饬其三省部属保持现状,勿令再启纷扰。

电谓:前闻我公赞同共和,东南人心,靡不感佩。惟据蓝都督来电,我公部下"仍多违反行动,双方对抗,险象毕呈",等语。查关外逼处强邻,动辄牵制,与内地情形迥不相同,内讧朝生,外患夕至。我公素持国家主义,亦必不忍见此。第恐部下尚多误会,不免争端,特荐一言,以解群惑。兴与诸同志倡义目的,但求改造政治,并非攘夺权利,此心可白于天下。况际此全国联合,南北一致,兄弟一家,尤当各矢诚心,共维大局,何敢自甘鹬蚌,坐利渔人。昨接项城艳电,已嘱段军统与蓝都督代表接洽。统一政府成立在即,孙、袁两总统必能顾念地方,合筹善后办法,将来如何措置,必可仰慰荩怀。现在北方人心未靖,警报迭传,无非由宗社党煽惑所致。愿我公坚持定见,万勿以少数感情牵动全局,致令优待条件不能实现,满人种族无由发达,则建忠于国家者多矣。务恳通饬三省部属保持现状,对待一切,总期和平,勿令再启纷扰,民国幸甚。张、冯两君,并乞代达鄙意。陆军部总长黄兴。虞。印。

(上海《民立报》1912 年 3 月 20 日;《致赵尔巽电》,1912 年 3 月 7 日,《东三省辛亥革命史料》,《清代档案史料丛编》第 8 辑,第 227—228 页)

△ 段祺瑞致赵尔巽电,待蓝天蔚为大总统招致离奉后,即放手清办土匪。

电谓:赵制台鉴:辰密。歌电敬悉,奉军安堵,至善至慰。蓝天蔚已由大总统设法招致①,俟其离奉,则所有土匪可以放手清办矣。奉省关系大局,至为重要,我公独任其难,钦仰曷既!遇有稍异寻常各情事,仍恳随时示知为感。祺瑞。虞。

(下午六点二十分北京发八日上午九点十分到,《段祺瑞致赵尔巽电》,1912 年 3 月 7 日,《东三省辛亥革命史料》,《清代档案史料丛编》第 8 辑,第 227 页)

△ 蓝天蔚电令十字军三十名由沪出发至烟。

---

① 据唐在礼谓,袁世凯以特大数目赠款予蓝天蔚。每次馈送总在 10 万元以上,有的多至四五十万。(中略)这类特别费的对象有:……蓝天蔚,士官二期肄业,原是民党,被袁收买过来。(唐在礼:《辛亥以后的袁世凯》,《文史资料选辑》编辑部:《文史资料精选》第 3 册,中国文史出版社 1990 年版,第 432 页)段祺瑞所谓"设法招致"之说,是否有"收买"因素?以上史料以备一考。

《申报》谓：关外都督蓝天蔚前日电令本埠十字军迅再由沪出发三十员,速至烟台,候令调遣等因。兹悉该军遵即挑选三十员于初八日乘坐泰顺轮船赴烟。(《蓝都督续调十字军》,《申报》1912 年 3 月 10 日,第七版)

△　蓝天蔚及南方军队是否会去北京,为北京人深所疑惑。

据《民元北京兵变记》：一切都很平静,但仍有关于发生劫掠事件的传闻。这已经不是人们所关心的事了。既然袁世凯依靠了满兵,将来还会出什么事呢？那么多城市同时发生烧、抢事件,这又该如何解释呢？天津几乎全城被烧,保定府也一半被烧,另一半遭抢劫。那些曾经发生起义的南方城市的情况又怎么样呢？蓝天蔚将军所部自从这一系列事件发生以来,似乎一直无所事事,他是不想来北京？每天晚上响枪究竟是什么原因？难道人们都不清楚吗？然而,店铺毕竟重新开张了,而且大街小巷至少在白天恢复了常态,只是偶尔能见到有人被砍头。……我不认为事态会向悲剧方向发展。我觉得公使馆里德人很镇静,同时也认为这里的人会正确对待一切事物。当然,刚刚建立共和制就依靠满人,这是一种危险和不正常的现象。遍布农村劫掠乡民的军队总有一天会聚集在一起卷土重来的,这是一种潜在的威胁；宣布蓝将军的军队及南方军队的到来,可以说是暴风雨即将来临的先兆。(葛兰言：《民元北京兵变记》,黄庆华译自《汉学》第 6 集第一期,1987 年,中国社会科学院、近代史研究所编：《国外中国近代史》第 7 辑,中国社会科学出版社 1990 年版,第 224 页)

3 月 8 日(一月二十日)　兵变延及山东,海军全队赴津。蓝天蔚留烟保治安,电沪速助巨饷。

查《申报》是日谓：上海三马路庆和里永安昌号冯赓饶、吴云生、张子峰三君昨接关外都督蓝天蔚君自烟台来电云：兵变延及山东,海军已全队开津,蔚若再率陆军离烟,即危乱。现仍留烟保治安,旅申山东绅商当顾念桑梓,速助巨款以济军饷,免蹈京津焚掠。款少无济,乞赓饶兄帮同劝募,以多为贵。已有之款速电汇烟。(《山东岌岌可危》,《申报》1912 年 3 月 9 日,第三版)

又据《申报》4 月载蓝天蔚之自述：不料京津之变出自意外,复欲使蔚亲率海陆各军至津镇抚,幸尚未成行,乱已平静,只得在烟暂维现状。(《张园欢迎蓝天蔚记事》,《申报》1912 年 4 月 23 日,第七版)

据《葛兰言日记》：(3 月 8 日)深夜,万籁俱寂,听不到枪炮声,但也听不到往日都市的歌声,只有狗吠。报纸上讲蓝天蔚不来北京了,袁世凯也找到了借款的办法。就这么结束了。

《民元北京兵变记》按：1912 年初,孙中山委以关外都督。1912 年 1 月中,蓝氏到山东烟台,指挥派遣军支持当地革命活动,不久提出辞职。在北京,当舆论界对这些事件众说纷纭时,蓝将军的恐吓似乎比实际情况更危险。(葛兰言:《民元北京兵变记》,中国社会科学院、近代史研究所编:《国外中国近代史》第 7 辑,第 226 页)

3 月 9 日(一月二十一日) 《申报》谓:烟台蓝都督电,上海陈都督鉴。顷接徐陶两君电称,宁款五万,全赖公力,感激莫名。杨司令昨已率兵舰两艘赴津,蔚本当同去,因闻关外亦为宗社党所煽惑,姑留相机进行。蓝天蔚。印。(《蓝天蔚致电陈其美》,《申报》1912 年 3 月 9 日,第二版)

上海《时报》载:烟台专电云,拟赴津之民军二千人已决意仍驻烟台。(上海《时报》1912 年 3 月 9 日,第二版)

△ 沪军都督府请蓝天蔚向黎元洪都督借五万元。

电谓:(万急)关外蓝都督电(密):昨日潘君言,有鄂兵工厂张鸿钧卷逃巨款来申,黎命代表彭寿、庄时伯奉文来申查追。潘帮忙,现提出二十万两,潘将关外苦情告诉彭、庄,允借五万元,其电商黎副总统,不可。请速电鄂苦恳,鄂转电申彭、庄,潘守候即划收。机会不可失,速要。三月初九日发。(《致关外蓝都督电》,1912 年 3 月 9 日,《沪军都督府调查部往来要电》,上海市历史博物馆藏)

△ 蓝天蔚在满洲的登陆问题,为日方关注并强调宗旨。蓝天蔚在日本国势力范围以外之辽西地区登陆时,日方方针是不加干涉,若侵入势力范围以内或我侨民居住地域以内,则采取必要措施。

《驻旅顺大内代关东民政长官致石井外务次官电》:关于蓝天蔚在满洲登陆问题,我海军省次官致旅顺镇守府司令官之电训,已由民政长官(现在东京)转来,想该电训当系以我政府方针为依据。方今共和已告成立,蓝天蔚究竟以何种资格企图登陆?蓝之登陆计划又是否为南京或北京政府所承认?凡此问题,我政府既已采取上述海军省电训所示方针,想必业已明悉,敢乞电示。再就满洲目前形势观之,革命党人业已退回南方,当地一般民众认为革命运动只能给彼等之生命财产带来危害,因而不表欢迎。现在又因形势渐趋稳定而稍感喜悦。况蓝氏所部终不能与总督麾下之兵力为敌,即使一时占领营口,亦绝不能持久。最终必被击退。征诸日前在中立地带登陆情况,此点颇为明显。总之,本职深恐蓝氏登陆后只能一时动摇人心,破坏秩序,并如前次在中立地带登陆一样,使中国官民对我国徒增猜疑。而我政府在共和已告成立之今日,竟然决定对此等登陆行动采取旁观态度,究竟原因何在?本职亟欲知悉。即使我政府根据某种特殊原因而决定对彼等之登陆采取旁观态度,本职亦将采取必要措施,不许彼辈侵犯我国势力范围或侵入我侨民住区。鉴于铁岭、开原等地之前例,一旦任其侵入我侨民居住地域,其结果,我方不仅须向交战双方要求退去,且须进一步负责维持秩序,否则我侨民之安全即难保证;

而要求其退去,又将使彼等双方对我国态度产生怀疑,造成不利后果。阁下对此如有异议,希急电示。(《大内代关东民政长官(驻旅顺)致石井外务次官电》,第 526 号,1912 年 3 月 9 日,《日本外交文书选择——关于辛亥革命》,第 248 页)

《石井外务次官复大内代关东民政长官〈驻旅顺〉电》:机密。第 526 号来电收悉。海军省电训所述之宗旨,乃系蓝天蔚在我国势力范围以外之辽西地区登陆时,我国方针是不加干涉,此乃理所当然。只要彼等在我势力范围以外地区活动,则蓝天蔚其人之身份如何,其计划又是否为南、北两政府所承认等等,我方均无须过问。当然,彼等若侵入我势力范围以内或我侨民居住地域以内,我方自然不能允许。如有此类情事发生,即希接来电后段所述旨趣,随时采取必要措施。(《石井外务次官复大内代关东民政长官〈驻旅顺〉电》,第 526 号,1912 年 3 月 9 日,《日本外交文书选择——关于辛亥革命》,第 248 页)

△ 孙中山电蓝天蔚等,发布袁世凯受职誓词。

电谓:武昌黎副总统、各省都督督抚、各司令官、全国各界团体公鉴:初六已将参议院决定统一政府组织办法六条通告各省。顷得参议院咨称:本日接到袁世凯君电传誓词,其文曰:民国建设肇端,百凡待治,世凯深愿竭其能力,发扬共和之精神,涤荡专制之瑕秽,遵守宪法,依国民之愿望,蕲达国家于安全强固之域,俾五大民族同臻乐利。凡兹志愿,幸履勿逾,俟召集国会,选定第一期大总统,世凯即行解职。谨掬诚悃,誓告同胞。大中华民国元年三月初八日。袁世凯。云云。谨此奉闻,并乞即行通电全国为盼。等因。为此,通电布告全国。临时大总统孙文。佳。(《孙文关于袁世凯受职誓词电》,1912 年 3 月 9 日,中国第二历史档案馆:《中华民国史档案资料汇编》第 2 辑,第 105 页)

△ 孙毓筠[①]电蓝天蔚等,告知熊成基灵柩将运回故里。

《申报》谓:先烈熊君成基起义安庆,大功未成,复至哈尔滨谋刺满酋,被获就义。至今灵柩尚在长春。其胞兄成谋屡欲前往搬回,安葬于镇江之北固山或扬州之平山堂,以正首邱。因担任皖省运漕厘卡经理不克如愿。前日赴省,谒见孙都督,力请辞差。都督再三挽留。熊君声明缘由,言辞悲切,孙都督以其笃于友爱,极为赞赏。现已电达陈昭常及关外都督蓝天蔚,一面派委沈君昌淦接收运漕厘卡,闻熊君不日即当首途前往矣。(《熊烈士忠棣将归》,《申报》1912 年 3 月 9 日,第

① 孙毓筠(1872—1924),字少侯,安徽寿州人,祖籍山东济宁。1906 年在东京加入同盟会,同年去南京运动新军,响应萍、浏、醴起义。事泄被捕,判刑五年。辛亥革命后获释。后历任江浙联军总部副秘书长、安徽都督、临时参议院议员、政治会议议员、约法会议议长。1915 年与杨度等人发起"筹安会",任大典筹备处副处长。1916 年 7 月被通缉,1918 年 3 月获赦。

六版）

3月10日（一月二十二日） 蓝天蔚致电沪军都督府：机关枪但可用，速运来。黎电已发，皮鞋俟黎款到即照办。山东帮已捐数千元。蔚。叩。（三月初十日午后五十分到）（《蓝天蔚电沪军都督府》，1912年3月10日，《沪军都督府调查部往来要电》，上海市历史博物馆藏）

△ 黄兴电蓝天蔚等，就南京参议院决议允许袁世凯在北京受职一事致以说明。

电谓：武昌黎副总统、苏州都督庄、上海都督陈、清江浦都督蒋、烟台都督胡，并转关东都督蓝、广东都督陈、桂林都督陆、长沙都督谭、南昌都督马、安庆都督孙、杭州都督蒋、云南都督蔡、浦口都督柏军长暨各军司令官均鉴：

组织统一政府问题，于三月初七日由南京参议院开会，因京乱难平，而袁大总统一时不能南来之故，当已决议允袁大总统在北京受职，并决定办法六条。当于初八日得袁总统致参议院誓词，并转饬所属知照，等因。特电转闻，请饬所属各路军队一律安静，快睹新猷，俾与全国人民乐享幸福，是为至盼。黄兴叩。蒸。（据《中华民国新文牍》卷三；《黄兴就南京参议院已决议允许袁在北京受职一事致蓝天蔚等电》，刘泱泱编：《黄兴集》一，第246—247页）

3月11日（一月二十三日） 黄兴致电蓝天蔚等，反对袁世凯招募新兵要求调南军填扎北省。

电谓：袁大总统、各部正副首领、各省都督，各省议会均鉴：顷闻北京因兵变扰乱以后，将添招新哨三十营，自为保卫治安起见。惟兵兴以来，公私交困，南北现有各军，已苦难以安插，岂容再行增兵。且新募之兵，训练装备，种种困难，又不适急用。现在正议南军调北，尤不必多此一举，转滋歧误。鄙意与其添募新兵，不如移南方业经编成之军，填扎北省，在南省可节饷需，在北方得资保卫，且一令调发，旬日可在，尚为便捷。应请大总统速发命令，将新议添募各营，即行停募，当此共和一统，必无畛域可分，维祈施行。幸甚。黄兴叩。十一。印。（《黄兴反对袁世凯招募新兵要求调南军填扎北省电》，1912年3月11日，中国第二历史档案馆：《中华民国史档案资料汇编》第2辑，第92页）

△ 《台湾日日新报》载：蓝天蔚闻津京事变，欲引兵入京镇压，为袁世凯所止。蓝因单身入京视察镇定状况，后归大沽。[①]（《蓝天蔚举动》，《台湾日日新报》1912年3月11日，汉文版第三版；日文版，第一版）

――――――――――――

① 《台湾日日新报》所载为孤证。

3月12日(一月二十四日)　蓝天蔚电潘月樵：法界诸家桥宝安里关外办事处转潘月樵鉴：机关枪虽不合用，君之热心固已心感。转电鸣谢，请勿以为叹。蓝天蔚叩。(三月十二日十一时到，《蓝都督来电》，1912 年 3 月 12 日，《沪军都督府调查部往来要电》，上海市历史博物馆藏)

△　赵尔巽电袁世凯，谓蓝天蔚通电谓东省撤共和国旗，备与京津联络，乃"平空结撰，诬指东省挑动兵争。"

电谓：北京大总统袁钧鉴：昨夜忽有蓝天蔚通电南省，言东省因京津兵变，又有宗社党运动，闻已撤共和国旗，备与京津联络，蔚即日亲率兵队前往相机进行，请接济饷械等语。东省何曾有此，阅其词直同梦呓，推其意无非破坏，而非徒恫吓也。东省全境遍换五色国旗，兵民相安，人所共知，岂蓝所能诬指？惟其志在泄愤，无论东省如何赞同，必图一逞为快。至于为虎作伥，明知之而不顾也。东省何辜，竟处于无一而可之地位？我大总统屡告蓝矣，蓝亦屡云不再进行矣，今竟平空结撰，兴此大波！窃思蓝既不忘东省，拟请准巽罢退，并将东省陆防务军调归内地，以免冲突，另换军队来东，归蓝布置。蓝所仇视者不过以上两事。至于人民犹可安居于共和政体之下，免陷外人，此议虽为一般人民所不愿，但两害取轻，舍此更无办法。否则东省一坏，全国随之，巽非独为东省谋也。利害迫切，谨请速复。至应否通电南中各省之处，并候钧裁。赵尔巽叩。文。(《赵尔巽电》，1912 年 3 月 12 日，《东三省辛亥革命史料》，《清代档案史料丛编》第 8 辑，第 228—229 页)

△　赵尔巽谓蓝天蔚欲乘北京兵变挑起战事。

北京袁大总统、南京参议院孙中山先生、黄克强先生、武昌黎宋卿先生、各省督抚都督谘议局各报馆鉴：京津兵变事已平靖，奉天国旗遍悬，一切静谧，谣言早息。袁大总统昨已受职，是国基已定，南北统一，更无疑虑之余地。顷接蓝天蔚来电如下：孙大总统黄总长各省都督鉴：北京兵变，津保一带响应，乱兵四起，东省亦受宗社党运动，闻已撤共和国旗，以备与京津联络。蔚即日亲率兵队相机进行，务望接济饷械，不胜盼切。蓝天蔚叩印等语。并无发电时日，查地方匪人蠢动，在平时尚不能免，何况国是初定。今虽事已过去，蓝君所言直同梦呓。但一有乱耗，即视为可乘之机。便欲诬指东省挑动兵争，破坏全域。南中英彦至诚谋国，谅必知其用心。惟当此民国初定，岂容有此？想我大总统及各先生各都督必有公平之处置。巽秉性戆直，无论何时，只知为国民维持治安秩序，不知其他。此后蓝君倘有妄为，致召意外之变，蓝君应负其责。合并声明。赵尔巽。文。(《申报》1912 年 3 月 15 日，第二版；《赵督之要电》，《盛京时报》1912 年 3 月 19 日，第五版)

△　蓝天蔚通电辩诬，民军占领铁岭、复州等处，实缘该地方未挂共和国旗之故，

已严饬军队一律撤回;并谓赵尔巽、张作霖等滥行残虐同志,口赞共和而心实反是。

各报谓:前清东督赵尔巽及东省议员等前日电致袁大总统,诬告蓝天蔚君自称关外都督,煽惑土匪扰乱地方等情,蓝君闻之异常愤激。日昨特电致袁总统及南京政府辨正,略云:予奉命充关外都督,志在确保大局,并不为个人之计,民军占领铁岭、复州等处,实缘该地方未挂共和国旗之故,至于东省统治,予早已严饬勿再以武力从事。须以和平手段解决一切。并饬军队一律撤回,然若赵次珊张作霖等滥行残虐同志至数十人,且以蔚为自称关外都督,闻已据情诬告阁下。今在东省之统治欲退尚无生路,赵张二人虽口赞共和,而心实反是。其奈我共和何?奈我同胞何?恳请阁下亟筹善后之计,否则恐有不测之变。予固不辞为革命之牺牲,然雅不愿恋平和都督之栈。(《蓝天蔚经营关东纪》,《申报》1912 年 3 月 13 日,第二版;《蓝天蔚之声辩》,《盛京时报》1912 年 3 月 1 日,第二版)

3 月 13 日(一月二十五日) 赵尔巽指蓝天蔚捏造谎言,惑乱人心,破坏东北全域。

据《东三省总督赵尔巽等致袁世凯电稿》:北京袁大总统鉴:勋。昨接蓝天蔚致各省通电,尔巽业将三省情形及蓝之阴谋电陈在案。惟尔巽等窃思处此时局,为疆吏者岂复有所系恋?特以国基初立,肇造维艰,扶持初基之力,远过于破坏之时,兼东省之地位所处不同,对蓝之人情所在愤激。故尔巽等在共和未成以前,惟以保境安民为目的,共和既定以后,亦惟抚民防乱,以待新政府命令之行。所以力防破坏者,诚恐东省一危,则全国牵动,故艰难劳怨,有所不辞。今蓝天蔚以关外都督不得一逞,有类病狂,竟借京津一时之小变,捏造瞒天之大谎,冀惑天下人耳目,与东省挑隙。尔巽等不足惜,东省何辜,处于无一面可之地位?蓝果为民国有数之人物,不应因一都督之不得遂愿,专为私谋而不顾大局。三省何负于民国,而蓝必欲百端思逞,以破坏三省者牵动全域耶?!我大总统必有以统筹全域,维始基而弭破坏。合再电陈,尚乞钧裁。赵尔巽、陈昭常、宋小濂同呈。(《东三省总督赵尔巽等致袁世凯电稿》,1912 年 3 月 13 日,《东三省辛亥革命史料》,《清代档案史料丛编》第 8 辑,第 229—230 页)

△ 赵尔巽认为蓝天蔚在京津之乱时的通电实欲挑动兵争,推翻全域,目光不仅在东省。

据《东三省总督赵尔巽致陈昭常尊电稿》:吉林陈抚台、卜奎宋抚台鉴:辰。简帅电悉。蓝电查系三月五号发,何以迟至十二始到,此必京津正乱之际,蓝欲借此挑动兵争,推翻全域,目光不仅在东省也。今乱定电来,直同梦呓,无非故为恫吓。惟时局初定,匪徒蠢动,势所不免,若一有乱耗即乘机思逞,最易破坏大局。昨已将东省情形及蓝之阴谋通电袁总统及各省,现拟再行会衔电总统核办。但为时尚早,恐总统亦不能遽加以何种制裁,戒备无患,仍在我等尽力防维耳。巽。元。(《东三省总督赵尔巽致陈昭常尊电稿》,1912 年 3 月 13 日,《东三省辛亥革命史料》,《清代档案史料丛编》第 8 辑,第 229 页)

　　△　山东临时议会周庆恩等全体议员致电蓝天蔚等,不堪张广建煽兵殃民,已举胡瑛为山东都督。要求罢斥张广建,饬胡都督赴济履新。

　　电谓:南京总统府、参议院、各省都督府暨各省临时议会、各报馆公鉴:前清山东巡抚张广建,阳认共和,阴行专制,暴戾恣睢,日以捕拿政党为事,煽兵殃民,十室九扰。鲁省绅士不堪其虐,相率来烟组织临时议会,现已完全成立,正式公举胡君为山东都督。省议会特派代表范君之杰、丁君惟鲁、安君举贤、丁君惟沛暨议员周君树标、王君志勋,晋京面谒袁大总统,要求罢斥张广建,饬胡都督赴济履新,诚以权力相争,不达目的不止,特此通告。山东临时议会周庆恩等全体议员公叩。元。(烟台来电四十一)(刘萍,李学通主编;孙彩霞,李学通,卞修跃编:《辛亥革命资料选编 第四卷 南京临时政府与民初政局》下册,社会科学文献出版社 2012 年版,第 910 页)

　　3 月 14 日(一月二十六日)　蓝天蔚致袁世凯、孙中山等电,不敢冒昧进行,事事均为隐忍。但求东省同志,死者得以瞑目,生者得以保全。即请辞职。

　　电谓:袁大总统、参议院、孙大总统、黎副总统、各省都督各报馆均鉴:顷接赵尔巽文日通电云云,殊堪诧怪。现在共和告成,国基已定,自当各泯猜嫌,化除党见。赵尔巽于共和后,肆意残杀,惨无人理,名为赞同,实行杀戮,南方人几无噍类,为世公敌,岂待蔚言。其前后行为,司马之心,路人皆见。专制时则指党人为革匪,共和后则指党人为土匪。自谓保全秩序,实行诛杀同胞。张作霖何人,任其骚扰。张榕等何罪,致受诛夷。迹其罪状,神人共愤。蔚不敢冒昧进行者,诚以东省危如累卵,一或不慎,动酿外人干涉,故事事均为隐忍。至于有备无患,诛灭公敌之心,固我同志旦夕不忘者。蔚不才,不屑与人争都督,亦不愿与人争口舌,但求东省同志,死者得以瞑目,生者得以保全,蔚即请辞职,以免遭人疾视。谨此,即乞大总统核电示遵行,是幸。蓝天蔚叩。寒。(《蓝天蔚致袁世凯等电》,1912 年 3 月 14 日,《申报》1912 年 3 月 14 日,第一版;《南京临时政府公报》第四十六号,1912 年 3 月 23 日,存萃学社编集:《辛亥革命资料汇集》第五册,第 350—351 页)

　　△　蓝天蔚与袁世凯委派至烟的陈宧共商关外民军安置方法。

　　自停战后,蓝天蔚即电询袁总统,关外民军如何安置,以便解决办法。事逾多日,未蒙答覆,原因京师兵变,袁公未暇顾及,特于阳历十四日,派陆军第二十镇镇统陈二庵君来烟,调查军务,以便编练民国新军。现与蓝公同在南琛军舰中。(《陈二庵到烟》,《盛京时报》1912 年 3 月 21 日,第七版)

　　△　《申报》谓:烟台蓝都督电,上海陈都督转各报馆鉴:顷阅《民声日报》载芝

眔亦有兵叛事,系传闻之误,此间均安静如常。特此电慰。蓝天蔚。印。(《蓝天蔚致陈其美转各报馆电》,《申报》1912 年 3 月 14 日,第二版)

△ 《申报》:关外都督蓝君天蔚带领兵舰三艘,载有兵士三千人,已由烟台驶抵大沽口,俾使震慑北方①,免致人民再遭涂炭。津埠绅界拟俟该兵登岸后,前往欢迎。(《蓝兵已抵天津》,《申报》1912 年 3 月 14 日,第六版)

△ 《民声日报》载:闻袁大总统必欲鄂省议会就本省贤杰推举一人入阁,现在已被推举者为蒋君作宾、蓝君天蔚、陈君宧。而北政府之意颇依重于孙君武。(《民声日报》1912 年 3 月 14 日;胡绳武、金冲及著:《辛亥革命史稿》第四卷,上海人民出版社 1991 年版,第 67 页)

△ 上海《时报》载,奉天宗社党延年、景云、吉兴、德权等(皆留学生)极力怂恿张作霖与民军为难,并拘捕在奉同学家属。蓝天蔚已函赵尔巽查究。(上海《时报》1912 年 3 月 14 日,第二版)

3 月 15 日(一月二十七日) 蓝天蔚电请取消关外都督,自请下野。

据《辛壬春秋》:蓝天蔚自烟台电请取消关外都督。(《辛壬春秋》,《四库未收书辑刊》伍辑·陆册,第 417 页)

罗正纬谓:迨和议成,临时参议院允许总理辞临时大总统,荐举袁世凯自代,袁氏旋取消关外都督,秀豪于撤销关外军政府后,并将驻烟驻连各地机关部分别解散,毅然下野。(罗正纬:《蓝天蔚率师北伐》,《各省光复》下,《中华民国“开国五十年”文献》第二编第五册,第 411 页)

罗正纬在《滦州革命纪实》中谓:烟台既下,大军云集,鲁军都督胡瑛、鲁军总司令连成基、关外民军总司令商震,均先后至,统归天蔚指挥。声威大振。清廷惶惧,逊位乃决。和议成,总理以政权让渡。世凯惮天蔚甚,取消关外都督,遣陈宧说之,资请出洋考察。天蔚本总理豁达之志,毅然下野。(罗正纬:《滦州革命纪实》;王云五主编、徐咏平撰:《民国陈英士先生其美年谱》,《新编中国名人年谱集成》第 8 辑,台北商务印书馆 1980 年版,第 157 页)

△ 黎元洪允借款五万资助关外。

《民生报》转邝汉卿交彭寿朋鉴:据关外都督蓝天蔚电称,张鸿钧卷逃币款,蒙派代表彭寿朋等到申查追,潘君从中协助,已提到二十万两。潘君以关外苦情,允借五万,惟须副总统示喻(谕)即拨等情,此款如果提到,即希照数拨给,并速复明。副总统黎元洪。元年三月十五日到。(《黎元洪电邝汉卿交彭寿朋》,1912 年 3 月 15 日,《沪军都督府调查部往来要电》,上海市历史博物馆藏;《申报》1912 年 3 月 18 日,第二版)

---

① 蓝天蔚本人未赴津。见本谱 1912 年 3 月 9 日。

△ 蓝天蔚接受芝罘守大尉来访。会谈中，蓝天蔚表明日本支持宗社党迫害革命党人，给东三省起事带来不便。并告知推举袁世凯作大总统为大势所趋、权宜之计，蓝天蔚等将不懈努力直至袁世凯下野。

《芝罘守大尉致日本参谋总长电》：徐麟瑞和蓝天蔚分手后前往大连。昨天（亦即十五日）卑职拜访了蓝天蔚。蓝天蔚对卑职说："有迹象表明，迄今为止，你们日本国助纣为虐，一直支持清廷宗社党迫害我革命党人。近来这一趋势更趋明显。这给我等在东三省起事带来诸多不便。非常遗憾。"接着蓝天蔚又对卑职说："南京政府推举袁世凯作大总统，定都北京。我本人并不赞成。只不过这是大势所趋，不得已。我想这不过是一时的权宜之计。故我等会不懈努力直至袁世凯下野。而且袁世凯自知理亏，惶惶不可终日。他常说不知何时会饮弹死于非命。"（《芝罘守大尉致日本参谋总长电》，1912 年 3 月 16 日，米彦军译自 http://www. jacar. go. jp/chinese/index. html"亚洲历史资料中心"）

△ 袁世凯推荐蓝天蔚位海军总长。

《申报》谓：南京政府得袁总统敬电后，即经开议。于所定人员略有更动，海军改蓝天蔚，教育改范源濂，农林改宋教仁，工改陈榥，商改刘炳炎，交通改陈其美，即由孙总统将更改名单咨交参议院覆议，一面电商袁总统斟酌办理。

孙总统以更改名单电商总统后，昨日（十五）又得袁总统唐总理合电交来，修正国务员名单如下：外交陆征祥或伍廷芳，司法王宠惠、陆军段祺瑞、海军蓝天蔚或刘冠雄，教育蔡元培、交通梁如浩、工商陈其美、财政熊希龄或陈锦涛、内务赵秉钧、农林严修[①]。（《申报》1912 年 3 月 17 日，第二版）

《盛京时报》载：袁总统唐总理电致南京孙中山先生制定新内阁之候补人员，其内容虽未详悉，大约不外左开各员云：

外交	陆征祥	司法	王宠惠
陆军	段祺瑞	海军	蓝天蔚
教育	蔡元培	交通	梁士诒
工商	陈其美	财政	熊希龄
内务	赵秉钧	农务	严 修

或谓外交伍廷芳、财政陈锦涛未知孰是，该候补人员名单当已交参议院审议

① 严修（1860—1929），字范孙，号梦扶。祖籍浙江慈溪，生于直隶天津。由举人而进士，授翰林院编修。曾任贵州学政，筹立贵州官书局。1902 年赴日本考察教育，回国后创办小学堂、师范学堂、工艺学堂、客籍学堂、法政学堂等。1905 年任学部侍郎。1912 年再赴日本。次年赴欧洲诸国考察。1914 年被北京政府任命为教育总长，未就职。退居天津。1918 年与张伯苓考察日本、美国、加拿大。创办南开大学。

矣。(《新内阁人物考》,《盛京时报》1912 年 3 月 19 日,第二版)

△ 黎元洪认为政府当用人以专,蓝天蔚笃于共和,而所长在陆,非为海军。

电谓:北京大总统府唐少川先生鉴:维密。昨晤黎公[1],论及国务员,黎公言并无成见,维待袁、孙二公之同意。复言及梁君[2],黎公言梁君虽有毁者,然久闻长才,且为袁公所倚任,决无异议。海军萨、程[3]皆上选。蓝[4]笃于共和,而所长在陆。刘[5]在甲午海战时有功,其后统带"海天"时有过。外务如伍公[6]不就,宜表扬其勋绩。云云。足征黎公无坚持成见之意,第所注重者,在得专门建设之人才。特闻。元培、兆铭。咸。(《蔡元培汪精卫致唐绍仪电》,1912 年 3 月 15 日,黄彦、李伯新:《孙中山藏档选编·辛亥革命前后》,第 185 页)

△ 蓝天蔚致电黎宗岳[7],感其助饷助兵,顾全大局。如今北京事平,关外谅无他变,请黎处军队停止。

《申报》刊载《大通黎宗岳电》:各报馆均鉴,顷接烟台来电,大通黎堃甫先生鉴:助饷助兵,顾全大局,感荷不尽。北京事平,关外谅无他变,公处军队暂恳停止,如张贺二君到通,亦恳转告。蓝天蔚叩。合。转达请登报。黎宗岳谏。(《申报》1912 年 3 月 18 日,第二版)

安徽军曾援鄂,并将炮兵一队调拨蓝之北伐军。

据《大通军政分府为援鄂事复黎元洪电》:电敬悉。敝军援鄂,编成步兵一联队、旱雷一中队、炮兵两中队,除炮兵一中队经蓝都督电商拨归北伐外,余均赴鄂。所有枪支,系明治三十年式。但敝处小轮,仅有两艘,运送恐延时间日。现定于本月二十七号起陆续出发,承谕从青山登岸,自当遵照。谨此奉闻,伏祈睿鉴。(《大通军政分府为援鄂事复黎元洪电》,1912 年 1 月 22 日,《武昌革命真史》下;《湖北军政府文献资料汇编》,第 528—529 页)

△ 蓝天蔚部属葛熙荣[8]等拟于锦州起义,事泄被捕。

---

① 黎公:即黎元洪。

② 梁君:梁士诒。

③ 萨、程:萨镇冰、程璧光。

④ 蓝:蓝天蔚。

⑤ 刘:刘冠雄。

⑥ 伍公:伍廷芳。

⑦ 黎宗岳(1876—1915),字嵩祝,名坤甫,安徽宿松人。毕业于安庆敬敷书院。曾任六品警官兼探访局局长。武昌起义,筹措巨款补给革命军。后被任为长江各军参谋长,连克沿江各城,10 月下旬占领九江,成立驻浔军政府。1912 年 1 月,任大通军政分府都督。后胡万泰进攻大通,黎解甲北上。1915 年组织"共和军",准备讨袁。因监制炸弹失事而亡。曾创办"华联人寿保险公司"、"粤汉铁路公司"、"九江电灯公司"。

⑧ 葛熙荣,前清禁卫军军官。铁血会成员。铁血军政府改为中华民国军政府北部民军后,任参谋长。奉令在朝阳、锦州、营口一带组织铁血军,散伏新民、锦州两地,以图牵制清军,并树旗起义。

据《耿玉田等致赵尔巽电》,督宪钧鉴:近据卑标密探报称:匪党多人伪托革命,有定期抢焚锦城之议。比因真伪莫辨,不便遽行逮捕,当由震密派精细官目,阳示联络,阴察行动。至阳历三月十四日探得确情,党首葛熙荣、冯云峰即冯义等,纠附近土匪数百,定阴历二月初一日起事。公安所系,防范宜严,即由震等一面调队筹防,一面派兵拿获葛熙荣、冯玉章、赵香、张秉德四名,起有手枪一颗,钢错锉二把,钤记二颗,委任状二纸,告示二张。惟冯云峰潜逃未获。讯据葛熙荣供称,系蓝都督天蔚委任,煽惑军队,纠合土匪,希图起事。冯玉章等三名,或称投军,或认结党,供情含混。适因余党未尽弋获,防范不容稍懈,夜间查岗巡逻均须亲莅,未及研讯确供,均行在队看押。查共和成立,再事暴动,即属有意破坏治安,法不容宥。幸而发见拿获,未至酿成事端。现由陆防各军分布防范,不至疏虞。用谨合衔禀闻,藉纾宪廑。玉田、震。删。（锦州发,《耿玉田等致赵尔巽电》,1912 年 3 月 15 日,《东三省辛亥革命史料》,《清代档案史料丛编》第 8 辑,第 231 页）

△　黄兴电蓝天蔚等各省都督,以共和成立,大乱方始,望我军人遵守国家纪律,服从长官命令,各守区域,各尽责任。

电谓:各省都督、各军长、各师长、各旅长转知各省军队均鉴,为布告事。自北方赞成共和,全国一致,平民政治略具雏形。惟以政府地点主持各异,解决较难。近日双方内忮变故,外鉴时势,佥认暂驻北京,早定大局,统一政府,指顾告成。从此南北一家,兄弟一体,凡我军人,犹当各表诚敬,悉化猜嫌,群以国利民福为唯一之宗旨。溯自武汉起义,各省风从,我军人冒险进取,身临枪弹,气壮山河,如撼岳家之难,竞继朱祖之武。金陵一役,有众二万,克期兼旬,无取铁锁之沉江,已见降旗之出石。凡兹凯捷,皆军人遝迤之声援,前后之仆继所致。精忠所贯,感动万方,已足判专制之余威,为共和之先导。迨北方罢战议和,昌言反正,相与倒戈,遂令帝政告终,民国确定。故今日共和成立,虽北军实为后盾,而南军实为前驱,震慑古今,惊动中外,微我军人,曷克臻此?俟新内阁完全组织,必录当时之勋业,俾增后世之光荣。虽目下军队如林,数逾百万,然将来如何编练,如何配置,如何归并,如何调遣,必有一定办法。常备之非[法],或屯田开垦,或移民实边,或建筑工程,或改编警察,新内阁统筹全域,将见次第设施,凡我军人,何患无效用国家之地。惟欲行将来之计划,必须保现在之治安。故兴负一日之责任,即思尽一分心力。念我军人,实有不敢缄默者,谨掬诚悃,略有忠言,惟我军人察之。军人遵守国家之纪律,服从长官之命令,乃为当然义务,切勿误解自由独立,出于民国范围之外。观国者辄谓吾国现象,大乱方始,莫知所终。兴言及此,不禁寒栗。凡我军人,尤当猛省。无论如何,毋紊秩序,毋残种类,一隅糜烂,全域动摇。前者京津构乱,列强环伺,稍一纷扰,外足以酿干涉,内足以兆割裂,堕奸党鼓煽之术,中他人挑拨之谋,国种将亡,身家何有? 生命莫保,利权何有? 须知维持社会,保卫国家,为军人固有之天职。凡我军人所有衣食之给,身家之奉,何莫非国家帑款? 何莫非人民膏血? 若受其豢养,不予报酬,反加蹂躏,实是背人道主义,不特违我辈革命之初衷,抑且负我四百[万]万同胞希望之公意。况奸淫焚掠,罪在不赦,世界通例,民国何容有此? 务望我军人各革其心,各爱其身,各守区域,各尽责任,勿以无安插而自惊,勿以有勋劳而自足,勿攘夺私利而操同室干戈,勿把持财产而蔑中央之命,勿遗同志之耻,勿动全国之愤。倘能共体此意,广行劝告,互相譬谕,俾我军人皆能为民保障,为国干城,庶几东西南北各省,满蒙回藏各族,民业从此无惊,国基从此永固。雄飞纪念,峙立环球,惟我军人实利赖焉。凡兹军人之利害,即系民国之安危兴亡,不禁涕泣陈辞,愿我军人反复注意。此令。即希转饬为盼。黄兴。删。(据上海《民立报》1912 年 3 月 18 日;《黄兴致蓝天蔚等电》,刘泱泱编:《黄兴集》一,第 252—254 页)

△ 报载,袁世凯拟委任蓝天蔚署理奉天都督。

《盛京时报》谓:袁世凯电令将清末各省总督、巡抚一律改称都督,任命赵尔巽为东三省都督。又有谓:国务总理唐少川君十五日晚间与袁大总统会议时提及东三省总督赵尔巽两次电请辞职,情辞殷恳,袁意俟该督再请辞职时即可照准,暂委蓝天蔚署理奉天都督。(《东省未来之都督》,《盛京时报》1912 年 3 月 21 日,第五版)

3 月 16 日(一月二十八日) 蓝天蔚部士兵在海岸放枪,为英国领事目睹,并发出照会。

据《芝罘守大尉致日本参谋总长电》(1912 年 3 月 16 日):英国领事亲眼目睹蓝天蔚所率士兵在海岸上放了二三枪。之后,英国领事和各国领事进行商议,决定以领事团的名义向都督府发出照会,其具体内容如下:因各国侨民居住在本城第六区,不准在该区域放枪或在街上操练队伍;不准在该区域的房屋内放置枪支弹药等危险物品;不准从事危险活动。(《芝罘守大尉致日本参谋总长电》,1912 年 3 月 16 日,米彦军译自 http://www.jacar.go.jp/chinese/index.html"亚洲历史资料中心")

△ 袁世凯派蓝天蔚为海军总长,为孙文所准。孙文将拟派各国务员姓名电知参议院查照办理。

《孙文关于袁世凯拟派国务员姓名致参议院咨》:兹得北京袁大总统来电云:按照初六经参议院议决第四条受职后,将拟派各国务员姓名电知参议院,求其同意等因。国务总理经参议院电复同意。兹将拟派国务员开列于下:外交部陆征祥、内务部赵秉钧、财政部熊希龄、教育部范源濂、陆军部段祺瑞、海军部蓝天蔚、司法部王宠惠、农林部宋教仁、工业部陈揆、商业部刘炳炎、交通部陈其美、邮电部梁士诒,以上各员伏乞酌核,如不合者,即希更正,咨送参议院求其同意。等因。准此。合行咨请贵院查照办理。此咨。(临时政府公报第四十号)(《孙文关于袁世凯拟派国务员姓名致参议院咨》,1912 年 3 月 16 日①,中国第二历史档案馆:《中华民国史档案资料汇编》第 2 辑,第 117 页;《南北合选国务员咨文》,《申报》1912 年 3 月 19 日,第三版)

3 月 17 日(一月二十九日)　蓝天蔚被委为海军总长,遭海军各部反对。海军以蓝天蔚非海军,绝不应因事择人。

报载反对之意见《敬告今之组织海陆军专部者》:立国之强弱,视乎海陆军以为衡;而海陆军之强弱,又悉视乎统率之人学识程度以为准。以故东西各国之海陆军长官类,无不肄业海陆军学校,由军佐将校迭经拔擢而来。诚以一国之戎机,关系一国民人之保障,生命攸关,荣辱攸寄。当命官任职之际,有不可以苟焉从事者矣……

至若袁大总统近日有委任蓝天蔚为海军总长之说,风声所至,物议哗然。夫袁固以委任程璧光总司海军闻于凤昔者也,一日而改以委蓝,姑无论其说之果足以传信与否,第就蓝论,蓝乃一陆军之将校,初未闻其有驾驭海军之智识也,一旦而海军专阃,虽可知其不至蹈丁汝昌之覆辙,当清之季,海权荏弱,外交上种种失败,相因而至今日者。民国肇兴,而二万数千里之海线适当英德美日之梯航,万一总长不得其人,则非惟不足扬荣光于东亚,挫国威而误戎机无有过于此者。记者窃愿蓝天蔚之说传之或非其真,慎毋使海军协会之忿争,或者竟不幸言而中耳。

要而言之,民国之造邦,断非易事,爱国诸志士抱其一点之热诚,游说海外,日夕以光复为志事者数十年矣。幸也武汉起义,矢志共和,而南北统一。汗血功成,此后海陆二总长尤为构造新邦之要素,不观英之飞扬于大地乎,曰以有破风乘浪之海军也。不观德之威震于五洲乎,曰以有冲锋陷阵之陆军也。矧民国今日幼稚之海军,必思所以组织而完全之,复杂之,陆军必思所以搜讨而简练之。慎毋谓或可掉以轻心,而参以私意也,是所望于今日组织内阁诸君子。(《申报》1912 年 3 月 17 日,第一版)

海军协会致各报馆电云,闻袁总统荐蓝天蔚为海军总长,为事择人,不当有此。殊深诧异。敝会暨海军部各将校议决,万不承认政府更新。用人为重。举措之际,惟国民留意之。海军协会同人叩。删。(《申报》1912 年 3 月 17 日,第二版)

又海军要港司令处电云,北京袁大总统南京孙大总统武昌黎副总统南京参议院暨各报馆钧鉴:本日报载,有以蓝天蔚君任海军总长之说,殊深诧异。海军总长一席非威望素著、富有海军阅历者不足以孚众望、而服军心。况海军宿将实多,如萨镇冰君,中外咸钦,始克膺兹巨任。查蓝天蔚君非海军中人,万难承认。伏乞察

① 按,此系《临时公报》刊载时间。

夺坚持,共维大局。海军幸甚。海军要港司令处,驻沪楚同、保民、飞霆、江利、楚有、登瀛洲、策电、甘泉、湖隼、张字各舰艇全体将校谨叩。锐[铣]。(《申报》1912年3月17日,第二版)

又,3月19日《申报》载,下关海军协会电各报馆鉴:昨日为海军总长事,驻宁海军全体将校特开大会到会者数百人,同声一致。金以海军总长非海军宿将不能胜任,尤非萨镇冰不足称职。蓝君天蔚为陆军人员,非海军出身。若以领袖海军,势必败坏全域。满清灭亡,前鉴不远,公同决定宗旨,誓不承认。海军协会同人叩。筱。(《申报》1912年3月19日,第二版)

《盛京时报》谓:南京来电云,熊希龄力辞财政大臣,蔡元培亦辞却教育大臣,而海军武员等又联合排斥蓝天蔚充海军大臣,并推萨镇冰代之。(《国务大臣必有大更动》,《盛京时报》1912年3月20日,第二版)

△ 黄兴致蓝天蔚等电,请军队未经编列者从速造册报部,营长以上由本部加委任状,所有旧称名目及自刊关防,一并取消。

电谓:现今军队林立,名目繁多,亟宜编定序列,以谋统一。除已经本部编列之二十一师外,其各省军队未经编列者,应请贵都督转饬各军,从速造册报部,以便按次编入,另颁关防,营长以上由本部加给委任状。所有旧称名目及自刊关防,均应一并取消,庶免分歧之虞。陆军部黄兴。篠。(据薛君度、毛注青编:《黄兴未刊电稿》;《黄兴致蓝天蔚等都督电》,1912年3月17日,刘泱泱编:《黄兴集》一,第257页)

3月18日(一月三十日) 蓝天蔚请政府取消其海军总长之任命。拟游学外国。

《事略》谓:旋授命海军总长,君骇然曰,有是哉,何不谅之甚也。(《蓝上将荣哀录·事略》)

蓝天蔚发布公电谓:袁大总统、孙大总统、黎副总统、参议院暨各报馆均鉴,顷阅南京海军协会通电云,有某报载天蔚将为海军总长,阅诵之余,殊深骇异。窃惟国家之强弱,端视用人之当否。满清所以不能长存者,原因虽甚复杂,而用人不当,首为要害。民国初立,当不致再蹈前辙。海军责任重大,非学有专长,断难胜任。天蔚素乏经验,何敢滥厕其间,致滋贻误。报章所载,系谣传而已。如政府果有此意,即请立予取消,勿任宣布,不胜感祷之至。蓝天蔚叩。啸。(烟台来电四十二,《蓝天蔚发布公电请政府取消其海军总长之任命》,1912年3月18日,《南京临时政府公报》第四十五号,存萃学社编集:《辛亥革命资料汇集》第五册,第344页)

《驻芝罘守少佐致日本参谋总长电》:据我安排的内线报告,袁世凯给蓝天蔚拍来了电报,详细电文如下:东三省暂且维持现状,赵尔巽总督改任都督,胡瑛任山东省都督,推举蓝天蔚为海军总长。然而,蓝天蔚婉言拒绝。(《驻芝罘守少佐致日本参谋总长电》,1912 年 3 月 18 日,米彦军译自 http://www.jacar.go.jp/chinese/index.html "亚洲历史资料中心")

《时事新报》谓:闻蓝天蔚君对人言,行将游学外国,并无意于海军总长一席。(烟台专电,《时事新报》1912 年 3 月 28 日,第一张第二版)

△　蓝天蔚向袁世凯请兵饷解散北伐军。南军趋赴蓝天蔚麾下者达一万五千名之谱,兵饷奇绌,情势堪忧。

《盛京时报》1912 年 3 月 23 日及 3 月 27 日均报导:蓝天蔚现在烟台,日来南军残兵趋赴麾下者,已达一万五千名之谱。但因兵饷奇绌,迭图变乱。情势甚为可虑。兹闻蓝天蔚于十八日电致大总统,要求巨数兵饷以便给款解散,免生事端,并闻大总统尚未覆电。(《蓝天蔚之请兵饷》,《盛京时报》1912 年 3 月 23 日,第四版;《蓝天蔚之电请兵饷》,《盛京时报》1912 年 3 月 27 日,第四版)

△　蓝天蔚电袁世凯,请交还王廷邦钱款。

袁世凯致赵尔巽电:赵督帅鉴,蓝天蔚电称,民党王廷邦被铁岭县警务长捕去,罚洋一千圆释放,迹近诈索,请电赵督饬该县将款交还等语。究竟是何情形,请饬查明核办。临时大总统袁世凯。巧。印。(奉天省公署档)(《关于蓝天蔚请交还民党王廷邦金电》,1912 年 3 月 18 日,《辛亥革命史资料新编》第三卷,第 209 页)

△　蓝天蔚部下葛熙荣为官方所获。袁世凯电饬赵尔巽妥善处理。

电谓:赵督帅,勋。筱电悉。昨已派朱锡麟[①]、张英华[②]会同张石赴奉,商承尊处将住奉民党设法解散,业经函达。此次锦州所获葛熙荣等,或伴送烟台交蓝天蔚发落,或俟所派人员到奉后妥为遣散,除电知蓝外,此复。临时大总统袁世凯。巧。(北京发,《大总统袁世凯致赵尔巽电》,1912 年 3 月 18 日,《东三省辛亥革命史料》,《清代档案史料丛编》第 8 辑,第 232—233 页)

△　赵尔巽致袁世凯电,请将蓝天蔚派至东省秘密行动之人一律南撤。

《东三省都督赵尔巽致袁世凯电稿》:北京袁大总统鉴,勋。巧敬悉。查蓝天蔚于共和未宣布以前,停战期内,在大连、复州等处勾结土匪,并乘战舰在中立地登岸进扰,不得不派兵堵御。前月二十六,日领来照,以蓝违反日政府警告,于中立地

①　朱锡麟(1892—?),别号叔麟,浙江绍兴人。毕业于直隶陆军小学堂、北京清河陆军第一预备学校、保定陆军军官学校第二期步兵科、北京陆军大学第六期。历任北京陆军大学第七第八期兵学教官、绥远军事政治学校战术教官,河北军事政治学校战术教官,兼任学员队队长等职。
②　张英华(1886—?),字月笙,河北衡水人。毕业于北洋大学、英国曼彻斯特大学、维多利亚大学。历任北京民国大学教授、代理四川盐运使、河东盐运使、甘肃省财政厅厅长、财政总长兼币制局总裁,全国烟酒事务署督办、吴佩孚十四省讨贼联军筹饷督办、汪伪中央政治委会委员等职。

带登岸,且有攻战行为,勒令蓝七日内撤退,并于四日双方停战。适当共和宣布,即已分饬前敌各统领知照。驻军地点多不通电,辗转递送需时,此时计已停攻击。孙、黄之电想系前数日事,今共和已定,国旗遍悬,无革命可言。中立地日人不容驻兵,自应令蓝将南军及派来各地秘密行动之人,一律令回南撤,以免牵动外交,且免土匪藉端滋闹,破坏大局。至所招之人,除扰害公安著名土匪外,奉省自当设法遣散,以保秩序。即电孙、黄两君查照办理。巽叩。啸。甲。(《东三省都督赵尔巽致袁世凯电稿》,1912年3月18日,《东三省辛亥革命史料》,《清代档案史料丛编》第8辑,第233页)

△ 赵尔巽通电解散假蓝天蔚名义进行的东三省民军。

电谓:大连自称东三省民军代表知悉:查乱事之起,奉省一力保安,始终并无扰乱。今共和已定,全国一致,岂复有民军可言,自应立时解散。蓝君秀豪迭次来电,均谓不复在奉进行,民军陆续撤退。乃自称民军者,仍于铁岭、开原、海城、本溪等处,先后暴动,无一处不焚劫绑掮,无一处不是大股马贼为首,使中外商民,不安其业,非扰害治安而何?非开糜烂之局而何?非违蓝君之本意,而为全国之公敌而何?本总督责在保持治安秩序,惟有查照临时大总统袁命令,严拿惩治而已。祸福自择,愿自称代表民军者,其速图之。本总督赵。(奉天省公署档)(《赵尔巽为严拿和惩治民军事致东三省民军代表电稿》,1912年,原件无月日,《辛亥革命史资料新编》第三卷,第180页)

△ 赵尔巽电讽蓝天蔚进德之猛,无愧豪杰。

电谓:烟台蓝君秀豪鉴,接电具见进德之猛,最可佩敬,从此泾渭分明,匪徒无可借口,自是爱惜同胞,消弭外患之道,当即发交各界待观,莫不嗟叹,谓蓝君今日始真无愧豪杰也。现已出示登报,用彰盛美。至于恤死救生,乃始终主持,君之所知,尚望为国珍重,大界殊擢当不远矣。○复。啸。(奉天省公署档)(《赵尔巽致蓝天蔚电》,1912年3月18日,《辛亥革命史资料新编》第三卷,第180页)

△ 袁世凯拟争取蓝天蔚统率所部,在东省严行防卫意图乘乱占领满洲之外人。

《申报》谓:袁总统近接东督赵次珊来电,谓有某国人勾引土匪作乱,其意将欲乘机图占满洲,野心已露,请速派兵设法捍卫等语。袁总统得电,以满洲若有危险,全域必且摇动,瓜分之局将在目前,亟须派兵极力防卫,一面设法对付以免不测。爰于前日召集陆军首领及各幕职人员议定保满二策:(一)向该国驻京公使严重交涉,请其维持邦交,速电该国政府,告诫旅东该国人民查止此项行动;(二)拟请关外都督蓝天蔚君速率所部南军,就近会合东省,各军队严行防卫,以免匪徒暴动,牵涉外交。(《袁总统保满二策》,《申报》1912年3月18日,第三版)

△　蓝天蔚以驻烟各军队需饷孔亟，特派戴鲁梅驻沪筹饷，并请黎元洪电控追前清汉阳兵工厂张鸿钧卷吞公款。

关外都督蓝天蔚君将由烟台督率海陆军驰往东三省维持秩序，需款孔亟，因令财政长特派戴鲁梅君为驻沪筹饷员，暂假美租界七浦路霍宅为事务所，除由蓝都督照会沪军都督查照外，并照请上海商会派员协筹源源接济。（《关外都督派员筹饷》，《申报》1912 年 3 月 18 日，第七版）

《申报》谓：关外都督蓝天蔚君以驻烟各军队需饷孔亟，除派鲁代表来沪筹饷外，迭电湖北黎副总统允于彭代表在沪控追之前清汉阳兵工厂总办王寿昌收支处委员张鸿钧卷吞公款内拨提银五万两，以资接济在案。兹悉王虽将存折账据缴呈公廨，而所存汉口交通银行之款计银十八万九千两迄未汇解来沪。前日彭代表又奉黎副总统电催，因即商请关谳员发电催追，如再稽延，请将张鸿钧着保交案，以便偕回汉口同往该银行提取。（《彭代表催追存款》，《申报》1912 年 3 月 28 日，第七版）

△　袁世凯致电赵尔巽，蓝天蔚来电煽惑，请告各领事万不可信。

袁世凯致赵尔巽电：赵制台，辰，艳电悉。现东省各界亦均同赞共和，南北已成一家，自无革命之可言。目今即以维持地方秩序为第一要著。蓝天蔚来电煽惑，请告各领事万不可信。倘有假冒南军北进，派员往阻不听者，请即查照黄君兴通电，视为公敌，即饬各军相机防御，以保地方，新举大总统袁。巧。（奉天交涉司档）（《袁世凯为蓝天蔚通电“煽惑”应饬各军防范事给赵尔巽的电报》，1912 年 3 月 18 日，辽宁省档案馆编：《辛亥革命在辽宁档案史料：纪念辛亥革命七十周年》，辽宁省档案馆 1981 年版，第175 页）

△　蓝天蔚咨送参谋官杨树藩[①]、秘书长燕桂芳二员，致函内务部酌商委任二员的法政职务。

中华民国关外军政府都督蓝为咨送事。现时共和告成，民国统一，而政治法律人才尤为当今急需。兹有敝处参谋官杨树藩、秘书长燕桂芳二员，因本都督电请辞职，该员等亦力恳归里。查杨树藩前卒业日本法政大学法律专科，历充东省要差，客岁起义后，奔走长春、奉天各处，险阻备尝。嗣由敝处照充参谋要职；燕桂芳前肄业湖北法政学堂，经该员原籍选充县议会议长。起义后由敝处调用前来，委任秘书长，任差已逾数月，该二员既因本都督辞职，力请回里，自应允如所请。惟该员等精通法学，素抱热诚，此次供职敝处，得力异常，实不便任其退处闲散，自贻壅蔽人才之讥。且民国初成，需用此项法政人员最为紧要。该员等均皆力强年富，正可及时

---

①　杨树藩，曾任蓝天蔚关东都督府参谋部人员。

报称。除另行知照杨树藩燕桂芳二员外,相应备文咨送贵部,请烦酌量任用为荷,须至咨者

右　咨

中华民国临时政府内务部总长　程、居

中华民国关外军政府都督蓝印

中华民国元年三月十八日

卷宗上批注:此宗已由部长函蓝请存审。

（《关外都督蓝咨送人员请部酌商委任》,1912年3月18日,1912年3月25日到,中国第二历史档案馆藏）

△　黄兴与陈锦涛创设拓殖协会电蓝天蔚等。

各都督、各报馆、各政党及各省议会、谘议局公鉴:

民生主义以拓地垦荒、殖产兴业为目前切要之务。吾国西北土旷人稀,而东南人满为患,农无田而可耕,兵无法而退伍,民生坐困,而工商业亦因以不振。同人深概[慨]民国前途极为危险,特集同志创设拓殖协会,思有以苏民困,维国本。惟材力绵薄,难期发展。用特电恳贵都督邀集绅商学界,鼎力协助,并研究拓殖办法,随时赐教。使民生主义可以实行,而国防及军事关系均可资以为用。国利民福,端在于斯。深望赞襄本会,鼎力维持。不胜盼祷之至。会章邮呈。拓殖协会发起人（略）。（据薛君度、毛注青编:《黄兴未刊电稿》;《黄兴与陈锦涛致蓝天蔚等电》,1912年3月18日,刘泱泱编:《黄兴集》一,第258—259页）

3月19日（二月一日）　北伐军士万人上书恳留蓝天蔚。

关外义勇军总司令官吴鹏翮、统制官刘永和、第一混成协统凌翘、第二协统张恺及同志肖恭寅、孙其冀等暨军士一万人上书孙大总统、黄陆军总长、参议院、黎副总统、各报馆。电文如下:

孙大总统、黄陆军总长、参议院、黎副总统、各报馆均鉴:鹏翮迭奉黎副总统谕报东三省同志,又奉孙大总统面谕,听候关外蓝都督调遣。承蓝都督委任鹏翮为关外义勇军总司令,永和为统制。任事以来,联络同志,几遍东三省。正拟约期大举,一旦光复。迨共和宣布,迭奉黄总长通电,南北一家,不得再有争战,鹏翮等凛遵命令,潜伏不动。乃赵尔巽、张作霖又在铁岭、开原等处,仍以兵力驱逐民军,残杀同志。哈尔滨道李家鳌、陆军统领□品三,杀我同志梁汉等十七人,断肢挖心,惨无人道。阳奉共和,阴逞残杀。而我军进则有碍共和,退则为兵所阻,惟有散布各处,以山林为穴,草根为粮,困苦情形,不堪言状,其家产尽绝,逃来烟台避难者,不下数千人。永和在庚子年（1900年）,统兵数万,横行东三省,旧政府官吏,饵我爵禄,始终

却之。此次出山,实感蓝都督之知遇,冀为民国尽心力,召集旧部,已至万人。张作霖等后进小辈,摧之甚易。徒以五色旗悬,有碍进行,不啻明季燕王炮击济南城,铁铉悬明太祖神主以退敌,致使我军公愤私仇,均无所泄,对旗痛哭,可谓伤心。永和年逾七旬,又有何求。惟军士等,皆同蓝都督以求复仇。今闻蓝都督辞职归田,军士闻之,如乳儿之失慈母,均以沉冤未报,当自图之为言。倘使蓝都督解组而去,实无人可以驾驭。万一潜伏各军,自出复仇,实非鹏翮等所能劝阻。特此联名电恳,切勿任蓝都督竟浩然而去。倘实无可挽留,亦乞商会蓝都督,将死者如何抚恤,生者如何保全,已集军士如何交替,潜伏各军如何汇集,统为安置妥协,以固人心。否则死者无以瞑目,生者无以为生,饥寒所迫,铤而走险,鹏翮实不能任其咎,尚乞袁大总统有以善处之,不胜幸甚。关外义勇军总司令官吴鹏翮、统制官刘永和、第一混成协统凌翘、第二协统张恺及同志肖恭寅、孙其冀等暨军士一万人同叩。蓝代。皓。(烟台来电六十四,《申报》1912 年 3 月 21 日,第一——第二版;《南京临时政府公报》第四十九号;存萃学社编集:《辛亥革命资料汇集》第五册,第 366 页)

　　△　赵尔巽致电袁世凯,告知捕获蓝天蔚派来的刺客,询袁如何应对。

　　电谓:北京袁大总统钧鉴,勋。昨锦州获犯,似非蓝党,其印钤亦与蓝不同。兹又在省获二协逃官,据供系蓝遣来,共四十余人,带手票炸弹,来炸赵、张、冯、聂诸人,并云蓝故意辞退,使奉不防。似此暗箭难防,若获又碍难惩办,深虑军心愤激。应如何? 祈示遵。巽。效。(奉天发,《东三省都督赵尔巽致袁世凯电稿》,1912 年 3 月 19 日,《东三省辛亥革命史料》,《清代档案史料丛编》第 8 辑,第 233—234 页)

　　△　赵尔巽电饬铁岭县知事交还蓝部民党王廷邦罚金。

　　电谓:铁岭陈令:靖。奉袁大总统电,蓝天蔚称,民党王廷邦被铁岭警长捕去,罚洋千元释放,请电饬该县将款交还。究何? 请查明速复。督。效。(《赵尔巽致铁岭县知事电稿》,1912 年 3 月 19 日,《辛亥革命史资料新编》第三卷,第 209 页)

　　△　《申报》谓:闻蓝天蔚君因海军中人反对,拟改委为陆军次长,海军总长或仍以程璧光充任。(《申报》1912 年 3 月 19 日,第二版)

　　△　蓝天蔚与赵尔巽互为攻诘,文电交驰。袁世凯派曹汝霖为东省调查员调查确情。

　　《盛京时报》谓:袁总统以东省民军时有冲突,而谣言最多,近日赵尔巽与蓝天蔚互相攻诘,文电交驰。当此内忧外患相迫之日,而司兵民之责者,顾自相猜忌,实非国家之福,前已派定曹润田为东省调查员,拟令曹君明日(二十号)出京,前往调查确情,据实详复,以便和解。(《袁总统拟调和蓝赵》,《盛京时报》1912 年 3 月 22 日,第四版)

3月20日(二月二日) 蓝天蔚将袁世凯之电转上海机关部,并转告机关部,已电请南北政府遴员莅烟料理善后事宜。

电谓:通义银行转机关部诸公鉴:蔚自共和告成,屡经分电南北政府,辞职在案。十七日奉袁大总统电云:"烟台蓝都督:十四、十五两电悉。执事关心大局,化除意见,深堪嘉尚。取消都督一节,已电商孙大总统酌量办理。一面将所部军队妥为收束。其关于关外民党恤死救生之举,亦应迅速办理。已由唐总理拨交奉天联合急进会代表朱锡麟、张英华银一万元,并派员赴奉料理。希即由该都督派员呈明奉天省赵都督办理。总须力劝党人,消释前嫌,共谋共和幸福,免资渔利,是为至要。执事深谙兵事,倚任方殷,前日已电商参议员,求其同意。希即迅速部署一切,事竣后,来京襄助。大总统袁(铣)"等,因蔚复电请南北政府遴员莅烟料理善后事宜,所有沪机关部改办事处后,一切手续务望速即了解,以便取销,是为至要。尔广已抵烟台数日,复生刻难返沪,并闻。天蔚。哿。(《蓝天蔚电》,1912年3月20日,《沪军都督府调查部往来要电》,上海市历史博物馆藏)

沪办事处致蓝都督电:烟台探呈蓝都督鉴:哿电悉。关外恤死救生,得南北双方妥办,自能圆满。今各省军士内讧,糜烂人民,为共和前途之害,有背吾党人道主义,谨祈鉴念。此祸善为收束,大局幸甚。敝处事极易了结,惟通义银行及沈漫「缦」云君借付之款甚巨,皆为国公用,断不可破个人财产也,俟复生回沪筹还如何。公债票以新内阁未成,银行尚无信用,候唐总理过沪时乃得解决。然此处预备过沪军队及了结各事已用筹款,勿念。又拟买米三百石运烟。惟沪上缺米,尚须设法再来沪募饷款。戴钧等乞先电饬取消,免违部令。沪办事处。(《沪办事处致蓝天蔚电》[①],《沪军都督府调查部往来要电》,上海市历史博物馆藏)

△ 赵尔巽电蓝天蔚,请登报更正假蓝名混淆视听者。

电谓:烟台蓝秀豪君鉴,别来未久,复为一家,君既受袁大总统命令,则一切行动,当归一致,敝处悉遵懿旨办理,无劳廑系。惟假执事名,而违执事志者,殊淆观听。为执事计,似宜登报,指饬更正,俾释众听。巽。号。(奉天省公署档)(《赵尔巽致蓝天蔚电》,1912年3月20日,《辛亥革命史资料新编》第三卷,第180页)

△ 蓝天蔚致电袁世凯,称民党被捕去四人,请转饬赵尔巽查明核办。

电谓:盛京赵督帅:接蓝天蔚电称,海龙府驻扎巡防营捕去民党王悌仁、田余九、阎立尧、阎立祥四人,请电赵督饬释放等语。请查明核办。袁世凯。哿。印。〔奉天省公署档〕(《关于释放奉天省被捕押革命党人的往来电报·袁世凯致赵尔巽电》,1912

---

① 按:此电为收悉蓝之哿电后所复,日期当在1912年3月20日之后。

年 3 月 20 日,《辛亥革命史资料新编》第三卷,第 203 页)

3 月 21 日(二月三日)　袁世凯推蓝天蔚充海军大臣,蓝天蔚力辞。

《盛京时报》1912 年 3 月 22 日载,蓝天蔚闻悉袁总统推荐蓝充海军大臣之候补者,正在与南京政府商议中等情,日昨特通电北京袁总统南京参议院及各地报馆,略称,方今创建国家时,各部长官须选适当之材,若以鄙人充海军部长之候补者,未免谬误,盖鄙人前虽奉命充关外都督统带北伐军北上,然迄未有寸功。今若强使入中央政府占海军之要职,则才浅德薄如鄙人,曷能堪此重责也乎。(《蓝天蔚力辞海军部长》,《盛京时报》1912 年 3 月 22 日,第二版)

△　《申报》载烟台詹大悲电:各报馆参议院议会,蓝天蔚系陆军中人,不谙海军。此袁总统所早知,今用非所学,故授海军一部,予人反对之隙,损蓝信用。蓝果不才,即可不用,出此殊非大公。愿共质之袁大总统。詹大悲。马。(《申报》1912 年 3 月 23 日,第二版)

△　是日报载蓝天蔚关外第一军到烟后,曾实行各种布置。

报载"编订新军制":关外民军于月中由庄、复退出烟埠,驻扎芝罘岛,即将镇改为师,协改为旅,标改为团,所有人员均各派定,师长以总参谋张璧充之,师设参谋官四人,以高鹏飞、杨大实、关忠汉、刘锡侯四君充之。第一旅旅长邵兆中,二旅旅长顾人邦,第一团团长尹锡五,第二团团长鲍化南,第三团团长宋奎章,第四团团长阎翰臣,均于前日发表实行矣。(《关外第一军到烟后之布置　编订新军制》,《盛京时报》1912 年 3 月 21 日,第七版)

报载"实行训练军士":关外民军多半由各地新招,前者战争虽皆勇猛异常,然于纪律、礼法、战术不免殊多缺点,此次驻烟,迭奉都督谕饬,整顿训练,特于前日聘到湖北陆军中学生朱奎、朱崧、周培械、刘端甫、聂元勋、钟昌颐、王道堃、于汝彰等八人,任为各团教练官,现已分别委任训练矣。(《关外第一军到烟后之布置　实行训练军士》,《盛京时报》1912 年 3 月 21 日,第七版)

报载"顾人宜充庄、复卫戍司令官":关外民军举义,以顾人宜之功居多,此次到烟,亦系顾某带队前来,颇蒙蓝天蔚优遇。惟顾人宜以自己才力不及,且无军学初识,屡辞镇统职任,同人不许,日前全体会议遂定权宜办法,由都督委顾为庄、复卫戍司令官,俟大局稍定,再行爵赏,以为同胞谋幸福者劝。(《关外第一军到烟后之布置　顾人宜充庄、复卫戍司令官》,《盛京时报》1912 年 3 月 21 日,第七版)

报载"李子镜公举为财政副长":李子镜归顺民军后,当由蓝都督委为第二镇统制,正拟招兵大举,旋奉停战电文,故同顾统制一齐到烟,蓝天蔚颇以优礼相待。近因都督府中职员会议,以种种计划非财不行,故公举李为财政副长,以李在奉有年,且系富豪,筹款较易。(《关外第一军到烟后之布置　李子镜公举为财政副长》,《盛京时报》1912 年 3 月 21 日,第七版)

报载"学生团已成立矣":民军撤回烟埠,而奉属学生多有情愿从军者,当由赵君岚亭发起组织学生团,所有军装、军械均由都督府发给,不支薪饷,学生报名者非常踊跃,不及一礼拜,已集有五百余人,当成一营。日前公举营长,并由蓝都督委派教练官两员,以期克日成军,为各军之模范。(《关外第一军到烟后之布置　学生团已成立矣》,《盛京时报》1912 年 3 月 21 日,第七版)

△　蓝天蔚委派关外都督府参谋侯建武[1]面见孙中山,面陈关外情形及财政困难现象。侯建武因闻关外都督府已取消,乃致孙中山函,希妥为处理东省善后事宜。

《侯建武致孙中山函》:中山先生钧鉴:前日敬谒,适因公无暇,未得敬聆教言,歉甚。武奉关外都督蓝天蔚命来南,本为面陈关外情形及财政困难现象起见。今闻关外都督已自请取消,东省善后事宜,先生当筹之已熟。惟武所不能已于言者,因关外事体重大,于民国前途大有关系,用敢为先生敬陈之:

赵尔巽赞成共和;实阳奉而阴违。张作霖助纣为虐,日以残杀为事,先后民党之遭惨毒者已达数千。东省同胞誓与赵、张决生死。异日东省之大流血,恐即赵尔巽之皮相共和有以致之。残忍如赵、张,非铲除不可。

宗社党在奉运动,潜谋不轨,人人皆知。异日赵、张蠢动,东省糜烂,未知伊于胡底。亡清将以东省作小朝廷,亦意中事耳。

日人居心叵测,于民党则暗助之,赵、张现仍借外力以反抗民党,将使日人坐收渔人之利。吾人当思患预防,免启干涉之渐。

有此三因,其结果将使民国肇瓜分豆剖之祸。前日曾盼东省代表来烟面陈一切,闻之令人痛心疾首。先生既为民生造福,何弗为东省同胞造福?为东省同胞造福,即为吾民国造福,亦即为世界造平和之福。当此二十世纪,凡抱人道主义者,皆思设法以挽救之。武为东省办事之一分子,敢不为先生敬陈之。至于善后办法,就现势论:

一、唐内阁来南京时,新政府成立后,务乞设法笼络张作霖及其军队,然后将赵贼调遣,另派人至东省以代赵,再徐图张贼。而黑、吉之宋小濂、陈昭常亦务须除去,因宋、陈之政策与赵无异。

二、善为安置死事同胞之妻室,及现时关外都督所部军队。此项军队万不能

---

[1] 侯建武,关外都督府参谋。关外都督府撤销后,蓝天蔚出洋考察。侯建武与任传榜、周介甫等随行。

遣散,恐生他变。惟有择一隙地,优为待礼,稍施教育,异日如与日、俄有战事,此项军队将为绝好之先锋队。

三、东省须暗防宗社党。近数年欧洲革命,前王之谋复位者屡屡,如土耳其、如波斯、如葡萄牙,法语谓之反对革命(Counterrevolution)。东省为满洲人巢穴,反对革命举动将肇端于东省,须预为之防,勿使后悔莫及。

四、东省办理日、俄交涉必须得人,大约强硬与和平两手段相辅而行。

五、关外都督蓝天蔚本血性男子,彼亦非为个人计者。袁公当有以位置之。总之,善后办法以上四端为最要位置,现时关外都督特余事耳,况彼已自请取消。

武办东省事,为彼处同胞计,为中国前途计,用敢切诚规画,直言无隐,以渎清听。是否有当,伏乞尊裁。敬颂钧安。前关外都督参谋侯建武谨上。三月廿一日。(《侯建武致孙中山函》,1912 年 3 月 21 日,翠亨孙中山故居纪念馆藏档;《孙中山藏档选编·辛亥革命前后》,第 611—613 页;《各方致孙中山函电汇编》第二卷,第 157—159 页)

3 月 22 日(二月四日)　蓝天蔚登报声明,戴钧系驻沪筹饷员,并非冒称。

《申报》载:各报馆鉴,戴钧原系散处驻沪筹饷员,现因饷项已蒙中央政府发给,故饬戴钧勿庸另行筹集,并非冒称。特电声明。蓝天蔚、吴鹏翮同叩。(《申报》1912 年 3 月 22 日,第二版)

△　蓝天蔚电请袁世凯转饬赵尔巽,释放特派员李松山。

电谓:赵督帅,据蓝天蔚个电称,昌图府捕去散处特派员李松山,祈电赵督转饬该府释放等语。希即查照转饬办理。大总统袁世凯。养。印。(《袁世凯致赵尔巽电》,1912 年 3 月 22 日,《关于释放奉天省被捕押革命党人的往来电报》,《辛亥革命史资料新编》第三卷,第 203 页)

△　袁世凯电赵尔巽:(急)盛京赵督帅,个电悉。已转蓝天蔚矣。大总统袁。码。印。(《大总统袁世凯致赵尔巽电》,1912 年 3 月 22 日,《东三省辛亥革命史料》,《清代档案史料丛编》第 8 辑,第 235 页)

3 月 23 日(二月五日)　蓝天蔚电请袁世凯转饬赵尔巽,释放范国梁并加保护。

据《袁世凯致赵尔巽电》:盛京赵督帅鉴,顷据蓝天蔚电称,蔚派范国梁赴奉调查已死人名册,为张作霖捕去。请转饬释放并加保护,不胜感盼。并请转饬此后不得再有行为,免起猜忌等语。希即查照迅释,妥为和解。大总统袁。漾。印。(奉天省公署档)(《关于释放奉天省被捕押革命党人的往来电报·袁世凯致赵尔巽电》,1912 年 3 月 23 日,《辛亥革命史资料新编》第三卷,第 204 页)

△　传南京政府拟任蓝天蔚为东省都督，又传山东都督由张广建[①]充任，蓝天蔚因之愤慨退职。

《盛京时报》谓：东三省赵尔巽现已连次电请辞职，袁总统亦有允认之意，惟尚未发表者闻继任之人尚有纠葛，盖南京之议拟任蓝君天蔚，袁总统之意则拟简张君绍曾，目下正在往返电商，未识如何解决。又闻赵之请退与张作霖、冯麟阁两人尚有密切之关系故，一时尚难发表。（《另委东三省都督之纠葛》，《盛京时报》1912 年 3 月 23 日，第五版）

又谓：山东都督一席仍留张广建充任，胡瑛及蓝天蔚等因之愤慨异常，告袁总统电退职，决计归南。（《蓝胡之愤慨》，《盛京时报》1912 年 3 月 26 日，第二版）

△　《申报》谓：奉天拘获刺客一人，又嫌疑者数人，闻系蓝天蔚派往行刺赵尔巽者。

奉天拘获之刺客据供有同谋者四十人，星期二日曾有炸弹运至奉天。（以上东京）

（报按：右电系东京发来，明眼人当发[分]别观之。）

（《申报》1912 年 3 月 23 日，第二版）

上海《时报》载：东京专电云，有一暗杀党在奉天被执。闻为蓝天蔚所遣，命刺赵尔巽等人者。被执者自承同党共四十人，有炸药绝多。已于前星期二抵奉天。奉天华人因此大为震动，防卫现甚严密。（上海《时报》1912 年 3 月 23 日，第二版）

上海《时报》又载：山东警道吴炳湘二十一日被刺客轰放炸弹不中，凶手被获。据供与奉天谋刺赵尔巽党人同有关系。（上海《时报》1912 年 3 月 24 日，第二版）

△　黄兴与刘揆一致电蓝天蔚等。电谓，民国初建，五族涣散，为化除畛域，同护国权，故发起中华民族大同会[②]，希各界协力提倡，随时赐教，酌拨公款，助成斯举。

电谓：都督、议会、各报馆、政团鉴：民国初建，五族涣散，联络感情，化除畛域，共谋统一，同护国权，当务为急，无逾于此。曰互相提挈，人道宜然，凡我同胞，何忍歧视？用特发起中华民族大同会，现已成立。拟从调查入手，以教育促进步之齐一，以实业浚文化之源泉，更以日报为缔合之媒介，以杂志为常识之灌输。章程即

---

①　张广建(1864—1938)，字勋伯，安徽合肥人。早年为军佐，累迁至山东布政使。辛亥革命期间，代理山东巡抚。民国初年，任西北筹边使、甘肃都督兼民政长等职，成为袁世凯控制西北的干将。袁称帝时，授一等子爵。后投段祺瑞。皖系失势后被免职。北洋政府授陆军上将。

②　按：中华民族大同会上海分会成立后，蓝天蔚为该会调查部干事。详见谱 1912 年 5 月 26 日。

付邮呈。敬希协力提倡,随时赐教,酌拨公款,助成斯举,实纫公谊。发起人(略)。
(据上海《民立报》1912 年 3 月 26 日;《黄兴与刘揆一等致蓝天蔚等各都督电》,1912 年 3 月 23
日,《黄兴集》,第 149—150 页)

3 月 25 日(二月七日)　蓝天蔚致电袁世凯等,拟引退归田。现有军队待袁派
人接收。

据《蓝天蔚致袁世凯等暨各省都督电》:北京袁大总统、武昌黎副总统、南京总
理孙中山黄克强两先生及各省都督各路军团长各团体各报馆公鉴:大局初定,国
基未固,凡我同胞,各宜化除意见,共济时艰,内息兄弟之争,外结邻邦之好,免间我
者坐收渔利。天蔚忝膺重寄,无补国家,半夜扪心,徒深汗背。关外虽地处危难,政
府自有善后之策,无待蔚虑。兹已将战务告退,现有军队,袁公派人接收,当检点交
卸,俾得早日归田,读书养气,准备将来。蓝天蔚谨叩。印。(烟台发二十六日中午到,
《盛京时报》1912 年 3 月 27 日,第二版;《蓝天蔚致袁世凯等暨各省都督电》,1912 年 3 月 25 日,
《东三省辛亥革命史料》,《清代档案史料丛编》第 8 辑,第 239 页)

△　袁世凯委任蓝天蔚奉天都督一席,蓝不受。

《盛京时报》谓:唐少川陈请于总统,拟派蓝天蔚接替赵尔巽为奉天都督,袁总
统颇为认可。昨总统府某君曾以此举预电于蓝,顷接蓝复电,略云天蔚与赵尔巽之
种种争持,实为谋东省人民幸福起见,并无个人权利思想存于其中。他日赵卸职
后,奉都督一席应由该省公举,天蔚断不敢直受大总统之委任。(《蓝天蔚不甘居奉天
都督》,《盛京时报》1912 年 3 月 26 日,第五版)

3 月 26 日(二月八日)　报载袁世凯补受蓝天蔚山东都督以示慰留。

《盛京时报》谓:袁总统对于山东胡蓝两都督电请辞职一事,日昨覆电慰留。
(《电留胡蓝两都督》,《盛京时报》1912 年 3 月 27 日,第二版)

《盛京时报》谓:闻袁总统为调和赵尔巽、蓝天蔚双方不协起见,拟派蓝充山东
都督,或谓袁将委锡良派赴奉天与赵督面商此事,未知确否。(《蓝又有派充山东都督
之说》,《盛京时报》1912 年 3 月 28 日,第二版)

《盛京时报》谓:袁总统连日迭接蓝赵二君来电,均系力辞都督,退隐山林之
意。总统以二人所居地位极为重要,断难允准。然非有一调停善法,则二虎相争必
有一伤,若非审慎公允,恐二人顿生不平,贻害匪浅。刻闻拟将张广建开缺,以蓝天
蔚补受山东都督为调停之法,昨已电询蓝君允否,一俟电复即行发表。(《袁总统调和
蓝赵办法》,《盛京时报》1912 年 3 月 28 日,第四版)

△　《申报》谓:烟台蓝都督电:陈都督及各报馆钧鉴,请转知戴钧〔双〕君,此
间饷款已由中央接济,筹款事应即停止,免贻国人口实为幸。蓝天蔚叩。沁。(《申
报》1912 年 3 月 28 日,第二版)

3月29日（二月十一日） 蓝天蔚未被纳入唐绍仪新内阁。

沈云龙《从陆征祥到翁文灏》：唐于三月二十五日至南京，洽商各国务员及各部总长人选，依据临时约法第三十四条规定"临时大总统任免文武职员，但任命国务员及外交大使、公使，须得参议院之同意"，当唐南下时，袁曾交国务员名单，拟以陆征祥、赵秉钧、熊希龄、范源濂、段祺瑞、蓝天蔚、王宠惠、宋教仁、陈楸、刘炳炎、陈其美、梁士诒分长外交、内务、财政、教育、陆军、海军、司法、农林、工业、商业、交通、邮电十二部。绍仪知不易获参议院同意，乃改十二部为十部，人选亦略为更易，于二十九日由中山先生陪同出席参议院发表政见及介绍十部总长简历。是日到参议员三十九人，议长林森主席，唐致词毕，即与中山先生退席，接开全院委员会审查，旋□分别投票，指定参议员王正廷、谷钟秀检票，赵士北、邓家彦监票。结果（1）外交陆征祥全票同意；（2）内务赵秉钧三十票同意；（3）财政熊希龄三十票同意；（4）陆军段祺瑞廿九票同意；（5）海军刘冠雄卅五票同意；（6）司法王宠惠卅八票同意；（7）教育蔡元培卅八票同意；（8）农林宋教仁卅四票同意；（9）工商陈其美廿一票同意。以上均过半数当选，惟（10）交通梁如浩仅获十七票同意，二十一票不同意，未能通过，乃由唐总理自兼（后改任施肇基），是参议院依据临时约法行使同意权而产生之唐内阁，遂告成立。（沈云龙：《从陆征祥到翁文灏——略举民国以来国会对内阁行使同意权的几个史例》，《传记文学》1984年第四十五卷第一期，第10页）

据《第17件的附件伟晋颂领事致朱尔典爵士函》：南京的海军人士强烈反对任命蓝天蔚将军为海军总长，因为他不是一位海军军官。后来，这个职位给予了萨镇冰提督，但遭到他的拒绝，最后给了舰长刘冠雄。（《关于中国事件的补充函电：中国第三号》，1912年，胡滨译：《英国蓝皮书有关辛亥革命资料选译》，第548页）

林长民谓：十四日，复提出国务员十二人，院议据《约法》所定十部驳之。于是往返商榷，至二十九日始以十部十人交议，陆征祥为外交总长，赵秉钧为内务总长，段祺瑞为陆军总长，刘冠雄为海军总长，熊希龄为财政总长，王宠惠为司法总长，蔡元培为教育总长，宋教仁为农林总长，陈其美为工商总长，梁如浩为交通总长。惟梁如浩否决之，越数日乃改任施肇基。是为第二期内阁。视第一期增置农林一部。初区工商为二，邮电亦别立于交通之外，故为十二部。蓝天蔚长海军，陈楸长工，刘炳炎长商，范源濂长教育，皆经更定也。陈其美则移交通为工商。于是南北之见始洽，新内阁成立。四月一日，唐绍仪南下，孙文解职，参议院部署北行。四月末旬，内阁参议院悉移北京。当是之时，南北初一，天下望治。（《庸言》第1卷，第4号；林长民：《参议院一年史》，中国史学会中国社会科学院近代史研究所编，章伯锋、李宗一主编：《北洋军阀1912—1928》第二卷，武汉出版社1990年版，第552页）

3 月 30 日（二月十二日） 蓝天蔚致电陈其美、张静江、周佩箴[①]、沈缦云、叶惠钧[②]、王一亭[③]，感谢热心赞助，告之引退之意，并公电关外募饷事已通饬取消。

电谓：上海陈都督、通义银行张静江、周佩箴两先生、信成银行沈缦云先生、商会叶惠钧、王一亭两先生钧鉴：关外军兴以来，迭承热心赞助，至感至佩。惟共和既成，五族一家，蔚仔肩将卸，行当与诸公共用自由幸福，特先电谢，徐容面罄，无任神驰。蓝天蔚扣。（烟台电，《烟台蓝都督电》，《申报》1912 年 3 月 30 日，第二版；《蓝天蔚谢陈其美等电》，《民立报》1912 年 3 月 30 日，《各省光复》下，《中华民国"开国五十年"文献》第二编第五册，第 417—418 页）

又电：上海陈都督鉴，关外募饷事宜刻已通饬取销，并饬敝处委员戴钧同遵照停止在案。倘此后再有藉筹饷名义在外劝捐者，即系冒充，特此声明，乞各界公鉴。蓝天蔚叩。（《烟台蓝都督电》，《申报》1912 年 3 月 30 日，第二版）

△ 蓝天蔚致电潘月樵：新舞台潘月樵兄鉴，函悉。曲君并详述近况，我兄血诚爱国，力顾大局，允为同志所钦佩。蔚以不才，诸承曲屈关注，尤深惭感。烟事已有端绪，一俟收结，即行来沪面谢。蓝天蔚叩。印。（《蓝天蔚电潘月樵》[④]，约 1912 年 3 月 30 日，《沪军都督府调查部往来要电》，上海市历史博物馆藏）

△ 鄂军管带王廷福欲往赴蓝天蔚处。

郑孝胥是日记：有鄂军混成协辎重营管带王廷福，自言武建军旧部，求见，余辞不见。王自言，奉令赴烟台蓝天蔚处。所携湖北银票，上海皆不能用，恳为暂换英洋，亦谢却之。（郑孝胥著、劳祖德整理：《郑孝胥日记》第三册，中华书局 1993 年版，第 1410 页）

3 月 31 日（二月十三日）左右 3 月 31 日前，黄兴电蓝天蔚等，问询各省测量情形。

电谓：各省都督鉴：本部对于全国测量事业，拟统由中央办理，已于有、覃两次通电贵都督在案。现已计划全国三角测量，先从沿边诸海着手地形测图及制图两项，先分险要重要地点次第进行，概由中央派员办理。所需人才，查各省已肄业人

---

① 周佩箴(1884—1952)，原名延绅，以字行，吴兴南浔人。辛亥革命，由张静江聘为通运公司和通义银行经理。杭州光复后任浙江省官产处处长、上海筹办证券物品交易所常务理事、广东省政府委员兼土地厅厅长、广东沙田清理处处长、上海中央银行行长、中央银行常务理事、财政部浙江造币厂厂长等职。

② 叶惠钧(1862—1932)，初名增铭，上海高行镇人。历任全国商团联合会副会长、沪军都督府参谋、通阜司铁道部长等职。

③ 王一亭(1867—1938)，名震，别号白龙山人，浙江吴兴人。历任日本日清汽船株式会社在沪买办、日本大阪商船会社买办、上海军政府农工商务总长、华商电气公司董事、中华商业储蓄银行董事、大达内河轮船公司董事、湖州电灯公司董事长、上海商务总会议董、上海总商会协理、上海总商会会董、中国佛教会常务委员、佛学书局董事长、世界佛教居士林林长等职。

④ 按：此电无日期。

数将近二千,所存器械亦复不少,均可敷用。俟将经费议案交参议院议决后,即可宣布,合先电闻。贵省测量情形如何?请即电复。参谋部黄兴叩。(《黄兴致蓝天蔚等各省都督电》,约 1912 年 3 月 31 日,《黄兴集》,第 152 页)

又谓:陆地测量,关系切要。满清时代,中央政府不负责任,划归各省,致涉分歧。本部现正计划全国测量办法,以谋统一而促进行。所有贵省陆军测绘学生已未肄业人数、履历、成绩及测绘图书仪器名称数目,乞迅速汇齐报部,以备查考。参谋部黄兴叩。(据《临时政府公报》第 53 号,1912 年 3 月 31 日;《黄兴就陆地测量事致蓝天蔚等电》,刘泱泱编:《黄兴集》一,第 250 页)

△ 3 月 31 日,黄兴电蓝天蔚等,各省已举办之测量事业,暂仍其旧。未办各省即由参谋部统理。

电谓:各省都督鉴:全国测量事业,现经本部设立专局,统筹办理,以规画一。所有各省业经举办之测量事业,暂仍其旧。其未办各省,应即由本部统理,无庸另行举办,以免分歧。参谋部黄兴叩。(《黄兴集》,第 150 页)

△ 蓝天蔚致电赵尔巽:盛京赵次珊都督鉴:卅电悉。范承遣释,感激□□,早电达大总统,想已转知矣。蔚。卅一。① 印。(奉天省公署档)(《蓝天蔚致赵尔巽电》,31 日,《关于释放奉天省被捕押革命党人的往来电报·蓝天蔚致赵尔巽电》,《辛亥革命史资料新编》第三卷,第 207 页)

3 月 蓝天蔚颁委任状给蒋渭川,任其为卫队书记官。

委任状内容:中华民国关外都督蓝为提倡大义,恢复中原事。

查有蒋渭川心志坚定,军事娴习,堪以委任卫队书记官。委任状到,务期勤慎从公,俾军政府得资臂助,同胞共享太平。切勿荒废厥职,致负所望。须至委任者。右委任卫队书记官蒋渭川收执。中华民国元年三月□日发。中华民国关外都督蓝印。(《中华民国关外都督蓝天蔚颁给蒋渭川的委任状》,1912 年 3 月,浙江省博物馆藏)

4 月 1 日(二月十四日)—4 月 2 日(二月十五日) 蓝天蔚请袁世凯派员接收军队。袁世凯派萧广传②及王惕干驰烟台与蓝天蔚商善后办法。

《盛京时报》谓:关外都督蓝天蔚现已辞职,并请袁总统派员接受所部军队,闻袁昨已派某协统前往烟台。(《蓝军派员接收》,《盛京时报》1912 年 4 月 2 日,第二版)

---

① 原件无年月。袁世凯曾将蓝天蔚电转赵尔巽,请其释放范国梁,时在 1912 年 3 月 23 日,故判断此处卅一为 1912 年 3 月 31 日。

② 萧广传(1872—?),字习之,直隶武清人。毕业于陆军大学。1904 年为北洋常备军第二镇步五标第一营帮带,加把总衔,后任新军第二十镇三十八协第七十九标标统、第二十镇三十八协协统、北洋陆军第十二师第二十四旅旅长。

次日《盛京时报》又谓：蓝君天蔚已辞去关东都督一缺，惟蓝君在烟台所统之军队为数甚多，日昨蓝君有电致袁大总统请即派员到烟台接受一切，刻闻袁总统已派定萧协统广传及王君惕干驰往烟台，与蓝君协商一切善后办法。萧君等未到之先，该军仍由蓝君统带，昨日已据情电知蓝君矣。（《派员接受蓝军》，《盛京时报》1912 年 4 月 3 日，第四版）

△ 《时事新报》载：蓝天蔚劾孟恩远年少无知，不能使握兵权。（《时新事报》1912 年 4 月 1 日，第一张第二版）

△ 黄兴电蓝天蔚等，以袁世凯任其继为参谋总长，复电力辞。然不敢置经手未完事宜于不顾，已商请唐总理妥定办法，待布置大定，始行告退。

电谓：陆军部段总长、各都督、各军师镇协司令统将、各议会、谘议局、各报馆均鉴：顷接袁大总统令，以兴继任参谋总长，并统辖两江一带军队。自维与海内同志起义以来，力小任重，时虞覆悚，决意事定之后，解职归农，已将此意屡次表明。况参谋总长职任綦重，非兴材力所能胜任，已复电力辞。至两江一带军队，维持整理刻不容缓；兴素怀归隐之志，断不敢置经手未完事宜于不顾，以负我军界同胞。已商请唐总理妥定办法，务使南方各军队布置得宜，各安其所。俟布置大定，始行告退，以遂初志，诸祈鉴察。黄兴。东。（《黄兴致段祺瑞蓝天蔚等电》，1912 年 4 月 1 日，《黄兴集》，第 154 页）

4 月 3 日（二月十六日） 蓝天蔚拟重赴日本研究军事，因民军尚未安置之故，迟迟未动。报载已与中央政府磋商，将关外民军改编一旅之说，由中央政府发饷。

《盛京时报》谓：烟台关外都督监天蔚，决计俟政府特派员抵烟以后，将其部下一千五百人交与该员，已赴则日本研究军事，为异日之预备。（《蓝天蔚拟重赴日本》，《盛京时报》1912 年 4 月 6 日，第二版）

《盛京时报》载：自各省总督改为都督后，蓝秀豪深恐招争权之尤，早已决计去东，惟因民军起义以来，所有死者将士多未抚恤，生者也未有安置，故迟迟未动。现与中央政府磋商就绪，闻已辞去关外都督及海军部长两席也。（《蓝都督辞职》，《盛京时报》1912 年 4 月 3 日，第七版）

《盛京时报》谓：蓝秀豪君不久去东，所有善后事件虽与中央政府往复电商，多不妥洽。特于日前，袁总统派专使萧王两君来埠，寓法国街某使馆，与蓝君交涉，有将关外民军改编一旅之说，由中央政府发饷。余均秘密探报。（《政府已派专使到烟》，《盛京时报》1912 年 4 月 3 日，第七版）

△ 关外民军第一师哗变，蓝天蔚极力劝慰，务令仍回营中，以全纪律。

《盛京时报》谓：关外民军第一师由庄复撤退烟埠，驻扎北岛，其关外总司令部亦同驻第一师师团中。近日告练虽见进步,惟总司令商震居心阴险,嫉贤妒能,百方把持,致与师部人员多未融洽,闻前日师部人员一体解职。当经蓝天蔚都督知之,极力劝慰、晓以大局,务令仍回营中,以全纪律,而杨李张王诸人决意不就,已往大连去矣。(《第一师之暗潮》,《盛京时报》1912年4月3日,第七版)

《马骏传》谓:中华民国纪元元年二月十二日,清廷逊位,革命告成功,关东都督府亦告结束。而机关部全体官兵忽哗变,蓝公命君与任君小珊、贺君天雄共出排解。众势汹汹,缚天雄,迫走小珊。蓝公登舰,君以一身当其冲,竭力撑柱,开诚劝导,众皆悦服。(《马骏传》,沈云龙:《中国革命名人传》,《近代中国史料丛刊三编》204,第35页)

4月4日(二月十七日) 袁世凯电蓝天蔚,谓民党已资遣,再有聚处不散、要求资遣,或逍遥扰害,拿获一律惩办。4月6日,蓝天蔚将该电公示各报馆。

据《盛京时报》载蓝天蔚电:顷接袁大总统电:"蓝秀豪君鉴:接奉天赵都督函称,朱锡麟、张英华等担任资遣东省党人,已于阳历三月三十日先领银一万元驰往南满一带,妥为办理,并嘱朱锡麟等协议办法。文如下:一、东三省及所属营旗各地凡有党人,无论何处派出,均由朱锡麟、张英华二君资遣净尽。二、自阳历四月初一日起,于二十日遣散完竣,报告备查。三、朱、张二君所携部款二万五千五百元,外洋银元二万元作为资遣之费,分期付给。所给之款,朱、张二君愿负完全责任。四、自经此次资遣后,再有党人聚处不散、要求资遣,或逍遥扰害,拿获一律惩办,民国毫无异言云云。希查照。大总统袁。支。叩。"请贵报登载,俾各地民党与朱、张二君直接领取川资归里,毋再进行为叩。蓝天蔚。鱼。(《〈奉天〉蓝天蔚之要电》,《盛京时报》1912年4月9日,第五版)

△ 《盛京时报》载:袁总统拟以蓝天蔚、胡瑛二人派充督办边防,已据情电商参议院矣。(《蓝胡未来之位置》,《盛京时报》1912年4月4日,第二版)

△ 汤芗铭通电反对蓝天蔚任海军总长。

《民立报》谓:民立报馆鉴:贵报三月念八号第三页附志载有昨接海军司长汤芗铭君电,反对蓝君天蔚任海军总长,因事已作罢,不复发刊等语。查芗铭于上月二十一号曾通电贵报及各报,申明政府不应用人非其所学,已蒙贵报载入某号,此后并无关系蓝君天蔚之电,今兹所云,不知所指何电,或系他处函电之误,即请更正,不胜盼切,汤芗铭叩。冬。

报按:前电系电局重送迟到,时又一记者因未及留意前报所载,故误加按语,合行登载更正。记者志。(《民立报》1912年4月4日,第3页)

4月5日(二月十八日) 鄂省所派军界统一会代表劝告蓝天蔚取消都督,遣散兵队,以免外界干涉。

报载《时事新报》谓：鄂省所派军界统一会代表因蓝天蔚与赵尔巽互争意见，胡瑛与张广建时起冲突。奉天与山东两省均为强邻虎视之地。一旦兵戎相见必召外人干涉，特发电劝蓝胡两军取消都督，遣散兵队，以免糜烂地方致使前途祸患。

（《记蓝天蔚君之行动》，《时事新报》1912 年 4 月 5 日，第二张第一版）

4 月 6 日（二月十九日） 黄兴电蓝天蔚等，谓暂任南京留守，启用"中华民国南京留守统辖南方各军之关防"。

电谓：唐总理、黎副总统、各省都督、各部总长鉴：奉大总统电，允兴辞参谋总长，命充南京留守，统辖南方各军。兴以菲材，久思引退，乃再四坚辞，竟未许将一切责任概行脱卸，殊觉进退为难。顾念留守一职，专为维持南方现时军队起见，原系暂设。兴此心尚存，亦诚恐遽将经手未完事件均置不顾，或于大局转致违碍，负我同胞。惟有暂羁将去之身，勉随诸公之后，藉效棉力。俟布置略定，仍当归息林泉，以遂初志。除电呈大总统暂行就职外，已于本日将散署组织成立，启用关防，文曰："中华民国南京留守统辖南方各军之关防"。特此奉布。南京留守黄兴叩。鱼。

（《黄兴致唐绍仪黎元洪蓝天蔚等电》，1912 年 4 月 6 日，《黄兴集》，第 158 页）

△ 黄兴电蓝天蔚等，因顾念前途危险，故组织陆军将校联合会以求增进学术、交换知识、联络感情。

民立报暨各省都督、各军司令鉴：溯自武昌起义，豪杰奋兴，各省响风，清帝退位。破坏既终，建设方始，结集团体，巩固国基，使五族各享共和，列强不敢干涉，既赖我军人提倡于前，尤赖我军人维持于后。然使情意不孚，精神涣散，将校各怀意见，兵士易启纷争，势必至各省军队自为风气。如火不戢，易兆焚如。前途危险，实堪深虑，同人忧之。特纠集同志组织陆军将校联合会，于二月二十五号开成立大会，公举正副会长，强属兴、蔚，举黎君元洪、段君祺瑞、姜君桂题、冯君国璋为名誉会长。使作宾、绍桢勉附其后。更属懋修、承点、调元为协理。拟谋军事研究，所以求增进学术；办军事报，以求交换知识；谋俱乐部，以期联络感情。兴等才力绵薄，曷克胜任。第以事关大局，义不容辞，只得勉效驰驱，聊尽军国民义务。所希海内群公，共襄盛事，各抒伟见，时锡箴言，俾此后进行方法有所率循，庶足合全国军人共底和平，共谋福利，则幸甚矣。谨此电布，详章后布。黄兴、陈蔚、蒋作宾、徐绍桢、陈懋修、洪承点、林调元、刘丽母、汪达、李玉铎、卢润培、汪迈、张兆第、蒋珩、汪时璟、王有内、舒学城、戴鸿藁、辒尚忠、汪有容叩。（自南京发，《黄兴与陈蔚等致蓝天蔚等电》，1912 年 4 月初，《黄兴集》，第 155 页）

4 月 7 日（二月二十日） 蓝天蔚麾下军队解散，胡瑛就此事向相关各方特发告示。

《芝罘日本领事馆副领事相羽恒次致外务大臣子爵内田康哉先生电》：就蓝天蔚部下军队解散一事，都督进行了训示。胡瑛(4月7日电)都督就蓝天蔚麾下军队解散一事向相关各方特发告示如下：兹决定自即日起，取消蓝天蔚麾下军队在此地建立的关外军政府及关外机构的所有名分。详情如下，请周知：众所周知，迄今为止，在军政府任命下，设立了各类机关。对在这些机关任职的工作人员发放川资路费，予以遣散，自谋职业。商震麾下的2 000余人仍驻扎芝罘岛，其余军队皆划归中央政府节制。其他炮兵部队从速回归各地，具体驻地另行通知。义勇军、先锋部队眼下业已遣散。十字军和游击队也已经通过海路，运往上海。为了让社会各界仁人志士获悉军队解散的详细情况，特此发出告示，以正视听。(《芝罘日本领事馆副领事相羽恒次致外务大臣子爵内田康哉先生电》，第39号，1912年4月17日，米彦军译自http://www.jacar.go.jp/chinese/index.html"亚洲历史资料中心")

△　黎元洪公电蓝天蔚等，告知皖军胡万泰征讨黎宗岳事。

《黎元洪电》：急。北京袁大总统、南京同盟会长孙中山先生、黄留守、安庆孙都督、大通黎司令、各省都督、各报馆公鉴：

支电谅达闻。南京所派水陆各军业已停进，足见黄公顾全大局，俯纳言，元洪敢为皖南生灵额手拜赐。惟迭接大通、九江急电，并据皖南绅民报告：皖军胡万泰昼夜猛攻，已越三日，距通不过十里，并带有机关枪八支、管退炮四尊随行，势甚危急等情。闻之惊骇欲绝。国本未定，祸患方深，此何等存亡绝续之交，乃竟一意独行，操戈同室。如黎公一身原不足惜，且果使罪状昭彰，亦所自取；但各省自有公论，中央自有明文，何不可稍缓须臾，宣布意见，以静待政府之解决，而乃悍然出此，自速其亡。纵不为皖南计，独不为全局计乎？孙公提倡民权，阐明佛学，断不至以权利二字变易方针。然征诸现象，虽最爱孙公如元洪者，又将何以为解？伏乞孙公将出发军队火速撤回，黎公将分府名目自行取消，暂称司令，其民政、财政各事宜概划归皖督管辖，以蕲统一。至皖都督一席，关系全省，非合皖南北同人公议去留，不足以折人心而维大局，仍希召集代表择地开议，速为表决。中山先生执同盟之牛耳，克强兄维南军之虎符，既能维持于前，必能保全于后，并乞剀切劝谕，转危为安，无任祷盼。不然，一隅溃裂，全国沦亡。敝省近在比邻，祸机密切，方当秣马厉兵，力图自保，断不忍作壁上观也。知我罪我，付诸达人。元洪叩。虞。(武昌发，《黎元洪来电》1912年4月7日，翠亨孙中山故居纪念馆藏档；又见《申报》1912年4月9日，"公电"；《民立报》1912年4月9日，"武昌电报"；《各方致孙中山函电汇编》第二卷，第244页)

4月8日(二月二十一日)　孙毓筠致电蓝天蔚等，通报黎宗岳潜走善后事宜。

《孙毓筠致电》：大总统、陆军部段总长、内务部赵总长、军界统一会、黎副总统并转孙中山先生、胡汉民先生、汪精卫先生、内阁唐总理、各部总长、黄留守、各都督、蓝秀豪先生、胡经武先生、同盟会本部、各埠全皖同乡、各报馆均鉴：

大通事昨于阳电详陈一切。昨接大通电称：黎宗岳六号夜潜走,军队需饷甚急,诚恐地方糜烂即在眉睫。乞速派员来通镇摄,兼筹善后,无任盼祷,商会自沙电局公叩。又电称：黎潜逃,各军无主,饷未发,请兵轮飞来。程德全叩。当派宪兵司令官宋植楞乘坐安丰浅水兵轮前往查探,一面电请黄留守催促柏军长即日赴通,筹办善后事宜,并电在通水陆各军官约束兵丁,无许暴动,所有军饷自应发给。旋据驻扎顺安第一旅第一团团长顾琢塘电称：大通人民因黎宗岳潜逃,军饷未发,兵心摇动,深恐地方糜烂,坚请率兵弹压,遂于七号午后四时驰抵大通,各界均派代表欢迎。地方现尚安谧,柏军长即日由芜来通,等语。并据宋司令电同前情。查黎宗岳前有辞职电到宁,黄留守已电某军长暨敝处妥商办理,并由敝处电饬池、青各军队恪守部令,听候柏军长办理,正可和平商决,乃不待柏至,先行潜逃,本月军饷又不肯发,冀幸饥军哗溃,可为归过他人,地步用心,极为险毒。尚幸军官兵士深明大义,顾团长赴机迅速,不至贻害地方。一切详情及善后事宜,应俟柏军长到通查明商办,随时电报。知关廑注,敬以奉陈。皖都督孙毓筠叩。庚。(《申报》1912 年 4 月 10 日,"公电",《孙毓筠致电》,1912 年 4 月 8 日,《各方致孙中山函电汇编》第二卷,第 245 页)

4月9日(二月二十二日) 蓝天蔚完成军队交接事宜,解散司令部。

据《关东都督府天野参谋致星野参谋长电》：九日,蓝天蔚终于完成军队交接事宜,解散司令部。这件事是和黎元洪密商后决定的。蓝天蔚或许会统领黎元洪的一个混成旅,蓝大蔚很担心黎元洪有不测。胡埃为防止军队哗变,暂时取消北京之行。(《关东都督府天野参谋致星野参谋长电》,米彦军译自 http://www.jacar.go.jp/chinese/index.html"亚洲历史资料中心")

《民立报》载：蓝都督拟即日南旋,驻烟关外机关部亦决议几日解散。(《民立报》1912 年 4 月 9 日,第 3 页)

4月11日(二月二十四日) 蓝天蔚解散关外都督府,将烟台军队交与北京陆军部节制,是日发布公电,即日离烟,是日再补公电,翌日离烟。

《盛京时报》谓：关外都督蓝天蔚已将本埠之关外都督府解散,定于初十日由烟启程,归隐湖北。(《关外都督府解散》,《盛京时报》1912 年 4 月 12 日,第二版)

《盛京时报》又谓：关外都督蓝天蔚已经能将驻烟台军队交与北京陆军部节制,惟将该军队调往北京或移驻东三省与否,刻尚未确定。(《北伐队改归陆军部节制》,《盛京时报》1912 年 4 月 12 日,第二版)

各报载：袁大总统唐总理各部总次长黄留守各都督各司令各报馆各团钧鉴：

共和宣布,五族一家,关外事亦既解决,蔚所有经手军务各件业经料理清楚,各机关部亦已取消。即日离烟。谨此通告。蓝天蔚。真。(《蓝天蔚公电即日离烟》,《时事新报》1912 年 4 月 12 日,第一张第二版;《申报》1912 年 4 月 12 日,第二版;《盛京时报》1912 年 4 月 13 日,第七版)

又谓:袁大总统黎副总统黄留守各省都督司令团体报馆均鉴:蔚于翌日离烟,蓝天蔚叩。真。(《蓝天蔚公电翌日离烟》,《时事新报》1912 年 4 月 13 日,第一张第一版;《申报》1912 年 4 月 13 日,第二版;《民立报》1912 年 4 月 13 日,第 3 页)

△听闻有人将暗杀黎元洪,蓝天蔚极示关切。

《音羽舰长的报告》:数日前,蓝天蔚听到有人要暗杀黎元洪的传闻,非常担心,不断打听此事的真伪。从这一态度来看,蓝天蔚是黎元洪的心腹。(《音羽舰长的报告》,第 29 号,1912 年 4 月 11 日,米彦军译自 http://www.jacar.go.jp/chinese/index.html "亚洲历史资料中心")

△ 清军管带庆云刺探蓝天蔚军力。

电谓:二十镇潘统制宪鉴,镇密。管带等二十四号到烟,知蓝君已南去,见民军司令商震面谈,据云,前数日已派代表随萧统领等进京请示袁大总统,刻下不能决议,须俟代表回烟,或大总统有令,再行决定。查其枪支系德国毛瑟枪,有二千余杆,过山炮十二尊,机关枪四杆,均蓝君由上海购买。目兵共有三千余名,系奉天人。据商君云:其中实有胡匪。察商君之意,至少亦将步队编成一混成协,或编一协,毫无退让之意。自管带等观其情形,亦万难解散,切观商君情形,亦惮困难,故使其交出枪支空手到奉等语,实不便言。如按东三省预定办法,亦万办不到。管带等是否候伊等之回电及嗣后办法,祈速电示赐烟广东街会丰栈。管带庆云、纪叩。敬。(烟台发,《管带庆云等致二十镇统制潘矩楹电》,1912 年 2 月 24 日,《东三省辛亥革命史料》,《清代档案史料丛编》第 8 辑,第 215 页)

4 月 11 日(二月二十四日)—4 月 12 日(二月二十五日) 报载蓝天蔚与绑架陈仲瑀案有关。

4 月 12 日《申报》:闸北第一营营长曾振卿因擅拘前清浙江盐运使陈仲瑀,迭经华阳裁判所长许继祥开庭集讯。备详前报。昨晨十时,复经许君传案复训……初四晨十句钟被告曾管带到警局借用小轮船。……曾管带云此人留在营内唯恐酿成交涉,故须借一小轮送至沪军都督府请都督核夺。曾管带遂陪陈仲瑀坐马车到水巡区,其时吾亦跟去后,到船上听见一肥肥的侦探说要到苏州,吾就不肯将船借给他们了。当问曾管带何以忽然改变方向,曾云是那几个侦探要到苏州,听他们说此事本有公事,并有好几处都督及蓝天蔚的公事。据曾管带说曾经禀过旅长并转禀都督的。因小轮未曾借给管带,就将陈仲瑀带回去了。(《三讯陈仲瑀案之嫌疑人》,《申报》1912 年 4 月 12 日,第七版)

4 月 13 日《申报》载:闸北第一旅第一营营长曾振卿因擅拘前清浙江盐运使陈仲瑀(即陈玉麟)迭经华洋裁判所长许继祥君传案集讯,均志前报。昨晨(即十二日)十时复讯。先据证傅凤元供在闸北巡警总局公事房专听电话。……此次都督府并未接到外省咨请拘拿陈仲瑀之公牍,至于军界规则,若非军事犯均无权越俎。纵欲拘提前清逃官等类,亦应知照司法警察执行。若在租界,必经交涉司办理。此次拘捕陈仲瑀,沪都督始终未有命令。四月三号之事并未知情,因都督等均往欢迎孙总统并商榷要公,甚为忙碌。四号十二句多钟,陈都督始有命令,饬查陈仲瑀一事,谓新闸捕房据陈之家属报告谓伊主人被拘,但捕房云在游击队。陈之家属又谓在水巡区,故先打电话至巡警总局。继据水巡区云,陈已来过,现在游击队因该队未设电话,故由总局转去阻止。勿将陈仲瑀解往他处。一点十五分钟,吾即乘马车到营内,被告适他出,据排长云,印度人昨晚早经释出。至陈仲瑀,则于十二点三刻解去。吾即命速请营长,约二十分钟,营长回来,当询以拘禁陈仲瑀系奉何人命令?据云,系外营侦探所为,均是中华的公事。我责以既为营长,必知规则。营房非拘禁处所,曾无词对答。但云已由原拘之人带去。诘以捕获时既未奉命解走,又不询明去处,似办法殊属不合,曾仍无词以对。当时吾即将细情报告都督,至该队排长确未问其名姓,此事都督得二三处之报告。大约捕房见过唐总理,由总理转告都督,都督即在客利西饭店打电话饬查,时约十二点多钟。初三日被告既无报告,初四日亦未见被告去报告都督,被告在营内向吾说,据侦探等说有二三处公事,浙江都督及蓝天蔚均有命令等语。吾说不报上官,终属不合。据云,曾报旅长转禀都督的,但吾打电话与旅长未有回复。总之,拘禁陈仲瑀实无沪都督之命令。被告一切举动实非正当办法。吾方所说军人应服上官命令系专指本营直接管辖之上级官而言。即各陆军尚且各有归属,何能服从他省上官命令?

(中略)侦探等闻之始允将陈交吾,回至水巡区借船,及到船上,该探等听说解往都督府,似乎恐吾夺功,故颇不愿意,竭力反对。吾即将陈带回营中,想留数时,或命令下来。不料该探连次吵闹,势难再阻。虽该探等只有二十余人,吾们营内共有五百多人。伊等之武力虽不足以挟制吾等,但伊等既称有浙江蒋都督关外蓝天蔚等各处文牍,吾们碍难违抗。(《四讯陈仲瑀案之嫌疑人》,《申报》1912 年 4 月 13 日,第七版)

4 月 12 日(二月二十五日) 蓝天蔚解散上海关外办事处。

关外办事处各报馆均鉴:共和宣布,五族一家。蔚自取消关外军政府后,已将驻烟驻连各地机关部分别解散,查上海关外办事处与各地机关事同一律,请自今日始停止,薪伙立即消灭。将所有委任状作为无效。蔚即派人来沪,与张静江、邓云溪、周复生①、李法庚诸先生接洽,赶造报销。蓝天蔚叩。文。(《蓝天蔚解散关外办事处之公电》,《申报》1912 年 4 月 13 日,第二版;《民立报》1912 年 4 月 13 日,第 3 页)

△ 南京同盟会本部致电蓝天蔚等,希为同盟会募资。

《申报》谓:济南胡都督、广东陈都督、南昌李都督、安庆孙都督、烟台关外蓝都督、太原阎都督、西安张都督、上海陈都督、长沙谭都督、云南蔡都督、成都尹都督、武昌副总统、同盟会协理黎公钧鉴:昨日本会饯别孙总理,到者盈座。唐总理徐总督王都督皆为会员,此晚由孙总理担任捐银三十一万六千元,黄协理认捐五万元,唐总理认捐二千元,徐王各以万计,为此务乞我公力为提倡担募巨资,以为本会进行之实力,是实本会所馨香祷祝者也。中国同盟本部同人叩。(《南京同盟会本部电蓝天蔚等》,《申报》1912 年 4 月 12 日,第一版)

△ 黄兴电蓝天蔚等,谓昨晚南京失火,匪徒抢劫。已敉平。

1912 年 4 月 13 日上海《民立报》载黄兴电:万急。北京袁大总统、武昌黎副总统、孙中山先生、上海唐总理、各部总长、各省都督、各军师长、各报馆鉴:昨晚十一时半,宁垣居民不戒于火,焚烧房屋数间,当即熄灭。今晨三四钟时,匪徒数十人乘机抢劫白门桥铺户,幸军队防卫严密,弹压迅速,毙匪多名,并拘获数人,随即敉平。城内外各处现均安靖如常,仍一面督饬军队注意警备,以保治安。谨此奉闻。黄兴叩。文。晨十钟。(《黄兴致蓝天蔚等电》,《黄兴集》,第 160 页)

△ 蓝天蔚等接到黄兴来电,电告南京秩序如常,并有军队严密防范。

1912 年 4 月 13 日上海《民立报》载黄兴电:袁大总统、武昌黎副总统、上海唐总理、各部总长、各省都督、各军司令、各报馆鉴:宁垣秩序如常,并有军队严密防范。谨此奉闻。黄兴叩。文。下午八钟。(《黄兴致蓝天蔚等电》,《黄兴集》,第 161 页)

4 月 12 日(二月二十五日)—4 月 13 日(二月二十六日) 报传蓝天蔚取消关外都督后,于十二日晚乘舰赴沪,蓝十字军游击队亦于十三日下午开拔,随招商局广济轮船南旋。实因东省民军善后事宜尚未办理完毕,蓝天蔚仍在烟。

《申报》载:又闻驻烟关外都督蓝君天蔚业经取消,已于四月十二晚间乘南琛兵舰赴沪。海容舰亦同日开驶。其十字军游击队亦于十三午后三时拔队,随招商局广济轮船南旋矣。(《申报》1912 年 4 月 18 日,第六版)

《陈安甫电潘月樵、夏月珊》谓:新舞台潘月樵、夏月珊均鉴:十字军全队今日

---

① 周复生,湖北人,湖北共进会发起人之一。曾与苏筠尚、杨岘庄、郑鉴宇、郑正秋、刘惠人、叶惠钧、洪炳甲等人在上海发起成立中华进步党。

乘"广济"随蓝都督坐舰回南。陈安甫。四月十二日。（《陈安甫电潘月樵、夏月珊》，1912 年 4 月 11 日，《沪军都督府调查部往来要电》，上海市历史博物馆藏件）

《申报》载：十字军队长陈安甫、参谋许奇松（中略）奉陈都督及蓝君天蔚命令调往东三省。曾在山东黄县与官军连战八次，七次护胜，实属异常功绩。刻两君已偕会友返沪，仍附属商团公会。前日排队游行街市，并诣市政厅谒见，市长会晤。闻商团会将开会欢迎云。（《十字军回沪》，《申报》1912 年 4 月 18 日，第七版）

《盛京时报》谓：海容海琛两舰于十三日由烟台开驶，已于十五日安抵上海，前关东都督蓝天蔚等坐乘海轮同抵本埠。（《蓝天蔚回沪》，《盛京时报》1912 年 4 月 19 日，第二版）

据《第 30 件朱尔典爵士致格雷爵士函》（1912 年 5 月 28 日收到）：阁下，关于我 3 月 31 日的信，我荣幸地随信附上黑德爵士对上月各省发生的事件所作的一份概述。朱尔典谨上。1912 年 5 月 6 日于北京。

第 30 件的附件，到 1912 年 4 月 30 日为止各省事件的概述：我很满意地指出：上月山东北部的形势已有相当大的改善，他们正在认真打算减少分散在该地区的部队人数。4 月 13 日，两艘中国巡洋舰离开烟台驶往上海，船上载着蓝天蔚将军和约七百名士兵；16 日，另有一千名军队南行，开往上海和福州。这就使得留在烟台的全副武装士兵剩下四千人左右，现在几乎没有一名士兵留驻在外国人的居留地内；然而，附近地区仍有士兵约八九千人，但都督打算继续减少和解散军队。直到散布在烟台、登州、荣成和文登一带的士兵剩下四千人为止，这是他认为维持山东该地区秩序所需要的最低人数。部队的举动大体上是良好的。都督似乎准备了人量现款，甚至送给外国人三千元款项购买蒸汽压路机，作为对他们以前生活不便的公开补偿，借以表示他对外国人士的善意。（下略）黑德。（《关于中国事件的补充函电：中国第三号》，1912 年，胡滨译：《英国蓝皮书有关辛亥革命资料选译》，第 570—571 页）

《盛京时报》报导蓝军犹在埠滞留。

《盛京时报》：蓝军虽已交与陆军部，然现仍在烟驻留。闻该军队除将调往北京归袁总统节制或移驻秦皇岛即行解散亦未可知。（《蓝军犹在埠滞留》，《盛京时报》1912 年 4 月 13 日，第二版）

《盛京时报》4 月 20 日载，关外都督蓝天蔚辞职以后，急欲回南，惟因东省民军善后事宜尚未办理，是以留烟台多日。（《蓝都督乘轮回南》，《盛京时报》1912 年 4 月 20 日，第四版）

△　《盛京时报》载：蓝天蔚顷语某报特派员曰，余南旋后，将隐居长江沿岸之某地，并不赴南京、武昌等处，又决意不往北京。盖其状似有待他日风云而卷土重来者。（《蓝天蔚之归隐谈》，《盛京时报》1912 年 4 月 13 日，第二版）

△ 黄兴致电蓝天蔚等,谓,有匪徒勾结、宗社党煽惑,借减饷为名,忽尔倡乱。经各军师团长亲率士卒,即日敉定。已发布戒严令,并抚恤商民被劫者。

电谓:火急。北京袁大总统、陆军部及各部总长、武昌黎副总统、孙中山先生、上海唐总理、各省都督、各军师长、各报馆鉴:昨日捕获匪徒一伙,严密讯供,多江西军队二十五、二十八两团之兵,已经判决处死刑者二百余名。其余该两团之犯兵,当派各军队协力追剿。旋由洪师长承点竭力开导,令其缴械回营,贷以不死。该犯兵等势穷力绌,午前八九时即遵令缴械退回原营,全城秩序幸未扰乱。查此次起乱之原因,匪徒勾结,并有宗社党从中煽惑,已搜获旗二面。借减饷为名,忽尔倡乱,幸经各军师团长爱国心长,洞明大义,均亲率士卒,剿抚乱党,分段防守,保卫平民,赖以即日敉定,未致蔓延。兴昨已发布戒严令,现仍饬各军警极力防范,加以镇抚,定于明日将该两团兵妥协送回赣省遣散。惟是白门桥、太平桥一带商民被劫者不下数十家,哀此无辜,突遭惨乱,已分饬南京府知事、巡警局会同切实查报,以便酌量抚恤,免其失所。并一面示谕被害各户听候查明,以及其他商民各安生业。谨此奉闻。黄兴叩。元。(《黄兴致蓝天蔚等电》,1912 年 4 月 13 日,《黄兴集》,第 162 页)

△ 蓝天蔚离职后,烟台革命军渐被遣散。旧部商震接受改编,直属中央政府节制。

据《蓝天蔚之旧部讨虏军司令官之训示》:商震将军原为蓝天蔚部下,现任讨虏军司令。今天,他对其手下士兵做了以下训示:迄今为止,我们讨虏军弟兄们的饷银、军队经费等时断时续,没有着落,令人担忧。而今我们直属中央政府节制,今后弟兄们的饷银、各种经费等会按时足额支付,我们终于去了一块心病。今后,我们讨虏军的具体驻防地点虽尚未正式确定,估计会到营口驻防。

(《蓝天蔚之旧部讨虏军司令官之训示》,1912 年 4 月 13 日,米彦军译 http://www.jacar.go.jp/chinese/index.html"亚洲历史资料中心")

武扬称:北伐军撤回烟台后,关外都督蓝天蔚,山东都督胡瑛先后离职。除关外军和鲁军外,其他各地革命军亦相继撤回原地。而留在烟台的革命军只有听凭窃国大盗袁世凯摆布。袁世凯于四月初就任临时大总统,为瓦解关外革命军,迫使蓝天蔚出洋考察;并派王揖干、萧广传赴烟台,办理编遣事宜。两人刚到烟台,听到关外革命军反对,就吓跑回去了。袁又改派曲同丰①前来,收买了商震。商震接受改编,当上了旅长。烟台革命军遂被遣散。(《辛亥高力门起义及其前后》,《文史资料选

---

① 曲同丰(1872—1929),民国元年,北京政府陆军总长段祺瑞委任为将校研究所所长,招收闲散军官讲习备用。同年夏,奉派赴鲁东安抚蓝天蔚、胡瑛隐退后所遗民军。北洋政府授陆军中将。

蓝天蔚部李光汉原任关外义勇军第一旅长,奉令遣散回籍。

《李光汉事略》:光汉,现年二十七岁,系四川叙州府宜宾县人氏。由广东陆军速成学堂肄业,历充营差。上年,广东起义未克如愿。八月,行抵鄂垣,随众同志以附骥尾;于八月十九日起义武昌,二十日与同志焦率兵士同取汉口淮盐局。……十二月又奉副总统命令,委北伐先锋军第一团长,开往烟台驻扎。又奉关外都督蓝天蔚委充为关外义勇军第一旅长。因南北共和奉大总统命令,将军队遣散回籍,光汉遵即到鄂销差。(民国元年十二月二十九日到,李光汉:《李光汉事略》,湖北省博物馆编:《武昌起义档案资料续编》,中国文史出版社 1991 年版,第 180—181 页)

4 月 14 日(二月二十七日)　蓝天蔚接到莱州、登州军队以及地方情况的通报。

电谓:北京袁大总统、武昌黎副总统、南京黄留守、各省都督、各军司令、各报馆钧鉴:

山东青莱以西、登黄以东,双方军队因之前的山东省问题尚未妥善解决,彼此相互猜忌,疑心暗鬼。加之,马统制拍电报,电文中充斥着挑衅语言。因此,芝罘各界人士,各类团体群情激奋,义愤填膺,纷纷致电予以谴责。因此,民心不稳,谣言四起,日盛一日,再不思谋对策,恐生不测。芝罘当局绞尽脑汁,疲于应付,目前形势略有缓和。然而,莱州府属依然惶惶不可终日。军心不稳,人心浮动,形势不容乐观。楼堂馆所、买卖铺户,关门歇业,经济损失甚巨。市民担忧身家性命,纷纷外逃,流离失所。地区内失业人数猛增,形势更趋恶化。

鉴于这一形势,当立即妥善处理。否则,双方军队会因误会、猜疑擦枪走火,发生冲突,给当地治安造成严重后果,不可收拾。而且,我等认为双方军队应该共同担负起维持地方治安的责任,否则会后患无穷。此前,我等发电报给袁大总统,汇报此事的始末缘由。袁大总统回电命其就近和左路巡防统领兼登州镇台叶长盛就此事进行商议,并尽早拿出可行方案。

在此之前,权宜之计,先派高等参谋蒋隆第奔赴莱州和叶镇台进行交涉。最新情报显示叶镇台颇受各方人士欢迎,众望所归,向他请教良多。到达后,他立即召集青、莱各级行政长官,向他们陈说利害:"军队本是一家人,应该冰释前嫌,握手言和,同仇敌忾。"听完此番演说后,各级官员都深明大义,纷纷表示赞同。双方士兵虽尚心存芥蒂,如果好言安慰,可望恢复秩序。双方军队出榜安民,莱州城以及各镇民心逐渐稳定。搬家、铺户关门歇业现象日益减少。虽然不能恢复如初,各行各业开始营业,街面上有了活气。相信不久就会恢复如初。此后,各地治安事宜均由鄙处和叶镇台共同负责,遇到难题协商解决。不仅如此,所辖地区不设界限,双方互信互利,不再相互猜疑。况且,国家南北业已统一。在这一大好形势下,双方理应相互合作,相互帮助,共同建设桑梓。即便有些许矛盾,也属于兄弟阋墙。因此,应以大局为重,不得扰乱地方商业秩序和地方治安。此乃地方之福分,生灵之福分。为防止有人以不实之词妖言惑众,达到不可告人的目的,特此申明事实真相。以上内容发自肺腑,衷心希望各位详查。(《芝罘日本领事馆副领事相羽恒次向外务大臣子爵内田康哉汇报中国时局状况》,第 39 号,1912 年 4 月 17 日,米彦军译自 http://www.jacar. go.jp/chinese/index.html"亚洲历史资料中心")

△　中华民国宣导会[①]成立,蓝天蔚为名义赞成员。(《中华民国宣导会缘起》,《申报》1912 年 4 月 14 日,第八版)

4 月 17 日(三月一日)　袁世凯命遣散蓝天蔚部。电谓:盛京赵都督,勋。铣电悉。蓝部遣散不易,本在意中,自亟应预行布置周妥,然后着手。果其抗不闻命,即须惩剿。请速行布置妥协后电示,以便令该队开拔移扎。应需款项,已饬部筹。大总统。筱。(《大总统袁世凯致赵尔巽电》,1912 年 4 月 17 日,《东三省辛亥革命史料》,《清代档案史料丛编》第 8 辑,第 243 页)

4 月 19 日(三月三日)　张振武原将由鄂调拨精兵一镇赴东三省驻扎辅佐蓝天蔚,袁世凯以蓝天蔚既已解职,加以拦阻。

黎副总统前曾电商袁大总统,拟由鄂调拨精兵一镇赴东三省驻扎,并委前军务司副长张振武君充任东三省边防总督,以便率鄂军在彼屯田。袁大总统亦极赞成。故已由张君在鄂省各军队中抽调精兵万余人,俟编制成军,即行开赴关外。乃袁大总统昨忽有电来阻。略谓,东省大局现已渐静,如鄂兵至东,反使民族震惧,且南军不服北方水土,断难久戍不归,况屯田所费甚巨,鄂省亦无此财力。所有鄂军出关驻戍一层应作罢议。边防使名目亦应取消。副总统亦以鄂省军需全恃钞票为周转,出省即不能行用,调军赴东,饷项必须现银,此款无从筹措。并以关外都督蓝君天蔚已经取消,张振武这任边防使原拟辅佐蓝君,今蓝君既已解职,张君自可勿庸前往。故已允照袁大总统来电,饬张振武遵照,将所编镇边师团将士各送回原管镇协标营矣。(《副总统取消东三省边防使》,《申报》1912 年 4 月 19 日,第六版)

4 月 19 日(三月三日)前　蓝天蔚乘军舰返沪,受到在沪同志欢迎。

《盛京时报》:现在袁总统派委专使萧王两君到埠接洽,已将驻扎北伐军队编成一协,委总司令统摄,其余同志均发给川资回籍,而蓝君亦于日前乘南琛兵轮,带同红十字军队一律回南去矣。(《蓝都督乘轮回南》,《盛京时报》1912 年 4 月 20 日,第四版)

---

①　《中华民国宣导会缘起》,见附录三"相关档案资料汇编"。

周斌谓：各队官兵正在兴高采烈之际，讵意南北议和，关外军队奉命全部遣散。蓝天蔚、胡瑛、凌翘均由烟台返沪（凌大同寓于厦门路贵州路荣寿里）。（周斌：《凌大同》，《辛亥革命亲历记》，第 286—287 页）

《申报》载：蓝天蔚先生之英武，久为人所共佩，去年经营关外，备尝艰苦。迄不稍存退缩，卒能促成共和。兹功成身退，解甲南旋，同人等特约同各界团体及诸同志，定于星期日，即四月二十一日午后一时在张园开欢迎大会，凡我同志务望届时齐集为盼。（《欢迎蓝天蔚先生》，《申报》1912 年 4 月 19 日，1912 年 4 月 20 日，1912 年 4 月 21 日，第一版）

△　蓝天蔚旧部混成旅奉天哗变，为张作霖镇压。

王益知回忆：袁世凯做总统后，为了盘踞在北京，曾主使第二镇曹锟兵变，波及到天津和保定。奉天第二混成协李际春部队也发生哗变，由北大营沿途抢掠，直到北关。而自称负沈阳治安责的张作霖当时并不出来制止，事后却装模作样地亲自带队阻击，这是因为他和袁世凯有了勾结。不出几月，端午夜间，第二混成协另一部分部队又发生哗变。这次参加人数较多，抢掠情况更为严重，这使张作霖有所借口，对该协施加压力，不久，该协调回关内，沈阳只有张作霖的部队，分驻在各城厢和北大营。（《辛亥革命与张作霖》，《吉林文史资料选辑》第 4 辑，第 55—56 页）

《沈阳历史大事年表》：原蓝天蔚部下混成旅第一队士兵，因被苛派国民捐而不满，经革命党人策动，在奉天北大营哗变。变兵直奔大北边门，与张作霖的守城士兵展开激战。张作霖受赵尔巽的指令，带领大批人马镇压哗变士兵，斩杀 200 多名混成协官兵。哗变失败。（沈阳市文史研究馆编：《沈阳历史大事年表》，沈阳出版社 2008 年版，第 346 页）

△　戴季陶指责袁世凯故意授蓝天蔚海军总长职，以为排斥之计。

谓：蓝天蔚经营满洲，民党中之重要人物也。共和既成，既不令其督东，置之又觉不能自解，乃荐为海军总长。袁明知蓝天蔚为陆军留学出身，且久经戎伍，而使之作海军总长者，盖决料海军中人必出而反对，故借此以达排斥民党之目的耳。且对于革命中健全分子，置之又恐民党反对，用之又恐阻其私图，故仅以工商、农林等于重要国权无甚关系之位置，令民党中有声望者居之，用心之狡而险，尽已至已。谭人凤宿学名士，向称刚直，又负时望，仅位以粤汉路督办，此尤险狠之最者。就此种种观之，袁世凯之用心盖昭然若揭矣！斩草不除根，春风吹又生。呜呼！此次革命之失败至此，死者不瞑目，而生者之恨亦无穷期矣，愤激之余书此以告国人。（天仇：《袁世凯罪状》，《民权报》1912 年 4 月 19 日、4 月 20 日；唐文权、桑兵编：《戴季陶集》，华中师范大学出版社 1990 年版，第 342 页）

△ 柳亚子亦发表时论《北省民军都督之厄运》，论蓝天蔚等为袁世凯所忌。

自本初得位以来，视各省民军都督若眼中钉，必欲拔去之而后快。其迟徊不发者，徒以羽翼未丰，人心未附故耳。北省为袁氏势力范围之地，卧榻之旁，不容他人鼾睡，故其排斥尤力。齐耀琳承其意旨，诬河南民军为土匪，肆行仇杀。张作霖、冯麟阁之徒，承认共和之电业已宣布中外，犹日与关外民军血战，辽阳、铁岭间，警耗一日数至，而张广建调兵围山东谘议局、商会，解散议会，占据电局，皆无非受袁氏嗾使，俾我中华民国关外都督蓝公、山东都督胡公不得安于其位而已。升酉隅负，入寇秦中，陕西都督张公连电告急，亦不闻出一卒相援，徒听其争持不下，为卞庄子刺两虎之计。山西都督阎公为民军所推举，反正以来，艰苦蹉跌，中外同知，民心共仰，袁氏复欲取消其军府，而以声名恶劣之李盛铎代之。行见大河南北，悉为袁氏私人所盘踞矣。嗟夫，唇亡齿寒，兔死狐悲，北方既定，且将南略。为我语南省民军诸都督，横逆之来，行且汝。心所为危，不敢不告，特非所论于庄蕴宽一流人耳！
（柳亚子：《北省民军都督之厄运》，中国革命博物馆、上海人民出版社编：《磨剑室文录》上，上海人民出版社1993年版，第300页）

4月21日（三月五日） 上海各团体开会欢迎蓝天蔚。蓝天蔚发表演说。

据《辛亥革命与上海 上海公共租界工部局档案选译》：1912年4月21日下午1时至3时，约有一千人在张园开会欢迎东三省（满洲）总督蓝天蔚。蓝现已辞职，这次系路过上海前往湖南[北]原籍。杨小鹤、孙明侠和叶惠钧在会上发表了演讲，他们颂扬了蓝将军在革命时期的卓越工作。（上海市档案馆编：《辛亥革命与上海 上海公共租界工部局档案选译》，The revolution of 1911 in Shanghai excerpts of reports of the Shanghai municipal council，中西书局2011年版，第206页）

《申报》载：二十一日，上海各团体假张园安垲第开会，欢迎蓝天蔚者，计沪都督代表高国民、总会代表沈懋昭、工商勇进党代表黄楚九、共和建设会代表王河屏、实业联合会代表程定夷、自由党代表余菊农、大同民党代表张元昭、商团公会代表叶惠钧及各界各团体等代表共一千余人之多，场内几无立足之地，园门首扎有松柏牌楼一座，点缀花朵，内嵌"欢迎蓝天蔚会场"七字。下午一时开会，由张君汉杰报告蓝先生革命情形，杨君啸鹤、孙君民侠、叶君惠钧宣读颂词，旋蓝天蔚登台到会，诸君行三鞠躬，致敬，蓝君答谢毕，即演说云。（演说内容略①）说毕，掌声如雷，既由民社代表胡君钧等相继演说，乃奏乐散会。（《张园欢迎蓝天蔚记事》，《申报》1912年4月23日，第七版；《补志欢迎蓝都督》，同日《民立报》，第10页）

---

① 《蓝天蔚张园之演说》，详见附录一"蓝天蔚著述"。

△　《申报》载：高等顾问官概不用命令委任，以示优异。汤寿潜、张謇、蓝天蔚、温宗尧、伍廷芳、章炳麟、萨镇冰及达寿等均在其列。(《申报》1912 年 4 月 21 日,第一版)

△　商会公宴蓝天蔚与程德全等。

据《郑孝胥日记》：(阴历)三月初六日(阳历 4 月 22 日)报言：初五日,商会公宴程德全、陈其美、蓝天蔚等于天后宫,席散出门,有西捕八人将做客福字军统领刘福彪拘入捕房,虞和德往求保释,不许。日内租界中戒严,如立待开战者。刘福彪乃陈其美之心腹也。热甚,晚,雷鸣雨至。(郑孝胥著,劳祖德整理：《郑孝胥日记》第三册,第 1413 页)

△　蓝天蔚小照数百幅为人带出海外。在英国商船铁台里克邮船沉没之际,浮沉于冰水之中。

《申报》谓：字林报载纽约电称,铁台里克邮船余生之搭客,宣述遇难情形。其文大致如下：一千九百十二年四月十四号星期日之夜,星光灿烂,天气凌寒,船上司瞭望者见海上有浮冰山即报告。(中略)时该船仍浮荡海中约五分钟之久,而一百五十尺之船身忽矗立向上乃渐没而至不见,是时有极为惊人之大声,为人类所创闻者,则数百蓝天蔚君小影浮沉冰水中求救之呼声也。(《再纪英国大商船遇难详情》,《申报》1912 年 4 月 21 日,第 3 版)

4 月 22 日(三月六日)—4 月 23 日(三月七日)　蓝天蔚电知袁世凯,手上并无人员可分遣赴奉办理关外民党救恤事务,请另派专员。

据《大总统袁世凯致赵尔巽》电,内中有谓：赵督帅,接蓝都督电称,蒙拨巨款作关外民党恤死救营之费,实深感激。蔚处正当收束队伍,部署一切之际,然无人员可以分遣赴奉,钧处既派有专员料理,乞饬该员就近商明赵都督酌办为便。除宣布本部一体知照外,谨电复。等因。望查照办理。袁。养。印。(北京发,《大总统袁世凯致赵尔巽电》,1912 年 4 月 22 日,《东三省辛亥革命史料》,《清代档案史料丛编》第 8 辑,第 244—245 页)

4 月 24 日(三月八日)　《申报》载《华法联进会章程》[①],蓝天蔚为华法联进会名誉会长。(《华法联进会章程》,《申报》1912 年 4 月 24 日,第七版)

宗方小太郎记录：该会(华法联合会)以联络中国、法兰西两国国民之感情,研究两国之政治、实业、科学之大问题,扩大两国人民相互之利权为主义。政治方面以保全和平,实业方面以开发固有之利源,科学方面以交换知识为宗旨。进行方法不定,凡有益之事业均将进行,以期于解决中、法两国之各种问题,使两国之邦交日益亲睦。该会之总会设于法国巴黎之豆腐公司内(1912 年之前年也,即 1910 年由

---

①　按：《华法联进会章程》,见附录三"相关档案资料汇编"。

中国人组织之公司。)在中法两国之都市中设立支部。其会员中国方面有陆征祥(外交总长)、吴景濂(驻意公使)、蓝天蔚。法国方面亦有著名人士。上述豆腐公司工业部总理李煜瀛在法国京城任执行部会长,副会长由豆腐公司商务总理韩汝甲担任。(〔日〕宗方小太郎:《一九一二年中国之政党结社》,《近代史料笔记丛刊》,中华书局2007年版,第211—212页)

4月25日(三月九日)—4月26日(三月十日)　蓝天蔚被延请入座,观看新舞台所排《蓝天蔚》剧。

《申报》刊载新舞台将演新剧《蓝天蔚》之广告:许奎官、张德禄、邱治云、周凤文、夏月珊、潘月樵、刘艺舟、夏月恒、毛韵珂、夏月润、林步青、赵文连、夏月华、张顺来(特烦著名艺员合演新排时事情节新剧《蓝天蔚》)。(《商办新舞台三月初九夜戏准演新排时事新戏》,《申报》1912年4月25日,第四版;《申报》1912年4月26日,第四版)①

《民立报》谓:前关外都督蓝天蔚自烟台抵沪备受各界欢迎,袁总统迭次电催赴京,颇邀倚重,而蓝君则功成身退,志在漫游内地。新舞台特排《蓝天蔚》新剧以志其功,延其入座之翌日(即二十六日),偕幕僚黄、贺、张三君先赴苏台,拟再莅杭避暑,惟知兵大将必不任其闲散,蓝君亦当早出山为民国共和造牢固之政府也。(《蓝天蔚之汗漫游》,《民立报》1912年4月28日,第10页)

4月26日(三月十日)　蓝天蔚偕幕僚黄、张、贺②三君前往苏州。

《申报》谓:前关外都督蓝天蔚君自烟台抵沪,备受各界之欢迎。现蓝君因志在游历,故虽经袁总统迭次电催赴京,卒不应召。闻二十六日已偕同幕僚黄、张、贺三君前往苏台③,稍作勾留,即赴西湖避暑。以热血喷涌之大将,而乃功成身退,怡

---

①　此后《申报》于5月1日、5月20日、7月7日、9月15日、11月7日均刊载商办新舞台演出《蓝天蔚》剧目之消息,其中9月15日、11月7日所载演职员名单与前略有不同。

　　9月15日所载广告为:薛瑶卿、林树森、张顺来、邱治云、夏月恒、毛韵珂、潘月樵、刘艺舟、夏月珊、周凤文、夏月华、许奎官、汤双凤、邱蕊卿。(特烦著名艺员合演新排改良新戏全本《蓝天蔚》新剧)(《商办新舞台八月初五礼拜日戏》,《申报》1912年9月15日第四版)

　　11月17日所载广告为:赵文连、马飞珠、张德禄、张顺来、赵文连、夏月珊、潘月樵、刘艺舟、毛韵珂、周凤文、夏月润、邱治云、夏月华、潘桂芳、林树森、邱蕊卿全本《蓝天蔚》。(《商办新舞台十月初九日戏》,《申报》1912年11月17日,第四版)

②　贺,即贺天雄。

③　按:苏台,即姑苏台,借指苏州。王稼冬谓:"准备以罗星洲为主写一组小文,题曰《同里风采录》,以抒发我对罗星洲重建有日的喜悦! 小标题是:《观看闸水龙》《灯船画舫》《停泊玩月》《蓝天蔚游湖》《盛极必衰》《日寇放火烧罗星洲》等篇。因为值得介绍的同里史料人物掌故轶闻还很多。剽窃杜撰,哗众取宠,文人大耻,我不为也。"(《苏州地方志》2011年7月29日)王稼冬(1918—2003),江苏吴江人。少时听学于同里南园茶社,受陈去病、柳亚子先生熏陶。后师从卫聚贤、金元宪等。1950年至上海华东军政委员会文化部从事文物研究及管理工作,上海鲁迅纪念馆主要筹建人之一,退休于上海华山医院。编者问询了保存王稼冬先生所有遗稿的编辑王师夷先生,经其查阅后告知,写《同里风采录》时,稼冬先生已中风,《同里风采录》的小标题固然列出,文章未作。

情山水，亦可见其高尚也。(《记王宠惠蓝天蔚之行踪》,《申报》1912 年 4 月 28 日,第七版)

据《蓝天蔚致潘月樵函》,蓝请潘月樵以关外报销项支付曲某离沪旅费,并告之拟与友人作西湖游。(《蓝天蔚致潘月樵函》①,约 1912 年 4 月 26 日,《沪军都督府调查部往来要电》,上海市历史博物馆藏)

△　袁世凯电蓝天蔚:上海蓝秀豪君,电悉。周斌才学堪用,可嘱北来,藉资臂助。大总统。宥。(《袁世凯电蓝天蔚》,《申报》1912 年 4 月 29 日,第二版)

△　蓝天蔚发布宣言,历数北伐之情形。并勉励同仁建国伊始,同心匡计。(《蓝天蔚宣言》②,《盛京时报》1912 年 4 月 26 日,第一版)

4 月 27 日(三月十一日)　蓝天蔚函潘月樵,现寓苏州"慧中"旅舍。所有沪上应办事件请就近与黄复生、张汉杰酌商。(《蓝天蔚致潘月樵函》③,1912 年 4 月 27 日,《沪军都督府调查部往来要电》,上海市历史博物馆藏)

△　蓝天蔚离开苏州后,即赴杭州。

有《蓝天蔚行书四联屏》,落款为元年重游西湖,裕芳④吾兄雅正。(《蓝天蔚行书四联屏》⑤,1912 年,台湾历史博物馆藏,典藏编号为 30909—30912)

罗正纬谓:南北统一,天蔚辞职南下,优游于西泠六桥三竺间,论者以韩蕲王拟之。(《蓝天蔚》,《中国近代史资料丛刊》六,第 364 页)

王益知谓:民国建立,蓝辞职不用,优游于西子湖畔,聊以自娱。袁世凯派王惕干和萧广传将蓝天蔚所辖军队全部接收改编,蓝天蔚本人出洋游历。回国后,一度优游于西湖之上。他始终是倾向民军的。(《辛亥革命和张作霖》,《吉林文史资料选辑》第 4 辑,第 65 页)

△　蓝天蔚奉天所涉之风波,受人揣测。云芝致赵尔巽函,与析蓝天蔚之心理。

函谓:敬再密禀者,蓝天蔚任意污蔑帅座,以报界中有人为之帮助,而《大共和报》尤推波助澜,该报为程雪楼之机关。近因银行交涉事,托其介绍渠一见,即问老帅殆以程某为造反之人?芝答以帅与先生同一福国利民之宗旨,特所处境地不同,故办法互异。因谘询上年八七月,是否帅座曾有信与在苏候补之令侄,邀其来东,

---

① 《蓝天蔚致潘月樵函》(约 1912 年 4 月 26 日),详见附录一"蓝天蔚著述"。
② 《蓝天蔚宣言》,详见附录一"蓝天蔚著述"。
③ 《蓝天蔚致潘月樵函》,1912 年 4 月 27 日,详见附录一"蓝天蔚著述"。
④ 冯裕芳(1883—1949),琼山三江人。毕业于日本东京帝国大学商科。同盟会员,中华革命党东京支部会员。历任南京临时政府财政部库务司科员、广东交涉署副局长,陈炯明粤军总司令部高级顾问、第三军代参谋长。1928 年赴伦敦大学学习,加入英国共产党。回国后任新文学学会会长、国民政府委任军事委员会政治少将设计委员、香港南华学院政治经济学教授等职。
⑤ 《蓝天蔚行书四联屏》,详见附录一"蓝天蔚著述"。

云云。芝答以不知。因便将蓝天蔚在奉情形详细告知,大略谓武昌事起之初,帅与蓝同一平乱之宗旨,迨后十九条颁布,与帅之主张适合,而蓝与张绍曾时有立宪军之组织,其宗旨亦无不同。嗣南方党人来奉运动独立,奉之不能独立,蓝氏初尚不知。迨南方党人经派人开导其利害,亦均晓悟,纷纷资遣而回,蓝亦意沮。其时尚未大矛盾也。自保安会成立,蓝欲用军队之力,以张绍曾代帅为正会长,而己为之副,运动军队欲以威力迫胁,而军人倒戈相向,蓝于是大失败。而阁令又撤去混成二协统之差,蓝于是积怨于奉,并不仅仅帅之一人,即所部军队亦其所深仇积憾者也。现诬东省杀戮同胞,惨无人理,不过近时诬陷异己之公共名词。而报馆乃据以冷嘲热讽,殊失报馆之价值。渠令芝开具节略,代为宣布,云云。渠现为统一党中重要之人,新政府之组织,此党中人居其多数,唐亦党中之人物。

近闻项城亦遣人来授意,欲党中人欢迎其入会。此信极为确实。此党大半皆光复党中人物,而与同盟党有不解之仇。同盟党首孙文虽退位,而党派势力极力膨胀。项城之不能不入统一党者,深惧孤立,又知宗旨正而势力大者,惟统一党能与该党抗也。沪上党派如林,而掠人勒赎之风日有所闻。云芝亟返奉,仍供驱策。俟提款事办有眉目,即行动身。谨先禀闻。再叩崇安。云芝再禀。二十七日。(上海发,《云芝致赵尔巽函》,1912 年 4 月 27 日,《东三省辛亥革命史料》,《清代档案史料丛编》第 8 辑,第 247 页)

△ 蓝天蔚充任总统府之顾问员。

前纪袁总统拟分别门类延请顾问一节,兹又探得顾问之员额及所定位置如下:参谋顾问一员,内务顾问二员,外交顾问二员,海军顾问一员,陆军顾问一员,农林顾问一员,教育顾问二员,工商顾问一员,司法顾问一员,财政顾问一员,交通顾问二员。以上各项顾问除已由袁总统直接电聘外,将来并责成各部总长荐举。并闻总统现拟聘请及已聘定者其姓名如左:钮永建(参谋)、程德全、达寿(内务)、伍廷芳(外交一未定)、萨镇冰(海军)、蓝天蔚(海军)、章炳麟、严复(教育)、张謇(工商兼农林)、梁启超(司法)、陈锦涛(财政)、陈璧、叶恭绰(交通)。(《总统府顾问员》,《申报》1912 年 4 月 27 日,第二版)

4 月 27 日(三月十一日)—5 月 6 日(三月二十日) 以"蓝天蔚奉天举义失败,进而北伐推翻满廷"为本的新剧《蓝天蔚》在上海新舞台演出,郑正秋为此撰写了剧评。(《蓝天蔚》①〈新舞台〉,郑正秋:《丽丽所剧评》,李玉坤整理:《1912 年:上海剧坛的改良新戏》,中国艺术研究院戏曲研究所,《戏曲研究》编辑部编:《戏曲研究》第 42 辑,文化艺术出版社1992 年版,第 205—210 页)

① 郑正秋评新剧《蓝天蔚》,详见附录三"相关档案资料汇编"。

4 月（二—三月）　蓝天蔚北伐之经历为商务印书馆出版《共和人物》甲集收录。

《共和人物》（甲集）中录《前关东都督蓝天蔚》：号秀豪，湖北人，清张之洞督鄂时练工兵营，以书生投入肄业。光绪二十四年［光绪二十五年］，资遣日本习陆军，肄业于士官学校。二十八年，日俄有战事于东三省，留学生组织义勇队，被举为队长。事定回鄂，历充各军官佐。宣统二年，补第三镇第二十［二］混成协①协统。三年八月，武汉事作，与张绍曾联合标统、管带电告政府。世所传滦州军队要求书，君所草也。及吴禄贞被刺，绍曾解职，又运动本协以应之。不成，遂走大连。上书东督赵尔巽亦不纳。奉天急进党知君才，举为关东都督，寻至沪，被推为北伐第二军总司令。（商务印书馆编译所：《共和人物》，1912 年 4 月上海商务印书馆发行，第 18 页）

5 月 1 日（三月十五日）　蓝天蔚发表祝词庆祝《神州日报》刊载五周年②。（《神州日报》1912 年 5 月 1 日，第七版）

△　蓝天蔚制特别战胜纪念品赠送潘月樵、夏月珊诸君。

《民立报》谓：前关外都督蓝天蔚君□日由东省战胜回沪等情已志报载，现蓝君在去□向本埠水果业商团并振市公司新舞台借用枪械等已分别送还。并悉蓝君以该业该公司同志江□□、潘月樵、夏月珊诸君当时慨借枪械，筹助经费，义勇可嘉，爰制特别战胜纪念品赠送三君，以酬其功，并于该业商团各友及新舞台商团各友各赠战胜纪念品一事。（《蓝天蔚不忘旧德》，《民立报》1912 年 5 月 1 日，第 10 页）

△　欧洲学生以蓝天蔚等革命党人虽为武人而能文事为例，告诫国人，今日中国不可专重科学而弃文学。

《东方杂志》载：弟读民立报之《骚心丛谈》，深有感于重要之革命党人，如孙黄汪胡诸人，皆有文学上之趣味。即黎元洪、张绍曾、蓝天蔚诸君，亦皆以武人而能文事。乃知文事教育之益，非尠少也。（《欧洲学生爱国谈》，《东方杂志》1912 年 5 月 1 日第八卷第十一号，第 11—13 页）

5 月 4 日（三月十八日）　《民立报》谓：蓝君天蔚今日已离苏州，有访问将至何地，蓝君不肯明言，说者谓已赴杭州。（苏州特派员四日下午六时发，《民立报》1912 年 5 月 5 日，第 3 页）

5 月 6 日（三月二十日）　蓝天蔚与鄂军胡培德面商东省事。

①　按：第二混成协是由北洋六镇中之第二、第四镇中抽调编练而成，1907 年五月成军，非第二十镇之下属。既名混成协，实乃准镇建制，与镇平列，非隶属关系，但级别低一等。"补第三镇第二十混成协"实有误，但表达了成军沿革。

②　详见附录一"蓝天蔚著述"。

《民立报》谓,鄂军军官胡培德①来苏与蓝天蔚君面商东省事,旋即同蓝往杭。(苏州特派员六日下午八时二十分发,《民立报》1912 年 5 月 7 日,第 3 页)

5 月 7 日(三月二十一日) 黎元洪推荐蓝天蔚充任参谋次长,蓝不就。乃由黄兴荐陈宦就职。

《申报》载:副总统遥领参谋部总长,只能主裁其事之重且要者,其余职守内之事皆由次长核行,是为该部次长者,其权力等于他部总长。闻黎公拟荐任蓝天蔚充任斯席,而蓝究嫌名位不尊,弗肯屈就,乃由黄克强君推荐陈二盦君于黎公,转请大总统任命。(《武昌大事记》,《申报》1912 年 5 月 7 日,第二版)

5 月 8 日(二月二十二日) 《申报》载《华法联进会上海支会章程》,蓝天蔚为名誉会长。(《华法联进会上海支会章程》②,《申报》1912 年 5 月 8 日,第七版)

据《民初党会调查表》:上海华法联进会,成立时间 1912 年,重要人物:陆征祥、吴景濂、蓝天蔚、韩汝庚。原组于巴黎,以联络两国感情、研究两国政治及实业为目的,上海设有联络处,韩汝庚为总干事。(《民初党会调查表》,张玉法:《民国初年的政党》,岳麓书社 2004 年版,第 517 页)

5 月 9 日(三月二十三日) 共和党③由统一党、民社、国民协进会、民国公会、国民党等政团合并而成,是日共和党在上海张园安垲第开成立大会,到者千余人。程德全、蓝天蔚、李经羲等被选为理事。蓝天蔚同时列于共和党政务研究部调查委员名单。(《共和党成立大会记》,《申报》1912 年 5 月 10 日,第七版;《一九一二年中国之政党结社》,《史料笔记丛刊》,第 140—141;中南地区辛亥革命史研究会、武昌辛亥革命研究中心编:《辛亥革命史丛刊》第 8 辑,中华书局 1991 年版,第 188 页)

5 月 11 日(三月二十五日) 《申报》载:陆军次长蒋作宾自请辞职,将以蓝天蔚继任。(《申报》1912 年 5 月 11 日,第二版)

5 月 14 日(三月二十八日) 《台湾日日新报》载:袁总统推举蓝天蔚为参谋总长,求黎副总统同意,军界欢迎。(《推举参谋总长》,《台湾日日新报》汉文版,1912 年 5 月 14 日,第五版)

5 月 18 日(四月二日) 《申报》载:中华民国女子工业场④成立,蓝天蔚为赞成

---

① 胡培德,为鄂军旅沪同人公举为代表,先与孙中山接洽鄂事,后与蓝天蔚接洽东省之事。据鄂军旅沪同人曾于 1912 年 3 月 3 日致孙中山电:孙大总统鉴:同人等现公举胡培德君来宁面晤总统,接洽鄂事。鄂军旅沪同人公叩。江。(《临时政府公报》第三十二号,1912 年 3 月 8 日;桑兵主编;赵立彬、何文平编:《各方致孙中山函电汇编》第二卷,第 20 页)
② 《华法联进会上海支会章程》,见附录三"相关档案资料汇编"。
③ 《共和党成立大会记》及《共和党政务研究部调查委员名单》,详见附录三"相关档案资料汇编"。
④ 《中华民国女子工业场简章》,见附录三"相关档案资料汇编"。

员。（《申报》1912 年 5 月 18 日，第八版）

5 月 22 日（四月六日）　蓝天蔚就爱国债券事发布公电。

《申报》载蓝天蔚电：北京袁大总统武昌黎副总统国务院参议院各省都督各报馆钧鉴：邦基初奠，庶政繁兴，司农仰屋，外债是赖。乃自借款以来，迭起纠葛，委曲求全，卒难就范。监督财政，事既关于存亡，饷源竭蹶，策将何以应付？况值兵队林立，谣诼丛生，内忧外患，在在危险。际兹兴废交替之秋，言治靡不需财，万一借款决裂，难免牵动全域。若不预谋接济，无异束手坐待。国民之捐，其计诚善，但恐碍于事实，骤难立致。钜款似不若于国民捐外另行组织。中央银行发行爱国债券，调查各地股实，劝令贷放现款。视家资之多寡，定贷放之比例，专募富户，不扰贫寒，委托公正绅商，设法切实劝募。事虽不可强迫，然须期于必行，如此办法，于财政上或能稍资补救。顾我国险象环生，凡属神胄，自当激发爱国天良，勉尽一分义务，须知国强则个人之私产常存；国亡则个人之私产不保。今不乐输，患且立至，国之不存，捐将安用？兹陈管见，聊尽言论天职。倘以为然，即祈从速实行，早收厥效。事关存亡，特贡区区。蓝天蔚叩。

附条件如下：

——中央银行须完全由民国另行创设，不可以亡清亏空至巨之银行为基础；

——宜速简定能员，专其责成，提倡组织中央银行之事，兼调查各地富户；

——宜派妥员至各通商口岸及大都会召集中央银行股本；

——爱国债券即由中央银行各分行担任发行；

——爱国债额定一万万元，周年利息五厘，限五年后起首摊，还至十年内还完；

——凡借爱国债者须给奖牌，计分金银铜三品以借债额之大小为等差。（《就爱国债券事发布公电》，《申报》1912 年 5 月 22 日，第一版）

△　蓝天蔚借与陈干机关枪二尊。

据《张汉杰电潘月樵》：新舞台潘月樵君鉴：陈干君电借机关枪二尊一节，请君与静江先生酌办为荷。秀公嘱电达，特闻。张汉杰叩。蓝代。印。（《张汉杰电潘月樵》，《沪军都督府调查部往来要电》，上海市历史博物馆藏）

《申报》4 月便载蓝天蔚允借陈干机关炮事：潘君月樵前以关外事急，为蓝都督向赵念伯①君处借得机关炮二尊运烟，并禀请军都督赶造子弹四十万个，现子弹

①　赵念伯（？—1919），字驭六。江苏丹徒人。赵声大弟。毕业于南京陆师学堂。赵声离开南京三十三标时，担任赵声与三十三标的联络人。与弟赵光参加广州起义，后赴上海，参加钮永键领导的攻打制造局之役。曾任镇江独立混战旅旅长。二次革命失败后，流亡日本。回国后在"援闽"粤军中任职。1919 年病卒于漳州总部。1912 年北洋政府授陆军少将。

已由制局造齐,惟关外事已大定,蓝都督不日回南,并不急需。徐州三十九旅旅长陈君干来沪,闻有此项炮弹,拟欲借用,商于潘君。复经张君静江恳沪都督电告关外,已蒙蓝都督电允借拨。一面另电潘君,嘱令交由陈君运徐矣。(《徐军借用炮弹》,《申报》1912 年 4 月 11 日,第七版)

《上海商团掌故》谓:中华民国元年五月二十二日,陆军第三十九混成旅旅长陈干(明侯),给照会于该旅参谋潘月樵、刘艺舟,着向上海商团借用过山炮两尊,开花弹二万发应用。原照会云:

照会事,照得现奉陆军部命令,本旅军队不日开往山东,惟张勋盘踞徐州,势甚汹汹,炮不敷用,兹闻蓝都督有过山炮两尊,开花弹二万发,贮存沪上商团,仰该参谋速向蓝都督妥商交涉,借来一用,三月之内,定行璧还,谅蓝都督及商团诸公,关怀大局,同心民贼,炮弹之借,为不吝惜也,为此照会,仰该参谋即速查照施行,须至照会者,右照会驻沪陆军第三十九混成旅参谋潘月樵、刘艺舟。

潘月樵接到陈明侯照会后,即致函上海商团公会会长叶惠钧云:

惠钧先生侠鉴:顷接徐州陈君明侯来函,托借过山炮二尊,此炮前蓝都督已允借与商团,是为商团之物,蓝公亦云,须商之先生。现在时局南方粗定,北方之隐患实深,以先生之贤明,当亦早虑及此,尚祈垂念北方危局,恳将此炮借交徐州陈公,以应急需,数月后仍由樵璧还商团,是为至祷,照会函件,送呈阅后,祈商团二三同志均阅,数日后樵来领取,肃此布达,敬请勋安。潘月樵顿。(杨志雄:《上海商团掌故》,《商业月报》1946 年第二十二卷第五号,第 11 页)

5 月 23 日(四月七日) 蓝天蔚电总统、国务院、参议院,谓政府用人宜五族兼用。

蓝天蔚电谓:袁大总统国务院参议院钧鉴:共和告成,五族一家,政府用人宜使满蒙藏回与汉人一律并重,庶种界泯而反侧安,内讧息而外患消矣。默察所及,敢献刍荛,知我罪我,一以任之。蓝天蔚谨叩。梗。(《上海蓝天蔚致大总统暨国务院等电》,1912 年 5 月 23 日,第二历史档案馆:《政府公报》第一册,第567 页)

《民立报》载:蓝天蔚电总统、国务院,谓用人宜五族兼用。(北京特派员二十四日午后九点十二分发)(《蓝天蔚电总统与国务院用人宜五族兼用》,《民立报》1912 年 5 月 26 日,第五版)

△ 黎元洪电蓝天蔚:蓝天蔚君鉴,顷得黎副总统电称共和党转蓝君秀豪鉴,号电悉,关怀大局,甚佩伟画。现正筹措此事,借证良多。元洪。漾。共和党白。(《蓝天蔚君鉴》,《时事新报》1912 年 5 月 25 日,第一张第二版)

5 月 26 日(四月十日) 国务院复电蓝天蔚:上海蓝秀豪君,奉大总统令,梗电

悉。五族一家，用人亦应平等。来电能见其大，深堪忻佩，等因，理合电闻。国务
院。宥。印。（《国务院致上海蓝秀豪君电》，1912 年 5 月 26 日，第二历史档案馆：《政府公报》
第一册，第 567 页）

　　△　蓝天蔚当选中华民族大同会上海支部调查部干事。

　　《申报》载：中华民族大同会上海支部于五月二十六日，开成立大会，于江西路
二号。当时举定徐绍桢君为支部长，王人文、沈秉堃君为副长，吕志伊、李瑞清君为
教育部干事，桑宝、王一亭、叶惠钧、沈缦云君为实业部干事，蓝天蔚、温宗尧、王君
复、陶铸、邓恢宇、姚勇忱、蓝宗鲁、徐肃君为调查部干事，王孝俏、洪翼升、邵元冲、
张昭汉君为编辑部干事，旷若谷君为会计兼庶务部干事，陈泉清君为文牍部干事。
（《中华民族大同会支部成立纪事》，《申报》1912 年 6 月 9 日，第七版）

　　据宗方小太郎之记录：孙逸仙等之南京政府，亦注意致力于招抚统一蕃部民
族。北方政府组织汉蒙联合会之后，更在南京组织使中国五大民族联合之民族大
同会，继又将其总部迁往北京。

　　发起人为黄兴、刘揆一、吴景濂等九十六人。

　　该会网罗同盟会、共和党（当时之统一党）之著名人物，有助于全国统一（当时该
会总理为黄兴），其后于上海设立支部以推广其事业，列举上海支部之职员名单如下：

　　支部长：徐绍桢。

　　副长：王人文、沈秉堃。

　　事业部：叶惠钧、王一亭、桑宝、沈缦云。

　　教育部：李瑞清、吕志伊。

　　调查部：蓝天蔚、温宗尧、陶铸、王复、邓恢宇、徐肃、姚勇忱、蓝宗鲁。

　　编辑部：洪翼升、邵元冲、张照汉、王禹称。

　　文牍：陈泉卿。

　　庶务会计：旷若谷。

（《一九一二年中国之政党结社》，《近代史料笔记丛刊》，第 194—195 页）

　　6 月 2 日（四月十七日）　《申报》载：黎副总统荐举蓝天蔚充任参谋总长。（《申
报》1912 年 6 月 2 日，第二版）

　　6 月 5 日（四月二十日）　前因蓝天蔚之坚持，烟台民军拟编入陆军第二十镇。
至蓝天蔚辞关外都督南回后，反对者多，关外民军由陈宧设法解散。

　　《盛京时报》谓：烟台民军为前关外都督蓝天蔚所编制，自共和成立后政府初
拟给资遣散，嗣因蓝意不以为然，始编定为正式军队。比蓝辞关外都督南回，此项
民军由大总统派员接洽。一时者惟商议拟将该队编入陆军第二十镇，而反对者多

迄未定议。日昨商司令已由烟台来京，与陆军部段总长、参谋部陈次长会议办法。
(《处置烟台民军之会议》,《盛京时报》1912 年 6 月 6 日,第四版)

吕建之谓：5 月间,袁世凯派陶云鹤去烟台解散蓝天蔚的部队,耗费十万元仍无结果,乃改派派陈宧前往,陈宧和蓝天蔚商定直接做士兵工作,仅三万元即遣散完毕,袁世凯赞叹"北洋军中竟无此人才。"(吕建之:《陈宧入川》,藏北京文史馆)

据《陈宧年表》,1912 年(中华民国元年　壬子)四十三岁

5 月,(陈宧)遣散蓝天蔚在烟台 3000 多民军。(赖晨:《陈宧年表》,内蒙古农业大学:《内蒙古农业大学学报》2010 年第 2 期,第 330 页)

6 月 13 日(四月二十八日)　蓝天蔚本日启程,将经日本游历各国,考察政治,运动各国承认新政府。

东京电：徐世昌与桂太郎公爵、后藤男爵会晤后,因蓝天蔚有疾故,已复回天津。

《申报》载"东京电：蓝天蔚已于十三日启程赴美,而此云有疾,又云徐世昌因之返津,语意殊欠明了。"(《申报》1912 年 7 月 16 日,第二版)

《盛京时报》载：蓝天蔚君现驻沪上,拟日内附轮放洋,道经日本,游历各国。(《蓝天蔚拟作汗漫游》,《盛京时报》1912 年 6 月 18 日,第二版)

《台湾日日新报》载：蓝天蔚乘博爱丸经日本漫游各外国。(十五日上海发,《蓝天蔚漫游列国》,《台湾日日新报》1912 年 6 月 17 日,日文版第一版;汉文版第五版)

《时事新报》谓：蓝天蔚解职后现在上海,闻蓝君欲出洋游历,并在外宣布共和,一面在外考察军政,归助祖国,请总统助银一万元以作旅费。(《时事新报》1912 年 7 月 3 日,第二张,第一版)

就蓝留洋事,饶汉祥谓：清廷逊位,(蓝天蔚)首先解甲出洋,考察政治军事。(饶汉祥:《侨务局呈文》,《蓝上将荣哀录》)

《蓝天蔚事略》谓：因游欧美,考察政治,运动各国承认新政府。(《蓝天蔚事略》)

又谓：因浮海历欧美作汗漫游,所至访问治理甚悉。(《蓝上将荣哀录·事略》)

严培俊[①]：功成不伐退归田,解甲遨游乐性天,美雨欧风赏饱后,维新东亚著先鞭。(严培俊挽诗:《蓝上将荣哀录》)

张绍曾等《启事文》谓：公功成不居,解甲游欧美,周览全球大势。(张绍曾、张

---

　　①　严培俊(1888—1974),号余春,贵州贵阳人。贵州陆军小学堂、武昌陆军第三中学、保定陆军军官学校毕业。大元帅少将参议、云南特使、黄埔军校炮兵科教官、贵州讲武学校高级教官、崇武学校高级教官、贵阳导文学校训育主任、贵州省保安处名誉少将、贵阳河滨中学名誉校长、贵阳四中教员。1912 年回保定陆军军官学校完成学业,留校任教,与校长侄女邓汉雄结婚。与蓝天蔚为姻亲。

彪、唐在礼、铁忠、冯耿光、苑尚品、唐宝锷、童焕文、李钟岳、王瞻海、胡锐、杨晋、吴振南、孙武、汤芗铭、李书城、哈汉章、金永炎、黄大伟、唐仲寅、邓玉麟等;《启事文一首》《蓝上将荣哀录》)

章太炎谓:会南北和议成,遂解职去。借以名将杖顺北伐,及清亡未尝要利禄,远游海外。故时人称其高。(《章太炎撰蓝天蔚墓表》,《兴华》,1926 年第 23 卷第 38 期,第 26 页)

《林一士传》载:无何,和约定,讨虏军解散,蓝远游美国。(林奇峰、黄天任:《林一士传》,本文发表于《衡报》,此稿系根据张铭绅:《神州光复记》的抄件校印;中国人民政治协商会议福建省莆田县委员会:《莆田文史资料》1981 年第 2 辑,第 96 页)

6 月 14 日(四月二十九日) 蓝天蔚为倪寿龄医生登报广告。

《申报》谓:同志倪寿龄医生前在日本时,曾同天蔚组织学生军,故深知倪君精通医学,热心社会。今行道沪上,用特登报介绍海内病者,幸勿交臂失之,倪君寓三马路中法药房。(《蓝天蔚启》,《申报》1912 年 6 月 14 日—16 日,第一版)

6 月 17 日(五月三日) 《台湾日日新报》载:蓝天蔚奉袁总统命来闽巡视海口,十七日已抵省,蓝氏乘坐军舰,不日过厦,到时登陆勾留与否,尚不可知,而司令部已预备迎迓。(《蓝天蔚巡视闽海》[1],《台湾日日新报》1912 年 6 月 21 日,汉文版第六版)

6 月 19 日(五月五日) 原蓝天蔚混成旅第三标第三营士兵在奉天北大营哗变。事后第三标官兵悉被遣散。

《奉天兵变汇志》:暴动之军队十九日晚间(阴历端午夜)九钟半时,驻扎奉天北大营之第二混成协第三标、第四标暨其余马炮各队兵约计一千余人突然哗变,取道大北边门,侵入北关、东关等处各街巷,遇有殷实铺户,逐一劫掠,旋即四处纵火,种种暴行为文明国人所羞称。比及黎明,各自饱掠,一哄向北窜去。……哗变之原因此次暴动之原因,巷间纷传,并无确说。或谓混成协第三标今系蓝天蔚之腹心,与第四标兵士交恶已久,此次偶因事故互相冲突,相率赴北关而交斗。嗣即更变目的,狼狈行掠。或谓陆军兵士较诸巡防兵其薪水犹低,常抱不平。然两三日前又因强迫国民捐,克扣兵饷,各兵士均不以为然,时有偶语者,当轴恐其或有变动,嗣复偿还扣额。然该兵等胸中郁积愤火不复得消,遂即激成此次大风潮。至其确实原因,则容再探登载。叛兵分路遥窜。变兵于昨晨一律逃窜,大半由大北边门而去,现在林家岔驻止。巡防各队,现正追及包攻,彼此正在交战中。一队则由大东边门逸出,赴浑河畔之木行劫夺数家。(江沛等编:《老新闻》〈1912—1920〉,天津人民出版社 2003 年版,第 27—28 页)

据韦乐沛中校的报告:在盛京,满洲第二混成协第三标于 6 月 19 日晚十时哗变。住在该地的语言学者卡迪尤上尉于本月 20 日打来电话,简要地告诉我关于此

---

① 孤证,备考。

事的消息。此地路透社后来发布的消息说：发生胡乱开枪的现象，直到天亮时为止。设在城外北郊的交通银行被抢劫和焚烧，其他好几家银行和珠宝店也是如此。很少有人丧命。

外国人未受到任何干扰。外国妇女和儿童在英国总领事馆谋求避难。大约有一百幢房屋被焚毁，但到中午大火已被扑灭。

卡迪尤上尉的消息说，叛兵们未能入城。

值得注意的是，这次暴乱发生在中国陆军的最好的一支部队中间。满洲第二混成协是构成北洋陆军各镇的一支特殊部队，在组成东三省地方的各镇陆军之前，它被借调去满洲。北洋陆军第二镇和第四镇是留在袁世凯(当时任直隶总督)控制之下的仅有的两镇，而其余的京畿各镇已被置于陆军部的直接管辖之下。我继续想起这件事：满洲第二混成协在革命时期是坚决效忠于清王朝的，拒绝接受协统蓝天蔚的诱惑，蓝天蔚离开了该协。后来率领一支革命军自上海前往烟台进行北伐。(略)武官韦乐沛中校。1912年7月20日于北京。(《第51件的附件　韦乐沛中校的报告》,《关于中国事件的补充函电：中国第三号〈1913年〉》,胡滨译：《英国蓝皮书有关辛亥革命资料选译》,第602—603页)

6月23日(五月九日)　蓝天蔚与蔡济民曾在沪上谈鄂事,蓝天蔚以为应为彭楚藩、刘复基、杨洪胜三烈士建立祠堂,铸造铜像,以昭功勋。其将关外所余公债票六万八千元一概拨给资助。

《申报》载,湖北军务司长蔡君济民日前在沪上养病,与前关外都督蓝君天蔚畅谈鄂事。蓝君深以此次武昌起义,实由彭楚藩、刘复基、杨洪胜三烈士颈血所激发,现在民国成立,自应建立专祠,巍铸铜像,以昭功勋。而又以鄂中筹款维艰,迄未实行,深为叹息。兹有前在关外所余公债票六万八千元一概拨给资助。蔡君深为感谢。日昨回鄂,已将此款带来,专备为建祠之用矣。闻此款内只公债票二万元,其余四万八千系以军装作抵。但军装实价只值银三万六千元,因以公债票所购,故需四万八千元。现蔡君拟作价售于鄂军应用。(《三烈士从此不朽矣》,《申报》1912年6月23日,第六版)

6月24日(五月十日)　南京发行军需公债,据统计,蓝天蔚已领50万元。

熊希龄：南京发行军需公债,虽称一万万元,自开办起至六月二十四日止,所售得现款计收英金三千六百三十镑,银元四十五万八千八百一十五元,所发各处债票,有其款未经解部,已作为现金之用者,如发军饷、购军械、发薪水之类。统计南京第一军团五十万元,南京陆军部二十一万七千九百九十五元,卫戍总督十万元,南京参谋部三千五百四十五元,南京留守府六百万元,安徽都督府五十万元,陕西都督府三十万元,关外蓝都督五十万元,贵州杨都督十万元,广西都督府一百万元,湖北总统府十万元。以上共计银元九百三十二万一千五百四十元,两共九百七十八万三百五十五元,又英金三千六百三十镑,此南京军需公债之实在数目也。(熊希龄:《熊希龄先生遗稿》5,上海书店出版社 1998 年版,第 4865 页)

6 月 25 日(五月十一日)　蓝天蔚抵日本门司,拟在神户留数日,即渡欧。在门司,蓝天蔚与记者谈论了对中国政治人物唐绍仪、袁世凯、孙中山等的看法。

《台湾日日新报》载:蓝天蔚氏今朝到门司,拟次神户数日后,即首途渡欧。(廿五日门司发,《蓝氏来朝》,《台湾日日新报》汉文版,1912 年 6 月 27 日,中文版第五版;日文版第二版)

《台湾日日新报》载:二十五日黎明,清国爆发革命时,曾任北伐军司令的蓝天蔚乘丹波号邮船从上海出发到达门司,蓝天蔚的随从人员有其外交顾问任传榜[①]、侯建武、周季介[②]等三人。蓝天蔚身着淡红色西装,讲着一口流利的日语,回答来采访的日本记者的问题,谈笑风生。随行的任传榜曾经在美国留学,学习外交学。侯建武曾在美国留学八年,其间学习军事学。周季介留学德国八年,祖国发生变乱,学业未成,中途回国。蓝天蔚说了下面一番话(略)[③](关门特信,田中生撰稿:《蓝天蔚将军带着随从来访》,米彦军译自《台湾日日新报》1912 年 7 月 2 日刊第 1 版)

6 月 26 日(五月十二日)　蓝天蔚偕任传榜等抵达神户,投住海岸西村旅馆,接受记者采访。蓝发表了对于辛亥革命、民国前途及民国政界人物之言论。

《申报》载:蓝天蔚赴欧美游历,已抵神户。(《申报》1912 年 6 月 28 日,第二版)

《台湾日日新报》载:蓝天蔚氏偕前关外军政府外交顾问官任传榜、侯建武、周季介及本邦留学生邓曰训诸氏,去廿六日搭丹波丸到神户,投海岸西村旅馆。有大每记者访之。(蓝之谈话略)(《蓝氏神户一席语》[④],《台湾日日新报》1912 年 7 月 7 日,汉文版第五版;日文版第一版)

7 月 7 日(五月二十三日)　《申报》载,黎公原拟俟刘心源接民政长任,实行军民分治后,即委托蓝天蔚代理都督,而自赴宁沪津京,调释各政党意见之争。因襄

---

① 任传榜(1879—1953),又名筱珊,江苏吴江人。曾任沪宁、沪杭甬两路管理局局长、南洋大学教授。《游美同学录》载:任传榜,字筱珊。年三十七岁。生于江苏吴江县。本籍住址:江苏吴江县同里镇范家埭。已婚,子二女一。初学于日本东京高等商业学校。光绪三十二年,以官费游美,入伊利诺爱大学,习铁路管理法。宣统三年,得学士学位。宣统三年回国。民国元年,充关外都督蓝天蔚将军外交顾问。民国二年,充交通部铁路会计、统一委员会会员。民国三年,任交通部秘书,继任京绥铁路管理局副局长。民国六年升任局长。现时住址:北京旧帝子胡同四十一号。(按:编印于 1917 年的《游美同学录》,收录早期留美归国学生 400 余人的中英文小传,详记各人学历及职历,其各人小传乃依据问卷调查得来。)(《游美同学录》,中国社会科学院近代史研究所近代史资料编辑部编:《近代史资料》总 123 号,中国社会科学出版社 2011 年版,第 179 页)

② 周树廉,号季介,湖北武昌人。毕业于德国陆军士官学校、炮工学校。曾任陆军大学编译、编译处主任。1921 年曾任长江上游总司令部(孙传芳部)上校参谋。

③ 《蓝天蔚将军带着随从来访》,见附录一"蓝天蔚著述"。

④ 《蓝氏神户一席语》,详见附录一"蓝天蔚著述"。

阳事与两党冲突事,遂有不往之意。(《共和同盟两党之大决斗》,《申报》1912 年 7 月 7 日,第三版)

7 月 8 日(五月二十四日) 蓝天蔚致函潘月樵。告知到日以来,颇蒙中外人欢迎。忧虑民国虽成立,各邦尚不承认,内地风潮不平,前途坎坷,全赖救国君子不顾自身家,保全大局。作为国民一分子,宜互勉。(《蓝天蔚致潘月樵函》①,1912 年 7 月 8 日,《沪军都督府调查部往来要电》,上海市历史博物馆藏)

7 月 9 日(五月二十五日) 蓝天蔚会见神户侨领王敬祥②,互论民国前途事。谈反对赵尔巽非为私情,而为革命。此次革命乃因满廷腐败达于极点,而以种族革命始,以政治革命终,故汉人亦不压迫满蒙两族。政府将在本部秩序恢复后,着手治理为俄等列国玩弄手段造成的蒙藏新疆诸外藩的难题;民国政府有待各国承认,后将派官费留学生到日本及欧美研究新学,及共和政治。全国军队拟设四十师团,当待陆军整理扩张之后,编成志愿兵制度等等。(《蓝天蔚纵谈》③,《台湾日日新报》1912 年 7 月 10 日,第五版)

7 月 10 日(五月二十六日) 《台湾日日新报》载:驻京中之蓝天蔚氏昨夜宴请新闻记者。(以上十一日东京发,《蓝氏宴新闻记者》,《台湾日日新报》1912 年 7 月 13 日,第五版)

7 月 12 日(五月二十八日)—7 月 13 日(五月二十九日) 《台湾日日新报》载:滞留京中的蓝天蔚 12 日去了横滨,13 日去了美国。(十三日东京发《蓝天蔚渡米》,《台湾日日新报》1912 年 7 月 14 日,日文版第一版)

△ 报载,蓝天蔚曾独力认捐五万金,拟在鄂省旧抚署前之蛇山开辟马路建修涵洞,其旁则拟立起义殉难之彭刘杨三烈士铜像,借为革命纪念并便交通。

《申报》谓:鄂省旧抚署前之蛇山现经开辟马路,建修涵洞,其旁则拟立起义殉难之彭刘杨三烈士铜像,借为革命纪念并便交通也。经各界赞成,□会议□此□修筑费系蓝天蔚君独力捐认五万金,故已着手开工。讵有张李□□声□夏□钧等老绅者十余人合力反对,谓开山修路不过为便利行人,但开挖之处系属蛇山正脉,关系省城文风,若使鏬断,则有名人物必有损伤云云,全属一派迷信风水之言。刻已遍发传单,于初七日,假座南楼积善堂开会,共同讨论阻止之策,到会者百数人,多属老迈龙钟。与善堂董事闻议决以后即至副总统行辕,上书求见黎公,却之,惟饬留书呈览。谅必批驳也。(《蛇山开辟马路之阻力》,《申报》1912 年 7 月 13 日,第六版)

---

① 《蓝天蔚致潘月樵函》,详见附录一"蓝天蔚著述"。
② 王敬祥(1872—1922),福建金门人。神户侨领。历任日本横滨正金银行神户支店买办、神户福建公所理事长、神阪中华会馆理事长、中华商务总会董事长、"旅日华侨统一联合会"("中华总商会"前身)会长、中华革命党神户大阪支部长。
③ 《蓝天蔚纵谈》,详见附录一"蓝天蔚著述"。

7 月 13 日（五月二十九日）前　蓝天蔚致王敬祥函,感谢赐给和服一件,并为之前在神户厚扰表示谢意。(《蓝天蔚致王敬祥函》,年月不详,《王敬祥关系文书》0144 号,现藏日本兵库县立历史博物馆)

7 月 15 日（六月二日）　蓝天蔚于航行太平洋中致函潘月樵,告知抵日之后近况,忧心国内党见纷起,谈日人对中国方针尚未决定,而桂太郎出游,乃欲联络德俄以图中国。(《蓝天蔚致潘月樵函》①,1912 年 7 月 15 日,《沪军都督府调查部往来要电》,上海市历史博物馆藏)

7 月 23 日（六月十日）　蓝天蔚将八厘军需公债带往东西洋销售。《蓝天蔚经售公债一览表》为《政府公报》所登载。

蓝天蔚君经售八厘军需公债一览表

售票机关	自 行 发 售		带 往 东 西 洋 者	
票面价值	千元	百元	千元	百元
售出张数	三十六	三十	三十	四百
票码	四千零零四至四千零十,四千一百四十八至四千一百五十,四千一百五十五至四千一百六十七至四千一百九十,四千一百六十一至四千一百七十,四千零四十五至四千零五十	一万二千八百五十一至一万二千八百六十,一万二千八百八十一至一万二千九百	四千零三十一至四千零六十,四千零一十一至四千一百二十,四千一百七十一至四千一百八十	一万一千三百零一至一万二千四百,一万二千六百零一至一万二千八百,一万二千九百零一至一万三千
收入债额	三万六千元	三千元	三万元	四万元

---

① 《蓝天蔚致潘月樵函》,详见附录一"蓝天蔚著述"。

政府公报　呈批　　九月二十三日第八十四号

（《蓝天蔚君经售八厘军需公债一览表》,1912 年 7 月 23 日,中国第二历史档案馆整理编辑:《政府公报》第三册,上海书店出版 1988 年版,第 497 页)

李盈慧谓:至民国元年七月,澳洲、秘鲁、南洋、日本等地华侨认购的及蓝天蔚带往东西洋销售的,共计:九千零五英镑、大洋十八万两千五百四十元。此时已是北京政府时期。(李盈慧:《民初政局与侨界筹款》,张希哲、陈三井主编:《华侨与孙中山先生领导的国民革命学术研讨会论文集》,1997 年,第 344 页)

7 月 26 日(六月十三日)　《蓝天蔚经售公债一览表》中第四行票码有错误,《政府公报》做出更正。

据《政府公报》1912 年 7 月 26 日第 87 号"更正":

财政部来函更正:

顷接财政部函称二十三日本报登载蓝天蔚君经售公债一览表,第四行票码:一万一千三百零一,系一万二千三百零一之误,合亟更正。(第二历史档案馆:《政府公报》第三册,第 593 页)

7 月 28 日(六月十五日)　　蓝天蔚乘坐西伯利亚号抵达美国旧金山,受到当地华人代表团热情迎接。蓝天蔚发表演说。报载 7 月 31 日旧金山商会市区委员将在圣弗朗西斯(St. Francis)酒店举行午餐会,届时蓝天蔚将向商会成员演讲,介绍中华民国的政策情况。

1912 年 7 月 29 日《旧金山之声》刊载:昨日,前关东革命大都督蓝天蔚将军乘坐西伯利亚号(Siberia)邮轮抵达美国,四位副官随行。副领事 Owang Kee 专程接见了蓝将军。当地华人代表团在 42 号码头(pier 42)热情迎接,亲切握手,几乎要把他的手臂拉脱臼。一支由在加州出生的华人组成的乐队围绕着他和欢迎委员会高声演奏,激情洋溢,以至于 42 号码头上层甲板上完全无法谈话。将军向同胞们发表了演说。他的演讲技巧出众,演说虽简短,但从听众无比专注的眼神中可以得知他的每一句话都切中要点。在演讲的最后,将军请在场的每个人与他一起高呼西方语句"嘿,嘿,万岁"("Hip, hip, hooray"),为中华民国欢呼,在场人士无不欢呼相应。虽然欢迎乐队演奏的音量相当大,但是东方爱国者们激昂的欢呼声盖过了乐队的演奏。满洲向革命军投降、并入中华民国后,蓝将军辞去了总司令之职。他将受邀担任另一总长职务,但他首要要求获准考察西方国家的军事机构,研究军事理论。他希望将考察之行的重点放在美国,他说,美国是共和政体,美国的军队也很可能是最值得中华民国借鉴的。他将向塔夫脱总统递交书信,但不会和总统探讨美国承认中华民国地位的话题。他说,他是一位士兵,此行的唯一目的是学

习，以供回国后更好地开展工作。（黎砚冰、陶刚译：《前关东革命军大都督、中国北伐军将
领蓝将军访美学习军事理论》，《旧金山之声》〈San Francisco Call〉，1912 年 7 月 29 日，第 112 卷，
第 59 期）

　　同日《旧金山之声》刊载另一条信息：下周三，商会（Chamber of Commerce）市
区委员（downtown committee）会将在圣弗朗西斯（St. Francis）酒店举行定期的午
餐会，来自中国的革命领袖将向商会成员介绍中华民国这个新共和国的政策情况。
演讲者包括：革命领袖蓝天蔚将军、中华民国第一任总统孙中山之子孙科、本地革
命领袖兼中华民国协会主席 Tong KingChong 以及政府翻译 C. P. Yin。蓝天蔚
将军和孙科已于昨日乘坐西伯利亚号邮轮抵美。（黎砚冰、陶刚译：《商人将聆听关于新
中国的讲话》，《旧金山之声》〈San Francisco Call〉，1912 年 7 月 29 日，第 112 卷，第 59 期）

　　7 月 31 日（六月十八日）　是日上午，蓝天蔚与孙科，孙科的夫人与妹妹孙娫、
孙婉乘坐消防船大卫·斯卡纳号（David Scannell）进行旧金山海湾之行。一行人
参观了防御工事、海军训练基地并接受了商会市区委员会安排的午宴。

　　《旧金山之声》载：昨日上午，来自中国的贵宾——中国革命领袖蓝天蔚将军，
孙中山先生之子孙科，孙科的夫人与妹妹孙娫、孙婉进行海湾之行，中午接受了商
会的宴请。一行人士乘坐消防船大卫·斯卡纳号（David Scannell）开始行程。消
防船沿着海岸线航行，中国贵宾们一路绕码头参观了防御工事、海军训练基地及其
他风景名胜。午宴由商会市区委员会安排。午宴后是一系列致辞。市区委员会监
事阿道夫（Adolph）代表罗尔夫（Rolph）市长和市区委员会主席 W. D. 菲尼墨（W.
D. Fennimorc）热烈欢迎访问人士，并表达了美好的祝愿。商会会长 M. H. 罗宾
斯二世（M. H. Robbins Jr.）也发表了简短的演讲，表达了对蓝将军及其他贵宾到
访旧金山的喜悦之情。通过翻译，蓝将军感谢对方的热情接待。中华民国协会主
席 Tong KingChong 呼吁美国认可新成立的中华民国。出席宴会并随同参观的人
士还有中国总领事 Li YungYue、中华民国协会副主席 Wong Vat.、协会秘书 Lee
On.、出席的六位公司董事长之一 Tong Sheu Mn。商会代表为威廉·H·海默
（William H. Hammer）、查斯特·E 博克斯（Chester E. Burks）、埃弗里特·H·
必（Everett H. Bee）、弗兰克·W·马斯顿上校（ColonelFrank W. Marston）、托马
斯·迪尔顿（ThomasDillon）、C·F·伊斯曼（C. F. Eastman）中尉及奥托·F·席
勒（Otto F. Schiller）。上午，随同蓝将军参观的还有蓝将军的三位参谋 C. P.
Yin、Haou Tien Ou 及 Dscho Sha Lian。C. P. Yin 毕业于伊利诺伊大学，Haou
Tien Ou 持有比利时大学学位，Dscho Sha Lian 曾作为德国陆军武官在柏林驻扎多
年。（黎砚冰、陶刚译：《商会宴请中国贵宾，商会带领孙中山的子女与革命家参观》，《旧金山之

声》〈San Francisco Call〉,1912 年 8 月 1 日,第 112 卷,第 62 期)

7月底(六月中旬) 蓝天蔚保刘茂材升入保定陆军军官学校。

据《刘茂材事略》:蓝部在旅顺登陆后数路出击,各地革命党人和民间武装纷纷起义响应,形势发展迅速。茂材以沉毅多谋,襄赞得力颇受蓝天蔚将军器重。……袁世凯政府的陆军总长段祺瑞决定开办"保定陆军军官学校",并通令各省召集北京清河陆军一中、西安陆军二中、武昌陆军三中、南京陆军四中的一二期学生均可同时到保定入校学习。在蓝(天蔚)关照下,刘茂材于 1912 年 7 月底升入保定陆军军官学校,因身高 1.7 米被选入骑兵科一连就读。(刘一鸣、龙先绪收集整理:《刘茂材事略》,刘端裳著:《辛亥革命老人刘莘园遗稿》,贵州人民出版社 2003 年版,第 338—339 页)

8月4日(六月二十二日) 蓝天蔚乘坐飞行员谭根的飞机飞上地面 800 英尺以上,并向西飞到了韦伯斯特街。蓝天蔚表示,他将建议为中华民国的军队配备飞机。伍平一请蓝天蔚转航空国防一策致袁世凯。

1912 年 8 月 5 日《旧金山之声》载:阿拉米达,8 月 4 日——谭根驾机飞上地面 800 英尺以上(《旧金山之声》独家报道),速度达到每小时 60 英里——中华民国将军蓝天蔚是中国首位乘坐飞机的将军。今天下午,蓝将军在本地机场登上了一架双翼飞机。驾驶员是谭根,他是一位英勇的华裔飞行员,操作非常熟练,在飞行员中颇有名气。飞行持续了 10 分钟,谭根载着蓝将军绕机场飞了很多圈,并向西飞到了韦伯斯特(Webster)街。

谭根对飞机进行了各种操作,几次飞到了 800 英尺高度再降至 40 英尺高度。他还做了几次下降动作,但都维持着足够的航速,以便能够快速抬升。

看了谭根四次飞行后,蓝将军毫不犹豫地登上了飞机的后座。一位随行人员将蓝将军戴的巴拿马帽换成了便帽,并且帮他戴好,然后蓝将军说他准备好了。

在几百名中国工作人员的欢呼下,谭根和蓝将军瞬间冲入云霄。谭根操作飞机进行了右转、左转、下降等动作,降落时,谭根将飞机精确地停在了出发点上。

蓝将军表示很高兴能乘坐飞机,他先是在飞机上让记者拍照,下机后对谭根高超的飞行技术大加赞赏。

蓝将军很可能会建议为中华民国的军队配备飞机,谭根可能会去中国教自己的同胞开飞机。

载着蓝将军飞行时,谭根的飞行速度达到了每小时 60 英里,旋转时遇到了一阵强风。中华民国首任总统孙中山的三位子女也到场观看了飞行,他们最近与蓝将军一起从中国来到美国,将在加州求学。(黎砚冰、陶刚译:《中国将军乘飞机飞上蓝天》,《旧金山之声》〈San Francisco Call〉,1912 年 8 月 5 日,第 112 卷,第 66 期)

同日《旧金山之声》载:旧金山,8 月 5 日(1912)——昨日,全世界唯一一位华裔飞行员谭根载着蓝天蔚将军在阿拉米达(Alameda)飞行。蓝将军曾任中华民国关东革命军大都督,近日来到美国访问美国军队。

谭根载着蓝将军飞上了 1 000 英尺的高空,并且勇敢地进行了旋转、下降等操作。蓝将军下机后表示将为中华民国军队引进飞机。

谭根希望成为飞行指挥官。他现在只有 19 岁,但为人非常谨慎沉稳。他最初在一家飞机厂当学徒,并认为学飞机最好从头做起,没有其他捷径。(黎砚冰、陶刚译:《世界首位华裔飞行员在加州飞行》,《旧金山之声》〈San Francisco Call〉,1912 年 8 月 5 日,第 112 卷,第 66 期)

《旧金山之声》又载:阿拉米达(ALAMEDA),8 月 25 日——今天早晨,飞行员 Frank Bryant 和谭根进行了几次试飞,并调试了飞机。两名飞行员在本地机场拥有飞机。谭根是一位年轻的中国飞行员,3 周前携中华民国蓝天蔚将军飞上蓝天。谭根正在为自己的大型双翼飞机安装水翼,并且计划下周日在入海口进行飞机滑行,试用水上设备。(黎砚冰、陶刚译:《两名飞行员参加飞行练习》,《旧金山之声》〈San Francisco Call〉,1912 年 8 月 26 日,第 112 卷,第 87 期)

《台湾日日新报》载:蓝天蔚君美洲之游,沿途备受各埠华侨之欢迎。现因支那少年飞行家谭根君之特约,偕孙科君等至亚镈蔑打之飞演场,看演谭君新造之飞行机。午后一点钟,谭根启轮飞升,第一、第二两次旋起旋止,升不太高;第三次则回翅空际,回转如意,在场数百人均揭帽喝彩;至第四次,则更升高数百尺,飞行数里,又其还行也,如鸟之翔。而后□,从容□好。各人鼓掌声、喝彩声,满坑满谷。时蓝君神色飞扬,遂与谭根共坐而升,盘旋空际。谭君复演其绝妙之手段,旋降旋升,是为第五次。及落回原起处,蓝君喜溢眉宇,勇敢之精神,颇受各人之鼓掌。时已近四点钟,蓝君驾车□屋□□□,谭君亦驾飞行机作欢送状,各人皆满意尽欢而归。

先是有西人巴刺利,见□□□□□亦□其飞行机停于飞演场中,蓝君坐其人□摄一小影,而巴刺利亦开其飞机助兴、翔翱再三。嗣以机器略坏,遂忽坠落,惟人则无伤。(《蓝天蔚海外之飞行》,《台湾日日新报》1912 年 9 月 19 日,第六版)

《申报》载:华人大飞行家谭根君于往年武汉军兴,即欲束装从戎,出其所学为国效力。只因苦乏川资,未能返国。迨南京政府成立,曾电召归国,旋以和议告成,行遂中止。惟前任美洲同盟会支部长伍平一君曾与谭君发起创办飞船公司,为他日归国组织飞机战队之预备。公司开办之日,即蓝君天蔚抵美之期,谭君演其凌空绝技,偕蓝君乘坐空中,蓝君称美不置。该公司成立系屋仑赵君仲江、刘君省吾、赵君鼎荣等臂助之力甚多。今诸君以俄蒙事急,特备资多购水陆新机,赶速回国。已于三月首透先招人学习,编练成队。探其行程,先经檀香山,然后赴上海广州等埠。(《华人飞机家回国》,《申报》1913 年 4 月 21 日,第六版)

伍平一曾著《留别美洲同志诗四章》,诗末按:予自美洲同盟会总支部长解职,专任飞机公司总理。曾上航空国防一策,由蓝天蔚将军转。以是袁氏电聘者再。忽宋案发生,予决讨袁。得孙公密电,率谭根飞机赴程,实为讨伐。(刘师古:《中国最早的飞机队一段史实》,《传记文学》1977 年第三十卷第四期,第 88 页)

8月7日(六月二十五日) 中华民国协会主席致信感谢加州商会对蓝天蔚等访问人士的款待。

《旧金山之声》载:奥克兰,8 月 7 日——因对蓝天蔚将军及其随行人员在上周访问时的款待,奥克兰商会秘书长 A．A．丹尼逊(A．A．Denison)收到致谢信。

加州奥克兰商会秘书长 A．A．丹尼逊先生:

兹代表蓝天蔚将军,美国中华民国协会为您对蓝将军及其随行人员的殷切款待致以诚挚的谢意。我们向奥克兰商会对访客的热情招待表示感谢。经授权,我们代表蓝天蔚将军、孙科与随行的访问人士表示,我们将永远珍视贵机构,并将永远铭记贵商会的热情款待。此致。敬礼。中华民国协会主席 Tong KingChong (《中国人感谢商会对蓝将军的款待》,黎砚冰、陶刚译自:《旧金山之声》(San Francisco Call),1912 年 8 月 8 日,第 112 卷,第 69 期)

同日《旧金山之声》载:在消防委员会主席弗兰克·W·马斯顿(Frank W. Marston)上校向商会成员阅读的信中,……同时也呈上另一封中华民国协会感谢商会在午宴上对蓝天蔚将军及随行人员的热情招待信。(黎砚冰、陶刚译:《造好路,引游客》,《旧金山之声》(San Francisco Call),1912 年 8 月 8 日,第 112 卷,第 69 期)

8月9日(六月二十七日) 吴光新被派设局办理蓝天蔚烟台军善后事宜。

据《赵尔巽致陆军部函稿》敬启者:前准贵部先后电开,烟台军缴械、遣散回籍、拨地垦荒、在东设局,办理善后。并派参议吴光新到奉面述设局情形各等因。业经先后电复在案。兹准吴参议来奉面述一切,并交到大部空白告示一纸,具征荩筹伟略,钦佩无已。敝处遣散之举,极表赞同,而民军之仰体时艰,情愿缴械就遣,尤可慰爱。惟军界骤闻告示所开各条,均各相顾愕然,对于在奉设局一节,尤属反对。盖以奉省自武昌起义以迄共和告成,均恃陆防各军保持,秩序未经破坏,与民军光复之省份有善后之可办者,极不相同。当未宣布共和以前,间有民军潜来奉省,显图破坏。一经共和成立以后,既有蓝天蔚之通告召回,复有朱锡麟、张英华之在奉请款,设法资遣。敝处复恐未尽知悉,又经遍出示谕,并令各地方官竭诚劝告,给发川资,分别遣散。似奉天全省已无可遣之民军,亦无善后之应办。兹忽提议及此设局,大举所派之员,又与军队未尝融洽,万一人民误会,军队疑忌,□□虽竭手足之力,恐无以善其后。不特大失贵部斡旋之苦心,反使在烟民军从此更无收拾之余地。此不敢不一再审慎者也。(《赵尔巽致陆军部函稿》,1912 年 8 月 9 日,《辛亥革命史资料新编》第三卷,第 232—233 页)

8 月 10 日(六月二十八日)—8 月 14 日(七月二日)　8 月 10 日、8 月 12 日,8 月 14 日,《申报》刊载三次《上海务商中学招行广告》。报载蓝天蔚为该校校董。

《上海务商中学招行广告》:本校原名汉英务商学校,现改今名推广。校舍增延教员,减轻学费,还招新生。请教育部立案,重订章程。欲问者可寄邮票三分来校索取。

简章列下:

(宗旨)灌输中西学识,养成商业人才,学科注重商务专门学识,及汉英文学。旁及各种有关商务职艺。学级四学年,肄业二年,悉用英文教授;

(资格)以曾在中学或与中学同等学校肄业,或高者小学肄业者为合格,预备班以国文通顺为合格,年龄十二岁以上,念五岁以下;

(学费)〈普〉通学生每期廿元,附中膳等十五元①;

(校址)海宁路天保里新民坊;报名至八月二十一号截止。来报名者须缴试验费二元。取则扣作学费,不取退还,试期八月念一号至廿四号。应试者须带中西笔墨,试验科目:国文、英文、算学、预班专试国文。

校董②:陈英士、王一亭、庄得之、陈润夫、潘兰史、钟衡减、许际唐、蓝天蔚、周金箴、虞洽卿、李怀霜、王云五、黄朴存、胡郁文、长吴衡之启。(《上海务商中学招行广告》,《申报》1912 年 8 月 10 日,第一版;《申报》1912 年 8 月 12 日,第四版;《申报》1912 年 8 月 14 日,第一版)

8 月 14 日(七月二日)　陈宧、周恢同致潘月樵函,蓝天蔚已到日美两国,颇受各界欢迎。

月樵先生布鉴:秀公去后,沪上一切咸赖鼎力维持。今则又将别起风潮,闻之

---

①　按:1912 年 8 月 10 日第一次刊载之广告"学费"栏与 12 、14 日广告略不同,另载有"住宿生六十元"。

②　按:1912 年 8 月 10 日第一次刊载之广告,其校董排列及姓名字号与 12 、14 日广告略不同:陈英士、蓝天蔚、王一亭、周金箴、庄得之、虞洽卿、陈润夫、李怀霜、潘尔文、王云五、钟衡、黄朴存、许际唐、胡郁文、长吴衡之启。

曷胜感谢。京事料理清楚,恢数日内即可返申。秀到日美两国,均颇受各界欢迎,谅亦有所闻矣。专此。敬请。暑安。弟陈宧、周恢同顿首。诸同人统此致候,未另。八月十四号。(《陈宧、周恢同致潘月樵函》,1912 年 8 月 14 日,《沪军都督府调查部往来要电》,上海市历史博物馆藏)

8 月 21 日(七月九日) 蓝天蔚曾报告,在接济之账中,张振武尚匿交机关枪多枝,子弹三万粒。此事被黎元洪列入张振武的罪状第十三条。

电谓:袁大总统、国务院、参议院、《国维报》《亚细亚报》并转各政党、各团体、各报馆、各省都督、议会、上海《民声报》并转各报馆公鉴:

铣电谅达。连日函电纷驰,诘难群起。前电仓卒,尚未详尽,报告政府书复未赍到,诚恐远道不察,真象愈隐。敢重述梗概,为诸公赧颜陈之。

……前次所购机关枪弹,除湖北实收外,近证之蓝都督报告接济之账,尚匿交机关枪多支,子弹三万粒。私藏利械,图谋不轨,罪十三;……元洪数月以来,踌躇再四,爱功忧乱,五内交縈,回肠九转,忧心百结,宁我负振武,无振武负湖北,宁取负振武罪,无取负天下罪,刲臂疗身,决踵卫命,冒刑除患,实所甘心。夫汉高、明太,皆以自图帝业,屠戮功臣,越践、吴差,皆以误信谗言,戕害善类,藏弓烹狗,有识同悲。至若怀光就戮,史不论其寡恩,君集被擒,书不原其战绩,矧共和之国,同属编氓,……泉台之下,或当瞑目。临风悲结,不暇择言,瞻望公门,尚垂明教!(《政府宣布张振武之罪状·续》,《申报》1912 年 9 月 7 日,第七版)

张振武接济蓝天蔚枪械之经过,朱宗震谓:张振武曾拟将湖北之款购买的军火,与北面招讨使谭人凤合作,拨出所购的第二批枪械的一半,支援烟台蓝天蔚。并拟亲自率师北伐。鄂驻沪员、支持同盟会的共进会骨干杨玉如得悉此事后,即向黎元洪告发:"张振武拟借北伐名携械窃逃,请急电沪督扣留。"(《建立民国》,易国干等编辑、吴相湘主编:《黎副总统政书》卷 6,《中国现代史料丛书》第 1 辑,台北文星书店 1962 年版,第 11 页)

8 月 24 日(七月十二日) 洛杉矶华人宴请蓝天蔚。

《隆波克报》报道:洛杉矶——本地华人宴请蓝天蔚将军,把 200 年前的蛋捧上餐桌[①]。这些蛋价值 5 美元一个,宴上还有其他中国美食。(黎砚冰、陶刚译自《隆波克报》(*Lompoc Journal*),1912 年 8 月 24 日,第 15 期)

---

① 按:两百年前的蛋是否能吃? 或为皮蛋? 但放置时间似乎太久了。或是记者观察及记录有误? 此段英文原文为: Los Angeles — Eggs 200 years old were served at the banquet tendered General Lan Tien Wei by local Chinese. The eggs were valued at $5 each. Other Chinese delicacies were on the menu. (Lompoc Journal, Number 15, 24 August 1912),照录原文,供参考。

8 月 31 日(七月十九日)　蓝天蔚旧部李长春①要求国务院拨发前民军机关部欠款。国务院据此发咨文给赵尔巽,问该案前后情形究竟如何。(《关于李长春要求拨发前民军机关部欠款的文电》②,辽宁省档案馆编:《辛亥革命在辽宁档案史料》,第 283—284 页)

此后 9 月 5 日,李长春再次发函国务院,言赵尔巽拒绝发款。(《关于李长春要求拨发前民军机关部欠款的文电》③,辽宁省档案馆编:《辛亥革命在辽宁档案史料》,第 286—288 页)

9 月 3 日(七月二十二日)　蓝天蔚在美国纽约。是日夜寄明信片与上海叶惠钧。感谢叶在沪时照顾,兼感佩其爱国热心,办理商团,不辞劳怨。蓝告知出洋之后,见他国事事研究,事事奋发,不争私利,均以国家为前提。想到中国国情,不禁危惧。希叶等劝导各界,勿争意见,万众一心,同为大局,否则深恐灭亡立至。只身在外,想及故人,不觉泪下。

后人研究《上海商团掌故》,谓:蓝氏后来远渡重洋到美国去,到旧金山时,曾和我国先进飞行家谭根氏,一度乘坐飞机腾空,体验到航空技术和设备的重要。蓝氏抵美后,曾经寄一张明信片与叶惠钧,这一张明信片,上面盖有三个邮戳,一个是美国纽约的邮戳,上面可以辨识得出的是一九一二年九月四日(按即中华民国元年九月四日),二个邮戳是上海的邮戳,日期为十月十六日,明信片上的字句,用钢笔写成的,其词如下:(函略)④(杨志雄:《上海商团掌故》,《商业月报》1946 年第二十二卷第五号,第 11—12 页)

9 月 7 日(七月二十六日)　《马里波萨报》报道:华盛顿——中国革命运动的代表人物之一蓝天蔚将军已抵达华盛顿,督促美国承认中华民国的地位。蓝将军将前往马萨诸塞州贝弗利拜访塔夫脱总统,预计在回国之前还将访问美国多个州府。(黎砚冰、陶刚译自《马里波萨报》*Mariposa Gazette*,1912 年 9 月 7 日,第 58 卷,第 16 期)

9 月 8 日(七月二十七日)　蓝天蔚现在华盛顿。

《驻清国全权公使伊集院彦吉致日本外务大臣内田康哉子爵电》:卑职对支那知名人士的履历进行了调查:其一,地方军阀;其二,其他从事革命活动的人。现将调查结果汇报如下:蓝天蔚,号秀豪,同盟会会员,湖北人,今年三十五岁。

---

① 李长春,蓝天蔚部民军机关部长兼参谋长。
② 《关于李长春要求拨发前民军机关部欠款的文电》,详见附录三"相关档案资料汇编"。
③ 详见附录三"相关档案资料汇编"。
④ 《蓝天蔚致叶惠钧函》,详见附录一"蓝天蔚著述"。

前清张之洞任两湖总督时,蓝天蔚曾训练两营士兵。参军时还是一介书生。光绪二十四年[光绪二十五年],官费派到我日本士官学校学习,学业有成,顺利卒业。1905 年[1904—1905 年间],爆发日俄战争。日俄两国在东三省中立区厮杀、交战。清国留学生组织了义勇队,推举蓝天蔚为队长。日俄战争结束后,蓝天蔚回到了湖北,历任各军幕僚。宣统二年,补任第三镇(奉天)第二混成协协统。1911 年 8 月,武汉举事。之后,蓝天蔚和张绍曾一起联络标统、管带等电告政府。

社会上风传的滦州军告政府书据说就是出自蓝天蔚手之手。吴禄贞被暗杀,张绍曾辞职。蓝天蔚欲率部下举事,未果,逃到大连。上书给吉林都督,拜托其将信转交奉天都督赵尔巽。其建议未被赵尔巽采纳。奉天革命党知道蓝天蔚有才,推举其为关东都督。但是蓝天蔚在满洲终究不能施展抱负。后来到了上海,被推举为北伐军第二军总司令。而今天下午北伐军在芝罘解散。因此,蓝天蔚只好到海外游学,据说已经抵达华盛顿。(《驻清国全权公使伊集院彦吉致日本外务大臣内田康哉子爵电》,1912 年 9 月 9 日,米彦军译自 http://www.jacar.go.jp/chinese/index.html"亚洲历史资料中心")

9 月 10 日(七月二十九日) 陆军军官学校毕业生发起组织征蒙决死军,蓝天蔚为备选司令之一。

《申报》谓:陆军军官学校肄业生王耀武等上书大总统,请组织奋勇军自愿为征蒙前锋,已载前报。兹闻该校生门炳岳、王荣吉等目睹藏事未平,蒙古之风云复急,时局危迫,瓜分之警告频来,虢灭虞随,诚边事之不容缓,生为男儿自当投笔从戎,因奋袂而起。联合同志数人,并前上书诸君,组织一征蒙决死军,于九月四号在保阳设机关部,开大会议,公推王君天纵为总司令,举李君斌为副司令,电上大总统及参议院召集军队,奋勇北上,兹将其所选举之人及所得票数详列于下:正司令王天纵(六十七)、副司令李斌(五十二)、黄兴(正三十)、门炳岳(正十一、副二十二)、冯国璋(副十)、张万杰(副二十六)、连成基(副二十)、蓝天蔚(正三十八)、萧展舒(副二十八)。(《征蒙决死军之发起》,《申报》1912 年 9 月 10 日,第三版)

9 月 11 日(八月一日) 蓝天蔚在华盛顿电致陈宧及京师某要津,劝勉停止党争,共图一致。

《申报》载"蓝天蔚亦以党争相劝勉矣"。

其一,蓝天蔚日前自华盛顿电致参谋部陈次长,略谓列强重臣赴日本,我国之政局,若依然党争,灭亡立待。恳转各界速定大计云云。

其二,蓝天蔚近又自华盛顿致电京师某要津云,今日蒙藏问题,凡我中华民国之国民均宜各尽一分子之热诚,共图一致之进行,以谋自固,吾国尤宜各除党派意见之争,以期努力向前,图收实效。（《蓝天蔚亦以党争相劝勉矣》,《申报》1912 年 9 月 11日,第二—三版）

9 月 16 日(八月六日)　《蓝天蔚经募八厘军需公债第二次报告表》为《政府公报》刊登。

蓝天蔚君经募八厘军需公债第二次报告表	售票机关	蓝天蔚君		共计	
	票面价值				
	售出张数	十七张	七百张	十七张	七百张
	票码	自四千零八十一号起至四千零九十七号止	又自一万三千零一号起至一万三千二百号止自一万一千五百零一号起至一万二千号止		
	收入款额	一万七千元	七万元	八万七千元	

政府公报　通告　　　九月十六日第一百三十九号

（《蓝天蔚经募八厘军需公债第二次报告表》,1912 年 9 月 16 日,第二历史档案馆:《政府公报》第五册,第 444 页）

△　蓝天蔚声明遗失军需公债预约券,《政府公报》发布通告。

《政府公报》载:前关外都督蓝天蔚君曾向前山东都督胡瑛领有军需公债预约卷二十张,自鲁字一百零一号起至一百二十号止。每张百元。此项预约券曾由蓝都督转交商君震、方君刚分途劝募,业于战时遗失,声请作废,除立案外,特此通告。

（第二历史档案馆:《政府公报》第五册,第 445 页）

9月17日（八月七日） 蓝天蔚运动商界工党，二次上书美国政府承认民国政府。不获承认。

《时事新报》载：蓝天蔚君自到美国运动工商两界，上书该国总统请承认民国。美总统交议院协议。美议院以中国现在党争太烈，不为国家久远之计，徒为个人私利之争。且唐绍仪既失信于外人，各省又兵变时闻，国民政府前途尚有多少波澜。承认问题且从缓商。蓝君闻之复又运动商界工党，再上第二次。质问政府□其书□上，仍无效力。某美人又与蓝君言，贵国成立数月，各国尚无承认确期。其原因□不一，大致则由各公使报告政府，谓中国南北尚未统一，且党争又激烈，暂时不可承认。恐将来吾美亦将解体也云云。蓝君察知彼国情状，乃发长电痛成利害。而以"党争不绝、灭亡立待"八字为结束。又致总统府电云：谓各国皆派重臣赴日本磋商对待我国之办法，其表面则云吊衷（邪）实另有深意。未美国□□以□□问题打抱不平。该国政府拟在海牙和平会提出□□和平解决问题案。美于中国尚有维持之意，请国务员速赴参议院宣布政见，借以调和政府与议院之意见。而现在情形尤非实行军民分治，不足以维持秩序，必为外人所借口。尚有一电致参议院，请其顾念大局，勿因张方一案①使民国有摇动之患。（《蓝天蔚之祖国观》，《时事新报》1912年9月17日，第二张第一版）

9月29日（八月十九日） 蓝天蔚在英国。适留英学界特于武昌起义之日作为周年之期，在驻英中华民国使馆中开民国周年纪念大会。蓝天蔚亦与会。

《申报》载：欧洲伦敦通信云，民国起义倏忽已周年，由专制一跃而为共和，效法法美即以起义之日为纪念之日，举国庆祝。今届为第一次周年之期，留英学界特于（阴历八月十九日）在驻英中华民国使馆中开民国周年纪念大会。由游学监督钱君与学会干事陈君等数人组织而成，到会者约有百人之多。适蓝君天蔚及侯任诸君因事在英，亦纷纷赴会。驻英刘代表等以次演说，各处来宾簪裾毕至，可称一时

---

① 张方一案，史称张方事件。即张振武和方维遭袁世凯捕杀一案。袁应黎元洪之请于1912年8月15日签发了捕杀张振武的军令。由姜桂题段芝贵执行杀人任务。当晚8时，张振武与鄂省在京将校一起宴请北方将校。10时席散，张振武乘马车返归金台旅馆。当行至前门棋盘街牌楼下时，伏兵四出，将其绑缚至西单牌楼玉皇阁军政执法处，未经审讯，即于16日凌晨1时将其处死，同时来京的湖北将校团团长方维也在当夜被处死。

张振武（1877—1912）：原名纯锦，号尧鑫，字春山、春三，更名竹山。湖北罗田人，毕业于本县高等学堂、湖北省师范学校、日本早稻田大学，攻读法律政治，并入体育会，习战阵攻守诸法。1905年助徐锡麟举义受牵累而避走日本长崎。1905年加入同盟会。1907年毕业回国，任教于武昌黄鹤楼街小学，参加共进会。1911年成为武昌起义首义者之一，和孙武、蒋翊武并称辛亥三武。1912年为袁世凯所杀。

方维（？—1912）：湖北随县人。入伍湖北清军第十五协第三标第三营。后加入文学社。1911年参加武昌起义，任军令部任调查员。汉口战败后任军令部参议，升将校团长。1912年1月随张振武去北京，在旅馆遇害。

之盛。（《留英学界之共和纪念》,《申报》1912 年 10 月 20 日,第三版）

10 月 18 日（九月九日） 蓝天蔚被授陆军中将。

据《政府公报》之临时大总统令：蓝天蔚、温寿泉、李燮和①均授为陆军中将,此令。中华民国元年十月十八日。大总统盖印。赵秉钧、段祺瑞署名。（《蓝天蔚被授陆军中将之命令》,1912 年 10 月 19 日,中国第二历史档案馆整理编辑：《政府公报》第六册,第535 页;《申报》1912 年 10 月 20 日,第二版;《民誉》1912 年第 1 期,第 85 页）

△ 报载,袁世凯拟授蓝天蔚勋位。

《申报》谓：民国勋位令早经颁布,此次国庆纪念之日,大总统特援国庆酬庸之典,大赉中外有功民国之元勋,其授大勋位者二人,勋一位者六人,勋二位者一人,其余国务总理各部总长及大理院长类皆授以一二等嘉禾章,以示优异。各省都督由文官出身者一律授二等嘉禾章并加陆军上将衔,由武官出身者一律授陆军中将并加上将衔,惟蒲殿俊独蒙赏给二等勋章,实以其光复川省,任领都督,维持本省秩序劳勤,故予特别奖励,现政府仍拟将从前有功各省者奖给勋位勋章,如浙督汤寿潜、蒋尊簋,皖督孙毓筠,赣督马毓宝,以□胡瑛、蓝天蔚、王芝祥、王天纵、杨荩诚等,而前国务总理陆征祥在使任时,于未宣布共和之前,首先联合各公使三次电请清室退位,厥功不可淹没,亦拟授以一等勋位,并闻大总统本有授参议院正副议长以二等嘉禾章之意,后因单授议长不授议员,办法既难周备,深恐议员中有不服者反为不美。且大总统是否有授议长以勋章之权,尚须斟酌。因此遂作罢议。（《大总统铨功行赏之余波》,《申报》1912 年 10 月 18 日,第二版）

10 月 23 日（九月十四日） 上海中国银行刊出蓝天蔚、黄兴、徐绍桢三君八厘军需公债票号码,即祈购买。

《申报》载：本银行兹又续：奉财政部颁到已经报部之黄兴、蓝天蔚、徐绍桢三君经售票价号数,即祈购买。下开各号军需公债票者,即持票来行取息可也。上海中国银行启。

兹将经售公债票号码详开于下：

（千元）四千零八十一号至四千零九十七号（蓝天蔚经售）；三百十一号至三百廿号（徐绍桢经售）

（百元）一万一千五百零一号至一万二千号一万三千零零一号至一万三千二百号（蓝天蔚经售）；一万六千一百零一号至一万六千二百号一万六千二百廿八号至

---

① 李燮和(1873—1927),字柱中,号铁仙,湖南涟源人。毕业于长沙求实书院、日本警官学校。辛亥革命,谋长沙起义。历任长江下游招讨使、吴淞光复军北伐总司令、长江水师总司令。北洋政府授陆军中将。

一万六千三百号一万六千四百零一号至一万六千六百号(徐绍桢经售)

(十元)二万七千七百零一号至二万七千七百十号(黄兴经售);一万八千五百零一号至一万九千一百号一万九千四百九四十号至一万九千五百号(徐绍桢经售)

(五元)六万三千一百零一号至六万三千一百四十号(黄兴经售);一万四千八百零一号至一万六千五百号(徐绍桢经售)(《八厘军需公债票发息第三次广告》,《申报》1912年10月23日,第一版)

10月30日(九月二十一日) 蓝天蔚被加陆军上将衔。

《政府公报》载临时大总统令:陆军中将蓝天蔚加陆军上将衔。此令。中华民国元年十月三十日。大总统盖印。赵秉钧、段祺瑞署名。(《蓝天蔚被加陆军上将衔之命令》,1912年10月31日,中国第二历史档案馆整理编辑:《政府公报》第六册,第849页;《民誉》1912年第1期,第93页;《申报》1912年10月31日,第二版;《申报》1912年11月1日,第二版)

△ 蓝天蔚辞拒北洋政府授复军衔。不准。

据第二历史档案馆藏件《蓝天蔚朱执信等辞拒北洋政府授复军衔》[①],档案号1011(2)7020:

"十月三十日临时大总统令 陆军中将蓝天蔚加上将衔 此令

大总统令一件 元年十月三十一日到司 字三四七号

陆军中将蓝天蔚加陆军上将衔送呈陆军部总长

陆次长附呈蓝天蔚函请收回补官成命,移奖关外从人由

(批)蓝辞咨不能准。"

项骢[②]拟《复蓝天蔚》:敬复者 前月秒奉瑶缄,诵读之下,意在请大总统收回补官成命,并拟移奖于关外从者,言辞慷慨,感激良多。第思缔造中华,固国民应尽之义务,而论功行赏,亦政府劝善之盛典。起义之初,共和之后,阁下匡赞国事,卓著勋劳,而功成身退,方惜韬略之未展,遂偕琴鹤以言旋。勒去思碑,已繁有徒,今复弃官辞职,则内何以慰薄海之舆情,外何以彰国家之明察不爽也。阁下天资颖特,当能谅此。尚希听命补官,勉膺斯职,毋复言辞。至欲移奖关外部下一节,查官唯其才,赏唯其功,稽勋叙奖应赏不遗。贵部下果有功绩卓著者,此请迳报稽勋局议奖可也。专此谨肃片楮,用复台端。(《项骢拟复蓝天蔚辞拒北洋政府授复军衔函》,第

---

① 此藏件编为《蓝天蔚朱执信等辞拒北洋政府授复军衔》,编名有误。应为《项骢拟复蓝天蔚辞拒北洋政府授复军衔函》。

② 项骢:陆军部二等科员。

二历史档案馆藏，档案号：1011〈2〉7020）①

11 月 4 日（九月二十六日）　蓝天蔚电上海统一国民党本部：上海统一国民党本部鉴，本党支部极受美侨欢迎，因侨商极意与罗斯佛（福）联络，感情甚洽，希达联盟美举。（《蓝天蔚报告美侨联络罗斯佛电》，《申报》1912 年 11 月 4 日，第二版）

12 月 13 日（十一月五日）　中华民国救国社于上海新舞台开会。蓝天蔚被列为发起人之一。

《申报》谓：自俄库协约发表以来，各省志士纷纷发起救蒙等会，研究进行不遗余力。兹又有庞青城、温佐才、伍廷芳、熊希龄、蓝天蔚、周金箴、虞洽卿、于右任、李平书、沈缦云、王一亭、夏月珊、潘月樵诸君发起救国社，昨日假座南市新舞台开成立大会。到会者约有二千余人。（《救国社开会记事》，《申报》1912 年 12 月 14 日，第六版）

12 月（十月、十一月）　临时稽勋局聘蓝天蔚为名誉审议。

据冯自由《革命逸史》：临时稽勋局成立半载，本局及各省分局进行审议调查手续，略具端倪；局长冯自由仍恐沧海遗珠，挂一漏万，因由各省议员调查推举各省及海外各埠曾参与革命诸议之同志二百余人，一律函聘为临时稽勋局名誉议长。名誉审议为：陈少白、章炳麟、李纪堂、谢缵泰、尤列、李植生、梁慕光……熊克武、何克夫、张人杰、周觉、高剑父、潘达微、孙武、蓝天蔚、刘公（仲文）、蒋翊武（下略）。（《革命逸史》，《中华民国国父实录》1—6 册，第 2080 页）

本年　有谓蓝天蔚至纽约，同盟会敦请其演说。

纽约同盟会支部的负责人之一吴朝晋回忆：……迟至南京共和政府成立后数星期②，乃宣布正式成立同盟会，为兼开幕典礼及完全改挂"同盟会"匾额矣。当开幕之日，适革命巨子蓝天蔚游抵纽约，特敦请蓝同志莅会演说。以上皆为同盟会由运动革命秘密时期，及至武昌起义时由秘密到公开及经过种种情形。计至此时亦仅增多会员数名，前后统共三十人左右。（吴朝晋口述，李滋汉笔记：《孙中山三赴纽约》，中国社会科学院近代史研究所、近代史资料编辑组：《近代史资料总 64 号》，中国社会科学出版社 2008 年版，第 15 页）

本年　蓝天蔚参与发起创办《世界报》③。

《世界报》发起人：张继　黄兴　张人杰　宋教仁　沈缦云　马君武　阎锡山

---

①　此件无时间。归档时间为 1917 年 12 月 19 日。

②　按：时间应有误。《孙中山三赴纽约》之编者亦谓："吴朝晋是旅居纽约的华侨，纽约同盟会支部的负责人之一……作者因年代相隔久远而在追忆时有误识或附会之处，但事为本人亲历，其中有许多史实又为他书所不载，故对文字稍作润色，刊出以供研究，费解之处亦未擅改。"尚不能明确在美受同盟会敦请演说之时间。

③　《世界报》发起书及招股简章，详见附录三"相关档案资料汇编"。

蓝天蔚　孙毓筠　李烈钧　景耀月　吴敬恒　于右任　张风纲　李燮和　陈家鼎
（黄彦、李伯新：《孙中山藏档选编·辛亥革命前后》，第603页）

△　本年，蓝天蔚参与发起创办《国民日报》。

陈允洛谓：（略）国民党领袖陈新政等，遂提倡组织一大机关报，定名曰《国民日报》，股份由各地支部认购，以其时声势及民心，预期可得雄厚基金。当时列名为发起人者，为孙文、黄兴等党魁党要，其次为政府内阁部长次长，如唐绍仪宋教仁等，各省都督，自南方列起，如广东胡汉民，福建孙道仁，江西李烈钧，安徽柏文蔚，湖南谭延闿，山西阎锡山，直至北方奉天蓝天蔚，亦十余人，参众两院议员百左右人，各地支部英荷美法各属凡数十处，以及有名望侨领同志八名，不计其数，声势显赫，堪称空前。（陈允洛：《我所知海外之新闻事业》，《陈允洛文集》，厦门英华中学旅菲、旅港、旅台校友会编印于1971年，第134页）

△　本年，在家乡黄陂正式创立秉文学校，令蓝家大塆和周边异姓的男女学童均可免费进入秉文学校读书。

蓝毓荃谓：清朝末年，整个黄陂地区只有城关一所鲁台小学。而黄陂南隅的天河地区无一所正规学校，许多小孩读书难，过早地辍学荒芜在家。天蔚将军了解这一情况后，忧心如焚，极为焦虑家乡孩子们读书受教育的问题。为此，他多次带头捐资兴办义学。开始是在蓝氏宗祠的旧址上办起私塾读书班，在此基础上逐年扩大，于民国初年正式创立了秉文学校。将军明确要求，今后蓝家大塆和周边异姓的男女学童均可免费进入秉文学校读书。为确保学校办学经费和教师薪资有可靠来源，天蔚将军又带头捐资购买了十余石学田，其产权和收益全为秉文学校所有。每年收的租子就全用于学校的教学开支，教师的薪资也有保障了。因此，在民国时期数十年间，黄陂西南乡的秉文学校，从未停辍或中断教学活动，而且越办越兴旺。不仅蓝氏子女全部免费上学读书，而且蓝家大塆周边数里内的张、喻、刘、吴、陈、黄、叶等异姓的孩子也可免费进秉文学校读书。不受任何歧视。特别值得一书的是，天蔚将军非常重视女童的入学读书，他曾多次对蓝府的族人说："男女本应平等受教育，决不能忽视女童的读书受教育的权利。"所以早在清末民初，蓝家大塆就有成群的女孩子背着书包和男孩子一道上学读书的新鲜事。（蓝毓荃：《辛亥革命名将蓝天蔚》，周志华：《辛亥首义风云》，武汉出版社2001年版，第171页）

△　本年，蓝天蔚赠邓文瑗五万元，投资入股组办香港中华书局或投资香港组办中华书局香港分部①。

---

①　此事于2015年经香港陶德友先生详询香港中华书局，亦无果。该书局人疑虑当年创办的是否为"大中华书局"。此项待查。

据齐其元①谓："邓霖表伯亲口亦对我说过是蓝天蔚给的五万元。"

自 1979 年 5 月始，邓文瑗后裔邓霖、邓霆向兰州中国银行分行申请协助清查《有关香港中华书局（该局 1912 年在港首创）创办人私股事项》。

申请事项："1912 年中华书局在港首创，先祖邓文瑗（字云溪）系创建股东，当年本人另有工作并未参加经营（邓文瑗祖籍广东中山，上代是旅美金山华侨，辛亥革命成功 1912 年与友共创私营中华书局首店。创办人大都为华侨后代。邓文瑗本人在清末两江总督魏光焘幕主持洋务，多年与李瑞清先生分掌幕务，原中华书局店牌即是先祖手迹。）"

晚岁先祖寓居旧法租界福寿里九号，仍与港局保持联系。1933 年先祖逝世，辗转动荡联络中断。1940 年我们避难过港，曾去书局探看并承接待。经几十年动乱颠沛，所有证件荡然无存。鉴于当前形势我们提出申请清查追回海外资财。

（中略）

七九年十一月五日向上海古籍出版社去函询问。同月十五日得该社复函：11月5日你们发来查询有关中华书局私股情况的来信已收到，兹复告于后：

我社是受中华书局委托在沪代发原中华书局应付未领的定息。解放后该局曾对私股进行了登记。据了解是按原中华书局全部股份登记的，尚未发现该局各分支机构另有其他股卷。今查阅该局私股登记总名册，并无"邓文瑗（云溪）股东的户名，不知他是否还有别的户名，望来函详告，以便再行查核。（下略）上海古籍出版社。1979 年 11 月 15 日。"

在港中华书局股份登记中未发现邓文瑗户名，兹已答覆。自此，邓霖邓霆七九年五月开始的申请清查无果。

---

①　齐其元：赵均腾曾外孙，赵均腾女儿赵耀华与邓文瑗子邓日浩结缡，育邓霖、邓霆二子。齐其元与晚年邓霖交深。

1913 年(民国二年　癸丑)　37 岁

2 月　前清隆裕皇太后卒。

3 月　宋教仁在上海沪宁车站被刺。后经苏督程德全、民政长应德闳公布宋案主要证据四十四件,确认袁氏政府为主犯。

4 月　中华民国第一届正式国会在北京开幕,分设参、众两院。临时参议院解散。

赵秉钧、周学熙、陆徵祥与英德法俄日五国银行团签订善后大借款合同,总额二千五百万英镑。旋被众议院否认。

5 月　外交部与俄使议定解决蒙事条文六款,中国允外蒙自治,不驻兵殖民。

梁启超、汤化龙联合统一、共和、民主三党正式合并为进步党。

6 月　驻奉天城大北关外的混成协第三标第三营士兵哗变。

7 月　李烈钧江西独立,二次革命爆发。袁世凯宣布讨伐令,并撤销孙中山筹办全国铁路全权。

10 月　袁世凯威迫国会,当选为正式总统。

俄、法、日、英、意等 13 国驻京公使照会外交部,承认袁世凯政府。

北京总检查厅通缉孙中山、黄兴、陈其美、李烈钧、许崇智、陈炯明、谭人凤等。

11 月　袁世凯解散国民党北京本部及各地国民党机关,并取消国民党籍之国会议员。国会不足法定人数停会,袁世凯另组行政会议(后改名政治会议),行使议会职权。

12 月　副总统兼领湖北都督黎元洪奉袁世凯召离鄂北上。

是年　白朗起义,活跃于河南、湖北一带。

是年　蓝天蔚以研求军学,历游美英法德等国。

1 月 2 日(十一月二十日)　报载,蓝天蔚旧部特北伐响应民军之功,扰乱东省。参谋部电促蓝天蔚回国以资镇慑。

《国风日报》载:昨参谋部接得东省都督发来警电一封,探悉系因该省胡匪猖獗，边防吃紧。前关东都督蓝天蔚君起义时联合胡匪，响应民军。迨南北统一，蓝都督卸肩，时所部胡匪并无解散手续。只身游历外洋。近日胡匪恃响应民军之功，野心勃勃，到处劫掠，居民惶恐，不堪其扰。派兵往捕而获得之。胡匪自认蓝都督部下不讳。综此情形，非电蓝都督回国，不足以资镇压。闻参谋部已电促蓝都督迅速回国矣。（《电促蓝天蔚回国》，《国风日报》1913 年 1 月 2 日，第五页）

1 月 5 日（十一月二十三日）　蓝天蔚十字军所改组之随营学校解散，大部民军风流云散，所余驻烟三营于次年一月五日以恩饷太轻，全体哗变。

《蓝天蔚与中国十字军》：蓝氏既下野，即将十字军所改组之随营学校，予以解散。大部同志，多投奔上海革命领导人陈其美麾下。经多次挫折，亦皆各奔前程，风流云散。（《蓝天蔚与中国十字军》下，香港《天文台报》1958 年 7 月 20 日，第二版）

《申报》谓：去岁民军起义时，蓝天蔚由东三省募集马贼，编成关外军，为光复奉天之准备。后和议告成，此项军队除陆续遣散外，尚余三营屯驻烟台。日前烟台总司令决议各给五日恩饷，实行解散，该营兵士以恩饷太轻，群起不平。及一月五日发饷，其一部分之稍驯顺者约二百余人已缴械下轮，尚余一大部分不肯缴械。于是日午后三时四十分，全体哗变，袭击司令部（司令部在烟台海关外）。一时炮声激发，人声鼎沸，秩序甚为紊乱。乱兵闯入司令部，将总司令商震及会计主任某同时捕去，后又劫去金库弹药武器种种。枪声始息，乱兵徘徊市中，商民恐惧，一律闭户。第二标都领袁德山为部下枪害，其余负伤者甚多。（《司令部被劫》，《申报》1913 年 1 月 15 日，第六版）

2 月 1 日（十二月十四日）　蓝天蔚致潘月樵函，感谢潘周济家属，并以内外相维、尽力民国共勉。（《蓝天蔚致潘月樵书》[①]，1913 年 2 月 1 日，《沪军都督府调查部往来要电》，上海市历史博物馆藏）

2 月 25 日（一月二十日）　《申报》载，蓝天蔚将回京议办征库事件。（《申报》1913 年 2 月 25 日，第二版）

3 月 9 日（二月二日）　蓝天蔚为陆军中学学生贺鑫常、朱煌欲入宪兵学校之事进行说项，陆军部蒋次长是日复蓝天蔚函。

据张建军《民国北京政府宪兵学校始末》中载：1912 年颁行的《宪兵学校章程》规定，宪兵学学校学额暂定 50 名，"挑选各省宪兵营及他项兵种现充连长及排长者为学员，教以法律及必要之学术，以为养成全国宪兵官长之用。"

---

① 《蓝天蔚致潘月樵书》，1913 年 2 月 1 日，详见附录一"蓝天蔚著述"。

(中略)

学校初办时,有些人因难自学校规定正常途径入学,试图通过陆军部取得捷径,均遭驳回。1913年春,参谋本部谢流芳呈请陆军部送考,陆军部指出"宪兵学校定章,学员均由各省选送,本部并不送考",将谢氏拒绝,谢又转请参谋本部次长陈宧说项,也无结果;与此同时,陆军中学生贺鑫常、朱煌2人也试图入此捷径,也遭拒绝,一度转托蓝天蔚说项(藏中国第二历史档案馆,档案号1011—1901)①。此类事件的发生,陆军部意识到在招收方面应有适度放宽。故从1914年3月15日续办第二期起,陆军部增订《附学学员章程》,除从各省区招收正科学员外,还从近畿各机关考选一些附科学员。(张建军:《民国北京政府宪兵学校始末》,《教育史研究》2010年3月第一期,第110—111页)

3月26日(二月八日) 蓝天蔚经营海外之事,见诸时人笔端。

国民党上海交通部收到恐吓信函,其文如下:

文谓:"敬告国民党诸君子:自内阁一翻同盟之局,外界不陪中山之筵,其美被窘于沪商,克强见辱于章氏,芝祥拒于燕台,寿松逐诸海峤,尔党形势亦甚支绌矣。

……蓝秀豪一时健者,而不求名位,骤然远引,今方经营海外,行尽坦途,识时俊杰,自是不同庸众。吾人素乐金革,死且不厌,非欲效孔璋之檄,暴人罪状,乃姑说生公之法,冀感顽石。久闻尔党济济,当有达材,试念忠告,勿作金夫。"下注三月念五号……(北海后身编述:《桃源痛史》,中华民国史事纪要编辑委员会,中华民国史料研究中心:《中华民国史事纪要》,1913年1月至3月,中华民国史料研究中心1971年版,第283页)

5月9日(四月四日) 袁世凯就宋案、借款、制定宪法诸事致电蓝天蔚等。

电谓:大总统致武昌黎副总统、各省都督、民政长、省议会、上海岑督办转伍、李、谭、温、王、高、蓝、杜、张诸君电:

岑君等支电悉。时局方艰,人心不靖,诸公痛心忾目,排难解纷,用意甚善。所陈四则似当分别言之。

一、宋案曾饬外交部鲁督索交洪述祖,覆谓须先阅证据。昨日甫由程督等将证据呈送至京,已分饬外交部及鲁督向德人索犯引渡。约法五十一条,法官独立审判。各国法律凡案在预备期中,各报纸不得登布。此案当宋君被刺之始,尚未获

---

① 《陆军部蒋次长复参谋本部陈次长函》与《陆军部蒋次长复蓝天蔚函》藏中国第二历史档案馆藏,档案号1011—1901(?)。原档无年份。据张建军考两函俱写于1913年,因参谋本部次长陈宧、陆军部次长蒋作宾均于1912年4月出任。1915年2月唐在礼代理参谋次长,1916年5月傅良佐接任陆军部次长,又1914年3月15日宪兵学校第二期开办。自此有各机关保送的附科学员。综合推考,两条皆写于1913年。(张建军:《民国北京政府宪兵学校始末》,《教育史研究》2010年3月第一期,第113页)编者曾赴第二历史档案馆查此档案号,查无。二档馆时正处于资料数据化过程中,无从录出《陆军部蒋次长复蓝天蔚函》,采用二手资料。

凶。即有人预设成心诬指政府,继又凭影射之词、牵混之据、断章取义之文电,欲侵法官之独立职权,实为文明国所未有。即就所呈证据而言,赵秉钧尚无嫌疑可说。设将来法庭判决应行备质,政府断无袒护理由。但未经判决以前,无论何人不得妄下断语。判决以后,当事以何,得抗不受理,而感情用事者日逞其不法之言论自由,果使国民共同维持,政府方从善如流。岂肯以少数人之主张尤而效之?

二、借款由前参议院通过。查《议事录》第三册内载十二月二十七日下午二时五分开议。国务总理暨财政总长出席。议长吴景濂主席宣告开秘密会议,国务总理赵秉钧、财政总长周学熙先后报告事件,张耀曾、汪荣宝、刘彦等提议对于本案特别条款之大体须用表决。主席咨询全案,众赞成。第二款,照原案,主席用举手表决法,多数可决;第五款照原案汪荣宝提议本款能删最好,否则作为附件万办不到。即照原案,附议在一人以上。主席用举手表决法,多数可决;第六款照原案主席用举手表决法,多数可决;第十四款照原案,主席用举手表决法,多数可决;第十七款照原案,主席用举手表决法,多数可决。主席咨询全院,其余普通条款毋庸表决。众赞同。主席宣告散会云云。安得谓非正式通过?至参议员正副议长张继、王正廷二君通电,由本人当院宣言,系个人私电,与院无涉。有参议院议员丁世峄等之报告可证,至合同条件均由财政部一再宣告,且国民代表咸集都下,自有正当主张。果如传闻之言,国会岂肯放弃职权?政府亦不容孤行己意。彼藉端煽惑者以自由行动为方针,分裂之祸孰执其疚。

三、制定宪法。十九省都督虽电请设会起草,不过供研究之资。政府无干涉理由,纯是猜疑逆亿。来电谓,注重国家,牺牲党见,果能如此,岂不快心!

四、各党机关报纸造谣惑众。未尝不痛恨于作俑之人造此恶因,扰乱全域。是在有心世道者同挽颓风。总之,政府与人民未尝不以诚相见,唯因党派争持,入主出奴,政府一秉至公,未尝偏徇以致不见谅于人,则有之矣。诸公在沪言沪,或未悉原案实情,约同志数人联袂来京调查正确。必有真知灼见,拨云雾而见青天者。曷胜翘盼。袁世凯。佳。印。(**《大总统致武昌黎副总统、各省都督、民政长、省议会、上海岑督办转伍李谭温王高蓝杜张诸君电》**,1913 年 5 月 10 日,《政府公报》第十三册,第 219 页)

8 月 6 日(七月五日)　蓝天蔚存在梨园公所内的炸药钞票等物被警厅搜缴。伶界联合会全体登报声明,梨园公所私藏,乃潘月樵代蓝天蔚寄存,与公所伶界联合会无干。

《申报》载:顷阅各报载梨园公所由警厅搜枪支子弹及军用钞票并炸药等各节。报中措辞有指为私藏军火及潘月樵之机关部云云。兹查炸药钞票等物,实于本年春间潘月樵为本会会长时,声称由前关外都督蓝天蔚君寄存。彼时全体会员因装箱封固,佥不知内系何物;且公所本系公物,由会长代蓝君寄存,故未细诘。厥后潘君外出从军,迄今数月,未至公所一次。今为警厅将各物查出取去,我全体会员始悉此事,伏思潘君寄存此项物件,既由蓝君所托,日内急应出场,向警厅禀告一切。免我全体蒙私藏军火之名,致起公所发封之谣。至洋枪二十八支,乃伶界商团保卫地方所用,今连余存枪支子弹俱已一律遵示缴送上海县行政公署查收矣。特此声明,以释群疑,联合会刻仍照常办事,各分会如有信件,请仍送原处为祷。(《梨园公所伶界联合会全体声明》,《申报》1913 年 8 月 6 日,第一版)

8 月 16 日(七月十五日) 蓝天蔚为梨园公所所储关外军火的主体。关外留沪代表张汉杰为受到牵连的潘月樵作了申辩。然潘仍因此事而受到缉捕。

《申报》谓:杼斋厅长阁下:敬启者,前因梨园公所(即伶界联合会)所储关外军火一节,曾经具函陈明,并恳照章祈赐作收单在案,讵今数日,所有随函附陈电据均未接奉复示给还,至深悬盼。复查昨日报载,又有贵厅已因此项军火嫌疑及于潘月樵氏,且经通饬缉拿云云。不知是否确实?殊难悬揣,窃意贵厅如实因此项军火问题,而果有饬缉潘氏之事,是即蓝天蔚君确为此项军火主体。杰为蓝君留沪办理善后代表,是其责任应为杰与蓝君负之,夫何忍坐视不言,行听误会,而涉及一无辜之潘月樵乎?使潘而别有其他行为,当然有缉拿之处,是则官厅之职权使然。既非杰之所知,亦断不敢轻于过问,至于此项军火之事实,既极确切。杰抚心自问,无端而使人受过,于义又何安?为此不揣冒昧续渎,本案务祈俯赐察核,迅予复示,并恳即将前日附陈电据,加给此次所收数目清单,一并赐下备案。俾俟蓝君回国,债务清偿之日,以凭缴还中央。至叩至祷,专此布臆。顺颂公安。前关外都督府参谋长关外留沪代表张汉杰上。(《张汉杰致穆警务长公函》,《申报》1913 年 8 月 16 日,第七版)

沃丘仲子谓:未归而二次革命作,其所蓄枪械及军用钞币皆贮之新舞台中,为军警所破获,则坐罪连声。(沃丘仲子:《蓝天蔚》,《当代名人小传》卷下,《近代中国史料丛刊》三编第 8 辑,第 66 页)

《申报》谓:上海二次失败,潘回常熟养病,郑汝成[①]派军警捕之,早数时有人送信通知,急改和尚装束,逃中峰寺转沪。(《潘月樵》,《申报》1939 年 10 月 10 日,第 19 版)

[①] 郑汝成(1862—1915),字子敬,天津静海人。毕业于北洋水师学堂及英国海军学校。历任北洋常备军军政司教练处帮办、北洋陆军速成学堂总办、烟台海军学堂监督、烟台海军教练营统领、烟台警备队统带、总统府侍从武官、海军执法官、上海镇守使。1915 年授为将军府彰威将军。同年 11 月被中华革命党人所刺。北洋政府授海军中将晋上将衔。

9 月 10 日（八月十日）　《申报》载蓝天蔚留沪代表张汉杰公函。张汉杰谓蓝天蔚储存军火原购用于烟台军政府，存于上海制造局。淞沪警察厅长穆湘瑶诬为私藏，并波及梨园公所中人。

《申报》载张汉杰函：申报大记者台鉴，敬启者。窃现充淞沪警察厅长穆湘瑶于沪城倡乱之际，先后附匪。前经徐匪企文供涉有案。嗣叛党陈其美等在沪揭竿，该厅长首鼠两端，养痈遗患，艮顺陈逆之私交，卒置地方于不顾。既取助乱于事，先后未弥祸于予后，且竟擅离职守，酿成巨患，而叛党乃得以逞。至我军获胜之□，尤复潜匿租界，观望不响，居心实不堪问。尔时若非郑镇守使遣兵维持，几使吾民重罹烽火。吾人衡情酌理，其罪且较重于叛徒，迨淞沪一律肃清后，始行徘徊□厅入署办事，罪以养痈。其何能辞，科以溺职，其又奚辩。乃穆竟不自反省，且当我政府政尚宽大，未予深究，仍令供职以还。仍敢藉端虐民，希图冒赏，大肆搜索，安冀邀功。并将杰于去夏四月间所代蓝君天蔚储朝南市梨园公所之军火二百七十余箱忽尔抄去。按此项军火原系关外军用所购存于烟台军政府，待用者数月。嗣因取消军府、解散军队之际，汉杰与陈君宦等苦心筹划始获。幸将此项军火一律分载南琛、海容等舰，随□蓝君，汉杰亲身押运回沪。是时原拟全存原制造属内，适以该局空房仅余一间，只敷容积六七十箱之用，尚且余百七十余箱无处可贮。是以商托南市梨园公所中人暂行借储。又以此项军火尚欠沪款未清，□远未即缴呈政府，约将年余，久未迁动。至此次上海城内事变，且幸叛党尚未查知故，仍安然无恙。杰尚私心窃喜方欣，未供乱党之利用也。乃该淞沪警察厅长不察事理，不问是非，擅抄之不足，且□是而妄入人罪，甚且硬诬及于梨园公所中人为私藏军火，蒙禀上官，四中搜捕，经杰查闻之余，诚恐该厅误会，一再函达原委，详细申述情形。乃竟置之不答，已半月余矣。并将杰随函附去"去夏关于此项军火之欠款交涉之国务院、财政部、参谋部之原电"共三纸，及"制造局市政厅收据"合一纸于阅后亦不掷还。似此颠顸儿戏，岂堪使居民上耶？又况此项军火之内，有月前上海集成图书公司代印之关外军用废票七箱。查系前清宣统三年冬间蓝君委员来□所制之物，尚欠印费八千余元未清，均有账据可考。至该公司□总理席君子佩近亦在沪，亦何难就近查问究竟此项废票是否沪城独立时期应需之品。该厅长并此而不能辩，何其不明事理至于是耶！至若此项军火原欠华洋各款六万余两，节经杰为筹还之后，尚欠二万余元。北京财政部亦有案可稽。原□具□，岂□欺饰？如疑此项军火或为接济叛党而设，是则叛党乏械早已喧腾众口，又岂有任我储至今日依然如故乎？纵谓被党枪烟或□□□不合膛，故能□至今日，然则炸弹地雷诸物又同以并存于中，亦未移动分毫乎？以上种种，均皆足以证明兹事之实在。乃该厅长服官多年，阅历颇深，岂有对此微琐而反□笨至此。天下有是理乎！该厅长是否别有心肝,杰殊不敢妄断。向祈我大记者一垂鉴焉。又查沪商虞洽卿和德前代扬州徐故军长宝山储有步枪三百七十余双于南市堆栈之内。亦系□价未清,暂行储于沪者,与杰情形但同。该厅长亦曾诬为私藏,彼尝极而苛求,势非大兴讼狱不止。诸如此类,言之难堪。总之无非碍地方之公安、动商民之恶感、启挟嫌诬讦之渐而已。宁不冤哉！嗟乎！国有法律固足以为人民之保障,而邑有蠹吏,亦足藉兹以欺上而凌下。譬如人尚道德,固是以为吾心之模范,然而市有不肖,亦必假之以颠倒,夫短长于是。地义天经,正气夷荡,邪官污吏,取巧幸进,廉耻日丧,威信不张,浊世诬民,覆国祸邦,伪来诈往,从违无常。今日汉胜则党汉,明日楚胜则党楚,任凭秋风送荷叶,流到何处使家乡。攫得一时利禄,遑论祸及万方。此而居官临民,何颜高坐堂皇？当初既未开顺逆,后此乌能望贤良？政府纵予优容,亦应自行请劾,以谢我沪南北避井离乡哀悼无告之愚氓。乃竟计不出此,日惟推波助澜,思所以见好之方。于是家搜户索,无故中伤,听任盗匪之广行,忍娇吾民于死亡。他如警兵从逆及某国人之接济叛党,全都付诸无何有之乡。且闻该管区域某商之洋行栈房兑储致百余箱,大批事装。尝当上海倡乱,专四接济叛党,然始终未闻该厅长例抄扣居□。明知故昧,卒听其自中运往他方。是以全埠腾说,啧啧规长,兹事如更确实,是则该厅长不仅溺职□乱,且更含有媚外之罪质也。杰自关外取消归来,即致力于美术学者,经年□□仗马,久不问治乱兴衰。盖已早存与世无争之颐也。奈何彼辈日逼,而竟趋于不能不出发一言,用敢振笔直书,聊尽士民上书之责。除已于上文抄具呈大总统、副总统及北京各衙门外,谨此奉闻,敬祈贵报主持公论,顺颂台安。前武昌起义军务部秘书官、关外都督府参谋长、蓝都督留沪代表张汉杰启。(《张汉杰君函》,《申报》1913 年 9 月 10 日,第十一版)

10 月(九月)前　蓝天蔚在英国考察,与赴英之严修及袁世凯之子袁克权有过从。

《严修年谱》谓:本年(1913 年)在外,以居英时期为最长,在此往来人物,皆属新识,有蓝天蔚(字秀豪,清末,奉天陆军混成协协统,辛亥起义,称东三省都督,被张作霖逼离奉天,移驻山东烟台。南北统一后,辞职来英考察)、李圣章(自法临时来英者,直隶人)、王秀奘(江苏人)、林咸庸(四川人)、戴修骅(湖南人)、张贻侗(安徽人)、傅铜(河南人,字佩青)、谢蓉生(浙江人)、章伯初、项微唐、王怀宾(以上三人,日记无籍贯)及刘斗枢(广东人,刘公使之弟)等,除蓝、刘外,皆留英学生也。(严修自订,高凌雯补、严仁曾增编:《严修年谱》,齐鲁书社 1990 年版,第307—308 页)

据袁克权①《赠蓝秀豪上将》：归来泰姆河边梦，尘事依稀又一年（癸丑年〈1913年〉同客英伦）。关右朔风屯战马，江南梅雨湿征鞭。封侯贾复修文笔，解甲罗侯赋绮筵。自许云霞交友契，琼华竟日结诗缘。（《赠蓝秀豪上将》，袁克权：《百衲诗选》，《袁克权诗集》，天津古籍出版社 2008 年版，第 43 页）

△　蓝天蔚于英国伦敦皮卡迪里广场购买一皮箱。

皮箱箱面有"Ｌ　Ｔ　Ｗ"字样，箱内标牌刻"DREW & SONS. PICCADILLY CIRCUS"，查证为英国伦敦"德鲁父子"公司制作或销售，该公司位于伦敦皮卡迪里广场，自 1887 年创办，1914 年关闭。据此可考证皮箱为蓝 1912—1913 年左右在欧洲游历期间所购买。

此箱历经邓观智、蓝晓蔚、蓝煜保藏。邓观智说过："皮箱是蓝将军留洋时所买，一直随身携带。遇难后由我收着。"（蓝煜、罗肇惠回忆母亲蓝晓蔚生前所述）

此箱 2010 年捐交湖北武汉辛亥革命武昌起义纪念馆收藏。

10 月 2 日（九月三日）　蓝天蔚致电国内，认为二次革命是一次"刚愎自用的运动"。

《北京日报》载：一位日本士官学校的年轻肄业生蓝天蔚，曾在满洲和山东为辛亥革命而奔波，从欧洲发来电报表明了他认为二次革命是一次"刚愎自用的运动"，因为共和国再也无力承受另外一次震撼。（PDN《北京日报》，1913 年 10 月 2 日；〔美〕欧尼斯特·P·扬：《1912—1915 年的袁世凯》，河南人民出版社 2010 年版，第 162 页）

11 月 6 日（十月九日）　报载蓝天蔚将于明春回国。袁世凯电勉其悉心研究西洋军事，归国后为国家效力。报传蓝天蔚脱离了国民党。

《申报》曰：辛亥革命时，蓝天蔚氏为北伐军司令，率舰队至东三省登岸，故声名颇著。迨共和告成，蓝自以军事智识尚未充满，自请游历欧美，增长识见，当蒙总统赠以万金为游历之费。去年间，蓝以研求军学，已历游美英法德等国。近闻有电到京，历述其游历之情况。总统闻之，深为嘉美，覆电勉其将西洋军事悉心研究，归国之后期能为国家效力，以振积弱之势。现闻蓝回京之期约在明春，又闻其本系国民党党员，而现已脱党，因此次南方之乱，蓝于该党之抗拒中央政策，甚不满意故也。总统素知蓝有军事才学，此次又在外洋阅历，待其归国，予以重要位置。（《蓝天蔚回国有期》，《申报》1913 年 11 月 6 日，第六版）

---

①　按：1913 年 9 月下旬，严修率袁氏三弟兄入英国卡登翰学校留学，蓝于此时与袁克权交。袁克权（1898—1941），字规庵，号百衲，为袁第五子。1913 年，他和兄弟袁克桓、袁克齐一起跟随严修出游欧洲各国，就读于英国齐顿汉姆公学（Cheltenham College）一年。袁克权娶端方之女为妻，育有四男四女。著有诗集《百衲诗选》和《忏昔楼诗存》二种。

1914 年(民国三年　甲寅)　38 岁

1 月　袁世凯下令停止全部参众两院议员职务,并着手修改约法。

2 月　袁世凯规复祭天祀孔案,解散各省省议会。

4 月　《中英藏西谟拉草约》成立。

5 月　袁世凯公布《中华民国约法》,废止《临时约法》,改责任内阁制为总统制。

6 月　袁世凯裁撤各省都督,于北京建将军府,并设将军诸名号,分驻各省,督理军务。

7 月　英藏在西谟拉单独订立正式协定,英国承认西藏自治。

中华革命党在东京成立,孙中山任总理。

第一次世界大战爆发。

8 月　白朗军转战于豫、鄂、山、陕、甘各省,于河南鲁山大营被击平。

北京政府宣布对欧战局外中立。

日本对德宣战,派军占领胶济路全线、攻占青岛,德总督投降。德国在山东的势力范围全部为日本控制。

12 月　袁世凯公布修正大总统选举法,总统任期十年,得连任,由大总统推荐三人为总统候选人。

是年春　蓝天蔚回国。

《蓝天蔚事略》载:三年春回国。(《蓝天蔚事略》;《蓝上将荣哀录·事略》)

1 月 1 日(癸丑十二月六日)　《政府公报》载"大总统令":蓝天蔚特授以勋四位。此令。大总统印。中华民国三年一月一日。国务总理熊希龄。(《蓝天蔚被授勋四位之命令》,1914 年 1 月 6 日,《政府公报》第二十二册,第 30 页;《申报》1914 年 1 月 3 日,第二版)

1 月 4 日(癸丑十二月九日)　《香港华字日报》载:黎元洪力辞参谋总长,袁世凯拟以蓝天蔚代任。(一月四号下午四点接报界公社电,《香港华字日报》1914 年 1 月 5 日,第一张二页)

1月7日（癸丑十二月十二日）　蓝天蔚回国后将先委以总统府军事高等顾问，视察蒙边。

《申报》：总统府消息，蓝天蔚自欧洲回国后，大总统以其学识经验均皆优越，拟畀奉督之职，曾命梁秘书宣示此意。君当以奉天军队组织极为复杂，难以整顿，且统驭亦殊不易为言，即行力辞。梁秘书覆命后，闻大总统拟暂缓再予以重要□职，以展其材，目前先任以总统府军事高等顾问，定于日内发表。并闻蓝君不日即有□北之行，系视察蒙边情形。（《未来边督之揣测者蓝天蔚》，《申报》1914 年 1 月 7 日，第二版）

△　蓝天蔚营救受袁世凯通缉的潘月樵。

《申报》载：袁氏因下令通缉（潘月樵），获时就地正法，经蓝天蔚、黎副总统及常熟上海绅董，各方援救，始取消通缉，家产损失八万之多。（苏少卿：《潘月樵夏月润之革命工作》，《申报》1939 年 10 月 10 日，第 19 版）

邓文瑗长孙邓霖回忆潘月樵为北洋通缉后，藏身蓝氏姻亲邓家。

邓霖《忆潘月樵》：潘老尝为内廷供奉，后入同盟会。隐于伶人。与先祖云溪、姑丈蓝天蔚友善，李梅庵、魏季祠两公均有往来。后以反袁被北洋通缉，藏身于武昌山前金龙巷我家。袁死归沪，居九亩地。（邓霖：《醉余吟草·癸亥梅月》，1983 年，邓思民藏）

《潘月樵先生碑记》谓：迨君遭项城名捕，流离颠沛时，蓝亦自新大陆遄归，尽力营救。（《潘月樵先生碑记》，《辛亥革命史资料新编》第三卷，第 165 页）

1月12日（癸丑十二月十七日）　风传蓝天蔚当仟鄂督；又传蓝天蔚或继张勋之后任长江巡阅使。

《申报》载：鄂赣两督段公既不能久于武昌，则鄂督一席必须物色人才，预备接替。自去冬以来，各界传说有谓当属段香岩者，有谓当属蓝秀豪者，其实理想之谈终不免于隔靴搔痒。在政府之意，则以武昌绾毂南北，雄视长江，非得才干名望赫赫素著之员，万不足以资镇摄。若赣督李纯威镇江右，又系平乱首功，故将来湖北都督十之八九当以李纯膺选、李既有代段督鄂之说，则继之者当属何人是亦一问题也。现据各方面消息，有谓以赵维熙暂行署理者，此说未尽确实；又一说谓赣督暂不派人，所有都督职权，暂由护军使兼摄。此等办法盖与闽督去任时如出一辙，政府欲为裁督计划之张本，此固最可征信者也。

（中略）长江巡阅使张勋现在虽已就职，然果长久与否尚不可知，且张勋曾有电谓，到京以后仍须辞职，现在政府之意以为张果坚辞，亦可照准，至将来之继任者拟于蓝秀豪、王芝祥二人中间任其一。（《政海漩涡中之军事长官》，《申报》1914 年 1 月 12

日,第六版)

1月19日(癸丑十二月二十四日) 传黎元洪曾推荐蓝天蔚承湖北都督一职,袁世凯以蓝系鄂人拒绝之。

《鄂都督易人之难》:段芝泉总长兼理鄂督,颇多整理。惟陆军部要政繁夥,周兼总长有兼筹不遑之势。闻袁总统拟仍调段督赴京,即以留鄂北军总司令王占元署理,查鄂省早经军民分治,都督一方面仅以统驭军队,郑重国防为专任。各界人士以王上年平定赣乱,功绩昭著,尚无表示反对之意。而现任鄂民政长吕调元又与王君旧在保府共事有年,感情亦甚洽,惟袁总统复以王占元性过戆直,才欠开展,尚不敢轻授以此项重职。意欲任命长江查办宣抚使段芝贵充任。然据外间传说谓段已上书政府,申明不愿就湖北都督任,并言若果须命彼为鄂督,则须兼管民政云云。故袁总统迟疑不决,欲令其入川查办军队,鄂督一职黎副总统遂荐举蓝天蔚承乏。袁总统又以蓝系鄂人,恐其不能胜任,复欲以段芝泉实任鄂督,而以前清粤藩王秉恩(或云系王廷桢)襄理陆军部务,王亦力辞。现在陆军部急有要务待理,特调段芝泉回京,因此黎公又保荐以江西都督李纯调任鄂督,而以江西民政长兼理赣督,升任南昌卫戍司令张敬尧为江西护军使。但总统以李纯、王占元皆平定赣乱,建功立名之人,今入督鄂,恐王不甘居于其下。故此问题至今迄未解决。(《鄂都督易人之难》,《申报》1914年1月19日,第六版)

1月(癸丑十二月) 《民权素》第一期发表蓝天蔚诗《夜归北大营》[1]及《雪里行军入夜》[2]。(《民权素》1914年第一期,第1页;《夜归北大营》曾被编入蒋箸超著:《民权素粹编》1926年第一卷,第37页)

2月20日(一月二十六日) 蓝天蔚在参陆两部办公处遇童保暄[3]。

《童保暄日记》谓,是日上午赴总统府,谒军事处荫午楼总长、唐在礼次长。荫午楼总长谈话约时许。谒黎副总统,适值会议未见,遂往参陆两部办公处。遇蓝天蔚、花照绩诸君,傍午拜谒赵康侯老师,坐谈甚欢。拜访江朝宗[4]统领,遂留午膳。

---

① 《夜归北大营》,见附录一"蓝天蔚著述"。
② 《雪里行军入夜》,见附录一"蓝天蔚著述"。
③ 童保暄(1886—1919),字伯吹,浙江宁海人。毕业于保定陆军速成学校、警察学校与北京陆军宪兵学校。曾任浙江新军二十一镇炮兵营执事官。参加光复会。武昌起义后,被浙江革命党人举为起义军临时总司令、浙江临时都督。两天后卸职,参加浙江援苏支队,进军金陵。后历任第二十四团团长兼讲武堂堂长、陆军小学校长、陆军补习所所长、第十二旅旅长、陆军第六师师长、援闽浙军副司令。1919年病逝于厦门。北洋政府授陆军中将,追赠陆军上将。
④ 江朝宗(1861—1943),字宇澄,安徽旌德人。陕西汉中镇总兵、步兵统领,参与袁世凯复辟帝制。1917年被黎元洪委任为京津临时警备副司令,一度代理国务院总理。同年参与张勋复辟。旋由继任总统冯国璋特任为迪威将军。1923年2月24日,北洋政府授陆军上将。1925年充临时参政院参政。1937年出任北京汉奸组织"治安维持会"会长,并在伪华北临时政府任职。

晚六时赴长安饭店,贾、管二公招饮也,同席者约十余人。续赴泰丰楼,玉永清招饮也,同席者有参、陆两部人员约十余人。(《甲寅〈1914 年〉二月赴京日记》,宁海县政协教文卫体和文史资料委员会:《童保暄日记》,宁波出版社 2006 年版,第 127 页)

2 月 26 日(二月二日)　蓝天蔚在总统府授勋,行授勋礼,礼毕觐见大总统。

《童保暄日记》记录赴总统府觐见经过,可参考蓝之授勋情形:是日晴,上午六时起床,八时大礼服,同金梁元参谋长、吕戴之师长赴总统府。在接待室少坐,张仲仁少将及庆少将(自江西来)、蒋百器上将、徐宝珍中将均集接待室,盖蒋、徐二公及蓝天蔚于是日授勋,而余等五人则觐见……周总长带领蒋、徐、蓝三君先行授勋礼,礼毕由蒋次带领觐见,依吕、金、童、张、庆次序鱼贯而入。廊两侧武士荷枪成列,极雄壮。入礼堂门成一字列,北向袁大总统行三鞠躬礼,总统还礼如之。蒋次长依次介绍询答毕,行一鞠躬而退总统之后。侍卫武官成八字成列站立,均大礼服。亦雄壮。总统询训均通套语……(《甲寅〈1914 年〉二月赴京日记》,《童保暄日记》,第 129 页)

4 月 8 日(三月十三日)　侨沪日商长田吉次郎、冈部直等控告蓝天蔚等立据借洋四万七千二百元,两年不还。

《申报》谓:蓝天蔚前为关东都督时,曾与刘艺舟、王国柱等以军需急用为词,向侨沪日商长田吉次郎冈部直等立据借洋四万七千二百元,约期南北统一后归还。迨民国成立,该日商等屡索无着,即请该馆领事照会公共公廨,迭次传提,不到,亦不出为料理。兹原告又延日本律师福岗又于昨赴公廨催促,即经关谳员会同日副领事西田君升坐特别公堂传讯,据福律师声称,蓝等于民军起义时,因军需竭蹶,向日本议士长田吉次郎冈部直等立据借洋四万七千二百元,立据约期归还,嗣因延不归楚,早经禀请公堂饬追,讵被告始终避匿,案悬莫结。应请追偿,并将借券呈案请察。即经关西两君展阅一过,会同签判云,日商长田吉次郎冈部直等控蓝天蔚、王国柱、刘艺舟等借款四万七千二百元并利息不还等,迭经传提,迄今二年有余,延不到案。应即登报,限令该被告等于一个月内到案,如逾限不到,即行按照原告所控缺席判决可也。(《蓝天蔚等之债务》,《申报》1914 年 4 月 8 日,第十版)

4 月 18 日(三月二十三日)　袁世凯接见蓝天蔚,蓝天蔚面呈要政数条。

《台湾日日新报》载:日前袁总统召见陆军上将蓝天蔚,接谈甚久,闻蓝天蔚面陈要政数条。兹举于左。

一、请饬会议取整肃、严明主义。从速厘定国法,雷厉风行,使天下咸就规范。

二、假定金本位,发行国家纸币,换回各省钞票,以归统一。

三、公家用品,除限于本国所无者任其采购外,一律倡用国货。一可使利源不外溢;二可发达本国之工商品。

四、饬地方官督民兴农树艺,并酌设工厂,一可减少游民;二可供给本地用品,从此农工当渐臻发展。

五、使专业之人以办专学之事,不得见异思迁。

六、规定各行省所在,以及将来必办之事业。无论更动何人,继续进行,不得任意更张。请与清皇室酌商拨款,赎回肃王私邸。云云。

蓝陈毕,袁总统深为嘉许,并云即当实行。(《蓝天蔚敷陈要政》,《台湾日日新报》1914 年 4 月 18 日,第五版)

4 月 21 日(三月二十六日) 报载北京电:蓝天蔚上条陈:(一)励人才而尚事实;(二)兴实业而尚教育;(三)严警察而尚自治;(四)守和平而慎外官。《申报》1914 年 4 月 21 日,第二版)

4 月 22 日(三月二十七日)—4 月 28 日(四月四日) 四月下旬,福冈律师控诉蓝天蔚、刘艺舟、王国柱,前于 1912 年 11 月间在奉天向数位日商借银四万七千二百元,到期未还。

《申报》载:案据福冈律师控诉蓝天蔚、刘艺舟、王国柱、刘占一等前于西历一千九百十一年十一月间在奉天[①]向日商岩崎佑三、管又熊之助、金井助一长、田吉次郎、冈部直等借银四万七千二百元,订期十二月五日清还。蓝天蔚等到期不还,先后来沪。该债权人即来本廨控诉,请求追偿等情。当于民国元年八月八日饬传蓝刘,未到。仅据王国柱到案,自愿与原告同赴北京理偿。当由原告禀请公堂,照准将该被保人释除,同赴北京交涉,并无眉目。王国柱逃避无踪,旋知其又到上海。原告禀请传提,该被(告)抗不到案,原告请求缺席判决。于本年四月七日开庭会讯。原告呈出各项证据,查验相符。判定该日商等所控蓝天蔚、王国柱、刘艺舟等借款银四万七千二百元并利息不还等案,迭经传提,迄已年余,延不到案,应即登报。限该被告等于一个月内到案,逾期不到,即照原告所控,缺席判决,堂谕在案,为此登报公告。该被告等务于一个月内到案清理,如再逾延,即行缺席判决,切勿自误,特此公告。(《会审公堂公告》,《申报》1914 年 4 月 22—28 日,第四版)[②]

6 月 22 日(闰五月二日) 蓝天蔚转赴宁、苏、沪等地,不日即北上。

《申报》载:总统府顾问蓝天蔚君日前赴宁,与冯都督韩巡按面商要公,现已事竣,于二十二号由宁乘车来沪,再行北上,适苏州警察厅长孙稚鸿因公在宁,与蓝君同行,并先期电至苏州警署,届时派队欢迎,即经骑巡、警备、侦探、保安、消防、水巡

---

① 按:1912 年 11 月间,蓝天蔚在美,不在奉天。
② 按:另有同样公报告刊载于《申报》1914 年 8 月 9 日第四版。

各队长率领本部警队至车站欢迎。是日下午六时,蓝君与孙厅长一同到苏。蓝君并未下车,迳行来沪,闻不日即须北上。(《蓝天蔚由宁来沪》,《申报》1914 年 6 月 24 日,第十版)

7 月 8 日(闰五月十六日)　有谓蓝天蔚暗助孙中山是日在东京所成立的中华革命党,亦有谓蓝天蔚为孙中山密派为湖北区司令长官①。

罗正纬谓:归国后,暗中资助南方军政府。(《滦州革命先烈事略》,《中国近代史资料丛刊》六,第 364 页)

8 月 9 日(六月十八日)　中央委派蓝天蔚到粤巡查,防御党人。

《申报》载文:粤省安谧,业数月矣。党徒匿迹销声,不闻有若何剧烈举动。而日来忽又戒严,连夕搜查,倍为严紧,探其原因,盖由当道屡接中央统率办事处电告之故。中央曾电云党人啸聚南洋,已集有徒众数万,将由新加坡回粤,拟乘飞机放炸石以衅事。而日来华侨由外洋运飞机回港者,又确有所闻。故当道倍加警惧,屡饬军事机关及水陆关卡严查飞机器具者此也。又据探告云,党人在东洋组织妇女暗杀队,回粤行事,并借一律师办事所为机关等语。(中略)目前粤省之防御党人方法,分海陆两方面。沿海一带既由中央特派海容南琛等舰到粤,以供调遣;复派海军次长李和到粤以资镇压,又派蓝天蔚到粤巡查。其防乱布置已非常完密。陆地一方面则寄其权于济军总查部及调查局等。(《粤东最近之戒严平生》,《申报》1914 年 8 月 9 日,第六版)

9 月 19 日(七月三十日)　《申报》载:东蒙镇守使,前有拟以张作霖氏充任之说,经奉天各电恳留,政府准以张上将军所代荐之前混协统蓝天蔚,或前黑龙江防军统领马瑞禄二人中择一充任。(《申报》1914 年 9 月 19 日,第六版)

是　年　蓝天蔚南游鄂苏闽粤。

《事略》谓:君居外既久,于各国政府得失无不综贯,既归,思发抒所见,为执政谋治安之策。及抵京师,见人各怀私见,非天下为公之道。知不能用。竟亦不言。

------

①　按:此为孤证。惟见诸段剑岷刘道平之撰述,聊备一说。

段剑岷谓:国父孙中山先生于民国三年,改组国民党为中华革命党。早知道袁世凯要叛国,乃于各省地区除设立支部长外皆秘设司令官,筹划军事,准备讨袁。作者老友凌钺云:民国三年他在日本被派为河南支部长,田桐任湖北支部长。他们奉国父派遣,两次回国。河南区司令长官为王天纵蓝钫由他推荐。湖北区司令长官先由田桐兼任,后由蓝天蔚、蔡济民充任。皆总理密派。(段剑岷:《王天纵蓝天蔚护国讨袁牺牲记段》,《畅流》1966 年 4 月第 33 卷 5 期,第 6—7 页)

刘道平谓:国父解职退位后,目击袁世凯倒行逆施,并借口兵变拒不南下就职,知其心怀回测,最后必叛离革命阵营,为布置未雨绸缪计,遂于民三以断然手段改组国民党为中华革命党,更为便于行动起见,复于各省冲要地区,设置党的支部长,军的司令长官。俾一旦密谋策划军事讨袁时,各省各地均随时有力量响应支援。如河南支部长凌钺,司令长官王天纵、张钫,湖北支部长田桐,司令长官即蓝天蔚蔡济民。其他不及备举。(刘道平:《震撼清廷和北洋的蓝天蔚先烈》,《湖北文献》1968 年 10 月第 9 期,第 45 页)

遂南游鄂苏闽粤,避京尘嚣攘也。(《蓝上将荣哀录·事略》)

△　是年蓝天蔚曾在闽,借住怡园鸿雪楼,与闽巡按许世英有过从。

据《申报》1915 年 9 月 19 日所载《王祖同查复许案之大要》:闽巡按许世英参案原呈已录昨报,兹又得王祖同氏查复原呈,洋洋数万言,限于篇幅,未能尽载,为节其关于许氏本身及全案归结之大凡,略述如下:

蔡展庞所住之怡园鸿雪楼,除上年蓝天蔚来闽借居,该巡按使①偶与过从外,平日踪迹罕到,自不至窟穴其中流连无忌。(《王祖同查复许案之大要》,《申报》1915 年 9 月 19 日,第六版)

---

①　即闽巡按许世英。

1915 年(民国四年　乙卯)　39 岁

1 月　日使日置益正式向外交部致送二十一条要求。

2 月　袁世凯任命陈宦会办四川军务,5 月间,任命陈宦署四川巡按使。

3 月　上海张园反日大会,到者三四万人,议决排斥日货,储金救国。

5 月　《中日新约(二十一条)》签字。

6 月　库伦活佛宣告取消独立。

8 月　杨度、孙毓筠、严复、刘师培、李燮和、胡瑛发起"筹安会"。

9 月　梁启超于《京报》上发表《异哉,所谓国体问题者》,反对帝制。

梁士诒等组织"变更国体全国请愿联合会",沈云沛为会长,那彦图、张锦芳为副会长。

10 月　参政院公布国民代表大会组织法,谓国体变更由国民代表大会解决。

12 月　革命党人淞沪司令长官陈其美派杨虎袭取"肇和"舰,攻击制造局。失败。

参政院代行立法院汇查国民代表决定国体票数一千九百九十三票,推戴袁世凯为皇帝。

唐继尧、任可澄、蔡锷等宣布云南独立,组织"护国军",推唐继尧为云南都督。

袁世凯申令改 1916 年为洪宪元年。

1 月 7 日(甲寅十一月二十七日)　时蓝天蔚在福建福州,住馆驿。

《申报》载:故于是日下午三句钟派勤务督察长带警队数十名,佯言赴乡办案,封船一艘,停泊江干,一面饬消防戴队长令消防兵破扉而入。赌徒等闻警四散,当场擒获三十七人,兵搜出钱柜一只,存储赌徒赃物并名单,连宵押解入厅,仅留警兵十余名在园驻守天明,由假山下鱼池中续获三人,身尽湿,一并送厅□厅长讯问一过,即移送地方□惩办。闻是夜赌徒约有百余人,当闻警时或越园而逃,暂匿蓝天蔚馆驿中,或升屋而走,通入隔壁和济广东帮评议所,计漏网者约数十人。(《南台破获奕园大赌窟》,《申报》1915 年 1 月 8 日,第六版)

1月(甲寅十一月) 蓝天蔚离闽赴京,取道鼓山。解利民①以诗相赠。

甲寅十一月送蓝秀豪兄之北京取道鼓山②感赋

无限离情系,悠悠百感生。送君南浦路,便道鼓山行。

雁去了无迹,潮来听有声。仙云留片影,随意渡江城。

古寺凝残照,归鸦集晚林。钟声随叶堕,禅说感人深。

江水频来去,愁云自古今。最怜松柏意,独抱岁寒心。

灵山多秀色,苍翠绕禅扉。云定横孤岫,林疏挂夕晖。

冷泉犇石出,倦鸟近人飞。到此尘心歇,幽闲懒赋归。

(《中国实业杂志》杂志社编辑:《中国实业杂志》1917年第一期,第54页)

是年初 蓝天蔚返京城。袁世凯侦伺颇严,蓝天蔚知不可脱,交游名士,饮酒赋诗,流连山水以自晦。

《事略》谓:逾年返都,无何,袁世凯欲称帝,恐革命诸子有异议,侦伺颇严。君知不可脱,日为饮酒赋诗,徜徉玉泉山水间以自晦。(《蓝上将荣哀录·事略》)

《蓝天蔚事略》谓:时袁世凯欲称帝,惧民党有异词,侦君颇严,君外示混沌,内谋抵制,凡袁所命悉一笑置之,处境既艰,用心弥苦。(《蓝天蔚事略》)

袁寒云谓:昔相与盘桓于京华也,已解甲兵,放怀诗酒,然犹击剑奋兴,有揽辔天下之志。环视雄冠剑佩之流,无或及天蔚之矫健不群者。故辄以远祸待时讽之,冀其顺天人之机,而拯四方之难焉。(寒云:《哀蓝天蔚》,《晶报》1921年4月20日,第二版)

3月12日(一月二十七日) 陈宦出京会办四川军务,蓝天蔚到站送行。

《申报》细载《陈宦出京之壮观》:中外通信社云,会办四川军务陈宦于十二号出京,其时在车站之壮观,为从来各大员出京时所未有。兹详记如左:陈会办此次赴川关系极为重要,且因日前已有阴谋之发觉,故此次出京之警备极为严密。由前门以至车站,警察游缉队、参谋部差遣队、警察侦探队密布于道,并有各队高等侦探多人在车站内防护一切,其送行之人计军警政界各要人均到站送行。车站附近之汽车有四五十辆,马车有二三百辆,而其送行之重要者:总统代表陆军上将王揖唐,代理参谋部次长唐在礼,副总统代表秘书长饶汉祥,副官长唐仲寅,国务卿代表

---

① 解利民(1882—1956),又名解宝田,亦名定国、宜民,湖北沔阳人。毕业于武昌两湖师范学堂、日本法政大学政治经济科。历任奉天提学使署总务科长、铁岭中学堂教务长、营口商业学校长、关外财政司长暨都督府军事顾问、中央稽勋局咨议、福建安溪、仙游、同乐三县知事、沔阳县人大代表、政协委员。

② 鼓山,位于福州市东郊、闽江北岸,距离市中心区约8公里。

吴某四，同乡京官代表法制局局长顾鳌，约法会议副议长施愚，湖北同乡京官代表陆军上将蓝天蔚，义威将军孙武。……计开车时已六钟十分矣，其所乘之专车计花车二辆，头二等车十余辆、三等车及行李车二十余辆。(《申报》1915 年 3 月 19 日，第六版)

4 月 25 日(三月十二日)　蓝天蔚居家北京，妻邓观智书汉隶刊于 1915 年《中华妇女界》卷首。

《蓝天蔚夫人临汉隶》：无偏荡荡，贞雅以方；宁静丞庶，政与乾通，辅主匡君，循礼有常，咸晓地理，知世纪纲，言必忠义，匪石厥章。乙卯(1915 年)春橅石门颂蓝观智书于京邸。(中华妇女界社编辑：《蓝天蔚夫人临汉隶》，《中华妇女界》1915 年第一卷第四期，"插画")

8 月 6 日(六月二十六日)　《香港华字日报》载北京电：蓝天蔚将特派为参政院参政员。(六号下午四点北京特电，《香港华字日报》1915 年 8 月 27 日，第一张二页)

8 月 29 日(七月十九日)　蓝天蔚致筹安会函，以为共和不利我国，赞成君主立宪。然身居军职不便附骥。(《蓝天蔚致筹安会书》[①]，《新闻报》1915 年 8 月 29 日，第三版)

9 月 4 日(七月二十五日)　《申报》载"北京电"：请愿书领衔者晋谷如镛、热河郑宝龄、蜀张炳华、鄂蓝天蔚、秦张凤翙、后藏厦仲阿旺益喜。(《申报》1915 年 9 月 4 日，第二版)

9 月 5 日(七月二十六日)　蓝天蔚代表湖北省向参政院请愿变更国体。

报曰：请愿变更国体之呈文纷至沓来，参政院连日接得各省请愿国体变更之呈文。安徽省推段芝贵，陕西省推赵方济(译音)，湖北省推蓝天蔚，充为各该省请愿代表。(《请愿变更国体之呈文纷至沓来》，《盛京日报》1915 年 9 月 5 日，第二版)

上海《时报》载请愿之人物：山西谷如墉、热河郑宝龄、安徽段芝贵、山西张凤翙、湖北蓝天蔚、四川张炳华、后藏厦仲阿旺益喜。(《国体改变问题最近之要闻—请愿之人物》，上海《时报》1915 年 9 月 6 日，第四版)

△　蓝天蔚与唐在礼、蔡锷等复王怀庆[②]电。

电谓：大名镇守使王鉴，华密。来电敬悉。茕筹远虑，至为钦佩。现公同议定，军界同人按照尊电意旨，谨列台衔，缮具公呈，迳呈大总统迅赐睿断，早定大计，以顺舆情，而定天下。呈稿容再寄阅。再，此时最当注意，即在严防内乱。若肆扰乱，转碍进行，尤于外交上不无影响。务希共体此意，加倍严防为荷。唐在礼、袁乃宽[③]、傅良

---

①　《蓝天蔚致筹安会书》，1915 年 8 月 29 日，详见附录一"蓝天蔚著述"。

②　王怀庆(1875—1953)，字懋宣，河北宁晋人。直隶提督聂士成部下中军，后为徐世昌在军界第一心腹亲信，热察绥巡阅使。北洋政府授陆军上将。

③　袁乃宽(1867—1946)，原名克宽，字绍明，河南正阳人。历任天津知县、拱卫军军需总长、镶红旗蒙古副都统、筹办煤油矿坐办。北洋政府授陆军中将。

佐、陈光远、张士钰、蔡锷、蒋作宾、蒋尊簋、蓝天蔚、蒋雁行、丁槐、陆锦、卢永祥、张敬尧、李进才、徐邦杰、马龙标、王廷桢、田中玉、雷震春同叩。北京来电，九月五日到。(北洋政府冀南镇守使署档案)(《蓝天蔚与唐在礼蔡锷等复王怀庆电》,1915年9月5日,中国第二历史档案馆、云南省档案馆编：《护国运动》,江苏古籍出版社1988年版,第127页)

9月12日(八月四日) 蓝天蔚列名于"张绍曾等为变更国体而上呈文"。该呈文谓辛亥之役,仓猝更张,不审国情,强定共和,国家元气摧残靡遗。袁世凯恶共和之毒,以为非变更国体,不能救危亡而图久安。(《与张绍曾等为变更国体而上呈文》①1915年9月12日,《北京及各省省军政要员有关帝制密电呈选编》,中国史学会、中国社会科学院近代史研究所编,章伯锋、李宗一：《北洋军阀 1912—1928》第二卷,武汉出版社1990年版,第1078—1081页)

9月15日(八月七日) 蓝天蔚发出第二次请愿书,谓：辛亥(1911年)癸丑(1913年)两役,鄂省首当其冲。后国家徒蒙共和虚名,人民则饱受痛苦。鄂省工商业、学业及经济皆受到败坏。确见民主制度不适国情,故披沥陈言,民选总统只能镇定于一时,断难维持于永久。如有万一,豪强并兼,便惹来四分五裂之祸,而鄂省缩毂中原,为军事上所必争。故为身家子孙计,为大家前途计,请求变更民主国体,确定君主立宪政体。(《湖北蓝天蔚等请愿书》②,《崇德公报》1915年9月19日,武昌天主堂文学书院发行,第5—7页)

《申报》谓：九月十五日,参政院代行立法院收到各处第二次请愿书如左：新疆蒙回全体王公代表杨增炳,满蒙汉八旗兵官那彦图、江朝宗等,直隶孔社、沈承烈等,全国商会联合会、蒙古联合会那彦图等,湖北省蓝天蔚等,江西省梅光羲等,北京学界马为陇等,华侨联合会吴增辛等京外各商会(京师上海商务总会领衔)。(《国体问题之小结束》,《申报》1915年9月19日,第六版)

《新青年》撰文曰：自筹安会倡共和不适于中国之说,致国体问题发生,扰攘至今,两月有余。各省军民长官,既函电交驰,各团体间亦呼号奔走。(中略)筹安会之精神,不因之稍挫,更再接再厉,运动第二次请愿。仍由各省原请愿人发起,恽毓鼎、曹锟、张绍曾、赵倜③、王锡蕃、金如墉、段芝贵、蓝天蔚、杜俞、沈云沛、朱福铣、梅光羲、黄锡铨、周家彦、陈璧、李鸿祥、郭重光、张凤翙、马安良、杨缵绪、张作霖、佟庆山、乌泽声、胡寿庆、巴勒珠尔拉布坦、李景泉、罗桑班觉、郑宝龄、厦仲阿旺益喜、

---

① 《与张绍曾等为变更国体而上呈文》,1915年9月12日,详见附录一"蓝天蔚著述"。

② 《湖北蓝天蔚等请愿书》,详见附录一"蓝天蔚著述"。

③ 赵倜(1871—1933),字周人,河南汝南人。毕业于北洋武备学堂。历任武卫左军全军翼长、豫南剿匪督办、河南督军、河南省长。北洋政府授陆军上将,授宏威将军、德武将军。

董若璜、那彦图、恒钧、王宽、马如龙、江朝宗、吴增辛等,陆续递请愿书于参政院,立论均根据于总统宣言之巩固国基振兴国势二语。(记者:《国内大事记——国体问题》,陈独秀、李大钊、瞿秋白主编:《新青年》第一卷,中国书店 2011 年版,第 133—144 页)

上海《时报》载:自国体问题发生以来各省之请愿书除各行省及特别区域现已陆续到齐外,其余京外各重要团体其迟到者亦复不少,统计已有三十余处之多。兹为便于阅者起见,别列表如下:

直隶	曹锟、张绍曾	河南	赵倜
山东	王锡藩	山西	顾[谷]如墉
安徽	段芝贵	湖南	杜俞
湖北	蓝天蔚	广东	黄锡铨
广西	周家彦	四川	张炳华
江苏	沈云沛	陕西	张凤翙
福建	陈璧	浙江	朱福铣
云南	李鸿祥	新疆	杨缵绪
奉天	张作霖	吉林	乌泽声
黑龙江	胡寿庆	京兆	恽毓鼎
青海	巴勒珠尔拉布坦	内外蒙古	那彦图
前藏	罗桑班觉	后藏	厦仲阿旺益喜
江西	余鹤	甘肃	马安良
河南	全省孔址樊禅光寺	贵州	欧阳恒
满洲	恒钧	绥远	李景泉
察哈尔	董若璜、李子材等	回疆八部	王宽、马龙标
京外二十三处总商会		京师上海商务总会等	
华侨联合会	吴增幸	热河	郑宝龄

(《国体改变问题之最近要闻——代表之名单》,上海《时报》1915 年 9 月 15 日,第四版)

9 月 21 日(八月十三日)　蓝天蔚以将军府军事顾问名义联名、由陆军总长王士珍领衔,上"以共和之制不适国情,请改为君主立宪"之呈文。(《王士珍等呈文》[①],1915 年 9 月 21 日,中国史学会、中国社会科学院近代史研究所编;章伯锋、李宗一主编:《北洋军阀 1912—1928》第二卷,武汉出版社 1990 年版,第 1095—1097 页)

---

① 《王士珍等呈文》,详见附录一"蓝天蔚著述"。

9月24日（八月十六日） 蓝天蔚列名于《全国请愿联合会三次请愿书》。为联合三次请愿，吁恳迅速由院议决，征求民意，妥善办法，解决变更国体问题，以慰人心而支危局。（《全国请愿联合会三次请愿书》，1915年9月24日，《中国近代史通鉴1840—1949》6，第887页）

9月28日（八月二十日） 蓝天蔚领衔请愿，湖北舆论多有质疑。

上海《时报》载：鄂省舆论对于北京筹安会之主张，群以武汉两商会之举（报?）代表应声而和为毫无意义，投书诘责者日有数起。且以筹安会研究民主之君主之利弊形式上尚未决议，何以遽行赞成全国商会、联合会之请愿。是则派代表赴会，亦未免多此一举。阅两会总协理二三董事，径作主张，故并不体谅，宽其责备。现该总协理因阅上海亚细亚报馆炸弹案，大有戒心，深居简出。非素识生平之客辄拒不见。又闻前拟发起筹安分会之张某等亦似有所畏惧，日来已寂然无声。分会遂未成立。微闻教育总会长谢石钦已发布通启，联络全省学界请愿。讵知鄂学界悉率汤华龙为泰斗，见汤既已隐退，故皆不愿为谢利用。所有覆谢之函多以学生不便干预国事为由，又蓝秀豪孙尧卿等亦寄长函与各界要人请联合各团体为第二次请愿。亦不闻有人起而附和，凡私相议论者皆谓蓝孙辈着官魔云。

蓝秀豪在前清为革党著名之健将，当留学日本陆军时代，组织学生军，并投入日本自愿军义勇队以拒俄国。是大为清政府所忌，多年不能得一军界重要位置。迨后竭力夤缘肃王善者，乃获充奉天混成协统。光复时蓝自称关外都督，因饷械两缺而随南京政府俱归消灭。迄今尤赋闲。此次为湖北请愿人之领衔，其为自身利益计欤。计蓝之为人，固为民党健将，其对于家族亦效美洲男子各自独立之风。昔年留学归来，即与乃父另宅而居，诚得共和国人自立之要旨者也。今忽捐棨其远信共和素志，可谓擅于趋势者也。（《国体改变问题之最近要闻——筹安声中之鄂闻》，上海《时报》1915年9月28日，第四版）

10月23日（九月十五日） 据闻，蓝天蔚为北京派赴山东运动变更国体。

济南电：关于国体变更问题，因欲唤起山东舆论，近由北京派遣蓝天蔚氏来省运动。其结果已于济南组织山东公民劝进会鼓吹袁氏为皇帝之说。惟其势力不振，又此次选举国民代表大会代表者，系由官宪选出候补者，但东省之有力者皆忌避之（二十三日）。（《申报》1915年10月24日，第三版）

12月7日（十一月一日） 由国民代表会议开票选举，蓝天蔚当选为有勋劳于国家者。

《申报》谓：七号为全国商会海外华侨、满蒙汉八旗、有勋劳于国家者、硕学通儒等四类选举开票之期。所有商会华侨开票当选各情已详昨报。兹续闻，是日有议员之希望而联袂到场者约有千余人，旋见朱监督由一封简内将票匦上之钥匙取出交与开票员，将全国商会及华侨类之票匦启开，将票依次取出，随开随唱被选举人之姓名。该类票匦有六，而管理票务者约有六十员。至二时四十分钟，将票一律开竣。该管票员遂即查点被选人之票数。不料数十员之人工对此数千票之查点竟延至五时余始行查竣报告。而报告员又系南人，声音极低，众皆离位趋前而听。嗣经筹备处长一再促报告员高声慢唱，及至声音清朗时，已报告将竣。时将薄暮。而世爵世职类、勋劳类、硕学通儒类、学校肄业及肄业相当暨教员等类票匦始依此开拆。不意正在兴高采烈时，电灯忽然熄灭，于是黑暗难堪，而守卫警察即嘱一切人员暂勿动位，俟灯明亮再行出去云云。俟之许久，始购得洋烛而来，再行唱名，斯时已不足七钟。闻办理国民会议一切人员将一切之手续办理完竣约须十钟。始行再用晚餐，除全国商会及华侨选举姓名已见昨报外，兹再将后三类之当选名姓录下：

——满蒙汉八旗。（略）

——有勋劳于国家者。钮传善、江朝宗、乌泽声、吴廷燮、汪毅、马龙标、权量、丁槐、张锦芳、张绍曾、阮忠枢、蔡汉卿、张钫、孙钟、程用杰、袁振黄、孙武、杨缵绪、蓝天蔚、关冕钧、韩凤楼、梁士诒、唐克明、张凤翙、窦以珏、杨增炳、吴宗煌、张国宾、胡璧城、周文华、刘梣、万德尊①、张肇达、景耀月、黄锡铨、徐树铮、李准、崔廷献、陈垣、何佩瑢。

——硕学通儒。（略）

投票监督之通告：

中央选举四类，投票揭晓后，闻已定于十号举行国体投票。兹录国民代表大会投票监督。昨日之通告如下：其一略云，现在满蒙汉八旗、全国商会及华侨、有勋劳于国家者、硕学通儒各国民代表业于本月五六等日依法分别选出，并通知报到在案。除报到之当选国民代表，各姓名另行宣示外，所有决定国体投票，应即定期举行。兹本监督定于本年十二月十日下午一时起，在宣武门内象坊桥办理国民会议事务局地方行决定国体投票。凡前项当选之国民代表，届期务望一体准时到场投票，是为至要。其二略云：选举业已次第举行，所有满蒙汉八旗一名至二十四名，全国商会华侨一名至六十名，有勋劳于国家者一名至三十名，硕学通儒一名至二十名，得票多数诸君务请于本月九日下午五时以前，赴宣武门内象坊桥本局报到，幸勿稍迟，是所至祷。（《中央选举开票后之进行》，《申报》1915 年 12 月 12 日，第六版）

12 月 10 日（十一月四日） 蓝天蔚被列入国民代表当选名单。

---

① 万德尊（1873—1929），字宗石，湖北潜江人。毕业于两湖书院、日本陆军士官学校。回国考取清廷陆军步兵科武举。历任总督卫队标统、总统（黎元洪）秘书、宣化府镇守使。北洋政府授陆军中将衔。将军府藩威将军。

满蒙汉八旗,全国商会及华侨,有勋劳于国家者,及硕学通儒各国民代表,前于本月五六日,分别投票选举,七日开票,业经依照法定程序办理,将比较得票多数者姓名及票数宣示,并声明各依次以同志报道者为国民代表当选人。是日国民代表选举监督,特依规定名额将当选各国民代表姓名,宣示如左:

满蒙汉八旗国民代表当选者二十四人。(略)

全国商会及华侨国民代表当选者六十人。(略)

有勋劳于国家者国民代表当选者三十人。

钮传善、江朝宗、乌泽声、吴廷燮、汪毅、马龙标、权量、丁槐、张锦芳、张绍曾、阮忠枢、蔡汉卿、张钫、孙钟、程用杰、袁振黄、孙武、杨缵绪、蓝天蔚、关冕钧、韩凤楼、唐克明、张凤翙、窦以珏、杨增炳、吴宗煌、张国宾、胡璧城、周文华、刘梫。(《中华民国史事纪要·初稿》1915 年 6 月—12 月,1981 年,第 903—904 页)

12 月 16 日(十一月十日) 报载蓝天蔚赴奉调查消息。

报曰:前奉天陆军协统,现任总统府军事顾问蓝天蔚氏最为元首倚重,现闻中央以东三省南邻强日,北介俄疆,地位本属特别,全赖各军队维持一切,方资保安,惟是驻守各地有无骚扰,捍卫是否认真,亟应选派大员前往调查,故闻已派蓝中将东来,有电到奉,于日内戾止,首赴黑省查视,折回由吉而奉之。(《蓝中将东来消息》,《盛京时报》1915 年 12 月 16 日,第六版)

12 月 30 日(十一月二十日) 蓝天蔚与孙武、唐在礼等电劝蔡锷,取消反对帝制之意。

先是,12 月 23 日(十一月十七日),蔡锷发"漾电","吁请取消帝制,惩办元凶"。蓝与孙武等电致蔡锷,谓:云南唐将军探交蔡松坡先生鉴:从来我之利即敌之不利,我改国体可望强固,强邻不易侵略自必憎恶。但我辈为中华国民,但知利我朝国,何为为敌助势?前自国体问题发生,我公主张君宪,首先签名,弟等为利国起见,亦从其后。近闻我公顿翻前意,反对君宪,似与敌国政策相同。弟等素服我公为磊落奇才,断不为此,但人言可疑,盛名可惜。请早日回京,共维大局。至外交方面,现已就绪,正在会商承认。政客挑拨,报纸流言,幸勿轻信。弟等爱国爱公,爱不尽言,请利图之。孙武、蓝天蔚、蒋尊簋、蒋作宾、唐在礼。(《孙武蓝天蔚蒋尊簋蒋作宾唐在礼致蔡锷电》,《申报》1915 年 12 月 30 日,第十版)

是年 蓝天蔚与蔡锷营救张秀全。张秀全死后,为之备棺殡葬。

《洪宪惨史》:江苏当局因援救无效,遂于十一月某日解秀全到京,交由京畿军政执法处审问。是日午后二时,予正与罗君伟章谈话。值班者告予等曰,今天上海又解到一个重要差事,或者押在乙号笼里来。少顷,值班者扶一人入。身着西服,血迹犹存。向前与予握手，予大惊讶。始悉即予之同志张君秀全也。晚饭后，秀全详述其被捕始末。同难中人莫不发指。连日堂讯数次。问官故意周纳，性命几濒于危。幸蔡松坡蓝天蔚等纷电营救，始得稍延时日。泊十二月二十五日，云南起义，松坡通电讨贼。袁世凯以衔恨松坡者，迁怒于秀全。至此遂不免于难矣……闻其尸骸，当由蓝天蔚等备棺殓葬。（王建中著、焦静宜选录标点：《洪宪惨史〈军籤军政执法处冤狱录〉》，来新夏：《北洋军阀》第二册，上海人民出版社 1993 年版，第 573 页）

是年 蓝天蔚与严修等来往。

《严修年谱》谓：1915 年来往人物特多，择其要者有王揖堂、梁启超、孟宪彝（字秉初，直隶人，时任吉林巡按使）、唐宝森、王印川（字月波，河南人，国会议员，时任参政）、王士珍、王树枏（字晋卿，直隶人，清末任甘肃、新疆布政使，时任参政，古文家）、李岳瑞（字孟符，陕西人，先生同年）、戴锡章（字海珊，曾著《西夏事略》）、沈钧儒、袁希涛（字观澜，直隶学务公所旧人，时任教育次长）、汤化龙、唐绍仪（在沪见面）、张元济、高梦旦、蒋维乔（均在沪见面）、彭翼仲（北京报界）、王正廷、蓝天蔚、宝熙（时任参政）、章钰、章元善（钰子）、言敦源、李家驹、黄炎培（黄自美考察教育回国，来津讲演，与公长谈多次），皆旧识也。（《严修年谱》，第 348—349 页）

△ 本年有谓蓝天蔚回鄂反袁。

姜克夫谓：1915 年，袁世凯称帝，蓝即回鄂反袁，宣布独立。（《中华民国史资料丛稿·民国军事史略稿》第一卷，第 128—131 页）

陶希圣谓民四蓝天蔚与王天纵潜往鄂西，共谋反袁。

文谓：民国四年春初，我随父进京，考进北京大学预科为旁听生。我父由草厂二条黄冈会馆迁居打磨厂福森堂。王天纵探悉他在此处，特地来访。他一见我父，就互执双手，相对大笑。他说："我在嵩县，打败了谢老道，一时无敌。谁知你的空城计把我吓跑了。谁说读书人不会打仗。我还没有和你打仗，不曾开一枪就先跑了。不打不相识，我们两弟兄是做定了。"

这年，王天纵潜往鄂西，与黎天才、蓝天蔚等共谋起兵讨袁。次年，他由鄂往四川夔府，势单力孤。（陶希圣：《记王天纵》，《辛亥革命史料选辑》下，第 273 页）

蓝天蔚在鄂西与王天纵反袁护国之事，散见于段剑岷、刘道平等材料①。不采

---

① 段剑岷谓：国父布置讨袁的军事计划，是统筹全域，先由西南发动，两粤策应，最后决定胜负，仍在中原。盖恐双方主力，相持于川湘之间也。对于河南湖北，特别重视。他与田梓琴往来上海，负联络责任。王天纵与蓝天蔚在豫鄂发难。四年十月，王天纵由北京逃出，与蓝天蔚分赴荆沙宛邓，联络旧部，组织民军。是年十一月，在鄂西会占领鄂西之三县，旋又夺取夔州（奉节县）府城，黔省党人黎天才亦率部加入，乃宣布独立。自称豫鄂护国联军，有众二万余人。一时声势大振。袁世凯之军之主力为第二师王占元部，第三师曹锟部，第六师马继增部，第七师张继尧部，第八师李长泰部，第十八师王汝勤部，原皆驻在湘北鄂南岳州（**转下页**）

信于此。一则雷同较多;二则护国、护法史事错误不少。因此段时间蓝天蔚史迹较为表面及模糊,故列于下注,聊备一说,以待新证。

（接上页）常德一带。见护国军入川,乃悉数调往鄂西,由曹锟指挥。夔州府扼长江之口,为入川门户首当其冲。总理密电谕王蓝黎坚守要口,阻遏北军。三峡天险,曹锟部不能飞渡。张敬尧马继增等部皆绕出侧面迂回鄂西,由川南入豫。王天纵等自四年十二月至五年一月下旬,苦守夔州府城月余之久,袁又派唐天喜、田作霖等旅,继续围攻,终被攻破。豫鄂讨袁联军以众寡不敌饷弹两缺全军覆没。总司令王天纵蓝天蔚皆城破自杀,黎天才下落不明。蓝王二先烈皆奉总理之命,护国讨袁。虽兵败殉难,未能成功。而阻遏北军主力达月余之久。使护国第一军占领川西川南,促成帝制崩溃,亦功不可没也。讨袁护国军之高级将领,阵亡殉国者,仅此二人,迄今未加褒恤,且湮没不彰,国史失之遗漏,又将何以告慰先烈于九泉,实属遗憾!（段剑岷:《王天纵蓝天蔚护国讨袁牺牲记段》,《畅流》第33卷5期,1966年,第6—7页）段剑岷在《辛亥河南革命轶事》中又谓:（王天纵）民四逃亡鄂西,与蓝天蔚、黎天才等起兵反袁,民五在夔府失败被害。(段剑岷:《辛亥河南革命轶事》,《辛亥革命史料选辑》下册,第263页)

刘道平谓:12月23日,云南蔡锷发"漾电","吁请取消帝制,惩办元凶"。几月间,四川境内,北洋军战不利。此为风向转变的临界点。民四八月袁逆劝进之筹安会成立,至是袁逆厚颜极欲一过皇帝瘾的狂妄野心,已昭然若揭。其时,国父所布置讨袁军事全域计划重心,原则上先由西南发动,两广响应,最后决战于中原。盖以当时袁逆在国内分布之兵力,只有如此筹策,才可操胜负之数的左券,最可虑之形势,为双方主力相持于川湘之间,旷日持久,以袁逆当时分驻川湘鄂间的重兵,大可趁机予以各个击破,而收分进合击之效,不久袁逆病死,情势大变,袁死黎继,蓝先烈与黎元洪有黄陂同乡之谊,至是乃有应聘各位总统府高级顾问,居住京华之间,为表示无长远作为,乃纵情声色,溷迹于醇酒美人之间,与老友杯酒联欢,西山北海,游迹迨遍!迨黎公下野,蓝先烈遂一愤而奔赴鄂西活动武力,相互约到鄂西会合,并占领鄂西三县为根据地,且进而入川攻占奉都府城的夔州,于是正式组织豫鄂护国联军,聚众二万余人,滇黔省党人黎天才亦率部远道来鄂西川边会师,于是声势更振,通电四出。其时袁逆在湘鄂间的重兵,一共有王占元得第二师,曹锟的第三师,马继增的第六师,张敬尧的第七师,李长泰的第八师,以及王汝勤的十八师,会计六个完整师,数约十万人的兵力,这支重兵,是经过训练有素的部队,战斗力之强,在当时国内,可说无出其右的,他们分驻在鄂南,湖北,岳州,常德一带。此时正值唐继尧蔡锷为首的护国军入川,上述袁逆各部乃悉数调鄂西,由曹锟统一指挥,如无阻拦,原可径直入川击溃任何地方甫经组成的雏形武力,无如入川必经过长江天险的夔州(奉节县),这是沿长江入川首当其冲的门户。当护国军发动之初,国父早有密电给致蓝先烈,严饬务竭全力坚守夔州,遏阻北军入川,故蓝先烈在鄂西组织武力成熟后,即以迅雷不及掩耳行动攻夔州。三峡原据天险形势,加以又有娴熟军事的蓝先烈善于利用防守,计自民四年十二月至民五年元月下旬共五十余日,蓝先烈与王天纵黎天才两先烈以不及三万劣势装备兵力,力阻曹锟十万雄狮无法飞渡入川。

兵贵神速,更贵在神速下捕捉战机。曹锟等重兵既已失时机,遂使护国军在川境大展雄威,获得全国各省一致拥护喝彩,迫使袁逆暴力政权毁于旦夕,其后张敬尧马继增等虽迂回鄂西,绕道侧面,自川南入渝,且派遣唐天喜、田作霖两旅生力军围攻苦守夔州之联军。蓝王两先烈皆于城破时举枪自杀,蓝未中要害,并以机智逃出网罗。蓝先烈在夔州城破之日,与王天纵先烈原同时举枪殉难,而王先烈固已然求仁得仁,蓝先烈却未中要害,未死于难。且迅即以急智脱困出险,间关返回鄂垣。(刘道平:《震撼清廷和北洋的蓝天蔚先烈》,《湖北文献》1968年第9期,第47页转第23页)

按:刘道平文中提黎公下野,时间有误。袁死为1916年6月6日,翌日黎即任总统。1917年6月,黎元洪引长江巡阅使张勋入京斡旋,7月1日张勋复辟,黎元洪被迫辞职。1922年6月,直系军阀曹锟、吴佩孚赶走皖系总统徐世昌,"法统重光"再任大总统。次年初曹锟贿选,逼黎下野。6月黎元洪辞职赴天津。作者所云战事既是自1915年12月至1916年元月,袁死是在此战事结束后半年。另据刘道所述,蓝此次战役中有自杀举动,有谓死于此役,有谓幸未致死;又谓王天纵则死于此役。王死为误,王实病死于1920年的护法战役中。

1916 年(民国五年　丙辰)　40 岁

1 月　云南都督唐继尧誓师讨袁。袁世凯以王占元为襄武将军,代张锡銮督理湖北军务。贵州护军使刘显世宣告独立,自任都督。

3 月　袁世凯废止"洪宪"年号,仍以本年为民国五年。护国军提出停战条件,要求袁世凯即日退位。

4 月　广东将军龙济光宣布独立。

5 月　四川将军陈宦电劝袁世凯退位,并宣布与袁世凯断绝关系,改称四川都督,宣布独立。护国军军务院成立于肇庆。陕北镇守使陈树藩在蒲城宣布独立,称陕西护国军总司令。孙中山发表二次讨袁宣言,强调尊重约法。湖南将军汤芗铭宣告独立,改称都督。

　　　　陈其美在上海被刺殒命。

6 月　袁世凯死,黎元洪就任总统,段祺瑞为国务总理,废国务卿。

7 月　北京"军人同德会"成立。

　　　　特任王占元暂兼署湖北省长。

8 月　任熊克武为重庆镇守使。

9 月　任唐继尧暂兼代云南省长。

10 月　总统选举会补选冯国璋为副总统。

　　　　黄兴病逝。

11 月　蔡锷卒于日本福冈医科大学病院。

2 月 26 日(一月二十四日)　《申报》载北京电:在泸州之第二旅长熊祥生[①]升任师长并封男爵,闻因熊前与张绍曾蓝天蔚等有关系,故特加以优遇。(二十六日,《申报》1916 年 2 月 27 日,第三版)

5 月 4 日(四月三日)　蓝天蔚被任为达威将军。

---

① 熊祥生,湖北安陆人。毕业于保定军官学校、日本士官学校。陈宦督川时,任川军旅长。曾任湖北烟酒公卖局局长、湖北财政厅长、水警厅长。

《政府公报》载政事堂奉策令,特任蓝天蔚为达威将军。此令。大总统印。中华民国五年五月四日。国务卿、陆军总长段祺瑞。

(《政府公报》第八十六册,第147—148页)

5月12日(四月十一日) 蓝天蔚为授达威将军上呈谢悃。

《政府公报》载:大总统批令:上将衔陆军中将蓝天蔚呈,奉令特任达威将军,敬陈谢悃由。呈悉。此批。大总统印。中华民国五年五月十二日。国务卿段祺瑞。(《政府公报》第八十六册,第416页)

5月15日(四月十四日) 蓝天蔚觐见袁世凯。见《政府公报》载觐见大总统人员衔名单中:

陆军部觐见官四员:

达威将军　蓝天蔚

翊威将军　蒋作宾

陆军次长　傅良佐

将军府参军　万德尊(《政府公报》第八十七册,第87页)

5月20日(四月十九日) 报载政府特派蓝天蔚办理直鲁联防事宜。

天津《益世报》谓:北京电云,政府近有特派蓝天蔚办理直鲁联防事宜之说,此项明令日内即可发表。(译《天津日报》,《蓝天蔚办理直鲁联防》,天津《益世报》1916年5月20日,第二版)

5月24日(四月二十三日) 报载蓝天蔚被派为六省联防使。

《申报》谓:北京电。昨开重要府议,已决者五:六省联防使案,定派张锡銮、马龙标、段芝贵、蓝天蔚、倪嗣冲、蒋作宾;巩固两湖防务案,或谓回川省北军,或湘鄂联防,先征汤王意见;维持秦晋甘新案,先派何宗莲调查;防止东三省某项要案,派陈钰赴奉磋商;热察绥联防案,派张绍曾与各统协商。(《申报》1916年5月24日,第二版)

5月(四月)前 蓝天蔚寓书陈宦,劝其反袁。

沃丘仲子谓:不数月而洪宪祸作,(陈宦)是时能竖帜讨袁,成就当在蔡锷上,而赞成戎幕者,皆贪慕势位。宦方有所规画,遽谏以袁力已弥,中国背之非福,设计而不胜,太夫人已大耄,能从公跋涉逃至外洋耶?宦素孝,竟为所惑。世凯封以侯爵,殊不辞。蔡锷、刘存厚起义,力筹战守。时督北师入蜀者为曹锟,陈宦异姓昆弟也,益为备后援。然北军殊与蜀人水火兵祸连结,不可解。元洪及蓝天蔚等咸寓书,劝其反正[①]。乃电劝袁氏退位息争。(沃丘仲子:《陈宦》,《当代名人小传》卷下,《近代

---

① 按:可指出的是,时蓝天蔚岳丈邓文瑗为陈宦幕僚。邓日浩、邓日训、邓日谟谓:先父随汤(转下页)

《中国史料丛刊三编》第 8 辑，第 42 页）

6 月 9 日（五月九日）　赣省防务吃紧，蓝天蔚受中央令督师来赣，帮办军务。

《申报》谓：湖南独立后，赣省防务又吃紧一层，昌武将军李纯之态度人所共知，无如财政支绌，军事棘手，而民党又一再投函要求宣布独立。日前军械局忽有人纵火，发现炸弹两枚，附近居民遍经搜检皆无违禁物品，且该处防范异常严密，乃竟发生此等事件，是危机之伏已可概见。且中央又纷派大军来赣，意在以武力解决，惟李始终以和平主义昭告赣人，从无主战之宣。即此次南京大会议，江西代表之意见亦不主张武力，不谓唐天喜既奉中央命令率军来赣，驻扎萍乡，刘跃龙又将拨队前来，并指定永新宁冈遂川三县为该军驻防地点。李审察大势，颇以为不然，拟以一去为两全之计。是以日前特电请辞职。闻中央已复电慰留，劝勿遽萌退志，一说谓并令蓝天蔚督师来赣，帮办军务，未知确否？赣南战祸恐即在目前。（《北军到赣后之危机〈南昌通信〉》，《申报》1916 年 6 月 9 日，第六版）

7 月 12 日（六月十三日）　屡有蓝天蔚任山东将军之说，事实未成。

《申报》谓：新任山东省长孙发绪业于 7 日晚间收到明令，此间人士揣测之词因之纷起。兹录纪如左：湖北人之在总统府极欲发展湖北势力，于全国山东为南北咽喉，京师门户欲固地位，势所必争，自不能不先人著鞭。从前屡有孙武、蓝天蔚任山东将军之说，事实未成，而今又以孙氏掌山东之民政，则孙之来东，其第二原因即为其结果无疑矣。以上所述即山东一般人士之观测也。（《孙发绪来东之揣测》，《申报》1916 年 7 月 12 日，第七版）

7 月 15 日（六月十六日）　传蓝天蔚为山东旅京同人拟举荐接替张怀芝任山东都督；又传蓝天蔚与靳云鹏、田中玉等联名请愿政府，并电驻沪山东议员主持，希望各方妥协，解决鲁省问题。

《申报》谓：昨日（十号）午后三时，山东参议员张鲁泉承大总统之招，邀同众议员史泽咸、农商部佥事魏宗莲诸君晋谒大总统，谈话良久。所谈大致居正、吴大洲不日可得调京之命令，其民军军队可核实编制，受督军指挥，愿退伍者听。有政治智识者，省长负调剂之责，并担任筹办善后款项等事。至于张怀芝督鲁一节，闻该省公民反对者较前尤烈。现有鲁绅张汪两君拟联络商学各界，推举代表赴京晋谒

（接上页）总长去职入川，充陈督顾问，值蔡松坡起义，袁对陈督疑忌实深，别遣曹锟、张继尧主军事……陈督左右悉袁党羽，先父调和数月，始联合一致，宣布独立，袁瓦解。（邓曰诰、邓曰训、邓曰谟：《哀启》，《邓云溪先生讣告》）陶菊隐谓：陈宦当时的心腹幕僚有张翙、邓文瑗、胡鄂公、何积祜等。邓文瑗为蓝天蔚岳丈。1916 年 5 月 22 日，陈宦登出宣布独立的电报。这个是由邓文瑗起草的，"自今日始，四川省与袁氏个人断绝关系"这一句，却是陈自己加进去的。（《洪宪帝制和护国战争时期 1913—1916 年》，陶菊隐：《北洋军阀统治时期史话》第 2 册，生活·读书·新知三联书店 1957 年版，第 223 页）

元首,面陈张氏在鲁之劣迹,并要求中央更易贤员。据在北京政界消息,鲁督问题之呼声最高者为靳云鹏、田中玉、蓝天蔚及曲同丰诸氏。惟山东旅京同人多数意见,咸以山东民军外交各方面颇难融洽收拾,以上诸人中求与各方皆妥协者,则实无过于蓝天蔚氏。闻已联名请愿政府,并电驻沪山东议员一律主持,想政府现正安抚人心,尊重民意,鲁督问题不日当即可解决。(《鲁事有解决希望》,《申报》1916 年 7 月15 日,第六版)

7 月 24 日(六月二十五日) 传蓝天蔚将为山东督军。

《香港华字日报》二十四号上海特电:纷传蓝天蔚将为山东督军。(二十四号下午四点上海特电)(《香港华字日报》1916 年 7 月 25 日,第一张二页)

《香港华字日报》二十四日报社公电:蓝天蔚将任为山东督军。(《香港华字日报》1916 年 7 月 25 日,第一张二页)

7 月 26 日(六月二十七日) 蓝天蔚撰文恭祝北京《国风日报》复刊。(《国风日报》1916 年 7 月 26 日,第二版)

8 月 3 日(七月五日)是日 朱瑞①死,蓝天蔚曾书挽联。

后 1918 年 4 月 20 日,朱瑞下葬。有《朱兴武将军哀挽录》传世。上有蓝天蔚所书挽联②。(《哀挽录乙编》上,张世桢编:《朱兴武将军哀挽录》,1916 年,第 17 页)

8 月 24 日(七月二十六日) 报载:政府拟调甘肃督军张光[广]建来京,蓝天蔚有继任希望。(《甘督拟任蓝天蔚》,上海《民国日报》1916 年 8 月 24 日,第二版)

是年夏 时人以蓝天蔚等名字题诗。

丙辰(1916 年)夏日,项城死,黄陂继,共和再造,南北消兵。老彭集当代显者姓名成七律以鸣其盛云:海宴河清陈锦涛,蓝天蔚起五云高。西周骏足九州满,南顾鳌天一柱牢。百斛鼎成金永铸,千寻锁断铁良烧。莫谈人风今寥落,此日黎元洪盛朝。

又藤花阁主人程夔夔先生亦仿其体而成两律云:新晴雾彻蓝天蔚,风皴波纹陈锦涛,雷震春畅虫启蛰,谷锺秀气凤鸣皋。巧乘骥足腾周骏,快夺龙标占顾鳌。李映芳从罗锦织,张勋奏捷变新朝。世续勋爵思陈宧,代衍云礽庇荫昌。霖雨望隆孚沈沛,圭璋品重仰端方。德兴炎武刘瞻汉,文炳神尧王揖唐。龙济光华辉复旦,蔺芬桂馥伍廷芳。恰好有此现成名字以组成其奇妙之文章,可作变体之《缙绅录》

---

① 朱瑞(1883—1916),字介人,浙江海盐人。毕业于南洋陆师学堂。历任浙江督练公所参谋处参谋、步兵第二标执事官。1909 年调任安徽督练公所参谋处提调兼测绘学堂监督。次年返浙,先后充步兵管带、标统。浙江光复后率浙军参加攻克南京之役。民国后历任第六师长、第五军长、浙江提督兼民政长等职。1912年北洋政府授陆军中将加上将衔。

② 《蓝天蔚挽朱瑞》,详见附录一"蓝天蔚著述"。

读。（范范、左青：《古今滑稽诗话》，会文堂新记书局 1938 年版，第 37—38 页）

9 月 10 日（八月十三日）　报载，蓝天蔚被任为库伦办事长官。

北京电，库伦①办事长官有任蓝天蔚说。（《申报》1916 年 9 月 10 日，第二版）

上海《民国日报》载：陈文运不敢赴任，托词母老留养辞职，库伦办事长官将简蓝文[天]蔚。（《将以蓝秀豪代陈文运》，上海《民国日报》1916 年 9 月 10 日，第二版）

9 月 13 日（八月十三日）　蓝天蔚、邓观智夫妇育一女，名蓝五福②。

9 月 14 日（八月十七日）　蓝天蔚为段祺瑞荐为库伦办事长官。国务会议一致同意，蓝天蔚以书函婉拒就任。

《申报》谓：库伦办事长官陈文运人地颇不合，适政府已决予以更调。其所拟之继任人物，经段总理特将达威将军蓝天蔚提交国务会议，各阁员亦一致同意，并呈请总统矣。总统接到是项呈文后，当即传见蓝氏。惟蓝氏适在津未归，总统复遣人至津相招，前日蓝氏返京后，遂往公府叩谒。总统即将总理提交会议业经阁员赞同等等举以告语。蓝氏当面并未作如何之表现，及晤毕退归，乃于昨日十四号，以书函婉辞，托国务院参议陈绍唐转呈总理。闻总理以蓝氏既不愿就，亦不便过于相强，此议即命作罢。但库伦长官一席，其势又不能不急为物色一合宜之才，以绥边陲。刻下复由总理预拟两人，一为蔡济民，一为杨缵绪，二君同为陆军中将，而杨更为日本士官学校肄业生，在前清湖北总督张文襄部下统兵有年，并曾任新疆喀什提督。说者谓此番提出，终当以杨君之希望为大。（《库伦办事长官之继任者》，《申报》1916 年 9 月 18 日，第六版）

9 月 19 日（八月二十二日）　蓝天蔚等七将军在将军府裁撤后将分别给予位置。

《申报》谓：此次政局更新，将军府官制虽未明言裁撤，但几于无形取消。所有各将军之未发给薪俸已及四个月之久。兹探闻，政府以该府官制终难存在，拟将该府所任命各将军除已有他项重要职差者外，一律分别位置，以便即日为裁撤明令之公布，而将军府自设置以来，所任命各将军，除督理各省军务之冠有武字称号者外，其在内之冠有威字称号者，计为建威上将军段祺瑞、振威上将军张锡銮、昭威将军蔡

---

①　库伦，今乌兰巴托。清代为土谢图汗部中旗驻地。辛亥革命后，八世哲布尊丹巴在沙俄支持下策动乌里雅苏台（外蒙古）独立。1915 年，哲布尊丹巴接受袁世凯的册封，取消独立，改为自治。1919 年，徐树铮率北洋政府军进占库伦，取消外蒙古自治。1921 年，蒙古革命成功，建立君主立宪制政府，库伦为首都。1924 年，在苏俄控制下，蒙古人民革命党取代了蒙古王公和活佛的统治，脱离中华民国，建立蒙古人民共和国。

②　蓝五福（1916—1973），又名蓝淑芬、蓝晓蔚。以晓蔚名行世。毕业于天津天主教女中，1936 年前后与四川罗毅撖结婚生四子女。即罗肇华、罗肇慧、罗肇岷（"文革"中易名蓝煜）、罗肇岚。1951 年，参加华东革命大学对旧知识分子的培训，曾任职于南通海安银行、启东大江中学。病逝于 1973 年农历十二月一日。

锷、锡威将军张凤翙、宣威将军蒋尊簋、靖威将军蒋雁行、达威将军蓝天蔚、奋威将军丁槐、翊威将军蒋作宾、义威将军孙武、绥威将军那彦图、毅威将军胡景伊、克威将军杨善德、虎威将军曹锟、震威将军雷震春、卓威将军朱庆澜、果威将军靳云鹏等,其中除不愿再就职差及兼有他项重要职差者外,而应予分别位置者为张凤翙、蒋尊簋、蓝天蔚、丁槐、孙武、胡景伊、靳云鹏等七将军,目下政府正在分别筹拟之中,不久即当次第发表。(《撤裁将军府制之预备》,《申报》1916 年 9 月 19 日,第三版)

9 月 25 日(八月二十八日) 传蓝天蔚、蒋作宾、哈汉章、唐继尧、刘显世等组织武装护法会,与徐州会议对峙。

北京电:蒋作宾、哈汉章、蓝天蔚、唐继尧、刘显世、戴戡、罗佩金、陆荣廷、萨镇冰、李鼎新①等诸要人最近组织武装护法会,以与徐州会议之十三省同盟诸人相对峙,专以维持国会,拥护中央为主旨。其本部有设于上海或广东之说。(二十五日东方通信社电)《申报》1916 年 9 月 26 日,第二版)

《香港华字日报》载:传闻蒋作宾、哈汉章、蓝天蔚、唐继尧、罗佩金、刘显世、戴戡、陆荣廷、萨镇冰、李鼎新等组织护法会于上海或羊城以对待徐州会议。(二十五号下午六点钟上海特电)《香港华字日报》1916 年 9 月 26 日,第一张二页)

《香港华字日报》同日又载二十五号报社公电:传闻蒋作宾、哈汉章、蓝天蔚、唐继尧、罗佩金、刘显世、戴戡、陆荣廷、萨镇冰、李鼎新等组织护法会以抵抗徐州会议。(《香港华字日报》1916 年 9 月 26 日,第一张二页)

《申报》又谓:近日不有所谓武装护法会发现乎?报传萨镇冰、哈汉章、唐继尧、陆荣廷、蒋作宾、蓝天蔚、刘显世、戴戡、罗佩金、李鼎新等诸要人所发起。记者昨晤张勋之军需课长万弼臣(即此次派为各省区代表之招待员),据云,武装护法会即成城团之变相也,主脑之人实为江南某巨公。某巨公之代表何某日前来徐,即大宴各省区代表三次,暗中极力敦促各省区代表赴宁。各省区代表恐重蹈今春南京会议之覆辙,多辞,不肯往。现只有鄂赣鲁等五省代表被何勉强拉去,是否又已加入某巨公之武装护法会,则尚属一疑问云云。此万某亲告记者之言。是否确实,记者援有闻必录之例,揭之以告国人。赣鄂苏三督军昨来电质问,攻唐少川电,究系何人代为签名?(《申报》1916 年 10 月 2 日,第三版)

10 月 6 日(九月十日) 蓝天蔚奉命遣归旅京鄂人。

① 李鼎新(1861—1930),字承梅,福建侯官人。毕业于福建船政后学堂、英国格林威治海军学院。历任北洋舰队右翼中营游击,充定远舰副管带、海军正参领、军法司司长、海军总司令、北洋政府海军总长。北洋政府授海军上将、曜威上将军。

《申报》载"北京电"：元首据汤化龙等呈称旅京鄂人久客非计特自捐资，每名十元派蓝秀豪等遣归。（《申报》1916 年 10 月 6 日，第二版）

10 月 8 日（九月十二日）　蓝天蔚致函《申报》，澄清未参与武装护法事。（《蓝天蔚来函》①，《申报》1916 年 10 月 8 日，第 11 版；《顺天时报》1916 年 10 月 5 日，第七版）

10 月 10 日（九月十四日）　蓝天蔚参加国庆典礼。

李定夷《民国趣史》中谈及"1916 年共和之重光北京之真国庆"：国庆前数日，都中满城风雨，恰是重阳天气。及国庆节则天朗气清，惠风和畅，旭日当空，浮云尽扫。清晨六七钟时，正阳门大街，马路两旁，军警森立。各界人士拥于店肆之前，万头攒动，争看黎总统颜色。只见白缨紫缨，蓝衣黄衣，马队步队，佩剑荷枪，陆续前行，绵亘十数里，约计五六千人（是日北京各军齐往与操数共三万余，已于前两夜间开往南苑）。兵队过后，又见各高级军官孙武、蓝天蔚、荫昌、江朝宗等过去。（李定夷：《民国趣史》，江苏广陵古籍刻印社 1998 年版，第 1—2 页）

10 月 18 日（九月二十二日）　《申报》载：拟派尹昌衡、蓝天蔚赴蜀调查战事真相。（"北京电"，《申报》1916 年 10 月 18 日，第二版）

10 月 22 日（九月二十六日）　传蓝天蔚、杨缵绪被任命为甘肃督军，段祺瑞不予承认。

《申报》谓：旅京甘肃同乡日前因该省省长问题公推参议员魏克庄君、万宝成君、众议员周之翰君、祁连元君、张唯君等晋谒段总理。（中略）继由周议员问，外间传闻政府有任命蓝天蔚、杨缵绪为敝省督军之说，此事不知确否？总理略为摇首，曰：断无断无，现时虽有运动外省督军省长者，政府亦须择人。惟我国人才缺乏真正人才，三次五次聘请尚不容易出山，而不成人才者倒四出。你们想想督军省长关系一省，何等重要。我们政府何可轻加任命，以失国家威信。周议员曰：总理之言为政治上根本之论，同人等几位佩服，唯敝省九百万同胞受张督军涂炭，如坐针毡，张督军一日不去，吾甘同胞一日不安，深望贵总理早日更换，速简贤员。（《甘省代表晋谒段总理记》，《申报》1916 年 10 月 22 日，第六版）

10 月 23 日（九月二十七日）　蔡汉卿②、黄申芗③、戴鸿丙④、钟鼎等联名要求，

---

①　《蓝天蔚来函》，详见附录一"蓝天蔚著述"。

②　蔡汉卿（1881—1952），号希圣。湖北沔阳人。投武昌南湖炮队八标当兵。后加入共进会，充营代表。武昌首义，集合兵员进攻标本部及进攻湖广督署。历任荆宜安抚使、第七协统领、第四镇统制。1912 年北洋政府授陆军中将。

③　黄申芗（1884—1941）　名少骧，又名绍乡、绍香，字圣养，湖北大冶人。投湖北新军第三十二标当兵，参加日知会。组织湖北军队同盟会。加入共进会。武昌起义，任民军第十四标统领、近卫军第二协统领。因密谋讨袁而泄露，东渡日本，加入中华革命党。后任北京陆军部咨议员、湖北靖国军蓝天蔚参谋长。

④　戴鸿丙，曾任职于鄂军政府战时总司令部军事科。

蓝天蔚作为代表晋谒总统,处置旅京鄂党人之遣散问题。

《申报》谓:自黎总统继任元首后,鄂人之赴京谋事者甚多,现闻京中各会馆调查几达三万人,内中以退伍军人居大部分。其得援引获一官半职者,固属有人;而请谒无路进退俱难者,实居多数。闻大总统以此辈非属同乡戚友,即系旧日部属,早即与段总理筹议所以安置之策,未有结果。现旅京诸寓公以时近冬寒,窘蹙万状,慨然动远游思归之志,乃推蔡汉卿、黄申芗、戴鸿丙、钟鼎等联名要求蓝秀豪君代表晋谒总统,缕陈旅京同乡苦况,谓此辈多系起义军人。虽非尽娴军旅,要非尽属无能,曩经解散归田原抱功成身退之旨,嗣因袁氏盗国政治不良,故复出而运动二三次之革命。今若一概遣送回籍,诚恐愤激生变。拟请调查人数造具清册、履历,择其确有军事知识或富有政治经验者,交部录用。其学术稍逊者,则优给川资送回原籍,以免流落。闻总统已经首肯,现正与陆军内务二部长商议所以安置之策。其余则各给二十元及车票遣归矣。武汉未散之党人现闻尚近万数,均称上次所给解散费并未领得分文,要求官厅筹款再办资遣。王督军坚执不允。汉口商界诸领袖为地方治安计,以聚此无数失业青年无衣无食,设一旦铤而走险,吾商界实受其害,今官厅既因财难无法维持,吾商界碍难袖手旁观,查上次解散党人因官款不敷,曾由商会借垫三万四千元,现闻财政厅已预备筹还,拟请商会慨捐此款移充第二次遣散费,以期裨益大局,但闻财厅虽允筹还前款,然附有商会须募足五年公债之要求,是此款之归还与否,须以公债是否足额为断,际兹商力困窘,商会殊难处置也。(《京党鄂人遣散问题》,《申报》1916 年 10 月 23 日,第六版至第七版)

10 月 27 日(十月一日) 蓝天蔚等公呈总统,筹资资遣旅京湖北党人回籍。谓两湖民党诸人自辛亥起义以来,或从事戎行备尝艰险,或厕身政界曾效勤劳,而解甲已久,归农未能,流落京师,告贷无门。恳大总统筹给一款,以为送回原籍之资,使其各安其业。

《申报》载:何海鸣、唐成章两氏日前由汤议长化龙介绍晋谒总统,面陈民党诸人困守京师,旅费久尽,告贷无门,拟请加恩,筹给一款,以为送回原籍之资,俾得各安其业,免致穷无所归。总统甚为嘉纳。因念民党奔走国事有年,自当登用,以酬其劳。惟民党中多系军界。□何唐二君已奉总统面谕,与蓝上将天蔚统筹一切。第一层办法:先送陆军部甄用,其余再行分别妥筹办理,并闻汤化龙、何海鸣、蓝天蔚、唐成章等昨又上大总统公呈。其文曰:(略)①(《旅京党人之呼吁》,《申报》1916 年 10 月 28 日,第六版)

---

① 《汤化龙何海鸣蓝天蔚唐成章等上大总统公呈》,详见附录一"蓝天蔚著述"。

11 月 30 日(十一月六日)　传蓝天蔚被任命为甘肃省督军的决定已在内阁中通过。任令起草完毕后发往总统府，然终未出台。

英文《京报》载：有关任命蓝天蔚将军为甘肃省督军的决定在几天前的内阁会议中通过；不久之后相关任令已起草完毕并发往总统府。如今已过去了好几天，任令仍未正式出台。据推测，在此期间发生了"一些事情"。（杜璇译：《蓝天蔚将军任命延迟》，英文《京报》1916 年 11 月 30 日，第 7 版）

12 月(十一月)　蓝天蔚发起创办同德俱乐部。

据《北京档案史料》：同德俱乐部，设西河沿南排子胡同，以联络感情、研究学识为宗旨，由蓝天蔚发起创办。1916 年 12 月成立，12 月 29 日批准备案。负责人蓝天蔚。（于彤、徐琰：《北洋政府时期北京报刊通讯社》，《北京档案史料》，1990 年第二期，第 58 页）

《同德杂志》第一期印有同德俱乐部部员录

陈　宧	孙道仁	蓝天蔚	尹昌衡
柏文蔚	汤芗铭	张　彪	杨缵绪
唐克明	杜锡钧	萧安国①	蔡汉卿
窦秉钧	刘一清	季雨霖	王隆中
覃师范	邓汉祥	马宙伯	吴醒汉
王安澜	邓玉麟	伍祥祯	高尚志
吴兆麟	胡龙骧	张　钫	黄汉湘
陈从义	陈　干	洪承点	黄申芗
龚光明	萧展舒	罗鸿升	王丙坤
王永泉	陈镇藩	冯嗣鸿	陈　仪
石龙川	杜邦俊	张　毅	姚鸿法
万廷献	敖正邦	潘协同	黄大伟
杨时杰	蒋义明	胡祖舜	李作栋
陈培龙	张明远	王彭年	陈雪岑
黄汇源	冯振坤	陈宝书	熊炳坤
萧国宝	蒋正源	姚金镛	余明铨

---

① 萧安国，湖北汉阳人。江西督军蔡成勋的部属，曾任陆军第十一师第二十一旅旅长、江西赣西镇守使等职。北洋政府授良威将军。

戴鸿秉	张正奎	饶景星	王天佑
杨穆生	毕公杰	余荣春	蒋 超
钟鼎基	罗人凤	王金山	童正爵
谭承绪	黄毓成	龚伯龄	陈家琛
何正权	许 黾	萧幼垣	谢武刚
彭绍龄	吴炳衡	陈世镛	许宝蘅
赵家蓄			

(《同德》杂志社编:《同德杂志》1917 年第一期,"选件"一、二)

12 月 1 日(十一月七日)　蓝天蔚书挽联、赠花圈,追悼黄兴、蔡锷之死。

《国风日报》(1916 年 12 月 2 日)报告《追悼大会记事》:是日午时,中央公园开追悼大会,各界吊者甚多,东西长安门各树彩坊,园门以及各路曲折处均有彩坊,大小不等。路旁松柏,满张挽联,圜丘上设花亭,中供黄、蔡两先生遗像,为蓝上将天蔚等数人所送。(曾业英编:《蔡锷集》二,湖南人民出版社 2008 年版,第 1535 页)

12 月 10 日(十一月十六日)　蓝天蔚以同德俱乐部名义致电湖南督军谭延闿,推派孙道仁到湘致祭黄兴、蔡锷。

长沙谭督军鉴:黄蔡二公营葬,公请孙君道仁来湘代表致奠。同德俱乐部蓝天蔚、唐克明、尹昌衡暨同人叩。蒸。(《与唐克明尹昌衡等致长沙谭延闿电》,1918 年 12 月 10 日,《黄蔡二公事略》编辑处编:《黄克强先生荣哀录》,1918 年长沙出版,第 23 页)

12 月 28 日(十二月初四日)　《申报》载,蓝天蔚督甘闻已成熟。(《申报》1916 年 12 月 28 日,第二版)

是年　蓝天蔚与严修、袁克文等来往。

《严修年谱》:中华民国五年丙辰(1916 年)五十七岁

是年往来人物:旧识有岳干斋(盐业银行经理)、江瀚、周馥、李家驹、张一麐、言敦源、熊希龄、徐世昌、汤尔和、蓝天蔚、马良(回族,时任济南镇守使),新知有孙庆泽(小学教师,后任师大第二附小主任多年)、张春霆(时任部视学,后任湖北教育厅长)、黄二南(以舌画名)等。(《严修年谱》,第 357 页)

1917 年(民国六年　丁巳)　41 岁

1 月　安徽督军张勋、省长倪嗣冲邀各省代表自南京到徐州,举行第三次徐州会议。

3 月　北京政府宣告对德断绝外交关系,收回天津、汉口德租界,停付赔款与欠款。

4 月　举行故勋一位陆军上将黄兴、蔡锷国葬。

各省督军及代表应段祺瑞召,相继到京。

川滇军在成都混战,四川省戴戡调停川滇军之战无效。

5 月　免国务总理兼陆军总长段祺瑞职,外交总长伍廷芳暂行代理国务院总理,张士钰代理陆军总长。

陕西督军陈树藩、河南督军赵倜、省长田文烈宣告与中央脱离关系。浙江督军杨善德、省长齐耀珊宣告独立。奉天督军兼省长张作霖宣告与中央脱离关系。山东督军兼省长张怀芝、黑龙江督军兼署省长毕桂芳、帮办军务许兰洲宣告独立。

6 月　黎元洪召安徽督军张勋来京,共商国是。直隶督军曹锟、省长朱家宝、福建督军李厚基、上海护军使卢永祥、第二十师师长范国璋宣告与中央脱离关系。黎元洪下令解散国会。张勋率部自徐州抵达北京,调解争端。

7 月　张勋拥清宣统帝复辟。总统黎元洪避入日本使馆,通电各省出师讨伐张勋。黎元洪特任段祺瑞为国务总理,便宜处理,准李经羲去职,并电请副总统冯国璋暂代大总统职务。程璧光以海军总长名义自上海通电讨伐复辟。段祺瑞通电讨伐张勋,并宣布就国务总理职。讨逆军进入北京,张勋逃入驻京荷兰公使馆。宣统第二次退位。国务总理段祺瑞入京视事。黎元洪通电去职。

8 月　北京政府布告对德奥宣战,并照会驻京各国公使。

唐继尧组织靖国军,自任总司令。

莅粤国会议员在广州开非常会议,吴景濂为议长,商组织政府。

9 月　广州国会非常会议举孙中山为军政府海陆军大元帅,2 日,举唐继尧、陆荣廷为元帅。孙中山在广州就大元帅职,宣言勘定内乱,恢复约法。陆荣廷召开军事会议,决定出兵湖南。北洋政府调任熊克武为川边镇守使。护法战争在湖南南部正式爆发。长江三督李纯、王占元、陈光远提出解决南北问题意见,停止湖南战争。11月18日再次通电,请撤兵,提出和平之意见。

12月　湖北第一师师长石星川在荆州宣告自主。襄阳镇守使兼第九师长黎天才宣布独立,称鄂省靖国联军总司令。唐继尧任滇黔川三省靖国军总司令。荆州靖国军石星川败长江上游总司令吴光新部于宜昌。

1月(丙辰十二月)　蓝天蔚发表挽黄兴联。(《蓝天蔚挽黄兴》[①],《丙辰》杂志社编:《丙辰》1917年1月第2期,第11页)

1月10日(丙辰十二月十七日)　蓝天蔚等呈准黎元洪总统,鄂籍军人上年赴京投效者,择其才学可用者交陆军部设法安置,其余分批资遣回籍。

《申报》载:湖北起义伤军当黎总统在鄂时极蒙优待,特设伤军养济院,每名月饷十元。嗣因涉谋乱嫌疑解散,仍咨请中央优予抚恤。每名年给一百元,以身故为止。惟袁氏时代搁置不理,各伤军遂复团集于省垣,结为乞丐团,时至军署哀求。迁延至四年底,始由段芝贵咨部议定,改为援照辛亥阳夏战役北兵伤亡抚恤例,给予年抚金三年(兵士年四十五元)。上年黎总统继任,各伤军复上书祈恩。并推代表入京要求,蒙批交院部核议。兹闻已由陆军财政二部议覆,准予规复二年黎总统在鄂所定恤案,以示优异。又闻鄂籍军人上年赴京投效者不下二万人,旅京日久,经蓝天蔚等呈准大总统,择其才学可用者一千余人,交陆军部设法安置,其余分批资遣回籍,现由京汉路输送,尚未完竣,其交部者则由军衡司,取具各该员履历。第一批核定四百十九员,已分发各师旅差遣。兹闻其第二批五百零七人又经军衡司分别考试,其由武备将弁各校肄业者,只验文凭委札,即定去取。由各师旅行伍出身及武普通中学讲武堂毕业者,则须考试学术。现经揭晓有陈琇章等七十三人,以资格不合,资遣回鄂。(《优待军人》,《申报》1917年1月10日,第六版)

1月28日(一月六日)　蓝天蔚赴黎元洪总统怀仁堂宴会。

《申报》载:日昨(二十八)正午十二时,大总统在怀仁堂宴会年班蒙古王公、经班喇嘛。其与宴人员计:

一、蒙古亲王(略);

二、蒙古郡王(略);

---

① 《蓝天蔚挽黄兴》,详见附录一"蓝天蔚著述"。

三、贝勒(略);

四、贝子(略);

五、公爵(略);

六、呼图克图喇嘛(略);

七、特简任官为段祺瑞、伍廷芳、范源廉、陈锦涛、程璧光、张耀曾、谷锺秀、许世英、王士珍、庄蕴宽、董康、孙宝琦、贡桑诺尔布、张国淦、赵尔巽、刘式训、张志潭、殷汝骊、李思浩、张士钰、傅良佐……丁槐、胡景伊、蓝天蔚、靳云鹏、陈光远、蔡成勋、张永成等二百四十六员。当时所演戏剧有:谭鑫培之《珠帘寨》、杨小楼之《长阪坡》、俞振廷之《艳阳楼》、梅兰芳王凤卿之《武家坡》,临时增加梅兰芳之《黛玉葬花》以娱来宾,可谓极一时之盛矣。(《公府大宴蒙古王公》,《申报》1917 年 2 月 1 日,第六版)

3 月 24 日(闰二月二日) 传蓝天蔚将为北京军事会议拟为委派督奉,以此解决奉省政潮[①]。

《申报》:北京电,军事会议对奉省政潮定有解决两法:(甲)命吴俊陞兼东蒙镇守,驻克鲁伦,移冯麟阁所部驻洮南;(乙):准孟恩远免职,调张作霖督吉,以蓝天蔚督奉,另任张元奇为奉长。(《申报》1917 年 3 月 24 日,第二版)

《申报》谓:奉省政潮演成战事恶剧。其详情已迭志报端。据京报载此事表面上系张汤之冲突,而其内幕则为张冯之暗斗肇事。(中略)日昨段总理进府呈明大总统,拟将张冯二人悉调来京另行位置,而奉天督军一席则以蓝秀豪或陈二庵继任,其原因系现在奉省之二十七八两师为蓝前带之混成一旅及陈前统之二十师所编,军界多其旧部或不至于反对也。(《奉省政潮善后之京讯》,《申报》1917 年 3 月 29 日,第六版)

上海《民国日报》谓:奉天张冯内阁前经赵次珊前往调停,以表面上观二人意见似已冰释。而内里暗潮,继长增高,迄未稍已。近来彼此布置队伍,如临大敌。闻政府对此深以为忧。日前军事会议时议定两种办法。(甲)拟将驻洮南陆军骑兵第二旅旅长吴俊升移驻东蒙克鲁伦地方(拟命吴氏兼任东蒙镇守使),令冯师长率其所部军队移驻洮南,藉息政潮,而护地方。俟得吴冯两中将同意即明令发表。(乙)近日吉林督军孟恩远迭次呈请辞职,政府藉此机缘,遂发生疏通之策,拟将张督军调任吉林,着蓝天蔚君补授奉天督军一缺。张贞午任奉省长一席。汤玉麟所部之军变为独立一旅。如斯调动,庶免冲突,闻已派张元奇赴奉从事疏通,谅不日

---

① 按:关于奉省政潮,奉天第二十八师师长冯德麟与督理奉天军务的张作霖有矛盾,张作霖任王永江主持警察厅,王改革警政,主军警分立,遭汤玉麟反对,遂联合冯德麟倒王。其事闻于总统,乃派特使调解,以冯德麟退北镇,汤玉麟免职收场。

必可解决矣。(《中央解决奉省政潮法　张作霖调吉蓝天蔚督奉说》,上海《民国日报》1917 年 3 月 26 日,第六版)

4 月 3 日(闰二月十二日)　蓝天蔚等鄂籍在京官绅设立汉冶萍公司鄂产清理处,并致湖北省长函,派员赴鄂搜集案据;蓝天蔚等又致鄂议会,汉冶萍公司于鄂省为固有财权,凡属鄂人均有利害关系,理应力争,期南北一致进行。

《申报》载:汉冶萍问题久悬未决,日前鄂省旅京官绅二百余人公推时象晋等八人筹划对付方法,并于北京设立鄂产清理处。兹将其颠末及进行状况详述于下:汉冶萍公司为前清张文襄督鄂时所发起,筹款开办计银五百六十余万两。画定汉阳城外地亩若干,建筑厂屋,指定大冶矿山若干,掘取矿砂。官办数载,不见成效,于是改由商办,由盛宣怀氏招股,先后集股款一千三百万,继续进行。其时文襄为提倡实业起见,开办经费初未计息,亦未填认股票,汉冶两地并未备价购买,但以该矿每挖矿砂一号,认报酬银一两,归湖北行政方面收纳,作为地方公益之用。民国成立,厂矿停工数月,嗣经该公司接办,其时孙君尧卿禀承湖北军民两长提议与该公司交涉。计派代表四次,旋由在京鄂绅开会公举代表赴申与公司接洽一次。虽有承认填给股票之议,未允按照商股看待。鄂人多不满意。嗣盛氏又运动中央干涉,鄂人知力不能敌,交涉遂亦停顿。兹鄂籍在京官绅汤化龙、孙尧卿、饶汉祥、张则川[1]、吕逵先、时象晋、金永炎、陈宧、蓝天蔚等以盛氏故后该公司另举孙宝琦为总理,迄今数月无只字通告,实未便安于缄默自弃权利,又鉴于数次谈判俱无效果,以为非遍集同乡要人及参众两院本省议会各议员联成公益团体不足以挽回利权,特于京师东铁匠胡同组设汉冶萍公司鄂产清理处,迭次开会公举筹备员十人,已议定办法数项大致如下:(一)调查原有案卷。汉冶萍公司成立以来,所有先后五次京鄂分派代表与该公司接洽案卷及关于大冶矿山清册均汇存省长公署,应即调阅以便进行;(二)测算已往款项。该公司成立后用款若干,入款若干应向该公司彻底盘算;(三)预定善后办法。此层须待前二项进行有绪,方能规画,现该处并将推举时象晋、张文烺、李宗唐三人为代表回鄂,与省公署省议会接洽。其呈省长文云,窃查汉冶萍公司关于鄂产固有利权亟待清理,迭经就官绅开会公决,推定职员以专责任。现租定北京东厂铁匠胡同西朗南口第一号房屋为办事处,定名为汉冶萍公司鄂产清理处。业于三月十六日开会成立。除将章程另具清摺并将所刊汉冶萍公司鄂产清理处图记模式汇呈鉴核外,理合具文呈请省长俯赐查核批准立案实为公

---

① 　张则川,湖北黄陂人。进士出身,点翰林,毕业于日本法政大学速成班第五科。历任川鄂钦差大臣、第一次国会湖北省众议员、北京中央法政学校校长。

便。金永炎、邓玉麟、张文烺、哈汉章、张则川、韩玉辰[①]、李开侁、蒋作宾、王戭炜、夏寿康、张国溶、屈德泽、汤化龙、时象晋、马德润[②]、饶汉祥、孙武、胡瑞中、陈宧、蓝天蔚、李宗唐、黎澍、阮毓崧、吕逵先又致省长函云：(略)[③]《鄂人续争汉冶萍鄂产》,《申报》1917 年 4 月 3 日,第六版)

4 月 8 日(闰二月十七日)　蓝天蔚赴北京那宅花园观戏。

魏绍昌在《谭鑫培最后一场的演出》中谓：这里刊出一张 80 年前的一份戏单与来宾名单,就是谭鑫培告别舞台生涯最后一场演出的戏目与那天的看客。台上果然是名角荟萃,精彩纷呈,台下也是达官显要,名流如云。这一天是民国六年四月八日(阴历闰二月十七日),首都步军统领衙门奉大总统黎元洪之命,为欢迎广东督军陆荣廷(干卿)进京举办的盛宴与堂会戏。来客名单四页,第一页首列主客陆督军及主陪段(祺瑞)总理、徐菊人(世昌)先生、梁任公(启超)先生和王聘卿(士珍)总长四名,后列 22 位先生是陆督军的随员。以下三页共列来宾 273 名,都是民初北洋时代军、政、商、学各界的头面人物,如伍廷芳、许世英、王家襄[④]、曹汝霖、王正廷、李思浩、汤化龙、傅良佐、江朝宗、龙觐光、陈宧、蒋作宾、靳云鹏、柏文蔚、徐谦、袁希涛、张镇芳、蓝天蔚、王克敏[⑤]、汤芗铭、胡汉民、徐树铮、熊希龄、蔡元培、汤尔和、伍朝枢、郭泰祺等人……欢迎大会举办于金鱼胡同那宅花园,原系前清军机大臣那桐(琴轩)的相府。

(《谭鑫培的最后一场演出》,魏绍昌：《逝者如斯》,山东人民出版社 1998 年版,第 316—317 页)

△　在北京期间,蓝天蔚等与马廷勷等往从,暗中支持孙中山发动护法运动。

马培清谓：1917 年当甘肃狄道、河州的护法运动发动时,我正在"西军精锐军"中服务,当时也参加了一些活动,兹将马安良父子响应这一活动的经过,据我所见所闻,回忆记述如下。

马廷勷,河州(现在临夏)人,是甘肃提督马安良的第三子。1917 年正在北京总

①　韩玉辰(1885—1975),字达斋、大载,湖北松滋人。毕业于湖北官立法政学堂。历任《中华民国公报》编辑、鄂军政府司法部秘书兼刑事司司长、参议院参议员、黎元洪总统府秘书、宣化使署秘书长、湖北省人民委员会参事室参事等职。

②　马德润(1871—1937),亦名玉琨,字海饶,湖北枣阳人。毕业于湖北武昌自强学堂、德国柏林大学。历任京师地方审判厅厅长、全国第一次县知事考试主考官、北京政府司法部参事、平政院庭长、修订法律馆总裁、律师公会会长。

③　《致省长函》及《致鄂议会函》,详见附录一"蓝天蔚著述"。

④　王家襄(1872—1928),字幼山,浙江绍兴人。毕业于日本东京警视厅特设警察专科,曾主编《中国警察讲义录》。历任浙江全省巡警局参议、巡警局总办、浙江全省警察总办、谘议局常驻议员兼财产审理员、吉林任巡警道总办、浙江省议会推选为第一届参议院议员、共和党干事、共和党交际科常任员、参议院议长、中英合办的中福矿务公司督办等职。

⑤　王克敏(1873—1945),字叔鲁,浙江杭县人。历任留日浙江学生监督、驻日使馆参赞、直隶交涉使、中法实业银行中方总经理、日伪临时政府行政委员会委员长、行政部总长、新民学院院长、华北政务委员会委员长、新民会长、咨询会议议长。

统府担任侍从武官。平常与蓝天蔚等来往甚密。蓝每次谈到孙中山先生在广州发动护法运动的革命意义时,马廷勷表示拥护,并愿在甘肃发动响应,同时与在京的部分甘肃同乡也有联系,他们共同商定,马廷勷即请假回甘,到兰州后,首先与在甘肃策划发动护法运动的蔡大愚(甘肃法政专门学校校长)及同乡周志高、秦钟岳、赵学普等取得联系,计划先从狄道、河州方面发动事变。(马培清:《狄河护法运动的回忆》,《护法运动和孙中山在广东三次建立革命政权·"五卅"运动与沙基惨案·北伐战争》,广东省政协学习和文史资料委员会编《广东文史资料存稿选编》第二卷,广东人民出版社 2005 年版,第 23 页)

5 月 1 日(三月十一日) 蓝天蔚创办同德俱乐部的同时,其岳丈邓文瑗主编的同仁刊物——《同德》杂志①也于 5 月 1 号创刊,在北京出版。

5 月 24 日(四月四日) 黎元洪免段祺瑞职的次日,蓝天蔚发布通电,希不因段祺瑞个人之去留而致使误会,国人当共济时艰,庶免利及渔人,危害大局。

《申报》谓:天津蓝天蔚来电,申报并转各报馆北京参众两院南京副总统徐州张巡阅使南宁陆巡阅使各省督军省长省议会都统镇守使护军使各报馆公鉴:溯自外交问题,酿成国内纷争,意气所激,动越常轨,以致百政旷废,万姓彷徨。大总统为维持法治精神,万不得已始有昨令。公等或负疆寄重任,或为民意权舆,决不因个人去留,致涉误会,恳更以爱国热诚,共济时艰,庶免利及渔人,危害大局。幸甚。蓝天蔚谨叩。敬。(《天津蓝天蔚来电》,《申报》1917 年 5 月 25 日,第三版;《蓝天蔚通电》,天津《益世报》1917 年 5 月 26 日,第三版)

6 月 1 日(四月十二日) 蓝天蔚之达威将军像为《同德杂志》第二期刊载。(《同德》杂志社编:《同德》1917 年第二期,"插画")

6 月 25 日(五月七日) 谭人凤致函蓝天蔚,告以与诸要人商组上海办事处之事。

《谭人凤致蓝天蔚述在上海组织办事处函》:日前在津,畅聆教言,欣慰无既。月之二十日抵沪,因船上病稍加剧,不克出门。昨始遍访诸要人,即其内容、意见差池,尚无一定之计划。经济方面,亦属虚悬。惟觇察各方面之人心,愤激异常,终必有爆发之一日。现与诸要人商组办事处于上海,以资进行。能否努力同心,和衷共济,容再续闻。总之,此次之事,根本解决当仗北方,南方只能助其声势。仆俟此机关②成立后,即往广州一行,再北上聆教一切。特此奉告,即候侠安。致于邦征函

---

① 按:《同德》刊名由邓文瑗题写。

② 按:谭人凤所言"此机关",当为南方拟设立的海陆军总机关。

《时报》谓:当讨论设立临时政府时,唐绍仪反对,认为目前北方是"非合法政府",南方也不能成立"非合法政府",定议"将合法之中央政府迁至上海,继续执行合法之职务,"准备迎接黎元洪,宣布"一、出师讨逆;二、设立海陆军总机关于上海;三、在沪择一地点为拥护民国人士会聚之所。"(《时报》1917 年 7 月 5 日)

同上。谭人凤遗鉴。(《致蓝天蔚述在上海组织办事处函》,1917 年 6 月 25 日,《谭人凤集》,第 220—221 页)

7月4日(五月十六日) 张勋复辟,蓝天蔚为其旧部——驻扎小站之混成旅长谢宝轩与全体军官公举为统帅,请命投入讨逆军。蓝天蔚致函段祺瑞,愿同秉大义,誓保共和。

《申报》谓:又闻驻扎小站之混成旅长谢保[宝]轩,原为蓝将军天蔚旧部。现因张逆叛国,段总司令誓师讨贼,全体军官切志同仇,乃公举蓝将军统率请命。段总司令率所部三千人已于今日向北出发,驰赴前敌矣。又马厂通信云,第八师师长李长泰于五日又续令二十九三十两团计六营开至廊房附近驻扎,其原驻扎廊房之混成旅团全体亦投入讨逆军。合之由马厂北上之兵计共约六千人炮十六门。而张勋之兵今早以来,陆续从天坛出发者约二千,从西直门出发者约二千,合之其他约共五千人。两军以万庄为中心,准备战□,昨夜或今早,即将接战。一切军事行动异常忙碌,而关于讨伐事之文电,亦如雪片飞下。兹摘录其紧要者如下:蓝天蔚致段总司令函①云(略)(《近畿讨逆军行动与文电》,《申报》1917 年 7 月 9 日,第六版)

《事略》谓:未几,复辟之祸作,君居津沽,急就小站,召吴大洲旧部解[谢]旅长曰,群贼方张皇,京师四方未有应者,曷亟讨之,奠定国家指顾间事耳。解[谢]②慨然愿听指挥。(《事略》《蓝上将荣哀录》)

宁武谓:当晚车到天津东站时,蓝天蔚的副官来接我,副官说蓝将军昨晚去北京,今天晚车必回到天津……晚 9 时后,蓝天蔚返来说黎元洪任命他为讨逆军司令,冯玉祥为副司令,冯此时是 16 旅旅长,驻防在京南廊房,黎元洪的卫队约有一旅之众,归蓝天蔚统领,此时蓝又和我说,他已和黎元洪会议,请把小站谢宝轩团调来归他指挥,共同讨逆以挽大局。我说,这是群狗争食,谈不到大局,谢团乃是同志们心血所积成,预备为革命需要时使用。虽然拒绝蓝的要求,但蓝再三说革命要利用时机,我也明知段祺瑞要假借张勋驱黎,我也不是为拥黎而出此,实在要利用他们之间的矛盾,树立革命军的实力,可能在表面上暂时和老段合作。我们正在争执中,忽得情报说张勋的辫子兵已犯到天津车站,闻段祺瑞早已离京,微服到马厂其旧部李长泰师部,当时是 1917 年 6 月间,张勋部如入无人之境,都进驻丰台东便门一带地区,次日张勋即列,亲自督战炮轰总统府。黎元洪因寡不敌众,从通州坐小

---

① 《蓝天蔚致段祺瑞函》,详见附录一"蓝天蔚著述"。
② 按:谢即谢宝轩。

船逃到天津。他在天津英租界置有西式住宅。又次日,听说宣统已被张勋迎入旧宫。同时,段祺瑞在马厂誓师,号召全国讨逆平乱。蓝天蔚即派代表到段处,此时天津全市已挂上了龙旗,省长孙宝琦由其参议王永庆同志来和我们接洽,孙把省防军交蓝天蔚指挥,响应段祺瑞的号召,蓝一时很高兴,遂力请谢团加入,我说,若先进占天津,我便前往小站领谢宝轩团全部参加讨逆军。其时德租界已收回改为特区,负责特区的天津警察厅督察长丁镇之,是个最凶的特务头子,在丁的特区内有裕丰纺纱厂,乃是张勋投资的公司。我当夜领导谢团到了天津即入驻裕丰厂,此时满拟进占天津河北警察厅。蓝天蔚说天津龙旗已下,段祺瑞急欲调往前方,集聚兵力共讨祸首张勋。(《我的回忆录》,《爱国志士宁武》,《辽宁文史资料选辑》第41辑,第147—150页)

7月7日(五月十九日) 蓝天蔚发布讨逆宣言书。

《宣言书》谓,张勋倒行逆施,党同宗社,先迫元首解散立法机关,继结群实行复辟逆举,私立国号。自道兵符虽释,旧部尚多,特传檄塞上,布告关东,愿集师随段祺瑞一致行动,不至共和巩固,国会恢复,绝不罢兵。(《蓝天蔚讨逆宣言书》①,天津《益世报》1917年7月7日,无版面;上海《民国日报》1917年7月10日,第六版)

7月20日(六月二日) 蓝天蔚通电拥护国会约法。

电谓:大难甫定,元气未复,欲固国本,端赖公平。或有偏倚,隐忧曷极!迩来国事颠倒错乱,歧而又歧,皆由约法失效,强迫解散国会之故。兵谏诸公,当亦追悔,莫若乘此时机尊崇约法,恢复国会,根本能安,纠纷自息。舍此图他,或恐四方抗议,借口法律无灵,将来之祸不可思议,千钧一发,迫切何如。天蔚心所谓危,不敢不告,诸公爱国当表同情,敬布区区,伫待明教。天蔚叩。哿。(《蓝天蔚拥护国会约法通电》,天津《益世报》1917年7月25日,第三版;《申报》1917年7月24日,第三版)

英文《北京日报》载:曾赴美、欧各国游历的革命英雄蓝天蔚将军就南北和议的问题发布公电。在电报中,他提议国会和解:今重灾刚过,然首都常态未苏。若想要国家强健,须以正义和公平作为日常行事之标语。如允许以私谋事,必将遭受严重后果。

"近来,国务愈加复杂,造成此种情况的真正原因就在我们身边:违反临时宪法和非法解散议会。我相信起兵之人必会为其所犯之错而懊悔。现在中央应恢复原议会,并尊重临时宪法。一旦根基稳健,其他问题俱将迎刃而解。否则抗

---

① 《蓝天蔚讨逆宣言书》,详见附录一"蓝天蔚著述"。

议将从四方纷拥而至,造成最为严重的后果。我能清楚地看到祸难降至,所以我无法保持沉默。"(杜璇译:《蓝天蔚将军建议和解》,英文《北京日报》1917 年 7 月 25 日,第四版)

7 月 23 日(六月五日)　蓝天蔚旧部便装入京,见义勇为,内容整肃。

许指严《复辟半月记》谓:此次段司令兴师讨逆,除东(段芝贵)、西(曹锟)、中(陈光远)三路司令,互相进兵,直抵都城外,兹复有义勇队军士,业于数日前便装入京。其宗旨系竭力维持京师地面治安,保守中外秩序,预防定武军之扰乱。该队军兵约数百名,就中密探五十余名,调查员六十名,见义勇为,该军队似具此气概。闻多属蓝秀豪将军旧部,故内容非常整肃。(许指严著:《复辟半月记》,荣孟源、章伯锋编:《近代稗海》第 4 辑,四川人民出版社 1985 年版,第 168—170 页)

7 月 27 日(六月九日)　蓝天蔚主张恢复旧国会为当务之亟。

天津《益世报》谓:兹有某君谈及,蓝氏最近政见主张恢复旧国会为当务之亟。其要旨如下:一、共和国无国会之害不可胜述;二、解散国会非黎总统之本旨,亦非合肥之副署。若由段总理一旦重行召集,各议员必深信现政府对于人民之毫无恶意,将来遇事自易携手;三、政治方针不宜偏于极端。倘一意孤行,置约法于不顾,恐不平则鸣,时局益形纷扰;四、临时参议院修正约法等举动均袁氏之旧文章,其失人心已有前车之鉴,不应再蹈覆辙;五、爱人以德。段总理才略为北方军界领袖,可与有为。得道多助,失道寡助,段氏宜放开眼光,勿以图目前苟安为得策;六、旧国会纵既继续,为时无几。不久召集新国会,段总理既取得人民之好感,则对外对内,今后当无困难之点云云。蓝氏此言真不宁为现政府之药石矣。(《蓝天蔚回复旧国会之主张》,天津《益世报》1917 年 7 月 27 日,第二版)

7 月 28 日(六月十日)　蓝天蔚由天津发电,是日将偕同杨虎等到沪。

上海《民国日报》谓:本埠可靠消息谓,蓝天蔚上将由津来电,准期二十八日,偕同民党要人杨虎等鼓轮来沪,并嘱某君先期相宅。蓝上将深悉南北情势,对于国是颇有主张,自必受一般人士之欢迎也。(《蓝秀豪将军来沪预志》,上海《民国日报》1917 年 7 月 25 日,第十版)

7 月(五月—六月)　谭人凤致函蓝天蔚,告以瞿镜川将北上,请蓝天蔚将刻下布置情形与进行计划指示之。

谭人凤致函蓝天蔚谓:前递一函,所拟各情,尚存虚想。近阅报载,我兄通电,已将召集旧部,奋袂而起。民党一线光明,将于我兄是赖焉,不胜企仰之至。惟现时通天叛党,又将为讨逆功人,复辟之祸,可以潜消,政体刷新,似将绝望,未审我兄之感想又属奚若也?鄙意张贼蠢尔迷顽,实属受弄,而反复如□辈,实无可原宥之理。兹特遣瞿君镜川北上,调查同志心理,并乞我兄将布置情形与进行计划指示一切。瞿君为南京军界极有经验之人,与鄙人交最笃,可与深谈者也。中山、太炎已同陈竞存赴粤,能否成功,大张挞伐,俟有电到,即当奉闻。谭人凤遗墨。(《**督军团叛变致蓝天蔚函**》,1917 年 7 月,《谭人凤集》,第 222 页)

△　蓝天蔚在天津与友人知依惜别后南行。

知依作《天津送蓝秀豪将军南行》:津桥分袂不胜情,君将南去我北行。亦知聚久别离苦,伏桩班马已前鸣。十年旧事皆泡幻,如酣大梦觉五更。独有风雅积多少,衣香鬓影留旧京。谈天朝朝北柳巷,寻花夜夜石头城。马上郊游践春草,僻居闲步踏月明。益阳文忠功炳赫,无寄托时恋燕莺。丈夫有才不为用,举目复无问世英。一时通显趋势利,稍自诩者仅好名。又其次焉图温饱,更以新知事标榜,每创一论四座倾。或云政治无道德,或谓服人端在兵。根本国法任删易,动人听闻弦外声。挟此干进投所好,乞富与贵术益精。欲偶不遂恩即仇,朝方青眼夕白睛。以狐媚虎焉有幸,空谷来风波浪生。始仅嗾为鹰犬门,继即酿成鹬蚌争。可怜小民罹极乱,何时得见天日清。近世闲达宁足慕,直如临镜冠带荣。欲作旁观长袖手,火将及眉难佯盲。愿君此去展骥足,一日能兼万里程。大沽口外秋潮涨,扬子江头暮云横。登高一呼众山应,陆上狮吼海上鲸。临别意长语益短,谋国难重身莫轻。济时大业一肩任,奚可不计殇与彭。君昔期我我负君,独善兼善两无成。慰君自慰在励节,岁寒当如松柏贞。(知依:《天津送蓝秀豪将军南行》,上海《新东方杂志》编:《新东方杂志》1941 年第二卷第三期,第 187—188 页)

8 月 11 日(六月二十四日)—8 月(七月)　蓝天蔚所招募之谢宝轩一团为段祺瑞遣散,蓝天蔚乃南渡请援。孙中山任蓝天蔚为关外招抚使兼司令之职,拨款 15 万元以资军饷。蓝天蔚受职后即北行。

上海《民国日报》谓:张康复辟,蓝天蔚首先誓师讨伐,段祺瑞恐盖己功,力行排斥,并有加害之意。蓝即解散所部,赴大连集旧部秘图大举,继因款项之绌,饷械无着,致碍进行,且段祺瑞又下通缉令,以故只身来粤,商请大元帅拨款接济,大元帅已准如所请。日昨特电召蓝到府,谓西南方面已一致进行,北方曹锟及直系军人为孙洪伊所联合,急切待人声援。欲任君为关外招抚使兼任司令之职[①],请君即日北行,并拨款十五万元以资军饷。蓝君欣然奉命,拟于数日内北上矣。(《蓝天蔚任招抚使》,上海《民国日报》1917 年 10 月 27 日,第三版)

---

　　① 按:关于蓝受孙中山委任关外招抚使兼任司令职之时间,按孙中山言"在西南方面纷纷进行护法之后","请君即日北行,并拨款十五万元以资军饷。"考党史馆所藏"蓝天蔚收据　1917 年 8 月四体合裱一摺",及各处报载蓝 8 月赴大连事,判断受职应在 8 月间。

党史馆有件蓝天蔚收据:1917 年 8 月四体合裱一摺,由冯启民代签。(《蓝天蔚收据·1917 年 8 月四体合裱》,中国国民党中央委员会文化传播委员会党史馆提供)

《蓝天蔚事略》谓:六年张勋复辟,君走天津沽召吴大洲部,令与段祺瑞讨之事平,为谗伤,遂南渡。(《蓝天蔚事略》)

《事略》载:会段祺瑞誓师马厂,声罪致讨,惟兵力不厚,皆为段危。张绍曾乃说冯玉祥收杨村旧部,投段军。于是君亦遣解[谢]军从之。而事功未半,谗媾以与。君雅不欲与当事论长短,遂隐居汉皋。(《蓝上将荣哀录·事略》)

宁武谓:岂知天津警厅厅长杨以德已奉段的密令,要防止谢团入天津市。……王永庆同志当夜即被特务杀害,谢团即奉段令开往丰台车站,和十六旅冯玉祥合流,不久张勋败逃北京东交民巷进入荷兰使馆,段以总理暂行国家大权,预备选徐世昌为大总统,不幸谢团被解散,谢宝轩为陆军部参议,其他军官则给以差遣。此时我在思想上万分痛苦,要为革命而保留的青年军未能从愿,竟这样被拆散了。(《我的回忆录》,《爱国志士宁武》,《辽宁文史资料选辑》第 41 辑,第 151 页)

《申报》谓:谢保[宝]轩者,奉天人,以杀人越货豪于绿林,自成军后,见政府对待伊等之举动惴惴焉,常恐不自保,及驻小站,因将眷属送至天津,复不时与民党要人往来,并由某议员介绍结交于蓝天蔚、张绍曾,本思假藉机会,脱本省之拘束。及复辟祸起,蓝张纷纷通电讨逆,谢以为时机已至,乃整饬部伍带军官数人,躬赴马厂,谒段总司令,愿效前驱。段以该军素无纪律,且系鲁军也,未得鲁督同意,未置可否。正迟疑间,而张怀芝之电已到,盖即令谢部约束军士候命待发。谢折回小站,自以团长资格,未得长官命令,即擅离驻所,实涉行动自由之嫌。前遮后掩,终为张怀芝所闻,以小站地方接近天津,谢常驻此终属不妥,会曹匪扰乱省城军队,不敷调遣。遂电谢带队回济,预备剿匪。讵谢以前嫌未释,到省后恐有意外,抗命不遵。张怀芝不得已,及一面将详细情形呈报中央,一面饬新军司令何锋钰亲往小站相机办理,旋接陆军部电,谢保轩一团即行遣散,如或抗违,即调军痛剿,勿得养痈贻患,其抗命之军官即送交法庭依律讯办云云。惟闻何司令之意,对于该团军士则仍主安抚,而不主遣散。其理由以各县土匪日事蔓延,遣散一部分军队,即为匪徒,增一部分势力,及其为患,劳师动众,所费不赀。故不如仅去其渠魁,所有胁从者悉置勿问。另易可靠军官以统辖之,为息事宁人之计。但遣散办法部令既已出发,能否挽回,尚不可知,即使办到而彼野性难驯,久之能否相安无事,亦难预决也。(怀瑾:《鲁省新军变动与内幕》,《申报》1917 年 8 月 11 日,第六版)

8 月 27 日(七月十日) 蓝天蔚是日抵大连,遣前第二十七师之营长刘景双与第二十八师冯德麟之部下联络。日方以蓝天蔚行动与治安有碍故,下令其出境。

《申报》云：大阪朝日新闻云,蓝天蔚于上月二十七日抵大连,二十八日复搭乘轮船□丸返沪,闻此次蓝赴大连其目的,实系欲结联东三省军队内之不平分子,起事策应南方。本拟在大连逗留五六日,上陆后即派遣前第二十七师之营长刘某赴营口,与第二十八师冯德麟之部下联络。刘某受命抵营后正欲着手办理,不意无意中于是夜二时将日本微服警兵一名射杀,刘亦自杀。因此该处日本官宪以蓝氏行动与治安有碍故,下令其出境。闻蓝此行携有运动费十万元。(《蓝天蔚离大连之东讯》,《申报》1917年9月7日,第六版)

8月28日(七月十一日) 蓝天蔚返沪。谓对于东省之策画已断念,返上海后将另谋进行。

《申报》云：大阪朝日新闻云,蓝天蔚于上月27日抵大连,二十八日复搭乘轮船丸返沪……离大连时对日本各报记者云,此次失败余对于东省之策画已断念,返上海后另行改变方向,以谋活动之进行。(《蓝天蔚离大连之东讯》,《申报》1917年9月7日,第六版)

9月9日(七月二十三日) 《天民报》载：前任山东临时都督蓝天蔚,系建设共和之中坚人物。对于此次在粤组织军政府,极意赞成。特乘商轮南下,昨已抵港,闻定今晚来省。(《蓝天蔚来粤》,《天民报》1917年9月10日,第3页)

9月24日(八月九日) 报载,李督军刻奉中央电命查拿已革军官蓝天蔚、刘建藩①解京讯办(二十四日电,《申报》1917年9月25日,第二版)

10月6日(八月二十一日) 蓝天蔚为北洋政府下令通缉,褫夺官勋。

《政府公报》是日颁布"大总统令"：奉天督军张作霖电称,蓝天蔚受孙文伪令,勾结刘景双②、顾鸿宾、马海龙③、金鼎臣④等,分带多金,联合胡匪,分途扰乱。所过地方均遭焚掠,当经派队分剿,迄于西北沿边一带,暨锦县、镇安、绥中、义县、海城、台安等处擒斩甚多。蓝天蔚等均先后逃逸。请将蓝天蔚褫夺原官并通饬缉拿等语。勋四位达威将军上将衔陆军中将蓝天蔚应即褫夺原官勋位,并着各省督军省长饬属将蓝天蔚等一体严密缉拿,务获惩治,以肃军纪,而伸国法。此令。大总统印。中华民国六年十月六日。国务总理、陆军总长段祺瑞;司法总长

---

① 刘建藩(1887—1918),毕业于保定陆军速成学堂骑兵科、早稻田大学。历任广西学兵营骑兵队队长、学兵营同盟会支部部长、骑后营管带,武昌起义后任第八师骑兵团团长、湖南营产清理处处长、零陵镇守使。1917年9月18日与衡宝镇守使林修梅共同起义,宣布湖南独立,拥护护法,推程潜为湖南护法军总司令。1918年5月5日与北洋军张敬尧作战中落水身亡。广州军政府追授为陆军中将。

② 刘景双,1912年蓝天蔚北伐之际,曾率队与清巡警接仗。北洋政府授陆军少将。

③ 据同期《政府官报》载,马海龙自被通缉后,呈报与蓝天蔚案无关,后北洋政府取消其通缉,并公报马海龙与此案无关。

④ 金鼎臣(1888—?)辽宁北镇人。毕业于奉天陆军讲武堂。历任关外军总司令、奉天震威上将军公署顾问、震威第六军副军长、北京政府陆军部咨议、陆军第九及第十二联合军后方警备司令等职。

林长民。十月七日。第六百二十号。(《缉拿蓝天蔚之总统令》,1917 年 10 月 7 日,《政府公报》第一百十七册,第 163 页;《令各省通缉蓝天蔚等》,《东方杂志》第十四卷第十一号,1917 年 1 月 6 日,第 213 页)

英文《京报》①及英文《北京日报》载:奉天省的督军张作霖发布电报,声称蓝天蔚受孙文伪令,勾结刘景双、顾鸿宾、马梅[海]龙、金鼎臣,凭借大量金钱和匪寇的协助,分途四扰,贻害西北。这些流寇途经多地,留下处处荒凉与毁灭。政府已派出军队从多方对其进行阻截,在西北边境地区包括锦县、镇安、绥中、义县、海城、台安地区的战斗中已抓获并处决多人。然蓝天蔚及其余党却得以成功逃脱。张作霖因此要求褫夺蓝天蔚的一切军职和荣典,并下令逮捕。拥有达威将军军衔和四等荣誉勋章的中将蓝天蔚据此被褫夺了一切军职和荣耀;而各省督军省长亦受令严密逮捕蓝天蔚及其同党,以示对国家法律和军队纪律的服从。(杜璇译:《最新指令》,英文《京报》,1917 年 10 月 8 日—10 月 9 日,第六版;杜璇译:《指令:谋逆》,英文《北京日报》1917 年 10 月 8 日,第四版)

《申报》于 10 月 31 日刊载《通缉蓝天蔚之训令》:沪海道尹训令所属十二县知事文云案奉督军省长公署训令内开案奉:总统鱼电开(缉拿内容略)除会令分行外,合亟令仰该道尹便遵照,转饬所属一体认真严缉,务获究惩。案关党人勾匪谋乱,无稍宽纵,以维地方。切切。此令,等因奉此,合亟令仰各该县知事一体遵办。(《通缉蓝天蔚等之训令》,《申报》1917 年 10 月 31 日,第十版)

10 月 17 日(九月二日)　报载,孙文、吴景濂、蓝天蔚等之缉捕条例由国务院鉴核施行,与袁政府时代稍殊,蓝天蔚等被以政治犯视之。

《申报》谓:规定通缉孙文、吴景濂、蓝天蔚等之条例已由内务部着手办理,日内即可封呈国务院鉴核施行。据闻此项条例与袁政府之惩治国贼条例略殊,而治其附从者,尤与前次治匪条例有异。盖前者实有购其首要头颅,准由地方官枪毙胁从之寓意,今则专讲手段。内容大略逮捕此项党人,务依各国待遇政治犯手续。捕获后其人是否有内乱嫌疑,概由法庭处分。凡有逃往海外或租界者,另订引渡专章。至奖励缉捕人员,亦有详细的规则。(《内部又有通缉条例说》,《申报》1917 年 10 月 17 日,第六版)

11 月 28 日(十月十四日)—11 月 30 日(十月十六日)　蓝天蔚 28 日到荆,旅寓东城外吉祥栈,劝石星川亟早独立,并许以南军之饷械接济。蓝天蔚于 30 号离荆。石星川率队护送下河,或云入湘,一说系赴襄阳。

---

①　按:英文《京报》载,周六晚间(即 1917 年 10 月 6 日晚)接到这则公电,译者为郭午阳(音:Guo Wu Yang)(杜璇译:《最新指令》,《京报》1917 年 10 月 8 日,第四版)。

上海《民国日报》谓：鄂军第一师长石汉舫氏星川已在荆州宣布独立。一号下午五时该师第一旅一团三营见习官蒋秉清及四连连长陈邦平二员均驻沙市,因意见不合,于独立时被部下驱逐。比夜(即二号)乘沙市轮船回省(按:该船系二号八点钟由沙开行下水,仅须四十八小时抵汉。故如此神速也)适遇记者语以荆沙独立之详细情形,特录要点以供一览。

事机之酝酿——石星川素持稳健主义,自零陵独立,即有刘建藩代表汪文先赴荆联络,民党要人之赴荆接洽者,络绎不绝。而石卒未为所动。至上月二十八号民党蓝秀豪氏天蔚到荆,假寓东城外吉祥栈。石氏亲带卫兵大桥前往迎迓(蓝前清任奉天协统,石任标统,情谊最洽故也)至司令部秘密磋议。蓝谓荆沙扼上游锁钥,毗连湘境。南军计在攻荆,将何以御? 劝石及早独立,且谓边境某军官亦得同意,与南军取一致行动,约期宣布。石深以军队分散饷械不足为虑,犹豫不决。蓝力言南方对于军队之增加饷械之接济。石始允诺,蓝于三十号离荆。石亦率队护送下河,或云入湘一说,系赴襄阳,未知孰是? 荆州之独立实由于蓝氏之一行也。(《荆州独立之真相·蓝天蔚游说成功·石氏为湖北护法军驻荆总司令》,上海《民国日报》1917 年 12 月 10 日,第六版;《石星川独立经过之别报》,《申报》1917 年 12 月 10 日,第七版)

辜天保忆:刘建藩起事于零陵时,即派汪文先为代表,赴荆运动石星川独立。于时石以南军势力未炽,尚欲观望形势,婉辞却之。及长沙为南军所得,且有直捣岳州,会师武汉之势,始知时机已熟,即派代表,分往长沙及湘西接洽。盖因当日兵力甚为单薄,石所领一师在荆、沙者,仅孙国安一团及工兵一营,至于胡廷佐一团,尚分扎潜江、汉川、沔阳一带,其他一团驻德安,一团驻黄州,此外马炮辎重均驻省城,调集不便,故须得联湘方能举事。乃往湘各代表尚未接洽妥协,而蓝天蔚突然至荆。蓝、石向同事于关东,石为第二十师标统,蓝为混成协统,交谊甚深。石闻其至,即亲带卫队并大轿一乘往迎,蓝寓于惠城门外之吉祥栈,石立接其至司令部,密商大计。蓝固挟有劝促之意而至,即曰:"荆州扼长江上游,形势重要,且与湘西毗连,为南军所必争。若不早为之计,窃恐时机一失,噬脐无及矣"云云。石以饷械两缺为辞,犹豫不决。蓝力言负责往说西南各省,源源接济。石大喜,言三日内必有以慰其望。此系十一月三十日之会见也。是日,蓝达其希望后,匆匆离荆而去。

石召所部连长以上军官秘议终夜,十二月一日以靖国军第一军总司令名义宣布独立。故论其发布之速,实决于蓝天蔚之一言。(《湘鄂祸乱记》,《近代史资料》总83号,第 202—203 页)

朱敬祯忆:石星川"荆州自主"的经过是这样的。据当时反对石星川"荆州自主"而后逃到武昌去的石星川部下蒋秉清(一旅一团一营见习官)和四连连长陈邦平说,石星川因顾虑自己兵力、饷械不足,且军队分散,因此"持稳健态度,不轻举妄动"。但后来经民党官员蓝天蔚(前清奉天协统,与石私人交情笃厚)劝说,并表示"南方可充军队之增加,饷械之接济"等承诺后,乃表态说:"我三日之内,必见实行。"(朱敬祯:《石星川"荆州自主"的经过》,中国人民政治协商会议湖北省江陵县委员会文史资料研究委员会:《江陵文史资料》1987 年第 3 辑,第 5—6 页)

12 月 1 日(十月十七日)　经蓝天蔚劝说后,石星川于是日宣布荆沙独立。

朱敬祯谓:12 月 1 日正午十时,石星川在司令部所在地荆州城召集紧急军事会议,商讨"荆州自主"事宜,留守荆沙的连长以上军官全部参加。会上,石星川征求大家意见说:"……湘警愈甚(指护法运动湖南取得重大胜利),吾军孤立,此间应持何种态度,今日特征求大家意见……"有些军官早已接受民党动员,并且获悉石星川与蓝天蔚私下密商"自主"的情节,便纷纷表示态度说:"请师长从速宣布独立。"其中,驻防沙市的一位姓刘的营长陈词道:"此时独立对中央尚得和平之早成;对南方犹为护法分子;对部下可图发展之余地。义正词严,一举三善,请师长裁决。"此时室内拥护独立之声,如雷贯耳。石星川见群情激愤,当即宣布"请各官佐回营督率军队,加紧戒严,以防奸宄,明日宣布自主。"下午,石星川一面急令司令部各部官员赶拟通电文告,筹办旗帜等有关事宜,一面召开荆沙地区政、学、绅、商各界联席会议,进一步商量"自主"问题。会上,大家一致表示拥护"自主"。愿意各负其责,维持社会治安。石星川当即宣布把湖北第一师改为湖北靖国军第一军,自任军长。(朱敬祯:《石星川"荆州自主"的经过》,中国人民政治协商会议湖北省江陵县委员会文史资料研究委员会:《江陵文史资料》第 3 辑,第 5—6 页)

《申报》谓:石与蓝接洽就绪后,即于三十号令传留守荆沙将校自连长营长军佐以上,于一号早十时齐集司令部开军事大会议。石为人谨慎且极狡猾,将与蓝接洽一事概不提及,仅云湘警愈甚,吾军孤立,此间应持何种态度,今日特征集大家意见(按会议情形系逃回之连长陈邦平所目睹,陈亦列席会议之一份子)各军官早受民党联络,且均探得与蓝接洽内容。首由驻沙刘营长突出一语,请师长从速宣布独立……众议已决,明日宣布。

(略)全体到会,石氏宣言独立计划,各界一致赞成。(《荆州独立之真相　蓝天蔚游说成功　石氏为湖北护法军驻荆总司令》,上海《民国日报》1917 年 12 月 10 日,第六版;《石星川独立经过之别报》,《申报》1917 年 12 月 10 日,第七版)

12 月 2 日(十月十八日)　蓝天蔚取道江陵,赴湖南就荆州独立事与谭浩明商榷进行之策。石星川特派丁石阶随同。

《申报》谓：此次荆州独立由蓝天蔚氏游说而成，独立之次日，蓝氏即取道江陵，赴湖南与谭浩明商榷进行之策，石星川亦以独立之事关系甚大，非南军援助未易得手，特派参议丁石阶随同蓝秀豪赴湖南商榷一切，闻驻常德第二师长陈复初前日已电致石氏，谓如会师武汉当拨所部军士协助。（《石星川独立后之布置》,《申报》1917年12月14日,第七版）

12月8日（十月二十四日）　《申报》谓：王督军因襄阳镇守使黎天才被蓝天蔚、石星川等屡次劝其独立，意为之动，特再派专使赴襄阳忠告黎天才，勿为党人所惑。（八日）（《申报》1917年12月10日,第二版）

12月12日（十月二十八日）　蓝天蔚在襄劝告独立。黎天才电北京，已拒绝蓝天蔚之煽惑，枪毙其所派来员。

电谓：黎天才来电，孙武蓝天蔚来襄关说，均经严拒，复派员煽惑军心，比经侦悉枪毙。现分兵防范，地方安谧，惟时局益见险恶，究竟如何办法，请速定方针，迅颁明令解释（十二日下午一钟）（《申报》1917年12月14日,第二版）

《申报》谓：探闻湖北王督军昨有致中央电一件，略谓顷接黎师长天才电称，石星川连日派蓝天蔚等来襄诱劝，均经拒绝，并严令部下竭力维持，勿为煽惑等语。当即派员与黎接洽。该师长深明大义，谅无他虞。现又派人往荆州，婉劝石师长取消独立，共济时艰。能否挽回，尚难逆料。惟湘桂军进迫甚急，武汉异常吃紧，除将军队开赴前敌防御外，省城兵力甚单，恳中央迅拨重兵星夜来鄂，并请饬海军部再派军舰两艘前来以壮军威而镇人心。特此驰陈，伏乞迅示遵行，以免贻误云云。又闻某方面接有汉口电称，石星川现已取消独立云云。政府方面闻尚未接到此项电报，惟曾闻政府日前发有现饷十七万元往鄂，供给石军善后之用。但日来狂风吹坏电线，南北消息除烟台至上海之电线未断外，大都尚待修复，此消息确否，固不可断也。（《鄂粤消息之京讯》,《申报》1917年12月14日,第六版）

《申报》又谓：石星川此次宣告独立，政府方面颇甚注意。一再派员前往疏通，闻此中尚有一最大原因则由荆襄为豫省出兵西南必由之地。前此天津会议时，赵周人督军已承认出师一旅进攻湘西，方整军就道时，适石星川已独立，致碍去路。赵督军曾以此种情形一再电达中央，故政府对于石氏之独立，不得不急于疏通。又闻襄阳第一师师长黎天才昨日有电到京，略称湘变以来，全域牵动，谣诼纷传，襄境几受影响。日前荆州石师独立，孙武、蓝天蔚等随即来襄关说，要求天才一致行动，均经严词拒绝。复又派员潜来煽惑军心，比经侦悉，立予枪毙。一面调集军队竭力演说，一面出示晓谕，居民人等勿为谣言所惑，自相惊扰，幸各将士等深明大义素知服从，皆能恪守纪律，并将军队另行分配分布各要隘，严密防范。现在谣言稍戢，地方安谧,除将近日情形,禀承王督军办理外,天才惟有以服从中央为天职,谨此详陈,藉纾廑注,惟时局纷扰,益趋险恶,究竟如何办法?请速定方针,迅颁明令,俾得双方解释,早息内讧,才为爱国起见,故敢冒昧陈词,伏乞鉴核示遵,以免贻误。(《川鄂前途之京讯》,《申报》1917 年 12 月 15 日,第六版)

△　蓝天蔚等党人到荆州者百人。

《申报》谓:荆州独立昨传有和平希望者,系由王督军派员与石星川商榷条件。令其于调停期间,不得添招军队,擅提税款,及更换地方官吏,任听南军至荆。如守此旨,则各守和平,两不相侵。闻石虽阳为承诺,实则自由行动。现鄂省闲散将校激烈党人如黎本唐、蓝天蔚等到荆者有百余人,沙市商埠警察专局长江陵公安石首各县知事均被更换。(《荆州独立军已有开战消息》,《申报》1917 年 12 月 12 日,第六版)

12 月 17 日(十一月四日)　报载,蓝天蔚将由西安赴兰州拟图大举。冯国璋密电陈树藩、张广建从严防备。

天津《益世报》:已革达威将军蓝秀豪前往荆州劝说石星川独立后,遂往西安运动军界宣告独立。事被侦探窥破,未能成诸事实。十三日陕西省垣略有变端与蓝氏确有密切关系,闻政府昨得某密报蓝氏将由西安赴兰州,拟图大举,特请中央预筹防范之策,大总统以事关陕甘两省安危,至为巨要,即密电陈树藩、张广建两督军从严防备。(《蓝天蔚秘赴秦陇之确讯》,天津《益世报》1917 年 12 月 18 日,第三版)

12 月 29 日(十一月十六日)　蓝天蔚等欲在荆州另组省政府。

《申报》谓:闻湖北民党蓝天蔚等刻欲在荆州另组省政府,召集省议员开临时会于荆州,借以推举军民长官,并设各司长。此举若行,王子春断不致置之不问,定然举兵猛攻黎石。既以促成和局为职志,当不以此策为然也。(《战火日迫中之湖北》,《申报》1917 年 12 月 29 日,第六版)

△　接到谭人凤致函蓝天蔚,劝告竭力主持,打破和议,无蹈前车之覆。

函谓:秀豪仁兄伟鉴:津门晤别,謦欬未通,台踪过沪,时时趋访,亦未得晤。近阅报载,荆襄独立,执事实在其中主持。遄听之余,不胜雀跃。惟察近时状况,伟人政客又将趋于敷衍调停,而以恢复国会为磋商之条件,殊不知前此争议,国会由段氏唆使督军谋叛解散,冯氏人格尤劣于段,狡黠且可步武于袁,不从根本解决,再误三误,后患何堪设想?务望竭力主持,打破和议,无再蹈前车之覆也。人凤老迈,如不见弃,而当执鞭随镫以相从。专此。(《谭人凤致蓝秀豪》,约 1917 年,函档案号:241/167.256;分类号数　南 5—1 34〈丁〉12,中国国民党中央委员会文化传播委员会党史馆提供)

12 月 30 日(十一月十七日)　张学济等推举岑春煊、伍廷芳担任议和外交总代表,致蓝天蔚等电。

《张学济①等推伍秩庸担任外交总代表电》(1917 年 12 月 30 日):分送武鸣陆巡阅使、钮参谋长,柳州陈督军,分送孙中山先生、伍秩庸先生、莫督军、陈总长、非常国会,李协和先生、唐少川先生、章太炎先生、蓝秀豪先生,分送沪岑西林先生、谭组庵先生,滇转唐督军,黔刘督军,分送湘潭联军总司令、程总司令、各总司令,分送各省督军、省长,各镇守使,各师,旅长,各省议会,各报馆,分送荆州石总司令、朱副司令,襄阳黎总司令均鉴:顷奉莫督军敬电,推举西林先生为议和总代表,祗诵之余,极端赞成。正拟肃电诸公联名劝驾,又接石总司令有电,推举伍秩老担任外交总代表。两公皆名德硕望,现值时局艰危,非公出维持不足奠安国本,折冲樽俎。务乞俯念时艰,一致敦促,俾大局得以底定,不胜翘企馨祷之至。护国军湘西总司令张学济、副总司令谢重光叩。卅。印。(云南省长公署档案)(《伍秩庸担任外交总代表致电蓝天蔚等》,中国第二历史档案馆、云南省档案馆编:《护法运动》,江苏古籍出版社 1988 年版,第 452—453 页)

---

① 张学济(1873—1920),字溶川,亦作榕川,湖南芷江人。毕业于日本陆军士官学校。曾任广州盐行局局长、湖南检察使。"二次革命"反袁。1915 年受蔡锷派遣返回湘西,次年宣布乾城独立,设立湖南临时总司令部。任护国军湘西总司令兼辰沅道尹、湘西靖国联军第二军军长、湘西护法军援鄂总司令、湘军总司令。1920 年入鄂西,援助靖国军第三师吴醒汉部,在来凤阵亡。1919 年广州军政府授陆军少将加中将衔。

1918 年(民国七年　戊午)　42 岁

1 月　孙中山命豫章、同安军舰炮击广州督军署。

广州军政府派滇军第四师长方声涛攻福建,与臧致平部战于诏安。

龙济光占领广东化州。陈炯明通电出师援闽,率粤军自广州抵汕头。

熊克武就任四川靖国军总司令,会同滇军顾品珍、黔军王文华连占数县,进向成都。北军吴光新部占荆州,靖国军石星川走湘西。湖北靖国联军总司令黎天才及刘公、王天纵战败,自襄阳西走。

2 月　熊克武被举为四川靖国军总司令。熊前敌总指挥吕超及滇黔军攻占成都,四川督军刘存厚省长张澜北退。

广州军政府海军总长程璧光被刺殒命。

孙中山任命吕超为成都卫戍司令,暂代四川督军。

3 月　孙中山任命熊克武为四川督军,杨庶堪为省长,杨未到任前由黄复生代理。熊不就。南军克湖北监利。黎天才部与王安澜、梁钟汉、刘英、张国权等部组成中华民国靖国军。

5 月　任命王天纵为河南靖国军总司令。

广州国会非常会议通过军政府组织大纲修正案,改设七政务总裁,孙中山不就军政府政务总裁职,离广州。

7 月　唐继尧、伍廷芳、陆荣廷、林葆怿、岑春煊就任广州军政府政务总裁。

8 月　广州军政府开第一次政务会议,推岑春煊为主席总裁。

粤军陈炯明占领福建漳州。

9 月　唐继尧到重庆,召集护法军将熊克武、王文华等会议。

10 月　徐世昌在北京就任大总统,广州军政府宣言不承认。

11 月　和平期成会在北京成立。

12 月　粤军总司令陈炯明与福建督军李厚基达成停战协定。

1 月 5 日(丁巳十一月二十三日)—1 月 6 日(丁巳十一月二十四日)　报载蓝

天蔚、唐克明①疏通化解王安澜②与黎天才之矛盾,劝王安澜取消鄂北护法军总司令,改编为靖国军第三军,受黎节制。

《申报》谓:当荆襄未独立之先,王安澜以鄂北护法军总司令自行号召,黎石极不谓然。盖黎石以现握军权之师长,而王乃手无寸铁之退伍中将,反称总司令殊属不合。即荆襄独立后,亦鼎足而三,与王仍无联络。刻经唐克明、蓝天蔚二人再三接洽,始得统一改定编制,定名湖北靖国军。以黎为荆襄联军总司令兼领第一军,石为第二军总司令,王为第三军总司令(除去护法名称),自改编后王安澜所需饷款与一二两军取同一之待遇,均归财务局供给。禁止其自由筹饷,提取税款,并责成王严束部下,不得有抢掳勒捐等事。(《荆襄自主中之联合》,《申报》1918 年 1 月 5 日,第六版)

《申报》又谓:近日王安澜势愈发展,集合裁兵多至七八千人,凡黎军防区以内多为王部权力所及,只以缺乏枪炮不能成为正式军队。光化县属老河口为襄河第一商埠,黎军独立后委员前往提取税局、县署各款,至则税局之款已被王部提去,黎闻报颇恼,曾有示威之意,幸经唐克明、蓝天蔚等疏通,劝王取消鄂北护法军总司令,改编为湖北靖国军第三军,受黎制节。所需饷款与第一二军取同等待遇,由财政局粮饷局供给,禁止自由筹饷提款,并责成王严束所部。王已一一承认。但要求黎石助以枪炮,然黎石二军因限于军器,未能放量扩充,岂有余力济人?(《荆襄军与鄂北民党之关系》,《申报》1918 年 1 月 6 日,第六版)

1 月 7 日(丁巳十一月二十五日) 鄂民党为请西南援鄂攻岳公电蓝天蔚等,因闻停战言和后,王占元将以湖北为局部之争向南北政府请求由其自行处分。荆襄民党自知非战不可图存,故到底坚持,并公电蓝天蔚等力拒非诚意之调和,以护法为此次兴师之本旨,速攻岳州。

《鄂民党请西南援鄂攻岳通电》:广西陆巡阅使、陈督军、李省长,广东孙大元帅、国会非常会议、程总长、莫督军、李省长、林海军总司令、李总司令、方军长、张师长、陈总司令、伍秩庸、唐少川、吴莲伯、蓝秀豪先生、鄂籍国会议员、长沙谭联军总司令、程总司令、赵师长、刘镇守使、陆师长及各师旅团长、各统领,湘西张总司令、

---

① 唐克明(1880—1933),亦名黎本唐,字春鹏,湖北沔阳人。入湖北新军工程第八营,后升为第二十镇协统。辛亥革命,任鄂军第一镇统制。1912 年被授将军府兆威将军。1917 年任湖北靖国军第一军总司令。后曾参加以孙武为首的湖北将军团。

② 王安澜(1876—1924),亦名正江,号梓材,湖北枣阳人。曾任清军第二十一混成协司令部执事官。阳夏战争,任汉阳总部粮台。汉阳被陷,收集散兵成立奋勇军,扩编为鄂军第六镇,任统制。1913 年后历任湖北税捐征收局局长、田南道尹、桂林道尹。1917 年底,在湖北枣阳召集旧部,响应襄阳镇守使黎天才的荆襄独立运动。失败后西撤,称援陕军总司令,辗战鄂西一带。1920 年广州军政府授陆军中将。

李督办、贵阳刘督军、王总司令、云南刘代督军、由省长并转行营唐总司令、章太炎先生、赵军长、顾军长、黄军长、重庆熊镇守使、颜司令、河南王总司令、襄阳黎联军总司令及各师旅团长、荆州石总司令、唐副司令、各师旅团长、枣阳王司令、上海岑西林、孙伯兰、张溥泉、蒋尊簋先生、湘鄂粤桂滇黔川各省议会、上海、天津、北京、广州、汉口各报馆、各团体均鉴：

叛督称兵，竟危国本，西南义旅，乃有护法之宣言，数月于兹，尚难解决。鄂军愤慨，亦勉以荆襄之众，与西南一致，为国前驱。

良以约法者，国家命脉所关，断不能一日使其失效。故护法之师，非至约法恢复不能止也。顷据道路传言，停战言和后，有王占元以湖北为局部之争，竟向西南义军及北京政府，请求由其自行处分，是欲摧残吾鄂，控制西南，诡谋祸心，昭然若揭。顾非护法，鄂人何争，舍鄂言和，所和何事？况鄂为西南之门户，亦起义之旧邦，无鄂则西南数省失其重心，更岂有言和之基础。且停战之后，曹锟何以有犯随枣之师，王占元何以有攻荆襄之令。西来穷寇，尚据彝陵，南望强虏，犹留武岳，实逼处此，利在速攻，岳州一下，势若建瓴，庶武汉会师之初衷，乃能贯彻，从此天心悔过，敌人自觉其非，则约法重光，国基无恙，放牛归马，正自有朝，又何所庸其汲汲。否则陷敌人停战整军之谋，后患必无纪极，岂但鄂人之不幸，抑亦西南失策之尤者。兹荆襄之众，自知无法不能立国，非战不可图存，秣马厉兵，已非一日，誓言犹在，到底坚持，并冀诸公力拒非诚意之调和，始终以护法为此次兴师之本旨。则国家之灵，实或赖之，敢贡刍区，尚希鉴察。吴昆、胡祖舜、韩玉宸、彭汉遗、刘成禺、白逾桓、刘英、张汉、胡宗佐、周之瀚、梁钟汉、詹大悲、胡石庵、张承□、丁复、吴醒汉、高尚志、邓玉麟、曾尚武、黄申芗、王文锦、熊炳焜、唐牺支、熊瑞荣、熊继贞、吴明浩、黎诚、杨荣树、谢石钦、梅宝玑、苏成章、鲁鱼、潘康时、王守愚同叩。阳。（《鄂民党请西南援鄂攻岳通电》：上海《民国日报》1918 年 1 月 22 日；《鄂民党请西南援鄂攻岳通电》1918 年 1 月 7 日，桑兵主编，何文平编：《各方致孙中山函电汇编》第三卷，第 213 页）

1月18日（丁巳十二月六日）　蓝天蔚赴孙中山之宴请，并发表护法演说。蓝天蔚重申应尊重国法，并尊重国会产出之大元帅。

邵元冲谓：十二时赴帅府，以今日，孙公会宴滇军诸将领也。四时半，协和、韵松、凌霄、敏斋（张肇通）、朱旅长培德、杨团长益谦，及协和办事处参谋秘书副官、第四师各营连长，共到五六十人，徐固卿、蓝秀豪后至，乃共就席。酒半，孙公演说，略谓人民之与政府反抗者，为叛民，军队与政府反抗者，为叛军，此国家公例则然。人民与军队，对于反抗不法政府，欲免除叛名，必设有同等之政治机关。去岁西南创义，军政府之组织，即为是也。然各将帅不明其义，相率观望，故未能大发展，近自莫代督听军政府任罗诚为交涉员,已表示承认军政府,而粤军前日亦有服从大元帅命令之宣言。甚望滇军能一致相从,以期前途之发展等语。继协和、韵松、固卿、秀豪,皆有演说,至九时退席。(邵元冲:《邵元冲先生文集》下册,中国国民党中央委员会党史委员会1983年版,第576页)

上海《民国日报》载"蓝秀豪在军政府宴请滇军军官席上的讲话",重申应尊重国法,并尊重国会产出之大元帅。(《蓝秀豪演说》①,上海《民国日报》1918年2月3日,第二张第七版)

1月20日(丁巳十二月八日) 下午四时,蓝天蔚赴孙中山宴请并行演说,九时许散席。

邵元冲谓:二十日,晨渡江至帅府见孙公,……四时,孙公宴请海军及滇军第三师将领,程玉堂、伍秩庸、徐固卿、蓝秀豪、海圻汤舰长,及诸舰长、各执事,滇军将领十余人,国会议员十余人,酒半,孙公演说前日炮击督署之事,程玉堂、伍秩庸、徐固卿、蓝秀豪、胡展堂、林子超、褚慧僧、刘遂昌诸君皆有演说,九时许散席。(《邵元冲先生文集》下,第567页)

△ 王天纵等公推黎天才为鄂豫联军总司令公电蓝天蔚等。

电谓:天津黎大总统、北京冯代总统、广东孙大元帅、武鸣陆巡阅使、云南唐督军、长沙谭联帅、非常国会、李步军统领、张敬舆先生、程海军总长、莫代督军、李省长、李燮和、陈炯明、唐少川、伍秩庸、蓝秀豪诸先生、方师长、张师长、章太炎先生、重庆熊镇守使、贵阳刘督军、程总司令、各总司令、钮总参谋、南京李督军、镇守使、浦口冯旅长、南昌陈督军、荆州石总司令、朱师长、襄阳转枣阳王总司令、汉口孙尧卿、吴畏三先生、上海岑云阶、孙伯兰、蒋伯器、蒋雨岩先生、湘阴金小峰、西安郭司令、常德李督办、青海张总司令、公安湘西胡招抚使、各省、各省议会、各商会、各报馆均鉴:

权奸违法,酿成兵戈,建元七载,迄无虚日,诸公仗义,不约而同。湖北靖国联军总司令黎公天才,护法救国,极佩热诚,土饱马腾,汉帜生色。天纵等从诸公后,誓师豫中,业由各路司令,公推黎公为鄂豫靖国联军总司令,以谋提挈,而利进行。谨闻。河南靖国军总司令王天纵、副司令唐克明、总参谋蒋政源、暨第一路司令马文德、第二路司令詹乐雅、第三路司令詹宪章、第四路司令张治公、第五路司令张金桂、第六路司令申麟甲、第七路司令魏玉川、第八路司令李魁元、第九路司令丁全忠、第一游击司令陈超常、第二游击司令胡定邦、第三游击司令张屏、第七游击司令

---

① 《在军政府宴请滇军军官席上的讲话》,详见附录一"蓝天蔚著述"。

彭芳龄、第八游击司令彭梦龄、第九游击司令乔世杰、第十游击司令廉治国、第十一游击司令蔡天春、第十二游击司令李玉定、第十三游击司令杨来发同叩。智。（《王天纵等公推黎天才为鄂豫联军总司令电》，1918 年 1 月 20 日，《北洋军阀史料·黎元洪卷》第二册，第 25—29 页；《各方致孙中山函电汇编》第三卷，第 229—229 页）

1 月 21 日（丁巳十二月九日）　蓝天蔚再赴孙中山宴请。

邵元冲《玄圃遗书》谓：下午四时，国父公宴黔督刘显世之子燧昌及王瑚代表刘洪基，同席者刘佑宸、彭凌霄、傅畅和、吴景濂、徐绍桢、蓝天蔚、刘成禺、褚辅成、林森等，九时许散。（邵元冲：《玄圃遗书》，第 642 页；罗刚：《中华民国国父实录》，《罗刚先生全集》续编第 4 册，第 3138 页）

1 月 25 日（丁巳十二月十三日）　王安澜就任湖北靖国第二联军总司令公电蓝天蔚等。

《王安澜就靖国司令职电》：天津黎大总统，武鸣陆巡阅使，广州孙大元帅、海军程总长、莫督军、非常国会吴、王两议长、长沙谭湘桂粤鄂联军总司令、程总司令，云南唐滇黔联军总司令，重庆熊川军总司令，讨闽李总司令，讨龙陈总司令，张、方两军[师]长，上海岑西林、谭组庵、伍秩庸、唐少川、孙伯兰、蓝秀豪诸先生，云南章太炎先生，南京李督军，江西陈督军，南阳王总司令，岳州前敌陆、刘、马、赵、韦各总司令，湘西李督办、胡、王两司令，天津刘浩春先生，汉口孙尧卿、谭石屏、詹大悲、邓炳山、胡石庵诸先生，公安唐总司令、何副司令，各督军、省长、各师旅长、镇守使、各团体、汉口《大汉报》转各报馆均鉴：

安澜倡义枣随，响应西南，护法愚忱，天日共鉴。近因荆襄紧急，敌氛日恶，星夜兼道，会师荆门，而张司令定国、梁司令钟汉、刘司令英等，愤敌氛之尚炽，谋军事之统一，再四以湖北靖国第二联军总司令相推举，大敌当前，固辞不获。谨(?)一月二十五日在荆门宣布就职，誓率义师，首恢荆宜，负弩先驱，会师北伐。谨电奉闻，伫候明教。湖北靖国第二联军总司令王安澜叩。有。印。（《王安澜就靖国司令职电》，上海《民国日报》1918 年 2 月 16 日；《王安澜就靖国司令职电》，1918 年 1 月 25 日，《各方致孙中山函电汇编》第三卷，第 239—240 页）

2 月 6 日（丁巳十二月二十五日）　张开儒①受孙中山委任为军政府陆军总长后公电蓝天蔚等。

----

①　张开儒(1869—1935)，字藻林，云南人，毕业于日本陆军士官学校步兵科。历任云南陆军讲武堂教官兼提调、援川军第 1 梯团副梯团长兼联队长、滇军迤南边防第 1 旅上校旅长、护国军第 2 军第 1 梯团长、护国军滇军第 3 师长兼南韶连镇守使、护法滇军总司令、云南北伐军副总司令、陆海军大元帅大本营参谋长、参军长、陆军总长等职。北洋政府授陆军中将。

陆军总长张开儒就职通电：天津黎大总统、广州孙大元帅、国会非常会议、莫督军、李省长、程海军总长、林总司令、伍外交总长、唐财政总长、李参谋总长、胡展堂、徐固卿、蓝秀豪、蒋伯器诸先生……各省省议会起义各将校、各报馆均鉴：窃开儒前奉孙大帅令开,特任张开儒为中华民国军政府陆军总长。等因,奉此。现又准国会非常会议函开,敬启者：本会议于昨日开谈话会,推定议员刘芷芬、陈家鼎、焦易堂、纳谟图、谢持等五君为本会代表,敦请先生速就陆军总长职,希赐接洽。等由,准此。窃开儒以锋镝之余,谬膺非常之选,资浅望薄,曷克胜此? 本应请辞,以避贤路。惟默察近日敌焰日张,国事日非,若长存徘徊观望之心,势必贻不可收拾之祸。谨于本日上午十时,在广州宣布就职,并于同时起用陆军总长印,除呈报孙大元帅,暨函复国会外,谨此电闻,务肯时赐教言,用匡不逮。开儒尤有言者：当国会非常会议选出各部总长时,除海军将领首先宣言拥护国会,拥护约法,服从军政府命令外,其余或因他方面任有要务,未克来粤就职,故多由次长代行其职权;或因事实上不能率然宣布就职,以免妨害进行。开儒之迟迟就职,致失国人厚望之心,复增一己放弃责任之咎,抚膺自忖,惭感交并。从此宣言就职以后,愿竭意志,以与诸公拥护此千钧一发之国会,使民意有所寄托,共和有所附丽,回复约法之效力;使大盗伏诛,民物入轨。服从大元帅之命令,使起义各省之军事、内政、外交收一致进行之效。并所以尊重国会产生之机关及法人,庶所谓护法者始有标准,否则舍国会而言护法,何殊恶醉强酒,缘木求鱼,焉可得哉? 故开儒尤愿与邦人君子速谋开正式国会,组织正式政府,作正当之解决,则澄清海宇,统一民国,可立而待。临电引领,伫候明教。张开儒叩。鱼。印。(中华民国史事纪要编辑委员会：《中华民国史事纪要·初稿》,第140—141页)

4月2日(二月二十一日) 蓝天蔚与同志公推黄佑禅①留鄂主持大计,并公派石星川来湘代表荆襄乞援。

《申报》谓：石攻玉去冬偕黄佑禅中将由京赴汉,密筹荆襄自主,响应西南。当由武汉同志孙尧卿、王安澜、唐克明、蓝天蔚诸君公推黄中将留鄂主持大计,一面公派石氏来湘代表荆襄乞援,嗣因北派以停战为缓兵之谋,悉我援军未至,乘间袭击,陷落荆襄。石君闻耗驰往筹商,共谋恢复,绕道会商唐克明、黎天才、王安澜等以期收回荆襄。闻石氏现膺湖北靖国军军事联络使之职,于日前来湘与各重要人接洽

---

① 黄钺(1869—1943)字幼蟾,又名黄佑禅。湖南宁乡人。曾任陕甘督练公所军事参议。辛亥革命,西安光复,率部开驻秦州,宣布独立,被举为秦州甘肃临时军政府都督。南北和议后自请取消都督,解散甘肃临时军政府。后历任大总统政治参议官、大总统军事顾问官、湘鄂豫招抚使、鄂豫边防司令等职。1916年北洋政府授陆军中将。

一切。(《南军方面之宜昌消息》,《申报》1918 年 4 月 2 日,第六版)

4 月 11 日(三月一日)　据探报,蓝天蔚将督率南军去奉。张作霖恐蓝天蔚煽惑人心,饬令警备司令处、警务处、宪兵营三机关对于南方来者细加盘查。

天津《益世报》谓:奉函云,探报蓝天蔚督率南军来奉一节。据闻蓝党由上海携带公款一百万、公债七百万,大连设立机关部,吉黑两省设立分部,分派党羽多人赴各县煽惑军警、勾串胡匪企图起事。张督闻之,以蓝党来奉虽不能达到目的,然恐蛊惑人心,陷东三省于危险地步,饬令警备司令处、警务处、宪兵营三机关每日各派一人,偕同警士在客栈住户勤为清查,遇有口操南音者,应行详细盘诘,而于南方人之公馆尤宜留意,并饬令军警各官长对于各该馆之军警无论省城紧要事端不准挂号外出,若有来往人士一概不准接见,遇有书信应由各官长拆阅再行递交本人。(《防范蓝天蔚到奉之近讯》,天津《益世报》1918 年 4 月 20 日,第三版)

奉天全省警务处为防范蓝天蔚奉广东军政府命北上大连设立机关并发布训令。

训令谓:新民县警察所,民国七年四月十六,七年四月十一日奉督军公署训令泰字第三六号:陆军部函同□密启省据报告蓝天蔚、居正奉广东军政府命,携带现款十万元,公债七十□□空虚之际,煽惑军队,联络土匪,图谋扰乱大局。蓝已到沪(应已到)青岛并在大连设立机关等语。相应函达。希密饬军警严为防范。等因。准此,除分行外,合亟令仰该处遵照转饬所属,一体严密防范为要。此令。等因。奉此除分令外,合亟转付该所,即便查照。饬属一体严密防范为要。此令。中华民国七年四月十三日。处长王家勋。(奉大公署档)(《奉天全省警务处为防范蓝天蔚奉广东军政府命北上大连设立机关的训令》,1918 年 4 月 13 日,辽宁省档案馆编:《奉系军阀档案史料汇编》3,第 151—152 页)

4 月 19 日(三月九日)　蓝天蔚部下一名在津浦路南段通车内被捕获。

《申报》谓:津浦路自本省划为戒严区域以来,复由军署添派探员多名,分布该路侦察一切。日昨有军署探员张某在该路南段通车内捕获一名,由身畔抄出徽章符号等件,并委任状一纸。系由蓝天蔚盖印署名,此外复由行李中检出手枪子弹。该探员立将该人绑押来省,下车后即解送督军署讯办。(《捕获党人》,《申报》1918 年 4 月 20 日,第七版)

5 月 29 日(四月二十日)　蓝天蔚两名部下在沪宁铁道昆山为江苏督军公署稽查员所捕获。

《天津益世报》及《民国日报》载:江苏督军公署派驻上海稽查员赵云泉刘某等于上星期三日在沪宁铁道昆山车站捕获蓝天蔚部下两名。并搜出秘函两缄,其一系致扬州哈某,诘据两人,供称党魁蓝天蔚现派部下军官十余人来沪与民党各首领接洽要事,均寄居英租界舢板厂某党魁公馆。此次公函系舢板厂之俞令两人送往镇江扬州两处投递等语。赵稽查等遂将甲乙并信简一并押解南京送军署发落。(《侦探拘获蓝秀豪秘使》,上海《民国日报》1918年5月31日,第十版;《军队捕获蓝天蔚秘使》,天津《益世报》1918年6月3日,第六版)

7月30日(六月二十三日) 报载,蓝天蔚由汉去沪,旋赴广东。

《申报》谓:前关外都督蓝天蔚由汉来沪,住法租界某里,随往本埠各要人处接洽一切。因急欲赴粤,不便久留,已于日昨附轮前往矣。(《蓝天蔚往粤》,《申报》1918年7月31日,第十一版;《蓝天蔚往粤》,天津《益世报》1918年7月31日,第三张第十一版;上海《民国日报》1918年7月31日,第十版)

8月22日(七月十六日) 蓝天蔚为众情推选为岑春煊模范团团长一职。报载,旬日后蓝天蔚或抵粤。

《申报》谓:政务会议开会决定后,岑总裁已于十五日清晨四时迁入以农林试验场旧蚕丝所为驻节地,斗前高悬一额颜曰:内政部。盖内政部早推定岑总裁兼任,故特悬此。现在府内仍有未竣之土木正在赶紧修造中,岑总裁以军府成立必须设置卫兵,现惟由当道派兵守卫,惟责任不专,难昭郑重,且军府将来与各国外交人员往还必多,亟应讲求卫兵之精神形色,以免失仪。闻拟仿前军务院前例,设立模范团,先行设法募集一营。以退伍之旧陆军为合格,余续赶募训练,闻已筹议多天。其团长一职,各要人之意均以蓝天蔚及潘月樵二人为最合。经当道派警卫军总司令部副官蓝钦赴沪征询同意,约旬日后,蓝氏或可抵粤。(《广东最近之要闻》,《申报》1918年8月22日,第七版)

8月28日(七月二十二日) 黎天才等为公推柏文蔚为川鄂靖国联军施宜前敌总指挥事公电蓝天蔚等。

电谓:广东军政府唐、伍、孙、岑、唐、陆、林各总裁,并非常国会、莫督军、三河坝陈总司令、韶州李总司令、李督办、南宁陆巡阅使、陈省长、永州谭督军、谭联帅、程总司令、林旅长、马总司令、陆总司令……上海孙伯兰、汪精卫、蓝秀豪诸先生,各省议会,各教育会,各商会,上海、汉口、广州、北京、天津各报馆均鉴:

窃维战胜攻取,全在指挥得人,柏公在鄂西指挥前敌,迄今数月,敌即屡倾全力,分路猛攻,皆经我军击退,施南得保无虞,柏公之力实多。现化南所部几军,按□开赴施南前线,与鄂军虽有主客之分,对大局实抱同仇之义,非得指挥统一,诚恐难收全胜。今经才等会商,所有鄂西一带川鄂靖国军统归柏公文蔚指挥,定称为川鄂靖国联军施宜前敌总指挥,柏公为民党英杰,军界泰斗,德望才能为一般将士所

□服,兹已请柏公就任视事,合特电达,即希查照是荷。黎天才、唐克明、方化南同叩。勘。印。(《军政府公报》修字第八号,1918 年 9 月 25 日,"公电";《黎总司令天才等公推柏文蔚为川鄂靖国联军施宜前敌总指挥电》,1918 年 8 月 28 日,《各方致孙中山函电汇编》第三卷,第 446—447 页)

9 月 9 日(八月五日) 政务会议聘蓝天蔚为政务会议军事顾问。

《申报》谓:五日政务会议议案,参谋部咨请酌加本部经费案,任命刘凤起为秘书厅秘书案,聘蓝天蔚为军事顾问案。(《西南之军政府消息》,《申报》1918 年 9 月 15 日,第七版)

《申报》又谓:军府聘蓝秀豪、蒋伯器为顾问,其函云:敬启者,军府新立,经纬万端,军事进行,尤资群策。素仰台端胸藏韬略,名重斗山,借口而筹,敢迟三顾,出奇制胜,端赖宏谋,兹于本月九日经本会议议决敦请台端担任本会议军事顾问一席。尚冀屈尊俯就,鼓舞方来。尤祈伟略频纡,指挥若定,谨修寸楮,用当三征,伫候实临,幸勿谦逊。各护法省份暨护法军司令代表已抵川粤,计川督熊克武代表吴永珊(号玉章,四川人),黔督刘显世代表严培俊(号余春,贵州人),桂军司令谭浩明代表钮永建(号惕生,江苏人),粤军司令陈炯明代表黄强(号莫京,广东人),湘军司令程潜代表陈强①(号伟成,湖南人),留粤滇军司令李根源代表冷遹(号御秋,江苏人),浙军司令吕公望代表金兆棪(号仲孙,浙江人),陕军代表李述膺(号龙门,陕西人),鄂军司令李书城代表韩玉辰(号达斋,湖北人)。(《西南军政府要训》,《申报》1918 年 9 月 21 日,第六版)

9 月 19 日(八月十五日) 报载闽粤交争,蓝大蔚等各省要人纷纷投效南方军政府。

《申报》谓:迩来各省要人纷投集于军政府,其最卓卓者,自蒋尊簋吕公望连翩莅止后,浙军遂因而附南攻闽军,威势大震,数旬之间克闽十七城,成绩不可谓不著矣。近更有浙人殷汝骊到粤。蓝天蔚到粤,于时局亦有关系。至于闽粤交争,海军实为命脉,驻闽海军与驻粤海军虽平素早有夙约,彼此不相自戕,然使有力之人能令驻闽者亦趋向南方,则势力更为发展。闽绅沈琬庆亦于昨午抵省,带有随员数人,闻已到军府与西林有所接洽,沈琬庆为沈葆桢之子,于海军中人交谊颇厚,此番来粤,大约于南北海军有所沟通,于粤局前途亦不无关系也。(《西南最近之局势(平生通信)》,《申报》1918 年 9 月 19 日,第六版)

---

① 陈强,字帷诚,湖南邵阳人。毕业于日本陆军士官学校步兵科。历任清朝陆军第四十九标管带、湖南军务司司长、护法军政府政务会议湖南省代表、广州军政府政务会议军事委员会委员、军事参议院中将参议。1912 年北洋政府授陆军少将加中将衔。

△ 《香港华字日报》：岑总裁以现在粤浙滇桂各军誓师□□,大举援闽,应即派遣专员前往检阅,以励军心。闻拟任蓝天蔚为检阅使。现先向其征求同意,一俟答允担任,即行议决公布。(《军府任蓝天蔚为检阅使》,《香港华字日报》1918 年 10 月 14 日,第一张三页7)

△ 蓝天蔚南游于粤,与陈家鼎等往来。

据陈家鼎于《蓝上将荣哀录》所书挽联：“采药东岛,啖荔南溟……”(《陈家鼎挽联》,《蓝上将荣哀录》)

10 月 8 日(九月四日) 蓝天蔚受广州军政府高等顾问职,于二十三日赴湘。张勋当即密令水陆军警一体查察,一面分派驻省军警梭巡。

《申报》谓：张勋臣督军,昨得北京政府密电,谓前任关东都督蓝天蔚已受广东军政府高等顾问职。现据港探员报称,蓝已于二十三日赴湘有所动作等语。合亟电达,希即注意防范。张督当即密令水陆军警一体查察,一面分派驻省军警梭巡,以防意外故。日来省城防务因此骤然加严。(《湘闻撷要》,《申报》1918 年 10 月 9 日,第七版)

有《广州军政府职员录》谓：蓝天蔚在广州军政府任职：军事顾问,蓝天蔚秀豪。(《广州军政府职员录》,中华民国八年五月印,中国国民党中央委员会文化传播委员会党史馆提供)

10 月 9 日(九月五日) 军政府特派蓝天蔚为援闽各军慰劳使,前往闽省检阅粤浙滇桂各军。

《军政府公报》载,军政府令,特派蓝天蔚为援闽各军慰劳使。此令。军政府印。中华民国七年十月九日。(《军政府公报》1918 年 10 月 16 日,第 7 页)

上海《民国日报》谓：日前政务会议以援闽各军劳苦功高,军政府既经成立,不可不派人慰劳,以资奖励。各情经纪前报。兹闻各总裁及与会诸要人均极赞同。实时议定名称为援闽各军慰劳使,公推蓝天蔚将军。请军政府任命之。(《蓝天蔚慰劳援闽各军》,上海《民国日报》1918 年 10 月 27 日,第六版)

10 月 17 日(九月十三日) 蓝天蔚允任慰劳使,准备首途,拟借一营卫兵带同出发。

《香港华字日报》谓：军政府特任蓝天蔚为宣慰使,驰赴闽省前敌检阅各军。顷闻蓝公已允担任,准备首途。惟须拨编卫兵以资差遣。现拟饬由警卫陈司令将所部步兵借出一营,暂归蓝使节制,带同出发。(《蓝天蔚预备赴闽》,《香港华字日报》1918 年 10 月 17 日,第一张三页7)

上海《民国日报》谓：日前政务会议以援闽各军劳苦功高,军政府既经成立,不可不派人慰劳,以资奖励。各情经纪前报。兹闻各总裁及与会诸要人均极赞同。

实时议定名称为援闽各军慰劳使,公推蓝天蔚将军。请军政府任命之。闻蓝公已允担任,即行准备一切,拟星期内在省首途。惟各总裁以蓝专使此次任务关系非轻,自须拨编卫队随护。由警卫陈司令将所部步兵借出一营,归蓝使节制以便带同出发。(《蓝天蔚慰劳援闽各军》,上海《民国日报》1918 年 10 月 27 日,第六版)

10 月 20 日(九月十六日) 政务会议致函蓝天蔚,催促启程慰问援闽各军。

《香港华字日报》10 月 21 日载政务会议 20 日致援闽各军慰劳使蓝天蔚函。云:敬启者,援闽各军久经剧战,驰驱风露,艰险备尝,劳苦可念。昨经本会议议决,特请贵顾问躬莅援闽各军,分别慰问,藉示奖勉。务祈即日首途为荷。附寄□密电本即希察收,以便随时通电。(《军府催蓝天蔚出发》,《香港华字日报》1918 年 10 月 21 日,第一张二页)

《事略》谓:时南中组织政府以护法相号召。因南游于粤,见所谓自私自利,曾无以异。深惧分崩之祸不远。乃请往川滇闽鄂慰问将士。(《蓝上将荣哀录·事略》)

《蓝天蔚事略》谓:先总理在粤组织护法政府,君往。命君曰:川滇闽鄂将士征战苦且窵远,君其勿辞劳瘁,代余往慰问,君曰:蔚以身许党国,任何艰难所不敢辞。敢惮跋涉耶?[1] 所至勗以协心谋国,无自残自馁无昧大义而忘远图,无事意气而张敌势。(《蓝天蔚事略》,台北"国史馆")

阎鸿飞等谓:从此东西南北轮蹄,劳护法之身;春夏秋冬憔悴,饱寓公之苦。(阎鸿飞等:《京官呈文》,《蓝上将荣哀录》)

张绍曾等谓:洎复辟变后,大法日坏,西南诸省群起护法,因遍历闽浙粤桂滇黔川鄂诸省,与诸将领以大义相磨砻。(张绍曾、张彪、唐在礼、铁忠:《启事文》,《蓝上将荣哀录》)

△ 谭人凤致函蓝天蔚,劝告蓝天蔚赴闽;信中探问和议之事。

函谓:秀豪兄鉴,前由乌坵[2]寄上一缄,当已达览,行抵此间,龚君不惟无诚意言和,且有种种无礼之举动,一切情节已详函告竞公,另抄附览,自惭凉德,见侮于人,颇深惭悚,惟默察此间民军多华侨与善良子弟在内,颇知向义,更解服仁,君如肯来,将此次之事公平处理,必能统一有为也。近日和议如何?希见示。此候,勋安。(《谭人凤致蓝秀豪函》,约 1918 年,档案号:241/167.458,中国国民党中央委员会文化传播委员会党史馆提供)

11 月 4 日(十月一日) 蓝天蔚赴闽劳军,受到汕头军政各界欢迎。

《申报》谓:日前军政府特派蓝天蔚赴闽慰劳军队,闻蓝奉命后即率同参谋长

---

[1] 蓝天蔚劳闽,孙中山已不在军府,亦为自请。

[2] 乌坵,应指乌丘,又名乌丘山,位于湄洲湾外,原隶属于福建省莆田县,1949 年后隶属中国台湾金门县。

黄其桢^①及随员方楚白、张雨三、林炳南、冯启民、许华中等于本月旧历初一日乘轮抵汕。是日汕头军政各界均派代表赴码头欢迎,情形极为热闹。蓝抵汕后,随在阴巷暂设行署,以资办公,并先派黄其桢、张雨三驰赴漳州陈总司令行营,将军府颁发之福建宣抚使印信送呈陈氏启用。蓝则俟在汕公毕,然后入闽。(《蓝天蔚抵汕》,《申报》1918 年 11 月 20 日,第六版;《蓝天蔚谭浩明之行踪》,天津《益世报》1918 年 11 月 21 日,第六版)

△ 陈炯明致电欢迎蓝天蔚。

电谓:蓝慰问使鉴:闻旗节抵汕,无任欣幸。已嘱马总参议代表欢迎。敝军援闽师久无功,忝承远劳,益深悚励。惟望早赐南针,俾有遵循为盼,炯明叩。支。(《蓝天蔚慰劳援闽各军》,上海《民国日报》1918 年 11 月 25 日,第六版)

11 月 5 日(十月二日) 吕公望、方声涛致电欢迎蓝天蔚。

上海《民国日报》谓:援闽各军劳苦功高,军政府特派蓝上将亲往前敌慰劳诸将士,鼓励余勇,早竟全功。日昨来汕,备受欢迎,兹将其电文及慰词录于左:

蓝慰问使鉴:我公奉命慰劳援闽各军,前经分电参陆两部,表示欢迎。使节何日启程,盼即示知。引领江云,无任驰企。吕公望叩。歌。

蓝慰问使鉴,闻驾已到汕,无任欣慰。顷派叶君少吾去汕代表欢迎,大旆何日临诏,并请先期电示。方声涛叩。歌。(《蓝天蔚慰劳援闽各军》,上海《民国日报》1918 年 11 月 25 日,第六版)

11 月 6 日(十月三日) 蓝天蔚致电军政府,告知已抵汕。

《蓝使致军府电》:天蔚日抵汕,驻汕援闽各军机关人员均致欢迎,感荷军府德意,弥深爱戴,拟不日即赴前方各军将士推诚慰问,谨先电闻,蓝天蔚叩。鱼。印。(《蓝天蔚谭浩明之行踪》,天津《益世报》1918 年 11 月 21 日,第六版)

11 月 9 日(十月六日) 林祖密致电欢迎蓝天蔚。

电谓:蓝慰劳使鉴,李逆助虐,西南兴师,密随诸军,共张挞伐。我公膺慰劳使命,亲临闽疆,各军逖听,欢跃莫名,谨率闽南子弟鹄候旌旌。林祖密叩。佳。(《蓝天蔚慰劳援闽各军》,上海《民国日报》1918 年 11 月 25 日,第六版)

11 月 13 日(十月十日) 蓝天蔚莅汕后,拟赴浙军慰问。

《吕公望致电吴景濂》:弟自维愚戆,忝领浙军,本护法之初志,秉天职以驰驱,苟利国家,惟力是视。此间僻在海疆,消息隔阂,时冀嘉言远赐,俾有指归。敝军前锋已开抵漳州,一俟部署完竣,自当躬赴前方,迅歼丑虏。蓝君秀豪旌节莅汕,不日

---

① 黄其桢(1881—1925),字爱棠,广东阳春人。毕业于广东阳春县高等小学堂、广东陆军小学堂。后入广东新军,历任营长、团长、协统参谋长等职。辛亥革命,任事于广东都督府。后任代理永安县知县、粤军广州河南讲武堂堂长、福建漳州援闽粤军军官讲习所所长、广西百色县知事、广东阳春县知事等职。

将赴防地。知劳殷注，谨此奉达。祇候议祺，诸维亮照不备。弟吕公望拜启。(《吕公望致吴景濂函》，1918 年 11 月 13 日，中国社会科学院近代史研究所、近代史资料编辑组：《近代史资料》总 42 号，中华书局 1980 年版，第 21 页)

11 月 18 日（十月十五日）　蓝天蔚驰抵诏安，拟赴漳州宣慰各军。

上海《民国日报》谓：闽省前敌各军慰劳使蓝天蔚日昨驰抵诏安①，暂驻滇军第九旅司令部，十八日启节。偕同夏旅首途赴漳。陈总司令预派周支队长朝宗率劲旅沿途随护，日内可抵漳州。该使昨已驰电军府报告一切矣。(《蓝天蔚入闽》，上海《民国日报》1918 年 12 月 2 日，第七版)

11 月 22 日（十月十九日）　蓝天蔚将至漳州，陈炯明向吴景濂表欢迎之意。

函谓：莲伯先生大鉴，辱书奖勉，良深悚惕。徐氏登台，此后国难纠纷当如兄之所言。惟弟才力棉薄，恐难副尊望耳。秀豪先生之言行学识久为折服，此次奉命出使，亦当驰电欢迎。到漳时当即虚怀延纳，藉匡不逮。寒风将作，仍恳于筹议之余，为国珍摄。专此。并颂筹安惟照不宣。陈炯明敬启。中华民国七年十一月二十二日。(《陈炯明致吴景濂函》，1918 年 11 月 22 日，本书编委会：《北洋军阀史料·吴景濂卷》第三册，天津古籍出版社 1996 年版，第 223 页)

11 月 23 日（十月二十日）　杨持平②部下扣押蓝天蔚代表冯启民。谭人凤写信斡旋。

《谭人凤覆杨持平函》：持平兄鉴：惟尚有两事须与执事商者(一)冯启民为蓝慰问使代表，闻由贵部下拘留，务请释放，护送出境。(二)陈励猷赍有紧要公文送许军长，似不应扣留，又激别方恶感，亦务请释放为感，总之此次之事，竟存卖我，我断不忍卖诸君，请以文明自待任其野蛮可也。此候，台安。(二十三日由汕头发)
(《谭人凤覆杨持平函》，约 1918 年，中国国民党中央委员会文化传播委员会党史馆提供)

11 月 26 日（十月二十三日）　蓝天蔚代表周佛生与北京平和期成会接洽。

据《北京平和期成会致上海平和期成会函》：敬启者，周君超，字佛生，代表蓝天蔚君与京本会接洽，本会公推为交际干事，兹因事赴闽，道经沪渎，拟诣会所，乞赐接洽。如有托件，亦请转交带往为盼。此请上海平和期成会台鉴。北京平和期成会启。十一月廿六日。(《致上海平和期成会函》，1918 年 11 月 26 日，《熊希龄先生遗稿》5，第 4556 页)

---

①　诏安：福建省漳州市辖县，地处福建南端、闽粤交界处。
②　杨持平(1882—1921)，原名人杰，号俊民，福建莆田人。辛亥革命；至上海参加北伐队。1916 年加入中华革命党，1917 年参与组建闽南靖国军，1919 年被广东军政府委任为靖国军第三旅旅长，1921 年在泉州遇害。曾和叶华滋等创办《兴化报》，任《闽南报》《民钟报》编辑。著有《仰云集》。

12月4日(十一月二日) 蓝天蔚至漳州慰劳各军。

《台湾日日新报》载：南方军政府以援闽各军屡战屡捷，日前特委蓝天蔚为慰劳使来漳慰劳各军。抵漳后，休息一日，即偕任鹤年①到江东桥及石码等处慰劳前敌各军。见各军防守阵地，毫无懈容。在江东桥住宿一天，越日回漳，即宴请军政各界，列席者为谭人凤、邓铿、任鹤年、徐桴、熊略、杨霖、吉廷献、王文庆、陈肇英、朱维翰、赵念伯、程钧、陈民钟、黄大伟、郑丰稔、孙祥夫、张石臣、陈庆云、吴柏、周醒南、余毅父等三十余人。八时半入席，酒至半酣，席间相继演说。对于滇粤桂浙各军皆有奖激之意。至夜十时半，始散席而去。嗣蓝天蔚又到长泰慰劳浙军。现尚滞留漳州。(《漳厦军事近讯》,《台湾日日新报》1918年12月30日,第四版)

《申报》谓：闽省方面宣慰使蓝天蔚准陈总司令达电敦促，以闽浙两军全体要求停战，一切和平条件亟须借箸代筹，当即驰赴漳州，磋商停战事宜。已将闽浙两军和平条件暨抵漳日期分电当道察照矣。(《西南方面之和平声》,《申报》1918年12月4日,第七版)

《申报》谈《陕闽问题纠纷未解》：闻岑西林昨电(迳致钱阁)亦言，陕闽问题划界停战，闽局已委蓝天蔚与陈炯明会商办法，请电令李厚基派员与蓝陈直接磋议。……闻平和期成会，拟于日内再草意见书陈说当局。谓陕省问题于右任、张钫所统之众必须认为南方派，万不可再行攻击，其余复杂军队目为土匪，力行搜讨，固无不可。并谓此种闽秦问题，愿由我会与南方接冲，以免累及于妥协之根本云云。惟秦闽问题关系极为至大，北方虽肯稍为让步，然恐难俯允南方全部之要求耳。(《陕闽问题纠纷未解》,《申报》1918年12月24日,第六版)

12月17日(十一月十五日) 岑春煊复函蓝天蔚，推奖其慰问劳绩，授意停战，宣示和平。

函谓：展诵华函，备聆荃诲。执事四牡载驱，八闽戾止，共瞻星使，慰斯民望岁之忱，遍历柳营，沛军府投醪之惠，雨雪载涂，不辞劳勘。向风引领，倍切依驰。此间主张政见，根据舆情旨趣，容有不同，责备自难或免。辱承高谊，代掬苦心，感慰之私，语言难悉。迩者北廷明令撤退防兵，在野名流主持和议，军政府审察趋势，应付机宜，发布停战命令，表示和平意思，不使北方借口，外人责言。望将此意宣布各军，仍希积极筹备，相机防御为盼。(《岑春煊复蓝秀豪慰问使已悉劳军情况并述停战内容函》,1918年12月17日,何平、李露:《岑春煊文集》,广西人民出版社1995年版,第190页)

---

① 任鹤年(1887—1934),字介眉,号维垣,湖南汨罗人。毕业于东北讲武堂。历任广东北伐军旅长、第四军军长、护法军政府高参、广州国民政府参议、第四十四军党代表兼政治部主任。1912年北洋政府授陆军少将。

1919 年(民国八年　己未)　43 岁

1 月　广州国会开两院联席会议,议决军政府改名为"护法政府"。

　　　藏兵侵扰川边,陷里塘,俘川军统领彭日昇。

2 月　南北和平会议在上海开幕。

4 月　巴黎和会将德国在山东权利概让日本。

5 月　发生"五四运动"。

6 月　粤军总司令陈炯明与福建督军李厚基订立划界停战协定。

7 月　成都熊克武就川藏问题发表通电,言川省积极筹军械,呼吁全国备战。

8 月　岑春煊代表李曰垓与代理国务总理龚心湛商南北统一。

　　　孙中山以军政府内武人不顾国法,宣布辞去总裁职,广州国会挽留。

9 月　唐继尧到渝,开五省联军会议。10 月 8 日,唐离渝。12 日,唐到泸州召集滇军团长以上军官会议,欲排去熊克武。17 日,唐取道叙永、毕节回昆明。

10 月　孙中山改组中华革命党为中国国民党,巩固共和,实行三民主义。

　　　广州非常国会议决改组军政府,并提议弹劾岑春煊。岑春煊提出辞职。12 月 11 日,广州军政府任岑春煊为八省铁路总裁。

11 月　外蒙古取消自治,册封哲布尊丹巴为外蒙翊善辅化博克多哲布尊丹巴呼图克图。

12 月　英使朱尔典向外交部声明关于西藏的观点。

　　　国务院电广州军政府促重开和议。

1 月 12 日(戊午十二月十二日)　北洋政府撤销对蓝天蔚的逮捕令。(十二号下午一点四十分上海特电,《香港华字日报》1919 年 1 月 13 日,第一张二页)

《申报》载:蓝天蔚自梁士诒归国时,即在上海与之接洽,并与岑西林极力为和平之运动,当□南□□尚在剧烈时期,及西林赴粤,特约与之偕行,畀以军府顾问,而蓝之和平运动仍进行不已。旋通电全国,主张开南北和平对等会议,即今双方遣派代表之首倡者也。闻政府近拟取消民党通缉令,除孙文、吴景濂等外,将另行命令取消蓝天蔚之通缉,俾便致力于和平。(《酝酿中之免缉政治犯》,《申报》1919 年 1 月 14

日,第六版)

2月21日(一月二十一日) 《申报》载,军政府派蓝天蔚为鄂西川陕宣慰使。(二十一日"广东电",《申报》1919年2月22日,第六版)

2月23日(一月二十三日) 唐继尧祖母去逝,蓝天蔚受岑春煊所托前往云南赉赙致唁。

《致唐蓂赓总裁请蓝君天蔚赉赙致唁函》(1919年2月23日):昨接贵事务处讣音,惊悉朱太夫人仙逝。起居八座,方益算于无穷;报答三春,竟含饴之有憾。远闻噩讯,弥切怆怀。兹特请本府顾问蓝君天蔚代赉薄赙,敬造尊庐。藉申驰唁之忱,聊效束刍之献。尚冀勉为色笑,节尊翁苫块之哀,亲率弟昆营王母山园之事,至盼至盼。(《致唐蓂赓总裁请蓝君天蔚赉赙致唁函》,1919年2月23日,何平、李露:《岑春煊文集》,第202—203页)

3月13日(二月十二日) 蓝天蔚等呈内政部,请求褒扬陈去病"一门孝友"。

据陈去病谓:春、李根源、蓝天蔚、褚辅成、钮永建、杨天骥、王绍鏊等呈内政部,请求褒扬陈氏曾祖学初、祖似兰、父允升等。本日,经政务院议决,准予题给"一门孝友"匾额并加褒词。(《1919年·陈去病46岁》,殷安如、刘颖白编:《陈去病年谱简编》,《陈去病诗文集》下,社会科学文献出版社2009年版,第1093页)

3月19日(二月十八日) 蓝天蔚被广州军政府委为川陕鄂慰问使,于是日启程赴战地宣慰。

报载广东电:军政府派蓝天蔚为湖北、四川、陕西护法军队慰问使,蓝氏已于昨日启程(二十日)(《申报》1919年3月22日,第三版;《蓝天蔚慰问秦鄂蜀》,上海《民国日报》1919年3月22日,第二版)

天津《益世报》谓:军政府派蓝天蔚为湖南、陕西护法军慰问使,二十日①已经启程,赴战地宣慰一切。(《派蓝天蔚为慰问使》,天津《益世报》1919年3月28日,第三版)

3月21日(二月二十日) 蓝天蔚从广东抵达香港。是日晚坐邮船赴海防,由滇入川。

《香港华字日报》谓:蓝天蔚近奉军政府特令,命为川陕豫鄂四省慰问使,前往该四省宣劳军队。已于昨午由省坐广东火轮抵港,现寓某酒店。闻今夕乘坐某邮船赴海防,由滇入川。带有随员刘浩、姚观顺、陈启、林振等数人。送行赴港者有广东国会议员、各军事机关要人十数人。(《蓝天蔚又去劳军》,《香港华字日报》1919年3月22日,第三张一页)

---

① 按:启程时间应在3月19日。

3月24日(二月二十三日)　政务会议特派蓝天蔚为鄂西川陕慰问使,即日首途。政务会议电各省接洽。

贵阳刘督军、成都熊督军、杨省长、山西探投于督军、张会办、夔州黎联军总司令、唐总司令、柏总指挥、王总司令、巫山王总司令、绥定颜总司令均鉴:兹特派蓝君天蔚为鄂西川陕慰问使,即日首途。至时希为接洽。政务会议敬。印。(三月二十四日)(《军政府公报》1919年3月29日,第24页)

4月4日(三月四日)　晋南张镇守使培梅致太原阎督军支电:又闻中央委张绍曾、南军委蓝天蔚赴西安办理陕事①,现尚未到。各等情谨奉闻。(《张培梅电阎锡山闻中央委张绍曾南军委蓝天蔚赴西安办理陕事》,1919年4月4日,《各方民国8年往来电文录存》七,"国史馆"专藏史料:《阎锡山史料》,全宗号116)

4月7日(三月七日)—4月8日(三月八日)　蓝天蔚7日到滇,见唐继尧,转达军政府之意。8日致电吴景濂,转达唐继尧对开议不成应有所准备的意见。

《蓝天蔚致吴景濂电》谓:大沙头国会吴莲伯议长鉴。特密。昨抵滇,见唐公两次,皆以我公意旨转达。伊甚佩服。据云,维持国会,尊重法律,必坚持到底。如开议不成,则有最后之解决,此间有准备。大局情形,恳常电示。蔚叩。庚。(《蓝天蔚为转达唐继尧对开议不成应有所准备之嘱事致吴景濂电》,1919年4月8日,本书编委会:《北洋军阀史料·吴景濂卷》第5册,天津古籍出版社1996年版,第317页)

4月10日(三月十日)　唐继尧致吴景濂函,对蓝天蔚至滇慰问,感切于心。

《唐继尧致吴景濂函》谓:前夔庚启行之时,嘱令趋谒高轩,诸求大教,渥承见爱,感切于心。顷蓝将军至滇,接奉手书,并以先祖母弃养,惠颁挽联、挽幛各一事,大笔褒扬,光增泉壤,情文兼至,益动哀思。关中天险,用武必争之地,我得之,则可以左右天下,震撼幽燕,其为利宁止于楮柱西南,屏藩滇蜀已也。北虏背信食言,和议因而停顿,迹彼狡焉思逞,显有得陇望蜀之心。迭经密饬援陕各军,严整师徒,并电促熊锦帆君先事筹维,相机策应。大示所谓能战而后能和,战有余而后和乃可恃者,实属不刊之至论。蓝将军海内人豪,凤所钦仰,重以先生故友,军府大员,敢不载赋缁衣,兼葭采采,风雨潇潇,促膝倾心,已永朝永夕矣。复颂筹安,诸希荃照。期唐继尧。(《唐继尧致吴景濂函》,1919年4月10日,《吴景濂函电存稿·1919年南北议和资料》,《近代史资料》1980年第1期,第94页)

4月20日(三月二十日)　《申报》载,唐克明电告蓝天蔚为宣慰使,甚表欢迎。(《申报》1919年4月20日,第三版)

---

①　按:1920年4月10日蓝所致总裁电,中云,"一俟内部稍整,即当入陕慰问,以竟职责"。后蓝未到陕。

4 月 23 日（三月二十三日） 《申报》载，柏文蔚、王天纵电致军政府，欢迎蓝天蔚慰问各军。（以上二十三日，《申报》1919 年 4 月 28 日，第三版）

6 月 18 日（五月二十一日） 蓝天蔚奉军政府命令，莅各战地调查军实、抚慰黎军，现到成都，不日将抵施南。

《大汉报》云：据自鄂西归人云，该地前因蔡幼香被刺，唐克明居嫌疑地位，故黎天才与吴醒汉联军攻唐，着着进逼。嗣以某要人双方疏通，嫌疑冰释，唐部已受黎天才节制，彼此相安无事矣。又该地盛传川、滇、黔、陕、鄂五省宣慰使蓝秀豪，奉军政府命令，莅各战地调查军实，抚慰穷黎，现已到成都，不日当可抵施矣。如右所云，则鄂西亦似相安无事。近来喧传之风云变幻，恐不足深信。（《鄂西归客谈》，《大汉报》1919 年 6 月 18 号；中共一大会址纪念馆编：《中共一大代表早期文稿选编 1917.11—1923.7》下，上海人民出版社 2011 年版，第 1593—1594 页）

6 月 22 日（五月二十五日） 蓝天蔚接到岑春煊复电：东电诵悉。溽暑远行，驰系何己。川省驻兵问题，迭电赉公锦兄，想已寓目。得公斡旋，必能妥筹解决。行旌所至，希随电知为盼。（《岑春煊复蓝天蔚将军川省驻兵问题必能妥筹解决电》，1919 年 6 月 22 日，何平、李露点注，何平修订：《岑春煊文集》，第 390 页）

7 月 13 日（六月十六日）—7 月 17 日（六月二十日） 蓝天蔚以慰问使名义抵渝，川省各要人前往欢迎。17 日，蓝天蔚发表慰劳辞。

《申报》谓：川省与滇黔军队去年以来，因大局未宁，感情尚称融洽，军政府特派蓝天蔚为慰问使来川慰劳，于七月十三号抵渝。重庆余镇守使于十二号特令饬巴县知事派人到南岸海棠溪觅定地点铺设欢迎。闻蓝君进城后，即驻于将军祠。当道多往拜谒。十七日蓝君发表对于各军慰劳辞，奖勉甚至。（《川滇黔俱进会之宣言》，《申报》1919 年 8 月 14 日，第六版至第七版）

7 月 16 日（六月一日） 粤中军府电饬蓝天蔚调查川省局面。

《大公报》谓：自川省吕超、刘湘宣布就川军正副司令职后，川省局面大变，吕刘二人均受唐滇督继尧委任。而军政府方面，前以总裁于熊克武，其计划本拟以此暗中扶助熊氏声势，并牵引熊入军府方面，与滇省方面关系脱离。刻下此消息传到粤中军府。某要人对此事极为注意，日昨特与某当道并国会某某数人，筹商对付川局，援助熊氏办法，并以久未接到熊氏电报，川地消息不通。谈论许久，迄无善法。闻日昨再有去电饬蓝天蔚就近查覆川局真相，并相机协助熊克武。（《电饬蓝天蔚调查川局》，《大公报》1920 年 7 月 17 日，第三版）

7 月 22 日（六月二十五日） 王安澜公电蓝天蔚等，王占元部下戴凤臣反戈投王安澜，王安澜委之为第六路司令。

电谓：广州护法政府各总裁、各部长、参议院、众议院、莫督军、翟院长、吕督办、李督办、蓝慰问使、武鸣陆总裁，云南唐总裁，上海唐总裁、孙总裁、章太炎、孙伯兰、汪精卫、熊秉三、张敬舆、张溥泉诸先生，成都熊督军、杨省长、但、刘各师长……各司令暨各省省议会、各商会、各报馆均鉴：

案据陕西靖国军第八路司令戴凤臣、营长郭曾、马青云等呈称：窃凤臣等籍隶山东，自前清入伍以来，革命思想灌入脑筋，改革后随前陆军第二师师长、现任湖北督军王占元供差鄂汉。适总司令统制三师，得亲泰斗，治军驭下，一本至诚，德威所及，迥迩同瞻，只因托庇无缘，今犹引为深恨。以此护法军兴，凤臣谬膺陕督警卫，目击陈逆树藩助桀为虐，杀戮同志，抗我义师，开放烟禁，肥饱私囊，种种剥削，民不聊生，心虽痛恨切齿，其如行动不克自由何。后闻总司令出师援陕，进据兴安，秋毫无犯，不一月而陕南半境完全肃清，凤臣等远道闻风，不胜雀跃，屡思响应，共逐奸贼，旋因防范甚严，未敢轻举。殆停战令下，陈逆为巩固个人权利起见，利用停战时期，违命令四路进攻，调凤臣等率队窃取陕南，因此得脱羁绊。及抵砖坪，宣布护法，全体赞同，公推凤臣等为领袖，根据陕西义军成立陕西靖国军第八路司令部，除将一二不肖官长当置重典外，一面声罪致讨，鏖战三昼夜，恨与陕西全体民军相距太远，军势甚孤，只得向后退却，防堵界猱。伏思我总司令德隆望重，纪律严明，良禽择木而栖，达人择主而事，凤臣等虽愚，一念及前途，能不择事乎？用特不揣冒昧，率我健儿，竭诚投效，编制指挥，惟命是听，耿耿此心，有如皦日。如蒙不弃菲葑，收之麾下，凤臣等即马革裹尸，亦所乐从。事机迫切，沥血上呈，伏乞鉴核，立盼明示等情。据此。查戴凤臣等反戈向义，矢志投诚，实属深明大义，殊堪嘉尚。迭经一再详查，所呈俱属实在，来意亦颇笃挚，且全副武器子弹精良，子弹尤为充足，同属靖国，有何畛域之分？第念倾向情殷，势难再事推却，灰其护法之心，故先收容，经已改编为本军第六路，仍委戴凤臣为第六路司令官，以昭激劝，而资鼓励。可见人心未死，强权终不足恃，际兹和议停顿，定当振刷精神，督励将士，严守原防，静待后命。谨此电闻，统希亮察。滇川黔靖国联军援鄂第二路左翼总司令王安澜呈叩。祃。（由城口寄巫山局转发，《军政府公报》修字第九十七号，1919 年 8 月 13 日"公电"；《王安澜致孙中山等电》，1919 年 7 月 22 日，桑兵主编：谷小水编：《各方致孙中山函电汇编》第四卷，第 491—493 页）

9 月 13 日（闰七月二十日） 蓝天蔚抵成都，受各要人欢迎，将于次日与熊克武等商川滇问题。

《申报》谓：9 月 13 日成都通信云，川滇问题在一年来未经人道，现因南北统一之说又起，川滇问题有连带关系故，亦重行提出，一切进行颇属秘密，而一般不明内容之人纷纷制造许多谣言。不曰川滇将开战衅,即曰川省将起内讧,其实川滇当道要人往还甚密,而斡旋西南大局之蓝天蔚适于此时抵省,无论如何决不能如所传之甚也。蓝以慰问使名义于十三号抵省,是日午前七钟,向政务厅长及四科长刘禹九师长、吕汉群师长、曾财厅长等均陆续到牛市口銮华寺内欢迎。随至下午一时,熊督军、杨省长亦出城,入銮华寺恭候,适成华两县知事及李元著①参赞、张岳军②副官长、向育仁③旅长等自龙泉驿驰归(此数君系前数日特往茶店子,代表各重要机关欢迎蓝君者),始知与蓝使偕来之滇军朱旅长玉阶④在简州病甚,不能就道,须俟病势稍减始来。蓝使则乘四人藤舆先至,因就寺内小息,各寒暄数语,即偕秘书胡浃庭暨唐督派遣同来之胡委英与各欢迎者同至两湖公所。闻蓝拟于十四号九时,谒督军省长商川滇问题。(《川滇问题之辟谣》,《申报》1919 年 9 月 30 日,第七版)

上海《民国日报》谓:成都通信云,九月十三日七时记者由社内赴牛市口銮华寺欢迎蓝慰问使,向厅长及四科长刘师长禹九,吕师长汉群,曾厅长子玉陆续先到,随即由督署副官特派人驰往前方探听蓝使行踪。回报已在大面铺早餐,下午一时可到。届时督军省长及署督各科长、唐厅长宗尧、程厅长伯皋、刘署长乙仙、聂道尹凤佳、杨处长莘友等陆续出城入銮华寺等待。适尹华两县知事及李元著参赞、张岳军副官长、向旅长育仁、周参谋长璧光,自龙泉驿驰归。始知与蓝使偕来之滇军朱旅长玉阶在简州病甚,不能就道,须俟数日后病稍减始来。于是蓝使乘四人藤肩舆至。军乐大奏,蓝与各欢迎者一一握手,因就寺内小憩,又各寒暄数语,略用茶点。记者亦前致欢迎之意,遂得瞻丰采。蓝使衣黄色军衣,挂上将肩章,手着白色套,身体极魁梧。面虽略带风尘,而目光有神。年约三十岁,态度雍容,与之接谈最足使人满意。于是军乐前导向旅长率兵一营随发。次为滇军朱旅长分派护兵四十名同行。又次为蓝使及其秘书胡君浃庭暨唐督军派遣随行员胡君季荫。最后为各欢迎者同至两湖公所。记者亦即随入略谈数语而去。闻蓝君拟于十日九时至督军署拜访督军。十二时至省署拜访省长。(《蓝天蔚入川慰问记》,上海《民国日报》1919 年 9 月 27 日,第七版)

---

① 李元著,同盟会员。贵州陆军小学第一期学生。历任海陆军大元帅大本营海军特派员、热河省政府委员等职。

② 张岳军,名群,四川华阳人。曾任国民政府行政院院长、四川省主席、西南行政长官等职,1954 年任台湾"总统府"秘书长。

③ 向传义(1888—1950),字育仁,四川仁寿人。同盟会员。1912 年任驻沪川军熊克武部营长,后入保定军校。1918 年任川军第三师师长,1921 年辞职。后历任国民党四川省党部特派员、国民政府军事委员会委员、国民革命军第二十四军副军长兼二师师长、四川省政务总办、西康省建省委员会委员、四川省议会议长等职。1919 年广州军政府授陆军少将加陆军中将衔。

④ 朱德(1886—1976),字玉阶,原名朱代珍,曾用名建德,四川仪陇人,祖籍广东韶关。毕业于云南讲武堂。参加辛亥革命。1915 年在蔡锷滇军中参加护国战争。历任滇军旅长、云南省警察厅长、宪兵司令等职。1920 年广州军政府授陆军少将。

1919 年(民国八年　己未)　43 岁

△　蓝天蔚衔命到川,将吴景濂书信交熊克武。

《熊克武致吴景濂函》:莲伯先生道右:蓝君秀豪衔命来川,交来三月十八日赐书,诵悉一是。具见忧国心勤,讦谟劫毖,至为佩仰。乃者陕事暂告结束,和议又复停顿,迁延半载迄无正当解决。而王揖唐任总代表之事又见告矣。北方毫无诚意,路人皆知。我西南若虚与委蛇,诚不免铸成大错。鄙意非有最后之决心,必无以为护法之后盾,搜讨军实,惟力是视。尤冀荩筹所及,随示[时]赐示,俾有遵循。蓝君远道惠临,晤对之余,于南中近情益复了悉。此间诸事容当次第筹商,庶臻妥协也。专此布复,敬颂议安。弟熊克武再拜。

慧僧先生同此致候。(《熊克武致吴景濂函》,1919 年 9 月 21 日,《近代史资料》总 42 号,第 169—170 页)

9 月 18 日(闰七月二十五日)　熊克武就边藏界约事致电蓝天蔚等。

电谓:万急。广东军政府各总裁、各部长、参众两院、莫督军、张省长,韶州李督办、肇庆林镇守使,武鸣陆总裁,南宁谭督军、李省长,云南唐总裁、贵阳刘督军、王总司令,郴州谭督军,辰州各总司令,诏安方会办,漳州陈省长,三原于督军、张会办,上海孙总裁、唐总代表并转西南各代表,各省督军、省长,成都抄送杨省长、蓝慰问使①、省议会、资中顾军长,泸州赵军长,重庆黔军朱参谋长,夔州鄂军黎总司令、豫军王总司令,巫山送王总司令钧鉴:

此间对于边藏计划,前于蒸日通电奉商,嗣接北京国务院外交部歌电云云(中略)。当即复电,文曰:(中略)窃此次边藏界约,若竟轻于议结,在外人固为得计,继此以往,吾国边务岂复有补救之可言。川省与藏密迩,利害所及,自较他省为切。然西藏实为全国国防所关,凡我国人,想不忍弃置不顾。务乞我军府当轴暨爱国诸公协力争持,共图挽救,免贻异日无穷之悔。不胜企盼。熊克武叩。巧。印。(《关于西藏问题之要电》,上海《民国日报》1919 年 10 月 3 日;《熊克武致孙中山等电》,1919 年 9 月 18 日,桑兵主编,谷小水编:《各方致孙中山函电汇编》第五卷,第 82 页)

9 月 20 日(闰七月二十七日)　蓝天蔚发布通电,请照熊克武所陈对藏办法进行并严重监督北廷与英使交涉情形。

电谓:广州军政府各总裁、各部长、参众两院莫督军、李督办、吕督办、云南唐总裁、武鸣陆总裁、南宁谭督军、李省长、贵阳刘督军、郴州谭督军、三原于督军、张会办、漳州陈总司令、诏安方会办、上海孙总裁、唐总代表暨各代表各省督军省长省

---

①　按:熊电文中谓"……成都抄送杨省长、蓝慰问使、省议会、资中顾军长,泸州赵军长",可知蓝此时在成都。

议会钧鉴:天蔚抵成都后,与熊督军谈及边藏问题及一切筹划,天蔚极所赞同。查西藏界务原属内政范围,英人越俎参与,已于主权有损,至去岁,藏番侵扰川边,擅据十余州县,川督派兵勘定,自是疆吏应尽之责。乃北廷以英使催结悬案,竟欲牵率让步,置国土主权于不顾,日蹙百里,情何以堪?况西藏接壤英属,为吾国边防重地,藏人要求自治,讵出本心,寖假肆外人之蚕食,则天府奥区不免为辽阳之续,伏祈我军府诸公查照熊督军电陈办法,策动进行,并望各省爱国诸公一致携助,至于北廷与英使交涉尤宜严重监督,免致丧失国权。天蔚亲临川省,见闻较确,用敢率陈,藉资采择。蓝天蔚。号。印(九月二十日)。(《蓝天蔚请照熊督陈对藏办法进行并严重监督北廷与英使交涉情形电》,1917 年 9 月 20 日,《军政府公报》1917 年 10 月 8 日,修字第一百十三号,《军政府公报》处发行,第 19 页;何平、李露点注,何平修订:《岑春煊文集》,第 84—85 页)

9 月 24 日(八月一日) 蓝天蔚参加五省联军会议。

金汉鼎忆:正式会议从 9 月 24 日开始,参加会议的有滇黔军旅长以上的军官、熊克武部高级军政人员,重庆商学绅各界知名人士,民军领导人黄复生、卢师谛[1]、石青阳、颜德基等。此外还有湖北蓝天蔚、河南王天纵、失去地盘的荆襄镇守使黎天才,还有其他省份的一些代表。独有川军将领刘存厚、刘湘、杨森、邓锡侯、田颂尧、王陵基等不与闻。(金汉鼎:《唐继尧图川和顾品珍倒唐的经过》,《中华文史资料文库 政治军事编》第 1 卷,中国文史出版社 1996 年版,第 953 页)

9 月 26 日(八月三日) 李根源赞同蓝天蔚所发号电,建议军政府维护川藏边疆主权。

《李根源建议军政府维护川藏边疆主权电》(1919 年 9 月 26 日):李根源电谓,广州军政府政务会议、成都熊督军、杨省长探送蓝秀豪先生鉴:秀公号电敬悉。川、藏皆我疆土,乃我国立[主]权行使之区域,年来国内多故,对于边境督察较疏,遂致强邻生心思衅,日蹙百里,可为寒心。北方于此等领土主权不事力争,遽思让步,其用心诚不可解。伏望军府一面质北京政府,一面依照督军所陈办法,核夺施行,务期达保全领土主权之目的,幸甚!根源叩。宥。印。(《李根源建议军政府维护川藏边疆主权电》,1919 年 9 月 26 日,据上海《民国日报》1919 年 10 月 7 日,《李根源通电一束》;汤锐祥编著:《护法运动史料汇编》三,花城出版社 2003 年版,第 311 页)

9 月 29 日(八月六日) 政务会议复电赞同蓝天蔚、熊克武维护川藏边疆主权

---

① 卢师谛(? —1930),字锡卿。四川成都人。毕业于成都四川高等学堂。同盟会员。历任云阳军政府参谋长、川军第五师团长、川军总司令、川军第四师师长、四川靖国联军副总司令、川滇黔联军援鄂第一路副总司令、中央直辖第三军军长、广东大元帅府禁烟会办、建国军北伐右翼总指挥、建国军第三军军长、国民党四川省党务指导委员、军事参议院参议等职。1919 年广州军政府授陆军少将。

办法。

电谓:成都督署转蓝秀豪先生鉴,号电悉,熊督电陈办法至所赞同,业已另电奉覆。至北方与英使交涉情形自当严重监督,以固我围。特覆。政务会议。艳。印。(《政务会议复蓝天蔚电》,《军政府公报》,1919 年 10 月 8 日,修字第一百十三号,《军政府公报》处发行,第 23 页)

10 月 1 日(八月八日)　　蓝天蔚对于自流井盐税和成都兵工厂应归联军总司令部直接管理持同意意见。五省联军会在重庆举行多日,因熊克武反对,会议无结果而收场。

金汉鼎述:24 日开会,到会人有川军高级军政首长熊克武、但懋辛[①]、俞际唐、刘亚休、赵铁桥等,黔军有王文华、朱绍良(黔军总司令部参谋长)、旅长李云鹄、胡瑛,滇军有军长顾品珍、赵又新,旅长朱德、金汉鼎、赵世铭、黎天才,湖北蓝天蔚,河南王天纵,山西姚以介,四川民军卢锡卿、石青阳、颜德基,道尹黄复生和重庆各界首要人员。讨论的议题有 14 个,主要是自流井盐税和成都兵工厂的归属问题,卢、石、黄、颜因无基本队伍,力量薄弱,不能与川军抗衡,只有依附唐才有发展的可能,唐也认为支援卢、石、黄、颜可以增强对四川的影响,这种互相利用是各有各的打算,并没有共同的政治目标(纲领)。蓝天蔚是一光杆也是如此,他们都同意自流井盐税和成都兵工厂应归联军总司令部直接管理。而熊克武则是应考虑到四川人民意愿,自己本人是不成问题的。因此开会多日,对这个问题没有解决,而唐认为熊是托词拒绝(实际四川人民是反对的),会议到 10 月 1 日无结果而收场。后来我在行辕常听得唐的亲信参军长邓泰中讲:"我们联帅的政策是盐铁政策。"语外之音也可以看出会议失败的原因所在了。(金汉鼎:《唐蓂赓家世和历略》,云南省政协文史委员会:《云南文史资料选辑》第五十八辑,云南人民出版社 2001 年版,第 317 页)

贺梓侪谓:唐继尧于九月经毕节到重庆,召开五省联军会议,到会者有黔军总司令王文华,鄂军总司令黎天才及蓝天蔚,豫军总司令王天纵,川军总司令熊克武及杨庶堪[②]、黄复生等。滇军顾品珍、赵又新等均出席。要求以四川兵工厂械弹及厘税收款接济各军,未有效果。(贺梓侪:《北洋政府时期的贵州政局》,中国人民政治协商

---

①　但懋辛(1886—1965),字怒刚,四川荣县人。毕业于成都东文学堂、日本东斌学堂。曾赴汉口谋炸端方未果。1911 年 3 月赴日运军火到香港,协助黄兴发动广州起义,被捕押回四川,逢蜀军政府成立而获释,后历任川军第五师参谋长、讨袁军参谋长兼前敌总指挥、第五师九旅旅长、代四川省长兼四川靖国军第一师师长、第一军军长、四川省政协副主席、中共中央民革中央委员、民革四川省委主任委员等职。1916 年北洋政府授陆军少将。1919 年广州军政府授陆军中将。

②　杨庶堪(1881—1942),字品璋,后沧白,号邨斋,四川巴县人。早年专心研究国学,后入重庆译学会学习英语。历任同盟会重庆支部领导人、蜀军政府高等顾问、讨袁军民政总厅长。中华革命党政治部副部长、四川省长、孙中山大元帅府秘书长和国民党本部参政、国民党临时中央执行委员、广东省长等职。

会议贵州省委员会,文史资料研究委员会:《贵州文史资料选辑》第 6 辑,贵州人民出版社 1980 年版,第 127 页)

10 月 3 日(八月十日) 《申报》载:蓝天蔚奉军政府命来川,意在联络滇黔一致,对付北方。前日到省;昨日午前十一时,熊督军杨省长率同军政学绅各界在公园商品陈列所开欢迎大会。届时各界人士纷纷到会,督军省长随至。蓝使于 12 时偕同随员胡计六、胡浃亭二君莅会。先由成都知事薛晋贤宣布开会,续由督军省长致欢迎词(推中国银行行长周谊甫君代读)。毕,蓝先生致谢,复向众演说云:(略)[1]演说毕会,随到群仙茶园观剧。(《锦城欢迎蓝天蔚大会》,《申报》1919 年 10 月 4 日,第二张第七版)

11 月 5 日(九月十三日) 熊克武致电蓝天蔚等,谓军府不宜改组,并望岑春煊无存退志。

电谓:万火急。广州军政府岑总裁、伍总裁,各部长,各代表,参议院,众议院,莫督军,李督办,吕督办,上海孙总裁、唐总代表,云南唐总裁,武鸣陆总裁,南宁谭督军,李省长、郴州谭督军,赵总司令,贵阳刘督军,漳州陈省长,诏安方会办,辰州田、张、胡、林各总司令,溆浦周总司令,夔州黎总司令,王总司令,柏总指挥,成都抄送蓝慰问使、杨省长钧鉴:军府不宜改组,前电已详言之。昨奉蓂公卅一电,语极痛切,不忍卒读,正拟再电陈词,冀收同声相应之效。忽后奉云老感电,竟以异说朋兴,思且洁身隐退,巨浪惊涛之来,使人神魂震骇。夫大敌当前,而主帅逃避,全局未宁,而中枢摇动,言念前途,焉识死所。云老崇德硕望,举国同钦,此次戮力护法,领袖群贤,筹应万方,宅心良苦,七省义师,方倚为长城。北廷卖国,神奸久矣,侧目嫉视,而莫敢报怨,乃国会诸公,必欲于此时指摘而击去也,武诚大惑不解也。果必寻隙瑕,媒孽其短,则古今中外,安有完人。况披荆棘,建军府,制度草创,自百官有司,至于介胄荷戈之士,或惧袭要区,或崛起行陈,皆非素相统摄,命令或有不行,而决疑定策咨询,志固原求妥协舆情,自必迁延时日。如是而犹不蒙曲谅,动辄见尤,将虽恳以不訾之身,排百难而俯众诉。传不云乎:"欲加之罪,何患无辞。"不问事之成败,而苛责于人,究于国家奚益也,岂惟无益且有害。

克武僻处西陲,耳目闭塞,然以愚虑所及,果令军政府改组,云老去位,旦暮之间,必生危险。约而言之,盖有三焉:零陵一呼,七省响应,国会议员,开议于广州,数十万义师,疾战于郊野,其他云合景附者,不可胜计。处境各殊,见地自别,惟皆以诚信相孚,精神相喻,趋尚相契,情感相融,故能相劝相让,相谅相安,休戚关心,

---

① 《成都之演说》,详见附录一"蓝天蔚著述"。

而利害与共。假如衅端骤启，猜疑滋多，群疑满腹，众志堕败，虽有贤者，将何以善其后？加之北廷间谍，散布流言，阴谋煽动，护法之人，自此各怀危惧，不待北军之压境而西南已分崩离析矣。此其危险一也。凡动力之以权位而团结者，亦必至于权位不可必得，而后始涣散焉。如最近之直、皖之争，其初固起于段、冯之莫能下，然亦实有人见吾统帅坚持数岁，虑其权位之不克保，而逐密使通勤于西南，而卒至不敢明目张胆来襄义举者，又以见西南内部犹未统一，未可恃以成功也。假令西南分离益甚，内部情实暴露无遗，则凡通勤于我者皆绝我，而后协以谋我，权位诱之于前，我更驱之于后，直、皖二系之弃近嫌修旧好，斯其时矣。其危险二也。月顷以来，北廷罪恶昭著，偕亡之叹，充盈国中。中流之士夫暨夫农工商人，咸晓然于西南师出之有名，日夜祷祝其必胜。即在昔反对党派，举欣欣然向风慕义，乐为诵赞，旌旗所指，舆论从之。盖自辛亥（1911 年）、丙辰（1916 年）后，未有若今日之盛也。假以不忍小忿，激成内讧，芸芸之能，将谓我等护法其名，逐利其实，南与北同是一丘之貉而并弃之。民心难得而易失，书曰："怨岂在明，不见是图；见而图之，将何及矣。"其为危险三也。此三危者，事势之所必至，庸俗之所共喻，非敢张皇其词，借以耸动观听也。

南北两军，相持日亟，胜负之数，尚不可知，万一激战，而惟视内部之连接为何如？联结则胜，结解则负，无可幸逃。靳云鹏之团合北系，正见及此，岂以我义军之贤明，所见反出靳之下耶？传闻列强要约于中国未统一前，不得借款，横暴如日本，亦以拘束顾忌，未敢独投资。北廷军费方苦无着，我辈共矢素志，勤修战备，即令北系团合，扼之可使坐困。所注意者，我或自绝而见弃于友邦，固为北廷造成借款之机会耳。然既已自绝，旦暮之间，危险立见。又奚必待列强之助饷北廷，而后可以注意乎？西南偏安之局，暴尸喋血而暂定之，岂忍拼作一掷。不独西南，将民国存亡国民生死问题，争兹一着，稍或差异，则我辈躬与其事者，必至外多清议，内疚神明，此身之不识死所，更无论矣。

风雨同舟，当共努力，即有怀疑，徐容商议。克武诚愿云老勉为其难，无存退志，并望诸公一致挽留，奠安危局。至于军府改组之议，尤望国会诸公审慎。言有尽而意无穷，惟冀鉴其愚款，俯予采纳，则厚幸矣！临电不胜悲痛。熊克武叩。歌。印。（《熊克武谓军府不宜改组，并望岑总裁无存退志电》，1919 年 11 月 5 日，四川省文史研究馆：《四川军阀史料》第 2 辑，四川人民出版社 1983 年版，第 311—313 页）

11 月 28 日（十月七日） 蓝天蔚就黎天才向王占元纳款诸事致电军政府。

电谓：黎天才所部团长刘英报称黎天才向王占元纳款证据多件，不胜骇异。查荆沙自主，黎氏景从，推为联帅，以恰[洽]其心。我军政府念其□勤，待遇尤厚。

今当和议未成之际，隐□方□之□，竟背叛所部，私□投降，于国为不忠，于鄂为不义。现黎氏已潜□一，而其部属则尚能深明大义，欣然来归。鄂西秩序安静如常。除证据赍请军府核□外，深恐远道讹传，淆惑闻听，特电陈布，惟希鉴察。蓝天蔚叩。勘。（《蓝天蔚就黎天才向王占元纳款诸事致吴景濂等电》，1919 年 11 月 28 日，《北洋军阀史料 吴景濂卷》第三册，第 419—421 页）

据《梁耀汉年谱》谓：（梁耀汉）没后八年，民国九年庚申（1920 年）

黎天才狼子野心，暗通王占元，乃兄钟汉探悉其奸。知不为本党用，时王天纵病故，叶荃①率兵赴陕，乃与刘英、蓝天蔚谋以解决之。事泄。钟汉走上海，向先总理陈述此经过，及黎行动。时中华革命党改为中国国民党，先总理即留之居沪，与田桐等助理党务。（《梁耀汉年谱》，阳海清、孙式礼、张德英编：《辛亥革命稀见史料汇编》，《中国公共图书馆古籍文献珍本会刊·史部》，第 516 页）

12 月 3 日（十月十二日） 鄂军将领密议推蓝天蔚为鄂军总司令，蓝到鄂西即会发表。

宋大章致吴景濂函：莲公长兄议长钧鉴：军府改组真因，此间未得，而旭九（——王天纵字）竟出电反对。兹事前弟并未之告，事后告之而已挽救不及。只劝旭九再有此种事件，须大家商榷可也。果粤中再有关于类似事件发生，吾兄即可用（兴密）电示方略，以便向各方游说，有所遵循。鄂西事柏公已允以总指挥名义维持现状。其总司令一席，鄂同志必推蓝也，兹事酝酿已久，蓝到必发表。川滇畛域泯于一时，终不能久。川军现已编者七师，熊芳可恃者两师，守中立者两师，余三师皆反对熊者也。然皆各有地盘各自为政，实行冲突亦不易见，可虑者仍为滇军与熊芳耳。川军七师之中纯粹与吾党宗旨同者，石②颜③黄④处三部而已，而日起有功（——每日发奋之意），占财赋之区，怀有大志者以颜为最。颜为日本明治大学学

① 叶荃（1879—1939），字相石，亦作香石。云南云州人。毕业于日本振武学校、日本陆军士官学校。历任川军六十六标统带、川军教练处帮办、安徽讲武堂总办。辛亥革命后任黔军师长。1915 年参加护国战争，任第三军第六梯团长。护法军政府成立后，任驻粤滇军总司令，后改任靖国军第八军军长。1916 年北洋政府授陆军少将加中将衔。

② 石青阳（1879—1935），原名蕴光，字青阳，四川巴县人。毕业于重庆府中学堂、日本大野县长町蚕桑学校。四川保路运动，谋重庆起义，并组敢死队，自任统领。历任川东北游击军司令、中华革命党四川司令部部司令、护法战争时川东招讨使、川北招讨使、嘉陵道宣尹、靖国军政府川北镇守使、川滇黔靖国联军援陕第一路军总司令兼川军第二师师长、驻川军第六师师长、北伐大本营参议等职。1919 年广州军政府授陆军中将。

③ 颜德基（1886—1951），名应纯，四川开江人，毕业于绥郡中学堂、杭州蚕桑学校、广州弁目学校习武，继往日本留学考察。1911 年曾参加广州"三·二九"起义。历任蜀军义士团团长、讨袁军司令部炸弹队队长、川东护国军第一支队支队长、靖国军第七师师长、靖国军援陕第二路司令、四川宪政筹备处候补筹备员、第十军教导师师长、龙潭战役独立师师长、第十军第二十五师师长。1919 年广州军政府授陆军中将。

④ 黄，即黄复生。

生，自领兵之后，专揽陆军人才，因而军纪、风纪为各军之表□。常与人谈对于吾兄极表倾慕。前此旭九代表夏君赴彼处归来，亦如是云。弟意吾党若延致此人，吾兄可专修一函，邮交弟处，弟即可牺牲少数旅费，持函一说此人，与吾党结密切之关系也。颜之司令部驻绥定，距夔府五百里，七日可到。军府改组究竟如何，统希示告。专此即叩。道安！弟章百拜！并叩新禧！颜德基名号同。（《宋大章就军府改组、川鄂局势诸事致吴景濂函》，1919 年 12 月 3 日，《北洋军阀史料·吴景濂卷》第 3 册，第 422—424 页）

12 月 8 日（十月十七日）前　蓝天蔚致电广州军政府政务会议，川滇黔三省均以大局为重，三省提携，群固西南。并告庚日赴鄂西。

天津《益世报》谓：粤函云，蓝天蔚致广州军政府政务会议电云：新成密。前在云南奉电嘱令与川滇黔当局会商三省军事问题，遵即分途商榷。唐总裁、刘督军、熊杨督军省长以及三省重要人员均以大局为重，推诚相示，彼此互谅。军事问题现已解决。三省将士应为精神上之提携，一致群固西南，以资救国，尚可为军府告慰。此间事务已毕，庚（8 日）日赴鄂西，宣布钧府德意，谨此电文，藉纾系念。（《蓝天蔚主张三省提携》，天津《益世报》1919 年 12 月 30 日，第二张第六版）

12 月 8 日（十月十七日）　蓝天蔚宣慰川滇黔各省告竣，由成都启程前往鄂陕。

天津《益世报》谓：前军府为联络各省感情起见，特派蓝天蔚分赴护法各省慰劳。蓝氏经川滇黔各省宣慰告竣，因特由川转往鄂陕方面进行，故川督特将其行踪电告军府。云：急，广州军政府各总裁钧鉴：府特派慰问使蓝上将天蔚于十二月八日由成都启程前往鄂陕宣慰，谨此电闻。四川督军熊克武扣。灰。印。（《蓝天蔚赴鄂陕宣慰》，天津《益世报》1919 年 12 月 24 日，第二张第六版）

△　蓝天蔚致军政府庚电，川省于滇黔日谋亲善，对军府竭诚拥护。先前谣传勿轻信。

长沙《大公报》谓：成都来电。广州军政府岑总裁钧鉴，并转政务会议：阳电报川滇黔三省军务问题，计达。惟前此外间对于川滇黔事颇多摇惑。皆因外间不知真相，以讹传讹，致使人心不合。蔚到川与各当局相处数月，深悉其对于滇黔日谋亲善，于军府尤竭诚拥护。军民两长亦颇浃洽。三军亲民，感情益加亲睦。从此军府可无西顾之忧矣。前此谣传幸勿轻信。蓝天蔚叩。庚。（《蓝天蔚电岑春煊》，1919 年 12 月 8 日，长沙《大公报》1920 年 1 月 15 日，第三版）

天津《益世报》谓：日前谣传川省有异图消息，又谓该省长吏对于滇黔方面已有嫌隙，噩耗传来，当道异常骇异。故蓝宣蔚使天蔚以此种谣言绝无根据，因特由川省将该三省情形电报军府云；电同《大公报》1920 年 1 月 15 日所载。（略）（《蓝天

蔚为川滇辟谣》,天津《益世报》1920 年 1 月 14 日,第二张第七版)

△ 蓝天蔚久驻川省,时人怀疑其欲唱取帅印。蓝天蔚声言,他并无染指于鼎之心。

天津《益世报》载:蓝天蔚氏奉西南军政府之命宣慰川滇黔三省军队,亦谋三省之协和。蓝氏由粤入滇而黔,最后入川,刻尚在省未行。外人颇有疑其盘踞蓉城想唱取帅印者。实则不足一笑之论。蓝氏以西南政潮方在奔腾澎湃之时,暂留蜀中藉观动静,彼曷有染指于鼎之心哉。(《蓝天蔚之宣言》,天津《益世报》1921 年 12 月 31 日,第七版)

12 月 9 日(十一月十八日) 杨庶堪派警卫营护送蓝天蔚启程东下。

长沙《大公报》谓:成都去电,资州顾军长、遂宁吕师长、绥定颜师长、顺庆石师长、合川刘师长鉴,蓝使本月起程东下,本署特派警卫营兵士护送经过贵防区时,请饬所部知照为祷。庶堪叩。青。(《蓝天蔚行将离川》,长沙《大公报》1920 年 1 月 6 日,第三版)

12 月 14 日(十月二十三日) 岑春煊复电蓝天蔚:接诵。庚(8 日)电悉。川滇黔三省军民感情融洽,足见锦公容众善邻,顾全大局。而执事从中联络,尤佩贤劳。从此主客雍和,西陲永固,无根谣诼,不戢自消。川省之幸,亦大局之幸也。(《岑春煊复成都蓝天蔚将军调解川滇黔意见电》,1919 年 12 月 14 日,何平、李露点注,何平修订:《岑春煊文集》,第 84—85 页)

12 月 15 日(十月二十四日) 政务会议复电蓝天蔚:成都熊督军转蓝慰问使鉴:庚电悉。川滇黔三省军民感情日臻亲善,足见前此传闻尽属谣诼。和衷共济,川巴永固金汤,携手偕行,主客欢聊袍泽。闻电欣慰,特复以闻。政务会议。删。印。(《蓝天蔚与军政府往来电》,1919 年 12 月 15 日,长沙《大公报》,1920 年 1 月 15 日,第三版)

12 月 31 日(十一月十日) 蓝天蔚入川慰问,石青阳就此事答谢军政府各总裁。

电谓:军府念川中各军劳苦,遣蓝上将入川慰问,青阳上托诸公之威灵,下赖将士之用命,报国有志,护法无功,谨与诸将吏驰电鸣谢,以答军府慰问之至意。青阳叩。卅一电。(《军政府公报》修字第一百四十一号,1920 年 1 月 17 日,"公电";《石青阳致军政府各总裁电》,1919 年 12 月 31 日,《各方致孙中山函电汇编》第五卷,第 217 页)

12 月(十月—十一月) 蓝天蔚曾在成都致函岑春煊,要求以黄帝作为中国教主。岑春煊以信教自由为由婉拒。

《台湾日日新报》:宣慰使蓝天蔚近自成都致函岑总裁,拟请以轩辕黄帝为中国教主。岑氏特函复云,秀豪先生惠鉴,昨接手翰及大著,并演说词。捧读之余,莫名钦佩。黄帝神武,奠定华夏,彝伦攸叙,物质麻明,我国称为开化最早、文物最著之邦,皆莫非黄帝所赐。奉为宗教之主,既顺人情,亦合礼俗。惟是宪法会议经已二读,信教自由著之典章,似未便由政府提议。窃以为黄帝为我四万万人民之始祖,德力之宏无与伦比。吾人苟能毅力提倡,谁无敬宗追远之心光大昌明,可操左券,正不必预悬标准,始足显其神明也。阁下以为然否。专此布覆。(《请以黄帝为教主》,《台湾日日新报》1919 年 12 月 31 日,第四版)

是年　蓝天蔚曾在川与梁钟汉等商议讨逆事务,拟设军政府于四川重庆。

据《梁耀汉年谱》,在梁耀汉没后六年,民国七年戊午(1918 年),乃兄钟汉驻军巫山与广东遥为声援,先总理由粤派赴入川之蓝天蔚、王守愚、方子樵、潘孝侯、李亚东诸代表均住宿钟汉军中商讨逆事务,并拟设军政府于四川重庆。(阳海清、孙式札、张德英编:《辛亥革命稀见史料汇编》,《中国公共图书馆古籍文献珍本会刊·史部》,第515 页)

1920 年(民国九年　庚申)　44 岁

2 月　唐继尧解除李根源军长职,驻粤滇军由李烈钧节制。

5 月　吴佩孚通电撤防北上。

四川督军熊克武通电讨唐继尧。熊克武军但懋辛败滇军顾品珍师,占领简阳。

7 月　直皖战争发生。

曹锟、张作霖、靳云鹏等在天津会议,决议解散安福系国会,请靳云鹏组阁,取消上海和会。

唐继尧李烈钧与旧国会议员商决在重庆召开国会,组织军政府。8 月,吕超、唐继尧等电邀孙中山、唐绍仪、伍廷芳等入川组织政府。9 月,李烈钧自云南取道贵州赴重庆,主持在川之滇黔军。

8 月　刘存厚率田颂尧、赖心辉、唐廷牧等师自陕西汉中南进,援熊克武。

9 月　四川熊克武系之前敌各军总司令刘湘师长杨森占领成都,吕超败走。

滇军顾品珍、赵又新反攻成都,为田颂尧、邓锡侯、唐式遵、杨森所败。

10 月　江苏督军新任苏皖赣巡阅使李纯自杀。

川军但懋辛、刘湘、赖心辉、刘伯承攻占重庆,滇黔军不和,李烈钧、王文华、杨庶堪、吕超等出走,军政府瓦解。

广州军政府政务总裁岑春煊、陆荣廷、林葆怿、温宗尧宣言解除职务,并希望召集国会,迅谋统一。

11 月　四川省议会通电主张自治。

唐继尧宣布云南闭关自治。

12 月　熊克武通电辞去四川督军职,主张自治。

1 月 9 日(己未十一月十九日)　蓝天蔚奔波于商决滇军驻川及军饷问题。嗣黎天才王天纵两军在夔门,与川军时有权利冲突,蓝天蔚驰赴夔门,亲为川省划分军区,规定税收,使黎王不得侵占川省过分的利益。

唐继尧曾密电缪嘉寿[1]：四川驻军及军饷问题，曾由蓝秀豪中间商决，滇军饷项每月接济银二十五万元支拨，暂行试办，俟三数月后，川省财政统一，仍应照原议三十二万元实额支发。防地一层，原议以叙、泸为中心，其余分驻江安、合江、纳溪、永川、富顺、永宁、古宋、古蔺南六县及雷、马、屏、南溪等县，嗣因迭接熊督电称：永川、雷、马三边川军驻防已久，若令移往，实多困难。故现经商定，仍然现状，暂行分驻，俟大局定后另商办法。其黔省饷项，则协款十万按月拨足，军饷八万照七成支发，防地则以重庆城邻近及江北、合江、津、綦、南涪为原驻地点外，现又加西磐黔彭等处为新地点，均商定照办，特并奉闻。继尧。佳。印。（《唐继尧致缪嘉寿密电》，1920年1月9日，《近代史资料文库》第2卷，第535—536页）

上海《民国日报》载：蓝天蔚和川省熊、但等同为护法分子，想阅者均已明白。蓝自前年受军府特任，前往川滇及鄂西慰劳军队，首到成都。是时川滇暗潮甚烈，蓝则不辞劳瘁力为斡旋，川省局势得以转危为安，熊克武兵力因得以逐渐发展。熊氏颇感，遂与蓝缔盟定交。嗣黎天才王天纵两军在夔门，与川军时有权利冲突，蓝恐碍双方感情，又驰赴夔门，亲为川省划分军区，规定税收，使黎王不得侵占川省过分的利益。是蓝氏于川省及熊克武，均有功无罪。（《川军对蓝秀豪之惨酷》，上海《民国日报》1921年4月12日，第二张第六版）

2月9日—2月19日（己未十二月下旬）　蓝天蔚以旧谊关系往返于黎天才柏文蔚间，力为斡旋。夔府会议，经蓝天蔚从中疏通，议定军事财政准归各司令管辖，一切政令秉承于黎天才；至宣战媾和、与军队调动概归黎氏主持，如遇有重大问题，开军事会议解决之。

天津《益世报》载：靖国军总司令黎天才拟统一鄂西军事财政。因恐各方反对，特召各要人会议于夔州。唐继尧、熊克武、柏烈武、王安澜、王天纵等均派有代表与会。黎氏宣言统一之利与事权不一之害，各代表中颇有反对者。经蓝天蔚从中疏通，议定军事财政准归各司令管辖，但一切政令须秉承于总司令（即黎天才）。至宣战媾和、与军队调动概归黎氏主持，如遇有重大问题，开军事会议解决之。各代表始无异议。言经此次议后，各司令各行其政令，视黎氏若赘瘤，徒具虚名而已。（《鄂西南军之近闻种种——黎天才之权柄》，天津《益世报》1920年3月6日，第三张第十一版）

《汉口新闻报》：昨日黎部要人梅君自利川归者，记者当叩以鄂西南军近状。

---

① 缪嘉寿，字延之，云南昆明人。毕业于云南武备学堂、日本陆军士官学校。历任巡防营管带、云南讲武堂执事官、军政府总司令参谋长、陆军第七团长、陆军制革厂长、督署军需课长、云南兵站总监兼步兵第九旅长、军务院参议部第二部长、云南财政厅长、云南陆军第二卫戍总司令兼蒙自道尹。1919年，南北议和，派为云南全权代表。1920年川粤事变，滇军回籍，军额骤增，饷糈无出，辞不就，乃力为统筹全局。1916年北洋政府授陆军少将。

据云：自黎天才欲统一施鹤、夔巫之政策发现，黎柏感情日恶，几至干戈相见。嗣以蓝秀豪氏以旧谊关系往返于(施者三四次力向双方劝导，尔时有蓝氏代柏氏为司令之说，即此说之误传)黎柏，始悟同室猜疑之非计，于是各引咎自责以释前嫌。而柏氏更知其实力较黎远逊，故对于兵权上、财政上着着让步，大有俯首听命于黎之势。各军深体此意，均消除意见，一视同仁，颇称和睦。鄂西南军从此可告无事矣。(雷丙：《鄂西南军近状谈》，《汉口新闻报》1920 年 3 月 1 号，中共一大会址纪念馆编：《中共一大代表早期文稿选编 1917 年 11 月—1923 年 7 月》下册，第 1750 页)

《汉口新闻报》谓：又据夔府通讯，自军兴以还，鄂西秩序大乱。军民两政各行其是，殊无统系可言。黎柏两司令有鉴于此，故去岁即有倡议军民分治之动机。嗣以意见各歧，经费不足，停顿至今。兹以黎柏交欢，彼此均以□相见，故又重申前议。特于去腊下旬在夔府召集会议，旅团以上各要人均遣派代表与会。讨论计六七日，各方同意聘请蓝秀豪为该属民政总长，但尚未得蓝氏同意。未知肯负此责否。(《鄂西北近状谈》，《汉口新闻报》，1920 年 3 月 5 号，中共一大会址纪念馆编：《中共一大代表早期文稿选编 1917 年 11 月—1923 年 7 月》下册，第 1753 页)

2 月 29 日(一月十日) 蓝天蔚委托冯启民[①]离川到沪，将一信转交孙中山。

《申报》载：冯启民交付嘱托后，孙中山将肖像寄由其转交蓝天蔚。此期间，冯启民因与暗杀李根源未成一案[②]有关而被拘押。(《暗杀李根源未成案又讯一次》，《申报》1921 年 5 月 11 日，第十版至十一版)

叶少华忆：蒋介石有个随从副官冯启民，原系前清东北镇统、反正后在东三省都督的蓝天蔚处任职，护法之役蓝天蔚任滇、黔、川、鄂联军总司令[③]，冯任蓝天蔚的副官，我当过蓝的参军，与冯相识。(叶少华：《有关张国桢的若干情况》，广东省政协学习和文史资料委员会：《护法运动和孙中山在广东三次建立革命政权·"五卅"运动与沙基惨案·北伐战争》《广东文史资料存稿选编》第二卷，广东人民出版社 2005 年版，第 589 页)

3 月 18 日(一月二十八日) 黎天才致蓝天蔚等电，告知高固群兄弟为调解施

---

① 冯启民，广东人，辛亥革命时任职于上海吴淞光复军。反正后在关外都督蓝天蔚处任职。1917 年蓝天蔚任关外招抚使兼司令、1918 年蓝天蔚充援闽各军慰问使、及 1919 年充川、陕、豫、鄂四省慰问使期间，冯一直充其副官。蓝天蔚遇难后，冯历任孙中山总统府卫士队队长、西路讨贼军第三师第六旅旅长、深圳广九铁路警备司令官等职。

② 关于"暗杀李根源未成一案"，此案最后宣判冯启民开释。《英文华北日报》载法官判决，大意瞿时白的供词牵涉政治问题，所以很是复杂。说孙逸仙主使杀人，没有真确的证据，并没有什么凶器，也没有什么公文，所有的不过是孙逸仙要冯启民带给蓝天蔚的一张照相，不能作为根据，因这椿诬告案就不能成立。此案悬疑至今，审讯之详细经过见附录三"相关档案资料汇编"。

③ 按：1920 年 2 月底蓝天蔚还在川时，托冯启民带信给孙中山，冯于是离川去沪，后因涉"李根源被刺案"入狱。俟其出狱，蓝已遇难。故 1920 年 4 月 9 日领湖北靖国联军总司令职时，冯启民并不在蓝身边。

南纠纷在代溪遇刺身亡①。

电谓：广州军政府各总裁、各部总次长、参众议院、莫督军、南宁谭督军、桂林李省长、漳州林总裁、陈省长、李会办、琼州沈总司令，云南唐总裁，贵阳刘督军、王总司令，武鸣陆总裁，郴州谭督军，赵总司令，辰州田、张、胡、林、萧各总司令，诏安方会办、成都熊督军、杨省长、资州顾军长，泸州赵军长，重庆（余）镇守使、黄总司令，绥定颜总司令，重庆石总司令，绵阳吕师长、新津刘师长，合川刘师长，巫山田师长、卢副司令，施南柏总司令、王总司令，夔州蓝慰问使、王总司令，三原于督军、张会办、耀县叶军长、上海孙总裁、唐总代表暨西南各分代表、章太炎、孙伯兰、汪精卫、张溥泉诸先生均鉴：

勋五位陆军中将高君固群与其弟镒乍，近因施南内部纠纷，高君以桑梓观念由沪来夔，拟到施排解。三月铣日，由夔起程，筱日行过代溪十余里之沱寿沛，陡遇身着便服数人，持手枪向高君猛击，兄弟同时遇难。高君功在民国，连年奔走，乃遭奸人之害，闻报之下，曷胜惊悼。除饬财政处长孙鹗斌妥为厚殓外，并悬赏二千串严缉凶犯，以正众望，而慰幽灵。谨此电呈，伏乞察核。黎天才叩。巧。（《军政府公报》，修字第一百六十六号，1920 年 4 月 17 日，"公电"；《黎天才致孙中山等电》，1920 年 3 月 18 日，《各方致孙中山函电汇编》第五卷，第 264 页）

3 月 24 日（二月五日）　蓝天蔚在夔州密电唐继尧，建议联络赵倜，进兵武汉。

电谓：滇唐蓂帅钧鉴：秀密。最近国会议员王杰为赵倜代表，自豫来夔。据称：伊两次返豫运动赵倜向南，赵见弃于段派，因而决心，已有电致军府，以救国为标题。及吴光新②调兵至信阳县，赵遂下动员令，派王（？）司令率兵三旅，分道防守，现未开战。吴佩孚撤防不专为湘，亦含有救赵之意。此事与西南作战计划，颇有关系。……前方机会虽好，而施、夔无能战之兵，若能于赵、顾两军中，分一军下捣武汉，直意中事。且武汉谋响应者甚多，一经联络，胜券可操也。用抒管见，伏维卓裁。蓝天蔚叩。敬。印。（云南省长公署档案）《蓝天蔚为赵倜决心联络西南建议乘

---

①　关于高氏兄弟遇害事，据胡复回忆：靖国第一军和第二军虽属互为犄角，唇齿相依，但是意见分歧，各不相下。前者倾向于广东护法军，后者仍倒向云南靖国军。鄂西巴东县籍高尚志（号固群，曾任辛亥起义时的师长）由粤向川转施，计划把靖国军改换旗号，直属广东领导，在奉节和黎天才商谈，但黎坚持不改。黎又恐高到施南后与第一军共图脱离靖国联军，单独改换护法军旗帜，遂令高氏兄弟由奉节渡江后，即派人于代溪将高氏兄弟杀害，从此一二两军的矛盾更加表面化了。（胡复：《靖国军在鄂西的活动与鄂西神兵》，全国政协文史资料委员会：《文史资料存稿选编》第 3 辑，中国文史出版社 2002 年版，第 350 页）

②　吴光新（1881—1939），字阆堂、自堂、植堂、志堂。安徽合肥人。毕业于日本陆军士官学校炮兵科第 3 期。历任北洋陆军第三镇炮 3 标管带、奉天混成协协统、第 13 混成协炮标标统、第 2 军参议官、陆军第 20 师师长、长江上游司令部司令、四川查办使、湖南督军、奉军第 6 方面军副司令、段祺瑞政府陆军总长、陆军训练总监等职。北洋政府授陆军上将。

机出兵东下武汉密电》,1920 年 3 月 24 日,中国第二历史档案馆:《中华民国史档案资料丛刊·直皖战争》,第 77 页)

4 月 1 日(二月十三日) 蓝天蔚由夔起程赴施。(见谱中《黎天才致孙中山等电》,1920 年 4 月 13 日)

天津《益世报》载黎天才之电:(衔略)奉唐联帅电开,迭据鄂军第一军总司令柏文蔚电称旧病甚剧,请速派员接替,以资修养,而重防务。情辞迫切,未便强留。所有柏总指挥原任鄂军第一军总司令职任应由蓝慰问使天蔚就近接任,俾专责成等因。现蓝使拟即日由夔启程赴施接任,柏总指挥驻施日久,情形熟习,已敦请仍回施宜前敌总指原任,共掌危局,以固鄂防,特电奉闻,惟希查照。黎天才叩。印。(《蓝天蔚接任鄂军司令》,天津《益世报》1920 年 5 月 19 日,第三版)

4 月 7 日(二月十九日) 蓝天蔚抵施南。(见谱中《黎天才致孙中山等电》,1920 年 4 月 13 日)召集各军长官欢宴,以"巩固我西南之护法团体,共策时艰"做勉励语。柏文蔚辞却总指挥之职,蓝竭力挽留。易继春①、吴醒汉等必欲戴蓝,蓝洞悉南军内幕分子过于复杂,变生内讧自属意中,且军费不易筹发。故到施后竭尽宣慰职责,余不加闻问。决拟几日去施,绕道赴粤覆命。

《汉口新闻报》谓:昨有友人自恩施来省,据述鄂西最近军讯甚详,分志于后。

蓝秀豪入施后,即招集该属绅商及各军长官欢宴。席间向各要人云(据闻柏烈武亦在坐):某亦湖北人,愿湖北不再见战祸。至若柏总司令以前之各种保民政策,鄙人当一一遵照办理。各军事长官一律仍旧。望大家各本初衷,巩固我西南之护法团体,共策时艰。但前此之小有误会(指胡、杜冲突而言),亦当各自让步,庶纠纷易解,鄙人亦当居中竭力斡旋云云。故各方面对于蓝氏之表示,尚称满意。

柏烈武原系鄂西联军总指挥兼第一军总司令,此次辞总司令职,当然仍就总指挥。但柏氏近来对于黎天才司令之所为多不满意,又以兵力太弱,举动动辄掣肘,且以鄂西无对外之战事,亦无须总指挥之必要,拟将总指挥职向军府辞却,解甲归田。蓝司令竭力挽留,不知能生效否?

施鹤军队对于黎总司令本无美感,对于蓝天蔚感情尚称契洽,故各军服从蓝氏不肯服从柏氏也。惟胡、易两旅及王谭两师客军均不赞成与黎携手,未知蓝氏何以处之。(雷丙:《鄂西南军之暗潮》,《汉口新闻报》,1920 年 4 月 18 号;中共一大会址纪念馆编:《中共一大代表早期文稿选编 1917 年 11 月—1923 年 7 月》下册,第 1776 页)

---

① 易继春(1889—1921),字梅白,湖北黄陂人。1903 年投入湖北第二十一混成旅。翌年考入陆军特别学堂。1910 年奉调赴宜昌护防川汉铁路。任荆宜施鹤总司令部参谋长、鄂西靖国军蓝天蔚部旅长,战伤身亡。1919 年广州军政府授陆军少将。

天津《益事报》谓：鄂西南军因固执鄂人治鄂之成见，致迭起内讧，转相误会，益滋纷扰。军府为解除纠纷起见，特派蓝天蔚来施宣慰一切。当蓝氏初临也，即召集各军领袖会议。席间并表明一己心迹，决无何种野心。而易继春、吴醒汉等则必欲戴蓝，运动虽烈，反对者亦大有其人。蓝氏殊形踌躇，刻已决定不受推戴。因洞悉南军内幕分子过于复杂，从目前苟于相安，得遂鄂人治鄂之主张。而渐久变生内讧自属意中，且军费不易筹发，则维系之术恐穷。与其遗羞于将来，何若置身事外之为愈，故到施后仅竭尽宣慰职责外，余不加闻问。最近决拟几日去施，绕道赴粤复命。（《鄂西南军之近闻种种——蓝天蔚之行踪》，天津《益世报》1920 年 3 月 6 日，第三张第十一版）

4 月 9 日（二月二十一日）　柏文蔚将第一军印、信档移交蓝天蔚。（见谱中《黎天才致孙中山等电》，1920 年 4 月 13 日）

又谓：民国十年辛酉（1921 年），余四十六岁。是年三月①，蓝天蔚至施南。余于四月即行。（柏文蔚：《五十年经历》，《近代史资料》总 40 号，第 50 页）

据冯玉祥电：湘西南军谋攻常、桃，大部队伍进驻辰龙关、新店驿等处，日派队伍向我军防线左近游击等情，已电禀在案。本日又接侦探，施南柏文蔚已将其总指挥职交卸于蓝天蔚，自率所部精锐，由来凤迳入龙山赴永顺、桑植等县，与谭军合攻常、桃。（《致陆军部急电》，1920 年 6 月 5 日，《冯玉祥选集》中卷，第 117 页）

胡楚藩忆：南北对峙三易其主，一度议和。自一九一八年至一九二一年各部靖国军在施南盘踞四年。这当中驻恩施的靖国军总司令唐克明垂涎驻利川护法军总司令蔡济民的饷源（因利川地盘比较富裕），授意援鄂川军方化南枪杀了蔡济民。事后，利川的牟鸿勋、苏斐然、陈辉智、来凤的吴醒汉，还有董用威（即董必武）等联名通电要讨伐唐克明，唐克明见势不妙，弃职逃跑。当时靖国军的几路将领，联名电请云南唐继尧改派柏文蔚（原安徽省都督）继任总司令。柏文蔚老成硕望，比唐好，都很服从，但黎天才不同意。在柏文蔚上任不久，黎天才便提出"鄂人治鄂"之说，逼柏下台，因柏文蔚是安徽人，不要他当总司令。柏文蔚知难而退，又公推蓝天蔚为总司令。（胡楚藩：《靖国军在鄂西的始末》，江一舟、吴国顺、白云龙记录整理，人民政治协商会议鄂西土家族苗族自治州委员会文史资料研究委员会：《鄂西文史资料》1986 年第 3 辑，第 30 页）

蓝文蔚忆及：唐克明部所据施南七县，素极贫苦，唐部虽不能战，但人数尚□□，军费非常艰难，官兵纪律很坏。因与北洋军对峙，战事经常，弄得鄂西百姓不堪其苦。这时宣恩劣绅周之瀚②充王占元之省要员，王利用他组织宣恩地区团总

---

① 按：此处时间有误，应是民国九年，蓝至施南。

② 周之瀚（1883—1966），字鹏程，湖北宣恩人。毕业于两湖总师范。历任湖北军政府政事部内务局副局长、内务部副部长、天津文史馆编修。

和土匪等,以念咒邪术,迷惑群众称神兵,从鄂西军内部破坏鄂西军。神兵以庹国仕为首,反对唐克明。王占元暗中对庹予以军费军械的接济,弄得唐克明到处挨打。唐克明被迫不得不自动离开部队走到上海,其部队推吴醒汉为首维持场面,但吴更无法打开那内外受逼的局面。适其时蓝天蔚由广东七总裁委为川陕、鄂西慰问使来到万县。吴醒汉乃电劝蓝天蔚去恩施统率鄂西部队。黎天才也表示愿受蓝的统率。(蓝文蔚:《在鄂西反对北洋军的回忆》,鄂西土家族苗族自治州事务委员会:《鄂西少数民族史料辑录》,第623页)

黄铉谓:1917年,护法运动开始,在北京供职的鄂籍首义军官纷纷南下,共商参加护法。于是相继成立了湖北靖国第一军和第二军。第一军由石星川任总司令,后由唐克明继任。第二军由黎天才任总司令。由于靖国军内部互相倾轧,内讧迭起,唐克明被驱下野,柏文蔚接任总司令之职。柏任职不久,一面整顿内部,一面计划北伐。当刚刚有点头绪,便遭黎天才的反对。黎以鄂人治鄂为借口,迭电云南唐继尧将柏撤换。适其时蓝天蔚由广东七总裁委为川、滇、陕、鄂宣慰使来到万县,唐继尧改派蓝天蔚。黎天才也表示愿意受蓝的统率,于是蓝便担任了湖北靖国联军总司令,进军施南。黄申芗应蓝天蔚之邀而任联军参谋长。(黄铉:《生命不息　战斗不止——黄申芗的传奇革命生涯》,《武汉文史资料》1999年第4期,第28—29页)

△　各报解析蓝天蔚接替鄂西靖国军总司令职务原因。有谓蓝天蔚受黎天才之笼络,有谓其与柏文蔚争权夺利,有谓蓝天蔚明知残局难支,仍曲意承乏,或有不得已之原因。

昨据夔府友人梅朗西君通讯云,黎天才司令鉴于鄂西军队头绪复杂,行动多不一致,不能启国人之信仰。近为整顿军纪统一事权起见,其着手方法有二:(一)统一财政:拟将施鹤财政、权合而为一,故暗中援助施鹤军饷,禁绝保和恒南纸币,发行天信银行纸币,实别具深心也。(二)改编军队:施鹤、夔巫军队原为两帜对立,黎氏虽负联军司令之名义,实无节制施鹤军队之能力。加以柏文蔚继唐克明为总司令,物望所归,殊非黎氏所能及?故力谋去柏,上而联络唐蓂赓,中而笼络蓝秀豪,下而纵使杜邦俊以行其种种方术,使柏氏堕其计中,自行引去。现黎氏拟□行统一计划,将施鹤军队改编为一师四混成旅,军需概归联军司令部发给,施鹤间一切税务机关亦均商接联军司令部办理。如施鹤间不起反抗,则一二月内即可见诸事实。(雷丙:《鄂西南军之暗潮》,《汉口新闻报》,1920年4月16号,中共一大会址纪念馆编:《中共一大代表早期文稿选编　1917年11月—1923年7月》下册,第1775页)

北京《晨报》(1920年6月20日)解析《鄂西蓝柏冲突之三因——不外乎争权争钱》:鄂西军事内幕外闻鲜知其详,昨有某军官自鄂西来,言及鄂西南鄂西内讧原因甚为复杂。鄂西自蓝天蔚就任司令以来,柏文蔚之军权全被蓝所侵夺,因之双方各有意见,柏对鄂西措施主战,蓝则主和,前此唐继尧派其弟继禹入施鹤游说蓝柏王天纵等,并携款十万元犒赏士卒,意在唐攻川,鄂西则夹击重庆,柏已允之矣,及川滇战起,蓝乃宣布中立,此一因也。湘西鄂西湘南联军之组织,前为鄂西联军之总指挥与柏之权限又发生冲突,此二因也。鄂西各项地方捐税从前由各地驻军向民间抽索,自蓝就司令后,设立财政厅,专任其事,柏之饷项多为牵制,此三因也。有此三项原因,双方部下遂主张决裂,现柏部下皖将士宣言驱蓝,业在龙山冲突两次,各伤数十人,旋由湘西驻龙代表排解了事,但双方衔愤已深,不久恐又发生冲突。（《鄂西蓝柏冲突之三因——不外乎争权争钱》,北京《晨报》1920 年 6 月 20 日,星期日）

柏文蔚谓:先是黎、唐本不相能,自是互相勾结,派代表联络蓝天蔚,以达其攫取鄂西之目的。殊不知余岂贪恋弹丸之地而与鸡鹜相争乎。蓝天蔚至夔州,黎以滇人故,电唐继尧保蓝任鄂军总司令。鄂军反对,蓝不敢来施南,余向各军疏解,勉以大义,又派代表赴夔欢迎。由建始、横槽、大溪沿途设栈。蓝徘徊两月,探听消息,知余诚恳欢迎,并为疏通将领,始欣然就道。迨抵施南,视为卧榻,恐余不去,与己不利。乃招方化南来施南以威胁余。盖方化南自杀害蔡幼襄后,余直数其罪于中山先生及川中各领导,方恨余刺骨。盖蓝欲利用方以对幼襄者对余。人心险恶,以至于此,可叹也。自方入施南后,鄂军大愤。余恐酿出意外,予敌以隙,即日离开施南,拟由宣恩、来凤赴湘。（柏文蔚:《五十年经历》,《近代史资料》总 40 号,中华书局 1979 年版,第 50 页）

各报分析蓝天蔚留鄂原因:鄂西靖国军之覆败,人多归咎该军总司令蓝天蔚,不知该司令莅任未久,心地浑厚,较唐克明等平易近人多矣。且该军早有（俟）焉不可终日之势。第一原因,财政紊乱。除估募民间公债不计外,即及切实可靠之物产税而论,每县百余万串,合计七属,不下千万,其余百货统税,月亦万余金,不可谓不巨,乃事前并无额定,某军驻防某区,即将该区各款截留,截留之不足,续以预征从无归结者,捷足先得,苦乐不均。第二原因,官制分歧。唐克明柏文蔚任内,惟知自大,人拟以督军,意犹未慊,凡中央所有者,莫不应有尽有,设兵站、总监、总参谋处、总谘议处、财政处、统计处、审计处、官钱局、禁卫营、讲武堂、造币厂、造炮厂、炸弹队、地方审检、高等审检、警备司令、清乡司令、护卫司令、谍报队,名目繁多,不及备载。以致事权不一,常起冲突,其他课役抓夫、强占民妻、滥刑滥罚、无一非贾怨民之事,然视上二项犹其小焉者也。蓝天蔚由广东来,以慰劳使职莅施,如大宾然,本可薄总司令而不为,乃明知该军残局难支,而仍曲意承乏,吸收黎天才溃军暨王天纵豫军数万如于山穷水尽之时,致人民担负过重、反应加速,则殊为失计,然究竟有无不得已之原因,非吾人所知也。(《蓝天蔚失败之原因》,《申报》1921 年 2 月 15 日,第七版;《蓝天蔚失败之原因》,《香港华字日报》1921 年 2 月 22 日,第三张一页;《蓝天蔚失败之因果》,长沙《大公报》1921 年 2 月 19 日,第三版)

4 月 10 日(二月二十二日) 蓝天蔚致电军政府总裁,已于九日兼领湖北靖国第一军总司令职。

广州军政府总裁钧鉴:慰问抵夔,值鄂西有事,唐联军总司令迭令天蔚,就近兼领湖北靖国第一军总司令职,辞不获已,遵于阳日抵施,青日视事。一俟内部稍整,即当入陕慰问,以竟职责。蓝天蔚叩。蒸。印。(《军政府公报》,修字第一百七十号,1920 年 5 月 1 日;《蓝天蔚致军政府总裁电》,1920 年 4 月 10 日,《各方致孙中山函电汇编》第五卷,第 284 页)

电谓:广东军政府岑、伍、林各总裁、参众两院,莫督军,武鸣陆总裁,云南唐总裁,贵阳刘督军,成都熊督军,南宁谭督军,漳州陈省长,郴州谭督军,衡州吴师长,上海孙总裁、唐总代表、章太炎、孙伯兰先生,泸州赵军长,资州顾军长,新津刘师长,合州刘师长,绵州吕师长,顺庆石师长,绥定颜师长,重庆黄总司令、余镇守使、朱参谋长、巫山卢副司令、田梯团长,夔州黎联军总司令、豫章(军)王总司令,万县颜师长,辰州田、张、胡、林、萧各总司令均鉴:

前奉蓂帅电令,任蓝公秀豪接充第一军总席,柏公武烈仍回总指挥原任。蓝公威德硕望,鄂中先觉,此间部属多属旧好,此次绾领鄂西,军民腾欢,一致爱戴,现已于九日就任视事矣。特电奉闻,请纾厪系,伏维鉴察。王安澜、胡廷翼[①]、易继春、李化民[②]、关克威[③]叩。文。印。(《王安澜等就蓝接任事致孙中山等电》),1920 年 4 月 12 日,《军政府公报》,修字第一百七十号,1920 年 5 月 1 日;《各方致孙中山函电汇编》第五卷,第 286 页)

4 月 13 日(二月二十五日) 黎天才通报广州军政府蓝天蔚接任情形。

电谓:广州军政府岑、伍总裁、林总裁、政务会议、各部总次长、参众两院,莫督军,张省长、吕督办、马总司令、鄂军李总司令、赣军彭总司令、护法各军各省代表,武鸣陆总裁,云南唐联帅,南宁谭督军,贵阳刘督军,王总司令,上海唐总代表、孙总

---

① 胡廷翼(1859—1921),号仲尧、仲僚,湖北鄂城人。曾任湖北第六标标统、湖北第一师第二团团长。1913 年密谋湖口起义,事泄出走西南。1917 年参加护法,11 月在荆州宣布独立,任总司令部高级参谋。后任湖北靖国军第一军第一混成旅旅长兼前敌指挥、第一军第一师师长兼中路指挥。鄂西之战兵败遇害。1919年广州军政府授陆军少将。

② 李德三,字化民,湖北襄阳人。清末投入湖北新军。曾助黎天才主持襄阳的扩军工作。后任靖国军第二师师长。

③ 关克威(1888—?),字亚雄,湖北江陵人。为共进会湖北陆军第八镇三十二标二营代表。辛亥起义,组成鄂军荆宜司令部,任一等参议官,后任湖北省议会议员。北伐中,曾组成"国民革命军北伐支队",自任司令,接应北伐军占领荆州。曾任湖北靖国军蓝天蔚部游击司令。

裁、章太炎、孙伯兰先生……均鉴：

三月俭日奉唐联帅有电开：鄂军第一军总司令柏文蔚迭电恳辞，应即照准，所有该军总司令一职，现委蓝慰问使天蔚前往接替等因。奉此。蓝总司令遵于本月东日由夔启程，赴施接任。兹据柏文蔚佳电呈：于是日将第一军印信文件移交新任，接收清楚。复据蓝总司令蒸电呈：于九日接任，官兵人民尚称洽洽各等情，先后具报前来，用特电达，即祈查察为祷。黎天才叩。元。（《军政府公报》修字第一百七十一号，1920 年 5 月 5 日；《黎天才致孙中山等电报告蓝天蔚接任情形》，1920 年 4 月 13 日，《各方致孙中山函电汇编》第五卷，第 287—288 页）

△　蓝天蔚接受联军总指挥一职后，极力经营，划分区域，布置军备，另设政事财政二厅以治民事及料理财赋。

天津《益世报》谓：滇黔川三省会议军事统一问题鄂西柏文蔚亦派代表参与此议。现因柏氏另有所图，将施鹤六县之全境及联军总指挥一职让与蓝天蔚掌。蓝自接受之后，业已划分区域，布置军备，另设政事财政二厅以治民事及料理财赋。兹探悉九年鄂西之预算基础可收入如下：

田赋地丁漕粮	收入四十一万三千五百串
落地税	收入五十三万一千四百串
屠宰税	收入二万串
印花税	收入五万串
烟酒公办及杂税	收入五万一千串
川盐盈余收入	九万二千四百七十串
烟苗税收入	七十一万八千三百串
印契牙帖捐	十七万六千五百十六串
造币厂盈余	二万三千串
富绅税	十八万串
变卖公产	四万五千串

蓝因有以上收入，故刻下大有扩充兵力之意。（《鄂西南军之新消息　柏文蔚另有所图　蓝天蔚极力经营》，天津《益世报》1920 年 5 月 26 日，第二张第六版）

△　蓝天蔚整顿军内，训练战术，迭次召开军事会议，讨论对鄂、对川、对湘三项问题，欲乘机履行云南会议。诸将对其军事布置均表好感。

《大汉报》谓：昨有新自巫山来鄂郭辉堂君，所谈鄂西南军现状如下：第一路总司令蓝接柏退后,内容颇形整顿,对于战术大加训练,并会同黎司令,在奉节(即夔府)地方迭次召集李化民旅长、杜邦俊旅长、易继春旅长、王安澜旅长、唐克明旅长及前司令柏文蔚开军事会议,纯系讨论对鄂、对川、对湘三项□题。其准备动作已可□见。且蓝秀豪未到鄂西时,已承受云南唐继尧督军密约。加之湘南谭组庵□司令业已誓师北伐,进攻衡□,蓝氏欲乘机履行云南会议。再各旅长有久卧思起之意,迭次要求司令部速发□员令。就中以唐旅长为最烈,并闻有切指告奋之举,谓:此时若不出师,则机会一失,大事难成。时今时今不再来矣,非实行与谭军取一致进行会师武汉不可。但黎天才氏以军力薄弱,仍须蓄养,深恐弱羽学飞,自酿成不可收拾之势,使功亏一篑也,故虽迭次开会,而黎氏尚在犹豫中。(雷丙:《湘鄂南军组织联军之传述》,《大汉报》1920年6月4号,中共一大会址纪念馆编:《中共一大代表早期文稿选编 1917年11月—1923年7月》下册,第1812页)

《申报》谓:蓝氏人极和平,自代黎天才为靖国联军司令后,一反黎氏残暴所为,其军事布置,亦非黎氏所能及。故诸将对之多表好感。(《鄂西败将之末路》,《申报》1921年4月7日,第二张第六版)

△　蓝天蔚委任刘英为襄河招讨使,委任江炳灵①谓参谋长。

据刘英家属稿谓:刘英受任为襄河招讨使:庚申(1920年),滇川两军构衅,君联合王天纵之豫军,将驻夔门之川军挤走,复与鄂旅长李化民联合击溃黎天才在利川之滇军。旋受总司令蓝天蔚委任为襄河招讨使。数年之间,领导饥军,转战于夔巫施鹤硗瘠之地,艰险备尝,亦良苦矣。《刘英传略》②,辛亥首义同志会主编:《辛亥首义史迹》,辛亥首义同志会1946年版,第71页)

江续光谓:1917年秋,护法、靖国两军先后兴起,唐继尧所部滇军进驻贵州、四川。湖北第一师及留鄂第一师先后响应,组成湖北靖国军第一军、第二军。先父约同在汉革命同志分赴荆州、襄阳,参加靖国军。先在第二军石星川处任军事参议,不久调湖北靖国军前敌总指挥部代参谋长(总指挥为柏文蔚)。后又调第一军总部蓝天蔚处任参谋长,授陆军少将衔。(江续光:《先父江炳灵生平》,中国人民政治协商会议湖北省委员会文史资料委员会:《湖北文史资料》,《纪念辛亥革命80周年专辑》1991年第1辑,第228页)

4月20日(三月二日)　四川省议会公电蓝天蔚等,谓熊克武筱日辞职,四川

① 江炳灵(1885—1972),字庆林,湖北沔阳人。入湖北陆军特别学堂毕业。武昌起义后任都督府参议。曾留学日本习军事。历任靖国军鄂西总司令蓝天蔚参谋长、广州大总统府咨议、天门县县长、利川县县长、崇阳县县长、湖北省民政厅视察及省政府参议、民革中央委员、湖北省财政厅副厅长、交通厅、公路厅厅长、湖北省政协副主席等职。1919年广州军政府授陆军少将。

② 按:此为家属稿,未具实名。

省议会已复咨挽留。

广州军政府政务会议、参众两院、军政府各总裁、各部长、莫督军、张省长、各总司令、各镇守使、李督办、林督办、云南唐总裁、周省长、武鸣陆总裁、漳州陈省长、诏安方会办、南宁谭督军、马总司令、郴州谭督军、赵总司令、辰州田、张、胡、林、萧各总司令、贵阳刘督军、王总司令、三原于督军、张会办、上海孙总裁、唐总代表、资州顾军长、泸州赵军长、夔州黎总司令、王总司令、蓝总司令、施南柏总指挥、成都抄送杨省长、但师长、向师长、新津刘师长、合州刘师长、嘉定陈师长、绥定石师长、颜师长、顺庆石师长、重庆余镇守使、黄总司令、卢副司令、康定陈镇守使均鉴：

熊督筱日辞电计达。本会已复咨挽留，文曰：本会于本月廿日开会讨论，佥谓川乱频年，民生凋敝，赖贵督军靖难有方，抚绥安辑，三年以来，幸获粗安。惟外交紧迫，和议中梗，救国护法，未竟全功，责任所关，讵忍恝退。应请督军勉为其难，勿萌退志，当经一致赞同，初通电并公推本会正、副议长亲往敦留外，相应咨请贵督军□□允予屈留，全川幸甚等语。特此奉闻，藉申民意。四川省议会叩。哿。印。

（《四川省议会致蓝天蔚等电》1920 年 4 月 20 日，《军政府公报》修字第一百七十二号，1920 年 5 月 8 日，"公电"）

4 月 25 日（三月七日）　陆荣廷就熊克武 4 月 16 日辞职事公电蓝天蔚等，希诸公慰留熊克武，以维大局。

电谓：广州参众两院、军政府各总裁、部长、莫督军、各总司令、镇守使，云南唐总裁、周省长、漳州陈省长、诏安方会办，郴州谭督军、赵总司令、辰州田、胡、林、萧总司令、贵阳刘督军、土总司令、三原于督军、张会办、上海唐总代表、孙总裁、资州顾军长、泸州赵军长、夔州黎总司令、王总司令、蓝总司令、施南柏总指挥，成都熊督军、杨省长、省议会，南宁谭督军均鉴：

熊督军筱电敬悉。窃念川中用兵数载，受祸最深，锦公不辞险阻，受命于艰难之际，抚循士庶，整率戎行，致使危局获安，疮痍甫复，苦心经营，海内欣仰。兹奉来电，遽萌退志，甚为惶异。现当国事方殷，端赖群策群力，合德同心，共图匡济，尚祈勉抑高蹈之怀，以竟救国之志。仍望军府及诸公一致慰留，以维大局，是所企盼。荣廷。有。印。（《军政府公报》修字第一百七十四号，1920 年 5 月 15 日，"公电"；《陆荣廷致蓝天蔚等电》，1920 年 4 月 25 日，《各方致孙中山函电汇编》第五卷，第 302 页）

△　刘公逝世，上海刘公公祭筹备处公电蓝天蔚等。

《上海刘仲文先生公祭筹备处致蓝天蔚等电》：天津黎宋卿先生，上海孙中山、唐少川、伍秩庸、章太炎、孙伯兰、谭石屏、胡展堂、汪精卫、林子超、吴莲伯、褚慧生诸先生，广州岑西林、林悦卿、莫日初、李协和、林隐青、钮惕生、蒋伯器诸先生、李晓垣先生并转同乡诸公,云南唐蓂赓先生,广西陆干卿先生,贵州刘汝周、王电轮诸先生,四川熊锦帆、杨沧白、黄复生、石青阳、颜德基、卢锡卿诸先生,夔州黎辅臣、王旭九诸先生,施南柏烈武、蓝秀豪、王子材诸先生,吴厚斋先生并转同乡诸公,三原于右任先生,耀县叶香石先生,漳州陈竞存、许汝为、邓仲元、洪湘臣诸先生,郴州谭组庵、赵夷武诸先生,辰州田凤丹、张溶川、林德轩诸先生公鉴:

武昌起义功人勋二位刘仲文先生,于新历四月十二号告终沪寓。除哀启讣闻另寄外,谨先电闻。上海刘仲文先生公祭筹备处叩。(《上海刘仲文先生公祭筹备处致蓝天蔚等电》,1920 年 4 月 25 日载,《各方致孙中山函电汇编》第五卷,第 301 页)

5 月初(三月—四月) 刘湘为声讨滇、黔军祸川公电蓝天蔚等。

电谓:万急。广东军政府各总裁、各部长、参众两院、成都熊督军、杨省长、向师长、省议会、各机关、各报馆、新津刘师长、嘉定陈师长、绵阳吕师长、重庆黄总司令、各机关、各报馆、大竹陈统领、康定陈镇守使、夔州黎总司令、王总司令、施南蓝总司令钧鉴:

川省界接滇、黔,谊同休戚,辅车唇齿,未可背驰。苟除部落之私,各以国家为重,则西南大事,早听凯歌,南北问题,不难及解。只以滇、黔不明正义,贻误义师。日以吞并之计,阴肆野心,反持省界为言,间执人口。而川人之不察者,如鱼受饵,为虎作伥,此拒彼营,私勇公怯,名救国而实误川。卒至沙散丝纷,不可收拾。彼年以来,兵祸频仍,民生凋敝,会垣之劫灰未冷,而望野则灾害时闻,盗匪相乘,诛锄未尽。以至四民失业,万族同悲。谁实为之,莫不曰滇、黔之所贻也。湘师干忝领,捍御是司,奉命驰驱,载历寒暑。回首数年血战,曷胜百感心摧。其所以冒死不辞者,实欲为川军争一线人格,为川民留一线生机。爱国爱川之志,自问不后诸公,而区区之苦衷,当然为人所共谅也。

嗣三省有联军出师之盟,吾川为息事宁人起见,息兵修好,共卫西南,滇、黔果珍重盟约,自当释兵修好,以解除民困,爱护地方为主要。亟图亲善,相见以诚,始不负靖国护法之本旨。乃联军之来也,起居颐指,俨若帝王,气焰凭凌,视同征服。其旧驻川中者,财赋奥区,则悉为盘踞;地方财产,则任其取携。甚至勒派民款,建筑生祠,自以为涂饰甚工,适弥彰欲盖之迹。且伪言川人治川,绝不干涉,其实,饷项既有定额,拨提各地税收,又复随时巧取,综计收入之数,实已倍蓰有余。而川军则庚癸频呼,人民则罗掘已穷。至官佐之随其委任,已成定例,更无待言。并以该省毒物,吸收吾川生银,一入该军防区,烟膏满地,民怨弥天,惨虐之情,不可殚述。为滇、黔计,可谓如愿相偿,即当知足不辱。不图割据未已,仍欲吞并,离间频施,暗图破坏。往者廖旅之事,滇军播弄,人所共闻,以主客之嫌,还谋消弭,忍未与较,食茶自甘。殊乘抢攘之秋，竟为煎迫之计。逆知蜜剑，难共泽袍。而极其诡谲所至，实欲川被阋墙之名，彼收渔人之利。顾瞻前路，危险万端。而湘处境之难，用心之苦，遂难尽人而喻。坐听群谤之来，不知者诧为病狂，爱我者闻而太息。而殷殷顾全大局之念，总期化除樽俎，不忍重见兵戈。

乃驻川黔军，日行横暴，前江防军仓皇出走，黔军追击，道出邻水，该县官吏备极欢迎，而黔军入城，毫无纪律。本师驻防长寿，骑兵团长邱华云由长赴邻，忽被扣留，提取枪支。幸该团长御变有方，脱险而出。又将该县征收局长李毓盘驱逐出境。湘乃饬该员含忍，静候解决，并飞电该军长廖严束所部，勿发难端。殊据探报，黔军已增加兵力，将向我军袭击，并闻渝城黔军，借检查为名，见有银钱，即行攫取，各街栅栏，一律拆毁，消防器具，强力没收，并将铜元局机器私运归黔。各商店钱铺，派兵监守，银行局所，更无论矣。禁城内外，抢夺时闻，重镇精华，摧残殆尽。似此暴戾，意欲何为？万众皇皇，不知死所。湘以该军信使犹存，何致暴动如此。乃有自渝逃难来者，纷纷赴部哭诉。情节确凿不虚，闻知泣然如矢石。所部将士，各有维桑之念，无不擐甲而行，愤激之情，势难遏制。

窃念滇、黔肆毒吾川，扰乱大局，凡我川人，久经身受，勿俟赘言。顾忍痛至于今日，仍欲吞并川省，自固地盘，既又为所欲为，实属忍无可忍。爰本护法救国之忱，略仿剿匪乡之举，不顾艰险，涕泣出师，誓为西南除此蟊贼。诸公救国热忱，夙钦高义，爰川志士，谅有同情。尚祈昭鉴苦衷，主持公论，使敌军早知觉悟，幡然改图，俾免孑遗，再罹兵燹，川省大局，实利赖之。谨以驰陈，伫候明教。四川陆军第二师师长刘湘叩。（《刘湘声讨滇、黔军祸川电》，1920 年 5 月，《四川军阀史料》第 2 辑，第 361—363 页）

5 月 4 日（三日十六日）　熊克武致蓝天蔚等电，勉遵明令，继续任职，力微任重，望资鼎力。

《熊克武致蓝天蔚等电》：急。广州军政府各总裁、李参谋部长、各部长、参众两院、莫督军、张省长、吕督办、李督办、林总司令、沈总司令、各总司令、各镇守使、云南唐总裁、周省长、武鸣陆总辩、南宁谭督军、马总司令、漳州陈省长、诏安方会办、郴州谭督军、赵总司令、辰州田、张、胡、林、萧各总司令、贵阳刘督军、王总司令、三原于督军、张会办、上海孙总裁、唐总代表、资州顾军长、泸州赵军长、夔州黎总司令、王总司令、施南蓝总司令，成都抄送杨省长、省议会均鉴：

武本菲材，谬总川军，荏苒三年，惭无建树，前经电呈军政府辞职，冀避贤路，乃奉政务会议宥电，以大局、地方相责，而护法诸贤暨本省议会、各法团、各界人士，复以大义相劝勉。抚躬复省，悚惧弥增，留既大违本怀，退则重负群望，重以时局艰虞,何责召易,言念同舟共济之义,宁存遑恤我后之思,用敢勉遵明令,继续任职。惟是力微任重,深措中疏,提挈勖勚,尤资鼎力,仍望时惠箴规,俾免陨越,毋任企祷。熊克武叩。支。印。(《熊克武致蓝天蔚等电》,1920 年 5 月 4 日,《军政府公报》修字第一百七十七号,1920 年 5 月 26 日,"公电";《各方致孙中山函电汇编》第五卷,第 318 页)

△ 刘成勋等致电蓝天蔚等,迻恳熊克武仍肩巨任,请军府亲电慰留,诸公同声维系,以劝贤劳,而固川局。

《刘成勋等致蓝天蔚等电》:广州军政府政务会议、参众两院、政务会议各总裁、各部长、莫督军、张省长、各总司令、各镇守使、李督办、吕督办、林总司令,云南唐联军总司令、周省长,武鸣陆总裁、漳州陈省长,诏安方会办,南宁谭督军、马总司令、郴州谭督军、赵总司令、辰州田、张、胡、萧各总司令,贵阳刘督军、王总司令,三原于督军、张会办,上海孙总裁、伍总裁、唐总代表、夔州黎总司令、蓝总司令、王总司令,施南柏总指挥,成都抄送杨省长、省议会、商会、各法团、各报馆、曾厅长、聂道尹,资州顾军长分送泸州赵军长、朱旅长、姚道尹,叙府胡旅长,重庆余镇守使、王总司令,黔军朱参谋长、袁总司令,万县田梯团长、合州刘师长、顺庆石师长、卢副司令,绥定颜师长,康定陈镇守使,雅州黄道尹,大竹县陈统领均鉴:

奉读熊督军筱日辞职电,高风亮节,有识同钦。惟是川局甫就敉平,国事尚忧有变,举凡整军经武,护法卫民,固西南至本根,起蜀中之衰颓者,在在均维熊公是赖。且吾川每值一易督座,辄起一度纷争,民困缘此益深,军政因之益紊,前车之覆,历历可寻。军兴以来,兵连数载,赖熊公雍容坐镇,默化潜移,甫获苏息二年,尚针砭百孔,遽闻高蹈,益切隐忧。矧值北敌方强,日夜思逞,西南新造,团结待时,一旦易革命之元勋,失群龙之领袖,匪特长城自坏,敌将生心,更恐今堤溃防,横流莫御。成勋等忝绾军符,爱切桑梓,感张咏之定益州,攀辕同切,借寇恂而治河内,遮道尤深,除迻恳熊公仍肩巨任,以竟全功外,伏乞军府亲电慰留,诸公同声维系,以劝贤劳,而固川局,不胜屏营待命之至。四川暂编陆军第四师师长刘成勋、第三十师师长向传义、第五师师长吕超、第八师师长陈洪范、第一师师长但懋辛叩。文(支?)。印。(《军政府公报》修字第一百七十六号,1920 年 5 月 22 日,"公电";《刘成勋等致蓝天蔚等电》,1920 年 5 月 4 日,《各方致孙中山函电汇编》第五卷,第 316—317 页)

5 月 5 日(三月十七日) 在粤国会议员董耕云等致蓝天蔚等电,告以孙光庭、陈鸿钧以一二次之临时主席,冒称两院代理议长,并发通告开非常会议,补选总裁。同人力争苦劝,均置不理,遂宣告退席。

《在粤国会议员董耕云等致蓝天蔚等电》:上海孙总裁、伍总裁、唐总代表、章太炎、孙伯兰先生、林、王、吴、褚四议长、各议员、学生联合会、各团体、各报馆,云南唐督军、贵阳刘督军、王总司令，四川杨省长、各总司令，夔州黎总司令、王总司令，施南蓝总司令、王总司令、柏总指挥、湖南谭督军、赵师长，湘南、西各司令，福建林督军、陈省长、各司令，南宁陆总裁、谭督军、各总司令，广东莫督军、张省长、各总司令，海军林总裁、各司令、各舰长，各省省议会、各团体、各报馆均鉴：

慨自我国会南来护法，四稔于兹，几经险阻艰难，方足法定人数。近因政潮恶劣，两院议长及大多数议员相率避地，暂离广州，留粤议员只有百数十人。乃参议员孙光庭、众议员陈鸿钧竟敢以一二次之临时主席，冒称两院代理议长，窃取议员三百五十六人及三百八十四人名义，两次发布通电；又于四月三十日攘窃两院联合会之名，通告开会，阳假外交问题，实谋开非常会议，补选总裁。迭经在场多数同人反对，提出诘责，孙光庭自知情亏，俯首无词，比即自承错误，退居秘书长席，改联合会为谈话会。同人等方期孙等悔祸，不为已甚，对于大局，徐图调和，乃五月四日孙光庭、陈鸿钧又忽发通告开非常会议，补选总裁，同人极为诧骇。

查国会非常会议组织大纲第六条：国会非常会议之正、副议长，就现任两院正、副议长内推定之；正、副议长均有事故时，得选举临时议长。今两院之正、副议长，因一时之政潮与大多数议员离粤，既非议长本身别有事故，非常会议当然不能开会；即以有事故论，亦当选举临时议长，方可开会议事，断不能以一二次之众议院临时主席陈鸿钧窃取非常会议议长之位。同人等比即前往，则见军人荷枪监视议场，以暴力相威吓。同人睹此暴举，益为心痛，不忍以法律正义竟为威屈，遂根据国会非常会议组织大纲第六条再三质问，而陈鸿钧竟置若罔闻。卤莽灭裂，急以讨论，终局付表决，人数尚未点查，遽行宣告多数，遽尔发票投票，以一手掩尽全场耳目，甘心为此违法举动，补选总裁。同人等职在守法，誓不承认。况伍总裁廷芳始终未有辞职之宣言，孙总裁文、唐总裁绍仪虽从前或一度辞职，或未就职，皆未经国会允许。今忽选举三人，七而加三，其数为十，殊与《中华民国军政府组织大纲》第三条政务总裁七人之数不符。陈鸿钧等此举，不独视国会选举职权为儿戏，实为破坏西南之第一导火线。同人等环顾大局，心切忧危，仍再三力争，加以苦劝，陈均置不理。同人见其悍然不顾，无可挽回，不得已遂宣告退席。

关于此次违法补选总裁，同人决不负责。至派遣军队荷枪监视，惟袁世凯压迫选举大总统时有此恶举，今于护法策源地竟再出此，尤深慨叹。同人等饱经忧患，奔走连年，目击心伤，维持乏术，谨此电闻，诉诸全国舆论，即祈谅鉴。在粤参众两院议员董耕云、陈尚斋、吕志伊、陈宗常、高振霄、马小进、林伯和、唐炳华、郑忾辰、杨树璜、孔绍尧、周问余、陈宏栋、鲁鱼、赖庆晖、于仲钰、吕荫南、段雄、王鸿庞、李国定、刘楚湘、邓元、蔡突灵、陈嘉会、李建民、梁星五、陈塈、陈廷飚、吴道达、岑述彭、谭惟洋、杨肇基、黄策成、毕鼎琛、刘锦孝、吴崑、张知竞、张树桐、蔡汇东、周世屏、蒋宗周、薛珠、何陶、张大昕、刘成禺、杨世杰等叩。歌。(《在粤国会议员董耕云等致蓝天蔚等电》,1920 年 5 月 5 日,《北洋军阀史料·吴景濂卷(一)》,第 209—210 页;《各方致孙中山函电汇编》第五卷,第 319—321 页)

5 月 14 日(三月廿六日) 军政府秘书厅奉命向蓝天蔚等发布杨永泰任省长电。

《军政府秘书厅奉命通告杨永泰任省长电》:武鸣陆总裁,云南唐总裁,贵阳刘总裁,成都熊总裁,杨省长。南宁谭督军,李省长,三原于督军,张会办,郴州谭督军。赵总司令。夔州黎联军总司令。豫军王总司令。施南蓝总司令。辰州田、张、林各总司令。辰溪胡总司令,漳州陈省长,诏安方会办,汕头吕督办、王副司令、海口李督办。抄送广州林督军、莫督军均鉴:

五月十日奉政务会议令,特任杨永泰为广东省长,此令。特任徐傅霖为司法部长,此令。等因,特电奉闻。军政府秘书厅。盐。印。(《军政府秘书厅奉命通告杨永泰任省长电》,1920 年 5 月 14 日,据《军政府公报》修字第一百七十六号(1920 年 5 月);汤锐祥编著:《护法运动史料汇编 四 粤督省长更选篇》,花城出版社 2003 年版,第 116 页)

5 月 21 日(四月四日) 蓝天蔚于夔州发布公电,言此次兴兵,志在护法。[①](《蓝天蔚关于时局之通电》,1920 年 6 月 11 日)

△ 熊克武公电蓝天蔚等,申讨唐继尧祸川。

电谓:广州军政府各总裁、参众两院、各部长、莫督军、张省长、各总司令、各镇守使、李督办、吕督办、各报馆、漳州陈省长、云南周省长、贵阳刘督军、王总司令、郴州谭督军、赵总司令、辰州田、张、胡、林、萧各总司令、上海孙中山先生、唐总代表、西南各分代表、章太炎、汪精卫、章行严、胡汉民、张熔西诸先生、各报〈馆〉、三原于督军、张会办、夔府黎总司令、巫山送城口王总司令、施南蓝总司令、资中顾军长、泸县赵军长、成都超送杨省长、省议会、但师长、向市长、喻卫戍司令、李宪兵司令、吴总办、绵阳吕师长、顺庆石师长、绥定颜师长、嘉定陈师长、康定陈镇守使、茂县王总司令、重庆黄总司令、大竹陈统领、本省各道尹、各知事、各局长钧鉴:

窃克武与滇、黔军将领多属患难生死之交,不幸至以兵戎相见,于情綦可伤感。况川省迭经兵祸,民不聊生,更令境内沦为战场,灾黎暴骨原野,于心尤多惨痛。然在此惨痛伤感之事,终于无法避免者,其因则由云南督军唐继尧必欲凭恃武力,割据川、滇、黔三省,而与北廷互市,以求遂其个人权位之私。其近因则由驻川滇、黔军奉唐命令挑拨川省内乱未成,而径向我川军分道掩袭也。兹事颠末,未遑具陈,

---

① 《蓝天蔚关于时局之通电》(1920 年 5 月 21 日),见附录一"蓝天蔚著述"。

略述概要,以待国人之审决。

自顷国变频仍,川人辄先举义师,首当大难。而凡滇、黔客军之越境来助者,又辄悉索敝赋,资其军实。于国于滇、黔,诚无所负。乃数年之间,川人以捍御国患,方救死扶伤不给,而滇、黔转因势乘便,屡相侵伐,迄无宁日。自成渝以南,列县数十,城廓里聚,水滢山崖,几无非川、滇、黔军士喋血析骸之所。往事已矣,尚复奚言!丁巳(1917 年)护法军兴,武时镇守重庆,处境最难,既不忍国法沦亡,不忍乡土破败,且以三省长彼此相攻,终无了局,滇、黔同被其祸,西南亦已动摇,怀想万端,肝肠百结。盖几经审慎而后确信,唯一办法当由川人自立,以谋三省亲善而定西南护法之局。曾举此意商之各方,当得川省军民赞同,一致宣布护法,而唐氏亦遂有川人治川之宣言。武时非不知唐氏之素蓄野心,潜包祸谋,特见其屡遭挫败,冀其私自忏悔。不谓凶顽成性,沉迷莫悟,自食其言,肆行要挟。方武由渝率军西行,未至成都,唐氏即假联军名义,分设援陕、援鄂诸称号,割裂川军部队,以张其势。复要求克武交出重庆镇守使本职以授王文华;别设四川军务会办以位赵又新;设叙、泸镇守使以畀顾品珍;设夔、万镇守使以畀叶荃。经武婉辞谢绝,而唐遂任王为重庆镇守使,川人纷电抗争,王始自辞。是后,重庆会议,唐邀武为密坐,至则王文华已先在,唐自袖出川、滇、黔三省同盟计划书,列举资、简、叙、泸、渝、万及自井、荣威、会理、宁远、酉、秀各属川东南财富之区,悉作滇、黔两军防地,仅以地面计算,已占全省三分之二。又指定盐税、关税、烟酒等税概充联军军饷,并成都兵工、造币两厂统归联军管辖支配。书中预定负责人名:在滇为唐,在黔为刘,在川为克武,而唐、刘皆已签押,于仓促立谈间,迫武签字,又经武详为解答,坚拒不允。同时,唐复令川中援陕、援鄂各军为会联盟,更令顾、赵列席与议,决定某为师长,某为道尹,并监督结约画押,而以联军名义训令克武遵办。似此毁法败度、乱政侵权、灭绝信义、捐弃廉耻之事,谈者犹将色变,而唐氏竟冒为之,其居心不过欲劫制克武,以为夺川省军政民政财政耳。

克武之于滇、黔,本无他意。故知防地久假不归,协款月数十万,川人积不能平,而克武每为曲护。惟终不忍使川人百战所争之国法及独立自主之人格,自我破坏。故于唐氏无理要求,不得不誓死拒绝。而唐氏放志纵欲,亦复倒行逆施,汉中之战,本由重庆会议决定遵照军政府出兵案,川军出攻陕南,滇、黔军则对鄂西取攻势防御,以为犄角。迨及川军北征,所向克捷,而唐仅命田钟毅率军千余,留屯万县,故纵敌人专力陕南,陷川军于危险。又如川东烟案,克武派员查办,已有端倪,唐忽电令会查,横加干涉,致案悬不结,遗讥中外。雷、马、屏夷匪猖獗,克武遣军兜剿,唐令滇军伙合抵抗,几酿巨乱。他如贩运鸦片,滥行招安,恶积罪盈,擢发难数。

在唐氏寻衅思逞,不惜举滇、黔军士生命拼作一掷,而克武为维持地方,顾全大局计,辄复曲意含忍,徐冀转圜,此心之苦,若何可说。

近顷唐氏勾结北廷,谋覆军府,更愈肆无忌惮。虽东挫粤海,犹欲拓其西封,故遂明目张胆,离间我川军,挑拨我内乱。初尚疑为积愤于武一身,疑为武去则积愤渐平,筱日通电辞职,谓可预弭兵祸也。乃军府温语慰留,各省各军厚意劝勉,重以川中军民殷勤责望,武虽不获辞,而去志弥决,顾天未悔祸,为时数旬,先后破获唐氏阴谋侵川之证据,积累盈寸,裹成卷帙。就中如唐氏四月马日密电,函促川军联衔通电,扰川辞意条别为四,寻查顺庆发出之窃名陷电全文,正本于此。又细译马电,第一条,不认克武再有统驭川军之资格;第二条,公推川军总、副司令,及第三条,声明军政府无任免之权,第四条,声明川军原隶靖国联军范围,川军长官应由联军总司令任免一事而发。克武历年所与唐氏坚持者在此。唐氏所为倾覆军府、挑拨川省内乱者亦在此。盖川省除当依法受治于民国合法政府外,无论何时均应完全保有自主之权。按《军政府组织大纲》第十条,特规定"护法各省自主政府职权仍旧"一语,亦即为预防省与省之争议。而唐氏动藉联军为名,必举全川政权置于临时作战联合组织之对外军事机关统治之下,是直破败国家法度,剥夺川人人格。克武义不当坐视,故于支日通电,继续任职,然犹逊辞自励,不顾[愿]遽加攻讦也。今唐竟伪任川军总、副司令,又命黔军逐余镇守使,占据重庆,并乘农事方殷,下令驻川滇军分道来相攻击,其背谬如此。历观古今枭雄,贪残暴乱,于唐为甚。川中军民咸愤不欲生,请张挞伐。克武于役革命垂二十余年,虽甚愚懦,然迫不得已,终当亲率义士,为乡国除残去秽,成败利纯非所逆睹,是非曲直自有公评。惟念川省迭经兵祸,滇、黔军将无辜就戮,此心之惨痛伤感,无复穷期,临雪涕咽不成声。熊克武叩。马。印。(《熊克武率师申讨唐继尧祸川电》,1920年5月21日,《四川军阀史料》第2辑,第317—320页)

5月25日(四月八日) 《申报》谓:朱廷灿[①]径日电称,蓝天蔚发出通告,谓所部军队维持鄂西一带,对于熊唐暂守中立。(二十六日下午四钟)(《申报》1920年5月27日,第六版)

天津《益世报》谓:川滇两军在四川激战情形迭志各报。兹中央昨续接四川探员报告,略云川滇两军在川境内业已接战。唐继尧续派滇军一师一混成旅入川以资援应,并有亲自到滇督战之意,刻已准备启程。滇军之在川者计有两师一旅,一

---

① 朱廷灿,毕业于日本陆军士官学校第三期。曾任第四混成协参谋官、北京政府陆军第二师第四旅旅长。1918年北洋政府授陆军中将。1919年以鄂西战功,与王都庆同授勋五位。

为赵又新之一师驻资州;一为顾品珍之一师,驻滇水,一为华封歌之一旅,驻会理,共二万六千人左右,唐继尧固有攻川之决心,恐桂粤军攻其背,首尾□□□于陆岑一系拟用联络办法。其代表赵某□□□出发,俟联络妥协,便可以全力攻川。惟熊□□□衅后南方各军队之态度如何,极堪注意□□。

密报谓鄂西蓝天蔚现已发出通告,内容□□□□两军均系护法之师,虽因一时冲突,终有解决之道,□□同志不宜遽有偏袒,蓝所部军队于此时局只□□□鄂西一带之安宁为任务,对于川滇两军严守中立。(《探员报告川滇开战　唐继尧将到滇督战　蓝天蔚已宣布中立》,天津《益世报》1920 年 6 月 5 日,第二张第六版)

《大公报》谓:熊唐两军在川开衅后,南方各军队态度如何? 极堪注意。闻当局昨接密报,谓鄂西蓝天蔚现已发出通告,内容大致以川滇两军均系护法之师,虽因一时冲突,终有解决办法。凡属同志,不宜遽为偏袒。蔚所部军队于此时局,只以维持鄂西一带安宁为任务,对于川滇两军,严守中立。(《蓝天蔚严守中立》,《大公报》1920 年 6 月 3 日,第三版;《四川联军战报》,上海《民国日报》1920 年 6 月 6 日,第三版)

5 月 30 日(四月十三日)　蓝天蔚等接到四川省议会讨唐通电。

电谓:广东军政府各总裁、参众两院、各部长、莫督军、张省长、省议会、各总司令、各镇守使、李督办、吕督办、各报馆、漳州陈省长、诏安方会办、武鸣陆总裁、湖南谭督军、李省长、省议会、云南周省长、省议会、贵阳刘督军、省议会、王总司令、郴州谭督军、赵总司令、辰州张、胡、林、萧各总司令、上海孙中山先生、唐总代表、西南各分代表、章太炎、汪精卫、章行严、胡汉民、张熔西诸先生、各报馆、三原于督军、张会办、夔府黎总司令、王总司令、坐山送城口王总司令、施南蓝总司令、资州顾军长、泸县赵军长、康定陈镇守使钧鉴:

窃滇、黔之于吾蜀,壤地毗接,休戚相关,协饷岁有常经,土著多吾故族。顾自民国以来,武人专权,罔识大体,谬拾帝国主义之说,倡为同胞自残之行。

辛亥(1911 年)之役,丙辰(1916 年)、丁巳(1917 年)之役,靡不投抵瑕衅,来相侵暴,子女玉帛,恣其所求,焚掠奸淫,惨无人理。然吾蜀曲予含忍,弃怨急公,往者勿论,即此次护法军兴,川、滇之师,方血战于叙、泸之野,义声一震遂风从于旬日之间。战攻则互为声援,争先致果;事定则延居堂奥,昭示无虞。竭秦斗之菁华,以为东道之供亿;捐子遗之膏血,以为嘉宾之献酬。诚信之情既孚,主客之见斯泯。独有滇督唐继尧者,欲壑无厌,始终叵测,不惜三省涂炭之苦,徒博一己巡阅之荣。大敌当前,而强索多官以张势;主帅不问,而滥竽司令以分权。兵厂将收自私,国税悉欲己据,越俎以要劫重职,丧耻无非□□,拓放于东南奥区,舐糠行且及米。甚者雷马夷匪为患,居然阻令进攻;禁烟国信所关,尚忍横施干涉。而于夔门外寇,未尝一矢加遗。犹复北伐背盟,坐使孤军败衄。凡斯败德,更仆难熟,闻者眦裂,言之发指。近乃鸱张益肆,戎首自甘,密电交驰,潜唆内乱,流言间作,播惑军心。假私令以立联军之名;行伪命以授司令之任。顾军力谏,而不足以回其意;熊督辞职,而不足以快其心。必欲夺我渝城,袭我省会,间离我将领,胁逐我长官,我川人何罪于唐氏,而蛊惑蒙羞,一至于此。

查唐氏浮夸成性,秽恶彰闻。夫无尺寸之功,幸窃风云之会,护国之役,迫于蔡、李之声威;护法之师,原修罗、戴之旧怨。西南各省,遂群推领袖之一人;彼昏不知,竟忘其面目之有靦。出入警跸,俨若帝天;将帅比肩,视同臣仆。嫉功戮旧,既离德而离心;庇匪种烟,更害民以害国。矧又背叛军府,私通北廷,其病民坏法,以遂私图,与袁、段何异,而淫昏过之;其攘乱祸邻,以争伯主,与日本何异,而荒妄过之。果西南为护法救国而战也,若唐氏者匪特川省之罪人,宜为国民所共弃。吾蜀自三军将士,及农商贩夫,亦既人怀怒心,奋不顾命,大张挞伐,克期翦除。所冀护法各省,一秉大公,川省诸军,同伸正义,内以诛叛逆之蟊贼,外以奠西南之大局。至滇、黔将士,本属同仇,惟彼独夫,实乃公敌。若能反戈仗义,愿为后援,苟犹助虐负隅,亦在不宥。顺逆祸福,决在此时,本会代表川民,声罪致讨,诚非得已,当荷矜同。四川省议会。卅[卅]。叩。(《四川省议会讨唐通电》,1920 年 5 月 30 日,《四川军阀史料》第 2 辑,第 379—380 页)

△ 蓝天蔚说熊克武请竟护法之志。

钟鼎谓:庚申(1920 年),讨熊军起,熊不自反省,疑顺庆会议为公主张,衔公益深。观但懋辛复陈铁文书(原文录后①)多归咎之语,知非訾言。时公已继柏烈武统鄂西军,犹冀熊氏幡然憬悟,共成会师盛举,以竟护法之志。当时文电载在沪汉各报可覆按也。(《遇害始末记》,《蓝上将荣哀录》)

黄铉谓:当时,湖北靖国军的处境十分艰难,一方面受到北洋军和鄂西神兵的夹击,一方面因川军熊克武、刘湘等部,为了摆脱滇军唐继尧的控制,在纳溪一战,把滇军全部驱逐出境,继而与鄂督王占元联合,直接通气,遂把鄂西和川东等地的靖国军同云南滇军联合战线完全割断,使之陷于绝境。为了摆脱这种困难局面,黄曾奉蓝天蔚之命往说熊克武和刘湘,晓以大义,希望能携手合作,共同对抗北洋军,但未果。(黄铉:《生命不息 战斗不止——黄申芗的传奇革命生涯》,《武汉文史资料》1999 年第 4 期,第 29 页)

---

① 按:《蓝上将荣哀录》录有《但懋辛复陈铁文》。《蓝上将荣哀录》遭火灾后,此文依稀难辨。但仍可辨识出与长沙《大公报》所载《但懋辛述蓝天蔚死事》为同样内容(长沙《大公报》1921 年 5 月 12 日—5 月 13 日,第六版)。详见谱 1921 年 4 月 21 日。

△　蓝天蔚与叶荃、黎天才、王天纵刊石于夔之白马寺,曰:"湖北梁栋遇害处。"

周南谐忆及:(梁耀汉)迫至夔门,为乱兵所害,时年三十岁。黎元洪拨币二千金公葬于汉川之采芝。民国七年经过蓝天蔚、叶荃、黎天才、王天纵四司令刊石于夔之白马寺,即君遇害处也。四司令之意非徒哀君之死,纪君之绩,盖悲国之乏人耳。(阳海清、孙式札、张德英编:《辛亥革命稀见史料汇编》,《中国公共图书馆古籍文献珍本会刊·史部》,第 491 页)

周海珊谓:行至夔门,因驻军误会,不幸被害。民国七年,蓝天蔚、叶荃、黎天才,刊石于夔之白马寺,即君(梁耀汉)遇害处也。妻周氏,仰药以殉。(周海珊:《梁耀汉传》,《湖北革命知之录》,第 105 页)

《梁瀛洲先生传》:嗣因武昌孙武、张振武、蒋翊武意见不合,黎元洪、季雨霖同乃兄钟汉复遣余文甫入川促君归。川中同志念其勋绩,开会挽留,后经坚辞,川军政府乃界君以川江巡道使,派队送之东下,行次夔州,驻军甫经招安,而咸贪护送枪械精良,竟加戕害。呜呼!壮志未酬,含恨以没,诚可痛哉!嗣经叶荃、蓝天蔚、黎天才、王天纵四同志刊石于夔之白马寺①,文曰:"湖北梁栋遇害处。"四人之意,盖非徒哀君之死、纪君之功,且悲国难之乏人挽救耳。(《梁瀛洲先生传》,《辛亥革命武昌首义史料辑录》,第 61 页)

碑刻:

身没名存夔郡从兹留异绩

功高祸烈岷江犹作不平鸣

呜呼此我六弟耀汉与友人刘立群遇害处也

中华民国七年军政府谘议梁钟汉书

中华民国靖国军豫军总司令王天纵

中华民国靖国军鄂军总司令黎天才

中华民国靖国军鄂西总司令蓝天蔚　题建

(阳海清、孙式札、张德英编:《辛亥革命稀见史料汇编》,《中国公共图书馆古籍文献珍本会刊·史部》,第 499 页)

5 月 31 日(四月十四日)　谭延闿与湘绅为讨伐张敬尧公电蓝天蔚等,宣言护法讨贼之志。

---

①　按:王天纵殁于 1920 年 9 月 8 日(阴历七月二十八日)。据《张文超就前靖国联军总司令王旭九死因事致吴景濂函》"旭兄(王天纵,字旭九)于七月二十七日偶染时疫,吐泻交加,医药罔效,延至二十八日夜二时逝世"。(《张文超就前靖国联军总司令王旭九死因事致吴景濂函》,1920 年 8 月 26 日,《北洋军阀史料·吴景濂卷》第 8 册,天津古籍出版社 1996 年版,第 159—160 页)

碑刻中"民七"为其弟梁钟汉刻字时间。判断"三天"联名之题建时间应在蓝任靖国军鄂西总司令之后,及王天纵病逝之前即 1920 年 4 月—9 月。

《谭延闿与湘绅讨伐张敬尧通电》：军政府岑总裁、林总裁、各部长、参众两院、莫督军、陆总裁、谭联帅、唐总裁、刘督军并转王总司令、熊督军、杨省长、陈省长、吕督办、方会办、于督军、张会办、黎总司令、蓝总司令、唐总代表、孙伍总裁，林、吴、王、褚议长、孙伯兰、章太炎先生、熊秉三先生、吴师长、李师长、范师长、冯旅长，各省督军、省长、各护军使、各镇守使、各总司令、各师旅团长、各省议会、各教育会、各商会、各报馆、各省同乡会钧鉴：护法讨贼，中更言和，南北顿兵，于兹三载，同人忍苦饮痛以待者，实愿双方以良心之主张，解决时局，稍纾困难，共救危亡。乃卖国贼怙恶不悛，阴以不和不战之谋，甘作自杀自亡之计。凡在有识，皆知和局无望，劳师糜饷，徒莆民。至其拍卖国产，断送主权，窃拥重兵，排除异己，倒行逆施，无所不至。年来学生工商罢工辍课，遍于全国，而吾辈号称军人，坐视沦胥，稍有人心，能不愧死。延闿等目睹国家存亡危急，黎民惨痛颠连，愧恻愤厉，已非一朝。徒以尊重和平，隐忍未发，而张敬尧当议和之时，日日备战，购运枪弹，增编兵队，招纳叛亡，杀戮无辜。近更借口接防，由衡、宝节节进逼我军，人民流离，土匪四起，怨责交乘，忍无可忍，延闿等为救国救乡计，严施正当防卫，拼命一战，而义无反顾。上为国家攘除奸凶，中为乡邦拯救焚溺，下为个人保存人格。欲求促进和平，必先排除障碍，救国讨贼，矢死不渝。在湘北军凤持正谊，救国心同，我全国父老昆弟，讨贼之志，谁不如人，谅鉴此心，共申大义，特电宣言，伏维垂察。谭延闿、赵恒惕[1]、宋鹤庚[2]、廖家栋、鲁涤平、林支宇、张翼鹏、贺耀祖、唐生智、叶开鑫、赵□深、□臧、张振武、刘□、夏斗寅、唐义郴、王得庆、谢国光、罗先隽、萧昌炽、李韫理、刘梦龙、吴剑学、李仲麟、张辉瓒、陈嘉柘、唐急阳、郭步高、蔡巨猷、田镇藩、罗茂□、刘叔彝、赵镇南、田应诏、张学济、胡瑛、林德轩、萧汝霖、胡学绅同叩。卅一。（《谭延闿与湘绅讨伐张敬尧通电》1920年5月31日，周秋光主编：《谭延闿集》2，湖南人民出版社2013年版，第590—591页）

6月1日（四月十五日） 报载，蓝天蔚、谭延闿、林修梅等南军曾在郴州共订攻守同盟，以谭延闿为盟长，组织护法联军，湘西鄂西两处由林修梅[3]、蓝天蔚担任

---

① 赵恒惕（1880—1971），字夷午、彝午，号炎午。湖南衡阳人。毕业于日本士官学校炮科。参加辛亥革命。武昌起义后历任新军旅长、军长等职。参加二次革命，失败后被袁世凯判刑，获释后任湘军师长、湘军总司令、湖南省省长、国民政府军事委员会上将军事参议官、总统府国策顾问、资政等职。

② 宋鹤庚（1883—1950），字阜南，湖南湘乡人。毕业于日本陆军士官学校第九期步兵科。历任湖南测量学校教务长、湘军第一师师长、援鄂军总指挥、湘军第一军军长、讨贼军第二路联军执法长、建国军攻鄂中央总指挥、湖南宣抚使、国民革命军总司令部高等顾问、湖南省建设厅厅长、军事参议院参议等职。

③ 林修梅（1880—1921），毕业于湖南陆军武备学堂、日本陆军士官学校、日本东京政法学校。历任湖南新军炮队管带、四川新军团长、入藏川军第三营管带、湖南岳州要塞司令、湖南护国军总司令部参谋长、湘军第一师第二旅旅长。1917年与刘建藩分别在衡阳、零陵独立。后任湘军靖国军总司令、湘西讨桂军总司令、广州军政府顾问及国会参议员、孙中山大总统府代理参军长。1918年广州军政府授陆军中将。

总指挥分头任事。

《申报》谓：当衡南会议之前，南军方面亦有一会议，鄂西黎天才柏文蔚蓝天蔚之三代表湘西张学济、田应诏之两代表及林修梅、谭延闿本人在郴州关曾共订攻守同盟，以谭延闿为盟长，组织护法联军，湘西鄂西两处由林修梅、蓝天蔚担任总指挥分头任事。(《申报》1919 年 6 月 1 日，第六版)

6 月 3 日(四月十七日)　《申报》载：香港电，岑昨电蓝天蔚探查川局，相机助熊(三日下午七钟)。(《申报》1920 年 6 月 4 日，第三版)

6 月 7 日(五月二日)　郭同、李华林等致电蓝天蔚等，期望国会及军政府可移至重庆。

电谓：上海孙中山、唐少川、伍秩庸三总裁，林子超、吴莲伯、王儒堂、褚慧僧四议长，并转两院同人缪延之、王伯群、饶子和、曾其衡、胡展堂各代表，章太炎、孙伯兰、汪精卫诸先生，香港李协和部长、伍梯云厅长、密转林悦卿总裁，贵阳刘督军、王总司令，成都杨省长、吕总司令、刘副司令，重庆黄总司令、朱参谋长，并转滇军顾、赵两军长、石、颜、卢各司令，郴州谭督军，漳州陈省长，夔府黎总司令、王总司令、蓝总司令，湘西田、张各司令均鉴：

自岑春煊、莫荣新率其恶党政学系等把持粤局，劫夺滇军，坏民国之军纪，诬李部长为土匪，派兵剿捕，悬赏缉拿，视伍总裁为敌，囚限其自由，搜其家宅，堂堂军府，行同盗贼，西南威信，为之扫地殆尽。又其甚者，查抄议院，通缉议员，袭[截?]留国会经费，拨充乱军之用，遂使伍总裁不能不出走，国会同人不能不播迁。西南半壁之局，民国正统之系，志士仁人年来之苦心，将领军士年来之血汗，断送于若辈之手，言之令人泣下。

当此之时，果和局即可告成，吾人何不可弃偏安而谋统一，同心戮力，以扬民国之辉？无如南北意见尚未妥协，和议手续犹待磋商，假令此时西南不别谋团结，前途必多危险。盖岑、莫诸逆，盘踞粤中，凭藉军府旧名，仍可行其乱命。纵论军府之组织、法律具在，留粤总裁已无半数，彼何能再假虚名以祸西南？然夫人至故于甘冒不韪以作乱而犯法，则今日又岂纸上之绳墨所能范其行为？假使彼辈更假政务会议命令，撤退和议总分代表，上海和会势必受其影响，至时即欲谋和，又更有难言者矣！全局涣散，人心无归，加以敌手之勾煽，收买奸党之挑拨离间，迟之又久，西南局势必更下于今日，此可断言矣！

近闻少川先生主张悬国会、军府招牌于滇中，设总裁办事处于上海，其意在使人心有归宿，和议得所后盾而已。但同人等以为果无广州之假托，则空招牌之设，事本可行，既有假者，则时伺我隙空，将无异于假。况滇中在地理则交通不便，在形势则人心不集,招牌既题,既欲非空而不可得,此同人等期期以为不可者一也。假令南北和局进行无阻,则设总裁办事处于上海,以促和议之速成,未始非计。但默察各方情势,和议之开,北方是否确有诚意,南方是否归于一致,前途茫茫,言之心悸。万一和议又生障碍,总裁办事处安可久存于租界? 此同人等期期以为不可者二也。夫论上海与滇中,于军府、国会均有不相宜之理,而论今日之形势与人心,则军府、国会,确有择地重设之必要。近人有主漳州之说者,同人等以为漳地四面皆敌,军力亦不厚,不若重庆为善。盖重庆为长江上游,形势既伟,航路亦通,为滇黔川军密集之区,势力既厚,和战均易着手。且政学会之熊克武,今既为川人所不容,必弃职潜去,川中各军会议,决定建靖国联军总司令部于是处,公请唐联帅莅渝,重事组织。同人等以为即移国会、军府于重庆,既得形势,又洽机宜,横览西南,实无有过于此者。建设既成,广州之假自不敌吾之真,由是促开和议,无人能为梗阻,对北亦易谈判。万一和局不成,则滇黔川湘联为一体,海军将士素旨颇坚,岂至弃多数而附少数? 即两广之主权者,度亦未能自外。纵彼岑莫怙恶不悛,仍敢破坏大局,则本实力而图之,亦岂难事? 用是即长保我西南半壁,亦策之上者也。是择地重庆,实为可和可战可守之办法。诸公卓识伟才,想能见及乎此,同人等近以此意陈商唐联帅,亦承赞可,并愿莅渝主持一切,以慰各方之望。如公等同意,请即促两院议长、议员及各总裁,分派代表赴渝,从速组织,岂第西南之幸已哉! 临电神驰,不胜待命。郭同、李华林、刘盛垣、角显清、何畏、汪彭年等。(虞)。叩。(《郭同、李华林等致蓝天蔚等电》,《革命文献》第五十一辑,第274—276页;《各方致孙中山函电汇编》第五卷,第351—353页)

6月18日(五月三日) 谭延闿与赵恒惕公电蓝天蔚等,宣言讨伐张敬尧,护法救国。

《谭延闿与赵恒惕主张护法宣言》:军政府岑总裁、林总裁、各部长、参众两院、莫督军、陆总裁、谭督军、唐总裁、刘督军并转王总司令、熊督军、杨省长、陈省长、吕督办、方会办、于督军、张会办、黎总司令、蓝总司令、唐总代表、孙、伍总裁、林、吴、王、褚议长、孙伯兰、章太炎先生、熊秉三先生、吴将军、李师长、范师长、冯旅长、督军、省长、各护军使、各镇守使、各总司令、各师旅团长、各省议会、各教育会、各商会、各报馆、各省同乡会钧鉴:

张敬尧在湘三年,贪残暴戾,纵兵殃民,公私财产搜括一空,工商教育摧残殆尽,湘人愤恨,亿众一辞,函电交驰,积牍盈尺,我全国父老兄弟久所洞悉。安福系卖国诸奸,庇其鹰犬,民人呼吁,若罔闻知,军府责言,饰词搪塞。湘军将士,尊重和平,静待解决,隐忍已久,民怨日滋,倒悬之解无期,残贼之行益肆,是用正告全国,奋起驱除。幸天心厌乱,张氏败亡,溃军所过,如安化、宁乡、益阳、湘乡、株州、岳州各处，纵兵焚掠，村屋为墟。烧毁教堂，戕害教士，商民流离，老幼被戮，惨目伤心，行同盗贼。此而不歼，安有天理？吾辈民人，以民族自决之精神，为正当防卫之行动。吾圉是同，绝无侵略之心；救死不遑，何有攘权之念。在湘友军，救国爱民，人有同心，本正谊人道之行，有救死扶危之义，必当谅其苦痛，共表同情，凡在湘民所同感激。惟是湘祸即解，国难未夷，延闿等能力薄弱，智虑短浅，不敢逞一意孤行之事，谨诉诸全国心理之同。伏念民国成立，祸难频仍，皆由大法沦亡，以致奸人横恣，不经根本解决，后患未有穷期。惟愿我南北军人，士夫学子，农工商界，念匹夫有责之义，为一劳永逸之谋，共决大疑，以定国是，使永久和平悉能实现。延闿等敢不止戈按甲，惟命是从。若金壬把持，仍逞诡诈，以覆家邦，则延闿等誓词具存，义无反顾，当随诸公后，共声讨之。掬诚宣言，敬候明命。谭延闿、赵恒惕叩。巧。

（上海图书馆藏件，《谭延闿与赵恒惕主张护法宣言》，周秋光主编：《谭延闿集》2，湖南人民出版社 2013 年版，第 592—593 页）

6 月间（四月五月）　蓝天蔚部李化民征粮时激起民变，蓝天蔚遂将李化民部调往利川。

《盛京时报》谓：施南建始等四县民团，与鄂西民军激战，相持至数月之久，肇端于李化民之部队，兹为述其始末，以见鄂西人民所受之痛苦。本年六月间正收获纳谷之时，蓝天蔚即令李部在建始宣恩等县，勒令农人每获谷一石，完纳七斗，沿村征取。始由建始士绅，往见李氏，要求从轻，李不之许，而催征益急。继而宣恩等县士绅，亦复相属于道，均被李拒绝。于是此数县民团，即出而主持公道，李佯许减轻，盖施属民团皆能作战，李恐拒绝激变故也。迨实行征谷时，仍责令完纳七斗。各田户始起抗征之决心。讵李小题大做，竟目为土匪，擅自调军队至乡间，数县人民，不安寝食，至是始激变民团，加之被累人民，亦出丁相助。在建始东乡与李部激战，民团伤亡共六百余人。然人多势大，夺快枪二百余枝。双方遂有不并立之慨。及蓝天蔚知此次事变，乃急派其军佐，联络建城绅商调停，事遂稍定，唯民团不允分散，以防李之报复，乃果不出所料，李部仇视民团，每每伺隙，或藉名剿匪，屡次开□。而民团方面，亦知李部之仇视，致酿成二次激战，斯时民团以李不去，终非地方之福，故决计出一死战，始大获胜利。蓝天蔚以此事旷日持久，影响甚大，且恐七县民团一体联合，以与军队为难，将来胜败尚难逆料。更虑长久相持，七县完全停纳粮谷，军食大为危险，倘此等事实，一经实现，则部下难不保其离散。至是之故，只得让步，将李部调往利川，使不予民团接触，此事遂得转圜。先施属各县民团，相继筹备自卫方法，以保地方，盖已不信任民军之决心矣。（《盛京时报》1921 年 1 月 19 日，第七版）

7 月 2 日（五月十七日）　报传，柏文蔚、黎天才、蓝天蔚组织湘西鄂西联军，牵制沙市王汝勤之师,以断冯玉祥之后援。

《申报》谓:湘西方面自岳州失守后,形势益形危急,昨冯玉祥复有急电到京,略谓南军节节进攻,汉寿异常危险,沅江于二十七日晚失陷,远道孤军急迫万分。请饬沙市第八师星夜入援,否则常桃再有疏虞,非玉祥一人之咎。并闻南军以沙市王汝勤师长所部行将开拔入湘,现特运动柏文蔚、黎天才、蓝天蔚组织湘西鄂西联军后援军一支队,为数约四千四五百名,由长阳进窥公安,牵制沙市王师,以断冯玉祥之后援。(《申报》1920 年 7 月 2 日,第六版)

7 月 14 日(五月二十九日) 军府命令蓝天蔚、黎天才东出宜昌,攻吴光新军。

据《香港电》:军府附直排皖计划①:1. 谭延闿速出兵武汉,壮王势,免吴张挟迫。2. 联陈炯明制李厚基。3. 令黎天才、蓝天蔚东出宜昌,攻吴军。4. 请陈光远攻皖,桂军愿为助力。(《申报》1920 年 7 月 15 日,第六版)

7 月 16 日(六月初一) 军政府向蓝天蔚等发布公电,声讨段祺瑞。

《军政府声讨段祺瑞宣言》:广东参议院、众议院,北京徐菊人先生、靳翼青先生、萨鼎铭先生,天津黎宋卿先生、熊秉三先生、张敬舆先生、正定王聘卿先生、张季直先生、盛京天津张雨帅、保定曹仲帅、吴子玉将军、南京李督军、武昌王督军、南昌陈督军、开封赵督军、上海南北各代表、云南唐总裁、贵阳刘总裁、成都熊总裁、资阳顾军长、泸州赵军长、南宁谭督军、长沙谭督军、岳州赵总司令、广东莫督军、马总司令、林总司令、汕头刘总司令、三原于督军、张会办、夔州黎联军总司令、豫军王总司令、施南蓝总司令、王总司令、洪江王总司令、韶州沈督办、琼州李督办、汕头吕督办、诏安方会办、漳州陈省长、浙军陈师长、各省督军、省长、各都统、各护军使、各督军、各镇守使、各师旅长、各省议会、各教育会、各商会、各报馆钧鉴:

军政府谨宣言以告天下曰:国贼段祺瑞者,三玷揆席,两逐元首,举外债六亿万,鱼烂诸华;募私军五师团,虎视朝右。更复暴捍徐树铮,排斥异己,啸聚安福部,劫持政权。军事协定为国民所疾首者,坚执无期延长,青岛问题宜会盟之公评,而主张直接交涉。国会可去,总统可去,阁僚可去,而挑衅煽乱之徐树铮必不可去。人民生命财产可以牺牲,国家主权、土地、森林、路矿可以牺牲,而彼辈引外残内之政策必不可以牺牲。凶残如朱温、董卓,而兼鬻国肥私;媚外如秦桧、李完用,而更拥兵好乱。综其罪恶,罄竹难书;古今权奸,晚造具极。军府忝承民意,奋师南服,

---

① 按:据粤赣湘鄂联防,已由军府核准,攻守同盟,以不生战端为目的。军府将通电讨段,国会亦拟提议讨安系。李纯电西南请助讨皖系。闻陆电军府对政直主旁观,候时进取。(《7 月 14 日香港电》,1920 年 7 月 15 日,汕尾市人物研究史料编纂委员会:《汕尾市人物研究史料·陈炯明与粤军研究史料》1,1993 年 9 月,第 466 页)

致讨于毁法卖国之段祺瑞及其党徒，亦已三稔予兹，不渝此志。徒以世界弭兵，内争宜戢，周旋人人，冀遂澄清。而段祺瑞狼心不化，鹰眼犹存，嗾使其心腹王揖唐者，把持和局，固护私权。揖盗谈廉，言之可丑。始终岵拒，宁有他哉。乱源不清，苟和奚裨。吴师长佩孚久驻南中，洞见症结，痛心国难，慷慨撤防。直奉诸军，为民请命，仗义宣言。足见为国锄奸，南北初无二致。乃祺瑞怙恶饰过，奖扇奸回；盘踞北都，首揭内衅。以对南黩武之政策，戕其同袍；以不冒对内之边军，荼毒畿辅。天命不足畏，人言不足恤。但知异己即噬，不惜举国为仇。故曩逯为南北之争者，实未彻中铮之论也。道路传言，佥谓该军有某国将校阴为之助，某氏顾问列席指挥。友邦亲善，知必谮言；揣理度情，当不如是。然而敬瑭［塘］犹在，终覆唐宗；庆父不除，莫平鲁难。今者，直奉诸军声罪致讨，大义凛然，为国家整纪纲，为民族争人格，挥戈北指，薄海风从。军府频年讨贼，未集全勋；及时鹰扬，义无反顾。是用奋猛三军，与爱国将士无分南北，并力一向，诛讨元凶。其有附逆兵徒，苟知自拔，咸与维新；若或徘徊，必费心悔。维我有众，一乃忿力。除罪务尽，共建厥功。考渐自之魄，应或哭时，抄郿坞之叩，现将饮至。昭告遐迩，盍簪予来！军政府。铣。印。（云南省长公署档案）（《军政府声讨段祺瑞宣言》,1920 年 7 月 16 日,《中华民国史档案资料汇编军事》三，第 19—20 页）

7 月 20 日（六月五日）　《申报》载：军府接吴佩孚电询：（一）湘军不出鄂原因；（二）蓝天蔚能否助王占元？（二十日二下午七钟"香港电"，《申报》1920 年 7 月 23 日，第三版）

7 月 23 日（六月八日）　军府电蓝天蔚，请查黎天才前后异志之真相。

《申报》：自曹吴决以武力对付段系，此间视为非常机会，议定实行助直，比复接直派来电催促，顾以一时出兵为难，拟由外交方面着手。前日温宗尧亲往沙面各领事馆，请其转电北京公使团，阻止参战军出动。惟因各领事不愿干涉中国内政，故交涉未得要领。昨军府又开联席会议，筹商应付方法。讨论结果桂军遘难调动，因令谭延闿、黎天才部先行出发，稍俟时机，再令驻粤浙军攻闽。惟黎天才最近来电，颇持异议，略谓讨伐计划凤所赞同，第和会未经宣布决裂以前遽行兴师，恐予人以侵袭之口实。至直皖战争，属北方内部之事，似未可同流合污，更不必用期偏袒云云。军府据此以黎前后异志，恐有他故，特电蓝天蔚查明真相，再行定夺。（《申报》1920 年 7 月 23 日，第六版）

7 月 24 日（六月九日）　蓝天蔚上孙中山函①，谈军民交困、不可收拾之鄂西局

①　按：此件史料无年份。考证如下：此函中云"奉使西行，迄今两载。"即谓担任慰问使一事，时在 1918 年。此函写于 1920 年。

孙中山斡旋"施南之争"，曾于 1919 年冬派熊秉坤去施南护法。熊到达后，柏文蔚去职，蓝抚循士卒，为报告川鄂事，又派熊赴孙文处，托熊求护法大计。

面。目前时事外交失利,南北均内讧不已。身在穷山,音信杜绝,对于大局了无知闻。故委托熊君秉坤去沪敬谒,望教以护法之计。(《蓝天蔚上总理函·委托熊秉坤代表来沪敬谒》①,1920 年 7 月 24 日,《国书档案·环龙路档案》,档号:04095,中国国民党中央委员会文化传播委员会党史馆提供)

7 月 25 日(六月十日) 蓝天蔚密电唐继尧,直皖决裂,建议由川滇黔三省出兵东下。

电谓:滇唐蓂帅钧鉴:秀密。删电谅达。直皖已实行决裂,中原纷扰,国事益危,默察将来,不为巴尔干之瓜分,即为墨西哥之自乱,挽回危局,端赖我公。……值此直皖自斗,到处惹争,长江流域,直皖间杂,疑忌横生,溃决在即,钧座诚能一面令三省将领出兵,直控长江,一面起节来渝,规定大计,千钧一发,时不可失也。敢贡愚诚,希乞采纳。天蔚叩。有。印。(《蓝天蔚为直皖决裂建议由川滇黔三省出兵东下与唐继尧往来密电》,1920 年 7 月—9 月,中国第二历史档案馆:《中华民国史档案资料丛刊·直皖战争》,第 176—177 页)

是日又发一电:滇蓂帅钧鉴:秀密。自直皖内讧,各处敌军摇动。据探报:宜、施前线敌军□有溃退之势。将士均纷纷请令。本应秉承钧座再定进止,又恐坐失事机,蔚已训令所部准备动员,慎重相机进取。究应如何应付,候钧令祗遵。天蔚叩。有。印。(《蓝天蔚密电》,1920 年 7 月 25 日,中国第二历史档案馆:《中华民国史档案资料丛刊·直皖战争》,第 177 页)

长沙《大公报》谓:北政府顷据驻粤林委员来电报告,蓝(天蔚)黎(天才)今通电云南唐继尧、四川熊克武、上海孙文、伍廷芳等,详述直皖战争确系西南联络统一之绝好机会,各方面务须划除私见,共图对北。并请各派代表议定集中地点,召集统一西南大会,讨论进行办法。(《有主张统一西南者 蓝天蔚与黎天才》,长沙《大公报》1920 年 8 月 1 日,第三版)

8 月 5 日(六月二十一日) 报载黎天才、王天纵、蓝天蔚靖国军之势力。蓝天蔚率有兵众一万三千余人,快枪六千余枝。

长沙《大公报》载:昨得黎天才部下某人来函,于黎王蓝三部靖国军势力比较甚详。为述于下:

黎军之势力 该军势力在往日较之蓝部之鄂军,王部之豫军奚啻天壤。近因黎氏爱财如命,所得税收尽入私囊。开发饷粮以新设天信银行之纸币搪抵,军士因此挟械潜逃者不知凡几,黎军势力削弱日甚一日,较之王部豫军不及盖远甚云。日

---

① 《蓝天蔚上总理函 委托熊秉坤代表来沪敬谒》,详见附录一"蓝天蔚著述"。

前黎解私财百万回滇，行抵渝关，被熊克武截（劫?）去。该军闻之莫不称快云。

王军之势力　王天纵一部豫军自襄郧入川之际，军队不过三千，快枪不过数百，劳力不及黎蓝两部，惟王氏性豪爽，所得夔关税收或是购买枪械，扩充兵力，或是悯恤穷困，收拾军心。乘此川中多事之秋，所得快枪已八千余支，兵众一万五千余人，势力雄厚，超前数倍，不独黎军远拜下，即在蓝军亦远不逮云。

蓝军之势力　该军据手掌之地，所入财力有限，势力本难扩充。兹幸蓝秉节以来清理财务不遗余力，汰游裁冗，黾勉施行。现已消除内讧，人心归附，尚有兵众一万三千余人，快枪六千余之支，势力有增无减。虽不及王氏之豪迈，能得人心，较之黎氏之贪鄙失众，盖大相径庭矣。（《鄂西南军势力之比较》，长沙《大公报》1920 年 8 月 6日，第三版）①

8 月 13 日（六月二十九日）　报载，蓝天蔚、黎天才、王天纵三军颇有表示北向之意。更有谓蓝天蔚派代表胡干丞赴鄂向当局表示内附。时论认为因各种原因牵制，黎蓝内附之说殊难成为事实。

《申报》谓：黎王蓝三军近讯：鄂西一隅自为南军占据后，边境不安，于兹数载。近自皖系失败以后，政府当局正致力于南北之统一，该处南军如黎天才、王天纵、蓝天蔚等亦知终难割据，颇有表示北向之意，业于前日特派代表胡干丞赴鄂，拟向当局接洽，以示内附之意。（《申报》1920 年 8 月 15 日，第七版）

《大公报》谓：鄂报密云，黎天才蓝天蔚等以前传其归湖北之说甚盛。黎氏且派代表某来省者与王督曾有一度之承商。惟黎氏变其倾向之原因，系以军疲饷缺，难乎为济，而始出于此。良以黎蓝各部共计不下数万人，麇集于施鹤夔巫一带，毫无施展之余地。加之西南内部迭起争端，无论滇桂对于黎蓝二氏均有难以覆翼之势，以致黎等困顿一隅，几失依据。即以大局而论，将来如果解决，黎等实无单独提出问题之势力。故以其归宿论，仍依附湖北，尚属捷径。第黎等归附之希望，以保持其原来地位为要义，当局对于黎等要求，殊有两端不能承认之障碍。（一）黎之地位（前任陆军第九师及襄郧镇守使）已失依据。若允其归，实无安置之法。至蓝之部分，以前在鄂无地位之可言，则更难于处置，即令能于设法，而局部问题亦需中央核准。故不如留待大局解决，反较妥协。

黎蓝部众不下数万人，一旦允其归附，即欲尽数容纳，亦难筹如许之军费。既如是，势不得不予以分别编造，助饷编造之费至少亦须数十万。刻下如接洽妥协，则须由鄂担任此款，更何处挪此项巨费。即令能暂时罗掘，而以后应需之费亦难长

---

① 按：《申报》1920 年 8 月 15 日第七版亦刊此信息，文字略简。

此接济。此势不得不留待大局解决也。

以上两种问题，□鄂中如允其归附，而应感受之困难，决故不能成为事实。至黎蓝二氏方面，殊有迟回观望之势，兹据友人来言，黎之军队颇有倾滇趋向，自川中变乱，熊克武失败退出成都，滇军在川颇有统一魄力。黎以亲日关系趁此为进一步之联络……蓝之方面与黎既属同盟，当然不能脱离联军关系，虽实际各有趋向，而表面上似不能取同一行动，且与滇谋统系之联络，又较与鄂联络为易，惟此时迟回审划，尚无所适。大要以驱滇主张较有力云云。准是以观，则黎蓝内附之说殊难成为事实也。（《黎天才蓝天蔚之归鄂说》，《大公报》1920 年 8 月 20 日，第三版）

8 月 23 日（七月十日）　《汉口新闻报》报导，鄂西靖国军黎天才、蓝天蔚提出局部谋和之三项要求。（《宜昌百年大事记》，中国人民政治协商会议宜昌市委员会文史资料委员会：《宜昌市文史资料》总第十五辑，中国三峡出版社 1994 年版，第 117 页）

8 月 25 日（七月十二日）　吕超就任川滇黔联军副司令，通电蓝天蔚等。

电谓：上海孙、唐、伍总裁、徐部长、伍次长、留沪国会议员、南方议和代表、各省军区代表、章太炎、孙伯兰、胡汉民、汪精卫、吴稚晖、张溥泉先生、广州岑总裁、林总裁、莫督军、海军各舰长、留粤国会议员，武鸣陆总裁、永宁谭督军、李省长、诏安方会办、吕总司令，漳州陈省长、长沙谭督军、赵总司令、三原于督军、张会办、辰州田、张、胡、林、萧各总司令，云南唐联帅、周省长、参众两院议长、议员，贵阳刘副帅，探送李协和部长、省议会，施南蓝总司令，夔府黎总司令，豫军张总司令，重庆杨省长、赵道尹、黄总司令、石军长、王总司令、袁总指挥、并转各旅长、内江叶军长，简阳赵军长、并转朱、项、耿旅长、遂宁顾军长、并转田、金、胡旅长、叙府邓纵队长、泸县探送杨纵队长、成都卢军长、萧师长、新津刘师长、嘉定陈师长、绥定颜师长、绵阳王总司令、三台彭总司令、汉州向军长、康定陈镇守使、并分转各旅长、各纵队长、各道尹、各县知事、局长、各报馆均鉴：

超以菲材，谬膺川军总司令，受事以来，诸虞陨越。近复猥承夔公及各将领通电推挽，以川、滇、黔联军副司令一职见属，遗艰投大，益惧弗胜。惟因事经三省军事联合会议议决，各方复以大义相责，未敢过事谦退，致碍联军进行。谨于本月有日在成都就职。一俟川局稍定，即行赴渝，随夔、如两公之后，共谋救国出兵。尚望诸公不弃，时赐教言，以匡不逮，超虽不敏，以身许国之志，自信始终不渝。义旗所在，神与俱驰，特布区区，伏惟鉴察。川、滇、黔联军副司令吕超叩。有。印。（《吕超就任川、滇、黔联军副总司令通电》1920 年 8 月 25 日，《四川军阀史料》第 2 辑，第 359—360 页）

8 月 31 日（七月十八日）　唐继尧复电蓝天蔚，国会已于勘日移渝；川省民政诸事,主张川人自理;唐继尧亦将力谋进行三省出兵事。

电谓:施南蓝总司令鉴,秀密。有电悉。洞观大势,至佩荩筹。组织政府,实为切要之图。现国会已于勘日移渝。尧并已电请孙、唐、伍诸公从速入川,共维国是。川省民政诸事,尧素主张川人自理。此后仍当贯彻此旨,终始不渝。干卿方面,此间始终推诚联合;关于国家之事,现仍随时与之相商也。三省出兵事,尧不日来渝,当力谋进行。特复。继〇。卅一。印。(《唐继尧复密电稿》,1920 年 8 月 31 日,中国第二历史档案馆:《中华民国史档案资料丛刊·直皖战争》,第 177 页)

9 月 2 日(七月二十日) 唐继尧密电蓝天蔚:秀密。有电悉。北方内讧,本予我以绝好机会,而举足轻重,动关大局。此间拟澄清川局,然后大举东下,以达根本解决之目的。惟事机瞬息万变,前方情势未能遥夺,不妨相机进止,是在我兄之慎重将事耳。仍望随时电告为要。唐继尧。冬。印。〔云南省长公署档案〕(《唐继尧复蓝密电稿》,1920 年 9 月 2 日,中国第二历史档案馆:《中华民国史档案资料丛刊·直皖战争》,第 177 页)

9 月 3 日(七月二十一日) 传蓝天蔚所部加入联军直捣武汉。

据钱孟材致阎锡山密电:王今日来急电三次,述李烈钧统率滇黔各军二万余,其他王天纵、黎天才、蓝天蔚所部加入直捣武汉之说。如果成为事实,陕西必受影响,闻吴子玉主张国民大会甚坚,目前虽曹锳徐张之抑止难以发展,但其所部有与唐蓂赓表同情之说,此种形势堪有研究之价值,务请钧座注意为祷。桐。冬。印。(《北京钱孟材贞密冬电》,1920 年 9 月 3 日,《阎锡山史料》,《护法战役案》五,台北"国史馆"藏)

9 月 5 日(七月二十三日) 李烈钧委蓝天蔚与黎天才为攻鄂副总司令。刻下黎蓝等以清匪为名,于巫山上下开始设置兵站,征集粮秣。

《申报》谓:联桂制滇初为北方收拾时局之一种策略,讵料一月间,陈炯明崛起于漳州,李烈钧联军于夔万,民党又推波助澜,标榜民治,以作滇黔声援。于是滇桂形势为之一变,而鄂局亦因之动摇矣。鄂王对于滇桂,初无所恩怨,惟滇唐欲使其行动为北政府所注视,则伸足鄂境当为必不可免之事实。据闻李烈钧已于五日到渝,以代行川黔鄂联军总司令职权名义,召集川滇黔鄂各军将领顾品珍、王文华、叶香石、吕超及黎天才、蓝天蔚等开军事会议。汪精卫、胡汉民代表孙唐出席,前赴湘西之柏文蔚亦因时局变化,遄返鄂西参预会议,讨论联军进行方法。结果定攻陕攻鄂兼营并顾。攻陕总司令任于右任,以叶荃副之。攻鄂任柏文蔚为总司令,以黎蓝副之。得鄂省军力较陕为厚故,另助以黔军王文华之一部,又以湘督谭延闿态度不明,由滇唐出名电谭嘱令会师攻鄂。刻下黎蓝等以清匪为名,于巫山上下开始设置兵站,征集粮秣,又闻谭延闿日前已将滇唐嘱令攻鄂电,转电鄂王。并派代表来鄂协商,王督对此除在军署一度密议外,特派军署谘议余某同湘代表返湘,接洽湘鄂实行联防办法。然湘省此时困难已极,无事不仰助于鄂,故不得不表示与鄂亲善。若将来川鄂间形势一呈变化,谭氏能遵守联防之信约与否,尚一大疑问也。(《滇桂局势变迁与鄂省》,《申报》1920年9月16日,第六版)

汉口电,军署删(十五)接宜昌王旅长电呈,联军已定王文华为攻鄂总司令,柏文蔚总指挥,蓝天蔚黎天才为左右翼司令,王督拟派孙传芳赴宜布置一切(十七日上午十一钟)。《申报》1920年9月18日,第六版)

约9月—10月间(七月—九月) 蓝天蔚、王天纵至夔门欢迎吴景濂。

吴景濂自叙:决议后,一方面通知云南两院同人,一方面电商四川督军吕超、省长杨庶堪,得吕、杨之复电,欢迎予同林议长及两院议员。遂定于九月七日①由沪启行(九月十一日,长女孟班赴法留学)。

船行至夔门,有护法军总司令蓝天蔚及王天纵率队排列两岸来欢迎。蓝、王率军官到船上表示欢迎之意。船主为开香槟以饮欢迎来员,停泊约二小时始启碇。
(《吴景濂自述年谱》下,第76页)

9月7日(七月二十七日) 蓝天蔚率军祭祀黄帝,回部后发布通令,拟亲赴渝城,承商饷项械弹之补充。

天津《益世报》谓:总司令蓝天蔚氏当未启程之时先通知各师旅长,并布告各县居民。其内容大旨皆以本总司令因要公赴川,定于(九月)八日由施启程,所有职权暂委第三师师长吴醒汉代拆代行;如有关乎重大事件,该师长仍须电请核办云云。

蓝氏于七日上午十二时在西门内轩辕宫率同师团长以羊一豕一只祭于黄帝始祖,并演说有功于后世者之确证。事毕,回部后复发通令一则,以本军将士转战来施近兹三年,饷粮奇绌,辛苦备尝,本总司令承乏以来,每思所以调济之方,而力绌才疏,徒呼负负,耿耿此心,应为诸将士所共谅。乃者联军总司令部移设渝城,是靖国各军良好机会。本总司令为极谋鄂军之发展及同人之利益计,亲赴渝城,承商一切,并请求饷项之接济,械弹之补充。所有此间军米、军衣、伙食均已筹议妥协。全军之秩序、地方之治安,均由各师旅长担负维持保护之责,决不致稍有变更。务望共喻斯意,互相扶持,力保防区,以待本总司令之来归。慎勿轻听浮言,稍涉疑忌。

---

① 按:吴景濂忆九月七日由沪启行,长女9月11日将赴法,在夔停泊两小时。而有记载,王天纵殁于1920年9月8日(阴历七月二十八日)(见1920年9月8日谱)。抵夔门确切时间不知,当置此处。

(《蓝天蔚入川情形》,天津《益世报》1920 年 9 月 28 日,第七版)

9 月 8 日(七月二十八日)　蓝天蔚由施南启程赴川,各师旅团长及兵士为之送行。

天津《益世报》谓:八日上午五时为蓝氏预定起节之期,所有在城之各师旅团长、所属之兵士、军乐队及各机关之主要人员均于是日天甫曙时齐集于北关外农林试验场小渡船一带。万头丛丛,其势有人山人海之势。未几而蓝氏至矣,军乐齐奏,欢声雷动,各官长一致敬礼,兵士举枪注目。蓝氏下舆后,又复加以谦让,略叙数语,始就道言别。是日随蓝氏之行者有队队(原文如此)六十名、副官数员,其他则有姜河清、邱文彬、姚干青[①]、宋襄文[②]诸人。(《蓝天蔚入川情形》,天津《益世报》1920 年 9 月 28 日,第七版)

△　王天纵病殁后,蓝天蔚统率鄂靖国第一军兼靖国豫军。

胡复谓:蓝天蔚到任后,仍照柏的计划整军北伐,突然川滇形势恶化,祸起萧墙。川军熊克武、刘湘等部,为了摆脱唐继尧的控制,在纳溪一战,把滇军全部驱逐出境,而和鄂督王占元联合,遂把鄂西和川东等地的靖国军同云南滇军的联系割断,川鄂靖国军乃陷于绝境。首先是驻夔府、巫山和云阳的靖国第二军黎天才部受川军围攻,不得不突围而走,绕道退回云南,其次是靖国豫军更不能在川境容身,又值该军总司令王天纵突患脑溢血病逝,群龙无首,当经商定归并鄂靖国第一军,随即全部转移到建始和恩施大吉场一带。(胡复:《靖国军在鄂西的活动与鄂西神兵》,全国政协文史资料委员会:《文史资料存稿选编》第 3 辑,中国文史出版社 2002 年版,第 351—352 页)

△　报载,蓝天蔚委刘青乙[③]为湖北游击总司令。

《申报》载:(刘青乙)闻王公辞世,带病赴夔吊丧。及病稍愈,仍对各司令联络感情后,蓝将军天蔚见其办事勤能,委乙湖北游击总司令。(中略)中镇再三来函催舍枢,伪云青乙为湖北第一军杜旅长邦俊所刺,而杜旅系蓝将军部下,青乙系蓝所

---

①　姚汝婴(1882—1921),字干青,湖北黄陂人。毕业于湖北师范学堂。阳夏保卫战时负责后勤供应。历任四川奉节知事、四川武胜县知事、四川安岳知事。后应蔡济民约出任鄂西靖国军总司令秘书,抵达万县不久,蔡与唐克明、方化南所杀,乃与董必武等联名申述,为蔡昭雪。任蓝天蔚第一军秘书长,1921 年遇难于来凤。

②　宋大章(1888—1955),字襄文、襄公,号辽鹤,辽宁北镇人。毕业于广宁工学、陆军随营学堂、奉天法政学堂。历任关外都督府秘书长、北伐讨虏第二军总司令部高级参议、山东省沿海稽查局局长、广东大元帅府参议、非常国会秘书,四川夔府靖国联军豫军军官教育团教育长、施南鄂豫靖国联军总司令部总参赞、副司令、大总统府简任谘议、桂林大本营军事委员,曾任《国风日报》记者、主笔,自创《新中国报》并任主笔。

③　刘青乙(1896—1921),四川开江人。毕业于上海南洋中学、复旦公学。历任讨袁军四川右翼司令部参谋长、王天纵部游击司令官、靖国联军豫军参军兼游击司令特派八省联络使、蓝天蔚部湖北游击总司令。曾参与主办《新世记》杂志社。

委,岂有如是不肖之类,擅戕同俦。蓝岂容于部下乎?!(《请看四川开江县刘青乙毁家报国及青年被害惨状,并阅湖北健始县余中镇负恩忘义谋财害命之恶毒》,《申报》1921年6月14日,第九版)

9月18日(八月七日) 蓝天蔚向孙中山函报川中军情,拟在夔府结合鄂豫两军,与川军相机进取湖北,贯彻护法救国主张。

函略①。此函落款时间为十八日②

总理批:不答。(《蓝天蔚上总理函·报川中军情》,约1920年9月18日,中央党史史料编纂委员会:《党史史料抄录副本》分类号(川)(军—5)(11),环龙路档案575号,原件存保险库见墨总D—甲548页)

9月23日(八月十二日) 报载,蓝天蔚等藉鄂西形势变化以谋活动。

《申报》载:夏寿康长鄂已发表,汉口各团体去电欢迎。鄂省反对孙振家长鄂,政府为俯顺舆情起见,已将孙振家调京兆尹,夏寿康长鄂命令俱已发表,鄂人闻之皆欣欣然有喜色。盖夏氏为江汉道属之黄冈人,曾任湖北民政长。深为鄂人所爱戴故。今日十九日,汉口各界联合会等三十六团体联名电京,表示欢迎,并促夏早日莅任且预备联络各界,于夏氏来汉之日,群至车站欢迎,期其毅力任事,用副军民分治之实际,惟孙氏接篆甫八日,即被他调京兆,又来电拒绝,颇觉扫兴耳。至孙氏所以被调原因,据闻约有数端:(一)黄陂出面反对,当道不便拂逆;(二)吴子玉曾电鄂王,勿违反鄂人公意;(三)鄂人决议如驱孙不成,则将进一步倒王;(四)鄂西形势变化,蓝天蔚等又藉此问题以谋活动;(五)孙氏亦恐不能坚持,早谋他调。有此五因,而鄂人遂得最后之胜利矣。并闻孙氏对于京兆一席以其任事繁重,远不若荆宜道尹之闲散,且在鄂做官又可得亲家庇护,故京兆既然不拒,彼亦已不愿意。昨晚有人见孙氏,孙谓我原不想做省长,子春强欲我做。今若此扫了脸又上了当,真无从说起云云。是其愤懑不平之状态已于意外见之矣。(《鄂省长问题已告结束》,《申报》1920年9月23日,第七版)

9月28日(八月十七日) 粤军第四路司令任鹤年、王作标公电蓝天蔚等,进讨莫荣新。

《粤军第四路司令任鹤年、王作标来电》:上海孙、唐、伍各总裁、孙伯兰、汪精卫、胡展堂、徐固卿各先生,广州林总裁、海军汤次长、林司令、各舰长、省议会暨各

---

① 《蓝天蔚上总理函 报川中军情》(1920年9月18日),详见附录一"蓝天蔚著述"。
② 按:原档无具体月份。蓝天蔚为图鄂曾致孙中山二书,一书由冯启民转达。第二书,则在冯去后,谢慧僧由渝过夔与蓝天蔚晤谈,蓝再就图鄂一事致信孙,"拟在夔府结合鄂豫两军,与川中义军相机进取湖北"。信当由谢慧僧转呈,详情也托慧僧面陈。"18日"为1920年9月18日或1920年10月18日。

团体,云南参众两院议长、议员诸公、唐总裁、李部长、各师旅长,贵州刘联军副司令、王总司令、蓝总司令、杨省长,川滇黔各军师旅长,陕西于总司令、长沙谭督军、赵总司令、各师旅团长、各司令、周道腴、李执中、仇亦山各先生,鄂西黎总司令、柏总指挥,沪、粤、湘、汉各报馆均鉴:民国成立,政变纷纭,国本动摇,生灵涂炭,我西南各省兴师护法,国会南来,旗帜何等鲜明,精神何等结合。自停战议和而后,政客武人,为鬼为蜮,不惜以国家为孤注,等法律于弁髦。如莫荣新者,居心阴险,处事凶横,始则暗杀程公,推翻元帅;继乃驱逐国会,逼走总裁,护法中枢,于以坠地;犹复横征暴敛,媚敌求荣,以军队供党争,视邻省如属□,无一不违反民意,无一不倾覆国基,诚民国之罪魁,实护法之蟊贼。陈总司令吊民伐罪,义正词严,出师未及三旬,复地已逾千里,妖氛荡靖,指顾可期。鹤年等以总司令委托之重,各袍泽督责之殷,出领师干,同伸义愤,爰于本日在香山金斗湾集中所部,克日出发,进讨逆军。惟是任重才疏,深虞陨越,乞赐明教,俾使遵循。毋任盼切。粤军第四路司令任鹤年、副司令王作标叩。俭。印。(《任鹤年等声讨莫荣新通电》,长沙《大公报》1920 年 10 月14 日)(《粤军第四路司令任鹤年、王作标来电》,1920 年 9 月 28 日,《各方致孙中山函电汇编》第五卷,第 429 页)

10 月 4 日(八月二十三日)　蓝天蔚复孙中山电:复电敬悉。竞存兄如能会和粤省各军,占领广州,则西南庶能一致护法,目的可达。恳我公左提右挈,早竟全功。翘首海天,毋任欣企。蓝天蔚叩。支。(《蓝天蔚致孙中山电》,1920 年 10 月 4 日,《贺粤事告捷电汇志》,上海《民国日报》,1920 年 10 月 11 日;《各方致孙中山函电汇编》第五卷,第 432 页)

10 月 5 日(八月二十四日)　林修梅等致电蓝天蔚等,将克日出师声讨桂系,并期护法诸公一致声讨,以清乱源而奠危局。

电谓:上海孙总裁、伍总裁、唐总裁、孙伯兰先生、章太炎先生、南方议和各代表,云南唐总裁、贵阳刘联军副司令、四川吕联军副司令、杨省长、重庆参众两院、李参谋部长、黔军王总司令并转顾军长、赵军长、黄总司令、卢副司令、石、颜两师长、叶军长、湘军张溶川总司令、陕西于督军、汕头陈省长、许军长、洪镇守使并转各司令、夔州蓝总指挥、吴师长、黎总司令、王总司令、豫军张总司令、滇军朱师长、鲁旅长、杨旅长、顺庆汤卫成司令、川边陈镇守使、长沙省议会、谭省长、赵总指挥、林处长、宋、廖、鲁各旅长、各团营长、田镇守使、柏烈武先生、零陵军谢、罗、刘、萧各司令、醴陵李司令、湘潭张司令、宝庆吴司令、辰州蔡司令、陈司令、洪江田司令、常德刘司令、澧县李司令、郴州陈司令、各报馆钧鉴:

西南不幸,桂系为厉,盘踞边境,扰乱邻封,滇黔湘粤,动被侵害,数其罪恶,罄竹难书。当护法军兴之初,该系盗魁利用时机,阳示赞同,阴怀险诈,欲以力征经营,遂其大广西主义之野心。既以陈炳焜并吞粤东,复以谭浩明蹂躏湘省,名为援湘援粤,实为自私自利。修梅等久知该系非我族类,不足与谋,徒以顾全大局,不欲酿成内争,曲予容忍,冀其反省。讵意该系盗贼性成,野心不死,阴谋毒计,愈演愈烈。乞怜北廷,认徐世昌为总统;私设行署,用上将军之头衔;满布爪牙,盘踞军府,勾结官僚,垄断和议;京桂道中信使络绎,局部谋和之声,久腾中外;取消自主之谋,时见报章。凡此种种,罪已不赦。至对于西南护法各军,惯以挑拨离间手段造成内讧,如唆使熊克武之乱川、李根源之抗滇,及湘军程、谭两公之恶感,致使西南内部无故自扰,一日不得宁息,诚属害群之马,不能见容于护法旗帜之下者也。迩者,北方内乱,自顾不暇,大好时机正堪利用,护法各省方谋团结一致,会师北伐。该系丧心病狂,一面与复辟首领张勋、张作霖等暗相勾结,一面以全力对付频年被其威迫出亡在闽之粤军,欲使百粤健儿无一生还故里。盖该系久视粤东为其大广西主义下之私有物,非此不能从北廷取得两广巡阅使之头衔,于该系之破坏西南、实行复辟种种计画大有妨碍。其用心之毒,设计之险,凡有血气,莫不共愤,若犹任其横行,不加剪除,共和前途,何堪设想。

修梅等睹兹险象,不忍大好河山破坏于少数盗贼之手,爰举义旗以清妖孽,克日出师,为粤后援。正义战胜强权,已成世界公例,谅兹小丑,不难一鼓荡平。诸公护法救国,夙钦热忱,务望一致声讨,以清乱源而奠危局,国家前途,实利赖之。临电神驰,伫候明教。湘西靖国军总司令林修梅、常澧靖国军司令兼常澧镇守使王育寅、参谋长兼团长王恩渥、团长王育琦、贺龙、陈宗李、周朝武、王君海、田月楼、朱希鼎、向子荣等率全体官兵叩。歌。(《林修梅等通电》,1920 年 10 月 5 日,《北洋军阀史料·吴景濂卷》三,第 566—569 页;《各方致孙中山函电汇编》第五卷,第 434—436 页)

10 月 5 日(八月二十四日)—10 月 6 日(八月二十五日) 顾品珍致电蓝天蔚等,力数川滇开衅之经过,为大局计,日前毅然止戈,退让东道,暂驻叙、泸。顾品珍并电告滇中主帅,请即撤兵,与川中当局勉商进止,以期安宁。

电谓:北京徐菊人先生、靳翼青先生,云南唐总裁,广东岑、林两总裁、李督办,上海孙、伍、唐三总裁并转国会诸议员先生、……陈师长请转各旅长、陈镇守使、余总司令、蓝总司令、黎总司令、张总司令、国会吴、褚、林三议长、李部长请转朱师长、杨、张、鲁各旅长、王总司令请转卢副使、朱、谷各旅长、袁总参议、吕总司令、卢军长、杨旅长、赵军长、李司令、邓总队长、廖师[司?]令、彭师长、卢师长、杨旅长均鉴:窃查滇军入川,阅五社矣。品珍忝领一麾,奉职无状,不幸而临川中同袍,屡见兵戎,致令兵锋不息,涂炭为伤,事后扪心,良用内疚。局外不察,□□[而谓]品珍昧亲善之理，存穷黩之心，驰骋蜀疆，情同恋栈。不知所部之众，系自护国之役，从蔡邵阳举义而来。当□内告成之日，为共和绝续之交，为时亦赖熊公锦帆同树义旗，刘公积之在川响应，致使洪宪纪元不能稍延其祚，□挽回国体，全赖川滇将领同德一心，以奉□功，而滇军只系劳师远征，邵阳相知督蜀□□□□□撤退。俄而川中群将，猜疑顿起，竟至交辱，嗣以权奸乱法，国政不修，吴师入渝，对于滇军竟生违异。滇军为易靖国之帜，与西南各省一致护法，川中将领明正者亦多，本此主张，互相赞和。迹其爱国之诚，原系一致，不意因滇军驻川问题，时以主客之见，间生龃龉，迭肇内讧，无法冰释，愈激愈烈，直到于今。

若使曲直不分，仍无正当解决，品珍虽具无限苦衷，屡欲自白，乃川中将领，不谅人只，频诉武力，无暇商量，万不得已，勉计自卫。相期御侮，岂是本心，平情静思，藉知所谓。其实数年以来，滇军驻川之违乡里亦云苦矣，不过因时局变迁，和议酝酿，蹉跎岁月，远戍未归。而川省当轴又于师旅进退之间，亦从未正式协助，徒以谊重辅车，幸犹拥为□□，甚致联合出兵，都得同意，居处久之，形迹俱忘。即因赀粮扉屡有所供给，满拟此邦贤士大夫鉴我共国□□，并无他志存乎其间，或不稍加责备，不图久敬未至，匿怨莫□。今夏五月，珍避泸州，即作归计，□□诚不能动，迄于九月，闻刘积之总司令白陕回蜀，标帜援川，熊锦帆督军为川自谋，□之□故，且值国情正在迁变，海内望切平成，决不欲一党再滋扰攘，致使全局为之牵动。故于阳日通电全国执政以及川中将领，沥述滇军在川经过事实，原冀立泯大梦，免滋战祸，讵意墨渖未干而重开兵衅。于时若再不忍一朝之忿，益伤两省之和，经于日前毅然止戈，强抑众志，退让东道，暂驻叙、泸。现已电告滇中主帅，请即撤兵便旋，抑与川中当局，勉商进止，以期彼此安宁。

有方乐儿[?]立言，此以义始，今以义终，斯区区之忧倘不得请，珍□□立释兵柄，不辞而行，以待贤能，无贻后祸，使守正□□之愚，足以昭示于天下。群公鉴此微诚，知我罪我，所不计也。（下略）顾品珍叩。印。（《顾品珍之通电》，长沙《大公报》1920 年 10 月 5 日、6 日，"通电"，《各方致孙中山函电汇编》第五卷，第 432—434 页）

10 月 27 日（九月十六日）　孙中山复函蓝天蔚：秀豪先生惠鉴：冯君启民来晤，得奉手书，备悉一切。川事已不可收拾，此时转而图鄂，亦恐未易得手；正宜协集各省散涣之力，为一坚固团体，以助湘中民党，统一湘省，确立根基，然后用湘力以扫除游勇，以统一两广，则西南民党之大势可成，而民治可建，民国乃有希望也。若实力不充，多方发难，实有务广而荒之弊，执事荩筹，当以为然。此复，即颂戎绥。（《复蓝天蔚函》，1920 年 10 月 27 日，据《国父全集》第三册转录史委会藏《总理函稿》，第 754 页；中国社科院近代史所等编：《孙中山全集》第 5 卷，中华书局 2011 年版，第

376—377 页）

11 月 13 日（十月四日）　湖南陆军第七区司令陈嘉佑致电蓝天蔚等。告以连日来莫荣新军与赣军冲突，派重兵压迫湘境宜章、蓝山等处，增兵作战，逼近邻疆。望诸公主张公道，扫除武力侵略，以安民生。

《陈嘉佑来电》：上海孙、伍、唐总裁、林、吴、褚议长、参众两院议员、孙伯兰先生，云南唐总裁、各师旅团长，广东陈总司令、各师旅团长、各司令，海军各舰长，贵阳刘督军、王总司令、各旅团长，遵义李参谋总长，成都熊督军、各总司令、各师旅团长，长沙谭督军、赵师长、各旅团长、各司令，三原于督军、张会办，黎总司令，蓝总司令，各省省议会、教育会、农工商会、各报馆均鉴：西南护法，四载于兹，人民流离，将士疲苦，所为含辛忍痛誓死不顾以求之者，国家大法决不容奸人破坏、野心侵略以动邦基，亦不许狡黠之徒乘时窃位混淆统系再伏乱萌。自广州改设军府，即弃战言和，已失当时起义之本旨。后更竞争私利，与北庭密使往还，交换权位，竟至弃和而言降。所订条件，凡关于护法救国，及一切民生大计，概以空言敷衍，虽贻羞中外，仍敢悍然为之，进行不已，西南破裂，盖自兹始。

我湘军同袍，愤毒苦之难堪，痛议和之无望，遂本民族自决主义，驱除张逆，先图自保，以谋救国。现值安福已除，正好联合西南，与北方仗义诸将士协力同心，以清非法之源，共举救国之实。乃昨阅莫荣新宥电，竟于大业未半之秋，乘西南之危，取消自主，直接投降，电中依据岑等敬电，撤销军府解职务为词。回忆年来西南内部之动乱，皆由于广州军府措置乖方，有辜职责。今观莫电，实欲于个人禄位不保之时，以及去粤之结果，更祸西南各省，假言统一，暗实破坏大局殊甚，吾湘从此亦危。连日迭据我军探报，莫军与赣军冲突，竟派重兵压迫湘境宜章、蓝山等处，闻之极为诧骇。夫莫果如敬电所云，退出广州，绝无糜烂粤局之心，以粤省还之粤人，何至更于韶州、乐昌、连山增兵作战，逼近邻疆？察其举动，实别有诡谋。且莫既取消自主，其军队尤非我护法各省所能承认。

嘉佑前奉督军命，分防第七区，湘南郴、宜、蓝、嘉一带，皆第七区防地，忝膺重寄，职在守土，关系尤切，断不忘吾湘人民，再遭暴力蹂躏，谨率部曲，环甲待命，莫军侵犯，当痛击之。乞我湘同袍诸将领，一致声讨，并望海内明公，主张公道，扫除武力侵略，以安民生，而定国是。临电愤慨，敬祈鉴察。湖南陆军第七区司令陈嘉佑叩。元。印。(十三日)（《桂军竟压迫湘境耶》，长沙《大公报》1920 年 11 月 16 日；《陈嘉佑来电》(1920 年 11 月 13 日)，《各方致孙中山函电汇编》第五卷，第 493—494 页）

11 月 20 日（十月十一日）　蓝天蔚率鄂军将领发布公电，谓北方既不遵成约，惟有本护法之初衷，听军府之后命，以求国家真正之统一。非法政府所下伪令，则示不承认。

《申报》谓：施南蓝天蔚等来电：上海孙总裁唐总裁伍总裁钧鉴：密奉：十月三十一日通电敬悉。北方假托岑莫之谰言，遽下统一之伪令，譸张为幻，一至于斯。查靖国军兴，根于护法，合法政府一日不成立，各军事一日不能终了。嗣因北方要求和议，我军政府勉与言和，并在上海成立和会。举凡法律事实各问题，均议定由上海和会解决，我护法靖国各军，本军府息事宁人之心，通令停战，于兹三载，乃北方毫无诚意，惟用阴谋，卖国条约，视为固然，法律问题，等如刍狗，卒乃勾结一二不能负责之人，冀遂其掩耳盗铃之计，人言可假，民意难欺。蔚等待罪戎行，只知护法，如北方苟遵成约，由上海和会言和，自当固守原防，静待解决，否则惟有本护法之初衷，听军府之后命，以求国家真正之统一。彼非法政府所下伪令，不独我护法靖国各军不能承认，外而友邦，内而国民，想不至为彼所欺蔽也。临电瞻依，伫候赐教。蓝天蔚、吴醒汉、李化民、胡廷翼、易继春、杜邦俊同叩。哿。（《鄂军否认滑稽统一令》，《申报》1920 年 12 月 1 日，第六版）

△　蓝天蔚等接到众议院议员陈家鼎就西南时局陈述七事公电。

电谓：上海孙总裁钧鉴：伍、唐各总裁，林、吴、王、褚各议长，参众两院同人，护法各省军代表、章太炎、张溥泉、胡展堂、徐固卿、孙伯兰、朱子桥、徐季龙、戴季陶诸先生、伍梯云、蒋伯器、谢慧生各次长，王代总裁、柏总指挥，探送李参谋部长，并转四川杨省长、吕总司令、黄、卢、石、颜各师长，粤侨联合会，申报、民国日报转各报馆，云南唐总裁、省议会、周省长、叶军长、唐高等厅长，贵阳刘总裁、省议会、王总司令，三原丁总司令，鄂西黎总司令、蓝总司令，长沙谭省长、省议会、赵师长、林处长、张参谋长、各旅团长、张、吴、谢、陈、罗、李、蔡、刘、李、田、唐各区司令、彭议长、廖副议长、陈教育会长、……汪精卫、胡毅生、冯自由诸先生、教育会、学生联合会、中华女界联合会、欧美留学生同学会、工会、总商会、七十二行商、九善堂院、海外国民党通讯处、全国报界联合会通讯处、各界联合会、互助社、民治会、粤军湘籍各将士、湖南旅粤学生会、改造广西同志会、华侨工业联合总会并转海外各华侨、报界公会并转各团体、各报馆公鉴：

江日家鼎致竞公一电，文曰：粤军陈总司令鉴：我公首义讨贼，重奠护法首区，功在共和，岂惟一省。血战弥月，强敌始摧，巨鹿昆阳，无斯苦战，西南成败，约法存亡，在此一役。去年今日，家鼎请假回沪，以事面谒中山先生，商及西南时局。先生曰："根本大计，非下令驱逐盗系，规复广东，同人决无行使国会职权之余地，刻正在计画中。"家鼎询以师期，先生期以一年。时桂焰正张，人方附势，懦夫鲜不疑为大言。昔者裴晋公之奉命讨蔡，左湘阴之授钺征回，其距献捷犁庭时，均不逾预定师期之外。前史艳之，称为美谈。兹者中山先生伟画，得公一战成功，不出一年，果符此老豪语。粤中有志男子，家鼎夙推中山，今麾下又算一个矣。大勋既集，声施烂然，颂满佗城，名满禹域。三军旋凯，万众胪欢，粤人固箪食以迎，即家鼎等护法客侨，亦靡不额手称庆。兹当返旆，曷胜欢迎。惟家鼎所欢迎者，不在形式上之例贺，而在精神上之设施，略述七事，用当祝词。

（一）西南自主七年，土广民众，过于欧洲数国，约法国会在焉，而友邦终认北京为国际当局者，外人非有爱于此，而有慑于我也。以北有冯、徐，号称总统，高踞外交地位。我西南虽屡电各国，申明为假总统，而外人一诘我所谓真总统者，卒未见选在何处焉。由是外人明知北政府为假，而以国际利害关系，亦不得不与北交接，而置我于不顾焉。此西南历年失败之大因，吾人未尝不太息痛憾于间接助北，误国误法之总裁制也。家鼎与两院同志，两次谋就宪法会议人数，即举正式总统，均为岑、陆及其与党所格，以不利于伊之通北，而有忌于民选大总统之登台也。宪法垂成，两被破坏，亦同此心也。今幸大军讨叛告成，陆、岑失势，大梗既去，大法必完。家鼎与同人，誓以非常会议，作造法机关，内凭良心，外应时变。选举正副总统，组织责任内阁，行戡乱之大计，定靖国之远谟，虽属两院职权，究须各方赞助。我公功高望重，应请联合西南，一致主张，促成大业。西南罪孽，只在陆、岑，此孽既除，祸源斯去。如欲中国统一，先使西南一致。大同团结，是为急图，尤请公以此意电知西南各帅，群策群力，一德一心，化除旧嫌，共建新国。勋名事业，传之无穷，民国前途，全恃此举。盖与其夜长梦多，讨生活于和议，法律密约，解决无期，徒使西南一日无元首，徐酋一日占便宜，不若奋发自雄，速举总副两座，产出正统政府，如辛亥南京临时非常办法，庶免三年筑室，群龙无首。此后对各国，对北方，名义实权均较总裁之现制为胜；且伪统一令，虽属滑稽，终乱内外人耳目，不无混淆。对抗之法，莫过此举。此举有利西南，有利国家，其不利者，徐酋而已。快刀斩乱麻，打蛇击要领，我公素明大势，望首赞焉。

（二）元首未举出，内阁未成立以前，军府仍关紧要。凡关国家行政，应听候孙、唐、伍、唐、刘五总裁同来，或派代表莅粤时，以政务会议行之，始定纲领，同时表示首崇国会，以重法统，始有办法。此间自大元帅府被迫胁改组，当时家鼎与两院同志，极力反对无效。孙先生毅然下野后，岑春煊以北廷坐探，效金人纵还秦桧之计，来窃军府主席，家鼎久不认西南有护法当局。自伍总裁今春去粤，家鼎久不认此间有法定人数之政务会议。自林、吴、褚及多数议员他适，家鼎久不认非驴非马之孙光庭、陈鸿钧等，为有僭称国会主席之资格。比在议坛痛斥，历次文电反对有案。彼附桂势，城狐社鼠，无奈敌何。幸公义旅一麾，群小四窜，岑、莫途穷，行同无赖,惟有泄愤军府及自主,自绝于人类而已。今者,国会不可一日中滞,政府不可一日虚悬。沪讯中山及各总裁不久即来,一俟联翩戾止,即开军府,接收民国行政权,徐谋以临时总统,建正统政府。而此次军府之是否再为空中楼阁,即视国家行政与地方行政之有无再混以为衡。公凤号尊法,请先作则,倡率护法各省,举财政(蹉政附)、军政(兵器厂附)、司法、外交四大行政权,原属共同国有者,悉以奉之军府(除财政分别国家、地方外)。既不妨于自治,又不戾于护法,对内对外,始正观瞻。凡有国家,莫不如是(见各民治国现行行政、政法总各论,及军府组织大纲第二、第十条)。然有军府而无国会,仍不能跋足行动。吾故日表示首崇国会,始有办法。今欲贯彻护法初衷,免使仇人快意,试问舍此,更有何策?

(三)报界言论自由权,学生爱国一切运动,及被劫于武力后之各项教育,并我公所首倡之西南大学等要端。下车后,应请首先注意及此,加以保障,并促成而助长之,以为新文化之倡导。行见漳州文治,普及全粤,足餍人民渴望之殷。自昔岭南文化,抗衡中原,徒以军法摧残,不克自振,如得公首加爱护,树之风声,作育一方,模范全国,改造之业,自粤始矣。再者美国哲学者杜威博士(现偕诸名人,游吾湘讲演中)学术湛深,讲演宏开,颇关文化。杨永泰资格诚信,均属缺如,前虽电邀,迄勿果至,应请我公专电聘请该博士来粤讲演,并邀吴稚晖、蔡子民、李石曾、胡适之诸公,偕同莅止。王莽初戮,东京即广聘博士,大开讲筵,蒲轮往来,不绝于道,是以东汉气节文风,称极盛焉。在昔专制且然,况在民国,戎马之后,泽以弦歌,战后治本之图,莫大乎是。又章太炎先生素为一国泰斗,今为西南护法中坚,特请麾下专电礼请来粤,主持正气,有所矜式。又前参议院院长张君溥泉,新自巴黎归国,现游长沙,请一并电请前来,实于宣传新文化事业,大有关系焉。

(四)打破军阀,为当今潮流所趋向,入手之处,自废督裁兵始。西南自桂省以外,已无督军省份。广东督军一职,军府已有明令裁撤此缺。废督已不成问题,惟裁兵实为当务之急。桂未讨以前,粤兵患少,桂既倒以后,粤兵患多。而贼去关门、马后放炮之徒,事前未见一影,迄今乃收编桂遣一二残兵,意图拥卫,藉其头衔,骄示乡愚,自称某军总司令,某君某司令,未尝军旅,未履行阵,健羡武阀,窃号自娱。此等弊风,尤不可长。公有节制全权,务请严行申禁。其讨桂有功各军,亦应次第设法裁减安置,庶俾商民免兵多之患,地方举民治之实。若不乘此时机,逐渐裁退,积之愈久,来者愈多,裁之愈难,不可向迩。元年五年,此机一逸,全国万劫,其已是也。

(五)电告北京徐菊人、靳云鹏,申明陆、岑、莫自身难保,遑问西南自主。现岑、莫正被通缉,陆亦楚歌四面,早晚成擒,嘱北庭切勿为其所愚,与订私和条件,并警以如北庭强违西南公意,甘受若辈撞骗,则破坏西南和平,北方应负其责。又查岑氏之降也,曾由靳云鹏汇款五十万,有伪军府总务厅中人,亲见其一次交廿五万于岑手。莫氏临逃,通电取消自主,北方电汇受降费,数亦如之。而炸毁兵工厂一事,即为莫氏报效北庭条件之一。闻专为炸毁兵工厂一项,北方亦贿莫、马二人,为数甚巨焉。盖欲毁我西南武器,束手待毙,坐缚于北军,而达其取消自主之目的,计亦毒矣!

岑之代表章某,以岑氏宣言取消军府,遂向北廷夸功,另索报酬费七十万。闻岑、莫均系藉拍卖国会名义,换得此数者。护法同人,对此妖孽,无不切齿。除经家鼎电请护法各省各军,就地申讨拿办外,应请有力如我公者,严厉捕拿,多发数电,通告护法各省各军,就近密缉,促将岑等公权,交附法司,永远削除。南方政学、北方安福,其罪一也。此次岑等各逃犯,应照北庭向日使索交安福系罪人办法,照会沪领,请其引渡于西南法庭,依法惩办,庶罪人斯得,足警效尤。如此彻底痛惩,似可为我公东电更进一筹,且益使四总裁所电讨者,发挥尽致矣!

(六)连年依草附木,寄生岑、莫,力排民党,助桀为虐之与党,除孽首及有名领袖,罪大恶极,法所不赦者外,余均怜其无知,俟其自新,取胁从罔治之义。有才者,并量予录用,不咎已往,藉昭廓然,以示大反岑、莫尽排异己之恶风,而学欧美政治有容之雅量。

(七)乘势进兵广西,略定桂穴。缘陆氏早降北庭,已非友省,广西一日不平定,即两粤伪巡阅使之扰乱,一日不能免除。西省平民,久思逐陆。驻湘滇军业抵桂境,协和亦正在进行。吾湘军界友人近日来函,据称湘人憾桂,士气激昂,以谓桂阀行为,不无影响湘省民治,行将下兵全柳,饮马桂林(家鼎昨且电催湘军速发)。西南各省,现均一致护法,其别有肺肠,毁法北向,为吾内患者,陆氏一人而已。此人不去,挟北开衅,西南安枕,终不可得。欲求粤人自治,阻碍亦多。今幸得我公分派大兵,日向西北两江追剿。或主聊固吾圉,以便自治,肃清粤境而止。窃谓肇庆且下,急宜移兵援桂,乘战胜之威,直扑武鸣,生擒老盗,方告全功,非可肃清西北江已也。又桂人除盗系军阀以外,历史夙多英贤,今日不乏明智,有自起讨陆者,粤宜帮助之,则众叛亲离,事半功倍矣。合西南以讨大盗,非佳兵也。事定后,推桂省民党,自治桂事,纯然仗义,助人自立,非有害于各省自治主义也。桂省会城既下,武鸣老巢既破,即宜收兵。而入桂之师,尤戒妄杀,不嗜杀人者能一天下,况一一省乎?此役之目的,非为报仇而战,为护法而战也。但兹事体大,匪异人任,非我公坚毅主持,援之以仁,出之以断,不能有成,因时人颇主只扫清西北江粤境为止,似无远援桂省之志,特请垂意焉。且现在各路军队,纷集广州,不易处置,安插之法,莫妙于分遣入桂,士免坐食,人思立功,一举两得,有要略焉。北方内变方股,岑、陆威信久失,谓入桂则北军援陆者,恐吓之词,必无之势。此西南自讨内部之事,亦犹北方历次政变,我未分兵出境一步也。此又无足虑也。其西征军费,即可就屠粤之存款,为援桂之军需。查莫、沈、马存贮沙面各银行款,据外人向家鼎所言,计桂人各黠者所存,现尚共有二千余万元在此,皆粤民膏血也。家鼎按国际先例,欧战后德、奥、俄在华及在各国银行财权,均被战胜国取得,现桂人请领,各行扣发,应请由公从速正式照会沙面领事团,照先例饬银行截留交粤,必可办到。其用途一作北省赈灾,一作西征军饷。现粤中时论有主只扫清粤省西北边,不主远入桂地者,错也,故并论及此。以上七事,皆家鼎所欢迎于麾下者,聊贡鄙怀,余不什一。我公今乘百胜之势,为此举手之劳,坐言起行,较易实现。家鼎叨在多年同志,躬逢此日荣归,本应亲赴车站,迎候节旄,奈抱病经旬,艰于步履,未克走迓,良歉于怀,特此电闻,聊以贺捷。慨忆前清乙丙,家鼎事败出奔,追随孙公,从事讨满。百粤豪俊,遂多故交,历史既深,关怀自切。

粤昔亡省,予心伤悲,粤今自由,予何不豫,兼以洪湘臣兄,家鼎同邑故人也,久共患难,凤诰韬钤,仗义同仇,随公转战,所部士卒,皆我宁乡健儿。神将之名,敌闻丧胆,粤获全胜,湘有余荣。具见八方英豪,乐为公用,遂集群益,大告武成,于国于湘,均关密切,公情私谊,皆大欢喜。昨者湘臣凯归,家鼎因病未往,烦公致意,并以奉干。临颖神驰,无任欣祝。陈家鼎叩。江(十一月三号)。等语。敬以奉闻,伏惟朗察。诸公或手创共和,或身系朝野,或为英年志士,或为各界名流,护法救国,煞费苦衷,徒以桂政专横,历年作梗,致令西南人业,付诸东流,世界新潮,遏之门外,几率人类,尽去衣冠,君子道消,天地为闭,今幸天夺其魄,群阴遁逃,大法有灵,千载一遇。鄙述七事,多可立行,民国安危,稍纵即逝,勖哉公等,时哉此机。尚乞一致主张,完成大任,粤局大局,两拜赐焉。愿闻教言,不胜延伫。陈家鼎叩。哿(十一月二十号)。(《众议院议员陈家鼎通电》,《各方致孙中山函电汇编》第五卷,第504—511页)

11 月 24 日(十月十五日)　湖南陆军第六区司令李仲麟等公电蓝天蔚等,谓湘局萎靡不振,需力事整顿,并推赵恒惕主持湘政,以支危局。

《李仲麟等来电》:万火急。上海孙、伍、唐三总裁、孙伯兰先生、各报馆,云南唐联帅,贵阳任省长,卢代总司令,遵义李部长、朱师长、杨旅长,成都熊督军、蓝总司令,广东陈总司令、汤海军总司令、洪镇守使、许军长、邓军长、魏总司令、李镇守使,长沙赵总司令、田镇守使、林处长、廖、鲁两旅长、叶、赵、刘、瞿、夏各团长、唐厅长,常德蔡督办、宋旅长、贺、唐两团长、卿司令,辰州陈司令、林司令,澧县李司令,洪江田司令、吴司令、永州罗司令、衡州谢司令、郴州陈司令、湘潭张司令、岳州葛司令、省议会、各报馆、各公团钧鉴：共和九载，祸乱相寻，追溯前因，除癸丑（1913 年）一役，发难江西，余皆由湖南一隅，牵动大局。湘省为西南门户，西南有事，吾湘首当其冲，而湘省扰攘，亦未有不波及西南大局者。此征之历年经过事实，莫不如是。谭公督湘三次，结果如何？回首前途，令人惊悸。

此次西南局势不回如前，川滇之兵祸未消，粤桂之风云又起，军府财（？）组织未成，敌人力何隙而动，邦基阢陧，莫甚于斯。而吾湘当道其萎靡不振之情形，犹如前此，且金融紊乱，宵小横行，措置多乖，险象迭至，苟不经一度刷新，力图整顿，将何以保全湘省巩固西南？谭公巧电辞去总司令一职，未始非最近之觉悟，但吾湘之患，不仅在军政一端，倘各机关任用匪人，其为害之烈，更有过之。谭公虽娴于内治，然金壬丛集，太阿倒持，去之既有所不能，听之则徒事捣乱，虽有善德，无如之何。

麟等血战数年，志在卫护桑梓，奠定国家，岂敢以保全个人牵动湘局，危及西南，故敢本受人以德之训，拟请谭公速自审度，藉息群喙。赵公夷午德望崇隆，声威卓著，关于湘政，应请主持，以定军心，而支危局。诸公关怀湘事，谅有同情。谨布区区，伏维鉴察。湖南陆军第六区司令李仲麟、第三旅第五团团长张振武、第三旅补充团团长郭步高、第十二区支队长于应祥、援粤湘军游击司令张智率全体官兵同叩。漾午。敬。印。（《湘局改革中之要电》，长沙《大公报》1920 年 11 月 25 日；《李仲麟等来电》1920 年 11 月 24 日，《各方致孙中山函电汇编》第五卷，第 524—525 页）

12 月 2 日（十月二十三日）　蓝天蔚发电声明：闻有董祖春自称鄂西代表，谓敝部李化民旅长派与王子春议条件，不胜诧异。李部革命有年，心志坚定，实无此等行动。凡董祖春个人行动，与敝军绝对不生关系，恐或听闻。特此声言。蓝天蔚。冬。（《蓝天蔚电》，上海《民国日报》1920 年 12 月 14 日，第三版）

12 月 9 日（十月三十日）　蓝天蔚为孙中山、伍廷芳等公推为鄂豫联军总司令。

各报谓：闻某方面昨接鄂督王占元佳（九）日来电，报告蓝天蔚活动情形。原文略云，据宜昌王司令报告，蓝天蔚近日分赴粤沪滇黔川等处有所活动，昨于电局检获孙伍唐等会致黎部豫军一电，嘱令移驻施建，公推蓝天蔚为鄂豫联军总司令，蓝并已宣告就职等语。查蓝前赴滇黔，今复为鄂豫总司令，移驻施建，足见野心未死，除饬各军妥为侦防外。谨闻云云。（《蓝天蔚最近活动》，《申报》1920 年 12 月 14 日，第六版至第七版；《蓝天蔚之大活动》，《台湾日日新报》1920 年 12 月 25 日，第二版；《蓝天蔚最近活动》，《香港华字日报》1920 年 12 月 18 日，第三张第一页）

北京电，鄂王佳电称黎部豫军已移驻施南一带，公推蓝天蔚为鄂豫联军总司令（十一日下午二钟）。（《申报》1920 年 12 月 12 日，第三版）

12 月 15 日(十一月六日)　《申报》谓：北京电,鄂报蓝天蔚在建始以鄂豫联军总司令名义召开军事会议,拟改编为五军,以吴醒汉、李化民、胡廷翼、王安澜、张矩濂①各领一军,李化民反对,与蓝已起冲突。蓝又派员赴湘西,联络林修梅、张学济、王育寅②等,图进攻荆宜。(十五日下午二钟,《申报》1920 年 12 月 16 日,第六版)

12 月 17 日(十一月八日)　《台湾日日新报》载：广东军政府任命蓝天蔚为北伐总司令。(《任北伐总司令》,《台湾日日新报》,1920 年 12 月 17 日,第五版)

《顺天时报》谓：鄂西民军总司令蓝天蔚自奉军政府总裁孙中山命令后,即召集所部各军会议内攻方法如下：(一) 收抚鄂豫方面之民军以扩充军力；(二) 联络滇黔川方面之势力以为后援；(三) 利用鄂属民治团体之精神以厚军实。以上三者当经各军首领全体赞成,并由各军长推举代表,分向各方面担任疏通。现在各代表均已陆续归来。(《蓝天蔚攻鄂之内幕》,《顺天时报》1921 年 1 月 10 日,第二版)

△　据探报,蓝天蔚谋攻宜荆,计划侵入野三关,为王占元深所忌。王占元将移驻陕界之张联陞调归以资防御。

《申报》谓：鄂西方面施南鹤峰一带,蓝天蔚黎天才等之势力至今尚未消减,据王占元迭次报告,皆谓蓝氏积极谋攻宜荆,故日前将移驻陕界之张联陞调归以资防御,如一旦王孙两部冲突,则野三关守备之力非常空虚,蓝天蔚诸人必可乘势侵入,而湖北之局面以破。加以鄂人对于王占元感情已恶,时欲逐而去之,湖南方面尚有一部分鄂人手握兵权,时欲归湖北解决此事。故如宜昌冲突发生,则湖北之事必异常重大,而长江上游或至非北京政府所有,亦未可知也。(《申报》1920 年 12 月 20 日,第六版)

12 月 27 日(十一月十八日)　蓝天蔚颁讨伐王占元之檄文。(《鄂豫靖国联军鄂

①　张矩濂,曾任靖国豫军总司令。1919 年广州军政府授陆军少将。

②　王育寅(1895—?),号春初,湖南慈利人。常澧靖国军司令兼常澧镇守使。蓝拟联络其进攻时,王育寅正与北军交战,反攻慈利。

王育寅其起兵经过如下：1920 年 7 月 22 日,澧州镇守使王正雅为澧州镇守使副使卿衡所杀。7 月 24 日,王育寅自任常澧护国军总司令,在慈利东岳观率 9 个团 7000 人举兵报仇,他联络贺龙,占据垭门关,攻打卿衡(卿衡向常德撤退)。王渡河攻下慈利,进军常德,未克,退回慈利。王向省方通电请求缉拿卿衡,并使本部武装正名列编。湖南督军谭延闿复电"王育寅称兵作乱,扰乱湘省治安,责令限期缴械",并令湘军出兵讨伐。后王育寅向孙中山求援。孙中山令林修梅往视。9 月,林修梅到慈利,10 月,王通电西南各省,推举林修梅为鄂西靖国军总司令,王育寅为常澧靖国军司令兼代常澧镇守使。王向谭延闿提出了假道援粤攻打桂军,谭以危惧恼的名义通电讨王育寅。为了打开援粤通道,王育寅在占据大庸、慈利后,进攻常德。后遭到内外夹击,被迫向桃源、慈利方向撤退。11 月 2 日,湘军团长唐生智率部击败王军,占领溪口。12 月下旬,王部从桑植、大庸反攻,进占慈利,李韬珩败走。1921 年 1 月 23 日,陆军第八混成旅第一支队唐振铎于热水坑、凉水井一带与王育寅部激战,王军不支,向九溪、溪口败退,唐率部进驻慈利县城。谭延闿旅长唐荣阳、宋鹤庚、常澧警备司令卿衡左右进逼,靖国军战斗失利,1921 年 2 月,王育寅在大庸失守后出走,所部由唐生智收编。

军总司令官蓝天蔚讨王檄》①,上海《民国日报》1921年1月15日,第二张第六版)

12月28日(十一月十九日) 赵恒惕电蓝天蔚等,谓陆军第六区司令李仲麟、陆军步兵第四团团长瞿惟臧拥兵自恣,约期举事。赵已将李仲麟、瞿惟臧等明正典刑,权肃军纪。

电谓:军政府各总裁、参众两院、各部总次长、陈总司令、唐总裁、卢代总司令、于督军、张会办、熊督军、陆武鸣先生、谭督军、蓝总司令、熊秉三先生、岑西林、孙伯兰、章太炎先生、各报馆均鉴:湘省迭经兵燹,元气凋残,休养未遑,何堪再扰?乃陆军第六区司令李仲麟、陆军步兵第四团团长瞿惟臧拥兵自恣,屡违节度,蓄意倡乱,破坏湘局。惕念素同患难,劝诫频施,冀其悔悟,不意捣乱性成,甘为戎首,勾结军队,约期举事,以致谣诼繁兴,岌岌不可终日。迭据各旅团长暨各区司令密电呈请,早除害马,以遏乱萌。惕为维持地方计,不得已,将李仲麟、瞿惟臧等明正典刑,权肃军纪,自惟驭下无方,深滋内疚,追念前劳,怆恸尤切。幸地方安静如常,堪纾廑注,谨电奉闻,统祈亮察。赵恒惕叩。有。(《长沙赵总司令来电》,1920年12月28日,《熊希龄先生遗稿》4,第3885页)

△ 蓝天蔚召回张学济。不二日,张学济于行往施南途中被戕。

据长沙《大公报》谓:湘西之南军第二守备队司令张学济时而自称辰沅道尹,时而民政处长,时而军政分府,素具暴烈性质,不受何方面节制。自□赵败长沙后,□□林修梅在湘西宣布独立,旋见战机失利,未能发展,乃□鄂西蓝天蔚吴醒汉共组湘鄂护法同盟联和军,计在合取荆宜,以充其根据地,张之全部共计七营,遂亲行统率,道出龙山以入鄂属之咸丰县,与吴醒汉所部驻扎来凤之第五旅,合编一总队,担任攻宜之右翼。讵部署尚未就绪,张在咸丰被其部下马弁以手枪击毙,至全军溃变,抢劫甚惨。尚有二营未叛,由各军官带回湘西受林修梅改编。咸丰治安,由吴醒汉派队维持,至湘鄂联合军顿成泡影。最近驻施南军对于攻宜又归和缓,殆□张学济被戕之印象云。

另据一函云,张学济自在湘西失败即窜入鄂省来凤一带,因鄂军司令蓝天蔚之招抚,已受蓝军编制,唯去年十二月二十八日张回蓝之电召,即由来凤所部团长李达武带兵士一营,□往施南,讵行不二日,张李二人即被土匪于途中田垄下(一说围)杀之,土匪即□□②……(《鄂西军事纪要》,长沙《大公报》1921年1月19日,第二张)

北京《晨报》谓"蓝天蔚派人杀害张学济":张学济在鄂边被杀,已见报端。兹

---

① 《鄂豫靖国联军鄂军总司令官蓝天蔚讨王檄》,详见附录一"蓝天蔚著述"。
② 此后内容模糊难辨。

据鄂省确电，谓张原在湖北来凤一带，因鄂军司令蓝天蔚之招抚，已受蓝之编制。惟前月二十八日张因蓝之电召，即由来凤所部团长李达武带兵一营前往施南，讵行不二日，张李二人同被土匪围杀于途中田坎下。该项土匪闻即蓝军兵士，蓝因张难受编制，在来凤一带仍肆抢杀惯技，深滋不满。特授意于所部，假作土匪，以便在途截杀。现张军所部各营均散在湘鄂边地，肆行抢掠。（《蓝天蔚派人杀害张学济》，北京《晨报》1921 年 1 月 22 日，第三版）

12 月 29 日（十一月二十日）　鄂西靖国军军费支绌，蓝天蔚急于变现，变卖恩施县旧协署。[①]

据《湖北档案馆所查档案》之档号 LS20 - 11 - 00000139，民国十年二月十八日，施城旧协署地基，着恩施知事与商会会同永远租借福音堂，刻日办妥，具报为要。此谕。何知事王会长遵照联军总司令蓝二十七日命令：一查美籍分驻恩施县城福音堂之传教师，拟永远租借恩施县旧协属地基□布道，仰该知事刻日会同商会暨该堂传教师等，订立契约并将办理情形□报为要，□在总司令部立永远变卖协署官产，契约人恩施县知事公署。因奉总司令命令，现在军需万急，该知事即将旧有协署觅主估卖以济军需等因，自应遵照。知事当即派员前往协署，前后左右，周身上下，详细估勘其有四至抵界。其东抵协署阶檐，西抵协署雍壁，南抵操场土墙，北抵黄姓园圃，抵协署院墙，四界明晰。

知事与中人等公同说合，将此协署一座及署内所有片石寸草寸木一一扫尽，卖与福音堂信义会名下，永远营业。当时由信义会出备时价现金八千串文，由知事领讫，呈解总司令部军需处核收，并无下欠分文。自卖之后听从信义堂改造修理，百为无阻，倘以后有旁人出面，藉端异说，有中人等担负完责，恐口无凭，立此永卖文契为据。

中人：湖北靖国第一军参事会、施南商务分会。民国九年十二月。（湖北清理营产总局：《湖北清理营产总局关于恩施县旧协署被蓝天蔚变卖等相关问题的呈及湖北督军公署的指令等相关材料》，1921 年 12 月，第 225 页；号 3/34，湖北档案馆所查档案之档号 LS20 - 11 - 00000139）

12 月（十月）　黑洞"神兵"联合宣恩、来凤两县神兵进攻蓝天蔚部。

就"鄂西神兵"事，吴醒汉曾于 1921 年 2 月 4 日登报电辟，谓蓝天蔚初不忍糜烂地方，力任怀柔，纯主安抚。

电谓：鄂西战事方亟，忽有大股教匪杂于民军之中，行动非常怪异。见者以为神兵，今吴醒汉特通电各处，以辟其妄。原电云：咸丰僻处鄂川极远，风气蛮野，迄今土司习尚，尚牢不可破，士庶人喜拜乩仙，此道自川中传入，杂有白莲教意味。其

---

①　蓝军曾驻扎协署。蓝部离开，变卖此产，推测 1920 年 12 月 29 日前后，亦即当时蓝部离恩施的时间。

魔力潜长于咸利宣来各县社会之上也久矣,此次咸属黑洞地方。有庹拐子者,私人藏枪支,行为不轨。驻防第三旅胡营即将其枪支提收之,遂致激变。胡营长阵亡,全部覆没。庹拐子畏罪,于是假托乩仙降坛倡乱,又于空山中令人掘出一神与神米大坛。造为咒语,谓奉此神,用此米可以避枪炮,撮土成兵,更以其平日土司之信仰,鼓动地方。地方先因征集军粮事,盛有烦言,遂争从之。蔓延大吉场一带,党徒日众,人裹红布,一端□纸一束于头,红布上书神兵二字,出阵念咒,撒米招神。司令初不忍糜烂地方,力任怀柔,纯主安抚,讵料派往大吉场咸城等处之豫军党司令湘军滕团长,均因此各为所乘,而贼焰大张,益无所忌惮矣。邑中乱徒蒋祥镇辈,又聚亡命响应,并遣人四处煽惑,希图大举。且扬言王占元为我后援,绝无他虞。乃于去年十二月中旬,大会于施属芭蕉地方,各以股匪数千,分攻恩施宣恩利川三城,虽经城中官军迎头立予击退,然敝师游击队龚刘两营,在庆阳坝突被包围。二百余人仅有存者,亦云惨矣。斯时也,汉适抚巡至宣,现去城十五里椒园水田坝各处,死伤无数,触目伤心。因令前任知事孙明哲复任知事,并委县绅帮同维持秩序,藉示调慰。商准湘军张总司令容川,同时撤回来凤。既至来凤也,宣恩教匪头目倪子哲,因有堵截之事,请县知事专函缓颊,并托来绅调停。汉以数年来地方实苦,人民尤素强横。苟可以和平解决,相安无事,靡不降心容纳,即著将党众解散了事。孰知阳奉阴违,狼子野心,难以德感,胆敢秘密联合咸匪蒋祥镇等,于十二月二十三日围攻来凤。汉部第五旅及骑炮两团先开鹤峰,第六旅往百福司,仅带少数卫队,兵力太单,致受微伤,嗣经湘军击散,复于二十五日来袭。此际汉移龙山养伤。湘军他去在途,以致来城陷于贼手。此施属教匪猖獗之实在情形也。窃汉在鄂西治军数载,素以不忍人之心,行不忍人之政,驻防各县,仅筹给养,并未另取活饷。凡所体恤地方者,更无不惟力是视,而少数乱徒,乘疲敝之余,妖言惑众,诱走险。是役兵匪死伤,殆以千计,遭人命之孽,伤天地之和,二三贼首之肉,其足食乎。顷迭据宣来各县人民禀报,金称不堪匪虐,请速拯救等情前来,刻正调集大军,分别痛剿,以除残暴,而安善民。将恐远道传闻失实,用布原委,藉明真相,维海内君子幸垂察焉。(《吴醒汉电辟·鄂西神兵》,《盛京时报》1921年2月4日,第七版)

岑伟生谓蓝天蔚、吴醒汉曾受章太炎鄂西周旋。章太炎告以军事频繁,鄂西粮秣不继,地方发动神兵闹事,不能诵孝经退贼,愿好自为之。

岑伟生[①]忆:太炎游说不行,转而赴四川走鄂西,与鄂省唐克明、蓝天蔚、吴醒

---

① 按:岑伟生回忆有误解,时任广州军政府秘书长的章太炎受孙中山命1917年10月赴云南,抚慰联络护法各军宣传护法,1918年2月,出川经湖北入湖南,10月11日返上海。而蓝赴鄂西已是1920年。此则回忆时间有不吻合之处。

汉诸人相周旋。诸人皆辛亥首义人物,在鄂西主持护法军事,与太炎尚能言谈。其时柏文蔚任军事指挥,笑谓太炎曰:"先生乃当代学者而非政客,何必不在名都讲学而乃于山陬僻壤讲政,是岂郑康成所应有。"太炎亦笑曰:"讲学是教心,讲政是救人。今四方多故,应以救人为急。"嗣因军事频繁,鄂西粮秣不继,地方发动神兵闹事,太炎仓猝走沪。临行致函于师长吴醒汉云:"星火极易燎原,不能诵孝经退贼,君等好自为之。"醒汉未加注意。卒因神兵狂涌,醒汉脑袋被刀伤,手指被斧削,死而复生。事后研究神兵起源,全因人民不堪军事担负,被逼而起,不过托以神兵为名。(岑伟生:《往事追忆》,湖北省政协文史资料委员会:《湖北文史》2003 年第 2 辑,第 191—192 页)

△　有谓,王占元派周之瀚买通庹国士内外夹攻蓝天蔚。

钟鼎《遇难始末记》谓:(蓝)公亲赴前线督战,是时宣恩巨匪倪子哲、咸丰巨匪庹国士等已受王占元代表周之瀚之勾结,乘联军进攻,率群匪将大吉场所驻李化民之一部袭溃,公闻报不忍加诛,先后派联部参赞范鸿勋[①],恩施知事何复州往晤。该地乡绅者婉加抚慰,乃倪匪等执迷不悟,节节进逼,不得已令李化民相机剿抚。是役也,旅长党朝臣阵亡而李化民所部又以紧急开赴鄂前敌,湘军在宣恩亦为土匪所败。总司令张学济身殉,而倪匪等遂蔓延恩利宣来咸等县矣。(钟鼎:《遇害始末记》,《蓝上将荣哀录》)

段绍柱回忆:1920 年,靖国军驻扎施鹤各县,周(之瀚)[②]曾接受北洋军阀、鄂

---

①　范鸿勋(1889—?)又名尚立,湖北葛店人。毕业于湖北省立南路高等小学堂,历任平政院书记官、广东省长公署秘书、广东军政府内政部谘议、鄂豫靖国军参赞兼驻粤代表、襄城县长、蒲圻县长、福源纺织公司文牍主任、武汉市商会秘书、省民政厅视察、禁烟科科长、鄂城县参议员、武汉市商会秘书、国民政府湖北省顾问、省政府参事室参事等职。

②　按:胡楚藩谱,贺觉非先生撰写的文史资料说鄂督王占元用重金收买宣恩县的驻省议员周芝瀚(号鹏程,是辛亥老人,曾任鄂军都督府内政部付部长)要周回乡收买神兵消灭靖国军。实际不是这样。神兵发源地在咸丰县的黑洞观(现叫黄金洞),其头领先是庹国士,后是王锡九,皆咸丰县人。若欲收买神兵,当先收买其首领,由其首领出而倡导,影响才能遍及各县。要收买其首领,王占元何不用当地人办当地事,叫咸丰县的驻省议员徐大猷出面,而叫宣恩县的周芝瀚出马? 这个道理谈不通。当时宣、咸、来三县联防总指挥杨之香手下有个秘书叫黄岐若,此人与我相识,我曾听黄讲过,是杨之香派人扮作客商,往北军驻地秘密勾结,表明愿打靖国军,求北军与之相助。北军将此情报禀报鄂督王占元。王占元正愁于无策消灭靖国军,得来杨之香自愿效命的信息,喜出望外,积极相助,给汉阳造枪二百支,子弹二十梢,台票二万串。杨芝香得助,势益大,又派人打入神兵内部,利用神兵之力量,击败靖国军。

1920 年冬,以宣、咸、来三县团防,以指挥杨芝香为首,利用神兵攻打靖国军。首先攻打驻来凤县的靖国军第三师吴醒汉部。第一次战斗,杨芝香的团防并未出动,全部由咸丰黑洞的神兵围攻县城,手持刀矛,喊杀连天,蜂拥而上。靖国军吴醒汉部据城反击,用机枪扫射,神兵伤亡惨重,尸体填满壕沟,大败而散。杨之香利用黑洞神意欲复仇之心理,又联合了宣恩县的神兵,共计数千人,发动了第二次进攻来凤城。这次战斗仍以神兵作先锋,杨芝香亲自率领团防兵督后。靖国军将领吴醒汉见势众难敌,弃城向湖南龙山撤退,在忙乱渡河中,神兵、团防兵扑杀过来,靖国军死伤殆尽。吴醒汉亦被砍断手指,伏尸堆装死,幸免于难。湘军援鄂军这时正开到龙山,在来龙交界的珥南坝与神兵相遇,也被神兵击败,其头领张学济亦被神兵所杀。(胡楚藩:《靖国军在鄂西的始末》,江一舟、吴国顺、白云龙记录整理。中国人民政治协商会议鄂西土家族苗族自治州委员会文史资料研究委员会:《鄂西文史资料》第 3 辑,1986 年 05 月第 1 版,第 32—33 页)

督王占元官票二十万串(据靖国军将领胡复回忆是五万元)之贿赂,回鄂西利用地方人士之关系,与神兵首领庹国士联系,对靖国军实行内外夹攻,致使靖国军总司令蓝天蔚败走。为此,时人认为周之瀚重利轻义,后来对他的功绩,很少谈及。(段绍柱:《周之瀚事略》,中国人民政治协商会议鄂西土家族自治州委员会文史资料研究委员会:《纪念孙中山先生诞辰120周年专辑·鄂西文史资料》1986年第4辑,第147页)

△ 蓝天蔚在恩施召开军事会议,决于1921年元旦出兵,孤注一掷大举东下。

李华新忆及:这样艰苦支持至民国六七年之交,我同志运动驻在沙市上游各县之鄂军第一师石星川部成熟,由该师团长胡廷佐、胡廷翼等发起宣布独立。不幸,因攻击宜昌失败,全军瓦解,而吴佩孚已率大军直下荆襄湖湘了。我同志乃各领零星队伍散往鄂西边区各县休整,我亦在其中。不久,蓝天蔚将军奉国父命来鄂西统编鄂军。兹奉吴醒汉之命出席蓝在恩施县城召开之军事会议,我鉴于鄂西贫瘠,饷械两缺,决难久驻,因建议全军绕道湘西至广东投效国父麾下,未得通过。(原载台湾《李华新老先生荣哀录》;李华新:《武昌首义的回忆》,中国人民政治协商会议湖北省委员会文史资料委员会:《湖北文史资料》,1991年第1辑,第81页)

胡复谓:大军既集,粮饷更难,蓝只得召开军事会议,决定在1921年元旦出兵,大举东下,孤注一掷,此即靖国军在鄂西活动的大概情形。(胡复:《靖国军在鄂西的活动与鄂西神兵》,全国政协文史资料委员会编《文史资料存稿选编》第3辑,第352页)

蓝文蔚忆:此时王天纵已故,王部豫军已与黎天才合并,这时黎也遭到北洋军及川军的夹击无法生存,蓝天蔚乃去恩施就鄂军第一路总司令职,这时恩施已被神兵占领,蓝天蔚先图与神兵合作抗击北洋军不成,感到在鄂西困守毫无出路,乃招集黎天才残部来建始,会同原唐克明部全力北伐,向北洋军进攻。(蓝文蔚:《在鄂西反对北洋军的回忆》,鄂西土家族苗族自治州事务委员会:《鄂西少数民族史料辑录》,第623页)

△ 蓝天蔚加入国民党,入党到部时间民国九年十二月,党证号码为:八五六七一号。

《中华革命党①名册》记录:

——蓝天蔚,湖北黄陂;职业:军界,经历:总司令,介绍人:冯启民,主盟人:谢持,入党到部时间:民国九年十二月,党证号码为:八五六七一号。(《中华革命党名册》,中国国民党中央委员会文化传播委员会党史馆提供)

① 按:1919年10月10日,孙中山在广州改组中华革命党为中国国民党。

1921 年(民国十年　辛酉)　45 岁

1 月　熊克武否认北京政府任命为四川省长,主张自治。

旧国会复在广州开会。

2 月　滇军顾品珍自宣威进军昆明。

唐继尧因受顾品珍、叶荃之逼,自昆明出走海防。9 日,顾品珍代唐继尧为云南总司令。

四川熊克武系军长但懋辛、刘湘、刘成勋自重庆进攻成都之刘存厚。3 月 12 日,刘存厚通电下野。

湘西王育寅部战败,由省军旅长唐生智收编。

湖北沙市第八师兵变。

3 月　湖北督军王占元召川滇黔桂湘赣等省代表会议,订立联防条约,时传为七省联盟。

5 月　孙中山就非常大总统职于广州。

7 月　刘湘就四川总司令兼省长职。

8 月　王占元免职,特任吴佩孚为两湖巡阅使,萧耀南为湖北督军。

1 月 1 日(庚申十一月二十三日)—1 月 3 日(庚申十一月二十五日)　1 月 1 日,蓝天蔚命屈春尘部率队由建始进攻巴东大支坪,旋被击退,遂于 1 月 3 日,进袭高店子及大支坪。王占元急电到京,报告军情,请拨军饷。

《申报》谓:汉口电,闻建始南军屈团奉蓝天蔚命,东(一日)晓向巴东进攻,与北军穆恩棠一团在大支坪接触。(《申报》1921 年 1 月 6 日,第六版)

《申报》1 月 9 日连发两电:北京电,鄂王电告,蓝天蔚三日攻太子坪,已派兵往援。(八日下午八钟)

北京电,鄂王电,蓝天蔚于三日率众三千余,猛攻高店子,现饬师长孙传芳督队进剿。(八日下午七钟)(《申报》1921 年 1 月 9 日,第四版)

王占元最近有急电到京云:据孙总司令传芳报称,顷接驻太子坪刘团长报告,本月三日下午一时,有南军蓝天蔚所部一梯团约共三千余人,猛攻高店子,团长闻报,当即率队扼守,竭力抵御,恳请从速派援等语。除飞饬马穆两团即日分路驰援,再亲率各团前往策应外,谨闻等情前来,查蓝天蔚将王天纵黎天才张学济等溃部一律收容后,兵力雄厚。盘踞建施一带,上年冬季,地方人民曾集众万余,出而抵抗,嗣以枪械缺乏,被其击败,蓝由是暴征横敛,无所不至。而且夜郎自大,目若无人。占元自军府宣布撤销以来,迭经派员与之接洽,往返六七次,迄未就范,今竟率众进攻,衅由彼开。占元职责所在,不得不明张挞伐,为一劳永逸之计。除饬孙总司令督队进剿外,特电驰陈。伏乞指示机宜,以资遵守。(《王占元说蓝天蔚进攻》,上海《民国日报》1921年1月12日,第二张第七版;《蓝天蔚果北犯矣》,《顺天时报》1921年1月9日,第二版)

《盛京时报》报《鄂西战事之近讯》:王督电二,(衔略)据探报称,蓝天蔚近拟亲自督队,自五峰直攻荆宜,又令其部下屈春尘,率队由巴东进攻大支坪,两方前哨,均经接触,已生战事。查大支坪一带,仅驻穆团一团,兵单势薄,已调二师补充旅,开往该地。帮同防御,并令前敌各将士,督队御剿,迎头痛击,以张挞伐。惟迭电请拨发各军欠饷,中央均未照准,各军士卒因此多有烦言。设若延不拨发,军心一变,何堪设想,务肯俯念鄂省军情日紧,迅即照发。并示机宜,以便抵遏。王占元叩。效(19日)。印。(《鄂西战事之近讯》,《盛京时报》1921年1月25日,第三版)

《申报》又谓:蓝军发动,即自本月一日进攻大支坪,旋被击退,遂于三日,大举进袭高店子及大支坪,该处北军为穆恩棠之二师第四旅第八团,及刘宗义之第三混成旅第六团,暨十八师之一部。(《鄂西最近之战况》,《申报》1921年1月20日,第二张,第七版)

《顺天时报》载:鄂西蓝天蔚蓄意北攻为日久。昨据军界传出确讯,蓝部一梯团已业向鄂境出动,意欲取道太子坪进袭巴宜。(《蓝天蔚果北犯矣》,《顺天时报》1921年1月9日,第二版)

△　蓝天蔚之军事部署为:分三路东下,中路由大支坪野三关以扑宜昌正面,左翼率所部由建始以东以窥宜昌后方,右翼率所部由鹤峰长乐攻宜都。另置两部震慑后方,一部为总预备队。蓝天蔚赴前线督战。报载蓝军作战人数不足万人。

《申报》析鄂西战情:蓝天蔚自得吸收黎(天才)张(矩廉)两部军队合组鄂豫联军后,军力颇臻雄厚。惟以所辖区域仅施南七属,地瘠民贫,饷需不给,即其部下将领亦不甘长此坐困,思于鄂西再图一步之发展。迭经在施鹤会议,拟联络李烈钧所部滇军,分图湘鄂,使王占元不能兼顾。至攻鄂计划外,传拟分三路,左路由建始进攻大支坪,规取宜昌;中路由鹤峰进逼长阳;右路由鹤峰南境直窥长乐。议既定,迺于一日拂晓,驻建始之屈春尘即率其所部一团进窥巴东,吴醒汉之第三师亦同时由鹤峰与北军挑衅。屈团行抵大支坪,即与北军第一防线穆恩棠一团相遇,接火数小时,不支而退。吴部亦被北军第八师战败,南军粮秣不敷,械弹不济,兼以军士均属乌合,遇敌而败,亦固其所。惟蓝氏虽受此挫折,并不因是灰其雄心,规画军事颇为积极,向驻湘西常德津市镇,前湖北靖国军第二梯团长张学济①近忽率其所部,遄退鄂西,其是否为蓝之召来,尚不可知。但若一至鄂,而与蓝合,是不啻为虎傅翼,不可轻侮。因是王督接到前方探报,电孙传芳赵荣华相机防范,又令驻在南湖毛军一团赴宜增防,并饬王都庆亲往巴归布置一切,如南军侵越防线,则认为匪军,以武力对待。北军防范既若是严密,湘西滇军近又失败,蓝氏纵雄心勃勃,恐未必即能逞志。惟蓝氏近传檄四处,广散谣言,际斯阴历年关,殊易摇动市面,此则最可虑者也。(《南军骚动中之鄂西形势》,《申报》1921 年 1 月 15 日,第七版)

钟鼎谓:(蓝)公知川援不可恃,与其坐而待亡,曷若申义而死。因率之分三路东下,任胡廷翼为中路指挥官,率所部及易继春、关克威、孙彬各部,并豫军之一部,由大支坪野三关以扑宜昌正面。颜德胜②为左翼指挥官,率所部由建始以东以窥宜昌后方。吴醒汉为右翼指挥官,率所部由鹤峰长乐攻宜都。王安澜为总预备队指挥官,率所部为各路策应,以李化民及原湘军张学济两部镇慑后方。公亲赴前线督战。(钟鼎:《遇害始末记》,《蓝上将荣哀录》)

胡宗宜谓:民九,柏公去职,由蓝公天蔚继任总司令,烈士(胡廷翼)改编为第一师师长,兼中路指挥,力主东下,响应北伐。遂与第二师师长李德三、第三师师长吴醒汉,及游击司令关克威等,于民十年一月一日,大举动员。(胡宗宜:《胡廷翼先生事略》,中国人民政治协商会议鄂州市委员会文史资料工作委员会:《鄂州文史资料》1987 年第 2 辑,第 12—13 页)

《胡廷翼先生革命事略》载:(胡廷翼)并与四川夔府靖国军第二军黎天才,及豫军总司令王天纵部相掎角,先由烈士指挥中路,猛向湖北建始高店子之敌孙传芳部进攻,攻破敌军三道防线,近迫巴东③。(《胡廷翼先生革命事略》,《湖北文献》第九期,1968 年 10 月 10 日,秦孝仪主编:《革命人物志》第十七集,中央文物供应社 1977 年版,第 136—137 页)

《顺天时报》载蓝军之作战人数:第蓝天蔚等军队部分甚为复杂,兹闻上游友人所谈,甚为确实。用将其部分及其实数列述于后:(甲)蓝天蔚所部之第一军名

---

①　按:时张学济已死。

②　颜德胜,字凯风。历任陆军第十一师步兵第四十一团团长、襄阳自主军左翼司令、鄂西靖国军第九师师长。1919 年广州军政府授陆军中将。

③　巴东非蓝军方向,乃指向宜昌。

虽号称一师五混成旅,然实际只七千五百人,吴醒汉一师有二千余人,其余五旅每旅不过千人之谱;(乙)颜得胜所部之第二军虽称为一师,实则只三千七百人。惟快枪较蓝略为充足;(丙)张矩濂所部之豫军计分四路,第一路五百人,二路七百人,三路四百人,四路三百人,共计二千余人之谱;(丁)王安澜所部之援鄂军分为两大队,每队一千五百余人,其能作战者,则不过千余人。(《南军行动与人数》,《顺天时报》1921年1月26日,第六版)

△ 报载,蓝天蔚举兵,暗有助李(烈钧)倒赵之作用,欲以此牵掣直军援湘之进行。各方推测蓝天蔚之计划必徒劳无功。

《申报》载"北京电":湘赵电京云,长岳、株萍交通恢复,滇军艳(二十九)占津市、慈利,闻省城起事失败,东日北退石门,有与施鹤蓝天蔚合势,刻正与鄂会商防西办法。(五日下午一钟,《申报》1921年1月6日,第四版)

长沙《大公报》谓:汉口通讯云,王占元因蓝天蔚日前向大支坪攻击,以其有意开衅,极应防制,特派张济安副官前往调查并派杜福□堂前往巴东随时探报,复商海军第二司令指派浅艇两号驶赴宜沙新岳一带,担任梭巡。近闻张杜等每日均有电报到省者。闻前日来电报告各区守势均已稳固,防备极严。由此以观,蓝氏纵有密谋,断难得逞。闻王占元寄去慰勉军队长文一篇,令孙司令转行所部一体知报云。蓝天蔚进窥宜昌,此间布防至为周密。蓝氏将来之失败自可不待续,惟彼之侵犯巴东防线内幕情形,□有知者在就所闻约述如下,当昨年十二月二十七日施南城内发出布告,多张称宜昌戒严司令王都庆窥取建始,湘西王育寅复图鹤峰,实为破坏和平等语。并无中生有指摘王占元之种种不合,此为蓝天蔚东犯巴东所持之理由。虽然暗幕中确含有协助李烈钧倒赵之作用,欲借以牵掣直军援湘之进行,但鄂境主客军队云集,蓝氏之计划终必徒劳无功也。(《鄂西军事纪要》,长沙《大公报》1921年1月19日,第二张)

上海《时报》云,两年来相安无事之鄂西,忽于天寒岁暮之时,南军出攻,两军接火,防线突破。大支坪不守,巴来牵动。警讯传来,王氏震怒,于一面电达中央,说明用兵之苦衷,一面电话蓝天蔚,问其何以无端而动兵。而内部则思为一劳永逸之计,调兵遣将。迨鄂西警备总司令孙传芳来电报告各归防线,停止战火。而蓝秀豪亦复电督署,称为前方因误会而起冲突,业已约束前敌,各归原防云云。于是惊天动地之鄂西警讯,于两电中而冰消云散矣。顷自某署传来消息,王督于十一日早接来孙总司令连来两电,一系转施南之战报,一系报本军之布置。前电约谓李烈钧确有与蓝天蔚联络之事,蓝表面上虽言约束所部,并无战意。而里面连日来调动各旅增加第二线,心怀叵测,不可不早为之所,先发制人云云,又电报告职部第二团全驻巴东一带,与穆团协防。另有炮兵一营增加,又调第三团分驻长阳五峰边界协助十八师三十五旅。毛团开到,即分驻宜昌一带,以为后应,均枕戈以待,听令即发云云。督署所得另一方面探报,李协和派参谋谢某人入施,准备湘鄂一致进行,俟湘省动后,鄂省随之。两路联合,会师武汉。与孙司令所报相合。故对于此事愿为注意。(上海《时报》1921 年 1 月 17 日,第二张第三版)

1 月 5 日(庚申十一月二十七日)—1 月 6 日(庚申十一月二十八日)　蓝天蔚军与北军接战数昼夜。蓝军越过大支坪,抵野三关。

《申报》谓:南军约有万余,势颇锐进,接战数昼夜,北军不支,节节后退,南军遂越大支坪,抵野三关。该关为宜昌之锁钥,形势极险,最利于守,不知何故,亦被南军攻开,进驻宜昌县城仅二百里之某地,考其时日,当在五六两日。此间前昨所以有盛传南军抵野三关之说也。(《鄂西最近之战况》,《申报》1921 年 1 月 20 日,第二张第七版)

△　蓝天蔚、李化民部分兵进攻长阳;吴醒汉亦向王汝勤部下挑战。

《盛京时报》谓:某军政机关昨接鄂西探电云,蓝天蔚刻在建始召集土匪,收容王安澜黎天才之溃兵,已有一师之众。共分四梯团,由李化民等统率北攻。除将石门关大支坪完全占据,近又分兵由劝农亭白虎撞进攻长阳,所幸宜都防兵雄厚,械弹充足。当即分向杨柳池、(长阳南十余里)等处出发抵御,故蓝之先锋,未敢轻试。(《鄂西南北军之战况　王占元已来电报捷》,《盛京时报》1921 年 1 月 15 日,第七版;《蓝天蔚进攻长阳》,《顺天时报》1921 年 1 月 12 日,第 2 版)

《顺天时报》载军情:该军屈团春尘向巴东方面挑战,已略志昨报。兹巴东北军第二师、步兵第四旅第八团团长穆恩堂会同后方之近畿第十三混成旅第二团在大支坪迎堵。第一次开火尚无若何胜负,迨续战即行逐退,向建始逃窜,现屯重兵防戍,又宣恩南军第三师亦于日前向鹤峰挑战,与王师汝勤接触,但据督署消息,前方戒备严密,决不任民军侵入,并志之藉安人心。(《鄂西民军挑战之续志》,《顺天时报》1921 年 1 月 9 日,第二版)

《盛京时报》载:吴醒汉之第三师,亦向鹤峰方面王汝勤部下挑战,被王军击退。(《鄂西南军之战训近闻》,《盛京时报》1921 年 1 月 16 日,第七版)

△　1 月 6 日,王占元通电指责蓝天蔚背约之罪。

王占元通电:北京各部院、步军统领、警察总监、周朴老、田焕老、汤铸新先生、刘浩春先生、陈二庵先生、傅治芗先生,并转旅京湖北各同乡,上海蒋雨岩先生,并转各同乡,省巡阅使、副使、督军、省长、都统、护军使、总司令、各镇守使,各师旅长,各报馆均鉴:施鹤七属,先后为唐克明、柏文蔚、蓝天蔚、吴醒汉等盘踞,垂三年矣。以弹丸之地，集数万之兵，竭七县之财，供无艺之费，敲骨吸髓，水热火深，哀我子遗，何以堪此。前当秭巴克后，滇军远遁，本拟乘胜收复施鹤，永奠鄂疆。适值和议肇开，人心厌乱，占元渴望宁息，不愿以一隅争执牵动大局。遂乃商定规约，划界分防。嗣后间有越界抢掠之事，但饬守望军严加防范，未启衅端。自军府取消，占元迭次派员赴施，就商该军收束事宜，往返七次，未得要领。迭据侦探密报，及检查邮电所得，王天纵旧部暨黎天才张学济等所部，被川军所迫，逃窜来施，蓝氏悉数收容，兵力骤增，该处民团，不堪其虐，誓死抵抗，卒以枪械不敌，多有伤亡。彼遂夜郎自大，冀图一逞，调兵备战，不遗余力。尚以我军既未进攻，彼未必甘冒不韪，自为戎首。讵接大支坪方面报告，彼部三千余人，于三日早一点十分，向高店子猛攻，似此狼子野心，必欲糜烂地方以为快。占元守土有责，忍无可忍。万不能坐视凶残，而不为一劳永逸之计。现已电诘蓝天蔚制止所部前进，和平商办。一面饬电前线扼要防堵，以免为其所乘。特以煮豆燃萁，久滋隐痛。操戈同室，尤违本怀。谨布区区，伏维明察。王占元。鱼。印。(《申报》1921年1月20日，第六版)

《申报》载《鄂西南北军接战之情势》：鄂西靖国军进犯北军防线，已见前报。王督以南军盘踞施鹤，久思设法征服，完成鄂局。但既停战言和，未便自为戎首。今见蓝军挑衅，正予以统一全鄂之好机会。六日通电各处，声明蓝氏背约之罪，并电诘蓝氏，何以无故挑衅，务严饬所部，勿得再进。明知蓝氏迫于环境，有不得不谋进取之势，故用先礼后兵手段，以为出师之借口。观其通电内，有忍无可忍一劳永逸等语，可知王氏蓄念已久，至是殆如箭在弦上，势不能止矣。(《鄂西南北军接战之情势》，《申报》1921年1月16日，第二张第七版)

上海《民国日报》载《王占元对蓝天蔚作战》：鄂西蓝天蔚传檄驱王，已详前报。王占元调兵派将，忙得不了。并通电各处(中略)观其"一劳永逸"等语，若有以武力统一全鄂之成算。(《王占元对蓝天蔚作战》，上海《民国日报》1921年1月17日，第二张第六版至第七版)

上海《民国日报》载，鄂西南军，拟从施南出巴东，再扼三峡之险。王(占元)已电命宜昌警备总司令孙传芳堵击。(六日汉口电，上海《民国日报》，1921年1月7日，第一张第二版)

1月7日(庚申十一月二十九日)　　蓝天蔚军进攻高店子，与北军鏖战。

《申报》谓：鄂王电，据孙传芳电，蓝部万余进攻高店子，竭力抵御，已数昼夜。阳(七日)枪火更烈，在龙潭坪地方，已将敌军击退。毙敌数百，生擒千余名。夺获枪械甚多，我军伤亡三十余人。(十一日上午十钟)(《申报》1921年1月13日，第三版)

《盛京时报》谓:蓝天蔚率众攻鄂。业由鄂督王占元电陈抵京,闻王占元昨日续来一电,报告连日接战鄂军获胜情形。原文略云,据孙司令传芳转据张右司令俊峰经阳(七日)电报称,蓝军万余人进攻高店子第六团防地,当经团竭力抵御,鏖战数日夜,并未少憩。至今日枪火更炽。迄发电时尚在激战中。职闻报后,即亲率各团分路进援。行抵前方时,六团已占领绿葱坡。因由绿葱坡进抵龙潭坪。复经六团右翼将敌军完全击退。计毙敌军数百名,生擒二十余名,夺枪械刀矛无算。我军伤亡三十余名,敌军各持刀矛作战等语。除饬督军队跟踪袭剿,战情续报外,谨闻云云。(《鄂西南北军之战况·王占元已来电报捷》,《盛京时报》1921 年 1 月 15 日,第七版)

《申报》谓:然据孙传芳阳电,则谓蓝军已被张俊峰率该团奋勇击却,生擒蓝军多人,是北军先败而后胜,惟前所失防地,已否规复,则无从证明。赵荣华所部十八混成旅,已由江陵一带,移驻巴东长荣等处,前方军力更为雄厚。(《鄂西最近之战况》,《申报》1921 年 1 月 20 日,第二张第七版)

△　蓝天蔚军为川军与北军谋划合剿。

《刘伯承[①]早期戎马生涯》载:是日,二混成旅于奉节发布的助剿施鹤"乱军"作战总方略,宣称:"敌豫鄂靖国联军总司令蓝天蔚及第一军王安南[澜]第二军颜德胜与余部……已集向巴东前进,希欲突围窜出。友军王总指挥都庆,现驻巴东,其所指挥之张旅长俊峰……张旅长允明……拟于一月十四日左右分攻恩施、建始。其在高店子之敌已被击溃。王安南[澜]部有据庙宇漕之势,颜德胜部亦有分涪、万,巫山等处撺扰者。本旅实力与敌相等而军实甚充,……故作战大方略以第一部分进攻,以一部分屯各地,免滋撺扰兼资策应也"。(姜山、刘备耕、王承哲、朱开发:《刘伯承早期戎马生涯》,人民日报出版社 1985 年版,第 259 页)

《申报》载:川东亦深苦两军之侵略,故刘湘亦电王督,谓如用兵鄂西,彼愿出师援助。(《鄂西南北军接战之情势》,《申报》1921 年 1 月 16 日,第二张第七版)

1 月 9 日(庚申十二月一日)　蓝天蔚为北军通告,若不率部来归,便以武力对待。王占元对于鄂西办法分两项进行,一为宣慰;一为以精锐之师联合川湘剿服。

上海《时报》谓:(王占元)曾与参谋长方日中暨署机要人员在洋楼会议,讨论办法。金谓如再委屈迁就,是厝火积薪,养痈遗患,流毒所届,不可收拾也。闻计议

---

①　刘伯承(1892—1986),原名刘明昭,重庆开县人。1911 年参加辛亥革命,入学生军,参加护国、护法战争。历任中央红军总参谋长、八路军一二九师师长、第二野战军司令员、军事学院院长、中央军委副主席等职。

结果,王督以停战已久,万不能衅自我开,然以守土保民之责,对于鄂西,分两项进行。(一)仍派代表二人,军省署各一,绅商合派一二人亦佳。先往施南宣慰,劝蓝氏来归。该部分别编遣,军官分别安置。鄂疆统一,息兵息民。(二)万一不能就范,准备精锐二师,与川湘联合,费一星期时间,以武力剿服。然后收兵恤民。此项会议决定后,只待与省署及绅商方面会商妥协,即实合派代表。(上海《时报》1921 年 1 月 17 日,第二张第三版)

《申报》载"汉口电":督署以鄂西蓝天蔚军挑衅,特电孙传芳通告蓝军,限令来归,否则武力对待。(十日下午六钟)(《申报》1921 年 1 月 11 日,第三版)

又谓:(王占元)九日特电孙传芳,令速通告蓝军,限令率部来归,否则认为甘心扰乱,即以武力对待。蓝氏收集各部,号称四万之众,但皆一时乌合,枪械又不及半数,故王督颇易视之。(《鄂西南北军接战之情势》,《申报》1921 年 1 月 16 日,第二张第七版)

《盛京时报》谓:王师现除派毛鸿恩所部,开往宜昌增防外,复令刘□龙全旅于佳日移驻宜昌之孙传芳,向蓝通告,谓如不依限来归,即当以武力对待。(《鄂西南军之战训近闻》,《盛京时报》1921 年 1 月 16 日,第七版)

上海《民国日报》谓:再王于九日电令孙传芳通告蓝氏,限令率部来归,否则以武力对付云云。惟闻蓝军一鼓作气,进行甚速,现距宜昌只二百里。王占元统一全鄂之奢愿,不免大受打击也。(《王占元对蓝天蔚作战》,上海《民国日报》1921 年 1 月 17 日,第二张第六版至第七版)

1 月 10 日(庚申十二月二日)—1 月 11 日(庚申十二月三日) 蓝天蔚军占领巴东。王占元命孙传芳火速赴援,并由武昌输送军队与弹药。

上海《民国日报》谓:驻巴东之北军于十日自由退却,南军已占领巴东。王占元接报,电命孙传芳火速赴援,且由武昌输送军及弹药。(上海《民国日报》1921 年 1 月 14 日,第一张第二版)

居正谓:湖北自蓝秀豪一举,驻巴东北军不战而退。并有王汝勤中立、吴光新部归附之说。王氏所恃者惟一孙传芳,今观王氏通电,谓已制止蓝氏前进,和平办理,则其中虚气馁,已可想见。查王自拒夏寿康到任,与鄂人感情极恶;又以新收军队,不能稳固,变溃迭见。此次蓝军之得势,即可征王氏之外强中干,鄂事似有可为也。(《上总理报告甘川鄂湘局势书》,1921 年 1 月 18 日,居正、罗福惠、萧怡:《居正文集》第 1 卷,华中师范大学出版社 1989 年版,第 980 页)

△ 蓝天蔚军为川军会同鄂军夹击于施鹤一带。川军以饷弹缺乏为言,会商王占元。

《刘伯承早期戎马生涯》:在这次战役中,一军二混成旅同第一师一部分组成先遣混成支队,以刘伯承所辖第一团一营营长李剑,第二营营长张英华为主力,附第二团第二营营长夏超远,机关枪营营长戴鸿士,炮兵连连长张春华及第一师第三团一营营长欧阳俭。张光宗任先遣支队长。先遣支队奉命于十日经代溪陆续出发,会同鄂军夹击豫鄂靖国联军于施鹤一带。(《刘伯承早期戎马生涯》,第259页)

北京《晨报》谓:据军界消息,鄂省王占元以蓝军虽败退,但所部人数尚多,盘踞施鹤一带,难免不乘机再举,扰乱鄂疆,亟应根本解决,大举肃清,为一劳永逸之计。现拟责令孙传芳司令督率各军,由宜昌出兵,以攻其前,一面再商由川军拨队迳下利川,以慑其后。前后夹攻,俾收廓清之效。但因川军方面,以饷弹缺乏为言,王占元昨已据情电京请示办法。(《王占元肃清鄂西之计划》,北京《晨报》1921年1月16日,第三版)

1月12日(庚申十二月四日)　蓝天蔚军受北军分途合攻,向花果坪方向退却。

《申报》谓:又寒(十四)电据穆团报称,敌大部在青泥坝,另有数股盘踞老村拐子坪等处,职团三两营,于文(十二)早分途合攻,又据马团报称,敌军退花果坪。(十八日下午六钟,《申报》1921年1月18日,第二张第六版)

此寒电具体谓:武昌督军钧鉴,楚密,顷据张副指挥峻峰元电称,穆团长报称,探报与我作战之敌已分股逃窜,其大部在清泥坝,合并颜德胜之本营,又数股盘踞于老村拐子坪与福寺等处。职团第二营,于文(12)日早由汉王庙经老村向青泥坝。第三营同时由可其堡经拐子坪与福寺向青泥坝,均正在追击中。团长正率队续进。又据马团长报称,李营长英豪报称,昨日战散之敌,仍在黄木垦占堤顽抗。当令刘副官率队由右翼老君洞前进,营长率身由左翼由花果山小路绕攻敌后,其余部队,于梯子□正面牵制敌人,掩护我军,于文日早七时开始进攻,九时与敌过战。相对至午后三时,敌尚顽抗不退,我以机关枪最快度射击之,敌始不支。即向花果山方面退却,四时五十分,我军完全将黄木垦占领,并派队追击十余里,此役击毙敌人数十人,伤敌甚多,俘虏数十名,枪数十杆。我军受伤目兵仅两名等情。团长因前方战事激烈,即带队前进援助各等情。除对于逃窜各匪,电令各该团极力追剿外,谨此电闻,总司令孙传芳叩。寒。印。(《鄂西北军之捷讯》,《申报》1921年1月23日,第二张第七版;《鄂西南军失利之原因》,上海《民国日报》1921年1月24日,第二张第七版)

△　蓝天蔚部旅长孙炜、团长陈雄投诚,是日为北军押送赴宜。

《申报》载"汉口电"：孙传芳盐(14)电,马团长收降敌旅长孙炜、团长陈雄,官兵约五百名,已送宜收容。(《申报》1921年1月18日,第二张第六版)

《申报》载：(盐电)武昌督军钧鉴,楚密,据张右指挥元(13)电称,马团长收降敌旅长孙炜,团长张雄,军官佐百一员,兵夫三百三十名,于文(12)日该团派官兵由野三关押送赴宜,请先期预备接收等情。除饬阎团长准备接收,并拟将该降兵,如系河南籍者,即派员押送赴汉,遣送回籍。如系鄂籍者,即就地遣散,以免贻害地方。谨电禀闻,孙传芳叩。盐。印。(《鄂西北军之捷讯》,《申报》1921年1月23日,第二张第七版;《鄂西南军失利之原因》,上海《民国日报》1921年1月24日,第二张第七版)

1月12日(庚申十二月四日)—1月14日(庚申十二月六日)　14日前,蓝天蔚军与北军相持于野三关,接触猛烈。

《申报》谓：北军初确失利,大支坪野三关各要险先时被南军攻陷。王督得报,即檄孙传芳与赵荣华抽调所部前往应战。并限期规复失地。孙赵两军开到后,军力骤增。南军亦竭力进逼。十四日以前,双方仍相持于野三关附近,炮火接触极为猛烈,两下死伤各以千计。(《鄂西南北军战讯》,《申报》1921年1月22日,第二张第七版)

《盛京时报》载：顷得军界消息,野三关据宜昌隘要,北军急攻,终未得胜,闻孙传芳进攻方略,不由野三关大埔进攻大支坪。乃由野三河小埔向小河溪(宣恩巴东交界)进攻花果坪(距野三关八十里向施南城西向建始县)该处为南军二道火线。旅长易继春防御(高桥紧接大支坪为南军一道火线)其间,北军向此攻击,所谓溃其腹心者,惟南军防御如此紧严,亦未易扫克,并闻两军正在激战中。(《鄂西最近激战之详情》,《盛京时报》1921年1月26日,第七版)

北京《晨报》载：鄂西南北两军于元旦日开始接触,业见前报。但是前方战况颇不易探析,兹据某方消息,南军初颇得利,大支坪野三关先后都被攻陷,及王占元札调孙传芳赵荣华所部前往□战,军力□增,士气顿挫,南军以骑虎势成,不得不极力进取。十四日以前,双方战线仍在野三关附近,炮火相持,复为猛烈,双方死伤,各以千计。该处居民多已挈家逃遁,其得讯后逃避不及的,中弹身亡,不知其数。至庐舍村庄,都为坵墟。孙传芳因为前敌总司令,王占元又限令□规复原防。特于十四日拂晓,亲往巴东督战,第十八师二十六旅旅长□充右司令张俊峰也亲到前线指挥一切。(小轩：《鄂西南北军之战况》,北京《晨报》1921年1月21日,第三版)

《顺天时报》载：鄂西此次战端爆发,迄今已半月之久。依形式上之观测,蓝天蔚退无归路,非进不可。故其出兵计划,非仅进攻巴东一方面已也。昨据军署确息,省军自将大支坪克复后,蓝即恐野坝有失,则高店子亦危,特令李化民之千余人防守高店子,以厚前方声势。以胡廷翼趋杨坪,与野坪成犄角之势。颜张两军因省军击攻甚猛,恐困于野坝,遂以张部绕至大支坪侧面分省军之势,现与第十八师王旅相持,颜则与第一师在野坪激战,且特地势险要,遂增其作战能力,故鄂西战祸,尚非目前所能底定。(《南军行动与人数》,《顺天时报》1921 年 1 月 26 日,第六版)

　　△　蓝天蔚军械弹不敷,所占领的野三关为北军夺回。

　　《申报》载:(汉口电鄂西)南北军仍在野三关激战,孙传芳删(十五)电,寒(十四)晨亲赴巴东督战。(十六日下午三钟,《申报》1921 年 1 月 17 日,第二张第六版)

　　《申报》载:孙传芳以南军声势浩大,特于十四日拂晓前往巴东督战,宜昌警备司令部任务则委由参谋长戈宝琛代理。第十八师第三十六旅旅长兼右司令张俊峰亦亲赴前敌指挥一切。巴东方面,北军主力军正面为刘宗义之第六团(属第三混成旅)左右翼为马金标之七十一团(属于第十八师第三十六旅)暨穆恩棠之第八团(属第二师第四旅)。南军主力军则为屈春尘所部第一梯团,且编敢死队一队,以为前锋。次则为胡廷翼李化民所部之军队,交绥既久,南军械弹不敷,渐不能支,野三关遂为北军夺回。(《鄂西南北军战讯》,《申报》1921 年 1 月 22 日,第二张第七版)

　　△　蓝天蔚军退却花果坪后,受到北军由黄木垡进攻。孙传芳电令各军猛烈追缴,火速进攻建始及鹤峰。

　　孙传芳之电谓:(咸电)武昌督军钧鉴,楚密,顷据王总指挥都庆寒(14)电称,据张副指挥峻峰电报,我军已占领崔家坝,蓝天蔚颜德胜等向花果坪退却,马团已由黄木垡进攻花果坪,详情另禀等语。查崔家坝为敌军支撑点,该处既被我军占领,施南不难指日克复也。除电张副指挥允明,火速进攻建始外,谨闻并乞速催邱团进攻鹤峰等语,当即令邱团作速进攻鹤峰,以收夹击,并令前方各军猛力追缴,以期早日肃清。特电闻,施宜警备总司令孙传芳叩。咸。(《鄂西战讯》,《申报》1921 年 1 月 27 日,第二张第七版)

　　△　报载,14 日午后,蓝天蔚军被民团抗击于沙角楼。蓝天蔚等向利川退却。

　　《申报》谓:此次蓝天蔚、颜德胜率败军四五千人,于一月十四日午后一时突然掩至该乡之沙角楼地方,该团总立召民团三千余人,扼要堵守,相持夜半,该团总以敌众我寡,器械尤非所及,非乘夜衔枚袭击不为功,乃分三路进攻,敌人黑夜不辨多少,纷纷向利川方向退却,该民团跟踪尾追十余里,共击毙该军弁士百余人,夺获联军总司令斗大锡包木质印信一颗,当已呈缴就近国军军官转呈督署。(《蓝天蔚失败之原因》,《申报》1921 年 2 月 15 日,第七版;《蓝天蔚失败之原因》,《香港华字日报》1921 年 2 月 22 日,第三张一页)

　　△　川军派遣先遣部队拟乘机攻击蓝天蔚军,以图湖北接济军实。

《刘伯承早期戎马生涯》：川军张冲①在一月十四日发给余际唐的通报中已道破了天机："黎王余孽已被鄂军小创，势将内窜，业令先遣部队陆续出发。倘乘此一鼓荡平，不但灭除后患，而川鄂感情益加亲善，军实亦可源源接济，对日后作战影响甚大。"根本谈不上什么振旅东下，联鄂讨伐北军、讨伐由直系军阀曹锟、吴佩孚勾结奉系军阀，通过直皖战争而窃据的北京政府。相反，竟以一己的利益，认敌为友。这真是大出刘伯承的意外，他失望极了。无奈刘伯承身在军旅，受人指挥，有令则行，自己不愿打这一仗还犹可，却无力约束部队拒战，内心不由陷入深深的苦闷之中。这次战役，刘伯承没有以指挥名义统辖全旅，更未随先遣支队亲征，这于他委身二混成旅以来还是第一次，或许反映了他当时的心境。（《刘伯承早期戎马生涯》，第259页）

1月15日（庚申十二月七日）—1月16日（庚申十二月八日） 北军夺回大支坪，蓝天蔚军退核桃园。

《申报》载：昨十六孙传芳又来电告捷，略谓大支坪亦经我军恢复，南军退到核桃园，并有一部分投诚，现已解除武装，在宜昌设所收容云云。是巴东方面，已回复未战以前原状。至吴醒汉所部，虽出来凤、鹤峰，进袭长荣、长阳，以孙赵两部防军抵御得力，未至牵动防线。据熟悉前方军事者言，南军计划，一方由大支坪进逼野三关，下临宜昌，一方袭取两长（即长荣、长阳），联接湘西民军，合攻荆沙。现两路均不甚得手，而北军也已云集，蓝氏计划似已失败。（《鄂西南北军战讯》，《申报》1921年1月22日，第二张第七版）

《申报》载：孙传芳电蓝军械弹不敷，大支坪已被我军夺回，蓝军退核桃园，并有一部投诚，现在宜设所收容。（十七日下午四钟，《申报》1921年1月18日，第二张第六版）

上海《时报》载：鄂西战事日烈，北军铣（十六日）报告，夺复大支坪。南军退守原防。正在进击中。（上海《时报》1921年1月18日，第一张第二版）

1月16日（庚申十二月八日）—1月17日（庚申十二月九日） 蓝天蔚部北攻长阳，在三河坪与北军鏖战，为张俊峰击退。北军设防长阳。

北京《晨报》谓：鄂西电训云，蓝天蔚之第四六两团在野三关被孙传芳之第五团击退后，即向红沙垭退却，蓝遂将第一支队开往该处筹备进攻五峰（即长乐）。其所定路线及兵力之支配：（一）令第一支队之第一团由沙河进攻。（一）令第四团

---

① 张冲（1887—1937），号亚光，四川万县人。就读于日本商船学校、日本海军学校。曾见习于日本士官学校。历任四川陆军第五师营长、军械处长、四川督军署副官长兼警卫团团长、但懋辛军部第二混成旅旅长。

由金山进攻。(一)令第六团由董家山进攻,并派吴醒汉为前敌总司令。惟该处现由张俊峰副司令派重兵扼守,恐难攻入。(北京《晨报》1921 年 1 月 24 日,第二版)

《盛京时报》谓:王督电,(衔略)据孙总司令霰(17 日)电报称,蓝天蔚所部虽经我军击退,近又召集残党,收拾余烬,希图再扼三峡,以与我军相见。当经督队进攻,于十六日八时,在三河坪地方,过敌人大队六千余人,经我军奋勇攻击,敌人亦极力抵抗。鏖战四小时,卒将敌人击败。击毙民军二百余人,夺获枪支甚多。我军未受损伤等语。据此,除饬令该司令仍旧着队攻击外,特电奉闻。王占元叩。肃。皓。印。(《鄂西战事之近讯》,《盛京时报》1921 年 1 月 25 日,第三版)

《盛京时报》载《战蓝报捷》:府院接武昌王占元来篠(17 日)电云,鄂西蓝天蔚所部各军北上进攻长阳等处,已电令驻宜昌孙传芳之第五、六两团,由白虎撞、天宝山分路迎击。张副司令俊峰亲率所部军队攻入故县,遂将蓝军击败,现已退至核桃园,蓝之后路,即向建始撤回,特此电闻等语。

《盛京时报》又载:中央昨(十八)接两湖巡阅使王占元来电,报告鄂西蓝天蔚统兵北上,业由副司令张俊峰统率五六两团,自大竹坪击败。刻又电饬驻扎宜昌之孙师长传芳,增派劲旅赴长阳设防。再行堵截,又于□坪故县童门山等处,设防御线,以阻蓝军之北向。(《战蓝捷报》,《盛京时报》1921 年 1 月 21 日,第七版)

△　蓝天蔚军后援为王安澜、张矩濂部。王安澜、张矩濂拟由建始绕过川边进攻鄂北,以牵制北军,然行抵川界为川军极力抵御,不允假道。

《申报》载"汉口电":传王安澜在鄂北房保等处收集残部,图为蓝军后援。(十七日下午四钟)(《申报》1921 年 1 月 18 日,第二张第六版)

《盛京时报》载:王安澜在鄂北盘踞□年,凡鄂豫边区,旧部颇众,张矩濂所部,亦系已故王天纵曾领之豫军,王张二氏原定协助蓝天蔚攻下宜昌后即赴鄂北,进窥襄樊,讵料军心散离,前方战事大有不能支应之势。故王张二氏见此情况,知攻下宜昌为不易之事,是以王张二氏统领所部,拟由建始乌龙关,绕过川边,进攻鄂北竹山,以为牵制北军之计,迫至王张两部行抵川界,被川军极力抵御,不允假道。王张只得将所部停驻五龙关,随即专电恳求重庆镇守使刘湘,命令边军放行。□刘湘对王张假道,尚无允否之表示。(《鄂西最近激战之详情》,《盛京时报》1921 年 1 月 26 日,第七版)

《申报》载:又据一讯,久无声息之王安澜,近在鄂北房县保康一带,收集残部,聚众数千,意在进扰远(安)、当(阳),遥为鄂西蓝军声援,闻王督已电令张联陞(襄郧镇守使)严为戒备。(一月十七日,《鄂西南北军战讯》,《申报》1921 年 1 月 22 日,第二张第七版)

△　蓝天蔚军受到北军反攻。16 日,王占元发出大批军需品,派突兵赴前敌整肃军纪,并申请筹款五十万元来鄂发放所欠军饷,发子弹两百万颗以资应用。

《申报》载:(王占元)一面对于以武力平定鄂西之计划仍着着进行,并不因此稍挫,昨日发出大批军需品,分载两号驳轮,由巡舰拖带上驶,交孙传芳应用。又以战衅既开,军纪宜肃,特令宪兵营长贾起鹏抽派干练兵士一排,送往前敌,维持风纪,预料一星期后,双方战源,必在属鹤七属丛山峻岭之间也。(一月十七日,《鄂西南北军战讯》,《申报》1921 年 1 月 22 日,第二张第七版)

天津《益世报》谓:王占元电,(衔略)据孙总司令电称,蓝天蔚所部,于□日进攻我军防线,当经以我军奋力抵御,敌军亦死力进迫,我军以子弹缺乏,万不得已向后退却,当即停战。决定日内反攻蓝军,务恳即发子弹二百万颗,以资应用外,尚希将职部所欠军饷照发,以鼓士气等因,准此除据电照发应用子弹外,务请饬部迅筹现款五十万来鄂,临电迫切,伏恳示遵。王占元叩。铣。(《王占元电》,天津《益世报》1921 年 1 月 21 日,第三版)

△　蓝天蔚部李化民为民团夹击,所驻恩施、宣恩、来凤、咸丰、利川五县尽失。蓝军现仅保守建始县城之东境与鹤峰全邑。

《申报》谓:外传恩施宣恩来凤咸丰利川五县南军,已均被民团驱逐,蓝现仅有建始鹤峰两邑。(十八日下午六钟,《申报》1921 年 1 月 18 日,第二张第六版)

《申报》载:近据一讯,施鹤民团,素与南军不甚相得,此次蓝军向北挑衅,各属民团见有机可乘,乃派遣代表来省请愿,以武力平定鄂西。一面并规划军事行动,谋为内应。事为南军探悉,蓝天蔚遂令李德三率军攻击民团,民团为自卫计,亦力与南军相抗,自本月初起,鏖战十数次,民团死伤甚多,然仍不稍挫,久久相持。南军势渐不支,且因巴东方面,北军进攻甚多,所有防军不敷支配,致宣恩、恩施、来凤、咸丰、利川五县地盘尽失。现仅保守建始县城之东境,与鹤峰全邑。是南军根据地已动摇,舍拼命向前进攻外,别无自存之道,以是连日与北军接战,大有破釜沉舟、有进无退之概。顾北军战品,为大炮与快枪,南军兵士,得有枪械者,仅及半数。余多手持戈矛应战,故虽竭力抵抗,终不免受挫。(《鄂西北军之捷讯》,《申报》1921 年 1 月 23 日,第六版)

1 月 17 日(庚申十二月九日)—1 月 18 日(庚申十二月十日)　蓝天蔚军退驻建始,添设联军总司部,讨论联合李烈钧夹攻鄂省之办法。蓝将强壮兵士二千名编为敢死队、炸弹队,拟督率指挥攻夺建始南部已失之要隘;并调吴醒汉所部与民团交战。

《申报》载"汉口电"：孙传芳巧(十八)电,告马团占领花果坪,巴东肃清,敌退建始。(十九日下午三钟)(《申报》1921 年 1 月 20 日,第二张第六版)

《盛京时报》谓：某军政机关昨(24 日)接鄂西电训云,蓝天蔚自被张俊峰击退后,大部即向门关退却,前线暂取守势,不得与鄂军作战,今又在建始召集紧急军事会议,讨论联李(烈钧)夹攻鄂省之办法。并又组织鄂豫联军。已在建始添设联军总司令部。并经议定进行办法两项：(一)联李之手续。先攻施南,取道来凤。与李夹攻湖南之辰州。得势后,再会同反攻五峰。(二)联军之组织,蓝自充鄂豫军总司令,张矩廉充豫军司令,吴醒汉充鄂军司令,胡廷翼充前敌总指挥,共组两个师团,两混成旅。(《鄂西战事之近讯》,《盛京时报》1921 年 1 月 25 日,第三版)

《盛京时报》载：据二十一日汉口特约通信云,鄂西南军实因饷粮两乏,加之内地民团多抱除兵之意,烽烟四起,大有不能立足之概。是以铤而走险,急图攻宜,在战争发生之始,南军锐气实比北军猛敢数倍,故前方战事迭获胜利。复由孙传芳将所部改任先锋队后,南军战事,遂累遭挫折,且南军正前方军事不利之中,加之各处民团,抄攻后路,子弹缺乏,军心为之动摇,建始一战,遂遭大败,兵士死伤,计五百之众。凡建邑以南各要隘,均被北军旅长张俊峰占领,刻下北军大队已集于松树坪,以便即攻建城,顺取恩施。凡建邑边界,北军设有南军投诚所,凡携械投诚者,一律优待,军心更形散离。加以吴醒汉所部原定备作后援,现被蓝天蔚调与民军交战,后援断绝。故各南军望风败倒。诚有不可挽救之象。北军因地势生疏,亦未敢急进之举。按以上情形观察,施鹤七属,恐非南军久占之地也。(《鄂西最近激战之详情》,《盛京时报》1921 年 1 月 26 日,第七版)

《盛京时报》载：湘西南军并宜昌边防北军,事前本有一度之接洽。不料内部民团,致生心腹之患,鄂边北军,被孙传芳监视,亦不敢表示响应。计划不能如愿,前方败讯频仍,建始县城,危在旦夕,倘建城再陷,崔坝无所保障。蓝氏处此军事紧迫之中,已在各军提有壮强兵士二千名,编为敢死队、炸弹队,亲自督率指挥,拼命攻夺建始南部已失之要隘。无如北军方面,防守颇严,凡各要隘架有机关枪,南军奋勇前进,奈器械不精,未能得手,刻下两军正在激战之中,胜负详情,俟前方军报,再行续闻。(《鄂西最近激战之详情》,《盛京时报》1921 年 1 月 26 日,第七版)

北京《晨报》谓：某军政机关接鄂西电训云,蓝天蔚自在大支坪失败后,刻在建始一带集合,意图卷土重来,业将各路北攻军队支配妥协。蓝氏自任豫鄂总司令,吴醒汉为鄂军司令,由劝农亭攻取大实山,进夺宜昌。张矩廉为豫军司令,由鹤峰进攻长乐,再取长阳。又令胡廷翼由建始南境攻取恩施,以分鄂军兵力。(《蓝天蔚再图北攻之计划》,北京《晨报》1921 年 1 月 22 日,第三版)

北京《晨报》谓：又据某方面消息云，鄂省蓝天蔚失败退回建始，不能支持，嗣由豫军司令张矩廉张化民胡廷翼等带兵集合石门关故县等处，复向长乐等处进攻，又恩施方面之鄂军某团受蓝军运动，屯驻该处，势不还击，故蓝又将吴醒汉之第一团进攻该处云云。

又一消息云，据闻蓝饬第四第五两团及第一支队之第二营进攻故县，行抵绿葱坝，即被孙传芳击败，退至巴东，遂于该处布置防务，颇称严密，三尖观为第一防线，二道卡为第三防线，至吹风垭等处，亦设步哨及游击队等逡巡。并闻蓝天蔚刻由建始开往该处大部军队，以固防务而厚兵力。（北京《晨报》1921 年 1 月 24 日，第二版）

北京《晨报》谓：鄂西南军自从野三关大支坪先后被北军夺回后，就渐不支。其初尚拟守住花果坪，以作建始鹤峰两邑的屏蔽，不料北军第十八师第三十六旅第七十一团—马金棠所部—穆恩棠所部—分路进逼，仍是无力抵抗。花果坪又被北军攻下，退到建始，北军乘一股锐气，于十八日黎明向前追击，南军以势处危地，也勉强尽力应战，无奈人困马乏，枪弹不济，距花果坪四十里的汪家坪，又入了北军掌握。蓝军大本营扎在建始，汪家坪一失，建始就无险可守。蓝氏不得已将其大本营退驻鹤峰，另派颜得胜等在建始死守。北军以汪家坪既已攻开，建始唾手可得。若得建始，鹤峰更不难一鼓而下，禁止攻击，以为稍事休息。（小轩：《蓝天蔚已陷穷境》，北京《晨报》1921 年 1 月 25 日，第二版）

△　蓝天蔚军连日失利。施南、建始等地渐失。王占元闻捷犒军，同时准备援川计划。

《盛京时报》谓：鄂西战云，已大弥漫，惟正面巴归一带火线亘绵二百余里。道路崎岖，运送困难，昨由赵镇使孙总戎会电王督以鄂军辎重第一营，运车齐全，堪膺前军重任。当闻令饬该营长刘□，（驻平湖门外老营房），准备一切，候令出拔云。汉口二十三日电云。据宜昌警备军总司令孙传芳之报告，宜昌上游之北军，数日以来，连战连胜，前所失地带，已全部克复，目下向建始方面，正在进行中，王督军闻之，大喜，立送二万元犒军。（《鄂西战事昨讯》，《盛京时报》1921 年 1 月 27 日，第七版）

上海《民国日报》谓：孙传芳电告，鄂西战事便捷，已将施南克复，进攻建始方面民军根据地，旦夕可下。巴东方面民军亦击退。王占元即运贰万元犒军，并准备援川方略。（上海《民国日报》1921 年 1 月 24 日，第一张第二版）

《盛京时报》谓：又电据鄂西讨伐军总司令孙传芳之报告，讨伐军之主队，也已恢复施南，进□离建始县三十里之地点，民军根据地，其陷落即在旦夕，又出没于巴东县之民军，亦已全被击退。与由夔州方面而来之四川军，其联络已成。因此三峡水路,全得开通。而王督军指四川救援策,亦将开始。(《鄂西战事昨讯》,《盛京时报》1921 年 1 月 27 日,第七版)

1 月 16 日(庚申十二月八日)—1 月 18 日(庚申十二月十日) 建始为北军攻占,李化民部缴械投诚,蓝天蔚部中路军退守白杨坪,在鸡心场一带死守。报传蓝部所驻之施鹤不稳,势将不守。

《申报》谓:顷据王总指挥巧二电称,都庆行抵朱泹土,接张旅长允明铣电称,三里坝地势险恶,昼间不易逼近,令田穆两团轻装乘夜进攻。至铣(十六)日早七时,占领三里坝,毙敌无算,匪军向建始退却。当挑奋勇队四百名,竭力尾追,余队续进,至午后二时,完全克复建始。幸我军仅微伤数名。刻令田团各部,分途剿除余匪,穆团一部在大志田,同民团截杀溃军,一部进驻三里坝,以固后路等情。(《鄂西战讯》,《申报》1921 年 1 月 27 日,第二张第七版)①

上海《时报》云:大支坪一战,孙师乘胜纠同第二师第八团第三十五旅六十九团,分左右翼进攻建始。左翼为穆恩棠团长,屡败敌军,右翼兵事稍挫。兹于十七十八两日完全克复该县者,系民团内助之力。刻两军在金楼山胡家坪等处,以待决胜。(上海《时报》1921 年 1 月 28 日,第二张第三版)

《申报》谓:鄂西靖国军偏裨中,骁勇善战者,以李化民一部为最健,而构怨地方,亦以李化民一部为最深。此次在建始缴械投诚,亦以乘匆忙未定之际,间道微服潜逃矣。(《蓝天蔚失败之原因》,《申报》1921 年 2 月 15 日,第七版;《蓝天蔚失败之原因》,《香港华字日报》1921 年 2 月 22 日,第三张一页)

胡复忆:靖国军中路第一师既因北伐失败,左翼第三师也已被神兵击溃,右翼第二师长李德三见大势已去,不得不逃跑。(胡复:《靖国军在鄂西的活动与鄂西神兵》,全国政协文史资料委员会:《文史资料存稿选编》第 3 辑,第 348—353 页)

王占元十九日致北京国务院捷电云。(衔略)维密,据宜昌孙总司令巧电,称据副指挥张俊峰筱电,称峰今抵崔家坝,敌军张炬廉所部现退驻白洋坪,胡颜两逆,各率残部在鸡心场,蓝天蔚不知下落,关克威、易继春两部经鹤峰向湘逃窜,已令杨团长荫荣率所部向鸡心场等处跟剿。马团第一营已占领花果坪,刘团暂驻崔家坝等情。已电该副指挥,一面出示安民,并联络民团,举办清乡。一面督饬所部,极力进剿等情,特电奉闻,王占元。效。印。②(《蓝天蔚无下落之官报》,上海《民国日报》1921 年 1 月 27 日,第二张,第七版;《鄂西战讯》,《申报》1921 年 1 月 27 日,第二张第七版;《鄂西战事昨

---

① 《鄂西战事之昨闻》,《盛京时报》1921 年 1 月 29 日;上海《民国日报》1921 年 1 月 29 日,第二张第七版,均有相似报道。

② 《申报》1921 年 1 月 24 日,第四版;《申报》1921 年 1 月 23 日,第二张第六版,有相似报道。

讯》,《盛京时报》1921 年 1 月 27 日,第七版)

《盛京时报》载:鄂西南军经国军与民团夹击后,形势不支,节节退却,据探报云,鄂西所属,现仅恩施宣恩两处,为南军所有。蓝天蔚恐失此无依,故分兵三枝,在恩施东北两面一桶水南里渡蛮子山鸡心场一带死守。现王使已令张团进攻施南西线,并由孙师长亲率大军进驻建始。蓝天蔚已退驻来凤。(《鄂西蓝军之穷蹙》,《盛京时报》1921 年 1 月 28 日,第七版)

《盛京时报》载:鄂军击败蓝天蔚,克复建始一节,已志昨报。兹据参陆处续接鄂电,谓张旅攻入建始后,蓝天蔚残部因汪家坪无险可守,相率溃逃,余众则退驻鹤峰,现鄂军分三路追剿。张俊峰一旅由崔家坝进攻恩施,张允明两团由建始直逼鹤峰□面,务期一鼓肃清。(《鄂西战事昨讯》,《盛京时报》1921 年 1 月 27 日,第七版)

《申报》载孙传芳筱电:武昌督军钧鉴,楚密,据张副指挥俊峰铣(16)电称,在花果坪附近之大股敌军首领蓝天蔚颜德胜等已于六(六字疑有误)日被我军击溃,势将解体。闻分途向鹤峰利川等处,向湖南逃窜。并该副指挥现率刘马杨等团驻崔家坝追剿等情,已电令前方各队,猛力追剿,并急令邱团星夜进攻鹤峰矣。施宣警备司令孙传芳叩。筱。(《鄂西战讯》,《申报》1921 年 1 月 27 日,第二张第七版)

《申报》又载:南军集中鹤峰。顷有自南军脱归者云,蓝天蔚全部约有六七万人,于失野三关时即已脱走鹤峰,别图进取。军队随往者不少。现查该县南军已猝增至三四万人,人民不胜供应之烦苦,莫不群起嗟怨,拟步施属组织民团之后尘,唯扼于势力而不得逞。兹闻两路北军已抵鹤峰,准备进攻。该县人民因请亟行攻击,并愿为向导者,不知凡几。看长鹤交界间,将又有一番剧战也。(上海《时报》1921 年 1 月 28 日,第二张第三版)

据《北京钱孟材致太原阎督军祃电》:太原督军署:贞密。鄂西军事甚获胜利,现官军进占三里坝,克复建始,已会队合攻恩施,蓝天蔚不知下落。特闻。祃。印。(《钱孟材电阎锡山》,1 月 22 日,《各方民国 10 年往来电文存录》一,《阎锡山史料》,台北“国史馆”新店办公室藏;《阎锡山档案·要电录存》第四册,第 254 页)

北京《晨报》载:鄂西北军,自从反守为攻,克复巴东全境后,就乘胜分三路进攻。张俊峰担任攻施南,张允明担任攻建始,王都庆担任攻鹤峰,其发动情形,已见孙传芳筱巧各电,查崔家坝为施南要隘,汪家坪为建始锁钥,南军虽然死力扼守,后因实力不敌,卒被北军攻陷。稍明前方形势的,早已料到施南建始不久总要被北军克复的。果然孙传芳又有皓电到省,报告建始已为张允明所部率田穆两团克复的情形,并说明施鹤也指日可下。另据一讯,施南南军,此说建始又失,兵无斗志,业于三十一日被张俊峰所率刘杨两团占领。王都庆所部邱团也进闻入鹤峰腹地,不难完全克复。此项消息虽不能断为确实，但是南军迭失要隘，锐气已挫。一闻北军来攻，便望风逃窜，施鹤不稳的传说，固也在人意料中。

南军主要部分乃在施鹤，其余恩施宣恩来凤咸丰利川五县，多被民团所格局。纵有未全驱逐的南军，也不过是散兵队，没有战斗力。施鹤一下，其余当然解体。据闻现在已有好些南军知道抵挡北军不住，纷向湖南逃窜。若北军果可完全结束，不过在那丛山青林中，搜捕也颇不易。但到阴历年内，鄂西或没有南军的足迹。王占元以前方迭获胜利，特派人携带物品，犒赏前敌将士，责成孙传芳安置投诚的南军，和妥办所得各地的善后。昨日又张贴建始克复、施鹤指日可下的布告。（小轩：《鄂西南北军最近之形势》，北京《晨报》1921 年 1 月 27 日，第三版）

△　17 日午后，蓝天蔚军之右翼吴醒汉部被北军击败，鹤峰县城不守，退来凤。

上海《时报》载：鄂西北军，连日攻克建始、施南、利川各处。南军节节失利，士卒瓦解。一见北军进攻，不弃城逃窜，便缴械投诚。除胡廷翼由龙□□等先后投降官兵约有二三千人外，张矩廉所部豫军，在白杨坪向北军投降者也有千余人。张逃避不及，竟被北军第三混成旅第六团刘宗仪部下所生擒，送往宜昌收押，不日当可解省。南军既已胆落，北军复又猛攻，在施鹤七属地势最险，军力最厚之鹤峰，亦于十七日午后三时被三十五旅邱团攻破。因该处距省窎远，得信□迟也。鹤峰既破，吴醒汉所部军队全数退至来凤，颜德胜与李化民等残余部队，都麇集于宣恩咸丰两邑。（上海《时报》1921 年 2 月 3 日，第二张第三版）

《申报》载：鄂西南军白野三关大支坪先后被北军夺回后，势渐不敌，初犹扼守花果坪，以为建始、鹤峰之屏障。及北军马穆两团分路进逼，南军虽亦死力与抗，鏖战数次，卒以实力不济，退保建始。北军又于十八日拂晓由花果坪续行进攻，南军力复不敌，距花果坪四十里之汪家坪被北攻下。蓝军大本营即在建始汪家坪。既失建始，无险可守，遂将本部移驻鹤峰，而命颜德胜在建始死守。（《鄂西南军失败消息》，《申报》1921 年 1 月 26 日，第七版）

上海《时报》载：武昌督军钧鉴，楚密，顷据邱团长长胜报告，该团谢营于筱(17)日五时率队由燕子坪向鹤城进攻，抵九峰桥，遇敌二三百名，向我射击。营长即率全部猛力进攻，相持数小时，敌力不支。向鹤城推却。当即跟踪追剿。至午后三点，完全占领鹤城。敌首韩子成王治锷，已将鹤城内外抢空。人民均逃。敌已向刘家司王家山郭家关方面退却。现该团长在湾潭候令遵行等情。除严令该团长速进驻鹤城，督率所部进攻来凤并协攻宣恩之敌，到来凤后，除与川人联络外，当电令王总指挥饬各部堵剿，以免敌人他窜。再闻张学济被其部下刺死，灵柩已运往湘省

矣。谨电奉闻。总司令孙传芳叩。养。印。①（上海《时报》1921年2月3日，第二张第三版）

△ 报载，蓝天蔚军退入利川境内，与民团交涉、交战。

长沙《大公报》载，蓝军在建始被张旅击败后，即率颜德胜、黄桂清、田泽荣（均云南人）等部残兵约万余人西窜利川。是月初六日至恩施小龙潭场，挟民团抄袭之忿，将该场房屋焚毁殆尽，民间什物抢掠一空。初七日至罗针田，百姓逃避，房屋亦悉焚烬。遂越石板顶入利川境。利川民团闻其沿途烧杀，心均大愤，乃于各要隘堆塞木石，阻其去路。一面调集全县民团协力抵御。蓝见进退无路，即遣人向民团伪求开放，由团保山至四川白杨坝之路，不入利城，沿途经过地方誓不相犯。民团信以为真，旋将此路让出，群聚朱砂屯一带防堵入城道路。蓝见势有可乘，于初十日辰刻率全队向民团猛扑，民团不支，退守黄泥坡，"距城四十里"。（《蓝天蔚与民团激战详志》②，长沙《大公报》1921年2月17日，第三版）

△ 北京政府嘱王占元加派劲旅，兵出长阳，堵截蓝军后路。

北京《晨报》载：又闻鄂督王占元昨日续有捷电抵京，陈报已将建始完全克复，原文略云：据孙总司令报称，蓝部退驻鸡心场，经张旅穆团前后袭击，势益不支，我军号日进占三里坝，翌晨进至建始县，遂将县城完全收复。现正督饬各军乘胜追击，围攻恩施。即日可下等语。饬力进剿期肃清外，谨闻云云。又闻政府接据上列捷电，极为欣慰，业由参陆处覆电奖励，并嘱王占元加派劲旅一支，由长阳前进，堵截蓝军后路，以防回窜。所有此次克复建始出力人员，并准择优请奖，藉资策励。（北京《晨报》1921年1月24日，第二版）

1月19日（庚申十二月十一日） 蓝军与民团相持，蓝天蔚是日进据利川东门外半边街。

长沙《大公报》载：后方民团援队赶到，喘息未定，蓝即率队猛攻，相持数小时。民团死伤数百人，纷纷溃退。蓝遂于是日进据东门外半边街。（《蓝天蔚与民团激战详志》，长沙《大公报》1921年2月17日，第三版）

△ 蓝天蔚军胡廷翼所部守鸡心场不支投诚。

《申报》载"汉口电"：南军胡廷翼所部官兵千余人，皓（十九）合杨马两团长缴械投诚，攻克利川。（二十四日下午六钟）（《申报》1921年1月25日，第二张第六版））

---

① 鄂西土家族苗族自治州事务委员会：《鄂西少数民族史料辑录》，1986年，第626—627页，亦有类似内容。

② 按：蓝军与民团之交战此篇较为详致。然时间需商榷，蓝败退建始当在1月16日（十二月初九日）后。

《申报》谓：蓝天蔚参谋陈天裁因代表胡廷翼赴崔坝向北军言和，团长刘宗仪恐其诈降、别有用意，当即交机关枪连看管，有人代为力保，刻尚未释。（以上宜昌消息，《鄂西军事噪声》，《申报》1921 年 2 月 12 日，第七版）

王占元电（武昌 392 号电文）：北京国务院钧鉴：参陆部鉴，统密，据宜昌孙师长电称，据前方报告，巧日（十八）杨团长荫荣率队向鸦雀岭前进，探闻胡廷翼率逆军千余人，占据熊家岩，当令该团长占领张家槽乘机进逼。并令马团攻敌各后，敌即溃退。正至皓（19）早有美国高牧师，比国余司铎来营接洽，面称胡逆全部自愿缴械投诚，当经允许，遂令杨团收逆枪械，计官佐六十三员，兵卒一千余名，应如何处置，请示遵等情，已电复将接收枪械数目查明报案。投诚官兵一并押送来宜，分别资遣回籍等情。除电令该司长转饬进攻外，谨闻，占元叩，敬。印。（南京中国第二历史档案馆；鄂西土家族苗族自治州事务委员会：《鄂西少数民族史料辑录》，1986 年，第 626 页）

北京《晨报》谓：又十一月二十四日通讯云，鄂西北军，攻克建始，并占领施南的消息，都详昨报。兹闻南军节节败退，军心都为解体。大有东奔西窜、各谋生路的现象。驻在鸡心场的南军，胡廷翼所部被北军杨马两团猛攻，抵挡不住。请出该地教堂美国高牧师比国余司铎向杨马两团说和。愿率所部缴械投诚。杨马两团长因王占元有令，如南军弃械来归，应设法收抚，妥为安顿，遂允其情。是日胡率营长团副六员，官佐五十八员，目兵一千余人，机关枪架□□，步枪土枪三百余枝，骡马一十余匹，悉数交北军接收，已由杨团尹营、马团李营押送到宜昌，设所收容。（小轩：《鄂西南北军最近之形势》，北京《晨报》1921 年 1 月 27 日，第三版）

胡宗宜谓：近迫巴东，半以久疲之兵，蕴败之械，前当强敌之冲，后有川军之叛，弹尽援绝，烈士身陷重围，兵败被执。（胡宗宜：《胡廷翼先生事略》，中国人民政治协商会议鄂州市委员会文史资料工作委员会：《鄂州文史资料》第 2 辑，第 12—13 页）

胡复回忆胡廷翼兵败被俘经过：正当中路靖国军第一师长胡廷翼指挥前敌部队向建始县高店子进攻的时候，由于北军刘团长前与柏文蔚原有的联系中断，起而坚决抗拒。并值孙传芳师也由宜昌增援高店子。胡部虽已连战皆捷，攻破北军三道防线，占领了高店子右后方，终因前当强敌之冲，后有神兵之乱，弹尽粮绝，未能进展。正相持间，暗藏的内奸张石庵突然出面，号召部队缴械投降，军心动摇，胡遂兵败被俘，解赴武昌遇害。至于内奸张石庵返省后，则因得到鄂省王占元授任楚材兵舰舰长之职。（胡复：《靖国军在鄂西的活动与鄂西神兵》，全国政协文史资料委员会：《文史资料存稿选编》第 3 辑，第 348—353 页）

△　报载，蓝天蔚为王占元请电褫夺勋职，严令缉拿。

北京钱孟材贞密皓电：太原督军贞密，据王督电，鄂西军事孙传芳已追击至蔡家坡,蓝天蔚退至花果坪。已通令前敌,乘势进攻建始,还我失地。请政府将蓝褫夺官勋,并明令缉拿。特闻。桐。皓。印。(《护法战役案》(五)《阎锡山史料》,1921 年,台北"国史馆"新店办公室藏;《各方民国 10 年往来电文存录》(一),《阎锡山史料》,台北"国史馆"新店办公室藏;《阎锡山档案·要电录存》第四册,"国史馆"2003 年版,第 253—254 页;《申报》,1921 年 1 月 18 日,第二张第六版)

《香港华字日报》载:据政界消息,两湖巡阅使王占元十九日有密电到京。探其内容略谓,蓝天蔚反覆无常,甘心破坏,应请迅颁明令,褫除军官实职及所得勋位勋章,并通令严缉,以昭炯戒云。谓大总统业批交部院核办矣。(《王占元请褫夺蓝天蔚勋职》,《香港华字日报》1921 年 1 月 28 日,第三张第一页)

1 月 20 日(庚申十二月十二日)　蓝天蔚遣人游说,欲驻扎利川,为民团拒绝。

长沙《大公报》:十二日,又巷战数小时,彼此互有死伤。民团败退出城。蓝复遣人游说民团,诡言以前误会冲突,均不追究。只求在利川驻扎。此后诸君任凭本地士绅主持,决不过问。各团均不之信,严词拒绝。(《蓝天蔚与民团激战详志》,长沙《大公报》1921 年 2 月 17 日,第三版)

△　报载,蓝天蔚右路军与王育寅等部进攻五峰北军失败;又有谓蓝天蔚派人赴巫山调取王安澜军队援救,一面电知湘西李烈钧分兵协助,以期卷土重来。

《顺天时报》载:蓝天蔚在鄂西不能驻足,已退川鄂边地,近又勾结湘西王育寅及各股匪帮,希冀反攻王占元。昨有电来京报导,谓据孙司令传芳马电报称南军勾结王育寅并湘鄂土匪骜日夜进攻我军,当经五峰赵团长迎头痛击,激战四小时,蓝军不能抵抗,四散逃窜。我军现正追击,除饬令赵俊陞督队再攻,兼派队前往扼要驻防外,合电奉闻。(《蓝天蔚在鄂西之近况》,《顺天时报》1921 年 1 月 30 日,第二版)

《顺天时报》载:鄂西蓝天蔚兵败失踪,志不得逞,据闻确已藏匿巴东民间。惟其图鄂之心迄未稍灭,已派人赴巫山调取王安澜军队,以资援救,一面并电知湘西李烈钧分兵协助,以期卷土重来。(《蓝天蔚拟卷土重来》,《顺天时报》1921 年 2 月 1 日,第三版)

《顺天时报》载:又据另一报告云,蓝天蔚自被张俊峰击退后,复在宣恩等处招募新兵,与王安澜、张矩濂等合力重谋北犯,并闻所有进攻计划亦已规定:(一)由巴东渡江,近窥归州;(一)由施南分攻三尖观,越茅坪,以进略宜昌,而出北军之后;(一)由石门关攻夺长阳;(一)由鹤峰进攻长乐,以取宜都,所集合之兵尚有两师团之众及一混成旅。蓝仍自充总司令,吴醒汉为副司令。(《蓝天蔚在鄂西之近况》,《顺天时报》1921 年 1 月 30 日,第二版)

上海《时报》谓:军政机关确息,鄂西蓝天蔚刻下虽已退守川边,然其部下第二三两团□□麟所部仍在境内三十余里之官渡忠路等处盘踞。而王安澜已由鹤峰退窜老鸦关,收容蓝天蔚吴醒汉之溃兵,以便再图卷土重来,惟警备司令孙传芳之第六团刻已进至宣恩向前进攻,王军因子弹缺乏,不能还击,说以暂取守势。(上海《时报》1921 年 2 月 3 日,第二张第三版)

△ 报载,蓝天蔚部张矩廉及王安澜为北军张俊峰分兵进击。张俊峰将投降之蓝军改编为先锋队,搜击南军。

北京《晨报》谓:又中央昨接王占元来电,报告鄂西蓝天蔚自建始恩施被孙传芳击退后,即向川边逃窜,惟因扫除鄂西南军余孽起见,又令张副司令俊峰分兵进击鹤峰之张矩廉、来凤之王安澜,并将投降之蓝军改编为先锋队,作为向导。搜击南军,以便肃清而安鄂境。(《蓝天蔚败后之鄂西》,北京《晨报》1921 年 1 月 29 日,第三版)

北京《晨报》报导《鄂西北军之军事计划》:中央日昨(二十日)接王占元来电报告,鄂西蓝天蔚自被张俊峰副司令击退后,仍在石门关一带收复死党及各处溃军,大有卷土重来之势。已令孙传芳速将第五六团开赴大竹坪□□□□等处严行设防,第七团调赴长阳,作为后备,以免蓝军进窥。至恩施方面,日来颇形紧急,亦电饬孙师长分兵前往接援矣。又一消息云,蓝黎受军府指使,向鄂西进攻,王占元业将□□情形电告政府。兹闻昨日王又有电抵京,大致谓蓝天蔚北犯各军,已由宜昌孙传芳所部击退,□督饬孙传芳向石门关一带追击,并分电第十八师第八师遥为援助。拟乘此时机,将蓝军逐出鄂西境,以便肃清鄂西之南军。(北京《晨报》1921 年 1 月 21 日,第三版)

△ 蓝天蔚为曹亚伯致电劝勉廓清鄂境,恢复武昌。

上海《民国日报》1921 年 1 月 21 日载:旅沪鄂人曹亚伯君昨致蓝天蔚吴醒汉及鄂西各旅长团长电,勉以即日恢复武昌,重光民国,并谓王占元祸鄂七年,卖尽鄂人公产,以肥私囊,无恶不作。较之张敬尧之祸湘,莫荣新之祸粤,有过之无不及。鄂人感亡省之痛,比之湘粤父老尤深,竟存以九千之众,杀贼如麻,湘军以困苦之师,卒清北庭,鄂省为首义之邦,救亡责无旁贷。(《勉蓝天蔚廓清鄂境》,上海《民国日报》1921 年 1 月 21 日,第三张第十版)

1 月 21 日(庚申十二月十三日)—1 月 22 日(庚申十二月十四日) 蓝天蔚军遭民团在利川包围。

长沙《大公报》载:十三四两日,汪家营、南坪、凉雾山、三步街、毛坝、冷水坪、红沙溪等处民团陆续开到者约万余人,将城包围。枪炮声、杀声朝夜不绝。(《蓝天蔚与民团激战详志》,长沙《大公报》1921 年 2 月 17 日,第三版)

△ 蓝天蔚军败走,北军占领施南县城。(南京中国第二历史档案馆;鄂西土家族苗

族自治州事务委员会:《鄂西少数民族史料辑录》,第626—627页)

上海《时报》载孙传芳养电:武昌王督军钧鉴,楚密,顷据张副指挥俊峰个电报称,杨团长由施南急电报称,该团长率第一、三营,机连炮排,于号日将鸡心场向家村之敌节节进攻,次第驱逐。除令第三营并附机关枪两杆,率其余部队南进,已于个(21)日完全占领施南县城等情。查施城已复归版图,殊堪庆幸。俊峰拟于明日率陈营并附刘团机关连一排前进赴施,办理善后事宜。相机迫剿余匪。再马团长率所部于号日由凌子党经锄湾向施南集中等情,除电令该指挥极力进攻宣咸来各县外,谨电奉阅,总司令孙传芳叩。养。印。(上海《时报》1921年2月3日,第二张第三版)

△ 北洋通电严剿蓝天蔚。

《盛京时报》谓:鄂西蓝天蔚,出发施南,其势汹汹,不可遏止。闻中央对此,极不满意,以巫山左近,屡合屡叛,划界视为弁髦。其南军首领,反复不定,殊堪痛恨,查黔湘不日北附,只有一隅,不能任其跋扈飞扬,故特电王占元,令其速派多数精锐部队,随同孙传芳严剿,倘终不知悔悟,可即飞报中央。(《战蓝捷报》,《盛京时报》1921年1月21日,第七版)

△ 蓝天蔚为王占元悬赏缉拿。

《申报》载:王占元(督养)(1月22日)电前敌悬赏缉拿南方各领袖蓝天蔚万元,吴醒汉五千,张矩廉,王安澜各三千。(二十四日下午六钟,《申报》1921年1月25日,第二张第六版)

1月23日(庚申十二月十五日) 蓝天蔚率部自利川城突围未果,请天主堂神父邓利森出面和平,出境入川。

长沙《大公报》载:十五日拂晓,蓝率全队策马从西门突围而出,行至大塘地方,距城七里,民团喊杀四起,弹如雨下,枪炮之后继以短刀。蓝乘坐马中弹倒毙,蓝亦跌翻在地。民团一拥而上,蓝部拼命救护,仍退入城。是役蓝军死伤四五百人,民团伤亡八九十人。蓝入城后,又请天主堂神父邓利森出面向民团首领商会长吴兆堂、保安会长黄锡光、先锋队长张□□、牟金魁等要求三事。(一)愿退出利境,请勿攻击;(二)通过路线由大塘兴隆场忠路入四川黔江;(三)经过地方请派人预备食物。民团逐件答覆:(一)既愿退出,可以停止攻击,惟限于二十四小时内离开利境;(二)由忠路入川,道途弯远,各处均有民团,不能负责。准其由白杨坝出奉节,限一天出境不得逗留。(三)在利川境内食物可以照办,惟须将所有枪械全行缴出,另由民团护送监视出境。(《蓝天蔚与民团激战详志》,长沙《大公报》1921年2月17日,第三版)

△ 蓝天蔚军败走利川为北军所下。

《申报》载:至利川克复,张俊峰亦有较详之捷电到省,略谓穆恩棠团长率领所部由南坪渡清江,在火烽岭与南军接战二小时,南军大败。当由前敌军队生擒南军兵士三十余人,夺获军械刀矛无数,利川县城于二十三日晚十时完全克复,已派执法官罗云白权掌县篆,维持地方秩序云云。是南军七属地盘现仅存宣恩来凤咸丰三邑,王督得电后甚为快意,当即电令孙传芳就近犒劳,饬速进攻,务于一星期内完全肃清。(《申报》1921 年 1 月 30 日,第八版)

北京《晨报》载:又据军属消息,第一补充旅长兼前敌左指挥张允明所率田穆两团于十六日攻克建始后,就乘势进攻利川。南军完全失了战斗力。一见北军,便纷纷退却,昨二十三日黎明,利川已被田穆两团占领。(《鄂西南北军最近之形势》,北京《晨报》1921 年 1 月 27 日,第三版)

北京《晨报》载:鄂西战事外传不一,惟据鄂督王占元连日来电,则北军节节获胜,既克建始,又复恩施,先自蓝天蔚困守鹤峰,北军三路进剿,已成合围之局。闻某军事机关昨续接王占元来电报告,张旅于漾日克复利川,邱团亦于同日占领燕子坪,距鹤峰仅四五十里。俟马穆两团驰到会齐,即行开始总攻击。(《蓝天蔚败窜之踪迹》,北京《晨报》1921 年 1 月 28 日,第二版)

北京《晨报》载:又本日(二十八日)政府接鄂都王占元宥电云,据驻宜昌孙总司令电称,蓝天蔚之余众聚集鹤峰龙门山等处,经我军由恩施长阳出发,星夜进行,出其不备,于漾(23)敬(24)两日连次击破数垒,计生擒伪团长二名,坼堠兵士五名,敌军死伤七十余名,夺获枪支无数,现在敌军已向青泥坝、花果坪迤里窜去,我军正在追击,谨此驰陈。(《蓝天蔚败后之鄂西》,北京《晨报》1921 年 1 月 29 日,第三版)

《申报》载:湖北王夏之冲突至今未已。近则王占元已实行排夏,勾结一部分鄂人之不满意于夏者。来电攻击夏氏,且欲联络一部分学生以为之助。如最近陈绍龙谢石钦之入京,即为此事也。说者谓王占元对于鄂人已不啻明与宣战,政府对此固然搁笔而费平章。然如王果得势,则因而用王氏所保之鄂人,以去夏氏亦意中事。至于鄂西之战,则蓝天蔚为鄂人,亦大有驱王之意味。战况所传,孰胜孰负,纷纷不一。且闻湘西之兵趋石门,图荆州,以助蓝氏。而蓝军距宜昌止六十里之说。又自汉口传来,则其于长江方面之现状关系尤为重要也。(一月二十三日早六时,《申报》1921 年 1 月 25 日,第六版)

△　蓝天蔚为王占元又发梗电缉拿,悬赏万元。

《盛京时报》载:兹闻王占元督军昨日又有梗(23 日)电报告,原文探录如下:(衔略)据探称,蓝天蔚勾结土匪,悬赏十万[①]元。宜昌蓝军约万余人,土匪约八千

[①]　按:应为悬赏一万元。

余人等情,除据情电孙司令外,鄂防紧急,所欠各军军饷,迭电中央,未蒙筹发,务恳饬部照发,以安军心,临电迫切,并乞讯示机宜,以便祗遵,王占元叩。梗。(《鄂西蓝军之穷蹙》,《盛京时报》1921年1月28日,第七版)

上海《时报》云:王子春于二十三日将所得各项捷报分发各报馆刊载,以安人心。昨据某方面消息,传恩施已于二十一日占领,但至今尚无确报证实。以势测之,花果距恩施仅数十里。左路既占建始,恩施已失一翼。北军乘胜一鼓作气,下一弹丸之城,固甚易易。□右路鹤峰,尚无捷报。南军又以王育寅一部,思出石□以扰荆州。且欲□宜□之后援。嗣经第八军之苗团堵截,计不得逞,也已退去。是役也,蓝军既失恩施,则首都已失,军气已馁,设无后援,则施南非南所有也矣。据闻此次南军之败,系施南人怨气已深,共立民团,为北军之内应,且诸事掣南军之肘所致。试思以孤立无援,饷械不足之南军,腹背受敌,安得而不败。今闻王氏对于鄂西民军,决定以全力扑灭之。除增厚兵力外,暗中又接济施属民团,使为内应。王氏于二十三日曾发表一声讨蓝天蔚之檄文如左:盖闻英雄做事,爱国必先爱乡。法制因人用宽,有时用猛。逆首蓝天蔚者,狼心素抱,鹰眼难驯(?)。屡倡逆谋,幸逃显戮。当襄阳自主之日,已密属其豺牙;值施南纷争之秋,遂僭夫执牛耳。□当人心厌乱,政府谋和,本督军意在怀柔,力图宁息。遵□界分防之约,筹和平结果之力。而乃徒费嗟商,终难就范。收溃兵而图大举,越地以谋进攻。逞彼淫儿,妄诩天之骄子;肆其狂吠,无非盗憎主人。虐绅商如犬羊,与乡邦为□敌。戕子遗之妇孺,血流成渠;剥垂尽之脂膏,哭声载道。本督军职司守土,责在保民,哀此穷边,独为化外。亲颛连之状,久切痛心。听呼号之声,义难袖手。用是推毂命将,秉旄誓师。百姓俱箪食以迎,军队无秋毫之犯。现已收复建始,进规恩施。奋臂当车,笑螳螂之力弱,望风遁迹,知腐鼠之技穷。夫玉石俱焚,仁人不忍。胁从罔治,往哲所称。凡施鹤七县之被殃,皆蓝氏一己之流毒。今特明颁布告,谕尔军民,有能得项上之头,定邀重赏。倘果解晋阳之甲,尽是驯良。檄到如律令,檄文而外,又出赏格缉拿各首领。其代价如下:

(一)缉获蓝天蔚或杀之首级者赏洋一万元。

(一)缉获吴醒汉或杀之首级者赏洋五千元。

(一)缉获王安澜或杀之首级者赏洋三千元。

(一)缉获张矩濂或杀之首级者赏洋二千元。

以上之檄文与赏格,均于昨日(二十三日)通知各处。又派副官郑永清于昨晚赴宜公犒军使,今日据军属传出之捷报,谓□□邱团已于二十二日占领距鹤峰四十里之要塞□□,正往前攻。又传左路于二十三日占领利川。蓝军全部死守施南来

凤战线。但得中右两路进步。施属指日可以肃清。（上海《时报》1921 年 1 月 29 日,第二张第三版）

北京《晨报》载：至鹤峰南军为吴醒汉军队所驻屯,在南军中枪械较多,训练也较胜。兼以所占地势都属险要。王都庆所部邱团虽然已越燕子坪,攻入鹤峰境内。因吴军据险力拒,尚不甚十分得手。若施南利川都下,北军必倾全力以扑鹤峰。鹤峰一下,宣恩咸丰之少数南军自然望风解体。王占元因前方军事胜利,急于早竟全功,特按南军军官资格,分别悬赏缉拿。除缉获蓝天蔚的代价一万元,已探载昨报外,其他如拿获吴醒汉则赏银五千元,王安澜、张矩廉二人各为三千元。（《鄂西南北军最近之形势》,北京《晨报》1921 年 1 月 27 日,第三版）

1 月 24 日（庚申十二月十六日）　蓝天蔚与所部退走,受到民团夹攻。

长沙《大公报》载：蓝得答覆后,知交涉无效,竟于十六日夜半率全部仍向团宝山退走。民团尾追者约千人。团宝山民团长周中时亦率民团夹攻,沿途喊杀,山谷震动。蓝军心慌,纷纷易服弃械溃散。蓝亦由黑山土墙坝向奉节逃遁,随行者仅剩二三百人云。至于被擒与否,抑系逃入四川,则尚不知其详。（《蓝天蔚与民团激战详志》,长沙《大公报》1921 年 2 月 17 日,第三版）

1 月 26 日（庚申十二月十八日）　蓝天蔚右路军死伤过半,余众退走。北军攻占鹤峰、宣恩县。

《盛京时报》载：据某军事机关消息,昨晚续接鄂电,谓鹤峰业经邱团攻下,蓝军死伤过半,余众向刘家司□阳关退走,鄂西已告肃清云云。

鄂西军事,昨已刊布王占元请优奖孙传芳、张俊峰,政府已交院核办。昨闻政府曾有训令一道,拍致王督,略谓孙张各师,克复建始,奋身堪嘉,至崔家坝、花果坪、三里坝宜驻重兵,并宜拨队进攻,使之不能退却。所有愿降,应须缴械,以免反复生虞。（《鄂西战事之捷音》,《盛京时报》1921 年 2 月 1 日,第七版）

《申报》载：鄂王电,宥（26 日）日克复宣恩县,现□□沙道沟。（二日下午五钟,《申报》1921 年 2 月 11 日,第二张）

△　报载蓝天蔚第一军秘书长姚汝婴①因要公赴来凤时,为部下某军士所行刺。

天津《益世报》谓：顷据由来凤回鄂友人报告,鄂西蓝天蔚第一军秘书长姚汝婴,原系湖北黄陂人,因以前与部下某军士有隙,该军士久欲图报,以无机可乘,不得遂其私愿。继以姚汝婴因要公赴来凤,该军士乘机行刺,姚氏当时被刺,立刻毙

---

①　姚汝婴即姚干青（卿）。

命,情形甚为凄惨。(《蓝军秘书被刺》,天津《益世报》,1921 年 1 月 26 日,第六版)

钟鼎谓:公(蓝天蔚)复云:"姚干青、宋寰文两人很肯讲话,可惜干青在来凤死了,寰文在利川,恐怕也逃不出性命来。"言毕嗟叹不已。(钟鼎:《遇害始末记》,《蓝上将荣哀录》)

△ 蓝天蔚部张矩廉为部下刺死。王安澜、由犹龙部投诚。关克威、刘英和杜邦俊等游击部队,或被缴械,或突围逃走。参加过靖国军的官佐其多被神兵搜杀殆尽。

《盛京时报》谓:又据鄂省探报云,黎天才逃走后,其部下由犹龙一部分,尚在川鄂交界之处,苟延残喘,兹因蓝天蔚战败,由即率其所部千人,向孙传芳投降,惟王使以黎部时存反侧,不敢擅收。已电告中央,请示办法。(《鄂西战事之昨闻》,《盛京时报》1921 年 1 月 29 日,第七版)

《刘伯承早期戎马生涯》中谓:驻太阳河的王部被先遣支队胁迫,向鄂军张允明旅长缴械投诚。(《刘伯承早期戎马生涯》,第 259 页)

北京《晨报》谓:又王占元昨续有捷电抵京陈报占领施南后之军情,原文略谓,据孙总司令报称我军于漾日将施南完全克复后,现正调攻鹤峰,即日可下。张逆矩廉所部内讧,张已被其部下刺死,蓝势益孤等语。除饬乘胜追击,务期肃清外,一面悬赏缉拿首要,以免死灰复燃。再王安澜屯兵野北,本有进犯意,兹因蓝逆失败,大势已去,特向我军投诚,要求收抚。业由王占元电饬王总指挥相机办理。如无意外希冀条件,尚可允许。俟接洽详情,再行奉闻,先此驰陈,伏乞鉴核。(《蓝天蔚败后之鄂西》,北京《晨报》1921 年 1 月 29 日,第三版)

北京《晨报》又载:又闻王占元昨日又有电到京,略谓据孙司令电称敌部豫军李魁元、卢凤山等所部兵士千余人情愿缴械求归。共有快枪千余枝,机关枪两架。现正办理安置事宜。查蓝天蔚负固施南,倒行逆施,民怨沸腾,将士离异,加以粮尽矢穷,久已朝不保夕。此次其部下投降之多,益见败亡之征。大兵压临,不难指日消灭。除布军民人等外,知关廑注,特此奉闻等语。按蓝军形势如此,谅不足平,特此奉闻,请纾廑系。(《蓝天蔚败后之鄂西》,北京《晨报》1921 年 1 月 29 日,第三版)

胡复忆:王安澜部也因兵败,王本人被执解赴武昌释放。由川东转移来的靖国军豫军全部在大吉场被神兵击溃。关克威、刘英和杜邦俊等游击部队,或者被缴械,或者突围逃走,无一幸存。所以先后参加过靖国军的官佐,除了杨经曲、江炳灵、胡志民、蒋东佛、卢智泉、范鸿勋、杨茂斋、刘锡周、熊贞吉等早经离开了鄂西,我则在失败以后由当地天主教堂神父护走,得免于害外,其余则多被神兵不分皂白,搜杀殆尽。一般说来,现代任何战争失败方面的官兵,除阵亡外,多被资遣,而神兵对待靖国军的官佐士兵,则一概杀害。这不能不说是靖国鄂军的最大惨剧。(胡复:《靖国军在鄂西的活动与鄂西神兵》,全国政协文史资料委员会:《文史资料存稿选编》第 3 辑,第 348—353 页)

1 月 26 日(庚申十二月十八日)—1 月 27 日(庚申十二月十九日)　蓝天蔚败走利川时,曾与部下开会商议趋向。会中有主张联合李烈钧者,有主张赴川者,有谓重返建邑者。

《顺天时报》载:顷据蓝部归弁所谈,上年腊月十八九日(旧历)蓝氏败走利川,即会议趋向。有主张赴湘者(与李烈钧和),有主张赴川者,聚讼一庭,犹疑莫是。(《蓝秀豪自戕始末记》,《顺天时报》1921 年 4 月 11 日,第二版)

长沙《大公报》谓:自鄂西失败,蓝即率□军颜得胜豫军、张汉兴各部退走利川,徐图再举。甫抵利城,又被民团围攻,蓝不忍与民敌,故再返建邑。(《蓝天蔚又为川军所擒耶》,长沙《大公报》1921 年 2 月 28 日,第三版)

1 月 28 日(庚申十二月二十日)　蓝天蔚部右路军退至湘境,欲与李烈钧联合攻湘。报载蓝天蔚曾致电唐继尧刘显世及孙文、伍廷芳,谓个人虽屡欲推倒非法,不成而志尚壮,且每次北伐,均因后无切实接济,难期建功,俾与李烈钧筹议,必达护法之目的。

《顺天时报》载:政府昨接王占元来电报告,蓝天蔚自建始失败后,部下伤亡三分之一,一切战利品损失尤巨,以故元气大伤,颇难支持。刻下已由恩施宣恩退入来凤,因被孙军第五六两团在后追击,故于俭日(二十八日)统率溃兵向湘边龙山永顺等处逃窜,期与李部(烈钧)携手以图卷土重来。(《蓝天蔚退向湘边》,《顺天时报》1921 年 2 月 3 日,第二版)

《香港华字日报》载:王占元电称,据赵恒惕电告,李烈钧蓝天蔚会师攻湘,乞拨大军赴援。(三月二日北京特电,《香港华字日报》1921 年 3 月 3 日,第一张二页)

《申报》载:鄂王电,蓝天蔚已退至湘境,鄂西不难即日肃清。院覆电,乘胜追缴,以靖地方。(二十七日下午九钟,《申报》1921 年 1 月 28 日,第四版)

《申报》又载:孙传芳径(二十五)电,据探报蓝天蔚逃窜湘境龙山,召集残部,以待李烈钧援助。(二十七日下午五钟,《申报》1921 年 1 月 28 日,第二张第六版)

北京《晨报》载:政府得探员确报告云,蓝天蔚由鄂西败退后,曾在湘西与李烈钧会晤,主张请滇粤协助再图进行。蓝曾用个人名义致电唐继尧刘显世及孙文伍廷芳各人,谓个人虽屡欲推倒非法,不成而志尚壮,且每次北伐,均因后无切实接济,难期建功,俾与李烈钧筹议,必达护法之目的。(《蓝天蔚向滇粤乞援》,北京《晨报》1921 年 2 月 5 日,第三版)

长沙《大公报》载：政府方面顷接湘省密探电报，略谓李烈钧现因援军已抵贵境，日内可抵镇远，故将该处之第七八两团，又向晃县出发。在该处作为前线后路大本营，而司令部仍设于镇远，前留便水之第六团，刻下已编先锋队。(决定寒日十四)进攻芷江，夺取黔阳，向湘东进攻，李又计议与逃入湘北之蓝天蔚，实行联合，以壮声势云。

又湘讯云，蓝天蔚因势力穷蹙不能再图发展，特与湖北王育寅实行联合。双方所议条件有四：(一)双方军队共同组织与李烈钧联络进攻湘军；(二)所需军械饷弹由双方筹措；(三)以湘北龙山、澧县、石门三处作为根据地；(四)进攻路线由石门进取安福，由龙山进攻桑植。(《蓝天蔚去鄂图湘之失败》，长沙《大公报》1921年2月22日，第二张；《李蓝攻湘之计划》，《盛京时报》1921年2月18日，第七版)

《申报》载《湘军最近之军事》：程系党人自去岁两次在湘失败，虽势力已铲除净尽，然其图报复之心则无时或已。故自李仲麟等被杀一月之间，破获党人机关多至六起。去岁旧历除日，省城又大起谣言，谓各地军人以本年应发存饷，政府既无款发放，即十二月及一月份饷银亦无着落。业经互相约定，如本日不能发饷，即将自由行动。赵恒惕得此消息，以谣诼之来，于程党必有关系。爰立时严加戒备：(一)驻省军队于除夕七时后，非采办物件、佩有采办证者，一律不准外出；(一)由各军警机关加派部队彻夜巡查，如遇有未佩采办证之军人，即须严行盘问。如非随从长官，而携有武器者，尤须立时带究；(一)非有特别口号者，总司令部不准出入；(一)各重要地点均密布步哨。然除夕居然平安过去，毫无影响。至旧历正月初二日，忽由稽查暨在大西门某地破获党人机关一处。当场拿获郭庆宜暨李某两人，并搜出三七密电码一本，佛朗林枪两支，随经该处提讯，再四究诘，据供系奉于应祥委派来省联络军队密谋起事，并谓于应祥已与湘西之李(烈钧)王(育寅)鄂西之蓝(天蔚)等结合，以厚实力。张学济旧部亦多投入。于部省城方面联络已有头绪。但一时尚未成熟等语。更讯以已被联络者究为何项军队，则任意牵扯，语涉荒谬，该处遂不再问，将其收押。现赵氏已密电驻湘潭之张辉瓒、驻醴陵之陈嘉祐两旅长，及驻湘西之蔡巨猷、李蕴珩、陈渠珍各司令，严密侦察于应祥之避匿处，及李王蓝等之行动。并查明张学济旧部除已改编者外，有无大队集合，饬各详查电覆，一面仍饬省城各军警机关密布侦探，严行防范，故日来省垣又在虚惊中矣。(《湘军最近之军事》，《申报》1921年2月20日，第七版)

《盛京时报》载：鄂西巴来蓝天蔚所部自击退后，孙传芳即命所部进攻野三关，顷据王督电，野三关要隘已为鄂军占领。惟蓝天蔚已不能前进，又与湘西王育寅勾结，招募变兵土匪，赶行编成两师又复前进。其前线已距宜城六十里驻守，现孙传芳已返宜昌,饬张俊峰督队进击。又一消息,驻扎沙市一带之陆军第八师师长王汝勤,前因饷粮十分困难,原拟来京谒见当轴为军士请命。刻因蓝军来犯,防务异常吃紧。倘为请饷来京,恐敌军蹈虚煽惑,贻误军情。不得已来京之举暂为停止。最近又奉王鄂督之电,与十八师偕同抵御蓝军前进,并拟乘机将蓝军逐出鄂境。(《蓝军势难大逞于鄂西矣》,《盛京时报》1921 年 1 月 23 日,第七版)

北京《晨报》载:鄂西蓝天蔚被北军战败情形迭志前报,闻鄂督王占元日前续有鱼电报捷抵京。原文略云,据孙传芳总司令报称,宣恩、来凤、咸丰等县均经次第克复,业派营队分赴各该县办理善后。至蓝天蔚及其残部,迭据探报,确向川境之酉阳黔江,湘属之龙山等处分别溃退,除电川湘饬队协堵防截外谨闻。(《鄂西南军败后之各首领》,北京《晨报》1921 年 2 月 14 日,第二版)

北京《晨报》载:又某方面消息云,当局昨有密电致湖北督军王占元、湖南赵恒惕、驻宜昌总司令孙传芳,略谓据探员报告,李烈钧由晃县败退,今与鄂西蓝天蔚通款,实行握手,南攻洪江,北在荆宜会师,同由后路接济。李蓝代表现皆互相签约。希速转饬各路统兵长官,切实防范。一面设法破除李蓝结合,以免彼方势力扩大。(《蓝天蔚败后之鄂西》,北京《晨报》1921 年 1 月 29 日,第三版)

北京《晨报》又载:据滇省号(20)日电训云,攻湘滇军首领李烈钧,因守晃县麻阳一带,不能前进,遂向唐继尧建议突行联络鄂西蓝天蔚,令其统率鄂豫联军,由恩施一带攻入湘北桑植再取辰州,以便与滇军联络,图湘图鄂,均易入手,惟因此项计划,所需军费太大,故特召开会议,讨论后再行办理。(《李烈钧联蓝图鄂之大计画》,北京《晨报》1921 年 1 月 24 日,第二版)

上海《民国日报》载:据前方探报,蓝天蔚已潜行退入湘境。将与李烈钧连和,闻蓝此次与北军接仗,自知众寡不敌,节节引退,不愿多丧失实力。故于协和①连和后,尚可保一部分之声势云等语。政府接电后,已由院部覆电王占元嘱其转饬各军乘胜进剿,竟立全功。

又一消息云,第二师师长孙传芳,统率第五六两团,业将巴东各处蓝(天蔚)军击散。并将投降缴械者二百余人,饬第六团布二营押赴后路,一面向恩施追击,蓝军刻下不过八百余人,向川边万县一带逃窜,而在鹤峰之王安澜刻亦向来凤等处退却。(《蓝天蔚退入湘境》,上海《民国日报》1921 年 1 月 30 日,第一张第二版)

上海《时报》载:又讯鄂西战事,北军节节获胜,已将蓝天蔚所占七县恢复其五,仅余咸丰宣恩两县。现由张旅邱团合力围攻,即日可下。至蓝氏本人,据王督

---

① 协和,即李烈钧。

勘电报告,业已窜往湘境之龙山,有联合李烈钧,希图再举消息,业饬孙总司令派队袭击,勿任漏网。(上海《时报》1921年2月3日,第二张第三版)

《申报》载:据军界言,北军前方兵力计有十一个团部,业已将前三路军队联合会攻,南军粮械两缺,以与北较,势必无幸,惟有一说,谓李烈钧图湘失败,刻应蓝天蔚之请,拟率所部由芷江麻阳取道湘西龙山,以入鄂境宣咸,为蓝军之援助,但湘西战事已发动,李未必有余力以援鄂,且施鹤已下,宣咸指日可平,纵李军援鄂能成事实,亦恐远水难救近火也。(《申报》,1921年1月30日,第八版;《李烈钧援助蓝军》,《顺天时报》1921年2月2日,第二版)

△ 蓝天蔚军溃败。旅京鄂绅向王占元求情,请既往不咎,准予南军投诚。王占元饬孙传芳妥办善后,在宜设立收容所。不违抗北军者,不予诛戮。

《顺天时报》载:又一消息鄂西南军败退后已无抵抗余力。旅京鄂绅等于前日特致王使一电,略谓某等蛰伏京津,屡闻执事捷报,无不欢跃。但鄂西南军虽举兵施鹤,咎有攸归,同此图□方□,究属黄帝之子孙。现既土崩瓦解,应请既往不咎,加以怜惜。若得网开三面,准予投诚,则必欣然来归,同感大德云云。王使复电云,现已饬孙司令妥办善后,并在宜设立收容所,若不违抗国军,占元必不诛戮无辜。(《李烈钧援助蓝军》,《顺天时报》1921年2月2日,第二版)

△ 蓝天蔚图谋荆宜。北洋政府电令王占元严防蓝天蔚联合李烈钧。

北京《晨报》谓:又中央昨日致电王占元,内容略谓,蓝天蔚率领南军屡进屡退,自宜设法肃清。惟探员谍报谓南军至要目的,专在图谋荆宜,故百出其计,引诱国军入彀,以期发展其攻宜诡策。希即转饬鄂中各军,务在宜昌长阳恩施作为大本营,以便前后呼应,易于应付,俾可分途进剿敌军。(《蓝天蔚败后之鄂西》,北京《晨报》1921年1月29日,第三版)

上海《民国日报》载徐靳密令:防李烈钧蓝天蔚联合,注重荆宜。(上海《民国日报》1921年1月30日,第一张第二版)

1月29日(庚申十二月二十一日)—1月30日(庚申十二月二十二日) 蓝天蔚行抵板桥,遇川军,川军将蓝军包围于山口之内(钟鼎谓蓝军将川军包围)。蓝天蔚以熊克武同为义军首领,或可相容。随派代表与该军联络,藉商一切。

《顺天时报》谓:不料(蓝)行抵酉阳,即遇但懋辛伏兵四起围攻。蓝氏无法应敌,只得缴械投降。(《蓝秀豪自戕始末记》,《顺天时报》1921年4月11日,第二版)

长沙《大公报》载:至去腊二十一日,行至板桥。"感恩施与奉节毗连",适川军随派代表与该军联络,藉商一切。乃该军除编制蓝军外,他无所商。蓝不得已,始提出条件,双方派员磋商,至二十二日,川军竟乘其不意,将蓝军包围于山口之

内,四面猛攻,昼夜混战。(《蓝天蔚又为川军所擒耶》,长沙《大公报》1921 年 2 月 28 日,第三版)

钟鼎《遇难始末记》谓:嗣吴醒汉退湖南,李化民退建始,易继春因劳病故,豫军为匪击溃。公知不可为,即率残部约近万人,五生七大炮二门,水旱机关枪七挺,步枪约三千支,欲退至四川,以熊同为义军首领,或可兼容。及至鄂边嵩坝地方,得第二军总司令颜德胜报告云,前卫已与川军张冲所部第一支队张光宗部叶营济时接仗一时许,我军已将彼包围,并擒获其班长一兵二名等语。公以我军本欲投川,且张冲又为熊克武部下,亦是旧相识,当然不能与战。即令颜部停止攻击,并派连队副官廖元凯、第二军总司令部参谋王焕中、余若璋等赴叶营交涉我军退川办法,并说明误会情形。叶营当派一排长持函来言,敝军此次前来,特意与贵军接洽,初认为王安澜李化民等之部队而发生战事。既为将军所部,当然竭诚欢迎。不过敝支队长尚未抵此,诸事营长不能作主。请稍等时日,当有具体解决之办法云云。时派去三代表,仅廖副官随该排长持函返。剩余两参谋以不得要领复赴夔府向张冲接洽。公以川军在前,北兵在后,且嵩坝一带人民逃徙一空,军中无半日之粮,危险实甚。复令廖副官偕鼎前往川军交涉。至板桥晤该军营长李剑、叶济时等要求三事:一、我军先到川境,请贵军指定区域驻扎,候夔府信至,再行分别编遣;二、如川境暂虽忍许我军入境,板桥原系鄂地,请贵军退入川境,让出板桥。我军驻扎,以便静候夔府交涉;三、军中无粮,必起恐慌。且交涉时日延长,双方难免不发生枝节,若蓝公先率少数护卫兵士来贵军中面商一切,双方即将步哨撤退,以昭诚实。以上三事,即希贵军认可。该营长等答以事关重大,非支队长到来不能解决云云。李营长剑仍留鼎等宿营中。

翌日早,张支队长光宗至,鼎等仍以三事相要求,李营长不待张答即借口云,此好商量,我同君等即可到嵩坝去谒蓝将军,以表敝军欢迎之诚。李在公处谈二小时之久,临行并云明早当派人来欢迎。(钟鼎:《遇难始末记》,《蓝上将荣哀录》)

1 月 31 日(庚申二十三日)—2 月 2 日(庚申十二月二十五日)　蓝天蔚受俘于川军,受到严密监视。押抵庙宇漕,蓝天蔚告颜德胜、张汉兴[①]可速逃去,凡事由其一身承担。

长沙《大公报》载:至二十三日,食尽弹完,均被俘虏。计被俘人数约六千以上,枪支约四千以上。"大可背城借途,奈民团四起,食尽弹完,可为一叹。"除蓝天蔚、颜德胜、张汉兴三人随身衣服外,行囊物件剥洗一空。兹胜员兵士,匪特为搜洗

---

① 张汉兴,1919 年为广州军政府授予陆军少将。

物件,即身穿衣服亦皆剥尽。至是冻死饿死者,道路村落,山林沟壑处处皆是。

当蓝天蔚被俘时,即拔佩刀自刎,经同人救护始免。川军亦严密监视。蓝惟大骂而已。抵庙宇漕,蓝将颜张二人唤至近旁曰:黎天才、王天纵在夔中均有怨声,且对于地方欠款又多,离夔时汝两军又将夔城劫掠一空,汝二人万不可同我到夔,可速逃去,天大的事归我一人承当! 颜张跪地涕泣,不肯归去,均愿替死,蓝大骂不受教训。张终不忍,颜始叩头而逃。(《蓝天蔚又为川军所擒耶》,长沙《大公报》1921 年 2 月28 日,第三版)

2 月 3 日(庚申十二月二十六日) 是日蓝天蔚抵代溪,晚抵夔府。抵夔日,张冲即禁蓝天蔚于机关枪营部,不令见客,不许与人通函。蓝天蔚愤极,谓,既以友军做俘虏,请早日枪毙。张置不答。

长沙《大公报》载:二十六日抵代溪,蓝又要张逃,张犹不肯,蓝骂后继之以打,张始逃。是日晚抵夔府,安住在黄州街余恒祥对面,即黎天才前设银行之处。由川军张旅长冲派护卫队列排保护,副官两名,以司传递。惟熊克武究于颜德胜注意追究,他无所闻。将来究竟如何,尚不可知。(《蓝天蔚又为川军所擒耶》,长沙《大公报》1921年 2 月 28 日,第三版)

钟鼎谓:次日,李营长即解公至夔府,公知熊氏奸险,恐颜德胜到川后亦无幸免理。在三角坝,嘱其乘隙逃走,诸事以一身当之。

抵夔日,张冲即禁公于机关枪营部,不令见客,不许与人通函。公愤极,致书张冲云:"到夔多日,未闻若何处置。而卫卒森严如临大敌,竟以友军做俘虏,颠倒黑白。若长此是非不明,公理不讲,则蔚有何希冀? 惟有请足下早日枪毙,减少蔚之几日忧愁,九泉之下当感盛德。"张置不答。(钟鼎:《遇害始末记》,《蓝上将荣哀录》)

2 月 4 日(庚申十二月二十七日) 报载,当蓝天蔚败退入蜀时,鄂西恩施发现一种布告上有和兴元年字样,人以为蓝氏所为,实巨匪聂真娃欲称帝。

报载:鄂西恩施县红巾妖匪扑灭未久,而咸丰县境又以匪警见告,且称帝改元,斯亦民国之怪事也。当上月恩施妖匪起事之时,咸丰县境驻军奉命赴施助剿,咸丰匪党即乘虚而起。初仅聚众数百,嗣乃蔓延于黑洞青冈岭老梨园一带,遂有二千余人之众。凡南军战败之余孽,皆参加其内。而咸丰、利川两邑边境,有地名小村者,当蓝天蔚败退入蜀时,发现一种布告上有"和兴元年"字样,人以为蓝氏所为,无有措意之者。此次土匪蜂起,竟有巨匪聂真娃妄自称帝,国号大齐,即以本年为和兴二年,遍贴告示邪言诱惑,其部下乃有国师、大将军、都尉等伪号,其行为则打家劫舍,不脱强盗之面目。(略)(《鄂西又告匪警咸丰县发现伪皇帝》,《申报》1921 年 2 月 4 日,第七版)

2 月 6 日(庚申十二月二十九日) 蓝天蔚收到张冲致函及四百元洋,以度年关。蓝复函问张冲"足下其何以教我耶?"

钟鼎谓:至腊月二十九日,张冲以书置,云:"刻值旧历新年,知公囊空如洗,特奉陈光洋四百元,即乞察收,分发随从执事,度此年关。区区之意,希勿见却为幸。"公复函,云:"管子受困,鲍叔分金。今之古人,舍兄其谁?前函达览否?西人有言:'不自由,毋宁死!'。足下其何以教我耶?"(钟鼎:《遇害始末记》,《蓝上将荣哀录》)

2月7日(庚申十二月三十日) 蓝天蔚暂住夔城。蓝天蔚之故交在夔者,曾保蓝天蔚出外居住。

钟鼎谓:次日,张冲派其参谋长来公处安慰,谓公:"部众在夔不少,恐其居住民间发生变故,敝军负责不起,故请暂住机关枪营。稍缓几日,当还公自由,或住夔城,或愿他去,听公自择。"盖夔州黄翼支、鲍敬仲等与公有旧,曾联合多人愿以身家性命保公出外居住,因见待遇太虐故也。

越日,复派其副官长将公之挂表送还。公不收,云:嵩坝之役除枪炮外,所部私人损失不下二十万,均饱于囊。贵军官兵,何独还吾表?太失平允!余天明则起,天黑即眠,饭来便食,无甚事用得表。着请仍将此表带归,交还原人,勿因此区区一表使人怨贵旅长办事不公。该副官长见公言时辞色俱厉,知不可强,乃辞公去。(钟鼎:《遇害始末记》,《蓝上将荣哀录》)

2月14日(一月七日) 蓝天蔚为川军所擒,王占元派员赴川,希解蓝天蔚去鄂。

《顺天时报》载:湖北民军总司令蓝天蔚自败北于鄂省西部后,即逃往四川,行至夔州,竟为四川军所捕,监禁于狱中。湖北讨伐军总司令孙传芳现派团长前往交涉,要求引渡,业于七日将此旨报告王督矣。(汉口九日东方电,《蓝天蔚被捕志》,《顺天时报》1921年3月10日,第三版)

北京《晨报》谓:鄂西全境肃清后,蓝天蔚有逃往湘境龙山之说,惟闻某方面昨接鄂电,谓蓝已在利川就获,同时被俘者尚有颜德胜等十六名。现鄂省王占元业电孙传芳命令务将蓝等一律派送护解来省,听候验明核办。(《鄂西善后计划与蓝天蔚》,北京《晨报》1921年2月17日,第三版)

《香港华字日报》载:蓝天蔚在夔州被捕,王占元派专员赴川,要求解鄂。(十日上午上海特电)(《香港华字日报》1921年3月11日,第一张三页)

《盛京时报》载:前在鄂西一败涂地之民军总司令蓝天蔚,顷者逃亡四川方面。行至□(电□不明)州①突被川军逮捕。现在监禁中。据湖北讨伐军总司令孙传芳

---

① 应为夔州。

电报武昌当局,云已派团长一名前往该地,要求川军引渡蓝氏。(《蓝天蔚被川军监禁 孙传芳已派员引渡(九日发 汉口专电)》,《盛京时报》1921年3月11日,第二版)

王占元屡电驻渝鄂代表,要求解送蓝天蔚至鄂,川军未允所请。欧阳振声[①]谓曾受川军之托,向鄂代表婉辞。

《申报》:又王鄂督亦有代表在渝,蓝秀豪败走夔府亦略知之。蓝部初被川军张旅长解散,蓝亦被俘。但张旅长仍以宾礼相待。后闻已送往渝。当时王鄂督曾屡电鄂代表要求解送蓝君至鄂,川军未允所请。振声并曾受川军之托、向鄂代表婉辞。其后蓝之噩耗,振声至岳阳后始闻之。死状若何,则不得而知也。重庆与外间隔绝、真相不易明了。(《湘报界与欧阳振声之谈话》,《申报》1921年4月26日,第七版)

△ 报载,蓝天蔚为黎元洪、陈宦所电保。

《香港华字日报》载:黎元洪、陈宦等电王占元保蓝天蔚。(十四日上午上海特电)(《香港华字日报》1921年2月15日,第一张三页)

2月15日(一月八日) 报载滇黔湘三省护法主义均遭失败,蓝天蔚亦有被擒消息。

报载:十五日广州电,接唐继尧由滇启程消息,大约乃来广州。滇黔湘三省护法主义均遭失败,蓝天蔚亦有被擒消息。但军政府仍以为各省同志力能辅助军政府恢复失地。唐继尧在川滇之失败,现信仍因顾品珍意见不洽所致,据传顾仍忠于护法派,故滇省之变动,于军政府在滇之势力不发生影响。(《唐继尧出走之粤信》,《申报》1921年2月17日,第六版至第七版)

2月18日(一月十一日) 蓝天蔚残军为唐荣阳[②]奉命收编。

《申报》谓唐荣阳巧电云,本日上午王军全部归第二旅编制开往临澧,下午李韫珩司令率队入城维持秩序,又云奉命收编蓝天蔚残军,系该军易团长已屠,关戴两部归荣暂编为第三支队,即日开往皂市。奉总座宋师长电告,唐蕤赓出走,李烈钧被包围,滇军亦将溃退,此为吾湘庆幸,所有情形当随时报告。(《湘西最近之军讯》,《申报》1921年2月26日,第二张第七版)

2月19日(一月十二日) 据探报,李烈钧及蓝天蔚残部仍决定攻湘,王育寅、

---

① 欧阳振声(1881—1931),字笃初,号俊民,湖南宁远人。毕业于武昌文普通学堂、日本早稻田大学。同盟会员。历任南京临时参议院参议员、统一共和党常务干事、国会议员、华侨联合会名誉赞成员、欧事研究会成员。

② 唐荣阳(1878—1932),湖南石门人。毕业于湖南警官学校。历任湖南省警务稽查、奉天巡警总稽查兼署蔡甸皇经堂两厘金分局局长、川南新兵定远营练兵督管带、湖南省警察勤务督察长、湘军总令司部参谋官兼北伐前卫指挥官、浙江松属盐务稽查官、湖南省防游击队副司令兼第一支队支队长、湖南省警察厅厅长、湖南陆军第十一区(后湖南省陆军第八混成旅)司令、澧州六属剿匪司令官、澧州镇守使。

程潜等亦图进取湘省。

《申报》载：昨政府又续接陆荣廷皓电（十九日）。原文如次：真电备悉。窃查湘省归附中央意实志诚，只缘障碍未除，以致未能实现。似宜由中央再派干员切实开导，俾能早日取消自主。再由鄂派队入湘，实行联防，援桂各军亦即经湘入桂。至黔省党派各异，由刘川督实行联络，黔局不难底定。总之援军能否入湘，为统一实行之先决问题。无论如何困难，务恳由湘入手。又顷据探报李烈钧及蓝天蔚残部现仍决定攻湘，王育寅、程潜等亦图进取湘省，内患方长，亟宜使其归附中央，以图统一。除由荣廷致电赵总司令外，谨复云云。观此则湘事似亦已有头绪，故日来政府对统一问题颇抱乐观。（《北京所传湘滇北附说》，《申报》1921 年 2 月 24 日，第七版）

2 月 24 日（一月十七日） 蓝天蔚被击败。王占元就此事发布通电。

长沙《大公报》载王占元通电：北京大总统、国务院、参陆处、奉天张巡阅使、保定曹巡阅使、洛阳吴副使、南宁陆上将、各省督军、省长、各都统、各师旅长、各报馆钧鉴：

华密。自黎天才荆襄独立不遂，窜扰鄂西，盘踞施南。占元以曩昔谊属同袍，且又因改良政治宗旨尚正。故对于若辈委婉劝慰，使其诚心来归。既不负国家养兵之苦心，复可免兄弟阋墙之交哄。故三载以来，深恐前线军队有所误会，发生冲突。屡令我军谨守防线，不得逾越，致起争端，以待中央之解决。皎皎此心，当亦中外所共知也。乃者有蓝逆天蔚承之伪总司令之职。于本年一月江日侵扰我军防线，并分三路进攻，声势汹涌。我军当时以众寡不敌，颇受挫折。而该蓝逆得陇望蜀，贪心无厌。复增加三梯团之多。占元不得已，始命智编第一帅孙帅长传芳，会同前方各军队协力追剿。不一月间，士卒用命，官佐同心，遂将我鄂西七属次第肃清。军队所至，人民箪食壶浆，燃鞭相迎，可见人民之罹贫浩劫者实深也。兹据探报，蓝逆天蔚窜入川东，吴醒汉逃入湘西，王逆安澜业被我军幽囚前线，李逆德三奔往陕南，他如胡廷翼李化民颜德基等均陆续倒戈来归。所有军士姑念为所逼迫，业经派员资给遣散。犹恐余气未靖，并令孙师长传芳密为搜索，翼免死灰复燃，并拟举行清乡及善后各事宜。仰仗健威，还我版图。知关廑念，谨将经过情形缕述电陈，以免远道失传，致生疑虑。王占元叩。（《王占元通电》，长沙《大公报》1921 年 2 月 24 日，第二版）

2 月 25 日（一月十八日） 蓝天蔚给张冲一函，并附下野电。张冲不理。

《遇害始末记》：至二月二十五日，公复亲笔给张一函，并附通电稿一纸。其函云：（略）①

---

① 《致张冲函》，详见附录一"蓝天蔚著述"。

张仍置不理。

（钟鼎：《遇害始末记》,《蓝上将荣哀录》）

△　报载,蓝天蔚已投但懋辛处。

长沙《大公报》谓:日前京汉各处诸传言蓝天蔚为民团所擒,送致孙传芳部下,已解至宜昌云云。兹据鄂人来直者云,蓝天蔚并未被擒,所率残部现仍留驻龙山,蓝氏本人由酉阳转至夔府,已投但懋辛处。（《蓝天蔚已投但懋辛》,长沙《大公报》1921年2月25日,第3版）

3月5日（一月二十六日）　蓝天蔚为熊克武电令护送去渝。

钟鼎谓:三月五日,张部参谋处来一公函,内云:

敬启者:前奉军长但电开转,奉锦公（熊克武字）面谕,部队西上,□便□妥。护蓝将军秀豪来渝,等因。奉此,相应函达,即希查照。预备一切,明日附从向营前往,勿误为要。

公阅后转交鼎阅,并云:"他们讲的话多半是靠不住。且熊克武又是惯会明讲好话,暗地杀人好手,你不知他们的厉害。明日可以出去找一地方住着,候有船来就走,也好到各方面去讲讲话,使其周知我们此次被川军所欺凌的真相。不要同着一条路上重庆去,死了有什么益处?"鼎云:"鼎追随先生十数年,契合良深。设到渝,先生不幸,鼎竟飘然远去,天下人其谓鼎何? 愿先生勿为鼎虑。盖鼎志决之早矣,即多活十年二十年,终难免青山长埋。"

语至此,相对唏嘘者久之。有顷,公复云:"姚干青、宋寰文两人很肯讲话,可惜干青在来凤死了,寰文在利川,恐怕也逃不出性命来。"言毕嗟叹不已。（钟鼎:《遇害始末记》,《蓝上将荣哀录》）

△　蓝天蔚于鄂西发难,王占元疑黎元洪与蓝天蔚沟通图鄂。黎元洪发函诘辨,王占元覆电声明蓝天蔚并无供词,此系谣传。

《申报》载,在京鄂人自倒夏一派外,亦多趋向黄陂,故此事尚未易解决。然黄陂实已先受王氏一反噬。王日前来电,谓黎元洪私助蓝天蔚,盖以报其拥夏拒孙之仇,且欲加一恫吓,使于以后之省长问题不敢开口也。（三月六日收到）（《申报》,1921年3月9日,第七版）

又各报载:黎宋卿因王占元指其与蓝天蔚沟通图鄂,去函诘辨,曾志本报。兹悉王氏已有覆电,力辩其为谣传,且措辞极为恭顺,而电首更称为"黎大总统",一似黎尚未卸职者,此亦可异之事也。录其原文于下:黎大总统钧鉴,奉函祗悉。此项谣传,本日已得驻京员报告,钧座襟怀磊落,众口皆然。占元素沐生成,安忍无端诬蔑? 且蓝天蔚由施南败溃退入川境,为夔州张旅擒获,既未解到鄂省,焉有供词?

现已饬向该报交涉更正矣。筹办大学事,容另函详禀。王占元叩。歌。(《王占元口中之黎总统》,上海《民国日报》1921 年 3 月 12 日,第二张第六版;《王占元覆黎元洪电　声明蓝天蔚并无供词》,天津《益世报》1921 年 3 月 10 日,第三版;《香港华字日报》1921 年 3 月 18 日,第一张二页,第三张一页)

3 月 6 日(一月二十七日)　蓝天蔚被解渝。

《遇难始末记》谓:至次日下午一时,向营尚未派人来知会,公异之,云:若送往武昌,恐无颜面对江东父老。是时,鼎云:此绝无之事! 张冲既遇□不予面子,必不肯以假言语敷衍,但是上船后,如系往下开,我们可即乘隙投水而死,万不可到湖北地界再死,予人以笑谈。公允:必然!

至二时,张冲方派轿一乘,兵八名,将公押解下河。交向营傅廷钧连长解渝。越一时许,张冲殷勤亲来送行。见面时,即道抱歉语,并赠公洋二百元,酒二罎,香烟二匣,火腿一。公因介绍鼎与张冲见面时,特指鼎云:"此系我的学生钟某,在施南不过仕一参军之闲职,对于鄂西无甚关系,我屡次叫他走,他一定要同着我一路死。"张云:"将军放心,万无别项举动,不过锦公□致军长欲与将军一晤,多一人同到重庆无甚关系。"语毕即辞公上岸。

四时开船,同行者仅鼎,及差弁王祥裕、高英而已。盖随从人等除颜德胜早经脱险逃走外,诸部员俱在夔府释放矣。(钟鼎:《遇害始末记》,《蓝上将荣哀录》)

3 月 7 日(一月二十八日)　蓝天蔚军被遣散,唐荣阳电请筹拨遣散费。

长沙《大公报》载:昨闻唐司令以解散蓝天蔚所部徒手士兵与官佐电告钧座云:职此次收编蓝部枪械兵丄,闲战官员一千二百余人。前奉钧座电令,准一人一枪收编,所有徒手人员,应即遵令遣散。唯该部籍属鄂省,各处路程甚远,长官每人给路费,洋十元;兵士每人给路费,洋五元。官佐共二百余人,兵士共一千余人,共享遣散费约八千元,皆职由饷项垫出。特此电陈钧座,恳予如数饬拨,俾职早填亏空,是为至祷。职阳呈寝成印。赵总司令已电请各署筹拨矣。(《电请筹拨蓝部遣散费》,长沙《大公报》,1921 年 3 月 8 日,第六版)

3 月 14 日(二月五日)　蓝天蔚被解至万县。

船行八日始抵万县,张冲所部之第一团团长刘明昭亦率队至。(钟鼎:《遇害始末记》,《蓝上将荣哀录》)

△　蓝天蔚写给胞弟文蔚手书①。自谓此次失败,无一个可靠之兵,无一个可

①　按:信后书"兄字。初五"。1921 年阴历二月初五即 1921 年 3 月 14 日。
　　3 月 5 日钟鼎表明与蓝一路的想法,3 月 18 日后钟鼎被逐离,根据信中"钟本可自由,无论如何要同我一路"辨,此信当写于 3 月 5 日至钟被逐时间内。"初五"应为阴历。此函写于 3 月 14 日。

靠之将,他人作孽,自己受过,身败名裂。现作因人,殊为不值。此役之后,对于中华民国已不愿再生关系。时事至此,人心至此,恐无挽救之力。湖北人不能共事,望弟离脱兵事,作一闲人。(《致蓝文蔚函》①,影印件,蓝氏后裔藏)

3月15日(二月六日) 报载,蓝天蔚在长江流域之活动,乃感于王占元祸鄂之深。黎元洪不认指使蓝氏,并向王占元索取黎蓝间关系之证据。

《申报》谓:鄂督王占元之为鄂人所不喜,几与张敬尧在湘时无稍差异。王在京运动撤换夏省长,夏虽为省长,而许多宗卷则为王扣留不缴,夏争欲得之。据鄂人言此种档转入夏手,则湖北行政上之事实将被披露,而王在鄂之地位愈将摇动矣。鄂人又责王经营湖北铸币局视为己产,渔利甚丰,鄂代表在京运动去王。蓝天蔚在长江流域之活动,未始不有感于此。黎元洪不认指使蓝氏,并向王占元索取黎蓝间关系之证据。但说者谓他日吴佩孚开始行动,则吴之同志将同时在鄂动作以助鄂人逐王也。(《申报》1921年3月15日,第七版)

3月17日(二月八日) 蓝天蔚被解至忠州。

钟鼎忆:越三日方到忠州。(钟鼎:《遇害始末记》,《蓝上将荣哀录》)

贺觉非谓:一九五六年编者(即贺觉非)面讯蓝胞弟文蔚,据说:"先兄被押解重庆时,我正在奉节方化南军中,曾亲赴江干目送,遥见先兄回首致意。只意其至渝必获优待,不料竟成永诀。"(《蓝天蔚》,《辛亥革命湖北人物传资料选编》,第24页)

胡复谓:当蓝天蔚被解路过忠州时,其胞弟蓝文蔚的军队正驻扎在忠州一带,拟即派兵抢救出险,但蓝仍以解到重庆决无危险,如果中途拦劫,反为不便,不愿接受其弟请求。(胡复:《靖国军在鄂西的活动与鄂西神兵》,全国政协文史资料委员会:《文史资料存稿选编》第3辑,第353页)

3月18日(二月九日)—3月19日(二月十日) 蓝天蔚被加以锁链。蓝天蔚贴身部下钟鼎入城探友,次日归,被逐。

钟鼎谓:鼎曾入城探友一次,翌日归舟,连长傅廷钧传团长刘明昭命令云:奉旅长电令,着钟鼎实时起岸,否则立予枪毙。并将公强加锁链。比时,公愤极,谋夺兵士枪自戕,被众人阻止。盖渠等强欲鼎与公离开者,因疑鼎联合忠州驻军劫公故也。公即促鼎起岸,并给鼎洋一百元。鼎云:囊中尚有数十元,固不需也。公云:观此情形,我到重庆终难免一死,钱还不是给了人家用。遂命差弁高英强纳之于鼎行李内。于是鼎遂挥泪与公别矣。(钟鼎:《遇害始末记》,《蓝上将荣哀录》)

3月27日(二月十八日) 蓝天蔚在鄂西独立,王占元疑为受黎元洪嗾使。黎

---

① 《致蓝文蔚函》,见附录一"蓝天蔚著述"。

元洪不甘遭诬,电致王占元,请王指出此事之佐证。

《申报》谓:旅沪鄂人自治促进会等前曾开会议决派员回籍调查鄂局,已志前报。昨日该员岳汪等调查事竣返沪,该会即召集全体职员会员会。由汪君等报告鄂局种种黑暗,及王占元一切罪恶。其中一项:传闻黎黄陂因王督诬其嗾使蓝天蔚在鄂西独立一事,虽由王剖白,仍不甘遭诬陷,日前有电致王,欲其指出佐证,否则须与王对簿以保一生令名。(《鄂人调查鄂局之报告》,《申报》1921 年 3 月 28 日,第十版)

3 月 29 日(二月二十日) 蓝天蔚抵重庆,书绝命辞。

钟鼎谓:二十九日,公船抵重庆,靠乌龟石。是晚,公自书绝命辞一首刻存但懋辛军中。因公遇害后,公之行李箱筐等件均为其没收,将来如能取出,当就其原字刻印以供国人览焉。(钟鼎:《遇害始末记》,《蓝上将荣哀录》)

3 月 31 日(二月二十二日) 蓝天蔚欲见熊克武、但懋辛,被拒。后被置于一勤务兵室。晚遇难。

《遇害始末记》:三十一早八时,由小艇拨送东水门,等候数小时,未得部之音信,于是押解公之军官派其班长谭海清赴但军部请示,回旅长云:"仍由原兵解公至军部。"公遂自乘一小轿进城至但军部。适熊克武在该军部与但懋辛密议要事,公命差弁持名片二张拜会熊、但。越一时,由值班副官延至招待室,云:"督军(指熊克武)与军长有紧要事会商,不能见客,已与将军觅有一清净地方驻节。"公云:"会不会无甚关系,不过贵督军军长等如欲处置我死,请从速发落,不要留着慢慢辱我。可惜我的几只手枪在湖北嵩坝均被贵军抢去,不然我万无这样厚颜面到重庆来受辱。今昔之感,岂堪回首。"盖公去年任慰问使时,熊氏曾派一旅长率兵一营欢迎公二百里外也。

实时但部副官赖某率兵四名转解公至朝天观。但军技术大队赖副官索一收条即去。技术大队长范烈即命置公于一无门之勤务兵室(此谓清净地点),并设卫兵二名守之。公之差弁见系一无门之室,遂将夔府所用之旧门帘挂上。守卫兵云:"挂什么门帘?!"言时声色俱厉,并随手将门帘扯下。公睹此景象,比予差弁等各洋十元,云:"你们以此钱做川资各自去罢,再不要指望我了。"言时泪下。差弁均不愿去,并云愿同将军死在一处。公向王副官云:"他们穷困当差的跟着我未得过一点好处,可以放他们一条生路,让他走了罢。"王云:"不必叫他们走,这边房屋虽窄小,已为他们预备地方住。"于是差弁求公留一人在身边照拂茶水。公复向王云:"可否容留一人在此?"王不允,差弁等遂痛哭与公分手。王派兵数名将差弁王祥裕、高英并送行李上岸。船夫易洪恩一行送至三层土地"宜春茶"楼,该队第一中队部,锁于一极小之房中。

约过二时,该技术大队之勤务兵来向差弁等云:"你们将军要十五元洋钱,叫我来向你们取。"差弁等不知是何原故,即凑洋十五元交该勤务兵带去。

至五时,该队王副官复率兵士十余人至差弁处,将锁开下,唤其出室通身一一检查,所有银元铜子诸物尽行拿去,复至室内详细检查毕,方问差弁云:"你们有手枪否?"

(答):"无有。"

(问):"你们将军有手枪否?"

(答):"无有。"

王云:"假使你们将军有手枪咧?"

(答):"愿处死刑!"

王复云:"你们说无有,今天就在你们将军身上搜出一支来了!"

一兵在侧云:"幸喜一颗子弹也没有。"

询毕后,将该差弁等仍锁押原处。差弁等不解其何故。

……

晚间,重庆各方面即哄传公遇害矣。(钟鼎:《遇害始末记》,《蓝上将荣哀录》)

据《东方杂志》"中国大事记"栏记事:靖国联军总司令蓝天蔚自上年兵败入蜀,为四川张旅所拘,本日在渝自戕。(《东方杂志》1921年第十八卷八号31日条"中国大事记")

《中华民国史事纪要(初稿)》:本日,前靖国联军总司令蓝天蔚自戕。

上年,前靖国军总司令蓝天蔚兵败入蜀,为川军张旅所拘。本日,蓝氏在渝自戕。

蓝天蔚,字秀豪,湖北黄陂人。清光绪三十年(1904年),任拒俄义勇队队长。宣统二年(1910年)任陆军第二混成协统领。三年(1911年),武昌起义,北方处于君主专制积威之下,无敢动者,惟蓝天蔚与张绍曾、吴禄贞等共谋义举,吴禄贞、张绍曾驻兵关内,进攻京津,蓝天蔚驻兵关外,以作后援。嗣后,奉天激进派推为关东革命大都督,临时大总统任为北伐军总司令,驻烟台,统率海陆军,欲进窥津沽南满各地。会南北统一,蓝天蔚辞职南下,漫游于西泠六桥三竺间,论者以韩蕲王拟之。袁世凯任总统时资蓝天蔚出洋游历,归国后,暗中资助南方军政府。上年,蓝天蔚任靖国联军总司令,潜入湖北,据施西一带。(《革命人物志》第九集,第457—458页;《中华民国史事纪要·初稿》,1921年1月—6月,第304页)

《时报图画周刊》刊载《自杀之蓝天蔚》(照片)。(《时报图画周刊》,1921年第44期第1页)

△　时人风传蓝天蔚死事真相：

钟鼎谓：潘王两君以鼎留渝无益,促令东下后,被押之差弁等三人,至四月下旬,方为湖北同乡会及但部中校侯差鄂人李君国操保释出,刻己来沪矣。呜呼! 公既失其自由,何能自戕? 直欺人之语耳! 请阅附印张冲第一支队张光宗之韵言告示,及但部谘议徐琳覆刘君愿庵函,并但懋辛复陈君铁文书,即知熊但杀人之罪已铸成铁案,欲辩无从也! 鼎随公身陷贼手,未尝相违,以上所举均当日目击实情。自忠州至被害后各节,为川军第二军顾问潘君正道、前公顾问王君守愚、差弁王祥裕等各所述,当不虚妄。全将蓝公被害始末详情据实,敬为全国朝野诸□□□蓝公之冤,以正熊但之罪。尚乞诸公主张公道,□□□□,以伸国法而慰英灵。不胜哀祷之至。□□□□□□张贼光宗之韵言告示及但部谘议□□□□□□□附录川军第一□□□□但贼懋辛复陈君铁文书于后……议徐琳覆刘□□旅第□□队长张示：

本军奉□□□□□□□□□□蓝颜□部逆军,施利建始横行,川鄂协约□□□□重伐罪吊民。今兹出师伊始,特为尔等布□□□□□□□□到之处□给养随地就征。此际王督特□□□□□□□,至对进军各队,征办别有重轻,兵丁缴械□□□□乱罪名,不赦蓝颜逆首,团长以下宽恩,如能擒护送部,赏酬万元一人。倘敢隐匿不报,查出枪毙满门。合行出示布告,仰各一体凛遵。按此告示,遍贴于湖北建始县属太阳河,及施恩县属板桥,并四川巫山县属之三角坝金竹园庙宇漕一带,所用之关防文系四川陆军第一军第一混成协旅第一团团长之官防,旁书"代印"二小字。因该支队系临时编制,团长刘明昭因病,支队长一职故以团附贵州人张光宗任之。颜总司令得胜在金竹园周宅□二日,方由长子周某携之潜逃,后为张冲察觉,即派李剑营蒋排长率队前往,将周宅全家六口拿解夔府,押□□氏及其长子□□刑用尽,终以实未知其去向□□□□□□□□□□将全家六口悉予枪毙,可谓残……

……

……弟与其反复磋商,只好远处夔城,以避攻击之的,俟时过境迁,各方冷淡,自当先置秀公于安全之地,然后由□旅通电,谓监守者得财,纵卖提二三(?)死因枪毙,以塞其责耳(其言甘其行必诈,此之谓也)。秀公肇国功人,狂澜砥柱,岂不欲其速得自由,然川鄂交际方亲,川多望于鄂(暗中指鄂王接济枪械子弹及代请北廷任熊督川诸事),固不能解,纵其所欲而甘心者以启猜嫌而绝臂助也。(□□熊□□途过大,此所以不明引渡而暗杀之也,既得□□之欢心,复云蓝公自戕以欺天下)要之秀公之脱累,□□迟早间耳,至生命危险,乃决无之事也……知秀公静以待时,万不宜焦急生怒,有……张旅不密电军部请示办法……恼怒等辞,皆公□死之预□

也……(钟鼎：《遇害始末记》①，《蓝上将荣哀录》)

胡复忆：蓝到重庆不久，王占元派傅楚才(傅原系荆州自主时候的靖国第一军第四旅长，荆州失败后和石星川一起投靠王占元)运送汉阳兵工厂的大量枪弹，接济熊克武部队，商定以杀害蓝天蔚为交换条件。熊即派人持送手枪一支，放在蓝的住房内的桌上，暗示将以此对待。蓝始知不免，乃引自带手枪自杀。自此，独立的鄂西靖国军为时不过三年五个月，就完全瓦解。后来熊克武以杀害蓝天蔚的罪名被广东政府扣押两年多，而终获释放。(胡复：《靖国军在鄂西的活动与鄂西神兵》，全国政协文史资料委员会：《文史资料存稿选编》第3辑，第353页)

潘怡如忆：张敬尧被逐后，谭延闿欲统一湘西，刘叙彝、蔡钜猷②等合攻辰州，卢寿慈拔队赴渝，张溶川退龙山一带。余由湘西走鄂西，经来凤抵施南。吴醒汉与李德三极不相能，余从中调处，难以理喻。余力劝蓝天蔚、姚干卿(青)、王守愚等撒手他去。时国会将移重庆，潘正道③自渝来电，嘱余赴渝一游。余甫抵重庆，王文华与顾品珍军不协，川军乘机反攻，王文华军东路失败，滇军弃泸州。余即同陈子静、毕暑琛等东下。船泊夔府，姚干卿欲余留夔，余则转告以施南不宜再往。抵汉，姚干卿仍寄秘电数册，嘱余任代表向津沪接洽。余以为姚忠而不当，未免感情用事，明知陷于深坑，无法自拔。

翌年春，王占元派傅楚材[才]入川，与熊克武秘订条件；熊始令张冲诱蓝至夔府，旋令解渝，秘杀之以报王占元。姚干卿、张溶川、李达武等亦先后于来凤殉难。时在一九二〇年[1921年]也。(潘康时：《潘怡如自传》，中国人民政治协商会议湖北省委员会：《辛亥首义回忆录》第3辑，湖北人民出版社1958年版，第50页)

李华新回忆：蓝天蔚退入川境，为熊克武等所谋杀。少数同志随吴醒汉、王治锷等入滇投效唐继尧。我则只身间关走粤，抵达时，躬逢民国10年5月5日，国父就非常大总统之盛。(李华新：《武昌首义的回忆》，原载台湾《李华新老先生哀荣录》，中国人民政治协商会议湖北省委员会文史资料委员会：《湖北文史资料》1991年第1辑，第81页)

---

① 蓝氏后人所藏《蓝上将荣哀录》因遇火灾，文字焦黑难辨。

② 蔡钜猷(1875—1933)，字铸人，湖南益阳人。毕业于湖南武备学堂。历任湘西镇守副使兼湖南第五区守备司令周则范部第一梯团长、湘西镇守副使、沅陵镇守使、辰沅靖清乡督办、湖南讨贼军湘西第一军军长、贵州省松(桃)铜(仁)镇守使兼靖国军第七路司令、湘军第六军军长、建国联军第六军军长、川湘黔边防总司令、川湘边防督办。

③ 潘正道(1885—1958)，字孝侯，湖北黄陂人。毕业于湖北武普通中学堂、保定军官学校。后调骑兵边卫军任职。辛亥革命，率兵促河南罗山独立。参加湖口讨袁之役。黎元洪继任总统后，一度入京供职。孙中山倡导护法，时值川、滇两军有隙，潘请入蜀调解。孙令其前往劝说川军刘湘出兵援鄂。刘同意，自兼援鄂军总司令，以潘为鄂西军总司令。后历任黄陂县县长、湖北行政督察专员、武汉市副市长、市政协副主席。

　　胡楚藩忆：总司令蓝天蔚在逃跑途中，在恩施板桥这个地方被川军俘去，解往重庆后被熊克武杀害。孙中山电查此事，熊克武作假照片，谎报蓝是自杀的。（胡楚藩：《靖国军在鄂西的始末》，人民政治协商会议鄂西土家族苗族自治州委员会文史资料研究委员会：《鄂西文史资料》第 3 辑，第 33 页）

　　宋震权、宋家骥谓：先父宋继成，湖北省天门县人，1891 年生，早年肄业于湖北文化普通学堂及法政专门学校，学成后，初任北京民国大学校监，护法运动中，任唐克明将军部机要秘书，……后改由孙中山先生任命为川、滇、黔、陕、鄂宣慰使的蓝天蔚将军率领，与直军转战于鄂西一带，奈寡不敌众，退入川境。但至板桥地方，部队被川军缴械，蓝将军被挟持经奉节解往重庆，旋即被害，先父与参谋长江炳灵先生幸而乔装脱险，潜行返汉。（宋震权、宋家骥：《先父宋继成传略》，中国人民政治协商会议天门市委员会文史资料委员会：《天门文史资料》，《纪念建国 40 周年》1989 年第 4 辑，第 98 页）

　　据《刘存厚等声讨熊克武通电》：查该逆等身出崔符，性成枭獍，海外亡命，反正来归，盗路款以弄兵，率流氓而返蜀。政府与以更始，擢为偏裨，原期驯复鹰鹊，化为鸾凤。不图该逆遂纠合乱党喻培棣[1]、余际唐、张冲等号称九人团，残害异己，招纳亡命。一乱于癸丑（1913 年）之役，而糜烂东川；再乱于戊午（1918 年）之师，而蹂躏全蜀。始则事胡而叛胡，继乃投周而叛周；结好吴使，即被环攻；交□刘湘，而刘湘旋遭攻击；引用石、颜、卢、黄，而石、颜、卢、黄悉被驱逐。并因骗取王鄂督枪弹，而同党蓝天蔚被其谋杀。（《刘存厚等声讨熊克武通电》，1923 年 2 月 14 日，《申报》1923 年 2 月 20 日，第十版）

　　据中央党史史料编纂委员会件：蓝天蔚先烈遇难地点：蔡（济民）被方化南在建始县城庙内杀害；蓝在四川奉节被张冲（号孝友）饿毙。重庆山洞亚光寺。（《蔡济民蓝天蔚遇难地点之调查》，档案号：230—2430，中国国民党中央委员会文化传播委员会党史馆提供[2]）

　　贺觉非曾考证蓝天蔚之死：原来广州护法政府改总裁制后，云南唐继尧为七总裁之一，唐以云南为基地，靖国军为旗号，意在囊括四川，向湖北、陕西扩展。唐在一九一九年就以滇黔川陕鄂靖国联军总司令名义，任命援陕援鄂各路司令，并亲莅重庆主持会议。唐欲控制四川税收和兵工厂，但为四川督军兼省长熊克武所反对，会议不欢而散。卢师谛、石青阳、黄复生、颜德基等附唐反熊。滇黔川军之战，

---

　　① 喻培棣（1889—1950），字华伟，四川内江人。1905 年借兄喻培伦赴日本东斌陆军学校学习。1908 年赴河内支援河口起义。后赴日本东京电机学校学习。1911 年回国协助吴玉章反清，参加辛亥革命。后历任川军第五师军械处长、川军第五师十九团团长（升任旅长）、成都卫戍司令、四川省临时参议会参议员、川康绥靖公署高级顾问等职。1919 年广州军政府授陆军少将。

　　② 有此一说，为孤证。

卢等即站在滇黔军一边。蓝弟文蔚系黄复生、卢师谛旧部,鄂军与滇黔军之入川者同属客军。照熊的联省自治办法,客军都在驱除之列。蓝的革命声望较高,故为川中将领所忌,必欲置死地而后快。据说鄂督王占元见熊克武驱逐客军,以为熊将附北,再三以枪械济川诱熊,熊未为所动。(熊克武字锦帆,四川井研人,同盟会员)辛亥以前各地起事熊无不参与,四川光复后任蜀军第五师师长,此时任四川督军兼省长。温楚珩《蓝天蔚事略》说王派亲信沔阳人傅人杰以专轮运步枪三千枝、弹三十万发,银元二十万给熊,以除蓝作交换条件。蓝抵渝安置在朝天宫,自知不免,终日引被蒙面而卧。看守者取蓝自卫手枪从左太阳穴射入,右边穿出,上述情况江炳灵答编者(此编者为贺觉非)问略同,江任蓝参谋长。

一九五六年编者面询蓝胞弟文蔚,据说:"先兄被押解重庆时,我正在奉节方化南军中,曾亲赴江干目送,遥见先兄回首致意。只意其至渝必获优待,不料竟成永诀。先兄死后,拍有照片,状为傍几而坐,左手支颐,右手执手枪向太阳穴。很显然为事后扮演,遮人耳目。究竟怎样死的,当事人既讳莫如深,我们也说不具体。"文蔚又说:"熊克武同湖南赵恒惕搞联省自治,与孙中山之主张背道而驰。广州护法政府拟迁重庆,也为熊所反对。我在黄复生部就为反熊打到成都附近。蓝之死与整个政局有关。"

一九六四年编者(贺觉非)函询北京熊克武。承熊回信说:"蓝同志是辛亥革命著有劳绩的忠实同志。一旦兵败来川,我们护卫不周,以致自杀,始终不明其由,所以非常痛心而应自行引咎的"。并说如何发给饷项,优待官兵,证明没有加以迫害。但对缴械囚系未作说明,而这一点正是要害所在。近阅川军师长喻培棣家藏文件,其中说到,川熊"排滇之后,王(王占元)意熊必北附,挟以自重。""蓝天蔚被获,王占元屡电我鱼丸引渡来鄂,熊不可。张冲旅长欲引渡来鄂,以调换枪弹,旋得密电云:'已有办法矣。'呜呼!蓝天蔚于施鹤之役,力主和以降,部属多不愿,蓝恃其资格,与熊有旧,故毅然不战。"由此可见,王诱熊,熊不可,均属实,蓝自杀,就是密电所说'已有办法',此办法必出于但懋辛、张冲之手。(《蓝天蔚》,《辛亥革命湖北人物传资料选编》,第24页)

贺觉非又谓:湖北督军王占元知道了靖国联军中的主客矛盾,便以银元武器为饵,向四川熊克武、刘湘进行勾结,借川军之力解决驻在奉节与恩施、建始、利川一带的湖北靖国军。蓝天蔚虽没有军事实力,但他的名气很大,于是太阳河一仗,蓝被俘,黎天才逃走。蓝在被拘禁时,还给他的弟弟去信:"此间待遇尚优,惟不能自由行动耳。"接着蓝便随同由鄂运川的武器和大洋一起被押解到了重庆,安置在朝天宫内。当时熊克武不在重庆,刘湘于款待之余,赠以手枪,意在使之自裁;蓝遂于 1921 年 3 月 30 日在重庆以自杀闻。

一说蓝自恩施赴奉节商防务，被川军旅长张冲扣留，送往重庆被害。其遗体由湖北黄陂人潘正道照料收殓。潘当时是刘湘的顾问，而又由南方派去的。可惜我在访问潘先生时，未遑询及此事。使蓝死之真相迄今不明。（贺觉非：《湖北靖国军的人物及其活动》，《湖北文史》编辑部编：《湖北文史》2007 年第 1 辑，第 103—104 页）

另据相关回忆："一夕应甫澄宴归，遽以急病（按：非疾病终）卒于旅邸，英华陨落，知与不知，咸为陨涕。""未几，刘甫澄拜北廷督理四川军务兼省长之命，于重庆就职之日，冠盖云集，摄影纪盛，而相片中，赫然有秀豪在，众皆大骇，索相片底视之，则朦胧而已。"（春痕：《蓝天蔚冤魂出现》，《工商日报》1958 年 6 月 24 日，第 20 页）

"四川军阀，一向依附北廷。于粤府式微之时，更非空言宣慰所能归附。当蓝氏抵川之际，正刘湘接受北廷任命督理四川军务兼省长前两个月事。说者为刘湘早已通款北廷，又不能拒受粤府之宣慰，遂有阴谋杀蓝示好北府之意。蓝氏忼爽成性，初未计及此也。某日，刘湘约同刘文辉、田颂尧等川军将领饮宴蓝氏。宴罢，送归招待所。甫就寝而枪击作，蓝即毙命。遗手枪一支枕旁，以示自杀。"（《蓝天蔚与中国十字军》，香港《天文台报》，1958 年 7 月 20 日，第二版）

4 月 1 日（二月二十三日） 蓝天蔚尸身入棺。潘正道偕刘湘验尸，传蓝天蔚三名差役问话。

钟鼎谓：翌晨入棺。正预备扛至通远门外之乱丛冢掩埋。适第二军顾问潘正道君以电话询刘甫澄军长，刘尚不知公解渝事。刘转询但，始知确实。刘潘偕赶至朝天观启棺视之，公面目如生，眼闭口合，脸上血痕□条，有枪弹由右太阳心洞穿左太阳心，血流经右颧下达颐辅。问时，但部副官长王鼎元、技术大队张范烈均先在停棺处招待一切，刘潘问公死事，范谓公押解至大队部后因房屋狭小，故暂以勤务兵室为下榻之所，随从三人奉长官命令分押第一中队。盖将军因见督军军长不与接见，且将其从人隔开，故忿极自戕。有副官一人，勤务兵一人在房。因蓝将军以被蒙面而睡，故事前不觉。语毕取出保宁式手枪一支叫刘潘看验，并称此枪自戕后仅有弹壳一枚，亦无第二粒子弹。刘潘云："跟随蓝将军三名差役可以唤来问话否？"范曰："可。"即饬兵往传。经十余分钟，三名差役至大队部，状极狼狈。见刘潘等战栗几不能成声，云："我们初随蓝将军，并不知将军所犯得何罪，乞大人哀怜。"因差弁等此时已知公遇害矣。刘潘以好言慰之，谓蓝将军之事与尔等无关，不过要问尔等几句话，可据实回答。

（问）："尔等在施南是否为将军贴身之人？"

一人答曰："是。"

又一人答曰："我是船夫也，他们叫我送东西上岸，连我也锁在那边营中，真正冤枉。"

（问）："尔等在施南知将军有几支手枪？"

（答）："有两支。一支是自来的，一支是保宁式，均在嵩坝缴与川军。"

（问）："平日是护兵佩带抑将军自己佩带？"

（答）："是护兵佩带。"

（问）："在夔府时，张旅待遇如何？"

（答）："将军拘留机关枪营，初到之日，营中长官检查将军身上时，将军气极，说尔等这样举动不如将我打死。当时夺营中兵士枪欲行自尽，被兵士拦住，卒未夺得。"

（问）："以后你们还伺候将军否？"

（答）："每日仍是役等伺候饮食。"

（问）："在夔府与途中及抵渝后，此一二月内有外人与将军接见否？"

（答）："无论何时均有官兵监视，将军与役等不但不准接见外人。连信件也均不准通。"

（问）："尔们昨日何时与将军分手？"

（答）："昨日下午约三时到技术大队部上，副官派兵□将役等押到那边营中，禁在只容二人能睡之一小房内，房门外用锁锁住，役等不知何罪，乞大人开恩。"等语。

潘云："大概尔等无罪，不日当可还其自由矣。"

范大队长饬兵将三人带至传达室去。讫，潘问范云："既已入殓，就是这样抬出去掩埋了吗？"范云："队内房屋狭小，兵士拥挤不堪，难以久停。"潘云："现在国家多事之秋，川鄂唇齿相依，万不可因秀公个人身死不明引起川鄂恶感，似宜知会监察厅、红十字会、湖北同乡会各机关公同相验，稍轻贵部责任，阁下以为如何？"语毕，刘潘辞去。潘君所以请其知会各机关相验者，因闻该部预备将公棺掩埋于通达门外之乱丛冢，并杀差弁等三人以灭其口耳。（《遇难始末记》，《蓝上将荣哀录》）

4月2日（二月二十四日） 但懋辛部召集监察厅、巴县知事并红十字会医生、湖北同乡会会长等齐集该技术大队部，公同相验蓝天蔚尸身。

钟鼎谓：次日上午十时，但部召集监察厅、巴县知事并红十字会医生——德人阿思密，及湖北同乡会会长王海秋，同乡王粹民、李国操、苏季龙、胡焕斗等齐集该技术大队部，公同相验开棺，将公尸移出，身上盖有红绸二丈。余将绸取下，现出赤身，脱鞋，现出赤足，□流涎泡，血水甚多。胸前心窝即背后左右扇子骨均青□，右

□胯则红肿，拳头大一块，高约二寸许。腰中有束带之痕。详细□□□填有尸格。王海秋会长向王副官长范大队长请由同乡会□□殡殓。王范不可，范谓尸身向有银洋一百三十元，所有□□之资除此一百三十元外不敷之数均由公家给发。请□□□会主办可也。王会长见既由公家出资，乃不肯主办。仅公□□秋、胡焕斗二人帮同办理。（《遇难始末记》，《蓝上将荣哀录》）

　　△　蓝天蔚死事真相如何？潘正道、王守愚发布冬电请彻查。时人提出五项疑问，以为蓝天蔚乃为被杀，此无疑义。

　　长沙《大公报》载：潘正道、王守愚之电谓：秀豪于旧历腊下旬率部投但军张旅，被其监禁夔门。昨月俭日，愚得蓝汉陵由忠州来俭电，称秀由大帮兵船解渝，卅日（即三十一日）忽传秀已到渝自戕，当已电询陆军联合办事处刘辅澄君，刘尚未知秀解渝事，继询但军长，方知属实。东（一）日晨邀同刘浦澄处长往视。秀已入棺，起盖视之，见其太阳穴至各颧骨下，犹有血痕。据但军张之副官技术连长云，秀于三十晚至渝但军司令部。晚四点三十分钟，将其随从三名押在距离不远之宜春茶楼驻军处。秀住勤务兵室，忽言头痛，蒙被仰卧，以手枪由右太阳穴自戕。书记及勤务兵二名在其房口，因秀以蒙面，故不觉。时五时四十八分等语。特闻，余另详，潘正道、王守愚叩。冬。（《蓝天蔚在川自杀》，长沙《大公报》1921 年 4 月 5 日，第三版）

　　天津《益世报》亦刊潘正道、王守愚冬电，并谓：……综是以观，则蓝天蔚之自戕业经证实，然据上电所述，蓝之死状不无疑问。蓝兵败时，狼狈不堪，何不自戕？在夔拘禁数月，侘傺无聊，何又不自戕？何解到重庆之日，忽然自戕？疑问一；到渝之日熊但不示以处置方法，而遽任督解之人转解技术连部，疑问二；既置蓝于勤务室，何以将其久随三人置之宜春茶园，使不相晤，疑问三；蓝在勤务室，以被蒙面用枪自杀，门外护卫何以不闻枪声，疑问四；且蓝氏受拘已久，身旁当然无有武器，所说以枪自杀，枪从何处得来，疑问五。有此五者则蓝之非自杀，其为被杀已无疑义。其弟汉陵，现除通电各省外，并请杨春芳[①]师长派员切实调查，期获真凶，以凭核办。鄂西靖国军将领潘正道、王守愚叩。冬。（《蓝天蔚自杀之续闻》，天津《益世报》1921年 4 月 10 日，第六版）

4 月 3 日（二月二十五日）—4 月 7 日（二月二十九日）　各报刊载蓝天蔚遇难

---

　　①　杨春芳，四川泸县人。靖国军兴起后，经黄复生、卢师谛招安，所部编为两个团，任纵队司令，驻扎万县，由卢师谛直接指挥。1920 年，黄复生、卢师谛离开率队赴上海，改投第一军，所部被编为独立第一旅，任旅长，驻扎忠县。1920 年广州军政府授陆军步兵上校加陆军少将衔。刘湘主掌四川大权后，命第二军杨森改编杨旅，移驻泸州。1922 年，杨森败退撤出四川后，归正第一军，改驻忠州、丰都、石柱地区。

消息。

《申报》谓：北京电外人得重庆电,蓝天蔚于一日手枪自杀。一说被第一军击毙。(二日下午一钟)(《申报》1921年4月3日,第二张,第六版)

《香港华字日报》载,重庆电传蓝天蔚于一日以手枪自杀,一说谓被第一军兵士击毙。(《香港华字日报》1921年4月4日,第一张二页)

《台湾日日新报》载:湖北南军总司令蓝天蔚前被捕于向山,二日早不知为何人所杀。(四日重庆发,《蓝天蔚之被杀》,《台湾日日新报》1921年4月7日,汉文版第二版)

《顺天时报》载:重庆消息,湖北君总司令蓝天蔚曩在重庆被四川军捕获,已在该地自杀,一说又谓他杀云。(汉口二日东方电,《蓝天蔚死耗》,《顺天时报》1921年4月5日,第三版)

天津《益世报》载:蓝天蔚自杀消息,某方面昨亦接重庆探报,谓蓝在鄂失败后,逃入川境,向川军第一军但懋辛所部之张旅投诚,当被监禁,日前由张旅解渝讯办。蓝乃于上月二十八日在第一军司令部自戕,经刘湘验视弹穿颧骨,确系自戕无误,已为备棺收敛,但又有一说,则谓此事未确,姑并志之,以待续探。(《蓝天蔚在监自杀》,天津《益世报》1921年4月8日,第六版)

《香港华字日报》载,蓝天蔚自忠州解重庆,□□□□但懋辛尚未见,旋用手枪自戕。(《香港华字日报》1921年4月7日,第一张二页)

《申报》刊文《鄂西败将之末路》:最近外人方面,忽传蓝氏在川自杀之消息。(一说被杀)而其自杀时日,则又不详。据此间报载,上月二十四日,蓝尚为其弟文蔚(现充川军第三师第一纵队长)迎至忠州,属于杨春芳师部,若果自戕说不虚,则其时期当为上月月底,地点或即在忠州也。蓝字[号]秀豪,鄂黄陂人,前清张文襄总督两湖时,创办兵工学校,蓝即入肄业,深为张所器重。光绪二十四年[光绪二十五年],送入日本士官学校,二十八年,卒业骑兵科。日俄战争时,满洲留学生组织义勇队,蓝被推为队长。嗣归鄂,襄赞军务。宣统二年,转赴奉天,任第三镇协统。辛亥义师起于武昌,蓝率军响应,被举为关东都督。革命告成,蓝以功授陆军中将,加上将衔。嗣裁兵议起,蓝首先解甲,漫游欧美,考察陆军,在鄂籍军人中能与黎黄陂具有同等学识者,惟蓝氏一人。现年仅四十四。(《鄂西败将之末路》,《申报》1921年4月7日,第二张第六版)

4月4日(二月二十六日) 何成浚等通电查究蓝天蔚死事真相。

报载:前鄂西靖国军总司令蓝公天蔚,日前传闻在贵州[重庆]自戕。惟蓝公不自戕于鄂西失败之日,使川军果能礼遇,何致忽萌短见?兹得岳州何雪竹等通电,益证此中大有黑幕矣。原电录下。(《蓝秀豪死得不明白》,上海《民国日报》1921年4

月 9 日，第二张第六版）

另有《申报》等报同载岳州何成浚等通电：

各报馆均鉴，顷接重庆友人潘正道王守愚急电，文曰，长沙何雪竹王连三先生鉴，密请飞电京粤沪湘鄂各省各要人各同乡及蓝秀豪家族均鉴，秀豪旧曾去腊下旬，率部往投但军张旅，被其监视夔门，昨月俭日，忽接蓝汉陵由忠州来俭电谓，秀已由大帮民船解渝，卅一晚，忽传秀已到渝自戕，道以电话询各军联合办事处刘甫澄处长，刘尚不知秀解渝事，当询但军长，方知属实。东晨道同刘甫澄处长往视，秀已入棺，启盖视之，见其太阳穴及左颧骨上，犹有流血痕一条，据但军王副官长范技术连长云，秀于昨晚于瑞余轮船解至渝但军部，熊但二公正在议事，未予接见，转解至但军技术连部，时四时三十分。将其从人三名押在距此不远之宜春茶园驻军处。秀住勤务兵室，忽言头痛，仰卧蒙被，以手枪由右太阳穴自戕。范之书记及勤务兵一名在门口，因秀以被蒙首，故不觉。时五时四十分等语，特闻。余另详。潘正道王守愚扣冬等语。查秀公此次入川，不但武器概行缴出，即私人衣服亦损失尽净。在夔既系监禁，赴渝又系押解，抵渝后囚禁勤务兵室。随从另押他室，何来手枪？何能自戕？此种情弊，昭然若揭。务恳公等电重庆各军联合办事处正副处长，或派人前往查明真相。并主张公道，以申冤愤而明是非。何成浚、吴醒汉、王缵承、关克威、吕丹书、戴鸿炳、王治锷、胡宗佐、杜武□、黄湘□、余愚、吴□派、容□芳；周青林、□□□、□□□、熊心正、熊伟武、陈□平、陈铁文、管心灏、丁国钧、□天□、蔡万□、余觉明、陈明善、许旭东、朱澄宇□叩。支。印。（《请查蓝天蔚死事真相》，长沙《大公报》1921 年 4 月 8 日，第六版；《岳州何成浚等通电》，《申报》1921 年 4 月 9 日，第二张第六版；《蓝秀豪死得不明白》，上海《民国日报》1921 年 4 月 9 日，第二张第六版）

△ 汉口蓝天蔚宅邸接到蓝文蔚、王守愚两电。

上海《时报》载"蓝天蔚自戕"：……前鄂西靖国联军总司令蓝天蔚，自溃败后，率其残部五千余人，退往夔府翼与川军联合，再图大举。不料川军张冲明与蓝氏交涉，商议联合改编之法，暗调军队，将蓝氏四面包围，勒令缴械投诚。蓝以大创之余，军心涣散，兵无斗志，遂俯首从命，将所有枪械尽数缴讫，投诚兵士，每人发给川资一串，一律遣散。蓝氏身边衣物均为剥除，复严行监禁。维时蓝氏愤不欲生，持手枪自击，为左右拦阻不果。嗣得某要津致电川督熊锦帆，代为疏通；乃弟文蔚亦向各方面运动，遂于前月二十八日，解往重庆。蓝抵渝城，即送至但懋辛司令部，适但与熊锦帆正在议事，乃未接见。复将蓝转接至但军技术连部，住在勤务兵室，其随从蓝氏之人，尽分押他处，与蓝隔离。不几时而蓝氏自戕消息传出矣。鄂人士闻之，颇为悼惜愤慨，且多谓此中必有疑问，不信其为自杀者，唯据上游来人云，蓝在夔时,已备受种种痛苦,而解往重庆后之情况,殆较在夔更甚。蓝氏见此形势,悲愤交集,且测知将来,定必凶多吉少。与其异日受凌辱而死,不若此刻自尽之为□谒。但此亦不过传说之辞,真相究竟如何,尚须调查也。

又讯,四日下午九时许,汉口蓝宅接两电,一为蓝天蔚之弟十万万火急电报,略谓秀兄在渝寿终,情况甚惨。川人虐待,视为凶犯,其通电指为自戕,查秀兄被解,徒手赤身,何得容有违禁物藏身,殊堪诧异。文于本日由(忠州)赶往渝料理丧事。俟查明真相,再续报。又一电为前参谋长王守愚由渝拍来,略谓蓝将军由夔张司令冲于二十五号派兵解渝,但懋辛军长当令守卫兵看管,以重要囚犯相视。随侍六人,亦闻隔三日未食,忽于二号下午六点四十分持枪自戕,伤头部右脑筋,当由卫兵收敛。复后但司令与刘旅长亲来开棺检视,头部血流,查自戕时有勤务兵四名,并书记一员,在室外忽闻枪声响,赶入视之,即已气绝。现暂厝文庙。(上海《时报》1921年4月11日,第三版)

4月5日(二月二十七日) 蓝天蔚之棺厝于夔州公所晒花厂。

钟鼎谓:四月五日早,但派兵一排,便衣八人,湖北同乡会数人送公棺于渝城对江□□□夔州公所晒花厂暂厝。(鼎四月一日夕在忠州接友人王君守愚□□□□东电始知公被害身死,得电后比即改装赴渝晤潘君正道王君守愚,方悉公遇害之真相。)(《遇难始末记》,《蓝上将荣哀录》)

4月6日(二月二十八日) 时人悼惜蓝天蔚之死。

长沙《大公报》谓:蓝秀豪之入鄂西,实为收拾民军之故,王安澜吴醒汉等已结怨于民,以此遂为北军所乘。蓝虽败,不任疚也。入川,为川军所买,锐任以脱同志于难,终不肯为阶下囚。饮弹自戕,志节之隆,可歌可泣,以视当世轻薄小人,□□项城,又所胜多矣。诚然,蓝亦未免于自用,蛮触之争,有何关系?贤者宜避而远之。善其所□,以为将来建设之用。乌可□迹于此,以自取败亡,故予于蓝氏之死,嘉其志节,又惜其不善用。(抱一:《悼蓝天蔚》,长沙《大公报》1921年4月6日,第三版)

4月8日(三月一日) 各报载,蓝天蔚惨死信息。

北京(晨报)载:蓝天蔚在川自戕消息已详昨日通讯,但是出事地点与日期都简略不详。兹从某方面觅得川省二日拍来急电,述蓝自戕情形甚详,为录于下(略)。照上电看来,是蓝鉴于川军不以护法分子相待,而反说为俘虏,故愤极自戕,非蓝战败而死。(小轩:《蓝天蔚自戕已证实》,北京《晨报》1921年4月8日,第三版)

各报刊《蓝天蔚惨死之一斑》:《汉口日日新闻》云,蓝天蔚氏死后,传有种种风说,引起一般之疑团。兹据跟随蓝氏之马弁陈连升密告,在四川军界诬蓝氏为军事侦探而杀之。且谓彼等捕获蓝氏至重庆时,张冲即下令禁止他人之接见,并将其上下衣服及脚带等,悉行褪去,易以极污之衣。又将两手转至背部。所有蓝氏之从者,均令隔离半里许之地。以二个中队之兵,押护蓝氏,监禁于但懋辛氏之军营中,禁止与以茶水,并屏绝蓝氏左右之人,不得至监禁位址附近。蓝氏不堪此侮辱,至午后五时即以短枪自杀。(《蓝天蔚惨死之一斑》,上海《民国日报》1921年4月25日,第二张第七版;《香港华字日报》1921年4月30日,第二张二页)

4月9日(三月二日) 《申报》刊载蓝天蔚在川逝世疑团。

文谓:蓝天蔚在川逝世消息,鄂人多已知之,地点与日期,初不甚详,比据川中潘正道、王守愚等二日拍来急电(原文另载),知蓝氏于上月二十四日,由夔门解至忠州,二十八日复由忠州解至渝城,抵渝时,为三十一之夕,亦即蓝死之夕也。蓝死为自戕或被杀,颇有可研究之价值。潘正道为前利川县知事,王系蓝之参谋长。其所述蓝死情形,皆得知于但军之口,彼不过代为转告。是否真相,无从悬揣。而蓝氏在汉家属,昨晚接其弟文蔚自忠州来电,称秀兄在渝,不堪川军虐待,愤懑自戕。末复称秀兄由忠州解渝时,仅一赤身;至渝时,即交卫兵看管,何至藏有危物(指手枪)? 甚为诧异云云。是蓝致死之原因,尚有可疑者在。即就潘王冬电观之,川军有摧残护法分子,使蓝不克终其天年之责任,已无疑义。闻蓝夫人接此噩耗后,定明日乘轮西上,料理丧事,并拟分电各省要人,请求查明蓝死真相,以慰幽魂。(《蓝天蔚在川逝世之疑团》,《申报》1921年4月9日,第二张第八版)

4月10日(三月三日) 蓝天蔚身死不明,湖北自治协会请重庆各军彻究。

《申报》谓:十日湖北自治协会因蓝天蔚身死不明,电重庆各军,请为彻究。(《民国十年上海大事纪》二,《申报》1921年12月28日,第十版)

报谓:湖北自治协会昨发快邮代电云,重庆各军联合办事处刘甫澄处长均鉴,报鄂西靖国军总司令蓝公天蔚,在渝自戕逝世,噩耗传来,同声骇悼。蓝公为革命元勋,护法健者,曩以饷尽粮竭,被王逼走鄂西后投奔贵军,又为软禁夔门,其自残同志,已属寒心,今竟死于贵军监禁之下,直接间接,贵军应负相当之责任。且据潘王冬电称,秀公自戕,俱系但军王副官长范技术连长所云,又据秀公乃弟文蔚自忠州致其家属电称,秀兄在渝,不堪川军虐待,愤懑自戕,末复称,秀兄由忠州解渝时,仅一赤身;至渝时,即交卫兵看管,何来手枪? 何能自杀等语,据此云云,其被人暗害,已属昭然若揭。贵军为护法而兴,蓝公又为护法之人,以护法而残害护法,来日大难,正未有艾。务乞我公主持公道,严究凶手,庶是非得明,而冤愤得雪矣。临电泣恳,不胜企望。湖北自治协会叩。灰。(《蓝天蔚身死不明之请究》,《申报》1921年4月11日,第三张第十版;《鄂人根究蓝秀豪死状》,上海《民国日报》1921年4月11日,第三张第十版)

4月11日(三月四日) 蓝天蔚死事不明,熊克武、但懋辛受舆论指责。是日熊但发布真电辩诬,谓蓝天蔚系自杀,且并非死于勤务兵室。报端则载鄂人谓,蓝天蔚解渝时被捆缚,监禁于卫成室;据蓝天蔚部归弁所谈,蓝天蔚之死决为熊氏之枪毙无疑。

长沙《大公报》谓:蓝天蔚死于重庆,川军宣布为自杀。人咸疑为被杀。自何成浚吴醒汉由湘迭电指蓝死为可疑后,鄂人尤加□□之注意。致电川省诘问者日有所闻。川省熊克武、但懋辛召多数鄂人之反感,特于真日□鄂声明。原文云,湖北督军属转冉代表仲虎鉴密,歌电悉,秀豪于三十一日抵渝,寓□西街朝天观。当日尚未见面,顷间即闻噩耗。悼念殊深。随经检查厅巴县知事暨红十字会□□医生验明,弹孔由下而上,其为自杀,更无疑义。我军以优待之故,从未检查,彼遂暗藏手枪于棉袄内,以至蒙被自杀。现已从优厚敛矣。本日即将红十字会检查团等检查单及自戕后相片寄阅,藉明真相。奉节与朝天观相距里余,所记自戕于军部勤务兵室实属传闻之误。此复。克武、懋辛。真。

是熊但不认蓝为自杀,且不认蓝死于军队勤务兵室。惟闻旅川鄂同乡会某方面谓蓝解渝时,身上裤脚口且被解除,两手捆绑背后,直解至但军技术科卫成室,四时许,卫兵在卫成室门口架枪,附近均放步哨。时有鄂籍商人□(疑为"严"字)义和对于蓝氏抵渝事极为注意,特邀集同乡多人在月仙茶楼探听信息。至五钟余,忽闻枪声两响。卫兵纷纷戒严,忽传蓝氏自戕。旋又但军军需官□场察视,以百□元购买衣棺盛殓,棺厝于朝天观。盖此刻蓝死之真相,已可概见矣。(《蓝天蔚自杀之余波》,长沙《大公报》1921年4月27日,第三版)

《顺天时报》是日谓:昨据报载又得某方面传言,日前熊但械置蓝氏到渝,系受某方面意旨,急行枪毙以杜后患。盖熊克武以棒匪出身,安知信义,是必其贪图权利,实行枪毙,取悦某方面也。因托言蓝氏自戕,隐秘其奸诈行为,免遭舆论之攻击。不然者,蓝氏前此寻死而不可得,安有方至渝时即有就便之手枪,以行此决绝之计。熊但平日派人监视,不独手无寸铁,即身上衣带亦不存留以防止其自戕、自经之短见。蓝氏如此,实在求生不能,求死不得也,蓝氏之死,决为熊氏之枪毙无疑矣。拥被自戕,其谁信之?特录如此,以释群疑。(《蓝秀豪自戕始末记》,《顺天时报》1921年4月11日,第二版)

4月12日(三月五日) 上海《民国日报》刊载川军对蓝天蔚惨酷之情。

文谓:蓝天蔚和川省熊但等同为护法分子,想阅者均已明白。蓝自前年受军府特任,前往川滇及鄂西慰劳军队。首到成都。是时川滇暗潮甚烈,蓝则不辞劳瘁力为斡旋,川省局势得以转危为安,熊克武兵力因得以逐渐发展。熊氏颇感,遂与蓝缔盟定交。嗣黎天才王天纵两军在夔门，与川军时有权利冲突，蓝恐碍双方感情，又驰赴夔门，亲为川省划分军区，规定税收，使黎王不得侵占川省过分的利益。是蓝氏于川省及熊克武，均有功无罪。及此次蓝军战败，会商退路，部下都主张由龙山退到湘西与王育寅李烈钧等会合徐图活动。蓝则以湘西地瘠民贫，驻军多，退至其地，主客军杂，难免误会，且军费亦无人供给，不如退川，遂率所部向川省进发。其时尚有精锐卒二千余人，枪支军需均极充实。临行并电川省知照，且得覆电欢迎，蓝乃前进。不料将抵夔门时，川军第二军长但懋辛所部张冲旅长，派两团包围，勒令缴械。蓝部愤甚，欲实抵抗。惟不欲祸川，遂劝告部下，遵命解除武装。张旅遂将所收枪支全数收去，蓝军各给钱一千，概行遣散。另将蓝解至夔门，其随从三人，亦令分别拘禁。王占元交涉引渡，张旅因为奇货，要求交换条件，致久久不能实行。其弟文蔚在忠州，百计运动，于二十八日，得由夔门到忠州居住，以为从此可以免祸。不料熊又命解至重庆，观此熊但邓居心叵测，使护法伟人，不得善终。凡护法省分，必有为鸣不平矣。（《川军对蓝秀豪之惨酷》，上海《民国日报》1921 年 4 月 12 日，第二张第六版）

4 月 13 日（三月六日）　《申报》刊载蓝天蔚被杀后的社会反应。

文谓：蓝天蔚三月三十一晚在重庆自戕消息传出后，颇引起各方面之注意。以蓝氏为鄂军界之佼佼者，且又为护法分子，一旦惨死不明；而其出事地方乃为护法区域之川省，故向蓝氏在汉口法租界之家属问讯者络绎不绝。并有人主张由汉通电护法各省请为蓝氏昭雪，第以川鄂现正携手，此项通电恐不易发出，故未果行。前日此间各团体，按何成浚、吴醒汉等三十人，由岳州拍来通电，谓秀公此次回川，不但武器概行缴出，即私人衣服，亦损失尽净，在夔既系监禁，赴渝又系押解，抵渝后因勤务兵，随从另押他处，何来手枪？何能自戕？此中情形昭然若揭，务恳公等电重庆各军联合办事处正副处长，或派人前往查明真相，并主张公道，以伸冤愤而明是非云云。此与蓝弟文蔚自忠州来电之语气相似，盖蓝死之非自戕，与蓝死后之必将发生反响，即此可窥见大概矣。闻熊克武于蓝死后，尚在重庆为之发丧成殓，说者比之为猫哭老鼠。（《蓝天蔚被杀之反响》，《申报》1921 年 4 月 13 日，第二张第七版）

△　报载，蓝天蔚灵柩将运回鄂安葬。

天津《益世报》谓：南军司令蓝天蔚在川自戕，其灵柩将运回鄂安葬一节，经志前函。兹该氏介弟蓝文蔚，原系川军第二路司令第三支队队长，此次护送蓝天蔚之灵柩回鄂，业于昨二十五日到汉，并渡江向督署面陈一切。惟蓝氏灵柩，因在中途梗阻，稍缓时日，始能运到。蓝文蔚已现已先事筹备一切，俟灵柩一到，即可安葬。（天津《益世报》1921 年 4 月 13 日，第六版）

△　唐继尧电军政府请从优抚恤蓝天蔚。

各报载：唐继尧总裁电致军府请优恤蓝天蔚云，(衔略)顷见报载前鄂西靖国军总司令蓝公秀豪于前月三十一日在渝去世，真相不明。惊耗传来，何胜惊痛。第念蓝公于前清时，统兵关东，蓄志救国，规划革命，不遗余力。辛亥武昌首义，立即率师响应，整军北伐，薄海景从。革命告成，蓝公首倡裁兵之议，解甲远游，高风亮节，矜式国人。嗣因护法军兴，蓝公怵于国难，间关入蜀，统领鄂西各军，保境息民，屹然为西南屏障。上年突遭北军掩袭，竟为川军拘禁。兹闻惨死，悲悼何穷。综其生平尽力改革，深卫西南，实属功在国家。拟请军府从优抚恤，并即查明真相，以伸公道而慰英魂，不胜盼祷。唐继尧。印。(《唐继尧请恤蓝天蔚　致电军政府请从优抚恤》，天津《益世报》1921年4月13日，第六版；《唐继尧请优恤蓝天蔚电》，《香港华字日报》1921年4月21日，第三张四页；《申报》1921年4月21日，第二张第六版)

△　蓝天蔚遗孀邓观智受到宁武、树先夫妇探望。

宁武回忆：晚饭归来，忽接四川李元著的电报说蓝天蔚同志不幸被刺身死，主使者就是现在四川当权者。我阅电后深恨刺兰[蓝]者何以对[蓝]下此毒手，因为[蓝]乃一浪漫军人，忠厚对人，他没有野心被毒死的条件，因此我百思不解被害的由来。

不久接到四川同志的信，方知所谓当时的两湖巡阅使王占元怕兰[蓝]回湖北进行革命，以武汉兵工厂两旅步枪送给四川某当局以处死蓝天蔚为条件。我对此在思想上很激动，平日以老同志自居的人，一朝为了个人权利就杀害同志，这种人比明处反动者更阴险。次日我同杨树先往法租界探望蓝天蔚的夫人[邓]女士。(宁武：《我的回忆录》，《爱国志士宁武》，政协辽宁省文史资料委员会：《辽宁文史资料选辑》第41辑，辽宁人民出版社1994年版，第158页)

宁武外孙顾方舟根据宁武的回忆记述：晚饭归来即接四川李元著同志拍来的电报，说蓝天蔚同志不幸被刺身死，主使者就是四川当政者。宁武和杨树先阅电后十分震惊，深恨刺杀蓝天蔚者，何以对蓝下此毒手，又思蓝天蔚乃一正派革命军人，一贯忠厚待人，他也从无野心绝无被杀的条件，因此百思不解蓝天蔚被害的由来。……不久宁武即接到四川革命同志的来信，方知此乃两湖巡阅使王占元害怕蓝天蔚同志回湖北家乡进行革命活动以汉阳兵工厂两旅的步枪送给四川某当局，以处死蓝天蔚为条件云云，宁武和杨树先阅信后都很激愤，蓝天蔚同志没有牺牲在赵尔巽、张作霖的枪下，却被害于所谓自己同志的刀下，这些平日以老同志自居的人，一朝为了个人私利就杀害同志，这种人比明摆着的反动派者更阴险。这种坏分子在走投无路不得志参加革命行列中，也曾慷慨激昂，故示其坚贞，但一朝得势就原形毕露。次日，宁武和杨树先前往法租界探望蓝天蔚同志的夫人程[邓]女士，她是住在娘家,其父乃一海军前辈当时供职于北京海军部,经济勉强维持生活,程[邓]夫人善书魏碑字体。程[邓]夫人说:"上星期由海军部得到消息,当时拟拍电报给四川询问内情,海军部主管科说,彼处是革命政府,我们无法电查,拍电他们也是不理,这说明革命起了内讧,秀豪之死竟死于革命内部,这叫什么革命? 令人不解。宁先生宁夫人关怀我这未亡之人,我无以报之,只有眼泪。"言罢大哭。程[邓]夫人又说:"秀豪身后只有一女,尚在高小求学,湖北家乡毫无产业,我随他流浪生活,连建立家的能力都没有,现在仍然累于父母家中。"宁武当此,认为空言和安慰都无补于[邓]夫人所处的情况,于是对程[邓]夫人说:"请嫂夫人宽心,容我代为设法"云云。宁武和杨树先同程[邓]夫人遂在悲痛中分手。

……

藤田是蓝天蔚的朋友,宁武遂将蓝天蔚之死的消息告诉他,他也为蓝天蔚之死而流泪。(顾方舟:《关于我的外祖父宁武逸事》①,中国人民政治协商会议沈阳市大东区委员会文史资料研究委员会:《大东文史资料》第 3 辑,1989 年,第 17—19 页)

4 月 14 日(三月七日) 《申报》刊载蓝天蔚自戕之又一说:蓝天蔚性情愤世嫉俗,辛亥年奔走革命到沪,亦自以手枪自戕;而川军无杀蓝君之必要,即欲杀之,何不应王占元之引渡,何必自行出手。

文谓:蓝天蔚自戕于重庆,颇惹起一般之怀疑。以蓝君既被川军押解,看守于卫兵室,手枪从何而来? 其友人何雪竹诸君因电重庆各军联合办事处质问情形。昨闻在沪某君得闻蓝君友人由渝来电云:秀兄失败到川,鄂王(占元)屡电川引渡,川军各将领及其领袖熊某与秀兄均有情感,故坚持未允,乃命张旅长护送至渝,不意秀兄到渝次日即称病拥被自戕。初因非以囚犯相待,故未检查其行装,岂料秀兄出于自忿,竟自了却云云。又据某君言,吾人初闻蓝君之死,即以为川军无杀蓝君之必要。即欲杀之,何不应王占元之引渡,借刀杀人,而必自行出手耶? 曾忆蓝君于辛亥年奔走革命到沪,亦自以手枪自戕,伤而未中要害,可知其人之愤世嫉俗,非

---

①　按:此段顾方舟根据宁武回忆撰写。
顾方舟谓:"我的外祖父宁武(孟言),(中略),1956 年我的外祖母杨树先老人逝世后,直至 1962 年间他曾向我谈了他和我外祖母一道追随孙中山先生自辛亥以来所进行的许多革命活动的亲身经历。去年,我的母亲由美国返沈小住,我们也谈起了许多往事,遂使我决心将外祖父向我讲述的 1919 年到 1924 年间他在孙中山先生亲自领导下所进行的孙(中山)张(作霖)合作的一段亲身经历披露出来。我想,这对多侧面地了解和研究中国近代历史或许是有些补益的。这段经历没有参照任何史料,况且,他老人家的日记和文稿等资料又都在'八一三'日本帝国主义侵占上海时全部失落了,因此,所涉及的一些时间和人物姓名可能会有不准确和错误之处,但这些回忆毕竟是他的亲身经历,'印象很深,记忆如昨'。当然,可能所涉及的某些看法会有不甚妥当之处,尚要进行探讨。"(顾方舟《关于我外祖父宁武轶事》,中国人民政治协商会议沈阳市大东区委员会文史资料研究委员会:《大东文史资料》第 3 辑,第 7 页)

自今始也。(《蓝天蔚自戕之又说》,《申报》1921 年 4 月 14 日,第三张第十一版)

　△　长沙《大公报》载文《蓝天蔚到底死得可疑》。

鄂函云,蓝天蔚在川身死,其死究为自戕,抑或系被杀,颇有令人研究的价值。据潘正道王守愚冬电所称蓝氏自戕情形,乃由于但军副官长及技术连长等所陈述。是否足信,不能断定。而蓝氏在汉口法租界的家属,前日连接两电。一系潘王冬电,一系蓝弟文蔚自忠州来电,略□秀兄已在重庆自戕,情形极惨,川军竟以凶犯虐待。其将领虽指为秀兄自戕,而其真相,则尚未明。查秀兄被解到渝时,乃徒手赤身,何以身旁仍得藏有危物,甚为惊诧。文蔚三日即由忠州赴渝,料理丧事,俟调查临终真相,再行详告云云。蓝的夫人解到此电后,当即电召亲友多人至宅,研究蓝的死法,都谓秀豪拘禁夔渝时,身畔毫无长物,甚至裤带且被搜去,以防自轻。今到渝的第一夕,哪来的手枪自戕?就令愤于川军虐待,又有手枪在身,在□□以自戕,□然在夔门两月有余,能够忍耐过去,到渝不数小时,就不能忍耐去吗?潘正道是蓝在施南时的利川县知事,王守愚是旧时的参谋长,细看他电文仅转达川军所述,也有承认是自戕的意思,可知蓝死必为川军所杀。而熊克武、但懋辛是夕议事,乃至夜深未散,或是商量害蓝以除后患,也未可定。蓝为威武将军,又是鄂军界数一数二的人材,护法志愿坚忍不移,乃至兵败投川,竟令死得不明不白。鄂中人凡与蓝有交谊及主持公道的,都为蓝抱不平。只有王占元接得孙传芳电告蓝自戕消息,甚为喜悦,以后此后将莫予毒,并电京报告。

蓝氏人格和川省熊但等同为护法分子,想阅者都已明白,但是蓝氏个人和川省有怎么样的关系,大约大家是要问过清楚。蓝自前年受军府特任,前往川滇及鄂西慰劳军队。首到成都,是时正当唐继尧施行并川政策,川滇暗潮愈驱愈烈。蓝则不辞劳瘁,力为斡旋,并为川省争得几许权利。川省之势得以转危为安,熊克武兵力也得以逐渐发展。熊氏十分感激,遂与蓝缔盟定交,表面上极为融洽。俟黎天才、王天纵两军在夔门与川军时有权利上的冲突,蓝□碍双方感情驰赴夔门,亲为川省划分军□、规定税收,使黎王不得侵占川省过分的利益。是蓝氏于川省、于熊克武个人,都有几分好交。此次蓝军战败,曾会商退路,大家都主张由龙山退到湘西,与王育寅、李烈钧等会合,随图活动。蓝则以湘西地瘠民贫,驻军又多,若退到其地,不独主客军杂,难免误会,而日用所需亦难以供给,且与川熊感情甚好,不如退川。遂率所部向川省进发。其时尚有精锐卒二千余人,枪支完整,军需也极充实。临行时,仍电川省知照,旋得覆电欢迎,蓝乃坦然前进。不料将抵夔门,川军〔为〕第二军长但懋辛所部张冲旅长派两团将蓝包围,勒令缴械。蓝部愤甚,都欲实力抵抗,蓝不忍祸延川省,劝告部下。遂遵命解除武装。张旅遂将所收之枪支全数收去。蓝军各给钱一千,概行遣散。另将蓝一人解至夔门,其随从三人亦令分别拘禁。听说蓝氏身上皮袍且被脱去。嗣后王占元交涉引渡,张旅引为奇货,要求几许交换条件。致交涉许久,不能实行。其弟文蔚驻在忠州,百计运动,于二十八日由夔门到忠州居住,心想从此可以免祸。不料熊又要解至重庆,致有此变故。是蓝氏始终没有对不住〔的〕川省地方,而熊但□居心叵测,使护法伟人不得善终。我想护法省分总有为鸣不平哩。(《蓝天蔚到底死得可疑》,长沙《大公报》1921 年 4 月 14 日,第三版)

4 月 20 日(三月十三日)　袁寒云[1]在《晶报》发表《哀蓝天蔚文》。既揭其死于谋杀,又叹息其矜才恃德,招致杀身之祸。(寒云:《哀蓝天蔚》,《晶报》1921 年 4 月 20 日,第二版)[2]

4 月 21 日(三月十四日)　旅居京津沪滇湘粤之湖北籍同乡愤慨于蓝天蔚之死。但懋辛致湖南陈铁文一函,就蓝天蔚死事辩诬。

长沙《大公报》1921 年 5 月 12 日—5 月 13 日连续刊载:

蓝秀豪先生兵败入川,忽焉身死,一般舆论多有怀疑。旅居京津沪滇湘粤之湖北籍同乡对此尤多愤慨。兹得但懋辛军长致湘中陈君铁文一函,录此事之前因后果,言之甚详,原函录下。

铁文先生英鉴:三月卅日手示奉悉,辱荷饰誉,惭悚莫名。以事言之,至为心悸。慨自唐继尧假虞灭虢之野心起,西南自杀之机愈炽。弟万端譬解,□宣以大义相结合,足食足兵为鄂情□□之计。一洗专制之瑕垢,为吾国永翼共和之局,方为至当□移之理。不意唐氏以权利相号召,吾川浅见者流又复多方搆煽,谓熊都督附北,可以取伐。于是诸将以为得滇黔之助,合谋倒熊,弟尝即转告诸将,谓熊若果附北,自当与众共弃。然揆其生平历史,南方当轴无此纯美者。□□如欲排而去之,则当□其下野,以免自煎。但不可以附北之污名陷之,徒自杀耳。故战事未发生时,熊即通电解职,而将领中复有恐受唐氏利用,非四川之□□□,坚请留熊,为川人自主之战。此真万不得已而后应之也。弟出入其间,见闻志而仇□,至为痛叹。当时秀豪先生率使命来川,亦因遭际关系,附和唐氏,于公谊而非之,□交谊而未能忘也。忆出其省时,彼此谈论政局,亦具同情,公曾厚煦之,不意其一去便相左也。

此次渠兵败入川,同人以其氏于公谊则非之。又曰一去,相左怨恨之词跃然纸上。□□□为辛亥有功之人,转而以友道以相待之。□鄂当轴迭电引渡,乃由张旅

---

①　袁寒云(1889—1931),河南项城人。名克文,字豹岑,又字抱存、抱公,号寒云,又署龟庵。袁世凯次子。书法家,收藏家。著有《辛丙秘苑》《寒云日记》《洹上词》等。

②　寒云:《哀蓝天蔚》,见附录二。

送其来渝……其奉居时日住□公□尚未预备妥当,故弟未敢相见聚谈一切,秀豪先生因此误会,以为将不见谅,恐受法律制裁,遂尔自尽。(原注云:以其为特命优待之人,侍从者未便检查其身旁也)此间阅览有谣传谓为鄂当轴贿买暗杀。考以当局亦欲置之死地者,尝如谓川省受贿而杀,或因隙而欲置之死地,则宜听鄂省引渡,或中途纵之使去而后杀之,随在皆可,必待其到渝耳闻目见之□而后杀之,虽至愚,亦不至是,此不待辩而自明也。至事后,弟仍请红会医生及检察厅验明,并集湖北旅渝同乡莅临证视,然后敛之。现枢已交湖北同乡矣。大示谓国事纷纷,世乱未已,当为天下尽力。弟虽无状,不敢自弃,为当世耻笑。无如川省党派分歧,政多疑阻,故弟拟待川省主政有人,即便去职,以卸仔肩,□若或未去职,时有主张复辟,危及国体者,则尽力之所能逮也。以先生与蓝公交好,虽未识荆,亦不觉言之切也。忙中草草,言不尽意,藉颂道安。弟但懋辛顿。四月二十一日。(《但懋辛述蓝天蔚死事》,长沙《大公报》1921年5月12日—5月13日,第六版)

钟鼎忆述蓝天蔚何以触熊克武之忌,提到应观《但懋辛复陈铁文》(即前《大公报》所载)书。其谓:蓝公秀豪八年春奉军政府命慰问滇黔川鄂各军。历滇黔至川时,西南方倡和议,公独以和议不可恃,仍以护法大义勉诸将士。前川督熊克武正输款北廷,闻公言深滋不悦,乃阳与结欢而阴实忌之。卢师谛、黄复生者,川省纯粹民党也,熊氏以其异己,竟捏造烟案陷之,且求公代达军府严惩。公行抵涪万,闻诬罔语,颇不直所为,乃正言直谏。熊益不悦。方滇黔军之屯川境,本欲会师东下,及见熊氏有异志,不敢发难。此护法事业所以不能发展者,职是故也。公见川中将士携二,乃著安川救国论警之。军民甚感动,益触熊氏忌。乃熊氏既多行不义,民怨沸腾。庚申(1920年),讨熊军起,熊不自反省,疑顺庆会议为公主张,衔公益深。观《但懋辛复陈铁文书》(原文录后)多归咎之语,知非訾言。(《遇难始末记》,《蓝上将荣哀录》)

4月22日(三月十五日) 剑侠就蓝天蔚之死发表时论,谓蓝天蔚奋袂发难于世,声望与吴禄贞、蔡松坡相埒,而竟以革命大家被南军拘留,自戕以死,可算同党自相残害之怪态。

《顺天时报》谓:圣贤建宏远之功在以德之服人,英雄立伟大之业在藉义之感人,总之不仁不义不可为圣贤与英雄耳。吾国自政体革新以还,既无仁义之人,其何有可钦佩,吾不过对于蓝秀豪略有伤感。秀豪以清末混成旅长奋袂发难彼世,其声望与吴禄贞、蔡松坡相埒,乃不自觉悟,竟以革命大家被南军拘留,自戕以死,可算于同党其自相残害之怪态,殆直皖同。无惑乎外人哂我南北为一丘之貉也。(《剑侠痛哭蓝秀豪》,《顺天时报》1921年4月22日,第七版)

4 月 28 日(三月二十一日) 蓝天蔚家况萧条,经各方亲友筹集,方得搬运棺枢之运资。其弟文蔚不日将护送蓝天蔚棺枢返回汉口。

天津《益世报》谓:前鄂西总司令蓝秀豪本鄂黄陂籍,家况萧条,上月忽然在川自戕,虽经川督熊锦帆备棺厚敛,然搬运费颇属不资,经各亲友为之醵集,稍稍充裕,故其家属日前往川搬棺。其弟文蔚原任川军营长,此次将护送至川边,是蓝氏之枢抵汉有日矣。(《蓝天蔚灵枢将返》,天津《益世报》1921 年 4 月 28 日,第六版)

5 月 4 日(三月二十七日) 蓝天蔚棺枢尚未临汉口,其亲属恐有阻碍,致鄂王之僚属某,讽以大义,责以劝王主持迎枢礼葬。

天津《益世报》谓:蓝天蔚在渝自戕,已迭志本报,蓝故后,其介弟文蔚指挥棺枢回到黄陂原籍,治丧安葬情形,各报虽有记载,尚未证实。闻其亲属以时局未定,恐丧临汉口,生有阻碍,因致鄂王之僚属某,讽以大义,责以劝王主持迎枢礼葬,俟有确实办法,再通知其弟护送回汉,兹觅得某君原函照纪于下:

原函略谓,前蓝舍亲在川,蒙执事许与维持,至为感佩。惟秀豪兵败身辱,义不苟活。求仁得仁,夫又何怨?乃旅榇未归,魂羁巴蜀,殊为可悯,因念文天祥之于元,史可法之于清,身后皆蒙礼葬,未闻以仇敌而忽之,其亦武王封比干墓之遗意欤。矧今国号未改,同是一家公仆者哉,执事与秀豪谊属同胞,情关同学,于秀豪归葬事有当仁不让之义。弟因循二十余日,不敢请者,以鄂中高明辈出,必有人出而主持也。今竟沉寂无闻,想时当多故,未遑料理及之耳。今王公方欲还师桓文,主盟江夏,宁不知桓文得以号召天下者,实不出仁义之轨,伏望执事念义之所在,且以成王公之名,请以义迎秀豪事为王公言之,昔松坡、克强、玉堂皆尝与北洋为敌,死后葬礼未闻或减,此民国先例具在,为不可掩之事实。如蒙见听,天下之归心王公者,当视今为何如?仁义之途,执事其详察焉。至秀豪身后萧条,遗棺无力自返。王公如肯听执事,请即派员迎归以礼安葬,其亲属亦当饬属照料。毋使猾吏刁探欺诈也。谨以奉达,伫候明教。(《蓝天蔚自戕后置续闻 棺枢仍未回汉》,天津《益世报》1921 年 5 月 4 日,第二张第七版)

5 月 10 日(四月三日) 蓝天蔚鄂西军情为王占元评述为"官多于兵,兵多于枪、枪多于弹",并谓蓝天蔚实为人民奋起而驱逐之。

北京是日电,王占元语人:鄂西弹丸之地,而有三天,即天蔚、天纵、天才。官多于兵,兵多于枪,枪多于弹,人民奋起,将其驱逐,官兵前往,不过饬后而已。(《专电》,《申报》1921 年 5 月 12 日,第六版)

5 月 30 日(四月二十三日) 张冲就蓝天蔚自戕事辩诬。张冲谓一直将蓝天蔚礼为上宾,原拟川事敉平,护送回籍。公谊私情两无妨碍。不意蓝天蔚竟于四月一号自戕。

《香港华字日报》谓：蓝天蔚在川自戕情形迭经详载前报。惟外间未明真相，尚有对之怀疑者。顷某君接到将领张冲氏来函，自蓝氏在夔失败至其自戕之经过言之极为详确。缘张氏当日奉命赴夔调解蓝颜两军冲突，于蓝氏由夔赴渝各事实均甚稔悉，较之道路传言诚不可以道也。张氏原函录下：日前有友自沪来川过夔州到弟处小饮，谈及海上友朋对于蓝秀豪天蔚自戕颇多怀疑，而中外大事汇报所载、南方大事记□段内述：弟诱致蓝氏入夔，即派兵一团勒令缴械，刮尽百物，幽囚蓝氏，反向鄂王督要求重□械枪弹作引渡蓝氏之条件各节。阅之，不胜骇异。弟将此事原委略述梗概，以便两兄对于怀疑之友朋详细说明，以释误会。查豫鄂两军倡义荆襄，失败来川，冀求援助，前督军熊公以彼此志同道合，同属护法，不惜委曲求全，百端优容，暂指夔属为该军驻地，以示划除畛域、睦邻亲善之旨。而对于蓝秀豪私人情感备极浃洽，从无丝毫芥蒂。缘属十数年之故交，又系拥护共和之中坚。靖国护法诸役尤复信使往还，互相援助，志趣目的始终以国利民福为前提。嗣后秀豪宣慰来川，聚首锦城，意气诚恳，匪可言宣。未几，战祸频开，滇黔出境，全川军民皆谓豫鄂两军驻夔三载，对于人民未闻片善寸长，专以横征暴敛、祸国殃民为事。秀豪虽时加制止，无如该军骄兵悍将，素非所辖，不听约束，暴戾恣睢，莫此为甚，以致夔属人民饥不得食，寒不得衣。又复以川军颜德基所部范团长海廷无端开衅，妄肆攻击，遂将云阳奉节抢掠一空，焚烧民房千余家，是以夔属父老往来商旅涕泣恳前督军熊公派员来夔，解民倒悬。冲当奉派于客岁十一月率兵东下，原系调解两军冲突，抚绥夔属灾民，殊该军自知民怨沸腾，又以对颜军无礼启衅，由惭生惧，旋即愧走鄂疆施鹤一带。鄂省王督军以该军所至之处无不间里为墟，城市一空，致激起民变妖匪之事，故约同敝旅实行联防，派兵堵截。蓝氏所部被鄂军击溃，窜至川境，官兵哗变，蓝被乱兵围困。敝旅张支队长光宗见情势危急，恐其被害，当即率队镇压救出重围。弟得报后即令该支队长妥为保护，亲送来夔，特别优遇，礼以上宾。何尝施以细密检察，将蓝氏百物搜尽。又何尝要求重金械弹作引渡之交换。对于该溃军且均一体从优资遣，人人给照护出川境，未加丝毫苛待。旋奉命将蓝氏护送渝城但军长，当派技术队保护，并严令该队官长不准稍涉无理。原拟川事敉平，再行护送回籍，公谊私情两无妨碍。不意蓝氏竟于四月一号自戕。此即蓝氏前后续之大概情形也，诚恐远道传闻失实，不知真相，以讹传讹，致生误会，特撮以奉告。(《蓝天蔚自戕之真相》，《香港华字日报》1921年5月30日，第三张一页)

6月8日(五月三日) 旅湘鄂人函诘熊克武，以熊克武前接纳王占元之故，使蓝天蔚死不能令人无疑。

　　长沙《大公报》载：锦帆先生大鉴，大旆东来，殊劳渴想。有一事久不能释然，执事当能以见教。蓝故将军之死，死于自杀，亦死于谋杀。吾辈所得证据虽然不敢据为定论，然蓝故将军到川经川军几度检查，绝无自杀之武器。且不自杀于军败受辱之时，而自杀于□休养之日，亦殊非人情。故因不得见执事及但怒刚之故，便尔疑惧自杀，则厚诬蓝故将军者亦未免过甚矣！据蓝故将军所派驻粤代表范鸿勋所述，执事复电竟存处，对蓝故将军有曲予保全之语，是蓝故将军之死，实际上责□首为执事一人。故敢以此相□，请即详示以释群疑，且以昭执事之侠义。

　　再者近据汉上来讯，执事到汉时，同王子春过从甚密，专为王子春游说来湘，同人等未敢深信。子春祸鄂八年，苛政百出，民不聊生；犹复纵兵殃民，惨无人道。鄂人业已视为公敌，吾党健者，正拟声罪致讨，以纾民困。稍有良心者，无不力予赞助，执事前以接纳王子春之故，对于鄂西及蓝故将军一事，已不能令人无疑。今复更进一步而助其毒焰，为虎作伥，以置我鄂数千万人于死地。甚非良心之主张。窃不为执事取焉。谚云，人言可畏。鄂人久痛亡省，鸟惊虚弓。姑妄直陈，以为明镜之助。统祈覆教，敬候旅祺。湖北旅湘同乡会启。（《旅湘鄂人函诘熊锦帆为蓝天蔚死事》，长沙《大公报》1921 年 6 月 28 日，第六版）

　　《申报》载：至于援鄂问题之停顿确有一种秘幕。当宜武兵变发生之初，旅湘鄂人以桑梓糜烂，愤不可遏，群起为倒王之运动，推定代表请湘政府出兵援鄂。湘政府许之。已定有对鄂出兵计划，并已秘密下令动员。旋为鄂王所探悉，即派代表余某秘密来湘，为停止出兵之交涉。旋熊克武来省，王又托其游说，除力陈两省利害外，并带有交换条件，如湘省能中止对鄂出兵，则鄂王当为巨额军饷之协济，并先兑付二十万元以昭信守。赵氏以对鄂出兵于湘省原不无妨碍，即如某项事件营运往来，即须赖鄂省之维护，一旦失和，此事即有莫大之阻力。关系重大，影响将及于治安。今余熊先后来湘尼止，又有交换条件之利益，当然允许取消。但此事极为民党方面所不慊，而旅湘鄂人则尤为愤怒。以熊氏前因结纳王占元之故，于鄂西民军失败及蓝秀豪之死，已令人不能无疑，兹复为其游说，是明明助王占元与鄂人挑战。除将蓝案各事致书熊氏，提出质问、请其答覆外，并由湖北旅湘同乡会开会协议。佥以蓝氏之死，熊氏既有嫌疑，遂决定于日内搜集各种证据向长沙法院提起诉讼。程党方面则更执为排赵之口实，政潮之爆发，恐将以此为导火线矣。（《湘省政潮又起与援鄂中止有关》，《申报》1921 年 7 月 6 日，第十一版）

　　8 月 21 日（七月十八日）　蓝天蔚弟蓝文蔚奉令前驱收复利川。

　　蓝文蔚是年 8 月 24 日发布公电：广东孙大总统、陈总司令、唐荩赓先生，云南顾总司令，贵阳卢总司令，重庆刘总司令，长沙赵总司令，蒋省总监，各报馆钧鉴：

我鄂自荆襄失败退保施郡,先兄秀豪将军当援尽饷绝之际,不惜与王逆拼死搏战,至以身殉。文蔚时待罪川军,赴援莫及。今者我刘总司令仗义兴师,吊民伐罪,文蔚奉令前驱,已于本月马日进抵利川。伪知事集合警备队团兵三千余人顽强抵抗,血战数时。敌始不支,向施南方面退却,利川完全收复。计夺获快枪十支,军用品无算。谨电奉闻。四川援鄂军先遣队司令蓝文蔚叩。迥。(《蓝文蔚电》,长沙《大公报》1921 年 9 月 12 日,第 3 版)

《香港华字日报》载:蓝天蔚旧部占领利川,知事逃往施南。(五日上午上海特电)(《香港华字日报》1921 年 9 月 6 日,第一张二页)

《香港华字日报》谓:蓝天蔚旧部由利川攻施南。(九日上午上海特电)(《香港华字日报》1921 年 9 月 10 日,第一张二页)

谱　余

　　1922 年 2 月 3 日(一月七日) 　《申报》载"北京电(一日上午十二钟)"：鄂西七属县知事多系乡绅,该处烟土每两七百文,吸烟人民达三分之二,蓝天蔚所发国行票每张自一千至五千,不准还粮,流毒至今。(《申报》1922 年 2 月 3 日,第六版)

　　1922 年 10 月 5 日(八月十五日) 　蓝天蔚护法阵亡。张绍曾与众京官向大总统递交呈文,恳请大总统开复官勋,照上将例从优议恤,并请将事迹宣付史馆。

　　呈为蓝天蔚护法阵亡恳请大总统开复官勋,照上将例从优议恤,并请将事迹宣付史馆,以慰义烈而砺人心,仰祈钧鉴事。窃蓝天蔚髫年志学,弱冠从戎,神识不凡,道心太峻。其留学日本也,露头角于侪辈中,蜚声名于义勇队。其归国也,教导则循循善诱,才多所养成;训练则在在从严,士卒遍皆诚服。始则治军桑梓,增翠屏赤壁之辉;继则振旅沈辽,壮黑水白山之色。辛亥秋,武昌起义,天下从风,远隔边陲,潜谋响应。好生恶杀,以消融种族为归;民贵君轻,以改革政治为主,唯恐互相残杀,难语共和。临难则奋不顾身,矢志则死而后已。其在烟台也,以关东都督之先声,作临时政府之后盾,力谋统一,拥护中央。民国成立,以功于元年十月十八日授陆军中将,同年月三十日加上将衔。三年一月一日授勋四位,五年五月四日授达威将军。六年七月复逢复辟之狂澜,遂赴天津而举义,欲毁家以纾大难,乃负债而召千夫。卒之,拥戴旧主者乃功败垂成,而恢复共和者亦彼善于此。从此东西南北轮蹄劳护法之身;春夏秋冬憔悴饱寓公之苦。迨滇黔军败,将卒群归,以鄂西一隅,分征东三路,张空拳而冒白刃,危更甚于李陵,集乌合以作鹰扬,事本难于尚父,何况变生意外,大盗乘虚,祸起目前,群妖袭后,纵有一身之胆,难闻四面之歌,又安能扬靖国之威,拔违法之帜。

　　向使智能乘势,动果得时,迎刃扬破竹之威,投鞭收希世之捷,则视师江上,儿童当表欢迎,都督荆州,士女亦相庆喜。何至伍胥行倒,苌叔天违,辜负赤心,空成碧血。成败利钝,本难逆视前知;慷慨激昂,要可原心略迹。利不透[诱]而害不惧,意行似天,国忘家而公忘私,身何所惜。今日者,麝亡香在,豹死皮存,事功虽微有异同,法统则终归恢复。夫式闾封墓,犹邀异代之荣;叙绩酬庸,多得及身之报。何况任咸妻寡,崔曙是孤,倘生者冻馁长虞,死者亦英雄空没,其何以风后世而砺当时? 我总统长战场共吊,鼙鼓与思,风雨而念故人,仁义而兼儒侠。(鸿飞)等或昔曾相识,或少小同游,或系属僚,或为乡谊,追怀义烈,不尽歔欷,拟恳转呈大总统准予将蓝天蔚开复官勋,照上将阵亡例从优议恤,并将事实宣付国史立传,庶他日重铭尉武思上将,而山倍称雄,继传先贤列楚国,而人知共感。出自鸿裁,无任翘启。谨呈。陆军总长张。

附《事略》①

陆军中将　阎鸿飞②

众议院议员　李锜③

众议院议员　袁炳煌④

陆军步兵上校　于振坤

司法部监狱司司长　王文豹⑤

财政部荐任职候补　伏德崇

交通部佥事　巢功赞⑥

财政部盐务署委任职候补　邹廷俊

交通部办事员　徐新焘

陆军部军法司司长　陈登山⑦

陆军部测量监前参谋部局长　黄笃谦⑧

陆军部步兵中校陆军部谘议　黄砺丞

陆军部谘议　林凤游⑨

① 完整《事略》,见附录二。

② 阎鸿飞(? —1966),字幼甫,湖南长沙人。毕业于湖南陆军小学。同盟会员。历任湘鄂义军总司令,湖南都督府军务部长。后入德国陆军大学学习骑兵。回国后历任浙江省府秘书长、民政厅长、《海王旬刊》主编、中央文史馆员。北洋政府授陆军中将。著有《楚俚语考》等。

③ 李锜(1883—1968),字莼荪,晚年改名云僧,湖南岳阳人。同盟会员。历任稽勋局湖南调查员、国民党湖南支部评议员、众议员、教师、南京市文史研究馆员。

④ 袁炳煌,字经凡,湖南湘阴人。曾任贵州省省长、善后会议会员。将军府闳威将军。

⑤ 王文豹(1873—?),字绍荃。湖南长沙人。曾修业于日本东京警视厅。历任清政府北京外城总厅佥事、知事、北京政府司法部监狱司司长、司法部次长、代理司法总长、燕京大学讲师、民国学院法律系主任、北平大学法律系讲师。

⑥ 巢功赞(1876—1953),字懋函,号让园老人,湖北武昌人。历任北京邮传主事、交通部佥事、科长、财务部会计主任、湖南盐务榷运总局会计主任、湖南省电灯公司董事、湖南文史馆员。著有《让园诗集》等。

⑦ 陈登山(1859—1935),字芷皋,湖北长阳人。毕业于日本法政大学。历任湖北省谘议局议员、北京陆军部军法司司长、汉冶萍公司董事等职。

⑧ 黄笃谦(1882—1943),清末最后一科武举人。入日本陆军学校,后改学测绘。同盟会员。陆军部测量局局长,后辞官实业救国,在云南、山西开办"通宝煤矿"。

⑨ 林凤游,湖南长沙人。曾任南京临时政府陆军部军需科科长。

陆军中将、陆军部办事员　童焕文①

陆军少将陆军部办事员　黄本璞②

少将衔陆军辎重兵上校陆军部办事员　王瞻海

陆军炮兵上校陆军部办事员　张耀

陆军工兵少校陆军部驻保军械局局员　傅申三

陆军步中校陆军部办事员　傅鸣一

五等文虎章、一等金色奖章陆军中校陆军部办事员　傅维四③

中华民国十一年十月五日

（《呈为蓝天蔚护法阵亡恳请大总统开复官勋照上将例从优议恤并请将事迹宣付史馆》，《蓝上将荣哀录》）

1922 年 10 月 10 日（八月二十日）　蓝天蔚、刘公、蔡济民、高尚志、胡廷佐等为北京政府发布昭忠命令，褒扬给恤。

《大公报》载：民国以来，湖北武将文官，忠于国家者，实不乏人。此次为表扬忠烈，将战死各将及文官分别褒扬给恤，或开复原职，或追晋官勋，或付国史馆立传，将于双十节发表。

蓝天蔚（号秀豪，湖北黄陂人）。达威将军，勋二[四]位。陆军上将衔，陆军中将，曾任北伐军第二军总司令。开复官勋，照上将阵亡例从优给恤，并将生平事略宣付国史馆立传。

同时发表昭忠令的还有刘公、蔡济民、高尚志、胡廷佐、黄继超、张济川数人。

（《双十节发布昭忠命令》，天津《大公报》1921 年 10 月 10 日，第二张第二页）

1922 年 10 月 12 日（八月二十二日）　侨务局总裁饶汉祥呈大总统，请开复蓝天蔚官勋，照上将阵亡从优给恤，并宣付国史立传。

《侨务局总裁饶汉祥呈大总统为前达威将军蓝天蔚身殉国难事功卓著请开复官勋照上将阵亡从优给恤并宣付国史立传文》（1922 年 10 月 12 日）：为前达威将军蓝天蔚身殉国难，事功卓著，恳请开复官勋，照上将阵亡从优给恤，并宣付国史立传，以示来兹，而昭激劝事。窃维稽勋考绩，原以砺贤能；崇德报功，所以重义烈。盖公道既章，群情斯奋，历来人才之盛衰，国运之隆替，于此一端，所关匪细，诚经国者之不容稍忽，亦在位者之所宜留心。汉祥忝叨恩遇，备位京畿，既

---

① 童焕文，日本陆军士官学校第三期士官生。曾任军械所主任。1913 年北洋政府授陆军中将。

② 黄本璞（1884—？），字叔甄，毕业于日本陆军士官学校。历任辰、沅、永、靖兵备道，辰沅永靖观察使，辰沅道尹、湖南第一区守备队司令。北洋政府授陆军少将。

③ 傅维四（1866—1939），即傅桂航。

有所知,讵容缄默。窃以已故前达威将军勋二位①军中将上将衔蓝天蔚抱奇玮之才,存经世之志,功在民国,身殉共和,允宜从优给恤,昭示简册,兹就其行谊事实,谨为钧座一略陈之。查该故将军出身学校,久历戎行,前在奉天编练新军,擢充第二十镇协统[第二混成协协统]。治军有方,士兵悦服。改革之际,只身赴沪,慨然以国事自任。为忌者所扼,志不得遂,愤而自戕,几濒于危,幸经医治得痊,人益因而敬惮。洎被命为关外都督,统兵北伐,师驻芝罘,军旅所至,秋毫无犯。清廷逊位,首先解甲出洋,考察政治军事。归国后,就其考察所得,发为谠论,于时事多所献替,都半未见实行,时论惜之。迨洪宪议起不一年,复辟又作,痛国本之动摇,愤而赴粤。由广东政府派赴四川,间关数千里,行抵施南,遂举义旗,湘鄂志士闻风景从,转战频年,所向披靡。卒以勇敢廉明,不畏强御,为世所忌,遇害于川,一时士民咸为泣下。综其生平,首义既著勤劳,护法又备尝艰辛。利禄不足动其心,挫折未尝馁其气,始终无渝,至死不移,方诸先烈,过无不及。今兹法统恢复,日月重光,凡属有功,存者则咸蒙奖叙,逝者亦胥被表扬。该都督功绩昭然,行谊足述,当在特别旌恤之列,合无仰荷殊恩,准予开复官勋,照上将阵亡例从优给恤,并将生平事迹宣付国史立传,以彰旷典而资激劝之处。理合具文呈请,俯赐鉴核,训示施行。谨呈。(《侨务局总裁饶汉祥呈大总统为前达威将军蓝天蔚身殉国难事功卓著请开复官勋照上将阵亡从优给恤并宣付国史立传文》,1922 年 10 月 12 日,第二历史档案馆:《政府公报》第 193 册,第 189—190 页)

1922 年 10 月 13 日(八月二十三日) 大总统开复蓝天蔚原有官勋,追赠陆军上将;国务院从优给恤,并宣付国史立传。

《大总统令》(1922 年 10 月 13 日):署陆军总长张绍曾、侨务局总裁饶汉祥呈,已故达威将军蓝天蔚、陆军中将刘公、蔡济民、高尚志、陆军少将胡廷佐、陆军中校黄继超,暨库伦都护使随员张济川等,或志存匡济,或略擅韬钤,拥护共和,夙彰勤绩,迭因事变,遂蹈危亡。谊属同乡,知闻较切,窃恳特颁旷典,分别复官给恤一案,恳请照准,并援案给恤等语。蓝天蔚着开复原有官勋追赠陆军上将,刘公、蔡济民、高尚志均着追赠陆军上将,胡廷佐着追赠陆军中将,黄继超着追赠陆军上校,均准如拟,给恤张济川,交国务院从优给恤,并均宣付国史立传,以昭激劝而慰忠魂。此令。大总统盖印。国务总理王宠惠、陆军总长张绍曾。(《大总统令蓝着开复原有官勋追赠陆军上将、交国务院从优给恤并均宣付国史立传》,1922 年 10 月 13 日,《政府公报》第一百九十三册,第 199 页)

---

① 按:蓝天蔚勋四位。

《顺天时报》载：陆军总长呈蓝天蔚、刘公、蔡济民、高尚志、杨荩臣等或志存匡济，或功在民国，致蹈危亡，应分别给恤，当即发明令，着交院议恤并付国史立传。

（《追恤蓝天蔚等》，《顺天时报》1923 年 1 月 1 日，第 15 版）

1923 年　张绍曾、张彪、唐在礼、铁忠、冯耿光等发起蓝天蔚追悼大会，定于 6 月 10 日在京师湖广会馆①召开。

《启事文》谓：敬启者，吾人旷怀往古忠烈之士，辄流连慨慕而不已者，非以其人之言行勋业足以风励末俗，照耀千古哉！矧当立国之初，其发大难，冒万死，为亿兆生民请命，创数千年未有之政局者，可听其湮没不彰乎？同人不敏，窃附斯义，为当代君子正告曰：

黄陂蓝公天蔚者，当清季，见国是日非，疆土日削，常欲与海内豪俊求救亡之策，会留日本学陆军，乃组织义勇队，合中国之精英，播共和之种子。辛亥，武昌起义，四方响应，不浃旬而共和建立，公之功虽未大著于当时，而间关万里，尽瘁于改革事业，蹈死机者屡矣，以故国人虽妇孺无不知公名，非偶然也。公功成不居，解甲游欧美，周览全球大势。归国愤然于内乱之不息，不可以为国，尝欷歔伤叹，不得自已。泊［洎］复辟变后，大法日坏，西南诸省，群起护法，因遍历闽浙粤桂滇黔川鄂诸省，与诸将领以大义相磨砻，及至鄂西，子弟数千人遮留，公不忍舍去，乃部署卒伍从事征讨，事败入川。川中将吏有异其趋者，诈言公前为滇游说，恐私于滇，幽之重庆，遂以自杀告天下。呜呼，果何人贼公者？！大乱未已，使公不得藉手以展所为，厄公者，实天也！兹幸法统复续，得请于政府追赠上将，并付史馆立传。公之毕生忧劳国事，固已光垂史册而不朽矣。

惟念光阴荏苒，公殁已及二年，万里之旅榇未归，三尺之遗孤无托，虽历任军旅，而开国经营，散财养士，身后竟至赤贫，寡妻弱女犹寄食外家。同人等或谊属友朋，或追慕遗烈，辄为怆怀，因择于本年六月十日即夏历四月二十六日，在京师湖广会馆开会追悼以志哀思，海内君子必有同感。其有先期赐挽诗文，或解囊赙赠以为归榇或祠墓之用者，请分别寄交北京东直门手帕胡同十八号筹备处代收，藉光泉壤而安死生以为殉国者劝。嘉惠所及，国史攸关，不独同人等之私感也。谨启。

---

①　北京湖广会馆：清时设在北京的湖广同乡联谊场所。1807 年由大学士长沙人刘云房和少宰黄冈人李秉和提议并兴建。1849 年，湖南湘乡人曾国藩予以修缮。1900 年八国联军攻占北京，湖广会馆为美军提督总司令部。1912 年 8 月 25 日，国民党假湖广会馆举行成立大会。1913 年 4 月 13 日宋教仁追悼会在湖广会馆举行。会馆位于今北京市宣武区虎坊桥 3 号。

发起人：张绍曾、张彪、唐在礼、铁忠、冯耿光、苑尚品①、唐宝锷②、童焕文、李钟岳、王瞻海、胡锐、杨晋、吴振南③、孙武、汤芗铭、李书城、哈汉章、金永炎、黄大伟、唐仲寅、邓玉麟、刘邦骥、罗虔④、胡人俊⑤、吴醒汉、万德尊、文华、姚鸿法、赵宝惠、吴春康、万廷献、夏炎甲、刘启源、吴祐贞、徐镇坤、葛祖燏、萧星垣、罗泽暐、方咸五、萧广传、吴锡永、胡龙骧、彭汉遗、吴德振、张汉、萧慕何、胡祖舜、蔡汉卿、吴绍璘、耿觐文、何澄[成]浚、陈邦燮、董昆瀛、刘成禺、张则川、时功久、张大昕、张伯烈、石星川、唐克明、范熙壬、吴元泽、范熙绩、陈登山、龚光明、应龙翔、赵均腾、吴元敏⑥、王遇甲、吴士元、魏肇文⑦、李奇、袁炳煌、陈嘉会、何锡蕃、刘华式⑧、梅馨、王隆中、向瑞琮⑨、黄本璞、周家树、阎鸿飞、黄笃谦、林凤游、傅鋆、吴绍奎、傅钟南⑩、易晋熙、彭新杰、周宗淇、傅申三、傅鸣一、傅维四。（《启事文》，《蓝上将荣哀录》）

1923 年 6 月 10 日（四月二十六日）　蓝天蔚追悼大会在北京湖广会馆召开。追悼会收到的挽联、挽文、挽诗于追悼会后收入《蓝上将荣哀录》，见附录三。

---

①　苑尚品(1877—?)，别号尚品，山东菏泽（一说曹州）人。毕业于日本陆军成城学校、日本陆军士官学校第三期骑兵科。历任清政府陆军处编译、北洋陆军保定行营参谋处一等参谋官、练兵处营练官、保定陆军速成学堂副监督、北京政府陆军部军学司科长、北京政府陆军第十五师直属骑兵第十五团团长、西北边防军独立骑兵旅旅长、山东全省警务处处长、山东省会警察厅厅长。北洋政府授陆军中将。

②　唐宝锷(1877—1953)，又名宝鎏，字秀峰。广东香山人。毕业于日本早稻田大学法科。历任北洋司法官养成学校监督、洋务局会办、陆军部谘议官、川粤汉铁路督办公署顾问、陆军部一等参事官、川粤铁路局督办、直隶都督府顾问、归绥警察厅长、绥远将军署高等顾问、北京政府陆军部中将谘议、众议院议员、全国律师公会执行委员、会长。

③　吴振南(1882—1961)，字锡九，江苏仪征人。毕业于南京水师学堂，后留学英国。历任南京水师学堂教习、镇江都督府海军处处长、南京临时政府海军部参事、海军部全国海岸巡防处处长、上海交通大学教授、上海市政府参事。北洋政府授海军少将。

④　罗虔，留学法国习陆军，曾任陆军马一营管带、鄂军部副官。民社社员。1922 年北洋政府授陆军中将。

⑤　胡人俊，字英初，湖北天门人。北洋政府授陆军少将。

⑥　吴元敏(1886—?)，湖北荆州人。毕业于日本陆军士官学校。历任军谘府第三厅第一科长、延吉镇守使署参谋长兼东北陆军第十二旅参谋长、吉林督军府谘议、吉林警备司令部参谋长、吉林地区司令官、第二军管区参谋长、治安部参谋司长。北洋政府授陆军中将。

⑦　魏肇文(1844—1955)，字远廷，武伯，湖南宝庆人。毕业于日本成城学校。历任同盟会湖南支部长、国会众议院议员、护法国会众议院议员。

⑧　刘华式(1883—?)，字锡城，湖南新化人。毕业于日本海军学校第一期。历任海军部军政局局长、北京政府海军部军务司司长、海军部参事、海军部视察、战时国防事务委员会海军委员、海军地方捕获审检厅评事、东北保安司令长官公署航警处课长、东北海防舰队海事编译局局长、北京陆海军大元帅府军事部海军署参事、国军编遣委员会海军编遣区办事处总务局局长、东北海军第三舰队编译局局长。北洋政府授海军少将。

⑨　向瑞琮(1878—1953)，别号瑞宗，别字厚甫，湖南长沙（一说宁乡）人。毕业于长沙求实学堂、萍乡矿务学堂、湖南陆军武备学堂、日本东京振武学校、日本陆军士官学校第四期炮兵科。历任北洋陆军第二十五混成协独立炮兵营管带、湖南都督府军务部部长、湖南陆军第一师师长、湖南北伐军第一军军长、北京政府陆军部军务部部长等职。北洋政府授陆军中将。

⑩　傅钟南，1915 年 11 月宪政讨论会会员。

1924 年 10 月 3 日(九月五日)—10 月 4 日(九月六日) 蓝天蔚遗榇由夔运宜,江(三日)由江和轮运汉,支(四日)晨赴运武昌暂厝。(《申报》1924 年 10 月 6 日,第三版)

1926 年 2 月 1 日(十二月十九日) 蓝天蔚被安葬于武昌东门外卓刀泉。

《顺天时报》载:民党巨子蓝天蔚,民十以护法之役在鄂西失败,退入川境,是年三月遇害于重庆。十三年冬,其友人以遗榇归武昌,其眷属于上年着手经营葬事,兹闻已择于旧历十二月十九日葬于武昌东门外卓刀泉附近。以蓝氏交游之广,想届时素车白马会葬者必有一番盛况也。(《蓝天蔚正邱首归葬武昌》,《顺天时报》1926 年 1 月 21 日,第 7 版)

卢俊回忆:1926 年春,移灵还鄂,在武昌游城,家家摆香案。先厝于大东门外长春观,后公葬于卓刀泉伏虎山麓,由其学生、时任湖北督军的黄冈人肖耀南立碑"陆军上将蓝公天蔚之墓",章太炎撰墓志铭[表],未刻,陵墓四周围以白玉栏。"文革"中墓被毁。1981 年湖北省人民政府重修,墓北向,砖石水泥砌,呈椭圆形,土顶,墓前碑刻"蓝天蔚先生之墓"。墓地护以 9 米见方围墙,列为省级文物保护单位。(卢俊:《辛亥革命先贤蓝天蔚兄弟和朱祖圻父子》,第 102 页)

1926 年 2 月 7 日(一月六日) 香港蓝天蔚妻邓观智呈国民政府,控熊克武谋死故夫。(《申报》1926 年 2 月 7 日,第二张,第六版)

邓霖谓:奉城主奠日,姑(邓观智)以事控熊克武,遂系熊于狱。经故老多方调解,为释姑一恸而返津门隐。(邓霖:《忆卓刀泉》,《黄叶村诗抄》,邓思民藏)

1928 年 2 月 7 日(正月十六日)—1929 年 1 月 4 日(十一月二十四日) 蓝文蔚致函戴季陶,申请蓝天蔚墓地保持原界,以防觊觎,并述为其兄请恤事。11 月 9 日,戴季陶致函古应芬转呈此情,并附《蓝天蔚事略》,与张人杰、商震、蒋作宾同请国民政府从优抚恤蓝天蔚。1929 年 1 月 4 日,国民政府批示,对于蓝氏墓地保持原界,以示笃念先烈之意。

蓝文蔚函谓:季公院长赐鉴:前领麈教,忻感交集。先兄秀豪,以身殉国,民十四归葬于武昌之卓刀泉。当时鄂省府以先兄有功国家,指拨该处,划定界线,并由文蔚出资五百串,给该地御泉寺僧为香火费,以明公私两方手续,都臻完备,档案俱在。近闻鄂府新规定,先烈葬地每茔十方,遂有觊觎先兄墓地而生心者。姑不论鄂府之新规定如何,只准诸惯例,只能限其将来,不能溯其既往,且均一为国死难之人,事业有异同,〈应〉酬庸亦有等差。此事除由文蔚迳电鄂府,力请保持原界外,深恐力弱不足襄事,敬乞我公顾念先兄为国捐躯,赐电鄂府主张正义,存没均感。再,先兄请恤呈文已送交国民政府兼旬,尚未提出会议,若早得见诸明令,文蔚拟将是项恤令勒石树之墓地,亦足以戢生心者之异谋,是均有望于公之成全也。渎陈不恭,诸乞鉴原。鹄候示遵,敬请勋安。蓝文蔚谨上。十七年二月七日。印。

戴传贤致古应芬函:湘芹先生①惠鉴:昨接蓝文蔚先生手缄,为其兄秀豪先生墓地,请电鄂省府保持原界,以防觊觎,并述为其兄请恤事,已呈国府,请予早颁明令等语。兹特将原缄奉上,请即荃察为感。专颂道安。附原缄一件。弟戴传贤。印。十一月九日。

《张静江等为先烈蓝天蔚请从优抚恤呈文》:呈为先烈蓝天蔚身殉党国,事功卓著,拟请从优抚恤表彰,以资激劝事。窃查先烈蓝天蔚从学东瀛,愤清政不纲,与同志组织义勇队,便以改革政治为职志;回鄂治兵,又传播革命种子。辛亥反正,先烈以旅之众,与吴禄贞、张绍曾谋攻北平。无何,吴被刺,张屯兵滦州不进,先烈犹欲独往任其难,以势不敌,走大连,谋于关东起事。旋奉先总理命为关外都督,规划北部,师次烟台,分兵取登黄,窥南满,关外豪杰闻檄并起,清廷大恐,和议遂成。护法之役,先烈奉先总理命,慰问川滇闽鄂诸将士,所至,勉以协心谋国家,皆感泣。抵施南,鄂西子弟以护法战争,且数年不得食,留主大计。九年,率师规鄂,以饥卒孤军不展其志,殉国于川。综其生平,首义既著勋劳,护法又以身殉,允宜表彰抚恤,以慰忠魂。为此,间谨具先烈蓝天蔚生平事略,具文呈请鉴核,准予抚恤表彰,用示来兹,而昭激劝。谨呈国民政府。

附事略一叩②。

张人杰(章)、戴传贤(章)、商震(代章)、蒋作宾(章)

中华民国十七年　月　日

古应芬批复此案:呈令批电湖北省政府:"为蓝天蔚墓地致电湖北省政府请保留原案"十一月十三日拟稿,十一月十四日缮发(修改后发出)。

附笺函:交戴院长。

电谓:湖北省政府勋鉴。蓝天蔚以身殉国,归葬武昌卓刀泉,经鄂前省府指拨划界具在,业近闻贵省府有先烈葬地每茔十方之规定,想为限制将来,必不溯其既往。(深恐误会)(四字划去),用特电请贵省府对于蓝氏墓地保持原界,以示笃念先烈之意。是幸。国民政府文官长古〇〇印。十一月十三日发。古印。

古应芬函戴季陶谓:季陶先生惠鉴,来示诵悉,阅蓝秀豪先生墓地已电请湖北

---

① 古应芬,字勤勤,亦作湘勤、湘芹,又称高维,广东番禺人,祖籍广东梅县。历任国民政府中央常务委员、中央政治会议委员、财政部部长等要职。

② 见附录二《蓝天蔚事略》。

省政府保持原界矣。至请恤一事前经国民政府第五次国务会议议立案，俟抚恤委员会成立后，再汇交核办并闻。此(颂)党祺。弟古○○。

《戴传贤函》：十二月廿六日为蓝烈士秀豪之弟文蔚函询请恤事特抄查收。迳启者，昨接蓝烈士秀豪之弟文蔚君来函一件，对于请恤事有所查询，兹将原缄饬抄送上，请即查收为荷。此致

国民政府文官处。附钞原函一件。戴传贤。印。

蓝文蔚原函：季公赐鉴，月来迄未趋侍，知公国事鞅掌，未敢重劳阁者以稽事也。先兄秀豪殉国渝城，我公商同静老两启诸公，请事表彰，高谊薄云，没存均感泣。惟是呈文投至国府已经匝月，迄未提出会议，是中有无别情？请公加以查询，俾早宣示。不情之请，知公必见原也。肃此。敬叩勋安。蓝文蔚谨上。十二月十五日。

戴院长函蓝烈士秀豪之弟文蔚函询请恤事函后查照。十二月廿九日拟稿，一月四日缮发批复公函：迳复者顷准函送蓝烈士秀豪之弟文蔚君来函一件，对请恤事有所查询，查此案前经国民政府第五次国务会议议决，俟抚恤委员会成立后交核办等因在案，并准由相应函复查照转知为荷。此致。戴院长。(《革命先烈褒恤案(四)》，全宗号001，入藏登录号001000003857A；1928年9月20日—1929年1月4日，藏台北"国史馆"新店办公室)

谱 后

附录一　蓝天蔚著述

军　解

（1903 年 2 月）

军人无礼乎？世界极有礼之一文明物也。军人有礼乎？世界极无礼之一野蛮物也。试述其义。

国民军之成立也，款剥国家之肤，血染国民之税（外国征兵于民曰血税）。折绝脑力，铸造杀人之器械；参谋时局，筹划危人之政策；组织步伍，驱骋杀人之技术。惨矣哉！沉沉龙泉，跕跕鸢水，挟漫天之悲风，血雨飞立，入吾军人之战斗场也欤。讲战术者曰："攻之者使必胜，遇之者使必殪，防之者使必固，阻之者使必摧。"虽有函谷、潼关之固，长江天堑之险，沙漠重洋之保障，吾军人舒慓悍勇敢、横行鼓进之绝技，席卷如疾风，牧马西下，必翦诸鹑首也！敌人之无老无少、无贵无贱、无强无赢，凡御我、逆我、避我、不服从我者，墟其土地，擒其大王，隳其城郭。男子为奴为臣，女子为仆为妾，敌人民族，千年万年，屈服于我肘腋之下，永无自由平等资格，不敢仰视，吾军之名誉张焉。教士卒者曰："升青天于一绳，聚蚁封为昆仑，汝能之乎？"曰："能！""泛寸梃于江海，浴全肤于汤火，汝能之乎？"曰："能！""长官肆其强迫压制手段，以尽国民义务教士卒。士卒穷其万折千回困难不经之事，以尽国民义务对长官。汝能之乎？"曰："能！"于是，有军人担当精神，铸其国魂，张吾民族，钳制他种，宣扬国旗于全世界者，胎于"能"之一字。如曰"不能"，弃则军人义务，吾全国民族财产付于他人，男女哀于道路者，起于"不能"二字。故军中以"不能"二字为亡国亡种之言，悬为禁厉。即有怪诞离奇，竭全地球心思才力，所不能者，亦必使应之曰"能"。故曰："军人无礼之事。"

现时民族帝国主义勃兴，欧洲列强将尽驱入军国民教育一途之势。海陆直辖军人，更有军人特别教育，以对待国家。行有定则，食有定量，手足举措，皆有严肃纪律,养成军人姿势也。队长爱其兵卒,兵卒顺其队长。室内室外清洁恪谨,有若父兄子弟群居于一联队。决心国事,养成军人资格也。其军礼一端,尤属军人特质。上级与下级相遇,下级敬礼,上级答礼。同级相遇亦互为敬礼,识者与不识者亦然。此军与彼军亦然,海军与陆军亦然,本国军人与外国军人亦然。夫军人者,同卫其国家,同保其民族,有共生命共患难密接之关系焉。其敬礼也,非有所畏惧,有所交接而为此虚与委蛇也。雄冠佩剑瞿昂而来者,即视为舍身流血,壮吾国民特色,抵御外族侵入之人。爱国遐心郁然勃起,不觉举手之符于礼也。故曰"军人有礼之事。"

痛哉!军人之破坏力也。一战而胜,积尸盈野,积血成渠。草枯月黑,下飞鸦而喙食者,生人血肉之躯也。亲失其子,妻失其夫。依生还壮士,长歌入汉关者,战死之新国魂也。一战不胜,墟夷其宗社,奴隶其人民,蹂躏其原野,雕梁化为灰烬,产业没于他族。敌人乃恃长枪大戟,纵横飙击,席其卷地之子女玉帛,以行一时之乐,以佐侑酒之欢。其土地、其人民,遂漫漫长夜屈伏于压制挫抑之下。又其甚者,分解其人民,收没其资产,使其父与子不相见,妻与夫不相遇。亲戚故旧,或流雪窖,或放鬼域。临行叫号,天各一方。始因其地之金币财力收其地,继用其地之金币财力制其地,终据其地之金币财力,不使其地之人民群居其地。车声碌碌,碾死轨道中者,非俄人放亡国民于西比利亚乎?波兰墟矣,印度亡矣,嗟彼民族,怅望当年,何无起全国民命而一战乎?淫虐惨状,足以反对文明礼制者,将亲见于吾身也(如北京庚子之变)。夫处今日优胜劣败之世,无文明、无公理,曰强权而已。战事之平和结局,必使被侵掠、被戮杀、被淫虐之国,出其金帛,割其土地,为军资赔偿之用,若失礼而应罚锾(银钱意)者。战胜者复举杀人平城之盛业,悬之国旗,播为军歌,以教国民。若杀人为天演公理者。故曰"世界极无礼之一野蛮物"。

夫处今日军力比较之世,军力者,范围国家之城壁,膨胀民族之风潮,生育补助诸种文明之母也。或借军力发达其商业,或挟军力直行其宗教,或案军力利用其外交,或举军力配置人种于殖民地。凡文明上之一艺一物,军力强,其文明程度与军力程度继长增高,如日中天,如盘承水,活泼流动,吾民族之种种利益得以游刃直行而无滞阻;军力弱,则国家颓败,民族沉沦,诸种文明进步亦扫地尽矣。不观德意志乎,十九世纪之中叶,直行军国民族主义,发展绝技,跳舞于二十世纪欧洲之大舞台,诸种科学亦进步焉。西班牙入十九世纪以来,海上权力放弃殆尽,遂举向日之航海殖民、掌握商权、诸种文明事业,亦拱手而让于他人。故夫世界无文明思想、文明技术之国,必其军力衰败不足自存,其民族亦永无含宏光大之势力。则凡陶铸一大民族,占全世界优美特色之文明点者,未有其全国军人不流国民之血,堕国民之泪,而能产出者焉。故曰"世界极有礼之一文明物"。

无礼者,军人之性质也。有礼者,军人之性格也。无礼而含野蛮性质者,军人之运用也。有礼而合文明资格者,军人之范围也。俄罗斯哈萨克骑兵不含野蛮性质,不得夸于雄伟全世界。意大利人以趋重文明,反败于北非之非尼希亚人。夫欲直行军国民主义,必以文明为脑,以野蛮为体。文明其心思,野蛮共[其]手段,而后可以文明待同族,可以野蛮待外族。

作者曰:历观吾全国军队,而叹吾民族之无军人资格也。聚千万屠沽舆台不识字之民而为兵卒,拔二三粗鄙近利之夫而为队长。挞之策之、鞭之驱之,若奴隶,若牛马,亦何怪赔款割地,历历而来也。夫世界军队,莫不有尚武教育,国民教育,养成军国民之要素。其关系于国民也,国民自由自立之保障,为国家组织建设之母骨。浩气磅礴,包孕势力,使吾母国有宏阔高尚之名誉。其军人以守礼为精神,不得以非礼者残同种,不得以有礼者对外人。其有异国异族攘土一寸,夺权一握,即吾军人椎胸饮血为吾国民尽死命之事也。日本军队有恒言曰:国家之事(国家に)曰国民之事(国民に)。上官教令三命五申,惧吾军人不为国家,不为国民尽义务也。吾国军队,其对内也,直舒其厓恣无礼之毒计;其对外也,貌为恭顺退避之状,而不敢一战,虽曰统帅之过,抑亦无军国民教育也欤。(未完)

(蓝天蔚:《军解》,《湖北学生界》社编:《湖北学生界》第一期,癸卯正月,第57—62页)

军国民思想普及论
(1903年3月)

绪论

德人在中流以上者,机席之上、应接之所,无不备《武装之我国民族》一书;英人少年时代,爱读不忍释手,虽玩戏之间尤必携者为《罗滨松漂流记》。德之于陆,英之于海也,雄称六洲之上,威慑列强之间,岂无因而然哉!盖其国民自有生以降具爱国之特质,而驯以尚武之气概。其个人精神既殊,则一般社会之趋势自异。故虽庸夫俗子,皆知国家生存全系乎军。组织军队之义务,全在乎国民。苟能出一拳之力,效半步之劳者,莫不欲执枪而前,接兵以斗。所谓我武维扬,邦家之光者,不啻若自其口出,此非惟兵刃相接,始克遂国人战无不克,斗无不利之能也。其于间接之影响,无形之势力,即伏胜败强弱之引线于其中。其扩领土、拓殖民地、国内之兵力盛者,所伸之权限斯大,而伸此权限,往往不尽关政府之意见,而由于人民膨胀之威力。壮哉,彼国民也。

悲夫我国,悲夫我国民。昧于情势,陷于危凶,而犹不知悟也。国家者,聚数万万生灵之性命以为性命,自不图存,安能咎他邦之不仁。自速危亡,乌得忌邻强之吞噬?愿吾同胞登伊兰之高原张目一睹,东亚大陆间,白种之长枪大戟纵横驰骋于平原,刀斩斧削逞饕餮于边疆。日所争者势力圈,月所议者殖民策。岌岌乎殆哉,日侵月夺亡无日矣! 夫人必自侮而后人侮之;国必自亡而后人亡之;自侮自亡何怨之有? 然而披图纵览广大文明之古邦,一日化为墟原,我四万万同胞其将安适也耶?!

　　噫嘻呼,独立之精神,何其可崇、可拜、可惊、可危,为若是之甚也;又何其能败人、弱人、灭人、亡人,为若是之速也! 夫外人之所以敢于欺我、逼我、压制我,墟夷我宗社、奴隶我人民、蹂躏我疆原,而我之所以甘于受彼凌辱、任彼分割、冒彼洋旗、称彼顺民者,其故果安欤? 是不待言,而知弱在乎陆海军。然则陆海军之所以致弱如斯者,岂我国民气质微弱、体力不充乎? 抑天资拙鲁,智力莫备乎? 又或人口稀乏、寡众不敌乎? 扪心自问,实无一然。然则数十年来,英法之役怯而败;日本之役逃而败;联军之役被人猎狩而败(庚子之变,外人玩弄中国之不足与战,恒曰,此次乃往中国猎)。俗云,屡战屡败愧死无地。然数此屡败之中,竟无一足称为战者。四万万众,四百万方里,自对何颜,自忖果安欤! 虽然,亦何足怪哉。陆海军之组织,将校而外即为兵卒,而干城之将校,以扣饷升官为义务;屏藩之兵卒,以吃粮当差为专责。

　　夫军队教育之结果,分形式、精神二义。有精神,自呈于形式;徒形式,不足显其精神。所谓精神者何也? 身出乎剑电弹雨之中,目睹其危险悲酸之状,天性之所不忍,人情之所难堪,而进退关乎国家存亡,胜败系乎种族安危。当斯时也,我畏死而终必死,而吾同胞乃因我而皆死;我不畏死而或竟死,而或竟不死,而吾同胞乃赖我而不死。故虽极险阻艰难,曾无所容其转念。鼓励其志操,奋发其勇气,义务惟恐有未尽责任惟恐有不完。出一身以代表其国民,身轻鸿毛,体供牺牲,所谓舍生取义,杀生成仁者,是即军人精神之所在。故军人平时无话,夜无风雨,不避寒暑,不惮饥渴以训练者,盖求有以养成之也。然而养成军人之精神,非先养成武人之精神莫办。武人精神之谓者,人人勇于好战,相习而成国俗,不畏强御,不甘心文弱者是也。有是精神,寡可敌众,弱可敌强。古者沙裴,山中之自由民族,常为法王政府体中之刺,故法王屡命近邻之贵族,拥数十万之强兵,努力以攘其巢穴,而此温良无害之山中民族,自由之念愈坚,则群起之势愈急。故誓以一人不死犹战,尽所有之民族,集而成猛烈勇敢之义勇团。固其防守,勇其战斗,终使污秽之罗马雇兵不得踏其境域一步。究之彼沙裴民族,亦何尝坚甲而利兵,整排而练武? 乃一以武人精神之足恃,终足以敌寡众悬殊之大军者,实国民强悍,不甘外侮之所致。故求养成军人之精神,非先养成武人之精神不可。而求养成武人之精神者,终非国民之必任义务兵莫能。今我国之新军,雇之以粮,饲之以饷,有若以一家之生命财产,全托之于门丁马役。故虽步法极其整,教练极其勤,叱之詈之鞭楚之,犹能惟命是听,有令斯从。而叩其精神之所在,则舍糊口而外,曾不知所谓敌忾,所谓保国。呜呼!是亦何异雇兵于外国籍,为己之股肱手足乎?夫彼之所以投身军籍者,乃图有以保全生命、家世,而顾命其义勇奉公,教其捐身出关,是与彼之目的互相悖逆。趋人之所不欲,使人之所不愿,其临阵必逃,遇战必败也亦宜。平时需莫大之耗费,施加如许之教育,所谓精炼,所谓整齐,所谓军纪严肃者,一对匹敌即属乌有。故一言以蔽之,曰不能战。养兵而不战,何贵乎养?不能战者,谓之兵,何奇其败!由是观之,军国民主义者,当今之世,在我国为迫不及待之最急务,在我国民为义不容辞之大债主。夫基础既坚,体质既固,虽使千锋万刃,何间而可得阑入乎?不特惟此,即夫扩张国势,膨胀民族,宣扬我国民特质于二十世纪之历史中,势力圈分割乎?欧美殖民策播布乎?非燠以壮我国民特色,展我国民威力,施设我国民进取手段,取舍之差,兴亡之判,在此时我国民一缕之转念间。我国尽早图之焉!夫军国民之主义既如斯,而军国民思想之普及,非数言所可毕其义。盖未事之先,须使全社会之国民,皆深知军队与国家之关系,军队与经济之连属,军队与教育之影响,始可有济。故次编采集军事学之定理原则,以诱起国民之精神,并供身列军籍者之一参考焉。(未完)

(蓝天蔚:《军国民思想普及论》,《湖北学生界》社编:《湖北学生界》第三期,癸卯三月,第39—46页)

军事与国家之关系

(1903年5月)

世界有国家主权之国,必有军事主权之国。今日之军事,为国外杀异种之战争,非国内杀同种之战争;为国民名誉之战争,非一朝一姓一人之战争;为攻略他国之战争,非防御一隅之战争;用之独立,为兴国之第一义;练其实力,为防国之最利器。凡种种关系于国内外者,如铜墙铁壁,如大风行舟,武力灌注,膨胀而出之,政治上一切机关之布画,以军事之巨眼炯炯射定其位置。社会上一般风俗之组织,以军事雄武之精神,改良其资格。故夫国家者,国民之棋局也;军事者,国民之棋子也;国民者,调和作用棋局与棋子之大运动家也。好战之国,其国必食战福;畏战之国,其国必受战祸。喜杀人者,人崇拜其国;戒杀人者,人攘夺其国。军国民者,制造一种喜战好杀之性质之国民,以安宁、范围其国家者也。贱武右文之国,其国永不得受威令国家与保护国民之权利。故有数千年文明最古之邦，北方毡酪羯鞣诸族，得恃其慓悍勇敢、横行大陆之绝技，驰骋而破坏之。臣妾亿兆，号令中夏，驱吾种之子女士夫为奴隶牛马之作用，逐水草而游牧之，是其当年军人之智识，军人之功用，军人之本领，毫无国家二字嵌入脑筋中。故吾族不得不数百年受此奇祸也，嗟乎。其国无国民之战斗力，神经软痹，麻木不仁，闻声则怯，望气则毙。持之不能防其陷，负之不能助其力。是以伈伈睍睍，箪食壶浆，迎新送旧，莫知所主。此真亡国之现象矣。国民之于个人也，有垂涎其生命财产，攘臂而夺之者，彼必出死力以争保全恢复之策，权利不可假人也；国民对国家，有担任其死生祸福，保护其威信利益，不许丝毫权利溢于国外者，主权有独尊也。夫同室之人斗，族长得而判决之；国人有纷争，司法得而裁判之；国与国之争议起，则无最上无限之权力，大施其审断否决之手段。兵力国力两方鼎峙，终不能以平和政策了结，乃各出其威力以扶持主权。威力者，国家与军事之间，溶液鼓铸，为国民建自尊自立之原质也。强权尚焉。

今日列国兵家倡增兵之策曰："一国不增兵，即不得保其国家与世界之平和。"大哉兵事！牺牲其血肉生命之躯，为国家作城壁作堡卫，人乐生而我乐死，人趋甘而我趋苦，国家为重体，军事为巨魄，出其至仁至武之性质，树尊号于国家之顶点也。天下可恃惟铁与血。凡国家所有之特权，皆军事补助支配而行之。武装凋敝之国，其国号夷为被征服者之资格。虽有毕斯马克，无所用其外交手段；虽有张伯伦，无所用其殖民政策；虽有麦荆来，无所用其帝国主义。凡实业宗教诸项，终不得纵横捭阖，任所欲为，伸爪牙于他人种之国。战败之国，应作奴隶。茫茫中夏，神器久墟，谁实为之？谁实痛之？善为主人翁者，宠人以文事；祸人家国者，劝人以息兵。纵观近世，挟其长枪大戟，牧哈萨克马队南下医巫闾者，非倡万国弭兵会之俄罗斯乎？国民不具嗜杀人精神，吾见国奴民奴，虽数万年不得跳出奴隶圈套也。

国家与军事密接之关系有二。曰天然之关系，曰形势之关系。天然者无形之要素也，形势者有形之原质也。天然者熔铸一种之魂魄之感情，浸淫胚胎贯以国家尚武之精神。形势者制造一团健斗之气体，与世界争文明势力之程度。天然之关系有二，一曰种族之观念，曰英雄之崇拜。形势之关系有二，曰祖国之实力，曰外国之膨胀。日尔曼人种受罗马人种之蹂躏也，军士愤激欲倡造一伟大雄横之国家，乃作歌曰："洪吾民族之雄武兮，披森林而挹飞龙。谁为日尔曼子孙之居游乐士兮，巴华利亚山北来因河之东。曳蓝缕而创建祖国兮，枭黑獍之强敌，悬朱葩于彤弓，杀异种人以报日尔曼同胞兮，无坠中原帝国之雄风。眼灼灼其堕爱国泪兮，殆罗马人种之拿破列翁"云云。日本国家作爱国之歌以教军人曰："三岛雄立太平洋，大和民族生辉光。皇统一系四千岁，驱杀外寇如屠羊。元军十万不敢渡，活释三人使归航。远东大捷台湾入，辫发贱奴刃其吭。樱花四月江户春，枝枝点映大和魂。大和民族从军乐，爱我国家不爱身"云云。种族之观念若是，其重乎?! 闻之种魂者，国民之结晶也。国民者，舍死为军人，保存其国而对峙国家者也。种族之感召深，则数千年祖宗创造之国家，外种人入而据其国，使认为祖宗焉! 此军人饮血捶胸，不得去于心之事也。

译著者曰：走塞外昆仑，入黄河，沿扬子江，过珠江之流域，汉山苍苍，汉水泱泱，提封四万万民族而曾一思尔祖国雄武祖先，与禽兽战，与异种人战，造成此雄阔美丽、东西万里、南北万里之山河，遗尔孙子乎。尔曾过尔族祖先与异种人血战之故墟，彼碧草凝腥，白杨荒语者，皆尔祖为尔族争死命，泣告尔孙子其保吾种以厚予乎? 伤哉，孙子! 尔忍弃而有名誉、有武功、三皇五帝之祖先，谓他人祖，谓他人父，赞美龙兴事业，而杀尔种乎? 不肖之孙子，尔将长此垂首，俯视寄人羁绊之下乎! 中国者，无种族观念之国民也。异种人命之杀同种，同种人亦命之杀同种，异种人命无杀尔同种，彼必欲杀之以媚异种。其将起尔始祖皇帝登尔族起源之昆仑山顶，涕泣敬告尔孙子曰，吾种之孙子为军人者，保卫尔国家，无杀尔同种，皆尔数千年来父兄子弟，尔亦不忍杀也。

西人之崇拜英雄也，绘战绩而懔武勇，制服征伐诗以铸雄魂。欲其国民敬献赞欢彼族不出世之英雄为模范，为标本，使彼族尚武之光艳，印入国民脑界而不能去也，于军人为尤甚。"翳建造吾自由生产国兮，为吾始祖华盛顿之所遗。流赤贫血以购入文明兮，如慈母舍身之育幼儿。戟森森其外向兮，无堕祖风毁吾自由国之藩篱"。是非美国军人之爱华盛顿乎? "惟吾皇祖曰大彼得，跨欧扼亚四战立国，驱马哈默德之子孙兮，为吾斯拉布人种之特色"。此非俄罗斯军人之爱大彼得乎? 嗟乎，入美利坚，则美洲者美人之美洲，守华盛顿之政策也；入俄罗斯，则俄罗斯统一主义，尊大彼得之遗训也。故夫入其国，不闻摹仿艳美本族英雄之军歌，其民族必为被征服者，不敢尊尚本族人物以自炫耀。英雄者，创造国家之母也。军人者，其母所留遗之强质也。是安得不饮英雄之血泪，而活吾国民乎?

译著者曰：吾中国数千年非无可歌、可泣、可舞、可蹈，为吾军人最崇敬最思慕之英雄也! 始皇收河南，胡人不敢南下而牧马；武帝拓西北，玉关万里入汉版图；他若卫青、霍去病、班超、桓温、岳飞诸人，皆舍身冒险誓杀异种人，救吾族国家者，应若何顶礼膜拜为吾军人之种魂乎? 祖宗之遗骨未灰，外族人竟逞其强马弯弓，列营坟首，其祖宗饮泣吞声于地下，应亦欲啮此不孝孙子之肉骨矣。愿吾军人，见吾族英雄之肖像，振臂而呼曰，是吾祖国保种之良将也；见吾族英雄之战史，历指而叹曰，是吾祖国忍死之哲人也。特铸一绝大英雄于军人心目中，国家乃有独立之一日。

祖国之实力者何？凡国家所包育之文明，科学、政治、工艺、社会、风俗，一一与军事精神相贯注者。美国无论何学校，皆用兵操，全国制兵不逾十万。西班牙战事起，大学校生徒，至农工商贾，皆愿赴古巴与西人一战。欧人评曰："美人一草一木，外观和蔼，内涵兵气。"宜今日直行其实业主义也；德人全国皆兵，其国家即一大兵学校，其社会即军事教育之组织，其技艺学术皆军人精神所锻炼。法人史路氏曰"德人国家望之如火如荼，诚一团兵气"。宜今日直行其经济政策也。夫国民军力，国家养之，养其刚忍之体质，转战健斗头脑，卓卓有棱角，德意志森林人种之现象也。养其雄浑之魄体，根气弥漫，人人治独立之生活，英美国民之勇气也。处今日竞争之世，无军人实力为国家之骨，即使实业科学日见发达，终蹈脑满肠肥之病，永无英气勃勃，大风泱泱，建日出日入国旗之雄图者。

进而言外国之膨胀。英人之虽母国也，能用军人魄力呼吸其国家，如电气传达，如旋风引舟，遂挟区区自营自立之殖民商会，一举墟印度，再举构鸦片战争，长驱入中国，懿与铄与，何造此灿烂庄严大战斗力之英吉利雄吼地球乎！近日军事之膨胀有二。曰领土，曰殖民。英之于脱兰斯，美之于菲律宾，日本之于台湾，皆举千万国民掷头颅、积鲜血，代其国家购得于枪林炮雨中者，军旗所至，可案图而索也。俄法德之于满洲、广州、胶州，其军人直受国家支配，阳行殖民之策，阴获占领之用。是其母国根干强坚灌溉军人之热血枝叶，始获茂密也。夫今日帝国，实业帝国主义，膨胀主义也。利器相等，军人教育相等，不得不各出内力，角逐西洋之鹿。彼奄奄病夫，是可取而代之，无劳用全力以搏疲兔耳。

一、德意志

其国军事分为二项。曰国防用兵，曰军政事务。陆军大臣之责任，惟德意志帝国界限最明。仅有军政事务一节，是该帝国之历史使然矣。

德意志陆军由各邦之陆军结合组织而成，依其帝国宪法六十三条，则军令之权属于德意志皇帝。独巴里威于平时军令，归其国王自行发布，其他军制职权（用人事等）依然属于各邦政府。其六十三条第五项之文曰：

德意志陆军于各部队之行政给养、武装准备，不可缺统一权。今欲保维其统一，凡普鲁西陆军发布之制令，皆移知于联合军司令官。使各邦遵其制令，以为模范。（联邦会议之时，有军政委员，而以普鲁西陆军大臣为其长，司一切军政事务）

由是观之，军队之行政给养、武装，欲保维其统一，故以普鲁西陆军制令为模范。其军制又分为二项，德意志帝国仅有国防用兵之权，无军政之机关。各邦（除巴威里），亦仅有军政事务之制度，无军令之权利。（德意志帝国海军与陆军异，其初独普鲁西有海军,他邦皆无。故普鲁西将海军移归帝国之时,其号令与军政之权,皆属于德意志皇帝。其宪法第五十三条之明文:海军官衙在德意志帝国。各邦无之)

德意志陆军发布其国防用兵号令,与军政事务之权,因帝国与各邦有分割之事,故宪法将此两权分画明晰,以防各邦政府妄生争议。然明晰之中,亦含有混杂事务,则强以皇帝之号令,而附属之。试列于左。

(一)人事

(A)联合兵(各国之军队各成一联合兵)之至高指挥官,二联合兵以上,大部队指挥之将校及要塞司令官,皆归德意志皇帝亲任。

(B)联合兵部内之将校补任等事,亦得经德意志皇帝认可。

(二)检阅。

(三)帝国总联合兵之现役兵数,及联合分配之权。但常备兵员之数,必依平时议定兵员之数。

(四)团队配置。皇帝有屯联合兵于本国以外之权利。然特别军事条约则不得依此条例。

(五)动员(战时之人员)之计划。皇帝有命某部分出师准备之权,及预备后备国民军召集之权。盖皇帝既有此权利,故国防用兵之号令,专于德意志皇帝。

(六)戒严宣告。各邦皆有国政事务治权,然欲其统一,故亦归德意志皇帝宣告。如左数条,于国防用兵事务有关者,亦属于国政之事务,故分别判明而属于皇帝号令之中,则无所谓混交事务也。

德意志皇帝,帝国军队之统帅也,国防用兵之号令,不经其帝国宰相之手,故帝国宰相无其责任。即彼此事务有关者,虽与宪法法律相违,而于实际上亦毫无责任。盖定此宪法于一千八百七十一年,乘战胜之余威,结合各联邦陆军,成此帝国陆军。故最高等指挥之权利专属于德意志之皇帝。若无此历史之国,决不能模仿其一二。

译著者曰:日尔曼民族跳舞出森林,与蹂躏半天下之罗马人种十摩、十荡、十战、十决,奋臂一呼为独立自由之日尔曼子孙,扫除蛮族旧习,树联邦国于欧洲大平原中心点,降及近世,率其血脉一统之国民子弟,血战于师丹,遂成世界独一无二之大帝国,上日尔曼大皇帝尊号于德意志也。其伯叔子侄喜吾族有轰轰烈烈,制造日尔曼之大英雄之父兄,金冠锦缎冠其顶,铁马长枪授以柄,使庞壮吾文明国旗于莱茵河、波罗的海四境外也。世界无日尔曼同种共力之国家之历史,决不能授军事大权于君主。日尔曼者,尤例外之例耳。

二、法兰西

其国军队当王政时代,依其编制,行动独立于国家之外。革命后拿列翁犹不改此制度。现今法制事实独立,不认法律。一千八百七十五年二月之公权编制法,第三条中"大统领军务归其处置",盖欲避统率之字也。至于军队行动独立之权,及指挥军队之事,大统领亦无特权(沙鸡罗《法国宪法论》有云,无一言论及大统领之权力)。大统领依此条例,军队命令与国务上命令毫无区别。惟依宪法设陆海军大臣各一名,与国务大臣同列。然陆海军两大臣不仅有军政之权,及国防用兵之行动,并代大统领对于议会独负责任。

法兰西军队事实独立,虽不能拘定,然大统领之官房有二。曰文事官房,曰军事官房。军事官房者,以军人组织而成。皆用军服,本尊大统领则衣常服。惟军事演习时陆海军两大臣代行号令故,陆海军两大臣必由军人,因陆海军两大臣为部下将校之长故也。至"补兰跖"事件以来,常用文官为陆军大臣者,终不免小有冲突耳。法兰西军队独立于国家以外,其军队行动,无参谋本部为之机关而直隶于大统领之下。故军政与国防均归陆海军两大臣管辖,其陆军省之组织大臣官房,会计局之外曰参谋部,曰军政部。参谋部者,管理军队之编制,动员之筹划,维持其常备兵员之定数及作战计划指挥等;军政部者分置步兵课、炮兵课、骑兵课、工兵课、监督课、火药课及硝石课、军医课,其课长隶于陆军大臣,而请命于大统领。然亦设数种专门委员,如战术上,则从陆军大臣之意见,更置军事高等会议所,以专门老练之将校,组织而成此至高参谋计划所从出也。

译著者曰,法兰西人,最好骚动之国民也,自拿破列翁席卷全欧,国民尚武之态度跃跃有生气。不待国家之奖励,社会之刑赏,自然习成风俗。其大革命事业,断毒民贼民者之头,顾显独立,羁铸造自由之真面目,光耀地球矣。法兰西之军人最有功于世界之军人也,喜助人独立,使食自由福。如意大利,如美利坚,今日造出之华严金碧世界,何一法兰西军人仁之者乎?其国民有战斗之能力,有爱国之热心,是不必集权于大统领为号令天下之用也。彼专制立宪之君主,日日谋总司军政大元帅之权,以威令国民为之军人者,亦军奴耳。

三、美利坚

美无固有军队。独立之战争起,国民事毕归田。认定共和政体,军队不能独立行动于国家以外,故文武权限无甚分别。其《宪法》第二章第二条曰"美国陆海两军,统率各洲之民服此义务",是大统领以文权而兼陆海两军也。

平时仅以三万人防印度人叛,编制之法,教练之方,无大佳善,虽属文权之大弊窦,然有美西战事以来,竟乘帝国主义之风潮,横伸只手,雄飞太平洋、大西洋之海面,是又平时学校兵式教练之故,不足为文权病也。

译著者曰:美利坚人,人人有军人之资格。自小学而入大学,体操教练、兵法教练,日日在军事教育之中,一学校即一小军队也,合全国学校即一大军队也。美人即使一兵不设,一卒不备,尚武活泼之神髓已洋溢于桑港以东,纽约以西,况有近年膨胀陆海军之组织乎?宜其左提古巴,右挈非律宾,为怀中之孺子也。昔李广不事纪律,战无不胜;美利坚大国民真有自然军纪、自然军力、自然军政之能性矣。(未完)

(蓝天蔚:《军事与国家之关系》,《湖北学生界》社编:《湖北学生界》第四期,癸卯四月,第49—62页)

军队之精神

(1903年9、10月)

吾读西洋上古史,至斯巴达而心醉;吾读东洋近世史,至日本而情痴。心醉者何?醉其国家皆由军人组织而成,而能遗传数十斯巴达于欧美之天地,区区万余人至今不死;情痴者何?痴其身材短小、地薄而隘、而以大和魂三字贯注于全体,遂敢与伟大充隆之中国战,与鹰瞵虎视之俄国战。战中国而即据远东,割台湾获赔款二万万;战俄国,炮火相交未半载,海陆两军者彼渐成为栏兽。噫!是果恃何道哉?吾心醉情痴于其军队,吾不能不心醉情痴于其精神。

军队之现象有死活,究其原因,惟以精神之有无为断。步法整齐,骁勇奋迈,生为国民,死为国魂。此不问而知其为有精神之军队也。聚众大之人民而不敢一战,持完全之枪炮而不堪一试,自表面观之,虽略具形式,而庞杂腐败之真相,直无一事一时不为外人所烛照。此不问而知其为无精神之军队也。盖军队之于精神,犹鱼之于水,人之于空气。有之则活,无之则死,有之而后乃可以军其军,国其国,无之则虽军亦不军,国亦不国矣。军队乎,精神乎,吾欲振军队,吾不得不先振精神。

顾此精神之为物,笔墨不能宣,口舌不能道,其殷殷倦倦,隐奋于中,乃能洋洋溢溢发泄于外,若隐若现,不可捉摸。究其所附丽,以得见诸施行者,曰为军纪。

军之有纪,犹国之有法。国中立一法,自天子以至庶人罔敢不守;军中立一纪,自将帅以至兵卒靡敢不遵。孙武之斩吴姬也,先之以三令五申;武侯之斩马谡也,出之以挥涕掩泣。非矫揉造作,实律以军纪之必当如是。盖国有法,国以立;军有纪,军以成,容有国法稍宽于军纪,未有军纪较宽于国法者。虽然军纪者固军人之所有事,但细究其理,决非粗暴酷虐者所能办,亦非营私逐利者所能行。诚以军纪之目的,在为国家尽瘁厥职,为社会牺牲其身。其对军队也,必躬行率先,无偏无倚,恩威兼济,宽猛并施,亲若父子,严若师弟,气息时相连属,亿兆咸具一心。有事招之来,无事令之即去。雨弹烟硝之场,刀锯鼎镬之地,争相赴难如适乐土。盖实由其养于平日者有道,而必非临时仓促之所能观成也。其道若何?曰秩序,曰服从,曰职守。

所谓秩序者何?限严军人之阶级,分明军队之顺次也,上不敢虐下,下不敢犯上,故不敢欺新,新不敢凌故。行则步伍分明,止则军象森栗。待命令而后应,待报告而后请,礼式秩然,修理井然,无或倒颠,无或紊乱。盖军人之阶级然也。

平时各中队,依其号数编制,各守其定名;战时各团队,依其区分序列,各保其建制。若步、若骑、若炮、若工、若辎重,一经分画,东西井然,永尽义务。彼不得参于此,左不得混于右。如旅雁横空,如游鱼戏水,盖军队之顺次然也。

如是则军人之阶级严,军队之顺次明,而全军之心耳目亦有所专注。在上者运用既易得其绪,在下者亦不至纷庞眩惑于临时。此秩序所以为军纪之一要物,而阶级顺次所以为秩序之一要物也。

所谓服从者何?以公理为之的也。窃以服从二字。自十九世纪以来,自一般国民视之亦几鄙弃而不屑道,而军人所以供之如神明。诚以军人者,合数十百万人而成之一集合体也。合数十百万人而成一集合体,非有统一之规,严肃之制,势必至人人讲我自由,行我平等,将见此军为十万人,成者即不啻为十万军焉;此军为百万人,成者即不啻为百万军焉。惟以公理为之的,是愈服从,而愈见其军之悍;愈服从,而愈显其军之神也。

以言将帅用人不偏,劝士以奋,发号施令有定规,惩罪赏功有定格。一语言之微,莫非武德;一举动之末,莫非公忠。而决不以一时之喜怒,而擅作威福,此即将帅之服从也。

以言官弁,事上则严守法规,深体意旨,处于恭而非出于谄;待下则盛以道义,发以真诚,出于严而非出于刻。结同僚,无猜忌谤争;或劝或规,相辅以义务,期保持上下一般之名誉,团结一军全体之精神,此即官弁之服从也。

至若兵卒之服从,遵命令听指挥,上官命之左则左,上官命之右则右,成败非所论也,死生非所计也,可以赴汤,可以蹈火,可以裸体冲锋,可以单骑劫敌。兵卒之能事,盖略书于此矣。为军人而尚不解服从之义;解之而或不克实行,即不成为军人,即不成为军队。安见所谓精神也哉?

所谓职守者何?专责任也。官阶无论大小,事务无论简繁,有是职即守是职,无可旁贷者也。以一联队而论,法令、军纪、风纪、训练、教育、内务、服装、卫生及一切经理出入事物,联队长之职也。联队长宜恪守之,他队不与焉。推而至于大队中队,亦罔不以大队中队所当尽者为准。及降至兵卒,或为卫兵,或为巡察,或为斥候,或为侦探,皆不能倩诸他人,俟之异日。盖如是则个人守职,人人守职,全军无不守职。将守职而始具有军人之资格,有具有军人资格之军人结为军队,而始具有军队之资格,居今世而欲光大其民族,宣扬其国威,不可不以是资格律个人,不可不以是资格律人人,不可不以是资格律全军。

审是,而秩序、服从、职守三者,诚军纪中之要素,稍缺其一不可也。倘居楚歌四面之中,仍循其数千年来称戈比干之旧,即不然借秩序而聊事敷衍,或假服从而益尚压迫,或借职守任意张皇,此军队之蟊毒也,军纪之蟊贼也,其能毕乃事奏乃功,未之闻也。盖军纪之张弛,无他,惟视军人之诚与不诚。军人之诚与不诚,惟视其军队之有精神与无精神。军队乎,精神乎,吾欲扩张其军事,吾不得不先磨练其精神。

作者历观如狼如虎之欧美列强,其欲实行政策,澎涨国势,侵人土地,夺人权利,或鲸并或蚕食,莫不藉兵力以达其目的焉。为群雄争斗,势不相下,相率而至东亚大陆,见我国地大物博人民繁多,当此争竞剧烈之世界,独晏安酣嬉若无知无觉,咸聚鼎旁,思一染指,各遂其横噬大嚼之野心,张牙舞爪之恶状。如飓风,如怒涛,猛撼急冲,盘旋于黄河西江黑龙扬子江各流域。择其肥美各画一势力圈,如鸟啄尸,如蚁附膻,腑脏皮肤剥削将尽。而吾国素尚文弱,惯习柔顺,忽遭强有力者破天而至,无所抵制,惟束手以待毙焉。而历年以来,曾几糜数十百万以充军饷,至今日竟无一兵可与彼黄须碧眼儿赌万死而博一生者。噫!尚得谓之国乎?得谓之国乎?虽欲不亡,不可得已。常持是说,以号于人。

诘者曰:吾国军备之废弛不待言矣,如谓竟无一兵?余不之信。间尝游南北洋及内地通都大邑矣,见其堂哉皇哉,阔大高耸,仿西式兵房,非吾国之屯管区乎?乘肥马,衣美服,着貂尾帽,佩日本刀,侍从如云,非吾国之将官乎?列队成伍,步伐整齐,或纵或横,时前时后,非吾国所练之兵乎?不惮劳苦,作战旷野,裹衣载粮行数百里或数十里,卒能毕其事,非国之兵之演习乎?如谓吾国竟无一兵?吾不解其说矣。

曰:吾所求者,非徒有形式之兵,乃完具精神之兵也。如以形式求之,则绿营之老弱残疾、半死半生者兵也;各省为督抚标、提标、镇标、操防、练勇之荷长戟、舞大刀、着宽衣、系博带,若乞丐、若无赖、若酒徒、若烟鬼兵也;而淮将湘勇之抬枪队、藤牌队、生枪锈炮,一线齐发者亦兵也。岂仅今日之所练毛瑟枪、格林炮、德国东洋阵式步法之新兵也哉?盖徒有形式而无精神,虽拥众兵,举不足当方家一噱。谓余不信,请观甲午之役,若者牙山失守,犹报连获胜战;若者急悬白旗,全军纷纷宵遁,平壤遂陷；若者出劝降告示，未交锋而全军崩溃；若者奉命专征，逗留数月不发。如此尚得谓之有兵哉？犹不之信。请复观庚子一战，其肇乱之乌合无论已，守旧鬼之战策无论已。独怪各路勤王之师，素称劲旅者，其将领或流连申江，置身歌馆；或于途站掠艳美，以厌欲壑。其兵卒之于民间，奸掳抄杀，无所不至。未及抵境，已散逃多数矣。吾国之兵大抵如是，虽练数十万数百万数千万，仍不堪与敌一试，不过为民间多增劫贼耳。尚得谓之有兵哉？故曰：吾国竟无一兵。

诘者曰：言之诚是也。吾恍然，吾国前此之无兵矣。虽然，羊已亡而牢尚容补；车已覆而辙不复蹈。况今日之在上位，号知实务者，兢兢业业，尤以练兵为强国急务，厉兵选士夙夜不遑，安知此后之灼灼，犹前日之昏昏也哉？如子之言，吾终不服。

曰：子知今日之现象，不知前此致败之原因。今日所练之兵，与昔日所练之兵，其比例差有以异乎？无以异也。枪炮或较为新也，技术或较为巧也，装服或较为整理也，兵卒或较为强壮也。此皆属形式也。至若精神与昔无异，今之练兵者之虚矫夸张与昔无异；今之将领之好声色货利，与昔无异；今之官弁之营私刻薄，与昔无异，今之兵卒横暴及偷堕与昔无异。长此悠悠，吾知其腐败必较前尤甚，何所恃此后之兵之可用乎？噫！无可怪焉，无精神之军队之结果应如是也。故曰：吾国竟无一兵！

诘者曰：子论军队精神，不外军纪而已。而军纪之三大端，又不外秩序、服从、职守而已。吾见今之军队中，官弁之于将领也，尊若天帝，敬若神明，兵卒之于官弁亦然。凡下级之见上级，莫不肃然行军礼，而各营各队，彼疆此界，分画綦严。所谓秩序者，不过如是。将领命令无敢不遵。今日迎主，明日送客，排班站队，每至终朝。官弁兵卒虽劳不怨，且居上者如有怒容，为之下者必委曲奉承，稍不符意，即詈之、骂之、鞭挞之、笞杖之，亦不敢略有违言。所谓服从者，不过如是。将领或数月一至屯营区，翼长亦不数月检查部下一次。当将领入营与翼长检查时，各队各营无不整肃严静，力服勤务。即寻常间队长月一入练兵地，亲事督率，而兵卒之为卫兵、巡察，亦各循其分焉。所谓职守者，不过如是。子之所谓精神，彼尽完备无遗。子言无兵，吾恐若辈闻之不但不服，且嗤其言之荒谬甚矣！

曰：此即其所以无精神之确证也！不然，吾何用是喋喋也？岂知若辈所讲之秩序、服从、职守，皆有所为而然者欤，为显尊荣而始讲次序也。故所讲之秩序，自顾顶翎、服色，以为凡下我者，吾得而制之。乌能不尊我、敬我，而为之下者？恐失欢心，脱却饭柄，中心虽有不悦，外象不敢不帖耳而服，尤强为礼式。至若军队，平时互相猜忌，无所连属。其演习野外，不知己属何队者，有之彼杂于此者，有之乱杂无章,毫无头绪。彼外观者不知其所以然,见尊之敬之者如此。其聚野外,枪炮之轰烈如此其巨,即从而交替之称誉之。若辈所讲之秩序,即以为达于极点矣,为济私欲而始讲服从也!故所讲之服从,以压制而不以感发;以酷虐而不以温和。置己身于范围外,驱他人于卒狱中,惟图一身之体面,不顾兵卒之疲劳。凡百命令,虽不敢显行违悖,而中心之谪怨、背后之唾骂盈耳皆是。此岂服从之效乎?为图衣食而始讲战守也。故所讲之战守,潦草塞责。有能附上官之私意者,放弃责任数越月而不一问可也;否则即摘疵苛责,必驱之附己而后已。将领数月一临屯营区,翼长数月一理检查事;队长间月一至练兵地,若辈如此,而军队安用此将领、翼长、队长为哉?掩耳盗铃,果谁是欺?无怪乎兵卒之面从心违而无一循分者矣。如此而曰秩序、曰服从、曰职守,则秩序、服从、职守,反为军队之大害也。最可笑者,上级之荒淫废事,惧下级之不服从,竟恝然号于众曰:"我之所以入梨园、入妓馆,位已如此,不得不藉为酬酢之场,尔辈无所酬酢,慎勿犯军纪也。"尤可恨者,藉服从以济私,其于兵卒多方虐待,时加鞭筈,必使无可容身,畏而潜逃,乘间获余利焉。由是观之,若辈徒知有利欲,不知有军队;徒知有身,不知有国。上以是感,下以是应,互相欺饰,互相忌妒。全军中无一人不秩序、不服从、不职守;全军中无一人能秩序、能服从、能职守。一年三百又六日,惟"伪"之一字,时时刻刻与身心性命相关。夫集无数之伪将帅、伪官弁、伪兵卒,而成一伪军,其军尚可问耶?吾故曰:吾国竟无一兵!

诘者曰:果如是言,吾国之兵不堪问矣!岂国人之根性如是耶?抑措置整顿未尽善耶?何以外国之兵如金玉,吾国之兵如粪土也?显明以教我,俾释兹惑。

曰:彼外国之将领,由学校出身,受无量数之磨练、阅历而出也;官弁亦由学校出身,几经实验而得也;兵卒,尽由国民之爱国心与自爱心和合而成也。故彼之军队上下一致,万众一心,直视军队之名誉为切己之荣,视国家之祸为切肤之炎。以此为战,安往而不胜哉?回视吾国将领,何由而出乎?不必苛其识字也,不必察其居心也,不必问其磨练与阅历也,仅见善于趋承,工于迎合,其舌尖细,其声婉柔,即举兵符大权而全付之,彼既得权而所用之官弁,亦不必问其能胜任与否。只见某某手本、请安、磕头之多寡;且视某某趋承、迎合之优劣,定甲乙、评去取。优而多者,即提挈而拔擢之。若辈以朝不谋夕之身,一旦得叨深宠,既沐深恩,得犹患失,乃出其平生惯习,奔走顺承之伎俩,以期永保发财升官之权利。其募兵也,限以数日齐,归而担此任者,先以募兵费入之私囊,及限期将至,将事搜集,无论为游民、为逃犯,均可入选,惟以备数为期。归而练及数月,技艺稍就范围,即俨然兵矣,即俨然一大军队矣。而素以练兵强国为己任者,见其形式稍备,乃诩诩焉扬扬焉,心满愿足,自鸣得意。有好夤缘之门外汉,从而餂之曰:公真知兵,公善待将。将闻之,直喜不自胜。于是上下之骄态起，不复求进步矣。岂知彼所骄之形式，以视未及三月之胎卵，尚有缺点，何由至精力弥满之成人时乎？以此兵为战，吾知其弃甲、曳兵，将较甲午、庚子之不若矣。如此尚得谓有兵耶？故曰：吾国竟无一兵！

诘者曰：然则吾国终无练兵自强之一日乎？

曰：否！亦视乎练兵者何如耳？使形式与精神而并重也。则力除积弊，彻底澄清洗刷之余，急与教育。必使全军发爱国之热诚，为保种之争竞，比及三年，其庶几可乎！如仍求形式，而不求精神，则以国民有限之膏脂供军队无尽之消费，吾国前途不知税驾何所矣！嗟呼！矫矫白人将主赤州，哀哀黄种永堕黑狱。奴隶之惨叫何如，牛马之苦奚似，我国人士其必身受而后知也耶。每念及此，寸衷如割，滔滔血泪不觉其潜焉迸下矣。西望东陆，沉沦若斯，不得不顶礼虔祝吾国之居高位，握重权，明大势，有血性者，起而饬整于军队间，则鲁阳挥戈，安知不能为挽回计哉。

（蓝天蔚：《军队之精神》，《汉声》杂志社编：《汉声》第七八月合册，1903 年 9、10 月，第 9—21 页）

任拒俄学生军队长之演说

（1903 年）

"中国贱武右文，从古如斯，近今数百年更甚。挟二万万方里之土地，集四万万同胞之种族，苟稍具尚武精神，亦何至有今日?! 今者同志诸君子，仗大义，发公愤，怵于亡国之祸，欲以至贵至重之躯，捐之沙场，以拒强虏，以争国权，诚中国有史以来未有之光彩，亦诚中国有史以来未有之惨剧也。仆虽忝事陆军，究有何才何学，敢受此重大之任，恳诸同志更推能者。"（同人均言曰：非蓝君不胜其任。）"诸君子不以仆为不肖，推为学生军队长，则不得不以军队事与诸君子约。军队与社会，大相径庭。社会贵平等，军队尚专制，盖非专制则不能以一人统御百人，乃至十万、百万人，出入于枪林弹雨之中，相忘死生也。兵家之言曰，无军纪则不成为军队。服从而外，别无军纪。今既定名曰学生军矣，举止动作，必守严正之纪律。同志诸君子始事军伍，恐有未娴者，苟有破坏纪律之事，仆不敢不以法律相绳。仆之执法，仆之义务也；同志诸君子之服从，亦诸君子之义务也。至若遇同人，敬以军礼，未出发，毋荒学业，操必守时，多劳而乐，诚中国全国民族之表的也。同志诸君子以为何如？"

（《任拒俄学生军队长之演说》，《军国民教育会记事》，军国民教育会 1903 年自印本；杨天石、王学庄编：《拒俄运动　1901—1905》，中国社会科学院近代史研究所中华民国史研究室主编：《中华民国史资料丛稿》，中国社会科学出版社 1979 年版，第 93—94 页）

致端方函(一)

(1903 年 1 月 13 日)

谨禀师帅钧座：敬禀者,生此番归鄂,得蒙破格之待遇,所请各节均幸听从,足征师帅果敢从事,爱国心长,不以少年妄躁而见弃也。生敢不尽力竭心,从事学修,且尽生一人力所能到者,劝勉他人,志归纯正,为将来报国之用乎！生留鄂尚浅,各种情形颇难洞悉,然见闻所及者,不敢不披胆而直告。营学工厂,大致殊觉可观,其细节尚不能快满人意。如两湖书院,屋宇宏大,学生稀少,费用繁多,功课复杂,堂室污秽；武备学堂有不堪闻者。警察兵呆立街上,不知任务,且弄出多少之私弊。枪炮局之采办,啧有烦言,该局之监工唐某及管工车某者,人多谓其不但无本领,且不安本分。护军操法颇胜日本,规矩亦肃,一旦有事,粮食用具之准备何如,兵心之离合何如,未敢预测。武普通及各高等小学,目下颇有生气,他之营学,生尚未到,不敢臆测。虽然,就外国而论之,湖北殊形不足；就中国而论之,则有超出他省万万者。得非张宫保之苦心开创,吾师帅热心继辟,文有梁节师之果敏筹划,武有张统领之勤慎经营,何能局面如此,其大进步如此其速哉！至若细小未善者,非上级者之过,乃下级经理者不能合上级者之意图。且事属创始,未能有全善全美者,恳请师帅更运大力以图之。湖北乃中国之中心点,近来他省颇切欣慕,而愿师事之。异日各省之富强,岂非吾师帅之力所致乎！所派学生由鄂至沪之情形,萧生宗湘自当面禀。由上海至神户颇觉安静,过太平洋时颇有风浪,幸无妨碍。日俄事件,余生大鸿禀颇明细。日本人民望战殊切,日本政府亦有决战之准备,军舰集中韩国,出兵为修理铁道及电线之工兵,约三四百人之谱。颇的确。西洋各国亦有水兵入韩,保护自国之使馆。虽然日人准备固严,而俄人又有让步之说,战事之有无,尚不可知。总之,日俄有战与无战,均非我国之幸福,不可不多练兵而自防耳。不揣冒昧,妄渎威尊。敬叩钧安。伏乞慈鉴。

字体不工,且多缺误,逆知吾师帅非拘拘于此细事者也。

陆军学生蓝天蔚谨禀

（《蓝天蔚致端方函》,光绪二十九年十一月二十六日,中国第一历史档案馆编：《清代档案史料丛编》第十四辑,第 251—252 页）

致端方函(二)

(1903 年 1 月下旬—2 月上旬)

谨禀师帅钧座：敬禀者,前由神户上禀,谅已垂览。生到东京炮工学校,已备停妥,不日可入校。无如北京来电,遣生等速速归国,尚在踌躇未决,不知我师帅如何处置也。新来学生学军医、测量、兽医、辎重、军吏者,大概入振武学校；学军乐者,大概入户山学校,余皆入联队,尚未定妥。闻参谋本部有是等之说。

日人欲战之气颇盛,各种准备亦渐完全,大阪炮厂已加夜工,东京枪厂已加女工八百人,抹洗枪件。虽然准备固忙,军队尚未有移动者。前日日本军舰二只被俄人牵制之说,是属讹传。闻俄人现有让步之说,未知真否。战争之有无,令人颇难预测。专此,敬叩钧安,伏乞慈鉴。

陆军学生蓝天蔚谨禀

（《蓝天蔚致端方函》,光绪二十九年十二月,《清代档案史料丛编》第十四辑,第255—256页）

奏蓝天蔚赏陆军协都统衔谢恩由
（1911年5月1日）

陆军协都统衔陆军第二混成协统领官臣蓝天蔚跪地奏为叩谢天恩恭折仰祈圣鉴事。窃臣接奉陆军部行知,三月初九日奉上谕:"陆军统领官蓝天蔚,兹赏给陆军协都统衔。等因。钦此。"

伏念臣武夫一介,偏处列强,任忝参防,教兵惟以忠爱,性成愚戆,御敌敢惜寸躯?兹承宠诏荣颁,崇衔特晋,自天闻命,伏地怀惭。臣惟有倍矢肫诚,益加奋勉,以冀仰答高厚鸿慈于万一。所有微臣感激下忱,理合恭折具陈,叩谢天恩。伏乞皇上圣鉴。谨奏。

宣统三年四月初七日奉朱批:"知道了,钦此。"

四月初三日

（《奏蓝天蔚赏陆军协都统衔谢恩由》,宣统三年四月初三日（1911年5月1日）,编号:3—153—7485—196,档案号001773—001774,中国第一历史档案馆藏）

东三省赵尔巽暨蓝天蔚致武昌起义诸君函稿
（1911年10月）

赵(尔巽)暨蓝天蔚忠告于武昌此次肇祸诸君足下:

昔汤武革命,应天顺人,原以桀纣不君,救民水火。今日君非桀纣,而欲以革命相倡,恐鸣条牧野之师,不若是之铤而走险。近年一切开山堂,散票布,此出彼没,无不扰害内地,招祸外强,在在致民于水深火热。诸君虽自以为与若辈不伦,然亦不可不引作前车之鉴。况当此民穷财尽之秋,甚望全国一心一力,以绝瓜分之祸,万不可满汉相仇,自为戕贼,反忘割地索款之辱。所谓鹬蚌争而渔人利,螳蝉斗而黄雀肥,诸君当亦思之熟矣。况我国人才有数。顾亭林谓人才有益于天下,天下无益于人才。胡文忠谓人才无求于天下,天下有求于人才。近数十年,外交无人才而处处失败,内治无人才而事事敷衍,军队无人才而迟迟进行。诸君皆抱大有为之志,负大有为之才,正宜各出智勇,以与外强争,乃忽而同室操戈,自相鱼肉,不知同舟共济之亲疏,将有玉石俱焚之惨恻,则是诸君之误用其才,以贻外强柄也。且历观于汉铜马、黄巾,晋白贼、青犊,唐之府兵,宋之流寇,元之张士诚、陈友谅,明之李闯、张献忠,以及我国前如洪秀全、后如唐才常揭竿起事,莫非迫激使然,虽不惜牺牲其性命,亦止以扰乱于一时,从未有一举手投足而能得国于反掌之易者。且诸君之所以起事,自以为保种也,为爱国也,不知地方痞匪,乌合鸥张,人人称帝,个个称王,诸君倡之,痞匪乘之,爱国适以祸国,保种反以戕种。何况三百年来,君皆贤君,虽间有压制民族,扦阁舆情,皆少数误国殃民官吏之所为,非国家用人之本意也。以故生民相安已久,虽屡经甲午(1894 年)、戊戌(1898 年)、庚子(1900 年)数大变而仍相安者,君民之固结为之也。现已宣布立宪,分期筹备,原欲以询谋金同者,破除上下隔膜,化尽满汉畛域,而以固定邦基,免外强摇动也。今诸君等以少数官吏之不良,而不能既忍以待将来立宪之幸福,惟急急焉忘其身,以波及于大局,以贻害于生民,以授柄于外侮,甚为诸君不取也!尔巽暨天蔚或曾督抚是邦,与诸君最相亲爱,虽无才德,然谬为诸君所素信,或曾生长是邦,同学军旅,甚不愿交游之地,同袍之中,有此大变,故不惮烦言,以与诸君相劝诫。当国家求才若渴,千金买骨,何等苦心,诸君既是人才,当明大义。英雄用武不在犯上欺君,豪杰有为当在安内御外,请鉴于古今中外之陈事,毋为祸魁以贻外人柄,则为首者应速悔,为从者应速散。尔巽暨天蔚权利虽微,度亦能邀求国家之权力为诸君等惜人才,以期同扞外患。尔巽暨天蔚等愿以身家,任保全诸君之责,决不食言而肥。倘久执迷,则所谓子能覆楚,我必能复楚者,正自有人在也。诸君虽有兴风鼓浪之气,未必朝廷无压风破浪之能,诸君虽有人山人海之众,未必朝廷无排山倒海之威。凡举事毋为见仇者所快,而为亲者见叹,则毋自恃,毋后悔,其三思,幸甚。

(《东三省赵尔巽暨蓝天蔚致武昌起义诸君函稿》,宣统三年八月,《东三省辛亥革命史料》,中国第一历史档案馆编:《清代档案史料丛编》第 8 辑,中华书局 1982 年版,第 5—6 页)

奏请立宪折及拟定政纲十二条

(1911 年)

奏为祸乱纷乘,人心惶迫,披沥意见,请速诏行,以定国是而弭乱端事。

窃臣等伏读连日诏敕,武昌不守,大军南下,惊心动魄,以为世界革命之惨史行将复演于中国,弥漫而未有极也。伏维此次变乱起源,其肇原虽有万端,消纳言之,政治之无条理及立宪之假筹备所产出之结果已耳。夫国家当祸变之时,其治乱也,亦犹医者之治毒疾,一面防其腐蔓,一面拔其症结,标本兼治,方可奏效。否则一误再误,死亡随之。今鄂变告警,事机迫切,一般人民窃窥朝廷之举动、战局之胜负以为转移。乃旬日以来,中央政策,兵力而外,未闻于治乱之本源上大加改造,以懈其已发而遏其将萌。循是以往,人怀疑沮,祸恐益深。旷观地球各国革命历史,经政府一度之杀戮者,其革命之运动愈烈,其国家之危亡愈迫,其君主之惨祸亦愈甚。即论吾国,年来党人之被诛锄者亦伙矣,而前仆后起,不稍形怯退,驯至愈演愈进,以有今日。微论现在兵力之能胜与否也,即令力战幸胜,势必酿成流寇,分窜东南,涂炭万里,财赋灰烬,国力消竭,外人乘之,豆剖瓜分,不堪设想。此则臣等所为痛念国家前途,而不禁椎心泣血者也。

抑臣等更有不敢不沥陈者,臣等忝膺戎寄,现值国家多难,正为疆场效命之秋,自宜秣马厉兵,听候驱策,何敢妄干时政,越职建言。无如警耗频传,军情浮动,时闻耳语,各有心忧。臣等迭经召集各部队人等反复开导,晓以忠君爱国大义。乃据各将士等环陈意见,胪列政纲,以改革政治诸端要求代奏。览其大旨,佥以皇位之统系宜定,人民之权利宜尊,军队之作用宜明,国会之权限宜大,内阁之责任宜专,残暴之苛政宜除,种族之界限宜泯,而归本于改定宪法,以英国之君主宪章为准的。臣等再三细绎,立言虽或过激,而究非狂悖之谈。抑压既有所不能,解譬复苦于无术。当此时局岌岌,亿众之向背,实为可虑。万一中路遄征,六师哗变,大局益陷于不可收拾之地。即治臣等以应得之罪,臣等一身不足惜,如宗社何? 如天下何? 夫民犹水也,可载亦可覆;兵犹火也,不戢将自焚。今军民所仰望要求者,惟在于改革政体而已。为朝廷计,与其抑压反动,兵连祸结,何如因势利导,转危为安? 又况要求之改革目的,于我皇上地位之尊荣无丝毫之损,而于我国家基础之巩固有邱山之益,所不便者,独革党与朝贵耳。盖革党持极端之主义,一新政体,则党员之携贰必多;朝贵怀垄断之私心,一解政权,则个人之利益立失。臣等明知此言一上,必有荧惑圣听以百端阻挠者。臣等敢断言之曰:破坏我朝廷万世之大业、人民永远之幸福者,固在革党之煽乱,而实在制造培养革党之政治耳! 古人有言:一言可以兴邦,一言可以丧邦。今日君主存废问题,国家兴亡问题,胥于此一言决之耳。

所有各该军等具陈请愿意见,政纲十二条另折恭缮。为此冒死据情代陈,伏乞宸衷独断,立决可否,迅于二十四点钟以内即颁谕旨,明白宣示。俾导军心于一致,坚亿众之信从;匪人之口实以箝,军民之爱戴而结,将见不特武昌之匪易平,而四海亦将欣然效命。俾谓军心,则臣等有生之年,皆为报君之日,如以臣等之言为欺枉,亦请降旨,明正典刑,治臣等以狂妄之罪,实所甘心。谨披甲执戈以待覆命,无任惶悚瞻依之至。谨奏。

附政纲十二条:

一、大清皇帝万世一系。

二、立开国会,于本年年内召集。

三、改定宪法,由国会起草决议,以君主名义宣布,但君主不得否决之。

四、宪法改正提案权专属于国会。

五、海陆军直接大皇帝统率,但对内使用应由国会议决特别条件遵守,此外不得调遣军队。

六、格杀勿论、就地正法等律,不得以命令列使。又,对于一般人民,不得违法随意逮捕监禁。

七、关于国事犯之党人,一律特赦擢用。

八、组织责任内阁,内阁总理大臣由国会公举,由皇帝敕任;国务大臣由内阁总理大臣推任,但皇族永远不得充内阁总理及国务大臣。

九、关于增加人民负担及媾和等国际条约,由国会议决,以君主名义缔结。

十、凡本年度预算未经国会议决者,不得照前年度预算开支。

十一、选任上议院议员时、概由国民对于有法定特别资格者公选之。

十二、关于现时规定宪法、国会选举法及解决国家问题,军人有参议之权。

(杜春和编选:《辛亥滦州兵谏函电选》,中国社会科学院近代史研究所近代史资料编辑部编:《近代史资料》总 91 号,中国社会科学出版社 1997 年版,第 67—70 页;《国光新闻报》1911 年 10 月 30 日,渤海寿臣:《辛亥革命始末记》,《实行立宪汇编·奏折》,台北文海出版社 1969 年版,第 15 页;张国淦《辛亥革命史料》,龙门联合书局 1958 年版,第 197—199 页)[①]

滦州军队代表张绍曾蓝天蔚等要求实行立宪原奏

(1911 年)

奏为祸乱纷乘,人心惶迫,披沥意见,请速诏行,以定国是而弭乱端事。

窃臣等伏读连日诏敕,武昌不守,大军南下,惊心动魄,以为世界革命之惨史行将复演于中国,弥漫而未有极也。伏维此次变乱起源,其肇原虽有万端,消纳言之,政治之无条理及立宪之假筹备所产出之结界已耳。夫国家当祸变之时,其治乱也,亦犹医者之治毒疾,一面防其腐蔓,一面拔其症结,标本兼治,方可奏效。否则一误再误,死亡随之。今鄂变告警,事机迫切,一般人民窃窥朝廷之举动、战局之胜负以为转移。乃旬日以来,中央政策,兵力而外,未闻于治乱之本源上大加改造,以懈其已发而遏其

---

① 各版本文字微有出入。

将萌。循是以往,人怀疑沮,祸恐益深。旷观地球各国革命历史,经政府一度之杀戮者,其革命之运动愈烈,其国家之危亡愈迫,其君主之惨祸亦愈甚。即论吾国,年来党人之被诛锄者亦伙矣,而前仆后起,不稍形怯退,驯至愈演愈进,以有今日。微论现在兵力之能胜与否也,即令力战悻胜,势必酿成流寇,分窜东南,涂炭万里,财赋灰烬,国力消竭,外人乘之,豆剖瓜分,不堪设想。此则臣等所为痛念国家前途而不禁椎心泣血者也。

抑臣等更有不敢不沥陈者,臣等忝膺戎寄,现值国家多难,正为疆场效命之秋,自宜秣马厉兵,听候驱策,何敢妄干时政,越职建言。无如警耗频传,军情浮动,时闻耳语,各有心忧。臣等迭经召集各部队人等反复开导,晓以忠君爱国大义。乃据各将士等环陈意见,胪列政纲,以改革政治诸端要求代奏,览其大旨,佥以皇位之统系宜定,人民之权利宜尊,军队之作用宜明,国会之权限宜大,内阁之责任宜专,残暴之苛政宜除,种族之界限宜泯,而归本于改定宪法,以英国之君主宪章为准的。臣等再三细绎,立言虽或过激,而究非狂悖之谈。抑压既有所不能解,解譬复苦于无术。当此时局岌岌,亿众之向背,实为可虑。万一中路遄征,军心不固,大局益陷于不可收拾之地。即治臣等以应得之罪,臣等一身不足惜,如宗社何? 如天下何?夫民如水也,可载亦可覆;兵犹火也,不戢将自焚;今日军民所仰望要求者,惟在于改革政体而已。为朝廷计,与其迟徊不决,以启天下之疑,何如明示政纲,以箝党人之口? (与其抑压反动,兵连祸结,何如因势利导,转危为安?)又况要求改革之目的,于我皇上地位之尊荣无丝毫之损,而于我家国基础之巩固,有邱山之益。所不便独革党与朝贵耳。盖革党持极端主义,一新政体,则党援之携贰必多;朝贵怀垄断私心,一经立宪则个人之利益足虑。臣等明知此言一上,必有荧惑圣听以百端阻挠者。臣等敢更进一言曰:破坏我朝廷万世之大业、人民永远之幸福者,革党之煽乱犹小,而制造革党之政体实大也! 古人有言:一言可以兴邦,一言可以丧邦,今日君主存废问题,国家兴亡问题,胥于此一言决之矣。

所有各该军等具陈请愿意见政纲十二条,附摺恭缮。为此冒死据情代奏,伏乞宸衷独断,立决可否,迅颁旨明白宣示。尊军心于一致,坚亿众之信从;则革党无自而煽大乱由此而息,微特武昌匪祸可以克日就平。抑且政策一新,可使列强改视。虽令臣等赴汤蹈火,亦所不辞,如以臣等之言为欺枉,亦请治臣等以狂妄之罪,明正典刑,死亦无怨。再此次奏稿经臣等往返商酌,意见相同,并钤用臣二十镇统制官关防,合并陈明。谨奏。

宣统年　月　日

陆军第二十镇统制官张绍曾、护理陆军第三镇统制官卢永祥、陆军第二混成协统领官蓝天蔚、陆军第二十镇三十九协统领官伍祥桢、陆军第二十镇四十协统领官潘矩楹。

（《滦州军队代表张绍曾等要求实行立宪原奏》，《申报》1911年11月3日，第二至三版）

立宪军之义条

（1911年）

一、宪政不行则人心不一，人心不一则煽惑易行，内乱益炽，外患纷乘，国亡无日。我军人认定忠君爱国四字，为策宪政之进步，图国民之幸福起见，以兵力为请求改定宪法之最后手段，现所请求者只及大端。

二、立宪军主张大同帝国主义，绝对反对革党民族主义，对于满人之生命财产仍保护之。

三、革命战争之开，如政府承认我军之请愿，我军即担任消解革党之义务；否则对于革命战争绝对的取局外中立之态度。

四、我军驻在及经过之附近地方〈之〉安谧，确由我军担保之。

五、立宪军有芟除阻挠宪政者之义务。如政府中对于此请愿有主反对，或设计延宕敷衍者，即由立宪军处以死刑，以除宪政之蠹。

六、此请愿发表之后，凡赞成本军立宪主义者，限于接到通告书之三日内，无论官衙、民宅、商铺，其住所均须悬挂四尺见方以上之白旗，大书"立宪"二字，以表章[彰]其与革党不同之宗旨。其悬挂日期，以宪法成立之日为止。有不悬者，我军即以革党目之。

七、本立宪军有为各省谘议局后援之义务。

八、对于立宪军有加害之行为及计划者，即以敌对视之。

九、立宪军对于此次之政治改革，绝对不受外人干涉，有干涉者，由各立宪军联络策划相当之对付方法。

十、立宪军之供给，均仍由各原省支应，如有迟误，即以第八条处断之。处断之后，该地政务总机关即由立宪军司令官摄之。

十一、立宪军之编成各镇、各混成协及各省巡防营，可自为一军。如联合数镇、协、防营为一军时，其总司令官须推资望最大者任之；其军之号数以成立之先后为次序。

十二、立宪军名义及义务，自发起之日至宪法成立之日止。

十三、为促成宪法迅速完成起见，各省有自练立宪义勇队者，亦以立宪军视之，但须实行立宪军之义任，并须受该地附近立宪军之监督及指示。

第四十协统领潘矩楹、护理第三镇统制卢永祥、第二十镇统制张绍曾、第二混成协统领蓝天蔚、第三十九协协统领伍祥祯、第六协统领陈文运。第一立宪军公议。

（《辛亥滦州兵谏函电选》，第67—70页）

致赵尔巽函①

（1911年11月22日）

　　大帅钧座：敬禀者。革命风潮千钧一发，不意满腔忠愤竟付东流，我公疑惧交加，而宵小之徒乘机煽惑，不驱使一般正人君子、义侠男儿尽入（为）革党而不可得。天蔚秉性过愚，素非畏事之辈，亦非无起义之权，（此句报载之文略）并非无辅佐之人。然犹甘辞兵柄，单骑入鄂，晓以利害者，诚以东三省（东省）几次（迭遭）兵燹，去年大疫，今（本）年大水，不忍视生民涂炭。我公危险，且（恐）与日前奏请立宪主旨相倍[背]谬，无以见信于天下（耳）。孰意我不负人，而人竟负我，旬日以来，南人尽逐，北人暗斗，鹤唳风声，变态万状，祸机潜伏，不可测度。三省逼强邻尚如是，而中原大局，益不忍言。中州不稳，直省告变，南京指日大战，北京势将瓦解，其他省皆已宣告独立。武汉天堑，既有襄河、长江之险，（又有）三湘接济（之师），纵有精兵十万，不能克日奏功，且非腹背夹攻，亦必无效（难以奏效）。试问今日朝廷能用兵有几？进攻之道有几？而且用人行政毫无主意，时而荫，时而袁，时而战，时而和，时而宣抚，时而烧杀，时而疑彼，时而惧此，阴险无极（报载略）。稍有名望者，明则扬之，暗则毁之，吴禄贞之见杀，张绍曾之见弃，不但国人寒心，而外人亦不满意（亦生訾议）。

　　细察近事，海外归来者纷纷道路，多数奔往（往投）革军，（甘效驰驱，）即内地之妇人小子，闻革军之捷，无不喜若狂；（闻革军败，）败则怒而吁（则无不怒而吁）。互疑军情不确（报载略）。（至）满人中，亦且有怨朝廷不德而祸及无辜者。（是以）皇上下诏罪已，不但不能收拾人心，益使人民有所借口。古人云：得天下者得其民也，得其民心也。人心已去，纵（虽有）大力者亦不能挽回万一。我公聪明天纵，爱民若子，会设保安，反使人心不安，（报载之文此句略）不如（应）随大势所趋，以（俯）顺舆情而塞党人之口，（此宁）东三省人民之福也（耶）？更有进者，力奏朝廷暂避热河，皇上有禅让之美名，人心或有思清之一日，大局幸甚，人民幸甚，皇室亦（报载略）幸甚。不然（否则）兵连祸结，无所底止（无有已时）。咄咄渔人，乘机而起，国亡家破，民散君囚，将不远矣！（报载略）（届时）谋国诸公有何面目立于天地？即死（勉强以一死塞责），又有何面目对于祖宗？

　　（天蔚）乘风于渤海波浪上，（热血喷涌，振笔书此，）用笔（语多）不恭，出语不纯

---

① 按：此函录自原件。相同内容亦发表于1911年12月3日的《盛京时报》。两函之不同处注于括号内。

(报载略),然狂夫之言,圣人采择,(幸)愿我公勿以为(滋)河汉。蓝天蔚顿首。拾月初二日书于西京丸。印:蓝大男儿(报载无日期等)

(《蓝天蔚致赵尔巽信函:朝廷尽失人心多省宣告独立宜随大势以顺舆情》,《清宫辛亥革命档案汇编》第六十九册,第161—165页;《蓝天蔚致东三省总督赵制军书》,《盛京时报》宣统三年十月十三日,第一版)

关东大都督檄文
(1911 年 11 月 26 日)

中华民国军政府临时关东大都督蓝为照会事,本都督自奉军政府之命,筹谋恢复关东一带,已经一月有余。一切布置均臻完备,兵力到处,足以保护本国外国人民一切生命财产。故武昌起事之后,全国响应,义师到处,行动文明,各友邦外交团,均先后宣告中立。本都督为联合同胞,恢复关东三省,共图推倒清政府,辅助军政府,建立共和民国;同时对于外交各友邦,重敦睦谊,期以维持世界之平和,增进人类之幸福。所有民国军对外行动,先时知照,免致误会。

——所有清政府前此与各国缔结之条约,皆继续有效。

——所有外债,照旧担任,由各省按期摊还。

——在军政府占领地域内居留之各国人民及其财产教堂,均须保护。

——各国既得权利,一律保护。

——此次照会后,清政府再与各国订结条约,所许之权利,所借之国债,概不承认。

——各国如助清政府妨害军政府,军政府当以敌人相待。

——各国如供给战事物品于清政府,查出悉数没收。

以上七条,除通知各友邦外,特知照诸义士。对于外交事宜,极力维持,务使友邦均知我军为义举、绝无排外性质搀杂其间。贵义士其各依据此文,以便施行。

黄帝纪元四千六百九年十月初六日。

(《满洲革军之檄文》,《盛京时报》宣统三年十月十五日;孙曜编:《中华民国史料》,文明书局1929年版,第20—22页;郭孝成:《东三省革命记事》,柴德赓、荣孟源等编,中国史学会主编:《中国近代史资料丛刊》七,第395—396页)

中华民国军政府分府关东都督蓝为布告事
(1911 年 12 月 1 日)

今奉军政府之命告我同胞,凡我兵勇到处,同胞万勿猜疑,我本为救民而起义,非贪功自私。意欲拯同胞于水火,且救于疮痍,同胞今沉迷苦海,我不忍目睹,赫然首举兵旗,先除民害诛奸贼,无论农、工、商,人人宜执鞭来会,勿逸此千载之一时,满、汉、回、蒙父老,共建中华民国,永享安夷。军行素有纪律,一体相待不欺,愿我父老兄弟,人人听我言。

黄帝纪元四千六百零九年十月十一日

另有军律六条及奖励法三条如左:

一、妨害中华民国军之进行者斩;

二、奸淫妇女者斩;

三、杀戮满人者斩;

四、掠取外人财产生命者斩;

五、损害外人财产生命者斩;

六、偷报军情于敌人者斩。

一、报敌人之军情者赏;

二、输运粮草者赏;

三、能组织团体、欢迎革命、共谋盛举者赏。

(《安民告示照录》,《盛京时报》宣统三年十月十六日,第4版)

蓝天蔚布告

(1912年1月16日)

鄙人现因孙大总统及中央陆军部招赴南京,商筹要事,一时恐难来沪。所有一切交涉,嗣后转请诸公径向机关部张人杰、周恢两君接洽为盼。(新正月十四日)

(《蓝天蔚布告》,上海《时报》1912年1月16日,未注版面)

蓝天蔚敬谢良医

(1912年1月16日)

余偶为手枪击伤胸部,同人延请杨嵩生先生取出弹丸,尽力疗治,未及匝月,伤部已痊愈,精乎其技! 特此鸣谢。杨君为无锡丁福保先生之外科助手,现寓新马路昌寿里五十八号。无锡丁氏医寓善治一切外科诸症,而面伤、骨折等症尤为擅长。谨以介绍于病家。

(《蓝天蔚敬谢良医》,上海《时报》1912年1月16日,未注版面)

中华民国军政府关外大都督蓝豁免恶税布告事

(约1912年1月16日)

父老苦苛政久矣。天蔚倡议东北亟应将境内一切恶税先行豁免,以安我父老子弟。谨开条例如左：

——所有元年地丁钱粮一概豁免。

——所有元年以前债务钱粮地丁一概豁免。

——各属杂捐除为地方所用者外一概豁免。

——除盐烟酒糖各税捐外所有一切二四厘七九厘九五厘各统捐一律裁撤。

——除海关外所有税关一律裁撤。

——所有元年之土货捐税一律豁免。

右仰通知

中华民国元年　月　日示

实贴

（辽宁省档案馆编：《奉系军阀档案史料汇编》1，江苏古籍出版社 1990 年版，第 620 页）

中华民国军政府关外大都督蓝为晓谕事
（1912 年 1 月 24 日）

北虏未灭，旧京未破，正是吾人民枕戈待旦之秋，协力图成之日也。我人民当此危急存亡之时，正宜万众一心，共匡大业，谋永远之幸福，计亿兆之安宁。本都督奉大总统命，率师北伐，军务纷繁，事多责重，而我人民之安宁秩序，固未尝一日不计及也。而大军甫经烟台，陡闻街市枪声，似有扰乱举动，殊悖本都督吊民伐罪之意，即悖民国起义之初心。今特恳切晓谕，无论军民绅商人等以及在事办公诸人，若有因私害公者，即属有意扰乱治安，当视为国民公敌，至于烟台人民各界人等力体此意，维持大局，本都督不胜股望之至。特谕。

（《蓝天蔚示谕》，《申报》1912 年 1 月 24 日，第六版）

中华民国军政府关外大都督蓝布告
（1912 年 2 月 1 日）

中华民国关外军政府都督蓝为安民事，照得专制政府，实殊恶劣专横，所以武昌起义发，全国一时响应。本都督应天顺人，志在改建共和政体，救民于水火之中。所有满蒙藏回与汉民一体看待。各国居留外人，尤必竭力保护以固邦交。旌旗所指之地，务须各安生业，勿自惊扰，本都督军令严肃，决不忍漠视吾民也。各凛遵切切特示，中华民国元年二月二日告示

中华民国军政府关外大都督蓝　布告

鄂省义旗一举，首先占据武昌。闽浙滇黔粤桂，皖蜀秦晋赣湘。或者宣言独

立,或者不战而降。南京光复之后,三省岂可观望? 若再不与义举,适足自取灭亡。须知民军革命,非同割据称王。鉴于全球大事,应将政治改良。谋我同胞幸福,保我中国疆场。观彼恶劣政府,言之殊堪痛伤。吸取人民膏血,一味图裕私囊。不顾主权丧失,只知献媚列强。二百六十余年,同胞受尽灾殃。似此专制政体,我国安能久长? 今奉军政府命,率师恢复东疆。凡我义兵到处,同胞勿用惊慌。军行严守纪律,秋毫定保无伤。愿我新旧军界,厉兵秣马相将。愿我农工商界,务各输饷捐粮。无论汉满蒙回,不可误自相戕。外人生命财产,尤宜保护周详。其各同心协力,速行除暴安良。建立共和民国,人民永保安康。

中华民国元年二月一日

(《蓝天蔚告示——中华民国关外军政府都督蓝布告》,关口隆正:《支那时文谈论》,1914 年由日野作之助出版于台北,第 397 页;《庄河战耗　革军示谕》,《盛京时报》1912 年 2 月 7 日,宣统三年十二月二十日,第五版)

中华民国关外民军政府都督蓝照会事
(1912 年 2 月 19 日)

照得铁岭地方,我民军业已光复。现派司令官孙纵横,军政长方斐,民政长徐锷,外交官张叙古,巡警长宋大章,财政长郭仪亭,司法官高子培等维持地方秩序。

凡贵国侨民生命财产,在该地方已命各官极力保护,断无扰害等情,仍请贵国查照中立条约条例,以固邦交,为此特照会。

贵领事请即执行须知照会者。

右照会　铁岭领事　殿下

中华民国元年二月十九日

(李景科译:《铁岭领事馆领事向日本外务大臣报告"铁岭革命党暴动状况"》,1912 年 2 月 13 日—2 月 19 日,日本外务省档案藏件;《东北辛亥革命历史史料研究文集》,第 40 页)

张园之演说
(1912 年 4 月 21 日)

蔚以薄德,忝当重任,奋身远征,无功而返,未能副诸君子之厚望,已滋惭怍,复蒙如此欢迎,益深感谢。兹谨就去岁以来所经过之情形,及日后之希望,为诸君子述焉。当武汉起义之初,赵尔巽方巡边江省,闻信归来,即谓蔚为凤抱革命主义,现掌军戎,必不免南军之响应。因此,一意杜防,多方掣肘。此时蔚如仅谋东省,诚不难一举光复,只以该省地介两大,外患堪虞。且我辈革命宗旨原在倾覆恶劣之政府,何忍紊乱地方之秩序,旋会北京议将东省军队调赴前敌,蔚因不忍观同类相残之惨,劝说张君敬舆驻军滦州,阳为宪政之要求,以作缓兵之计,一面约吴君绶卿等,会师丰台,直捣燕京,吊民伐罪,以报九世之仇,早收成功,俾免荼毒之苦。不意吴公被刺,事败垂成。张君旋解兵权,南北界限复起。蔚闻信之下,焦急莫名,只身赴滦,意图调和。迨到滦后,南方官长又咸畏祸他适,方知事无能为,只得回奉再作计议。尔时赵尔巽疑忌既深,南方人纷争尤烈。蔚孤立无助,言之痛心,身在虎口,幸未自怯。嗣仓卒返沪,适江宁克复,未久组织政府,因有大元帅之争,迟迟难以就绪,而汉阳一失,北军固执倍前,目观难局,心为之碎。未几中山先生航抵,政府始见勉强成立矣,初和议未成之时,大局极为危险,蔚故不愿就参谋之职,而奉北伐之命,率师抵烟,藉作根据,冒险上陆,连战幸捷。缘所部兵士俱能死战,致使东省军队不敢轻离一步,洎乎共和宣布,赵尔巽本意亟欲反对而不得。阳示赞同者,或亦有所忌惮也,蔚以共和既成,初愿已偿,即电告南京政府请其取消,迄无覆昔势,又不得弃之而去,旋派代表赴京,而陈情形以便整理善后事宜。不料京津之变出自意外,复欲使蔚亲率海陆各军至津镇抚,幸尚未成行,乱已平静,只得在烟暂维现状。后经请命于袁大总统得遂取消之愿,今日故与诸君子又得相处一堂矣。以上所陈,为蔚经过之大概情形也。但现在建设伊始,事事维艰,无才如蔚正当退避为是,既为共和之国民,即当负一分子之责任,鄙见所及,何敢自私,惟望各界尽各界之天职,各人守各人之本分,先公后私,见义而后利。尤望当道者勿徒党以自营,勿拥兵而自卫。庶几国事以次整理,秩序渐可恢复,否则茫茫大局,何堪设想。蔚满腔热血,发为狂言,恕我罪我,一以任之。

(《张园欢迎蓝天蔚记事》,《申报》1912年4月23日,第七版;《补志欢迎蓝都督》,《民立报》1912年4月23日,第10页)

蓝 天 蔚 宣 言

(1912年4月26日)

蛮夷猾夏二百余年,暴政苛法,擢发难数,竟使炎炎神州,致为列强觊觎,赫赫帝子,不堪无道之凌辱,恶之所聚,酿成革命风云,罪实难逃,何待兴师征讨。是以武汉一声,天崩地裂,各省义旗,风响云从,众心一心,同仇敌忾,实足令虏囚寒胆,全球震惊也。嗟彼满廷,依旧昏聩,罔知度德量力,命荫昌统第一军取道京汉,复命冯国璋统第二军,航海南侵,意欲乘我沪宁未下,大肆屠戮,强占燕、晋要津,久图盘据。假使逞方张之气焰,竟得志于东南,则民国增一劲敌,大事诚多阻碍。尔时蔚治兵关外,焦急莫名,拟仗戈矛,掣敌后肘,遂约吴君绶卿、张君华飞,同驱燕众,会师虏京;复与周君远村、刘君杏村共事奉垣,终日筹划,作釜底抽薪之计,纾南军北顾之忧。虽事败垂成,可为痛哭。然影响所至,犹及全域。盖冯之计划一变,不敢由海道而进取。张之军队驻滦,秣马厉兵以呼号,遂使东南诸省得以次第光复也。当初归沪时,乡中父老群议举蔚回鄂代理都督,几经推辞,其议始寝。迨组织临时政府,参议诸彦,又欲举蔚到宁任长参谋,多方推托,事亦作罢。蔚自问生平置身陆军已二十年,只知以救国为天职,不愿为安乐之官吏。嗣赵氏时方负固东省,处处堪虞,尤恐纵胡入关,重为中原巨患。于是徒手号召,锐意北上,海陆齐驱,所到辄捷,西上连山,东窥营埠,涤荡黄龙,直如指掌,然终坐镇芝罘,停辔静观,舍武力而弗用,恃恳辞以相规,非兵甲之不利,实自残之未忍。故刀剑在弦未肯轻施,惟待反对者自行忏悔。现幸白山黑水之间,已遍插五色国旗,共和既成,蔚愿已偿也。溯自军兴以来,已逾数月,接济饷械,多赖各方,牵北方数万之雄兵,成此日共和之局势者,同人所赐,于蔚何有?!惟以国家为前提,未事无谓之争扰,幸告无罪于天下。现在关外现状尚无可虑,凡我同人正宜及时修养,蓄成军国民之资格为重。一分子之担负,值此建设伊始之秋,更当同心匡计。蔚年来奔走,自愧不材,乘此读书,藉藏鸠拙,虽身为布衣,不必妄议国政,但公民之责,犹不肯遽行放弃,凡有可以福国利民者,自当飨诸同胞。如遇有病国累民者,断不忍竟尔缄默,我辈革命,原出至诚,既以铁血为同胞谋幸福,决不以革命为个人争权利。尚望人抱此旨,时省其身,庶道德日进,人格益高矣。特此宣言,以告同志。

(《蓝天蔚宣言》,《盛京时报》1912年4月26日,第一版)

致潘月樵函(一)

(约1912年4月26日)

潘月樵先生伟鉴:连日招饮,敬谢盛意。顷曲君来,云及吾兄足疾复发,代为闷闷,仍请加意珍摄,少办烦恼事为要。曲君欲离沪,无旅费,请公处酌法若干,以作为关外报销项下开支,因弟处无钱故也。今日拟与友人作西湖游,不克来谈,乞恕宥,并颂痊安。

弟蓝天蔚叩

再者,吾兄之病多因烦恼事激成,如能扫除一切魔障,与我游西湖数日,必能大发光明。但吾兄抱普渡之热诚,恐不能离众生之苦海而独寻乐境也。

蔚又及

(《蓝天蔚致潘月樵函》,约1912年4月26日,《沪军都督府调查部往来要电》,上海市历史博物馆藏)

致潘月樵函(二)

(1912 年 4 月 27 日)

月樵吾兄大鉴:敬肃者。关外一役,吾兄辅助之功匪浅,返沪后又蒙热诚襄助,此情此意感激靡日。日昨抵苏,现寓"慧中",此间诸人亦属相知,吾兄勿远虑,所有沪上应办事件请就近与复生、汉杰两兄酌商为祷。此颂

伟安

小弟蓝天蔚叩

四月二十七日

(《蓝天蔚致潘月樵函》,1912 年 4 月 27 日,《沪军都督府调查部往来要电》,上海市历史博物馆藏)

贺《神州日报》五周年纪念

(1912 年 5 月 1 日)

革命先驱,共和枢纽。自由之神,民国之祖。

蓝天蔚祝。元年五月一日。

(《神州日报》1912 年 5 月 1 日,第七版)

蓝天蔚访谈录

(1912 年 6 月 25 日)

我曾经在日本留学,但是尚未去过欧美,如今得闲,得以游历欧美。为此,拟在神户逗留两三天,然后去东京,在东京逗留一二周后乘船去美国,然后历访欧洲各国,预计半年后回国。(之后,蓝天蔚对下述人物和社会现象谈了自己的看法):

一、总理及其人品

唐绍仪现在在上海,他本来属于官僚派人物,而今时局艰难,他当总理不合适,无法扭转时局,就接替唐的总理人选一事朝野众说纷纭,莫衷一是,我认为徐世昌继任的可能性不大。有人认为伍廷芳也有资格继任,但是正如代总理陆征祥所说,各党派对伍廷芳的看法不好,估计继任的可能性不大。与此同时,鉴于时局复杂,内阁成员也不能维持现状,要进行替换。因此,不久,会在陆征祥总理的领导下,改组内阁。

二、对袁世凯和孙中山进行比较

时局变幻莫测,袁世凯大总统的声望、威信日盛。相比之下,孙逸仙声望日趋下降。孙逸仙本来就是革命家,致力于破坏旧事物、旧世界,但是并非切合实际国

情的为政者、建设者。现在,孙逸仙已经完全成了一个社会主义者。我认为民国通过革命实现共和政治,这才是适合支那(中国)的道路,而社会主义对支那来说过于唐突,太不切合国情。

三、国民捐热火朝天

全国各地国民捐运动热火朝天,四川省共计募集四十四万两,湖南省、河南两省共募集三十万两,广东省募集三十万两,由黄兴汇总后寄给政府,金额总计六百六十万两。今后,募捐会陆续不断到账。

(关门特信,田中生撰稿:《蓝天蔚将军带着随从来访》,米彦军译自《台湾日日新报》1912 年 7 月 2 日日刊第 1 版,题目编著者拟)

蓝氏神户一席语

(1912 年 6 月 26 日)

蓝天蔚氏偕前关外军政府外交顾问官任传榜、侯建武、周季介及本邦留学生邓曰训诸氏,去廿六日搭丹波丸到神户,投海岸西村旅馆。有大每(?)记者访之。蓝曰,余三十三年肄业贵国陆军士官学校,多受犬养毅氏及他朝野名士照料。者[这]番欲历访诸先辈,倘时日如不迫,更拟视察陆军诸制度。欧美游程预定六个月,此间务欲遍考英国宪法政治及德国联邦政治、美法共和政治。敝国昨年之革命,多蒙犬养毅先生暨朝野有志诸君援助,我同人无任感佩。此中与于革命之军人及他新人物,留学贵国之人,十居七八。袁世凯氏之新共和政府前途不能断言,顾支那之至于施行共和政治,是天下之大势所趋,非个人之感情反对所致。纯革命派孙黄两人,个人之感情固与袁不善,然不能以私及公。刻下政党之数以数十计,就中如同盟会、统一共和党、共和党三派为最有力。他日活动于政界者,想亦唯此三派。贵国新闻北京电报,言袁于唐辞职后之内阁组织以人物为本,以政党为末。此恐系述袁对刻下问题之意见,非述其对将来政党政治之意见。任支那大政之大政治家,在今日者,袁以外,或无其人。支那政治家中清时代最有闻者,袁与岑春煊两氏也。袁岑从来不合,然在共和政治之今日,岑或起而共济之。侨寓贵国之康有为、梁启超两氏,在革命之前,与袁如敌仇(政治上);革命以后,袁似谋以疏通。今者,关系圆满。梁近有归京消息,然而纯革命派一部于两氏激烈反对;梁即归国,二三年间,总未能入内阁。梁确系人物,将来必有活动于中央政界之一日。寓京都之张鸣岐氏,在清时代,汇缘督粤,名不甚著,将来想不能大有所为。军队解散,固非易事;然实际行之,则有不然者。余未发上海时,江苏解散八千,湖南解散一万,仅给一月之饷,不见有所不满。所难者,无教育之将校耳!陆军当局故难处分,鄙意回复军队解散及乱后之秩序,如有伍千万圆必无难事。且此巨款不必借外债,即因国民捐,又国民租税唾手可得。故余亦反对六国借款。寓盐屋之盛宣怀氏为革命之导火线,纵与袁善,万不能入新政府内阁再与国政,非纯粹政治家,一通财政之实业家耳。铁良氏,亦一时之俊杰,二三年后,再飞跃于北京政治舞台亦未可逆料云云。

(《蓝氏神户一席语》,《台湾日日新报》1912 年 7 月 7 日,汉文版第五版;日文版第一版)

致潘月樵函(三)
(1912 年 7 月 8 日)

月樵吾兄大人足下:敬启者,前上一邮片,谅已收到。自到日以来,颇蒙中外人欢迎,无劳远虑。但民国虽成立,各邦尚不承认,内地风潮不平,借款之要求又苛,民国前途皆荆棘,全赖救国君子不顾自身家,保全大局,不辞劳怨,向前做去。弟与吾兄皆是国民一分子,宜中外共勉之。日人知吾兄大名者甚多,皆景慕吾兄之为人。据友人报告,时报载有柳大年等攻击弟事。吾人办事只求于心无愧,而他人索诈不成反而攻击,是小人惯作之手段,无足怪也,藉可作吾人之警戒。天气渐热,吾兄为国热诚太挚,宜不时珍重。此颂

侠安

弟蓝天蔚叩
七月八日

同人均致意。

(《蓝天蔚致潘月樵函》,1912 年 7 月 8 日,《沪军都督府调查部往来要电》,上海市历史博物馆藏)

蓝 天 蔚 纵 谈
(1912 年 7 月 9 日)

(逗留神户之蓝天蔚氏去日接见王芝[敬]祥氏,互论民国前途事。犹语往访记者曰)奉天赵都督,在支那政治家中,可屈指之人物。有经纶,而气量不足,不能料理大政。余之所以反对之者,非为私情,为革命也。彼与袁极厚,惜乎一时反对共和,不得信望于国民之间。此次革命,以种族革命始,以政治革命终。故汉人不压迫满蒙两族,满人有才能者,务欲拔擢官职,行事公平。政府有起用为某省都督之议,回首革命之作,虽由汉人对满人之不平,实由对朝廷亲贵政治之不平。朝廷各部大臣之地位,尽为皇族所据。如一时威权赫赫之庆亲王,卖官鬻爵,贪婪无厌,顾一身之得失,而忽国民之福利,满廷腐败达于极点。吾党有志,所以为四百兆民众奋起而事干戈也。蒙藏新疆诸外藩今虽有种种难题,然皆俄等列国顾己国利益,弄其手段所致,非实民人

真抗政府政策。故政府必于本部秩序恢复后,着手治之,目下之纷扰不足忧也。民国政府待各国承认后,将派官费留学生到日本及欧美研究新学。曾为余部下之少壮军人,现有人十名,志望留学日本。余为并请,但政府拟于日本政府承认共和后许之;又派欧美留学生研究共和政治,谅必往美法两国。全国军队拟设四十师团,待募集兵解散后陆续实行,现在志愿兵制度终难完全编成,经议仿日本征兵令。海军再兴之事,非金钱裕如,不易着手,想亦当待陆军整理扩张之后。云云。

（《蓝天蔚纵谈》,《台湾日日新报》1912 年 7 月 10 日,第五版）

蓝天蔚致王敬祥函

敬祥仁兄大人鉴:前在神户厚扰,谢谢。昨承赐来和服一件。谨收到。特此致谢,手此即询大安。

弟蓝天蔚谢
任君、周君、侯君①嘱笔致意

（《蓝天蔚致王敬祥函》,年月不详,《王敬祥关系文书》0144 号,现藏日本兵库县立历史博物馆）

蓝天蔚致潘月樵函（四）
（1912 年 7 月 15 日）

月樵吾兄左右:到日以来,一曾上壹函,谅邀青盼。日人与弟私感尚好,此间陆军部及参谋部众人皆表欢迎,而华商犹与弟联络。回思前番革命,吾兄困苦艰难,皆不辞却,得吾兄之臂助,指不胜屈。但民国成立,党见纷起,财政之难已达极点。外人之要求无厌,国人之气概又馁。弟虽身游海外,此心终耿耿也。柳大年等毁弟名誉,本不足怪,亦惟自己更加检点。中国难办事,于此可见,然弟终不因此短气。吾兄体质如何?颇为念念。日人国内多事,对我方针尚未决定,桂太郎此次出游,实欲联络德俄以图我。此行甚可畏也。航行太平洋中,四面波涛。想及古人如我公,不觉泣下,更祈为国自爱,余言不尽。此颂

佳安

小弟蓝天蔚叩
七月十五日

（《蓝天蔚致潘月樵函》,1912 年 7 月 15 日,《沪军都督府调查部往来要电》,上海市历史博物馆藏）

---

① 即任传榜、周季介、侯建武。

致叶惠钧函

（1912 年 9 月 3 日）

在沪时多蒙照拂,感谢不尽,吾兄爱国之热心,办理商团,不辞劳怨,尤为钦佩。自渡太平洋以来,见他国事事研究,事事奋发,皆以国家为前提,不争私利。回想吾国,令我危惧。恳公等劝导各界,勿争意见,万众一心,同为大局,不然灭亡立至! 吾国民其奈何! 吾子孙其奈何! 只身异国,想及故人,不觉泣下,特书一片,以问伟安!

弟天蔚叩

九月三日夜三钟于纽约

（杨志雄：《上海商团掌故》,《商业月报》1946 年第二十二卷第五号,第 11—12 页）

致潘月樵函（五）

（1913 年 2 月 1 日）

月樵我兄如握：家居沪上,时蒙周济,海外闻知,感愧交作。顷读来书,拳拳国事,笃念古人。贤人如公古道热肠,求之古人亦不多见。东往徘徊,点首者再。有友如此,几世修也。弟有进者,不为人所不能为者,非豪杰;不忍人所不能忍者,非君子。无诽谤,将自满;有艰难,乃思愤。方今内忧未息,外患交来,诚一发千钧,存亡系之时也。苟无真佛维持其间,不但无以救亡,恐将速其绝也。愿我公呼号于内,不辞劳怨。弟虽勉于外,稍待时日,或可尽绵薄于国民,报祖宗于万一也。专此。敬叩

伟安

弟蓝天蔚谨叩

二月一日

（《蓝天蔚致潘月樵书》,1913 年 2 月 1 日,《沪军都督府调查部往来要电》,上海市历史博物馆藏）

致筹安会书

（1915 年 8 月 29 日）

（上略）公等以忧时之热诚,发救国之谠论,特设一筹安会以便纠集同志,于国势之前途及共和之利害有所商榷,卓识伟见,钦佩莫名。然鄙意尤有进者,吾人对于国家社会有所议论,应一本于良知之诚,洞抉其真是真非所在,以正告天下,不容有丝毫客气于其间,而后不至为他之疑障所阻滞,以昭大公大信于天下后世焉。鄙人当武昌起义时,偕同张君绍曾即以君主立宪为国是。去春自欧回国,复上言大总统,谓不必拟美仿欧,画虎刻鹄,但内就多数习俗之所安,外审各国强霸所由成,不

舍己,不从人,特然创一巩固严秩之制。以无戾于历史的惯习为原则,即与斯会大义,契若符节。诚以吾国人之所谓共和之利,乃自利他之观念所由来,纯然属理论之感想;而于事实上之吾国两利焉与否,则未尝反察也。夫衣服器械各便其用,法度制令各因其宜,苟削足就履,不伦不类,则反有以丧其天然之本性,而难冀康强与生存焉。今姑无暇深言高论。如具体的就国内情俗言之,即有万不适于共和,非可以共和之名强被之者,若满族蒙族之封爵制是否共和国所应先划除者乎?设划除之,则羁縻之道失,国土国民皆将有分崩离析之患,不然则大有反于平民政治之原则也,况以吾情俗所深酿之阶级的惯习,一旦决堤破藩,划除之害,孰与因而利用之之为利也。再就国民生计言,实业既未发达,游手坐食者半天下,若神器靡定,则鹿逐中原,人人皆有总统自为之野心。谁不辍耕陇畔以求侥幸于万一,而甘伏处南亩槁项黄馘以终也?则虽劝农惠工之法三令五申,亦不足以易其觊觎高位之大欲矣。夫以现时之国贫民瘠,虽十年生聚,十年休养,尚恐无以生存于竞争之世。若五年七年而遞易一总统,则争夺相寻,小民之为鱼肉也。宁复有回复元气之一日?夫美之共和所以特善于他国者,非独其历史习惯为相宜,抑以其国民之经济能力,诚有敝屣南面之概焉。盖不仅以居官执政为生活,则其居官执政之地位自亦无须严扃之,而防人之盗劫攘夺也。吾国屠狗贩缯之雄,安足以例此! 故为国民生计,计国体屡变则贫穷流离之惨象,当更不堪设想。更就世界趋势论,万国苟未臻大同之极地,则一国所恃以为生存竞争之具者尤重在乎兵故。世界各国惟自知无竞雄资格,或偷息人卵翼下,暂无灭亡患者,靡不日以整军经武为要图。然而海军之强者,美不如英也。陆军之强者,法不如德也。盖共和习俗之自由范围过甚,即难语于军国民之教育也。若吾国现时地位苟免灭亡,则有无限发展之希望;若无发展希望,即难免于灭亡。是故,于此而不力修军政,虽有以知其危于此,而果欲力修军备,则又非共和制所能适宜矣。凡此皆昭昭在人耳目,无须高言远论者。第国民蔽于利他之观念,无敢辨马鹿之非。政府拘于职权所在,亦不能不暂时维持现状耳。故鄙意,居今日而论共和之适否,除利他之所谓利者外,当只有弊害之可言矣。惜身居军职不便附骥,区区微忱,希亮察为荷。蓝天蔚启。

《蓝天蔚致筹安会书》,《新闻报》1915 年 8 月 29 日,第三版)

与张绍曾等为变更国体而上呈文

(1915 年 9 月 12 日)

陆军上将衔中将张绍曾、陆军中将衔少将王建忠谨呈。为因应时势,俯顺舆情,速更国体,以救危亡,而奠邦基,恭呈睿鉴事:窃以国体者政治之根基,人心者邦家之命脉,凡世界各国建立国家,莫不以为原则。吾国自揖让之风不适国情,而汤武正位即定君主。孔孟立教,首重尊王,垂为令典,铸为大法,如日月经天,江河行地,相沿既久,吏便民安,行之数千年,无大变更。迨清政解纽,革命者流耳共和之虚名,遗国家以实祸,虽弊深患重,莫敢改辙。乃者筹安议起,薄海称快,军政商各界,函电纷驰,赞同一致,意谓可以应天顺人,急定国体,乃牵延至今未能解决。绍曾等分系军人,义在服从,国体良否,无容置喙;然身膺切肤之痛,何虑妄言之迁愆尤,在患难与共之时,犹有涕泣而道之义,虽言出祸随,亦迫不暇择,兹特为吾元首剀切陈之。

我国辛亥之役,仓猝更张,不审国情,强定共和,是以数年来暴民专横惨逾盗贼,邪说风行等于猛兽,党同伐异,迭相倾轧,朝三暮四,互有黑白,北旧南新,各怀猜忌,壮转四方,老填沟壑,国家元气,摧残靡遗。甚至言吏治,则官无常格,人有强权,裂土分疆,自为风气,划部分曹,随心所欲;言军政,则波谲尘飞,五民啸聚,糜彼脂膏,供我自卫;言司法,则强权公理,夺取任意,猩喂鬼啸,上诉无灵;言民事,则苛税繁兴,贪吏交作,神明之胄,降为舆台;言财政,则府海自雄,债台私筑,席款卷逃,遗国以戾。各界如此。若非我大总统天纵神圣,默运神机,则当此内阁迭易变动屡生之际,湖口乱于前,白匪扰于后,而我中华古国几何不沦于夷狄乎!兴言及此,均疾首痛心,公恶共和之毒,以为非变更国体,同戴我四万万托命之元首,何以救危亡而图久安?乃闻有少数余孽,甘心误国,摇唇鼓舌,淆乱是非,谓清帝之复辟也,强邻之干涉也,边族之离心也,乱党之借口也,时机之未至也。之数端者,皆一孔之见,昧于真相。清帝威信早已断尽,君位政权全让民国,若非元首如天之仁,则身家可虑,陵寝已墟,改变国体,大位仍属付托之人,可以长享优待,永保乐利,为己为族何不乐此。内政改革,谋国进步,辛亥鼎沸,尚守中立,保持主权,各国公例,而况此次变更国体出于民意,市尘不扰,草木无惊,内乱不生,何至干涉?满、蒙、回、藏远处边疆,惟崇尊号,迷信神权,变更国体,正适习惯。在我则势行,在彼则情顺,定当欢欣鼓舞,何从反对!乱党失败,威信失尽,害国害种,人所共弃,国体一更,大位有定,虽欲谋乱,其道何从,行见党羽零落,内容崩溃,潜消暗灭,必绝根株。总此数端,靡足与虑,日月光耀,爝火自熄,而况我大总统至德格于皇天,清辉光于四海,五族颙然,莫不欣戴,声教所加,愿为臣妾,亿兆倾心,曾无与二,君主国体,询谋佥同。当此时机,正天人之际已交,上下之请允洽,是以绍曾等敢考天地之心,因人民之趋,昧死上陈。愿大总统以国家为务,不以小行为先,以黔首为忧,不以克让为事,上以慰皇帝眷顾之怀,下以快普天仰望之心,宸衷毅断,速定大计,则中国亿万世无疆之福也。临呈不胜待命之至,伏希大总统睿鉴。谨呈。

陆军上将衔陆军中将蓝天蔚、陆军上将衔中将马毓宝、陆军上将衔中将张凤翙、陆军中将唐克明、陆军中将蔡汉卿、陆军中将陈廷训、陆军中将窦秉钧、陆军中将王安澜、陆军中将徐宝珍、陆军中将杨缵绪、陆军中将李燮和、陆军中将吴兆麟、陆军中将高佐国、陆军中将韩凤楼、陆军中将刘毅、陆军中将哈汉章、陆军中将贾宾卿等。中华民国四年九月十二日。

（《与张绍曾等为变更国体而上呈文》，1915 年 9 月 12 日，《北京及各省省军政要员有关帝制密电呈选编》，中国史学会、中国社会科学院近代史研究所编，章伯锋、李宗一：《北洋军阀1912—1928》第二卷，武汉出版社 1990 年版，第 1078—1081 页）

湖北蓝天蔚等请愿书
（1915 年 9 月 19 日）

窃自改革以来，祸变相寻，几无宁日。而辛亥（1911 年）癸丑（1913 年）两役，惟鄂省首当其冲。国家徒蒙共和之虚名，人民饱受共和之痛苦。民等不欲高谈学理，比坿外情，谨就鄂省一隅连岁所受共和之害，及妄测将来无穷之祸，为钧院缕晰陈之。鄂省襟带江汉，轮轨四通，工商各业，夙称繁盛，乃自改革以后，阛阓为墟，年复一年，迄难与复。问其所由，咸以为国本未固，将来或复见癸丑（1913 年）之事。以民间累岁之经营，供暴徒一时之剽掠。徘徊观望，固亦宜然。既无术以清其穷，自一蹶永难复振。此共和之影响于工商业者一也。鄂省兴学为天下先，学款丰富，组织完美，亦尝称最。乃比岁以来，新进少年挟共和之谈，引类呼朋，咸思染指。以致学款化为党金，黉舍鞠为茂草。又往者各乡都邑，往往绅耆宿学，表率一方，震慑豪猾。自国体更变，而礼教破除，后生以狎侮老成为名高，奸猾以武断乡曲为能事，以致无赖亦觊觎非分，女子咸醉心自由，学风民俗败坏至此，何以立国？此共和之影响于教育者又一也。又自改革以来，家鲜盖藏，中产之家汲汲顾影，往往预储现金以备乱，以致国家纸币不能畅行巨大，实为悍于发起。以汉上现状察之，股票债票异常呆滞，长此观望恐慌，国民经济焉有发展之一日，语曰百姓不足，君孰兴足。书曰民为邦本，是小之贻司农仰屋之忧，大之有全国破产之祸。此共和之影响于财政者又一也。夫民等既熟睹共和之害，确见民主制度不适国情，自应披沥陈言，聊附匹夫有责之义。顾或谓自《大总统选举法》颁布后，总统任期十年，并得连任，以今大总统英略盖世，总揽政权，积以岁年，必能日臻上理，无论中国幅员广阔，情势特殊，民选总统只能镇定于一时，断难维持于永久。而且爱日虽长，终难永照，设有万一，则豪强并兼，四分五裂之祸可以立见于时。内乱相杂，外人乘之，夫豪强割据，必重岩疆；列强称兵，先争要害。鄂省绾毂中原，为军事上所必争。喘息未安，何堪再罹惨祸？民等为身家子孙计,为大家前途计,惟有请求变更民主国体,确定君主立宪政体。既永久统于一尊,斯祸乱可以不作,福利斯民,在此一举。谨援立法院组织法第三十三条之规定,提出请愿书,伏乞钧院速付大会公决。谨禀。

(《湖北蓝天蔚等请愿书》,《崇德公报》1915 年 9 月 19 日,武昌天主堂文学书院发行,第 5—7 页)

与王士珍等呈文

(1915 年 9 月 21 日)

为据情汇陈,请固邦本,仰祈睿鉴事:案据各省将军军官及中央军事各机关军人等先后文电陈称:共和之制,不适国情,四年以来,亡征屡见,幸赖大总统毅力苦心,挽兹危局。惟是外患日亟,隐忧方长,若不为改弦易辙之谋,终非长治久安之道。深观国势,默察人心,改为君主立宪,实属最善。又据定武上将军张勋电称:君宪问题,计出万全,时机既至,何所用其疑沮,应审察大势,一致进行。又据靖武将军汤芗铭电称:君宪政体,请速成立。最近舆论,爱戴元首,出于至诚,无不延颈跂踵,以待国体之解决,倘有阻挠救国大计,誓当为王前驱,除此公敌。又据镇安左将军孟恩远电称:中华国体,亟宜变共和而为君主,人心趋向,急盼实行,乞代陈苦衷,早定大计,迟恐生变,于事不利;倘有少数反对者,担任诛锄,恩远年近六旬,定当牺牲以报。又据奉天陆军第二十七师师长张作霖电称:国体一端,关系国家安危及人民生命财产切己之利害。中国五千年来均系君主立国,君臣大义,炳若日星。乃自共和以来,叛兵焚劫,乱党滋扰,秩序荡然,故军民谈及共和无不痛心变色,渴想大总统为之君主,众情一致,急宜取决,敢有持异议者,作霖以一身当之,各等语。此外各省将军、护军使、镇守使、各师长、各旅长、团长纷纷电请,措词大致相同。在京军界机关、各将领亦复恳请前来。

士珍等伏查辛亥革命,改建共和,党会横行,暴民专制,勾结土匪,涂炭生灵,赖我大总统命将出师,削平内乱,人民稍获乂安。乃不逞之徒假平等、自由之说,以煽惑愚氓,官吏困于劣绅,相率敷衍从事,军人窘于防范,痛思锋镝余生,政令不行,纲常扫地,岂尽奉法之不善,实由于立法之未良耳。士珍等默察舆情,静观时局,势非从根本着手改建国体,则纷纷扰扰,庶政永无进行之日,尚何富强之足云。现在军心一致,众论佥同,既据环请,未便壅于上闻。谨将各省军界电请及中央军界一体赞成各员衔名汇开清折,呈批大总统鉴核,乾断施行。

陆军部总长王士珍、管理将军府事务段祺瑞、海军部总长刘冠雄、侍从武官长荫昌、海军上将萨镇冰、昭威将军蔡锷、参谋部次长唐在礼、统率办事处总务厅长张士钰谨呈。中华民国四年九月二十一日附：呈名折二扣谨将中央军事各机关主张君主立宪名缮折恭呈钧览。

陆军部总长王士珍、管理将军府事务段祺瑞、海军部总长刘冠雄、侍从武官长荫昌、海军上将萨镇冰、参谋部次长唐在礼、陆军部次长田中玉、陆军部次长蒋作宾、海军部次长曹嘉祥、陆军训练总监蒋雁行、陆军执法处处长雷震春、模范团团副陈光远、统率办事处总务厅长张士钰、拱卫军司令官李进才、拱卫军粮饷局督办袁乃宽、步军统领江朝宗、京师警察厅总监吴炳湘、筹办陆军军需事宜曹锐、高等军事裁判处处长傅良佐、筹办模范队事务陆锦、京师军警督察长马龙标、绥威将军那彦图、义威将军孙武、宜威将军蒋尊簋、奋威将军丁槐、毅威将军胡景伊、扬威将军张凤翙、昭威将军蔡锷、将军府参军龙裕光、将军府参军张钫、将军府参军范熙绩、将军府参军饶景华、将军府参军曾承业、将军府参军韩凤楼、将军府参军钟鼎基、将军府参军徐宝珍、将军府参军张行志、将军府参军蔡森、将军府参军陈廷训、将军府参军黄培松、军事顾问哈汉章、军事顾问徐树铮、军事顾问冯耿光、军事顾问马毓宝、军事顾问向瑞琮、军事顾问王芝祥、军事顾问李准、军事顾问王隆中、军事顾问赵均腾、军事顾问高佐国、军事顾问吴兆麟、军事顾问郑为成、军事顾问唐克明、军事顾问窦秉钧、军事顾问黄士龙、军事顾问蓝天蔚、军事顾问欧阳武、军事顾问张绍曾、军事顾问杨芝诚以及军事谘议、侍卫武官、陆军中将、少将、陆军步、骑、炮上校、中校、少校等共三百三十九人。

（《王士珍等呈文》，1915 年 9 月 21 日，中国史学会、中国社会科学院近代史研究所编；章伯锋、李宗一主编：《北洋军阀 1912—1928》第二卷，武汉出版社 1990 年版，第 1095—1097 页）

全国请愿联合会三次请愿书
（1915 年 9 月 24 日）

为联合三次请愿，吁恳迅速由院议决，征求民意，妥善办法，解决变更国体问题，以慰人心而支危局事：窃维共和政治不适宜于中国之国情历史，难冀久安长治，中智以上所见皆同。曾由各地方、各团体先后陆续依法在钧院请愿。顷知钧院汇案审查，复经大会议决，略以国体所关，事端重大，权在国民会议，应行建议请政府提前于年内召集国民会议，抑或另订征求民意之妥善办法等因。是变更国体一事，钧院已具表同情，风声所被，薄海胪欢，喁喁望治之怀，于此略慰。然详细寻绎，该建议案系并列两种办法，听政府采用其一。云沛等连日讨论，佥谓应用何种机关解决变更国体问题，此项选择权与其委之政府，毋宁操于贵院。盖中华民国之主权本于国民之全体，《约法》第二条既已明白规定，则此之国体无论由帝制而共和，抑由共和而帝制，一视乎国民多数之意思如何。今请愿纷纷，民情已大可见。钧院代表民意，其谓之何？对于此等根本大计之解决方法，岂宜模棱两可，不自决定。且原建议案所称政府,语意尤极含混。将以国之元首为政府耶,则总揽统治权之大总统,系受国民委托,执行《约法》上之职权,而关于影响自己地位之事项,似未便有所坚执;若以行政首长为政府耶,则是国家最高议事机关所不敢决定之问题,而反以付于执行机关,头足倒置,更无此理。质言之,则钧院虽人数只数十人,实为全体国民之缩本,国民全体不过影片放大,何嫌何疑,谦让未遑,放弃职权,将必有起而问其责者矣。至钧院所拟解决国体之两种办法,云沛等按之理论,揆之事实,尤以另设机关征求民意最为妥善。何以言之?盖现所筹备之国民会议,系以议决中华民国之宪法为目的,若即以之解决国体,则在该会为越俎代庖,即在钧院为削趾适屦,此理论之不通者也。况国体问题发生以来至于今日,已有悬崖转石不至地不能止之势,四民百业延颈以待者久矣。国体早一日解决,则人心早一日宁谧。徘徊歧路,讹言朋兴,默念危机,不寒而栗。虽原案主张国民会议,曾声明提前于年内召集,然关于国民会议法令,最初慎重其事,不免过涉繁琐,虽欲简捷,恐亦无从。试以已经公布之选举日期合计之,至迟非十二月复选不能竣事,而西北甘、新各省及蒙、藏议员,程途纡远,年冬决难到京。如是,则年内召集既属空文,而大势所趋又难久待,此事实所不许者也。信如上述,则议决宪法之国民会议,于理于事,俱难借用。应请钧院议决,另设征求民意机关,立法贵简,需时贵短,以定国本而固邦基,大局幸甚。谨上参政院。全国请愿联合会会长沈云沛、副会长那彦图、张锦芳、京兆请愿人恽毓鼎等、直隶请愿人曹锟等、河南请愿人赵倜等、山东请愿人王锡蕃等、山西请愿人谷如墉等、四川请愿人张炳华等、陕西请愿人张凤翙等、云南请愿人李鸿祥等、贵州请愿人郭重光等、福建请愿人陈璧等、浙江请愿人朱福铣等、江苏请愿人沈云沛等、安徽请愿人段芝贵等、湖南请愿人杜俞等、湖北请愿人蓝天蔚等、江西请愿人余鹤松等、广东请愿人黄锡铨等、广西请愿人邓家彦等、甘肃请愿人马安良等、新疆请愿人杨缵绪等、奉天请愿人张作霖等、吉林请愿人佟庆山等、黑龙江请愿人胡寿庆等、绥远请愿人李景泉等、热河请愿人郑宝龄等、察哈尔请愿人董若璞等、内蒙外蒙请愿人那彦图等、后藏请愿人夏仲阿旺益善等、前藏请愿人罗桑班觉等、青海请愿人巴拉珠尔拉布坦等、满洲八旗请愿人恒均等、回疆八部请愿人王宽等。中华民国四年九月二十四日。介绍人:孙毓筠、杨度、王印川、梁士诒、冯辚霈。

(《全国请愿联合会三次请愿书》,1915 年 9 月 24 日,《中国近代史通鉴 1840—1949》6,第 887 页)

恭贺《国风日报》复刊

(1916 年 7 月 26 日)

镜别媸妍昭晰玲珑,权衡轻重持平用中。贵报特色在无党同,彰善瘅恶一秉大公。

（《国风日报》1916 年 7 月 26 日，第二版）

蓝天蔚来函

（约 1916 年 10 月 5 日）

大主笔台鉴，近闻内外各报有武装护法发起人中列有鄙人名，实堪讶异。鄙人寄居津门，对于各党会毫无关系。至于武装护法团是否有无，姑不具论，惟鄙人实未与闻。特此声明，以昭真实，而释群疑，务请贵报登入来函一门，无任感荷，肃此，顺颂

时祺

蓝天蔚谨启

（《蓝天蔚来函》，《申报》1916 年 10 月 8 日，第 11 版；《顺天时报》1916 年 10 月 5 日，第七版）

汤化龙何海鸣蓝天蔚唐成章等上大总统公呈

（约 1916 年 10 月 27 日）

大总统钧鉴：敬呈者。伏念两湖民党诸人自辛亥起义以来，或从事戎行备尝艰险，或厕身政界曾效勤劳，此等情形固早在我大总统洞鉴之中，而亦久在我大总统仁怀之下者也。乃解甲已久，归农未能，当帝制发生，我大总统亦在震撼危疑之内，同患难于始者，几又同患难于终。幸而天佑中国，我大总统天下归仁，四万万人同蒙幸福，两湖父老子弟以桑梓枌榆之亲近，更觉百草霑恩，独此民党。此民党诸人现尚流落京师，未蒙恩泽，据切实最近调查报告，在各会馆各客店者人数甚多，旅费久尽，告贷无门，白眼相加，饔飧不给。当此西风凛冽，白露为霜，北地之寒，南人尤畏，昔也同泽同袍，有与子偕行之乐，今也无衣无褐，兴何以卒岁之嗟？我大总统菩萨心肠，慈祥恻隐，不忍一夫不获，不愿一人向隅，求剑求□，最怜故旧，敝帷敝盖，未肯唐捐，虽尧舜博济犹难，而禹稷溺者由己。闻此情形，必生悯恻，可否加恩，筹给一款，以为送回原籍之资，俾得各安其业，□致穷无所归，燕市吹箫，鲍鱼入肆，闻者伤心，见者惨目，仁人之心，曷能忍此？龙行一步，□戴三山。感颂□恩，岂有既耶云云。汤化龙、何海鸣、蓝天蔚、唐成章等。

（《汤化龙何海鸣蓝天蔚唐成章等上大总统公呈》，《旅京党人之呼吁》，《申报》1916 年 10 月 28 日，第六版）

649

与湖北籍在京官绅就汉冶萍公司鄂产清理上总统及鄂议会函

（约 1917 年 4 月 3 日）

致省长函云：湖北在京官绅设立汉冶萍公司鄂产清理处，各缘由业经呈请批准立案，并将章程及职员名氏图记模式汇呈鉴核在案。惟清理方法应先搜集案据，查汉冶萍公司成立以来，所有先后五次京鄂分派代表与该公司接洽案卷及关于大冶矿山清册均汇存大署。兹公举本处职员李宗唐、时象晋、张文烺代表一切，克日赴鄂，敢乞俯赐接洽。准将上列各卷清册等项交付抄阅，以便进行，当为公便。

致鄂议会函云：汉冶萍公司阙于我省固有财权，事权至大且重，历年以来与该公司交涉数次，迄无结果。顷者在京同人选经开会筹商，金谓此事万难放弃，凡属鄂人均有利害关系，理应力争，贵会代表全省人民尤不能辞其责，惟法定会期启闭有时，而此事又非一时所能了结，同人讨论结果，特设清理处以为诸公之后援。倘能南北一致进行，期达最后目的，不独同人之幸，实我全省之福也。除公推李君时谙到会陈述一切外，特此函达云云。

金永炎、邓玉麟、张文烺、哈汉章、张则川、韩玉辰、李开侁、蒋作宾、王蘙炜、夏寿康、张国溶、屈德泽、汤化龙、时象晋、马德润、饶汉祥、孙武、胡瑞中、陈宦、蓝天蔚、李宗唐、黎澍、阮毓崧、吕逵先等。

（《鄂人续争汉冶萍鄂产》，《申报》1917 年 4 月 3 日，第六版）

致 段 祺 瑞 函

（1917 年 7 月 4 日）

芝老总司令钧鉴：张逆叛国，罪浮于天，凡属国民，同钟义愤，此间人士及旧日部属早秉正义，誓保共和。方策进行，适奉尊檄，捧诵之余，莫名钦佩。天蔚不才，何敢自弃？俟部署略定，当即驰谒军门，进随鞭镫。先肃寸楮，特遣陆军部谘议杨虎、吉林补用知事林卜琳赍呈麾下，请示方略，俾作南针。溽暑侵人，伏希为国珍重。敬叩捷安。达威将军蓝天蔚谨启。

（《蓝天蔚上书段祺瑞请告奋勇　蓝将军天蔚致段芝泉总司令》，天津《益世报》1917 年 7 月 4 日，第□版；《近畿讨逆行动与文电》，《申报》1917 年 7 月 9 日，第六版）

讨 逆 宣 言 书

（约 1917 年 7 月 7 日）

昊天不吊，将此群凶。原恶张勋，许家厮养。身地寒微，厕入戎行，初充下役。

前清末季,结交阉人,贿赂宫中,窃居将领。辛亥之役,竟抗义师。民国纪元,幸稽显戮,当时执政,别有用心。图因利乘便之私,作饲虎噬人之计。于是张贼羽翼渐丰,招纳匪类。癸丑(1913 年)南京一役,纵兵淫掠,中外痛心,嗣复暴政繁税,垄断交通,倒行逆施,无恶不作,党同宗社,包藏祸心,结交君匪,面称武圣。洎乎前月蹈萧墙弄兵之隙,冒盟坛牛耳之资,假云调和,逞兵京国,辫军抵境,鸡犬皆惊,无辜军民,尽遭凌轧。先迫元首解散立法机关,继结群实行复辟逆举,会同逆首康有为升允等,造作谣言,私立国号,拥戴盆子,自拥赤眉,俳优一堂,直同儿戏。我四万万同胞,炎黄圣胄,宁甘受此秽浊以污我赤县神州耶?天蔚不才,建造共和,实从国人之后。兵符虽释,旧部尚多,大义当前,何敢多让?特传檄塞上,布告关东,万千之师指日可集。愿随讨逆军段总司令一致行动,克日誓师,歼兹丑类。不至共和巩固,国会恢复,逆党诛尽,绝不罢兵。皇天后土,实闻此言,倘天佑中国,大功早葳,天蔚仍抱素志,解甲归田,政治刷新,俟诸邦人君子。敬布愚忱,伏希鉴察。

(《蓝天蔚讨逆宣言书》,天津《益世报》1917 年 7 月 7 日,无版面;上海《民国日报》1917 年 7 月 10 日,第六版)

在军政府宴请滇军军官席上的讲话

(1918 年 1 月 18 日)

兄弟今日承大元帅召为陪宾,得与滇军诸君为宴,甚幸!然兄弟意思,以为从前是民党自己造成之民国让与他人,今大元帅来广东是求真正共和而来。现在北京政府解散国会,迫废总统,背叛约法,其手段比满清更毒。兄弟今日请诸君尊重国法,并尊重国会产出之大元帅,一致进行,以灭此背叛之北京政府,将来滇军必占胜利。兄弟今日与诸君宴祝中华民国万岁!大元帅万岁!李军长、张、方两师长及滇军将士万岁。

(《蓝秀豪演说》,上海《民国日报》1918 年 2 月 3 日,第二张第七版;《蓝秀豪在军政府宴请滇军军官席上的讲话》,1918 年 1 月 18 日,汤锐祥编著:《护法运动史料汇编》三,花城出版社 2003 年版,第 126 页)

成 都 之 演 说

(1919 年 10 月 3 日)

今天承诸公开此盛会,欢迎兄弟,异常惭愧,却亦异常快乐。兄弟对于西南,对于国家,都无尺寸之功,乃竟辱承诸公开如许盛会欢迎,自问实在惭愧。但是此次来到川省,见物产丰富,人民淳朴,为他省所不及,真不愧古称天府之国。此一乐也;熊督军杨省长及在座诸公皆兄弟久所钦仰者,却以一见颜色为恨,今竟相见一堂,彼此接谈,此一乐也;西南为中国之根本,而四川又为西南之根本,今日幸得熊公励精图治,恢复秩序,又兼杨公勤求爱民,进力忍耐,并加以诸公之佐治,行建不拔之基,愈益坚固,此一乐也。至说到今日中国名为共和,其实确是不和,盖经此八年,岁次变乱,民不聊生,究其原因,都为一个假字所害。袁世凯既为大总统,而不从真字入手,却处处作假,于是民怨沸腾,后来复变本加厉,帝制自为。袁倒后,黎黄陂出任总统,他曾说不违法,不怕死,不盖印的话,惜乎说得是假话,并未实行。旋张勋复辟,段祺瑞称兵马厂,他也说过,只要将张勋扑灭,他便如何如何。乃后来又不见实行,是皆假字把共和害了。没说共和就是一样物件,亦需要真的才有价值。假的便没有价值,所以外人见得我们的共和是假,就不尊重我们,且轻视我们。现在北方专用武力压制南方,果真能用武力打下南方,固未尝不佩服。他却去假借外人的力量,所以我说不是北方打南方,简直是外人打南方。吾人为自卫起见,当然群起而扫除之。兄弟远道来此,就是想要大家同心戮力,撑持西南危局,进图中原,以固国本。至于川滇黔三省原有密切之关系,此三省尤如鼎足一样,缺一支足,都是不能成立的。尤望大家利害相共,艰苦共尝,此实兄弟有莫大之希望。今回兄弟由军府来慰问诸公的意思大率如斯。兄弟不会讲话,如有不对的,尚望诸公原谅云云。

(《锦城欢迎蓝天蔚大会》,《申报》1919 年 10 月 4 日,第二张第七版)

蓝天蔚关于时局通电
(1920 年 5 月 21 日)

夔州蓝天蔚来电,近读西南诸公关于国会军府各通电,感慨无端,国贼未平,内变又作,顾瞻前路,殊抱杞忧。此次兴兵,志在护法,国会集于广州,产出军政府,以为护法之中枢,初非谋和之机械,嗣以外交危迫,国人怵于现势相逼,苟且言和,于是始有对等和议之争持,事实法律之商榷。迁延变幻,几成为权利之私争,嫌隙万端,皆缘于此。以护法救国始,而以争权夺利终,岂我诸将帅、诸贤达奔走,倡义出师,讨贼之初心耶? 矧今卖国密约无形延长,而山东问题势将失望,值兹分崩之会,宜为根本之图。民国肇生,基于临时约法,而成立于约法产生之国会,此时应由国会多数同认为何处开会,可以行使职权,以合法手续自行召集开会,选举总统,组织正式政府,廓清内乱,以竟全功。至前由国会产生之军政府,系以七总裁合议代行政务,在政府未成立以前,一切对内对外,暂由总裁多数之同意负责以维现状。今狃于目前和议,以分借款为平均军费,以分官吏为调剂政权,护法精神不存,亡国祸患立至。中心危惧,不敢不言。谨布区区,伫盼明教。蓝天蔚。马。印。

（《申报》1920 年 6 月 11 日,第三版;《蓝天蔚之忱时电》,长沙《大公报》1920 年 6 月 22 日,第二版;《蓝天蔚关于时局通电》,上海《民国日报》1920 年 6 月 3 日,第 10 版）

蓝天蔚上总理函
（1920 年 7 月 24 日）

　　启者奉使西行,迄今两载,久违道范,无任驰思。鄂西一隅,迭经变更,军民交困,抚驭良难,天蔚轻材,诚不知何以处此也。时事纠纷,视前益烈,外交失利,内讧方殷,南操同室之戈,北起阋墙之因。泛滥横决,不可收拾。言念及兹,栗栗危惧。益以株守穷山,音问沉滞,对于大局了无知闻。用特委托熊君秉坤代表来沪敬谒台端,尚祈俯赐接洽,不吝教言,示以护法之至计,救国之方针,庶使天蔚有所遵循,藉资应付。不胜幸甚

　　专函,敬请

勋安

蓝天蔚拜启。印

七月廿四日

（《蓝天蔚上总理函　委托熊秉坤代表来沪敬谒》,1920 年 7 月 24 日,《"国书档案"·环龙路档案》档号：04095,中国国民党中央委员会文化传播委员会党史馆提供）

蓝天蔚报总理川中之情
（1920 年 9 月 18 日）

　　日前属冯启民代呈一函,计邀钧察,顷谢慧生兄由渝过夔,晤谈之下,具念川局最近情形,滇黔军虽少有损失,而兵力尚厚,川军退守川东,吕卢石诸君毅力坚持,亦堪一战。蔚在夔府结合鄂豫两军,与川中义军誓存亡相依,并拟相机进取湖北,贯彻护法救国主张,为先生前驱也。所有详情已托慧僧兄面陈,望并垂察。

　　肃此,敬祝

勋祺

蓝天蔚谨肃

十八日

（《蓝天蔚上总理函　报川中军情》,1920 年 9 月 18 日,中央党史史料编纂委员会：《党史史料抄录副本》分类号（川）（军—5）(11),《"国书档案"·环龙路档案》档号：575 号,原件存保险库见墨总　D—甲 548 页）

讨伐王占元之檄文

(1920 年 12 月 27 日)

鄂督王占元者,当辛亥起义,顽阻义师;及阳夏鏖兵,火焚汉口,义不容于民国,罪莫赎于百身。卒以国失纪纲,竟任罪人作督,数千万同胞低首,人格何存? 六七年政变伤心,凶残未戢,乃至竭民脂膏,厚自封肥,民不聊生,木皆泣血。加以拥兵自卫,土著尽裁,滥币害民,金库破产。比丁巳(1917 年)外镇毁法,罪罹元凶,复辟诸奸乱京,身居戎首,大逆浮于安史,残横有过朱黄。慨国法之不张,致罪人于稽戮。

今者寇焰日长,野性难驯,当停战议和,复恣其吞噬。一嗾王都庆犯我建始,更王育寅扰我鹤峰,衅自彼开,天下共见。顷复迫饥寒之卒,大纵彝陵,肆爪牙之凶,掠空尘陇,既墟沙市,复洗荆州。满目瘠痍,寸心如割。向者夏氏长鄂,命出□庭,犹嗾鼠狐,敢言不纳。作人民之公敌,视版土为私封,异己之兵将,囚杀无遗。长恶之爪牙,富贵立致。以民为壑,视兵若仇,衷甲咸猜,倒戈蓄愤。推原百祸,举喻霜冰。此獠不除,国难何已?

天蔚幕府定策,麾纛驱兵,联数省精锐之众,赴义如云,鼓全军敌忾之威,秉心似铁。大兵所至,不犯秋毫,只讨王氏一人,余者引为袍泽,愿以省民自决之义,助尔贤豪,至罪人斯得之期,共洗兵马。传檄所至,咸使闻知。

中华民国九年十二月二十七日

(《鄂豫靖国联军鄂军总司令官蓝天蔚讨王檄》,1920 年 12 月 27 日,上海《民国日报》1921 年 1 月 15 日,第二张第六版)

致 张 冲 函

(1921 年 2 月 25 日)

蔚此次率众东征,原欲为鄂人争自由,一雪王氏祸鄂人八年之耻。虽明知饥寒疲困之卒难与械精粮足之虏交锋,惟人格所关,故宁玉碎不愿瓦全耳。不幸兵败入川,又为贵军不谅,竟认敌为友,与友为仇,殊为不解。今到夔将近一月,未蒙示以一定之办法。如欲处蔚以死刑,请即从速,免增足下顾虑,减少蔚之忧愁,死而有知,当以足下为知己。如不处蔚以死,希将附上之电稿交局拍发。人心如此,时局如此,实不愿再与中华民国发生关系①。如何之处,希即见复为荷。

通电云:

---

① 此信收入钟鼎所撰《蓝上将荣哀录·遇难始末记》,此处钟鼎旁注:因张冲屡向人言有:释公,恐其将来复仇,不释,恐为时人唾骂之语。

广东各总裁,参众两院,陈总司令,云南唐总裁,贵州刘总司令,湖南赵总司令并传李协和部长,柏烈武将军,上海章太炎先生,孙伯兰先生,蒋雨岩将军,天津黎黄陂先生,周少模先生,北京陈二庵将军,汤铸新将军,孔文轩先生,田焕亭先生,各省议会,各报馆钧鉴:鄂西丧亡,天蔚之罪。人格既失,万念都灭。今后读书寡过,不敢再问天下事。

　　谨电奉闻

蓝天蔚叩。有。

(钟鼎:《遇害始末记》,《蓝上将荣哀录》,约 1926 年,未刊)

致蓝文蔚函

(1921 年 3 月 5 日)

　　殷范来言杨春兄①厚意,甚感。此处待遇甚优,唯行动不自由。此役之后,对于中华民国已不愿再生关系。时事至此,人心至此,恐无挽救之力。吾弟以后离脱兵事,作一闲人为好。不然,苟非自己训练之兵,明大义之官,纪律严明,情谊隆厚者,万不可共事。兄之失败,无一个可靠之兵,无一个可靠之将,他人作孽,自己受过,身败名裂。现作囚人,殊为不值。亚樵幸与亚光旅长共学,已由亚光发资遣去。寰公寓利川天主堂,大概凶多吉少。现同寓者有黄玉山、龚伯端、钟分洲,皆不自由。黄、龚为颜(不知去向)凯风所累。钟本可自由,无论如何要同我一路。湖北人不能共事,以后注意。兄平生专为同乡人所败。此覆并问近好。弟之首饰已被川兵强去,可惜。

兄字。初五

　　杨公处致意。

(《致蓝文蔚函》,影印件,蓝氏后裔藏)

夜归北大营

(1910 年左右)

　　无边积雪溶辽水,午夜轻骑返大营。

　　天地昏昏人尽睡,风尘仆仆我孤行。

　　明星约有两三点,野犬频来断续声。

　　把剑入门情更远,举杯招饮未休兵。

(《民权素》1914 年第一期,第 1 页;《夜归北大营》也被编入蒋箸超著:《民权素粹编》1926 第一卷,第 37 页)

---

①　即杨春芳。

雪里行军入夜

雨雪纷纷送夕阳,军歌声里马蹄忙。

寒风割耳征衣薄,明月当头前路长①。

(《民权素》1914 年第一期,第 1 页)

入 关 诗

玉门生入亦无欢,莽莽龙沙就影传②。

(《挽联挽诗》,《蓝上将荣哀录》)

元年重游西湖

(1912 年)

朔漠归来思猛士,西湖今又荡板舟。

骑驴谁逐蕲王迹,讨虏应消武穆仇。

大局茫茫若浙水,此心耿耿共江流。

扶节直上吴山顶,一扫浮云见古洲。

元年重游西湖　裕芳吾兄雅正

蓝天蔚。印

(《蓝天蔚行书四联屏》,1912 年,台湾历史博物馆藏,典藏编号为 30909—30912)

蓝 天 蔚 联 语

放眼不嫌天地阔,此生端为国家来。

(该联为云南某收藏家收藏)

挽 曾 广 大

(1917 年)

吾党健者,又弱一个,今日域中,竟是谁家。

(胡赟:《辛亥史话》③,中国人民政治协商会议湖北省委员会:《辛亥首义回忆录》第 1 辑,湖

---

① 香港《天文台报》所载略不同。《关外行军诗》:雨雪纷纷近夕阳,军歌声里马蹄忙。寒风割耳征衣薄,明月当空引兴长。(《蓝天蔚与中国十字军》,香港《天文台报》,1958 年 7 月 18 日,第二版)

② 解利民谓:公(蓝)由欧美返国,余出关迎迓,曾以入关诗见示,有"玉门生入亦无欢,莽莽龙沙就影传"之句,英烈心胸见一般。(《蓝上将荣哀录》)

③ 胡赟谓:蓝天蔚,黄陂人,曾广大,夏口人,清季一为第三十二标统带,一为第三十一标统带,同隶陆军第八镇步兵第十六协。蓝平时每以革命排满之说,与曾交换意见,惜乎格格不入。未几,蓝赴日肄业陆大,荐升奉天第二混成协协统。曾仍无所作为,民国六年卒于粤。(胡赟:《辛亥史话》,中国人民政治协商会议湖北省委员会:《辛亥首义回忆录》第 1 辑,第 215 页)

北人民出版社 1957 年版，第 215 页）

挽 朱 瑞

（1916 年）

一战功成已是垂名不朽，只身高蹈那知与世长辞。

（《哀挽录乙编》上，张世桢编：《朱兴武将军哀挽录》，1916 年，第 17 页）

挽 潘 永 忠①

永世以谋生，想公生已臻老年，犹有满腔热血；
忠臣不怕死，惜君死未得正命，空留一片冰心。

（大连市史志办公室编：《大连市志·人物志》，中央文献出版社 2002 年版，第 34 页）

挽 黄 兴

（1917 年）

不死于满，不死于袁，今日月重光，我公自当瞑目；
谁卫斯民，谁卫斯国，感山河沦胥，教人何处招魂。

（《丙辰》杂志社编：《丙辰》1917 年 1 月第 2 期，第 11 页）

赠 向 明 斋②

他年痛饮黄龙府，此日名高白帝城。

（向明斋族弟向金斋口述对联③，人民政治协商会议鄂西土家族苗族自治州委员会文史资料研究委员会：《鄂西文史资料》第 3 辑，第 204 页）

附：蓝天蔚发电目录④

《与张绍曾发布通电》，宣统三年九月六日

---

① 潘永忠（1842—1911），辽宁庄河人，清末庄河联庄会抗捐会首，1911 年为赵尔巽所杀。

② 向明斋：恩施鸦鹊水人，清末秀才，共进会会员，辛亥革命人物，曾任恩施县议长，驻省议员和来凤县长。

③ 推测此联为蓝护法川鄂西之际，与向相遇而赠。白帝城在川，与鄂西接。向为恩施人，据向明斋墓碑文称其"民国三年选举议员时，遂回里组织共和党，被举为鄂省议会会员，后袁氏潜[僭]国，军阀坏政，旧同志举义南方，多以施郡为策源地。明斋回里赞襄诸务，被推为本县议会议员，后充来凤县知事，旋改组，游粤、游闽，奔走数载"。（王晓宁编著：《恩施自治州碑刻大观》，新华出版社 2004 年版，第 197 页）按向之经历，在时间上与蓝有交集之处。可能为蓝之护法提供帮助，蓝期之以事若定，则功高。当是蓝在接掌鄂西军政之后事。

④ 按：报载之电文，无从得到日期的，注明"报载"。

《致张绍曾电》,宣统三年九月七日

《与伍祥桢致张绍曾电》,宣统三年九月八日

《与伍祥桢致张绍曾电》,宣统三年九月九日

《致张绍曾电》,宣统三年九月十二日

《蓝天蔚电》,宣统三年九月十二日

《致咨政院电》,宣统三年十月四日报载

《蓝天蔚致清廷电》,宣统三年九月二十九日报载

《与张绍曾等致电清内阁、军谘府》,1911 年 11 月 6 日

《关东蓝天蔚来电》,1912 年 1 月 20 日

《致电冯少英、张春山、孙厚齐君》,1912 年 1 月 20 日报载

《电请鲁抚胡建枢反正》,1912 年 1 月 27 日报载

《致孙中山电》,1912 年 1 月 27 日

《蓝天蔚电》,1912 年 1 月 27 日

《致孙中山黎元洪等电》,1912 年 1 月 27 日报载

《就委任周斌充参谋次长一事致电南京陆军部》,1912 年 1 月 27 日报载

《电请满铁会社严守中立》,1912 年 1 月 30 日报载

《为烟台军政府没收烟土事致海陆军部转孙中山》,1912 年 1 月 30 日

《电催谭人凤统兵北上》,1912 年 1 月 30 日

《致海军部转孙中山电》,约 1912 年 1 月 31 日

《电告率舰队攻斌州》,1912 年 1 月 31 日报载

《为即墨独立德人干涉及铁道输运清兵事致孙中山等电》,1912 年 2 月 1 日

《电通义银行转机关部》,1912 年 2 月 1 日

《为转烟台电关于即墨光复德日两国干涉等事致孙中山电》,1912 年 2 月 2 日

《为赵尔巽违例用南满火车送清兵于盖平、岫岩一带事给赵尔巽电》,1912 年 2 月 7 日

《电致关东都督府谓本军队保护外人生命财产期南满铁道保守中立》,1912 年 2 月 11 日

《电通义银行转机关部》,1912 年 2 月 12 日

《希交涉解救奉天急进会张涵初电》,1912 年 2 月 12 日报载

《致孙中山电》,1912 年 2 月 15 日

《致谘议局等电》,1912 年 2 月 16 日

《电赵尔巽讽其不能尽忠守节于清廷》,1912 年 2 月 16 日报载

《电请派兵》,1912 年 2 月 17 日前

《电饬全军驶赴烟埠》,1912 年 2 月 27 日报载

《致孙文电》,约 1912 年 2 月 17 日

《致军界统一会电》,1912 年 2 月 17 日

《致孙中山黄兴黎元洪啸电》,1912 年 2 月 18 日

《再发啸电致上海办事处转孙中山及各报馆》,1912 年 2 月 18 日

《袁世凯暨蓝天蔚电北征军队不宜向奉省进行》,约 1912 年 2 月 21 日

《致袁世凯电称已遵令停进等情》,约 1912 年 2 月 22 日

《致电通义银行转邓文瑷张静江潘月樵》,1912 年 2 月 23 日

《致赵尔巽电》,1912 年 2 月 26 日

《致孙中山电》,1912 年 2 月 26 日

《致孙大总统等乞指示善后办法电》,1912 年 2 月 27 日

《致电新舞台》,1912 年 2 月 1 日

《电驻沪机关部》,1912 年 3 月 1 日

《致蔡元培等电》,1912 年 3 月 2 日

《致通义银行转机关部电》,1912 年 3 月 2 日

《致电陆军部》,1912 年 3 月 3 日

《致蔡元培电》,1912 年 3 月 3 日

《与汤芗铭致蔡元培等电》,1912 年 3 月 3 日

《致蔡元培范熙绩电》,1912 年 3 月 4 日

《为从速成立政府以安大局事致孙中山等电》,1912 年 3 月 7 日

《关外都督蓝天蔚致上海永安昌号电》,1912 年 3 月 9 日报载

《致电陈其美》,1912 年 3 月 9 日报载

《电沪军都督府》,1912 年 3 月 10 日到

《蓝都督来电》,1912 年 3 月 12 日

《蓝天蔚通电声辩》,1912 年 3 月 13 日报载

《致袁世凯等电》,1912 年 3 月 14 日

《致陈其美转各报馆电》,1912 年 3 月 14 日报载

《致电黎宗岳电》,1912 年 3 月 15 日

《电请政府取消其海军总长之任命》,1912 年 3 月 18 日

《蓝天蔚之电请兵饷》,1912 年 3 月 27 日前

《电袁世凯请交还民党王廷邦金》,约 1912 年 3 月 18 日

《电沪军机关部》,1912 年 3 月 20 日

《致电袁世凯所派范国梁为张作霖捕去请转饬释放并加保护》,1912 年 3 月 23 日

《致袁世凯等暨各省都督电》,1912 年 3 月 25 日

《致电潘月樵一俟烟事收结即行来沪面谢》,约 1912 年 3 月 30 日

《(奉天)蓝天蔚之要电》,1912 年 4 月 6 日

《蓝天蔚公电即日离烟》,1912 年 4 月 11 日

《蓝天蔚公电翌日离烟》,1912 年 4 月 11 日

《解散关外办事处之公电》,1912 年 4 月 12 日

《电袁世凯无人员可分遣赴奉办理关外民党救恤事务》,1912 年 4 月 22 日

《就爱国债券事发布公电》,1912 年 5 月 22 日

《致大总统暨国务院等电用人宜五族兼用》,1912 年 5 月 23 日

《致电总统府》,1912 年 9 月 17 日前

《报告美侨联络罗斯佛电》,1912 年 11 月 4 日报载

《与唐在礼蔡锷等复王怀庆电》,1915 年 9 月 5 日

《与孙武蒋尊簋蒋作宾唐在礼致蔡锷电》,1915 年 12 月 30 日前

《与唐克明尹昌衡等致谭延闿电》,1918 年 12 月 10 日

《拥护国会约法通电》,1917 年 7 月 20 日

《请照熊督陈对藏办法进行并严重监督北廷与英使交涉情形电》,1917 年 9 月 20 日

《致广州军政府政务会议电》,1919 年 12 月 8 日

《就黎天才向王占元纳款诸事致吴景濂等电》,1919 年 11 月 28 日

《电岑春煊》,1919 年 12 月 8 日

《致军政府总裁电》,1920 年 4 月 10 日

《蓝天蔚之忧时电》,1920 年 5 月 21 日

《为直皖决裂建议由川滇黔三省出兵东下与唐继尧往来密电》,1920 年 7 月—9 月

《蓝天蔚密电》,1920 年 7 月 25 日

《致孙中山电》,1920 年 10 月 4 日

《蓝天蔚电》,1920 年 12 月 2 日

附录二　《蓝天蔚事略》《蓝上将荣哀录》
挽联挽诗挽文

事　略
（约 1926 年）

蓝天蔚,号秀豪,鄂之黄陂人耶。少有大志,意态豁如,生于清光绪丁丑,七岁失恃,从父客汉阳,与湘西名将陶树恩、周芳明游习,问兵旅之事。甲午中日之役,将士以不学见绌,乃发愤读书,慨然以天下为己任。会张之洞整军经武,聘德人练军,君入工程营为卒伍,士非笑之,不顾也。己亥,东渡入成城学校,卒业,升学士官,见习联队。日俄之役,痛内政不修,外患日逼,因与同志谋革新之策。组织义勇队,取见义勇为之旨。群推君为队长,一时海内外名流如黄兴、钮永建等均隶焉。癸卯(1903 年),端方闻之,恐不利清室,促君归。及见端方,痛言国事日非,汉人愤发为雄不可遏制之状,端为之动容。初,君奉召,咸惴惴为君危,劝勿行。君笑曰,救国者国人之责,设不国,满人安所托足,吾将使彼自悟,宁非佳事。吾一身安足惜? 于是端方虚席夜谭,以满汉联姻为调和之计询君,君颔之,端竟奏行其议。有间,君以军学宏博,未可浅尝辄止,请复东渡,入兵工学校。端许之,并遣优等生徒五十人随君行,君悉使分习军需、辎重、军医、兽医等门。鄂军人才之备,此为嚆矢也。甲辰(1904 年),君与良弼、舒清阿、唐在礼等应京师练兵处之召,先后回国,至鄂之广水,谒张之洞于军中。张曰,诸子读书十年,一旦奉召入都,取功名也固甚易。惟鄂居天下之中,得能军者帅劲旅控制之,遇有非常,足以四应,毋轻去此也。君于是独留鄂,任湖北将弁、武高等、武师范等学堂教员,门下且数千人矣。乙巳(1905 年)冬,任湖北暂编第一镇正参谋。丙午(1906 年),改编第八镇,仍任正参谋。二年之间,改编新旧军,斟酌损益,君有力焉。丁未(1907 年),任第十六协三十二标统带兼湖北督练公所参谋。其居军也,日与士卒讲习无倦容,暇则慰问病苦如家人父子。戊申(1908 年)秋,以学未成,请罢官,入日本陆军大学。时各省新军已次第成立,乃先南游豫章、江宁、皖浙,北历燕冀,视其得失为讨论之资。及抵辽东,锡良方厉行新军制,陈宦充二十镇统制官,因言于锡,锡久耳君名,厚赠之。乃东渡。日政府嘉其志,命东条中将、伊布大佐为之讲授,盖国外人例不许入陆军大学也。东条固娴于军事,晚岁以著书称于时,君与之游,颇得闻兵机之阃奥,所造诣益渊乎莫测矣。庚戌(1910 年),锡良召还,任奉天第二混成协统领官,除旧布新,士气一振。明年,武昌发难,南中联袂而起,北方处积威之下无应者。君与吴禄贞、张绍曾等谋以一师遮断南北,以一师直抵京师,冀平定国是,免南北战争之苦。谋未定,而北军南下者甚盛。武昌危殆,因与吴张联衔请立宪,以十九信条相要,诏许之,盖意在和缓战事也。未几,吴禄贞遇害,张绍曾屯兵滦州不进,君以事急,欲自率兵入关。比至车站,车辆已为赵尔巽遣去,乃乘专车往滦州说张绍曾,时清廷既刺杀吴禄贞,乃遣客邀君于途,击杀之。陈宧闻其谋,立电属刘叔舒乘车迎告,令毋前。君乃返奉,入北大营,军拒不纳。及归邸,而侦卒四伏,几不得脱。二十镇协统伍祥祯使使诈言,召君会议军事,乃至伍邸易衣,遁至大连。赵尔巽闻君去,使赠以千金。君手书报之,谓方今海内,群谋改革政体,非与一家一姓为仇,毋谓某之辜恩背义也。君居大连,日与同志谋于关东举事,部署未定。会黄兴新败汉阳,走上海,合南中兵,谋攻南京,以缓武昌之急。君乃赴沪,言于众曰:江南地处下游,其势难守,若欲进取中原,规画全域,非从北部着手不可。某不敏,愿率一旅之师为诸公前驱。识者韪之。及南京已下,孙文设临时政府,命君为参谋总长。君以大敌当前,设人怀苟安之心,功必败于垂成。因手书讽黄兴曰,江南六朝佳胜,惜今非宴游之时。某不敏,敢辞。民国元年二月,君受命为关外都督,并节制随行海陆军。君于是率军舰海容、南琛等暨陆军三千人北伐,并传檄关外豪俊,使举戈自效。行抵烟台,即分兵取登黄,窥南满。清廷大恐,先是请唐绍仪南来议和累月,未成而去,至是覆命袁世凯径与伍廷芳媾和,卒以中外将士之请归政于国,存帝号而已。君鉴于国家寝衰,慨然以息兵养民为念,请辞都督。议罢,遣从征诸将士。旋授命海军总长,君骇然曰,有是哉,何不谅之甚也。因浮海,历欧美,作汗漫游,所至访问治理甚悉。是年冬,授陆军中将加上将衔。三年春回国,授勋四位。君居外既久,于各国政府得失无不综贯,既归,思发抒所见,为执政谋治安之策。及抵京师,见人各怀私见,非天下为公之道。知不能用,竟亦不言。遂南游鄂苏闽粤,避京尘嚣攘也,逾年返都。无何,袁世凯欲称帝,恐革命诸子有异议,侦伺颇严。君知不可脱,日为饮酒赋诗,徜徉玉泉山水间以自晦。五年,授达威将军。六年,督军团抗命。君喟然曰,官吏不奉公不守法,国乱将自此起矣。未几,复辟之祸作,君居津沽,急就小站,召吴大洲旧部解[谢]旅长(谢宝轩)曰,群贼方张皇京师,四方未有应者,曷亟讨之,奠定国家指顾间事耳。解慨然愿听指挥。会段祺瑞誓师马厂,声罪致讨,惟兵力不厚,皆为段危。张绍曾乃说冯玉祥收杨村旧部,投段军。于是君亦遣解军从之。而事功未半,逆媾以兴。君雅不欲与当事论长短,遂隐居汉皋。十月张作霖以君谋乱东省入告,政府不察,通令缉捕并夺官勋。君知中枢法纪荡然,置不问。时南中组织政府,以护法相号召。因南游于粤,见所谓自私自利,曾无以异,深惧分崩之祸不远。乃请往川滇闽鄂慰问将士。思以大义相勉，乃所至，虽譬解万端，而听者终少诚意。无何，粤政府解体，岑春萱北归，唐继尧、刘显世相继去走，川将争为雄长，所谓护法诸省已瓦解矣。君闻之，常中夜彷徨不成寐，顾谓左右曰，吾国人处四千年专制积威之下，类以希荣邀宠为事，其所谓出处之道，遇合之契，不过理数之辨而已，慕荣名则一耳，其能以天下之心为心者有几人哉？今政成共和，人人当存为公之心，乃相与有成。十年来知此旨者谁何？吾将谁与乎？言罢欷歔不自已。鄂西子弟数千人，随柏文蔚护法争战，且数年憔悴，至不能得食。柏去而不苟降。会君衔命来慰其军，乃拥君不得出。九年黎天才、王天纵诸部失利，军中无主，乃自张君之旗归君，君恐其四溃扰民，厚抚之。时王占元督鄂，苛敛无度，民不堪命。君乃部署卒伍，誓于众曰，诸子忍饥冒死为欲靖国难耳，今乡邦之难且不恤，何有于国家？众曰，可。遂分兵为三，鼓行而东，不旬日施鹤郧诸县望风而下。施南有妖匪者，伪托神道，接纳亡命，恣为不法。宣恩倪子哲、咸丰庹国士，其尤著者。君既东征，王占元阴赂倪、庹乘隙攻君。初，君以为愚氓好弄兵，以乡人故不忍加诛。势乃益张，君于是前后受敌，左右二军不战而溃，湘援军张学济亦亡，君即欲自杀以谢国人，而左右相从者犹三千人，部将颜德胜以隐忍待时劝勉，乃入蜀。蜀将张冲部曲张光宗遮于道，曰，而必欲入蜀，去尔甲兵。诸将皆怒，欲扑杀之。君曰，蜀为举义之邦，乃吾友也，何可操同室之戈。于是悉解甲兵与之。张光宗乃拥公去，抵夔州，幽之室中，诡言君从者匿民间尚众，恐生他变，故不使知君所也。初，君至鄂边见张光宗榜告鄂民，谓得王占元特许，就地征粮，约不如期者有咎。并募有得蓝颜之首，赏万金。于是君知不能免，愤夺卫士手中兵，欲自杀，不得。因令颜德胜乘间亡走。颜抵金竹园主于周氏，因亡去。后张冲竟捕获周氏六人。自是防闲甚至，川人黄翼支、鲍敬仲请以身家保君，不许。君友刘愿庵曾致书但懋辛之谘议徐琳，为君营救，复书有川鄂交际方亲[琴]川且多望于鄂之语，盖川方视君为奇货，欲得鄂之钱财武器也。十年三月，张冲称熊克武命，以君赴渝，过忠州并加械系。二十九日抵渝，斥去从者，居之别室。翌日竟以君自杀告天下。君卒时年四十有五。夫人邓观智，粤之香山人也。生一女五福。(《蓝上将荣哀录·事略》)

蓝 天 蔚 事 略

(1928 年)

蓝天蔚，鄂之黄陂人。少倜傥，从父客汉阳，与湘名将陶树恩、周方明等游习，闻军旅事，慕洪秀全之为人，自号秀豪。会张之洞延德人教练鄂军，君入工程营为卒。己亥(1899 年)，东渡入成城学校卒业，升士官，见习联队。日俄之役，君以清政不纲,国体丧尽,与在东同志组织义勇队,谋革新,群推君为队长,一时海内名流如黄兴、钮永建均与焉。端方闻之,惧不利于清廷,迭电促君归。癸卯(1903 年),君返国,与端方论救国要图,非汉人愤发为雄不可。端动容,谋以联姻为消弭汉满畛域之见。询君,君颔之。端入奏行其议。君复请东渡入兵工学校。端选派生徒五十人,随君行。君悉使分习军需、辎重、军医、兽医等科,鄂军军事学之发展此为嚆矢。甲辰(1904 年),君与良弼、舒清阿、唐在礼应北平练兵处召,先后返国,君独为张之洞留任湖北将弁武高等武师范教员。乙巳(1905 年)冬,任湖北暂编第一镇正参谋,丙午(1906 年),改编第八镇,任原职。丁未(1907 年),任十六协三十二标统带兼湖北督练公所参议。君始执教鞭,继参戎幕,继掌兵符,日以所抱改革大志,发为伟论,以灌输军人脑中。鄂新军之富于革命思想,多君力也。戊申(1908 年)秋,君请罢官,之日本陆军大学,日政府嘉君志,命东条中将、伊布大佐为君讲授。庚戌(1910 年),锡良召君任奉天第二混成协统领。

明年武昌首义,北方处积威之下无应者,君与吴禄贞、张绍曾等谋以一师遮断南北,一师直捣幽燕。一面请清帝退位,清廷立颁十九信条。无何,吴在石家庄遇害,张屯兵滦州不进,君亲往滦州说张。时清廷谋君急,遣客邀于途。陈宦闻其谋,命刘舒叔迎告,令勿前。君乃反奉入北大营。知事急,遂赴大连,与同志谋于关东举事。时民军集攻南京,君赴沪请规复北部,为南北并举之谋。南京下,先总理就大总统职,令君为参谋长,君力请北伐。二[元]年,命君为关外都督,并节制随行海陆军。行抵烟台,分兵取登黄,窥南满。关外豪杰闻檄并起,清廷大恐。会和议成,君曰,清帝退位,民国成立,吾愿遂矣。自请解兵柄,旋授命海军总长,辞。因游欧美,考察政治,运动各国承认新政府。是年冬,授陆军中将加上将衔。三年春回国,授勋四位。五年授达威将军。时袁世凯欲称帝,惧民党有异词,侦君颇严,君外示混沌,内谋抵制,凡袁所命悉一笑置之,处境既艰,用心弥苦。六年,张勋复辟,君走津沽,召吴大洲部,令与段祺瑞讨之。事平,为谗伤,遂南渡。

先总理在粤组织护法政府,君往。命君曰,川、滇、闽、鄂将士征战苦且鸢远,君其勿辞劳瘁,代余往慰问。君曰,蔚以身许党国,任何艰难,所不敢辞,敢惮跋涉耶?所至勖以协心谋国,无自残自馁,无昧大义而忘远图,无事意气而张敌势,众皆感泣。鄂西子弟为护法战争,且数年不得食。君至,留主大计,拥不得出。九年,黎天才、王天纵诸部失利,军中无主,各自张君帜归君,厚抚之,率以征鄂,曰,吾以此报大元帅委之重,以明我护法军非畏难苟安者,成败不计也。是张学济在湘西、弟文蔚在川东,约期率兵来附。讵张行至来凤被戕,君弟又阻于熊克武部,不得达。王占元复略妖民倪子哲、庹国士乘隙扰乱。初君以倪庹蚩蚩,不忍加讨。涓滴不塞,遂成江河。妖民扰于内,王占元结连川兵伺于外。川与王合,君不知也。君认川为同仇之邦,率师出夔巫,为川将张冲部张光宗饰词解甲,遂拥君去,幽于夔城。十年三月,张冲称熊克武命,以君赴渝。抵渝,斥去从者,居之别室。翌日,以君自杀告天下。君卒时年四十有五。初娶周氏,继娶邓氏,女一淑芬。(《蓝天蔚事略》,《革命先烈褒恤案》(四),全宗号001,入藏登录号001000003857A;1928年9月20日—1929年1月4日,藏台北"国史馆"新店办公室)

蓝　天　蔚

沃丘仲子

　　蓝天蔚,字秀豪,鄂人。少有任侠名,亦略通文学。以湖北武备学堂学生资送日本士官学校肄业。时俄人方侵陵我东三省,日俄战作,乃发起义勇军,议渡鸭绿助日战俄,众推为军长。虽事无成,而天蔚名以此大著。归后,张之洞援为统带官。后有人谮其通革党者,为张彪所疑,自辞职去。吴禄贞荐于锡良,令赴日考察,归任为混成协统领,已授协都统。辛亥滦州秋操,所部以一标留奉,统带官则皖之聂汝钦也。时天蔚已与张绍曾受禄贞密约,谋排满。绍曾任关内,将循京奉路以攻津沽;天蔚任关外,议以奉天独立。总督赵尔巽首鼠观望,然畏天蔚势,则议立保安会,持半独立度态[态度]。事决,约军政绅商翌日于谘议局签字。是晚,汝钦率所部自北大营入谒尔巽,谓蓝某不足惧,保安会不当立,己愿卫尔巽拒革党。时谘议局议长为吴景濂,亦主持革命者也,犹兴高采烈,及开会,首言当撤龙旗,竖保安会帜。汝钦即起反对,并畅言关东界在两大,当先弭内乱,词气壮几。景濂等结舌不敢出一语,独立事遂寝。先是,汝钦闻世凯起督师,自请入关征鄂。尔巽已署诺,天蔚持不可,至是竟为所困,以兵监之。士卒皆北人,无天蔚腹心,遂同羁禁。未几,张作霖自辽阳率巡防军入沈,拔刀向天蔚,将先决斗,噤而逃出。然南省已同起响应,尔巽知民党势强,乃以纸币二千,暗嘱三十九协统领伍祥祯馈天蔚,劝其速行。遂去。之大连,思结胡匪,谋亦未就。之上海,适逢民军内部渐分党派,湘鄂两党尤不相能,乃以枪自击,劝众辑和以御清军。于是声望益隆,然所击实不关要害,数日即平复。孙文授为关东都督,以奉防严,马首不敢东,乃假烟台为驻节地。久之,不能取关东尺寸,而正式政府已明命任赵尔巽为奉都督,临时命令取消。复归沪,日从伶人小连生游。虽亦官中将,受勋位,黎元洪且力为汲引,世凯终恶其为人,不获进用。陈宦为营求,始资之出洋游历。未归而二次革命作,其所蓄枪械及军用钞币皆贮之新舞台中,为军警所破获,则坐罪连生。后归,益无聊,或引为将军府参事。丁卯,乘南北争持,再入辽沈运动马贼,将取张作霖自代,亦无功。政府允张作霖请,褫职通缉。又从孙文于广东,近南军府派赴四川犒军。天蔚面微麶,长身善辩,得名最先,而迟暮碌碌,反居人下,乃犹抗尘走俗,不自爱重,君子羞称之。

（沃丘仲子：《蓝天蔚》,《当代名人小传》卷下,沈云龙主编：《近代中国史料丛刊》三编第 8 辑,台北文海出版社 1986 年版,第 64—66 页）

湖北革命党之先觉——吴禄贞蓝天蔚
（1927 年）园田一龟

当年任革命党之别动队,活跃于北方军界之吴禄贞与蓝天蔚,共为湖北武人之精华。彼等为革命而倾注其全力,因锋芒过露竟至中道挫折,祸及于身,惜哉,彼等俱抱有为之材,但皆未获展其长。吴氏则先革命之成功,毙命于石家庄,蓝氏则既不得志于国民之政治舞台,又死于非命。两者皆为张之洞之湖广总督时代简派往日之留学生;吴氏为士官学校步兵第一期,蓝氏则为工兵第二期,自来留学日本之湖北武人,并非少数,然超拔侪辈,崭然露头角者,吴蓝两氏而已。彼等为湖北武人之先觉,前途有非常之希望,乃壮志未酬身先死,长使英雄泪满襟。

吴禄贞夙以热血之士、军人革命之领袖而知名。当其修学于日本士官学校时,适值湖南志士唐才常举兵汉口,乃急遽归国,据安徽大通以图响应。不幸唐才常事败,被捕,吴氏仍还日本士官学校完毕其学业。归来在军界累进,升第六镇统制,驻防于北京南苑。武昌起义,欲于北方举兵,制清廷之死命,速达革命之目的,及张绍曾蓝天蔚之强迫上奏后,乃互通气脉,运其要挟退位之秘策。时山西宣布独立,巡抚陆钟琦被杀,政府乃任吴氏为山西巡抚,并受镇定革命之命。

吴氏派麾下之第六镇南下至石家庄,即按兵不动,盖彼之目的,非讨伐山西之革命军,乃欲联合同志,实行要挟清廷之退位也。其后单身赴娘子关,与山西革命军妥协,发密电致滦州张绍曾,促其崛起。该密电为直隶总督陈夔龙所扣留,事不得进,彼遂离其部队,携带少数之卫兵与幕僚,宿泊于石家庄站之一室。因怠于警备之结果,遭部下背叛,遂被暗杀,时年仅三十三岁。参谋张世膺,副官长周维桢等,亦同被戕遇害。此宣统三年九月十六日(1911 年 11 月 6 日)夜之事也。

蓝天蔚由日本留学归国,曾于日俄战争之役,组织满洲留学生义勇队,推为队长。后归武昌,服务于湖北之军界。宣统二年(1910 年),任混成第二协统,驻防奉天。及武昌起义之际,与张绍曾结合,企图强迫上奏,有名之十二条奏折,传系彼所起草。未几,因同志吴禄贞被害,张绍曾又解军职,彼等将于奉天起事,因张作霖之反对,遂至失其地位。其后往来上海、武昌之间,奔走于革命运动。受奉天激进派推为关东革命军都督;一面有孙文任命为北伐军第二军总司令,至烟台统率陆海军,欲窥渤海沿岸,及南满各地。因南北妥协,遂辞职南下,优游于苏杭之间,旋经日本,游历欧美各国。其后虽消息杳然,但暗中参与南方军政府,任鄂西联军总司令,潜入湖北,盘踞于施南地方,声威甚盛。十一年一月,王占元举讨伐之兵,蓝军士气难振,卒为孙传芳所败,遁四川,为但懋辛军捕于夔县,于三月三十一日,护送往重庆。到达之夕,以手枪自戕,时年仅四十五岁。自杀之原因,有谓系愤于四川军待遇不良,视同俘虏,又有谓系被四川军所杀害,真伪则不得而知也。

　　如上所述,吴蓝两氏,其皆为坎坷薄命之武人,以革命派之先觉,手握兵符之健将,俱死于非命,诚千古之恨事。彼等致力于革命,功绩非小,乃壮志未酬,空为时代之牺牲者。精彩百出,英气焕发之彼等,遂成过去之人物,亦可悲矣。

　　(园田一龟著,黄惠泉、习英华译:《新中国人物志》,上海良友图书印刷公司1927年版,第330页)

蓝 天 蔚
(1957年)罗正纬

　　蓝天蔚,字秀豪,湖北黄陂人。七岁[十八岁]丧母,从父客汉阳,与湘宿将陶树恩、周芳明游习,问军旅之事。喜任侠,通文学。以湖北武备学生资送日本士官学校肄业。时俄人方侵凌我东三省,亟思有以御之。清光绪三十年日俄战起〈前〉,天蔚组织义勇敢死队,拟渡鸭绿江,劝日攻俄,被推为队长。旋赴武昌,张之洞授为统带官兼任湖北将弁高等师范教员,黄兴、钮永建等皆出其门。或谮之于张彪曰:"天蔚同谋革命,请杀之;不然或逐之。"张彪使人伺其行动,天蔚辞职去。吴禄贞荐之于锡良,锡良令赴日本考查军事。天蔚考入日本陆军大学,受东条、伊布之讲授,学日进。宣统二年,归国任陆军第二混成协协统,驻奉天。武昌起义,北方处于积威之下,无敢动者,惟天蔚与张绍曾、吴禄贞等共谋义举。禄贞、绍曾驻兵关内,进攻京津,天蔚驻兵关外,以作后援。谋泄,禄贞被害,绍曾解军职。奉天总督赵尔巽乃主以二千元嘱馈天蔚,促南行。且曰:"祸将作矣,不去,必及于难,子其行乎。子有四方之志,流连于此,徒死无益。"天蔚遂走大连,复去上海。时民党内部分裂,湘鄂两派,尤不能兼容。天蔚泣谕之曰:"清廷为最后之挣扎,已攻破汉阳,天下事尚未可知。敌众我寡,协力御侮,犹恐不济。今忽内哄,蹈太平天国之覆辙,庸有济乎!"言罢,以枪自击。党人感其诚,遂归于好;而天蔚名誉由此日隆。奉天激进派推为关东革命大都督,临时大总统任为北伐军总司令,驻烟台,统率海陆军,欲进窥津沽南满各地。会南北统一,天蔚辞职南下,优游于西泠六桥三竺间,论者以韩蕲王拟之。袁世凯任总统时,资天蔚出洋游历,归国后,暗中资助南方军政府。民国十年,天蔚任鄂西联军总司令,潜入湖北,据施南一带。十一年一月长江上游总司令孙传芳率师击破之,天蔚遁入四川,某执而送之于重庆。三月〈三〉十一日以手枪自戕,或谓为川军所害,时年四十有五。十五年春归葬武昌卓刀泉,论者惜焉。(罗正纬:《滦州革命先烈史略——蓝天蔚》,中国史学会主编:《中国近代史资料丛刊》六,上海人民出版社1957年版,第364页;《蓝天蔚》,《滦州革命先烈事略》,杜元载主编:《革命人物志》第九集,台北中央党史会1972年版,第457—458页)

蓝 天 蔚
(1983 年)贺觉非

蓝天蔚,号秀豪,湖北黄陂人。清光绪丙子年[丁丑,1877 年]生。七岁随父就读,成年后且读且教,即以膏火及束修收入维持生活。张之洞在鄂练新军,招募文理通顺者入伍,蓝投入工程营当兵,被挑入将弁学堂,再选送日本,经成城学校入士官,肄业第二期工兵科。蓝为人磊落豪爽,留日中国学生多乐与交。曾创办《湖北学生界》。

时俄国谋我东北土地,侵我主权甚亟。清政府一意屈辱,留日学生大愤。由黄克强、钮永建、秦毓鎏等发起,于光绪癸卯(1903 年)组织拒俄义勇队,共推蓝为队长。队设三个区队,每区队设四个分队。计甲区队长为龚光明,分队长为汤槱、郑宪成、杨明翼、陈炳忠;乙区队长为敖正邦,分队长为卫渭忱、尹援一、钮永建、蒯寿枢;丙区队长为吴佑[祐]贞,分队长为刘蕃、林獬、何见均、王景[璟]芳。各分队有队员九人至十人不等,另有女队员十二人。在队办事人有陈天华、程家琛、杨毓麟、林长民等。李书城、周维桢在甲区队四分队,王孝缜在二分队,刘成禺在乙区队三分队。

此种结合原出于爱国义愤,但清驻日留学生监督却以危词入告。清政府电饬严加取缔,并不准派代表回国。时已推钮永建、汤槱二人回国,抵天津,谒袁世凯,希袁代为转达,袁不见,且下令捕人,钮等只好反走日本。义勇队从而结束,革命转向排满,军国民教育会继之而起。蓝天蔚之名因拒俄义勇队事而轰传一时。

清光绪甲辰(1904 年),蓝自日本回国,张之洞留他在鄂办军事教育,先后担任将弁学堂、武高、武师等校军事教习。湖北先拟成立常备军两镇,蓝被任为第一镇司令部正参谋,不久改调第三十二标统带。教育新军又管理新军,因出其所学,手订该标教育方针,内务规划,并刊印《教育杂志》。[①]

---

① 贺觉非按:《教育杂志》曾见到一期,所载皆军队用典范、令之类。

　　时武昌日知会正谋发展,蓝得悉其内情,即分俸给之半按月补助,对日知会活动,起了推动作用。他还经常利用操课时间对本标官兵讲述改革的重要。第一镇改第八镇,统制张彪甚嫉之,蓝内不自安,因辞职他去。锡良任东三省总督,请吴禄贞荐举新军人才,吴以天蔚应。锡良命他先赴日,考察军事,就便肄业日本陆军大学。越三年,于宣统庚戌(1910年)回国,任陆军第二混成协统领,驻奉天。宋教仁、吴昆、白逾桓等在东北活动和本地党人之谋改革者,莫不以蓝为护符。

　　辛亥(1911年)武昌起义,全国震动,吴禄贞第六镇,张绍曾第二十镇和第二混成协,共谋响应,推吴、张军夹击北京,蓝部为后援。

　　其时赵尔巽继锡良任东三省总督,赵标榜开明,实更狡猾。以张榕为首的革命党人在蓝驻地商定:由谘议局议长吴景濂出面召集开会,迫使选蓝为关外都督,成立军政府。届时由他调兵为助,促其实现。不料有人告密,副议长袁金铠串通巡防营张作霖向赵表示效忠,赵即先撤蓝职。开会结果,赵被举为保安会长。旧势力大于新势力,蓝只好潜逃大连,再转上海。(蓝士官三期同学蒋方震时任奉天军事参议官,通知蓝离开,或谓赵尔巽预留地步,故意叫蒋转告速去)

　　南方同志以光复关外,仍须由蓝主持。蓝亦以前此功败垂成,毅然引为己任。复于十一月自沪返大连,积极展开工作。民国元年一月所发文告说:"中华民国政府关外都督蓝为照会……"并公布同盟会对外宗旨七条,一九一二年二月一日发出谴责清政府的文告。复州、庄河、辽中、凤凰厅等处,皆起而应之。

　　南京孙大总统先要他任参谋总长,不受;继而明令发表他为关东都督;并令海军次长汤芗铭帅兵舰运步兵及军资前往。风声所播,在原来响应的基础上,清东北新军军官如炮队管带刘跃龙,步兵管带郑及春、刘文衡,队官蔡文藻、包龚德、金鸿等,均经蓝天蔚派人说通,定期反正;各绿林健儿亦多接受札委,愿奉约束。清政府无耻乞灵外国主子,分别照会日、美、德各使馆请代为禁阻。卒因外国出面干涉,被迫移驻烟台。和议告成,一切终止,蓝亦不得不废然南返。

　　孙中山辞职政府北迁,民党内部意见分歧,孙武就曾利用蓝之地位发起组织民社。

　　袁世凯正式当选总统,排斥民党,先饵以海军总长,力辞不就;乃资使出洋游历。一九一三年出国,一九一四年初回国,袁政府于一九一二年十月授以陆军中将和上将衔,一九一四年授勋四位,将军府达威将军。

　　袁帝制自为,逆谋日著,蓝奉孙中山命,潜赴关外联络旧日同志刘景双、颜鸿宾、马海龙、金鼎承等,谋在锦县、绥中、义县、海城等处起事。为张作霖所察觉,张电请夺其官勋,进行通缉。

复辟之役,孙中山率护法议员南下,成立护法政府。中山先派蓝充援闽各军慰问使;覆命后又派为川、滇、黔、陕、鄂宣慰使;继之贵阳晤刘显世,再经四川而至鄂西,时唐(唐继尧)以靖国联军总司令为号召,陆军第九师师长兼襄郧镇守使黎天才称中华民国靖国军鄂军总司令,与豫军总司令王天纵同驻川鄂交界处。荆州自主时的石星川、唐克明部,因石、唐先后去职,余部拥蓝为鄂西军总司令,蓝天蔚、王天纵与黎天才同受滇军总司令叶荃的节制指挥。"三天"所部在云南、四川援鄂军的协助下,同直系军阀部队进行了一系列争夺战。蓝部不支,退处施南。湖北直系军阀煽动施南"神兵"起而袭击,蓝败绩,率部经建始入川,行至板桥地方,部众被川军缴械,蓝失去自由。然后经由奉节解往重庆,安置在川军第一军司令但懋辛部内。蓝于一九二一年三月二十八日抵渝,三十一日即以自杀闻。

原来广州护法政府改总裁制后,云南唐继尧为七总裁之一,唐以云南为基地,靖国军为旗号,意在囊括四川,向湖北、陕西扩展。唐在一九一九年就以滇黔川陕鄂靖国联军总司令名义,任命援陕援鄂各路司令,并亲莅重庆主持会议,唐欲控制四川税收和兵工厂,但为四川督军兼省长熊克武所反对,会议不欢而散。卢师谛、石青阳、黄复生、颜德基等附唐反熊。滇黔川军之战,卢等即站在滇黔军一边。蓝弟文蔚系黄复生、卢师谛旧部,鄂军与滇黔军之入川者同属客军。照熊的联省自治办法,客军都在驱除之列。蓝的革命声望较高,故为川中将领所忌,必欲置死地而后快。据说鄂督王占元见熊克武驱逐客军,以为熊将附北,再三以枪械济川诱熊,熊未为所动。

一九二六年蓝灵柩回鄂,先厝武昌大东门长春观,旋在卓刀泉安葬。章太炎所撰墓志铭尚未上石,仅题"陆军上将蓝公天蔚之墓"十字。田桐说蓝性豪爽,"心地殊光明,与其个人交,则薄于己而厚于人也。好挥霍,钱至,遍送诸友,不问次日。惟作事少主张,易为人所摇,故与作私交则宜,共公事不尽宜。民国九年春,兵败于施南,退走川境,川人解其武装,复加监视,以致暴死渝中,人杀自杀之说,聚讼六年矣!丙寅春,归葬武昌卓刀泉,身后只遗一女。予挽之曰:肝胆为重,头颅为轻,名将例不令终,花发杜鹃春送别;四海皆家,万物皆子,故国偶然卜葬,月明黄鹄夜归魂。"

一女名淑芬,有《哀启》记其父一生行事,但对其父之死亦略而弗详。

本文主要据:蓝淑芬《哀启》《湖北文征》未刊本、温楚珩《蓝天蔚事略》手稿、蓝文蔚谈话记录。

(贺觉非:《蓝天蔚》,湖北省档案馆档案资料编辑室湖北省地方志办公室资料室编:《辛亥革命湖北人物传资料选编》,1983年,第19—24页)

《蓝上将荣哀录》挽联挽诗挽文

（约 1923 年）

英灵不泯

蜀山未许埋忠骨,

汉水犹闻咽恨声!

——黎元洪

蓝上将画像赞

君资英雄之高略,蕴谦冲之怀抱,固宜好整以暇,收拾破碎山河,奠邦家于磐石,何图孤军突进,戎马旋泞,遂以入蜀不返,不其痛与?虽然大法已崩,民生水火,与其坐而待亡,孰若秉义而死?!呜呼!悠悠千载,武乡侯有同慨焉。

——傅鸣一

遗像题词

胱胱蓝公河岳英,人方酣睡公独醒。

改革专制首发声,时当清季学东瀛。

义勇组队共和萌,导豪杰士倒帝清。

武昌义起,民国告成,譬诸造大辂,实由公椎轮,肇始之力宏。

惜天未厌乱,狐鼠弄权,九羊十牧,频岁烽烟,政日就弊法日湮。

公耻争光于鬼魅,独抱爱国志如金石坚。

哀民生兮丧乱,伤国宪兮颠连,举义旗而护法,欲一手而障川。

部署鄂西子弟,驱除渊丛獭鹯。愤天心兮丑直,俾师丧兮身歼。

如诸葛星陨原上,似士元凤落坡前。躯捐蜀道,魂断楚天。

骨归无期兮,一棺道阻;室贫如洗兮,四壁磬悬。

暝后孤星何托,闺中寡鹄谁怜?叹英雄之结局,胡昏醉兮苍天。

噫吁嘻,蜀山青兮蜀水绿,公之英声同其寿,浩然正气塞两间,堪与关岳相鼎足。

展公遗像心砰然,缅怀畴昔如云烟,辔并郊原春试马,吟联风月夜烹鲜。

鄂垣虎帐谈兵酒,辽海狂歌度岁筵。而今事事空陈迹,怅触当年益惘然。

噫吁嘻,浮云事态原如此,男儿贵在沙场死。从古良将多怯黾,善能保躯全妻子。视死如归不似公,清夜谁知生愧耻。我今泚笔题无辞,感公兼以自感耳。

——傅维四

题词

气壮山河

——王士珍

骑箕天上

——蔡成勋

一代伟人

——刘镇华①

将星遽隐

——薛之珩②

杀身成仁

——赵保惠

魂归天上

——邓云溪③

寒光箕尾

——刘　同　吴昌龄　陈景烈④　王祥发　张长胜　柳国祥⑤　刘筱泉
谢　超　李荣升⑥　李保训　陈占连、黄炳坤　朱明超　陈　桂
刘绍先⑦　刘友元　高吉霖

挽联

万里历诸艰,奔走间关都为国事;
三军难挽驾,沉埋渝水崇拜英灵。

——曹　锟

江汉炳灵,力挽银河凭赤手;
友朋感旧,好埋白骨买青山。

——张绍曾

---

①　刘镇华(1882—1955),原名茂业,字雪亚,河南巩县人。就读于保定府北洋优级师范学堂,转直隶法政专门学堂监狱科学习。历任陕西陆军第一混成协协统、豫西观察使及豫西"剿匪"总司令、陕西省省长、陕西省督军、陕甘"剿匪"总司令、国民革命军第二集团军第八路军总指挥兼第二十三军军长等职。北洋政府授阜威将军及陆军上将。

②　薛之珩(1870—1933),字松坪,河北卢龙人。历任北京卫戍司令、蒙古都护府使、京师警察厅总监兼京畿警备副司令。1924年二次直奉战后,办理"京师市政善后事宜"。北洋政府授陆军中将加上将衔、将军府平威将军。

③　即邓文瑗。详见"谱前·家族源流"。

④　陈景烈(1885—?),字致虞,浙江人。毕业于日本宪兵学校。历任浙江省特种刑事法庭庭长、军政部陆军署军法司司长、福建政府总参议兼民政厅秘书主任、福建省政府秘书长、福建省政府委员、甘肃省政府委员、甘肃省政府秘书长。北洋政府授陆军少将。

⑤　柳国祥,曾任黎元洪勤务兵。

⑥　李荣升,辛亥时曾属鄂军第八镇十六协三十一标三营督队官季雨霖部。

⑦　刘绍先(1896—?),原名培堂,以字行,河北大名人。毕业于北京清河陆军第一预备学校,保定陆军军官学校第八期步兵科。历任北京政府陆军第六师、步兵第十二旅第二十三团排长、连长,孙传芳五省联军苏军第二支队参谋长、步兵团团长,独立第三旅副旅长、代理旅长,国民革命军第五路军总指挥部参谋长、第一集团军第二路军第十八军司令部参谋长,陆军第四十三师代理师长、师长,陆军第五军副军长等职。

秭归蹉跌数何奇,叹热血一腔长埋后土;
国难驰驱心未了,愿英灵再世共拥新邦。

——徐绍桢

神武震寰区,八面威扬一身肃令;
奇勋昭宇宙,千秋永祀百世酬庸。

——江朝宗

祖逖闻鸡鸣非恶声,起舞中宵,汗竹莫酬昌世志;
岑彭受狙击不永命,论功再造,传芭空听国殇歌。

——刘恩源①

心存报国,志在救民,溯平生伟业丰功,自足垂光史册;
生是将才,死为雄鬼,慨举世云飙波谲,更谁热血男儿。

——王正廷

百战雄风余骏骨;
千秋公论在人心。

——岑春煊

努力争民权,有志竟成,燕地至今思市骨;
捐身殉政见,此才可惜,蜀江无路为招魂。

——王占元

恒干竟横摧,谋国以忠青史在;
生蒭难远致,招魂为祭素筵哀。

——卢永祥

矢革命以立勋,建义差同唐李逊;
能杀身而明志,成仁克配鲁稽含。

——唐继尧

捐躯未竟千秋志;
挥泪难招万里魂。

——田文烈

一死谢同胞,烈士穷途摧壮志;

①　刘恩源(1877—?),字文泉。河北河间人。毕业于北洋武备学堂,后赴德国留学。历任北洋政府陆军部一等谘议官、贵胄学堂监督、陆军部参议、总统府军事顾问、浦口商埠督办、北洋政府财政总长兼盐务署督办、冀察政务委员会顾问。北洋政府授陆军中将。

万方正多难,诸君努力慰忠魂。

——王克敏　张嘉璈[1]

一统正开基,丰沛论才,景从响附功居最;
万方尚多难,关张无命,志决身歼恨有余。

——屈映光[2]

祖士稚方有志未酬,慷慨渡江,好汉功名无与共;
来君叔为何人所贼,凄凉剪纸,大招歌曲不胜哀。

——萨镇冰

烈士竟捐躯,卜他年鱼凫蚕丛定留铜像;
英雄同坠泪,看此日黄蕉丹荔共荐馨香。

——张怀芝

散金养士,解甲休兵,由今思之,憔悴远游皆壮志;
蜀道崎岖,神州俶扰,逝者已矣,艰难后事属何人。

——冯玉祥

为国事忧劳,青史于今标骏业;
叹邦家俶扰,苍穹何遽厄雄才。

——鲍贵卿

公真手造共和,十余年奔走呼号,南来海水浮青,壮志空闻玄鹤泪;
我益心怀忠烈,数千里唏嘘凭吊,西望蜀山惨碧,英雄应化杜鹃啼。

——张国溶

东渡识兴衰,时势英雄谁抗手;
西行痛蹉跌,传闻疑信共招魂。

——李鼎新　徐振麟[3]

为国捐躯,三年忽化苌宏血;
思君洒泪,万里空归望帝魂。

——汤芗铭

---

① 张嘉璈(1889—1979),字公权,江苏宝山人,毕业于北京高等工业学堂、东京庆应大学。历任邮传部《交通官报》总编辑、浙江都督朱瑞秘书、参议院秘书长、中国银行总经理、铁道部部长、交通部部长、运输总局局长、中央银行总裁,后兼中央信托局理事长。

② 屈映光(1883—1973),字文六,法名法贤,浙江临海人。毕业于杭州赤城公学。历任浙江上海江苏联军兵站司令兼联军顾问、各省都督府代表联合会代表、浙江都督、山东省省长、大总统府顾问、组织浙江自治委员会、善后会议代表、临时参政院参政、临时执政府内务总长兼赈务督办等职。著有《心经诠释》《金刚经诠释》等。

③ 徐振麟,国民革命军军官学校政治教官。著有《湖北财政概况》。

伟烈炳日星,蜀道归魂,忍看中原成沸鼎;
大名垂宇宙,辽阳投笔,何堪今顷忆同舟。

——张英华

是真烈士,是大英雄,伟绩未终空抱恨;
为华夏悲,为黎庶痛,狂澜独挽尚何人。

——李长泰

法统已重光,且看良史,董狐秉笔,早标君懿范;
灵榇归故里,休化哀音,杜宇招魂,岂独我怆怀。

——张之江

末路泣英雄,项羽乌江千古恨;
遗功垂史册,羊公岘岭万家悲。

——陆　锦

忧劳谋国,仓卒殉身,来歙竟为蜀中所算;
民扇余芬,史垂遗烈,孝章要有天下大名。

——张锡元①

其人是楚霸王一流,子弟八千,誓扫中原除帝制;
此志与华盛顿同慨,东西并峙,长教亚美拜英雄。

——袁乃宽

武汉功高,赤羽举义;
华阳星陨,青史扬芬。

——吴景濂

死事比吴绶卿、陈英士尤奇,鬼蜮坏干城,千古英豪同一哭;
威名与黄克强、蔡松坡并峙,共和争铁血,后先炜碧各千秋。

——王家襄

粤东送别言犹在耳,不料公竟渡河,友军一变为仇敌;
鄂西战争事本关心,那堪我将返汉,壮士忽闻死国家。

——张伯烈

豪爽类吴绶卿,江流石转悲双烈;

---

① 　张锡元(1870—1941),字锻民,直隶大兴人。毕业于保定军官学堂。历任定武新建军教习、河南新军第二十九混成协第五十八标标统、第二十九混成协协统、河南陆军第一师师长、第九师师长、京畿步兵第二旅旅长、任将军府参军兼陆军第四混成旅旅长、陕西省潼关镇守使、察哈尔都统。北洋政府授陆军上将、将军府锡威将军。

奇惨若陈英士,口诛笔伐待千秋。

——陈嘉会①

采药东岛,啖荔南溟,廿年患难相知,身后萧条一蓝子;
苌血未干,菩眉又锁,百感仓茫交集,眼前荣辱两黄陂。

——陈家鼎

一生义烈可风,下顾遗孤留将种;
万古英灵不泯,南望愁云吊国殇。

——韩玉辰

学共东瀛,闻鸡起舞;
魂招西蜀,化鹤归来。

——魏肇文

开国纪殊勋,无端丧我元良,屈指楚材戕贼尽;
捐躯全大节,何处招君魂魄,伤心蜀道旅行难。

——张则川

不忍看破碎山河,长此英魂西逝;
只剩得功名史册,恨随汉水东流。

——唐宝熙、唐宝钟、唐宝锷

纬武经文,袍泽凋零同一哭;
成仁取义,旗常彪炳自千秋。

——文　华

世事感沧桑,共怀义胆,忠肝已归泉壤;
勋名垂竹帛,用祝英灵,浩气永障山河。

——罗泽暐

壮士不还歌易水,听巴陵猿鹤,此身家国恨难平,伤心子弟数千人,洗倾痛史;
光华再见旧神州,起大陆龙蛇,百战河山成底事,喋血风尘三尺剑,悼断灵芬。

——师景云②

① 陈嘉会(1874—1945),字宏斋,号风光,湖南湘阴人。毕业于两湖书院、日本东京法政大学。创湖南法政专门学校,任中路师范学堂教务长兼课明德、经正诸校,任北京任法政学堂提调,并授课清华、殖边诸校;后任陆军部军法局局长、南京留守府秘书长、众议院议员、湖南省临时参议会第一副议长。著有《宏斋文集》《白燕庵诗集》等卷。

② 师景云(1883—1940),字岚峰,河北徐水人。毕业于北京陆军大学正则班一期。历任冯国璋禁卫军参谋长、江苏都督府军械处长、江苏都督、督府军机处处长、将军府参谋长、北京陆军大学校长、军事善后委员会事务处处长、张宗昌直鲁联军总参议、浦口商埠督办。北洋政府授陆军中将。

壮志未全酬,碧血空留苌叔恨;

英魂终不泯,丹心化作伍胥涛。

——程　克①

革命倡先声,史馆千秋应列传;

捐躯成疑案,间关万里为招魂。

——陈　强

心迹彼苍知一死,当为斯世叹;

神州人运厄九原,应起共和魂。

——吴毓麟②

民国开创有功,千载垂声勒金石;

世局纠纷益极,再来拨乱秉旗麾。

——金绍曾③

使君真天下英雄,直欲指挥萧曹伯仲伊吕;

奇士遭世人娼嫉,可叹有才管乐无命关张。

——金永炎

何以慰家国心,呜咽巴江,功名凄切千秋史;

洒不尽英雄泪,悲凉杜宇,云树迷离万里魂。

——宋鹤庚

义气薄云霄,蒿目时艰,不堪回首;

勋名垂宇宙,怆怀世变,竟尔殉身。

——唐在礼

愤专制倡共和,开国勋劳光史册;

---

① 程克(1878—1936),字仲渔,河南开封人。毕业于河南大学、日本东京帝国大学。历任东京总部评议部评议员、京津分会交通部部长、北京政府内务部参事、参议院议员,总统府咨议、任陕西汉中道尹、新疆阿尔泰办事长官、北京政府司法总长、内务总长、国民政府行政院驻北平政务委员会顾问、代理天津市市长、冀察政务委员会委员。北洋政府授陆军中将。

② 吴毓麟(1871—1944),直隶天津人。毕业于天津水师学堂第三届管轮班,后入德国浮尔底造船厂学习。历任海军练舰教习、天津水师学堂教习、直隶路矿总办及邮传部帮办、陆军部海军处视察、筹办海军处视察、北方赴沪议和代表团顾问、海军部视察、大沽造船所所长、北洋铁工厂厂长、直鲁豫巡阅使署咨议、海军大沽艺徒学校校长、首都保存会总裁、京兆河道治理督办、津浦铁路总办、交通总长等职。北洋政府授海军轮机中将。

③ 金绍曾(1875—?),别字益庭,直隶天津人。毕业于天津北洋陆军武备学堂步兵科、日本陆军东斌学校。历任保定北洋行营军谘府参事、保定陆军速成学堂教习、北洋陆军行营练兵处监督、直隶陆军小学堂总办、北京政府陆军部一等谘议官、陆军部参事、段祺瑞政府陆军部军衡司司长、北京政府陆军部次长、兼任军衡司司长、代理北京政府陆军部总长、北京政府陆军部次长。北洋政府授陆军中将、将军府绍威将军。

遗寡妻悬旅榇,临风追悼怆忠魂。

——车庆云①

百战造共和,只今呜咽寒湖,大江淘尽英雄恨;
十年输壮志,莫听凄凉楚些,万里魂归蜀道难。

——鲁涤平②

世乱已无天,救国反屠身,愿祝英灵成厉鬼;
祸机犹未泯,弯弓勉多士,欲藉前贤挽怒潮。

——蔡钜猷

士叩散财家无余财,喻义而廉,惟名将可称君子;
功在开国死为殉国,图终如始,仰我公不愧完人。

——徐邦杰③

两字纫共和,三峡哀猿啼夜月;
孤忠悲壮烈,满山杜宇泣春风。

——何锡藩④

国瘁人云亡,辽海同袍今有几;
师出身已死,蜀江回首更何堪。

——陈　宧

慷慨请长缨,江汉炳灵辜壮志;
烦冤余碧血,西南天地吊英魂。

——刘传绥⑤

---

①　车庆云(1880—?),别字瑞峰,河北河间(一说天津)人。毕业于保定北洋陆军速成武备学堂第二期步兵科、日本陆军士官学校第五期工兵科。历任北京政府陆军第三十七旅旅长、江苏都督府高等顾问兼江南造币局局长、代理芜湖镇守使、安徽督军署参谋长、哈满段中东铁路警备司令、黑龙江全省警务处处长、陕西陆军预备军司令、京师宪兵司令部司令、京畿警备司令部副司令等职。北洋政府授陆军中将晋上将衔。

②　鲁涤平(1887—1935),字咏庵(又作咏安),湖南长沙人。毕业于湖南兵目学堂。历充湖南新军第四师第十四团团长、第二团团长、湖南暂编陆军第二师第三旅第六团团长、湘军总指挥兼第二军军长、国民革命军第二军副军长、湖南省政府主席兼湖南省清乡督办、湘鄂"会剿"总指挥部总指挥、讨逆军第五军军长兼第十八师师长、江西省主席、浙江省政府主席、军事参议院副院长等职。广州军政府授陆军少将。

③　徐邦杰,字国俊,江苏句容人。历任北洋常备军右翼步队三营管带、天津镇总兵、正定镇总兵、总统府指挥使。北洋政府授陆军中将晋上将衔。

④　何锡藩(1873—1926),字少岳,又名少乐,湖南常宁人。毕业于湖北武高等学堂。历任步兵第十五协第二十九标第一营管带、陆军步兵第二十九协统领、第一混成协协统、中华民国军政府第二协统领、湖北军政府汉口总指挥、武昌起义前敌总指挥、湖北军政府战时副总司令兼武昌守备总司令、湖北都督府顾问、水师统制、湖北省水警厅厅长。北洋政府授陆军中将。

⑤　刘传绥(约1869—?),字心组。福建福州人。毕业于天津水师学堂驾驶班第三届。历任海军部军制司驾驶科科长兼军事司侦察科长、北洋政府国务院海军部参事、军务司司长、临时参政院参政、国民革命军总司令部高级参谋、海军编遣区办事处委员、海军部次长。北洋政府授海军中将。

莫将成败论英雄，试看渝水蜀山犹存浩气；
毕竟死生关世运，且把椒浆桂酒一奠忠魂。

——潘矩楹

立马览中原，想当年义愤填膺，欲横扫欃枪厉清八表；
招魂歌楚曲，愿此后英灵不泯，当再来斯土拥护三权。

——田锦章[①]

苍凉蜀道崎岖路；
痛哭南州磊落人。

——李燮和

不能以成败论英雄，其人已成千古；
既可使姓名光史册，此身何必百年。

——商德全[②]

义勇愤风云，方期国本民权共图恢复；
事功成泡影，太息人心蜀道一样崎岖。

——夏斗寅[③]

风高鄂渚旌旗耀；
日薄虞渊绋綷哀。

——沈瑞麟[④]

勋绩烂然，犹自芝罘留壮色；
英雄已矣，怕从杜宇听哀声。

——陈调元[⑤]

---

① 田锦章，字枘廷、黼廷，直隶滦县人。历任皖军参谋长、中央陆军第二十九混成旅旅长、吴佩孚组讨贼联军军务参赞兼高等顾问。北洋政府授陆军中将。

② 商德全(1863—?)，字子纯，直隶天津人。毕业于北洋武备学堂，后留学德国，专习炮科。历任小站新建陆军任炮兵教官、炮兵三营管带、吴淞南京江阴各地炮台统领、山西太原驻军协统、北京清河陆军中学学监、天津镇守使、直隶第五混成旅旅长。北洋政府授陆军中将。

③ 夏斗寅(1886—1951)，字灵炳。湖北麻城人。历任湖北新军三十二标队官、湖北陆军第一师工兵营营长、湘西护国军第二梯团团长、国民革命军鄂军第一师师长、独立第十四师师长、新编第十军军长、陆军第十三师师长、陆军第十三师军长、武汉警备司令、中原大战第二十一路军总指挥、湖北省政府主席等职。

④ 沈瑞麟(1875—1932)，字砚裔，浙江吴兴人。经知府而作道台，后历任驻比利时公使馆随员、代理驻德公使职、驻奥公使、华盛顿会议筹备处顾问、外交次长、代理总长、外交总长、关税特别会议委员长、张作霖政府内阁之内务总长兼总办京都市政、中东铁路理事、东北边防司令长官公署参议等职。

⑤ 陈调元(1886—1943)，字雪暄、雪轩，河北安州人。毕业于保定参谋学堂、保定军官学堂。历任江苏第七十四混成旅旅长、徐海镇守使、苏鲁皖豫剿匪总司令、江苏方面第二路军司令、江苏第四师师长、苏皖宣抚军第三路总指挥、五省联军安徽总司令兼第六师师长、国民革命军第三十七军军长兼北路军总指挥、北伐第二路军前敌总指挥、山东省政府主席、中原大战总预备军总指挥、安徽省政府主席等职。北洋政府授陆军上将。

生立百世丰功,大戟长枪开民治;
死成千古疑案,蜀山楚水吊英魂。

——伍祥桢

壮岁乐从戎,回思东渡扶桑,西游欧美,盛气豪情雄一世;
丈夫誓许国,赢得魂销蜀道,梦绕晴川,忠肝义胆足千秋。

——哈汉章

将星遽宾,风流云散;
长城已坏,海泣山悲。

——吴元泽

时势造英雄,英雄造时世,公真健者;
可以死则死,可以传则传,天实为之。

——饶汉祥

内政任清夷,壮志未酬雄略在;
大名垂宇宙,奇勋列比蜀山高。

——林之宇①

赤手擎天,一代英名惊海内;
将星坠地,两湖士庶尽吞声。

——吴琇文②

是开国大元勋,当年海外同盟,即誓身报国,果尔大名则不死,大节则不生,义勇薄云霄,早标百世荣哀永垂青史;
为吾民争自治,数载鄂西孤守,犹血战卫民,讵期为忌者所乘,为仇者所快,英灵炳江汉,留得千秋浩气竞耀黄陂。

——无署名

矢志护法,靖国功高,他年史册登传,荣誉永存大地内;
挟纩施恩,抚军德重,此日威颜见背,伤悲时系梦魂中。

——黄业复③

扫荡中原,恢复河山,蜀道虽未平,一世勋名垂史册;
周游欧美,护法东南,云天忽黯淡,三军痛哭失斯人。

——万德尊

---

① 林之宇,曾就湖南省议会议长兼代理省长职。
② 吴琇文,北洋政府授陆军中将。
③ 黄业复,曾任第二混成协教练官、管带。

辽戍识英姿,看细柳屯军,早树威风八面;

蜀山埋侠骨,听锦江激浪,犹留遗恨千秋。

——饶佩璜

从佛国转输来,生此伟人,钟鼎铭名垂不朽;

自中华定局后,归为隐士,林泉养望恨无缘。

——赵　镛

壮志未酬,共叹长才埋地下;

英灵不昧,还将一死诉天公。

——张华黼(辅)

赍志〈共〉消沉,巴峡听猿应下泪;

怜才同怅望,春明剪蝶与招魂。

——陆军部秘书处公挽

民国建奇勋,万年长策拯黎庶;

书生能本色,同袍低首拜英雄。

——徐海镇守使署①官佐

人间未遂凌云志;

天上先成白玉楼。

——王兆鳌②

舍身救国,不朽英名垂史册;

革旧维新,共和政体焕中华。

——范泰生③

殉国全忠,三峡流声今尚咽;

杀身就义,千秋遗烈古犹新。

——林绍斐④

开数千年未有这奇局,推倒满清,滥觞组织义勇队;

---

① 徐海镇守使署,中华民国北京政府时期,1913年7月30日设徐州镇守使署于徐州,1914年8月10日改称徐海镇守使署,1925年11月7日废镇守使署设总司令部。

② 王兆鳌,湖南零陵人。1921年曾与沈钧儒等赴天津,约众议员到上海反对曹锟选举大总统。曾任湖南江华瑶族自治县县长。北洋政府授陆军少将。

③ 范泰生,1923年4月22日任陆军军需监。

④ 林绍斐,广东梅县人。科举出身,曾在苏元春熙字营军队任军官、统领部文案,及充陆荣廷广西都督府智囊。北洋政府授陆军中将。

为亿万世崇拜之传人,死于护法,论功应赠上将军。

——刘 骥

留学夷岛,归来起义,武昌革命已成,上将追封无愧色;

护法鄂西,而后捐躯,重庆含冤未白,同胞感慨有余哀。

——左继梧①

为救国南北奔驰,伟望溯平生,史馆终教贤传立;

享大名妇孺称道,余功惜未竟,渝城骇见大星沉。

——张汝桐②

改革历数十年,危机屡蹈,百折不回,竟致杀身成仁,常使英雄挥涕泪;

精魂羁千万里,旅榇未归,一贫如洗,况复毁家纾难,何堪妻女泣凄凉。

——唐启尧③

是当今有数才,为建国人才,知兵人才,辛苦造共和,九推公一身是胆;

作大将孰怕死,乃亡命不死,血战不死,艰难通巴蜀,竟坏我万里长城。

——苑尚品

伟绩常新救国举义;

威名不朽凌古铄今。

——崔承炽

勇者见危而授命;

志士杀身以成仁。

——李书勋④

芒掩金刀三峡江流同失色;

名垂青史千秋俎豆祀元勋。

——范毓麟⑤

共和再造,帝制推翻,正赖宏济艰难,建吾国百年长策;

---

① 左继梧,1923 年任陆军军需监。
② 张汝桐,字韵樵,直隶河间人。历任保定警察厅长、天津警察厅长、天津特别区市政管理局长。北洋政府授陆军中将。
③ 唐启尧(1865—1958),字朝荣,号萤庭,四川泸州人。历任新建陆军第三镇管带官、吉林省防军警察等营会办、吉林督练公所少将参议、依兰兵备分巡道兼交涉员、北京侍从武官、直隶统领左翼巡防、安徽宣慰使、安徽裁兵屯垦督办。
④ 李书勋(1874—?),陕西浑源人,毕业于山西大学堂。曾任阎锡山府内教习。
⑤ 范毓麟,曾任卢永祥参谋长。

旅榇未归,遗孤谁托,惟是备尝险阻,成此身一世英名。

——刘绍曾[①]

楚泽招魂坡惊凤落;
蜀山埋骨地惨彭亡。

——张载阳[②]

兵气未销沉,十年功废楚氛恶;
将星倐长陨,万里魂归蜀道难。

——郑江灏

留芳千古

　　　——王祥发　张长胜　柳国祥　刘筱泉　谢　超　李荣升　李保训
　　　　　陈占连　黄炳坤　朱明超　陈　桂　刘绍先　刘友元　高吉霖

戎马负丹心,望故国烽烟,公难瞑目;
啼鹃余碧血,对巫山云雨,我欲销魂。

——葛应龙[③]

铁血英雄捐七尺;
馨香俎豆式千秋。

——王传炯

碧血留千古;
英雄敌万人。

——刘邦骥

手造民国功成弗居,远从瀛海归来,川路崎岖嗟运蹇;
目击时难追思曷极,默祝苍天悔祸,中原底定慰英灵。

——陈安策[④]

国史炳千秋,功业昭垂光册府;

---

① 刘绍曾,直隶安州人,进士出身,分发为知县。1921年任河南省财政厅厅长。
② 张载阳(1873—1945),字春曦,号暄初,浙江新昌人。毕业于浙江武备学堂。历任浙江新军第三营管带、八十四标标统、四十二协协统、杭州警备司令、台州镇守使兼禁烟督办、浙军第二十五师五十旅旅长兼杭州警备司令、浙江省城卫戍司令、浙江台州镇守使、浙军第二十五师师长、嘉湖卫戍司令、浙军第二师师长、浙江省省长、任浙沪联军第三军司令、浙江省省长。北洋政府授陆军中晋加陆军上将衔。
③ 葛应龙(1875—1926),号云龙,湖南岳阳人。毕业于北洋陆军速成学校。曾任江南第九镇管带。辛亥时任江浙联军第一支队队长,参加光复南京之战。后升联军第一军参谋长、第四师师长、安徽剿匪总司令、江防要塞总司令兼镇江防务司令、总统府一等侍从武官、将军府参军、两湖警备总司令部军务处长、全国烟酒事务署署长等职。北洋政府追赠陆军上将。
④ 陈安策,1927年任北洋政府国务院农工部渔牧司长。

川流倒三峡,江声呜咽泣英雄。

——马鸿烈①

大雅云亡,梁木倾坏,
老成凋丧,泰山崩颓。

——张膺芳②

千秋公论留青史;
一代英雄付劫灰。

——卢　弼③

国事忧劳甘蹈刃;
蜀山险巇为招魂。

——袁永廉④

史册纪前勋,定倾扶危,一片丹心端为国;
渝城〈闻〉惨命,啼鹃唤鹤,千山血泪终成空。

——杨汝梅⑤

何人推刃戕来歆;
有血啼冤痛杜鹃。

——晏才杰⑥

开国建殊勋,书在旗常足千古;
杀身憬大节,载之册府有余荣。

——袁得亮

为开国有数人才,不朽勋名垂史册;
竟杀身以殉社稷,怅然哀痛满神州。

——张树勋⑦

---

① 马鸿烈,直隶高阳人,毕业于北京武备学堂。曾任陆军第十师第三十八团团长。北洋政府授陆军中将。
② 张膺芳,毕业于保定军官学校。曾任湖北陆军第五混成旅旅长。
③ 卢弼(1876—1967),字慎之,号慎园,湖北沔阳人。毕业于湖北经心、两湖书院、日本早稻田大学政治经济科。归国中法政科举人,历署黑龙江巡抚周树模幕府、国务院秘书长、平政院评事等职
④ 袁永濂,字履卿,贵州贵阳人。曾任财政部赋税司司长、司法部次长。
⑤ 杨汝梅(1882—1966),字子戒、玉阶,湖北随县人。毕业于日本东京商科大学。历任北京政府财政部赋税司科长、审计院第二厅审计、国民政府主计处主计官、主计处岁计局局长、工商部会计处会计长兼北京税务专门学校教授,中国计政学会常务理事、高等文官考试典试委员、交通部邮政储金汇业局监察委员、国务院财政部参事。
⑥ 晏才杰(1885—?),字杰三,湖南新化人。毕业于日本早稻田大学。曾充官立高等边学校教员、财政部金事科长兼编辑处编辑等职。
⑦ 张树勋(1872—?),湖南人,毕业于日本警视厅警察学校速成科。曾任湖南省会警察厅厅长。北洋政府授陆军少将加中将衔。

碧血撒尘寰，万人敌虽死犹存；
青锋摩霄汉，百炼钢永垂不朽。

——李彦青①

义勇冠三军，缔造新邦建殊绩；
霸才惜无命，怆怀时局悼斯人。

——林大闾②

国士无双，大业已昭简册；
冠军第一，元勋早著旂常。

——吴本植③

勇气满中天，想公解甲游学欧美以还，愤内乱未及敉平，以身殉国；
义声周大地，问谁投笔从戎黄蔡而后，忘家私犹弃敝屣，与日争光。

——许鼎中

倡革命未死，扫满清未死，而竟死于西南，宵小蔽贤，知我公此去必为雄鬼；
振军威有名，护法律有名，又且名垂史册，彼苍育德，愿斯人来世再作奇男。

——刘宗义

首义竟成仁，垂世勋名照青史；
难时怀先烈，临风哀感动神京。

——余棨昌④

筹借东瀛，箭定天山，风雨若同舟，錾断金陵王气；
身幽西蜀，名光国史，英魂尚为客，忍听燕市悲歌。

——左全忠⑤

身后一星孤，报国惨亡余血碧；
军前万里泪，归魂赢得此心丹。

——程鹤孙⑥

① 李彦青(1886—1924)，山东省德平(一说临邑)人，历任直鲁豫三省巡阅使署军需处长、曹锟公府收支处处长兼任北京官钱局督办、直军军需副监兼兵站总监。北洋政府授陆军中将。
② 林大闾，浙江瑞安人。毕业于日本东京高等工业学校。历任翰林院编修、工商部工商公报局局长、全国公商会议审查官、农商部金事、矿政司司长、北洋政府农商部次长。
③ 吴本植，进士出身，曾任绥远财政厅长、甘肃渭川道尹。
④ 余棨昌(1882—1949)，字戟门，浙江绍兴人。毕业于日本东京帝国大学。历任户部主事、法制局参事、大理院庭长兼推事、司法讲习所所长、修订法律馆顾问、大理院院长兼司法惩戒委员长、修订法律馆总裁、北平大学法学院教授、朝阳大学教授、法制局参事、司法官惩戒委员会委员、司法官训练处处长兼法典编纂委员会顾问。
⑤ 左全忠，湖南衡阳人，毕业于日本陆军士官学校第六期。
⑥ 程鹤孙，曾任北京政府陆军军需监、陆军军需总监。

壮志未伸,长使英雄泪满;
斯人不作,犹闻巴峡声哀。

——张益誉①

千古流光,伟烈永昭史册;
九原赉志,彼苍何厄英雄。

——郑金声

惟楚有材,是发生共和种子;
斯人不死,或可待统一成功。

——高培枢②

半生未竟匡时愿;
一死增为青史光。

——敖景文③

义气薄云霄,忆当年研席共勉,忧患相违,回首辽东肠欲断;
大名垂宇宙,叹此日烽火连天,流离谁恤,痛心剑外血常新。

——刘锟(一青)

今古几沧桑,万事浮云惟名不朽;
英雄造时势,一腔热血虽死犹生。

——冯阅模

万千磨劫志不夺;
中外英雄泪满襟。

——刘华式

十年缔造沧桑历;
今古精灵江汉流。

——吴振南

间关万里,戎马半生,好男儿死作鬼雄,姓字扬芳光国史;
蜀道千里,遗孤三尺,慨身后未归旅榇,歃歠血泪吊英魂。

——王承斌④

---

① 张益誉,曾任航空署文书科科长。

② 高培枢,直隶天津人。1923年任浔阳道尹。

③ 敖景文,蒙古族。毕业于北京测绘学堂。历任北京测量大队队长、保定航空队队长、北京中央航空司令部司令、航空处处长、讨逆联军航空司令部司令、航空署长、北平蒙藏学校校长。北洋政府授陆军中将。

④ 王承斌(1874—1936),字孝伯,奉天宁远人。毕业于京师优等师范学堂、保定北洋速成武备学堂、保定军官学堂。历任奉天第三镇三等参谋官、第三师第六旅第十一团团长、第三师补充旅旅长、直隶第一混成旅旅长、直奉大战中路总司令、直隶省长、直隶军务善后督理、第二十三师师长。北洋政府授陆军中将晋加陆军上将衔。

一语慰英魂,杀我焉知非赏识;

千秋仰灵爽,愿公默与奠苞桑。

——哈汉京①

建立共和,西游览胜,愤忧内患,南下兴戎,誓皦日以伸讨,大义既张,何敢事前计成败;

壮怀未竟,四海同悲,法统重光,九泉含笑,溯长江而凭吊,中邦多难,可怜天不助英雄。

——王祖棨②

数千年国体维新,壮志宏谋,留得勋名光史册;

七八省兵气苦战,丹心碧血,讵宜成败论英雄。

——张绍程

李北平之将略,韩侍中之遽切,万里鹃啼,不使精神随物泯;

来君叔之激昂,武元衡之夐兀,一尘马革,独留肝胆照人哀。

——寿　圣

名高楚北,义倡辽东,策马走夔城,血染河山悲永谢;

死不分明,生空壮烈,招魂望蜀道,水流江汉咽余哀。

——喻化龙③

天道已无常,竟摧残盖世英雄,不使支撑大局;

人心如未死,应解决戕生疑义,勿令抱恨重泉。

——王润墀

广陵弹尽,祇树香闻,旧雨痛黄垆,肝胆于今怀烈士;

气自贯虹,血应化碧,佞人耀丹毂,坛场从此吊先生。

——杨开襄

义勇倡蓬瀛,溯频年护法施南,欲向狂澜支砥柱;

声闻著华夏,顾中道捐躯巫峡,敢将成败论英雄。

——李文藻④

---

① 哈汉京,曾任驻镇南浦副领事、外交部主事。

② 王祖棨,曾任江西第一师参谋长。北洋政府授陆军中将。

③ 喻化龙,曾任湖北新军第八镇马八标标统。

④ 李文藻(1895—?),别号晋侯,湖北长阳人。毕业于湖北陆军小学堂、武昌陆军第三预备学校、保定陆军军官学校第六期。历任武汉警备总司令部军官队上校副班主任兼战术教官、直系军第二十五师军官教育队队副、国民革命军第四军第十二师第三十六团参谋处参谋、陆军第四师司令部军官队参谋、广东第一集团军总司令部参谋、粤军第六师司令部参谋处处长、广东东区绥靖委员公署顾问。

此君与绥卿松坡并古；

其名在灵均武穆之间。

——厉尔康①

英雄本应运而生，创造共和经万死；

仓促为何人所贼，长留遗恨在千秋。

——潘国纲②

功业著人间，照耀千古；

勋名垂史册，模范新民。

——于化龙③

非命而夺，天实为之，最难堪弱息孀女，痛七尺遗骸，犹羁鸟道蚕丛，万里家山归未得。

有志竟成，公不朽矣，尤可敬散财养士，仗一腔热血，屡经蛮风弹雨，千秋史乘论何如。

——杨征祥④　黄健元⑤　姚蔡常⑥　万嘉璧⑦

百战勋名留汉简；

一时悲悼故元戎。

——吴家铨⑧

愿以马革裹尸，百战余生终死国；

莫说虎头食肉，九原遗恨未封侯。

——张伯岐⑨

---

　　① 厉尔康(1888—1967)，字佛磬，浙江杭县人。毕业于日本陆军士官学校步兵科。历任督办浙江军务善后事宜公署参谋、国民革命军第一集团军第二军团总指挥部参谋、国民政府训练总监部军学编译处少将主任编辑、青岛特别市政府公安局局长、第二十六军参谋长、军事参议院总务厅厅长、军事参议院参议、上海市文史馆员。北洋政府授陆军少将。

　　② 潘国纲(1880—?)，字鉴宗，浙江永嘉人。毕业于福建武备学堂及北京陆军大学。历任浙军第六师参谋、参谋长、浙江第二十五师第五十旅旅长、浙军陆军第二师师长、卢永祥第三军副司令。北洋政府授陆军中将加上将衔。

　　③ 于化龙，1920 年受任为陆军部军械司司长。北洋政府授陆军少将加中将衔。

　　④ 杨征祥(1890—?)，湖北宜昌人，赴日习海军，海防第二舰队总教练官、南京海军部科长。

　　⑤ 黄健元(1890—?)，湖北宜昌人，赴日习海军。历充楚豫炮船教练官、南京海军部科长。

　　⑥ 姚蔡常(1889—?)，湖北罗田人，赴日习海军，历充上海总司处科长、南京海军部参谋官。

　　⑦ 万嘉璧，曾任海军造舰少监。

　　⑧ 吴家铨，辛亥(1911 年)时曾任湖南新军五十标官长、1924 年孙中山任命为湘军第四军第四师师长。

　　⑨ 张伯岐(1881—1936)，字南月，号颂南，浙江嵊县人。毕业于绍兴大通学堂。曾刺杀载洵未遂。辛亥革命后，任浙江先锋团团长，奉蓝天蔚电开赴烟台，时清帝行将逊位，故未出征。历任镇海炮台统领、浙江游击统领、镇海炮台司令、绍嵊公路及杭嘉徽公路董事。北洋政府授陆军少将。

主义长留天地内；

江流难洗古今愁。

——廖秩晋① 钱 桐②

碧血长埋，哲人安仰；

红羊未竟，灵兮归来。

——雷寿荣③

天生大才，未展其用；

国方多事，而竟不年。

——吴元敏

民国何日幸太平，翻窃怪楚人多事；

造物自古忌才智，更奚疑蜀水无情。

——洪 桢④

组织义勇队救祖国之亡，讵意全功未竟；

推翻专制挽狂澜于既倒，共期大陆不沉。

——翟殿林⑤

为国竟捐躯，蜀道可胜哀烈士；

兴师缘护法，鄂边犹自镇威名。

——广州市政厅

江汉溯英雄，造国维君称倡义；

巫夔成惨剧，旅京同泽痛招魂。

——殷恭先⑥

佼佼者此公，备尝险阻艰难，可惜南征不返；

---

① 廖秩晋，毕业于江苏陆军速成学堂，后入步队协军校学习。
② 钱桐，北洋政府授陆军少将加中将衔。
③ 雷寿荣(1880—?)，湖北武昌人，毕业于日本陆军士官学校第五期步兵科。历任北京政府参谋本部第二局局长、第一局局长、代理参谋次长、冀察政务委员会外交委员会委员、日伪武汉市参议府参议、伪湖北省政府委员。北洋政府授陆军中将。
④ 洪桢(1880—?)，湖北黄梅人，毕业于湖北自强学堂。历充黑龙江省交涉科科员、候补知县、乌里雅苏佐理员、科布多佐理员、公署秘书处秘书长。
⑤ 翟殿林(1885—?)，别号茂廷，别字懋亭，山东无棣人。毕业于北京陆军大学第一期、保定北洋陆军速成武备学堂、北京陆军大学。历任北京政府陆军第三师步兵团队官、禁卫军第一军司令部二等参谋、第二军司令部一等参谋、北京政府陆军第十六师第三十一旅第六十二团团长、北京政府副总统府高级副官等职。北洋政府授陆军少将。
⑥ 殷恭先，字锦波，武卫前军前路统领、安徽皖北镇守使。北洋政府授陆军中将。

庸庸者不死,偏丧英雄材俊,惟问天道何知。

——钟体道[1]

一死报国家,千秋骏誉泰山重;
两年埋忠骨,万里鹃声蜀道难。

——蒋锄欧[2]

身世恨难屯,扰攘风尘拼一死;
共和缔再造,炳彪勋业足千秋。

——秦国镛[3]

五百年名士挺生,嗟人材寥落,敢以后死卸子肩,楮帛铭心,交谊无间天南北;
十二载干戈未定,知盖棺不瞑,孰为先达竟功业,荆榛满目,英魂常护楚东西。

——崔维堪

鄂西护法,海上联军,壮志饮黄龙,一样吞吴遗恨事;
大陆日沉,将星夜陨,悲歌啼杜宇,千秋望蜀吊英魂。

——唐荣阳

将星隐曜五丈原,功未竟,命先倾,直教志士仁人同声一哭;
马革裹尸万里外,生也荣,死何恨,留得忠魂烈魄享祀千秋。

——徐国彬[4]

遗恨郁千秋,捐躯未遂澄清志;
修名垂万祀,开国长留史册光。

——袁华选

倡议救生民,壮志未酬,汉水长遗精卫恨;
成仁真烈士,英魂不泯,蜀山愁听杜鹃声。

——杨风箫

---

① 钟体道(1878—?),别号遁盦,四川绵竹人。毕业于陆军大学第三期。历任四川陆军第二混成旅旅长、护法军政府川军第三师师长、重庆镇守使、参谋本部高级参谋、四川省第十三区行政督察专员兼保安司令、四川防空协会绵阳特别防护团团长、四川第十三区绵阳专区行政督察专员。北洋政府授陆军少将加中将衔。

② 蒋锄欧(1891—1978),字诉心,湖南东安人。毕业于广西陆军干部学堂。历任汉阳北伐军总司令部参谋、湘军步兵第二十二团团长、湘军第十一混成旅旅长、国民革命军第四十四军第二师师长、国民政府参军、铁道炮队司令、交通部队警总局局长、铁路运输副总司令、军事委员会交通警备司令等职。

③ 秦国镛(1876—1940),又名秦秀铺,字子壮,湖北咸丰人。毕业于法国、比利时陆军及机械科。曾任陆军部参事、南苑航空学校校长。北洋政府授陆军少将加中将衔。

④ 徐国彬(1866—1946),字文陔,湖北黄陂人。毕业于湖北学绅法政讲习所。历任荆州万城堤工总局总理、北路铁路学堂校监兼教授、荆州万城堤工总局总理、荆江堤工局局长、全国河务会议会员、扬子江水道讨论委员会委员、内务部土木司、黄陂县道局长、省建设厅与水利局供职兼任汉口张公堤工程处长。

可叹公之家庭，遗下零丁妻女形影相依，听午夜猿啼，柔肠九曲随声转；

所幸国有法统，追维患难元勋驰驱恐后，悼朝阳凤落，铁血千秋照汗青。

——吴纫礼①

武昌起义，重庆殒身，国史固应扬伟烈；

故里恤孤，异乡归榇，夜台差足慰英魂。

——周登皞②

杀身成仁，百世勋名光史册；

盖棺定论，千秋俎豆拜英雄。

——杨照离

造化难知，忍令此才归寂寞；

英灵不昧，再来斯世奠共和。

——王典型③

伟烈播千秋，何止大名垂鄂北；

英魂归万里，得无遗恨在川中。

——宋建勋④

亚陆建共和，羡革命敷功，奕奕英风镇华夏；

幽囚殇国事，叹奇才遭忌，凄凄苦雨黯西川。

——叶开鑫⑤

为国竟捐生，亘古公忠垂不朽；

出师伤未捷，英名关岳可同论。

——徐国瑞⑥

旧梦感飘零，出师未捷身先死；

---

① 吴纫礼(1874—1963)，别号佩之，安徽合肥人。毕业于山东威海卫水师学堂、天津水师学堂。历任海军"福圻""海圻"号巡洋舰舰长、北京政府海军部军械司司长、北京政府海军部次长、代理海军部总长兼军械司司长、北京政府宪政筹备处处员、讨逆军总司令部高级参谋、南京国民政府军政部海军署高级参议等职。北洋政府授海军中将。

② 周登皞(1869—?)，字希民，福建闽侯人。历任顺天补用知县、顺天中学总理、顺天学务总汇处提调、派办处坐办、发审局督捕局统计总理、宁河武济东安等县知州、顺天府治中辽沈监察御史、浙江道监御史、拱卫军需处秘书、肃政省肃政史、绥远道尹等职。

③ 王典型，曾任海关监督。北洋政府授陆军中将。

④ 宋建勋，曾任航空机械学教官。

⑤ 叶开鑫(1885—1937)，字竞秋，湖南长沙人。历任湘军第一师第二旅旅长兼长沙警备司令、混成旅旅长、讨伐滇军总司令、湘军第三师师长、纵队司令、第四十四军军长、第八军军长、国民政府军事委员会上将参议等职。

⑥ 徐国瑞(1881—1946)，字兰田，湖北应山人。毕业于将校讲习所。历任荆州水警区长、荆宜水警厅厅长、两湖巡阅使署参议、长江上游总司令部顾问、荆江堤工局局长、江汉工程局第八工务所主任。

劫灰犹酝酿,黄农忽没我安归。

——黄一欧[1]

英雄造时世,时世扼英雄,公死为民兼为国;
天下无是非,是非在天下,我生钦德复钦功。

——刘　权[2]

功成不居,落拓江湖等凡马;
名高遭忌,凄凉蜀道听哀猿。

——王　普[3]

功业媲乎华拿,仗三尺剑,提一旅师,频年忧国未遑,竟至杀身殉法统;
纪纲败于操莽,铸九州错,贻五族羞,此后英灵不泯,犹当化厉歼奸回。

——龚光明

国而忘家,赢得大名垂宇宙;
忠则尽命,常留正气壮山河。

——胡若愚[4]

携手大革命诸家,公真健者;
殉身莫须有三字,天下伤之。

——劳之当

国事痏寐难忘,廿载驰驱留得虚名惊妇孺;
沉冤庶几可雪,九原属望还须弱弟展声威。

——范熙绩　王宗祁[5]

勋比嵩高,开旷世之政局;

---

① 黄一欧(1892—1981),湖南长沙人。黄兴长子。毕业于明德小学、日本东京东斌学校、纽约哥伦比亚大学。历任沪军先锋队副司令、湘省铁路警备司令、长沙市政公所总理、川军北伐军第一路司令、广州国民政府参事、安徽榷运局长、天津特别市政府参事兼第一特区主任、广东省政府政务委员会委员、第四届湖南省政协副主席等职。

② 刘权(1876—1949),字世汉,后改名玉堂,湖北咸宁人。历任长江陆防稽查长、驻沪鄂军交通事务处长、汉口总稽查、副总统府参议及参谋本部副官。

③ 王普(1890—1958),字慈生,安徽阜阳人。毕业于保定军校、陆军大学。历任安徽都督府副长官、安武军第三路统领、安武军第三混成旅旅长、皖南镇守使兼第三混成旅旅长、皖军副总指挥、第十二军军长、安徽省省长、第二十七军军长。北洋政府授陆军中将。

④ 胡若愚(1894—1949),又名学礼,字子嘉,云南罗平人。毕业于云南陆军小学堂第四期。历任滇军护国军第十一团团长、川滇黔靖国军旅长、"护法"军定桂先遣军司令、第二军军长兼蒙自镇守使、云南省省务委员会主席、国民革命军第三十九军军长、云南省主席、军事委员会总参谋部中将参谋、第五师代理参谋长、第三集团军总司令部参谋、第一战区高参、军事委员会参谋部所属军训部副、兰州军官预备学校校长等职。

⑤ 王宗祁,曾任湖北省政府财政厅秘书。

名留海内,播不朽之英声。

——陈宝泉①

为国数十年,黄河难俟身先殒;
得名遍天下,青史可传魂莫招。

——铁　忠②

书生将义勇,当时蓬岛驰驱,旷世英才中外仰;
浩劫满尘寰,何似上清潇洒,弥天正气太虚还。

——王遇甲

桑梓意绸缪,争募黄金归骏骨;
鬼神泣壮烈,且看青史著鸿文。

——谢煜焘③

率子弟八千,转战经年,旧梦感荒凉,搔首应呼天亡我;
痛孤儿三尺,零丁谁托,他乡寒白骨,太息难为后死人。

——吴剑学④

是革命之雄,间关尽瘁万里;
为殉国者劝,大名已永千秋。

——陈乐山⑤

英才儒将;
志士仁人。

——龚家仕⑥

---

①　陈宝泉(1874—1937),字筱庄,直隶天津人。毕业于日本弘文学院师范科。历任实业司司长、北京高等师范学校校长、教育部普通司司长、天津教育会会长、天津特别市政府参事、教育部名誉编审、天津市贫民救济院院长、市立通俗教育会会长、北京通俗教育会会长、整理海河委员会总务处处长、河北省政府委员兼教育厅厅长。

②　铁忠(1864—?),原名铁良。详注见1901年谱。

③　谢煜焘(1890—1947),别号军儒,湖南宝庆人。毕业于河北清河陆军预备学校、保定陆军军官学校第二期骑兵科。历任湖南陆军第一师第三团团长、国民革命军第八军独立师副师长、武汉政府第二方面军总指挥部高参、中央军校长沙分校第一总队少将总队长、长沙分校校务委员会主任、国军中央编遣委员会第三编遣区办事处委员、军事参议院参议、湖南人民抗日自卫总团部少将高参。

④　吴剑学(1883—1944),别号熙农,湖南湘乡人。毕业于日本陆军士官学校第六期步兵科。历任北洋陆军督练公所教练官、山西吴禄贞部参谋、保定陆军军官学校第一期步兵科战术教官兼任学生队连长、湘军总司令部第一守备区司令、湘军总司令部第一师第一守备队司令、程潜部湘军参谋长、湘军第一师第五混成旅旅长、湖南宝庆镇守使、湖南讨贼军湘南第二军军长等职。广州军政府授陆军少将。

⑤　陈乐山(1884—?),字耀珊,河南罗山人。毕业于日本陆军士官学校。历任中央陆军第四师师长兼宪兵司令、杭州卫戍司令、沪浙联军第二军总司令。1925年北洋政府授陆军中将晋加陆军上将衔。

⑥　龚家仕,字际可,湖南长沙人。前清中任军谘府第四厅录事,曾奉职于民国军需司。

吾子已矣,同胞奈何,志士竟如斯,不知肝胆尚谁是;

天下纷然,匹夫有责,遗言犹未泯,长使英雄泪满襟。

——唐承绪[1]

未酬壮志身先死;

长使英雄泪满襟。

——刘恩澍[2]

于国有功真不世;

为民捍患又何人。

——贾宾卿

出师未捷遽然身死,千古同堕英雄泪;

大义既伸甘作国殇,百代犹传烈士名。

——王兰塘[3]

涛浪无情大江东去;

事功未竟中道西归。

——陈谟[4]

奸邪戕国士,万古沉冤,不堪听巫峡哀猿,蜀江啼乌;

风雨吊忠魂,三军洒泪,应共仰关东伟绩,鄂渚雄图。

——陈步棠[5]

英雄结局竟如斯,一己牺牲,当日是非莫白;

史册垂光应不朽,数年愤恨,今朝泉府皆消。

——余宪文[6]

当年杀身成仁,为国为家死且不朽;

此日报功崇德,有飨有祀神其格思。

——向瑞琮

易水赋招魂,喜正气初伸,愿此阴灵常护佑;

---

① 唐承绪(1876—1938),字耀先,别号耀夫子。历任湖南省盐务署署长、湖南省资兴县、湘乡县、零陵县县长、湖南省政府实业司司长。曾创办永州零陵城北创办有耀电灯公司,于东安开办过合利锑矿公司、天锡矿冶公司。

② 刘恩澍,陆军步兵少校、陆军三等测量。

③ 王兰塘,1923年曾任河南开封县知事。

④ 陈谟,历任禁烟公所调查科三等科员、陆军步兵中校、国军编遣委员会编组部总务科上校科长、军政部陆军署军衡司科长、军政部陆军署军衡司恤赏科科长、陆军步兵上校等职。

⑤ 陈步棠,辛亥光复杭州时,任巡防营五营统领,驻杭垣。

⑥ 余宪文,曾任浙江陆军第六师骑兵团团长。

锦江流碧血,若雄心不死,誓为公理作干城。

——李玉昆①

木本水源,我为鄂军子弟;
梁摧栋折,天丧民国英雄。

——严威恭

少壮记同游,何堪东野驰书,一片热肠空为国;
死生都似梦,只惜木兰弱质,满腔义愤未从军。

——蓝书麟

碧血三年,蜀土无情遗恨在;
招魂万里,京华有梦故人来。

——阮毓崧

首义著勋猷,他日鼓鼙思将帅;
故乡数人物,一时草木识威名。

——熊国藻②　张祥鸾③

生为英,死为灵,赍志徒留终古恨;
德在民,功在国,招魂应唱大风歌。

——萧星垣　萧广传　萧慕何

满腔热血洒啼鹃,杀身成仁,巫峡千古留正气;
后起何人能附骥,伤时感书,馨香一瓣吊将军。

——戴　岳④

忆辽阳慷慨誓师,饮马长城钦壮志;
痛蜀道仓皇殉难,听猿巫峡黯归魂。

——张　楠⑤

创义勇队,建立宪军,胜算不劳兵,心敕雷霆开世界;

①　李玉昆,曾任唐继尧副官长。北洋政府授陆军少将。
②　熊国藻(1892—1972),字鲁馨。湖北黄陂人。毕业于两湖优级师范理化科。历任武昌南湖陆军第二预备学校数学教员、湖北省财政厅科长、湖北省建设厅科长兼秘书、武汉大学事务部总务长、粤汉铁路总务处处长、国民参政会总务组主任、湖北省政府委员、台北故宫博物院管理委员会常委、顾问。
③　张祥鸾,曾任侨务院佥事、江西会昌知事。
④　戴岳(1888—1970),字希鹏,号翙庭。湖南邵阳人。毕业于湖南陆军小学堂、武昌第三陆军中学、保定军官学校第一期步兵科、第二期炮科。历任湖南陆军第二混成旅旅长、建国湘军第二师师长、湘军整理处副监兼炮兵督练处处长、第二军第六师师长、长沙警备司令、衢州警备司令、陆军第四十六师师长、二十七军副军长、南京陆军大学军事委员会参议、湖南第九区行政督察专员兼保安司令。
⑤　张楠,曾任陆军工兵中校、晋北镇守使署参谋长、陆军工兵上校等职。

名震鄂州,冤沉蜀道,雄才终贾祸,魂归滟滪咽江流。

————李实茂① 王风清②

俎豆为馨香,碧血丹心经百战;

旗常光日月,英风正气足千秋。

————田友望③

不屈不挠,为国捐躯昭大节;

可歌可泣,望风想象吊英魂。

————李连光

数海内人才又弱一个;

论生前功业自足千秋。

————郝国玺④

毅力丹诚,心存国家;

精魂碧血,色变山河。

————张长林⑤

飒爽记英姿,滇海曾钦蓝定远;

苍茫留余恨,西川遽陨来征羌。

————吴　琨⑥

护法精神公怀壮志;

人情险巇国丧栋梁。

————褚恩荣⑦

豪杰乘时,一旅兴楚;

---

① 李实茂(1884—?),字荃荪,湖北人。毕业于日本陆军士官学校炮兵科。历任山西陆军第一师参谋长、太原卫戍司令部参谋长、国民政府训练总监部参事、军事参议院参议。北洋政府授陆军少将加中将衔。

② 王风清(1884—1935),湖北汉阳人。毕业于日本陆军士官学校。历任陆军大学教授、西北军高级参谋、国民革命军第二集团军高参、平津卫戍总司令部参谋长、军政部代理常务次长兼总务厅长、军事委员会参议等。

③ 田友望,河南杞县人。曾任陆军十三师、步兵第二十五旅旅长、前察哈尔暂一混成旅旅长、济南宪兵司令。北洋政府授陆军中将晋加陆军上将衔。

④ 郝国玺(1885—?),字旭东,号振倾、正卿,云南昆明人。毕业于保定陆军武备速成学堂第一期炮科、陆军大学第三期。历任浙江陆军第四十九旅参谋、浙江陆军第六师炮兵第六团团长、浙江陆军第一师炮兵第一团团长、步兵第一旅旅长、第十八军旅长、讨逆军第二十六军副军长、安徽省政府委员、江苏省第八区行政督察专员、江苏省第八区行政督察专员兼保安司令。北洋政府授陆军中将。

⑤ 张长林,1912年11月14日,北洋政府授陆军少将。1920年为炮十团团长兼吴淞要塞司令。

⑥ 吴琨(1880—?),字石生,云南昆明人,毕业于日本法政大学。曾任云南实业司长、银行经理。

⑦ 褚恩荣,天津直隶人。曾任陆军第一师第一旅旅长、陆军第二混成旅旅长。北洋政府授陆军少将加中将衔。

英灵不昧,三户亡秦。

——耿觐文

碧血丹心,烈烈轰轰豪杰士;
黄沙白草,声声瞡瞡奈何天。

——康新民[1]

节义薄瀛寰,当年赴难捐躯,瞑目空余千古恨;
馨香隆俎豆,此日倾觞布奠,招魂聊慰九原心。

——刘向龙

一腔血遍洒神州,频年请命苍生,精卫难填沧海恨;
千载名足光史册,今日招魂白帝,杜鹃应傍蜀山啼。

——杨益谦[2]

生有自来,于国立功成不朽;
死得其所,为民捍患属斯人。

——黄文忠

侠义本生成,慷慨纳交,肝胆救时,击目于今能有几;
盖棺方论定,国家多难,英雄不遇,伤心从古类如斯。

——范国璋[3]

是男儿大好身手,都道黄汉重光,辽沈勋名同不朽;
为法统奔走西南,可惜关张无命,巴渝旅榇竟难归。

——唐　浩

时世厄英雄,热血孤魂都成泡影;
国家崇懋典,丰功伟烈永著风徽。

——沈熙照[4]

成名同绥卿遁初,虽死犹生,青史千秋并列传;
遇难如元衡君叔,遗孤何托,锦江万里有羁魂。

——萧安国

---

① 康新民,甘肃同乡会成员。曾署陆军宪兵学校教育长。北洋政府授陆军中将。
② 杨益谦(?—1941),字竹君,号退庵,云南剑川人。毕业于云南讲武堂。历任第二军副官长、混成旅长、靖国军参赞、省府军官谙处处长、第十路军参谋长、蒙自道尹、第二殖边督办、楚大军管区司令。
③ 范国璋(1875—1937),字子瑜,直隶天津人。毕业于北洋武备学堂。历任武卫右军营管带、第六镇第十二协第二十四标标统、第二十镇标统、第二十镇第四十协协统、第二十师第四十旅旅长、第二十师师长、援湘军副总司令。北洋政府授陆军中将。
④ 沈熙照,1924年陆军军法总监。

从头收拾旧河山,不怕死,不爱钱,为民国十年间有数人物;

只手难回恶气运,曰统一,曰护法,误南北两政府多少英雄。

——李玉麟①

余言岂妄哉,果继岑彭悲蜀地;

天意难问矣,空随黄蔡号楚材。

——侯 杰②

百战殉孤城,遗恨难填精卫石;

一棺羁蜀道,壮魂应化杜鹃声。

——杨廷溥③

蜀道竟羁魂,巫峡啼猿数行泪;

关东曾首义,古来征战几人回。

——朱绥光④

青山依旧,鄂王台万里风云悲叱咤;

赤帜重光,迁史笔千秋俎豆荐馨香。

——曹树桐⑤

爱国竟忘身,惜志愿未偿,怅望中原悲落日;

长才不永命,问英灵安在,遥从西蜀赋招魂。

——定树祚

东亚共和尚无进步;

吾乡豪杰顿失使君。

——马德润

鄂渚涌潮声,溯十年前扫荡奔驰,先人而忧后人而乐;

---

① 李玉麟,字凤山,直隶天津人。曾任安徽督军公署参谋长、安徽军务帮办。北洋政府授陆军少将加中将衔。

② 侯杰,曾任法务部调查局福建省调查处简任第十职等专门委员。

③ 杨廷溥(1882—?),字啸沧,四川巴县人。毕业于日本陆军士官学校第六期步兵科、日本户山学校战术科。历任南京临时政府军衡局科长、北京政府陆军部科长、四川督军府参谋长、陆军部次长、清室整理善后委员会委员、平津卫戍总司令部参谋处处长、国民政府参谋本部高级参谋,日伪中华民国临时政府行政部局长、伪临时政府建设总署副署长。北洋政府授陆军中将。

④ 朱绥光(1886—1948),字兰荪,湖北襄阳人。毕业于日本陆军士官学校炮兵科、日本陆军大学第一期。历任山西督办公署参谋长、第三集团军总参谋长、国民政府军政部务政次长、第二战区参谋长。北洋政府授陆军中将。

⑤ 曹树桐,山东长清人。曾任段祺瑞陆军部卫队营长、陆军第二十师步兵第四十旅第八十团团长。北洋政府授陆军中将。

巴江沉日影，令千载下唏嘘凭吊，生也为英死也为灵。

　　　　　　　　　　　　　　　　　　　　　　　——张德恂①

卓识过常人，力挽狂澜，勋业声名光史册；
捐躯方壮岁，未酬厥志，凄风惨雨感朋僚。

　　　　　　　　　　　　　　　　　　　　　　　——胡人俊

铁券分封，剑气当年横塞北；
黄粱入梦，将星一夜陨荆南。

　　　　　　　　　　　　——陈德元②　田福塘③　陈明胜④

君乃勇于义者，为国事关心，终岁劳人草草；
志固无如命也，竟未酬没世，当今天道茫茫。

　　　　　　　　　　　　——李恩重⑤　韩　诚⑥　王仁山⑦

本爱国热诚，鸿猷丕建，虽护法未竟全功，赫赫勋名昭史册；
讵阋墙变起，大故猝生，而死难转由同志，斑斑血泪染河山。

　　　　　　　　　　　　　　　　　　　　　　　——危道丰⑧

有志者事竟成，是真英雄能造时世；
不自由无宁死，具兹浩气足壮山河。

　　　　　　　　　　　　　　　　　　　　　　　——李钟岳⑨

集鄂西子弟，卷土重来，为的是护法救民，身家均置浮云外；
设燕市牲荁，招魂惠降，敢告以兵连祸结，英灵莫作袖手观。

　　　　　　　　　　　　　　　　　　　　　　　——易晋熙

忠烈禀江河，想当年义起武昌，曾记马上誓师，期扫胡尘光祖国；

---

①　张德恂，曾任京师总稽查处长。北洋政府授陆军中将。将军府成威将军。
②　陈德元(1877—?)，字铁峰，又名赞廷，四川酉阳人。曾于日本留学。历任五路司令官之东路司令官、四川省临时议会议员、酉阳县知事、省立五中校长、秀山县教育科长、酉阳县财务委员会长等职。
③　田福塘，曾任陆军步兵上尉、陆军步兵少校等职。
④　陈明胜，曾任清护卫营都司衔尽先守备。
⑤　李恩重，冯国璋政府时任武承宣官。北洋政府授陆军中将。
⑥　韩辰，冯国璋政府时任武承宣官。
⑦　王仁山(1889—1956)，字静轩，山东即墨人。毕业于济南陆军小学、保定军官学校。历任东北讲武堂战术教官、国民党中央军事委员会北平行营参谋处处长、东北军少将高级参谋、军官训练团教育长、苏鲁战区中将总参谋长。
⑧　危道丰，字芑滨。湖南黔阳人。毕业于日本弘文学院、振武学校、日本陆军士官学校。历任湖南西路巡防营管带、督练公所粮饷科长、湖南都督府参谋部部长、副总统府参议官、袁世凯公府谘议、湘督署副官长、第一兵站委员长、陆军讲武堂战术教官、工兵材料厂厂长、嘉兴知事、上海知事、奉系韩麟春部军驻北平代表。北洋政府授陆军少将加中将衔。
⑨　李钟岳，曾任山东兵工厂厂长、广东兵工厂督办。北洋政府授陆军中将。

英风喧燕市,奈此际任膺民社,恨莫陇前挂剑,亲从蜀道抚遗棺。

———吴士先①

事业历难危,郁郁巫山碧气未收苌宏血;

精灵垂宇宙,滔滔江汉丹心应化子胥涛。

———路邦道②

校武东征,记饯别江楼,明月金樽陈迹杳;

耀灵西没,为招魂蜀道,晴天碧海此心长。

———许藻芬　许宝蘅

建国著奇勋,楚岫云横,神岳庚歌申伯什;

捐躯存疑狱,蜀江风冷,忠魂应逐子规啼。

———欧阳葆贞③

辙迹遍神州,鼎革功劳光日月;

幽囚苦重庆,虞雏曲唱冷山河。

———唐生智④

先为种族请命,后为子弟从征,一世经营成恨事;

生是民国英雄,死是荆襄烈士,千秋史册著芳名。

———杨　焜⑤

谁继常山留正气;

共从巴峡吊英魂。

———王桂林⑥

革命护法苦奔驰,宗旨抱定,百折不回,讲人格方能树人望;

①　吴士先,曾任南京临时政府陆军部军需局一等科员。

②　路邦道(1892—?),字子遵。湖北武昌人。毕业于湖北自强学堂、湖北方言学堂。历任湖北洋务译书局译员、黄冈高等小学堂监学兼教员、湖北外交司交涉员兼总务科长、法制局编译员。北洋政府授陆军少将。

③　欧阳葆贞,经心书院学会计。曾任北京审计处处科长职。

④　唐生智(1889—1970),字孟潇,湖南东安人,法名法智,号曼德。毕业于保定陆军军官学校。历任国民革命军第八军军长、前敌总指挥、第四集团军总司令、国民党政府军事参议院院长、第五路军总指挥、"护党救国军"总司令、广州军事委员会兼军事参议院院长、南京卫戍司令长官、湖南省人民政府副主席、副省长、政协副主席等职。

⑤　杨焜(1903—?),号怀白,湖南邵阳人。毕业于湖南湘军讲武堂、中央陆军军官学校高等教育班、陆军大学正则班第九期。历任第六十二师第一八六旅参谋长、第五十二师参谋长、第九十三军副参谋长、第九兵团少将参谋长兼新编第三军副军长。

⑥　王桂林(1877—?),字清泉,河北天津人。毕业于北洋高等警察学堂。历任山海关警局局长、天津警察东区署长、江苏全省警务处处长兼省会警察厅厅长、南京市政备处处长、国民革命军第二集团军参议、伪临时政府治安部警政局局长、伪华北政务委员会内政总署警政局局长等职。北洋政府授陆军中将。

雄才大略遭疑忌,毒计施行,一时罔救,戎公生即以全公名。

——保定军械局全体职员

崇拜英雄,古今中外心理相符,况乡谊攸关,更使两湖同俯首;

奔驰国事,南北东西足迹迫遍,胡昊天不吊,因趋重庆竟捐躯。

——旅京两湖同乡

天将公厄,迫入蜀道崎岖中,惨死何殊宋渔夫;

地以人传,后来民国历史上,美名尤胜黎黄陂。

——赵守中[1]

忆当年护法兴师,川鄂奔驰,壮志未酬身竟没;

看今日同侪致奠,声威赫濯,垂名不朽死犹生。

——孙树林[2]

大局未澄清,半世雄心成泡影;

此身殉国难,千秋遗骨有余香。

——蓝仕熙

铁血造成新世界;

铜心撑拄古山河。

——刘温玉

覆雨翻云,人心世道哪堪问;

成仁取义,事业勋名永不磨。

——杨鸿藻[3]

乘风破浪,历试诸艰,那知苍狗白云,竟与彭亡同愤慨;

为国捐躯,虽死何恨,但听猿啼鹤唳,忍依楚些远招魂。

——蓝馨一[4]

创造此共和,当年护法兴师,宵小无情偏自杀;

---

[1]　赵守中,曾任陆军步兵少校等职。

[2]　孙树林(1880—1948),字少荃,直隶大城人。历任保定军校第八任校长、陆军速成学堂教官、步兵科长、陆军八师参谋长、十五旅旅长、陆军军械库总办、山东督军署总办、德州兵工厂厂长、北京政府军务厅处长、汪伪军事参议院参议。北洋政府授陆军上将。

[3]　杨鸿藻(1876—?),号懋斋,湖北汉川人。毕业于东洋大学法律科。历任湖北司法司典狱课课长、鄂豫靖国联军总司令部秘书、鄂西地方审判分厅监督推事、湖北省财政委员会秘书、应城县县长、湖北省民政厅秘书、汉口税捐稽征处总务委员、禁烟督察处河南办事处主任、广东禁烟特派员公署秘书等职。

[4]　蓝馨一,黄陂人,曾任湖北陆军小学国文教员。

大名垂宇宙,今日史官立传,我公虽死亦犹生。

——彭得胜①

革故鼎新,铁马金戈身护法;
存仁取义,丹心碧血史增光。

——无署名

公真手造共和,怅蜀道难行,为之一喟;
我亦心殷怆悼,问武昌起义,还有几人。

——朱声广②

世无王道,谁杀伯仁,众壤下应平反此狱;
功在国家,名垂史册,吾乡中实罕见斯人。

——夏炎甲③

剑气已销秦帝梦;
江流不转蜀王魂。

——韩耀南④

神州大难犹未已;
英雄结局竟如斯。

——魏之纲⑤

才气自空群,往事莫将成败论;
英灵还卫国,壮怀宁以死生殊。

——王世义⑥

绝学自蓬瀛,只缘饥溺同心,万里间关奔国难;
英魂羁蜀道,应慨干戈满眼,两川惨剧仗谁收。

——罗翼群⑦

血化苌宏碧;

---

① 彭得胜,曾任两江补用副将加总兵衔、北洋第七师驻紫营营长。
② 朱声广,北洋政府授陆军少将。
③ 夏炎甲(1882—?),湖北人,曾任鄂东观察使、江西庐陵道尹。
④ 韩耀南,南京临时政府陆军步兵上校。
⑤ 魏之纲,曾任官钱局总办。
⑥ 王世义(1890—?),别字宜卿,河北永年人。毕业于保定北洋陆军速成武备学堂第一期东文班、日本陆军振武学校。历任北京政府陆军军衡司科员、北京京畿禁卫军第一军司令部一等军需官、北京政府陆军部军衡司审查科科长、陆军部审查处代理处长。
⑦ 罗翼群(1889—1967),字逸尘,广东兴宁人。毕业于兴宁兴民学堂第一届。历任广东陆军测量局局长、全国政协委员、广东省人民政府参事室副主任。

魂归蜀道难。

——吴锡永

组练壮三千,呜咽江声怀部曲;
关河雄百二,峥嵘岳色想英灵。

——李　钦①

渡虎旅三军,一关开闭随王气;
听猿声两岸,万里风烟接素秋。

——保定讲武堂湖北同乡

无命与关张同,皆天也夫何言,嗟国步方艰,一旦麦城摧骥足;
其地继来岑后,贼人者今安在,仰灵旗未还,三巴峡水咽鹃声。

——马为麟②

荆楚产奇才,倡义师于武汉,维国是于西南,壮志未申,遽惨绝鄂渚风凄蜀江月冷;
古今同恨事,追往烈之来岑,溯近贤之程宋,人生到此,只赢得尸还马革史载鹰扬。

——杨学炘

结局如斯,滇水黯流袍泽泪;
招魂何处,巴江凄切鹧鸪声。

——马　骢③

义勇震扶桑,早播共和种子;
勋名留汉简,长怀名将风流。

——伍文渊④

公本造时势英雄,奈理数难齐,为国忘身殉司马;
我忝列军机密勿,感解椎[雅]殊遇,著书立说愧云亭。

——钟　鼎

---

① 李钦,曾历任湖北财政司司长、杀虎口税务监督、浔阳关监督、山东省财政厅厅长等职。
② 马为麟,甘肃临夏人。曾任甘肃临夏警备司令。北洋政府授陆军少将。
(另有)马为麟,字子祥,山西人,毕业于云南讲武堂。护国第二军第二梯团第三支队长、建设厅富滇银行总办、禁烟局长。
③ 马骢,广州军政府授陆军少将加中将衔。
④ 伍文渊(1885—?),别号仲源,云南平彝人。毕业于保定陆军速成学堂第一期步兵科、北京陆军大学第三期。历任北京政府陆军第六师司令部参谋、浙江陆军第一师步兵第二旅第四团团长、浙江陆军第一师师长兼步兵第二旅旅长、国民革命军第二十六军司令部总参议、第一集团军第一路军第二十六军第二师司令部参谋长等职。北洋政府授陆军少将。

是护法倡始伟人,致命差同独孤造;

为当代无双国士,成名继起鲁仲连。

——王懋德①

公诚血性男儿,汉水招魂,半壁西南失大将;

我亦追随鞍马,烟台溯旧,十年琴剑感知音。

——陶　铸②

矢志复宗邦,须知志决瀛洲早;

舍生殉法统,太息魂归蜀道难。

——应龙翔

数载莅戎行,轶事可登忠烈传;

一朝惊噩耗,伤心怕听鼓鼙声。

——申振林③

闻鼓鼙思将帅,谁坏万里长城,按剑看巫山,不为私交动悲愤;

舍成败论英雄,几见千秋公道,同袍怀海内,独从大节信生平。

——周兆熊④

自木兰后,再为黄陂人博无数荣名,彼女子此男儿报国能豪,誓师匈奴百战死;

于来歙外,又在青史上添者(这)重公案,快阴谋捐大义长城自坏,惨闻蜀道一

棺羁。

——黄陂县前川中学⑤全体师生

转战东西南北,为四百兆同胞请命;

播声江汉川湘,造数千年历史荣光。

——中国国民救国会

志在建设共和,与吴蔡同其烈;

天苟欲定中国,虽熊但何能为。

——刘升甫

时势造英雄,慷慨激昂,气壮山河弥六合;

① 王懋德(1887—?),别号继明,云南昆明人。毕业于云南讲武堂,曾任云南省督军府军务课课长、代理第二十八师师长。广州军政府授陆军少将。

② 陶铸,曾任陆军部清理营产委员会办事员、陆军部机要科三等科员。北洋政府授陆军少将。

③ 申振林,字静轩,汉军正白旗人。历任步军统领衙门左翼翼尉、右翼总兵、京畿卫戍总司令部参谋长、张作霖政府时军统衙门军统。

④ 周兆熊,字海南,湖北黄陂人,清末留学日本。参加武昌起义。晚年任教兼行医。遗诗有《今后草》。

⑤ 黄陂县私立前川中学,筹备于1920年,由陈景芬、涂福田、赵南山、黎澍等共同发起。

功勋在民国,光明磊落,名垂史册秉千秋。

——廖鸿猷①

往事付波涛,十载梦魂辽海碧;
大名垂宇宙,一腔血洒蜀山青。

——唐　彝②

生不逢辰乃尽其在已而已;
天未厌乱竟使公赍志以终。

——从履范③

此之谓以身殉国;
从何处招魂归家。

——马英俊④

民国不靖,谁实为之,终不苟且附南北;
松坡先亡,公继其后,莫以成败论英雄。

——张汉文⑤

孤军化沙虫腥风怪雨;
大星沉巴蜀碧血丹心。

——李振麟⑥

仗三尺剑,提一旅师,当年开国元勋,竟博得海外孤臣天涯亡命;
望十二峰,洒两行泪,此日招魂燕市,最难堪屋梁落月塞上青枫。

——程侍墀⑦

只手挽狂澜,万里南天空洒泪;
羁魂留远道,千山啼鸟共哀鸣。

——胡　伟　熊道琛⑧

护法起南军,率同壮士先驱,大局纠纷资硕画;

---

①　廖鸿猷,毕业于江南高等学堂、北京大学。曾派往铁路电报电话各局学习,1929 年著《调查北宁铁路柳河工程报告书》。
②　唐彝,曾在外务部任职,清华英文教师、清华庶务长。
③　从履范,1916 年司法改良会发起人及赞成人之一。
④　马英俊,众议院议员。
⑤　张汉文,直隶天津人,曾任中华书局广西柳州分局经理。
⑥　李振麟,曾任河南省城警察厅署长、河南省城警察厅勤务督察长等职。
⑦　程侍墀,安徽徽州人。毕业于日本陆军士官学校第三期。曾任北洋陆军第十三师参谋长。北洋政府授陆军中将。
⑧　熊道琛,字献方,湖北汉川人,毕业于湖北存古学堂。历任北京政府高等文官,苍溪知事。曾任万耀煌主任秘书。著有《苍溪县志》。

只身走西蜀,多是英雄末路,将星仓促落前营。

——赵均腾

开国建奇勋,曾指挥铁舰连云白日旗翻沧海碧;
霣星知噩耗,忍看那蜀山残月青燐夜照杜鹃红。

——龙庆云

耿耿耀孤忠,血染渝城取义成仁足千古;
茫茫问天道,民深水火扶危定倾属何人。

——方寿龄[1]

千古英雄濯江汉;
万里孤魂托杜鹃。

——邓绍光

当年缔造共和,已是垂名不朽;
此志竟殉护法,徒教遗恨千秋。

——无署名

辽沈出师,陆海共传一蓝子;
武人坏法,死生今见两黄陂。

——芮忠一

有志竟殉名义死;
此生端为国家来。

——赵珍卿[2]

(附跋:余生平不识公,及登堂见公遗像,英气勃勃,有不可一世之概;又披览公之遗作,有"此生端为国家来"之语,可见公之素志。呜呼,公竟以不苟死矣。举世混浊,惟我独醒。此公之所以死欤,因书此以志哀感云尔。)

毕生忠勇洵难能,想当年集议辽东,立宪军威寰宇震;
大地尘氛犹未定,恸此日埋冤蜀道,招魂赋罢楚江寒。

——邵 保

不忍看破碎家山,先生去矣;
空怅望崎岖蜀道,魂兮归来。

——达 寿

---

[1] 方寿龄(1890—?),别号翔鹤,湖北保康人。毕业于湖北武学堂、陆军大学正则班第六期。曾任大元帅行营中校参谋。

[2] 赵珍卿,北洋法政学会会员。

何以家为，埋骨苦无干净土；
不如归去，回头应是韦陀尊。

——段树华①　段树滋②

魂逐恨遥，同此天亡非战罪；
泪长襟满，未能师捷竟身殉。

——罗　虔

于国有功真不世；
为民捍患又何人。

——周梦觉

一瞑不视成万古；
百折莫回真丈夫。

——邓云溪

纵横九万里；
子弟八千人。

——王全斌

热血洒神州，敌慨[忾]同仇，千里关河存壮气；
丹心耀青史，捐躯殉难，满天风雨泣英魂。

——常光耀③

国事痛蜩螗，提一旅孤军，壮气未酬身遽死；
夔门寄哀怨，洒满腔热血，遗篇重检气犹生。

——周之瀚

杀身成仁，纵死何恨；
兴师仗义，虽败犹荣。

——刘文藻④

---

① 段树华(1888—1953)，号育文，山西陵川人。毕业于保定陆军军官学校第六期步兵科。历任晋绥军第七军旅长、国民革命军第三集团军第四军第十一师师长、暂编第五师第一〇七旅旅长、第七十二师副师长、第七十二师师长、第二战区高级参谋、军粮督运处主法执行监部总监、高参室副主任、山西省参议员、第一届"国民大会"山西省代表。北洋政府授陆军少将。

② 段树滋，湖北黄陂人，游学日本，法政科举人。历任邮传部小京官、学堂教习、中华民国鄂军政府秘书、湖北黄安县知事、芜湖县知事。

③ 常光耀，毕业于两湖师范学堂。

④ 刘文藻(1878—1936)，别号甄陶，湖南长沙人。毕业于北洋陆军保定行营经理学堂第一期、日本陆军经理学校第一期。历任北京陆军需学校教育长、代理校长、北京段祺瑞执政府陆军部军需司长、国民政府军事委员会兵站总监部总监、军事委员会总办公厅总审计处处长、南京国民政府军事委员会军事参议院参议。

按：另有刘文藻(1889—?)，别号春航，山东临清人。毕业于保定陆军军官学校第二期步兵科、山东陆军小学堂、北京清河陆军第一预备学校、保定军校。历任任军事委员会训练总监部步兵监部监员、参谋本部参谋、中央陆军要塞炮兵学校上校射击主任教官、汪伪军事委员会参赞武官公署少将参赞武官。

有志竟成,全凭智勇深沉,缔造共和恢汉业;

胡天不吊,空洒英雄血泪,常留遗恨咽瞿塘。

——郭干卿[1]

仗义起孤军,不堪壮士偏冤死;

寒江咽三峡,可怜险道未归魂。

——民治社同人

羡君当代完人,铁券分封,剑气千秋横塞北;

今世谁为健者,黄粱入梦,将星一夜陨荆南。

——塔旺布里甲拉[2]

君胡冒犯瞿塘险;

我亦哀歌蜀道难。

——欧阳武[3]

荆州居天下上游,纠合烬余,卓有勋名动海内;

楚境极巴东三峡,英魂漂泊,几多遗恨付江流。

——方鼎英[4]

将军本铁血换来,生死何足惜,最可恨魔王作祟,浩劫沉沦,热愤怀满腔,饮刃洒成重庆雨;

时世为英雄所造,利害原无常,幸此际公理战胜,法统炫耀,灵魂终不朽,举杯遥溯夹[峡]江云。

——高景祎[5]

草木尽知名,勋业自垂竹帛在;

---

① 郭干卿(1886—?),别字殿臣,河北束鹿人。毕业于保定北洋陆军速成武备学堂第一期经理科、保定北洋陆军速成武备学堂。历任北京政府近畿陆军第六师司令部军需长、北京政府陆军部军需司科员、北京政府陆军部军需司令部正军需官、一等军需正、北京政府陆海军会计审查处科长、湖北官钱局局长兼任造币厂厂长。

② 塔旺布里甲拉(1870—?),字云桥(樵),阿拉善旗八代九任札萨克和硕亲王。历任袁世凯总统府京都翎卫使、西蒙宣抚使、中华民国首届和第三届国会参议院议员、蒙藏院代理总裁、北洋政府曹锟政权的蒙藏院总裁、国民政府蒙藏委员会委员。

③ 欧阳武(1881—1976),江西吉水人。毕业于日本陆军士官学校。历任江西护卫军司令官、江西护军使兼都督、南昌市政府参事、江西省参议会参议员、江西实业银行董事、江西省政府委员、副省长。北洋政府授陆军中将晋陆军上将衔。

④ 方鼎英(1888—1976),湖南新化人,毕业于日本陆军士官学校第八期炮科、日本东京陆军炮工学校、日本千叶野战炮兵射击学校。历任湖南陆军第一师参谋长、援鄂军总指挥部参谋长、湘军第一军军长兼一师师长、北伐军特遣军总指挥、黄埔军校代校长兼兵器研究处处长兼任黄埔要塞司令、国民革命军新编第十三军军长、第四十六军军长兼津浦路运输总指挥等职。

⑤ 高景祎,北洋政府授陆军少将。

风云常变态,西南共惜将星沉。

——徐维翰①

天夺海内元勋,绿水青山皆失色;
云掩空中将座,落花啼鸟总伤情。

——胡国秀②

业创共和名垂史乘;
魂归天上功在人间。

——张荫后③　董铭[洺]漳④

英雄结局竟如斯,志壮数偏奇,想当时兵败身幽,一剑了尘凡,直将死等鸿毛,九原定抚吴钩笑;
志士含哀奚有极,人亡琴并杳,怅此去江深山峻,双棺留绝徼,只恐魂招燕市,万里归来蜀道难。

——周宗淇

革命几经年,辽阳发难,津门誓师,鄂渚讨贼,功业纵无成,犹为民国缔正果;
共和才周纪,黄蔡病终,渔父殂落,我公暗薨,天心诚莫测,忍教功业付洪流。

——王东斗

投笔记从戎,入幕相依,磨盾不嫌随草檄;
捐躯难靖国,盖棺定论,勒功直欲替镌碑。

——彭新杰

流血比宋渔父尤悲,东亚陆沉,愧我无能诛国贼;
起义与蔡邵阳一致,中原墨暗,怜公空自救天民。

——严培峻

死有大名光后世;
生无庸福享中华。

——吴绍奎

骸骨未归,孤寡谁恤,想天下有心人能毋断肠;

①　徐维翰,云南昭通人,云南普思沿边行政总局长、云南省政务委员。
②　胡国秀(1881—1957),字汉卿,云南武定人,毕业于云南学兵营。历任护国第二军营长、第六旅六团团长、北伐军滇军第三混成旅旅长、第五近卫旅旅长兼广南镇守副使、云南陆军制革厂厂长、军务处任参军、云南省府任中将参议等职。
③　张荫后,第四届云南总商会(1916年—1928年3月)会长。
④　董铭[洺]漳,第四届云南总商会副会长。

邦国云瘁,贤才已亡,极生平失意事都到眼前。

——傅维四

忧国不忧家,致弱女寡妻长此穷庐伤落魄;

畸人多畸行,偏明知故昧竟从绝地起孤军。

——傅申三①

护法竟捐躯,万里一棺羁鸟道;

天亡非战罪,千秋遗恨继乌江。

——傅鸣一

不爱钱不惜死,惟公其有之,护法莫全生,前后精忠双武穆;

私恩少私仇多,是败所由也,舍身难忍辱,今古英豪两愤王。

——傅钟南

断指拔刀,半壁东南摧上将;

执戈卫国,同胞泰斗失斯人。

——王启超

生死安足论;

妇孺皆知名。

——傅石麒

硕望著华夷,纬武经文,勋业允宜齐泰岱;

大儒为将帅,补天浴日,讴思岂仅在荆襄。

——傅鋆

蓝凉公是开国元勋,猜疑幸免淮阴死;

来君叔被何人所贼,今古同悲蜀道难。

——刘淑儒

古称蜀道难行,于公益信;

死与泰山同重,问贼何为。

——何键②

邓禹从戎,不愧世称奇男子;

终军遇害,可怜天丧大伟人。

——胡文修

---

① 傅申三,曾任陆军步兵中尉。

② 何键(1887—1956),号云樵,湖南醴陵人。毕业于保定军校。历任团长、旅长、师长、军长、湖南省清乡会办、"追剿"军上将司令、湖南省政府主席、台湾"总统府"国策顾问。

挽诗

海外轮囷起一军,楚天凉雨急思君。捐糜顶踵相期许,触刺心肝有见闻。影迹回为还泞马,事功剩付负山鼂。人间信史存私谊,钩党迷离况策勋。

沪渎当时我过存,刀圭病榻已无言。妖星终应彭亡识,鬼语谁招楚些魂。鸡黍蹉跎归左海,驼荆恻怆梦中原。由来生死违人意,酾酒南云泪满樽。

——杭州浣纱路一号

辛亥予与张烈士溶[榕]及公同起义于关东,烈士先遇害,不数年公亦就义蜀中,当时豪俊垂垂尽矣,烈士号辽鹤,故有归鹤句。

落花梦醒水流东,大好河山血染红。华表辽阳渺归鹤,英灵蜀道炳长虹。

人间此日谁男子,黄海连年多飓风。磨剑藏锋留有待,任他云雾密蒙蒙。

——张膺方①

垂死无端唤渡河,崦嵫泪尽鲁阳戈。若为永诀同袍泽,坐惜长才奈斧柯。

一局未终惊换劫,百年如梦忍闻歌。满腔热血何曾洒,咫尺山河老泪多。

——萧日昌

大地沉沦壮士哀,间关中外志难灭。楚山子弟悲忠烈,汉水波涛感霸才。

猎猎云旗如往昔,泫泫堕泪至今来。关河万里英雄血,不上怀清旧日台。

——陈方枬②

玉门生入亦无欢(公由欧美返国,余出关迎迓,曾以入关诗见示,有"玉门生入亦无欢,莽莽龙沙就影传"之句),英烈心胸见一般。岂料佳章成谶语,天涯何处望君还。整军经武忆辽东,长剑倒提气若虹(公《归北大营》诗有"下马入门情更远,倒提长剑气纵横"之句),犹记当年谈国事,欲追武穆效精忠。

君行蜀道我闽中,两地情怀尺素通,从此一棺成永别,天胡不吊挫英雄。

不贪禄位不言贫,为国牺牲百战身。嗟余一掬伤心泪,洒向川边哭故人。

——解利民

沧溟万里赋归来,揽辔澄清亦壮哉,日月重光恢汉度,羡君独擅捖天才。

首义争夸起武昌,无端浩劫又红羊。川湘独立荆襄继,多少英雄为国殇。

八千子弟苦遮留,割据郧西几度秋。大计都随云变灭,拼将碧血染松楸。

失路英雄似楚囚,仓皇入蜀悔依刘。从今青史悬疑案,除却来公孰与俦。

——季炳之③

---

① 张膺方(1889—?),河北人,曾任黔军补充旅旅长。北洋政府授陆军少将加中将衔。
② 陈方枬,常德人,曾编《小翠微馆文集》一卷,《寸草吟》一卷。
③ 季炳之,曾任陈宦直辖的独立旅长。

上将姻兄秀豪先生千古

公革命巨子也,死国难,其丰功伟烈他日国史自有佳传,兹不具详。独是长城既坏,天下哀之,而俊之哀更不同于他人者,盖俊之妻与公之妻兄弟也,我非子琅而公真子路,其好勇也,与子路同其死难也,亦无不同。忆昔羊城联袂,燕颔称奇,遂由姻娅而订惠难之交,闻变后即拟轻身赴渝,以投凶暴之一烬。惟老母在,不许友以死。扼腕者久之,兹承公启,俊不文,未克阐发幽光,勉成十绝,亦以歌代哭之意耳。诗云乎哉。

盖棺而后论英雄,手挽民权倡大同,万里关山劳国是,救亡政策庆功同。

功成不伐退归田,解甲遨游乐性天,美雨欧风赏饱后,维新东亚著先鞭。

祖国频年起内讧,邦基未固怆孤忠,满腔酝得伤心泪,洒向巴山暮雨中。

逆谋又欲破荒天,从虎从龙竞后先,国是日非思补救,西南奔走会群贤。

鄂西子弟苦遮留,部署戎行讨贼酋,讵料屠龙先断腕,巴山夜雨阵云愁。

熏得异趣总殊途,幽禁贤豪在古渝,坏我长城天不管,彼苍未免太模糊。

传来噩耗遍黔中,志士仁人哭我公,国事艰难争一死,英雄末路血流红。

情逾骨肉谊葭莩,臂助无由负负呼,凭吊忠魂空洒泪,黔江夜夜听啼乌。

法统重光民意尊,追封上将慰忠魂,名垂竹帛青山寿,国史流香裕后昆。

论公自有大文章,勉献芜词藉阐扬,泉壤于今应瞑目,中原世世荐蒸尝。

——严培俊

五律四首

江汉灵奇炳,光芒日月悬。痛心忧国是,屠□倡民权。负笈韬钤裕,同胞义勇全。扶桑旧游处,轶事到今传。

大陆龙蛇起,宏开国体新。九州同复汉,三户竞亡秦。创造资雄杰,艰危动鬼神。功成还解甲,珍重岁寒身。

万里乘槎返,天南又鼓鼙。家山惊风鹤,父老望云霓。护法情何壮,伤时意倍凄。那堪师未捷,星陨大江西。

法统重光后,群贤庆汇征。抗章陈大节,优答表荣名。官秩元戎拜,勋劳大史评。千秋祠庙在,遗烈想峥嵘。

——高振魁[①]

血溅石家庄,吴公志未伸。革命不彻底,酿出帝制声。洪宪被天诛,接踵复辟生。违法兼护法,几次战和争。蓝公当此际,东走与西奔。鄂中佳子弟,愿占[瞻]马首行。风声传北地,朝野尽怀惊。指日黄龙府,痛饮祝功成。不期奸险辈,妒忌性难平。彭

---

① 高振魁,曾任山东德县兵工厂总办。

来遭难处,大将星复沉。兵燹今犹甚,民生苦莫名。彼苍胡不吊,砥柱中流倾。

——高冠英①

满江红调

肇造共和,已建树非常事业,功成解甲游欧美,又何高洁?返国唏嘘伤内乱,还乡誓击江中楫,继西南护法奋兴师,耗心血。鄂西地遭挫折,重庆地遭残贼,叹如斯疑案凭谁判决?!一死却蠲身后累,九原定会诸先烈,环询民国真谛,仍虚肠胥裂。

——赵守中

祭文一首

维中华民国十二年六月十日,旧友傅维四等恭设肴酒香楮致祭于陆军上将勋四位达威将军蓝公秀豪之灵曰:

君幼读于汉阳兮,早慷慨而激昂。谓文事必兼武备兮,慕远游而求学扶桑。执长枪与大戟兮,常中夜以彷徨。愤国政之不修兮,陋专制于武汤。冠义勇之军兮,始一露剑气之光芒。学既成而归国兮,心耿耿而不忘。初治军于鄂辽兮,已声威之大彰。幸政治革命之成功兮,起义遥助乎武昌。息妖氛与胡虏兮,俾汉族而重光。迨功成释甲而远游兮,采欧美之良法以图强。奈天心之不厌乱兮,遍旗帜之纷庞。经复辟与毁法兮,叹混杂之无章,视沉沦于法劫兮,嗟世运之颓唐。恨不斩佞人之头兮,乃引剑而恨长。据荆施之一隅兮,师不饱乎宿粮。尚征求而无苛兮,恐斯民之不康。卒有才未展兮,竟遭妒于众盲。横遭鬼蜮兮,功未竟而身戕。痛不愁而遗一兮,致兹恨与彼苍。感时序之易逝兮,已三历乎春阳。怅关山之难越兮,槮莫归乎故乡。望英灵之在天兮,任寥廓而翱翔。愿都门而重莅兮,若生聚于一堂。集兹会而追悼兮,惟义酒与仁浆。其来歆与来格兮,盍一醉而千觞。呜呼哀哉。尚飨。

——傅维四

挽文

呜呼!舅父生于前清专制淫威之下而谋改革事业,留学东瀛,队成义勇,及言旋故国,治军辽鄂,武昌起义,率师北伐,而共和乃定,妇孺莫不知名,复辟变后,国事日非,痛念时艰,隐忧在抱,遂历闽浙粤桂滇黔川鄂诸省,与当代豪俊共救危亡,及至鄂西,伸大义以讨贼,军败入川,小人肆毒,大厉生灾。舅父之勇烈世尽知之,

---

① 高冠英,留东振武学生。辛亥年(1911年)率敢死队参加汉阳保卫战。历任陆军部会计审查处一等科员、陆军二等军需正兼一等军需正、陆海军会计处一等科员、陆海军会计审计处二等科员、国民政府审计员科长、审计部协审等职。

舅父之苦心人未谅之,何必心瞿百回,血流三丈,而早已地起愁云,天飞冤雪矣,呜呼痛哉,犬不左牵,辙难愈突,终军所以被害,来歙因之速亡,刘郡十步九计,而竟少成功,邓飔四达八□,而转伤非命,方期示像于全球,讵料招魂于西蜀。白草青燐,孰恤蒋侯之骨;庥旌冷翠,难归襄老之尸。生前则为国忧民,屡遭颠踬,身后则舅母弱妹,莫继瓮飧。天实为之,谓之何哉?今者海内君子感舅父之忠烈,致追悼之隆仪,请政府追赠上将,并付史馆立传以垂不朽,舅父之目可以瞑矣,舅父之心亦稍慰矣。甥母鸰原抱痛,徒望幽渺,以致哀思;甥亦小草无知,奚所瞻依,而成宅相。风冷渭阳,莫陈燕北。伏冀弓刀自动,即为来享之。征魂兮归来,莫作思乡之梦。

——范申林[①]

(以上录自《蓝上将荣哀录》,约 1926 年,未刊)

哀 蓝 天 蔚
袁克文

世丁丧乱,矜才者杀身,市德者致危。观夫蓝天蔚之死,益信然矣。天蔚之为人也,进则驰骋疆场,策筹帷幄;退则吟哦风月,啸傲江湖。其抱负文章,靡弗超迈。昔相与盘桓于京华也,已解甲兵,放怀诗酒,然犹击剑奋兴,有揽辔天下之志。环视雄冠剑佩之流,无或及天蔚之矫健不群者。故辄以远祸待时讽之,冀其顺天人之机,而拯四方之难焉。呜呼!今乃昧于天变,轻举戎旅,复矜才定蜀乱,市德惠蜀民。遂构忌嫉,竟杀其身,不亦哀哉。岂无才叛德者,独能善其身耶?然才足杀身,必也敛之;德足致危,必也晦之。敛才晦德,以待天下之用,庶免夫丧乱之世矣。彼杀天蔚者,乃以其自杀布告于众,不思诱擒之际,尽没其械,并其囊箧,矧囚禁之地,宁容其以械自随?然自杀之器,胡由而至欤?天蔚见害,弗辨而昭!虽云惨恨,亦其自贻。世之好矜才市德者,可以知所藏矣。悲夫!

(寒云:《哀蓝天蔚》,《晶报》1921 年 4 月 20 日,第二版)

蓝 天 蔚 墓 表
章太炎

民国十年三月,黄陂蓝君没于巴,非疾也。先已授陆军上将衔,勋四位。期年赠陆军上将。又三年,还葬于武昌。其夫人邓观智、弟文蔚,以事略求表。

---

① 范申林,蓝天蔚之妹蓝菊娣《蓝氏宗谱》载:女一,适范氏。(《蓝氏宗谱》卷八,第 31—32 页)范申林即蓝菊娣与范氏之子。

按君少喜兵,清末游学日本,以士官肄业。先后累任暂编第一镇、改编第八镇参谋,第三十二标统带,湖北督练公所参议,奉天第二混成协统职。

性豪健,好酒及色,而能知夷夏大别。在日本时,与黄兴等游。任至偏将,清廷不知忌,同志不以为疑。宣统末,武昌兵起。君与吴禄贞、张绍曾密谋应之,先与合请清政府颁十九信条,得许,绍曾遂解兵。未几,禄贞被害。君走大连,间关至上海。时南都已设临时政府,知君习辽东事,命为关外都督,与以兵舰及陆军三千人行。住军芝罘海中,传檄关外,豪杰应命以千数。会南北和议成,遂解职去。借以名将杖顺北伐,及清亡未尝要利禄,远游海外,故时人称其高。

然襄回十年,卒不幸以陷于死。尝其囚时,余驰书救之,不能得。岂所谓能修其内而忘患于外者欤?故表其举义始末,著于墓道。

君讳天蔚,字秀豪。民国四年以后,其事在国史。章炳麟撰云云。(《章太炎撰蓝天蔚墓表》,《兴华》1926年第23卷,第38期,第26页)

挽　蓝　天　蔚①

田　桐

肝胆为重,头颅为轻,名将例不令终,花发杜鹃春送别;四海皆家,万物皆子,故国偶然卜葬,月明黄鹄夜归魂。(田桐:《挽蓝天蔚》,《太平杂志》1929年第一卷"笔记·革命闲话",第72—73页)

追挽秀豪先生②

王季绪

生死等平常,男儿死战场。义烈千秋在,将军片刻亡。

绪不能诗,悲愤之下,更不能成,聊作俚词,以志哀悼。

(《中国现代英雄(二)·国难中之中国英雄录》,《文化论坛—现代中国》,《文化论坛社》发行部,1932年,第5—6页)

---

①　田桐在该挽联前谓:蓝天蔚,号秀豪,黄陂人。壬寅(1902年)、癸卯(1903年)间,在日本大倡革命,以故有重名于留学界中。性豪爽,心地殊光明,与其个人交,则薄于己而厚于人也。好挥霍,钱至,遍送诸友,不问次日。惟作事少主张,易为人所摇,故与作私交则宜,共公事不尽宜也。民国九年春,兵败于施南,退走川境,川人解其武装,复加监视,以致暴死渝中,人杀自杀之说,聚讼六年矣!丙寅春,归葬武昌卓刀泉,身后只遗一女。

②　按:1903年,王季绪曾为拒俄学生军队员。王所述"蓝时充兴中会教练事",应便指的是蓝天蔚操练学生军之事。北洋工学院代理院长王季绪绝食而病,蓝天蔚夫人前往探病,得邀接见,相见之下,王又雪涕不已。盖王昔日留学日本帝国大学时,与蓝天蔚过从甚密。蓝时充兴中会教练。突遭狙击。王斯时追怀往时,能不神伤。即榻手占一绝,以赠蓝夫人,诗曰:赋吊(追挽秀豪先生)

附录三　相关档案资料汇编

留学生自治要训

在日本长久留学的人,多养成日本式的生活习惯。就算返回中国,由于不高声谈笑,人们便知道其人当是留日学生——这些事在中国小说中,多有描写。

当时在留学生中流行一本《留学生自治要训》的书,上面详细写着应注意的事项。这是当时在留学界非常流行的一本讲述留日生活心得的书。引录如下:

留学生自治要训:

——往来道路须靠左行。

——在路上遇见友人,不可扬声呼唤,也不可久立路边闲聊,稍作倾谈,行过礼即宜分手。

——不可随地吐痰。

——不可随地小便。

——前往参观时,要认清出口、入口,不可大声谈话。

——进入陈列所时,不可随便打听价钱。

——对下女要庄重(不可开玩笑)。

——电车满座之时,应让座与老人、小孩和妇人。

——电车内不可抽烟,或盘腿而坐。一待车停定后,始可上下电车。

——室内要打扫干净。一律不要穿着拖鞋进入屋内。

——夜间不要大声呼叫。

——厕所的木屐和草鞋,只许在大小便时穿着。

——大小便要排在便器中。

——入浴之际,先把下半身洗干净,才可进入浴池里。

——痰要吐在痰盂里。

——就寝时要熄灯。

——不能代收别人的挂号邮件。

——同住者写信时或温习时,不要在旁打扰。

——他人书桌上的书籍或抽屉中的物件不可乱翻。

——慎密保管手表及金钱。

——衣服要清洁。

——夏天也不可赤身露体。

——访友之时,请先打听是否在家,呈上名片。当入屋时,要脱下鞋子进入。

——在室内应坐下,不可徘徊打转。

——出入房间之时,应要行礼。

——在吃茶果子时,应用筷子夹起,放在左手手掌中才吃,不可把筷子立即送入口中。

——食物掉落在席上时,应该拾起放在厨房一角,不能再放回口里。

——不要随便打听别人的年纪。

——出入之时,要记得关上门户。

——不可吃冰。

——日本的米难消化,不可吃太饱。

——要多运动。

（实藤惠秀：《中国人留学日本史》,生活・读书・新知三联书店 1983 年版,第 165—167 页）

清国留学生会馆章程

章程

定名

本会馆为清国学生所公设,故名曰清国留学生会馆。

宗旨

联络情谊,交换智识。

职员

一、总长一人,总理会馆一切事务。

二、副长一人,襄理会馆一切事物。

三、干事十二人,分掌会馆一切事务。

书记　四人

会计　二人

庶务　二人

招待　三人

书报　一人

评议员

评议员由各学校团体选出(另有表)。

遇重要事宜,评议员与干事协议。

赞成员

凡捐款资助本馆者,推为名誉赞成员。

凡捐助巨款实力提倡本馆者,推为特别名誉赞成员。

选举

总长推总监督任之,副长推监督任之,干事由众公推。

选举干事于大会日行之,用投票之法,满二十票者为当选。

总长及副长常任干事每半年更举一次,不得连任。

凡年满十五岁者,始有选举权。

干事会及评议会

干事于每第[周]四来复日集会一次,协商一切事宜。

评议员每两月集会一次,与干事会合行之。

凡遇重要事宜,干事会与评议会协议商定。

凡遇重要事宜,干事会与评议会均得开临时会。

会馆细则及各项细章由干事协定之。

章程如有变更,由干事及评议员先拟草稿,经众公认,报告总副长。

凡干事会与评议会议事,其可否以多数为准。

附款

干事如有他故不能莅事者,临时由各干事公议,嘱托他人代理。

凡评议员有他故或地远不能到会者,得以通信述其意见。

经费

经费分常年、预备二项,常年费以各学生年捐及他项常年捐款充之。预备费以捐助金充之,以备建立会馆及不时之需。

每学生常年捐经费银三圆,每两月捐洋五角,不得积欠。

常年用费须量入为出,以俭省为主,如常年费不敷,动用预备时,须由各干事会议报告同人。

除会计处常存现银五十元外,余存确实银行。用时须两会计签字,方可支取。

杂则

凡内地东渡学生先行函告会馆,由会馆派人招待之。

会馆中酌量购置书报及运动器具,以备同人游息之用,有人捐书籍仪器等物,馆中当珍什藏之。

会馆经费如有盈余,当再议扩充一切事宜,如译书办报之类。

每半年将会馆中出入度支所收捐款及一切紧要事物刷印报告一次。

暂租东京神田区骏河台铃木町十九番地房屋一所为会馆兼办理事务及寻常会晤之所。

(清国留学生会馆干事:《清国留学生会馆第二次报告——卒业留学生附录》,1903年3月1日,第3—6页)

神田警察干涉解散义勇队之经过

成立仅五日,神田警察即来干涉,请王君嘉榘、钮君永建、张君肇桐、林君长民四人,往警察署。时钮张二君不在会馆,即由王林二君往见。其问答之词如下:

问:闻贵国留学生因满洲问题有义勇队之设,确否?

王答:有之。

问:闻队中规则及组织,有队长,有军曹等名目,是与军队无别。此事于日本外交上颇有阻碍。

林答:此事虽名为队,其内容不过练习体操,并无军械、军服,不能成为军队。

问:留学生监督知之否?

王答:知之,昨日已有命嘱吾等废止。但此次创立此举时,本因俄国七条条约,并俄使宣言欲收东三省入俄版图而起。据目下情形,七条之约已经取消,此事照原定规则,已议停止。

(问)体操时有用铁铳否?

(答)无之,但会馆中本有体操器械,即不关满洲问题,留学生亦时至练习。

(问)练习时人数过多,邻舍闻之,亦颇张皇。

(答)林:教育的体操亦与乱暴举动不同。

警察长言:教育的体操尚无妨害,若组成军队,则日本有主权,不能不干涉。

(答)林:并非军队,此事当俄使宣言号外发行时,本度即日开战。则留学生等当即日返国,彼时成军与否,系在敌国国境,并不在贵国也。若今日情形,则在贵国一日,便为一日学生,与军队实不相类。

警察长言:君等爱国之心,实在可敬。

(答)林:此为有生所同具,无所别于众。

警察长言:自表面视之,实有军队形式,务望速解。

(答)林:照规则办理,自当解队,但体操为体育起见,仍时常练习。此于外交主权等问题,似不相关。今晚当有覆信。

(《留学界纪事》,《浙江潮》光绪二十九年第四期,第 11—12 页)

军国民教育会公约

第一章　定　名

本会名军国民教育会。

第二章　宗　旨

养成尚武精神,实行爱国主义。

第三章　会　员

一、会员以留学生中同志者组织之。

二、名誉赞成员以援助或为本会尽力,或助本会经费,本会之官绅士商组织之。

第四章　职员及选举法

本会职员分平时、临时两种。

一、平时职员

甲、教员:无定员。

乙、事务员:经理员四人,书记员三人,会计员三人,运动员无定数。

丙、执法员三人。

丁、职员长一人。

教员不限,会员由会中公请。特派员、事务员及执法员,皆由众公举,惟运动员得参用推举公认自认之法,运动规则别定。职员长由职员中自行推选。职员任期以半年为率,连举连任。

第五章　会员之责任

一、会员当确守本会宗旨,扩张本会事业,负保全国土扶植民力之责。

二、会员遇国事危急之时,有遵依宗旨担任军务之责。

三、会员有互相亲爱、互相教学、互相劝勉之责。

四、会员有调查内地军情,及联结他种合于本会宗旨之团体之责。

第六章　会员之权利

一、会员皆有议事、决事及举人、被举之权。

二、会员皆有查究会务及质问职员之权。

三、会员皆有受会中保护、援助之权。

第七章　入会及告假除名

一、有志入会者,须由会员介绍,开会时经众公认,方得入会。

二、会员如有事故,可申明理由,暂请告假。

三、会员有犯本会公约者,可由执法员提议除名,由众公决。

第八章　功　课(另有表)

第九章　经　费

一、义务捐,会员月输义务捐四角。

二、特别捐,会员于月捐外有加捐,或海内外绅商有乐为提倡捐助者,统作为特别捐。义务捐于每月大会时,由本人交会计员。募集特别捐为会计及运动员之专责,惟会员亦皆有集劝之义务。

第十章　会议

一、会期:会期分二种。

甲、经常会期会员会,每月一次;职员会,半月一次。

乙、临时会期,遇有要事,得开临时大会,或临时职员会。

二、会规:

甲、会期由书记先时函告,或由通信员驰告,事急时添举书记专司报告,即名通信员。

乙、开会时应公推临时议长一人。如反对、赞成,其数适均,议长得决定之;又辩论者或妄用意气,节外生枝,议长得劝止之。

丙、开会时设纠议员三人,即以执法员当之。

丁、举人决事,均参用投票举手之法,少数必服从多数。既决,不得争执。

戊、开会闭会,均有定时,不得后时而到,先时自散;违者议长及纠议员有诘问及阻止之责。

己、在会场时,不得任意谈笑,不得作种种轻薄之态。

庚、开会时书记官有记言、记事之责。

第十一章　附　则

一、本会之各约章,得随时公议修改,或另订临时公约。

二、本会总事务处暂设日本东京神田区骏河台铃木町十八番地中国留学生会馆。

附临时公约:

一、此公约之目的在拒俄。

二、本会会员当服从公约,犯者由执法员提议,公决处罚。

三、本会会员当振作精神,执行义务,依所定时刻,会员操演时刻及职员治事时刻到会,违者由执法员提议,公决处罚。

四、本会会员当互相亲爱,见同人过失,可随时当面规劝,不得漠视,亦不得腹诽,背后讥诮。

五、本会会员遇有患难,当竭力互相保护救援。

六、本会会员当有事时,不得无故喧扰,宜整齐严肃之气象。

七、本会会员遇危急时,不得意存退避,故意巧言阻挠,致惑人心;犯者公议处罚。

八、本会会员当坚守宗旨,勿为他人淆乱本意。

九、未出发之前,当时时警戒整齐,不可以时优势缓,意存怠忽。

十、有出发之期,当一致勇于前进,不得意存畏葸,贻误大局。

十一、此公约既经公认,执法员依此施行,当严行查究,不得玩视。

议毕,皆呼军国民万岁。是夕职员集议于会馆,公举职员长及分任事务。(《江苏》光绪二十九年第二期,第18—21页;《浙江潮》光绪二十九年第五期,第1—5页;《东京军国民教育之成就》,《苏报》光绪二十九年四月初三日,第一页)

湖北营务处四所总办参议帮办暨提调谘议协议差委各员衔名调查表

参谋所		
总办	湖北布政使	李岷琛
参议	补 用 道	札勒哈哩
	特 用 道	宝 丰
帮办	署湖广督标中军副将记名总兵	张 彪
提调	武昌府知府	梁鼎芬 (现署盐道候补知府)
		黄以霖 (现署武昌府)
	黄州府知府	汪凤瀛 (现署汉阳府)
谘议	奏保尽先选用知县	刘邦骥
	奏保举人	刘道仁
	武普通中学堂教员	舒清阿
	武高等学堂教员	蓝天蔚
协议	管带第一镇炮兵乙营都司	龚光明

执法所		
总办	湖北按察使	岑春蓂
参议	补 用 道	札勒哈哩
	特 用 道	宝 丰
帮办	署湖广督标中军副将记名总兵	张 彪
提调	武昌府知府	梁鼎芬
	候补知府	彭觉先
	候补知府	周以翰
谘议	奏保尽先选用知县	刘邦骥
	奏保举人	吴茂节
协议	管带第一镇左协一旗丁营都司	宝 瑛
督操所		
总办	湖北督粮道	谭启宇、卢悬（未委）
参议	补 用 道	札勒哈哩
	特 用 道	宝 丰
帮办	署湖广督标中营副将记名总兵	张 彪
提调	候补知府	黄厚成
	候补知府	齐耀珊
	候补直隶州知州	许鼎钧
谘议	奏保尽先选用知县	卢静远
	指分江苏试用县丞	单启鹏
	武普通中学堂教员	应龙翔
	武高等学堂教员	萧开桂
协议	管带第一镇炮兵丙营都司	王遇甲
	管带第二镇炮兵甲营都司	万廷献

经理所		
总办	湖北盐法武昌道	继　昌 （现补江汉关道）
参议	补用道	札勒哈哩
	特用道	宝　丰
帮办	署湖广督标中军副将记记名总兵	张　彪
提调	候补知府	汪凤瀛
	黄州府知府	冯启钧
	夏口抚民同知	易甲鹇
	武普通中学堂教员	易迺谦
	武高等学堂教员	敖正邦
协议	管带第二镇左协一旗丙营都司	萧先胜
	管带第二镇工兵营都司	邓承拔
委用	管带第一镇左协旗丁营司	蒋政源
	管带第一镇左协三旗甲营都司	张长胜
	管带第二镇左协二旗甲营都司	杨正坤
	差委选用知县	吴殿英
四所差委		
	武高等学堂优等肄业生布理同衔	蒋绍霓
	武高等学堂优等肄业生附生	张齐名
	武高等学堂优等肄业生监生	罗崇勤
	武高等学堂优等肄业生兼本 处卫队管带县丞	徐秉书
	武高等学堂优等肄业生附生	程　夔
差遣		
差遣委员	候补知府	丁柔克
文案收 支发审	试用知县	宋　灿

续表

四所差委		
文案	试用通判	徐家模
收费 核对档	试用巡检	查锦枞
听候差遣	试用府经历	张炳垣
听候差遣	两淮盐巡检	程宜福
听候差遣	候选从九	刘春莹
听候差遣	二品荫生	常文炳
听候差遣	优先守备	许　鈜
听候差遣	抚辕武巡捕千总	马立朝
听候差遣	武昌城守营四司把总	欧阳胜
听候差遣	应袭骑都尉	刘秉忠
听候差遣	把委	刘应禄
听候差遣	外委	王清祚

（《湖北营务处四所总办参议帮办暨提调谘议协议差委各员衔名调查表》,《申报》光绪三十一年二月二十八日—二月二十九日,第三版）

清末任职各省督练公所三处留日学生表

督练公所 所在省区	参　谋　处	兵　备　处	教　练　处
直隶	总办：聂宪藩		
直隶	总办：陆　锦　童焕文	帮办：刘　询 提调：贾德耀　王汝勤 吴鸿宾	总办：章亮元　张绍曾 帮办：耿觐文 提调：高尔登　祺　昌
山西	总办：王季寅　姚鸿法 总办：温寿昌	总办：姚鸿法（兼） 元　寯	
山东	军事参议官：陆　锦		
河南	军事参议官：管云臣	总办：吴　蔚	帮办：景　启
陕西	军事参议官：毛继承		
江北	总参议：蒋雁行		

督练公所所在省区	参 谋 处	兵 备 处	教 练 处
两江	总办:吴绍麟	帮办:吴 晋	提调:吴 晋
江西		总办:张季煜	
湖南			帮办:蔡 锷
湖北	帮办:齐耀珊 宝 瑛	帮办:刘邦骥	帮办:冯启钧 吴元泽 提调:蓝天蔚
浙江			帮办:蒋尊簋
福建	军事参议官:岳开先		
广东	总办:吴锡永 吴 晋		总办:吴 晋 姚鸿法
广西	总办:蒋尊簋 赵学方	总办:蒋尊簋 蔡锷 帮办:钮永建 杨曾蔚 方声涛	帮办:蔡 锷
四川	总办:吴钟镕 施承志	提调:黄毓成	帮办:叶 荃
云南	总办:胡景伊 殷承瓛 提调:唐继尧	总办:华振基 高尔登 胡景伊	总办:韩建铎
奉天	总办:管云臣 总参议:蒋方震		提调:张世膺

（尚小明:《留日学生与清末军事改革》,《戊戌维新与清末新政》,北京大学出版社1998年版,第247—248页）

战时高等司令部勤务令

目次

第一篇　总则

第一,本命令就高等司令官及其司令部内各机关的战时勤务事宜概要作出了规定,希按照本规定执行,如无妨碍,由高等司令官负责实施。

第二,高等司令部具体指以下机关:

① 军司令部

② 师团司令部

③ 旅团司令部

④ 台湾总督府

⑤ 对马守备队司令部

⑥ 留守师团司令部

⑦ 留守步兵旅团司令部

第三，各高等司令部自动员完毕之日起至复员之日，须按照本命令勤务。

第四，一般来讲，第二篇以下的各项规定仅适用于野战及留守的高等司令部，但台湾总督府、要塞司令部、对马守备队司令部及台湾守备混成旅团司令部的战时勤务，除有特别规定之外，台湾总督府、要塞司令部、台湾守备混成旅团司令部分别按照军司令部、师团司令部、旅团司令部的规定执行。

第二篇　军司令部

第一章　军司令官

第五，军司令官直接隶属天皇，指挥军团，负责军团运营以及卫生事务。

第六，军司令官根据需要，命令各机关部长实施。具体的实施方法由各部长根据实际情况制定。但涉及到各部的共同事宜，为了步调一致，如果可能的话，召集并命令各部相关人员协商具体的实施方法。

第七，军团作战区域内如果有要塞的话，军团司令官有权下令让要塞协同作战，但是不能干涉要塞的内务以及运营。当□□因为战争等原因，军团需要使用军港（要港）所在地的要塞时，二者要协调一致。此时军团司令官要按照防务条例第八条，调整和战时指挥官的关系。假如向派遣军队，需要根据天皇的临时圣旨处理军团司令官和台湾总督的关系。

第八，当交通不便，军团远离大本营，或者不设大本营时，以天皇临时圣旨方式赋予军团司令官便宜行事的权限。

第二章　军团参谋部

第九，军团参谋长的职责如下：辅佐军团司令官，监督实施司令部的一般事务，谋划战略计划和指挥事宜，收集各种材料，帮助军团司令官做出决策。有时提出方案，而适时地将军团司令官的命令、指示下达到各部并督促他们执行。军团参谋长根据各参谋的优点，分派任务。

第十，军团副参谋长根据参谋长的指示，代表参谋长，归纳整理幕僚的工作，时刻注意军团的给养、补给、卫生等事宜，如有欠缺，及时军团后勤部长、军医部长交涉，不断通报兵站，互通情况。因此，军团副参谋长的职责是每当发生上述情况都要向参谋长汇报，接受其指示。

第十一,各参谋按照参谋长的指示,从事作战、兵站、运输、通讯、谍报等工作。

第十二,参谋部事务分科大致要遵守以下规定:第一科负责制定行军、战斗、宿营等作战事项计划,并撰写相关报告,撰写机密作战日志、作战一览表、军中日志、战斗详报,向大本营以及师团司令部汇报。(米彦军译:《战时高等司令部勤务令改正件》,1903〈明治36年〉10月,"亚洲历史资料中心"(http://www.jacar.go.jp/chinese/)

1907年11月赴日考察人员名单

日　　期	氏名	所在官厅	派遣官厅视察内容、目的
1907年11月	徐绍桢	第九镇统制陆军部	演习见学
	哈汉章	军谘处副使	
	李士锐	驻日留学陆军学生监督	
	刘洵	北洋督练公所兵备处帮弁	
	马良	第六镇正参谋	
	蓝天蔚	第八镇第三十二标统带官	
	扎拉芬	第一镇管带	
	叶振基	游历官　南洋大臣	陆军、军马补充等
	刘荃业	游历官	
	庄鄂	游历官	陆军、炮兵、工兵
	王遇甲	游历官	炮兵
	唐树概	游历官	陆军都督部、后勤
	严槐林	游历官	
	刘宗杰	大使馆通译官、学部谘议官	驻日公使馆　教育
	高逸	学部谘议官	
	卢鸿章	浙江海宁州吏提学使	自费游历

(熊达云:《近代中国官民的日本视察》,《山梨学院大学社会科学研究所丛书》3,山梨学院大学社会科学研究所1998年版,第54—55页;汪婉:《清末中国对日教育视察的研究》,汲古书院1998年版,第38—39页)

袁世凯复陈校阅陆军会操详细情形折

（1906 年）

会操之始,必注重编制,此次系在驻扎山东之第五镇内,抽拔步队一协,马队一标,工程队一营;在驻扎南苑之第六镇内,抽拔步队一协;在驻扎直隶之第四镇内抽拔炮队一标,编作混成第五镇。又在京旗第一镇内抽拔步队一协,马、炮队各二营,工程队一营,编作混成第一协,合成为北军一军。派统制段祺瑞暂充总统官。复调集驻扎湖北之第八镇全镇;驻扎河南之第二十九混成协全协,合成为南军一军。派张彪暂充总统官。共计两军官佐弁兵夫役三万三千九百余员名。此外两军之大小接济、架桥、卫生、军乐、电信等队均亦配置相等……此编制之情形也。

编制既定,则筹备军需,实为要务。此次两军炮械、车辆、马匹、服装等项,均由各该省督练公所先期筹备。计南军用过山炮五十四尊,陆路炮三十六尊,步枪九千二百九十四杆,马枪一千零八十杆,接济车三百九十三辆,弹药车三十六辆,乘用马骡一千二百四十三匹,军服皆系蓝色。北军用陆路炮五十四尊,过山炮三十六尊,步枪九千二百八十八杆,马枪一千一百一十六杆,接济车四百一十五辆,弹药车五十四辆,乘用马骡一千五百匹,军服皆土黄色。至应给无箭子弹,照章每枪五十出,每炮八十出。军粮一项,会操期内,除照常支给外,另备新法配制之干粮,按时发给,而皆用大小接济队以往来输送于其间。此筹备之情形也。

南军第八镇于八月十五日在湖北开拔。由京汉铁路至河南卫辉府,旋分队赴新乡以北,淇县以南,自行演习。第二十九混成协则先期自开封拔队至郑州西北一带操演。十六、十七等日始开行至新乡与第八镇会合,三十日在卫辉府附近全军合操一次,九月初三日即齐集淇县北关一带。

北军混成第五镇于八月初六、十七等日,各由驻防地开拔,二十日后,全抵广平府,旋分队在广平府北界之曲甫市及邱县自行演习。混成第一协,则于八月二十日自保定拔队,由铁路至邯郸转赴邯郸所属之码头镇操演,三十日在码头镇与混成第五镇会齐,亦全军会操一次。

九月初三日,即齐集彰德府北界之刘家辛庄及丰乐镇一带。至此,两军既成对垒之势,于是南攻北御,乃得就阵局所布,以各施其战略。此调拨之情形也。

用兵之道,因敌情地势而异,非侦骑得力不为功。马队者,师之耳目,全军所恃为向导者也。故战斗之始,必先用马队宿营于彰德南关,彼此均磨砺以须,跃然欲试。初五日各按方向,搜索前进,至汤阴东南后小摊士得村之间,两军相距约八九里,旋各发现展布变换队形。南军腾踔而前,奋呼突阵,北军好整以暇,按辔徐发。

一转瞬间,蹄迹交错,几于梃刃相寻,遂即鸣号停战。是为交锋之始。初六日南军由汤阴北进,比知北军将次南下,遂分队迅速渡河。北军闻南军已逾汤河,于是停军汤阴县属之十里铺迤东,分队占据要地。南军既与北军相遇,遂以右翼占据杨庄东北,以左翼全力进攻十里铺等处,并先以炮队轰击北军于洪唐□一带。北军亦开炮应之。继而两军步队,逐渐进攻,互争胜利。卒以南军动作稍形迟缓,其右翼枝队,致受北军猛烈之攻击,颇蹈危机,斯时北军似较得手。臣等虑其长驱锐进,迫压敌营,将无以为回旋之地。因令北军约师而退,暂止于彰德所属之二十里铺、小关庄一带。亦令南军即在汤阴之滦村、十里铺分投屯扎。初七日北军因地为守,并施防御工作,依据沟垒,凭险负固。先以少数步队,散布于彰德二十里铺及小营耳、马家庄等处诱敌致师,再以布、炮队布置新庄山东迤东,预备侧击。另派大枝步、炮队分占钟官屯、王官屯、北马官屯一带为伺便夹击之计。南军势在逼攻,自其屯营地方,分队驰进,陆续北发,先占凉水井、郭村集等处,再以凉水并炮队向北军新庄山地之炮队遥射猛轰,旋用步队乘虚逆袭,攻扑二十里铺、小营耳、马家庄等处,并于郭村集南、马官屯、丁家坡西北一带同时展开。北军遂反守为攻,炮队在钟官屯发炮应战。右翼步队亦向二十里铺前进展拓,意在牵制敌军,抄其左翼。南军乃复增军队,向北马官屯尽锐攻击。此时北军左翼,南军右翼皆各加厚兵力,争衡对抗,战况最为激烈,迫至鏖斗愈酣,势将不可分解。于是发号令其停止,至此战局为之一束。此实行演战之情形也。

臣等驰驱战地,连日纵观,并饬各审判官依据战理,秉公详断,如初五日南军马队,距敌尚远,遽尔冲锋,既致紊乱队形,复易疲敝马力,未免稍涉张皇。北军较为稳固,然过于持重,亦觉有误时机,至两军侦探、搜索,未能十分得力,则皆同坐此弊。初六日南军分队渡河甚合机宜,但炮队射击,未足以致敌之命,又进军较缓,致右翼受敌围困,诚不免于失利。然于炮火互施之际,北军右侧暴露过甚,亦属近于危险。初七日北军先据高地,预备侧击。另以枝队诱敌,而于左翼厚集重兵以待之,布置甚是。然枝队未战先退,是使敌军易于觉察,未必即堕其术中。南军先用炮队斜击新庄山地,然后攻扑二十里铺等处,可谓善于捣虚。但各纵队之距离过远,形势转孤。前锋各队,亦未能互相联络,以致团结无力,运动困难,是均有不甚完密之处。臣等纵观三日战况,虽属各有短长,要皆未臻美善。当于操毕时聚集各官长据实裁判,奖其所已至,勉其所未能。并刊发训词,反复告诫,指示行军用兵之要义,激发忠君爱国之天良……

会操已毕,于是进行阅兵仪式。初八日南北两军,全部厉兵秣马,纠纠桓桓,齐集阅兵场,遵照预颁教令,依次排列,肃静无哗。臣等率诸将佐衣军礼服,佩刀乘马,周巡阅视。中外观操人员,亦相率敬谨参观。乐奏崇戎,礼隆收伍,声容既极其壮盛,部勒益见其精严。迨阅兵礼成,复于彰德城内,设宴大会,觥筹交错,兵僚尽欢。于班师振旅之先,寓饮至策勋之意。至是,而臣等校阅之事,始一律告竣焉。

……至就四省军队分析衡论,湖北一镇,经督臣张之洞苦心孤诣,经营多年,军容盛强,士气健锐,步伐技艺,均已熟练精娴,在东南各省中,实堪首屈一指。其犹不无疵累者,则以越疆远出,地形生疏,故于作战应敌,部署未能悉当。……（《复陈校阅陆军会操详细情形折》,光绪三十二年九月十五日,《袁世凯奏议》下,第1389—1393页）

陆军会操南北两军编制、缮单:

南军:总统官张彪,总参谋官刘邦骥。

第八镇,统制官黎元洪,正参谋官蓝天蔚。步队两协,计十二营,马队一标,计三营,炮队一标,计三营,工程队一营。外卫生、军乐、电信等队。

第二十九混成协:统领官王汝贤,参谋官聂庆恭。步队两标,计六营,马队二营,炮队二营,工程队二队。外架桥、纵列、电信队。

以上南军官佐目兵夫役,共一万七千七百八十六员名。

北军:总统官段祺瑞,总参谋官陆锦。

第五混成镇:统制官张怀芝,正参谋官张绍曾,步队两协,计十二营,马队一标,计三营,炮队一标,计三营,工程队一营,外架桥、纵列、卫生、军乐、电信等队。

第一混成协:统领官曹锟,参谋官罗鸿魁,步队两标,计六营,马队二营,炮队二营,工程队二队,外卫生、军乐、电信等队。

以上北军官佐夫役,共一万六千一百七十二员名。

以上南北两军官佐目兵夫役,统共三万三千九百五十八员名。（《袁世凯奏议》下,第1396页）

陆军会操各国观操洋员:日本国:陆军少将松川敏允、陆军炮兵大佐青木宣纯、陆军步兵少佐柚原完藏。

有各国报馆员名单。（《袁世凯奏议》下,第1396—1397页）

陆军会操方略、命令、报告,汇单:

总方略:南军主力由杨子江岸,分江苏、安徽两路北进,其一枝队利用京汉铁路,侵入河南。北军聚兵山东北界,尚未齐备。

南军方略:南军之任务在速进胁威敌军之侧背,以妨害其聚兵,并力求参与本战,至卫辉府下车,九月初四日宿营于淇县北方,其马队宿营于大赉店附近。

南军总统官命令　10 月 21 日　(九月初四日)午后八钟自淇县发。

一、敌军约一镇以上,本日午后两钟经磁南进,其马队停止彰德附近。

二、本军明日向车屯、宜沟驿前进。

三、独立马队,明早自大道以东及汤阴至彰德方向搜索敌情,并侦察汤河渡河处。预备占领。第二十九协派轻装步队两队为独立马队之支援,于午后三点钟到官庄。

四、第二十九协明早七钟向车屯前进与第八镇联络。

五、第八镇明早七钟半向宜沟驿前进。

六、本军之作战区域,自贯上、姬家屯、牛庄、五子营、西沈头及申家屯、大八角至高庄一带。

七、本总统明早六钟经沟城、新庄、五升屯、大八角至姬家屯。

南军总统官命令　10 月 22 日　(九月初五日)午后八钟自姬家屯发。

一、敌军本日已达彰德南关,其马队约四营,在士得附近停止。

二、我军独立马队宜搜索十里铺、三十里铺附近。

三、第二十九协明早向河关屯、梁庄方向前进。其步队定于午前九钟达汤河右岸。又明早九钟半派步队一营到汤阴东关归本总统直辖。

四、第八镇明早向三十里铺方向行进,其步队亦于午前九时达汤河右岸。

五、本军作战区域,自高庄汤阴东关外经大黄村东至梨园东一带。

六、本总统明早七时半,自姬家庄经将城前进。先在汤阴县北端,后在大道之纵队上。

南军总统官命令　10 月 23 日　(九月初六日)午前十钟自汤阴县北关发。

一、敌军成三纵队,经凉水井、马官屯、谢家坡前进。

二、本军占领黄土岗、七里铺、羑河村一带。拟由此进击。第三十标到汤阴北门外,归本总统直辖。

三、二十九协占领大黄村东端黄土岗高地一带。

四、第八镇占领大黄村,经七里铺、羑河村一带。第三十标到汤阴北门外,归本总统直辖。

五、第八镇炮队二营并十五标炮队归本军炮队协领指挥。占领黄土岗高地射击十里铺、刘家、黄村、博庄等处。

六、本总统在汤阴石桥南。

南军总统官命令 10 月 23 日 （九月初六日)午后八钟自林家黄村发。

一、敌军宿营于十里铺一带。

二、本军明早八钟攻击十里铺。

三、独立马队明早八钟搜索十里铺附近。

四、第二十九协明早八钟,向丁家坡南方开进。

五、第八镇第十六协明早八钟至南马官屯。步队第十五协至郭村集。

六、炮队第八标与第十五标及工程队,在十六协后尾行进至郭村集。

七、步队第三十三标明早六钟到北马官屯归总统直辖。

八、本总统明早八钟经河官屯至北马官屯。

南军总统官命令 10 月 24 日 （九月初七日)午前九钟自梁庄发。

一、敌军在新庄、马家庄一带占领阵地,我军须攻击之。

二、第八镇十五协占领郭村集阵地。

三、炮队在郭村集东南占领阵地,向五官屯、马家庄方向准备射击。

四、步队第十六协在马屯北展开。第二十九混成协在丁家坡西展开,向魏家营前进。

五、步队第三十三标到马官屯南。

六、本总统先在梁庄北、后至马官屯西。

中央审判官报告 10 月 22 日(九月初五日)。

一、南军独立马队,午前十点二十分,到后小摊。北军独立马队午前十点二十分到士得。

二、两军马队,此时均探知敌情。南军马队在观庄西侧开进。北军马队在士得南方开进。

三、午前十点四十五分,南军前进挑战。北军亦进而应之。令其一队在南城望作徒步战。十一点钟,两军马队载东南冲突,损伤相当。南军退至刘庄,北军退至士得附近。

四、两军马队,薄暮宿营如左,南军支援步队在寺台,马队在刘庄,警戒线由宫庄至大光村。北军马队在士得附近,警戒线由南城望至后攸昙。

中央审判官报告　10月23日（九月初六日）。

一、南军列成五纵队,午前九点四十五分进汤河南岸。

二、北军亦列成三纵队,午前十点钟到三十里铺、河官屯一带。

三、南军马队得支援队之助,占领崇召。即以徒步战阻碍北军中央纵队之前进。

四、南军欲攻击敌之右翼,先行展开。占领黄土岗、大黄村、七里铺、羑河村一带。

五、北军欲攻击之右翼,亦先行展开。占领十里铺、林家黄村、西滦村、洪唐□、小张盖、东滦村一带。

六、南军欲向十里铺一带施行攻击,以混成第二十九协,固守杨庄一带,掩护本军右翼。混成第八镇向刘家黄村、十里铺一带进攻。

七、午前十一点半钟,南军第二九协前进杨庄北方,北军炮队,开始射击,南军炮队亦射击以应之。

八、北军亦欲向北店村施行攻击,以右翼队驻守龚官屯、傅庄,掩护军之右翼。中央队俟左翼队进攻,即与之连系,向北店村西方进攻。又以其炮队猛击北店村附近,旋即包围敌军右翼。

九、南军第八镇前进,占领刘家黄村及十里铺一带。北军右翼亦止于三十里铺一带,因未前进,故两不相遇。

十、北军向二十里铺一带退却,其宿营如左。独立马队在大关庄附近警戒左侧。混成第一协在东庄二十里铺、魏家营附近警戒郭村集以西一带,第五镇在马官屯、钟官屯附近警戒郭村集以东一带。

十一、南军宿营如左。第二十九协在岳家黄村及西滦村附近警戒梨园马庄一带。第八镇在杨家黄村、傅庄、十里铺附近警戒梨园南、田村一带,独立马队在崇召附近搜索彰德方向。

中央审判官报告　10月24日（九月初七日）。

一、北军在新庄马家庄北马官屯一带,有迎击敌军之目的……

二、南军侦知敌军在新庄、马家庄占领阵地。即部署攻击。使步队二标占领郭村,步队二标,展开于南马官屯。其余二标,展开于丁家坡。均向魏家营前进。

以陆路炮队二营及过山炮队三营,在郭村集一带占领阵地。

三、南军午前九钟,知敌之炮队在钟官屯集合。又王官屯及马官屯附近有大枝步队。故决意以步队四标向王官屯及马官屯一带施行攻击。于是步队两标由丁家坡向小关庄展开前进。其余两标,由南马官屯向北马官屯展开前进。其一营向马家庄前进。

四、在钟官屯附近之北军炮队,见敌军之步队前进,即行射击。南军炮队,亦即与之应战。

五、向郭村集之南军步队两标,亦与前敌相对开战。在新庄北方高地之北军炮队,亦对该步队施行射击。

六、在马家庄之北军步队两营,开战后直向小营耳退却。南军之步队一营即前进占领。

七、北军以王官屯及北马官屯附近之步队一标,先占领小关庄。又以其两标展开于王官屯北马官屯一带。既而南军步队渐次前进接近之时,小关庄之北军步队,即退守沟垒。南军步队进而包围其左翼。于是北军更以步队一标展开于其左翼。彼此交战,极形猛烈。

八、北军以大道附近及高地上之步队,对于该方而南军步队两标之左侧直取攻势。南军部队对大道附近之敌,亦渐次进攻。而在马家庄之南军步队一营,亦与之协同对敌。

(《袁世凯奏议》上,第1402—1405页)

赴日观操报告书[①]

光绪三十三年十月赴日观操报告目录

第一编　大操前之设备

第一　大操教令

第二　统监部编制

第三　两军战斗序列及军司令部之编制

第四　一般方略及特别方略

第五　演习前之两军制令

第六　两军集合地图

---

① 《赴日观操报告书》不分卷,作者不详,封皮墨题《赴日观操报告书》,卷端书名作《光绪三十三年赴日观操报告书》,无刊记。首有目录,第一编大操前之设备,第二编大操实记,后者逐日记载演习情况,间有附图。

第二编　大操实记

第一　作战第一日

一　关于十五日两军之作战命令

二　关于十五日两军一般之战斗经过

三　关于十五日两军骑兵旅团之战斗经过

四　关于十五日两军之配置略图

第二　作战第二日

一　关于十六日两军司令官之决心及其处置

二　关于十六日两军之战斗经过

三　关于十六日演习后之指导

四　两军司令官得第二特别方略后之决心

五　关于十六日两军之战斗略图

第三　作战第三日

一　关于十七日两军司令官之作战命令

二　关于十七日正午两军司令官之决心及其处置

三　关于十七日两军之状况

四　关于十七日两军之位置图略

第四　作战第四日

一　关于十八日两军司令官之决心及其处置

二　关于十八日两军之战斗经过

三　关于十八日两军之战斗略图

第五　阅兵式

一　阅兵式命令

二　阅兵式附图(第一至第四)

第一编　大操前之设备

第一　大操教令

第一章　卫兵及传令骑兵

第一　大本营卫兵由近卫师团选出,于十一月十三日午后二时前派至特别大演习统监部。

其特别大演习统监部之位置迟日颁示。

卫兵编制如左

卫兵司令　步兵中(少)尉一名

卫兵　步兵军曹(伍长)二名

步兵卒二十六名(内号兵二名)

大本营卫兵之服装悉为军服。

第二　统监部传令骑兵由骑兵第一旅团派骑兵中(少)尉一名,由骑兵第一第二旅团各派骑兵下士一兵卒六(内有号兵一名)于十一月十三日午后二时以前至小山停车场,听候该处统监部员指示。

第三　各军派传令骑兵二骑至所专属之审判官处,如专属审判官及陪从官请加派时,仍由军(师团)承认。

第四　传令骑兵参用辎重兵科。

第五　卫兵及传令骑兵之给养(除属专属审判官者)由统监部支应。

第二章　通信

第六　统监部附野战电信队为中立。

第七　统监部附军用通信所。其有通信权者,惟侍从武官及统监部将校。但演习开始之前日及演习第五日,经统监部承认,军师团及独立步队亦可通信。

第八　军师团电话队之电话,凡审判官及陪从官亦可使用。

第三章

第九　信号用野外勤务书规定之号音及轻氯球信号。

第十　信号氯球之记号,在其下部有黑色之长绦。

第十一　各队留心信号氯球。一见信号,即由该队将校指示号兵照吹号音。

第四章　禁令

第十二　各军演习间,不得使用铁道及向有之电信电话。

第十三　凡破坏军桥及切断电线之事不可实施。

第十四　各军不经统监部承认,不得以电话线添架于统监部用国用铁道用及私设各电信电话线上。

又各军之电话线与他电信电话线并行时,不得接近至二米以内,交义之时不得接近至一米之内。

第十五　各队不许在军用电信电话线近傍焚火,并不许在近傍休息。

第五章　统监部与两军之连系

第十六　两军专属之审判官除野外要务书所定各项任务之外,仍与统监部及其专属之军交通不绝。

第十七　两军指挥官进呈统监部之命令报告,及关于作战各书件,悉交于专属审判官。

此等书件于标名之一侧,东军画一青线,西军画一赤线。

第十八　两军指挥官在未发命令及报告之先,速以其决心及处置之大要,通报于专属审判官。

因演习经过之状况变更其决心时亦然。

第十九　命令报告及他演习诸记事所书地名,均当准照特别大演习地图,但在此地图范围之外,准照二十万分一地图。

第二十　两军应为专属审判官陪从官等于其所属司令部近旁预备宿舍。

第二十一　两军遇有不属其军之审判官陪从官及统监部员等,临时请与其军宿营一处时,亦当承认其,请预备宿舍。

第二十二　两军遇有统监部直属部队,临时请与其军宿营一处时,亦当承认其,请预备宿舍。

第二十三　专属审判官陪从官及临时同该军宿营一处之统监部员等之马匹,并传令骑兵及马丁之给养,由该军担任之。

第六章　土地损害赔偿

第二十四　特别大演习中,土地之损害由统监部赔偿之。各师旅团可查明其损害情形、赔偿数目、文书,交于该地方官,呈报于统监部。但各团队损害土地并无切实理由时,赔偿之款由该团队担任。

第七章　服装及标识

第二十五　参与演习各军人之服装均为军装,其携带帐幕应携带总人员三分之二。

电信电话及氯球队之下士以下可去背囊。

第二十六　有勋者配用勋章、记章,参谋官挂参谋带。

第二十七　西军由十一月十五日至演习完备以前,均于帽檐束以白带。

第二十八　假设步兵大队,以小旗一方,附以兵卒四名;假设骑兵中队者,以小旗一方,附以兵卒四骑;假设炮兵中队者,以小旗一方、炮一门,并炮上所需人马。

第二十九　军用通信所植立曰符号之旗　属统监部者白地画赤,属军师团者白地画绀(红青色)

第八章

第三十　铁道输送途中,除输送计划表中制定之车栈预备茶水外,一切人马给养概不经营。

第三十一　输送部队上下之车栈,由该师团派定人员管车栈司令之事。

第三十二　重要车栈由统监部特派部员整理输送事件,凡输送之部队及车站司令听其指挥。

　　第三十三　输送计划文件及输送卷由参谋本部先期发给。

　　第三十四　输送指挥官及车栈司令各报告与演习报告一同送参谋本部。

统监部编制

东军专属审判官、西军专属审判官

两军战斗序列及军司令部之编制

东军西军司令部编制职员表

第四 一般方略及特别方略

一般方略

东军由高岐附近分东南方两路退却,西军追之,其主力已达川越幸手之线。

另有东军之一兵团经陆前滨街道南下。

东军特别方略:

一 东军第三军之战斗序列另载于前。

二 东军第三军之任务,须攻击利根川左岸之敌,以威胁其主力之侧背。

三 十一月十四日夜,本军之情况如左:

第三师团经佐野栃木退却,其后卫在壬生附近停止,野炮兵旅团先行退却,炮兵旅团先行退却,集合于真冈附近。

军司令部及其附属之辎重在宇都宫。

第三军其余团队由陆前滨街道南进至水户及其南方转向,西行骑兵旅团到真壁附近,第一师团到岩濑附近,野战重炮兵到笠间附近。

鬼怒川之大沼大道泉及下川岛各渡场,均有友军架设之军桥。

四 敌情如左:

追我第三师团之敌约一师团,本日午后薄暮始达永野川之线。

有敌人优势之骑兵已达古河。

据各情报观之,足利及太田附近尚有敌军屯扎。

西军特别方略:

一 西军第三军之战斗序列另载于前。

二 西军第三军之任务,须击退利根川左岸之敌,并遏陆前滨街道敌人之南下。

三 十一月十四夜,本军情况如左:

第十五师团经太田佐野追敌于东北方,本日之夕先头已达永野川之线。

骑兵旅团经馆林向东方前进,其主力已达古河。

近卫师团经境村前进,其先头已达太田。

野炮兵旅团经桐生前进,其先头达于足利。

野战重炮兵大队及重架桥纵列在伊势崎军司令部,与电话队均抵佐野。

四 敌情如左:

我第十五师团前面退却之敌约一师团,其一部现驻扎于小仓川之线。

我斥候目击下岛渡场敌人架有军桥。据土民言,大沼及大道泉之渡场亦有桥梁,敌人车辆由西东渡者甚多。

又有谍报,陆前滨街道敌军纵队似由水户附近转而西行,但樱川以西尚未见敌兵踪迹。

五　演习前之两军制令

东军制令

一　壬生附近第三师团后卫之配备十一月十五日午前八时实设。

二　演习开始前,其余团队对敌之警备全行假想。

三　诸团队之作战运动(舍斥候之出发)十一月十五日午前八时开始。

四　关于十一月十五日作战命令,可利用地方电话及统监部用电话传达。

五　关于十一月十五日军命令,十一月十四日午后二时各师团及骑兵炮兵旅团命令在本日午后四十交于专属审判官或其陪从官。

西军制令:

一　第十五师团在永野川线上之警戒配备应于十一月十五日午前八时实设。

二　演习开始前,其余团队之对敌警备均行假想。

三　诸团队作战运动(含斥候出发)十一月十五日午前八时开始。

四　关于十一月十五日作战命令,可利用地方电话及统监部用电话传达。

五　关于十一月十五日军命令十一月十四日午后二时各师团及骑兵炮兵旅团命令,本日午后四时交付专属审判官或其陪从官,但命令之要职须早通知前记职员。

东西两军兵力位置略图(附图二)

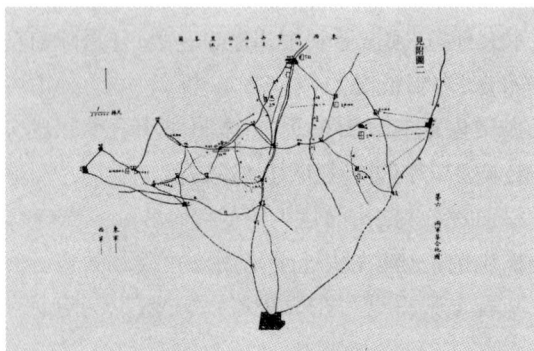

第二编　大操实记

第一　作战第一日

一　关于十五日两军之作战命令

东军第三军命令　十一月十四日午后七时宇宫军司令部

一　追我第三师团之敌兵约一师团,本日午后晚抵永野川之线。尚有敌军优势之骑兵团由西方来到古河附近。

足利及佐野附近,似另有敌军屯扎。

二　我军拟于明十五日在壬生小山线上集结兵力。

三　第三师团之主力午前八时由国谷石桥之线出发,在壬生附近占领阵地,以待友军。

该师团之步兵一大队应拨归军团管辖,限明午前八时以前至上三川附近,掩护野炮兵第二旅团渡河后,可至石桥。仍留一部守备大沼军桥。

四　野炮兵第二旅团午前八时由真冈西端出发,经大沼军桥向石桥前进。

五　第一师团(欠步兵一大队)午前八时由岩濑真壁之线出发,经过谷田贝仁良川及饭塚以南地区,进至结城附近,以一部占领小山附近。

又大道泉及下川岛之军桥务速为守备之。

该师团之步兵一大队午前八时在真壁,即使属于骑兵旅团长命令之下。

六　野战重炮兵第二大队受第一师团长区处自笠间出发,进至下馆。

七　骑兵第二旅团午前八时由真壁出发进,至结城方面搜索佐野及古河之敌情。如能得手,可将古河附近之敌击退于西南方特附第一师团步兵一大队。

八　氯球队午前八时由宇都宫出发,经过陆羽街道,进至石桥。

九　军司令部午前八时由宇都宫出发至石桥。

第三军司令官子爵川村景明

西军第三军命令　十一月十四日午后六时,佐野町军司令部

一　我军前面退却之敌(约一师团)似以一部驻扎壬生附近小仓川之线。

下川岛渡场敌人架有军桥。据谍报称陆前滨街道之敌军。

纵队似由水户附近转进西方,然樱川以西尚未见敌军踪迹。

二　本军先以主力集结于永野川右岸地区,以挑敌攻击之骑兵第一旅团明十五日前进至岩濑方向,以遏水户方向敌军之前进。

三　第十五师团明十五日以主力位置于富山村附近,以掩护本军之集合,且搜索壬生方向敌情。

四　近卫师团明十五日经过馆林,进至藤冈町附近。

五　野炮兵第一旅团明十五日经佐野町进至小野寺村附近。

六　野战重炮兵第一大队及军团重架桥纵列归重炮兵大队,长江口少佐之指挥于明十五日经足利町进至佐野町。

七　近卫及第十五师团之作战地境界由曲岛(和泉南方千五百米)经羽拔大田和越名沼南端至小羽毛田(佐野馆林之中央)之线及其以西渡良濑川之线,但境界线上之诸村落属第十五师团。

八　军司令部仍在佐野町

西军司令官贞爱亲王二关于十五日两军一般之战斗经过

东军

一　东军第三师团派骑兵联队由小金井向枥木方向,步兵第六联(欠一大队)占领下稻叶附近,步兵第三十四联队占领西高野至今井南端之线,野炮联队放列于今井北方乾田,其余师团所胜之兵集合于下马木附近。

二　第一师团派骑兵联队(欠一中队及一小队)至小山方向,以搜索枥木和泉及诸川方向之敌。其余诸队为二纵队右纵队(师团之主力),经岩濑矢田贝及大道泉向结城前进,左纵队以步兵第一旅团为基干,经下馆向结城前进,以其一部占领小山。

三　骑兵第二旅团午前十时三十分在结城附近与西军骑兵旅团遭遇,与第一师团独立骑兵协同击退之,追击至田间附近。

四　野炮兵第二旅团到石桥后,即隶属于第三师团长,向生附近前进。

西军

一　第十五师团以步兵一中队附属骑兵联队派至壬生方向搜索敌情,又以步兵第五十九联队占领榎本南端至藏井东端之线,以步兵第五十七联队第一大队占领川连置片柳之线,以本队集合于富田附近。

二　近卫师团以骑兵联队欠二小队派遣于藤冈方向侦察师团之进路,且与第十五师团联络,其余诸队为二纵队,右纵队(近卫步兵第二旅团为干)经馆林南端向板仓前进,左纵队(师团主力)经馆林向藤冈前进。

三　骑兵第一旅团午前十时三十分于结城附近,东军骑兵旅团战斗之后向东野田退却。

四　野炮兵第一旅团进至佐野附近。

五　关于十五日两军骑兵旅团之战斗经过

西军骑兵之主力于午前八时由古河出发向东北前进,其一部由陆羽街道前进,又一队向下妻前进,午前十时三十分西军主力之一部在下川坞之西方田川之线与东军之一部冲突击攘后,更向前进,复遇东军骑兵团之主力,因此西军主力未能实行战斗,即向结城町东端退却,以徒步战用机关炮防御阻止敌军前进,东军主力之攻击亦未能奏功。迫至十二时,在小塙村现出东军步兵之一部队,与骑兵队共同再行猛烈之攻击。西军之骑兵团复退,却通过结城町转向南方,在繁昌塚占领阵地。至午后一时,西军以徒步战用机关炮猛烈射击,击退之。午后二时,据斥候报告称有东军步兵之大纵队,由下馆方向西进,陆续向结城进兵之说,至三时遂向西南退却,东军乘骑兵势力奋勇追击时有冲突。

东军骑兵团于午前八时由真壁出发,向结城方向前进,其支援队之步兵大队跟随之。当骑兵团出发之先,以骑兵一中队为搜索中队,命向足利太田方面前进。午前十时十分该搜索中队通过鬼怒川之军桥,随后骑兵之前卫中队亦渡过鬼怒川。午前十时二十分搜索中队在田川之线与敌对峙,东军骑兵本队午前十时三十五分到鬼怒川。据将校斥候之报告知,小川河岸之北方有徒涉线,使一部经该处徒涉线向结城町后前进,西军骑兵团向东军骑兵团袭击,履行徒步战,皆不能应手,遂向结城町退却,在该町东端守备东军骑兵团,复向之追蹑到小塙之西端展开。维时从水户西方面西进之属于军团之骑兵团与东军骑兵团会和,在其右翼展开攻击结城东端之敌。午前十一时五十分,东军步兵之一部到小塙指西端,即行展开逼迫西军骑兵之左侧。西军骑兵团长遂决意退却。东军骑兵向之追蹑到结城町,即搜索西军骑兵团之退却方面。既知西军骑兵团之主力退至繁昌塚方向,爰命一部队搜索小山方面,用主力向南追击西军骑兵团之主力,而支援队之步兵队亦跟随追击,其西军骑兵团至繁昌塚之田间附近,停止准备阻止东军骑兵团之南进,而逐次向西南方退却,东军骑兵团在步兵支援队之下,逐次击退敌骑,压迫至西南方,两相触接。维时已暮,均各停止战斗。

六　关于十五日两军之配置略图

附图三

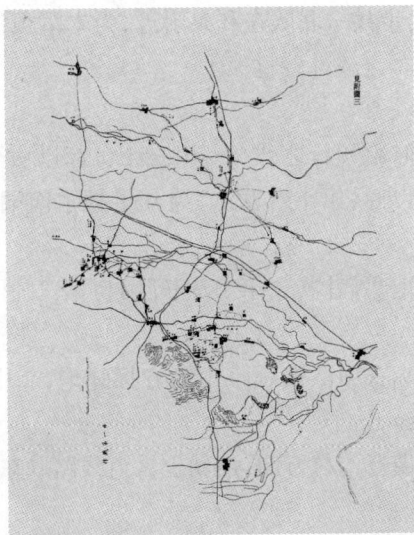

第二　　　作战第二日

一　关于十六日两军司令官之决心及其处置

东军

一　东军以攻击之目的,进至栃木及下国府塚村之线。

二　其部署之大要如左:

(一)骑兵第二旅团对古河方面之敌以掩护本军左侧,且搜索永川右岸之敌情。

(二)第三师团(附以野炮兵第十八联队)午前七时由思川之线出发,前进于栃木町高谷之线。

(三)第一师团及野炮兵第二旅团(欠一联队)午前七时由思川之线出发,前进于卒岛村下国府塚村之线。

(四)野战重炮兵第二大队午前以前,前进至于小山。

西军

一　军司令官之决心与昨日同。

二　部署之大要如左:

(一)骑兵第一旅团在现地(东野田附近)附近掩护近卫师团之绕回运动;

(二)第十五师团(欠步兵一联队)在现在之阵地防御。

(三)近卫师团午前七时由前哨线出发,以主力由西方攻击,以一部经古河由南方攻击。

(四)野炮兵第一旅团于伯中及中内之间占领阵地。

(五)野战重炮兵第一大队在富田附近占领阵地。

(六)第十五师团之步兵一联队在和泉附近,为本军预备队。

二　关于十六日两军之战斗经过

东军

东军于本日午前十时就预订之线自十时三十分起以后列之部署攻击敌军。

一　第三师团(附野炮兵第十八联队)展开于栃木南端至上马岛南端,向藏中内之线攻击。

二　第一师团及野炮兵旅团(欠第十八联队)与第三师团连和展开于下国府塚向真弓及榎本攻击。

三　重炮兵大队内加农中队占领小山南方榴弹炮,二中队占领字立木附近作为阵地,以援助本军攻击。

四　骑兵第二旅前进野木村方向,运动于铁道线路以东之地区,以掩护本军之左侧背。

五　本军之总预备(四大队)由饭塚经大川内进至卒岛。

西军

西军于本日午前十时占领后列各线,以第十五师团于其阵地防御,以近卫师团由南方向敌攻击。

一　第十五师团由并木坪占领藏井至片柳之线。

二　近卫师团之主力占领中里小袋南小村之线。

三　野炮兵旅团于藏井西水代间占领阵地。

四　重炮兵大队于藏井之西南方占领阵地。

五　骑兵第一旅团以一部进间间田方向,以主力进诸川方向。

六　本军之预备(三大队)最初位置于和泉。

西军之海泽旅团正午始由古河出发(因制令迟进)。

两军于午后二三时间冲突于栃木西南端至小袋之线,午后三时统监命演习中止,并将第二特别方略分授两军指挥官。

三　关于十六日演习后之指导

东军第二特别方略

东京总司令官发来之电报如左:

增援贵军之步兵第四旅团已饬速由水户向西方急行,约于十八日午前可达樱川之线。

贵司令官务须致故军,待与兴增援旅团合后,再行痛击为要。

西军第二特别方略

熊谷总司令官发来之电报如左:

增援贵军之步兵一旅团本日午后八时可达佐野附近。(明日出发时起即为假设)

四　两军司令官得第二特别方略后之决心

东军司令官之决心

东军决定退却于思川左岸。

西军司令官之决心

西军以一部进击其主力,在现驻地方附近整顿。

五　关于十六日两军之战斗略图

附图四

第三　　　作战第三日

一　关于十七日两军司令官之作战命令

东军第三军命令　十一月十六日午后九时,小塙军司令部

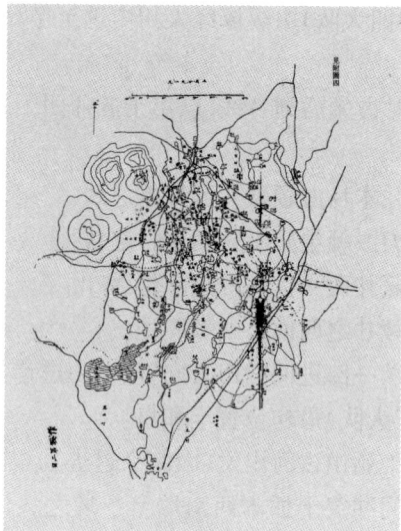

一　骑兵第二旅团长所指挥之部队在千驼塚村附近,自本日午后二时起,与敌军之混成旅团(内有炮十八门)对峙于日没。

二　本军明日退却于鬼怒川左岸谷田贝下馆之线。

三　第一师团长所指挥之部队由其作战地境,务使其后尾在午前十点以内通过鬼怒川,而退却于狭间下馆之线,但其第一线尽明日黎明前退至下出井中久喜作野谷之线。该地附近留一部队与第三师团连系,以掩护本军之运动。一面诱敌,一面退置鬼怒川左岸,且须监视鬼怒川诸渡河点,其辎重当使由下馆经真壁至柿网之线。

四　第三师团长所指挥之部队亦如第一师团在明日午前十时以内使其后尾能通过鬼怒川,而退却于谷田贝折本之线,但以一部留在自花见冈。至第一师团所留部队右翼之线以掩护本军运动,一面诱敌,一面退至鬼怒川左岸,又须监视鬼怒川之诸渡河点,其辎重当在岩濑至笠间之道路上。

五　骑兵第二旅团当于明日黎明前撤其宿营地至田间,附近与第一师团所留部队连系掩护本军之左侧。至受敌压迫再退往海老岛附近现在配属该旅团之步炮兵队尽明日黎明前至结城仍归第一师团长管辖其辎重受第一师团长之指挥,使停在真壁至柿冈道路上。

六　军司令部午前十时由小塙出发,至下馆午后一时,可遣员受领命令。

东军司令官子爵川村景明

西军第三军命令　十一月十六日午后九时,西水代军司令部

一　退却之敌尚未悉其驻止处所。

敌军于中岛及延岛新田各渡河点架有军桥。

我骑兵第一旅团今夜在东野田附近,明日当在我近卫师团最左翼运动。

增援步兵一旅团本日午后八时当到佐野(假想)。

二　近卫师团于明十七日午前八时出发永野川之线向下馆追击敌军,但由榎本经小山至泉崎之本道,除近兵外不得使用。

另派步兵一大队明日午前九时至南小林村属野炮兵第一旅团长藏田少将指挥。

三　第十五师团明十七日午前八时出发永野川之线,向谷田贝追击敌军,仍须严为警戒本军左侧。

四　野炮兵第一旅团及近卫步兵一大队明十七日午前九时出发永野川之线,经南小林小山泉崎出井向延岛前进。

五　重炮兵第一大队及重架桥纵列明十七日以重炮兵大队长之指挥,续行野炮旅团之后。

六　增援步兵旅团明十七日午前四时出发,经和泉向西水代前进。

七　近卫第十五两师团之作战地境界为曲岛和泉南(千五百米)至下高岛喜泽小金井下出井之线。

八　军司令部明十七日午前十时出发西水代,在于增援步兵队之先头,经小山向下州岛村前进。

西军司令官贞爱亲王

西军第三军又发骑兵第一旅团兵之命令　十一月十六日午后九时,西水代军司令部

一　敌军本日午后四时逐次退去东方,其驻止点尚未得有详报。

二　本军明日进击敌军。

近卫师团明日午前八时出发榎本、南方永野川之线,向下馆前进。

梅泽旅团明日午前六时三十分出发古河,向结城方向前进。

第十五师团明日午前八时出发,上高岛之北永野川之线,向谷田贝前进。

野炮兵旅团重炮兵大队及重架桥纵列在于近卫第十五师团中间之地区前进。

三　予有以骑兵旅团由于梅泽旅团右翼外方向敌军左侧追击之目的。

四　军司令部与新增援之步兵旅团(在于佐野)向下川岛方向前进。

西军司令官贞爱亲王

二　关于十七日正午两军司令官之决心及处置

东军第三军命令　十一月十七日正午十二时,于下馆

一　本军拟即在谷田贝至下馆之线占领阵地,待后续部队到时转为攻势。

二　第三师团长所指挥之部队附野战重炮兵第二大队(加农中队欠)直由大曾

· 749 ·

附近至境村附近占领阵地并警戒军之右侧。

三　第一师团长所指挥之部队直由第三师团左翼至下馆附近占领阵地,但野战重炮兵第二大队(欠加农中队)可直至谷田贝归第三师团长指挥。

又,步兵第一联队为军之总预备队,可至羽方附近。

四　骑兵第二旅团依然续行前任务。

五　各团队如对于敌状无碍,可再现地附近宿营。

六　军司令部在下馆之东北方(约六吉罗)大关。

午前六时派遣命令受领者

东军司令官川村景明

西军第三军司令官之决心与十六日午后同。

三　关于十七日两军之状况

一　东军照十六夜命令以第三师团退却于谷田贝,以第一师团退却于下馆附近。

二　西军以近卫师团经小山结城向下馆方向追击,以第十五师团经小金井大道泉向谷田贝追击。

三　东军于午前十一时以其后尾退却于鬼怒川之线,以一部之监视兵留于该河左岸,以主力于正午占领谷田贝。至下馆附近之阵地,以待后续部队,到时转为攻势。

四　西军追敌,午前十一时半以其先头达于犬塚小金井之线,侦知敌之一部占领鬼怒川左岸,以近卫师团围攻中岛附近下流之敌,以第十五师团攻击延岛新田下流之敌,以冀争得该河左岸驱逐敌军。

五　东军宿营于谷田贝下馆之线,西军以一部占领鬼怒川左岸,其阵线由久保田附近至上流上吉田一带,以主力在结城仁良川一带宿营。

四　关于十七日两军之位置略图

附图五

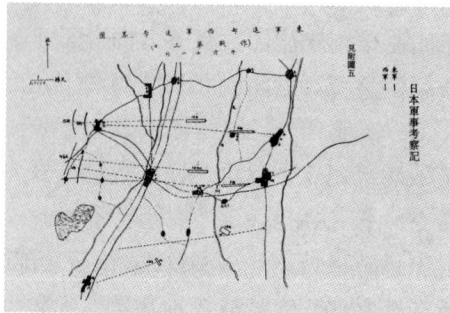

第四　　　　作战第四日

一　关于十八日两军司令官之决心及处置

东军

一　东军拟占领现在阵地,待至拂晓再见机转攻势。

二　第三师团占领大曾长岛境村之线。

三　第一师团占领石塔谷中外塚西芳町之线。

四　炮兵旅团及重炮兵大队分属于两师团。

五　本军之总预备队集合于谷田贝之北侧。

六　军司令部在折本。

七　前配备应于十八日午前六时完毕。

西军

西军以一部威胁下馆附近之敌用主力,攻击谷田贝附近之敌兵。其部署之大要如左:

一　近卫师团(步四大队欠)、骑兵第一旅团(属近卫师团长之隶下)由结成方向前进,从西方及西南方威胁下馆附近之敌兵。

二　第十五师团至明朝未明时,其兵力集结在中川岛谷田贝新田之间。

三　近卫步兵联队至明朝未明在本吉田附近集合,受第十五师团指挥。

四　近卫步兵第一大队野炮兵第一旅团及野战重炮兵第一大队受野炮兵第一旅团长之指挥,待第三项之近卫步兵联队通过东山田之后向大道泉之桥梁前进。

(此炮兵预定在青田高田野中之线附近,占领阵地)

五　增援旅团明朝未明以前,先在仁良川集合。

六　重架桥纵列,暂招至仁良川。

七　军司令部明朝暂至总预备队,即增援旅团之位置。

二　关于十八日两军之战斗经过

一、东军按预定,于拂晓以第三师团占领上大曾、下大曾、长岛、程岛境之线,第一师团缺步兵,第二联队之占领地域,连击于第三师团之左翼,以及子思仪、小塙、棹岛、谷中、西谷贝、外塚、西芳町、镰田一带之线。炮兵第二旅团以其主力占领下馆北方畑地,其一部占领程岛南端畑地,重炮兵第二大队占领本乡北方畑地。步兵第二联队为军之总预备队,位置于谷田贝东方。

二、西军按预定开始运动,乘破晓浓雾向鬼怒川左岸地区开进后,渐次前进。午前八时与九时之间,近卫师团长率引部队占领西方玉户、神分、下平塚之线,第十五师团长率引部队占领古山、青田、押延、稻荷、新田、若旅之线,炮兵第一旅团占领青田、高田、野中之线,增援旅团在仁良川开始攻击。

三　午前九时东军司令官渐能熟知前面之战况,且知增援队渐近来到,决心转为攻势。第一师团长所率之部队命在目前之地位牵制敌人,第三师团长所率之部队将军之总预备队增入,压迫前面之敌,于南方逐见攻击前进,午前九时四十分增援旅团适至谷田贝之北侧,亦属于第三师团长。

四　西军近卫师团方面之战况虽不能如预期之得手,而第十五师团所率之部队逐次将兵力增加于左翼,则战线遂扩张至若旅寺内东方。而包围东军之右翼部队从北方攻击。军司令官率领增援旅团于午前十时五分向押延前进,两军即大决战,用至午前十一时命演习中止。

三　关于十八日两军之战斗略图

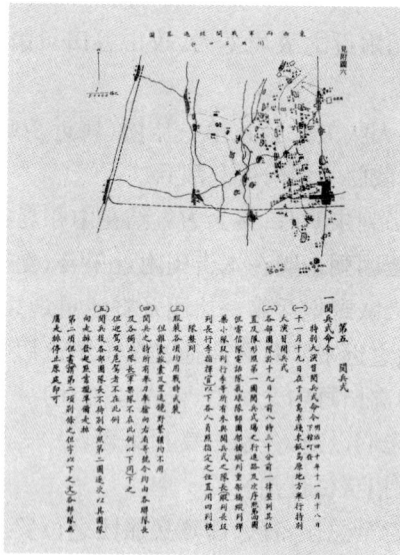

第五　阅兵式

一　阅兵式命令

特别大演习阅兵式命令　**明治四十年十一月十八日,下馆町发**

(一)十一月十九日在于川岛车栈东饭岛原地方举行特别大演习阅兵式

(二)各部团队于十九日午前八时三十分前一律整列。其位置及队形照第一图;阅兵式场之行进路及次序照第四图,但电信队、电话队、氢球队、师团架桥纵列、重架桥纵列、弹药小队、段列、行李等所有参与阅兵式之队长(纵列长、段列长、行李指挥官)以下各人员照指定之位置,用四列横队整列。

（三）服装各项均用战时武装,但杂囊、旅囊及望远镜、野系缰均不用。

（四）阅兵之时所有举刀举枪向右看等号令,均由各联队长及各独立队长(军乐队不在此例,以下同)下之,但迎驾及扈驾者不在此例。

（五）阅兵后各部团队长不待别命。照第二图逐次以其团队向走排发起点靠拢,准备走排。

第二项但书(谓第二项别条之但字以下之文)各部队无庸走排,停止原处即可。军医、兽医主计及列外小队阅兵之后,照第二图所示至行李之右翼位置,于不碍诸队运动之位置。

（六）走排之队形照第二图。

机关炮队之号兵之位置如下:

属于步兵联队者每一师团为二列横队,属于骑兵两旅团者以全部为二列,横队行进于先头机关炮队长之前方十步之处;

（七）走排时照整列之次序,由右至左行之。其步度用该兵种之速步。

但机关炮队照所属队之步度;

（八）走排以开步走之号音开始;

（九）走排时向右看及向前看之号令以左记诸队长下之:

　　　　　　步兵骑兵　　　各该联队长

　　　　　　野炮兵工兵　　各该大队长

　　　　　　野战重炮兵　　各该中队长

　　　　　　机关炮队　　　各该队长

（十）走排时诸兵指挥官及师团长准至御座附近。

但除天皇垂问时奏对之外,各团队长之职官姓名无庸奏闻。

（十一）走排后各部团队仍以阅兵时之队形,照第三图整列,预备送驾。

第二项但书内,各部队并军医、兽医、主计及他列外,小队仍于现在之位置预备送驾。

（十二）圣驾还幸之际,吹奏号音一声,各部团队照陆军礼式附录第三十七条行礼。

（十三）还幸之后,如闻解散之号音,各部团队照第四图所示之行进路及次序撤回。

（十四）以上规定之外,所有一切均照陆军礼式附录。

（十五）本次由骑兵第一联队于是日午前七时以前,派遣下士或上等兵一兵卒、四号兵一,至阅兵式场御座附近,听候阅兵式诸兵指挥官幕僚指挥。

（十六）予从是日午前八时起,在阅兵式场御座附近,所有师团长及统监部直属部队长可将出场人员表（将校以下总人员）尽是日午前八时前送至予处。其师团长担任编成之临时编成部队所有人员亦应同时报告。

阅兵式诸兵指挥官贞爱亲王

附图七　阅兵式整列队形图略（第一图）

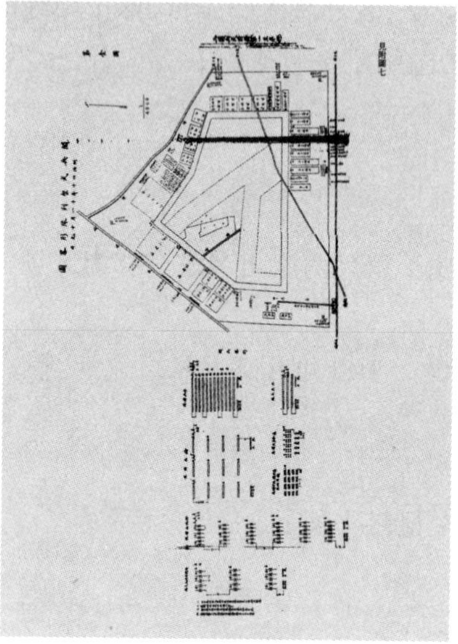

附图八　预备走排时部队靠拢位置图略（第二图）

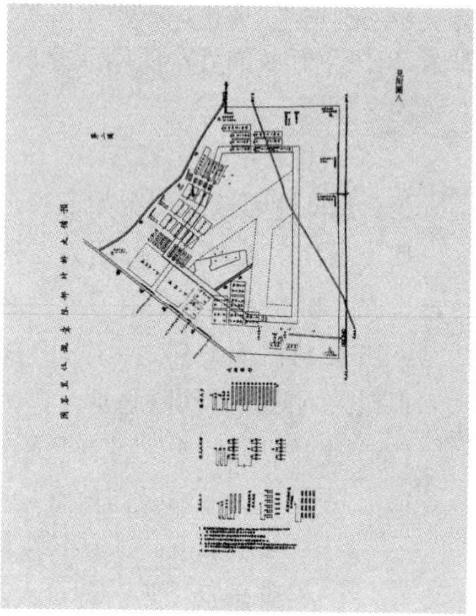

附图九　各队行进路图略（明治四十年十一月十九日）第三图

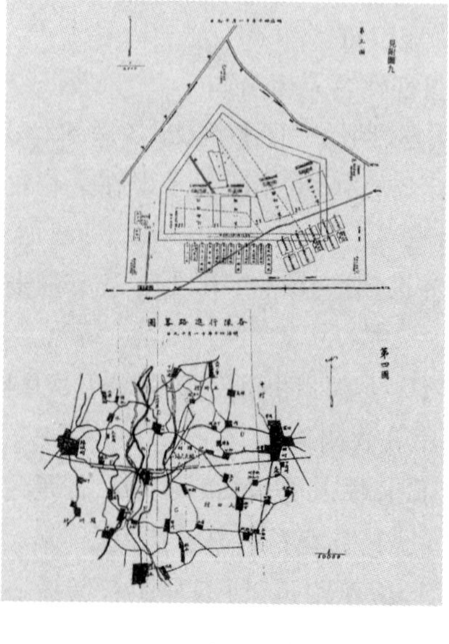

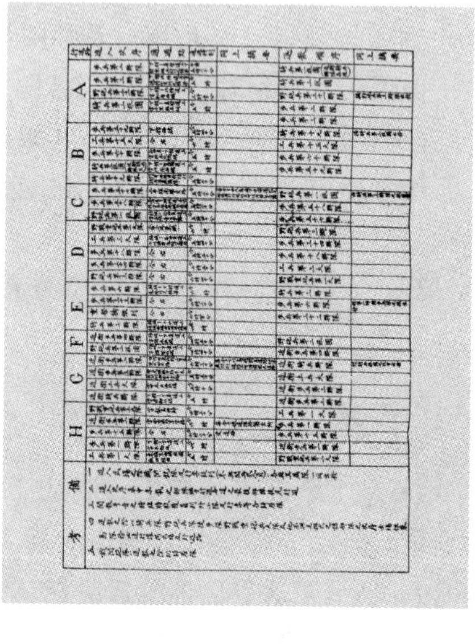

（《晚清东游日记汇编2·日本军事考察记》，王宝平主编：《国家清史编纂委员会·文献丛刊》，上海古籍出版社2004年版，第439—465页）

清末新军四次大规模会操编制表

时间	地点	阅兵大臣	会操部队及其官长	
第一次 1905	直隶 河间	袁世凯 铁良	南军 总统官：王英楷 总参谋官：陆锦 第四混成协司令官：张怀芝 参谋官：朱廷灿 陆军第四镇司令官：吴凤岭 正参谋官：蒋雁行 第九混成协司令官：马龙标 参谋官：贾德耀	北军 总统官：段祺瑞 总参谋官：李士锐 第一混成协司令官：曹锟 参谋官：蔡成勋 陆军第三镇司令官：段芝贵 正参谋官：张鸿达 第十一混成协司令官：陆建章 参谋官：李寿鹤
第二次 1906	河南 彰德	袁世凯 铁良	南军 总统官：张彪 总参谋官：刘邦骥 第八镇统制：黎元洪 正参谋官：蓝天蔚 第二十九混成协统领：王汝贤 参谋官：聂庆恭	北军 总统官：段祺瑞 总参谋官：陆锦 第五混成镇统制：张怀芝 正参谋官：张绍曾 第一混成协统领：曹锟 参谋官：罗鸿魁
第三次 1908	安徽 太湖	荫昌 端方	西军 总统官：徐绍桢 第八镇 第十二混成协	东军 总统官：张彪 第九镇：江北第十三混成协
第四次 1911	直隶 永平	载涛	西军 总统官：舒清阿 总参谋官：章亮元 混成协第四镇统制官：王遇甲 参谋官：赵瑞龙 禁卫军混成第二协马队协领官：华振基	东军 总统官：冯国璋 总参谋官：张联棻 混成第一镇统制官：张绍曾 参谋官：刘一清 混成第三协统领官：王占元 参谋官：刘锡广 马队协统领官：陈文运

（资料来源：《清末新军编练沿革》、《辛亥革命回忆录》等；尚小明：《留日学生与清末军事改革》、《戊戌维新与清末新政》，北京大学出版社1998年版，第252页）

清末新军一览表

地区	原定编练镇数	武昌起义前实编数	成军年月	主官姓名	驻地	官	兵	总计	其它说明
近畿	四镇	陆军第一镇	光绪三十(1904)年	何宗莲	京北仰山洼	748	11 764	12 512	原为京畿常备军。
		陆军第二镇	光绪二十九(1903)年闰五月	马龙标	迁安	737	11 731	12 468	步五、六、七标各一营,光绪三十二年调东北。
		陆军第三镇	光绪三十(1904)年一月	曹锟	长春	753	11 883	12 636	光绪三十三(1907)年调东北。
		陆军第四镇	光绪三十(1904)年二月	吴凤岭	马厂小站	748	11 056	11 804	步十三、四、五标各一营,光绪三十三年调东北。
		陆军第五镇	光绪三十一(1905)年四月	张永成	济南、潍县	748	11 764	12 512	步十八标、马第三营、炮三营,光绪三十三年,调东北。
		陆军第六镇	光绪三十一(1905)年正月	吴禄贞	保定	747	11 846	12 593	步二十四标、工左右队,光绪三十三年调东北。
直隶	二镇	直隶混成协	宣统二(1910)年十二月	张怀芝(兼)	直隶廊房				仅有步二营。
山东	一镇	暂编四十七混成协	宣统二(1910)年十二月	李森(标统)	九十三标高密、九十四标济南				实仅有九十三标一标。
江南	二镇	陆军第九镇	光绪三十四(1908)年十月	徐绍桢	江宁	789	8 255	9 044	
		暂编二十三混成协	宣统元(1909)年十二月	艾忠琦	苏州	274	4 345	4 619	
江北	一镇	陆军十三混成协	光绪三十三(1907)年十月	魏宗翰	清江浦	376	2 481	2 857	
安徽	一镇	暂编三十一混成协	光绪三十四(1908)年七月	余大鸿	安庆	253	4 155	4 408	光绪三十四年起义失败后又规复。

续表

地区	原定编练镇数	武昌起义前实编练镇协数	成军年月	主官姓名	驻地	官	兵	总计	其它说明
江西	一镇	暂编二十七混成协	宣统元(1909)年十二月	吴介璋	南昌	231	4 287	4 518	
河南	一镇	暂编二十九混成协	光绪三十四(1908)年八月	应龙翔	开封	338	5 618	5 956	
浙江	一镇	暂编二十一镇	宣统元(1909)年十一月	萧星垣	杭州	159	2 384	2 543	为原一协人数,成镇后人数不详。
福建	一镇	陆军第十镇	宣统元(1909)年九月	孙道仁	福州	455	6 788	7 243	
湖北	二镇	陆军第八镇	光绪三十二(1906)年	张彪	武昌	702	10 502	11 204	
		陆军第二十一混成协	同上	黎元洪	武昌	288	4 612	4 900	
湖南	一镇	陆军第二十五混成协	宣统元(1909)年三月	肖良臣	长沙	248	4 056	4 304	
广东	二镇	暂编第四十九混成协	宣统二(1910)年十月	蒋尊簋	广州				曾任龙济光为二十五镇统制。
广西	一镇	步两标另桂林协	宣统二(1910)年七月						桂林协,徒有其名,兵力不足。
云南	二镇	陆军第十九镇	宣统元(1909)年五月	钟麟同	昆明				
贵州	一镇	步一标,炮一队	光绪三十三(1907)年十一月			107	1 846	1 953	一标。
四川	三镇	陆军第十七镇	宣统三(1911)年三月	朱庆澜	成都				
山西	一镇	暂编四十三混成协	宣统元(1909)年十一月	谭震德	太原	262	4 557	4 819	八十六标统简锡山。
陕西	一镇	陕西混成协	宣统二(1910)年五月	刘鸿恩	长安				
甘肃	二镇	名为一协,实仅一标,余皆旧军	宣统三(1911)年	张行志					

续表

地区	原定编练镇数	武昌起义前实编数	成军年月	主官姓名	驻地	实力统计 官	实力统计 兵	实力统计 总计	其它说明
新疆	一镇	陆军三十五混成协伊犁混成协	光绪三十四(1908)年三月宣统元(1909)年四月	王佩兰 杨缵绪	乌鲁木齐,伊犁				
热河	一镇	步一标,炮一队	宣统二(1910)年十二月						一标。
奉天	一镇	陆军第二十镇	宣统元(1909)年 月	张绍曾	奉天				武昌起义前调滦州。
奉天	一镇	奉天第二混成协		蓝天蔚	奉天	303	3 059	3 362	原驻奉天之第二混成协。
吉林	一镇	暂编二十三镇	宣统二(1910)年二月	孟恩远	吉林				
黑龙江	一镇	黑龙江混成协	宣统二(1910)年十一月	寿庆					步马各三营炮一队,两标无标部。
禁卫军	两协				北京				相当一镇。
总计	三十六镇	十四镇 十八混成协 四标又一禁卫军							

说明 1. 本表系根据各档案材料整理而成。

2. "官兵"数主要依《清史稿》光绪三十三年统计。

武昌起义后沈阳的动态

（1911 年 10 月）

一、1911 年 10 月 29 日,辽阳,铁岭河昌图各地的淮军连续出动,从东三省军械局向沈阳火车站运出步枪 3 000 支,骑兵枪 1 200 支,弹药 280 万发。并紧随从京奉线铁路出发的淮军向天津输送。

二、1911 年 10 月 26 日,驻扎在辽阳的怀军将校以下 289 人以及炮 2 门,行李 300 件,弹药 40 箱,在王楷庆指挥下,沿着京奉线去天津。

三、1911 年 10 月 26 日,在奉天的张作霖二十镇统治官在当地的旅长率领兵 200 人,将校 20 余人临时使用火车向沈阳以北方向进发。

四、1911 年 10 月 25 日,奉天的陆军第二混成协步队二营以及陆军第二十镇第十七标步队第三营向直隶永平府驻扎,第二十标炮队一个中队在新民府驻扎,陆军第二十镇第七十七标步队第一第三营移动到秦皇岛驻扎,以防止革命党的汽船登陆。

五、1911 年 10 月 26 日,驻扎在锦州的新军三个营中的两个营由于演习至今没有归队,为了讨伐革命党或守卫北京方面,直接命令他们前进,并在锦州调运弹药八十箱。

六、1911 年 10 月 18—19 日,为了讨伐革命党,驻扎在奉天的陆军第二十镇第七十七标步队第一营第二营炮队,第二十标第一营以及第二混成协一部并奉天省新民府驻扎的步队乘坐京奉铁路火车出发。

七、1911 年 11 月 1 日,驻扎长春的陆军第三镇将校以下 900 人,马匹 180 以及军需品 60 吨,经过奉天转车向天津开拔。另外,同日在长春的陆军第二十镇第二十标第一营 280 人,马匹 72,山炮 18 门,在管带官带领下经过奉天向保定开拔。

八、1911 年 10 月 18 日,在沈阳的第二十镇以及混成协的步兵两个大队,炮兵一个大队,组成混成联队在蓝天蔚带领下出发去滦州准备讨伐革命党。(实际蓝天蔚此时就是奉天革命党领袖之一)

九、1911 年 10 月 17 日,为了向山海关以里增援,山海关到奉天的火车客运已经停止三天了(15—17 日),同时也从秦皇岛用汽船运送二十镇的兵员经过上海到武汉方面。

十、1911 年 10 月 26 日,清军 440 人和马匹 300 经过奉天向天津乘火车进发。

十一、1911 年 10 月 26 日,为了防止和搜寻革命党,奉天城内各个军警单位大增员。警务局增加 50 人,侦探局增加 50 人,巡警第一区增加 30 人,第二区增加 30

人,第三区增加 30 人,第四区增加 60 人,第五区增加 60 人,第七区增加 70 人。

(李景科译:《武昌起义后沈阳的动态》,1911 年 10 月,日本外务省档案馆藏件;李景科、周立安:《东北辛亥革命历史史料研究文集》,第 74—75 页)

武昌起义后革命党人在辽宁的响应信息

一、1911 年 11 月 28 日,由于凤凰城清军当局杀害了 27 名革命党人,引起辽宁革命党人的激愤,并派出 170 名革命党人袭击凤凰城。这支队伍在凤凰城北方 45 里的叫龙安的地方与,马龙潭的官军激战一整夜。

二、1911 年 11 月 27 日,在奉天的革命党人频频到辽阳的清军巡防营中宣传革命,导致在辽阳的所有巡防营官兵都拥护和倾向革命党的结果。

三、1912 年 1 月 23 日,奉天急进会会长张榕与谘议局副议长袁金铠在平康里一起吃饭后,于 24 日凌晨一点回住所途中,被数人袭击死亡,而几乎与此同时,张榕的亲兄以及同住在一起的原国民报记者两人也被杀害,也是在同一时刻,急进会会员葆昆在大东关自己家里也被杀害。后查清是张作霖手下的巡防兵干的。

四、1912 年 1 月 19 日,一群义军在盖平县东南四十里的万福庄袭击巡警分局。缴获枪支 30 支。

五、1912 年 1 月 21 日,铁岭和昌图的清军被革命党武装同时袭击。在 23 日,顾人宜的部下四十人为了援助袭击万福庄的革命党人而疾驰万福。在海城东七十多里的地区也有革命党 100 多人武装打着革命党旗帜行进在袭击海城巡警的路上。

六、1911 年 1 月 25 日,奉天大南门外师范学堂附近,有四名急进会会员被杀害。是张作霖的巡防兵执行的。

七、1912 年 1 月 19 日,四十五名革命党武装在万福庄对村里的会长和村长进行威慑,并夺取了巡警分局的所有武器。革命党人打着革命旗帜进行行动。盖平县衙门派出 100 巡警进行讨伐革命党,在 23 日上午九时到下午三时,与革命党武装激战。革命党一名死亡,清军受伤一人,最后,革命党武装向庄河撤退了。

八、1911 年 11 月 25 日夜里,辽阳当地的巡警实习生 32 人投奔革命党,他们每个人在左臂上扎白布,向辽中县方向行进。

九、1911 年 11 月 24 日,在复州顾家屯,革命党正式悬挂革命党旗帜。

十、1911 年 11 月 15 日,在庄河厅暴动成功的顾人仪,顾人敏潜伏在关东州的貔子窝,与奉天的革命党联络制定再次暴动计划。

十一、为了防止革命党占领大石桥,牛家庄临时调集 100 人武装到大石桥的新市街民团楼上驻扎。

十二、1911 年 11 月 23 日,被发展成革命党党员的凤凰城三十余人到达西北三十里的薛里店,这一行动是趁凤凰城的马龙潭出差行动的。

十三、1911 年 11 月下旬,在复州的顾家岭的会长顾人宜与在庄河暴动的潘永忠迎接从上海过来的革命党代表 11 人,通过共同策划,占领了复州巡警局和太平岭盐务局。

十四、1911 年 11 月 17 日,革命党人已经准备了炸弹一千个,和手枪。11 月 18 日,革命党人王刘二代表向各国领事亲自拜访发通告。11 月 19 日,革命党代表三人最后一次见奉天总督。新民府,辽阳和鸡冠山革命党武装五百人进行集结并打出革命党旗帜。这个时期,第二混成协的巡防队已经采取旁观立场。17 日奉天的巡警大部分参加了革命军。在貔子窝的顾人宜建立了军政府。同时,革命党武装领袖多数集中居住在奉天站前的悦来客栈楼上。

（李景科译:《武昌首义后革命党人在辽宁的响应信息》,日本外务省档案馆藏件;李景科、周立安:《东北辛亥革命历史史料研究文集》,第 76—77 页)

有关各处革党活动的探报（三十三件）

（1911 年）

（一）

一、王小堂于昨有仍潜回日本租界消息,但其行踪甚为秘密,尚待探悉在何处居住。

二、顷闻日本新闻记者言,于本月十二日,在德岛洋行刻名片若干,其职衔及姓名列后:

中华民国关东军政府临时大督统　蓝天蔚

中华民国关东军政府参谋官兼东南路司令总长　宋涤尘（别号民桥）

中华民国关东军政府外交总长　刘艺舟（别号木铎）

中华民国关东军政府秘书官兼理民政事　许春山

中华民国关东军政府参谋官　王子衡

中华民国关东军政府赤十字会长　宁良弼

以上六名,蓝则刻五十枚,其余均刻一百枚。

（二）

十五日夜间,在平康经侦探徐、胡二人指拿戴子安、左子丰、王润三、徐明宣四人。该侦探与王、徐二人早未睹面,现经戴、左二人以密语此系同志之人代为引叙,该侦探方知皆系革党,故为一并指拿也。十六日夜间,经侦探徐在平康指拿组织员卫济堂一名。

十四日,柳大年复至大连,即电招王筱堂前往,以便会议,而王筱堂于十五日即行前往。军政部正部长马玉书,即马树田,因布兵不力,撤销部长,现公推刘谦益接充。

(三)

又查:苏毓芳,法政毕业,素行不轨,现为义州预警长,隐存独立之心。原州会首等请领办预警枪枝二百、子弹四万,乃乘新旧交替,贿嘱汝牧等改州公事底稿及公文,领枪一千、子弹十四万,其浮多用以勾串。被革区官徐宝生等有招聚边匪,立独立会风声,刻被查拿。正在组织义州议员开会,保全理由。又闻苏毓芳在急进会有名,此省仍有法政学生帮助等情。又义州牧赵宇航不能振作,汝牧临行开释胡匪多名,正在扰害乡间,警务废弛。此义州新到商人之舆论,据情禀知。

(四)

一、大连福申店旁刘艺舟戏下处,明为戏下处,暗集党人,现有五、六十人,拟装为演戏者他往,令人不防,以便内应。惟赴某处尚未拟定,内有菊处、满堂、郝凤英,党人许春山、穆汉章、元申甫、曹亚东等。

再,该信表面上书直夫,即侦探徐占标之号。曹汇卿、高汇堂均住永吉祥。

(五)

有演武戏之苏月楼者,与木铎交甚密,闻其暗中勾结唱戏者数十人,俟乘隙而动。

(六)

现据探报;查得南满车站大和旅馆现住剪发中国人三名,大星旅馆党人四名,沈阳馆四名,巴旅馆五名。悦来栈多已散去,尚有六名。在新市另租屋居住者十一名。闻柳大年日内回奉,昨有其同党陈、杨、李三人到日站台等候车到,未见面还。

(七)

密报:

一、奉省动摇原因,系日本都督府独立守备队第三大队长田原及副官小林、译官篠崎弥十郎,及日陆军部各军官等起意,拟妥用清国人扰乱清国,伊就中取事,目的定要达到。拟妥后,据文禀经大连关东都督府大岛认准其实行。驻奉军官等随日访员郝仲山赴长,邀金寿山来奉,特别优待,屡请宴会,欲使其藉革命招匪,扰乱地方等事。寿山答以作此事先要日洋两万元,日人即应候二日再议。后大帅闻知,传见重用寿山,日人复又重用王国柱字小棠,发款任此大事,各处鼓动。因奉省防御甚严,竟未能如意,而且败露。经大连都督大岛遣警视总长佐藤友熊来奉,调查数日,禀覆大岛以驻奉各军官等用人失当,空耗巨款,而失其时。大事未成,遗笑外人,甚为懊恨,即将驻奉各军官均记大过,并将王小棠押解大连拟罪。今闻已解送旅顺,下模范监狱矣。

一、柳大年回奉之事,迄今未回,每逢南车到站时,柳某之党人仍是照常去接,未悉是何情形,俟访明再报。

(八)

午间,东三省日报馆总理姚真侯君曾晤李荩臣,所言弟已嘱荩臣转达,想已澈听。顷姚君又来弟处,谆劝赶邀谘议局人(渠今日遍觅袁议长不得)与之开谈判,或勾过数人来。据称并无大欲,或可和平了结。又据称王小堂非钱所能动。伊亦云有日人在内。姚君自是热诚,亟欲和平了结,不得不为转达,希即禀商帅座为叩。此颂台安。心叩。

(九)

南满公所野村云:大连来信云,有革党二十余人,于前日晚来奉,闻系从前在辽阳之人,现在居住何处尚未查明,若在附属地内或在城内,俟查明再为报告。又查大连之革党,闻只有六十余人,知有二头目,一姓商,一系木铎。等语。

(批)道谢。二十三。

(十)

大帅钧鉴:

职为报告事:一、高省三即政事部长通信之暗码。一、高行三即军事部长通信之暗码。一、于二十八日,左雨浓、王奇福由烟台电知高省三,初二、三必定回奉,现住河西沿同裕和。一、高省三电知沪督,同志被张拿获者四十余名,幸经次帅深明大义,未受酷刑拷问各语。以上二电系徐、胡侦探目睹。一、柳大年系黄兴之亲,两姨弟兄也。一、刘一舟赴吉省鼓动矣。

(十一)

安东探报摘要:

革党在韩界者多,安东日租界内亦有二三十人,其著名者五人列下:木铎、宋鼎臣、邵子峰(前充马统领部下管带,正月送入讲武堂)、徐群山、葛子涛。

革党连日聚议,仍要在安起事,外交科徐,军政科贾、张等,十三日到日界与革党开谈判。

革党在韩境无护照可以来往,商民渡江非有护照不可。剪发扮作留学生模样,

· 763 ·

悉能混过,足见日人有心庇护。木铎屡求日人接济费用,日人以其力量未充,尚未说妥。

(十二)

一、查得二十七日下午五钟,俄国第十五队队长罗巴司由哈尔滨来奉,住俄领事馆,系为调查中国军警之举动及日本对付官革两面之手段。

一、奉天府属城北下坎地方乡镇警务派出所,于二十七早被匪二十余名将该所枪械全行抢去,并路劫马门予民家嫁女之车骡首饰等物。

一、日本宪兵近日增添不少,二十七日又由东京来宪兵七名,另有队兵小河市之丞曹长中原深四郎、军曹酒井等,均住日站守备队。

(十三)

一、辽阳起事未成之党首尹锡五,即尹大麻子,带同家眷在日站新市街四三道街租住日人房间,并有日人保险。

一、优伶苏月楼前被木铎勾引入党,现闻苏月楼邀结数十人,闻均听其指挥云。

一、五区一二所地面,常有日本警察缓步而行,询之则称调查居留民行动,其实沿途视察,傍晚尤为注意。

(十四)

为报告事:

昨日上海来信,内宗旨云:前拟举袁为大总统,是离间朝廷不重用袁,以收袁外向之利也。

今日来电又谓:袁谋召开国会,非是真意,是缓兵之计,意在延迟时日,布置兵力,望我同志不得轻信。今于十二日期限满时,如不遂我志,十三日起整军北伐。

再,时机甚险,现在本城兵势虽足,而省会之地住户何止千万,倘有党伙匿藏内应,我兵不能不受其影响。况现在各关宵小窃发,抢案迭出,而清查城乡户口,此时为首先之要政也。敢请饬下本城各营员弁及乡镇堡防,严加查访,于思患预防之政策大有裨益。

(十五)

为报告事;

一、蓝天蔚由大连于十二日赴上海。

一、王筱堂仍在上海未归。

一、商起予于初九日赴大连未归。

一、李海秋由大连电知高省三:前日发给之件,仅有三千尚可修理行使。职详其电内前日发给之件系属何物,据方毅等称:系日俄战时用过之军械,前曾售与我等,仅有能使者三千余,余均废器,不能使用云。

(十六)

一、安东探报。日界三通八丁目四番地旅馆,住有革党罗纪亭,谢姓二人。罗年二十八,谢年二十六,均山东籍,与木铎同一目的。

一、安东地面匪徒日多,三五成群。日界于初三夜有商人被匪抢者数百元,失主受有微伤。

一、木铎在烟台与革党反对,颇受挫折,有率党仍回南满之说。

一、庄河匪首阎九官,日前在海面抢去豆船六七只,在大连附近售洋数千元。

(十七)

一、安东探报,华人袁香九与日人小宾在沿江一带组织革军,前经报告。现闻日官厅以鸭绿江、浑江下游入伙者少,日昨又派人赴上江探查,并有暗使该党等主张急进主义云。

一、昨日十钟,有剪发华人二名,从车站三和园出门,乘马车进城,探兵尾之。该华人进城后,每到防营驻所,必注意四看。下午二点出城,入日站都督府。细访其二人,一名姜呈一,一名孙贵龄,现充日本暗查云。

一、革党杨大实从复州逃回开原后,日前又赴吉林煽惑,仍张榕所使也。

一、昨夜晚七钟加车,袁内阁所派之段总办乘车回京,闻先赴滦州云。

(十八)

大连探报录下。

一、登州被占,木铎在大连带领二百余人,分起潜往。

一、革党在大连购备自来德枪甚急,要购五百枝,闻已购得四百余枝矣。

一、革党在大连比前更多,西岗地方有严姓者,招募匪人约有数百人。

一、革党每晚在大连市德吕源烟铺后屋开秘密会议。

(十九)

为假党之势,招扰地方,煽滋是非,分析首从报告事。

一、滋事较重之情无可原者直认不辞等类:左雨浓,现住烟台河西沿同裕和;张叙谷,军事参谋,住日站;周泽臣,系永昌栈财东,即住本柜,门牌五区一所一百七十七号,为党做引线,勾通著名匪首王景云;吴起云,系宽城子人,著名匪首,自投,现回宽城子;张占元,系本城回回,著名匪首,常居回回营米家店,同吴起云往宽城子一带,意在招集匪人;刘福廷,系城西北十里小寒屯人,于九月初旬招集匪人一百余名,帮同做事;商起予,军事部长,前充辽阳小学堂教员,后入本城学兵营肄业,现在大连;王叙五,传递命令,现住日站;李心斋,庶务员,系天津将弁学堂毕业生,住日站;宋焕文,管军火,山东人,法政学堂毕业生;刘益舟、赵子敬,均赴吉省;刘谦益、马玉书,前军事部长,住处未明;杜小民,奉天人,住四区七百六十六号院内;芦植余,住鼓楼根永吉祥;窦香廷,住六区三百四十八号院内;曹永卿,住永吉祥。

一、随同附合,情有可原者,无知被胁等类:刘子义,直隶人,住九门前亚细亚;唐锦堂,天津人,不知住处;王得元,住六区三百四十八号院内;刘瑞廷,北城人,系富商,现因讨欠,在高等、地方两厅有案;叶永春,住鼓楼根永吉祥,惟伊之入党尤非他人可比,查之情理,因伊父叶梁钦监押,冀图党盛得释;陈维祯,天津人,现潜踪东关;高汇堂,直隶人,永吉祥财东,即住本柜,系英美公司外柜。

(二十)

一、日站沈阳饭馆住革党十人,内有日人七名。

一、蓝天蔚致日本守备队电,有定于十二月十三日起事之信。

一、日本拟于南满增兵至四十联队之多,本溪湖、草河口、千金寨、鸡冠山均拟屯重兵。已派人往确探。

一、革党首领徐汉武住大连中和栈。

一、革党刘玉,号俊生,自称统领,住西门内象隆栈。

一、北京抛掷炸弹事,系二十八日上午十一钟,袁项城车行至东安门丁字街,有人从路北三顺茶食店掷出,项城车已过,仅将随从之陆军管带袁金镖、队兵荣龄等炸伤身死。此外,马队受伤三人,内外城巡警受伤数人。登时在东安市场拿获刺客三人,一为贵州黄天鹏,一为四川杨禹昌。陆续又获形迹可疑者十余人。

(二十一)

决死队长杨洵住日站新市街二十八号,时常进城,在新平康头衡风宝班,该班已成革党集合地,认识妓女金珠,自报董姓(身中、面圆,有小须,洋装)。

杨洵与谘议局议员董镜寰、学务议绅曾有严、张榕等均相识。

(二十二)

警长大人阁下,禀者:东大石桥车站有革命(党)十余名,勾引各处无知等人入伙,在日本朝日旅馆楼上住之。若不早擒拿,若等十二月初旬之内,必有大举动。又勾串各处巡警。探访是实。特此跪禀。

小生在日本署下从事,所知底理情由,在瓦房店也有招兵之名目甚大。特专荒函。宝臣禀。

(二十三)

探闻党人李洛行前往庄复军队,游说新收降队归投民军,告以不打同胞等语。

若令充头队,必于大局有变,请速电冯、刘统领,小心在意。应吉禀。

（二十四）

王英臣,二十七岁,招远城西北乡六十里徐家瞳。现住大连东乡町二丁目十九号地,德成号为十七号地,有廉姓原居。山东范治焕、范秉宽招人约有二百余名,各代枪码,上月二十八日包永田丸船去登郡,二十八夜间到岸入城。初三招百多名,仍往该处。

（二十五）

为报告事。

一、王筱堂同尹叙五由上海至大连,而尹叙五昨由大连到奉,王筱堂一二日亦必来奉集商一切。

一、商起予前由大连回奉,今朝仍回大连。

一、宋焕文已赴铁岭去矣。

一、党人情势人数如常。

（二十六）

党人在大连者,南北共五百余人,定于初六夜在日本桥北开会。

凡党人到大连,只要到民政署报名后,即可自由旅居,并不干涉。

蓝天蔚所带亲信四人,现尚在大连,前往华屋旅馆①、大和旅馆②,近在南山租有房屋。

王国柱③近来亦回大连,住伊势街伊势旅馆,正在张罗开会。

由南来之党人,先到烟台,后到大连,几于每次到船皆有。住日本大旅馆居多数,亦有住小旅馆者,住中国客栈甚少。间有在连做买卖。最奇者,时出没于鸦片烟馆,吸烟聚议;大山劝商场日人刊卖画报,皆系图画官军败仗之情状,极袒革军。

（二十七）

一、党人在大连设立机关部,系一南方人尚继武主持。该机关部即在长顺客栈隔壁。

一、蓝天蔚在大连时,带假面具出入。

一、南方党人说黄兴已死,系的确。

一、党人在连传说张统领派去暗杀队四十人,因之访拿甚急,获一人给赏三百元。

---

① 　按:华屋旅馆应为花屋旅馆。今大连市永和小学校院邻近保安街一带。

② 　大和旅馆,今大连俄罗斯风情街、原自然博物馆附近及南山附近。

③ 　王国柱即王小堂。

一、蓝天蔚此次北来,并未携有多款,仅得乘兵轮赴登州,改坐日船来连。南方党人须俟蓝在南满得手,占领多处地方,始能接济。因南方党人本拟不来南满起事,蓝天蔚、蒋方震等自报奋勇,声言包打南满,外人决不干涉,故南方党人亦姑听之,但不肯多接济兵械也。

一、现在大连党人南北合计不满三百人,在该处做小生意,被其鼓惑入党者居多。张榕家属到连,蓝天蔚亦向其捐洋数十元云。

(二十八)

一、查得日站悦来栈住有南方人八名,下车时均洋服,入栈后全换便衣,戴有辫发,住该栈第二十七号房,各携提包,内藏手枪。访闻系南省之敢死队。

一、查得日站悦来栈第二十八号房住有剪发二人,第四十三号房住有剪发二人,每日出门,全戴假辫。四人之内一直隶口音,三南方口音。日警前往盘问,传说如系革党即为保护,否则驱逐。

一、查得日栈大和旅馆住有戴假辫者二人,大星旅馆住有剪发者二人,沈阳旅馆住有剪发者四人,均南方口音。

一、由临江至安东沿江一带,有华日之人结党,暗中组织革军,凡入党者以中指滴血为盟。华人为首者名袁香九,日人主谋者小宾。如何举动,续探再报。

一、刘艺舟、许群山等在烟台寄安奉铁路巡警罗姓之函称:现在烟台组织一切,稍有头绪,仍率同志返安等语。安奉铁路巡警平居无事,闲得不了,官长、巡警入党者甚多,即该局局长亦在两可。

(批)。照誊送交涉司,告知日领。

(二十九)

第十次报告　初一日

一、匪党首领刘艺舟(别号木铎)、宋涤尘等,前乘永田丸赴芝罘。兹探其至芝罘之后,即与山东匪首徐镜心组织一共和急进会。

此会之目的,为巩固山东革党之势力,与满洲同志响应,以为南方之声援,速将东三省扑灭,归其掌握之下。

二、急进会成立时,刘艺舟登坛演说,谓接东省同志所来之消息,现在奉天官宪已将我同志虐杀甚多,自己仅幸逃毒刃之下。我等与奉天官宪成不共戴天,誓不灭尽不可。

三、为供给满洲匪党军资计,遂在芝罘第一剧场、聚仙茶园演剧,刘艺舟为领袖。其开戏演说之词,谓我等在东三省招民军数千,与官军战,屡战屡捷,然究因军资缺乏,枪弹不足之故,不能进取,使清政府放胆南下,无东顾之忧,是诚在东省我

768

同人之罪也。

然塞外苦寒，用武非易，我一部同志现在冰天雪地之中相战，热血男儿处弹丸雨下而不恐，惜乎因饥寒之故，倒仆在地，是诚吾人不胜伤悼者也。吾人虽具热心，奈力薄何？是以演剧所得资金，用以接济东省民军战时冬衣及子弹之费。云云。演剧题目："波兰亡国惨状"、"明末之遗恨"、"武汉之风云"、"黄花岗"等。

四、所得之资金，以之编制北伐军队之用，于二十六日设一事务所，章程分十九条。其总则专执北伐东省之事，必推倒东省，使不助政府为第一要义。又与保定、张家口、奉天全省、济南、青岛、北京之同志联络，以为作战之计画。

五、又，在日租界所余之党人虽属无多，然仍有蠢动之心。风闻近日进行之手段，谓非鼓动陆军，绝不能以成事，故近日百般调查。有谓总督待遇陆军有颇疏远消息，例如某军事机关则有用候补者之消息，而不用陆军中人，即其明证。故对于此事，可急煽动。云云。

（三十）

第十一次报告初七日

一、日租界内悦来客栈楼上，住有吉林中学堂教习某，领学生四人。闻系吉林学界欲谋独立，但奉省不响应，则独立者反成孤立，故特举代表五人，到奉运动一切云。

二、日新市街第二条街伊豫租房子内所住之匪人，昨已一律移至新市街南路东二层楼上，自行起膏火矣。

三、有韩国逋逃士李启东、李会荣等八人，欲助蓝天蔚起事，现已遣六人回国运输军器，并招募在咸镜道潜藏逋逃者二万人，以备听蓝之指挥。并有电报一通列下："蔚刻在湖。前电由连转悉，即派参谋商赴奉筹画车事，悉资鼎力。天蔚。"盖蓝天蔚在大连时，曾约韩国人共谋起事，以图奉天。后各处匪起，迅即扑灭，而蓝成孤立，遂赴湖北，故有此电。

按：二韩人生与接谈数小时，探其意旨，谓我国若行共和，立宪势力由此膨胀，彼或借此势力，以与日人抗，以救其国于不亡，并非专图我奉省。而其欲助蓝者，盖不如此，则蓝日后不为之助。然使我奉境内无匪党起事，即蓝之势力衰，而韩人亦无从襄助，自不能为乱耳。

（三十一）

大帅钧鉴，为报告事。

一、于初三日晚八钟，有军事部参谋张叙谷邀集党人十余名，在日站左雨浓家演说清政府违谕拿党背约，谓政府阳奉阴违，有失大信，而我党若独守和议之条，将来必致失败,悔之无及。又谓据吾之意见,愿抛炸弹于张营并张营隔壁之瑞记洋行,事如能成,我等大愿遂矣。倘或不成,即贻次帅以难办之交涉,亦足泄我等之愤,并亦可乘机作事。诸公以为如何? 其余党人均言清政府即不仁,吾等岂能不义? 不宜急进,宜在缓图,且俟媾和成否,再行核夺起事,亦不为迟等语。遂散。

一、初四日,大连王筱堂电知高省三等,占据固守,俟媾和成否,再行核办,量袁已必早咨东督,各守和约宗旨。然媾和之事不达其共和之目的,愿与诸同志决一死战。

一、左雨浓仍住烟台未归。

一、蓝天蔚现移豌井饭店。

一、王筱堂现住维村西町饭店。

(三十二)

烟台探员报告数条如左:

一、查蓝天蔚共带兵船七只,梭巡烟台一带各口岸,内有二只开来花园口,援助北伐战舰。

一、查昨由南发来烟台革兵三千名,内有五十名为决死队。

一、查王化成辞退日本顾问官,已入革军,有带兵来安进攻消息。查王化成前曾充安东日界华实公司总经理人。伊在日界贪利卖国,嗣经上宪通缉,潜逃大连,充日人顾问官。

一、查邵子峰此人曾于百七号报告在案十二日由大连来烟,委为北伐司令官。

一、查山东急进会首木铎被戕不确,有派张季臣带兵北伐之说。

(三十三)

一、俄国由哈尔滨派来暗查中国人徐松林、赵明扬、丛振东、蔡兰廷四名,均住日站,专为调查日本对于革党之举动。

一、八旗宗室、觉罗奉到内阁复电,现拟练铁兵五千人,举前海然总管依力丰为统领。

一、铁岭前徐令极力鼓蛊西北一带土匪金姓及各学堂教员、学生,拟初二晚起事,经商会总理暗中解说,故缓期,然心终不死。

一、日站新市街第三胡同十五番住有中国人冒名三本次郎者,带有同党十余人,每日来往多是日领事馆、日警察署之华人。所接信函,由锦州寄来者多,大约已有党羽在锦州一带煽惑矣。

(《有关各处革党活动的探报 三十三件》,宣统三年,中国第一历史档案馆:《清代档案史料丛编》第八辑,中华书局1982年版,第170—184页)

辽宁省辛亥时期史料补充

（1911 年 12 月）

一、明治四十四年十二月八日,奉天省鸡冠山警务支安长报告关东都督府:凤凰城驻在清国步队第五营管带官邵兆中于十二月一日夜里向北方脱走,而且其家属不知其去向,因此,十二月三日上午十点,驻凤城的统领马龙潭集合驻屯的步队进行搜索。

十二月四日,陆军教官徐云成带领三十余人进发安东县了。

二、明治四十四年十二月七日,大连民政署长报告,从奉天经过安东县今天早上来到大连住宿于长胜客栈的革命党外交部长刘芸舟,在上午十一点,受到蒋春山的来访。他们在四门紧闭中密谈两个小时,后又到了春田旅馆,与刘乾一会见,下午四点回到客栈。他们谈话的主要内容是:一,奉天起义的时机的丧失,是由于总督府张作霖收买的王国某发现了革命党准备用日本人使用炸弹举事的情况;二,革命党决定招募决死队(仅奉天就有七百人)对赵尔巽,张作霖和混成旅团长聂寺进行暗杀。

三、明治四十四年十二月四日,在安东的事务官报告。革命党在安东县宣布成立了安东保安分会,自称革命党代表的刘艺舟(一名木铎,任中华民国关东军政府分府外交部长)以及另外一人本月一日到本领事馆出面接洽照会,次日,刘芸舟又到警务署出面通告。综合他们的谈话,这些革命党员是在明治三十一年(1898年)留学东京的,数年来,他们组成了同乡会决定以安东保安分会的形式改正清政府的施政和组织,他们在日本列席了孙逸仙为首脑的会议,拥护三民主义,在革命军发起之际在东三省拥护第二十旅团长蓝天蔚为首领。他们也向安东县日本领事馆通告了其他情况:即将攻占安东县的革命军有在凤城附近的鲍城顺的一队,凤凰城步队管带官率领的 300 余人,在安东县的边防步队哨官张子阳部也秘密同意一同起事。此时,刘艺舟住在安东日本人附属地的新市街,等待接应、也通告了凤凰城马龙潭残杀了何秀斋的情况。也通告了:中华民国关东军政分府临时大都督为蓝天蔚,外交部长刘艺舟,分府的其他领导人有宋涤尘、王子衡、许春山、宁良卫(学岩,临溟)。

进行在凤城和安东县武装起义的革命党的骨干人员有:刘揆一、刘艺舟、左雨浓、宋焕文、蒋某堂、祈星辰、郭仪庭、罗士梅、王子衡、王静山、宋士侠、房怀远、梁佐乡、李新泉、程之平、刘岳臣、张叙古、尚子培、刘辛一、于介石、李省府、范杜奂、桐维来。

四、明治四十四年十二月八日,奉天警务署长报告,七日上午上火车的革命党员方兰非和付汉先两人携带十两黄金从大连到奉天,直接去见了并交付给潜伏于奉天附属地假事务所的革命党员左雨浓(一名左汝霖),左雨浓急忙到了兑换店用十两黄金换了七百元,然后乘晚上七点四十分发车的火车到了辽阳附近的列二堡,交给了将出发的革命军作为费用。此事是由安奉线巡警局科员韩少厚(懂日本语)等一行五人侦知并于当日夜里向赵尔巽总督秘密报告。

（李景科译：《辽宁省辛亥时期史料补充》，1911年12月，日本外务省档案馆藏件；《东北辛亥革命历史史料研究文集》，第16—17页）

日军第九舰队对于蓝天蔚北伐军将予登陆的大孤山、花园口、里长山列岛方面的视察记录

（1912年1月15日—1月18日）

第九舰队机密第八号之二

(1912年1月18日)

第九舰队司令水野作造

旅顺镇守府司令长官山田彦八阁下：

视察报告

根据1月15日旅顺机密第35号电令,对大孤山、花园口、里长山列岛方面进行了视察,结果如下：

一、行动计划

十五日下午五时出港,十六日早晨到达大孤山海面,之后,经过花园口,在里长山列岛住宿,十七日经貔子窝回到旅顺港。

行动概要

十五日,晴,风向北,气温华氏21°至44°,气压24.2—35.2。下午1时30分,向第二小队(鸽号、燕号)发出紧急准备出港命令,4时准备完毕。下午4时50分,民政署派来的警察加藤巳之七上了鸽号,巡警广重时次郎上了燕号。下午5时,司令登上鸽号,率领第二小队出港,加速前进,航路图参见其他电文。

十六日,晴,风向西北,气温华氏19—28度,气压30.43—30.6。凌晨3时15分抵达海洋岛所倚头西南3至4,西5海里处,在此北65度向东向大鹿岛海面驶去,速度为八海里。上午8时10分,抵达大鹿岛南约五海里处,该岛沿岸至小鹿岛沿岸一带,距岸边三海里至五海里结冰,无法靠岸。

故改变航向前往花园口海面,速度为12海里。下午0时50分,抵达花园口东南约10海里处,海面有大面积结冰(厚约1英寸)。所幸,冰层每隔500米至1 000米就断开,结冰不够坚固。因此,可以慢速或者半速突破冰层,继续前进。在抵达花园口以南约7海里之处时,冰层厚度增至2英寸至3英寸,颇感突破困难,而且

前方没有发现断开的冰层,水雷艇船体钢板很薄,突破困难,不可能继续前进,而且越接近岸边水深有限,不可能到达海岸。是故,2时30分驶往里长山列岛。当时气温为华氏22度,海水温度为华氏30度。下午3时30分,视察大长山岛南面,在该岛南岸两处发现约二十艘支那船只,其中有的桅杆上挂着布片。因此,派遣燕号前去侦查。燕号艇长报告说桅杆上的东西是用来辨别方向的,并无可疑之处。

在支那船附近发现了一艘日本渔船,上面有四名日本渔夫和一名支那人。船夫说:"渔船从大连来,不日就前往花园口,我们不知道其具体目的。"

本司令(指水野作造)从搭乘舰船的警官那里得知日本帝国政府小长山岛上设有派出所,因此决定先到该处收集情报,下午四时二十五分停泊"西湾"。不久,该岛派出所巡警福水新七来访,说道:"人们都对革命军的情况了解不多,不过今天(十六日)驻大长山岛派出所警员说'虽然对支那人登陆该岛的情况作了汇报,但是并未太多留意'。"于是,命令燕号艇长加藤带着搭乘该舰艇的警官到上述警员的派出所收集情报。下午八时,加藤艇长回来了,带回的情报说在大长山岛上的支那人肯定是革命军。

十七日,阴,西北风,气温华氏二十六度至四十度,气压20.21至140.4。

上午六时三十分,命令鸽号艇长带着截止到昨天收集到的情报回旅顺复命。该艇于该日正午抵达旅顺。本司令临时乘坐燕号艇于上午七时出港,于八时零分抵达大长山岛,命令燕号舰艇职员福间中尉带着搭乘该舰的警官登岛侦查。十时四十五分,上述人员回来复命,说岛上有革命党人十三人在那里住宿,而他们的指挥官不在。训令中第三项规定让我等对革命军发出通牒,但是有鉴于上述情况,没有发出通牒,于十一时出港,速度十五节,于下午四时回到旅顺。

因急于复命,未进行侦查。

二、在里长山列岛看到的支那船只的情况

沿岸到处都是支那船只,小船运到了岸上,大船撤去桅杆、船帆,准备过冬。

小长山岛我日本帝国派出所巡警(具体地理位置另有图讲解,是貔子窝派出所支部)讲了以下情况:"当地冬季漫长严寒,一年中有六个月和北方沿岸地区音讯不通,而且当地没有报纸,对革命党一事毫不知情。里长山列岛上,支那船只载重百石以上者有六百余只,其中载重三百石以上者有百余只。因此,这里租船相当方便,然而,当下,船夫、船主正在过冬,尚未听说革命军租船一事。按照规定,船只出入都要向官府备案。因此,我们还是可以随时掌握支那船只的动向的。"

眼下,花园口、貔子窝海岸结冰达八公里,不能登陆。听说偶尔也有装载商品的支那船只到大孤山,这些人用木头、板子之类的东西登陆。今天,大长山岛派出所巡警来函,讲到了支那人登陆该岛的事情,尚未细读内容。

大长山岛派出所巡警书信内容节选

前天(十四日),清国革命党十三人乘坐满铁的宗谷丸号船,带着装载着粮食、木材等军需品的两只日本帆船来到本岛三官港。现在,卑职登船对留下的人进行盘查,接着让他们来派出所问话,他们的指挥官是原安东县支那守备队长,姓邵。听说上述货物本来是要在花园口卸货的。船员中有四个日本人。然而,货物中没有装载武器,因此,汽船于当日返回大连,今天会回到这里,他们正在这里等候。

三、福间中尉在大长山岛侦查得知的情况

(福间中尉等在侦查时非常谨慎,绝不透露半点为阻止革命军登陆而巡航的事情,说巡航是例行公事)。革命党人十三人从大长山岛东面登陆,在那里滞留,打出的旗帜是中华民国某某,主要人物如下(其中有几人剪掉了辫子):大队长邵子峰、郑星良、江万海;宪兵队长旷达;军司令部成员武安如。

带来的船只及军需品详情如下:

货船一艘、支那船只四只(其中是否包含日本帆船尚不清楚)、大米四千二百公斤、木板一百捆(一捆七八块,长六尺,宽一尺,厚八分)、五坛子腌萝卜。据他们讲,宗谷丸号从大连将这些船拽曳至此,十四日抵达此地。这些东西是为陆军登陆做准备,目的地是花园口。在花园口登陆后前往后庄(约七十华里),该处有革命党人百余人,都有武器。指挥官邵子峰因要和芝罘的革命军取得联系,于昨天(十六日)下午六时乘支那船只前往貔子窝,不在这里。据说他们在该方面的根据地是大连常陆町第六号地同学仕,他们毫不隐瞒地讲了具体情况和计划,而且态度诚恳,想博得我的同情或支持。

另外,对他们对所说内容作了笔录,我想这有助于理解当时的情况,因此附上译文(此处略)

四、卑职的管见

里长山列岛地位重要,是进占关东州的立脚点。因此,革命军派先遣队来到这里,可谓老谋深算。因此,我日本帝国舰队应该在这一带游弋,收集情报。为此,报告了上述内容。

附录(旅顺港务部长河野讲话内容,一月十七日):

在结冰海岸登陆绝非难事,横放两根木材,上面铺上厚板子,上面可以过雪橇,撑杆在冰上滑走并非难事。如果顺风扬帆,速度更快,如果仅是坐人,冰厚三英寸足矣。先前,我说大孤山花园口结冰不能登陆,看来这种想法不正确,这里予以订正。

上述笔录译文(民政署警官翻译)如下:

宗谷丸号从大连出发经庄河抵达长山岛，而今已经回到大连，一行人正在等着烟台来的汽船，打算乘汽船再次到北岸。而今汽船还没到，不能采取行动，只能等烟台方面来船。但是，等了一天船还没来，我等只得去貔子窝给大连方面拍电报，再由大连方面给烟台拍电报催促尽速派汽船北上。另外，从上海来的汽船是五艘还是六艘尚不确定。（《第九舰队司令官水野作造致旅顺镇守府司令官山田彦》，第8号，1912年1月18日，米彦军译自 http://www.jacar.go.jp/chinese/index.html"亚洲历史资料中心"）

第九舰队视察报告航线图

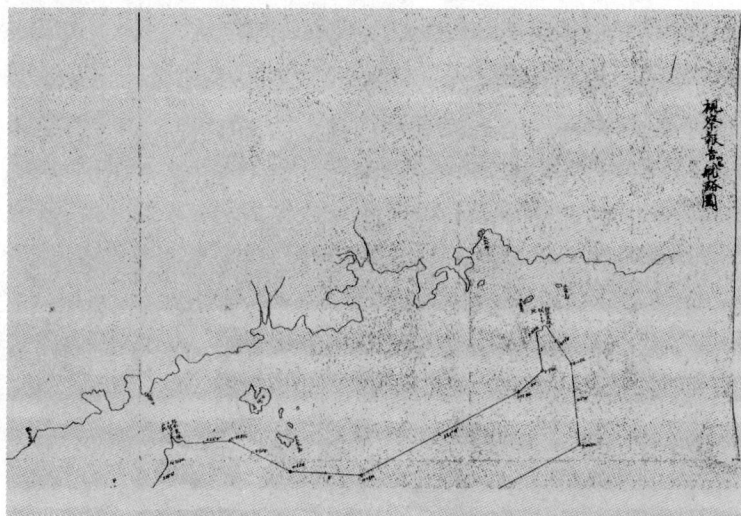

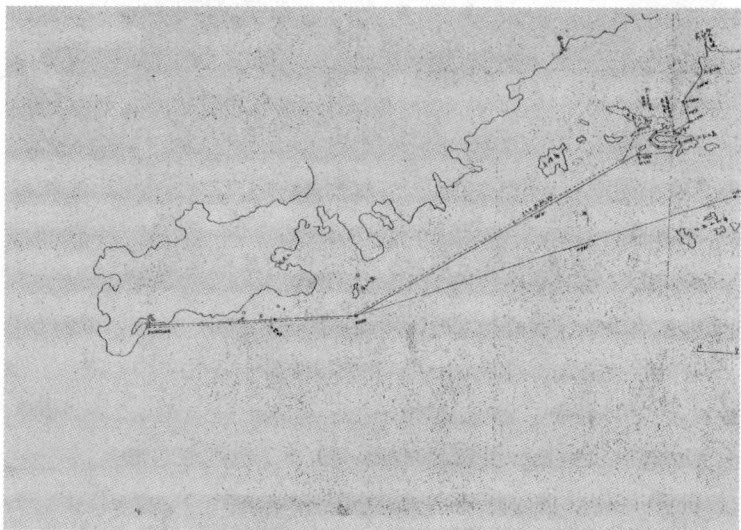

《支那革命纪略》之"东三省的革命运动"

（1913 年）

1913 年 1 月,日本外务省政务局出版了《支那革命纪略》一书,共 5 篇 20 章,110 页,此书也在当时的《支那时报》连载过。第十九章是"东三省的革命运动",概要如下:

1911 年

11 月 11 日,奉天绅民谘议局召集社会各方面的代表召开会议,成立了奉天省国民保安会,赵尔巽为会长,副会长吴景濂。订立了八条的章程。此会议结束后,营口第一个响应,由袁祚廙率先建立了营口保安会,并任会长。

11 月 18 日,革命党组建了奉天急进会,张榕任会长,张涵,李冰臣等任副会长。

11 月 20 日,奉天急进会代表辜天保,李德珊最后一次与赵尔巽交涉谈判,并发出必须两日内给予答复的通牒。要就内容是立刻宣布独立,组建八千人的急进会乡团。

11 月 21 日,奉天省庄河厅潘永忠在顾家岭举事,占领了第一第二巡警分局,又联合复州本地的武装夺取了当地巡警的枪械,同时日,辽阳的急进会与巡警实现了联合起事。

11 月 25 日,辽阳巡警 32 人出奔十里堡,与十里堡的巡警会合宣布以中华民国军政府关外大都督蓝天蔚名义执政。

11 月 27 日,复州,庄河一带的顾人宜兄弟联合各种革命力量达一千人,并宣布任中华民国军政府第一司令官。此后迅速发展到 2 000 人武装,并驱逐了复州的巡防队长李万胜。

12 月 6 日,奉天革命民军与清军在水门子和辽阳激战。

1912 年

1 月 15 日,黑龙江省呼伦,库伦的蒙古族八百人与革命党联合在海拉尔举事。

1 月 28 日,张作霖指使巡防兵杀害了奉天急进会会长张榕等人。

2 月 6 日,盖平县万福庄各处悬挂革命党旗帜。

（李景科译：《支那革命纪略》,日本外务省政务局 1913 年出版；李景科、周立安：《东北辛亥革命历史史料研究文集》,第 80—81 页）

民社缘起及公定规约

昔卢梭有言：国家者,人民同意所约成之社会也。既不能有脱离国家之社会,同时不能有违悖民意之国家。果国家而违悖民意者,其社会即得合全体之力监督而纠正之,或竟取消或改造之,以无僻民意为究竟,武汉起义二三同志,以人民消极之份子,岂敢犯天下之不韪,而为此芟夷根株、摧廓习惯之举动乎？诚以某等奔走国事,数年于兹。默觇人心,或表同情。所幸民意所指,如矢在括［栝］,义声一倡,响应者十余省,景从者逾同胞全额之半。满清之覆,当在不日,成绩固良好矣。虽然,此岂高唱凯歌,交驰祝电,铺张功业,侈意肆志之日乎？行百里者半九十,前途之艰巨,正未可一息自卸也。破坏易,建设难。破坏之事业,得少数热心志士,鼓其百折不挠之气,牺身命,糜汗血,皆优为之。建设之事业,非团结我国民全体中之多数有能力者,护惜萌芽,防范流弊,审慎结构,不能达完全良好之目的。一有不慎,启破坏之端,而流不可收拾之祸,其负罪于天下后世、世界万国者为何如? 更毋宁不先发难,而贻此大任于来哲之为苟安旦夕也。以故,破坏之事业得少数人民之同意,即可以无敌于天下者,建设之事业非合多数人民之同意,即不能收万弩齐发、趋于一鹄之效果。某等发难于机先,自不能不绸缪于事后。援卢梭人民社会之旨,发起民社。我父老兄弟,其能集思广益,铸迭(造)舆论,以国民联合之大多数,造成统一共和之新国家乎? 是岂独本社之赐邪?《民社缘起》,《民立报》1912 年 1 月 20 日,第一页;《申报》1912 年 1 月 20 日,(第 2 版)

公 定 规 约

第一章　总纲

第一条　本社对于统一共和政治,持进步主义,以谋国利民福。

第二章　社员

第二条　本社社员须中华国民年满二十岁以上、有公民权、具普通常识者,由社员二人以上之介绍,经评议部审查后,得为本社社员。

第三条　凡社员入社时,须缴入社金二元,常年社费六元,分正六两月缴纳。有逾一年未缴者,销除社员资格。

第四条　社员有违背本社规约,或败坏本社名誉者,经评议部议决,由社长宣布除名。

第五条　本社本部及各支部社员,其权利义务一切均等,有互相维系之责任。

第三章　职员

第六条　本社设社长一员,总理本社一切事务;副社长一员,协助社长率同各干事评议员执行任务。社长不在本社,及因事故不能任务时,由副社长代为执行,社长副社长均二年一任。投票选举得连任。

第七条　本社干事部设总干事一员,干事若干员,分任书记、会计、庶务、招待、各事宜,其办事职任权限,另以细则定之。

第八条　本社评议部设评议员若干员,每社员二十人,选举评议员一人,评议员有五人以上即得组织评议会,其议事职任权限,另以细则定之。

第九条　干事部各员由评议会选举任之。干事有缺额及因事故不能任务时,由评议会临时选补,并须得社长之认可。

第十条　本社干事及评议员均一年一任,改选时亦得连任,但不得继续连至三任。

第四章　经费

第十一条　本社经费以社员常捐,及特别捐充之。

第十二条　本社经费每月收入支出,须于下月第一星期内由会计员造具报告册,交评议部审查决定,由社长公布之。

第五章　会期

第十三条　本社会期计分五种如下:

——大会每年秋季开大会一次,其日期须两月以前登报布告,支部社员得一体与会。

——特别大会凡重大问题发生,经社员三分之一以上之要求,由社长临时登报召集,开特别大会。

——职员常会每月第二星期六日午后二时,合职员全体开常会一次。如临时发生事件,得由总干事通知开职员谈话会。

——干事会每星期六午后二时由干事员开干事会一次,如临时发生事件,得由总干事通知开临时干事会。

——评议会每月第一星期六日午后二时,由评议员开评议会一次。其特别事故发生,经评议员三分之一以上之要求,得由总干事通知开评议会。开评议会时,干事员得到会陈述意见,但不加入议决之数。

第六章　附则

第十四条　本社先在上海设立,本部各省地方以次设立支部。各职员未经正式选举时,由发起人先行推定分任职务。

第十五条　本社先就上海组织《民声日报》为发表言论机关。

第十六条　本社规约有应行修改者,于开大会时经多数社员之同意,得提议修改。

第十七条　本社事务所暂设上海江西路 A 字五十号四明银行间壁。

发起人:黎元洪、蓝天蔚、谭延闿、王正廷、王鸿猷、李登辉、孙武、朱瑞、张振武、吴敬恒、杨曾蔚、刘成禺、项骧、宁调元、孙发绪、周恢、张伯烈、汪彭年、高正中、朱立刚、徐伟、高彤墀、郭健霄、何雯。(《申报》1912 年 1 月 20 日,第二版)

辽宁省辛亥革命史料七则

(1911 年 11 月—1912 年 2 月)

一、1912 年 1 月 30 日—1912 年 2 月 1 日,据日本外务省受第一一六三号情报,松尾大尉电报发于 1 月 31 日午前零时四十分,收于午前 4 时 45 分。在京城 (韩国汉城)的明石少将说在新義州出差的义州宪兵队长来电,在安东县的鸡冠山支署长发于 1 月 30 日下午 3 时的给安东县警务署的电报说,1 月 29 日在大孤山驻屯的第三营管带官给凤凰城统领发了有意味的电报:从 1 月 28 日开始,带有机关枪的革命军大部队的五艘军舰和运输船在庄河管区不明的地点登陆了。1 月 30 日午前 10 时大同江巡警分局发给安東巡警局的电报也说:革命军分乘五艘军舰和运输船在大孤山开始登陆。以上情况在安东县的清国军警机构和在安东县的日本军警机构都确认以上事实。

二、1912 年 2 月 4 日—1912 年 2 月 6 日。外务省电报课 2 月 4 日午前 1 时发,午前 7 时 50 分到。根据星野关四八和其他将校的报告以及警察官吏的报告,2 月 1 日午后,有汽船二艘和水蒸汽船一艘以及其他船一二艘航行在距离大孤山高丽城子二里的海滩位置,在 2 月 2 日午前五時开始有官兵携带枪支弹药登陆。子弹约二五〇〇盒七八十万发。又 2 日午前 10 时,革命军陆军约 600 人向利河河口上游三里处的两河附近的大房身和东大沟永宁屯附近前进。现在这些地方已经成为革命党的根据地。

三、1912 年 2 月 18 日—1912 年 2 月 21 日,日本外务省受一三三二号,发报者三毛大尉于 2 月 18 日午前十时四十分发,午后 2 时 16 分收。

主要内容:在芝罘的山县大尉发现在蓝天蔚管辖区域集结的北伐军,根据上级发给司令官蒋四有的电令,预将北伐军用军舰和运输船一艘运到大孤山的东边登陆。但是,现在还没有出发。昨夜在大连的参谋长给蓝天蔚发电,为了配合在大孤山登陆,预备在营口设立关外都督府,在大连的指挥部将在数日内移至营口。对此,蓝天蔚还没有决定。然而,蓝天蔚确实要控制安东县和营口。蓝天蔚昨日给袁世凯发了请示电报。说在共和民国成立的现在,赵尔巽还反对挂民国旗帜,因此就如何处置满洲问题,等待孙中山大总统的指示。

四、1911 年 11 月 15 日—1911 年 11 月 16 日:明治四十四年 11 月 24 日收报,主管政务局民高警祝收第三九六号,题目《关于清国革命党反乱的状况报告》。内容:明治四十四年十一月十二日,奉天警务署长就当地革命党状况屡次报告。

1. 奉天第二混成协领统蓝天蔚(革命党)电令张绍曾九日出发到金州致候处,于 11 日午前与奉命而来的滞留当地的革命党王国柱会面。

2. 当地(沈阳)革命党员聚集的情报也陆续汇报上来。奉天第二十镇兵约三千名现在倾向不明,但有举起反旗归顺者。

五、1911 年 11 月 21 日—1911 年 11 月 22 日,明治四十四年 11 月 29 日,主管

政务局第一课民高警秘收第三八七九号。内容:《关于时局报告》,明治四十四年
11 月 17 日,营口警务署长发出《关于革命动乱的地方状况》第四十三报:由营口的
新闻记者及学生组成的和平同士会发动一部分官宪和商民进行演讲集会。

六、1911 年 11 月 24 日—1911 年 11 月 25 日,明治四十四年 11 月 30 日接受
主管政务局第一课民高警秘收第三八三一号。内容:《关于时局的情报》,明治四
十四年 11 月 18 日,旅顺文署长发出了关于保安会设立,旅顺革命党动乱报告。16
日(旧历九月廿五日),他们收到了奉天保安会颁布的会则,设于旅顺县衙门的保安
分会程廷恒等会员于旧历九月廿五日既十七日夕刻在当地商务分处贴出该通告。
千金寮商务公处会知事现奉监督团令于本月二十四日电告奉省(奉天省)。

七、1911 年 11 月 24 日—1911 年 11 月 25 日,明治四十四年十一月二十日接
受关东军陆部参发第八〇八号主管政务局谍报报告。

内容:《谍第一百五十一,一百五十二号一部及报告》。明治四十四年十一月
二十五日,关东都督府陆军参谋部发出《关于清国革命动乱及对庄河厅的影响(十
一月二十五日第一号)》。对于革命动乱,庄河地区人民流言盛起,庄河厅暴动首魁
潘永忠,顾家岭会长顾人宜等袭击官宪,与南清革命军遥相呼应,在夹心子(赞子河
左岸地区)杀死了东橙巡警。

(李景科译:《辽宁省辛亥革命史料七则》,1912 年 2 月 13 日—2 月 19 日,日本外务省档案
馆藏件;《东北辛亥革命历史史料研究文集》,第 18—20 页)

铁岭领事馆领事向日本外务大臣报告"铁岭革命党暴动状况"
(1912 年 2 月 13 日—2 月 18 日)

铁岭领事馆领事向日本外务大臣报告:

1912 年 2 月 13 日,在铁岭的革命党人武装就开始运动和集结,准备攻占铁岭,
而清政府的巡防队也在运动。从昌图向铁岭开来巡防队一部,而驻扎在铁岭东门
外的第二十镇第二十标第三营马队也根据奉天总督命令向新民府出动。此刻,这
支部队中已经有了革命党的活动。这个时刻,革命党领导人孙纵横决定在 2 月 14
日夜里在新台子会合。

1912 年 2 月 14 日

根据革命党 2 月 13 日的会议决议,当时在满铁医院铁岭分院住院的革命党组
织辽东招讨使徐锷一方面向在大连的革命党总部频频电报联络,一边与拥护革命
党的开原马贼首领戴秀山,开原革命党宋少侠会面商议,决定进驻铁岭。并以招讨
使名义向铁岭日本当局发出通告。

通 告

在铁岭附近清军执行行动之际,本职贵国人民之生命财产及居留地应竭力维持安宁秩序以尽义务。右告知。

辽东招讨使 徐锷

而此一时日,社会上疯传冯麟阁投降张作霖已经逃亡等等的消息,革命党士气大振。被派遣在铁岭的革命党孙宝定正在招兵。戴秀山的部队则改在 2 月 15 日早上进发铁岭。

1912 年 2 月 15 日

由于革命党人的武装等正在运动,铁岭城内的清军和警察署已经感到压力,增加了布放和严重警戒。孙纵横领导的革命党武装已经得到了战员补充,戴秀山也在铁岭城北侧 20 里处的中国屯活动。下午九时,铁岭城清政府当局把城外的巡警全部调入城内准备作战对抗革命党。

1912 年 2 月 16 日

由于 2 月 14 日就下雪了,所以,在 16 日,积雪已经达到几寸厚。准备进攻铁岭城的革命党武装士气高扬,正在等待戴秀山部的到来。

上午一时五十五分,南门被隐藏在老百姓家里的革命党人打开,革命党进入城里与巡警激烈交火。此刻,孙纵横的部队也进入城里,说服了驻扎城内的河防营三十人一同袭击知县衙门。在交战中,城内县衙门,鼓楼和城门等三处着火。并在鼓楼附近与几十名巡警交战。到了上午三时,戴秀山以及赵庚延率领的马队三十人和步队六十人,孙宝定率领的五十人到达北门,巡警在抵抗中由于河防营已经失守起义加上他们自己有巡警重伤,士气颓落而败逃。北门城墙在战斗中被毁。

下午六时,铁岭城的知县以及巡警等全部弃城逃跑。革命党的旗子插在了铁岭城上。同时,在作战中,铁岭城内的监狱中有 38 名犯人,也全部破狱逃走。

下午十时半,徐锷所率领的七十人的革命军首先打着军旗从西门入城进入知县衙门。十一时,张作霖派出的三百人讨伐队开到铁岭城附近。驻扎在铁岭城城北的革命军为戴秀山,赵庚延的部队严阵以待。城内的革命党人七十人则进行严重警戒。

1912 年 2 月 17 日

上午二时四十分,奉天开来的巡防队二百七十人来到铁岭附近。

早上,革命军代表张斐在八里庄等地张贴蓝天蔚署名的通告。而赵庚延的部队七十人也从北门入城。

下午,革命军在铁岭县署衙宣布辽东军政府成立。

军政府长　徐锷

税务长　王鸣笙

秘书长　沈仲华

外交员　张叙古

顾问　李石君　襄吉生

军务部长　孙纵横

在此前的 2 月 15 日,与革命军作战而逃跑的河防营等 28 人,跑到了马蜂沟隐藏,由于辽东军政府已经向全境发出了通告,因此,原有的官军等人陆续投降了。

这个时候的革命军的实力是:戴秀山,赵庚延 150 人,投降归顺的 20 人,新招兵员 150 人,从新民府归来的第二十镇第二十标的董文蔚率领的马队 80 人,开原的马贼武装刘振英部 70 人,在辽河西的步队 120 人,总计 590 人,这在当时小小的铁岭城算是一支大部队了。

1912 年 2 月 18 日

革命军在八里庄与巡防队一度交火,并对县城进行警戒。

1912 年 2 月 19 日

奉天总督府也与全国一样,开始悬挂民国的五色国旗。铁岭的革命党党员召开了党员会议,决定 20 日上午打开城门,同时向当地的日本驻铁岭领事馆传达了《中华民国关外民军政府都督蓝照会事如下照会》。

(李景科译:《铁岭领事馆领事向日本外务大臣报告"铁岭革命党暴动状况"》,1912 年 2 月 13 日—2 月 19 日,日本外务省档案藏件;《东北辛亥革命历史史料研究文集》,第 37—40 页)

奉天模范监狱署所收党犯已释未释名单

（《奉天模范监狱署所收党犯已释未释名单》，1912 年，辽宁省档案馆藏）

华侨联合会简章

第一章　命名

第一条　本会为海外华侨归国者所发起，故定名为华侨联合会。

第二章　宗旨

第二条　本会以联合国外华侨共同一致协助祖国政治经济外交之活动及研究

侨民之利弊为宗旨。

第三章　入会

第三条　凡旅居国外华侨愿入本会者有本会会员一人介绍,即得认为本会会员。

第四章　会所

第四条　本会设总会于上海,设分会于国外各埠。

第五章　选举

第五条　本会暂由发起人假定职员经理会务,派员到国外各埠联合设分会,俟各分会代表到齐,再开大会行正式选举。

第六章　职员

第六条　本会设总会长、副会长,各一人,分评议、干事两部,若干员,以经理会务。其他各埠分会,酌察各该埠情形,另章规定,惟不得有背本会宗旨。

第七章　各员职任及权限

第七条　正副会长权限

(一)正会长对外则代表全体,对内则总理会务。(二)副会长襄助正会长一切庶务。若正会长有缺席时,得代理其职权。

第八条　评议员权限

评议员对于各该埠有代表言论及义务之权,对于本总会有评议协赞一切之权。

第九条　干事员职任及权限

(甲)庶务科　凡不属于他之各科者胥归其经理。

(乙)会计科　经理会内收入支出事物。

(丙)书记科　掌理文牍及记录。

(丁)调查科　调查本总会一切事务及征集各分会种种之报告。

第八章　会规

第十条　正式选举后,由评议员另议专则。

第九章　任期

第十一条　本会各职员任期以二年为限,得连举连任。

第十章　义务

第十二条　本会对于海外各埠华侨遇有障碍通商事故,应联合内外设法排除。

第十三章　责任

第十三条　本会对于民国政府一切充实财政兵力及办理外交诸事,应尽力协助。

第十二章　进行

第十四条　本会对于国外华侨商业及关于政治外交教育各问题,得随时开会研究,各陈其意见于政府。

第十三章　开会

第十五条　本会每月开职员会一次。若遇有临时事故须开会讨究者,得职员过半数以上提议,应由会长召集开会。但会员散在外埠,各分会成立时得自定开会规则,报告本总会。

第十四章　经费

第十六条　本会经费由各分会担任外,并分常捐、特别捐、名誉捐三种。

第十五章　招待

第十七条　本会有招待归国华侨之义务,但该华侨例应有该侨居分会介绍为合。其招待章程另行规定。

第十六章　附则

第十八条　本会章程如有施行不便之处,得二分之一以上职员、三分之一以上会员之提议,得开大会议决修改之。

名誉赞成员:黄兴、蒋作宾、黄锤瑛、居正、魏宸组、胡汉民、伍廷芳、吕志伊、蔡元培、景耀月、张謇、马君武、陈锦涛、王鸿猷、汤寿潜、于右任、宋教仁、徐绍桢、唐绍仪、温宗尧、蓝天蔚、李征五、陈其美、赵凤昌、吴景濂、李鏧、潘祖彝、彭允彝、欧阳振声、刘彦、王有兰、王正廷、殷汝骊、陈毓川、汤漪、时功玖、张伯烈、刘成禺、赵世钰、平刚、段宇清、文崇高、杨廷栋、凌文渊、陈陶怡、常恒芳、张懋隆、周代本、吴永珊、邓家彦、赵士北、田桐、史寿、王庆莘、高鲁、王印川、朱侗、沈钧业、董鸿祎、王嘉榘、张烈、朱春雷、孙翼中、雷铁厓、李燮和、何振声、上海商务总会、上海泉漳会馆。

(上海时事新报社、上海自由社编辑:《中国革命记》第四册,上海时事新报社1912年版,第5—6页)

中华民国宣导会缘起

幸乎福乎,今日共和开幕也;危哉惧哉,亦今日共和开幕也。然则今日者,非我民国我国民过渡之时期,可进而不可退,又难进而易退者耶。人群进化,阶级递嬗,譬彼水流前波后波互相起伏,略一停顿,倏又变迁,进步无止境,即过渡无已时。虽然或顺流而渡焉,或乱流而渡焉,或方舟联队而渡焉,或攘臂冯河而渡焉,前途浩浩,后显茫茫,必赖有一方针以为之前导,乃能造一日千里之势,而得最良合宜之归宿地。于是乎,我同志骝发热诚,起而为国家尽义务,为国民担责任,迎机指导,以补政治教育之所不逮,务期感动丕变,鼓舞自新,与五大族中父老兄弟,诸姑姊妹,缔造固结完全之大共和民国,使其永立于大地之上,此亦促进文化之要道也。我同志乃坚持四大宗旨,颐以宣导之责,备贯彻过渡之目的焉。

宗旨四则

共和政体,人民为主,故共和政治之长否,一以人民之政治思想、道德思想发达与否为断。无政治思想,则政府或因之而专横;无道德思想,则无由得完美之政府。此实为中华民国之兴亡根本问题。而以惠民等引为己责,以发起此会之要义也。养成现在国民之政治智识、道德思想为本会之第一宗旨。

满清之亡,由于内外之情相隔,假立宪而行虐政,民心日离而犹不知惜故。武汉一举,全国响应,此实我民国之殷鉴也。为今之计,莫若内外相联,使政府之美政美意得通于人民,人民之痛苦情形得达于政府。人民一致,国利民福,为本会之第二宗旨。

国际竞争愈剧愈烈,彼群我散,未有不败。今吾中华以新造之民国,武力未充实,不足以对外侮。所可恃者,惟此民心与民气耳。统一民心,联络民气,以和平之手段,得外交之良果,为本会之第三宗旨。

实业不兴,国穷民困,满清之败,实由于此。盖其投资,则无切实之保护,营业则无公正之指导,因之实业不振,帑藏不充,经济亡国胜于兵力。研究生计,鼓励实业,为本会之第四宗旨。

民国政府之批示

批据呈及章程已阅。悉该会宗旨四则卓识远虑,具见发起人爱国爱人之苦衷,殊堪嘉许。所请之处,准予立案可也。该会成立后,尤望抱定宗旨,着着进行,勿负初心,俾民国实受其利,本部有厚望焉。此批

会章

定名:本会由中华民国宣讲会之改设扩充定议,故名中华民国宣导会。

编制:本会设总部于上海及各省各县,其名曰:中华民国某省某县宣导会。市、镇则曰某市某镇宣导会,以遍设全国为止。

事务:本会以前列宗旨为主,而关于公共应兴应革之事宜,及人民之困苦皆得陈诉于行政官署,期达平和政治改革之目的。并由总事务所设立新闻部,按期发行机关报。关于外交政治,及国民生计,一切杂志书籍编译之,并组织宣讲、教育、实业三大部。进行方法另章规定(各省各县本会亦如之)。

职员:本会推举名誉总裁一员,以民国最有声誉、富于政治智识经验者充之。

总副理事长各一员,理事若干员。总副评议长各一员,评议若干员。总副交际长各一员,交际若干员。总副调查长各一员,调查员若干员。各部权限另以条章定之,各支会除不设总裁外,余概照章。

资格:凡与本会宗旨相同者,无论男女,各界皆得入会。

注意义务:

(一) 会员有遵守本会规则之义务;(二) 有素抱热诚之会员对于智识浅薄者或非会员或当人民辐辏之处有宣讲本会主旨之义务;(三) 会员对于社会无论大小事件均有监督倡导之责,若有特别事件对于本会有关系者,得随时报告之义务;(四) 会员有互相劝勉扶助之义务;(五) 倘有不守规则之会员破坏本会名誉或泄漏机密,本会会员得随时匡正,或来会报告之义务;(六) 会员对于本会进行方法有补助之义务。

权利:(甲) 本会会员均有被选举为本会职员之权;(乙) 开大会时有发言提议之权;(丙) 有佩带本会徽章之权(无论各省各县见有佩带同等徽章之会员均应举手为礼);(丁) 会员有为公益事件受伤致成废疾或死亡者均受本会优恤之权;(戊) 会员子弟入本会学校肄业得受学费减半之权;(己) 会员对会员因私权争执或因细故而至兴讼或双方中有非会员者准将理由报告本会,当按照民事诉讼和解法规则双方开导平和解决(和解手续另订之);(庚) 会员或起诉被诉事件,有陈请本会会员之为辩护士为其辩护之权;(辛) 有特别捐助本会及介绍三十人以上之同志入会者,得享受本会名誉勋章及参议之权。

告退:会员有特别事故,至不能担任本会义务,准其申明理由取消。

经费:会员入会时缴常年会一元,徽章五角,特别捐列前(权利辛参观)(原文如此)。

惩罚:本会会员如有在外损害本会名誉等事,一经察觉即行开除。

会期:全体大会每年两次(春秋二季定期通告),职员会无定时。倘发生重要事件,得召集会员开临时特别大会。

会址:本会总部设上海法界永安街首福里门牌四十号。

附则:本章程有未妥善之处,得由全体会员三分之一以上者提出议案,交由本会召集职员会,议决修正。

筹备进行方法:

编辑部:

本会发行月报书籍,以灌输国民政治思想、道德思想及提倡各种实业,以厚利民生为目的。

宣讲部：

富于学识，长于辩论之会员组织。成员之间，请各科专家演说以增学识，因先设宣讲场——所以宣讲本会各项主旨，及政治、法律、经济、商工业、科学，或临时发生之政谈等事件，以造成统一之正当舆论。

教育部：

本会会员之富于教育经验热诚担负者充之。先设小学一所，专收会员子弟肄业。又设夜校一所，年长之会员欲就学者入之(课章另订)。

实业部：

本会经济未充之前，先从提倡方法进行，以本会员中有专门学问之会员，轮期指导改良之要点，及农工商学种种生计之问题，以指导实业者。待本会能力充足，即实行组织各种营业团。其规则另章定之。

排解部：

会员间或非会员间因私权争执，准将理由报告本会，当按照民事诉讼和解法，公平判断以息讼端。

法律顾问部：

本部以会员中有法律知识者组织之，专备关于法律问题之顾问。已涉讼者，得请本会会员之为辩护士者辩护之，概不取酬金，惟自愿出者听。

临时职员

钱彬初	俞绍镇	李倬云
洪炳璋	俞奎源	童爱楼
戈朋云	郑平叔	任锡藩
洪炳甲	张其丰	李琯卿
任懿德	任怡安	丁镕
俞惠民	严忱热	刘人杰
徐其相	梁国祥	王引贯
宋易斋	梅竹庐	曹召彬
徐天复	金葆庭	李芸荪
周廉生	周星伯	赵有信
黄志斌	戴兴	王昭祥

名誉赞成员

汪兆铭	孙文	袁世凯	蓝天蔚

《中华民国宣导会缘起》，《申报》1912年4月14日，第八版）

华法联进会章程

（专就法国法律方面所定并由法文章程译出）

第一条　名称　宗旨　总会所：合创办本会人员及与本会章程表同情者，组成一会，名华法联进会；

第二条　总会所设于巴黎。北京、天津、上海皆分设事务所，将来于华法各大都会随时添设支会及事务所；

第三条　本会就华法政治、实业、科学三方面，以研求维持扩张两国人民相互之权利为宗旨，于政治则保守和平；于实业则开辟固有利源；于科学则交换智识。其传播之法不一举。凡有益于会旨者，无不为之，总期两国民情日益亲睦，并设访问机关，则两国人民欲知彼此情形者尤为便利。

会员如下：

（一）创办员三十人，法人十六，华人十五。组成执行部（详第七条）

（二）资助员

（三）名誉员由执行部在本会出力人员或资助本会各员内拣选，然于会中进行各事毫不干预。

（四）执事员

第四条　凡发起分任本会之组织者皆为创办员，资助本会至千佛郎以上者为资助员，有创办员或执事员二人荐引，经执行部认可，于本会章程表同情者，即可入会为执事员。

第五条　创办员及执事员须交入会费念佛郎及常年费十二法郎。凡一年不纳会费者，本会即认其出会。能一次纳三百佛郎者，即可永免纳常年会费。

第六条　本会经费为常年会费，入会会金、公家之赠金、援助金，以及宴□聚会之进款等。

监督、职任、大会议

第七条　本会由执行部监督一切执行部员，至多不能过五十人内，创办人三十一人，永不调换。其余十九人由执事员中拣选，任期三年。惟每年终将其三分之一复选一次，其选举之法另有详章。

第八条　本会管理之法。每年由执部人员公举正会长二人，副会长四人，总干事二人以上。各员法华兼半。会计一人，以成事务所。均可重被选举连任。

第九条　遇有重大问题，办事处可请专门人员代其办理。惟须得执行部认可。

第十条　事务所永有常驻局人员，凡有关于会中利益各事，均由其主持管理。如执掌公来往来信件，组织有益于本会之演说、聚会，编纂本会杂志及印刷各件办理执行部解决之问题,核算会中经费,选派会中执事人员,凡类以上各事,尽可便宜施行。

第十一条　事务所每月至少须招集执行部聚会一次,以宣布其所办各事,如未招集执行部,即于每月最末之礼六在总会所聚议。

第十二条　书记掌会中及办事所之信件及印刷访问诸事。

第十三条　会计经收会费并管理会中经费用款,非有一正会长或两副会长之押记,一概不付给。

第十四条　执行部人员概无劳金。惟总书记及专门人员执行部可斟酌分送薪金。

第十五条　如遇刑讼民事案件,会长有代表全会之资格,并能将此权授予总书记。

第十六条　每年本会人员至少须开大会一次,其招集及布置另有详章。

改定章程及停办之法

第十七条　以上章程非由执行部提议年终大会投票,不得更改。

第十八条　本会非由执行部四分之人员决议,不能解散。至其会会款如何用法,须由执行部多数人员决定。

名誉会长:法国前各部大臣及博学院员多名;中国中华民国北军都督蓝天蔚先生;中华民国驻义代表吴先生;中华民国驻俄代表陆先生。

执行部会长:博学院员大学教授;下议院议员 Jaiszleve;前工部大臣上议院员 Jiesse Bau lin;豆腐公司工业总理李煜瀛。

总干事:豆腐公司商务总理韩汝甲;法学博士大审院律师 Haipentiar。

如愿入会或有所指示,请向本会之总干事函商。

（《华法联进会章程》,《申报》1912 年 4 月 24 日,第七版）

华法联进会上海支会章程

总则

第一条　合创办本会人员及与本会章程表同情者组成一会,名"法华联进会"。

第二条　本会以联络华法两国国民感情,研究两国政治、实业、科学三大问题,扩张两国人民相互之权利为宗旨,于政治则保守和平,于实业则开辟固有利源,于科学则交换智识,其进行之法不一,举凡有益于会旨者,无不为之。总期华法两国各种问题易于解决,彼此邦交日益亲睦。

第三条　本会总会设于法京巴黎豆腐公司,华法各大都会皆分设支会事务所或通讯处,以便两国人民互相访问。

第二章　会员

第四条　凡在本会出力或资助本会者为名誉员。

第五条　凡有声望之人,赞成本会或特别资助至三百元以上者,为本会名誉会长。

第六条　由本会创办员一人或会员二人介绍于本会章程表同情者,即可入会为会员。

经费

会员均须缴纳入会金一元,经常费每年六元入会,入会时缴纳经常费,分三季缴纳。

凡不纳经常费,至年者本会应宣告除名。

第九条　凡会员能一次纳百元者,即可永免纳经常费。

第十条　凡团体入会,照个人加二十倍纳入会金免缴纳经常费。

第十条　凡本会所收入会金经常费,公家赠金资助金及一切进款,皆以作本会经费。

第四章　职员组织

第十二条　本会职员如下总干事一人由巴黎总会任定,庶务干事二人,会计干事一人,书记干事二人。

第五章　权限

第十三条　总干事对于总会负完全责任有监督代表本会全权。

第十四条　如遇民刑诉讼案件,总干事有代表全体资格,并能将此权授与庶务干事。

第十五条　庶务干事管理筹款及联络团体等事。

第十六条　会计干事管理会□□人款项簿记,但用款非由总干事尽押,不得支给。

第十七条　书记干事会管会中一切来往文牍及印刷记录等事。

第十八条　如遇有重要问题,办事处可请专门人员代办,但须得执行部之认可。

第十九条　名誉员不能干预本会进行各事。

第六章　事务所

第二十条　事务所中须有一人常川住宿,凡关于会中利益各事均由其主持。

第廿一条　凡职员每日必须到事务所一次。

第七章　会期

第廿二条　每年本会人员至少须开大会一次,报告出入款项,宣布已办各事,会期临时酌定,事务所每月望日须召集职员聚议一次,研究应办各事。

第八章　附则末条　本会章程照巴黎总章参酌规定,但非由执行部提议不得更改。

名誉会长:中华民国外交部总长陆征祥先生、驻义国代表吴宗泽先生、前关外都督蓝天蔚先生、法国前各部大臣及博学院员多名、巴黎总会执行部会长、豆腐公司工业总理李煜瀛、法国前工部大臣彭面丸、巴黎总会执行部副会长豆腐公司商务总理韩汝甲、上海支会总干事韩如庚、号伯秋,住锡金公所码头甘肃路永口坊内。

(《华法联进会上海支会章程》,《申报》1912年5月8日,第七版)

宗方小太郎谓:在中国本土有上海支部,由韩汝庚负责。该会之主旨在于宣扬法、美两国均为共和国,中国人一再对两国怀有好感,若与两国同盟,可保证世界和平云云。七月四日为美国独立纪念日,据云三国将在法国京城联合举行共和纪念活动。

(《一九一二年中国之政党结社》,《近代史料笔记丛刊》,第211—212页)

评新剧《蓝天蔚》

(1912年4月27日—5月6日)

郑正秋

忠告新舞台

此剧系刘艺舟所编。情节不过尔尔,然而各人演法,较之《吴禄贞》等剧,已有进步。欲证明此剧进步之故,当先校正新舞台向日之弊。

新舞台之新戏,在上海实应首屈一指。他家无论如何竞争,终归望尘莫及。何以故?新舞台各艺员,程度较高故,脚色齐全故,布景迅速故,尤能赞助公益故。

盖人必自立而后可以立人,人必自达而后可以达人,所藏乎身不恕,能喻诸人者,未之有也。夏氏昆仲暨潘氏、毛氏诸人,各知力图上进,各抱救世热肠,是以每演改良新戏,便多劝世语,辄能道人所不能道,裨益社会,诚非浅渺。但是统观该舞台年来新戏中,有数种犯一极大极大之弊病,即刘艺舟亦不能免,万不可不改也!

其病维何?曰:各艺员演新戏议论多,而演艺少是已。

一出新戏,短者十余场,长者几达二十场,至少须费时间二小时,其久当四倍于旧戏。尽多说白,独少做工,戏中人果只觉省力,不觉厌闷也。殊不知座上客听之,感觉味同嚼蜡耳,不耐烦也。

以后各艺员于练习新戏时,应先体贴戏中情景,凡非口舌所能形容者,尽当于眉目容颜上传出之,凡非数句简短言语所能描摹者,则当于身体手足上竭力传出之。总之说白自以极简切极赅括为宜,表情自以愈深切愈微细为宜。

潘月樵之蓝天蔚

此剧所以较优之点,在乎"声情兼顾"四字,请先评月樵:

潘月樵饰蓝天蔚,于遣散兵士时,将其心与愿违万不得已之苦衷,于唱工中传出。唱"好兄弟""好同胞"两句,泪随声下,且一心不忍可用可恃之好军人四散分离,故目送全队去后,更唱四句以叹之,戏情于是乎有声有色,好处一。

在督辕会议,被赵尔巽、张作霖疑其早萌异志,渠遂放胆与张作霖争辩曰:"余尝留学东西,军事学雅有深得,不若世之卑鄙小人,专善奴颜婢膝,献媚上司,觍然自称为军人,忍以同胞之颈血,染红自己之顶戴,不知廉耻为何物,可鄙哉,可鄙哉!若而人者,吾不欲观之矣!"言时声色俱厉,趾高气傲,揶揄讪笑,旁若无人,一面议论,一面以神情配之,好处二。

至保安会,击桌而言曰:"搜刮人民脂膏者,官也;丧失国家主权者,官也;断送土地路矿者,亦官也!"又曰:"时至今日,天蔚不得不言矣!东三省介乎两大之间。一朝有变,瓜分堪虞,若日若俄,视眈欲逐,伺隙已久。三省同胞,奴劫不远。恨彼劣政府,懵然无觉,弗思对付,不加援手。人民实逼处此,有不起而急谋自拔哉?一旦民军果然暴动,地方糜烂尚在其次,外人干涉良足虑也。吾侪忝居卫民之职,能不亟起设法?以天蔚定见,必应即于此会议决,建竖白旗,宣布独立。既免生灵涂炭,复免强邻觊觎,既可脱政府羁绊,复可阻北军南下,免使南方同胞,遭其涂毒。"言时神气亦足,不仅演说之意旨大有价值而已也。好处三。

与何秀斋交谈,及客寓自击,均嫌不着力。此两场,皆应将愤激不平之态,尽情表出,尤须将大志未伸,无地用武,英雄被困,徒唤奈何种种神气,竭力描摹,则至引枪自尽时,方有精彩。下次演唱,愿月樵注意及之。

月樵演戏,雅善变化。演辞一切日新月异而岁不同,有时且以座客等类之多寡为转移。假使楼上下多政界,渠遂骂官,多绅界则骂绅,多学界则劝学,多商界则劝兴实业,其机警如此,非决绝对聪明人不办。演拿破仑慷慨激昂,可称独步,其谓新剧中第一流人物,不亦宜乎。

刘艺舟①之何秀斋

刘艺舟扮何秀斋,谒见蓝天蔚一场,无出色处。谒警道,出场得太速;骂伪警

---

① 按:刘艺舟南下后与潘月樵托身新舞台。尘因谓:明年秋,武汉起义,各省响应者一日千里,艺舟大喜曰:"黄龙饮马,拔剑斩蛟,正此时矣!结合塞上英雄,揭竿而起,三日夺关而入,下登黄时,南北统一,共和告成。"艺舟卸军柄,与蓝天蔚曰:"共和成立,责在吾侪。吾志仍在社会也。"于是与潘月樵南下,托身于新舞台,以三寸舌,为警世铎。艺舟之名,由斯振海内。我邦人士,靡弗知新剧之始,仅钟声、木铎二人。(尘因:《刘艺舟传》,《菊部丛刊》,原书约 1918 年出版,台北传记文学出版社 1974 年印行;山东省文化厅史志办公室、烟台市文化局编志办公室:《烟台市〈文化志〉资料专辑》,《山东省文化艺术志资料汇编》1985 年第 9 辑,第 122—123 页)

道,稍有可取。

入勾栏踉迹警道,不谙嫖规,动闹笑话:若请教黑牡丹贵姓芳名,若垂首束手以应对,若屡起请黑牡丹坐下,始则举动一切,格外恭敬,次则牡丹问一句,渠答一句,又次则唯诺而外,不敢妄言一字,又次则频频回顾皮篓,惊疑之色形于面。凡此种种,尽是艺舟苦心。

盖每一出新戏,无花旦则终不能号召坎坷。而《蓝天蔚》一剧之情节,本难逻辑,欲加入花旦,则更难之又难,而势又不能甘付之阙如,不得已插入此场,复恐军人志士辈视作狎邪游,为无关紧要事,于是刻意描摹初出茅庐昧于嫖法之形景,俾人知秀斋之入妓院,实破题儿第一遭,明明是一门外汉也。此果艺舟一篇难文章,殊不知《蓝天蔚》一剧,从此可观,增高价值不少。尤佳者,表情多而言辞少,座客观之,莫不打起精神注意台上,是剧之大好处实在乎此。

接见爱国童子,"演""白"均嫌太冷。

避侦探目,挈童奔路,唱摇板四句,各唱两句,艺舟唱第三句"叫兄弟,随我来,向前闯"之闯字一完,居然翻一筋斗,亦属难得。观者鼓掌之声,犹若春雷四应,可见做工一层,新戏中最宜注意,而唱功尤不可少。艺舟之腔调嗓子虽不见好,词意亦浅,然顾曲家必能原谅。请自今始,凡演新戏,咸当以唱功加入,更当着一做工,而截短议论。鄙意如是,愿与癖戏诸君一商榷之。

游说鲍化南一场,神情亦佳,大有可观。详述蓝天蔚救东三省之计,口讲指画,愈讲愈得意,将己之座椅,愈移愈近鲍化南,渐至紧贴鲍化南身旁,侃侃而谈,津津有味。恰不料鲍化南坚执不受委札,渠即扫兴一半。及闻鲍化南乃满洲人,则更陡吃一惊,与童子面面相觑,其间形容得甚好。以后再劝鲍化南及"回栈"、"脱险",皆平淡无奇,不甚可取。

夏月恒之鲍化南

夏月恒起鲍化南,出场叹官场误国殃民之害,有独到语。末云:"我恨不得将此辈民贼,斩尽杀绝,俾我全国中不留一个贪官污吏,方逞我心。"好极,好极!此与学讲文明话者迥异。盖鲍化南系满洲人,若非于未见何秀斋之前,预存扫却官邪之志,则初见何秀斋,乍闻蓝天蔚札委其作民军先锋,起首革命,有不反颜擒何,或置秀斋等于死地者?月恒之自述生平,正是文章家之伏笔!

侧耳细听何秀斋快谈革命时,渠唯唯诺诺不赞一辞。及见蓝天蔚委札不喜亦不怒,但以委札还何曰:"札且收下,我自道理。"俟何秀斋果将委收入后,彼始问曰:"满清固应排去乎?"何曰:"然。"渠又曰:"在公等理应排满,在我等实无排满之可言。在公等为替祖宗报仇,在我辈亦无替祖宗报仇之可言。"至是秀斋始有异,反问伊:"何出此言?"渠大声答曰:"尔知我鲍化南为何如人,我乃满洲人也。"并以手枪示之曰:"尔等速行,我不忍以铁弹丸加于志士之身也。"此场言语动作均好。

末受何秀斋激劝后,乃以欲革命事入告其妻曰:"现在政府腐败,不特汉人当革命,我辈亦当革命,我拟即行起义,思欲作一共和国民。"言来极得体,月恒之"开口跳",海上无第二人能与之比拟,不料于新戏,亦甚生色也。

夏月润之张作霖

夏月润起张作霖,一味恃蛮,言语动作,均带野气。如此莽撞儿,赵尔巽乃以将才目之,当面夸奖,致张作霖日就跋扈。虽然,是亦张作霖平时善于胁肩谄笑之故也。

首场众官聚议,人皆于心戚戚,绝无搜杀民党意,独张作霖起立,向赵尔巽抗声言道:"大帅你放心,东三省有我张作霖,叫革命党一个亦不敢来!"又曰:"哼哼!谅这巡警道,何来能力保护大帅。这副千斤重担,彼虽有肩负之心,亦无肩负之力,然而大帅尽可无恐,保护之职我自任之,必不使大帅有意外之虞也!"宛是红人儿口吻,尤妙在神奇十足。

在署盘查蓝天蔚,先则盛气凌人,蔑视天蔚后,复恐招怨家,自辩又自夸,与月樵二人,搭档得甚好。

在众人中与天蔚大起冲突,有曰:"你不要开口军事学问,闭口军事学问,告诉你,谁人临阵多,谁人见仗多,就是谁强。"又曰:"你不要开口怕瓜分,闭口怕瓜分,你有本事,你只管来。我张作霖在此,别说你个把人要革命,只东三省有一个,我拿一个,有一个,我杀一个,你可要试试我的手段吗?"二人声情俱佳,描摹得十分周到。在保安会一厢情愿,拉住赵尔巽,用强硬手段与之结拜兄弟,拜罢即以大哥呼之,更自有趣。

夏月珊之赵尔巽

夏月珊起赵尔巽,心爱张作霖,恃之为护身符;心恶蓝天蔚,而不敢公然与之作对,进退两难,神情出色。

见张作霖与蓝天蔚冲突,右张抑蓝,恐激动天蔚,反速革命之来;右蓝抑张,更恐作霖撒手,无人为己保护。于是周旋二者之间,期期艾艾,若刘备在黄鹤楼头解周赵之口斗然。再三间劝,仍然两不相下,不得已引天蔚至左侧,向之拱手不遑,更生甘言以语之曰:"尔之精于军事学,我所深知。彼实莽撞,置之不理可也,幸毋悬然于怀,我当前往责之。"行至右侧,则挽住张作霖曰:"尔之武略,为我所早已钦佩者。彼实徒托空言,不宜实战,幸不之理,而毋介然于怀也。"末更向两人作揖。此中言语虽不多,神气之佳,实逸群绝伦,可以提起观者精神不少。甚矣,新戏不可无做工也。

（《蓝天蔚》《新舞台》,郑正秋:《丽丽所剧评》,李玉坤整理:《1912 年:上海剧坛的改良新戏》,中国艺术研究院戏曲研究所,《戏曲研究》编辑部编:《戏曲研究》第 42 辑,文化艺术出版社 1992 年版,第 205—210 页）

共和党成立大会记

五月九号共和党开成立大会。会场设张园安恺第。到者千余人,秩序如下:(一) 开会;(二) 推举临时主席;(三) 报告本党规约及支部分部条例;(四) 选举理事长理事;(五) 报告干事;(六) 演说;(七) 闭会。

二时半摇铃开会,开会公推张季直先生主席。次,主席张季直先生致开会词言:本会今日由五政团合并成立,其国民共进会一团前由该会代表在沪集议,旋代表回京,迄未推出干事。昨代表有电来沪云,须暂缓合并,想系手续未清之故,今日遂为五团合并之会。章太炎先生进京时,曾以合并事托骞,太炎未去之先已议有大致。太炎去时又承其委托,遂接合并事宜,当以党义政纲为前提,审无违异。统一党原有政□之处,是为合并之自然元素。惟太炎先生进京后时,有电信往来,最后提出五条件,解决后,合并遂定。后又与各党商量成立大会宜开在北京。各党以时期迫促,广告久经宣布,党员已到齐,势不能不开大会,大会仍应合并到京,乃成本党之本部。由是与各团商定先在申开会成立,以待在京各团之开会。今日成立会之事实如此。所有共和党规约,皆由各党协定,应请大会中通过。主席指任黄君云:宣布规约。黄君首提规约,应添一条,其文曰:本党设政务研究部,由职员会公推委员组成之委员,无定额,凡党员现任中央议员者,均为本部委员作为第十条系由代表团起草员添出,请并通过。中略有讨论,全体以选举事繁重,爱惜时间,因定从规约第十,既设政务研究部由党员各以其所欲讨论之条文,具意见书送事务所,俟交政务研究部研究改正后交□员会议决宣布。主席再报告,依秩序单选举理事长、理事。由临时干事分给选举票。举定理事长黎元洪君,得票数六百三十五;理事,张謇君,得票数五百七十六;章炳麟君,得票数五百七十五;伍廷芳君,得票数五百七十五;那彦图君,得票数四百七十五,以上当选。次多:程德全、蓝天蔚、李经羲诸君。主席报告干事,由各团选出五十四人,其姓名录下:(略)黄君报告谓造此权宜办法之理由:(一) 干事五十四人手续太繁;(二) 此次系合并初成,各团各不相知,选举难以尽当。故第一次用各团分举大会宣布之法,全体赞成,时已五时半,遂宣布散会。

附录电报二则于后:

北京统一党、民社、国民协进会暨各报馆鉴：今日统一党、民社、国民协进会、国民党、民国公会合并为共和党，开成立大会。到会者二千余人。各团各支部亦派代表与会。推张謇君主席，伍廷芳君到会，以个人资格临时入党，宣布本党规约，及支部分条例。次投票选举黎元洪为理事长，章炳麟、张謇、伍廷芳、那彦图为理事，各团共选出干事五十四人，全体通过。特闻。共和党。佳。

汉口民社转呈黎副总统鉴：今日共和党开成立大会，公以最多数被举为理事长，章炳麟、张謇、伍廷芳、那彦图四君被选为理事，各团共选干事五十四人，全体通过。特闻。共和党。佳。（《共和党成立大会记》，《申报》1912 年 5 月 10 日，第七版）

共和党成立大会中选举该党干部如下：

理事长：黎元洪

理事：张謇、章炳麟（后来脱党）、伍廷芳、那彦图

该会不设党首，程德全、蓝天蔚、李经羲位于理事之次，在党中占有重要地位。

由合并各团体推举之该党干事共有如下五十四名：林长民、叶景葵、王印川、龚焕辰、汤化龙、陆大坊、黄云鹏、孟森、刘莹泽、唐文治、童学琦、邓实、汪德渊、刘成禺、时功玖、陈绍唐、项襄、胡钧、汪彭年、张伯烈、张大沂、孙发绪、吴景濂、王赓、籍忠寅、李榘、陈懋鼎、刘颂虞、邵羲、蹇念益、周大烈、长福、林志钧、沈彭年、朱寿朋、姚文枏、潘鸿鼎、叶鸿炽、张毓英、沈周、贾丰臻、张一鹏、王戈、沈均叶、黄群、李祖虞、袁毓麟、汪希、陈敬弟、高凌霄、蔡元康、王家襄。

该党在各地有支部、在上海有驻沪机关部。

（〔日〕宗方小太郎：《一九一二年中国之政党结社》，《史料笔记丛刊》，第 140—141 页）

共和党之政纲

一、保持全国之统一，采用国家主义。

二、以国家之权力扶持国民之进步。

三、适应世界之大势以和平实利为立国之主义。

另有党章十五条及支部规则九项。本部设在北京前门内化石桥专门学堂内。

（〔日〕宗方小太郎：《一九一二年中国之政党结社》，《史料笔记丛刊》，中华书局 2007 年版，第 140—141 页）

共和党政务研究部调查委员名单

汪 希	赵椿年	席仰高	王治昌	邵 义	李穆章	圭 瑑
马英俊	张恩寿	艾知命	吴祥熊	徐敬熙	任斌略	沈宝善
孙发绪	熊范舆	赵廷扬	陆鸿彝	陈宗蕃	金其照	方兆鳌

陈应忠	左念康	贾丰臻	付　疆	张　弧	罗　杰	胡应培
沈恩孚	张　烈	任　峰	宁调元	严保诚	李晏沂	张孝移
姚文枏	梁志宸	王治鳌	沈周钱	厚　基	胡汝霖	张毓英
刘　潜	沙彦楷	伍达董	坤　儒	林万里	吕　铸	张康培
李　晋	俞　骏	赵鸿藻	项大任	吴　涑	胡庆培	王璟芳
孙江东	王若宜	周珏卿	张祥麟	梁焕均	宾玉瓒	首昌田
彭祖植	黄　农	李祖怡	周亮臣	李景圻	吴　治	孙凤藻
李芘臣	郁九龄	唐文治	金其葆	顾　澄	周大备	王　纯
谢永炘	王治焘	杨　钧	许沐镳	彦　德	诸　夏	冯　农
李显漠	汤天乐	诸以仁	周　成	孙祖渔	黄艺锡	陈　楗
屈映光	刘石荪	刘文彬	黄　侃	章宗元	程明超	金猷树
王文豹	张恩绶	吴廷燮	朱联沅	韩殿琦	胡　骏	韩悌云
蔡汇东	陈福颐	王锡泉	林长民	哈汉章	李镜湖	陈懋鼎
杨毓瓸	焦焕桐	孙鸣皋	邓毓怡	贾睿熙	刘同斌	熊瑞荼
徐声金	周　恢	蓝天蔚	谢石钦	张鸿翼	董昆瀛	李德安
张汉杰	何　雯	饶汉祥	石星川	白　坚	刘一清	匡　一
汪　东	吴家驹	熊崇熙	吴鼎昌	吴葆诚	孙昌煊	曲卓新
牛载坤	夏仁虎	袁克文				

（中南地区辛亥革命史研究会、武昌辛亥革命研究中心编：《辛亥革命史丛刊》第 8 辑，中华书局 1991 年版，第 188 页）

中华民国女子工业场简章

第一条　宗旨　本场鉴于民国贫困，皆因工业不发达，以致外货畅销，利权外溢，用特创办此场，以期发展工业，挽回利权，富国裕民为宗旨；

第二条　定名　本场定名曰中华民国女子工业场；

第三条　组织　本场为男女两学界所发起，会请工商部拨资，提倡招募热心工业者集资组成。

第四条　地址　本场为便利起见，特择定上海适宜地点建筑工厂；

第五条　职员　本场设总理一人，协理二人，会计四人，司员若干；

第六条　选任　本场除总、协理及会计由各股东投票选举外，其余各职员由总协理直接选任。但总、协理以三年为一任，任满另行选任，被选者仍可继任；

第七条　招生　本场暂招五百人。由本场分科教授，依六月以后，视其学力之

优劣,以定薪工;

第八条　制造　本场先从毛织、棉缎、丝织三科入手,兼造各种日用常品,务期维持国货,杜塞漏卮,以挽回全国利权为目的;

第九条　学校　本场为振兴工业起见,特附设女子工业学校,以期养成女子工业人才为目的,简章列后;

第十条　附则　本场简章有未完善处,俟股本招齐后开会修改,以臻完善。

又招股简章:

第一条　本场为全国振兴工业起见,特会请工商部拨资,提倡招募热心工业者集股开办;

第二条　本场定股本金一百万元,先招五十万元,即行开办,务使基础巩固,俾得发展工业;

第三条　本场股本分作一万股,每股洋一百元,以十股为一整股,每整股洋一千元。发起人先认招一千股;

第四条　本场先招五千股。除发起人认招一千股外,其余四千股以二千股为优先股,照九五扣收入以示优别;

第五条　本场为全国挽回利权而设,规模宏大,立业永久,非寻常工厂专为目前利益者可比。故股本利息每年规定六厘,以股本收入之日计,在十五以前者,作本月起息,十六以后者作次月起息,以示区别;

第六条　本场定每年十月开股东大会一次,报告出入帐目,核算赢亏及筹议本场一切进行改良方法。如有关于本场特别事故,得召集股东临时大会。会议及时日均预先通知;

第七条　本场募成股金,存放股实银行,以昭慎重;

第八条　凡代本场招股至两整股以上者,由本场赠酬一〇股。十整股以上者,除类推照给零股外,得有选举及评议查账之权;

第九条　本场有余利时分为十二成计,总协理及各职员得二成,各股东得五成,按股份摊。余五成储本场,以为扩充工业之用;

第十条　本场以每年十月开股东大会,报告盈亏账目,定十二月为发息之期,先期一月登各报声明;

第十一条　凡入股者悉以股东待遇,但不得越权要求;

第十二条　本场发起伊始,凡入股本场者先发给本场□条。□开办时,再行倒换,股单交给息折。惟息金仍以入股之时起算,以昭公允;

第十三条　此为招股简章,凡待遇股东有未完全处,俟期股东大会再行修改;

第十四条 本场事务所设在上海西门外松柏里。

又学校简章：

一 宗旨 本校以养成女子工业人才为宗旨；

二 定名 本校定名曰中华民国女子工业学校；

三 校址 本校附设在上海女子工业场内；

四 学科 本校学科分为四科：

（一）电镀科。电镀、法文、物理、化学、算学。

（二）美术科。图书、刺绣、编物、算学、国文。

（三）纺织科。纺织、裁缝、染刷、算学、国文。

（四）化桩科。化学、物理、博物、算学、国文。

五 学期自正月二十至七月初十为第一学期，自九月初一至十二月二十为第二学期。

六 卒业 本校各科均以一年为卒业，发给证书，愿在本工厂办事者酌给薪资，不愿者予其自由；

七 率费 每学期纳学费洋十元，纸笔等费概由生徒自备。学费须于入学时交纳，但本校得有公款后，学费可酌量减少；

本校另设寄宿以备远路就学之便，每学期纳膳宿费洋二十元。

八 优待 凡本校生徒，学有心得者，学费减半，卒业后派入本工厂，或充本校校授，以示优待；

九 年龄十三岁以上，三十岁以下之女子皆可肄业；

十 资格 凡愿入本校肄业者，以粗识文字、身体强壮、无嗜好者为合格；

十一 附则 本校一切详细章程，俟开学时另行规定。

赞成员：邓家彦 张光义 陈家鼎 颜炳元 谭延闿 魏伯益 蓝天蔚 杨宗实 谭人凤 仇 亮 李怀霜 辜天保 邹亚云 郑人康 邓恢宇 丁洪海 李燮和 梅景鸿

发起人：奚必强 赵佐汉 贺振雄 刘树杰 伍正名

（《中华民国女子工业场简章》，《申报》1912 年 5 月 18 日，第八版）

《世界报》发起书

（1912 年）

张继、黄兴等

今日之世界，一争竞之世界也。国与国争，政府与人民争，团体与团体争，个人与个人争,争之不已,乃事残虐。国际纷争,政府专擅,党派倾轧,私人攘夺,纷扰乱离,至于其极。一旦有手段敏活之野心家出,遂利用人之争,操纵之,捭阖之。于是世界人类之真理至道,乃消失于无何有,而民生苦矣! 盖国家之界严,而国际之纷争生;阶级之度别,而政府之专擅起。有此二因,于是党派之倾轧出焉。然细推其极,未有不源于人类物质界限之观念过深有以致之也。夫人类生存于世界,国家,团体之别,皆发生于人。苟人类<以>世界之眼光为眼光,世界之生活为生活,破物我之界则私念绝,而后争竞之端息焉。非然者,是以自私者私其亲、私其国,世界大乱之来,正无已时。屋覆巢倾,树折鸟散,而欲于其中求国民之幸福也,岂不妄哉! 当满清之据中华也,人民苦之,同人等奔走呼号,赖国民群力,革命以成,共和以建。然苟以世界眼光而冥察之,今日之成功特一时事实上之改造耳。自兹以往,吾人正宜勉力图为以革专制政府者,革恶魔之世界,庶几源清流畅,根深枝荣。世界和平之日,则行人息肩之时。是《世界报》之所以发起者,盖有不已焉者也。

《世界报》简章:本报以世界之眼光,造世界之舆论,定名《世界报》。

本报以同志中人组织而成。

本报以输入世界常识,指导共和政府,平均地权,主张人道为主旨。

所定报纲如下:

一、趋重世界大势;

二、严督政府及国民行动;

三、实行民生主义;

四、维持国际平和;

五、主张男女平权;

六、融和汉、满、蒙、回、藏五大民族;

七、指示国民外交;

八、提倡精神教育;

九、整理财政,发展经济。

此外,如振兴工商业、整顿海陆军、扩充拓殖事业等,本报皆特别注重。

本报社内共分三[二]大部:一、编辑部;二、经理部(规则另定)。

本报每日刊行十二页,内容略如下:一、论说;二、专电;三、译电;四、要闻;五、访函;六、来稿;七、时评;八、文苑;九、插画;十、广告。

本报设正编辑长一员,副编辑长二员,各专科编辑二十员,均以海内外著名之政治家、法律家、文学家、哲学家、教育家、经济家、外交家、军事家、实业家分门担任。

本报论事,凡中央政府及各省、各府重要口岸,蒙、回、藏各部,东、西洋各国,均遍设具有□□学识专员,随时函电,其纪事皆公正确速,由各访员自负责任。

本报社内拟专设新闻研究一科,招聘东、西洋各大报主笔讲授,并派员至外国学习新闻学科,借图中国新闻进步。

本报于日报外,拟设晚报。

附:本报招股简章

本报股本暂定为三十万。先由发起人分担十万作基本金,其余二十万招股补足,不足仍由发起人填补。

本报股金分整股、零股两种。

本报每一整股百元,每一零股五元。

本报设有招股专员,由本社发给盖印股券。凡向招股员入股若干者,应有由该招股员填给股券若干。

本〈报〉每年所得利息,以七分酬各股东,三分酬本报各办事人。亏者则由发起人出息四厘。

本报每年开股东会两次,报告本社经过情形及会计出入。

本报股息每年八厘。本报置有股券,认股诸君得按季持券向本社取息。

本报股券虽得由本人转卖别人,但必以本国、本党人为限。

本报股券如有由本人转卖别人时,须有报告本社注册。本报收股处暂设在上海。

发起人:张继　黄兴　张人杰　宋教仁　沈缦云　马君武　阎锡山　蓝天蔚孙毓筠　李烈钧　景耀月　吴敬恒　于右任　张凤翙　李燮和　陈家鼎

（黄彦、李伯新:《孙中山藏档选编·辛亥革命前后》,第603页）

《国民日报》之发起

星马报业又自一九一一年算起,此时正当辛亥革命推倒满清,《光华日报》实是星马缅甸及其他地域革命党惟一的机关报。越年,民国成立,此十年之间,新加坡以《国民日报》颇有名。当其筹备时,声势甚大。先是同盟会与数新政党,合组为国民党,国民党既成立,海外各大埠亦成立支部,以新加坡为南洋交通枢纽,拟仿上海之例,上海设一国民党交通部,新加坡亦设一国民党交通部,统摄各地支部。国民党领袖陈新政等,遂提倡组织一大机关报,定名曰《国民日报》,股份由各地支部认购,以其时声势及民心,预期可得雄厚基金。当时列名为发起人者,为孙文、黄兴等党魁党要,其次为政府内阁部长次长,如唐绍仪宋教仁等,各省都督,自南方列起,如广东胡汉民,福建孙道仁,江西李烈钧,安徽柏文蔚,湖南谭延闿,山西阎锡山,直至北方奉天蓝天蔚,亦十余人,参众两院议员百左右人,各地支部英荷美法各属凡数十处,以及有名望侨领同志八名,不计其数,声势显赫,堪称空前。标出十大特色,我的想象中,觉得有一份如上海之《民立报》《神州报》,或且想要兼如《太平洋报》之附出小说画报一样。岂知筹备未久,宋教仁被刺,二次革命失败,政局一变,袁氏专权,国内政界已无国民党人,南洋国民党力量虽存,国民党招牌且须拆下了。《国民日报》虽得于民三年出版,诸般理想,却未实现,惟销数尚有进展,竟能赢利,自购一座楼屋在罗敏申律,为自有华文报以来,得到第一个能自立的纪录,十年后,他报崛兴,乃日衰退,而不复振。

（《我所知海外之新闻事业》,陈允洛著:《陈允洛文集》,厦门英华中学旅菲、旅港、旅台校友会编印于 1971 年,第 134 页）

关于李长春要求拨发前民军机关部欠款的文电

国务院给赵尔巽的咨文

（1912 年 8 月 31 日）

为谘行事:据前奉天民军机关部长李长春呈明,奉省解散民军、取消机关部各情形,并请将所亏款项迅速核发,等因。查此案前经电询情由,并据贵都督电复在案。今该员李长春禀词坚执,究竟该案前后情形如何,相应钞录原文,咨请贵都督详核办理,并希见复可也。

此咨

附:原文

前奉天民军机关部长兼参谋长李长春为呈请事:窃于本年四月间,经大总统特派朱锡麟、张英华二宣慰员,办理东省善后事宜,当与职等接洽,拟以解散民军,取消机关部。职等遵即将部内军械、子弹,以及危险要物,逐一呈交清楚;惟所亏之款项,当经宣慰员复查无异,允同晋京照领。嗣抵京师,蒙唐总理承认,此款本应照发,碍以国帑支绌,遂电知奉督借洋二千元,余亏二千三百十元,俟国款稍纾再行承领,等因。旋蒙赵督复电应许。职等即执贵院公函返奉,于六月十五日至公署投函承领,经赵督派员取据职等图书妥保,饬由军备处限十日内发给。不意逾期未发,职等复文呈领,蒙批。呈悉。前准唐总理来电,以李长春所需之款由奉垫拨等因。现在唐总理辞职,此款无从索还,所请拨给之处,碍难照准,等因。奉此,伏思因唐总理辞职,此款即不发给,揆之公理似非所宜,复行函禀贵院,即蒙电催。不意赵督回电捏词,以李长春前款拨交军备处查明,奉省并无民军机关部,显系冒领,及无印信,故此不发等语。惟查机关部印信交与大总统查收矣,况宣慰员曾亲诣调察,尚有收存军械、子弹、炸弹、炮等物之回照,并解散机关部照会日本警察署之回收,以及蓝督之委任状、告示等证据。况且关外民军众目昭彰,赵督竟言无民军机关部,前后批词不符,不知系何居心? 为督者,反复若是;为民者,将何以堪! 为此具文呈请贵院迅速核夺拨款施行。须至呈者。(《关于李长春要求拨发前民军机关部欠款的文电》,辽宁省档案馆编:《辛亥革命在辽宁档案史料》,第283—284页)

赵秉钧致赵尔巽函

(1912年9月5日)

次珊都督台鉴:

敬启者,奉天民军机关部李长春请领欠债一案,前准电复查明奉省并无民军机关部,显系冒领等因。兹又据李长春来函申辩,仍请发款。查此款曾经唐前总理电商尊处,允许给发在案。现据电复情形,诚与原案不甚符合,特再钞录来函送请察览。仍希饬查明白,酌量核办,免彼借口,是所盼祷。专泐。敬颂

勋绥

赵秉钧启

附:原函

国务院鉴:敬启者,为奉天民军机关部欠债一事,前业连上二函均未蒙一示覆。近以债户迫切,不得已乃委同人杨君玉书前往大院陈明一切。赵督拒款不发理由,旋于八月二十六号接据杨玉书函称:赵督电致不承认奉天民军机关部各节,且云冒领等语。披阅之下,不胜骇怪。至此款给领与否兹不屑与之争论,惟不承认奉省机关部等语,誓死达到辩明目的。概民军起义首要机关,而奉部设立于日本附属地内,倡之于商君宸[震]、朱君自新、齐君希武诸同志,而继其事者,即长春是也。未到部之先,而受蓝君秀〈豪〉委任为机务处参谋长,设机务处于奉天城里鼓楼南干大桥胡同英华大药坊,即长春之生业也。嗣经急进急[会]首领张君榕波及,乃弃生业,出危险,与玉书杨君只身逃出,到部复受蓝督委任为奉天机关部部长,接办民军一切事宜。自到部后,共历事三月余,所有电报,旅行等费,以及一切花销,除由南领款不敷外,净亏洋四千三百十元。此款半是长春等自己备出,半是公债。共和成立,接准蓝督电开,共和既成,各地民军机关部自应一律解散。复接函示,令长春与大总统特派宣慰朱锡麟、张英华二君接洽。经二君到部时,除将部内所存之炸弹、炮、俄枪、子弹、机关部戳记,以及军旗、各样章程,均经当面缴毁、收记外,并另备有民军职员姓名表一册,以资呈索,且陈明部内欠项。朱、张二君如数往赵督处请发此款,而赵督坚不肯与。长春因同二宣慰晋京谒见大总统及前唐总理面陈一切,凡

长春等自备出之款,商妥同人捐助民国,其余二千元均系公债,当已准予照领。维时财政为艰,经唐总理电达赵督,省垫此款,旋接赵督电复照办。因持印信回奉领取,而赵督初推之于张作霖,复推之于军备处,嗣推词于唐总理辞职,此款无从索还,碍难照发。今复以无机关部为名,鞠之前后各语,荒谬已极,且云冒领一语,尤属泄气。为此反复无常,无异鬼蜮伎俩。未共和之先,藉张作霖之手惨害同〈胞〉。今又推词于军备处,可谓狡诈之至!且奉部之有无,历有确证,而赵督为一省之代表,何可暗昧天良,捉风捕影,显系反对民军,欺侮志士。

长春等出生入死,自备资金,今以公债变成私累,已暗暗叫苦,而赵督不但不给领,又以我为冒领,且云奉无机关部,言之思之,令人痛恨。为此,备函前来,务恳大院电质赵督,奉天确否有无民军机关部,以期水落石出。如长春等所据不虚,仍祈大院电饬赵督照数发给,以挽名誉,是为至要。肃此。敬请

公安

> 前奉天民军机关部部长李长春谨具
>
> 二十七日
>
> 由中国同盟会奉支部发上

(奉天省公署档)

(《关于李长春要求拨发前民军机关部欠款的文电》,辽宁省档案馆编:《辛亥革命在辽宁档案史料》,第286—288页)

刺杀李根源未成案及审讯始末[①]

李根源寓所之暗杀案　弹伤李之旧部吕渭仙

李君印泉自广东来沪后闭户读书,乃近闻反对党暗中图谋,拟函请捕房派印捕一人来寓守望,尚未实行,而二十八日午后六时许,有三人闯入威海卫路李君之寓所。寓中有李君旧部吕六韬,号渭仙者。与军士熊某出面询问来人,称系寻李督办者。时李君本不在寓,吕又见其来意不善,乃谢绝之。其三人中一人即声言,我一人去会,并欲径自上楼。吕云,李督办实不在此。其一人高声呵斥,并出手枪向吕连发两响,一枪中吕喉部,吕即倒于地上,其站立门外之一人,又以一枪指熊军士,而发未中。寓中人群集救视伤者,刺客乃乘机逸去,现吕已送医院治疗矣。(《弹伤李之旧部吕渭仙》,《申报》1920年12月30日,第十版)

---

① 按:"刺杀李根源未成案"中,蓝天蔚副官冯启民被捕,被控与居正、杨虎(啸天)、刘海山等谋害李根源。冯最终开释。依据前后材料,并无蓝天蔚与此案有关的信息。因涉案人杨虎、冯启民均与蓝天蔚有密切关系,而此案与时局亦紧密相关。留存此份材料,以备后来者参详。

二十八日,威海卫路李根源寓所有人入内,图谋暗杀李之旧部吕渭仙。(《民国九年上海大事记》,《申报》1920年12月31日,第十版)

冯启明被捕　私擅逮捕各押四月

冯启明于前晚至法租界金利源码头,拟乘轮赴粤,忽有李根源部下为参谋之张伯长及陈守石两人上前,将冯扭住,鸣捕到来,将冯带入捕房。声称冯系暗杀李根源未成案内有关等语。捕头以张等并无正式公文牌票,恐有别情,谕令管押候究。昨将张等解送法公堂请究,先由捕头上堂禀明前情,又由三百六十二号华捕称,是时实由张等先将冯扭住后,鸣我带入捕房云云,继冯启明由巴和律师代辩称,张等并未得有官厅正式公文,何能在租借内无故逮捕,实属干犯新刑律第三百四十四条,私擅逮捕后,应请堂上讯办诘之。张伯长称,民人是日得翟世伯前来报告,声称暗杀李根源之人今日动身,故此民人偕同陈守石两人前往拘捕等语,并延律师代办一切,中西狱员会商之下,判以讯得两被告实犯三百十四条刑律,着各押西牢四个月,准予赎罪。(《私擅逮捕各押四月》,《申报》1921年3月12日上海版,第十一版)

暗杀李根源未成案之详讯

粤人冯启明因被现寓新闸威海卫路吐百十一号门牌前海疆司令李根源部下之张伯长等指为暗杀李氏未成。案内有关由捕将冯移提至公共公廨,谕交三千元铺保候,订明讯核各情,送纪本报。昨经俞襄谳会同英包副领事升座特别公堂集讯。先由被告代表律师上堂译称:本案未开审前,敝律师先须请求因前次堂上判令被告交三千元铺保,无人具保,现仍管押捕房,要求准被告减轻交保出外研究。此案查原告委师所进禀词控被告犯案两起、同时所做。故敝律师不甚明白,难具辩诉云云。继由原告代表律师起而声称,原告所控被告与在逃四人串同谋害原告李根源。李氏本陕西省长,继在广东为政学会领袖。去年蜀省政局变迁,原告即避居沪上,不预政事。屡闻有人谷将其暗杀。去年年底第一次发生暗杀,当被枪伤原告秘书长吕渭仙。现吕尚在宝隆医院医治。至本年二月二十三号,杨晓天与见证翟时白密商其事,由杨介绍冯启明请翟帮忙。当在一品香番茶馆开一房间,邀刘海山与江某等暗杀原告事为杨永泰得悉,通知原告报告捕房。迨至三月九号被告冯启明拟乘轮船赴粤,被原告旧部所见鸣捕拘拿后,经敝律师禀请公堂将冯提案。是实并据见证。翟时白上堂,由原告律师诘据:翟供民国六年在广东军政府当差,与杨晓天同事结为弟兄,至去年八月间解职与杨先后来沪,至九月间始与杨会面,杨居法租界白尔路四百四十二号门牌,曾到其家谈话。嗣我欲往北京,因无川资,不果据。杨言伊有一事委托嘱勿离沪,允为接济。故次日又至其家,杨即介绍与冯启明会晤。谈及粤滇蜀三省政变,并言李根源与熊克武、顾品珍等感情颇好,李氏日来危险异常。孙中山深恶其人,须将李氏暗杀。是时冯启明又言此事请我帮忙。现孙来电令与杨晓天两人谋刺李氏。我当时允其尽力帮助。至十一月间原告寓所发生暗杀,当时枪伤李之秘书吕渭仙案。据冯云此事亦费用千金。总之李根源屡遭被告密令刘海山江某等暗杀未成,系受孙中山之指使。今将此案黑幕揭破,实系天良发现。惟我得此消息后,即告知中华新报总编辑张某,嘱其转达李氏预防。于三月二号往访杨晓天,冯亦在。彼询我李根源今日何在?我言李往一品香。冯即与我同往开四十七号房间。遂命刘海山江某各带实弹手枪一支守候。讵李未来,而刘江二人同寓该处一宵。闻该二人均系胡匪,枪法极好。至三月四号,与冯会面,冯云如知原告往何处可用电话通知,立即派人前往动手。我言最好二人所执手枪给我一支,乘机亦可谋刺。意欲骗到手枪一支,使刘江二人只有一枪难以动手,讯供至此。堂上宣谕退庭,判候展期再讯。(《暗杀李根源未成案之详讯》,《申报》1921 年 4 月 27 日,第十版)

暗杀李根源未成案之续讯　西探高爱乐之陈述

见证翟时白之供词与暗杀前海疆军司令李根源(字印泉)氏未成案内之关系人冯启明被捕,解由公共公廨审讯情形迭志本报。昨日又经俞襄谳会同英包副领事开庭续审。首由李印泉代表谢永森师起称,据一百九十号西探高爱乐云,伊下午有要事,请堂上先将该探讯问。即由问官核准。遂据该西探上堂译称,去年十二月二十九号得原告报告,谓有人持枪至伊家内,暗杀伤及吕渭仙。我即偕华探前往调查。言至此,被告冯启明之律师起称:非见证目击之事,则证人不能陈述。而原告律师仍续向该西探诘:据禀称,暗杀未成,案发生后,被告于三月四号在法租界被捕。嗣我偕华探投法捕房将被告连同皮箱两只一并提回。启视箱内藏有信函七十三封,照片两张。内一张系孙文肖像,余像亦系政界中人。时原告律师乃将一信呈案请察。被告律师即问该西探,曰此种照片,人皆有之。对于孙中山曾否出过拘票?答:无。问:被告箱中藏有许多书籍,当然为培植学问而备。答:然。问:冯启明在法租界被两人越界捕去,法捕房曾将两越界捕人者送交法公堂惩办此事。尔知否?答:冯启明非我往提。问:尔至李根源家,共有缘次?答:此发生后,去过十二次。问:尔对于李氏方面何以如此亲近?答:我对于双方俱无意见,只照公事办理,毫无偏袒。问:被告箱中抄有手枪否?答:无。原告律师又向该西探问曰:拘拿被告有无拘票?答:有。问:此案发生,捕房当然有侦查责任。答:然。该探供毕退去。原告律师续向前次到堂作证之翟时白诘:据供称,我既得到杨晓天(又名啸天)之手枪,遂回寓所。旋金仲生偕李根源代表张伯常到来,我即将冯启明与杨啸天定计暗杀李氏之内幕尽情说明。金等乃辞别而去。是日三时许,冯妻以电话邀我速去,我即往白尔路四百四十二号门牌冯启明家。冯妻向我云:顷有蔡荫廷来报告,谓李根源家门首停有一千六百四十三号汽车。李将即出外,冯妻以其时冯不在家,请肛我速去找冯。我闻其语,当往大东旅社,拟通知李氏避开。讵至则李氏未见我,后在一品香又得冯妻电话,令我将东西带去。所谓东西者,即手枪耳。我乃携带手枪前往冯家,见冯及杨啸天、刘海山、江姓等均在。冯遂向我索去手枪。彼等又言李根源之汽车已开到孟纳拉路九福里口,令我同往指认。因即偕刘江二人同去,果见该汽车停在九福里口。当与刘言,如见我举手,立即开枪。否则勿开。其时我本欲通知汽车夫,转告李氏以避危险。讵汽车夫找寻无着,只见弄口立一巡捕,乃向该捕询问车夫何往,而该捕不答我,即入该处屋内,见号房中置有杨永泰名片。因请谒杨,询以李氏踪迹。杨问我访李何故,我遂将冯等遣人到此暗杀李氏之事告知。杨闻语即出,约隔四五分钟,见捕房派到中西包探,我即偕该探同往捕房。时刘海山等见我与探同去,疑为被捕。我抵捕房,据情报告毕,始出。仍回冯家。冯询我如何得释?盖冯此问系伊先得刘等疑我被捕之报告而发。我答以当时捕房疑我为匪类,嗣询明我系良民,故而开释。惟其时冯已派人出外调查,我恐所为之事泄漏,故不待其调查人归来,即行辞出,由一品香迁居孟渊旅社。嗣我侦知,冯定三月九号挈其妻乘轮赴粤,故与张伯常、陈守石及包探等往法租界鸣捕,将其拘获等语。被告律师问翟曰,尔曾否当兵?答:我系文人,为候补县知事,又曾为报馆编辑。尔何方人氏?现住何地?一切日用曾否受李根源供给?答:湖州人,现年二十六岁,住孟德兰路五号门牌。前在杭州法政学堂肄业。刻下日用由父亲友山供给我,每月祇需二十元开支,从未受李根源供给。问:尔既未受李氏供给,而乃如此保护李氏,意者尔之目的系专保护一般督军?原告律师闻语声明,李未任督军前尝任陕西省长,而翟亦答称:因暗杀与人道公理正义相背故,我为良心主张必出而破坏,乃属为人道公理正义扶助,而非保护李氏个人。我住一品香时系用韩姓,开一百零九号房间,刘海山、江姓住四十七号房间,一百十二号房间系李根源之友金姓所寓等语,并将被告缮与之信交由原告律师呈察,中西官核供判候改期续审。(《暗杀李根源未成案之续讯》,《申报》1921 年 4 月 29 日,第十版)

暗杀李根源未成案又讯一次

公共公廨俞襄谳昨与英包副领事升座特别公堂,续讯前海疆总司令李根源遭人暗杀未成案。内之关系人冯启明先由新闸捕房西探高爱乐投诉捕房,已将被告中之衣箱两只起案。箱内各物开具清单呈案。而冯启明之代表律师问冯:共有衣箱几只?冯称:共有七只。尚有五只亦被捕房车去等语。堂上命见证翟时白上堂。经被告律师向翟将前堂所供情形复问一过,并问:杨晓天家居何处?尔欲北京去否? 翟称杨与冯启明同居法租界白尔路四百四十二号门牌。该律师云:尔既知杨冯住址,何不报告捕房,何以直至冯赴粤时拘捕? 翟称:拘捕权操诸捕房,我俟此案了结,即须北上。是时堂上命翟将县知事部照呈念,翟即将前广东军政府所给之部照呈出,欲讯见证杨永泰。因杨未到,由张季鸾投案经原告代表律师结据供称,原籍陕西,向在中华新报为编辑。翟时自于民国五年相识,今年二月底,得翟报告有人欲将李根源暗杀。嘱杀嘱我转达李氏,因不甚注意,未向询问暗杀者系何人。况李氏早有防范。事隔四五天,我至李氏处亦未提及。言至此被告律师起而诘问,尔为报饱主律有几时? (答)已有二年。(问)有无党派对? 于南北政府如何宗旨? (答)我前系国民党。(问)对于孙中山如何态度? 尔是否要打破孙氏政事上势力? (答)并无此意。惟我对于孙氏非常恭敬。(问)中华新报对于南北政府争闹意见有何种论调? (答)对于南北政府抱定和平宗旨。但我国政府未便在此公堂谈论。(问)孙中山在沪居有二年之久,你对于孙氏有无论调? 李根源方面有无评论? (答)对于孙氏方面尊敬,惟李根源在广东时曾登过新闻。(问)孙中山系创造中华民国之伟人,且其居住上海二年。你曾见过否? (答)与孙氏许久未晤生疏,未往谒见。(问)翟时自将冯启明暗杀李根源之事报告与你,翟何不报告捕房? (答)不知翟是何用意等。部下为参谋长,本年三月四号午后由李氏派与金仲生同往一品篝悉菜馆一百十二号房间,会见翟时白,翟即邀我至另一房间内,彼言现孙中山主使居正、杨武(即杨啸天)与冯启明为四川政局暗杀李氏。设计陷害已久。务要严密防范。我得悉后,即与金回寓报告,至三月八号得到捕房包探报告,谓被告冯启明已将法界寓所内之行李车至金利源码头广利轮船上,即日起程赴粤。至次晨九时,偕陈守石、翟时白、包探二人同至码头守候。旋见冯启明与一妇人各乘黄包车而来,拟上轮船,其时公堂提票已经发出,因即鸣捕将冯拘入法捕房。是实又据被告律师复向张驳诘一过,并据一品香用人柴惠卿到堂证明,冯启明翟时白均来开过房间,并将循环簿呈堂。又据西崽陈二宝投诉,被告来开房间时载明簿上惟翟时白,当时书写韩姓云云。又据李氏仆人陈福生投诉,三月九号亦偕往金利源码头,曾见被告与一妇人各北黄包车到来,拟登广利轮船赴广东。言毕,由被告代表律师向各见证逐一盘诘之下,堂上宣谕退庭,判候星期六再诛。(《暗杀李根源未成案又讯一次》,《申报》1921年4月30日,第十版)

暗杀李根源未成案之续讯

昨为星期六公共公廨俞孙襄献会同英副领事克本氏于上午十时借座第四公堂续审前海疆军司令李根源被人暗杀未成一案,研讯至午后一时许,犹未终结,爰将人证供词纪述如后:李根源投案备质 首同被告冯启明之律师请求公堂饬传李根源到案,根源已带同其参谋张伯长从休息室内步至法庭。经其律师招待就坐于律师席之后排。

　　汽车夫之供词　问官命汽车夫徐阿生站入证栏,由两造律师先后诘,据供称:我系李杨(即杨永泰)两人共同雇用汽车系一千六百四十二号正月二十七八之间从威海卫路开至孟德兰路。停车后伊(指翟时白)知照我有人欲行暗杀。约历半小时,见捕房派来探捕十余人。是日车中共乘三人。李系三人中之一。我开车从未带手枪,二月间李乘坐我所开之车约三四次车系轿式,有三十买只速率等语,供毕退下。

　　李根源与被告律师之问答词

　　李根源起立,站入证栏,由被告律师问曰:你前是陕西都督? 答:否,我系陕西省长。时李之律师以李不能久立,请求堂上准其坐而后言。被告律师亦请求堂上准。冯就座,问官,两皆允之。李遂坐于律师席。被告律师乃将《国民月报》一册交于李阅,并问其月报后面所印之像识否? 李答:像为孙中山先生。为我二十年之朋友。问:孙既系你朋友,何以控告朋友与暗杀有关? 答:此我不知,盖案情由捕房侦查。问:孙系民国创造人,又与你为友,似不应控告致令捕房调查。答:此事与租界治安有关,捕房亟应调查。问:既疑系孙谋害,曷不请求公堂出票拘拿? 答:因事前我不知,何能请求出票? 问:你属于何党? 答:此刻无党。问:中国国民党之党纲知否? 答:听而未见。问:公共治安之事你可赞成? 答:赞成。问:社会党主义你可赞成? 答:不能赞成。问:民生主义你赞成否? 答:此都是政治问题。今非研究政治之时。问:三月四号你干何事? 答:都属在寓读书,但我办事多年,何日干何事不能记忆。时被告律师向堂上声称,本案案情极重,而原告竟言三月四号伊不知所干何事,殊属诡异。原告律师亦起称此系盘问时,而非辩论时。被告律师续问:李曰二月二十七至三月四号之间,你家发生关于治安之事否? 答:旧历年底,他们到我家开枪。今年则未闹过。问:你因甚控告此人(即指冯启明)? 答:系捕房侦查所得。问:此人(即翟时白)识否? 答:出事后相识。问:你于二三月之间往一品香去否? 答:去年十一二月间去过。问:住于一品香与你为友者系何等人? 答:他们现在均往云南四川北京去矣。问:你坐于汽车马车内,惧被人暗杀否? 答:我对于人民国家均问心无愧,何惧之有? 问:你出外带手枪否? 答:未带。问:你在沪有人暗杀,外人又不能任完全保护之责,似不若离开。答:我住居租界当受保护,何必离开。问:你何以不往滇蜀等省? 答:现在我南北皆不受命,故住上海读书。问:不妨请往陕西云南读书? 答:起居之权,我可自由。贵律师焉能限制。问:你军事知识极充,设有人以手枪射乘坐于汽车,内之人能否致死? 答:若不能将人打死,何以名手枪? 问:你用过手枪否? 答:从前用过。问:若汽车跑快时,则欲击人恐手枪无用。须得有略长之快枪。答:不知。而李之律师起,称从前郑汝成亦系坐于汽车之内被人以手枪击毙。被告律师续问李曰:你读何书?答:个人自由来干预。被告律师即将《国民月报》内所载之《国民党党纲》与阅,李未看而语之曰:贵律师将来有暇时请至公馆再与研究。该律师仍问李曰:翟时白贫穷,你每月接济若干?答:无。问:你见翟共几次?答:约二三次。问:你当感激他。答:此刻当然感激。问:此人(指张伯长)与你相处几时?答:前系我之参谋,现为邻居。问:你现年几许娶妻育子否?答:今四十二岁。已娶妻,育有四个孩子。问:你陕西省长系何人所举?答:黎大总统任命。问:孙中山为你友,曾帮助何事?答:无所谓帮助,各干各事。问:做陕西省长在何时?后又何干?答:在民国六七年间,卸任后往广东任督办约一二年,因乱来沪。问:你在粤知否有国民党?该党领袖系属何人?答:闻系孙中山,惟内容不知。问:你辞督办之意系与孙中山为友,抑系为仇?答:无所谓为仇。问:你知南方之民国乎?南方民国已举孙中山为总统之事乎?答:此种选举系属毁法违法。问:你岂不欲孙为总统耶?答:此间无表示之必要。该律师乃向堂上声称,见证翟时白供此事系孙中山之谋,而原告律师亦言此案发源于广东,现在之广东尽入孙中山势力范围之内,故敝律师对此须详询一切。英领包君乃曰,原告并无控告孙中山,被告律师答称:但原告之谢律师有言在前,既原告未控告孙中山,应请堂上着原告律师将前言取销。言毕,续问李曰:广东督办系被何人裁撤?答不知,亦无答复之必要。

俞襄巅之问话

俞君问李曰:公馆内被人开枪在何时?伤者为谁?答:系去年十一月二十九,是日我不在家。伤一参谋,据称凶手彼看见三人一矮小,二略长。因雨天凶手均穿雨衣,故内服未见。问:你平日乘车出外,系住何处?答:只有三处。(一)温宗尧家;(二)岑春煊家;(三)麦根路一友人家。言毕起,与其参谋张伯长出庭而去。

冯启明妻之供词

被告律师令冯妻上堂,诘据供称,十五岁由父母卖与广东天香楼妓寮为娼,榜名新茶花,见证翟时白系我为娼时在广东先施公司相识,十八岁嫁与冯启明为妻。现年二十一岁,嫁与冯启明为妻,现年二十一岁。丈夫向在蓝天蔚处办事。去年六月,挈我来沪。先住北四川路青云里嗣,移住法界白尔路四百四十二号。同居者有杨啸天、郑惠江两家。啸天是否又名杨虎,我却不知。本年正月十二日我经过大世界游戏场门,首见翟从该场内而出,因系旧识,故与交谈。翟约我再入该场游玩,我不允。又邀我往一品香开房间,我答以业已从良,不能允许。翟询所嫁何人,由我告知所嫁者名冯启明,并告以住处及家中电话系中央二千二百四十号。翟并向我谓尔既不允往开房间,当有封付。又云伊与杨啸天相识。至正月二十日,翟来寻杨,因栈已往广东,乃上楼至杨妻处。后杨妻向我云,翟系来告贷,但我夫与翟素不相识,故翟来时,未与交谈。迨至正月二十六日下午四时,翟忽以电话通知我,谓今晚有人来我房内暗杀,嘱勿仍睡房内。我信以为真,移卧别室。讵至次晨室中饰物忽然失窃,而同寓之陈姓亦告失窃此事。细想极为希奇,当报捕房查行窃之人系陈姓,是时被告律师向堂上声称,被告被拘法公堂时,系延巴和辩护,巴和之纪录内载有失窃之事。经法捕调查与翟时白亦有关系,此层法捕房亦承认云云。续据该妇供称,失窃后不欲住沪,遂与丈夫于正月三十日晨摒挡行李,拟乘广利轮船回粤,经过法租界,突有陈张二人将丈夫扭住,旋见乘汽车而来者多人。我即鸣捕。将一干人一并带入捕房陈张两人,供系翟时白报告我夫与暗杀有关故而逮捕等语。供毕退下。(《暗杀李根源未成案之续讯》,《申报》1921 年 5 月 1 日,第 10 版)

暗杀李根源未成案又讯一次

广东人冯启民经新闸捕房查与暗杀李根源未成一案有关,向法捕房移提至公共公廨。迭次开庭审讯,详情均志本报。昨晨九时半,由? 襄谳会同英包副领事升座第四刑庭。传同人证、将冯提案续审、冯仍由堂上准其坐而候质。先由原告李根源代表律师着被告冯启明之妻新茶花站入证栏,将上次(四月三十号)到堂所供在粤为妓时与翟相识于先施公司,翟欲娶伊,不允。后嫁冯启明。来沪于本年正月十二日,在大世界门首遇翟,而翟邀伊同游该游戏场,却之。又邀伊同往一品香开房间,亦却之。翟言,既不相从,当有相当对付。嗣翟于正月二十六号以电话通知伊,谓有人当晚前来暗杀,切勿卧于房内。因移睡别室。翌日竟发现失窃事后请丈夫伴松登轮回粤。中途丈夫忽遭拘捕各节,反覆盘诘,历一小时余始毕。并诘以何处人氏? 律师谁人代请。新茶花答,系苏州人,因丈夫系我登舟致被捕,故律师由我代请云云。

次由被告律师向堂上声明前次到堂作证之一品香查房曹渭卿尚须盘问口供。即诘据曹供称到公堂,系由原告律师邀来二次,系新闸捕房所嘱,以此事系发生于我所管之一百零九号房间,故须到堂作证。我见旅馆内之循环簿上载明原告律师曾至一品香二层楼第五十九号房间住过三天。某夜,原告律师唤我至伊所住之房内询问,一百零九号房间可有韩性客人住过? 当答其有。我进一品香以来从未见发生暗杀。王文华之被暗杀事在两月前,我知道凶手住于三十七号房间,迄未捕获。但是日我不在一品香,故不知凶手是否系在房内开枪等语。供毕退下。

被告冯启民站入证栏,由其律师诘据供称籍隶广东,中国是共和国体,我为民国国民。惟现在之总统为谁,我不清。见证翟时白曾到过白尔路四百四十二号两次,我以素昧平生,未与交谈。第二次来时,经我斥责。杨姓(即啸天)与我有兰谱谊。我在蓝天蔚处办事,于正月初十由四川来沪,身畔从不带手枪或利器。孙中山先生我虽认识,但彼无电致我嘱为暗杀他人之事。沪地我有与人股开之印刷所一处,在北四川路武昌路□。妻子于正月二十六日才告诉我被翟时白调戏之事,并告知我翟打电话与伊,谓有人暗杀,嘱勿睡于房内。故是晚我亦移卧他处。迨至次日,发生失窃,后妻遂不愿住沪,强我回粤。我因妹子病未医愈,不能离沪,故令妻子收拾行李七件,于三十日送其登轮,先令往粤。中途被捕。言至此,被告律师禀准堂上将捕房所抄存之被?皮箱一只当堂开启,先检出大小照片数十张,逐一交与冯阅。令将拍照诸人姓名供明,冯即指一张有框之肖照而言曰,此为孙中山先生肖像。由孙寄与江西路十八号门牌发昌洋行,交我托为转交蓝将军。并将其余肖照一一说明。若为其妻,若为其弟,若为其外祖母,若为救火会员,若为其友。该律师又从箱内检出两洋罐。问冯曰、此中所储是否炸弹?冯答:不知。该律师乃揭开罐盖,见尽属瓜子。遂向堂上声称,箱中所藏之物俱非违禁物品,仍续诘。据冯供称,离川时蓝将军有一信嘱为转交孙中山。至于孙已于五月五日被举为总统之事,我因在押捕房并不知悉。若以我与暗杀有关一层,据我理想当系翟时白因调戏我妻及垂涎财物不遂,乃与李根源互相利用。李根源我甫于上次彼到公堂方始见面,我原拟俟妹病愈回粤读书,故箱中购置有英文书籍。当我送妻行近轮船码头时,见形似流氓者三四人与张姓同来,将我逮捕。谓系奉李根源之命。但我未见有公堂拘票。后经法公堂将捕我者惩办,我仍回法捕房。时该律师问冯曰,原告控尔与居正、杨啸天、刘海山等谋害,究有无其事?冯答,并无其事。即翟所供我给予手枪银洋等语均属虚构。去年、李家发生暗杀,我亦不知等语。复由原告律师向冯详细驳诘良久。中西官又问冯曰,现尔否认到过一品香?与在一品香及翟常(即翟时白)所供尔妻打电话嘱伊,找尔等事?冯答曰:是。原告律师即称,捕房已在妓女琴寓之妓院内吊到琴寓帐簿。载明冯姓尝在一品香一百零九号房内叫局,而西探且可到堂作证。被告律师闻语驳称,中国人之姓冯者岂独被告?此种簿据何能为据?问官讯至此,以时已午后一钟。宣布退庭。被告着带回捕房,展期续讯。(《暗杀李根源未成案又讯一次》,《申报》1921年5月11日,第十版—十一版)

李根源指控暗杀嫌疑之宣判

证据不足被告冯启明开释。昨晨公共公廨俞襄谳会同英包副领事升座第一刑庭,续讯前海疆司令李根源诉遭人暗杀未成案。牵涉之粤人冯启明(即冯启民)先由冯之代表律师上堂译称李氏原禀内控被告为暗杀伊之嫌疑人,而见证翟时白迭向堂上声明,彼为人道主义起见,表明心迹,因此到堂作证。不受原告贿赂。此等供词岂能为证？况事前该见证对于被告之妻新茶花有不道德行为，乃被拒，却因此挟嫌诬攀查翟曾在公堂供称被告发给手枪一枝，由伊携回寓所，藏在箱内，至午后四时送还被告。该见证既得到暗杀原告之证据，何不将手枪送交李氏，且捕房检查被告衣箱内并无违禁物品，又无谋害他人之函电，只有孙中山等诸人照片，与本案毫无关系。应请将案注销。原告代表律师起而声称，查核本案证人翟时白口供，系为政事，关系被告受人主使，谋害李氏，此中问题人皆知之。且据中华新报主笔张季鸾及一品香番菜馆用人等各见证均到堂证明被告曾开一百零九号房间邀同刘海山、江姓等谋害原告，而被告律师向该见证等诘问，亦属相符，则案已成立，被告实违反现行刑律十七条，应请按例惩治。中西官核供，退入领事休息室磋商。良久，复座宣判，以本案证据不足，应即将案注销，被告开释。（《李根源指控暗杀嫌疑之宣判》，《申报》1921 年 5 月 12 日，第 11 版）

李根源回忆：十一月二十九日遇刺，幸未在狱。吕六韬被击弹中胸部，虽医治得痊已称废疾。此一年中遗憾之事最多。惟良心上尚有可自宽假者。滇军事变起因非自我。（《雪生年录》卷二，第 95 页）

李纯欢迎蓝天蔚之阴司消息

魔　除

据阴司消息，蓝天蔚夔门自戕后，即赴地府。十阎罗以蓝氏死于非命，不肯收纳。时李秀山闻讯，急派蔡济民乘夜前往，向蓝氏声明，谓李将军自赴地府，独居寂寥，特邀济民与共朝夕，先生今又至矣。愿请不另置榻，与李将军同居以畅叙别衷。先生之意云何？蓝欣然即随蔡敬谒李将军。蓝颜色凄然，李亦呆立不作声。但见盈盈泪眼破眶而出。

准备齐全，因即开会欢迎。兹将其开会秩序及其演说词、来宾人数与来宾演说词分录于后。是盖苏子所谓想当然语也。

（一）陈列品；

（甲）手枪数枝；

（乙）热血数盆；

（丙）李秀山遗像一座。余如宋遁初、汤济武、陈英士、季汝[雨]霖、蔡济民诸故鬼及新鬼王文华均有遗像，惟蓝秀豪遗像尚付缺如；

（丁）刺客被捕图数幅；

（二）摇铃开会，由蔡济民代表报告开会宗旨，宋遁初等公推主席李秀山演说；

（三）李秀山演说辞：

今日为同人等欢迎蓝秀豪先生之日,亦即我同人阴司大会议之第一步。然同人之来此,无非承一颗铁丸之欢送。先我而来者有遁初、济武、英士等诸先生等;后我而来者复有王文华师长。今日主席似不宜由鄙人滥充。诸先生与秀山等虽受铁丸之赐,然皆受人隐害,独秀山与蓝将军或因愤自杀,或因迫自戕,与诸先生之事似有自动与被动二者之不同,而关系亦更为密切。故此席非鄙人不可。鄙人为副海内喁喁之望,欣然以总代自任。愈联合而愈形破裂,故不惜一死以塞责。秀豪以靖国无功、护法难成、而又受倡部之要挟压抑,不得已而出于自戕一途。死之先后虽有不同,而其同为死因则允无疑义。虽然吾辈已矣,来者奈何,使天道长此无惩,则他日之略有国家观念,以奔走国事故,而死于非辜者又焉可以数计?!吾恨不能以此意告我阳世诸志士,速予自励,勿自轻生。国家存亡,任彼辈无识武人自为之可耳。诸君以为何如?

(四)蓝秀豪演说词:秀豪承李将军及遁初、济武诸先生不弃,开会欢迎,感激之余,愧赧无似。秀豪此次自戕,实出于万不得已。但懋辛以无识武夫,始则假面欢迎,继复严行监视,重之以不肯接见而又无端逼凌。英雄末路,言之痛心,除死之外更无他策。创痕俱在,言不尽意。诸公谅之可也。

(五)李蓝演说毕,复由遁初、济武诸人相继演说,惟所演过长,不及备载,后姚干青(蓝氏秘书长)来谒,痛陈被害之由,声泪俱下,旋即散会。遁初诸人俱去,惟蓝李同病相怜,尚不肯相舍云。

(附记)正开会时,郑汝成乘马车来,门者以其宗旨臭味与二将军不同,拒之,未得与会。

叙事明晰,若非身列旁听,未易办此。哈哈。

(魔除:《李纯欢迎蓝天蔚之阴司消息》,天津《益世报》1921年4月16日,第四张第十三版)

传说"相片中之鬼影"

一

《申报》载:香港消息,云南人兰正格,乃军长赵又新之妹夫也。昨与赵之眷属由上海搭招商局之广利轮船来港,寓于平安栈十号房。兰君由沪携来刘湘被举为四川总司令就任受贺时拍照一幅。此相片中竟有两鬼影活现于纸上。此鬼影一为军长赵又新,一为前直督蓝天蔚。此二人皆于去年九月间与熊克武相战,死于沙场者也。此相片中有军人持枪立于两旁,中悬一黑绫,大书选举刘湘为四川总司令二十二票当选字样。各军人之面目皆内向,只见其背。惟两鬼影则外向,所影得之衣服面貌,赵又新则极其清楚,惟蓝天蔚则面目模糊,只得一薄而能望见之影子。极目力而细察之,所谓两鬼影者,确与各军士影片迥异。据兰君述称,刘湘当选总司令后受任之日,恍惚见赵又新蓝天蔚二人到贺,斯时刘湘状若假寐,及开眼而已失两人所在。亟问左右,皆云不见。刘湘连呼怪事。但当时已经摄影,不图此两鬼活现于相片之上也。伊将在四川撮得之相片,在上海竞芳影相店翻晒数十幅,今携此一幅来,将交与本港(梁辉)台三号唐继尧君查阅,俾知四川有此奇事。并闻该相片现在唐继尧手中。日间将再令本港影相店翻晒多张,以广粤人之眼界云。

(《相片中之鬼影》,《申报》1921 年 12 月 12 日,第十一版)

二

刘湘举川军总司令,在民国九年冬月。其时蓝天蔚死已五月矣。选举既毕,摄影,则蓝天蔚在焉。蓝衣军衣,佩刀,左手握刀柄,面目前偏,历历如生。旁一鬼,亦军官,今忘其名。立处与蓝近咫尺,口鼻略模糊,仅能细认,惟腹部则全失,足亦革履如蓝状。此鬼之后,一兵士为鬼影掩没,几合为一体,头足皆鬼,惟腹则兵士。兵所执枪械,亦甚显明,一若鬼腹,如玻璃之透明,足以映背后之物。又四川赵营长之妻某氏,以营长死,再醮。结婚之日,营长貂毛獭领,现影于新婚照中,其状亦栩栩有生气。同照者凡四五人,以营长显灵,疑其有故,因值其生前行迹,始知营长之死,实妻鸩毒所致。案乃大白。此二影相类,当时报纸喧传,亦有制铜板影印者,然多模糊不清。余见此二影于黄中将汉湘[①]家,特较明晰。汉湘与刘湘、蓝天蔚、黎天才等素同袍泽,认此鬼影,实为蓝天蔚无误。

(俞印民著:《俞氏泗水集》第八册,上海大华文化社 1923 年版,第 15 页)

三

《申报》谓:民国路永安街□灵学会昨日下午三时举行祀天礼,兼会员团拜礼,首由主席朱少□报告祀春及团拜之意义,继由陈费恭演说灵学之精深奥妙,殷明刚演说灵学之实据,姚明辉谓灵学系最高之科学,复由招待员导观乩笔所书之书画及仙灵照相,谓系在川举刘湘为总司令时摄出蓝天蔚赵又新二鬼影及各种仙鬼照相,共有五十余张云云。

(《灵学会之祀天与团拜》,《申报》1922 年 2 月 6 日,第 15 版)

四

十月二十日,晴阴

……叔惠来,携一鬼像,即四川所谓刘湘就职,蓝天蔚现形之照片也。凝思久

---

① 黄汉湘,湖南人,曾任吴淞警察局长,奉李燮和之命领导吴淞光复,1912 年任长江水师总稽查。1912 年北洋政府授陆军中将。

之,以为必照像时有停顿致之,拟明日一试演也。

(《谭延闿日记》,1922 年 10 月 22 日,近代史全文数据库,台北"中央研究院")

黄埔一期陆军军官学校刘赤忱①之详细调查表

姓名:刘赤忱

职别:第二队学生

年岁:二十三

籍贯与住址:湖北广济县第十期刘受垸

通信处:湖北武穴高等小学校

家族

父名:钟秀

母姓:龚

兄弟:无人

姊:二

妹:无

妻姓:无

子名:无

家庭主要职业:耕

家庭生活情况:贫 产业约计十亩

专业技能或特长:稍知炭精画

有无烟酒嗜好:无

有无宗教信仰:无

受过教育:湖北甲工卒业

受过履历:曾当一年半兵

何时入党:民国九年四月

入党介绍人、职业住址:蓝天蔚,民十殁于四川重庆;二次介绍人:本队队长茅延桢副队长许用休

何以要入本校:因主义正确

---

① 刘赤忱(1901—1925),湖北广济人。1925 年棉湖战役中亡故于广东惠州淡水,时任教导一团三营九连副连长,黄埔军校见习官。

入校介绍人职业住址：居正，中央执行委员，住江苏宝山县东省暨湖北代表：
孙镜、张怀九

　　成绩：无

　　备考：无

　　（《近代中国史料丛刊三编》五十七辑，《陆军军官学校第二队学生详细调查表》，1924 年 7 月）

蓝天蔚与黎天才

　　辛亥光复同志会述及革命先驱蓝天蔚与黎天才之后人，几有沦入卑田院之虑，若非烟赌嫖不致堕落，正当见过时代，毋忘先烈遗族，中央应设元老院，位置有功民国老民党。可咨询改良民主政治，既保存国家元气，复有敬老之美意，不能竞争于中央参政会，可竞选县市参议会，学问道德，能孚众望，庶免置闲散，失国家元良，参加辛亥起义之孙武，久隐北京，不得善终。黄大伟为黄帝子孙，向怀大志，革命伟人，何以花甲军界宿将，中途变节，铤而走险，而不守晚节，致死于非命。凡握军符携贰者，孙良诚、庞炳勋，与文化任援道、马良等，除子□旧军人，系伪鲁省长外，其他拥兵多成名将，竟无法处置若辈耳。查蓝天蔚与熊秉坤，俱属清季湖北新军，有功辛亥革命光复，闻事变之前，熊犹在人间，曾任国府中将参军，其实民初秉坤与孙武，皆位置上将，并授勋二位。天蔚在辛亥革命之秋，继湖北人吴禄贞，任关外（东北）民军大都督，旋充山东都督兼鲁军总司令，南京临时孙大总统委胡瑛（经武）调任鲁督。被袁软禁，而松坡机警，能脱离虎口，段执政时代，与汤住心（芗铭）有功二次革命之陈宧（次庵）两位湖北名将，竟制项城死命，陈为执政府军事委员会委员长。

　　蓝将军当年膺旅长，驻节江都，军纪严肃，爱国爱民有口皆碑。至于黎天才，亦系清新军，或称有饭大家吃之黎菩萨族人，申报误名黎文才，天才并非楚国产，赞助革命，共和成立，黎首任鄂中镇守使，辛亥之役一度受命黎大元帅，来沪接济陈其美，但望辛亥光复同志会上海分会成立，广招留沪之革命先进老民党员人会，藉说生离死别，隐贫疾苦闲散，凡国家兴亡匹夫有责，无论老少应人才集中，则国强复兴可期也。

　　（《吉普》1946 年第 13 期，上海中大出版社，第 11 版）

传说"蓝天蔚冤魂出现"

春　痕

　　刘甫澄督理四川于重庆就职之日，冠盖云集，摄影纪念，而相片中，赫然有已死之蓝天蔚在,事闻全国,讶为奇迹。今日风景不殊,山河顿异,将军博士如化鹤归来,得无有故国松楸之感乎！

"男儿立志出乡关,名不成兮誓不还,埋骨何须桑梓地,人间到处有青山。"此余友蓝君秀豪留日时去国诗也。

秀豪名天蔚,湖北人,仪表英挺,风骨秀异,少有大志。清末见亲贵颟顸,政治腐败,列强环伺,虎视眈眈,瓜分之声,时［腾］报上,痛国亡之无日,以为非讲武不足以救亡,投笔赴东瀛,肄业于士官学校,日人称为支那高材生。及见中山先生与黄克强在东京组织同盟会,提倡三民主义,慨然加盟(按：蓝未在日本加入同盟会),卒业回国,先后服务于蜀中及关外。时张锡銮［锡良］为东三省总督,颇甄拔新进,得任为新军标统,秀豪暗中联络同志,进行革命,与吴禄贞、张绍曾等通声气焉。

辛亥武汉起义,全国震动,新军尤为清廷所注目,东督赵尔巽,颇疑忌之,免标统职,秀豪走上海。中山先生就位南京,命为关东都督,招募壮士,得三千人,率以北伐,抵烟台,而南北合议成立,秀豪首请释兵柄,以为民治表率,癸丑(1913年)民党讨袁失败,秀豪再东渡①。当居沪时,余适负笈海上,由友人王铁珊者介绍识荆,秀豪长余几廿年,因订忘年交焉。其为人风流伉爽,既解甲,见北方仍为旧官僚巢窟,而南方新贵,又复趾高气扬,不务实际,中心伤之,乃寄情于声色,有信陵醇酒美人之概。

民八护法事起,粤中组军府,拥有粤桂滇黔及湘闽之一部,而川中诸将,方互相争长,对南北政府从违莫定,军府以秀豪于川军有旧,使秀豪往说之,余江干祖饯,秀豪义气飞扬,不以中年易哀乐也。及抵渝,与刘甫澄(湘)、刘文辉、邓锡侯、田颂尧等互有联络,共决大计,事未定,一夕应甫澄宴归,遽以急病(按：非疾病终)卒于旅邸,英华陨落,知与不知,咸为陨涕。秀豪官陆军中将,黎黄陂任总统时,授以蔚威将军名号(按：非黎元洪,实袁世凯授予将军名号),卒年犹未五十。未几,刘甫澄拜北廷督理四川军务兼省长之命,于重庆就职之日,冠盖云集,摄影纪盛,而相片中,赫然有秀豪在,众皆大骇,索相片底视之,则朦胧而已。事闻于全国,讶为奇迹,而灵魂学遂腾为一时之重大研究问题。军府诸公闻秀豪死,开会追悼,明令褒扬,伍博士廷芳方箧财部及军府总裁,亦为主张灵魂学者,语人曰："秀豪不死矣,亦足征灵魂之有凭也。"今日风景不殊,山河顿异,将军博士如化鹤归来,得无有故国松楸之感乎？

秀豪娶于中(香)山,故粤中有亲友,抗战时介弟文蔚为军委会参议,衔命点验部队,与余遇于军次,剪烛夜话,伤棠棣之飘零,痛良朋之沦逝,怀旧之赋,山阳之

---

① 按：此处误。蓝天蔚未于癸丑(1913年)之后东渡。

笛,不足尽吾哀也。

（春痕：《蓝天蔚冤魂出现》,《工商日报》1958 年 6 月 24 日,第 20 页）

蓝天蔚与中国十字军

"雨雪纷纷近夕阳,军歌声里马蹄忙。寒风割耳征衣薄,明月当空引兴长。"此蓝秀豪将军关外行军诗歌,每喜为其朋辈书之。

最近看到春痕先生写《蓝天蔚灵魂出现》一文,记载翔实,如对故人。感旧之怀,跃然纸上。每忆镜中人影,本是冤魂。客里枪声,终成遗案。爰就所知,略写一二。吾人对前贤遗烈,不厌求详,或以备辀轩之探,当不以续貂为病也。

蓝天蔚,字秀豪,鄂之黄陂人。清末,在东京士官学校肄业时,即加盟于中山先生领导之同盟会。卒业返国,东三省总督陈锡銮任为新军统带。阴与关内之革命同志商震、吴禄贞、张绍曾辈,相互为军事之结合,冀于北方图大举焉。

辛亥黄花岗之役,以迄武昌举义,各方风动。新任东三省总督赵尔巽,深加戒惧,遂免蓝氏职。当中山先生自美返国之时,亦正蓝氏自东北抵沪之际。晤谈之下,论及当时革命基础,应以组织军队为当务之急,遂发表蓝氏为关东都督。着即在沪募集青年学生,组织成军,定位为"中国十字军",设总司令部于上海南市中国图书馆内。当成立之始,共约二千余人,皆为十五六岁乃至二十余岁之有志青年。其中不乏曾受军队训练及警察教练出身者。初步即选拔此辈为本部中下级军官,以应需求。后来二次革命时,率肇和兵舰攻江南制造局之杨虎,及上海闸北商团司令陈安甫等,皆曾为声震一时之举义份子,不知悉为当日十字军所属也。

南京政府成立,孙先生就任临时大总统。蓝氏即奉命赴北方组织正式部队。并着将上海所部改名为"陆军随营学校",移驻烟台。一俟十字军训练有成,即以此部随营学生,充任中下级军官,以为基本干部,蓝氏遵令移调烟台后,全部驻扎烟台东山海军学校旧址。惨淡经营,规模初具。正在开始训练,准备成军,为北渡辽海都督关东计,转瞬南北统一,共和成立,蓝氏即宣布下野。世人但知蓝为烟台都督,而不知实富有建设大军规取东北之使命,乃竟为袁世凯之伪装共和所误,惜哉!

蓝氏既下野,即将十字军所改组之随营学校,予以解散。大部同志,多投奔上海革命领导人陈其美麾下。经多次挫折,亦皆各奔前程,风流云散。直至民国八年,中山先生在粤设立军政府时,蓝奉命入川,为四川宣慰使。此一代英豪,乃于不明不白中,丧命于金壬之手!

原来四川军阀,一向依附北廷。于粤府式微之时,更非空言宣慰所能归附。当蓝氏抵川之际,正刘湘接受北廷任命督理四川军务兼省长前两个月事。说者为刘湘早已通款北廷,又不能拒受粤府之宣慰,遂有阴谋杀蓝示好北府之意。蓝氏忼爽成性,初未计及此也。某日,刘湘约同刘文辉、田颂尧等川军将领饮宴蓝氏。宴罢,送归招待所。甫就寝而枪击作,蓝即毙命。遗手枪一支枕旁,以示自杀。烛影斧声,狐埋狐搰;盗铃掩耳,自欺欺人!所谓自杀者,如是而已。

蓝死无多日,而北廷任命刘湘为督理兼省长之令亦到达。刘湘兴高采烈,举行就职典礼。讵就职照片洗出时,刘之背,赫然多出一人,盖蓝天蔚也!灵魂出现,疑假疑真!怪事传闻,不胫而走。其伯有之惊乎!其冤禽之警乎!不可知矣。

秀豪弟文蔚,字汉凌,与余为同期同学。其任鄂西总指挥讨逆失败后,于民十七任津浦铁路货捐总局长,寓南京旧中兴门外。凡友好至其家者,均得一睹此英魂不死之照片。予于民国卅八年过武昌,复遇汉凌,皆垂垂老矣。低回往事,感慨系之!(《蓝天蔚与中国十字军》,香港《天文台报》,1958年7月18日—7月20日,第二版)

清末民初的几个特殊人物——蓝天蔚

臧卓波①

辛亥初期,只身从军,百折不挠,活动于沈阳、烟台者,以蓝天蔚最为可佩之一人。

蓝天蔚,字秀豪,湖北黄陂人,留日士官毕业。初与吴禄贞俱在东三省总督徐世昌幕下为军事参议官。后以吴氏出任延吉边务,调离沈阳,但彼此始终保持联络。当辛亥之初,蓝氏曾密谋在沈阳发动独立,未成出走。乃与居正(觉生)秘密潜入山东烟台,集合同志,宣告独立,蓝氏被举为烟台都督。亟谋规复山东全境,惟以该省为袁世凯势力范围,北洋新军之第五镇驻扎全省各要地,控制全局,因而动弹不得。

迨癸丑二次革命失败,孤立之烟台,岌岌可危。虽有海路可通,亦难自保,终于在大厦倾颓之下,为覆巢之破卵,时也势也。

直至民国八年,中山先生在粤设立军政府时,蓝氏亦追随左右,旋奉中山之命,远赴巴蜀,为四川宣慰使。此一代英豪,乃于不明不白中,丧命于金壬之手!

原来四川军阀,一向依附北洋政府。于粤府式微之时,更非空言宣慰所能归附。当蓝氏抵川之际,亦正刘湘等通款北廷之时,遂有阴谋戕杀蓝氏示好北府之意。蓝氏初未计及此也。某日,刘湘约同刘文辉、田颂尧等川军将领饮宴蓝氏。宴罢,送归招待所。甫就寝而枪声作,蓝氏即告毕命。遗手枪一枝于枕旁,以示自杀。烛影斧声,盗铃掩耳,所谓自杀者,如是而已。

---

① 臧卓波:《清末民初的几个特殊人物》提到四个人物:吴禄贞、蓝天蔚、赵声、段祺瑞。此处未引其他三者。

蓝氏死无多日,而北洋政府任命刘湘为四川督理兼省长之命令亦到达。刘湘兴高采烈,举行就职典礼。讵知就职照片洗出时,刘之背后,赫然多出一人,盖蓝天蔚也! 灵魂出现,疑假疑真! 怪事传闻,不胫而走。其伯有之惊乎! 其冤禽之警乎! 不可知矣!

蓝氏之介弟文蔚,字汉凌,与予在保定军校为同期同学。其任鄂西总指挥讨逆失败后,于民十七年任津浦铁路货捐总局长,寓南京旧中兴门外。凡友好至其家者,均得一睹此英魂不死之照片,亦奇事也。予于民国卅八年过武昌时,复遇汉凌,皆垂垂老矣! 低徊往事! 感慨系之!

(臧勺波:《清末民初的几个特殊人物》,《春秋杂志》1972 年 9 月 1 日第 364 期,第 19 页)

依钦保

依钦保,汉名常青,字荣廷。……

戊申(1908 年)以后从事于新闻业,充记者,秉笔不畏强御,曾以事触周肇祥、蓝天蔚诸人,不顾也。

(赵兴德:《〈民国〉义县志》中卷,民国十九年铅印本,第 2207 页)

蓝天蔚幼子信息

乌京孟都为南美文化水平最高之国,有雅典与瑞士之称。诚然该国华侨不多,但为中乌与中国国际文化重要的中心,为欧大国所不及。近得琐闻,亦见一斑,即中国大使馆有多年杂务职员栾氏,原姓蓝,为辛亥革命军界要人蓝天蔚将军之幼子。为避袁世凯之害经其母托教养于马相伯先生成人,为使馆界杂务同志,人甚勤笃,此亦史料之一。

(《蓝天蔚幼子信息》,入藏登录号:1280014320001A,台北"国史馆"藏)

感悼蓝天蔚先生并夫人邓澄霞女史
魏　韬

未成事业骨空存,遗恨冤缘付再论,地下同归妻共女,拈毫慷慨叹英魂。

当时相见在儿年,霹雳风雷降自天。从此孤鸾休舞镜,锋芒谈笑化为烟。

澄霞女史,香山邓云溪先生女,其弟新民投先君受学,女史羡之,亦请并列门墙。先君笑而许之。其为人亢爽豪侠,尝济人之急,往来均一时闺中彦秀,相与论文终日,工隶书,每为人书联。余儿时见之。后以其外子蓝天蔚君谢世,隐于津门,遂殁。数十年来忆慕至深,书绝句纪之。

谈笑风生座上殊,热情侠骨世间无,挥毫落纸云烟起,巾帼丛中有丈夫。

(魏韬:《感悼蓝天蔚先生并夫人邓澄霞女史》,邓霖整理:《半知庐吟草》,1983 年,邓思民藏)

忆 潘 月 樵
邓 霖

潘老尝为内廷供奉,后入同盟会。隐于伶人。与先祖云溪、姑丈蓝天蔚友善,李梅庵、魏季祠两公均有往来。后以反袁被北洋通缉,藏身于武昌山前金龙巷我家。袁死归沪,居九亩地。常熟婆偕余年十五,在宁避石友三兵变,随母赴沪,暂寓同福里叔家。老人闻母至,亲来携我。弟兄留居九亩地,凡三月,视若自己儿孙。其子海秋,日买冰糖、青梅相款,犹忆犹忆。

内廷供奉小连生,辛亥当年逐虏盟。

翻墙投弹抛后院,兵工厂内鬼魂惊。(一)

老人重演九更天,钉板翻腾不忍看。

我自台边归幕后,当时泪眼湿衣衫。(二)

祖爷听我歌喉韵,正是黄陂湖广音。

深谢亲传诸葛戏,也曾粉墨扮山人。(三)

潘老扮成猪八戒,海秋携我演闲人。

西游记里争风趣,事到如今假变真。(四)

(香山邓霖《醉余吟草》癸亥梅月,1983 年腊月,邓思民藏)

忆 卓 刀 泉
邓 霖

忆卓刀泉一

姑丈蓝天蔚辛亥前在鄂领新军,军门提督张彪疑之,佯调滦河任混成协统,遂急捕党人。促成首义后,以孙中山之命入襄樊,驱鄂督王占元,不幸为川督熊克武所赚。约其入川共议大计,诱至重庆,因于上清寺对岸沙坪相国寺后杀之,反以自戕告国人。悲夫,墓在武昌卓刀泉,昔关羽屯兵处也。儿时就读外祖赵均腾宅,岁岁与文఩三伯及表妹小蔚碑前奠酒,自倭乱未尝一返,今闻墓已毁于十年之劫。三伯及小[晓]蔚均以辞世,灯下凄然。

闻说东湖不见碑,武昌一纸入愁眉。

卓刀泉上蓝天蔚,扫墓儿郎哪月回。

忆卓刀泉二

（泉在武昌东湖侧，昔关羽屯兵处也，姑父蓝天蔚葬于泉畔。）

消息传将引皱眉，白杨哀叶已落碑。卓刀泉葬蓝天蔚，祭扫坟前更有谁。

伏虎山前墓已修，卓刀泉水慰君侯，老来催忍悲欢泪，遗骨当年谁个收。

注：姑丈蓝天蔚，鄂黄陂人，故宅在蓝家大塆，以卒选送日本习军事，先入成城中学，后考入士官学校第一期[第二期]当时中国学生只两人[第二期学生 25 名]，另一人为蒋百里先生[1]，姑丈参加同盟会，辛亥（1911 年）后愤袁世凯篡国逼孙中山下野，在沪自戕，孙先生派汪兆铭、戴季陶守护，抢救得脱险，遂与孙总理[2]赴欧美考察，后又以达威将军衔，以将军衔入日本陆军大学深造[3]。日军界派东条英机之父老东条中将为之辅导，并迎姑母观智及先慈赵耀华移居名古屋故宅。时东条英机方以陆军大尉在柏林任武官，其弟东条寿攻机械，与先严邓曰诰情意深切，亲若家人，余弟邓霆即诞生于该宅。多年来邦交变化莫测，未便联系私谊。自古往还，随风云而异。事难言也。

先是，日本士官一期结业，天皇观操，外祖赵均腾，字南山，亦黄陂人，以洪江水师统领赴日观操，使东渡。蓝以乡谊任译员，外祖深契之。回国时过南京，言于先祖邓云溪（时在两江魏光焘幕任西席兼领洋务）遂订亲谊。旋返国，辛亥（1911 年）前在宁与姑母结缡于督署大厅。后生一女小[晓]蔚（乳名五福）。姑父频年奔走革命，观智姑是长女，久主家政，终身未离邓家，情谊弥笃。我家虽外姓，犹一家人也。

辛亥（1911 年）前夕，姑丈在鄂领新军，军门提督张彪疑之，奏调滦河，任混成协统。由北洋阴察之，遂急捕党人。促成首义后，以孙中山之命，入襄樊驱鄂督王占元，不幸为川督熊克武所赚，邀其入川共议大计，诱至重庆，囚于嘉陵江沙湾相国寺，后杀之，反以自戕告国人。悲夫！当时熊克武受北洋重寄，又阴与粤中相结，鹰视狼顾，王占元窥其隐，许以项城钱五十万，再以封闭川中鸦片东运为胁，熊遂下辣手。人心反复有如是者！

北伐军兴至武汉，重修姑丈墓。改碑文"达威将军蓝公天蔚之墓"，由姑母另题"陆军上将蓝公天蔚之墓"。姑尝与先慈从清道人李梅盦习书法，苍劲有力。奉城主奠日，姑以事控熊克武，遂系熊于狱[4]。经故老多方调解，竟释其狱，姑一恸而返津门

---

① 按：蒋百里为日本陆军士官学校步科第三期。

② 按：记忆有误，实与孙科等赴欧美。

③ 按：邓霖记忆有误。蓝天蔚入日本陆军大学深造的时间为 1910 年，任达威将军时间为 1916 年。

④ 按：蓝氏后裔罗肇华、罗肇惠忆邓观智曾去找过蒋介石。1926 年 2 月 7 日《申报》，曾刊出香港蓝天蔚妻邓观智呈国民政府，控熊克武谋死故夫。（《申报》1926 年 2 月 7 日）。然熊克武 1925 年 10 月被蒋介石囚于虎门，是否有以蓝事为情由，尚无史实可证。

隐。文蔚三伯曾任旅长,驻万县,潘啸侯亦任旅长,欲劫持江轮未遂。及遇害,三伯赴渝理后事,入殓时犹见周身青紫。余读书武昌外祖赵南山宅,尝与表妹[晓]蔚碑前奠酒,三伯郑重相嘱两人,当永志之。今闻三伯已谢世,小[晓]蔚又以病逝于启东,夫复何言。

癸亥五月二十五,得汉口表侄齐其元快邮,告以蓝公墓于辛亥七十周年纪念日前修复,移葬于卓刀泉伏虎山。共四墓,其余为刘公、蔡济民、刘成禺[静庵]三墓。为之大慰,继又悲泣。十年之劫,遗骨不知何处去,又是欢娱又是悲。

停尸之像已失,然而记得真尸着西式大礼服,却在左披以青天白日旗。

蓝天蔚墓:碑高一丈五,大理石,台高三尺,青石,此系约数,依稀记不真了。

(《忆卓刀泉》,邓霖:《伞叶楼诗钞》,1982年)

我所知道的关于蓝天蔚将军的事迹

刘砑[1]

我于1933年和邓云溪老人的孙女邓淑惠结婚,不时来往邓家。得知蓝天蔚将军的夫人蓝邓观智乃云溪老人的长女。时蓝将军已遇害多年,蓝邓观智居父家抚养蓝将军的遗孤女蓝晓蔚和我的爱人邓淑惠等。1933年夏病故。蓝晓蔚于1936年前后和罗毅裁结婚,生子罗肇华、罗肇惠,后因感情不合,在全国解放前二人离婚。解放后蓝晓蔚曾教读于江苏启东县某某中学(现大江中学),1973年病故,伊子蓝煜现仍在大江中学工作。我在邓家时,他们很少谈到蓝将军的事迹,只是见到过一张蓝将军纪念碑的照片,和一张某次就职典礼蓝将军居中的多人照片,再就是在书柜中看到一本小册子,名为《熊克武暗害蓝天蔚记》,仔细内容已失记忆。只记得当时情节是蓝将军兵退四川,为防区问题赴某处与该地当局商谈,彻夜未归。次日上午将蓝将军的侍卫兵唤入,告知"你们将军自杀了"。胃部中弹,裹以红被。按我的爱人和蓝晓蔚的年龄计算,大约是1920年左右,邓淑惠现年71岁,蓝晓蔚小伊二岁。蓝将军遇害时邓淑惠大约四五岁。

刘砑给蓝煜的信

蓝煜你好:

想起来一件事,你曾谈到在你和湖北省革命博物馆联系时,他们曾问到有无大

---

[1] 刘砑写此文时79岁。1986年。

姑父蓝将军的遗物,最近忽然想起我所用的一件皮革箱①是大姑父的遗物。当时用于出国旅行,此箱虽已破旧,但当时各旅馆所贴的签记尚依稀可见。(西俗旅客离开时,旅馆就在他的箱子上贴一个签记,一是纪念,一是宣传)不知该馆对此物是否需要,希望你联系一下。如他们需要,可以到我处来取,或是放在你处皆可。我这里最近增配一间房子,在处理旧物时想起此事,特达。顺候近好。

　　建英同此。

　　从我写的字上可以看出我的手不大听话了。

矴
9 月 25 日②

蓝族后裔关于蓝天蔚的记忆

蓝佑生

　　家乡人不会忘记,当年天蔚公积极支持筹建蓝氏私家学堂——秉文学校,此为黄陂仅有的二所备案小学堂之一。不仅家族子弟及乡邻子弟一律免费入学,也首创了女子上学的先范。

　　天蔚公带兵期间,曾让马夫蓝洪恩给家乡人带回一册以跌打损伤为主的医方,现在还在蓝洪恩侄子手上,这本医方至今仍受益于村民。

　　二战时期,日军占领武汉,进据蓝家大塆,族人的抵触引起了日军的不满,他们准备放火烧塆。危乱之际,有一老人大胆把日本军官领到蓝氏宗祠,当日本军官看到祠堂内悬挂的"陆军上将蓝天蔚"——照片上,天蔚将军身穿黄军官服,头戴高顶红缨军帽,威严正气!日军官见后立即毕恭毕敬,叩首焚香,就此避免了本村一场浩劫。

　　因为要参加 2016 年 4 月 8 日《蓝天蔚生平事迹展》座谈会,我于 2016 春节期间专程回到老家,向老人们进行访问。之后,我接受薇薇妹妹的建议,为了据实保留大塆老人对天蔚公的回忆,我于 2016 年 4 月 24 日再次回到蓝家大塆,就医书的事问了蓝洪恩亲侄蓝国忠。他说是他大伯告诉他的,因原来文革怕惹事,外人知道来历的甚少,医书原件早已腐烂,现存的是他的手抄本。

　　我又就"祠堂天蔚公像避免日军放火并敬礼叩拜事"问询了塆里的老人蓝秀松、蓝焱启、蓝中原、蓝元德。老人们讲得更仔细了:蓝家大塆经历了几次大火灾,

---

① 事无下文,此箱已失。
② 此信写于 1986 年。

一次是咸丰甲寅岁贼人串乡放火,二次清朝跑长毛(太平军进湾),毁灭性火灾,第三次是日军进村幸亏见到祠堂里天蔚公像免于火灾,然后我们记得的是64年大火烧了几十户,最好的一片房子都着火了。他们向我证实此事并非虚言,并告诉我,天蔚公在祠堂里悬挂的那幅尊像一直都在,1950年被一个进梐本塆的工作组进村时,由一个罗姓年轻人拆下。

在蓝家大塆包括蓝家岗没有多少人不知道蓝天蔚,更以之为自豪。特别是这十多年塆里元宵节龙灯盛会及清明祭祖的发言稿都载入蓝天蔚一段。这是毋庸置疑的。(蓝佑生采访蓝秀松、蓝焱启、蓝中原、蓝元德、蓝国忠于蓝家大塆于2016年4月24日)

蓝毓荃的回忆

我是1933年出生,今年83岁。抗战时期我在蓝家大塆的秉文学校读书(1945年时我12岁离开秉文学校到了武汉读书)。我当时和蓝天蔚蓝才蔚蓝文蔚三房一子的蓝惟中(后来在抗美援朝时牺牲了)同班。日本人来村里很多次,打鸡、杀猪、……老百姓人心惶惶。秉文学校老师和我们讲:日本军官到了塆里,见到挂在学校旁蓝氏宗祠显眼地方的蓝将军的照片,表示很惊讶,说,怎么这样的地方还有这样了不得的人。并上前敬礼。老师和我们讲这个事并不是宣扬日本人还有慈善的一面,而是告诉我们,蓝氏的杰出后人庇护了我们村庄的安全。关于日本人是否要放火烧塆的事我不清楚。以上是我了解的。(蓝薇薇采访蓝毓荃于2016年4月17日下午5点左右)

征引书目

专著

姚锡光:《东瀛学校举概》,清光绪乙亥(1899 年)京师刊本

沈翊清:《东游日记》,清光绪 26 年(1900 年)福州刻本

贺纶夔:《钝斋东游日记》,上海商务印书馆宣统元年(1909 年)版

尚秉和:《辛壬春秋》,四库未收书辑刊编纂委员会:《四库未收书辑刊》伍辑·陆册,北京中国书店 1982 年影印历史编辑社 1924 年刻本

园田一龟著,黄惠泉、刁英华译:《新中国人物志》,上海良友图书印刷公司 1927 年版

范范、左青:《古今滑稽诗话》,会文堂新记书局 1938 年版

李旭:《蔡松坡》,青年出版社 1946 年版

李廉方:《辛亥武昌首义记》,湖北通志馆 1947 年版

胡鄂公:《辛亥革命北方实录》,中华书局 1948 年版

冯自由:《中国革命运动二十六年组织史》,商务印书馆 1948 年版

冯自由:《革命逸史》初集,中华书局 1981 年版;《革命逸史》上,新星出版社 2000 年版

钱来苏:《孤愤草初喜集合稿》,1951 年自印本

陶菊隐:《洪宪帝制和护国战争时期　1913 年—1916 年》,《北洋军阀统治时期史话》第 2 册,生活·读书·新知三联书店 1957 年版

张国淦:《辛亥革命史料》,龙门联合书局 1958 年版;沈云龙:《近代中国史料丛刊续编》第二十六辑,台北文海出版社 1975 年版

吴玉章:《辛亥革命》,人民出版社 1961 年版

陈允洛:《陈允洛文集》,厦门英华中学旅菲、旅港、旅台校友会 1971 年版

锡良:《锡清弼制军奏稿》,沈云龙主编:《近代中国史料丛刊续辑》第十一辑,台北文海出版社 1974 年版

张国淦:《蕲水汤先生化龙遗念录》,《近代中国史料丛刊·辛亥革命史料》252,台北文海出版社 1976 年版

连横：《雅堂先生文集·余集》二，《近代中国史料丛刊续辑》第十辑，台北文海出版社1976年版

林子勋：《中国留学教育史 1847—1975》，华冈印刷厂1976年版

沈云龙：《徐世昌评传》，传记文学出版社1979年版

柏文蔚：《五十年经历》，中国社会科学院近代史研究所、近代史资料编辑组：《近代史资料》总40号，中华书局1979年版

高拜石：《古春风楼琐记》第七集，台北新生报社1979年版

〔日〕栗原健：《对满蒙政策史之一个侧面》，原书房1981年版

丁守和：《辛亥革命时期期刊介绍》第1集，人民出版社1982年版

曹亚伯：《武昌革命真史》上、中、下，上海书店出版社1982年版

实藤惠秀：《中国人留学日本史》，生活·读书·新知三联书店1983年版

邵元冲：《邵元冲先生文集》下册，中国国民党中央委员会党史委员会1983年版

刘体仁：《异辞录》第4卷，上海书店1984年版

董守义：《清代留学运动史》，辽宁人民出版社1985年版

贺觉非、冯天瑜：《辛亥武昌首义史》，湖北人民出版社1985年版

许指严：《复辟半月记》，荣孟源、章伯锋编：《近代稗海》第4辑，四川人民出版社1985年版

姜山、刘备耕、王承哲、朱开发：《刘伯承早期戎马生涯》，人民日报出版社1985年版

陈叔通：《百梅书屋诗存》，中华书局1986年版

槛外人：《京剧见闻录》，宝文堂书店1987年版

姜克夫：《中华民国史资料丛稿·民国军事史略稿》第一卷，中华书局1987年版

欧阳予倩：《自我演戏以来》，《欧阳予倩全集》第六卷，上海文艺出版社1990年版

林长民：《参议院一年史》，中国史学会中国社会科学院近代史研究所编，章伯锋、李宗一主编：《北洋军阀 1912—1928》第二卷，武汉出版社1990年版

景海峰：《熊十力》，东大出版社1991年版

李定夷：《民国趣史》，江苏广陵古籍刻印社1998年版

汪婉：《清末中国对日教育视察的研究》，汲古书院1998年版

熊希龄：《熊希龄先生遗稿》4、5，上海书店出版社1998年版

严昌洪、许小青:《癸卯年万岁:1903年的革命思潮与革命运动》,华中师范大学出版社2001年版

周志华:《辛亥首义风云》,武汉出版社2001年版

尚小明:《留日学生与清末新政》,江西教育出版社2003年版

张玉法:《民国初年的政党》,岳麓书社2004年版

郑逸梅:《艺林散叶续编》,中华书局2005年版

冯玉祥:《我的生活》,《冯玉祥自传》第一卷,世界知识出版社2006年版

唐德刚采录,胡志伟编注:《张学良口述自传》,美国香江时代出版社2006年版

唐德刚:《张学良口述历史》,中国档案出版社2007年版

〔日〕宗方小太郎:《一九一二年中国之政党结社》,《近代史料笔记丛刊》,中华书局2007年版

袁克权:《百衲诗选》,《袁克权诗集》,天津古籍出版社2008年版

曹汝霖:《曹汝霖一生之回忆》,中国大百科全书出版社2009年版

陈布雷:《陈布雷回忆录》,东方出版社2009年版

〔美〕欧尼斯特·P. 扬:《1912—1915年的袁世凯》,河南人民出版社2010年版

张难先:《湖北革命知之录》,商务印书馆2011年版

左舜生:《辛亥革命史》,岳麓书社2011年版

冯玉祥:《冯玉祥回忆录》,东方出版社2011年版

邹鲁:《中国国民党史稿》上,商务印书馆2012年版

罗正纬:《罗正纬著作汇编》,2012年版

报纸

《申报》:光绪二十五年(1899年),光绪二十八年(1902年),光绪三十一年(1905年)—光绪三十三年(1907年),宣统元年(1909年)—1923年,1924年,1926年—1928年,1932年,1939年,1947年

《苏报》:光绪二十九年(1903年)

《盛京时报》:光绪三十二年(1906年),光绪三十三年(1907年),宣统二年(1910年)—1912年,1915年,1921年

上海《时报》:宣统三年(1911年),1912年,1915年,1921年

《台湾日日新报》:宣统三年(1911年),1912年,1914年,1918年—1921年

《香港华字日报》:1912年,1914年—1916年,1918年—1921年

天津《益世报》：1916 年—1921 年

《顺天时报》：1916 年,1921 年,1923 年,1926 年

上海《民国日报》：1916 年—1921 年

《政府官报》：宣统二年(1910 年)

《国风报》：宣统三年(1911 年)

《大同报》：宣统三年(1911 年)

《民立报》：宣统三年(1911 年),1912 年

《时事新报》：1912 年

《神州日报》：1912 年

《临时政府公报》：1912 年

《新闻报》：1915 年

《国风日报》：1916 年

《天民报》：1917 年

长沙《大公报》：1919 年—1922 年

北京《晨报》：1920 年,1921 年

《军政府公报》：1918 年,1919 年

《晶报》：1921 年

《中央日报》：1936 年

《工商日报》：1958 年

香港《天文台报》：1958 年

期刊

清国留学生会馆：《清国留学生会馆第一次报告》,清国留学生会馆发行,
1902 年

清国留学生会馆：《清国留学生会馆第二次报告—卒业留学生附录》,1903 年
3 月 1 日

《湖北学生界》社：《湖北学生界》第一期,癸卯正月(1903 年 2 月)

《湖北学生界》社：《湖北学生界》第三期,癸卯三月(1903 年 3 月)

《湖北学生界》社：《湖北学生界》第四期,癸卯四月(1903 年 5 月)

《汉声》杂志社：《汉声》第七八月合册,1903 年 9、10 月

浙江同乡会：《浙江潮》,1903 年第四期、第五期、第六期

江苏同乡会：《江苏》,1903 年第二期

商务印书馆：《东方杂志》1904 年第九期

商务印书馆:《东方杂志》1911 年第八卷第九期;1912 年第八卷第十号;1912 年第八卷第十一号

《民誓》1912 年第一期

刘铁冷、蒋著超:《民权素》1914 年第一期

中华妇女界社:《中华妇女界》1915 年第一卷第四期

商务印书馆:《东方杂志》1917 年第十四卷第十一号

上海《新东方杂志》:《新东方杂志》1941 年第二卷第三期

《崇德公报》社:《崇德公报》1915 年 9 月 19 日第七十号

《丙辰》杂志社:《丙辰》1917 年第二期

《同德》杂志社:《同德》杂志 1917 年第一期

《中国实业杂志》杂志社:《中国实业杂志》1917 年第 8 年第一期

商务印书馆:《东方杂志》1921 年第十八卷第八号

戈公振:《时报图画周刊》1921 年第 44 期

《兴华》1926 年第 23 卷第 38 期

《太平杂志》1929 年第一卷

《江苏革命博物馆月刊》1930 年第六期

《华侨周报》1932 年第 22 期

《留东学报》社:《留东学报 1936—1937》1936 年第一期

杨志雄:《上海商团掌故》,《商业月报》1946 年第二十二卷

《吉普》1946 年第 13 期,上海中大出版社

《传记文学》1964 年第四卷第三期

《畅流》1966 年第 33 卷第 5 期

《湖北文献》1968 年 10 月第九期

《传记文学》1969 年第十四卷第六期

《春秋杂学》1972 年 9 月 1 日第 364 期

《中外杂志》社:《中外杂志》1974 年 7 月第十六卷第一期

《传记文学》1977 年第三十卷第四期

《传记文学》1984 年第四十五卷第一期

于彤、徐琰:《北洋政府时期北京报刊通讯社》,《北京档案史料》1990 年第二期

《历史档案》1996 年 1—4 期

《武汉文史资料》1999 年第四期

江岸区政协文史学习委员会:《江岸文史资料》2001 年第 3 辑

《湖北文史》编辑部：《湖北文史》2003 年第 2 辑,2007 年第 1 辑,2011 年第 1 期

《内蒙古农业大学学报》编辑部：《内蒙古农业大学学报(社会科学版)》2010 年第 2 期

《教育史研究》2010 年 3 月第 1 期

论文集

〔日〕关口隆正：《支那时文谈论》,〔日〕野作之助 1914 年出版于台北

中南地区辛亥革命史研究会湖南省历史学业会：《纪念辛亥革命七十周年青年学术讲座会论文选》上下,中华书局 1983 年版

张希哲、陈三井：《华侨与孙中山先生领导的国民革命学术研讨会论文集》,1997 年

饶怀民、范秋明主编；邓江祁、钟声、黄俊军等副主编：《湖南人与辛亥革命——纪念辛亥革命 100 周年学术研讨会论文集》,湖南师范大学出版社 2013 年版

资料汇编

张世桢编：《朱兴武将军哀挽录》,1916 年

《黄克强先生荣哀录》,长沙出版 1918 年版

上海时事新报社、上海自由社：《中国革命记》第四册,上海时事新报社 1912 年版

商务印书馆编译所：《共和人物》,上海商务印书馆发行,1912 年 4 月

《最近官绅履历汇录》第一集,北京敷文社 1920 年版

《共和关键录》第二册,著易堂书局 1922 年版

俞印民：《俞氏泗水集》第八册,上海大华文化社 1923 年版

蒋箸超：《民权素粹编》1926 年第一卷

孙曜：《中华民国史料》,文明书局 1929 年版

《文化论坛》社：《文化论坛——现代中国》,1932 年版

辛亥首义同志会：《辛亥首义史迹》,辛亥首义同志会 1946 年版

中国社会科学院"近代史资料"编辑组：《近代史资料》1956 年第 3 期,科学出版社出版

中国人民政治协商会议湖北省委员会：《辛亥首义回忆录》第 1 辑,湖北人民出版社 1957 年版

故宫档案馆、中国史学会：《辛亥革命》一,上海人民出版社 1957 年版

柴德赓、荣孟源等编,中国史学会主编:《中国近代史资料丛刊》六、七,上海人民出版社1957年版

杨玉如:《辛亥革命先著记》,科学出版社1958年版

罗家伦:《革命文献》第2辑,中国国民党党史史料编纂委员会1958年版

中国人民政治协商会议湖北省委员会:《辛亥首义回忆录》第3辑,湖北人民出版社1958年版

中国史学会济南分会:《山东近代史资料选集》,山东人民出版社1959年版

中国科学院历史研究所第三所:《云南、贵州辛亥革命资料》,科学出版社1959年版

中国人民政治协商会议全国委员会文史资料研究委员会:《辛亥革命回忆录》第一集,文史资料出版社1961年版

赵镇玟:《辛亥革命期间张广建电函选辑》,中国科学院山东分院历史研究所编:《山东省志资料》第一期,山东人民出版社1961年版

中国科学院近代史研究所史料组:《辛亥革命资料》,《近代史资料总25号》第一号,中华书局1961年版

房兆楹辑,宜枡室丛编:《清末民初洋学学生题名录初辑》,《"中央研究院"近代史研究所史料丛刊》,"中央研究院"近代史研究所编印发行于1962年4月

《中华民国"开国五十年"文献》第二编第五册,正中书局1962年版

中国人民政治协商会议全国委员会、文史资料研究委员会:《辛亥革命回忆录》第二集,文史资料出版社1962年版

中国戏剧家协会:《梅兰芳文集》,中国戏剧出版社1962年版

易国干等编辑、吴相湘主编:《黎副总统政书》卷6,《建立民国》,《中国现代史料丛书》第1辑,台北文星书店1962年版

中国人民政治协商会议全国委员会文史资料委员会:《辛亥革命回忆录》第五集,中华书局1963年版

中国人民政治协商会议全国委员会文史资料委员会:《辛亥革命回忆录》第七集,中华书局1963年版

"中华民国"各界纪念学术论著编纂委员会:《革命先烈先进传》,"中华民国"各界纪念国父百年诞辰筹备委员会1965年版

上海社会科学院历史研究所:《辛亥革命在上海史料选辑》,上海人民出版社1966年版

陈天锡:《戴季陶传贤先生编年传记》,《近代中国史料丛刊续辑》421,台北文

海出版社 1967 年版

渤海寿臣:《辛亥革命始末记》,《实行立宪汇编·奏折》,台北文海出版社 1969 年版

熊守晖:《辛亥武昌首义史编》上,台北中华书局 1971 年版

陈天锡:《戴季陶先生文存续编》,中国国民党中央委员会党史史料编撰委员会 1971 年版

中华民国史事纪要编辑委员会,中华民国史料研究中心:《中华民国史事纪要 1913 年 1—3 月》,中华民国史料研究中心 1971 年版

陶菊隐:《蒋百里先生传》,沈云龙主编:《近代中国史料丛刊》第 73 辑第 727 册,台北文海出版社 1972 年版

《近代中国史料续集》第三十辑,台北文海出版社 1974 年版

颜昉:《黄陂县志序》,清刘昌绪修、徐瀛纂,清同治十年刊本:《黄陂县志》一——六,《中国方志丛书》第 336 号,台北成文出版社 1977 年版

秦孝仪:《革命人物志》第十七集,"中央"文物供应社 1977 年版

中国社会科学院近代史研究所中华民国史组:《中华民国史资料丛稿·专题资料选辑》第 2 辑,中华书局 1978 年版

中国人民政治协商会议湖北省委员会:《辛亥首义回忆录》,湖北省人民出版社 1979 年版第 1 辑、第 2 辑、第 3 辑

杨天石、王学庄编:《拒俄运动 1901—1905》,中国社会科学院近代史研究所中华民国史研究室主编:《中华民国史资料丛稿》,中国社会科学出版社 1979 年版

谭永年:《中国辛亥革命回忆录》,沈云龙主编:《近代中国史料丛刊续辑》,台北文海出版社 1979 年版

《新军编练史料》,中国社会科学院近代史研究所:《中华民国资料丛稿》,中华书局 1979 年版

故宫博物院明清档案部:《清末筹备立宪档案史料》上册,中华书局 1979 年版

刘真:《留学教育——中国留学教育史科》第 1—5 册,"国立编译馆" 1980 年版

《辛亥革命资料汇集》,周康燮主编,存粹学社编集:《中国近代史资料丛编》第二册,第四册,大东图书公司 1980 年版

邹念之编译:《日本外交文书选译——关于辛亥革命》,中国社会科学院近代史研究所、中华民国史研究室主编:《中华民国史资料丛稿》,中国社会科学出版社 1980 年版

《民国陈英士先生其美年谱》,王云五主编、徐咏平撰:《新编中国名人年谱集

成》第8辑,台北商务印书馆1980年版

中国社会科学院近代史研究所、近代史资料编辑组:《近代史资料》总42号,中华书局1980年版

沈云龙:《近代中国史料丛刊》三编第204辑,台北文海出版社1986年版

中国第二历史档案馆:《中华民国史档案资料汇编·军事》三,江苏古籍出版社1999年版

中国第二历史档案馆:《中华民国史档案资料丛刊·直皖战争》,江苏人民出版社1980年版

中国人民政治协商会议全国委员会、文史资料研究委员会:《辛亥革命回忆录》第一集,文史资料出版社1981年版

陈旭麓:《宋教仁集》,中华书局1981年版

周海珊、李锦公:《梁瀛洲先生年谱》,湖北省图书馆:《辛亥革命武昌首义史料辑录》,书目文献出版社1981年版

丘权政、杜春和:《辛亥革命史料选辑》上、下,湖南人民出版社1981年版

中国人民政治协商会议全国委员会、文史资料研究委员会:《辛亥革命回忆录》五,文史资料出版社1981年版

辽宁省档案馆:《辛亥革命在辽宁档案史料》,辽宁省档案馆1981年版

中国第二历史档案馆:《中华民国史档案资料汇编》第2辑,江苏人民出版社1981年版

湖南省社会科学院:《黄兴集》,中华书局1981年版

张国淦:《孙中山与袁世凯的斗争》,《北洋军阀史料选辑》上册,中国社会科学出版社1981年版

中华民国史事纪要编辑委员会:《中华民国史事纪要》,中华民国史料研究中心1981年版

上海市文物保管委员会:《康有为与保皇会》,上海人民出版社1982年版

《东三省辛亥革命史料》,中国第一历史档案馆:《清代档案史料丛编》第8辑,中华书局1982年版

中国人民政治协商会议、湖北省暨武汉市委员会:《湖北革命实录馆·武昌起义档案资料选编》中卷,湖北人民出版社1982年版

张侠等:《清末海军史料》,海洋出版社1982年版

《辛亥革命史丛刊》编辑组:《辛亥革命史丛刊》第4辑,中华书局1982年版

丘权政、杜春和:《辛亥革命史料选辑》续编,湖南人民出版社1983年版

湖北省档案馆档案资料编辑室湖北省地方志办公室资料室:《辛亥革命湖北人物传资料选编》,1983 年版

丁文江、赵丰田:《梁启超年谱长编》,上海人民出版社 1983 年版

《中国海关与辛亥革命》,中国近代经济史资料丛刊编辑委员会主编:《帝国主义与中国海关资料丛编》9,中华书局 1983 年版

四川省文史研究馆:《四川军阀史料》第 2 辑,四川人民出版社 1983 年版

胡滨译:《英国蓝皮书有关辛亥革命资料选译》上,中华书局 1984 年版

《冯玉祥选集》编辑委员会:《冯玉祥选集》上卷、中卷,人民出版社 1985 年版

台北"教育部"主编:《中华民国建国史·革命开国》,"国立编译馆"1985 年版

《清宣统朝外交史料》,沈云龙:《近代中国史料丛刊三编》第 24 卷,文海出版社 1985 年版

石芳勤:《谭人凤集》,湖南人民出版社 1985 年版

《烟台市〈文化志〉资料专辑》,山东省文化厅史志办公室、烟台市文化局编志办公室:《山东省文化艺术志资料汇编》1985 年第 9 辑

尚明轩、王学庄、陈崧:《孙中山生平事业追忆录》,人民出版社 1986 年版

《当代名人小传》卷下,沈云龙:《近代中国史料丛刊》三编第 8 辑,台北文海出版社 1986 年版

广东省孙中山研究会:《孙中山研究》第 1 辑,广东人民出版社 1986 年版

《辛亥革命前后》,黄彦、李伯新:《孙中山藏档选编(辛亥革命前后)》,中华书局 1986 年版

辛亥革命武昌起义纪念馆政协湖北省委员会文史资料研究委员会:《湖北军政府文献资料汇编》,武汉大学出版社 1986 年版

《辛亥革命史丛刊》编辑组:《辛亥革命史丛刊》第 7 辑,中华书局 1987 年版

湖北政法史志编纂委员会:《湖北政法大事记》,1987 年版

廖一中、罗真容整理,天津图书馆、天津社科院历史研究所:《袁世凯奏议》下,天津古籍出版社 1987 年版

方汉奇:《邵飘萍选集》下册,中国人民大学出版社 1988 年版

罗刚:《中华民国国父实录》,《罗刚先生全集》续编第 3 册,台北正中书局 1988 年版

〔日〕满史会编著,东北沦陷十四年史辽宁编写组译:《满洲开发四十年》下卷,辽宁省内部图书 1988 年版

中国第二历史档案馆:《政府公报》第一册、第三册、第五册、第六册、第十三

册、第二十二册、第八十六册、第八十七册、第一百十七册、第一百九十三册,上海书店 1988 年版

中国第二历史档案馆、云南省档案馆:《护国运动》,江苏古籍出版社 1988 年版

湖北省地方志编纂委员会:《湖北省志人物志稿》第一至四卷,光明日报出版社 1989 年版

皮明庥、虞和平、吴厚智:《吴禄贞集》,华中师范大学出版社 1989 年版

《民国丛书》编辑委员会:《中国国民党史稿》一、二、三、四篇,上海书店 1989 年版

观渡庐:《共和关键录》第 1 编,台北文海出版社 1989 年版

居正、罗福惠、萧怡:《居正文集》第 1 卷,华中师范大学出版社 1989 年版

中国第一历史档案馆:《清代档案史料丛编》第十四辑,中华书局 1990 年版

辽宁省档案馆:《奉系军阀档案史料汇编》1,江苏古籍出版社 1990 年版

陈旭麓、郝盛潮:《孙中山集外集》,上海人民出版社 1990 年版

中国社会科学院、近代史研究所:《国外中国近代史》第 7 辑,中国社会科学出版社 1990 年版

唐文权、桑兵:《戴季陶集》,华中师范大学出版社 1990 年版

严修自订,高凌雯补、严仁曾增编:《严修年谱》,齐鲁书社 1990 年版

中国史学会、中国社会科学院近代史研究所编,章伯锋、李宗一主编:《北洋军阀 1912—1928》第二卷,武汉出版社 1990 年版

卞孝萱、唐文权:《辛亥人物碑传集》,团结出版社 1991 年版

湖北省博物馆:《武昌起义档案资料续编》,中国文史出版社 1991 年版

中国第二历史档案馆:《中华民国史档案资料汇编》第 1、2 辑,凤凰出版社 1991 年版

中南地区辛亥革命史研究会、武昌辛亥革命研究中心:《辛亥革命史丛刊》第 8 辑,中华书局 1991 年版

黄陂县县志编纂委员会:《黄陂县志》,武汉出版社 1992 年版

高时良:《中国近代教育史资料汇编——洋务运动时期教育》,上海教育出版社 1992 年版

中国第二历史档案馆:《冯玉祥日记》第三册,江苏古籍出版社 1992 年版

中国艺术研究院戏曲研究所:《戏曲研究》编辑部:《戏曲研究》第 42 辑,文化艺术出版社 1992 年版

中国社会科学院近代史研究所近代史资料编辑组：《近代史资料》总83号,中国社会科学出版社1993年版

张寄谦：《素馨集》,北京大学出版社1993年版

郑孝胥著,劳祖德整理：《郑孝胥日记》第三册,中华书局1993年版

中国革命博物馆、上海人民出版社：《磨剑室文录》上,上海人民出版社1993年版

来新夏：《北洋军阀》第二册,上海人民出版社1993年版

《爱国志士宁武》,政协辽宁省文史资料委员会：《辽宁文史资料选辑》第41辑,辽宁人民出版社1994年版

李权兴等：《李大钊文集》上,《李大钊研究辞典》,红旗出版社1994年版

何平、李露：《岑春煊文集》,广西人民出版社1995年版

《北洋军阀史料》编委会：《北洋军阀史料·吴景濂卷》第三册、第五册,天津古籍出版社1996年版

《中华文史资料文库·政治军事编》第1卷,中国文史出版社1996年版

杜春和：《辛亥滦州兵谏函电选》,中国社会科学院近代史研究所近代史资料编辑部：《近代史资料》总91号,中国社会科学出版社1997年版

阳海清、孙式礼、张德英：《中国公共图书馆古籍文献珍本汇刊·史部·辛亥革命稀见史料汇编》,中华全国图书馆文献缩微复制中心1997年版

戴逸：《中国近代史通鉴1840—1949》6,红旗出版社1997年版

苑书义、孙华峰、李秉新：《张之洞全集》第二册、第三册、第十一册,河北人民出版社1998年版

李丙鑫：《民国宁国县志·嘉庆绩溪县志》,《中国地方志集成·安徽府县志辑》54,江苏古籍出版社1998年版

《山梨学院大学社会科学研究所丛书》3,山梨学院大学社会科学研究所1998年版

政协武汉市委员会文史学习委员会：《武汉文史资料文库》第1辑第七编,武汉出版社1999年版

吴汉民主编,蒋澄澜、周骏羽、陶人观等副主编：《20世纪上海文史资料文库·政治军事》,上海书店出版社1999年版

中国革命博物馆编：《近代中国报1839—1919》,首都师范大学出版社2000年版

章含之：《章士钊全集》第一卷、第八卷,文汇出版社2000年版

方建文等：《百年名人自述——20世纪中国风云实录》一，线装书局 2000 年版

高平叔、王世儒：《蔡元培书信集》，浙江教育出版社 2000 年版

辽宁省地方志编纂委员会办公室：《辽宁省志·民主党派·工商联·国民党志》，辽宁科学技术出版社 2000 年版

上海市政协文史资料委员会：《上海文史资料存稿汇编·政治军事》，上海古籍出版社 2001 年版

全国政协文史资料委员会：《辛亥革命亲历记》，中国文史出版社 2001 年版

李国章、赵昌平：《中华文史论丛》2001 年第 3 辑，上海古籍出版社 2002 年版

大连市史志办公室：《大连市志 人物志》，中央文献出版社 2002 年版

杨玉文、杨玉生、王明：《第二次世界大战大词典》，华夏出版社 2003 年版

蒋铁生：《冯玉祥年谱》，齐鲁书社 2003 年版

吴景濂：《吴景濂自述年谱》上、下，中国社会科学院近代史研究所近代史资料编辑部编：《近代史资料》总 106 号，中国社会科学出版社 2003 年版

袁明英：《凌汉洞天》，中国文史出版社 2003 年版

刘端裳：《辛亥革命老人刘莘园遗稿》，贵州人民出版社 2003 年版

江沛等：《老新闻 1912—1920》，天津人民出版社 2003 年版

汤锐祥：《护法运动史料汇编》三，花城出版社 2003 年版

《阎锡山档案·要电录存》第四册，"国史馆"2003 年版

高野邦夫：《近代日本军队教育史料集成》第七卷，东京柏书房 2004 年版

《护法运动和孙中山在广东三次建立革命政权"五卅"运动与沙基惨案 北伐战争》，广东省政协学习和文史资料委员会：《广东文史资料存稿选编》第二卷，广东人民出版社 2005 年版

章开沅、罗福惠、严昌洪：《辛亥革命史资料新编》第二卷、第三卷，湖北人民出版社 2006 年版

中山市档案馆、中国第一历史档案馆：《香山明清档案辑录》，上海古籍出版社 2006 年版

宁海县政协教文卫体和文史资料委员会：《童保喧日记》，宁波出版社 2006 年版

饶怀民：《刘揆一集》，湖南人民出版社 2008 年版

王金昌：《从潘家园翻出的历史》，中国社会科学出版社 2008 年版

刘泱泱编：《黄兴集》一，湖南人民出版社 2008 年版

沈阳市文史研究馆：《沈阳历史大事年表》，沈阳出版社 2008 年版

曾业英：《蔡锷集》二，湖南人民出版社 2008 年版

中国社会科学院近代史研究所、近代史资料编辑组：《近代史资料》总 64 号，中国社会科学出版社 2008 年版

庄建平：《近代史资料文库》第七卷，上海书店出版社 2009 年版

中国社会科学院近代史研究所近代史资料编辑部：《近代史资料》，中国社会科学出版社 2009 年版

许宝蘅著、许恪儒整理：《巢云簃日记》选刊二，《上海档案史料研究》第 3 辑，上海三联书店 2009 年版

《陈去病年谱简编》，殷安如、刘颖白编：《陈去病诗文集》下，社会科学文献出版社 2009 年版

全国政协文史和学习委员会：《亲历辛亥革命·见证者的讲述》中、下，中国文史出版社 2010 年版

丁文江、赵丰田编：《梁任公先生年谱长编》（初稿），中华书局 2010 年版

陈锋：《中国经济与社会史评论》2010 年卷，中国社会科学出版社 2010 年版

郭俊胜、胡玉海：《张学良口述历史研究》，辽宁人民出版社 2010 年版，第 409 页

赵真清、赵如珍、赵碧华、赵松珍：《赵均腾先生革命事略》，中国国民党革命委员会湖北省委员会：《民革湖北省委员会纪念辛亥革命 100 周年》，中国国民党革命委员会湖北省委员会 2011 年印行

中国第一历史档案馆：《清宫辛亥革命档案汇编》第六十八册，海峡两岸出版交流中心、九州出版社 2011 年版

北京市政协文史和学习委员会：《辛亥革命与北京》，北京出版社 2011 年版

张国淦著、文明国：《张国淦自述 1876—1959》，人民日报出版社 2011 年版

上海市文史研究馆编、沈祖炜主编：《辛亥革命亲历记》，中西书局 2011 年版

李少军编译：《武昌起义前后在华日本人见闻集》，武汉大学出版社 2011 年版

中国第二历史档案馆：《南京临时政府遗存珍档》壹、贰、叁、肆，凤凰出版社 2011 年版

中国社会科学院近代史研究所近代史资料编辑部：《近代史资料》总 123 号，中国社会科学出版社 2011 年版

陈独秀、李大钊、瞿秋白：《新青年》第一卷，中国书店 2011 年版

中共一大会址纪念馆：《中共一大代表早期文稿选编 1917.11—1923.7》下册，上海人民出版社 2011 年版

中国国民党革命委员会武汉市委员会:《辛亥首义志士追忆录》2011 年 4 月

中国社科院近代史所等:《孙中山全集》第五卷,中华书局 2011 年版

上海社会科学院历史研究所编:《辛亥革命在上海史料选辑》增订版,上海人民出版社 2011 年版

陈夏红:《辛亥革命实绩史料汇编》组织卷,中国大百科全书出版社 2011 年版

桑兵主编,赵立彬、何文平:《各方致孙中山函电汇编》第一卷、第二卷,社会科学文献出版社 2012 年版

桑兵主编,何文平:《各方致孙中山函电汇编》第三卷,社会科学文献出版社 2012 年版

桑兵主编,谷小水:《各方致孙中山函电汇编》第四卷、第五卷,社会科学文献出版社 2012 年版

中国人民政治协商会议辽宁省暨沈阳市委员会文史资料研究委员会:《文史资料选辑》第 1 辑,辽宁人民出版社 1962 年版

中国人民政治协商会议全国委员会文史资料研究委员会:《文史资料选辑》第 30 辑,中华书局 1962 年版

中国人民政治协商会议贵州省委员会,文史资料研究委员会:《贵州文史资料选辑》第 6 辑,贵州人民出版社 1980 年版

中国人政治协商会议安徽省委员会、文史资料研究委员会:《文史资料选辑》第 3 辑,安徽人民出版社 1981 年版

中国人民政治协商会议福建省莆田县委员会:《莆田文史资料》1981 年第 2 辑

中国人民政治协商会议江西省委员会文史资料研究委员会:《江西文史资料选辑》1981 年第 6 辑

中国人民政治协商会议福建省委员会、文史资料编辑委员会:《福建文史资料选辑》第 6 辑,福建人民出版社 1981 年版

中国人民政治协商会议山东省委员会文史资料研究委员会:《山东省文史资料选辑》第十四辑,山东人民出版社 1983 年版

中国人民政治协商会议吉林省委员会文史资料研究委员会:《吉林文史资料选辑》第 4 辑,吉林人民出版社 1983 年版

中国人民政治协商会议天津市委员会文史资料研究委员会:《天津文史资料选辑》第 30 辑,天津人民出版社 1985 年版

掖县政协文史资料研究委员会:《掖县文史资料》1986 年第 1 辑

江一舟、吴国顺、白云龙记录整理,人民政治协商会议鄂西土家族苗族自治州

委员会文史资料研究委员会：《纪念孙中山先生诞辰 120 周年专辑·鄂西文史资料》1986 年第 3 辑,1986 年第 4 辑,1987 年第 2 辑

鄂西土家族苗族自治州事务委员会：《鄂西少数民族史料辑录》,鄂西土家族苗族自治州事务委员会 1986 年印行

中国人民政治协商会议湖北省委员会文史资料研究委员会：《湖北文史资料》1986 年第 4 辑,1989 年第 4 辑,1991 年第 1 辑

中国人民政治协商会议湖北省江陵县委员会文史资料研究委员会：《江陵文史资料》1987 年第 3 辑

中国人政治协商会议天津市委员会文史资料研究委员会：《天津文史资料选辑》第 42 辑,天津人民出版社 1987 年版

中国人民政治协商会议铅山县委员会文史资料研究委员会：《铅山文史资料》1988 年第 2 辑

中国人民政治协商会议山东省泰安市委员会：《泰安文史资料》1988 年第 3 辑

政协云南省巍山彝族回族自治县委员会文史资料研究委员会：《巍山县文史资料》1989 年第 3 辑

中国人民政治协商会议沈阳市大东区委员会文史资料研究委员会：《大东文史资料》1989 年第 3 辑

《文史资料选辑》编辑部：《文史资料精选》第三册,中国文史出版社 1990 年版

徐梦麟主编：《西北文史荟览》,《宁夏文史资料》第二十八辑,宁夏人民出版社 1991 年版

中国人民政治协商会议汉川县委员会文史资料委员会：《汉川文史资料》1991 年第 5 辑

《安襄郧荆军革命纪实》,中国人民政治协商会议荆门市委员会：《纪念辛亥革命 80 周年专辑·荆门文史资料》1991 年第 7 辑

重庆市南岸区政协文史资料委员会：《重庆南岸文史资料》1991 年第 7 辑

中国人民政治协商会议湖北省云梦县委员会文史资料委员会：《云梦文史资料》1991 年第 7 辑

山东省政协文史资料委员会：《辛亥革命在山东》,《山东文史资料选辑》第 31 辑,山东人民出版社 1991 年版

莱州市政协文史资料委员会、《莱州文史资料》编辑部：《纪念辛亥革命 80 周年专辑》,《莱州文史资料》1991 年第 5 辑

《宜昌百年大事记　1840—1949》,中国人民政治协商会议宜昌市委员会文史

资料委员会：《宜昌市文史资料》总第十五辑,中国三峡出版社 1994 年版

中华文史资料委员会：《中华文史资料文库》第九卷,中国文史资料社 1996 年版

《山西文史资料》编辑部：《山西文史资料全编》1998 年第七卷第七十三—八十四辑

云南省政协文史委员会：《云南文史资料选辑》第五十八辑,云南人民出版社 2001 年版

全国政协文史资料委员会：《文史资料存稿选编》第三辑、第十六辑,中国文史出版社 2002 年版

北京市政协文史资料委员会：《北京文史资料》第 66 辑,北京出版社 2002 年版

外文资料

日本防卫省防卫研究所档案　C10062069600

〔日〕《清国陆军学生蓝天蔚战时高等司令部勤务令盗写之事》,日本防卫省防卫研究所藏《陆军省大日记·贰大日记》明治 39 年干《贰大日记》[M39－7－50,编码 C06084170900]7 月 23 日条

〔日〕《关于步兵第二十二旅团联合演习与清国当局交涉颠末之报告》,日本防卫省防卫研究所藏：《陆军省大日记·密大日记》,明治 43 年[M43－3－7,编码 C03022997900]10 月 31 日条

《东京朝日新闻报》：1912 年

《旧金山之声》(San Francisco Call)：1912 年

《马里波萨报》(Mariposa Gazette)：1912 年

《隆波克报》(Lompoc Journal)：1912 年

英文《京报》：1916 年,1917 年

英文《北京日报》：1917 年

http://www.jacar.go.jp/chinese/"亚洲历史资料中心"

美国国会图书馆"记录美国"网站

未刊资料

陈夔龙：《陆军第八镇三十二标统带官蓝天蔚再赴日本陆大肄习事折》,全宗号 4－1－38,卷号 204,件号 16,中国第一历史档案馆藏：《湖广总督陈夔龙奏陆军第八镇统带官蓝天蔚辞差出洋游学片》,《政府官报》第 619 号,1909 年 6 月 3 日

《奏蓝天蔚赏陆军协都统衔谢恩由》,宣统三年四月三日,编号：3－153－

7485—196,档案号001774,中国第一历史档案馆藏

《傅国英于辛亥与蓝天蔚等组织北伐队及陈英士密谋反袁称帝在浙江诸暨县孤单起义被害议恤》,南京中国第二历史档案馆藏档

《蓝天蔚发给魏雪台委任状》,1912年,档案号230－2430,中国国民党中央委员会文化传播委员会党史馆提供

《中华民国关外军政府都督蓝之照会》,1912年,辽宁省档案馆藏

《袁世凯为蓝天蔚电请停止张作霖等惨杀铁岭开原等地革命民军致赵尔巽电》,1912年3月1日,辽宁省档案馆原件

《赵尔巽就蓝称严饬停止进行东省仍纷纷暴动致袁世凯电》,1912年3月3日,辽宁省档案馆原件

《蓝天蔚行书四联屏》,1912年,台湾历史博物馆藏,典藏编号为30909－30912

《蓝天蔚朱执信辞拒北洋政府授复军衔》《项骧拟复蓝天蔚辞拒北洋政府授复军衔函》,南京中国第二历史档案馆藏,档案号：1011(2)7020

《蓝天蔚致王敬祥函》,1912年7月,日本兵库县立历史博物馆藏

《蓝氏宗谱》卷八,1913年种玉堂刻本

《张绍曾来往函电稿部分》,藏中国社科院近代史研究所

《蓝天蔚收据·1917年8月四体合裱》,中国国民党中央委员会文化传播委员会党史馆提供

《谭人凤致蓝秀豪》,约1917年,函档案号：241/167.256;分类号数　南　5－134(丁)12,中国国民党中央委员会文化传播委员会党史馆提供

《谭人凤致蓝秀豪函》,约1918年,档案号：241/167.458,中国国民党中央委员会文化传播委员会党史馆提供

《谭人凤覆杨持平函》,约1918年,中国国民党中央委员会文化传播委员会党史馆提供

《蓝天蔚上总理函　委托熊秉坤代表来沪敬谒》,1920年7月24日,《国书档案·环龙路档案》,档号：04095,中国国民党中央委员会文化传播委员会党史馆提供

《北京钱孟材贞密冬电》,1920年9月3日,《阎锡山史料》,《护法战役案》五,台北"国史馆"藏

《蓝天蔚上总理函·报川中军情》,约1920年9月18日,中央党史史料编纂委员会:《党史史料抄录副本》分类号(川)(军—5)(11),环龙路档案575号,原件存保险库见墨总　D—甲548页

《护法战役案》(五)《阎锡山史料》,1921年,台北"国史馆"新店办公室藏

湖北清理营产总局：《湖北清理营产总局关于恩施县旧协署被蓝天蔚变卖等相关问题的呈及湖北督军公署的指令等相关材料》，1921 年 12 月，第 225 页；号 3/34，湖北档案馆所查档案之档号　LS20－11－00000139

《谭延闿日记》，1922 年 10 月 22 日，近代史全文数据库，台北"中央研究院"

《蓝上将荣哀录》，约 1926 年

《蔡济民蓝天蔚遇难地点之调查》档案号：230－2430，中国国民党中央委员会文化传播委员会党史馆提供

《蓝天蔚事略》，《革命先烈褒恤案》四，全宗号 001，入藏登记号 001000003857A，1928 年 9 月 20 日—1929 年 1 月 4 日，藏台北"国史馆"新店办公室

《革命先烈褒恤案》四，全宗号 001，入藏登记号 001000003857A；1928 年 9 月 20 日—1929 年 1 月 4 日，藏台北"国史馆"新店办公室

宋大章：《张烈士榕传略》，中国国民党中央执行委员会党史史料编纂委员会：《革命史料》，档案号：一般 230—1790.2，1942 年，中国国民党中央委员会文化传播委员会党史馆提供

邓霖：《黄叶楼诗抄》，1982 年，邓思民藏

邓霖：《伞叶楼诗钞》，1982，邓思民藏

邓霖整理：《半知庐吟草》，1983 年

邓思民：《回忆奶奶赵耀华》，2011 年

《邓霆致某日人信函》，邓思民藏

《上栅邓氏族谱》，约 1936 年，邓氏后人珠海邓国兴藏

卢智泉、温楚珩在《蓝天蔚事迹概略》，全国政协藏

《上军机大臣庆亲王》，端方档案，端 567，函 23，第一历史档案馆藏

《蓝天蔚致端方函》，端方档案，端 703，函 27，第一历史档案馆藏

《止叟年谱》，上海复旦大学数据库所藏《谱牒》

张学良：《杂忆随感漫录（三）——复写本》，档案号：005－010504－00045，台北"国史馆"藏

吕建之：《陈宦入川》，北京文史馆藏

《各方民国 8 年往来电文录存》七，"国史馆"专藏史料：《阎锡山史料》，全宗号 116

《蓝天蔚幼子信息》，入藏登记号：1280014320001A，台北"国史馆"藏

其他

《广州军政府职员录》，1919 年 5 月印，中国国民党中央委员会文化传播委员

会党史馆提供

《中华革命党民册》,中国国民党中央委员会文化传播委员会党史馆提供

《沪军都督府调查部往来要电》,上海市历史博物馆藏

《邓云溪先生讣告》,约 1938 年,自印本

李景科、周立安:《东北辛亥革命历史史料研究文集》,民革辽宁省丹东市元宝区总支,2016 年

词目索引

A

ai

爱国债券　6,377,660

an

安东　97,106,191,197,203,239,273,275,
301,302,763,765,768,770,771,774,780

安格联　177,230,236,254,299,309

ao

敖正邦　47,48,52,59,62,64,71,73—75,
89,90,98,99,102,435,668,724

B

ba

八厘军需公债　385,386,395,397,398

巴东　486,535—542,544—546,548—550,
552,555,556,565,708

bai

白寿铭　108,109,113

白逾桓　49,97,108,126,165,188,457,669

bo

柏文蔚(烈武)　8,129,181,225,278,327,
400,435,441,462,463,472,485,488—
491,493,494,507,509—511,515,516,
533,539,555,663,803

ban

板桥　566,567,577,579,670

bao

宝瑛　47,59

保定陆军军官学校　343,380,388,672,687,
693,700,707

鲍贵卿　134,160,674

鲍化南　126,158,188,199,238,349,795,
796

bei

北大营　4,123,124,126,127,144,146,162,
163,168,170,172,173,176,183,192,369,
381,412,655,662,664,665,711

北京六国饭店　321—323

北京平和期成会　467

备忘录　256,290,292,293,297

bing

秉文学校　6,93,400,827,828

C

cai

蔡成勋　278,435,439,672,755

蔡锷　7,46,48,49,73,75,91,278,327,417,
419,420,424,426—428,431,436,437,
454,474,646,647,660,726

蔡汉卿　423,424,433—435,604,645

蔡济民(幼香、幼襄)　97,382,415,431,489,
517,579,601—603,815,826

蔡钧　57,76,77

蔡文藻　214,669

X

薇　记

　　父亲爱母,每每陷入回忆,总有泪水流出。

　　祖母病重时,他为方便照顾,与之同榻。一夜醒来,摸到她的脚冰凉,惊觉她已在睡眠中故去了。两年间,他将祖母的骨灰盒置于床柜,陪在身旁;后为她筑了一方黑色大理石墓碑,上刻"蓝晓蔚女士之墓"。逢清明、过年,他都带着我们,挎着篮子(里面放着糕饼水果)去墓地;有时放几个炮仗,给墓中人听听响。

　　"蓝晓蔚女士之墓"坐落在庄稼地里的群墓丛中,我常一个人去那里玩耍。拨开杂生的草木,穿过错落的墓碑,含着趣味辨识着墓碑上的字形,或攒足劲爬上穹窿状的水泥围栏,坐在中间最高处。四月的傍晚,光霞万丈,垂照墓群;凝望天空深处,感受着无边的空旷;晚风送来大片正在成熟的蚕豆的浓郁味儿,四周死者的气息是宁静而温柔的。

　　家中曾有一纪念之物——1913 年,蓝天蔚游历英国期间在伦敦皮卡迪里广场"德鲁父子"公司所定制的一口皮箱。箱内存有许多物件(勋章、印章、遗诗、照片之类)。蓝将军遇难后,此箱由邓观智(蓝妻)保存。没几年,邓观智胃癌去世,皮箱便由女儿蓝晓蔚随身携带。因战乱及个人生活的屡屡变故,她由天津辗转到上海、四川、南京、海安等地,最后长久地任教于一个乡中中学——启东大江中学。她是一个怎样的老师呢?腰板挺得很直,说话细细的,令听惯了高门大嗓的学生们深感意外及舒适。她有一个教鞭,也总是高高举起,轻轻放下。班上,曾有个穷苦孩子,为了凑齐学费,下河摸蚌,拿到集市上卖。她总在买完菜后,驻足于他的小摊,买下那堆河蚌。

　　我在祖母任教的学校里长大。记得曾与她共事的老师们、她曾经的学生们及接触过她的乡人,每每见到年幼的我,总会迎上来,用一种深沉的目光看着我,摸着我的手,"哎呀呀"地讲述祖母的故事——她的旗袍、高跟鞋、波浪长发,她的性情善良,似乎又太直率;他们也不避讳地讲述她捱受批斗的情景,使我不自禁地竖起耳朵……人们将她五花大绑,剃了阴阳头,游街示众,他们令其下跪,将蓝天蔚的"罪证"(十一枚勋章)挂在她的颈子上,直至膝盖跪烂了。有乡人不忍,悄悄为她垫上棉花。学生们翻检皮箱,用刀切开皮箱内层,搜找"台湾特务"的证据。这样,几次

"运动"之后，皮箱内一切所藏都消失无踪了。学校食堂工作的老工人目睹着这一切，偷偷将那口被弃的皮箱捡回来，交给父亲手上："你母亲受苦了！这个箱子你拿回家，放放衣服吧。"

1973年，祖母在这个她奉献过心血的学校中去世。父亲珍藏着她所留下的皮箱。他所娶的质朴善良的妻子，从未嫌弃皮箱破旧，将之宝爱珍藏。生活变迁，皮箱却始终跟随着这个家。记得父亲每每指着这个皮箱，向年幼的我讲述它遥远的主人。他所知的并不多，但他对这个皮箱及这份记忆如此珍爱的心情，使我记取了一个可敬的蓝将军的印记——一个能为爱国的理想而战斗的人。待父母在某夜间的窃窃私语中说出杀害蓝将军的凶手的名字，我又知道蓝将军是一个死冤极深的可怜的人。等我稍大一些，我便指着箱子对他们说，以后什么都不要留给我，就把皮箱留给我。

辛亥百年纪念是一个契机，掀起辛亥后裔们内心的浪潮。父亲和他们一样，对自己的先人充满热情与疑问，这同时也因为难以释怀于时代巨轮下不能自主的命运。父亲和我们商议捐出这口皮箱，因蓝公遗留在这世间之物太少了。我们都表赞成。这便有了辛亥革命武昌起义纪念馆的何广先生及严威先生赶到南京提取皮箱一事。何先生建议我用寻找史料的方式真正地去找一找蓝公，找一找他的灵魂，而不仅仅是知道一个表面的精神符号。我说，好。这应该不是难事吧。"不，这不容易。"他说。

不知此事之难，便轻易承诺了。我这代人是在文化沙漠中长大，对近代史了解甚少，对史料整理的工作也毫无认知。但几代人的心愿，流水无言。此后甘心情愿为故纸堆所因。辛亥史移魂摄魄，带我去识得深广宏博的天地，去识得殚精竭虑救国于危难的人们！感受到清末民初这批人物精神的卓越、意志的刚毅，面前仿佛呈现了一片启示的大海，吸引我专注地投入；同时，令他们深觉痛楚的天问，也横亘到我的面前，我不能不吃力地咀嚼着，绞着单薄的脑力思索着。如此一年又一年，忽一日胸口发闷，无法呼吸，脑力体能皆难以为继，此后竟缠绵病榻一年有半。若无家人的谅解与扶助，不能渡此天险。我记得父亲那句知己般温存的话：坚持做一件事，总要遇到些什么。生病也是对心志的磨练。他岂不疼爱自己的女儿呢，他的疼爱更深沉罢了。

枕上思平日交友，一段情义不能忘怀。何广先生大概也未想到，六年前他来宁取箱，因他一言，一段被淹没的历史开始自动拼接。当他注意到我的体力实很弱小，他似有自责，而又保持着关切与严苛。他说："娃娃学步，一步三摇"，实在像一个与我一起分娩的母亲，呵护着这个胎中婴儿渐渐成形。《蓝谱》出版、试印后，何先生再次通校,佐以宝贵指点。在此深谢!

治史的人喜欢说"吾道不孤",喜欢说"学术,乃天下之公器",这是(近代)历史学较之其他学科的孤独之处及开阔之处。学者们在书斋中久久伏案,苦苦思索,在彼此的研讨交流中热情争鸣,其心中含有相同的目标,即将中国优秀传统文化中所继承的士子精神,蓬勃地投入理想现实的建设;将他们从史海中感悟到的精义,放诸大海人心。同道相乐、同道相扶,正体现着他们最为淳朴最为团结的一面。这也是《蓝谱》所以得到无数学人指点及帮助的深层原因。华中师范大学章开沅先生手书"守望历史、铸造国魂"以示勉励;武汉大学冯天瑜先生接受我的论文,接纳我参与武汉大学与日本法政大学的"留日学生与辛亥革命"的研讨会,推动了蓝谱的进展;台湾中研院黄克武先生引导我进入袁世凯死后政局的阅读,提炼这段时间蓝公的思想脉络;复旦大学的傅德华老师指导我进行征引文献的整理工作,当他知道我一度急于结束蓝谱,眼中布满焦虑,苦口婆心循循诱导;中山大学李吉奎先生百忙之中挤出数日通校蓝谱,反馈速度极快,批改蓝谱之细致令人动容。另有各地学者如黄恽、蔡登山、严昌洪、武之璋、陈立文、王奇生、邱捷、邱智贤、张仲民、侯中军、张金超、承红磊……都曾为《蓝谱》补充史料,校勘错误,提出见解。

一个充满锐气的年轻人——中山大学历史系博士、厦门华侨大学任教的学者张超,给我留下了深刻印象。他曾著文直言:"一人、一国,其成功或崛起只是长期发展的结果。没有反思的选择性历史记忆,最后所造就的只是没有传统根基、没有公民素养的人民。"

无论是勉励、指导,还是"棒喝",都为着避免我裹足于对"精神符号"的肤浅想象,杜绝蓝谱走向偏颇。

《蓝谱》初初完成,我开始为它寻找出版社,费了些周折。一日,台湾秀威出版社的总编辑蔡登山先生告诉我一个信息,上海交通大学出版社正在进行一个"晚清以来人物年谱"的出版项目。他的好友——北京近代史研究所闻黎明先生则将负责此项目的编辑冯勤先生的信箱交给我,闻先生并写道:"作为过来人,我完全理解着你的工作。祝你成功!"在他们的鼓励下,我将《蓝谱》初稿电邮给冯勤先生。我还记得冯先生给我的回复:"我们一直在致力晚清以来人物年谱的出版工作,呼吁大家关心、支持、参与。你的计划极好,祝愿您继续努力,收集更多、更丰富全面的新材料充实进去,做成一本优秀的著作。"

针头线脑百衲衣,灯下抿线,缝补将毕,心上格外安静。石,似乎要放下了。2016 年 4 月 8 日,在广州孙中山大元帅府纪念馆举行了《蓝天蔚生平事迹展》,同时也进行了《蓝谱》首发仪式。辛亥后裔们及于蓝展的支持及史学界对《蓝谱》的肯定,深深抚慰了这些年来的艰辛。与此同时,参会的严昌洪教授与张金超博士先后向我指出谱中的错误……才下眉头,又上心头,回南京后,我即开始修改的工作。

这一次的修改中,值得一提的是,《蓝谱》吸纳了辽宁丹东的李景科老师积其二十年努力编撰的成果——《东北辛亥革命历史史料研究文集》的部分内容,李老师的工作对《蓝谱》及东北辛亥研究是非常有益的补充。

耄耋之年的忘年友人韩泽先生,于七月酷暑通读《蓝谱》。他希望《蓝谱》的文字是清通而平实的,将某些字句反复斟酌,与我商讨——"以此消夏"。

为使《蓝谱》的销售走上良好渠道,冯勤先生希望我收集专家学者们所撰写的书评或心得。他也与我共同努力。我们得到南京大学张宪文老师、中山大学的邱捷老师、华中师范大学严昌洪老师、北京近代史所马忠文老师、民国史研究者黄恽等老师的支持。

在这过程中,我与张宪文老师结下祖孙般的师生缘,老师赐一序,并赐笔名萧小修、萧遥,以示志业未成,永需谦逊及努力。

心中喜爱黑夜。以往只是喜爱它的温柔和神秘,喜爱花儿在黑夜中开放时怀有心事的模样。现在,可于深静中感受到浩瀚星辰所传递的生命的感觉。在我们头顶,始终存在光明的星辰,或为乌障一时遮挡,却从未消失。思及此,心中不由生出豁然、宁谧与欣喜之情。

2016 年 7 月 26 日小修于宁

另有师友在《蓝谱》编著过程中给予了帮助与支持,使本谱减少了很多缺憾和错误,得以顺利进行,请允许我致以诚挚谢意:曹霭秋、陈颖、邓国兴、邓思民、董宁文、郭佑麟、葛洪彬、胡杰、黄建英、嵇汝广、吉祥、江少莉、蓝蓓蓓、蓝剑波、蓝金安、蓝敏、蓝秀清、蓝佑生、蓝煜、蓝毓荃、黎楠、黎砚冰、黎志文、李兴国、李伊、廖瑞隆、林如聪、刘建林、马国晏、马建强、米彦军、倪国强、聂长顺、齐其元、徐雁、荣方超、宋煜、陶福林、陶刚、田伯炎、田彤、樋口秀实、汪大华、王宝平、王夫玉、王美平、王文隆、王新华、王毅、夏志敏、向榕铮、余品绶、杨安、杨斌、尤岩、曾舒慧、詹洪阁、张源源、张岚、赵锐、赵洪愿、周新男、朱晓秋、朱志龙、朱伟芬。及:中国社会科学院近代史研究所、中国第一历史档案馆、上海历史博物馆、上海图书馆、北京大学图书馆、国家图书馆、辛亥武昌首义理事会、"中研院"近代史研究所、台北"国史馆"、台湾历史博物馆、台北"国家图书馆"、国民党党史馆、台湾大学图书馆、辽宁省档案馆、沈阳市档案馆、辛亥革命武昌起义纪念馆、苏州图书馆、南京大学图书馆、南京中国第二历史档案馆、南京图书馆、复旦大学历史系资料室、中山大学历史系资料室、黄陂地方志办公室、湖北省档案馆、孙中山大元帅府纪念馆。